U0572719

中国历代图书总目

艺术卷

20

李致忠 主编

北京国图书店有限责任公司
北京广臻文化艺术有限公司 编纂

文物出版社

第二十分册目录

舞 蹈

中国舞蹈、舞剧

中国各种舞蹈

中国儿童舞蹈

J0163765
幼儿歌舞 贵州省群众艺术馆编
贵阳 贵州人民出版社 1959年 32页 19cm(32开)
统一书号: T8115.174 定价: CNY0.14

J0163766
幼儿歌舞 贵州省群众艺术馆编
贵阳 贵州人民出版社 1960年 重印本 32页
19cm(32开) 统一书号: T8115.174
定价: CNY0.14

J0163767
幼儿歌舞集 河南群众艺术馆编
郑州 河南人民出版社 1959年 20页
19cm(32开) 统一书号: 8105.139
定价: CNY0.09

J0163768
走马灯 中国舞蹈艺术研究会编; 何仕荣编舞记录; 胡均作曲
北京 音乐出版社 1959年 35页 有图
19cm(32开) 统一书号: 8026.1323
定价: CNY0.12

J0163769
好孩子歌舞 (1) 上海文艺出版社编
上海 上海文艺出版社 1960年 52页
19cm(32开) 统一书号: 8078.1486
定价: CNY0.20

J0163770
好孩子歌舞 (2) 上海文艺出版社编
上海 上海文艺出版社 1960年 50页
19cm(32开) 统一书号: 8078.1616
定价: CNY0.20

J0163771
好孩子歌舞 (3) 上海文艺出版社编
上海 上海文艺出版社 1964年 56页
19cm(32开) 统一书号: 8078.2266
定价: CNY0.24

J0163772
好孩子歌舞 (4) 上海文艺出版社编
上海 上海文艺出版社 1964年 52页
19cm(32开) 统一书号: 8078.2267
定价: CNY0.22

J0163773
献桃舞 (儿童表演舞) 孙鞠娟编舞; 吴应炬作曲
上海 上海文艺出版社 1960年 28页
18cm(32开) 统一书号: 8078.1577
定价: CNY0.13

J0163774
丰收乐　于少平，梁绮华编舞；张祖迪编曲
上海 上海文艺出版社 1961年 31页 有剧照
19cm(32开) 统一书号：8078.1693
定价：CNY0.19

J0163775
丰收乐　(儿童舞蹈) 于少平，梁绮华编舞
上海 上海文艺出版社 1961年 42页
19cm(小32开) 统一书号：8078.1693
定价：CNY0.22

J0163776
鞭炮舞　王萍编舞；林绿作曲
上海 上海文艺出版社 1962年 22页
19cm(32开) 统一书号：8078.1957
定价：CNY0.12

J0163777
北京有个金太阳　(儿童舞蹈) 禾雨编词曲；王克伟编舞
上海 上海儿童出版社 1965年 9页 19cm(32开)
统一书号：R7024.185 定价：CNY0.02
作者王克伟，教师。江苏人，上海国际标准舞代表队主任教师，中国舞蹈家协会会员，中华全国国际标准交际舞总会会员、国家级评委。

J0163778
草原小姐妹　(儿童歌舞) 杨书明编舞；邵紫绶作曲
上海 上海文化出版社 1965年 42页
19cm(32开) 统一书号：8077.269
定价：CNY0.15

J0163779
哈达献给解放军叔叔　(儿童歌舞) 北京群众艺术馆编；周鹤亭编舞；徐良作词
上海 上海文化出版社 1965年 26页
19cm(32开) 统一书号：8077.247
定价：CNY0.11

J0163780
小民兵　(儿童歌舞) 杨书明编舞；果青作词；牛畅作曲；张肖虎，邵紫绶编曲
上海 上海文化出版社 1965年 32页
19cm(32开) 统一书号：8077.248
定价：CNY0.13

J0163781
小社员　(儿童歌舞) 杨书明编舞；黄本作词；李巨川作曲；邵紫绶编曲
上海 上海文化出版社 1965年 22页
19cm(32开) 统一书号：8077.250
定价：CNY0.10

J0163782
幼儿歌舞　上海教育出版社编辑
上海 上海教育出版社 1966年 36页
19cm(32开) 统一书号：7150.1723
定价：CNY0.10

J0163783
到珍宝岛去看望解放军　(儿歌表演) 上海市第一师范学校附属小学创作；上海市静安区少年宫编
上海 上海人民出版社 1972年 20页
14cm(64开) 统一书号：8.2.131 定价：CNY0.06

J0163784
红花朵朵开　(南京市“红小兵”毛泽东思想宣传队演出节目选辑)
南京 江苏人民出版社 1972年 44页 有照片
19cm(32开) 统一书号：10100.006
定价：CNY0.12

J0163785
提高警惕　保卫祖国　(歌舞) 上海市静安区长寿支路二小创作；上海市静安区少年宫编
上海 上海人民出版社 1972年 16页
14cm(64开) 统一书号：8.2.133 定价：CNY0.06

J0163786
万岁，毛主席！　(儿歌表演) 上海南市区肇周路小学创作；上海市静安区少年宫编
上海 上海人民出版社 1972年 22页
14cm(64开) 统一书号：8.2.132 定价：CNY0.07

J0163787
小炮兵　(歌表演) 上海市普陀区中山北路第五小学创作；上海市静安区少年宫编

上海 上海人民出版社 1972 年 14 页
14cm(64 开) 统一书号: 8.2.130 定价: CNY0.06

J0163788
草原"红小兵" (舞蹈) 崇文区手帕胡同小学文艺宣传队编舞
北京 人民出版社 1973 年 30 页 有图
14cm(64 开) 统一书号: 8071.99 定价: CNY0.05

J0163789
风雪小红花 ("红小兵"歌舞) 上海市少年宫编
上海 上海人民出版社 1973 年 59 页
19cm(32 开) 统一书号: R8171.771
定价: CNY0.17

J0163790
歌声飞向中南海 ("红小兵"歌曲、舞蹈特辑) 上海市少年宫, 上海人民出版社编
上海 上海人民出版社 1973 年 13 页
18cm(15 开) 定价: CNY0.03

J0163791
火车向着韶山跑 ("红小兵"歌本) 孙鞠娟编舞
上海 上海人民出版社 1973 年 30 页
13cm(60 开) 统一书号: R8171.772
定价: CNY0.07

J0163792
小小拖拉机手 上海市凤阳路第二小学文艺宣传队编舞
上海 上海人民出版社 1973 年 28 页
14cm(64 开) 统一书号: R8171.801
定价: CNY0.06

J0163793
迎着太阳做早操 (儿童小歌舞)
北京 人民文学出版社 1973 年 27 页
18cm(15 开) 统一书号: 10019.2049
定价: CNY0.10

J0163794
爱劳动 (幼儿歌舞) 上海市徐汇区机关建国幼儿园创作
上海 上海人民出版社 1974 年 21 页
14cm(64 开) 统一书号: 8171.968
定价: CNY0.05

J0163795
宝塔山上育新苗 (歌舞) 陕西省工农兵艺术馆艺术组, 陕西省铜川市歌舞剧团编舞
上海 上海人民出版社 1974 年 44 页
19cm(32 开) 统一书号: R8171.859
定价: CNY0.13

J0163796
打乒乓 (幼儿歌舞) 上海市荷花池幼儿园创作
上海 上海人民出版社 1974 年 16 页
14cm(64 开) 统一书号: 8171.966
定价: CNY0.05

J0163797
积肥舞 (儿童小歌舞) 沈阳市朝鲜族小学创作
沈阳 辽宁人民出版社 1974 年 49 页 19cm(32 开)
统一书号: 8090.420 定价: CNY0.11

J0163798
看画报 (幼儿歌舞) 上海市普陀区曹杨新村第五幼儿园创作
上海 上海人民出版社 1974 年 23 页
14cm(64 开) 统一书号: 8171.964
定价: CNY0.05

J0163799
颗粒归仓 (舞蹈) 上海市松江县城厢镇东方红小学创作
上海 上海人民出版社 1974 年 43 页
14cm(64 开) 统一书号: R8171.914
定价: CNY0.08

J0163800
让工人叔叔阿姨好好休息 (幼儿歌舞) 上海市长宁区兴国路幼儿园创作
上海 上海人民出版社 1974 年 28 页
14cm(64 开) 统一书号: 8171.967
定价: CNY0.06

J0163801
上山下乡就是好 (幼儿歌舞) 上海市襄阳南路第二幼儿园创作

上海 上海人民出版社 1974年 16页 14cm(64开) 统一书号: 8171.965 定价: CNY0.05

J0163802
我们是小骑兵 郭学慧编舞
上海 上海人民出版社 1974年 20页 19cm(32开) 统一书号: R8171.813 定价: CNY0.10

J0163803
小司机 (儿童表演)孙鞠娟,胡炎生编舞
上海 上海人民出版社 1974年 24页 14cm(64开) 统一书号: R8171.886 定价: CNY0.06

J0163804
风雨上学 (儿童歌舞)湖南人民出版社编辑
长沙 湖南人民出版社 1975年 61页 19cm(32开) 统一书号: 10109.996 定价: CNY0.15

J0163805
扫雪 (幼儿歌舞)外交部幼儿园等编
北京 人民出版社 1975年 104页 19cm(32开) 统一书号: 8071.148 定价: CNY0.22

J0163806
少年儿童集体舞选 上海人民出版社编辑
上海 上海人民出版社 1975年 49页 14cm(64开) 统一书号: 8171.1264 定价: CNY0.08

J0163807
我们从小就学农 (幼儿歌舞)北京市第五幼儿园集体编舞作词;武庆森作曲
北京 人民音乐出版社 1975年 24页 19cm(32开) 统一书号: 8026.3125 定价: CNY0.08

J0163808
长大要把祖国保 (儿童歌舞)湖南人民出版社编辑
长沙 湖南人民出版社 1975年 52页 19cm(32开) 统一书号: 7109.1023 定价: CNY0.13

J0163809
大院盛开向阳花 (儿童歌舞)
北京 人民出版社 1976年 79页 19cm(32开) 统一书号: 8071.190 定价: CNY0.18

J0163810
儿童歌舞创作浅谈 上海市师范学校教材编写组编;戴铁郎绘画
上海 上海人民出版社 1976年 90页 19cm(32开) 统一书号: 8171.1387 定价: CNY0.20

J0163811
妈妈就要来了 (舞蹈)潘运云,刘湘陵编舞;彭幼卿,白诚仁编曲
长沙 湖南人民出版社 1976年 28页 26cm(16开) 统一书号: 10109.1030 定价: CNY0.17

J0163812
信儿捎给台湾小朋友 ("红小兵"歌舞)《信儿捎给台湾小朋友》编写组编舞;曹翰全绘图
上海 上海人民出版社 1976年 57页 14cm(64开) 统一书号: 8171.1738 定价: CNY0.10

J0163813
金色种子 (舞蹈)谢谢编导;路逵震,孙文煜作曲;刘昌胜,陈受谦作词;吉林省吉林市歌舞团创作演出
北京 人民音乐出版社 1977年 43页 26cm(16开) 统一书号: 8026.3302 定价: CNY0.27

J0163814
水莲 咱为铁牛洗个澡 ("红小兵"歌舞)上海市群众文艺调演办公室
上海 上海人民出版社 1977年 61页 19cm(32开) 统一书号: 8171.1899 定价: CNY0.16

J0163815
鱼儿献给解放军 ("红小兵"歌舞)上海市文化局群众文艺组编;虞天慈编舞
上海 上海人民出版社 1977年 26页 19cm(32开) 统一书号: 8171.1673 定价: CNY0.09

J0163816
红色卫星飞云天 (幼儿歌舞)北京市大方家幼儿园创作
上海 上海文艺出版社 1978年 46页 13cm(60开) 统一书号: 8078.3073 定价: CNY0.10

J0163817
少年儿童集体舞
北京 人民音乐出版社 1978年 50页 19cm(32开)
统一书号:8026.3265 定价:CNY0.13

J0163818
长大我也造卫星 (幼儿舞蹈)中国人民解放军总后勤部六一幼儿园创作
上海 上海文艺出版社 1979年 85页 13cm(60开)
统一书号:8078.3107 定价:CNY0.16

J0163819
[共青团中央 教育部 文化部等向全国少年儿童推荐十二首儿童歌曲 三个儿童集体舞蹈]
济南 山东人民出版社 1981年 26页 19cm(32开)
统一书号:R8099.2218 定价:CNY0.09
本书系中国现代儿童歌舞选集。完整书名:共青团中央 教育部 文化部 全国妇联 中国音协 中央人民广播电台 中央电视台向全国少年儿童推荐十二首儿童歌曲 三个儿童集体舞蹈。

J0163820
牧鹅跳皮筋 (儿童舞蹈)
北京 人民音乐出版社 1981年 44页 19cm(32开)
统一书号:8026.3912 定价:CNY0.18

J0163821
时间之歌 (儿童芭蕾舞)中国福利会少年宫创作演出
北京 人民音乐出版社 1981年 83页 19cm(32开)
统一书号:8026.3804 定价:CNY0.37

J0163822
丽丽与小白鹅 (一九八一年湖南省辖五市少儿文艺调演优秀节目选)湖南省群众艺术馆编
长沙 湖南少年儿童出版社 1982年 167页 19cm(32开)统一书号:R10280.11
定价:CNY0.40

J0163823
儿童集体舞 陕西省群众艺术馆编
西安 陕西人民出版社 1983年 52页 19cm(32开)统一书号:R8094.685
定价:CNY0.16

J0163824
儿童少年歌舞选 (第一辑)中国舞蹈协会辽宁分会,辽宁儿童歌舞研究会编
沈阳 辽宁少年儿童出版社 1983年 96页
有剧照 19cm(32开)统一书号:8289.1
定价:CNY0.31

J0163825
可爱的熊猫 (表演舞蹈集)孙鞠娟著
上海 少年儿童出版社 1983年 234页
19cm(32开)统一书号:R8024.30
定价:CNY0.49
(少先队活动丛书)

J0163826
跳吧! 小伙伴 上海文艺出版社著
上海 上海文艺出版社 1983年 155页
19cm(32开)统一书号:8078.3419
定价:CNY0.83
本书选编了集体舞9个,表演舞9个。大部分是选自上海市小孔雀歌舞节目会演中的优秀节目。

J0163827
新花朵朵 (儿童歌舞专辑)北京群众艺术馆编
北京 文化艺术出版社 1983年 111页
19cm(32开)统一书号:8228.030
定价:CNY0.42
本书选编了1981年在北京市举行的群众舞蹈调演中荣获创作奖和演出奖的4个儿童歌舞节目。

J0163828
儿童集体舞选 上海文艺出版社编
上海 上海文艺出版社 1984年 63页 25cm(15开)
统一书号:8078.3509 定价:CNY0.47

J0163829
儿童集体舞选 云南省少年儿童文化艺术委员会编
昆明 云南人民出版社 1984年 48页 19cm(32开)
统一书号:7116.967 定价:CNY0.18
本书选编昆明地区创作的儿童集体舞节目:《长在祖国的春天里》《我们跳舞多愉快》《傣族娃娃爱跳舞》《礼貌舞》《大家来唱歌》《小海军

远航回来了》《党的关怀暖心窝》等。

J0163830
小金凤 （广西幼儿民族歌舞）广西民族出版社编
南宁 广西民族出版社 1984年 82页 26cm（16开）
统一书号：M10138.29 定价：CNY0.57

J0163831
儿童歌舞 （一）人民音乐出版社编辑部编
北京 人民音乐出版社 1986年 102页
19cm（32开）统一书号：8026.4445
定价：CNY0.77

J0163832
儿童歌舞 （二）人民音乐出版社编辑部编
北京 人民音乐出版社 1987年 127页
20cm（32开）统一书号：8026.4542
定价：CNY1.00

J0163833
儿童集体舞 郝云秀，王淑兰编
呼和浩特 内蒙古教育出版社 1986年 61页
有图 19cm（32开）统一书号：7167.945
定价：CNY0.30

本书是呼和浩特市1982年举办的儿童歌舞创作训练班的部分作品选集。收录15套儿童集体舞歌曲、舞蹈图91幅、场记图10幅。内附舞蹈动作说明。

J0163834
儿童民族舞蹈组合选 朱蘋著
上海 上海文艺出版社 1986年 119页 有照片
20cm（32开）统一书号：8078.3614
定价：CNY0.68

J0163835
儿童舞和辅导 少年儿童出版社编
上海 上海少年儿童出版社 1986年 394页
20cm（32开）统一书号：R8024.32
定价：CNY1.60（少先队活动丛书）

J0163836
少儿舞蹈基本训练 崔智著
合肥 安徽文艺出版社 1986年 162页
19cm（32开）统一书号：8378.19 定价：CNY0.90

J0163837
舞蹈 王占春主编
北京 人民教育出版社 1986年 199页
26cm（16开）统一书号：7012.0825
定价：CNY1.40

本书根据四年制幼儿师范学校舞蹈教学大纲，内容包括：舞蹈基础知识、舞蹈基本训练、幼儿舞蹈、民族民间舞介绍4个部分。

J0163838
小歌舞 刘海茹，胡尔岩编
北京 北京少年儿童出版社 1986年 223页
19cm（32开）统一书号：8325.6 定价：CNY1.10

J0163839
幼儿师范学校舞蹈教学大纲 （试行草案）中华人民共和国国家教育委员会制定
北京 人民体育出版社 1986年 17页 19cm（32开）
统一书号：K7012.0827 定价：CNY0.09

本书大纲根据幼儿师范学校的培养目标、教学计划和幼儿园教育、教学的需要，确定舞蹈教学的目的任务、具体任务。

J0163840
儿童舞蹈训练指南 李素华编著
济南 明天出版社 1987年 240页 18cm（32开）
统一书号：7333.360 ISBN：7-5332-0125-6
定价：CNY1.75

本书根据儿童舞蹈教育的要求，对编创儿童舞蹈的要点、中国民族舞蹈的基本知识，作了浅显的介绍。

J0163841
儿童舞基训教材 顾以庄著
北京 中国文联出版公司 1987年 474页
19cm（32开）统一书号：8355.417
ISBN：7-5059-0296-2 定价：CNY2.70

J0163842
舞蹈 华东七省市，四川省幼儿园教师进修教材协编委员会编
上海 上海教育出版社 1987年 202页
26cm（16开）统一书号：7150.3947
ISBN：7-5320-0228-4 定价：CNY2.15

J0163843
小红花　（儿童歌舞集）人民音乐出版社编辑部编
北京　人民音乐出版社　1987 年　77 页
19cm（32 开）统一书号：8026.4554
定价：CNY0.54

J0163844
雪花　耿延秋著
北京　中国戏剧出版社　1987 年　129 页
19cm（小 32 开）定价：CNY0.80
（幼儿戏剧歌舞小丛书　1）

J0163845
儿童歌舞选　中国舞蹈家协会福建分会，福建省文化厅少儿工作室编
北京　中国文联出版公司　1988 年　106 页
19cm（32 开）ISBN：7-5059-0181-8
定价：CNY1.15

J0163846
苗苗歌舞　上海文艺出版社编
上海　上海文艺出版社　1988 年　230 页
24cm（26 开）统一书号：8078.3588
定价：CNY3.25

J0163847
幼儿歌舞　汪玲作曲；郦海英编舞；金诚插图
上海　上海教育出版社　1988 年　22 页　附音带 1 盒
26cm（16 开）定价：CNY6.30

J0163848
彩色的河流　佟承杰，范德金著
天津　新蕾出版社　1989 年　139 页　19cm（32 开）
ISBN：7-5307-0524-5　定价：CNY1.80
（智慧小天使丛书）

本书 4 部分：儿意舞蹈入门、儿童舞蹈的基本训练、有趣的儿童舞蹈、舞蹈像无数条彩色的河流。第 2-3 部分配有详细的图解。第 4 部分写了舞蹈的产生、发展的历史，介绍了中国的民族、民间舞蹈。重点介绍舞蹈知识及舞蹈作品。

J0163849
舞蹈　王淑兰等编
呼和浩特　内蒙古教育出版社　1989 年　432 页
19cm（32 开）ISBN：7-5311-0349-4
定价：CNY2.55

J0163850
献给祖国好妈妈　（幼儿歌舞专辑）薛春霞，李桂娥主编
北京　科学普及出版社　1989 年　126 页
19cm（小 32 开）定价：CNY1.70

J0163851
幼儿舞蹈　（动作艺术基础）李健等著
北京　中国舞蹈出版社　1991 年　178 页
19cm（32 开）ISBN：7-80075-016-7
定价：CNY3.50

本书根据幼儿的年龄及生理特点，运用形象化的教育手段，以动作艺术为主导传授思想，从一个新的角度对幼儿舞蹈教学进行了尝试，并取得了成功。作者运用了简单明了的教学方法进行教育活动，使幼儿在娱乐中学习了舞蹈。

J0163852
儿童歌舞基础知识　潘代双编著
武汉　湖北教育出版社　1992 年　114 页
19cm（小 32 开）ISBN：7-5351-0694-3
定价：CNY2.15

本书讲述了 5-13 岁儿童歌舞的理论知识和技艺。作者潘代双（1938—　），舞蹈编导。湖北武汉人，毕业于武汉第一师范学校。中国舞蹈家协会会员，湖北省舞蹈家协会理事，武汉市社会舞蹈研究会副会长。舞蹈作品有《放鸭歌》《民族团结舞》《鲜花献给伟大的党》《汉水情丝》等。

J0163853
儿童舞蹈教学指导　胡蕴琪著
上海　上海音乐出版社　1992 年　264 页
20cm（32 开）ISBN：7-80553-287-7
定价：CNY6.00

本书汇集了作者的儿童舞蹈教学经验和她创作的并获得每届上海小孔雀舞蹈节优秀创作奖的儿童歌舞作品。作者胡蕴琪（1952—　），教师。浙江慈溪人，毕业于上海市戏剧学院戏曲舞蹈分院。历任上海电视台小荧星艺术团舞蹈编导，华东六省一市儿童舞蹈研究会理事、中学高级教师。主要论文有《儿童舞蹈教学指导》《城市少儿舞蹈创作初探》《胡蕴琪舞蹈教学演示汇编》等。编有教材《第一套全国中小学校园集体

舞(小学)教材》。

J0163854
儿童舞蹈启蒙 高守贤,韦元岩编著
呼和浩特 内蒙古人民出版社 1992年 129页
有图 19cm(小32开) ISBN: 7-204-01696-3
定价: CNY2.50

本书讲述了儿童舞蹈启蒙训练的常识,介绍了儿童最初的启蒙训练方法,选编了几十个儿童舞蹈节目。作者高守贤,女,蒙古族,舞蹈艺术家。内蒙古通辽市人,内蒙古舞蹈家协会会员,中国舞蹈家协会少数民族学会会员,内蒙古大学艺术学院舞蹈讲师。著有《舞蹈概论》《艺术家的真实故事》等。

J0163855
少儿舞蹈论集 韩淑玲等编
西安 陕西人民出版社 1992年 136页
19cm(小32开) ISBN: 7-224-02036-2
定价: CNY2.00

J0163856
儿童节日舞蹈 郭子徽等编著
上海 上海教育出版社 1993年 111页
26cm(16开) ISBN: 7-5320-3449-6
定价: CNY6.20

本书收录《新年好》《金色的童年》《我和祖国同长大》等12个儿童舞蹈。作者郭子徽(1949—),舞蹈家,上海人,毕业于上海舞蹈学校。上海青年文化活动中心手拉手艺术团团长、中国舞蹈家协会会员、中国儿童歌舞学会常务理事兼副秘书长。从事儿童舞蹈教学和创作三十余年,创作了近百部优秀的少儿舞蹈作品。

J0163857
娃娃学舞 (第一集)戴巧玲编著
南京 南京出版社[1993年]169页 有图
18cm(小32开) ISBN: 7-80560-917-9
定价: CNY2.70

本书收录《泥娃娃》《金孔雀》《赶海的小姑娘》等6个儿童舞蹈。

J0163858
娃娃学舞 (第二集)戴巧玲编著
南京 南京出版社[1993年]110页 有图
18cm(小32开) ISBN: 7-80560-917-9
定价: CNY2.10

J0163859
儿童舞蹈编导 周雅俐编著
桂林 广西师范大学出版社 1994年 207页
19cm(小32开) ISBN: 7-5633-1908-5
定价: CNY3.50
(中等师范学校课外活动丛书)

本书内容包括:儿童舞蹈基础、儿童舞蹈的纪录、儿童舞蹈的基本动作、队形和创编等7章。作者周雅俐,湖南省耒阳师范任教。

J0163860
少儿舞蹈入门 (少儿舞模仿动作选)杨书明编著
北京 首都师范大学出版社 1994年 133页
19cm(小32开) ISBN: 7-81039-120-8
定价: CNY4.60
(少儿文化技能丛书)

J0163861
儿童舞蹈24则 郦海英,田鸿生编著
上海 上海音乐出版社 1995年 86页
19cm(小32开) ISBN: 7-80553-579-5
定价: CNY4.00

本书是中国现代儿童歌舞中的舞蹈动作介绍。

J0163862
儿童舞蹈教程 张先敏著
北京 中国青年出版社 1995年 196页
19cm(小32开) ISBN: 7-5006-1997-9
定价: CNY9.50

作者张先敏,女,北京市少年宫高级舞蹈教师,中国舞蹈家协会会员。

J0163863
舞蹈 董立言,刘振远主编;部分省市职业高中幼儿教育专业课程结构总体改革实验教材编写委员会编
北京 高等教育出版社 1995年 320页
26cm(16开) ISBN: 7-04-005291-1
定价: CNY15.45

J0163864
儿童民族舞蹈组合选　（二）朱蘋著
上海　上海音乐出版社　1996 年　86 页
19cm（小 32 开）ISBN：7-80553-549-3
定价：CNY3.70

J0163865
儿童歌舞及舞蹈基础训练　中等师范音乐教材编委会编
上海　上海音乐出版社　1998 年　131 页
26cm（16 开）ISBN：7-80553-665-1
定价：CNY7.30

J0163866
儿童舞蹈基训 20 课　李振文著
上海　上海音乐出版社　1998 年　13+241 页　有图
20cm（32 开）ISBN：7-80553-238-9
定价：CNY10.50

J0163867
舞蹈　江苏省幼儿园教师学历培训教材编写组编
南京　南京师范大学出版社　1998 年　198 页
20cm（32 开）ISBN：7-81047-228-3
定价：CNY7.50

J0163868
儿童歌舞创编与实例　李嘉评等编著
长沙　湖南文艺出版社　1999 年　170 页
26cm（16 开）ISBN：7-5404-1996-2
定价：CNY16.50
作者李嘉评（1939—　），国家一级作曲。历任青岛市北区政协副主席，青岛市文联副主席，青岛市音协副主席，省文联委员，中国儿童音乐学会理事等。作品有《海娃的歌》《野菊花》《山里的小姐姐》《我爱祖国大自然》《大海的故事》等。

J0163869
少年歌曲和舞蹈　余惠珍选编
上海　少年儿童出版社　1999 年　91 页
19cm（小 32 开）ISBN：7-5324-3799-X
定价：CNY3.50
（学生素质教育丛书）

J0163870
舞蹈　（全一册）人民教育出版社体育室编著
北京　人民教育出版社　1999 年　257 页
26cm（16 开）ISBN：7-107-12778-0
定价：CNY13.90
本书内容包括：舞蹈基础知识部分、舞蹈基本动作与技能训练部分、中国民族民间舞蹈部分、外国民间舞蹈部分。

中国古典舞蹈、芭蕾舞、现代舞、歌舞

J0163871
“八一”歌舞　江波，彦军撰
上海　新华书店华东总分店　1950 年　43 页
19cm（32 开）定价：CNY2.10
本书是一部用歌舞的形式叙述解放军历史的作品，演出时可以自配舞蹈，或以独唱、齐唱、合唱等演唱形式的表演。

J0163872
古典舞基训教材　艺训班编
艺训班［1950—1959 年］［26cm］（16 开）

J0163873
青年歌舞　（第二辑）益智书店编辑
天津　益智书店　1951 年　51 页　有图　18cm（32 开）
定价：旧币 2,500 元

J0163874
青年歌舞　（第三辑）张伯清等编
天津　益智书店　1952 年　66 页　有图　18cm（32 开）
定价：旧币 3,000

J0163875
青年歌舞　（第四辑）张伯清等编
天津　益智书店　1953 年　60 页　有图　18cm（32 开）
定价：旧币 2,500 元

J0163876
现代舞蹈选　汪梦麒编撰
上海　北新书局　1953 年　92 页　有图　13cm（60 开）
定价：旧币 2,500 元
（新文娱丛书）

J0163877
钢铁舞 梁平中学编
梁平 梁平县文化革命指挥部 1958年 油印本
26cm(16开)

J0163878
歌唱英雄渠 (歌舞)甘肃省群众艺术馆编
兰州 甘肃省群众艺术馆 1958年 16页
17cm(40开)

J0163879
拣棉花 (歌舞)黑龙江省群众艺术馆编
哈尔滨 黑龙江人民出版社 1958年 22页
有图 19cm(32开)统一书号:T8093.33
定价:CNY0.07

J0163880
"跃进"歌舞 肖辉编剧;上海建新歌舞团集体编舞
上海 上海文艺出版社 1958年 29页
18cm(15开)统一书号:8078.331
定价:CNY0.08

J0163881
炸碉堡 白水编舞记录;李克瑜绘图
上海 上海文化出版社 1958年 43页
18cm(15开)统一书号:8077.134
定价:CNY0.15

J0163882
丰收舞 河南省群众艺术馆编
郑州 河南人民出版社 1959年 32页
18cm(15开)统一书号:T8105.137
定价:CNY0.11
(河南省现代剧目汇报演出剧本选集 第二集)

J0163883
钢铁舞 河南省群众艺术馆编
郑州 河南人民出版社 1959年 28页
18cm(15开)统一书号:T8105.137
定价:CNY0.10

J0163884
古典舞训练常识 王静野著
上海 上海文艺出版社 1959年 49页 15cm(40开)
统一书号:10078.0894 定价:CNY0.14

J0163885
欢乐的食堂 (舞蹈)何敏士编舞
广州 广州文化出版社 1959年 24页
19cm(32开)定价:CNY0.10

J0163886
竞争者 北京群众艺术馆编
北京 北京出版社 1959年 36页 有图
19cm(32开)统一书号:8071.61 定价:CNY0.13

J0163887
庆丰收舞 郭青等整理
保定 保定地区人民出版社 1959年 37页
11cm(100开)定价:CNY0.14

J0163888
山东省"跃进"歌舞大会舞蹈选集 山东省"跃进"歌舞大会编
山东省跃进歌舞大会 1959年 26cm(16开)

J0163889
跃进歌舞 (第一册)山西艺术学院舞蹈研究班集体创作
太原 山西人民出版社 1959年 84页
15cm(40开)统一书号:10088.276
定价:CNY0.20

J0163890
高歌欢舞颂苗岭 (歌舞集)贵州省第三次艺术会演大会编
贵阳 贵州人民出版社 1960年 150页
19cm(32开)统一书号:T10115.230
定价:CNY0.46

J0163891
古典舞基本训练 山东省群众艺术馆编
济南 山东人民出版社 1960年 57页
15cm(40开)统一书号:T8099.341
定价:CNY0.12

J0163892
水利花儿开满园 (歌舞)甘肃省群众艺术馆编
兰州 甘肃省群众艺术馆 1960年 9页
18cm(32开)

J0163893
芭蕾舞蹈参考资料 （第三辑）北京芭蕾舞学校资料室编
北京 北京芭蕾舞学校资料室 1964年 油印本 208页 有图 26cm（16开）

J0163894
崇武民兵 福建人民出版社编辑
福州 福建人民出版社 1964年 33页 19cm（32开）统一书号：T10104.326
定价：CNY0.12

J0163895
古典芭蕾双人舞教学选 刘庆棠执笔；陈纶摄影
上海 上海文化出版社 1964年 21cm（32开）
定价：CNY0.68

J0163896
渔民号子 （表演舞）上海群众艺术馆编；凌纪昌等集体创作；田见编曲；李季桦，赵希京整理记录
上海 上海文化出版社 1964年 53页 14cm（64开）统一书号：T8077.221
定价：CNY0.11

J0163897
板车号子 中国舞蹈工作者协会编
上海 上海文化出版社 1965年 45页 19cm（32开）统一书号：8077.273
定价：CNY0.20

J0163898
军鞋曲 （三人舞）江西省井冈山地区文艺工作团创作；耿迪群，欧阳维德编舞；刘熹奇绘图
上海 上海人民出版社 1977年 54页 有剧照 19cm（32开）统一书号：8171.1783
定价：CNY0.15

J0163899
我爱这一行 （独舞）吉林省歌舞团创作；姚崇林，张松年编舞
上海 上海人民出版社 1977年 71页 19cm（32开）
统一书号：8171.2037 定价：CNY0.17

J0163900
支农船歌 （舞蹈）武汉歌舞剧院《支农船歌》创作组编舞；张宏作曲
北京 人民音乐出版社 1977年 43页 26cm（16开）
统一书号：8026.3301 定价：CNY0.27

J0163901
《农业学大寨》舞蹈选集
北京 人民音乐出版社 1978年 65页 19cm（32开）
统一书号：8026.3351 定价：CNY0.16
（农村文艺演唱丛书）

J0163902
格斗 （双人舞）周少三，李华编导；葛礼道等作曲
北京 人民音乐出版社 1978年 39页 26cm（16开）
统一书号：8026.3264 定价：CNY0.25

J0163903
美好的心愿 （舞蹈）罗俊生编导；马诚，杨雅都作词；匀平，胡胆作曲
北京 人民音乐出版社 1978年 46页 26cm（16开）
统一书号：8026.3550 定价：CNY0.24

J0163904
做军鞋 （舞蹈）山东省歌舞团舞蹈编导组集体创作；赵河曲；方平作词
北京 人民音乐出版社 1978年 36页 26cm（16开）
统一书号：8026.3507 定价：CNY0.25

J0163905
红云 （舞蹈）张苛作词；张一骥，田联韬作曲
北京 人民音乐出版社 1979年 50页 26cm（16开）统一书号：8026.3612
定价：CNY0.31

J0163906
西藏古典歌舞——囊玛 毛继增记谱整理；何良俊，徐官珠译词
北京 音乐出版社 1980年 重印本 183页 20cm（32开）统一书号：8026.1177
定价：CNY1.10
（中国音乐研究所丛刊）

本书记录整理了40首囊玛音乐，有曲谱、原文歌词、译音和译意等材料。

J0163907
唐·长安乐舞 武功等摄影
西安 陕西人民美术出版社 1985年 47页
26cm(16开) 统一书号: 8199.998

J0163908
现代舞会舞 郭明达, 方展谋著;《舞蹈》编辑部编
北京 宝文堂书店 1985年 91页 有图
19cm(小32开)统一书号: 8070.184
定价: CNY0.60

J0163909
人体文化 (古典舞世界里的中国与西方) 谢长, 葛岩著
成都 四川人民出版社 1987年 225页
19cm(32开)统一书号: 17118.188
ISBN: 7-220-00020-0 定价: CNY1.55
(走向未来丛书)

J0163910
纳西族古代舞蹈和舞谱 杨德鋆等编
北京 文化艺术出版社 1990年 300页
20cm(32开)ISBN: 7-5039-0596-4
定价: CNY4.50
(中国民族民间舞蹈资料丛书)

J0163911
中国古典舞基训 郜大琨等著
杭州 浙江美术学院出版社 1991年 142页
有彩照及图 26cm(16开)ISBN: 7-81019-086-5
定价: CNY10.50

本书内容包括：基本能力与专业素质、基本技术技巧。

J0163912
中国古典舞身韵 李正一等著
杭州 浙江美术学院出版社 1991年 144页
有照片 26cm(16开)精装 ISBN: 7-81019-079-2
定价: CNY3.50

作者李正一(1929—), 女, 教授。辽宁安东人, 毕业于中央戏剧学院。曾任北京舞蹈学院院长, 北京舞蹈学院学术委员会主任、教授。中国舞蹈教学会会长, 中国舞蹈家协会副主席。

J0163913
中国古典舞与雅士文化 于平著
长春 吉林教育出版社 1992年 290页 有彩图
20cm(32开)精装 ISBN: 7-5383-1687-6
定价: CNY9.50
(中华艺术文库)

本书论述了中国古典舞的文化底蕴、礼法意识、生态网络等内容。作者于平(1954—), 教授。江西南昌人。毕业于中国艺术研究院。曾任文化部艺术司司长、南京艺术学院舞蹈学院院长等职。主要作品有《中国古典舞与雅士文化》《中外舞蹈思想概论》《高教舞蹈综论》等。

J0163914
唐满城舞蹈文集 唐满城著
北京 中国戏剧出版社 1993年 269页
有照片 20cm(32开) ISBN: 7-104-00262-6
定价: CNY8.80
(舞蹈教育文库)

本书内容包括: 中国古典舞研究、舞剧创作、舞蹈理论与评论、“桃李杯”比赛评论、随感与散记, 最后是舞蹈界对唐满城的评论文章。

J0163915
芭蕾之梦 肖苏华著
北京 中国工人出版社 1994年 324页
20cm(32开)ISBN: 7-5008-1650-2
定价: CNY10.80
(舞蹈教育文库)

本书收录《交响芭蕾初析》《瓦尔纳联想》《芭蕾史话漫谈》等20余篇文章。作者肖苏华(1937—), 舞蹈编导、教授。吉林蛟河人。历任北京舞蹈学院教师、中国舞蹈家协会会员、中国舞蹈家协会芭蕾艺术委员会常务委员等。主要著作有《芭蕾之梦》《芭蕾艺术欣赏》《国际流行交际舞》等。

J0163916
中国古典舞教学 朱清渊著
杭州 中国美术学院社 1994年 324页
26cm(16开)ISBN: 7-81019-310-4
定价: CNY20.00

作者朱清渊(1938—), 舞蹈教师。福建晋江人。历任北京舞蹈学院舞蹈学研究所所长、舞蹈学系主任、硕士生导师, 北京市音乐舞蹈学校

名誉校长。创作有《闻鸡起舞》《七勇士》《龟兔赛跑》《剑舞》《四个小伙》《绝路乌江》《雏凤凌空》等。

J0163917
清代舞蹈的传承与变异　王克芬，刘青弋著
北京 北京舞蹈学院 1997年 259页 有图
21cm（32开）
作者王克芬（1927—2018），女，重庆云阳人。曾师从戴爱莲学习舞蹈，后转入舞蹈史研究。历任中国艺术研究院舞蹈研究所研究员、博士生导师、敦煌研究院兼职研究员。中国艺术研究院研究员。著有《中国古代舞蹈史话》《清代舞蹈的传承与变异》《敦煌石窟全集·舞蹈卷》。

J0163918
芭蕾基础教程　叶文和著
上海 百家出版社 1999年 210页 有图
26cm（16开）ISBN：7-80576-808-0
定价：CNY20.00

中国交际舞（交谊舞）

J0163919
舞星艳影　大华艺术社编
上海 大华艺术社［1928年］［106］页 有像
21cm（32开）定价：大洋二元
本书收录《文明场所的野蛮规矩》（瘦鹃）、《我也曾到过跳舞场》（吉诚）、《跳舞杂谈》（李元龙）等30篇有关跳舞及舞场的文章。

J0163920
交际跳舞术　黄志诚，林默厂译著
上海 大东书局 1929年 再版 96页 有图
19cm（32开）精装 定价：大洋一元
本书介绍狐步舞、华尔兹舞、法国式唐钧舞、黑底舞等11种交际舞的跳法。

J0163921
舞场春色　（跳舞捷径）顾羽著
上海 新生活书店 1935年 72页 有图
19cm（32开）定价：六角
本书内容为交际舞基本知识，收录《跳舞的礼节》《跳舞须知》《跳舞秘诀》《跳舞始自中国考》《沪上著名的跳舞场》等14篇文章。

J0163922
最新标准式交际舞　钱宗廉著
上海 艺林舞所［1938年］186页 有图
［19cm］（32开）定价：旧币8,000元
本书前半部分论述交际舞的理论和技巧，后半部分为勃罗斯、快狐步、华尔兹、慢狐步、探戈等步法说明。

J0163923
交际舞术　王礼安编
重庆 万象周刊社 1945年 82页 有图
19cm（32开）
本书主要介绍交际舞的跳法。内容包括：导言、注意事项、俄罗斯舞、狐步舞、华尔兹、探戈、附录7章。

J0163924
交际舞跳法
昆明 1945年 41页 有图 18cm（15开）
本书内容包括：跳舞的意义、跳舞的方式、舞的种类等。

J0163925
舞国乐园　李颐康著
南京 拔提书局 1947年 94页 有图 18cm（32开）
本书内容为交际舞基本步法，有图解，包括漫谈、舞厅规则、礼节、舞时须知等9章。

J0163926
交际舞速成　安乐然撰
上海 上海文化工艺社 1950年 2版 油印本 有图

J0163927
华尔兹教材　安乐然撰
安乐然［自刊］1951年 油印本 74页 有图
18cm（15开）定价：旧币7,000元
（交际舞丛书 第一集）

J0163928
怎样跳交际舞　谈有时撰
北京 民智书店 1951年 116页 有图 18cm（15开）
定价：旧币10,000元

J0163929
最新标准交际舞步百种 朱阴桥撰
朱阴桥[自刊] 1951年 2版 有图

J0163930
交谊舞速成 谈有时撰
谈有时[自刊] 1953年 28页 有图 13cm(60开)

J0163931
三步舞 (华尔兹教材)安乐然著
安乐然[自刊] 1953年 2版 油印本 74页 有图 18cm(32开) 定价:旧币6,000元
(交际舞丛书 第一集)

J0163932
怎样学习交谊舞 谈有时编撰
谈有时[自刊] 1953年 104页 有图 18cm(15开)
定价:旧币8,000元

J0163933
怎样学习交谊舞 谈有时撰
谈有时[自刊] 1953年 2版 增订版 112页
有图 18cm(15开)

J0163934
最新交谊舞 谈有时编著
谈有时[自刊] 1954年 112页 有图 18cm(15开)

J0163935
友谊舞 中国舞蹈艺术研究会编;樊步义编曲
上海 上海文化出版社 1957年 19cm(32开)
定价:CNY0.18

J0163936
交谊舞速成 富田芳明著;洪书生译
香港 文学出版社 1979年 244页 20cm(32开)

J0163937
怎样跳交际舞 李永生著
合肥 安徽人民出版社 1984年 99页 19cm(32开)
统一书号:7102.987 定价:CNY0.40

J0163938
怎样跳交谊舞 顾也文著
上海 上海文艺出版社 1984年 101页
19cm(32开) 统一书号:8078.3549
定价:CNY0.40

本书阐述了交谊舞的认识、姿势、运步、步法、技巧、舞曲、方向等,并介绍了怎样跳布鲁斯、福克斯、慢华尔兹、快华尔兹等的基本步56种和连接步10套,是交谊舞的入门工具书。作者顾也文(1924—2014),舞蹈编辑。历任上海文娱出版社舞蹈编辑、上海文化出版社音舞组组长。著有《秧歌和腰鼓》。

J0163939
交谊舞ABC 钱家素,绿野编
武汉 长江文艺出版社 1985年 75页 26cm(16开)
统一书号:8107.618 定价:CNY0.97

本书对当前在社会上流行的四步舞(布鲁斯、福克斯、狐步舞)、三步舞(华尔兹)、探戈、伦巴等交谊舞的特点、舞步作了介绍。书中还选录了50首深受青年朋友喜爱的中外名曲。

J0163940
交谊舞大全 刘进东编
哈尔滨 北方文艺出版社 1985年 108页
有图 19cm(32开) 统一书号:8360.8
定价:CNY0.80

本书内容包括:现代交谊舞的发展及礼仪、现代交谊舞姿势与引导、现代交谊舞图式。依次介绍了福克斯(快四步)、布鲁斯(慢四步)、快华尔兹(快三步)、慢华尔兹(慢三步)、探戈、伦巴、吉特巴、迪斯科8种交谊舞的舞步。

J0163941
交谊舞入门 力祯华,音岩编写
济南 山东教育出版社 1985年 57页
19cm(32开) 统一书号:7275.355
定价:CNY0.50

J0163942
交谊舞入门 周百嵘编著
昆明 云南人民出版社 1985年 100页
19cm(32开) 统一书号:7116.1398
定价:CNY0.55

J0163943
交谊舞与新潮舞速成 葛华等编
银川 宁夏人民出版社 1985年 50页

19cm(32开)统一书号:8157.498
定价:CNY0.35

J0163944
现代交际舞大全 《山东青年》杂志社编
济南 山东文艺出版社 1985年 59页 有照片
26cm(16开)统一书号:8331.13 定价:CNY0.65

J0163945
怎样跳交谊舞 舒青,林淳编
兰州 甘肃人民出版社 1985年 57页 19cm(32开)
统一书号:8096.1132 定价:CNY0.26

J0163946
交谊舞指南 崔智编著
合肥 安徽科学技术出版社 1986年 150页
19cm(32开)统一书号:8200.16 定价:CNY0.82

J0163947
交谊舞组合技巧 萧翔编著
沈阳 辽宁人民出版社 1986年 300页
19cm(32开)统一书号:8090.1225
定价:CNY1.40
(文化生活丛书)

J0163948
怎样跳交际舞 沈汉卿编
厦门 鹭江出版社 1986年 7页 13cm(64开)
定价:CNY0.10

J0163949
交际舞与舞会指南 安乐然编著
石家庄 河北教育出版社 1987年 142页
有照片 19cm(32开)统一书号:7509.44
定价:CNY1.00

J0163950
现代交际舞 杨昌雄编译
台北 众文图书公司 1987年 再版 136页 有图
21cm(32开)定价:TWD60.00

J0163951
现代交谊舞速成 莽双英编著
长春 吉林文史出版社 1987年 81页 有照片
19cm(32开)统一书号:7437.1 定价:CNY0.68

J0163952
最新舞艺速成 萧渊友编著
台南 综合出版社 1988年 253页 有图
19cm(32开)定价:TWD120.00

J0163953
现代交际舞大全 丽晖编
广州 广东科技出版社 1989年 491页 有彩照
20cm(32开)ISBN:7-5359-0455-6
定价:CNY8.50

J0163954
舞艺 黄建伟主编;褚中毅,褚一圳编著
北京 中国和平出版社 1990年 140页
19cm(32开)ISBN:7-80037-303-7
定价:CNY2.50
(现代家政百科)

J0163955
当代流行拉丁舞 王克伟,陈文絿编著
上海 上海音乐出版社 1991年 230页 有插图
20cm(32开)ISBN:7-80553-252-4
定价:CNY4.95

本书介绍了当代流行拉丁舞的舞步、动作风格和特点。外文书名:Contemporary Popular Latin Dance. 作者王克伟,教师。江苏人,上海国际标准舞代表队主任教师,中国舞蹈家协会会员,中华全国国际标准交际舞总会会员、国家级评委。作者陈文絿,北京人,上海国际标准舞领队兼教练,中华全国国际标准交际舞总会会员、国家级评委。

J0163956
新潮交谊舞 马德云编著
哈尔滨 黑龙江科学技术出版社 1992年 204页
20cm(32开)ISBN:7-5388-1950-9
定价:CNY4.50

本书着重介绍了慢四、中四、快四、吉特巴、伦巴等9种11套交谊舞的舞姿、步法、节奏等。

J0163957
学跳交谊舞 陈文絿,惠采莲编著
上海 上海远东出版社 1992年 123页 有照片
17×18cm ISBN:7-80514-879-1
定价:CNY4.60

J0163958
怎样跳好交谊舞　吴欢迎，周晓健编著
成都 四川科学技术出版社 1992年 237页
有照片 20cm（32开）ISBN：7-5364-1816-7
定价：CNY7.00
　　本书介绍了7个舞种的近百种变化的舞步的跳法及舞会的组织与比赛等知识。

J0163959
怎样跳好交谊舞　吴欢迎，周晓健编著
成都 四川科学技术出版社 1995年 重印本
237页 有照片 20cm（32开）
ISBN：7-5364-1814-0 定价：CNY13.00

J0163960
怎样跳好交谊舞　吴欢迎，周晓健编著
成都 四川科学技术出版社 1998年 2版 增订本
10+282页 有图 20cm（32开）
ISBN：7-5364-1816-7 定价：CNY14.50

J0163961
交谊舞新花　（北京平四舞指南）陈坚刚著
北京 中国工人出版社 1993年 114页
19cm（小32开）ISBN：7-5008-1240-X
定价：CNY2.90

J0163962
学跳交谊舞　（电视教材）杨威等编著
上海 同济大学出版社 1993年 173页
17×18cm ISBN：7-5608-1327-5
定价：CNY8.00
　　作者杨威（1932—　），女，上海舞剧院创作研究室编导。

J0163963
交谊舞
合肥 黄山书社 1994年 89页 有图 26cm（16开）
ISBN：7-80535-811-7 定价：CNY5.98

J0163964
舞中之王：现代探戈舞　寒夫，朝晖编
长沙 湖南文艺出版社 1994年 159页
26cm（16开）ISBN：7-5404-1272-0
定价：CNY5.90

J0163965
现代交谊舞花样集锦　刘峰等编著
西安 陕西师范大学出版社 1994年 148页
26cm（16开）ISBN：7-5613-1095-1
定价：CNY5.80

J0163966
OK舞会舞　（当代流行舞蹈实用教材）陈冲等编著；童道蓉绘图
北京 人民音乐出版社 1995年 149页
20cm（32开）ISBN：7-103-01223-7
定价：CNY6.90
　　作者陈冲，中国艺术研究院编审。

J0163967
体育舞蹈　（现代部分）周子章著
天津 百花文艺出版社 1995年 135页
19cm（小32开）ISBN：7-5306-2071-1
定价：CNY8.90

J0163968
现代交际舞　平果编著
石家庄 河北人民出版社 1996年 115页
有图 26cm（16开）ISBN：7-202-01836-5
定价：CNY8.00

J0163969
现代交际舞范本　刘德胜，冬梅编著
北京 农村读物出版社 1996年 247页
20cm（32开）ISBN：7-5048-2708-8
定价：CNY16.80

J0163970
怎样跳交谊舞　黄少青编著
深圳 海天出版社 1996年 89页 有照片
19cm（小32开）ISBN：7-80615-401-9
定价：CNY9.80

J0163971
北京平四舞花样100种　（第一册）杨艺编著
北京 北京体育大学出版社 1997年 293页
20cm（32开）ISBN：7-81051-117-3
定价：CNY15.80

J0163972
北京平四舞花样 100 种 （第二册）杨艺编著
北京 北京体育大学出版社 1997 年 364 页
20cm（32 开）ISBN：7-81051-118-1
定价：CNY18.80

J0163973
体育舞蹈 张清澍等编著
北京 北京体育大学出版社 1997 年 223 页
20cm（32 开）ISBN：7-81051-104-1
定价：CNY7.00

J0163974
体育舞蹈 刁在箴主编
武汉 华中师范大学出版社 1997 年 154 页
20cm（32 开）ISBN：7-5622-1781-5
定价：CNY8.00
（华中师范大学出版基金丛书）

J0163975
新编北京平四舞入门 （附国际交谊舞）陈坚刚编著
北京 中国国际广播出版社 1997 年 169 页
19cm（小 32 开）ISBN：7-5078-1321-5
定价：CNY8.50

J0163976
中国最新流行交谊舞速成 胡乃耀著
北京 新华出版社 1997 年 188 页 有图
19cm（小 32 开）ISBN：7-5011-3646-7
定价：CNY8.50
（家庭书架藏书）

J0163977
最新现代交际舞教程 崔熙芳，王怀玉著
北京 农村读物出版社 1997 年 223 页
19cm（小 32 开）ISBN：7-5048-2785-1
定价：CNY10.00

J0163978
体育舞蹈 许万林主编
西安 陕西科学技术出版社 1998 年 186 页
20cm（32 开）ISBN：7-5369-2715-0
定价：CNY11.80

J0163979
怎样跳交谊舞 孟春燕主编
沈阳 沈阳出版社 1998 年 104 页 有图
19cm（小 32 开）ISBN：7-5441-0981-X
定价：CNY138.00（全套）
（学生文体娱乐活动丛书 11）

J0163980
怎样跳交谊舞 张云朋，丁载珍编著
苏州 苏州大学出版社 1998 年 203 页
19cm（小 32 开）ISBN：7-81037-471-0
定价：CNY8.00
（全民健身活动知识丛书 第三辑）

J0163981
跟我学拉丁舞 赵庭武等编著
长沙 湖南文艺出版社 1999 年 127 页
29cm（16 开）ISBN：7-5404-2100-2
定价：CNY15.50

J0163982
体育舞蹈的理论与实践 吴谋，张海莉主编
上海 复旦大学出版社 1999 年 13+366 页 有图
20cm（32 开）ISBN：7-309-02361-7
定价：CNY24.00

J0163983
现代交际舞教程 易娟，冬梅编著；易玲，潘芽绘
北京 农村读物出版社 1999 年 254 页
26cm（16 开）ISBN：7-5048-3013-5
定价：CNY21.80

中国其他舞蹈

（街舞、爵士舞、迪斯科等）

J0163984
狄克蹿跶舞专集 （第 1 集）郑狄克著
上海 世界书局［1942 年］62 页 有图 横
13cm（60 开）精装

J0163985
踢踏舞 高梓，俞淑芬编著

重庆 教育部特设体育师资训练所 1944年
石印本 158页 有图 19cm(32开)
(教育部特设体育师资训练所体育丛书 1)

本书是民国时期师范院校踢踏舞教材，包括3章，前两章讲述踢踏舞的由来、特质、教学要点及基本步法；后一章介绍24个踢踏舞的跳法。附五线谱舞曲多首。

J0163986
迪斯科 张力编著
合肥 安徽文艺出版社 1985年 58页
19cm(32开) 统一书号：10378.61
定价：CNY0.45

J0163987
迪斯科·交谊舞 郑祥瑞编著
福州 海峡文艺出版社 1985年 66页 19cm(32开)
统一书号：10368.34 定价：CNY0.55
(青年文娱丛书)

J0163988
迪斯科入门 上海市群众艺术馆编；史文娟执笔
太原 山西人民出版社 1985年 99页 19cm(32开)
统一书号：7088.1341 定价：CNY0.78

J0163989
现代流行舞 (迪斯科·伦巴·探戈)孙航民编
长沙 湖南人民出版社 1985年 40页
26cm(16开) 统一书号：8109.1371
定价：CNY0.48

J0163990
迪斯科动作50例 李茂阶编著
郑州 河南科学技术出版社 1986年 108页
19cm(32开) 统一书号：7245.31 定价：CNY0.80

J0163991
迪斯科动作50例 李茂阶编著
郑州 河南科学技术出版社 1988年 108页
19cm(32开) 统一书号：7245.31 定价：CNY1.10

J0163992
迪斯科与霹雳舞 秦岭，文郁编
北京 民族出版社 1988年 129页 有图
19cm(32开) ISBN：7-105-00599-8
定价：CNY1.35

J0163993
上海中老年迪斯科 柴瑞英编
福州 福建人民出版社 1988年 59页 19cm(32开)
ISBN：7-211-00612-9 定价：CNY0.85

J0163994
中老年迪斯科 刘以珍等编著
北京 北京出版社 1988年 106页 19cm(32开)
ISBN：7-200-00661-0 定价：CNY1.65

J0163995
中老年迪斯科 许鸿英等编
长沙 湖南科学技术出版社 1988年 61页
26cm(16开) ISBN：7-5357-0505-7
定价：CNY2.50

J0163996
中老年运动迪斯科 王蕴撰文；秦友友摄影
北京 中国人民公安大学出版社 1988年 32页
有照片 19cm(32开) ISBN：7-81011-065-9
定价：CNY0.45

J0163997
迪斯科健身操 章人英等编著
上海 上海教育出版社 1989年 123页
19cm(小32开) 定价：CNY1.70

J0163998
迪斯科健身舞 傅德全编写
石家庄 河北科学技术出版社 1989年 174页
19cm(32开) ISBN：7-5375-0190-4
定价：CNY2.00

J0163999
迪斯科舞与健美操 王丽先编著
东营 石油大学出版社 1989年 109页
19cm(32开) ISBN：7-5636-0055-8
定价：CNY1.95

J0164000
嘿！霹雳舞 (基础训练)周林著
北京 文化艺术出版社 1989年 138页
19cm(小32开) ISBN：7-5039-0462-3

定价：CNY1.80

J0164001
霹雳舞在中国 魏超，肖白编
北京 光明日报出版社 1989年 240页
19cm（32开）ISBN：7-80014-310-4
定价：CNY2.70
（社会与人丛书）

J0164002
中老年迪斯科集锦 郑肇建，吕铁力编
成都 四川人民出版社 1989年 134页
18cm（小32开）ISBN：7-220-00484-2
定价：CNY2.80
（现代女性丛书）

J0164003
爵士·迪斯科 孙爱玲编
武汉 湖北教育出版社 1991年 125页
19cm（小32开）ISBN：7-5351-0733-8
定价：CNY2.60
作者孙爱玲（1946— ），中国舞蹈家协会会员。

J0164004
中老年迪斯科 徐尔充主编
北京 金盾出版社 1995年 116页 有彩图
26cm（16开）ISBN：7-80022-996-3
定价：CNY9.90
作者徐尔充（1932— ），研究员。湖北武汉人。历任中国艺术研究院舞蹈所研究员、《舞蹈艺术》副主编、中国舞蹈家协会会员。编辑教材有《人体美与服装模特训练》《90年代流行交谊舞》《中老年健身健美迪斯科》等。

中国各种舞剧（民族舞剧、古典舞剧、儿童舞剧、芭蕾舞剧等）

J0164005
一粒棉花籽 （童话歌舞短剧）沈秀梅作词；老志诚作曲
北京 新中国书店 1951年 26页 有图
26cm（16开）定价：旧币4,000元

J0164006
东郭先生 （古典舞蹈剧）栗承廉编；苏夏作曲；李克瑜绘图
上海 上海文化出版社 1957年 67页 18cm（15开）
统一书号：8077.101 定价：CNY0.24

J0164007
孤独的小马驹 （舞蹈剧）袁春等改编；篮毅作曲；陈昔蔚，吴曼英绘图
上海 上海文化出版社 1957年 58页 18cm（15开）
统一书号：8077.85 定价：CNY0.22

J0164008
茶花担 江苏省群众艺术馆编
上海 上海文化出版社 1958年 40页
19cm（32开）统一书号：8077.164
定价：CNY0.15

J0164009
儿童歌舞剧选 （第一集）《儿童音乐》编辑部编辑
北京 音乐出版社 1958年 51页 有图
19cm（32开）统一书号：8026.824
定价：CNY0.22
（儿童音乐丛书 1）

J0164010
姑嫂鸟 （小型舞剧）广东省群众艺术馆编
上海 上海文化出版社 1958年 40页
19cm（32开）统一书号：8077.161
定价：CNY0.16

J0164011
小兔子领尾巴 （童话歌舞剧）刘饶民等作剧
北京 中国少年儿童出版社 1958年 61页
19cm（32开）统一书号：R8056.44
定价：CNY0.22

J0164012
蝶恋花 （五幕七场舞剧台本）陈果等编
沈阳 沈阳部队前进歌舞团 1959年 6页
26cm（16开）

J0164013
王邦德 （舞剧）福州军区政治部文工团编
福州 福州军区政治部文工团 1959年 油印本
26页 26cm（16开）

J0164014
讲卫生 （小型舞剧）梁伦编导；胡均，蔡余文作曲
广州 广东人民出版社 1960年 125页
14cm（64开）统一书号：T10111.547
定价：CNY0.16
（群众演唱小丛书）

J0164015
送瘟神 （舞剧）周裔等编剧；程茹辛等作曲
南京 江苏文艺出版社 1960年 103页 有照片
18cm（32开）统一书号：T10141.984
定价：CNY0.30
本剧是根据毛主席《送瘟神》诗二首改编的四幕九场大型舞剧。

J0164016
抢亲 （小型舞剧）中国舞蹈工作者协会编辑
上海 上海文艺出版社 1961年 76页
19cm（32开）统一书号：8078.1839
定价：CNY0.38

J0164017
不朽的战士 中国人民解放军总政治部文工团歌舞团编辑；陆原作曲；张文明等编导
上海 上海文艺出版社 1963年 174页
19cm（32开）统一书号：8078.2045
定价：CNY0.92

J0164018
五朵红云 （四幕七场舞剧）中国人民解放军战士歌舞团编；查烈等编导；彦克等作曲
上海 上海文艺出版社 1963年 102+18页 有图
21cm（32开）统一书号：8078.2170
定价：CNY1.25

J0164019
芭蕾舞剧白毛女歌曲选 上海市舞蹈学校编
上海 上海文化出版社 1966年 30页 有剧照
17cm（40开）统一书号：8077.300
定价：CNY0.14

J0164020
白毛女 （革命现代芭蕾舞剧）上海市舞蹈学校集体创作；北京出版社编辑
北京 北京出版社 1967年 60页+［6］页图版
19cm（32开）统一书号：8071.221
定价：CNY0.22

J0164021
白毛女 （革命现代芭蕾舞剧）上海市舞蹈学校创作
上海 上海人民出版社 1967年 60页 19cm（32开）
定价：CNY0.22

J0164022
红色娘子军 （革命现代芭蕾舞剧）工农兵芭蕾舞剧团集体创作
北京 北京出版社 1967年 41页+［6］页图版
19cm（32开）统一书号：8071.222
定价：CNY0.18

J0164023
芭蕾舞台红旗飘 （赞革命现代舞剧《红色娘子军》）浙江人民出版社编辑
杭州 浙江人民出版社 1970年 73页 19cm（32开）
统一书号：10103.327 定价：CNY0.15

J0164024
革命现代舞剧《红色娘子军》 （一九七〇年五月演出本）中国舞剧团集体改编
沈阳 辽宁省新华书店 1970年 19cm（32开）
定价：CNY0.13

J0164025
革命现代舞剧《红色娘子军》 （一九七〇年五月演出本）中国舞剧团集体改编
北京 人民出版社 1970年 37页 21cm（32开）
定价：CNY0.55（甲种本），CNY0.25（乙种本）

J0164026
革命现代舞剧《红色娘子军》 （一九七〇年五月演出本 综合本）中国舞剧团集体改编及演出
北京 人民出版社 1970年 21cm（32开）
精装 定价：CNY4.00

本书为中国现代舞剧《红色娘子军》演出剧本，包括剧本、剧照、舞蹈场记、舞台美术4个部分。

J0164027
红色"娘子军"（一九七〇年五月演出本）中国舞剧团改编
合肥 安徽省"革命委员会"出版发行局 1970年 78页 有剧照 14cm（64开）统一书号：8102.479 定价：CNY0.15

J0164028
红色娘子军（一九七〇年五月演出本）中国舞剧团集体改编
南京 江苏省"革命委员会"出版发行局 1970年 有剧照 15cm（50开）统一书号：10100.1280 定价：CNY0.20

J0164029
红色娘子军（一九七〇年五月演出本）中国舞剧团集体改编
北京 人民出版社 1970年 684页 有图 22cm（27开）精装 统一书号：10001.223 定价：CNY4.00

J0164030
红色娘子军（革命现代舞剧 一九七〇年五月演出本）中国舞剧团集体改编
北京 人民出版社 1970年 90页 21cm（32开）统一书号：10001.221 定价：CNY0.25

J0164031
红色娘子军（一九七〇年五月演出本）中国舞剧团改编
北京 人民出版社 1970年 90页 有照片 19cm（32开）定价：CNY0.25

J0164032
红色娘子军（一九七〇年五月演出本）中国舞剧团改编
北京 人民出版社 1970年 684页 有图 19cm（小32开）

J0164033
红色娘子军（一九七〇年五月演出本）中国舞剧团集体改编
北京 人民出版社 1970年 684页 有剧照 21cm（32开）精装 定价：CNY4.00

J0164034
红色娘子军（革命现代舞剧）中国舞剧团集体改编
上海 上海市出版"革命组" 1970年 96页 有剧照 13×15cm 统一书号：3-148（40）定价：CNY0.21

J0164035
毛泽东思想照耀着舞剧革命的胜利前程（革命现代舞剧《红色娘子军》评论集）江苏人民出版社编辑
南京 江苏省"革命委员会"出版发行局 1970年 19cm（32开）定价：CNY0.14

J0164036
毛泽东思想照耀着舞剧革命的胜利前程（排演革命现代舞剧《红色娘子军》的一些体会 1970年第77号）中国舞剧团编写
上海 上海市革命出版组 1970年 19cm（小32开）定价：CNY0.03

J0164037
毛主席的革命文艺路线胜利万岁（赞革命现代舞剧《红色娘子军》）
长沙 湖南人民出版社 1970年 116页 19cm（32开）定价：CNY0.26

J0164038
毛主席的革命文艺路线胜利万岁（赞革命现代舞剧《红色娘子军》）
济南 山东人民出版社 1970年 100页 19cm（32开）统一书号：10099.030 定价：CNY0.19

J0164039
毛主席的无产阶级革命文艺路线胜利万岁（赞革命现代舞剧《红色娘子军》）
长沙 湖南人民出版社 1970年 19cm（32开）定价：CNY0.26

J0164040
赞《红色娘子军》（一九七〇年五月演出本）
广州 广东人民出版社 1970年 19cm（32开）
定价：CNY0.25
（革命样板戏评论选集 之四）

J0164041
赞革命现代舞剧《红色娘子军》（评论集）
郑州 河南人民出版社 1970年 115页
19cm（32开）定价：CNY0.20

J0164042
赞革命样板戏《红色娘子军》 上海人民出版社编辑
上海 上海人民出版社 1970年 137页
19cm（32开）定价：CNY0.21

J0164043
红色娘子军 中国舞剧团改编
上海 上海人民出版社 1971年 96页 有剧照
19cm（32开）统一书号：8.3.247 定价：CNY0.80

J0164044
红色娘子军 （一九七〇年五月演出本）中国舞剧团集体改编
上海 上海人民出版社 1971年 110页 有剧照
17×18cm 统一书号：8.3.247 定价：CNY0.80

J0164045
毛主席的革命文艺路线胜利万岁 （第四集 赞革命现代舞剧《红色娘子军》）
西安 陕西人民出版社 1971年 81页 有照片
19cm（32开）统一书号：10094.11
定价：CNY0.18

J0164046
舞剧史上的革命创举 （赞革命现代舞剧《红色娘子军》）
沈阳 辽宁省新华书店 1971年 70页 19cm（32开）
定价：CNY0.13

J0164047
赞革命现代舞剧《红色娘子军》 天津人民出版社编
天津 天津人民出版社 1971年 117页
19cm（小32开）统一书号：10072.341
定价：CNY0.22

J0164048
鱼水情 （小舞剧）汪兆雄，力凯丰编舞；夏康，袁至刚作曲；焦乃积作词
北京 人民文学出版社 1973年 63页
26cm（16开）统一书号：10019.2083
定价：CNY0.35

J0164049
烽火红缨 （小舞剧）荣培羽，邹影焰编舞；赵建民，夏俊发编曲
长沙 湖南人民出版社 1977年 70页 有图
26cm（16开）统一书号：10109.1037
定价：CNY0.32

J0164050
金凤花开 （小舞剧）中国人民解放军广州部队歌舞团创作
上海 上海文艺出版社 1978年 32页 有剧照
19cm（32开）统一书号：8078.3015
定价：CNY0.30

J0164051
前沿小八路 （小舞剧）袁荣昌，吴宏才作曲
北京 人民音乐出版社 1978年 40页 26cm（16开）
统一书号：8026.3266 定价：CNY0.25

J0164052
夜练 （小舞剧）中国人民解放军广州部队歌舞团创作
上海 上海文艺出版社 1978年 72页 有照片
19cm（32开）统一书号：8078.3013
定价：CNY0.22

J0164053
红缨 （舞剧）湖南省歌舞团集体创作
上海 上海文艺出版社 1979年 169页 有剧照
19cm（32开）统一书号：8078.3075
定价：CNY0.51

J0164054
群雁高飞 （童话小舞剧）慕寅，陈新光作曲
北京 人民音乐出版社 1979年 71页 19cm（32开）

统一书号：8026.3585 定价：CNY0.20

J0164055
蜜蜂来到百花园 （儿童歌舞）
石家庄 河北人民出版社 1980年 27页
19cm（32开）统一书号：10086.489
定价：CNY0.10

J0164056
花仙卓瓦桑姆 （藏族神话舞剧）
成都 四川人民出版社 1982年 97页 有剧照
19cm（32开）统一书号：10118.645
定价：CNY1.00

J0164057
黎锦晖儿童歌舞剧选 黎锦晖曲
北京 人民音乐出版社 1983年 60页 21cm（32开）
统一书号：8026.4126 定价：CNY0.46

本书选编了黎锦晖的3部儿童歌舞剧的代表作：《麻雀与小孩》《三只蝴蝶》《小小画家》。作者黎锦晖（1891—1967），儿童歌舞音乐作家，中国流行音乐的奠基人。生于湖南湘潭，毕业于长沙高等师范学校。代表作品《麻雀与小孩》《葡萄仙子》《小小画家》等。

J0164058
中国舞剧 （摄影集）翟子霞主编
北京 中国世界语出版社 1996年 538页
29cm（16开）精装 ISBN：7-5052-0257-X
定价：CNY480.00

外文书名：Chinese Dance Drama. 作者翟子霞（1938-），女，湖南武岗人，曾在吉林歌舞剧院、空政歌舞团任演员、教师，后转业到文化部艺术局。

J0164059
七彩虹 （金泉生幼儿歌舞剧与歌曲选）金泉生著
北京 中国戏剧出版社 1997年 118页
19cm（小32开）ISBN：7-104-00846-2
定价：CNY7.00

J0164060
话说《元神祭》 吴宏堂主编
武汉 湖北人民出版社 1999年 319页 有彩照
20cm（32开）ISBN：7-216-02630-6
定价：CNY25.00

J0164061
台湾后来好所在 古碧玲著
台北 商务印书馆 1999年 205页 有剧照
CD盘1张（12cm）21cm（32开）
ISBN：957-05-1570-8 定价：TWD280.00
（Open 4/15）

各国舞蹈、舞剧

各国各种舞蹈

J0164062
各国舞蹈新选 金陵女子文理学院体育系编
上海 勤奋书局 1935年 106页 有图
26cm（16开）定价：大洋一元六角
（体育丛书）

本书包括练习韵律之基本步法、练习舞、步法、舞蹈等4章。

J0164063
双人舞 （苏）乌斯季诺娃演出记录；顾迺晴译
上海 文娱出版社 1951年 30页 有图
15cm（40开）定价：旧币2,200元
（苏联舞蹈小丛书 6）

J0164064
水手舞 （苏）奥库聂娃编；郑硕人译
上海 文娱出版社 1951年 32页 有图
15cm（40开）定价：旧币2,200元
（苏联舞蹈小丛书 4）

J0164065
乌克兰舞 （柯洛米卡）（苏）伊瓦尼欣演出；（苏）杰尼索夫记录；顾迺晴译
上海 文娱出版社 1951年 24页 有图
15cm（40开）定价：旧币1,800元
（苏联舞蹈小丛书 2）

J0164066
乌拉尔舞 (回旋舞)(苏)克尼雅捷娃演出;(苏)波加柯娃,(苏)马尔戈里斯记录;顾逎晴译
上海 文娱出版社 1951年 40页 有图
15cm(40开)定价:旧币2,400元
(苏联舞蹈小丛书 3)

J0164067
旋舞 (苏)加里宁编;(苏)索斯诺娃,(苏)波加柯娃记录;郑硕人译
上海 文娱出版社 1951年 24页 有图
15cm(40开)定价:旧币1,800元
(苏联舞蹈小丛书 5)

J0164068
红海军舞 (苏)康斯登基诺夫斯基编;(苏)波加柯娃记录;郑硕人译
上海 文娱出版社 1952年 30页 有图
16cm(25开)定价:旧币1,800元
(苏联舞蹈小丛书 10)

J0164069
红巾舞 (苏)波加特柯娃(Л.Богаткова)等编;许快雪编译
上海 北新书局 1952年 43页 有图 10×15cm
定价:旧币2,000元
(新舞蹈小丛书 6)

J0164070
花环舞 (苏)波加特柯娃(Л.Богаткова),(苏)西佐年柯(З.Сизоненко)编;许快雪编译
上海 北新书局 1952年 45页 有图 10×15cm
定价:旧币2,200元
(新舞蹈小丛书 5)

J0164071
罗马尼亚舞 (罗)马尔高里斯记载;许快雪编译
上海 北新书局 1952年 45页 有图 10×15cm
定价:旧币2,200元
(新舞蹈小丛书 1)

J0164072
农女舞 (苏)西淑年柯编舞;(苏)波加柯娃等记录;顾逎晴译
上海 文娱出版社 1952年 28页 有图
15cm(40开)定价:旧币1,500元
(苏联舞蹈小丛书 14)

J0164073
骑士舞 (苏)波加特柯娃,(苏)巴沙尼娜等著;许快雪编译
上海 北新书局 1952年 52页 有图 10×15cm
定价:旧币2,200元
(新舞蹈小丛书 3)

J0164074
青年舞 (苏)乌斯季诺娃演出记录;顾逎晴译
上海 文娱出版社 1952年 33页 有图
15cm(40开)定价:旧币2,000元
(苏联舞蹈小丛书 7)

J0164075
三人小组舞 (苏)马尔高里斯(Марголис)记载;许快雪编译
上海 北新书局 1952年 49页 有图 10×15cm
定价:旧币2,200元
(新舞蹈小丛书)

J0164076
四方舞 (苏)杰尼索夫改编;顾逎晴译
上海 文娱出版社 1952年 48页 有图
18cm(32开)定价:旧币2,200元
(苏联舞蹈小丛书 13)

J0164077
苏联舞蹈选 (苏)波加特柯娃(Л.Богаткова)等原编;陈登颐编译
上海 万叶书店 1952年 199页 有图
18cm(32开)定价:旧币10,000元

译者陈登颐(1928—),翻译家。江苏镇江人。少时就读上海民治新闻学校。曾任上海音乐出版社编辑。主要翻译作品有《达马莎》《世界小说一百篇》《舒曼论音乐与音乐家》等。

J0164078
晚会舞 (第一集)(苏)波加柯娃记录;杨羽编译
上海 文娱出版社 1952年 58页 有图
8cm(64开)定价:旧币3,600元
(国际舞蹈丛书)

J0164079
溪村舞　(苏)罗马多夫记录改编；顾迺晴译
上海　文娱出版社　1952年　有图　15cm(40开)
定价：旧币2,100元
(苏联舞蹈小丛书　11)

J0164080
匈牙利集体舞　斐也编；李昌庆绘图
上海　文娱出版社　1952年　23页　有图
18cm(32开)定价：旧币2,000元

J0164081
学生舞　(苏)波加特柯娃等著；许快雪编译
上海　北新书局　1952年　50页　有图
10×15cm(50开)定价：旧币2,200元
(新舞蹈小丛书　2)
本书专门介绍苏联和东欧各新民主主义国家的舞蹈。

J0164082
采棉舞　(苏)安罗玖诺娃(Арутюнова)等编；许快雪编译
上海　北新书局　1953年　39页　有图　10×15cm
定价：旧币1,400元
(新舞蹈小丛书　9)

J0164083
各国集体舞　陈显俦编；倪常明绘图
上海　文娱出版社　1953年　37页　有图
18cm(15开)定价：旧币1,800元
(国际舞蹈丛书)

J0164084
集体农庄舞　(苏)乌斯金诺娃编；许快雪编译
上海　北新书局　1953年　47页　有图　10×15cm
定价：旧币1,900元
(新舞蹈小丛书　7)

J0164085
六人舞　(乌拉尔舞)(苏)波加柯娃(Л.Богат-кова)记录；郑硕人译
上海　文娱出版社　1953年　37页　有图
18cm(15开)定价：旧币1,500元
(苏联舞蹈小丛书　17)

J0164086
牧童舞　(苏)康斯坦基诺夫斯基编；许快雪编译
上海　北新书局　1953年　58页　有图　10×15cm
定价：旧币1,800元
(新舞蹈小丛书　8)

J0164087
青年舞选集　(苏)波加特柯娃(Л.Богаткова)等记录；黄达编译
上海　北新书局　1953年　139页　有图
22cm(25开)定价：旧币6,000元

J0164088
苏联集体舞　周位中编；倪常明绘图
上海　文娱出版社　1953年　64页　18cm(32开)
定价：旧币2,800元
(国际舞蹈丛书)

J0164089
苏联舞蹈　齐国卿，冯和光译
北京　人民体育出版社　1953年　定价：CNY0.67

J0164090
晚会舞　(第二集)(苏)波加柯娃记录；杨羽编译
上海　文娱出版社　1953年　70页　有图
18cm(32开)定价：旧币3,000元
(国际舞蹈丛书)

J0164091
匈牙利国家人民文工团　顾也文编
[上海]文娱出版社　1953年　定价：CNY0.28
作者顾也文(1924—2014)，舞蹈编辑。历任上海文娱出版社舞蹈编辑，上海文化出版社音舞组组长。著有《秧歌和腰鼓》。

J0164092
苏联舞蹈集　(苏)波特柯娃(Л.Богаткова)编；(苏)拉柯娃绘图；顾迺晴译
上海　文娱出版社　1954年　169页　18cm(32开)
定价：旧币7,200元
(国际舞蹈丛书)

J0164093
苏联舞蹈　齐国卿，冯和光编译；人民体育出版社编辑

北京 人民体育出版社 1955 年 209 页
18cm(32 开) 定价: 旧币 6,700 元

J0164094
庆丰收舞 (苏)格里泽等编著; 白燕编译
上海 上海文化出版社 1956 年 70 页
18cm(32 开) 定价: CNY0.22

J0164095
晚会集体舞 黄达译
上海 上海文化出版社 1956 年 79 页
18cm(32 开) 定价: CNY0.24

J0164096
晚会集体舞 (2)(苏)波加柯娃(Л.Богаткова)编; 黄达译
上海 上海文化出版社 1957 年 44 页
18cm(32 开) 统一书号: T8077.72
定价: CNY0.15

J0164097
牧人舞 (蒙古人民共和国舞蹈) 北京群众艺术馆编辑; 周鹤亭记录; 野蜂绘图
北京 北京出版社 1957 年 22 页 有图
18cm(15 开) 统一书号: T8071.16
定价: CNY0.09

J0164098
苏联舞蹈集 (苏)波加特柯娃(Л.Богаткова)编;(苏)拉柯娃绘图; 顾逎晴译
上海 上海文化出版社 1958 年 新 1 版 166 页
有图 19cm(32 开) 统一书号: 8077.168
定价: CNY0.46

J0164099
风靡世界的运动舞 (爵士体操)(日)中川三郎著; 邱梦蕾编译
台北 星光出版社 1984 年 126 页 有图
21cm(32 开) 定价: TWD75.00
(双子星丛书 233)

J0164100
拉班舞谱 (3 中国古代舞谱 公元前 16 世纪~公元 1911 年) 彭松, 冯碧华编著
北京 中国舞蹈出版社 1989 年 158 页
26cm(16 开) ISBN: 7-80075-005-1
定价: CNY4.80

作者冯碧华(1945—), 山西原平人。文化部民文司处级调研员, 中国舞蹈家协会会员。

J0164101
外国大、中、小学生健美舞 恒思, 朱藾编译
上海 上海音乐出版社 1989 年 128 页
17cm(40 开) ISBN: 7-80553-084-X
定价: CNY4.00

J0164102
舞 杜云, 陈运祐主编; 张丽壁, 吴冠铭编著
南宁 广西民族出版社 1990 年 190 页
19cm(32 开) ISBN: 7-5363-1008-0
定价: CNY2.50
(当代青年文化娱乐丛书 第一辑 8)

各国民族、民间舞蹈和儿童舞蹈

J0164103
土风舞 (英)Cecil J.Sharp 著; 杨效让, 徐瑞芝译
上海 女青年会全国协会编辑部 1931 年 [59] 页
27cm(16 开)

本书介绍土风舞的跳法, 附舞曲 20 首, 五线谱。外文书名: The Country Dance Book.

J0164104
欧美土风舞 沈明珍编著
上海 勤奋书局 1934 年 48 页 有图 26cm(16 开)
定价: 大洋一元二角
(体育丛书)

本书收录《佛及尼亚舞》(美国)、《丹麦苏第士舞》(丹麦)、《犹太人舞》、《海员舞》(英国)、《娴都婆娑》(法国)、《唐林舞》(意大利)、《开平舞》《俄国维蘇舞》(俄国)、《纺织舞》《脱兰加立斯舞》(瑞典)等 12 个土风舞。

J0164105
俄罗斯舞 (里温波莉卡)(苏)契尔内歇夫演出;(苏)波加柯娃,(苏)马尔戈里斯记录; 顾逎晴译
上海 文娱出版社 1951 年 46 页 有图
15cm(40 开) 定价: 旧币 2,800 元

（苏联舞蹈小丛书 1）

J0164106
苏联民间舞蹈　（第 1 集）郑硕人，顾迺晴编译
上海　文娱出版社　1951 年　55 页　有图
26cm（16 开）定价：旧币 7,000 元

J0164107
苏联民间舞蹈　（第 2 集）郑硕人，顾迺晴编译
上海　文娱出版社　1951 年　70 页　有图
26cm（16 开）定价：旧币 9,500 元

J0164108
苏联民间舞蹈　（第 3 集）郑硕人，顾迺晴编译
上海　文娱出版社　1951 年　62 页　有图
26cm（16 开）定价：旧币 8,000 元

J0164109
苏联民间舞蹈　（第 4 集）郑硕人，顾迺晴编译
上海　文娱出版社　1951 年　68 页　有图
26cm（16 开）定价：旧币 8,500 元

J0164110
苏联民间舞蹈　（第 5 集）郑硕人，顾迺晴编译
上海　文娱出版社　1952 年　88 页　有图
26cm（16 开）定价：旧币 8,000 元

J0164111
苏联民间舞蹈与舞蹈基本知识　郑硕人，顾迺晴编译
上海　文娱出版社　1951 年　55 页　26cm（16 开）
定价：旧币 9,000 元

J0164112
绸舞　（苏）萨依柯夫斯卡雅编舞；（苏）波加柯娃记录；郑硕人译
上海　文娱出版社　1952 年　2 版　30 页　有图
15cm（40 开）定价：旧币 1,900 元
（苏联舞蹈小丛书 9）

J0164113
俄罗斯男舞　（苏）戈里柯娃撰；郑硕人译
上海　文娱出版社　1952 年　37 页　有图
15cm（40 开）定价：旧币 1,800 元
（苏联舞蹈小丛书 15）

J0164114
人民民主国家民间舞　（第一集）杨羽编译
上海　文娱出版社　1952 年　70 页　有图
18cm（32 开）定价：旧币 4,000 元
（国际舞蹈丛书）

J0164115
人民民主国家民间舞　（第二集）杨羽编译
上海　文娱出版社　1953 年　53 页　有图
18cm（32 开）定价：旧币 2,500 元
（国际舞蹈丛书）

J0164116
苏联土风舞　（苏）莫依榭也夫（ИгорьМоисеев）撰；赵勤英，吴之仁译
上海　教育书店　1952年　76页　有图　18cm（32开）
定价：旧币 5,500 元
（苏联舞蹈丛书 1）

J0164117
乌兹别克舞　（苏）伊斯拉莫娃编；（苏）波加柯娃等记录；顾迺晴译
上海　文娱出版社　1952 年　32 页　有图
15cm（40 开）定价：旧币 2,000 元
（苏联舞蹈小丛书 12）

J0164118
燕舞　（苏）雅凯拉依季斯，（苏）波加柯娃记录；顾迺晴译
上海　文娱出版社　1952 年　2 版　25 页　有图
15cm（40 开）定价：旧币 1,700 元
（苏联舞蹈小丛书 8）

J0164119
朝鲜民间舞　周整鸿编
上海　北新书局　1953 年　115 页　有图
18cm（15 开）定价：旧币 4,200 元

J0164120
卡查赫舞　（神箭手）（苏）波加柯娃（Л.Богаткова）记录；顾迺晴译
上海　文娱出版社　1953 年　36 页　有图
15cm（40 开）定价：旧币 1,500 元
（苏联舞蹈小丛书 16）

J0164121
少数民族歌舞曲选　中华全国音乐工作者协会山西分会辑
太原 山西人民出版社 1953年 30页 18cm(32开)
定价:旧币1,200元

J0164122
苏联儿童舞蹈　陈登颐编译
上海 北新书局 1953年 96页 有图 15cm(40开)
定价:旧币2,500元
　　作者陈登颐(1928—　),翻译家。江苏镇江人。少时就读上海民治新闻学校。曾任上海音乐出版社编辑。主要翻译作品有《达马莎》《世界小说一百篇》《舒曼论音乐与音乐家》等

J0164123
新乌克兰舞　(苏)亚柯夫斯卡雅等编;许快雪编译
上海 北新书局 1953年 47页 有图
10×15cm(50开)定价:旧币1,600元
(新舞蹈小丛书 10)

J0164124
最新民间舞　(苏)波加特柯娃(Л.Богаткова)撰;黄达编译
上海 北新书局 1953年 91页 有图 20cm(32开)
定价:旧币4,500元

J0164125
青春舞与桔梗舞　(朝鲜舞)金元庆指导;顾也文整理
上海 文娱出版社 1954年 115页 有图
18cm(32开)定价:旧币5,800元
(国际舞蹈丛书)
　　作者顾也文(1924—2014),舞蹈编辑。历任上海文娱出版社舞蹈编辑,上海文化出版社音舞组组长。著有《秧歌和腰鼓》。

J0164126
喀山鞑靼舞　王克伟整理
上海 上海文化出版社 1955年 36页
18×12cm(36开)定价:CNY0.12
　　苏联民间舞蹈。作者王克伟,教师。江苏人,上海国际标准舞代表队主任教师,中国舞蹈家协会会员,中华全国国际标准交际舞总会会员、国家级评委。

J0164127
南斯拉夫的民间歌舞　中华人民共和国对外文化联络局编
北京 中华人民共和国对外文化联络局 1955年
17页 19cm(32开)
(文化交流资料丛刊 25)

J0164128
俄罗斯民间舞蹈　(苏)特卡勤科编著;鲜继平等译
北京 艺术出版社 1956年 104页 有插图
[26cm](16开)统一书号:8022.56
定价:CNY0.44

J0164129
捷克斯洛伐克歌舞　(彩色小画片)
上海 上海人民美术出版社 1956年 6张
15cm(64开)散页 统一书号:T8081.1952
定价:CNY0.24

J0164130
论民间舞蹈　(苏)莫伊塞耶夫等著;陈大维等译
[北京]艺术出版社 1956年 120页 19cm(32开)
统一书号:8022.36 定价:CNY0.65
　　苏联民族舞蹈艺术评论。

J0164131
哈萨克民间舞蹈　(苏)特卡勤科编著;鲜继平,韩绍淦译
上海 上海文化出版社 1957年 23页 有插图
18cm(15开)统一书号:8077.102
定价:CNY0.13

J0164132
苏联民间舞蹈基本训练　(苏)特卡勤科编著;鲜继平等译
北京 艺术出版社 1957年 96页 有插图
20cm(32开)统一书号:8022.55 定价:CNY0.45

J0164133
乌克兰、白俄罗斯民间舞蹈　(苏)特卡勤科编著;鲜继平等译
北京 艺术出版社 1957年 102页 有插图

22cm(16开)统一书号: 8022.56 定价: CNY0.50

J0164134
乌兹别克民间舞蹈　(苏)特卡勤科编著; 鲜继平, 韩绍淦译
上海　上海文化出版社 1957年 69页 有插图
20cm(32开)统一书号: 8077.108
定价: CNY0.28

J0164135
阿塞拜疆、立陶宛民间舞蹈　(苏)特卡勤科编著; 朱立人译
上海　上海文化出版社 1958年 106页 有插图
18cm(15开)统一书号: 8077.119
定价: CNY0.38

J0164136
格鲁吉亚民间舞蹈　(苏)特卡勤科编著; 鲜继平, 韩绍淦译
上海　上海文化出版社 1958年 83页 有插图
18cm(15开)统一书号: 8077.115
定价: CNY0.28

J0164137
吉尔吉斯、塔吉克民间舞蹈　(苏)特卡勤科编著; 韩绍淦, 鲜继平译
上海　上海文化出版社 1958年 90页 有插图
18cm(15开)统一书号: 8077.136
定价: CNY0.34

J0164138
摩尔达维亚、拉脱维亚民间舞蹈　(苏)特卡勤科编著; 鲜继平, 朱立人译; 中国舞蹈艺术研究会编辑
上海　上海文化出版社 1958年 96页 有插图
18cm(15开)统一书号: 8077.121
定价: CNY0.36

J0164139
青春舞与桔梗舞　(朝鲜舞)顾也文整理
上海　上海文化出版社 1958年 115页
19cm(32开)统一书号: 8077.170
定价: CNY0.34

作者顾也文(1924—2014), 舞蹈编辑。历任上海文娱出版社舞蹈编辑, 上海文化出版社音舞组组长。著有《秧歌和腰鼓》。

J0164140
亚美尼亚民间舞蹈　(苏)特卡勤科编著; 韩绍淦译
上海　上海文化出版社 1958年 84页 有插图
19cm(32开)统一书号: 8077.145
定价: CNY0.28

J0164141
信西古乐图　中国音乐研究所编
北京　音乐出版社 1959年 40页 16cm(25开)
精装 统一书号: 8026.1129 定价: CNY0.90
(中国音乐研究所丛刊)

J0164142
土库曼、爱沙尼亚、卡累利民间舞蹈　(苏)特卡勤科编著; 朱立人, 杨修兰译
上海　上海文艺出版社 1961年 124页
19cm(32开)统一书号: 8078.1731
定价: CNY0.48

J0164143
波兰土风舞　张庆三主编
台北　弦歌图书出版社 1982年 243页
22cm(32开)精装 定价: TWD200.00
(世界土风舞大典序列)

J0164144
新土风舞大全　张庆三主编
台北　弦歌图书出版社 1982年 599页
19cm(32开)精装 定价: TWD300.00

J0164145
大众土风舞　杨昌雄编译
台北　众文图书公司 1984年 再版 180页
有照片 21cm(32开)定价: TWD60.00

J0164146
世界土风舞　杨昌雄编译
台北　众文图书公司 1984年 再版 182页 有图
21cm(32开)定价: TWD60.00

J0164147
土风舞全集　陈骥编译

台北 众文图书公司 1985年 再版 430页
21cm(32开) 精装 定价: TWD250.00

J0164148
外国儿童歌舞选　郭明达编译
上海 上海音乐出版社 1988年 110页
19cm(32开) ISBN: 7-80553-099-8
定价: CNY1.05

J0164149
中外少儿歌舞精选　李凌主编
北京 中国广播电视出版社 1993年 534页
19cm(小32开) ISBN: 7-5043-2452-3
定价: CNY8.50, CNY12.00 (精装)
(中外音乐系列丛书 7)

各国古典舞蹈、芭蕾舞、现代舞、歌舞

J0164150
古典芭蕾基本教程　(苏)瓦甘诺娃著; 尧登富译
北京 中华全国舞蹈工作者协会 1952年 138页
[26cm](16开)

J0164151
苏联歌舞艺术　查哈罗夫等著; 李士钊辑译
上海 文娱出版社 1953年 181页 18cm(32开)
定价: CNY1.06

J0164152
苏联歌舞艺术　查哈罗夫等著; 李士钊辑译
上海 文娱出版社 1955年 2版 181页
18cm(32开) 定价: CNY1.06

J0164153
苏联巴蕾舞
上海 上海人民美术出版社 1956年 8张
15cm(64开) 统一书号: T8081.1960
定价: CNY0.32

J0164154
古典芭蕾双人舞　(苏)H.H.谢列布列尼柯夫著; 肖苏华译
北京 北京舞蹈学院 [1958年] 76页 有图
26cm(16开) 定价: CNY1.40

译者肖苏华(1937—　), 舞蹈编导、教授。吉林蛟河人。历任北京舞蹈学院教师、中国舞蹈家协会会员、中国舞蹈家协会芭蕾艺术委员会常务委员等。主要著作有《芭蕾之梦》《芭蕾艺术欣赏》《国际流行交际舞》等。

J0164155
古典舞蹈基础　(芭蕾)(苏)瓦冈诺娃著; 杨修兰译; 北京舞蹈学校编
北京 北京舞蹈学校资料室 1961年 169页 有图
20cm(32开) 定价: CNY1.80

J0164156
古典芭蕾基本训练　北京舞蹈学校芭蕾教研组讨论; 曲皓, 尹佩芳编写
上海 上海文艺出版社 1963年 286页 有曲谱
20cm(32开) 统一书号: 8078.2244
定价: CNY1.15

J0164157
古典芭蕾双人舞教学法　北京舞蹈学校芭蕾教研组讨论; 刘庆棠执笔; 陈纶摄影
上海 上海文化出版社 1964年 149页
20cm(32开) 统一书号: 8077.187
定价: CNY0.68

J0164158
古典芭蕾　(基本技巧和术语)(美)斯图亚特著; 达伊耶绘图; 赵国纬译
北京 北京舞蹈学院资料室 1980年 油印本
224页 33cm(5开)

J0164159
舞蹈家的遗产　(芭蕾史话) 艾弗·盖斯特(I.Guest)著; 尧登佛译
北京 中国舞蹈家协会广东分会 1980年 191页
有照片 19cm(32开) 定价: CNY1.00

外文书名: The Dancer's Heritage, A Short History of Ballet.

J0164160
芭蕾简史　(美)克劳斯(Kraus, R.)著; 郭明达译
上海 上海文艺出版社 1982年 92页 19cm(32开)
统一书号: 8078.3361 定价: CNY0.33

本书主要描述了芭蕾是怎样形成的, 为什么

用足尖跳舞，早期宫廷芭蕾的盛况和浪漫主义芭蕾风靡欧美大陆的情景。

J0164161
芭蕾排练室内幕　安·乌廉斯著；黄伯虹译
北京 北京舞蹈学院资料室 1983年 59页 26cm(16开)

J0164162
历史生活舞蹈　(苏)罗日杰斯特温斯卡娅著；肖苏华译
北京 北京舞蹈学院 1983年 348页 有图 26cm(16开)

本书包括历史生活舞蹈及其理论、中世纪的生活舞蹈、文艺复兴时期的生活舞蹈、俄罗斯生活舞蹈、历史生活舞蹈元素等内容。

J0164163
芭蕾术语手册　朱立人译
上海 上海文艺出版社 1984年 99页 19cm(32开)
统一书号：8078.3442 定价：CNY0.47

本书内容以介绍古典芭蕾舞常用动作为主，兼收与芭蕾舞教学训练、舞台演出及职称等有关的一些条目。每一条目一般包括本词、语种、近似的汉语拼音、释义4个部分。

J0164164
芭蕾皇冠　李洪明等著
长沙 湖南文艺出版社 1986年 123页 19cm(32开)统一书号：10456.187
定价：CNY0.80

J0164165
芭蕾——年轻舞蹈者的指南　(加)普塔克著；王国华译
北京 国际文化出版公司 1988年 112页 18cm(15开)统一书号：8345.007
ISBN：7-80049-079-3 定价：CNY3.00

本书主要内容为：芭蕾的基本动作练习及动作要求，芭蕾舞的历史，著名芭蕾大师以及世界著名芭蕾舞剧等。外文书名：The Ballet Book, A Young Dancer's Guide.

J0164166
现代芭蕾　波西涡(Percival, J.)著；庄修田译
台北 艺术图书公司 1988年 160页 19cm(32开)
定价：TWD150.00

外文书名：Modern Ballet.

J0164167
芭蕾的来龙去脉　汪纯子，汪叔子译
北京 人民音乐出版社 1989年 86页 有彩照 19cm(32开) ISBN：7-103-00281-9
定价：CNY2.10
(舞蹈知识丛书)

本书根据法国塞尔日·李法《芭蕾史》一书节译。内容主要是关于芭蕾的形成及演变发展的，包括：1、芭蕾产生之前——古代舞蹈中的芭蕾因素；2、芭蕾的诞生；3、古典派芭蕾日益成形；4、诺维尔的改革——情节芭蕾的奠基人；5、浪漫主义芭蕾的产生；6、俄罗斯芭蕾的崛起；7、芭蕾发展史上的新篇章——佳吉列夫俄。

J0164168
现代流行舞新花样　张小陪，小彦编著
长沙 湖南人民出版社 1989年 81页 26cm(16开)
ISBN：7-217-00584-1 定价：CNY2.55

J0164169
芭蕾舞的舞与画　米勒·亚格尼斯原著；何恭上，范正宏编译
台北 艺术图书公司 1991年 再版 154页 有图 17×19cm ISBN：957-9045-38-0
定价：TWD150.00

J0164170
漫话芭蕾　田润民著
北京 光明日报出版社 1991年 173页 有照片 19cm(小32开) ISBN：7-80091-141-1
定价：CNY3.30

本书内容包括关于著名芭蕾剧目、人物、舞团的介绍，同时还涉及到舞团的管理、人才培养以及芭蕾创作和发展方面的一些问题。

J0164171
现代舞蹈　庄修田编译
台北 艺术图书公司 1991年 再版 156页 有照片 19cm(小32开) ISBN：957-672-004-4
定价：TWD150.00

外文书名：Modern Dance.

J0164172
现代芭蕾 （20世纪的弥撒）黄麒，叶蓉著
上海 上海音乐出版社 1992年 284页
20cm（32开）ISBN：7-80553-354-7
定价：CNY8.30
本书介绍了20世纪欧美芭蕾艺术，通过对不同时期、不同风格流派的重要代表作品的介绍，描绘了20世纪芭蕾演变过程。外文书名：Modern Ballet：The Mass of the 20th Century.

J0164173
现代舞 欧建平编译
上海 上海音乐出版社 1992年 390页 有照片
20cm（32开）ISBN：7-80553-316-4
定价：CNY8.70
本书介绍了现代舞的产生与发展，25位名家的论述和265条术语。译者欧建平（1956— ），舞蹈评论家、理论家、翻译家。湖南衡阳人，毕业于中国艺术研究院。中国艺术研究院舞蹈研究所外国舞蹈研究室副研究员兼室主任，中国舞蹈家协会理论研究委员会常委等。代表著作有《舞蹈概论》《舞蹈美学》《舞蹈鉴赏》《世界艺术史．舞蹈卷》《外国舞蹈史》。

J0164174
世界芭蕾史纲 朱立人著
北京 中国戏剧出版社 1994年 359页
20cm（32开）ISBN：7-104-00665-6
定价：CNY11.80
（舞学丛书）

J0164175
现代芭蕾——20世纪的弥撒 黄麒，叶蓉著
台北 大吕出版社 1994年 344页 21cm（32开）
ISBN：957-9358-27-3 定价：TWD300.00
（大吕音乐丛刊 35）

J0164176
现代舞的理论与实践 （第一卷）欧建平著
北京 光明日报出版社 1994年 438页 有照片
20cm（32开）精装 ISBN：7-80091-579-4
定价：CNY18.00
（城市当代舞蹈丛书）

J0164177
现代舞欣赏法 欧建平著
上海 上海音乐出版社 1996年 12+472页 有剧照
20cm（32开）精装 ISBN：7-80553-610-4
定价：CNY35.00
外文书名：How to Appreciate Modern Dance.

J0164178
西洋古典舞蹈应用语法 谢宗益著
台北 洪叶文化事业公司 1998年 394页
17×23cm ISBN：957-8424-36-1
定价：TWD450.00
（当代美学 17）

J0164179
艺术瑰宝——芭蕾 （俄）З．鲍恰尔尼科娃等著；朱袭明译
桂林 广西师范大学出版社 1999年 357页
有照片 20cm（32开）ISBN：7-5633-2930-7
定价：CNY17.00

各国交际舞（交谊舞）

J0164180
蹈舞术 （法）巴里尔（L.Bered）著；留余室主译
1928年 36页 有图 19cm（32开）
本书介绍一步舞、复步舞、狐步舞、踏月舞、龙腕舞、西班牙之丝葛脱舞、凌波舞7种交际舞跳法。

J0164181
跳舞的艺术 唐杰编著
上海 良友图书印刷公司 1928年 95页
19cm（32开）
本书讲述交际舞的跳法，其中大部分取材于V. 司维斯脱的《近世会场跳舞》一书。

J0164182
现代交际舞术 吴敏志编著
上海 普球图书公司［1930年］有图
26cm（16开）精装
本书介绍狐步舞、华尔慈舞、勃罗司舞、却尔司登舞、探戈舞等5种。外文书名：Dancing

Course all the Latest Steps.

J0164183
社交跳舞术 凌琴如编
上海 文明书局 1933年 168页 有图 19cm(32开)
本书包括总论、跳舞概论、跳舞分论等3编。前两编讲述什么是社交跳舞、社交跳舞的种类、要领与技巧、正确的步法、跳舞的基本练习等注意事项与知识；最后一编介绍狐步舞、卡尔斯顿、回旋舞、探戈舞等9种舞式。

J0164184
交际跳舞术 黄志诚，林默厂译著
上海 大东书局 1934年 4版 96页 有图 18cm(15开) 精装 定价：大洋一元

J0164185
交际舞术撮要图解 阮霭南著；阮慕潮等绘图
阮霭南[发行者] 民国二十三年[1934] 132页 26cm(16开) 精装 定价：三元

J0164186
新式社交舞术 陈尼古编译
上海 华亭书屋 1936年 2版 224页 有图 18cm(32开) 定价：一元
本书根据英国维克多·薛而维斯德(Victor Silvester)的《现代舞厅跳舞》《现代舞厅之理论和技巧》编译而成，包括入门练习、技巧说明、关于音乐及步法组织、快狐步等8章。

J0164187
白宫舞场一周年纪念特刊 白宫舞场编
北平 白宫舞场[1937年] 20页 有图 19×26cm

J0164188
交际舞入门 RobertBrandon著；于登斌译
重庆 著者自刊 1945年 61页 有图 15cm(40开)
本书介绍华尔兹、慢狐步、快步、探戈4种交际舞。

J0164189
实用标准交际舞 郑狄克著
上海 狄克舞艺传习所 1947年 增订版 71页 20cm(32开)
本书介绍快狐步、勃罗斯、华尔兹、探戈、快华尔兹的基本步法，以及女子基本步法、女子学舞捷径等。

J0164190
国际社交舞 萧敦焜编撰
上海 文娱出版社 1952年 119页 有图 18cm(15开) 定价：旧币6,600元

J0164191
国际交谊舞 顾也文编；倪常明绘图
上海 文娱出版社 1953年 156页 18cm(15开) 定价：旧币6,000元
(国际舞蹈丛书)
本书图文并茂地介绍了世界各地的交际舞特点。作者顾也文(1924—2014)，舞蹈编辑。历任上海文娱出版社舞蹈编辑，上海文化出版社音舞组组长。著有《秧歌和腰鼓》。

J0164192
简明交谊舞步法 汪梦麒编撰
上海 北新书局 1953年 40页 有图 13cm(60开) 定价：旧币1,200元
(新文娱丛书)

J0164193
交谊舞 钱宗廉等著
上海 雁文书店 1953年 90页 18cm(15开) 定价：旧币4,000元

J0164194
现代青年舞 (苏)波加特柯娃(Л.Богаткова)记录；许快雪译
上海 上海文化出版社 1956年 96页 18cm(32开) 定价：CNY0.29

J0164195
标准交谊舞 陈寄影编著
香港 大光出版社有限公司 1978年 16cm(26开)

J0164196
流行舞艺速成 (帮您叩开速成舞艺之门)张彼得编著
香港 得律出版社[1980—1989年] 253页 有照片 19cm(32开) 定价：HKD20.00

J0164197
流行舞速成　廖信宏编译
［台北］国际舞艺研究所 1983 年 再版 169 页
有照片 19cm(小 32 开) 定价: TWD90.00
　　本书由国际舞艺研究所和综合出版社联合出版。

J0164198
交谊舞速成　上海市群众艺术馆编译
上海 上海翻译出版公司 1984 年 107 页
19cm(32 开) 统一书号: 7311.3 定价: CNY0.49

J0164199
国际标准交谊舞　裴爵三编著
郑州 河南科学技术出版社 1985 年 130 页
有照片 19cm(32 开) 统一书号: 7245.30
定价: CNY1.00
　　本书分“交谊舞基本知识”和“国际标准交谊舞”两部分, 介绍了布鲁斯、慢华尔兹、快华尔兹、快步、探戈、伦巴、慢狐步的 57 种舞步。作者裴爵三, 英国皇家舞蹈教师协会会员。

J0164200
国际流行交际舞　肖苏华编著
北京 中国文联出版公司 1985 年 248 页
19cm(32 开) 统一书号: 8355.345
定价: CNY1.35
　　作者肖苏华(1937—　), 舞蹈编导、教授。吉林蛟河人。历任北京舞蹈学院教师、中国舞蹈家协会会员、中国舞蹈家协会芭蕾艺术委员会常务委员等。主要著作有《芭蕾之梦》《芭蕾艺术欣赏》《国际流行交际舞》等。

J0164201
国际社交舞　萧渊友, 王慧真编
台南 综合出版社 1985 年 有照片 21cm(32 开)
定价: TWD220.00

J0164202
花式交谊舞　王克伟编
武汉 长江文艺出版社 1985 年 138 页
19cm(32 开) 统一书号: 8107.590
定价: CNY0.70
　　本书介绍了迪斯科、吉特巴、伦巴、探戈、恰恰 5 种现代派流行舞的跳法。作者王克伟, 教师。江苏人, 上海国际标准舞代表队主任教师, 中国舞蹈家协会会员, 中华全国国际标准交际舞总会会员、国家级评委。

J0164203
交谊舞手册　刘国治, 李则琴编著
南昌 江西教育出版社 1985 年 206 页 有彩照
18cm(15 开) 统一书号: 7424.60 定价: CNY1.00

J0164204
交谊舞一周速成　闵舒诚编著
福州 福建人民出版社 1985 年 211 页
19cm(32 开) 统一书号: 7173.720
定价: CNY1.10

J0164205
社交舞入门　王慧真编著
台南 综合出版社 1985 年 230 页 有图
19cm(32 开) 定价: TWD130.00

J0164206
世界流行交谊舞　罗曼, 柯尔比编; 金戈, 杜人译
杭州 浙江人民出版社 1985 年 153 页
20cm(32 开) 统一书号: 8103.559
定价: CNY0.74
　　本书内容包括: 交谊舞、拉丁美洲舞、迪斯科舞等。

J0164207
探戈花样集　周翔, 袁善治编写
武汉 湖北科学技术出版社 1985 年 55 页
19cm(32 开) 统一书号: 17304.80
定价: CNY0.45

J0164208
现代交谊舞　汪加千, 利辛编著
天津 天津科学技术出版社 1985 年 160 页
有彩照 19cm(32 开) 定价: CNY1.50

J0164209
现代舞厅舞　中央电视台电教部,《电视周报》社编
北京 海洋出版社 1985 年 57 页 有图
19cm(32 开) 统一书号: 17193.0551

定价: CNY0.40

本书内容包括: 现代舞厅舞的基本知识、舞步图解和文字说明等。

J0164210
交际舞速成 安乐然著
北京 北京十月文艺出版社 1986 年 80 页
19cm(32 开) 统一书号: 8326.7 定价: CNY0.47

J0164211
英国皇家式交谊舞 《文化与生活》编辑部编
上海 上海文化出版社 1986 年 60 页 有照片
26cm(16 开) 统一书号: 8077.3003
定价: CNY0.80

J0164212
常用交际舞 许朝栋编著
台南 综合出版社 1987 年 259 页 有图
19cm(32 开) 定价: TWD120.00

J0164213
吉尔巴速成 许朝栋编著
台南 综合出版社 1987 年 158 页 有图
19cm(32 开) 定价: TWD110.00

J0164214
交际舞入门 (传真照片与连续动作教学法)
(日)玉井清著
台北 武陵出版社 1987 年 230 页 有图
21cm(32 开) 定价: TWD150.00

J0164215
恰、恰、恰之技巧 杨昌雄编译
台北 众文图书公司 1987 年 再版 111 页 有图
21cm(32 开) 定价: TWD60.00

J0164216
探戈之技巧 杨昌雄编译
台北 众文图书公司 1987 年 134 页 有图
21cm(32 开) 定价: TWD100.00

J0164217
图解交际舞 许朝栋编著
台南 综合出版社 1987 年 222 页 有图
19cm(32 开) 定价: TWD140.00

J0164218
流行交际舞迪斯科霹雳舞 傅德全编
石家庄 河北人民出版社 1989 年 225 页
有图 19cm(32 开) ISBN: 7-202-00318-X
定价: CNY1.70

J0164219
社交舞入门 梁仪编著
香港 明天出版社 1989 年 249 页 有图
21cm(32 开) ISBN: 962-277-065-7
定价: HKD48.00
(活力丛书)

外文书名: Social Dance.

J0164220
当代交谊舞花样荟萃 (国际标准交谊舞) 毕秉森编著
济南 山东文艺出版社 1990 年 91 页 26cm(16 开)
ISBN: 7-5329-0459-8 定价: CNY2.95

J0164221
国际标准交际舞拉丁舞大全 王国华, 刘梦耋译
北京 中国舞蹈出版社 1990 年 639 页
20cm(32 开) ISBN: 7-80075-011-8
定价: CNY9.50

J0164222
国际标准交谊舞 寒夫, 朝晖编著
长沙 湖南文艺出版社 1990 年 128 页
26cm(16 开) ISBN: 7-5404-0593-7
定价: CNY3.20

J0164223
国际标准交谊舞指南 (日)筐木阳一著; 张爱平, 冯峰译
北京 中国工人出版社 1990 年 153 页
19cm(32 开) ISBN: 7-5008-0674-4
定价: CNY2.15

J0164224
交谊舞入门与提高 杜逸华, 杨云芳编著
北京 中国广播电视出版社 1990 年 32 页
27cm(16 开) ISBN: 7-5043-0547-2
定价: CNY3.80

J0164225
国际标准交谊舞指南 （现代舞 第二册 探戈）崔淑英，袁一路编著
西安 陕西人民出版社 1991年 35页
26cm（16开）ISBN：7-224-01774-4
定价：CNY4.20
　　作者崔淑英，女，舞蹈家，编导。历任陕西省群众艺术馆舞蹈编导、中国社会舞蹈研究会理事。

J0164226
国际标准交谊舞指南 （现代舞 第一册 华尔兹）崔淑英，袁一路编著
西安 陕西人民出版社 1993年 39页 有彩照
26cm（16开）ISBN：7-224-02696-4
定价：CNY4.30

J0164227
国际标准交谊舞指南 （现代舞 第二册 探戈）崔淑英，袁一路编著
西安 陕西人民出版社 1993年 38页 有照片
26cm（16开）ISBN：7-224-02695-6
定价：CNY4.10

J0164228
国际标准交谊舞指南 （现代舞 第三册 狐步舞）崔淑英，袁一路编著
西安 陕西人民出版社 1993年 45页 有彩照
26cm（16开）ISBN：7-224-02694-8
定价：CNY4.50

J0164229
国际标准交谊舞指南 （现代舞 第四册 快步舞）崔淑英，袁一路编著
西安 陕西人民出版社 1993年 48页 有照片
26cm（16开）ISBN：7-224-02693-X
定价：CNY4.70

J0164230
国际标准交谊舞指南 （现代舞 第五册 维也纳华尔兹）崔淑英，袁一路编著
西安 陕西人民出版社 1993年 36页 有照片
26cm（16开）ISBN：7-224-02692-1
定价：CNY4.10

J0164231
国际标准交谊舞指南 （现代舞 第一册 华尔兹）崔淑英，袁一路编著
西安 陕西人民出版社 1994年 重印本 39页
有彩照 26cm（16开）ISBN：7-224-02696-4
定价：CNY5.00

J0164232
国际标准交谊舞指南 （现代舞 第二册 探戈）崔淑英，袁一路编著
西安 陕西人民出版社 1994年 重印本 38页
有照片 26cm（16开）ISBN：7-224-02695-6
定价：CNY4.70

J0164233
国际标准交谊舞指南 （现代舞 第三册 狐步舞）崔淑英，袁一路编著
西安 陕西人民出版社 1994年 重印本 45页
有彩照 26cm（16开）ISBN：7-224-02694-8
定价：CNY5.20

J0164234
国际标准交谊舞指南 （现代舞 第四册 快步舞）崔淑英，袁一路编著
西安 陕西人民出版社 1994年 重印本 48页
有照片 26cm（16开）ISBN：7-224-02693-X
定价：CNY5.50

J0164235
国际标准交谊舞指南 （现代舞 第五册 维也纳华尔兹）崔淑英，袁一路编著
西安 陕西人民出版社 1994年 重印本 36页
有照片 26cm（16开）ISBN：7-224-02692-1
定价：CNY4.70

J0164236
国际标准交谊舞指南 （拉丁舞 第六册 仑巴）崔淑英编著
西安 陕西人民出版社 1997年 67页 有照片
26cm（16开）ISBN：7-224-04185-8
定价：CNY9.50

J0164237
国际标准交谊舞指南 （拉丁舞 第七册 恰恰恰）崔淑英编著

西安 陕西人民出版社 1997 年 78 页 有照片
26cm（16 开）ISBN：7-224-04186-6
定价：CNY10.50

J0164238
国际标准交谊舞指南 （拉丁舞 第八册 桑巴）崔淑英编著
西安 陕西人民出版社 1997 年 75 页 有照片
26cm（16 开）ISBN：7-224-04184-X
定价：CNY10.00

J0164239
国际标准交谊舞指南 （拉丁舞 第九册 帕索多布里 斗牛舞）崔淑英编著
西安 陕西人民出版社 1997 年 75 页 有照片
26cm（16 开）ISBN：7-224-04187-4
定价：CNY10.00

J0164240
国际标准交谊舞指南 （拉丁舞 第十册 伽依夫 牛仔舞）崔淑英编著
西安 陕西人民出版社 1997 年 72 页 有照片
26cm（16 开）ISBN：7-224-04183-1
定价：CNY10.00
作者崔淑英，女，舞蹈家，编导。历任陕西省群众艺术馆舞蹈编导、中国社会舞蹈研究会理事。

J0164241
交际舞速成 文川，刘姝羽编著
北京 中国妇女出版社 1991 年 263 页
19cm（小 32 开）ISBN：7-80016-377-6
定价：CNY6.00

J0164242
交谊舞技巧与花样 奚永顺等编著
西安 陕西人民出版社 1991 年 88 页
26cm（16 开）ISBN：7-224-01871-6
定价：CNY3.60

J0164243
体育舞蹈 （当代国际标准交谊舞）江粤丰编著
南宁 广西人民出版社 1991 年 76 页
26cm（16 开）ISBN：7-219-01908-4
定价：CNY4.10

J0164244
现代国际标准舞厅舞 裴爵三编著
北京 人民日报出版社 1991 年 112 页
21×18cm ISBN：7-80002-380-X 定价：CNY2.85
本书内容包括：标准握抱姿势、运步与升降的关系、技巧术语等 10 部分。作者裴爵三，英国皇家舞蹈教师协会会员。

J0164245
国际体育舞蹈入门 陈宏伟，李萍编
西安 陕西人民出版社 1992 年 143 页
19cm（小 32 开）ISBN：7-224-01813-9
定价：CNY2.45
本书介绍了华尔兹、探戈、狐步、快步等舞蹈中的一些基本步法和 16 个小节动作。

J0164246
交谊舞新著 （当代国际标准交谊舞与现代舞厅交谊舞 上册）章震欧，董长江编著
贵阳 贵州民族出版社 1992 年 78 页
26cm（16 开）ISBN：7-5412-0245-2
定价：CNY4.90
本书介绍了华尔兹、维也纳华尔兹、探戈、布鲁斯 4 种舞。

J0164247
学习社交舞教室 张雪芳编译
台南 信宏出版社 1992 年 171 页 有照片
21cm（32 开）ISBN：957-538-319-2
定价：TWD120.00
（舞蹈 7）

J0164248
90 年代流行交谊舞 徐尔充，崔世莹编著；章毓霖绘图
北京 金盾出版社 1993 年 230 页 有彩照
19cm（小 32 开）ISBN：7-80022-764-2
定价：CNY4.80
本书主要介绍当今交谊舞的基本知识，几种常见的舞姿以及 90 年代国内流行的布鲁斯、慢华尔兹、快步舞、伦巴、探戈等 8 种交谊舞的步法，并收录国内几位交谊舞专家谈交谊舞的文章。作者徐尔充（1932— ），研究员。湖北武汉人。历任中国艺术研究院舞蹈所研究员，《舞蹈艺术》副主编，中国舞蹈家协会会员。编辑教材

有《人体美与服装模特训练》《90年代流行交谊舞》《中老年健身健美迪斯科》等。作者崔世莹(1954—　)，研究员。江苏海安人。海安县文化馆副馆长、中国舞蹈家协会会员。作品有《舞蹈艺术论》《社会舞蹈概论》《艺文经纬集》《九十年代流行交谊舞》。作者章毓霖(1947—2006)，生于南通市，历任江苏省美术家协会会员、南通市美术家协会理事、海安县美术家协会主席、海安书画院兼职画师。作品有《"北京人"下落不明》等。

J0164249
伴你迷你　(交谊舞速成)王家礼编著
北京 北京体育学院出版社 1993年 280页
19cm(32开) ISBN: 7-81003-764-1
定价: CNY5.90
本书图文并茂地介绍了学习交谊舞的基本常识，并对不同舞步、舞姿作了较详尽的说明。

J0164250
伴你迷你　(交谊舞速成)王家礼编著
北京 北京体育学院出版社 1995年 重印本
280页 有图 19cm(32开) ISBN: 7-81003-764-1
定价: CNY8.90

J0164251
实用交谊舞入门　(实践与提高)梁志远著
北京 团结出版社 1993年 93页 有照片
26cm(16开) ISBN: 7-80061-698-3
定价: CNY4.95
作者梁志远，中国国际标准舞舞蹈协会，中国青年国际舞蹈大赛拉丁组冠军。

J0164252
现代国际标准交际舞　胡充寒，刘晓英编著
南宁 广西民族出版社 1993年 123页 有彩照
26cm(16开) ISBN: 7-5363-1951-7
定价: CNY4.98

J0164253
学跳国际标准交谊舞　傅中枢编著
北京 人民体育出版社 1993年 128页
19cm(小32开) ISBN: 7-5009-0818-0
定价: CNY3.60
(体育爱好者丛书)

J0164254
怎样跳国际标准舞　李福全编
广州 广东人民出版社 1993年 103页 有彩照
19cm(小32开) ISBN: 7-218-01135-7
定价: CNY3.50

J0164255
国际标准舞技法规范　(现代舞)杨威，袁水海编著
上海 上海译文出版社 1994年 138页 有彩图
26cm(16开) ISBN: 7-5327-1596-5
定价: CNY15.00
作者杨威(1932—　)，女，上海舞剧院创作研究室编导。作者袁水海(1930—　)，上海舞蹈学院教研室副主任。

J0164256
最新图解现代交际舞　孙夷，李融编著
北京 中国工人出版社 1994年 159页
26cm(16开) ISBN: 7-5008-1605-7
定价: CNY9.80

J0164257
当代标准交谊舞花样速成　张晓陪编著
南昌 21世纪出版社 1995年 103页 有彩图
26cm(16开) ISBN: 7-5391-1013-9
定价: CNY12.00

J0164258
国际标准交谊舞　肖苏华编著
北京 中国文联出版公司 1995年 重印本 248页
有插图 19cm(32开) ISBN: 7-5059-1385-9
定价: CNY6.60

J0164259
交谊舞精解　(当代国际标准交谊舞与现代舞厅交谊舞)笑鸥，长江编著
长沙 湖南科学技术出版社 1995年 174页
26cm(16开) ISBN: 7-5357-1783-7
定价: CNY18.00

J0164260
舞厅交谊舞入门　顾也文编
上海 上海音乐出版社 1995年 150页
19cm(32开) ISBN: 7-80553-512-4

定价：CNY6.80

作者顾也文（1924—2014），舞蹈编辑。历任上海文娱出版社舞蹈编辑，上海文化出版社音舞组组长。著有《秧歌和腰鼓》。

J0164261
现代交谊舞精粹集锦 （国际标准舞与中国式舞厅舞）毕秉森等著
济南 山东文艺出版社 1995年 119页
26cm（16开）ISBN：7-5329-1264-7
定价：CNY10.10

J0164262
现代舞厅舞 （自学指南）刘德铭著
福州 海峡文艺出版社 1995年 243页
19cm（小32开）ISBN：7-80534-806-5
定价：CNY15.00

J0164263
新编现代国际交谊舞大全 郭明达等编著
北京 中华工商联合出版社 1995年 220页
20cm（32开）ISBN：7-80100-109-5
定价：CNY9.00

J0164264
当代舞厅舞 定知编著
长沙 湖南文艺出版社 1996年 84页
26cm（16开）ISBN：7-5404-1501-0
定价：CNY7.95

J0164265
交际舞现代舞速成 廖敏编著
广州 广州出版社 1996年 369页 有图
19cm（小32开）ISBN：7-80592-527-5
定价：CNY15.00

J0164266
教你跳舞更潇洒 胡乃耀著
北京 人民体育出版社 1996年 259页 有照片
20cm（32开）ISBN：7-5009-1321-4
定价：CNY14.00

J0164267
社交舞学习教室 张雪芳编译
台南 信宏出版社 1996年 171页 有照片
21cm（32开）ISBN：957-538-319-2
定价：TWD150.00
（舞蹈 7）

J0164268
现代国际流行交谊舞入门 丁良欣等编著
北京 中华工商联合出版社 1996年 339页
19cm（小32开）ISBN：7-80100-283-0
定价：CNY11.00

J0164269
现代交际舞速成 （图解）祖代编著
北京 农村读物出版社 1996年 149页
26cm（16开）ISBN：7-5048-2645-6
定价：CNY18.80

J0164270
当代交谊舞花样100种 （第一册 华尔兹、蝴蝶布鲁斯、随心吉特帕）杨艺编著
北京 北京体育大学出版社 1997年 286页
20cm（32开）ISBN：7-81051-119-X
定价：CNY15.60

J0164271
当代交谊舞花样100种 （第二册 伦巴、探戈）杨艺编著
北京 北京体育大学出版社 1997年 274页
20cm（32开）ISBN：7-81051-120-3
定价：CNY15.40

J0164272
国际流行社交舞十日通 王国华编著
北京 京华出版社 1997年 153页 有图
19cm（小32开）ISBN：7-80600-263-4
定价：CNY6.20

J0164273
国际体育舞蹈与流行交际舞 韩巧云，张旭编著
西安 西北大学出版社 1997年 427页
20cm（32开）ISBN：7-5604-1158-4
定价：CNY15.80

J0164274
图解国际标准舞 苗坤编著；田林，李昊翰绘图

北京 华龄出版社 1997年 243页 20cm(32开)
ISBN: 7-80082-789-5 定价: CNY14.50

J0164275
图解流行交际舞 林樑译
台南 信宏出版社 1997年 253页 有图
21cm(32开) ISBN: 957-538-491-1
定价: TWD200.00
(舞蹈 3)

J0164276
现代国际流行舞厅舞 范兆龄编著
天津 天津人民美术出版社 1997年 312页
19cm(小32开) ISBN: 7-5305-0525-4
定价: CNY15.60
外文书名: Modern International Popular Ballroom Dancing.

J0164277
交谊舞速成 李仁惠等编著
武汉 湖北人民出版社 1998年 179页 有插图
19cm(小32开) ISBN: 7-216-02338-2
定价: CNY6.30
(周末文库)

J0164278
最新国际社交舞 (舞厅舞)柳长发, 刘国范编著
哈尔滨 黑龙江科学技术出版社 1998年 210页
有图 26cm(16开) ISBN: 7-5388-3199-1
定价: CNY26.00

J0164279
表演舞专辑 杨昌雄编译
台北 众文图书公司 1983年 121页 有图
21cm(32开)

各国其他舞蹈(JAZZ舞、迪斯科、霹雳舞、街舞等)

J0164280
霹雳舞与迪斯可 尖端出版公司编辑部编
台北 尖端出版公司编辑部 1984年 158页
19cm(32开) 定价: TWD120.00

J0164281
音乐游戏及舞会游戏 杨昌雄编译
台北 众文图书公司 1984年 再版 132页
21cm(32开) 定价: TWD60.00

J0164282
教你跳迪斯科 华明编撰
北京 人民体育出版社 1985年 127页 有照片
19cm(32开) 统一书号: 7015.2274
定价: CNY0.80

J0164283
狄斯可舞入门 (日)笠井博著; 廖志方译
台南 成大书局 1986年 178页 有图
19cm(32开) 定价: TWD95.00

J0164284
迪斯科舞蹈入门 (美)凯伦·卢斯特加登(Lustgarten, K.)著; 梁姗, 蔚子译
北京 人民体育出版社 1987年 128页
26cm(16开) 统一书号: 7015.2308
定价: CNY1.40
外文书名: The Complete Guide to Disco Ddancing.

J0164285
热门舞大全 廖信宏等编
台南 综合出版社 1987年 有图 19cm(32开)
定价: TWD280.00

J0164286
迪斯科舞霹雳舞跳法 (日)笠井博著; 洪光辉等译
北京 中国文联出版公司 1988年 74页
19×26cm ISBN: 7-5059-0449-3 定价: CNY2.95

J0164287
老年迪斯科集粹 盛勇编
石家庄 河北人民出版社 1988年 99页
26cm(16开) ISBN: 7-202-00189-6
定价: CNY2.10

J0164288
老年迪斯科健身舞 尹祥编创
哈尔滨 黑龙江科学技术出版社 1988年 50页

18cm(小 32 开) 统一书号: 7217.096
ISBN: 7-5388-0171-5 定价: CNY1.00
(中老年健美丛书)

J0164289
老年迪斯科舞 冯青编
北京 中国广播电视出版社 1988 年 63 页
18cm(小 32 开) ISBN: 7-5043-0153-1
定价: CNY1.20

J0164290
美国霹雳舞 (日)笠井博著; 于沙译
沈阳 沈阳出版社 1988 年 120 页 有图
19cm(32 开) ISBN: 7-80556-050-1
定价: CNY2.50

J0164291
纽约霹雳舞 (技巧与练习)(美)M. 霍尔曼著; 王国华, 田润民译
北京 中国国际广播出版社 1988 年 162 页
19cm(小 32 开) ISBN: 7-80035-161-0
定价: CNY2.50
本书内容包括:《"纽约霹雳舞手"》《霹雳舞走过的路》《霹雳舞音乐》《霹雳小子的服饰》《电布吉舞》《"帮"及其行为准则》《霹雳舞手采访记》《趣闻轶事》《全世界都跳霹雳舞》《如何跳霹雳舞》等。

J0164292
霹雳舞 李吉树, 李世璋编写; 黄继田绘图
石家庄 河北科学技术出版社 1988 年 140 页
19cm(小 32 开) ISBN: 7-5375-0207-7
定价: CNY1.60

J0164293
霹雳舞 张绵荫, 陈健编著
长沙 湖南美术出版社 1988 年 50 页
26cm(16 开) ISBN: 7-5356-0210-X
定价: CNY1.60

J0164294
霹雳舞 (日)笠井博著; 王霞, 胡敏之译
南京 江苏人民出版社 1988 年 19cm(32 开)
ISBN: 7-214-00114-4 定价: CNY3.80

J0164295
霹雳舞精英 晓禾, 舒曼编译
北京 北京航空航天大学出版社 1988 年 92 页
13×19cm ISBN: 7-81012-078-6 定价: CNY1.00

J0164296
霹雳舞速成 武星, 志常编
北京 北京体育学院出版社 1988 年 160 页
18cm(15 开) ISBN: 7-81003-173-2
定价: CNY2.80

J0164297
世界流行霹雳舞通俗教程 袁善治编著
武汉 中国地质大学出版社 1988 年 95 页
19cm(32 开) ISBN: 7-5625-0079-7
定价: CNY1.80

J0164298
新编中老年健美迪斯科 裔程洪, 陈小平编著
北京 轻工业出版社 1988 年 71 页 21cm(32 开)
ISBN: 7-5019-0393-X 定价: CNY2.50

J0164299
中老年迪斯科舞图解 陈汉孝, 李惠编; 何继隆摄影
长沙 湖南科学技术出版社 1988 年 92 页
26cm(16 开) ISBN: 7-80035-098-3
定价: CNY1.50

J0164300
霹雳 (霹雳舞大全)(美)马洛等著; 韩大海等译
北京 国际文化出版公司 1989 年 80 页
26cm(16 开) ISBN: 7-80049-191-9
定价: CNY3.65

J0164301
霹雳舞 (美)布拉德利·艾尔夫曼著; 徐雨苍译
郑州 河南科学技术出版社 1989 年 116 页
19cm(32 开) ISBN: 7-5349-0268-1
定价: CNY1.90

J0164302
霹雳舞 (日)笠井博著; 王霞, 胡敏之译
南京 江苏人民出版社 1989 年 240 页
19cm(32 开) ISBN: 7-214-00114-4

定价：CNY4.00

本书是日本1984年版《让我们来跳霹雳舞》和美国1985年版《美国霹雳舞》合二为一的翻译本。

J0164303

霹雳舞图解　（日）笠井博原著；浩奇编译

北京 北京教育出版社 1989年 84页 26cm（16开）

ISBN：7-5303-0125-X 定价：CNY2.95

J0164304

霹雳舞与迪斯科　金汤，石门编著

济南 山东文艺出版社 1989年 94页 26cm（16开）

ISBN：7-5329-0232-3 定价：CNY2.25

J0164305

霹雳舞入门　武同，武枫编著

北京 人民体育出版社 1990年 134页

19cm（32开）ISBN：7-5009-0396-0

定价：CNY2.20

J0164306

西藏神舞戏剧及面具艺术　曲六乙编

台北 淑馨出版社 1990年 128页 有彩照

25cm（16开）精装 ISBN：957-531-027-6

定价：TWD600.00

作者曲六乙（1930—　），作家。笔名仝前。辽宁瓦房店人，毕业于中南文艺学院研究生班。历任中国戏剧出版社副总编辑、中国戏剧家协会研究室主任、《中国戏剧年鉴》主编、中国少数民族戏剧学会副会长、中国傩戏学研究会会长、中国戏曲学会常务理事等。著作有《中国少数民族戏剧》《艺术——真善美的结晶》《戏剧舞台的奥秘与自由》等。

J0164307

霹雳舞入门　宝永武，李岩编著

沈阳 辽宁教育出版社 1992年 重印本 71页

13×26cm ISBN：7-5382-0642-6 定价：CNY3.20

（青少年课外兴趣丛书）

J0164308

伴你迷你　（迪斯科舞速成）思美，黎声编著

北京 北京体育大学出版社 1997年 87页

20cm（32开）ISBN：7-81051-122-X

定价：CNY6.00

各国各种舞剧（民族舞剧、古典舞剧、儿童舞剧、芭蕾舞剧等）

J0164309

阿伊波利特医生　（四幕八场舞剧）（苏）阿波利摩夫编剧；莫罗左夫作曲

北京 苏联经济及文化建设成就展览会 1954年

[5]页 26cm（16开）

J0164310

巴黎圣母院　（三幕八场舞剧）（苏）季霍米罗夫，（苏）布尔梅斯杰尔改编；普尼·西撒等作曲

北京 苏联经济及文化建设成就展览会 1954年

[5]页 26cm（16开）

J0164311

莫斯科国立音乐剧院舞剧“天鹅湖”的新演出　接待苏联来华展览办公室文艺活动处编

接待苏联来华展览办公室文艺活动处 1954年

18cm（15开）

J0164312

舞剧·乌兰诺娃　（苏）里沃夫—阿诺兴等著；吴钧燮，吴启元译

上海 文娱出版社 1955年 定价：旧币4,600元

本书描述了苏联芭蕾舞剧皇后、芭蕾舞表演艺术家乌兰诺娃的艰苦努力所换来的辉煌成绩。乌兰诺娃（1910—1998），女，苏联芭蕾演员。生于圣彼得堡，列宁格勒舞蹈学校。代表作品《巴赫切萨拉伊的泪泉》《天鹅之死》《罗密欧与朱丽叶》。

J0164313

世界芭蕾作品介绍　陆洪元编译；中国舞蹈协会上海分会编

上海 中国舞蹈协会上海分会 1983年 90页

19cm（32开）定价：CNY0.45

J0164314

世界十大芭蕾舞剧欣赏　钱世锦编

上海 上海文艺出版社 1986 年 172 页 有剧照 20cm（32 开）统一书号：8078.3616
定价：CNY2.00，CNY5.05（精装）

J0164315
世界十大芭蕾舞剧欣赏 钱世锦著
台北 大吕出版社 1993 年 232 页 21cm（32 开）
ISBN：957-9358-18-4 定价：TWD250.00
（大吕音乐丛刊 29）

J0164316
足尖上的梦幻 （中外芭蕾精品欣赏）朱立人，魏中编著
上海 少年儿童出版社 1997 年 150 页 有彩照 19cm（小 32 开）ISBN：7-5324-3047-2
定价：CNY8.70
（艺术长廊丛书）

舞蹈事业

J0164317
新疆青年歌舞访问团特刊 军之友社编
上海 军之友社［1947 年］14 页 有像 26cm（16 开）

J0164318
苏联国立民间舞蹈团 （苏）莫伊塞耶夫（ИгорьАлександровичМоисеев）艺术指导
［1950—1959 年］ 影印本 22cm（16 开）

J0164319
苏联红军歌舞团 夏立民译
上海 万叶书店 1950 年 44 页 有图 19cm（32 开）

J0164320
苏联红军歌舞团 夏立民译
上海 万叶书店 1952 年 3 版 44 页 有照片 19cm（32 开）定价：旧币 2,800 元

J0164321
保加利亚人民共和国国家民间歌舞团 对外文化联络局编
北京 对外文化联络局 1954 年 5 页 19cm（32 开）
（参考资料 15）

J0164322
莫斯科——北京访问演出 （苏联国立莫斯科斯坦尼斯拉夫斯基与聂米罗维奇——丹钦科音乐剧院）
1954 年 有剧照 26cm（16 开）

J0164323
全国专业团体音乐舞蹈会演 （节目单）中华人民共和国文化部等编
北京 中华人民共和国文化部 1957 年 74 页 26cm（16 开）

J0164324
中国上海杂技团在阿尔巴尼亚首场演出 （编号 0382）新华社记者摄
［北京］1973 年 1 幅 10×15cm 定价：CNY1.00

J0164325
中国上海杂技团在英国访问 （编号 1005）新华社记者摄
［北京］1973 年 4 幅 11×15cm 定价：CNY4.00

J0164326
中国沈阳杂技团访问墨西哥 （编号 0323）新华社记者摄
［北京］1973 年 2 幅 12×15cm 定价：CNY2.00

J0164327
中国武汉杂技团在阿富汗进行友好访问演出 （编号 0344）新华社记者摄
［北京］1973 年 4 幅 12×15cm 定价：CNY4.00

J0164328
中国武汉杂技团在巴基斯坦进行友好访问演出 （编号 0322）新华社记者摄
［北京］1973 年 4 幅 12×15cm 定价：CNY4.00

J0164329
罗马尼亚马拉穆列什民间歌舞团举行首场演出 （编号 1006）新华社记者摄
［北京］1974 年 1 幅 15×20cm 定价：CNY1.00

J0164330
罗马尼亚马拉穆什民间歌舞在京演出　（编号 1008）新华社记者摄
［北京］1974 年 5 幅 11×15cm 定价：CNY5.00

J0164331
中国文学艺术工作者第四次代表大会舞代会资料汇编　中国舞蹈家协会编
［北京］中国文学艺术工作者第四次代表大会 1979 年 218 页 19cm（32 开）

J0164332
前线歌舞团　李国平等摄影；任红举，任汉苗，李国平撰稿
［1980—1989 年］50 页 有照片 29cm（16 开）

J0164333
东方歌舞团　（1962—1982）［东方歌舞团］
东方歌舞团 1982 年 26×25cm
本书为东方歌舞团建团二十周年（1962—1982 年）期间的图集。外文书名：The Oriental Song and Dance Company.

J0164334
中央歌舞团团史　（1952—1982）
北京 中央歌舞团 1982 年 26 页 19cm（32 开）

J0164335
英国皇家舞蹈学院芭蕾教材　黄伯虹译注
北京 北京舞蹈学院资料室 1983 年 4 册 26cm（16 开）

J0164336
东方舞苑花絮　于海燕著
北京 世界知识出版社 1985 年 261 页 有照片 19cm（32 开）统一书号：7003.117
定价：CNY1.45
本书讲述了东方歌舞团是如何创办的；周总理、陈老总是如何关心该团的成长发展的；国外的音乐舞蹈家们又是如何帮助、培养我国艺术家们学习东方歌舞的。歌声舞影放异彩，花环花雨传友情，在本书内均有生动、详细的反映。附有精彩照片多幅。

J0164337
中国舞蹈家协会第五次会员代表大会资料汇编　中国舞蹈家协会编
舞蹈杂志社 1986 年 150 页 有照片 19cm（32 开）
定价：CNY0.80

J0164338
儿童学舞蹈　戴巧玲编著
南京 南京出版社 1991 年 104 页 19cm（小 32 开）
ISBN：7-80560-401-0 定价：CNY1.70

J0164339
北京舞蹈学院芭蕾舞（院外）分级考试教程　（一、二级）曲皓主编
北京 知识出版社 1994 年 70 页 26cm（16 开）
ISBN：7-5015-1194-2 定价：CNY12.80

J0164340
艺海泛舟　（纪念中原歌舞团成立十周年 1983—1993）杜继平主编；中原歌舞团编
天津 百花文艺出版社 1994 年 534 页 20cm（32 开）精装 ISBN：7-5306-1699-4
定价：CNY35.00

J0164341
创造才是生命　（图集）（日）清水正夫著；李玉，王保祥译
北京 中国摄影出版社 1995 年 80 页 21cm（32 开）
ISBN：7-80007-122-7
定价：CNY30.00，CNY40.00（精装）
本书据日本岩波书店《芭蕾舞明星的诞生—森下洋子》一书改编而成。作者清水正夫（1921—2008），日本一级建筑师，芭蕾舞演员。毕业于日本大学工学系土木工学专业。日本松山芭蕾舞团团长。创作并演出《白毛女》《祇园祭》《虹之桥》等芭蕾舞剧。译者王保祥，北京大学日本研究中心翻译。译者李玉，北京大学日本研究中心翻译。

J0164342
北京军区政治部战友歌舞团　马子跃主编
1997 年 117 页 有照片 25×25cm 精装

J0164343
中等艺术师范舞蹈教程　潘多玲编著

乌鲁木齐 新疆青少年出版社 1997 年 213 页
有图 26cm（16 开）ISBN：7-5371-2756-5
定价：CNY24.80

J0164344
岁月如歌 （纪念总政歌舞团建团四十五周年
1953—1998）
1998 年 158 页 34cm（10 开）精装

戏剧、曲艺、杂技艺术

戏剧艺术理论

J0164345
会幔亭
清 抄本 毛装

J0164346
梦华小录 (清)南湖渔者撰
清嘉庆 刻本 线装
七行十五字白口四周双边单鱼尾。

J0164347
近代戏剧教程 爱米而顿著;赵如琳译
言行社[民国]128页 20cm(32开)
本书内容包括:戏剧是什么、剧场观众的心理、演员与戏剧家、近代的舞台程式、演剧时注意力之节省、增强势力之方法、戏剧的四个重要形式、近代的社会剧8章。

J0164348
[**评剧观**]
民国十三年[1924]石印本 线装
黄纸本。

J0164349
戏剧论 郁达夫著
上海 商务印书馆 1926年 48页 17cm(32开)
定价:大洋一角
(百科小丛书 120)
本书内容包括:分戏剧之一般概念、戏剧发展的径路、近代戏剧的发生、近代剧之开展与分化、近代生活的内容、近代剧之形式及技巧6章。

J0164350
戏剧论 郁达夫著
上海 商务印书馆 1934年 2版 41页
19cm(32开)定价:大洋一角五分
(百科小丛书)

J0164351
戏剧 ABC 陈大悲著
上海 ABC丛书社 1931年 123页 19cm(32开)
定价:五角,六角(精装)
(ABC丛书)
本书内容包括:什么是戏剧、戏剧进展的趋势、导演的职权、演员的心理建设、声调的音乐化、排演应注意各点等20章。

J0164352
戏剧艺术 春雪著
中文印书馆 1931年 44页 18cm(32开)
定价:大洋二角五分
本书收录《戏剧为综合艺术》《无争斗即无戏剧》《不能表演的戏剧犹如不能燃烧的火柴》《戏剧与人生》《戏剧与天才》《戏剧不是业余消遣物》《新剧并不比京戏容易》《舞台监督的责任》《动作的重要》《配光的功效》《对话的价值》《表演的艺术》《编剧的技巧》等14篇论文。

J0164353
戏剧 ABC 陈大悲著
上海 ABC丛书社 1932年 再版 123页

19cm(32开)定价:五角,六角(精装)
(ABC丛书)

J0164354
论戏剧 郁达夫著
上海 商务印书馆 1933年 国难后1版 41页
19cm(32开)定价:大洋一角五分
(百科小丛书)

J0164355
戏剧概论 张庚著
长沙 商务印书馆 1936年 52页 19cm(32开)
定价:国币二角
(戏剧小丛书)

本书内容包括:论述戏剧的本质、观众与剧场、演员艺术的特质,以及舞台装置机能的发展等。作者张庚(1911—2003),戏剧理论家、教育家、戏曲史家。原名姚禹玄,生于湖南长沙。历任中央戏剧学院副院长、东北鲁迅文艺学院副院长兼文工团四团团长、中国戏曲学院院长。论著有《中国戏曲通史》《戏曲艺术论》等。

J0164356
戏剧技法讲话 李朴园编著
南京 正中书局 1936年 230页 22cm(16开)
定价:银八角五分
(艺术丛书)

本书内容包括:戏剧艺术概观、编剧术、导演术、演员的修养、发音术、表情术、动作术、化装术等9章。

J0164357
戏剧技法讲话 李朴园编著
南京 正中书局 1947年 沪1版 230页
21cm(32开)定价:国币五元一角
(艺术丛书)

J0164358
介绍莎士比亚特刊 国立戏剧学校编
[南京]国立戏剧学校[1937年]66页 有图
18cm(15开)

本书是有关公演莎士比亚剧本《威尼斯商人》的专辑。收录《关于〈威尼斯商人〉》(梁实秋)、《莎氏的作品及其生平》(常任侠)、《莎士比亚真面目》(徐仲年)、《我们为什么公演莎氏剧》(余上沅)等8篇文章。

J0164359
戏曲丛谈 华连圃著
上海 商务印书馆 1937年[12]+141页
19cm(32开)定价:国币三角
(国学小丛书)

本书为中国戏曲艺术理论专著,共10章,讲述戏曲的渊源、体制、声韵、宫调、脚色,以及南北曲的区分与作法、度曲法、流派等。

J0164360
演剧论 (苏)泰洛夫(А.Я.Таиров)著;吴天译
上海 潮锋出版社 1937年 98页 18cm(32开)
定价:二角

本书为戏剧艺术理论专著。内容包括:演员论、导演论、文学在演剧上的地位、戏剧音乐论4章。

J0164361
苏联演剧方法论 (美)诺利斯·霍顿(N.Houghton)著;贺孟斧译
重庆 上海杂志公司 1938年 212页 17cm(32开)
定价:七角

本书内容包括:演剧人才之养成、演员中心论、导演中心论、导演与演员之合作、舞台装饰家、剧作家6章。

J0164362
苏联演剧方法论 (美)诺利斯·霍顿(Norris Houghton)著;贺孟斧译
成都 上海杂志公司 1939年 212页 有图
17cm(32开)定价:七角

J0164363
苏联演剧方法论 (美)诺利斯·霍顿(N.Houghton)著;贺孟斧译
上海 上海杂志公司 1949年 141页 19cm(32开)
定价:6.00(基价)
(戏剧理论与方法丛刊)

J0164364
戏剧的方法和表演 洪深著
新剧研究社 民国二十八年[1939]207页
18cm(32开)

作者洪深(1894—1955),电影戏剧编导、文艺理论家。江苏武进(今常州)人。名达,字伯骏,号浅哉(一作字),又号潜斋,笔名庄正平、乐水、萧振声。曾赴美进修文学戏剧等。历任复旦大学、山东大学、中山大学、北京师范大学、暨南大学、厦门大学教授,中国文联委员、中国剧协副主席、中国作协理事、对外文化联络局局长、对外文协副会长。译有《恋爱的权利》《人的一生》等,著有《洪深文集》等。

J0164365
戏剧学基础教程　冼群著
金华 充实丛书社 1939 年 150 页 18cm(32 开)
定价:六角
(充实丛书 1)
本书分 8 章,讲述戏剧的性质、内容、形式以及剧种、剧本、导演、演员、舞美、剧务等戏剧的基本问题。

J0164366
演剧手册　集体著作;宋之的等执笔
重庆 上海杂志公司 1939 年 3 版 174 页
18cm(32 开)
本书收录宋之的《艺术与宣传(代序)》、章泯的《论新悲剧》、且予的《写作前的准备》、何连的《导演人与演员》、陈鲤庭的《地位与速度》、、葛一虹的《表演技术基础》、刘露的《舞台装置原理》、贺孟斧的《舞台装饰之设计构图》、赵明的《战时演剧的舞台装置》、胡子的《战时演剧的舞台照明》、何晴的《论舞台服装》、谢韵心的《论舞台道具》、周彦的《论农村演剧工作》、陆擎的《演剧批评的建立》等 23 篇戏剧理论文集。

J0164367
戏剧参考资料之一　东北鲁迅文艺学院编
东北鲁迅文艺学院[1946—1949 年]65 页
19cm(32 开)
本书收录《从兄妹开荒的演出谈起》(王大化)、《秧歌剧的技术》(张水华)、《给青年导演》(斯达尼司拉夫斯基著,颜一烟译)、《近代欧洲舞台艺术底源流》(郑君里)4 篇。

J0164368
新演剧论　(苏)泰洛夫著;吴天译
上海 剧场艺术社 1940 年 89 页[19cm](32 开)
(戏剧丛书 6)
本书是戏剧艺术理论专著,内容与《演剧论》一书基本相同。《演剧论》内容包括:演员论、导演论、文学在演剧上的地位、戏剧音乐论 4 章。

J0164369
演剧艺术讲话　顾仲彝等著;舒湮编
上海 光明书局 1940 年 再版 294 页 有图
19cm(32 开)定价:国币二元五角
本书为戏剧艺术理论文集。收录《戏剧的源流》(顾仲彝)、《戏剧的本质》(章泯)、《戏剧艺术的综合性》(沈西苓)、《剧本创作过程解剖》(张庚)、《舞台电学》(莫言)、《继承中国戏剧的遗产问题》(周贻白)等 18 篇论著。附录:《引言》(阿英)、《抗战期间内地出版戏剧目》(舒畅)。

J0164370
演剧艺术讲话　顾仲彝等著;舒湮编
上海 光明书局 1945 年 269 页 19cm(32 开)

J0164371
演剧艺术讲话　舒湮主编
上海 光明书局 1945 年 4 版 269 页 19cm(32 开)

J0164372
演剧艺术讲话　顾仲彝等著;舒湮主编
上海 光明书局 1947 年 5 版 269 页 18cm(32 开)

J0164373
演剧艺术讲话　顾仲彝等著;舒湮主编
上海 光明书局 1948 年 6 版 269 页 18cm(小 32 开)

J0164374
演剧艺术讲话　顾仲彝等著;舒湮编
上海 光明书局 1951 年 8 版 269 页 19cm(32 开)

J0164375
战时戏剧论　胡绍轩著
上海 独立出版社 1940 年 57 页 20cm(32 开)
(战时戏剧理论丛书)

J0164376
剧场艺术讲话　吴天著
上海 剧艺出版社 1941 年 131 页[13×19cm]
本书内容包括:总说、部分、演出三大部分。

"总说"收《剧场艺术的特性》等；"部分"收《演员》《演技》《装置》《观众》等；"演出"收《导演的进路》《导演风格的建立》《喜剧的演出》《说气氛》《谈节奏》等。附录：《梅耶荷德剧场的被解散》《巨人司坦尼斯拉夫斯基》《剧人的责任》《论演员艺术》4篇译文。

J0164377
戏剧常识　夏林著
桂林 文化供应社 1941年 44页 16cm（25开）
定价：国币二角五分
（青年新知识丛刊）
　　本书内容包括：戏剧的发生、发展、本质、演员、表演术以及中国的戏剧等内容。

J0164378
新戏剧讲话　浪舟著
上海 海棉社 1941年 76页 17cm（32开）
定价：八角
　　本书内容包括：戏剧的本质、戏剧与社会、戏剧的创作问题、导演者与演员、关于舞台装置、舞台化装6讲。

J0164379
演员自我修养　（上册）（苏）史达尼斯拉夫斯基著；叔懋译
上海 剧场艺术社 1941年 217页［19cm］（32开）
　　作者史达尼斯拉夫斯基（Stanislavsky, Konstantin Serqeievich, 1863—1938），著者通译：斯坦尼斯拉夫斯基，演员、导演、戏剧教育家、表演理论家。出生于莫斯科。代表作品有《万尼亚舅舅》《三姊妹》《樱桃园》。

J0164380
演员自我修养　（俄）史旦尼斯拉夫斯基（К.С.Станиславский）撰；郑君里，章泯译；中苏文化协会编译委员会编辑
北京 新知书店 1943年 366页 18cm（32开）
定价：CNY45.00
（苏联文艺丛书）
　　作者郑君里（1911—1969），电影演员、导演、艺术理论家。广东香山（今中山）人，生于上海。原名蔚章、郑重，笔名前烈，别名郑千里。就读于南国艺术学院戏剧科。曾任左翼戏剧家联盟执行委员，中国电影制片厂编导，中国戏剧家协会和中国电影工作者协会理事等。导演《一江春水向东流》《乌鸦与麻雀》《林则徐》《聂耳》等影片。

J0164381
演员自我修养　（10）（苏）史旦尼斯拉夫斯基著；郑君里，章泯译
上海 新知出版社 1948年 沪3版 366页 有像 18cm（32开）
（苏联文学丛书）
　　本书内容包括：演技的艺术观、信念与真实感、内心的创造状态等16章。

J0164382
演员自我修养　（苏）史旦尼斯拉夫斯基著；郑君里，章泯译
大连 新知书店 1948年 417页 18cm（32开）
定价：CNY13.50

J0164383
演员自我修养　（苏）史旦尼斯拉夫斯基著；郑君里，章泯译
哈尔滨 新知书店 1948年 再版 417页 18cm（32开）

J0164384
演员自我修养　（俄）史旦尼斯拉夫斯基撰；郑君里，章泯译
北京 三联书店 1950年 417页 20cm（32开）
定价：CNY13.50

J0164385
演员自我修养　（第一部）K.斯坦尼斯拉夫斯基著；林陵，史敏徒译；电影艺术编译社编辑
北京 艺术出版社 1956年 552页+［1］叶图版 20cm（32开）定价：旧币1.80元
（电影艺术丛书）
　　作者斯坦尼斯拉夫斯基（Stanislavsky, Konstantin Serqeievich, 1863—1938），演员、导演、戏剧教育家、表演理论家。出生于莫斯科。代表作品有《万尼亚舅舅》《三姊妹》《樱桃园》。

J0164386
演员自我修养　（第二部）K.斯坦尼斯拉夫斯基著；郑雪来译；电影艺术编译社编辑

北京 艺术出版社 1956年 389页+[1]叶图版 20cm(32开) 定价:CNY1.33
(电影艺术丛书)

译者郑雪来(1925—),戏剧、电影理论家、翻译家。曾用名郑存善、郑诗昂,笔名雷楠。福建长乐人,就读于暨南大学外文系。从事戏剧、电影翻译及研究工作,以及斯坦尼斯拉夫斯基演剧体系的教学与研究工作。担任中国艺术研究院研究员以及原外国文艺研究所负责人。主要论著有《电影美学问题》《斯坦尼斯拉夫斯基体系论集》《电影学论稿》《世界电影鉴赏辞典》等。

J0164387
演员自我修养 (上卷)(苏)K.C.斯坦尼斯拉夫斯基(K.C.Станиславскнй)著;林陵,史敏徒译
北京 中国电影出版社 1959年 513页 有照片 20cm(32开)

本书内容包括:身体表现力的发展、演员与角色的远景、逻辑与顺序、性格化、舞台魅力、舞台自我感觉等。

J0164388
演员自我修养 (下卷)(苏)K.C.斯坦尼斯拉夫斯基(K.C.Станиславскнй)著;郑雪来译
北京 中国电影出版社 1961年 589页 有照片 20cm(32开)

J0164389
演员自我修养 (第一部)(苏)斯坦尼斯拉夫斯基(Й.С.Станиславский)著
北京 中国电影出版社 1986年 有肖像 20cm(32开) 精装 统一书号:8061.2720 定价:CNY3.95

J0164390
演员自我修养 (第二部)(苏)斯坦尼斯拉夫斯基(Й.С.Станиславский)著;郑雪来译
北京 中国电影出版社 1986年 589页 有肖像 20cm(32开) 精装 统一书号:8061.2721 定价:CNY4.20

J0164391
戏剧艺术引论 张庚著
华北书店 1942年 97页 20cm(32开)
(鲁艺丛书)

作者张庚(1911—2003),戏剧理论家、教育家、戏曲史家。原名姚禹玄,生于湖南长沙。历任中央戏剧学院副院长、东北鲁迅文艺学院副院长兼文工团四团团长、中国戏曲学院院长。论著有《中国戏曲通史》《戏曲艺术论》等。

J0164392
戏剧艺术引论 张庚著
哈尔滨 光华书店 1948年 101页 17cm(32开)

J0164393
戏剧艺术引论 张庚著
哈尔滨 光华书店 1949年 101页 17cm(32开)

J0164394
戏剧艺术引论 张庚撰
扬州 苏北新华书店 1949年 93页 18cm(32开)

J0164395
戏剧艺术引论 张庚著
苏北 新华书店 1949年 淮阴版 93页 [19cm](32开)

J0164396
戏剧艺术引论 张庚撰
北京 生活·读书·新知三联书店 1950年 101页 18cm(32开) 定价:3.80(基价)

本书系戏剧艺术理论基础知识。

J0164397
戏剧艺术引论 张庚著
北京 文化艺术出版社 1981年 150页 21cm(32开) 统一书号:8228.013 定价:CNY0.65

J0164398
戏剧艺术引论 张庚著
北京 文化艺术出版社 1985年 150页 21cm(32开) 统一书号:8228.013 定价:CNY0.65

中国戏剧艺术理论。

J0164399
戏剧原理 (美)汉米尔顿(C.Hamilton)著;赵如琳译
曲江 图腾出版社 1943年 134页 18cm(32开)

本书内容包括:戏剧是什么、剧场观众的心

理、演剧者与作剧者、近代舞台之习惯、戏剧表演之注意力集中、戏剧之加重势力法、戏剧之四大类型、近代社会剧论8章。

J0164400
什么是戏剧　张庚著；东北文艺工作团编
东安　大连中苏友好协会 1946年 56页
20cm（32开）
（新演剧丛书）
本书内容包括：戏剧中什么最重要，演员的特点，文学、美术、音乐在戏剧中的地位、作用，观众对于戏剧的重要关系等。

J0164401
什么是戏剧　张庚著；东北文艺工作团编
大连　中苏友好协会 1946年 56页 18cm（32开）
（新演剧丛书）

J0164402
戏剧参考资料之二　东北鲁迅文艺学院编
东北鲁迅文艺学院［1946—1949年］90页
19cm（32开）
本书收录苏凡译的《"瓦赫坦戈夫手记，书简，论文编者序言"》；于敏译的《瓦赫坦戈夫手记钞》；瓦赫坦戈夫著、夏立民译的《如何准备角色》；苏达科夫著的《论演员的创作》4篇。

J0164403
剧艺琐话　方君逸著
上海　永祥印书馆 1947年 43页 17cm（40开）
（青年知识文库 第3辑 3）
本书内容包括：剧艺的特质、装置、观众、气氛、节奏5部分。

J0164404
什么是戏剧　张庚著；东北文艺工作团编
饶阳　冀中新华书店 1947年 33页 18cm（32开）

J0164405
剧场艺术讲话　吴天著
上海　潮锋出版社 1948年 战后初版 131页
20cm（32开）
本书包括总说、部分、演出3部分。"总说"收录《剧场艺术的特性》等文；"部分"收录《演员》《演技》《装置》《观众》等文；"演出"收录《导演的进路》《导演风格的建立》《喜剧的演出》《说气氛》《谈节奏》等文。附录：《梅耶荷德剧场的被解散》《巨人司坦尼斯拉夫斯基》《剧人的责任》《论演员艺术》4篇译文。

J0164406
太行三专区各县剧团联席会议总结　太行第三专员公署编写
［山西］太行第三专员公署 1948年 油印本
14叶 20cm（32开）

J0164407
戏剧常识讲话　贾霁著
大连　大众书店 1948年 86页 19cm（32开）

J0164408
戏剧与小调　（第一集）
盐阜　华中新华书店 1948年 56页 13cm（64开）

J0164409
戏剧与小调　（第二集）
盐阜　华中新华书店 1948年 13cm（64开）

J0164410
剧场艺术和电影艺术的界线　（苏）S.奥布拉茨特索夫等著；芳信译
大连　旅大中苏友好协会 1949年 116页
19cm（32开）
（友谊丛书 23）
本书收录《剧场艺术和电影艺术的界线》（S.奥布拉茨特索夫）、《舞台设计》（A.巴色克希斯）、《〈青年警卫军〉是怎样摄制的》（S.基拉西摩夫）、《搬上银幕的〈青年警卫军〉》（A.塞尔可夫）等6篇文章。

J0164411
戏剧常识　吴荻舟撰
上海　生活·读书·新知上海联合发行所 1949年
90页 18cm（32开）定价：2.80（基价）
（新中国百科小丛书）
本书内容包括：戏剧是什么、演戏是为了什么、戏剧是怎样产生的、戏剧的历史、中国话剧的历史、地方戏、改良旧戏与新歌剧、剧团组织、简单的演出方法。

J0164412
戏剧电影问题　鲁思著
上海 世界译著出版社 1949 年 123 页
19cm(32 开)
(文学丛书)
本书内容包括：电影技术讲座、戏剧两题、磨练问题与戏剧运动、论 AB 制等 8 个部分。

J0164413
戏剧艺术讲话　方君逸著
上海 永祥印书馆 1949 年 1 册 19cm(32 开)
定价：CNY5.00

J0164414
戏剧艺术讲话　方君逸著
上海 永祥印书馆 1950 年 2 版 [155] 页
19cm(32 开) 定价：CNY5.00
本书内容包括：编剧与导演、演员与演技、剧艺琐话。

J0164415
戏剧初程　李束丝撰
上海 商务印书馆 1950 年 110 页 15cm(40 开)
定价：CNY2.90
(人民百科小册)

J0164416
戏剧手册　冼群著
桂林 文化供应社 1950 年 3 版 195 页
19cm(32 开) 定价：CNY6.50
本书分总论、编剧、导演、表演、舞台装饰 5 章。附“世界著名剧作家及其作品”。

J0164417
演剧手册　(第一辑) 中国铁路工会全国委员会文化教育部编
北京 三联书店 1950 年 74 页 16cm(25 开)

J0164418
业务学习资料　(一) 东北人民艺术剧院编
沈阳 东北人民艺术剧院 1951 年 17 页
19cm(32 开)

J0164419
论舞台艺术　(史坦尼斯拉夫斯基语录)(苏) 史坦尼斯拉夫斯基(К.С.Станиславский) 撰；东北鲁迅文艺学院戏剧部编译
西安 西北行政委员会文化局 1953 年 336 页
有图 20cm(32 开)
(戏剧参考资料 3)
本书收录《创造性艺术的体系与方法》《歌剧“维特”的五次排演》《舞台道德》《乐剧：一种史坦尼斯拉夫斯基的即兴创造》等。附录：《歌剧“欧根·奥尼金”的导演记录》《关于外形动作》《致演员们的信》《演员的责任》《在歌剧研究所的首次谈话》等。

J0164420
史达尼斯拉夫斯基体系与苏联戏剧　(苏) 阿巴耳金(Н.Абалкин)；汤茀之译
北京 时代出版社 1953 年 355 页 有照片
20cm(32 开) 定价：旧币 16,000 元

J0164421
为提高戏曲的思想性艺术性而奋斗　西安市人民政府文教局，西安市文学艺术界联合会辑
西安 西安市人民政府文教局 1953 年 33 页
18cm(32 开)
本书由西安市人民政府文教局和西安市文学艺术界联合会联合出版。

J0164422
文艺·戏剧·生活　(新译本)(苏) 聂米洛维契－丹钦柯(В.И.Немирович-Данченко) 著；焦菊隐译
上海 平明出版社 1953 年 445 页 有图
19cm(32 开) 定价：旧币 18,600 元
(苏联戏剧理论丛书)
作者焦菊隐(1905—1975)，戏剧家、翻译家。原名承志，笔名居颖、居尹、亮俦，艺名菊影，后自改为菊隐。出生于天津，获巴黎大学文学博士学位。曾任北京师范大学文学院院长，北京人民艺术剧院副院长、总导演和艺术委员会主任。代表作品《龙须沟》《明朗的天》《茶馆》等。

J0164423
文艺·戏剧·生活　(新译本)(苏) 聂米洛维契－丹钦柯(В.И.Немирович-Данченко) 著；焦菊隐译
上海 新文艺出版社 1957 年 新 1 版 445 页

有图 19cm(32开) 统一书号: 10078.1311
定价: CNY1.60

J0164424
文艺·戏剧·生活 (苏)涅米罗维奇－丹琴科(Вл.И.Немирович-Даньенко)著; 焦菊隐译
北京 中国戏剧出版社 1982年 319页 有照片 20cm(32开) 统一书号: 8069.281
定价: CNY1.35

本书记述了作者本人创建新型剧场、培养演员、探索新的表演与导演方法等方面的活动, 尤其详细记述了艺术剧院演出契珂夫、高尔基和托尔斯泰的戏剧作品的经过情形。

J0164425
演员自我修养听讲笔记 (苏)巴甫洛夫等讲授; 鲍树桂, 严风口译; 中央人民政府人民革命军事委员会总政治部文化部编
北京 中央人民政府人民革命军事委员会总政治部文化部 1953年 298页 有图 18cm(32开)
(部队文艺业务学习资料 1)

J0164426
史坦尼斯拉夫斯基体系解说 (英)马加尔沙克(David Magarshack)撰; 陈西禾译
上海 平明出版社 1954年 114页 有图 18cm(32开) 定价: 旧币3,800元

外文书名: Introductory Essay on Stanislavsky's System.

J0164427
戏剧艺术资料 (苏)列斯里讲; 中国戏剧家协会资料室编译
北京 中国戏剧家协会资料室 1954年 159页 20cm(32开)

J0164428
斯坦尼斯拉夫斯基体系讲话 (德)盖耶尔(O.Gaillard)著; 邵牧君译; 电影艺术编译社编辑
北京 艺术出版社 1955年 180页 20cm(32开)
定价: CNY0.64
(电影艺术丛书)

外文书名: Das Deutsche Stanislavski Buch.

J0164429
史坦尼斯拉夫斯基体系解说 (英)马加尔沙克(David Magarshack)著; 陈西禾译
上海 新文艺出版社 1956年 新1版 114页 有肖像 18cm(32开) 统一书号: 10078.1216
定价: CNY0.36

外文书名: Introductory Essay on Stanislavsky's System.

J0164430
我的艺术生活 (苏)斯坦尼斯拉夫斯基(К.С.Станиславский)著; 瞿白音译
上海 新文艺出版社 1956年 564页 有图 20cm(32开) 精装 统一书号: 10078.985
定价: CNY2.50

本书是苏联戏剧艺术理论家与戏剧导演斯坦尼斯拉夫斯基对演员表演艺术创造和表演教学、导演学理论和方法的详尽阐述。作者斯坦尼斯拉夫斯基(Stanislavsky, Konstantin Serqeievich, 1863—1938), 演员、导演、戏剧教育家、表演理论家。出生于莫斯科。代表作品有《万尼亚舅舅》《三姊妹》《樱桃园》。

J0164431
演员创造角色 (苏)斯坦尼斯拉夫斯基(К.С.Станиславский)著; 邓永明, 郑雪来译; 电影艺术编译社编辑
北京 艺术出版社 1956年 246页 有照片 18cm(32开) 定价: CNY0.86
(电影艺术丛书)

作者郑雪来(1925—), 戏剧、电影理论家、翻译家。曾用名郑存善、郑诗昂, 笔名雷楠。福建长乐人, 就读于暨南大学外文系。从事戏剧、电影翻译及研究工作, 以及斯坦尼斯拉夫斯基演剧体系的教学与研究工作。担任中国艺术研究院研究员以及原外国文艺研究所负责人。主要论著有《电影美学问题》《斯坦尼斯拉夫斯基体系论集》《电影学论稿》《世界电影鉴赏辞典》等。

J0164432
演员创造角色 (苏)斯坦尼斯拉夫斯基著; 郑雪来译
北京 中国电影出版社 1987年 622页 有照片 20cm(32开)

J0164433
论导演构思 （苏）吉基等著；李孟岩等译
［北京］中国戏剧出版社 1957年 定价：CNY0.86
（戏剧理论译文集 第二辑）

J0164434
论匠艺 （苏）斯坦尼斯拉夫斯基等著；张守慎等译
［北京］中国戏剧出版社 1957年 定价：CNY0.85
（戏剧理论译文集 第三辑）

J0164435
斯坦尼斯拉夫斯基谈话录 （苏）安塔洛娃（К.И.Антарова）笔记；历苇译
北京 中国电影出版社 1957年 224页
18cm（32开）统一书号：8061.112 定价：CNY0.75

J0164436
斯坦尼斯拉夫斯基体系讲座 （苏）古里叶夫讲；中国戏剧家协会编辑
北京 中国戏剧出版社 1957年 186页
20cm（32开）统一书号：10069.79
定价：CNY0.58

J0164437
斯坦尼斯拉夫斯基体系讲座 （苏）格·尼·古里叶夫讲；孙维善等译
［北京］中国戏剧出版社 1957年 定价：CNY0.70

J0164438
斯坦尼斯拉夫斯基体系问题 舒强著
北京 中国戏剧出版社 1957年 204页
20cm（32开）统一书号：10069.92 定价：CNY0.70
作者舒强，戏剧导演。原名蒋树强。江苏南京人。曾在中国左翼戏剧家联盟南京分盟大众剧社、上海业余实验剧团任演员，华北联合大学文艺学院戏剧系主任、中央戏剧学院表演系主任，中央实验话剧院副院长、总导演。导演话剧有《白毛女》《大风歌》等。有《舒强戏剧论文集》。

J0164439
斯坦尼斯拉夫斯基在排演中 （回忆录）（苏）托波尔科夫（В.Топорков）著；文骏译
北京 中国电影出版社 1957年 230页
20cm（32开）统一书号：8061.54
定价：CNY1.00

J0164440
斯坦尼斯拉夫斯基在排演中 （苏）托波尔科夫（В.Топорков）著；文骏译
北京 中国电影出版社 1981年 重印本 223页
20cm（32开）统一书号：8061.54 定价：CNY1.10

J0164441
戏剧理论译文集 （第一辑 在动作中分析剧本和角色）（苏）克尼别尔等著；马华等译
北京 中国戏剧出版社 1957年 208页
20cm（32开）统一书号：10069.32 定价：CNY0.72

J0164442
戏剧理论译文集 （第二辑 论导演构思）（苏）吉基等著；李孟岩等译
北京 中国戏剧出版社 1957年 234页
20cm（32开）统一书号：10069.51 定价：CNY0.86

J0164443
戏剧理论译文集 （第三辑 论匠艺）（苏）斯坦尼斯拉夫斯基等著；张守慎等译
北京 中国戏剧出版社 1957年 222页
18cm（32开）统一书号：10069.63
定价：CNY0.85
作者斯坦尼斯拉夫斯基（Stanis lavsky, Konstantin Serqeievich，1863—1938），演员、导演、戏剧教育家、表演理论家。出生于莫斯科。代表作品有《万尼亚舅舅》《三姊妹》《樱桃园》。

J0164444
戏剧理论译文集 （第四辑 舞台调度）（苏）彼得罗夫等著；周来等译
北京 中国戏剧出版社 1957年 235页
20cm（32开）统一书号：10069.87
定价：CNY0.90

J0164445
戏剧理论译文集 （第五辑 角色的创造）（苏）伊里茵斯基等著；沈笠等译
北京 中国戏剧出版社 1958年 216页
19cm（32开）统一书号：10069.208
定价：CNY0.80

J0164446
戏剧理论译文集 （第六辑 论演员的自我感觉）（苏）格·尼·吉里叶夫等著；王文等译
北京 中国戏剧出版社 1958年 187页
20cm（32开）统一书号：10069.129
定价：CNY0.65

J0164447
戏剧理论译文集 （第九辑）中国戏剧出版社编辑部编
北京 中国戏剧出版社 1963年 397页
21cm（32开）统一书号：10069.644
定价：CNY1.30

J0164448
戏剧学习资料汇编 （第一期）中央戏剧学院编辑室编
北京 中央戏剧学院编辑室 1957年 209页
19cm（32开）定价：CNY0.30

J0164449
戏剧学习资料汇编 （第二期）中央戏剧学院编辑室编
北京 中央戏剧学院编辑室 1957年 216页
19cm（32开）定价：CNY0.30

J0164450
戏剧学习资料汇编 （第三期）中央戏剧学院编辑室编
北京 中央戏剧学院编辑室 1958年 232页
有照片 19cm（32开）定价：CNY0.30

J0164451
戏剧学习资料汇编 （第四期）中央戏剧学院编辑室编
北京 中央戏剧学院编辑室 1958年 206页
19cm（32开）定价：CNY0.30

J0164452
戏剧学习资料汇编 （第五期）中央戏剧学院编辑室编
北京 中央戏剧学院编辑室 1958年 191页
19cm（32开）定价：CNY0.30

J0164453
戏剧学习资料汇编 （第七期）中央戏剧学院编辑室编辑
北京 中央戏剧学院编辑室 1959年 207页
19cm（32开）定价：CNY0.30

J0164454
戏剧学习资料汇编 （第八期）中央戏剧学院编辑室编辑
北京 中央戏剧学院 1960年 191页 19cm（32开）

J0164455
在动作中分析剧本和角色 （苏）玛·克尼别尔等著；马华等译
北京 中国戏剧出版社 1957年 208页
21cm（32开）统一书号：10069.32 定价：CNY0.72
（戏剧理论译文集 第1辑）

J0164456
教学改革参考资料选编 （第一集 1-6）中央戏剧学院教务科编
北京 中央戏剧学院教务科 1958年 油印本
26cm（16开）

J0164457
教学改革参考资料选编之七 （表演系学生艺术鉴定专辑 第二辑）中央戏剧学院教务科编
北京 中央戏剧学院教务科［1950—1959年］
油印本 20页 26cm（16开）

J0164458
教学改革参考资料选编之八 （表导演系教学改革会议上的发言）中央戏剧学院教务科编
北京 中央戏剧学院教务科 1958年 油印本
26cm（16开）

J0164459
教学改革参考资料选编之九 （舞台美术专辑 第四辑）中央戏剧学院教务科编
北京 中央戏剧学院教务科 1958年 油印本
26cm（16开）

J0164460
史楚金与斯坦尼斯拉夫斯基 （苏）巴切里斯（Т.И.Бачелис）著；陈大维译

北京 中国电影出版社 1958年 51页 19cm(32开)
统一书号: 8061.251 定价: CNY0.22

J0164461
斯坦尼斯拉夫斯基全集 (第一卷 我的艺术生活)(苏)斯坦尼斯拉夫斯基(К.С.Станиславский)著; 史敏徒译
北京 中国电影出版社 1958年 598页 有肖像剧照 20cm(32开)精装 统一书号: 8061.483
定价: CNY3.10

作者斯坦尼斯拉夫斯基(Stanislavsky, Konstantin Serqeievich, 1863—1938), 演员、导演、戏剧教育家、表演理论家。出生于莫斯科。代表作品有《万尼亚舅舅》《三姊妹》《樱桃园》。

J0164462
斯坦尼斯拉夫斯基全集 (第一卷 我的艺术生活)(苏)斯坦尼斯拉夫斯基(К.С.Станиславский)著; 史敏徒译
北京 中国电影出版社 1958年 598页 有照片 21cm(32开)精装 统一书号: 8061.347
定价: CNY3.50

J0164463
斯坦尼斯拉夫斯基全集 (第二卷 演员自我修养 第一部)(苏)斯坦尼斯拉夫斯基(К.С.Станиславский)著; 林陵, 史敏徒译
北京 中国电影出版社 1959年 512页 20cm(32开)精装 统一书号: 8061.640
定价: CNY2.20

J0164464
斯坦尼斯拉夫斯基全集 (第三卷 演员自我修养 第二部)(苏)斯坦尼斯拉夫斯基(К.С.Станиславский)著; 郑雪来译
北京 中国电影出版社 1961年 589页 20cm(32开)精装 统一书号: 8061.907
定价: CNY3.40

作者郑雪来(1925—), 戏剧、电影理论家、翻译家。曾用名郑存善、郑诗昂, 笔名雷楠。福建长乐人, 就读于暨南大学外文系。从事戏剧、电影翻译及研究工作, 以及斯坦尼斯拉夫斯基演剧体系的教学与研究工作。担任中国艺术研究院研究员以及原外国文艺研究所负责人。主要论著有《电影美学问题》《斯坦尼斯拉夫斯基体系论集》《电影学论稿》《世界电影鉴赏辞典》等。

J0164465
斯坦尼斯拉夫斯基全集 (第一卷 我的艺术生活)(苏)斯坦尼斯拉夫斯基(К.С.Станиславский)著; 史敏徒译
北京 中国电影出版社 1962年 21cm(32开)
定价: CNY2.60

J0164466
斯坦尼斯拉夫斯基全集 (第二卷 演员自我修养 第一部)(苏)斯坦尼斯拉夫斯基(К.С.Станиславский)著; 林陵, 司敏徒译
北京 中国电影出版社 1962年 21cm(32开)
定价: CNY1.90

J0164467
斯坦尼斯拉夫斯基全集 (第三卷 演员自我修养 第二部)(苏)斯坦尼斯拉夫斯基(К.С.Станиславский)著; 郑雪来译
北京 中国电影出版社 1962年 21cm(32开)
定价: CNY2.30

J0164468
斯坦尼斯拉夫斯基全集 (第四卷 演员创造角色) К.С.斯坦尼斯拉夫斯基(К.С.Станиславский)著; 郑雪来译
北京 中国电影出版社 1963年 622页 21cm(32开)精装 统一书号: 8061.1091
定价: CNY2.45

J0164469
斯坦尼斯拉夫斯基全集 (第一卷 我的艺术生活)(苏)斯坦尼斯拉夫斯基(К.С.Станиславский)著; 史敏徒译
北京 中国电影出版社 1979年 重印本 598页 有照片 20cm(32开)统一书号: 8061.485
定价: CNY2.50, CNY3.50(精装)

J0164470
斯坦尼斯拉夫斯基全集 (第二卷 演员自我修养 第一部)(苏)斯坦尼斯拉夫斯基(К.С.Станиславский)著; 林陵, 史徒敏译
北京 中国电影出版社 1979年 重印本 512页 有图 20cm(32开)统一书号: 8061.640

定价：CNY2.10，CNY3.10（精装）

J0164471
斯坦尼斯拉夫斯基全集 （第三卷 演员自我修养 第二部）（苏）斯坦尼斯拉夫斯基（К.С.Станиславский）著；郑雪来译
北京 中国电影出版社 1979年 重印本 589页 有图 20cm（32开）统一书号：8061.907
定价：CNY2.20，CNY3.20（精装）

J0164472
斯坦尼斯拉夫斯基全集 （第四卷 演员创造角色（苏）斯坦尼斯拉夫斯基（К.С.Станиславский）著；郑雪来译
北京 中国电影出版社 1979年 重印本 622页 20cm（32开）统一书号：8061.1091
定价：CNY2.30，CNY3.30（精装）

J0164473
斯坦尼斯拉夫斯基全集 （第五卷 论文 讲演 札记 日记 回忆录 1877—1917）（苏）斯坦尼斯拉夫斯基著；郑雪来等译
北京 中国电影出版社 1983年 776页+［33］页图版 有图 21cm（32开）统一书号：8061.1922
定价：CNY3.10

J0164474
斯坦尼斯拉夫斯基全集 （第六卷 论文、讲演、答复、札记、回忆录 1917—1938）（苏）斯坦尼斯拉夫斯基（Станиславский，К.С.）著；郑雪来译
北京 中国电影出版社 1986年 511页 19cm（32开）统一书号：8061.2447
定价：CNY3.10， CNY4.30（精装）

J0164475
话剧、新歌剧与中国戏剧艺术传统 欧阳予倩著
上海 上海文艺出版社 1959年 36页 19cm（32开）统一书号：10078.1183 定价：CNY0.14

J0164476
谈戏集 邱扬著
天津 百花文艺出版社 1959年 94页 19cm（32开）统一书号：8072.6 定价：CNY0.28

J0164477
长安艺坛发新枝 陕西省戏曲学校研究室编
［西安］长安出版社 1959年 定价：CNY0.18

J0164478
学戏札记 邱扬著
天津 百花文艺出版社 1963年 201页 21cm（32开）统一书号：10151.289
定价：CNY0.74
戏剧艺术理论作品。

J0164479
艺术资料汇编 （第四集）
成都 成都市川剧院 1963年 112页 21cm（32开）
定价：［非卖品］

J0164480
《斯坦尼斯拉夫斯基体系》研究文辑 （一）吴仞之著；王琨整理
上海 上海戏剧学院戏剧研究室 1964年 油印本 27页 26cm（16开）

J0164481
“文化战线上的一个大革命” 人民出版社编辑
北京 人民出版社 1964年 19cm（小32开）
定价：CNY0.21

J0164482
戏剧论著索引 中国文化学院戏剧电影研究所编辑
台北 中国文化学院戏剧电影研究所 1969年 132页 20cm（32开）定价：TWD25.00
（华冈丛书）

J0164483
联合书院图书馆馆藏中国现代戏剧图书目录 （续编）香港中文大学联合书院图书馆编
香港 香港中文大学联合书院图书馆 1970年 47页 27cm（16开）

J0164484
千锤百炼 精益求精 （革命样板戏剧组创作体会选编）《普及革命样板戏小丛书》编选组编
上海 上海人民出版社 1971年 102页

14cm（64开）定价：CNY0.12
（普及革命样板戏小丛书）

J0164485
万紫千红的文艺舞台　（编号：沪发0148）
上海　上海市新闻图片社　1974年　29幅
26×31cm　定价：CNY14.50

J0164486
研究斯氏体系参考资料　（第一辑）中国戏剧家协会编
［中国戏剧家协会］1978年　115页　19cm（32开）

J0164487
焦菊隐戏剧论文集　焦菊隐著
上海　上海文艺出版社　1979年　452页　有剧照
20cm（32开）统一书号：8078.3126
定价：CNY1.60
　　本书辑录了《导演·作家·作品》《导演的艺术创造》《我怎样导演〈龙须沟〉》《关于话剧吸取戏曲表演手法问题》《〈武则天〉导演杂记》《向斯坦尼斯拉夫斯基学习》等论述话剧导演及话剧艺术如何向中国戏曲、外国戏剧学习等方面的戏剧论文共18篇。作者焦菊隐（1905—1975），戏剧家、翻译家。原名承志，笔名居颖、居尹、亮俦，艺名菊影，后自改为菊隐。出生于天津，获巴黎大学文学博士学位。曾任北京师范大学文学院院长，北京人民艺术剧院副院长、总导演和艺术委员会主任。代表作品《龙须沟》《明朗的天》《茶馆》等。

J0164488
戏剧艺术　（参考资料　1979.1）中国戏剧家协会安徽分会编
合肥　中国戏剧家协会安徽分会　1979年　147页
19cm（32开）

J0164489
斯坦尼斯拉夫斯基论文讲演谈话书信集
（苏）斯坦尼斯拉夫斯基（К.С.Станиславский）著；郑雪来译
北京　中国电影出版社　1981年　891页
21cm（32开）统一书号：8061.1423
定价：CNY3.50，CNY4.00（精装）
　　外文书名：Статьи, речи, беседы, письма.

J0164490
戏剧结构　（苏）霍洛道夫（Е.Холодов）著；李明琨，高士彦译
上海　华东师范大学出版社　1981年　181页
19cm（32开）统一书号：815.004　定价：CNY0.57
（戏剧艺术丛书）
　　本书分5章，内容包括：第1章“戏剧特征和戏剧结构诸特点”，第2章“戏剧结构的两种类型”，第3章“论第一幕”，第4章“在第一幕与最后一幕之间”，第5章“论最后一幕”。第1章是关于戏剧特征的说明，以及与这特征有关的作为在时间和空间方面组织戏剧行动的结构诸特点。第2章是探索历史上形成的戏剧结构的两种类型。其余3章依次探讨建立戏剧行动的各个阶段——冲突的发生、发展和解决。

J0164491
戏剧剖析　（英）艾思林（M.Esslin）著；罗婉华译
北京　中国戏剧出版社　1981年　115页
19cm（32开）统一书号：8069.152
定价：CNY0.40，CNY0.77（精装）
　　外文书名：An Anatomy of Drama.

J0164492
攻坚集　石联星等编
北京　中国戏剧出版社　1982年　514页　有照片
20cm（32开）统一书号：8069.320
定价：CNY2.00
　　全书分为作家与剧院、导演的艺术创造、表演的艺术创造、舞台美术和舞台技术等部分。作者石联星（1914—1984），女，戏剧与电影艺术家。生于湖北黄梅县。曾任广西省立艺术馆教员，新中国剧社担任演员。主演话剧《武装起来》《海上十月》《沈阳号炮》等。导演了《渔人之家》《红岩》《年轻的一代》《生活的彩练》等多幕剧。

J0164493
论演出的艺术完整性　（苏）波波夫（Попов, А.）著；张守慎译
北京　中国戏剧出版社　1982年　293页　有剧照
20cm（32开）统一书号：8069.197
定价：CNY1.20
（中央戏剧学院戏剧艺术丛书）
　　本书收录“世界观”、“导演构思”、“演员形

象的完整”、“美术家”、“整体感”等14个篇章围绕着主题进行论证。

J0164494
日本戏剧概要 王爱民，崔亚南编
北京 中国戏剧出版社 1982年 230页
19cm（32开）统一书号：8069.205 定价：CNY0.74
（中央戏剧学院艺术丛书）
本书从戏剧史的角度概述日本戏剧的起源、发展、种类、演出与创作，分古典戏剧、近代戏剧和当代戏剧3部分。

J0164495
舒强戏剧论文集 舒强著
北京 中国戏剧出版社 1982年 472页 有照片
19cm（32开）统一书号：8069.275
定价：CNY1.80，CNY2.65（精装）
本书收录作者中华人民共和国成立后发表的主要戏剧理论文章10篇。作者舒强，戏剧导演。原名蒋树强。江苏南京人。曾在中国左翼戏剧家联盟南京分盟大众剧社、上海业余实验剧团任演员，华北联合大学文艺学院戏剧系主任、中央戏剧学院表演系主任，中央实验话剧院副院长、总导演。导演话剧有《白毛女》《大风歌》等。有《舒强戏剧论文集》。

J0164496
戏剧学习资料 （一）武汉市文联戏剧部编
［武汉］［武汉市文联戏剧部］1982年 286页
19cm（32开）

J0164497
戏剧学习资料 （二）武汉市文联戏剧部［编］
［武汉］［武汉市文联戏剧部］1982年 282页
19cm（32开）

J0164498
戏剧学习资料 （三 戏剧美学论集）武汉市文联戏剧部［编］
［武汉］［武汉市文联戏剧部］1983年 286页
19cm（32开）

J0164499
戏剧学习资料 （四 戏剧美学论集）武汉市文联戏剧部［编］
［武汉］［武汉市文联戏剧部］1984年 315页
19cm（32开）

J0164500
戏剧艺术 （1982年第3、4期 王秀兰舞台艺术研究专集）
1982年 112页 有照片 26cm（16开）

J0164501
戏剧之政治社会化功能 张信业著
台北 黎明文化事业股份有限公司 1982年
196页 21cm（32开）精装 定价：TWD110.00
（金像奖丛书 9）

J0164502
梁山调（川调）与弹腔（北路）同源之我见 贾古著
长沙 湖南省戏曲研究所 1983年 油印本 22页
26cm（16开）

J0164503
谈戏集 江苏省文化局，中国戏剧家协会江苏分会［编］
南京 1983年 156页 20cm（32开）

J0164504
戏剧概论 （日）河竹登志夫著；陈秋峰，杨国华译
北京 中国戏剧出版社 1983年 270页
21cm（32开）统一书号：8069.389 定价：CNY1.15
本书作者引入了能量传播与耗散的理论，使这个戏剧“场”更见活力和秩序。“场”论为透视观众问题提供了新的思路：第一，剧场是一个有机的整体，观众和演员既相对独立又相互影响；第二，从能量运动的角度看观演关系。作者河竹登志夫，日本早稻田大学教授、著名戏剧学者。长期从事戏剧理论教学和比较戏剧学研究。著作有《戏剧的座标》《歌舞伎的座标》《日本的哈姆莱特》《比较戏剧学》《戏剧概论》等。

J0164505
戏剧理论史稿 余秋雨著
上海 上海文艺出版社 1983年 666页
21cm（32开）统一书号：8078.3398
定价：CNY2.10

本书描绘了世界范围戏剧理论历史发展的概貌，论述了世界上戏剧艺术比较发达的14个国家(包括中国)主要戏剧理论家的理论。

J0164506
戏剧艺术讲座 (第一辑) 中国戏剧家协会安徽分会[编]
1983年 346页 19cm(32开)

J0164507
迈向质朴戏剧 (波)格洛托夫斯基著,(意)巴尔巴编;魏时译
北京 中国戏剧出版社 1984年 210页
21cm(32开) 统一书号:8069.156
定价:CNY1.10
(外国戏剧理论丛书)

J0164508
斯坦尼斯拉夫斯基体系论集 郑雪来著
北京 中国戏剧出版社 1984年 223页
19cm(32开) 统一书号:8069.495
定价:CNY0.73
作者郑雪来(1925—),戏剧、电影理论家、翻译家。曾用名郑存善、郑诗昂,笔名雷楠。福建长乐人,就读于暨南大学外文系。从事戏剧、电影翻译及研究工作,以及斯坦尼斯拉夫斯基演剧体系的教学与研究工作。担任中国艺术研究院研究员以及原外国文艺研究所负责人。主要论著有《电影美学问题》《斯坦尼斯拉夫斯基体系论集》《电影学论稿》《世界电影鉴赏辞典》等。

J0164509
心理剧入门 游丽嘉编译
台北市 大洋出版社 1984年 再版 246页 有图
21cm(32开) 定价:TWD125.00

J0164510
艺耕集 蔡体良编
北京 中国戏剧出版社 1984年 376页+[8]页图版 有图 21cm(32开) 统一书号:8069.569
定价:CNY1.40
本书是中国青年艺术剧院建院35周年部分同志撰写的论文和艺术经验文集,从不同的角度展示了青艺舞台艺术创造的追求,其中包括剧院剧目、导演、表演、舞台美术诸多方面的艺术探求和建设风貌。

J0164511
艺耕集 (续一) 中国青年艺术剧院艺术资料编辑室编
1984年 255页 18cm(32开)

J0164512
楚天剧论 湖北省戏剧研究所编
武汉 湖北省戏剧研究所 1985年 26cm(16开)

J0164513
当代戏剧 (戏剧,电视月刊)当代戏剧编辑部编
西安 当代戏剧编辑部 1985年 26cm(16开)
定价:CNY4.80

J0164514
焦菊隐戏剧散论 焦菊隐著;杜澄夫等编
北京 中国戏剧出版社 1985年 504页
20cm(32开) 统一书号:8069.826
定价:CNY3.10, CNY3.80(精装)
本书收集了焦菊隐在排演场上的讲话和报告、论文的提纲以及重要的书信等。作者焦菊隐(1905—1975),戏剧家、翻译家。原名承志,笔名居颖、居尹、亮侉,艺名菊影,后自改为菊隐。出生于天津,获巴黎大学文学博士学位。曾任北京师范大学文学院院长,北京人民艺术剧院副院长、总导演和艺术委员会主任。代表作品《龙须沟》《明朗的天》《茶馆》等。

J0164515
解放军艺术 《解放军艺术》编辑部编
北京 解放军艺术学院 1985年 26cm(16开)
定价:CNY1.92

J0164516
剧影月报 《剧影月报》编辑部编
南京《剧影月报》编辑部 1985年 26cm(16开)
定价:CNY2.10

J0164517
目连戏学术座谈会论文选 湖南省戏曲研究所编
湖南 1985年 162页 21cm(32开)

J0164518
斯坦尼斯拉夫斯基学派演员的培养　（苏）克里斯蒂著；李珍译
北京 中国戏剧出版社 1985 年 476 页
20cm（32 开）统一书号：8069.884 定价：CNY2.85
本书介绍了斯坦尼斯拉夫斯基体系对演员表演艺术的培养的基本方法。

J0164519
西欧戏剧理论　（英）尼柯尔（Nicoll, A.）著；徐士瑚译
北京 中国戏剧出版社 1985 年 374 页
20cm（32 开）统一书号：8069.805 定价：CNY2.35
（外国戏剧理论丛书）
本书从历史发展的角度，对亚理斯多德至柏格森、梅特林克长达两千三百年的西欧戏剧进行了全面的综观。其中特别对戏剧观念、戏剧类型、戏剧冲突、表演手法、戏剧的普遍性等问题，以及悲剧、喜剧、悲喜剧等门类作了较详尽、系统的论述，并从剧院情况、时代条件等方面，对各时期的代表作家的艺术创作作了精辟的分析。外文书名：The Theory of Drama. 作者尼柯尔（Allardyee Nicoll，1894—1976），英国著名戏剧史和戏剧理论家。历任英国伦敦大学、伯明翰大学与美国耶鲁大学、匹兹堡大学文学教授。任《莎士比亚学概论》编辑，著作中译本有《西欧戏剧理论》（Tlie Theory of Drama）。

J0164520
戏剧审美心理学　余秋雨著
成都 四川人民出版社 1985 年 401 页
20cm（32 开）统一书号：10118.943
定价：CNY2.25
本书从观众审美心理入手，系统地研究了戏剧家如何了解观众、适应观众、征服观众、提高观众等问题，熔戏剧理论、美学、心理学于一炉。

J0164521
戏谚一千条　夏天编
上海 上海文艺出版社 1985 年 150 页
19cm（32 开）统一书号：8078.3522
定价：CNY0.70

J0164522
中国戏曲理论研究文选　（上册）中国艺术研究院戏曲研究所编
上海 上海文艺出版社 1985 年 646 页
20cm（32 开）统一书号：8078.3515
定价：CNY8.20（全 2 册）

J0164523
中国戏曲理论研究文选　（下册）中国艺术研究院戏曲研究所编
上海 上海文艺出版社 1985 年 624 页
20cm（32 开）统一书号：8078.3515
定价：CNY8.20（全 2 册）

J0164524
中外影剧　（第 1 期）《中外影剧》编辑部编
广州《中外影剧》编辑部 1985 年 26cm（16 开）
定价：CNY0.40

J0164525
江苏戏曲资料选辑　（第 1 辑）中国戏曲志江苏卷编辑部编
南京 中国戏曲志江苏卷编辑部 1986 年 156 页
26cm（16 开）

J0164526
焦菊隐文集　（第一卷）焦菊隐著；《焦菊隐文集》编委会编
北京 文化艺术出版社 1986 年 342 页 有照片
20cm（24 开）统一书号：8228.018
定价：CNY2.45
作者焦菊隐（1905—1975），戏剧家、翻译家。原名承志，笔名居颖、居尹、亮侉，艺名菊影，后自改为菊隐。出生于天津，获巴黎大学文学博士学位。曾任北京师范大学文学院院长，北京人民艺术剧院副院长、总导演和艺术委员会主任。代表作品《龙须沟》《明朗的天》《茶馆》等。

J0164527
焦菊隐文集　（第二卷）焦菊隐著；阳翰笙主编
北京 文化艺术出版社 1988 年 379 页 有照片
20cm（24 开）统一书号：8228.167
ISBN：7-5039-0038-5 定价：CNY3.10

J0164528
焦菊隐文集　（第三卷）焦菊隐著；阳翰笙主编
北京 文化艺术出版社 1988 年 508 页 有肖像

20cm（24 开）统一书号：8228.182
ISBN：7-5039-0044-X 定价：CNY4.10

J0164529
焦菊隐文集 （第四卷）焦菊隐著；《焦菊隐文集》编辑委员会编
北京 文化艺术出版社 1988 年 396 页 有照片
20cm（24 开）统一书号：8228.183
ISBN：7-5039-0046-6 定价：CNY3.30

J0164530
金山戏剧论文集 金山著
北京 中国戏剧出版社 1986 年 514 页
20cm（32 开）精装 统一书号：8069.896
定价：CNY4.25
本书收辑金山从 40 年代至 80 年代写的有关戏剧艺术的部分文章。分 3 部分：话剧表演、导演艺术的论文；散论、杂感；回忆录。

J0164531
剧作家的沉思 王正著
北京 中国戏剧出版社 1986 年 400 页
19cm（32 开）统一书号：8069.1037
定价：CNY2.45
本书讨论了戏剧理论、话剧评论、导演表演理论等问题。

J0164532
上海戏曲史资料荟萃 （第 1 集）中国戏曲志上海卷编辑部编
上海 中国戏曲志上海卷编辑部 1986 年 147 页
26cm（16 开）

J0164533
斯坦尼斯拉夫斯基与布莱希特 （苏）苏丽娜著；中平著
北京 北京大学出版社 1986 年 351 页 有照片
20cm（32 开）统一书号：10209.83
定价：CNY2.35
（文学美术丛书）
本书主要涉及戏剧艺术的实践与理论。斯坦尼斯拉夫斯基（Stanislavsky, Konstantin Serqeievich，1863—1938），演员、导演、戏剧教育家、表演理论家。出生于莫斯科。代表作品有《万尼亚舅舅》《三姊妹》《樱桃园》。布莱希特（Bertolt Brecht，1898—1956），德国戏剧理论家、剧作家、诗人。出生于德国巴伐利亚，毕业于慕尼黑大学。曾任德意志民主共和国艺术科学院副院长。主要作品有《马哈哥尼城的兴衰》《屠宰场里的圣约翰娜》《高加索灰阑记》《大胆妈妈和她的孩子们》等。

J0164534
戏剧电影电视研究 （第 1 辑）北京图书馆文献信息服务中心剪辑
北京 书目文献出版社 1986 年 54+26 页
26cm（16 开）统一书号：8201.13
定价：CNY1.30
（台港及海外中文报刊资料专辑）

J0164535
戏剧电影电视研究 （第 2 辑）北京图书馆文献信息服务中心剪辑
北京 书目文献出版社 1986 年 59+21 页
26cm（16 开）统一书号：8201.14
定价：CNY1.30
（台港及海外中文报刊资料专辑）

J0164536
戏剧电影电视研究 （第 3 辑）北京图书馆文献信息服务中心剪辑
北京 书目文献出版社 1986 年 44+33 页
26cm（16 开）统一书号：8201.15
定价：CNY1.30
（台港及海外中文报刊资料专辑）

J0164537
戏剧电影电视研究 （第 4 辑）北京图书馆文献信息服务中心剪辑
北京 书目文献出版社 1986 年 73+7 页
26cm（16 开）统一书号：8201.16
定价：CNY1.30
（台港及海外中文报刊资料专辑）

J0164538
戏剧电影电视研究 （第 5 辑）北京图书馆文献信息服务中心剪辑
北京 书目文献出版社 1986 年 54+26 页
26cm（16 开）统一书号：8201.17
定价：CNY1.30

(台港及海外中文报刊资料专辑)

J0164539
戏剧电影电视研究 (第6辑)北京图书馆文献信息服务中心剪辑
北京 书目文献出版社 1986年 67+13页
26cm(16开)统一书号:8201.18
定价:CNY1.30
(台港及海外中文报刊资料专辑)

J0164540
戏剧观争鸣集 (第一辑)杜清源编
北京 中国戏剧出版社 1986年 291页
19cm(小32开)统一书号:8069.882
定价:CNY1.80

本书辑录从80年代中期,戏剧界展开了一场关于"戏剧观"的争论,争论中不同观点的文章,从美学、心理学、哲学、社会学、文化学、观众学等不同视角对"戏剧观"进行深入讨论;对戏剧创作和演出的现状和生存状态等问题也发表了不同的意见。

J0164541
戏剧观争鸣集 (第二辑)中国戏剧出版社编辑部编
北京 中国戏剧出版社 1988年 470页
19cm(32开)ISBN:7-104-00042-9
定价:CNY3.50

J0164542
戏剧艺术的特性 谭霈生著
上海 上海文艺出版社 1986年 233页
19cm(32开)统一书号:8078.3563
定价:CNY1.10
(戏剧知识丛书)

本书是戏剧艺术与艺术理论论文集。作者谭霈生(1933—),戏剧理论家。出生于河北蓟县,毕业于中央戏剧学院戏剧文学专业,后入中国人民大学文学研究班。任教于中央戏剧学院戏剧文学系,曾任戏剧艺术研究所副所长。

J0164543
现代戏剧的理论与实践 (1)(英)斯泰恩(Steyn, J.L.)著;周诚等译
北京 中国戏剧出版社 1986年 260页 有照片
19cm(32开)统一书号:8069.883
定价:CNY1.40

本书主述欧美话剧剧坛近百年在戏剧理论、剧本创作、导演与表演、灯光、舞美及剧评与剧场等方面的发展流变。

J0164544
现代戏剧的理论与实践 (二)(英)J.L.斯泰恩著;郭健等译
北京 中国戏剧出版社 1989年 265页 有剧照
19cm(32开)ISBN:7-104-00064-X
定价:CNY2.75

本书主要论述欧美话剧剧坛近百年在戏剧理论、剧本创作、导演与表演、灯光、舞美及剧评与剧场等方面的发展流变。外文书名:Modern Drama in Theory and Practice.

J0164545
现代戏剧的理论与实践 (三)(英)J.L.斯泰恩著;象禹,武文译
北京 中国戏剧出版社 1989年 318页 有照片
19cm(32开)ISBN:7-104-00119-0
定价:CNY3.65

外文书名:Modern Drama in Theory and Practice.

J0164546
论戏剧 王朝闻著
重庆 重庆出版社 1987年 621页 有照片
20cm(32开)统一书号:10114.307
ISBN:7-5366-0192-1 定价:CNY3.85

本书作者从戏剧艺术实践出发,通过纵横对比,评介了各类艺术形象的典型特征,并从中总结了艺术的特殊规律。作者王朝闻(1909—2004),雕塑家、文艺理论家、美学家。生于四川合江。别名王昭文,更名王朝闻,笔名汶石、廖化、席斯珂。就读于成都艺专、杭州国立艺专。历任中央美术学院副教务长、中国美术家协会副主席、中国艺术研究院副院长等。代表作品《浮雕毛泽东像》《圆雕刘胡兰像》等。

J0164547
戏剧思维辨识 武汉市文联戏剧部[编]
[武汉][武汉市文联戏剧部][1987年]310页
21cm(32开)

J0164548
比较戏剧论文集　夏写时，陆润棠编
北京 中国戏剧出版社 1988年 445页
20cm(20开) ISBN: 7-104-00067-4
定价: CNY4.90
本书收录比较戏剧论文20篇，包括宏观比较、影响比较、戏剧与非戏剧比较研究等问题。

J0164549
对一种现代戏剧的追求　高行健著
北京 中国戏剧出版社 1988年 241页
19cm(32开) ISBN: 7-104-00043-7
定价: CNY1.75

J0164550
空的空间　(英)布鲁克(Brook, P.)著；邢历等译
北京 中国戏剧出版社 1988年 177页
21cm(32开)ISBN: 7-104-00033-X
定价: CNY2.00
(外国戏剧理论丛书)
本书包括"僵化的戏剧"、"神圣的戏剧"、"粗俗的戏剧"、"直觉的戏剧"4篇文章。其基本观点是，戏剧演出应充分发挥舞台这一空间的优势，演员和观众之间应进行亲密沟通，表演上应突破旧形式的束缚，进行探索与尝试。作者布鲁克(Peter Brook, 1925—　)，英国著名戏剧及电影导演，二十世纪重要国际剧场导演。生于英国伦敦。代表作有《马哈／萨德》《摩诃婆罗达》《空的空间》等。

J0164551
南戏论集　福建省戏曲研究所等编
北京 中国戏剧出版社 1988年 481页
20cm(32开) ISBN: 7-104-00128-X
定价: CNY4.45

J0164552
世俗的祭礼　(中国戏曲的宗教精神)郭英德著
北京 国际文化出版公司 1988年 194页
21cm(32开) ISBN: 7-80049-113-7
定价: CNY2.00
(蓦然回首—对中国传统文化的反思 1-9)

J0164553
戏剧理论文集　陈瘦竹著
北京 中国戏剧出版社 1988年 561页
21cm(32开) ISBN: 7-104-00002-X
定价: CNY4.20
本书是作者戏剧理论著作的选集。内容包括：综述欧美喜剧理论的源流演变；评论心理分析学派戏剧理论；欧洲当代"反戏剧"思潮及荒诞戏剧；剖析国内外学者对我国现代戏剧的研究；关于中外著名剧作家的重新评价及比较研究。

J0164554
戏剧艺术　(1988年第二期)钟景辉主编
香港 香港演艺学院戏剧学院 1988年 100页
有照片 29cm(16开) 定价: HKD25.00

J0164555
戏曲艺术时空论　马也[著]
北京 中国戏剧出版社 1988年 160页
19cm(32开) ISBN: 7-104-00009-7
定价: CNY1.20

J0164556
游与戏　(游于戏剧与影视之间)刘毓珠著
台北 中视文化事业公司 1988年 261页
21cm(32开) 定价: TWD150.00
(中视丛书)

J0164557
中国戏曲的困惑　孟繁树著
北京 中国戏剧出版社 1988年 244页
19cm(32开) ISBN: 7-104-00058-5
定价: CNY2.20
(戏剧文化探索丛书)
作者孟繁树(1946—　)，辽宁沈阳人。中国艺术研究院话剧研究所研究员。毕业于中国社科研究院。任中国文联副主席，中国传媒大学影视艺术学院院长，中国艺术研究院研究生院博士研究生导师。著有《中国戏曲的困惑》《戏曲电视剧艺术论》等。

J0164558
表演艺术心理学　(英)威尔逊著；李学通译
上海 上海文艺出版社 1989年 248页
19cm(32开) ISBN: 7-5321-0389-7
定价: CNY2.80

J0164559
陈恭敏戏剧论文集 陈恭敏著
北京 中国戏剧出版社 1989 年 311 页 有照片
20cm（32 开）ISBN：7-104-00066-6
定价：CNY3.55

本书收录促进戏剧观念革新的论文，倡导戏剧美学的研究。并率先发起了关于“当代戏剧观”的大讨论，其中《论当代戏剧观的新变化》，在全国戏剧界引起很大反响，对推动戏剧实践和戏剧理论的健康发展起到了带头作用。作者陈恭敏（1927—2018），话剧编剧、评论家。出生于湖南长沙市，就读于上海戏剧专科学校研究班学习编导。历任华东局宣传部文工团、华东人民革命大学文工团编导，上海人民艺术剧院编剧、院长，《戏剧艺术》副主编，中国剧协第四届理事。创作话剧剧本有《黄浦江上的黎明》《一家人》《共产主义凯歌》。出版有《陈恭敏戏剧论文集》。

J0164560
陈雷戏剧论集 陈雷著
北京 中国戏剧出版社 1989 年 304 页 有照片
20cm（32 开）ISBN：7-104-00174-3
定价：CNY3.50

J0164561
粉墨絮语 戴平，唐全贤著
上海 知识出版社 1989 年 273 页 20cm（32 开）
ISBN：7-5015-5387-4 定价：CNY4.00

作者戴平（1942— ），教授。毕业于上海师范大学数学系。任上海戏剧学院副院长，中国戏剧家协会会员。出版专著《戏剧 - 综合的美学工程》《中国民族服饰文化研究》等。

J0164562
高行健戏剧研究 许国荣编
北京 中国戏剧出版社 1989 年 272 页 有照片
19cm（小 32 开）ISBN：7-104-00086-0
定价：CNY3.10
（当代戏剧家研究丛书）

J0164563
喜剧美学论纲 王树昌编
乌鲁木齐 新疆人民出版社 1989 年 255 页
20cm（32 开）ISBN：7-328-00878-2
定价：CNY4.00
（喜剧美学丛书）

本书收录论文 24 篇，反映了世界各国戏剧理论著作中的部分内容和当代世界戏剧研究成果。

J0164564
喜剧心理学 潘智彪著
海口 三环出版社 1989 年 365 页 20cm（32 开）
ISBN：7-80541-764-4 定价：CNY5.80
（文艺心理学丛书）

本书从心理学、美学、社会学等交叉学科的角度提出“喜剧人生观”和“欢欢乐乐生活，坦坦荡荡”的为人原则。

J0164565
戏剧本质论 金登才著
北京 中国戏剧出版社 1989 年 225 页
19cm（32 开）ISBN：7-104-00056-9
定价：CNY2.65
（戏剧文化探索丛书）

J0164566
中西戏剧比较教程 饶芃子主编
广州 广东高等教育出版社 1989 年 362 页
20cm（32 开）ISBN：7-5361-0284-4
定价：CNY2.60

本书从文学角度，就中西戏剧发展中和创作上的问题，运用比较的方法，分别进行宏观或微观的探索。内容分 9 章：“中西戏剧的起源、形成过程比较”、“中西戏剧观比较”、“中西戏剧主题比较”、“中西戏剧情节结构比较”、“中西悲剧比较”、“中西喜剧比较”、“中西戏剧名家比较——关汉卿与莎士比亚”、“中西戏剧名作比较”、“新时期十年戏剧与西方现代戏剧”。

J0164567
布莱希特论戏剧 （德）布莱希特著；丁扬忠等译
北京 中国戏剧出版社 1990 年 370 页
20cm（32 开）ISBN：7-104-00173-5
定价：CNY4.20

本书介绍了德国戏剧家布莱希特戏剧理论的两个主要方面，即“间离效果”和“叙事剧”，此外，还涉及戏剧的教育性、娱乐性、共鸣性、现实主义、演员的训练及戏剧的导演等诸方面。布莱希特（Bertolt Brecht，1898—1956），德国戏剧理论家、剧作家、诗人。出生于德国巴伐利亚，毕业于慕尼黑大学。曾任德意志民主共和国艺术科学院副院长。主要作品有《马哈哥尼城的兴衰》《屠宰场里的圣约翰娜》《高加索灰阑记》《大胆妈妈和她的孩子们》等。

J0164568
简明戏剧词典 云岚等编写
上海 上海辞书出版社 1990年 512页
19cm(32开) 精装 ISBN: 7-5326-0082-3
定价: CNY12.00
本词典收词目2336条。内容包括：中外戏剧史、戏剧理论、戏剧创作和表演、导演、舞台美术等方面的一般知识。

J0164569
简明戏剧词典 云岚等编写
上海 上海辞书出版社 1991年 512页
19cm(小32开) 精装 ISBN: 7-5326-0082-3
定价: CNY12.00

J0164570
剧论 王永敬著
南京 江苏文艺出版社 1990年 208页
19cm(32开) ISBN: 7-5399-0172-1
定价: CNY2.50
(江苏文化艺术丛书)

J0164571
斯坦尼斯拉夫斯基体系精华 (苏)弗烈齐阿诺娃编; 史敏徒等译
北京 中国电影出版社 1990年 504页
20cm(32开) ISBN: 7-106-00184-8
定价: CNY5.30
本书系苏联戏剧学院的教材，采撷了斯氏全部著作精华。斯坦尼斯拉夫斯基体系是20世纪出现的最重要、最有影响的表演体系之一。

J0164572
我与写意戏剧观 (佐临从艺六十年文选) 黄佐临著; 江流编
北京 中国戏剧出版社 1990年 574页 有照片
20cm(32开) ISBN: 7-104-00197-2
定价: CNY8.00
本书是从戏剧艺术大师黄佐临六十年来的大量文章和学术研究、报告、讲话、导演工作经验总结等文稿中，经选编完成的艺术性很强的文集。

J0164573
戏剧的世界 (戏剧功能新探) 高鉴著
北京 知识出版社 1990年 161页 19cm(32开)
ISBN: 7-5015-0393-1 定价: CNY2.50
本书针对中国戏剧的现实问题，描述了戏剧与人类本性、生产实践和社会活动的关系，戏剧艺术的范畴，功能特性及其生存方式，由此提出中国戏剧发展的关键在于重建戏剧生态环境的观点。

J0164574
英汉戏剧辞典 杜定宇编
成都 四川人民出版社 1990年 913+245页
18cm(15开) 精装 ISBN: 7-220-00842-2
定价: CNY26.00
本书为戏剧英汉词典。收词16000余条，112万字。作者杜定宇(1932—)，戏剧、美术理论翻译家。河南西峡人，毕业于上海外国语学院英文系。上海戏剧学院教授。译著有《色彩艺术》《西方名画家绘画技法》《川剧艺术形象谱》《越剧舞台美术》等。

J0164575
英汉戏剧辞典 杜定宇编著
台北 建宏出版社 1994年 913+217页
20cm(32开) 精装 ISBN: 957-724-265-0
定价: TWD800.00

J0164576
洪深戏剧论文集 洪深著
上海 上海书店 1991年 影印本 有图
19cm(32开) 精装 ISBN: 7-80569-532-6
(民国丛书 第三编 美学、艺术类 60)
本书是自民国17年陆续撰写的戏剧论文。其中，一部分是有关戏剧历史与理论的，一部分是用“行为心理学”来解释戏剧表演技术的。在书中，作者从戏剧创作实践出发，不断发展和完善自己的理论观点，总结出诸多价值独特的艺术经验。

J0164577

新时期的戏剧　李庆成著

西安　陕西人民出版社　1991年　409页　有彩照

20cm(32开) ISBN: 7-224-01884-8

定价: CNY6.80

本书辑入了作者由1979年至1990年在首都和一些省市报刊上所发表过的部分戏剧理论文章。作者李庆成(1938—　)，河北丰润县人。曾任文化部艺术局戏剧处处长，中国戏曲学会副秘书长。

J0164578

新时期陕西戏剧论文选　刘敬贤，杨忠主编；陕西省文化厅编

西安　三秦出版社　1991年　256页　19cm(小32开)

ISBN: 7-80546-217-8　定价: CNY4.00

(新时期陕西文化艺术丛书)

J0164579

戏剧的奥秘　阎广林等著

上海　上海教育出版社　1992年　320页

19cm(小32开) ISBN: 7-5320-2116-5

定价: CNY4.70

本书回顾了戏剧的历史，论述了戏剧创作诸方面的问题，如：主题、矛盾冲突、情节、语言及悲喜剧、历史剧等。

J0164580

戏剧节奏　(美)乔治(George, Kathleen)著；张全全译

北京　中国戏剧出版社　1992年　247页

19cm(小32开) ISBN: 7-104-00420-3

定价: CNY4.10

(外国戏剧理论小丛书　第一辑)

本书是一部戏剧理论专著。提出“节奏”这个与我们日常生活息息相关的命题，通过列举从古希腊、莎士比亚到易卜生、契诃夫以及贝克特等名家的作品的精彩片断，在理论上对戏剧节奏这个令人感到微妙的问题做了描述和精辟的分析。外文书名：Rhythm in Drama.作者凯瑟琳·乔治(Kathleen George)，女，美国匹茨堡大学戏剧系教授。译者张全全，中央戏剧学院任教。

J0164581

张庚阿甲学术讨论文集　中国戏剧出版社编辑部编

北京　中国戏剧出版社　1992年　302页　有照片

20cm(32开) ISBN: 7-104-00412-2

定价: CNY5.75

本书内容包括：“张庚篇”，收录《张庚的道德文章》(曹禺)、《戏曲史、论的建设者——祝贺张庚同志从事戏剧工作五十五周年》(席明真)、《铮铮兮似青松　浩浩乎如烟海》(沈尧)、《张庚——现代戏曲学的基础工程师》(龚和德)、《张庚的戏曲发展观》(朱颖辉)等；“阿甲篇”，收录《阿甲的重要建树》(林默涵)、《战友、难友、朋友——为祝贺阿甲同志京剧活动五十周年》(张东川)、《阿甲自创体系》(李纶)、《阿甲与戏曲改革》(王一达)、《淡泊以明志　宁静以致远——阿甲同志人品和治学精神感言》(齐致翔)等。

J0164582

中西戏剧比较论稿　蓝凡著

上海　学林出版社　1992年　742页　20cm(32开)

ISBN: 7-80510-757-2　定价: CNY21.00

本书阐述了中西戏剧的差异和类同，从戏剧舞台表演到戏剧剧作本身，分别论述了中西戏剧的规律特征。

J0164583

悲剧艺术论　张辰，石兰著

呼和浩特　内蒙古教育出版社　1993年　321页

20cm(32开) ISBN: 7-5311-1504-2

定价: CNY6.25

J0164584

残酷戏剧　(戏剧及其重影)(法)阿尔托(Artaud, Antonin)著；桂裕芳译

北京　中国戏剧出版社　1993年　151页

19cm(小32开) ISBN: 7-104-00427-0

定价: CNY2.90

(外国戏剧理论小丛书　第一辑)

本书是作者论述戏剧的名著，包括论文、讲座、宣言及信件等。作者安托南·阿尔托(Antonin Artaud, 1896—1948)，生于法国马赛。法国戏剧理论家、演员、诗人。创作独幕剧《燃烧的腹部或疯狂的母亲》，出版戏剧论文集《戏剧及其两重性》，代表作品《导演和形而上学》。

J0164585
当代剧坛沉思录 金芝著
北京 中国戏剧出版社 1993年 333页
20cm(32开) ISBN: 7-104-00486-6
定价: CNY6.20

J0164586
曲艺民俗与民俗曲艺 倪钟之著
天津 百花文艺出版社 1993年 166页
20cm(32开) ISBN: 7-5306-1485-1
定价: CNY4.50

本书通过史实与例证，论述了曲艺流变与当代民俗的关系、曲艺在民俗活动中的方式及其发展规律等。作者倪钟之(1936—2016)，著名曲艺理论家、教育家。天津人，毕业于天津城市建设学校(今河北工业大学)。曾任中国北方曲艺学校研究员，中国曲艺家协会理事等职务。在中国北方曲艺学校开设《中国曲艺史》《曲艺概论》《中国小说史》《长篇书写作》等课程。著作有《中国曲艺史》《中国相声史》《中国当代曲艺史》。

J0164587
戏剧笔记 童道明著
北京 中国戏剧出版社 1993年 273页
19cm(小32开) ISBN: 7-104-00184-0
定价: CNY4.80

本书论述戏剧的美学思想、艺术特征，探讨如何拓展戏剧舞台艺术的表现力，以及如何拓宽戏剧创作的道路。作者童道明(1937—)，翻译家、戏剧评论家。江苏张家港人。中国社会科学院外国文学研究所研究员，中国作家协会会员。著有论文集《他山集》，专著《戏剧笔记》，随笔、散文集《惜别樱桃园》。

J0164588
戏剧表现论 林克欢著
北京 中国社会科学出版社 1993年 278页
20cm(32开) ISBN: 7-5004-1179-0
定价: CNY8.50
(文艺新学科建设丛书)

本书通过大量戏剧作品实例，探讨了戏剧的舞台结构方式和表现形式。

J0164589
戏剧人类学论稿 马也著
北京 文化艺术出版社 1993年 300页
20cm(32开) ISBN: 7-5039-1185-9
定价: CNY8.25
(戏曲史论丛书)

本书论述戏剧的存在方式、运动方式和价值方式等理论问题。

J0164590
中国古典戏剧理论史 谭帆，陆炜著
北京 中国社会科学出版社 1993年 345页
20cm(32开) ISBN: 7-5004-1064-6
定价: CNY6.70

J0164591
中国烹饪文化与京剧艺术 (京剧菜谱) 张彭年，宁殿弼，李庆祥编著
沈阳 辽宁大学出版社 1993年 140页
20cm(32开) ISBN: 7-5610-2502-5
定价: CNY12.00

作者宁殿弼(1941—)，教授。辽宁瓦房店人，毕业于甘肃财经学院。曾任《辽宁戏剧》《社会科学辑刊》编辑、中国戏剧家协会会员、辽宁戏剧家协会理事、青岛大学师范学院中文系教授、青岛市影视文化研究会秘书长等职。专著有《唐韵笙评传》《戏林拾薪》《当代中国戏剧家论坛》等。

J0164592
光未然戏剧文选 刘可兴编
北京 中国文联出版社 1994年 277页
19cm(小32开) ISBN: 7-5059-1944-X
定价: CNY6.80

J0164593
梅耶荷德论集 中国社会科学院外国文学研究所外国文学研究资料丛书编辑委员会编; 童道明编选
上海 华东师范大学出版社 1994年 209页
20cm(32开) ISBN: 7-5617-1175-1
定价: CNY9.50
(外国文学研究资料丛书)

作者童道明(1937—)，翻译家、戏剧评论家。江苏张家港人。中国社会科学院外国文学研究所研究员，中国作家协会会员。著有论文集《他山集》，专著《戏剧笔记》，随笔、散文集《惜

别樱桃园》。

J0164594
戏剧梦断录　袁文殊著
北京 文津出版社 1994年 415页 20cm(32开)
精装 ISBN: 7-80554-223-6 定价: CNY10.40

J0164595
戏曲理论史述要　傅晓航著
北京 文化艺术出版社 1994年 318页
20cm(32开) ISBN: 7-5039-1283-9
定价: CNY10.00
(戏曲史论丛书)

J0164596
优孟衣冠与酒神祭祀　(中西戏剧文化比较研究) 郭英德[著]
石家庄 河北人民出版社 1994年 210页
20cm(32开) ISBN: 7-202-01592-7
定价: CNY8.50
(中外比较文化丛书)

本书分6章，内容包括：中西戏剧起源与形成的比较、中西戏剧观念比较、中西戏剧文体比较、中西戏剧舞台形象比较、中西戏剧文类比较、中西戏剧文化交流史略。书前“序言”《不合时宜的遐思》，书后“结语”《狄奥尼苏斯的微笑》。

J0164597
吴小如戏曲文录　吴小如著
北京 北京大学出版社 1995年 870页
20cm(32开) ISBN: 7-301-02175-5
定价: CNY29.80

作者吴小如(1922—2014)，历史学家。安徽泾县人。原名吴同宝，曾用笔名少若，诗人吴玉如的长子。就读于燕京大学、清华大学，北京大学中文系毕业。俞平伯先生的入室弟子。历任津沽大学中文系教员，燕京大学国文系助教、北京大学中文系教授及中国中古史研究中心教授、中央文史研究馆馆员。著有《京剧老生流派综说》《古文精读举隅》《今昔文存》《读书拊掌录》《莎斋笔记》等，译有《巴尔扎克传》。

J0164598
戏曲意象论　沈达人著
北京 文化艺术出版社 1995年 264页
20cm(32开) ISBN: 7-5039-1285-5
定价: CNY12.00
(戏曲史论丛书)

本书探讨5个问题，要点包括：1、戏剧形象构成的不同类型——摹象、喻象、意象，以及西方的模仿说与摹象戏剧的关系，东方的物感说与意象戏曲的关系。2、再现、表现与戏曲的艺术方法。3、行动的再现性与戏曲的典型、典型化。4、动作的表现性与戏曲人物和戏曲环境的意象化。5、戏曲的抒情性。以上是戏曲意象论必须研究的对象，也比较完整地构成了戏曲意象创造的系统。作者沈达人(1929—　)，笔名沈尧，江苏南京人，中国艺术研究院研究员、博士生导师。

J0164599
道教与戏剧　詹石窗著
台北 文津出版社 1997年 316页 21cm(32开)
ISBN: 957-668-429-3 定价: TWD260.00
(道教文化丛刊)

J0164600
黑土文化艺术新论　何苍劲主编
哈尔滨 黑龙江人民出版社 1997年 4册
20cm(32开) ISBN: 7-207-03827-5
定价: CNY80.00

J0164601
蓟门曲藻　周传家著
石家庄 花山文艺出版社 1997年 415页
20cm(32开) ISBN: 7-80611-583-8
定价: CNY14.50

作者周传家(1944—　)，戏曲史论研究者。江苏沛县人，中国艺术研究院。历任北京联合大学应用文理学院教授，兼任中国昆剧研究会副会长、中华武侠文学研究会副会长，北京人民广播电台艺研所所长。代表作品有《戏曲编剧概论》《京华生藻》《名旦风采》《一代宗师》等。

J0164602
刘静沅文集　安徽大学艺术学院，安徽艺术学校编
合肥 安徽文艺出版社 1997年 628页 有照片
20cm(32开) ISBN: 7-5396-1599-0
定价: CNY28.00

J0164603
现代戏剧理论与实践　庄浩然著
福州 福建教育出版社 1997 年 386 页
20cm(32 开) ISBN: 7-5334-2439-5
定价: CNY28.50
(中国文学论丛)

J0164604
张骏祥文集　张骏祥著
上海 学林出版社 1997 年 2 册(2000 页) 有照片
20cm(32 开) 精装 ISBN: 7-80616-379-4
定价: CNY128.00
作者张骏祥(1910—1996), 导演、编剧、作家。笔名袁俊, 生于江苏镇江市, 毕业于清华大学外国文学系和美国耶鲁大学戏剧研究院。创作话剧剧本《小城故事》, 执导电影《翠岗红旗》《白求恩大夫》。出版有论文集《关于电影的特殊表现手段》《张骏祥文集》。

J0164605
华文戏荟　田本相主编
北京 中国戏剧出版社 1998 年 280 页
20cm(32 开) ISBN: 7-104-00938-8
定价: CNY20.00
作者田本相(1932—2019), 教授。天津人, 毕业于南开大学。历任中国话剧理论与历史研究会名誉会长, 中国艺术研究院话剧所所长、研究员、博士生导师, 中国戏剧史研究专家。著有《曹禺剧作论》《郭沫若史剧论》《民国时期话剧杂志汇编》等。

J0164606
剧事文稿　胡可著
北京 解放军文艺出版社 1998 年 315 页 有彩照
20cm(32 开) ISBN: 7-5033-0938-5
定价: CNY12.80
作者胡可(1921—2019), 编剧。历任石家庄军区副政委、北京部队宣传部副部长、总政文化部副部长, 中国人民解放军艺术学院院长, 中国戏剧家协会副主席。著有《英雄的阵地》《槐树庄》《习剧笔记》等。

J0164607
沥血求真美　(朱端钧戏剧艺术论) 王复民主编; 上海戏剧学院朱端钧研究组编
上海 百家出版社 1998 年 561 页 有照片
20cm(32 开) ISBN: 7-80576-864-1
定价: CNY25.00

J0164608
戏剧艺术概论　洪忠煌著
杭州 浙江教育出版社 1998 年 256 页
20cm(32 开) ISBN: 7-5338-2934-4
定价: CNY10.50

J0164609
戏剧哲学　(人类的群体艺术) 孙文辉著
长沙 湖南大学出版社 1998 年 12+317 页
20cm(32 开) ISBN: 7-81053-116-6
定价: CNY15.00

J0164610
影视知识与精品鉴赏　伍湘涛, 张竞主编
北京 航空工业出版社 1998 年 16+248 页
20cm(32 开) ISBN: 7-80134-246-1
定价: CNY14.80

J0164611
中西比较戏剧研究　(从比较文学到后殖民论述) 陆润棠著
台北 骆驼出版社 1998 年 160 页 21cm(32 开)
ISBN: 957-9549-24-9 定价: TWD160.00

J0164612
祝肇年戏曲论文选　祝肇年著; 麻国钧, 祝海威选编
北京 文化艺术出版社 1998 年 494 页 有彩照
20cm(32 开) ISBN: 7-5039-1806-3
定价: CNY25.00

J0164613
奥尼尔论戏剧　刘海平, 徐锡翔主编
北京 大众文艺出版社 1999 年 366 页
20cm(32 开) ISBN: 7-80094-861-7
定价: CNY20.00
作者刘海平(1944—　), 教授。上海人, 毕业于南京大学外文系专业。南京大学教授、博士生导师, 江苏省政协常委、中国民主促进会成员。著有《中美文化在戏剧中交流——奥尼尔与中国》《新编美国文学史》《文明对话: 本土知识

的全球意义》等。

J0164614
百花竞妍的戏曲园地 荆桦编著
南宁 接力出版社 1999年 135页 18cm(小32开)
ISBN: 7-80631-511-X 定价: CNY8.80
(中小学艺术教育丛书)

J0164615
陈瘦竹戏剧论集 陈瘦竹著; 周安华编
南京 江苏教育出版社 1999年 3册(1687页)
有照片 20cm(32开) 精装 ISBN: 7-5343-3486-1
定价: CNY87.20

J0164616
焦菊隐戏剧理论研究 邹红著
北京 北京师范大学出版社 1999年 344页
20cm(32开) ISBN: 7-303-05123-6
定价: CNY16.00

本书内容包括: 焦菊隐生平及其戏剧理论的发展; 诗性的呈现与导演的二度创造; 心象说: 演员如何创造角色; 话剧民族化的理论与实践4章。作者邹红(1955—), 女, 生于辽宁沈阳, 祖籍山东, 北京师范大学中文系现代文学教研室副教授。著有《焦菊隐戏剧理论研究》。

J0164617
戏剧 (中国与东西方) 廖奔编著
台北 学海出版社 1999年 560页 21cm(32开)
ISBN: 957-614-155-9 定价: TWD600.00
(中国戏曲论著丛刊 第二辑)

作者廖奔(1953—), 别名向远方、南阳惊牛翁。河南开封人, 毕业于中国社会科学院研究生院。中国艺术研究院研究员, 戏曲研究所副所长、研究生部戏曲系主任, 中国戏剧家协会会员。代表作品《中国戏曲发展史》。

J0164618
戏剧·影视 王力编写
海口 南海出版公司 1999年 192页 19cm(小32开)
ISBN: 7-5442-1473-7
(校园文化活动指导 9)

本书主要介绍戏剧概述和中国主要戏剧种类及学校戏剧演出; 影视概述、拍摄、欣赏及校园影视评论; 曲艺介绍; 中小学曲艺活动指导等。

J0164619
戏剧概要 杨建文著
武汉 华中师范大学出版社 1999年 314页
20cm(32开) ISBN: 7-5622-2020-4
定价: CNY16.00
(语文知识精要丛书 第二辑)

J0164620
现代戏剧的追寻 (新演员或是新观众?) 蓝剑虹著
台北 唐山出版社 1999年 333页 有照片
21cm(32开) ISBN: 957-8221-05-3
定价: TWD380.00
(唐山论丛 35)

J0164621
寻找戏剧 (戏剧文化哲学) 蹇河沿著
昆明 云南大学出版社 1999年 344页
20cm(32开) ISBN: 7-81068-048-X
定价: CNY22.00

J0164622
一九九九台湾现代剧场研讨会成果集 [台湾]成功大学中文学系编; 廖美玉主编
台北 1999年 266页 有图 24cm(26开)
ISBN: 957-02-3522-5
定价: TWD250.00

J0164623
一九九九台湾现代剧场研讨会论文集 (社区剧场) 廖美玉主编
台北 1999年 246页 有照片 23cm
ISBN: 957-02-3523-3
定价: TWD250.00

J0164624
一九九九台湾现代剧场研讨会论文集 (专业剧场) 廖美玉主编
台北 1999年 182页 有照片 23cm(20开)
ISBN: 957-02-3523-3 定价: TWD250.00

戏剧美学、戏剧艺术理论基本问题

J0164625
论编戏道德主义与美术主义并重 齐宗康编
通俗教育研究会 1917年 24页 19cm(32开)

J0164626
农村戏剧与农村教育 中华平民教育促进会编
中华平民教育促进会 1933年 18页 有照片 19cm(32开)

J0164627
戏剧短论 徐美公著
上海 大光书局 1936年 再版 241页 18cm(32开) 定价:国币五角五分

本书收录《现代戏剧的意义》《现代剧与三一律》《编剧术》《戏剧的表情术》《我为什么要入戏剧专门学校》《对于评剧家的希望》《演剧人应有的素养》等21篇戏剧论文，大半曾发表于《时事新报》和《申报》。有侯曜、朱维基及作者序各一篇。书末附《近代剧大观》(宫森麻太郎)，介绍易卜生的生平及剧作，占全书篇幅五分之四。

J0164628
演剧概论 徐公美编
上海 商务印书馆 1936年 58页 19cm(32开) 定价:国币二角
(戏剧小丛书)

本书内容包括:论述演剧的研究方法，演剧的发生、构成、形态、作法、政策及剧场机能等。作者徐公美(1881—1950)，江苏江都人。名慕杜，字公美，号北柳。曾留学日本攻读数理化。历任江苏省立第六师范校长、江苏省立扬州中学师范科主任兼国文教师、江都县教育局长、江苏学院特级教授等职。著有《北柳诗存》，编有《非常时期的电影教育》等。

J0164629
正确对待祖国的戏曲遗产 四川省人民政府文化事业管理局辑
成都 四川省人民政府文化事业管理局 1952年 80页 20cm(32开)
(文化干部学习文件 2)

J0164630
改革和发展民族戏曲艺术 四川省人民政府文化事业管理局辑
成都 四川省人民政府文化事业管理局 1953年 113页 18cm(15开)

J0164631
正确对待祖国的戏曲遗产 甘肃省人民政府文化事业管理局辑
兰州 甘肃省人民政府文化事业管理局 1953年 105页 18cm(15开)

J0164632
关于继承表演遗产的几个问题 黄克保著;中国戏曲研究院编辑
北京 通俗文艺出版社 1956年 36页 18cm(15开) 定价:CNY0.10
(戏曲演员学习小丛书)

作者黄克保(1921—2000)，女，研究员。江苏宜兴人。在中国戏曲研究院从事戏曲表演、导演史论研究。历任中国戏剧家协会会员和艺术委员会委员、中国戏曲学会理事。著有《戏曲表演研究》。

J0164633
生活的真实和戏曲表演艺术的真实 阿甲著
上海 上海文化出版社 1957年 26页 18cm(32开) 统一书号:T10077.533 定价:CNY0.10
(戏曲演员学习小丛书)

作者阿甲(1907—1994)，戏剧编剧兼戏曲理论家、表演和导演艺术家。无锡宜兴人，祖籍武进。原名符律衡，曾用名符正。历任中国京剧院总导演、副院长兼艺术室主任、名誉院长，中国戏剧家协会副主席等。代表作品有现代京剧《红灯记》等。

J0164634
生活的真实和戏曲表演艺术的真实 阿甲著
北京 宝文堂书店 1959年 新1版 65页 19cm(32开) 统一书号:10070.478 定价:CNY0.25
(戏曲演员学习小丛书)

J0164635
论戏曲表现现代生活 张庚著
北京 中国戏剧出版社 1958年 150页
19cm(32开)统一书号: 10069.154
定价: CNY0.56

本书收戏剧艺术大众化的艺术评论和戏剧文学研究的论文集。作者张庚(1911—2003),戏剧理论家、教育家、戏曲史家。原名姚禹玄,生于湖南长沙。历任中央戏剧学院副院长、东北鲁迅文艺学院副院长兼文工团四团团长、中国戏曲学院院长。论著有《中国戏曲通史》《戏曲艺术论》等。

J0164636
论戏曲反映伟大群众时代问题 (第一辑)戏剧报编辑部,戏曲研究编委会编
北京 中国戏剧出版社 1958年 2册 21cm(32开)
统一书号: 10069.155 定价: CNY1.05

J0164637
论戏曲反映伟大群众时代问题 (第二辑)戏剧报编辑部,戏曲研究编委会编
北京 中国戏剧出版社 1959年 322页
21cm(32开)统一书号: 10069.241
定价: CNY1.07

J0164638
一直唱到共产主义 (工农兵普及革命样板戏调查报告)上海师范大学中文系工农兵学员调查小组编
上海 上海人民出版社 1975年 117页
19cm(32开)统一书号: 10171.468
定价: CNY0.22

J0164639
笑 (论滑稽的意义)(法)柏格森(H.Bergson)著;徐继曾译
北京 中国戏剧出版社 1980年 130页
19cm(小32开) 统一书号: 8069.55
定价: CNY0.42

本书汇集了作者于1899年发表的3篇论滑稽的文章,是作者的一部重要的美学著作。在《笑》里,作者对各种滑稽,包括形式、动作、情景、语言以及性格的滑稽,作了精细的分析。外文书名: Le Rire. 作者柏格森(Henri Bergson, 1859—1941),法国哲学家。出生于巴黎。就学于巴黎高等师范学校,获文学博士学位,并在该校任教。曾任法兰西学院哲学教授、法国科学院院士。获1927年度诺贝尔文学奖。

J0164640
戏剧美学论集 上海文艺出版社编
上海 上海文艺出版社 1983年 345页
20cm(32开)统一书号: 8078.3400
定价: CNY1.15

本书收编了以我国现代戏剧艺术为对象的美学论文21篇。

J0164641
戏剧舞台奥秘与自由 (戏剧艺术论文集)曲六乙著
天津 百花文艺出版社 1984年 490页
21cm(32开)统一书号: 3151.76 定价: CNY1.85

本书所收文章大部分曲六乙近3年来的力作。作者力求联系当前文艺实际,在文艺理论、戏剧理论、电视剧评论以及戏曲艺术的继承发展和革新方面,从美学角度进行了探讨。作者曲六乙(1930—),作家。笔名仝前。辽宁瓦房店人,毕业于中南文艺学院研究生班。历任中国戏剧出版社副总编辑,中国戏剧家协会研究室主任、《中国戏剧年鉴》主编,中国少数民族戏剧学会副会长,中国傩戏学研究会会长,中国戏曲学会常务理事等。著作有《中国少数民族戏剧》《艺术——真善美的结晶》《戏剧舞台的奥秘与自由》等。

J0164642
戏曲美学论文集 隗芾等选编
北京 中国戏剧出版社 1984年 468页
21cm(32开)统一书号: 8069.356 定价: CNY1.95

本书共收论文21篇,内容涉及到戏曲艺术的各个综合部分和美学方面。作者隗芾(1938—2016),满族,研究员。笔名顾乡,辽宁新宾人。毕业于吉林大学中文系。历任汕头大学潮汕文化研究中心副教授、汕头文学会副会长,中国戏曲学会理事等。出版有《中国喜剧史》《戏曲史简编》《元明清戏曲选》等。

J0164643
黑格尔戏剧美学思想初探 朱立元著

上海 学林出版社 1986年 169页 有照片
20cm（32开）统一书号：8259.019
定价：CNY1.30
（青年学者丛书）

本书围绕黑格尔的戏剧美学思想，分10章论述戏剧的本质、戏剧冲突、悲剧、喜剧、历史剧、贯穿在黑格尔戏剧思想中的历史主义、人道主义、乐观主义以及黑格尔戏剧理想的内在矛盾、黑格尔戏剧美学的历史地位。

J0164644
美感与交流 方杰著
北京 中国文联出版公司 1986年 234页
20cm（32开）统一书号：8355.590 定价：CNY1.40

J0164645
中国剧诗美学风格 苏国荣著
上海 上海文艺出版社 1986年 238页
20cm（32开）统一书号：8078.3591
定价：CNY1.30

作者苏国荣（1934—2000），研究员。江苏无锡人，毕业于北京大学中国语言文学系。历任中国艺术研究院戏曲研究所研究员、中国唱片社艺术顾问、中国戏曲学院客座教授等。代表作品有《中国剧诗美学风格》《戏曲美学》《宇宙之美人》等。

J0164646
中国戏曲的艺术形式 谢锡恩撰
香港 香港中国语文学会 1986年 334页
21cm（32开）ISBN：962-205-014-10

J0164647
戏剧美学思维 王朝闻等著
北京 中国戏剧出版社 1987年 281页
20cm（32开）统一书号：CN8069.1113
定价：CNY2.10

作者王朝闻（1909—2004），雕塑家、文艺理论家、美学家。生于四川合江。别名王昭文，更名王朝闻，笔名汶石、廖化、席斯珂。就读于成都艺专、杭州国立艺专。历任中央美术学院副教务长、中国美术家协会副主席、中国艺术研究院副院长等。代表作品《浮雕毛泽东像》《圆雕刘胡兰像》等。

J0164648
审美心理与编剧技巧 陈德溥著
北京 中国戏剧出版社 1988年 170页
19cm（32开）ISBN：7-104-00085-2
定价：CNY2.30

J0164649
戏剧 （综合的美学工程）戴平著
上海 上海人民出版社 1988年 644页
20cm（32开）ISBN：7-208-00298-3
定价：CNY5.20

本书阐述了戏剧美学的对象、戏剧艺术的产生和发展、戏剧艺术的审美特征和基本形态，当代一些新的戏剧流派－荒诞派戏剧、萨特存在主义戏剧以及观众心理学等。作者戴平（1942— ），教授。毕业于上海师范大学数学系。任上海戏剧学院副院长、中国戏剧家协会会员。出版专著《戏剧－综合的美学工程》《中国民族服饰文化研究》等。

J0164650
戏曲美学特征的凝聚变幻 吴乾浩著
北京 中国戏剧出版社 1988年 241页
19cm（32开）ISBN：7-104-00077-1
定价：CNY2.50
（戏剧文化探索丛书）

本书总结归纳了戏曲美学的基本特征，并对其发展演变规律进行探讨，从而提出了自己对发展革新戏曲艺术的一些见解。内容包括：在诸多美学范畴的辩证统一中凝聚成的戏曲美学特征；戏曲剧本文学体制的发展对戏曲美学特征的影响；多层次的声腔剧种群激起戏曲美学特征的多样变化；审美心理定势与戏曲的创新意识。作者吴乾浩，中国戏曲研究院任职。

J0164651
笑与喜剧美学 佴荣本著
北京 中国戏剧出版社 1988年 283页
20cm（32开）ISBN：7-104-00047-X
定价：CNY3.20
（戏剧美学丛书）

本书探讨喜剧性笑的发生发展，喜剧性笑的基础，喜剧性笑的特征，喜剧的审美效应，喜剧创作主体的审美心理，喜剧形象与形象的喜剧性，喜剧与丑，喜剧与悲剧的交融，喜剧的语言，喜剧的风格等。

J0164652
美的网络　平海南著
太原 书海出版社 1989年 302页 19cm(32开)
ISBN: 7-80550-093-2 定价: CNY4.40

J0164653
三大戏剧体系审美关系初探　康洪兴著
北京 中国戏剧出版社 1989年 235页
19cm(小32开) ISBN: 7-104-00054-2
定价: CNY2.40
(戏剧文化探索丛书)
本书比较研究斯坦尼斯拉夫斯基、布莱希特、中国戏曲三大演剧体系的审美关系。分3章: 第1章, 对三大演剧体系在制导观众审美心理活动上的比较; 第2章, 对三大演剧体系在观众审美"心理距离"上的比较; 第3章, 对三大演剧体系在当堂反馈问题上的比较。

J0164654
喜剧理论在当代世界　王树昌编
乌鲁木齐 新疆人民出版社 1989年 255页
20cm(32开) ISBN: 7-228-00878-2
定价: CNY4.00
(喜剧美学丛书)
本书研究了作为美学范畴的"喜剧", 收录24篇论文。内容是从世界各国喜剧理论著作及有关辞书中选译出来的, 汇集了当代世界喜剧研究的最新成果。

J0164655
喜剧美学初探　陈孝英著
乌鲁木齐 新疆人民出版社 1989年 408页
20cm(32开) ISBN: 7-228-00907-X
定价: CNY4.80
(喜剧美学丛书)
本书分喜剧探、幽默探、讽刺探、体裁探4辑, 收录文章27篇。作者陈孝英(1942—), 教师。出生于上海。历任西安外语学院教师, 陕西省艺术研究所所长、研究员,《喜剧世界》主编等。著有《幽默的奥秘》, 译著《托翁轶影》《幽默理论在当代世界》等。

J0164656
当代戏剧审美论集　王蕴明著
北京 文化艺术出版社 1990年 353页
20cm(32开) ISBN: 7-5039-0653-7
定价: CNY4.75

J0164657
戏剧美　戴平著
武汉 湖北教育出版社 1991年 146页
19cm(32开) ISBN: 7-5351-0559-9
定价: CNY1.45
(中学生美学文库)
作者戴平(1942—), 教授。毕业于上海师范大学数学系。任上海戏剧学院副院长, 中国戏剧家协会会员。出版专著《戏剧 - 综合的美学工程》《中国民族服饰文化研究》等。

J0164658
戏剧美学　(一种现代阐释) 朱栋霖, 王文英著
南京 江苏文艺出版社 1991年 421页
20cm(32开) ISBN: 7-5399-0287-6
定价: CNY6.80
(东方文艺美学丛书)
作者朱栋霖(1949—), 教授。江苏苏州人, 毕业于南京大学。历任中国话剧文学研究会副会长, 中国现代文学研究会理事江苏省昆剧研究会副会长, 江苏省现代文学研究会副会长, 苏州市文联副主席, 苏州大学中文系教授。著作有《心灵的诗学——朱栋霖戏剧论集》《烟雨苏州——朱栋霖文艺评论选》等。作者王文英(1944—), 上海市社科院文学研究所副研究员。

J0164659
戏剧美学　曹其敏著
北京 人民出版社 1991年 181页 有彩照
19cm(小32开) ISBN: 7-01-000831-0
定价: CNY2.60
(美学袖珍丛书)
本书以中国戏剧艺术为基础, 论述了戏剧艺术在美学上的基本特征, 探讨了中国戏剧美学的特殊问题。

J0164660
戏剧美学　曹其敏著
北京 东方出版社 1997年 重印本 181页

19cm(32开) ISBN: 7-5060-0873-4
定价: CNY9.20
(东方袖珍美学丛书 5)

J0164661
爱美的戏剧 陈大悲编述
上海 上海书店 1992年 影印本 262页
19cm(32开) 精装 ISBN: 7-80569-741-8
定价: CNY4500.00(全编)
(民国丛书 第四编 美学·艺术类 63)
本书是戏剧美学专著。据晨报社1922年版影印。

J0164662
悲剧: 秋天的神话 (丹)克尔凯郭尔等著; 程朝翔, 傅正明译
北京 中国戏剧出版社 1992年 174页
20cm(32开) ISBN: 7-104-00462-9
定价: CNY3.60
本书精选、翻译了西方现当代的有关论文9篇。全书从不同角度对悲剧的实质、对富于悲剧精神的人的品格及悲剧艺术的特征等重要问题作了论述。

J0164663
论戏曲观众 刘景亮编著
郑州 河南人民出版社 1992年 238页 有照片
19cm(小32开) ISBN: 7-215-02289-7
定价: CNY3.40
本书论述了戏曲观众的欣赏心理, 涉及哲学、美学、心理学、文化学等领域。

J0164664
戏曲美学散论 屈江吟著
沈阳 辽宁教育出版社 1992年 188页
20cm(32开) ISBN: 7-5382-1582-4
定价: CNY3.30
本书论述了戏曲艺术的动态特征、戏曲艺术的个性、风格和流派等方面的问题。

J0164665
中国戏曲与社会诸色 路应昆著
长春 吉林教育出版社 1992年 271页 有彩图
20cm(32开) 精装 ISBN: 7-5383-1689-2
定价: CNY8.90
(中华艺术文库)
本书阐述戏曲与艺人、农民、市民、文人、统治者等社会各角色的关联, 以及戏曲的文化品性和社会对它的需求。

J0164666
七彩舞台 (戏剧美的欣赏) 邹红著
太原 希望出版社 1993年 103页 有彩图
19cm(小32开) ISBN: 7-5379-1169-X
定价: CNY3.90
(发现美的眼睛丛书)
作者邹红(1955—), 女, 生于辽宁沈阳, 祖籍山东, 北京师范大学中文系现代文学教研室副教授。著有《焦菊隐戏剧理论研究》。

J0164667
生存与美的探求 刘斯奇著
贵阳 贵州人民出版社 1993年 237页 有彩照
20cm(32开) ISBN: 7-221-02988-1
定价: CNY4.50
本书从戏剧美学的角度寻求戏剧生存方式与道路, 收入文章20篇, 包括《黔剧、贵州花灯剧审美特征比较》《文化发展与戏剧现状的思考》《戏剧结构解》等。作者刘斯奇(1946—), 贵州省文化厅艺术研究室工作。

J0164668
喜剧美学论纲 陈孝英著
西安 陕西人民教育出版社 1993年 270页
20cm(32开) ISBN: 7-5419-4060-7
定价: CNY7.00
本书内容包括: 喜剧美学概论、喜剧美学范畴论、喜剧艺术体裁论、喜剧艺术手段论、中西喜剧对比论等。作者陈孝英(1942—), 教师。出生于上海。历任西安外语学院教师, 陕西省艺术研究所所长、研究员,《喜剧世界》主编等。著有《幽默的奥秘》, 译著《托翁轶影》《幽默理论在当代世界》等。

J0164669
悲剧美学 佴荣本著
南京 江苏文艺出版社 1994年 355页
20cm(32开) ISBN: 7-5399-0633-2
定价: CNY8.60
本书内容包括: 悲剧精神、悲剧作家的审

美心态、悲剧人物的生命之维、悲剧审美痛感等10章。

J0164670
独特的魅力 （戏曲审美思维的民族异彩）周传家，平海南著
北京 八一出版社 1994年 333页 19cm（小32开）
ISBN：7-5081-0061-1 定价：CNY7.00
（民族戏剧现状及未来研究 1）
本书从艺术审美着眼，对中国戏曲艺术发展的历程作了剖析、批判、反思，并对未来戏曲的发展提出了新的看法。作者周传家（1944— ），戏曲史论研究者。江苏沛县人，中国艺术研究院。历任北京联合大学应用文理学院教授，兼任中国昆剧研究会副会长、中华武侠文学研究会副会长、北京人民广播电台艺研所所长。代表作品有《戏曲编剧概论》《京华生藻》《名旦风采》《一代宗师》等。

J0164671
民众剧场与草根民主 莫昭如，林宝元著
台北 唐山出版社 1994年 251页 有图
25cm（小16开）精装 ISBN：957-8900-13-9
定价：TWD380.00
（唐山前卫艺术丛书 3）

J0164672
亚洲的呐喊 （民众剧场）钟乔著
台北 书林出版公司 1994年 272页 有照片
21cm（32开）ISBN：957-586-448-4
定价：TWD180.00
（戏剧丛书 3）

J0164673
中外戏剧美学比较简论 牛国玲著
北京 中国戏剧出版社 1994年 300页
20cm（32开）ISBN：7-104-00658-3
定价：CNY9.60
本书内容包括：中外戏剧美的不同历程和价值观、中外戏剧美的基本特征及其表现形态、中外戏剧心理学比较、中外戏剧的相互影响和交融4编。

J0164674
中西戏剧美学思想比较研究 彭修银著
武汉 武汉出版社 1994年 237页 20cm（32开）
ISBN：7-5430-1146-8 定价：CNY6.30
本书从中西方戏剧美学的理论形态、审美理想、艺术特征、演剧体系等多层次，对中西方戏剧美学思想的形成、发展做了比较研究。作者彭修银（1952— ），美学家，教授，博士。湖北广水市人，山东大学文艺学美学博士研究生。南开大学东方艺术系任教。出版有《美学范畴论》《中西戏剧美学思想比较研究》《中国文人画的美学传统》等。

J0164675
兼具众美的中国戏曲 郑尚宪著
沈阳 辽宁古籍出版社 1995年 182页
19cm（小32开）ISBN：7-80507-280-9
定价：CNY43.00（艺术卷）
（中华民族优秀传统文化丛书 艺术卷）

J0164676
戏曲美学 傅谨著
台北 文津出版社 1995年 375页 有图
21cm（32开）ISBN：957-668-304-1
定价：TWD350.00
（文史哲大系 89）

J0164677
戏曲美学 苏国荣著
北京 文化艺术出版社 1995年 327页
20cm（32开）ISBN：7-5039-1353-3
定价：CNY11.50
（戏曲史论丛书）
作者苏国荣（1934—2000），研究员。江苏无锡人，毕业于北京大学中国语言文学系。历任中国艺术研究院戏曲研究所研究员，中国唱片社艺术顾问，中国戏曲学院客座教授等。代表作品有《中国剧诗美学风格》《戏曲美学》《宇宙之美人》等。

J0164678
戏曲美学 苏国荣著
北京 文化艺术出版社 1999年 2版 327页
20cm（32开）ISBN：7-5039-1353-3
定价：CNY18.00
（20世纪艺术文库 理论篇）

J0164679
中国现代戏剧美学思想发展史　焦尚志[著]
北京 东方出版社 1995年 426页 20cm(32开)
ISBN: 7-5060-0671-5 定价: CNY25.00
(哥伦布学术文库)
作者焦尚志(1937—　), 教授。河北阜城人。南开大学中文系教授, 中国话剧研究会理事。主要著作有《金线和衣裳——曹禺与外国戏剧》《中国现代戏剧美学思想发展史》《中国话剧史研究概述》等。

J0164680
悲喜剧引论　赵康太著
北京 中国戏剧出版社 1996年 334页
20cm(32开) ISBN: 7-104-00501-3
定价: CNY13.80
(戏剧美学丛书)
作者赵康太(1955—　), 海南大学社会科学部主任、副教授、博士。

J0164681
当代戏剧美学文论　张积文, 戴志宏主编; 陕西省艺术创作研究中心等编
西安 陕西人民出版社 1996年 490页
20cm(32开) ISBN: 7-224-04141-6
定价: CNY19.80

J0164682
戏剧思维　陈世雄著
福州 福建教育出版社 1996年 346页
21cm(32开) ISBN: 7-5334-2173-6
定价: CNY16.00
本书分3编, 上编为戏剧思维的发展与形成, 中编为戏剧思维的方式与定势, 下编为戏剧思维的当代特征。

J0164683
戏曲的美学品格　沈达人著
北京 中国戏剧出版社 1996年 547页 有彩照
20cm(32开) ISBN: 7-104-00723-7
定价: CNY31.40
(中国文联晚霞文库)
作者沈达人(1929—　), 笔名沈尧, 江苏南京人, 中国艺术研究院研究员、博士生导师。

J0164684
东方戏剧美学　孟昭毅著
北京 经济日报出版社 1997年 14+331页
20cm(32开) ISBN: 7-80127-161-0
定价: CNY26.00
(东方文化集成 东方文化综合研究编)

J0164685
中国戏剧美学的文化阐释　姚文放著
北京 中国人民大学出版社 1997年 439页
20cm(32开) ISBN: 7-300-02193-X
定价: CNY17.00

J0164686
周英戏剧与舞台美术论文集　中国舞台美术学会[编]
[北京] 中国舞台美术学会出版部 1997年
265页 有图 21cm(32开) 定价: CNY8.00

J0164687
滑稽与笑的问题　(苏)普罗普(ВладимирЯковлевичПропп)著; 杜书瀛, 理然译
沈阳 辽宁教育出版社 1998年 204页
19cm(小32开) ISBN: 7-5382-5080-8
定价: CNY8.30
(新世纪万有文库 第二辑 外国文化书系)

J0164688
你就是角色　(戏剧的接受和参与)高鉴著
沈阳 辽宁大学出版社 1998年 190页
19cm(小32开) ISBN: 7-5610-3618-3
定价: CNY7.80

J0164689
苏州梨园　李嘉球著
福州 福建人民出版社 1998年 234页
19cm(小32开) ISBN: 7-211-03091-7
定价: CNY10.90
(区域人群文化丛书)

J0164690
戏剧与戏剧美学　李晓著
成都 四川人民出版社 1998年 349页
20cm(32开) ISBN: 7-220-04045-8
定价: CNY20.00

J0164691
民间祭礼与仪式戏剧　胡天成主编；重庆市艺术研究所编
贵阳 贵州民族出版社 1999年 45+1434页 有图
26cm（16开）精装 ISBN：7-5412-0827-2
定价：CNY398.00

戏剧工作者、戏剧艺术创作方法

J0164692
戏剧家的新生活　唐槐秋著
南京 正中书局 1934年 94页 有照片
15cm（40开）定价：一角五分
（新生活丛书）
本书分4章，论述戏剧工作者的社会使命。

J0164693
编剧知识　贾霁著
哈尔滨 东北书店 1949年 78页 20cm（32开）

J0164694
论斯坦尼斯拉夫斯基的创作方法　（苏）阿巴耳金等著；罗慧生等译；电影艺术编译社编辑
北京 艺术出版社 1955年 154页 18cm（15开）
定价：CNY0.55
（电影艺术丛书）

J0164695
斯坦尼斯拉夫斯基创作遗产讨论集　中国电影出版社编辑部辑译
北京 中国电影出版社 1958年 612页
19cm（32开）精装 统一书号：8061.229
定价：CNY2.40

J0164696
谈戏曲的舞蹈艺术　白云生著
北京 宝文堂书店 1959年 17页 19cm（32开）
统一书号：10070.370 定价：CNY0.08

J0164697
学习与创作　（学习革命样板戏创作经验文集）甘肃人民出版社编辑
兰州 甘肃人民出版社 1974年 178页
19cm（小32开）统一书号：10096.76
定价：CNY0.42

J0164698
小戏的创作与排演　上海人民出版社编辑
上海 上海人民出版社 1975年 227页
19cm（32开）统一书号：8171.1056 定价：CNY0.44

J0164699
中国曲艺工作者第二次代表大会纪念册
中国曲艺家协会编
北京 中国曲艺家协会 1979年
214页+[4]页图版 19cm（32开）

J0164700
编剧概论　马琦编著
西安 陕西人民出版社 1981年 347页
21cm（32开）统一书号：10094.313 定价：CNY0.97
（戏剧理论丛书）

J0164701
编剧理论与技巧　顾仲彝著
北京 中国戏剧出版社 1981年 434页
21cm（32开）统一书号：3069.75 定价：CNY1.65
本书是原上海戏剧学院戏剧文学系教授顾仲彝于1963年编写的教材。作者通过对古今中外优秀剧作和戏剧理论的研究，探索了编剧艺术的规律。全书分为绪论、戏剧题材与主题思想、戏剧冲突、戏剧结构、戏剧人物、戏剧语言6章。对于戏剧创作、戏剧理论研究和话剧、电影、戏曲等艺术院校有关专业的教学有相当的参考价值。

J0164702
江东谈艺录　（第一辑）中国戏剧家协会江西分会编
[南昌][中国戏剧家协会江西分会] 1983年
165页 19cm（32开）

J0164703
江东谈艺录　（第二辑 华东六省一市戏剧创作研讨会发言汇编）中国戏剧家协会江西分会编
[南昌][中国戏剧家协会江西分会] 1989年
171页 有照片 19cm（32开）

J0164704
剧作法　(英)威廉·阿契尔著;吴钧燮,聂文杞译
北京 中国戏剧出版社 1983年 320页
21cm(32开)统一书号:8069.43 定价:CNY1.25
本书通过对19世纪以前欧洲传统戏剧理论和剧作的研究,总结和阐述了戏剧创作中主题、布局、表现方式、节奏及其对白一些基本问题和方法。

J0164705
编剧丛谭　金芝著
合肥 安徽文艺出版社 1985年 224页
20cm(32开)统一书号:10378.14 定价:CNY0.96
(安徽戏剧理论丛书)

J0164706
川剧艺闻录　胡度编著
上海 上海文艺出版社 1985年 136页
20cm(32开)统一书号:8078.3527
定价:CNY0.61
本书以作者耳闻目睹的生动事实,记述了川剧史上有重大贡献的康芷林、周慕莲、谭芸仙、琼莲芳、刘成基五位名家的艺术生活、演剧见解、创艺心得和道德风范。

J0164707
戏剧技巧　(美)贝克(Baker, G.P.)著;余上沅译
北京 中国戏剧出版社 1985年 545页
20cm(32开)统一书号:8069.596 定价:CNY2.45
本书是美国著名戏剧理论家与教育家乔治·贝克(1865—1935)所著一部影响较大的关于编剧技巧的著作。全书共有10章,分别论述戏剧的要素、情节安排、性格描写、对话以及编写剧本提纲等,并以许多剧本为实例来分析剧作的成败得失。外文书名:Dramatic Technique.

J0164708
写戏常识　李宜山著
北京 中国戏剧出版社 1985年 新1版 修订本
87页 20cm(32开)统一书号:8069.518
定价:CNY0.38
(戏剧知识丛书)

J0164709
编剧艺术　(美)埃格里(Egri, L.)著;朱角译
北京 中国戏剧出版社 1987年 353页
19cm(32开)统一书号:8069.1038
定价:CNY2.25
(外国戏剧理论丛书)
本书是一部论述编剧方法的专著,内容包括:前提、人物性格、冲突和一般问题。全书从人物行为的动机着眼,详尽地阐述了编剧艺术与方法,叙述翔实,深入浅出,对于深入理解近代从易卜生到奥尼尔的一些作品,对于了解戏剧观念与编剧技巧,以及从事剧本创作均有裨益。外文书名:The Art of Dramatic Writing.

J0164710
艺坛春秋　郭淑兰,嬴枫编著
杭州 浙江美术学院出版社 1988年 295页
有照片 19cm(32开)ISBN:7-81019-022-9
定价:CNY4.60

J0164711
戏剧与电影的剧作理论与技巧　(美)约翰·霍华德·劳逊著;邵牧君,齐宙译
北京 中国电影出版社 1989年 533页
20cm(32开)ISBN:7-106-00080-9
定价:CNY26.00
本书将电影、戏剧的剧作结合美学、社会、哲学、历史和政治等方面的问题加以研究,探讨戏剧、电影的创作与社会力量的关系,剧场里上演的戏剧和影片与剧场外正在进行着的现实生活的关系。

J0164712
戏曲编剧理论与技巧　田雨澍著
海口 南海出版公司 1990年 177页 19cm(32开)
ISBN:7-80570-161-X 定价:CNY3.50
(中国戏曲理论丛书)
本书分戏曲艺术的特征、人物塑造、戏剧冲突、情节、场景安排和戏剧语言6章。

J0164713
演的感觉真好　(谈儿童戏剧创作)杜紫枫著
台北 富春文化事业公司 1990年 234页
21cm(32开)ISBN:957-9318-16-6
定价:TWD150.00
(富春论丛 3)

J0164714
英雄·美人·阴谋家 许天柏著
桂林 漓江出版社 1990年 280页 19cm(32开)
ISBN: 7-5407-0446-2 定价: CNY3.30
本书对中国的历史人物和艺术人物的个性、经历、行迹、结局等作了具体生动的评述。

J0164715
戏曲编剧概论 周传家等编著;《戏曲编剧概论》编写组编
杭州 浙江美术学院出版社 1991年 235页 26cm(16开) ISBN: 7-81019-128-4
定价: CNY10.50
作者周传家(1944—),戏曲史论研究者。江苏沛县人,中国艺术研究院。历任北京联合大学应用文理学院教授,兼任中国昆剧研究会副会长、中华武侠文学研究会副会长、北京人民广播电台艺研所所长。代表作品有《戏曲编剧概论》《京华生藻》《名旦风采》《一代宗师》等。

J0164716
沈璟评传 朱万曙著
北京 中国戏剧出版社 1992年 185页 19cm(小32开) ISBN: 7-104-00410-6
定价: CNY3.40
(戏剧家传论丛书)
沈璟是我国明代著名的戏曲理论家、剧作家。本书从他的生活道路、戏曲理论、戏曲创作、与明清曲坛4个方面进行了介绍。

J0164717
艺术情境定式法 杨砚耕,罗萌著
沈阳 辽宁大学出版社 1993年 13+648页 有彩图及彩照 20cm(32开)
ISBN: 7-5610-2917-9 定价: CNY20.00
本书是中国现代戏剧表演艺术文集。作者杨砚耕(1932—),笔名彦耕、岳杨,曾任辽宁省艺术研究所所长、研究员。作者罗萌(1943—),蒙古族,编辑、作家。原名罗蕴伟,辽宁阜新人,毕业于阜新戏曲学校。河北罗萌生物工程有限公司董事长,阜新市四维实业有限公司董事长,曾任杂志社编辑。合著有《艺术情境学》《艺术情境定式法》。

J0164718
黑土戏剧群体创造论 经百君著
哈尔滨 黑龙江教育出版社 1996年 369页 20cm(32开) ISBN: 7-5316-2925-9
定价: CNY10.00

J0164719
戏曲创新新探 李尧坤著
杭州 浙江大学出版社 1996年 229页 20cm(32开) ISBN: 7-308-01799-0
定价: CNY10.00

J0164720
海峡两岸歌仔戏创作研讨会论文集 台北市现代戏曲文教协会编辑
台北 1997年 376页 有图照片剧照 26cm(16开)
ISBN: 957-02-0039-1

J0164721
夏衍剧作艺术论 周斌著
上海 学林出版社 1997年 257页 20cm(32开)
ISBN: 7-80616-330-1 定价: CNY14.00

J0164722
布莱希特与方法 (美)弗雷德里克·詹姆逊(FredricJameson)著;陈永国译
北京 中国社会科学出版社 1998年 11+201页 20cm(32开) ISBN: 7-5004-2297-0
定价: CNY13.00
(知识分子图书馆)
布莱希特(Bertolt Brecht, 1898—1956),德国戏剧理论家、剧作家、诗人。出生于德国巴伐利亚,毕业于慕尼黑大学。曾任德意志民主共和国艺术科学院副院长。主要作品有《马哈哥尼城的兴衰》《屠宰场里的圣约翰娜》《高加索灰阑记》《大胆妈妈和她的孩子们》等。

J0164723
郭小庄雅音缭绕 (台湾第一位致力于国剧现代化的人物)柳天依著
台北 台视文化事业公司 1998年 263页 有照片 21cm(32开) ISBN: 957-565-275-4
定价: TWD300.00
(文化系列 11120155)

戏剧评论、欣赏和戏剧造型艺术理论

J0164724
俄国演剧法择要　孙百璋译述
通俗教育研究会［民国］16 页 22cm（32 开）
本书包括：排戏主任、脚本之选译、脚色之分配、演习之筹划、角色之研究等章节。内附“俄国审查戏曲规程”、“保护戏曲著作权条例”。

J0164725
说戏　齐如山撰
京师京华印书局 民国 线装
作者齐如山（1875—1962），戏曲理论家、作家。河北高阳人。名宗康(一说：宗廉)，字如山。早年留学欧洲，曾任京师大学堂、北平女子文理学院教授，并致力于戏曲研究。曾与梅兰芳共同从事戏曲艺术的改进工作。编写剧本著名者有时装戏《一缕麻》，古装戏《黛玉葬花》《嫦娥奔月》等。出版有《齐如山全集》。

J0164726
观剧必携　（第 1 册）庄荫棠著
北京 庄荫棠［自刊］1914 年［56］页 18cm（15 开）
本书收戏评 40 余篇，评论《百寿图》《渭水河》《宝莲灯》等戏。

J0164727
剧话　（一卷）关卓然撰
民国七年［1918］抄本 线装
分二册。

J0164728
戏曲研究　（日）菊池宽著；沈宰白译
上海 良友图书印刷公司 1926 年 90 页 20cm（32 开）
本书内容包括：小说与戏曲、剧的本质、主题和人物、上演的意义等。

J0164729
沪宁、沪杭甬两路同人会京剧二周纪念特刊　两路同人会京剧部编
上海 两路同人会京剧部 1929 年［80］页 有图 20cm（32 开）
本书收录《醉梨轩剧话》（浦秋樵），《戏剧和政治生活》（张寄涯），《越剧之优点》（湖憨珠），《外行谈剧》（空我），《旧戏剧与真艺术》（张国杓），《旧剧之改进观》（宋传骥）等 20 余篇文章。末附票房沿革史。

J0164730
雅歌集二十周纪念特刊　上海雅歌集票社编
上海 雅歌集票社 1929 年 72 页 有像 18cm（32 开）
雅歌集为京剧爱好者的团体。纪念特刊收录《雅歌集说》（齐如山）、《雅歌二十周纪念之特刊》（漱六山房）、《唱戏的创造力》（严独鹤）、《三力主义》（周瘦鹃）、《剧谈》（余空我）、《论丑角》（王西神）、《旧剧之危机》（江梅村）等 20 余篇文章。书前有本会同人纪念摄影、会员便装、戏装像多幅。

J0164731
佛西论剧　熊佛西著
上海 新月书店 1931 年 212 页 25cm（15 开）
定价：一元三角
本书收戏剧论文 28 篇，包括《戏剧与中国》《艺术究竟是什么》《戏剧究竟是什么》《何谓戏剧诗人》《戏剧的结构》《戏剧在文学中的地位》《论剧评》《国家剧院》《国剧与旧剧》《戏剧与舞台》《论哑剧》《梅兰芳》《戏剧与文学》《怎样导演？》《怎样装饰舞台？》等。

J0164732
予倩论剧　欧阳予倩著
广东 广东戏剧研究所 民国二十年［1931］226 页 21cm（32 开）

J0164733
戏剧论集　朱肇洛编著
北平 文化学社 1932 年 394 页 18cm（32 开）
定价：洋一元
本书收录《戏剧究竟是什么》（熊佛西）、《戏剧艺术辩证》（梁实秋）、《作和演》（朴园）、《戏剧与时代》（叶沉）、《九十年前的北京戏剧》（顾颉刚）、《从中国的新戏说到话剧》（洪深）、《中国戏剧的途径》（余上沅）、《光影》（赵太侔）、《表演艺术家》（韩廷让）等论文 31 篇。

J0164734
苏联的演剧 赵铭彝著
上海 良友图书印刷公司 1933年 59页
13cm(60开)
(一角丛书 66)
本书内容有苏联新兴剧运的意义、革命后戏剧的发展、戏剧为谁服务的斗争、展望剧运的将来等。

J0164735
戏剧丛谭 刘汉流编辑
北平 中华印书局 1934年 117页 18cm(32开)
本书收录戏剧论文、京剧唱词、古今剧界轶闻等50余篇。

J0164736
当代苏俄戏剧 (苏)马尔可夫(P.A.Markov)著;润荪,人鬯译
天津 南洋书店 民国二十四年[1935] 24+150页 有像 19cm(32开) 定价:大洋七角
本书内容包括:革命解放之戏剧动力、剧本的检讨、莫斯科艺术剧院、梅耶荷尔特、华克坦哥夫及其信徒、凯末尼剧院、歌剧与舞剧、新的倾向与形式、弱小民族的剧院等10章。书末附《我的歌剧》(D.萧斯塔科维支自述,润荪译)。

J0164737
戏剧欣赏法 丁伯骝编著
南京 正中书局 1936年 128页 19cm(32开)
定价:国币三角
本书分10章,讲述如何欣赏剧作者及导演者的技术,戏剧的种类,文学与戏剧的异同及其相关性,舞台演变的历史,演员手、步、语、眼的运用及化妆,独幕剧的来源及小剧场的历史,民国以来戏剧内容演变的情形等,最后为外国剧人的介绍。

J0164738
戏剧欣赏法 丁伯骝编著
南京 正中书局 1947年 沪1版 128页
18cm(32开) 定价:国币二元七角

J0164739
战时演剧论 葛一虹著
重庆 新演剧社 1938年 134页 19cm(32开)
定价:国币四角五分
(战时戏剧丛书)
本书收录《确立战时演剧政策》《现阶段演剧活动的两重意义》《演剧艺术与政治宣传》《战地演剧》《临时演剧》《活报剧》《战时戏剧教育》《演剧与民众》《剧团组织》《抗战剧作编目》等20篇文章,附录《十月革命与苏联演剧》,书后有作者后记。

J0164740
苏联儿童戏剧 葛一虹著
上海 上海杂志公司 1939年 86页 有图
19cm(32开) 定价:三角五分
(新演剧丛书 3)

J0164741
转形期演剧纪程 刘念渠著
重庆 商务印书馆 1942年 136页 18cm(15开)
定价:国币一元七角
(大时代文艺丛书 第二集)
本书收录《向建立现实主义的演出体系之路》《我们今日需要"赛金花"么?》《鉴往思来》《给演剧工作者的一个备忘录》《关于演员的三个问题》《"刑"之我见》《它接近了我们的理想》等10篇文章。

J0164742
戏剧散篇 石叔明作
永安 福建省教育厅民教一团 1943年 33页
18cm(32开) 定价:国币四元
(剧讯丛书 一辑 2)
本书收录《拥护本省临参会戏剧议案》《建设三民主义的戏剧》《戏剧节感言》《推广儿童剧运动》《戏剧的教育性》《今日的剧评》《从排演到演出》等20篇文章。

J0164743
旧戏新谈 黄裳著
上海 开明书店 1948年 再版 179页
17cm(40开) 定价:国币六角三分
本书收录剧评、剧话56篇。有徐铸成、吴晗、靳以的"序"各一篇。作者黄裳(1919—2012),散文家、戏剧评论家。原名容鼎,生于河北井陉,祖籍山东益都。毕业于上海交通大学电机系。著有《锦帆集》《过去的足迹》《珠还记》等。

J0164744
旧戏新谈　黄裳著
上海 开明书店 1948年 179页 17cm（40开）
定价：国币二元一角
作者黄裳（1919—2012），散文家、戏剧评论家。原名容鼎，生于河北井陉，祖籍山东益都。毕业于上海交通大学电机系。著有《锦帆集》《过去的足迹》《珠还记》等。

J0164745
抗战十年来中国的戏剧运动与教育　洪深著
上海 中华书局 1948年 182页 18cm（15开）
定价：国币四元三角
（中华教育界丛刊）
本书收录《戏剧如何教育观众》《民间形式与地方戏》《抗战戏剧的自我教育与自我批判》等8篇文章。附录：《十年来的上海话剧运动》（顾仲彝）。

J0164746
戏剧的欣赏和创作　董每戡著
北京 群众书店 1951年 77页 17cm（32开）
定价：旧币4,300元

J0164747
枕流答问　周志辅著
九龙 周志辅自刊 1955年 107页 21cm（32开）
定价：HKD2.00
作者周志辅（1896—1994），本名周明泰，别号几礼居主人，安徽东至县人。曾任北洋政府总统府秘书、内务部参事。酷爱戏曲，专门从事中国戏曲史研究。著有《几礼居戏曲丛书》《几礼居随笔》《读曲类稿》《枕流答问》等。

J0164748
戏剧的现实主义问题　（戏剧论文集）张光年著
［北京］中国戏剧出版社 1957年 258页
21cm（32开）统一书号：10069.100
定价：CNY0.85

J0164749
戏剧论丛　（1957年.第1辑）《戏剧论丛》编辑委员会编
北京 中国戏剧出版社 1957年 224页
21cm（32开）定价：0.75元

J0164750
戏剧论丛　（1957年.第2辑）《戏剧论丛》编辑委员会编
北京 中国戏剧出版社 1957年 211页
21cm（32开）定价：CNY0.75

J0164751
戏剧论丛　（1957年.第3辑）《戏剧论丛》编辑部编
北京 中国戏剧出版社 1957年 224页
21cm（32开）定价：CNY0.75

J0164752
戏剧论丛　（1957年.第4辑）《戏剧论丛》编辑委员会编
北京 中国戏剧出版社 1957年 224页
21cm（32开）定价：CNY0.75

J0164753
戏剧论丛　（1958年.第1辑.总第5辑）《戏剧论丛》编辑部编
北京 中国戏剧出版社 1958年 249页
20cm（32开）定价：CNY0.75

J0164754
戏剧论丛　（1958年.第2辑.总第6辑）《戏剧论丛》编辑委员会编
北京 中国戏剧出版社 1958年 223页
20cm（32开）定价：CNY0.75

J0164755
戏剧论丛　（1958年.第3辑.总第7辑）《戏剧论丛》编辑委员会编
北京 中国戏剧出版社 1958年 224页
20cm（32开）定价：CNY0.75

J0164756
戏剧论丛　（1958年.第4辑.总第8辑）《戏剧论丛》编辑委员会编
北京 中国戏剧出版社 1958年 222页
20cm（32开）定价：CNY0.75

J0164757
戏剧论丛　（1982年.第1辑）《戏剧论丛》编辑委员会编

北京 中国戏剧出版社 1982年 188页 有照片 26cm(16开)统一书号: 8069.224 定价: CNY0.90

J0164758
戏剧论丛 (1982年.第2辑)《戏剧论丛》编辑委员会编
北京 中国戏剧出版社 1982年 188页 有照片 26cm(16开)统一书号: 8069.350 定价: CNY0.90

J0164759
戏剧论丛 (1982年.第3辑)《戏剧论丛》编辑委员会编
北京 中国戏剧出版社 1982年 188页 有照片 26cm(16开)统一书号: 8069.378 定价: CNY0.90

J0164760
戏剧论丛 (1982年.第4辑)《戏剧论丛》编辑委员会编
北京 中国戏剧出版社 1982年 188页 有照片 26cm(16开)定价: CNY0.90

J0164761
戏剧论丛 (1983年.第1辑)《戏剧论丛》编辑部编
北京 中国戏剧出版社 1983年 128页 有照片 26cm(16开)统一书号: 8069.451 定价: CNY0.65

J0164762
戏剧论丛 (1983年.第2辑)《戏剧论丛》编辑部编
北京 中国文艺联合出版公司 1983年 128页 26cm(16开)统一书号: 8313.23 定价: CNY0.65

J0164763
戏剧论丛 (1983年.第3辑)《戏剧论丛》编辑委员会编
北京 中国戏剧出版社 1983年 128页 有照片 26cm(16开)统一书号: 8069.522 定价: CNY0.65

J0164764
戏剧论丛 (1983年.第4辑)《戏剧论丛》编辑委员会编
北京 中国戏剧出版社 1983年 128页 有照片 26cm(16开)统一书号: 8069.538 定价: CNY0.65

J0164765
戏剧论丛 (1984年.第1辑)赵寻主编;《戏剧论丛》编辑委员会编
北京 中国戏剧出版社 1984年 128页 有剧照 26cm(16开)统一书号: 8069.568 定价: CNY0.65

J0164766
戏剧论丛 (1984年.第2辑)赵寻主编;《戏剧论丛》编辑委员会编
北京 中国戏剧出版社 1984年 128页 有照片 26cm(16开)统一书号: 8069.716 定价: CNY0.65

J0164767
戏剧论丛 (1984年.第3辑)赵寻主编;《戏剧论丛》编辑委员会编
北京 中国戏剧出版社 1984年 128页 有照片 26cm(16开) 统一书号: 8069.740 定价: CNY0.65

J0164768
戏剧论丛 (1984年.第4辑)《戏剧论丛》编辑委员会编
北京 中国戏剧出版社 1984年 128页 有照片 26cm(16开)统一书号: 8069.797 定价: CNY0.65

J0164769
百花集续编 戴不凡著
上海 新文艺出版社 1958年 171页 19cm(32开)统一书号: 10078.163 定价: CNY0.50

作者戴不凡(1922—1980),戏剧理论评论家。曾用笔名梨花白、严陵子、柏繁等。浙江建德人。历任文化部文学艺术研究院戏曲研究所研究员。著有《论崔莺莺》《论古典名剧〈琵琶记〉》等。

J0164770
关于戏剧冲突的参考资料　中国戏剧家协会编印
北京　中国戏剧家协会编［1962 年］30 页
21cm（32 开）

J0164771
高举革命红旗　发展戏曲艺术　（戏曲现代戏讨论集 第 1 辑）北京出版社编辑
北京　北京出版社 1964 年 19cm（小 32 开）
定价：CNY0.60

J0164772
高举革命红旗　发展戏曲艺术　（戏曲现代戏讨论集 第 2 辑）北京出版社编辑
北京　北京出版社 1964 年 19cm（小 32 开）
定价：CNY0.48

J0164773
高举革命红旗　发展戏曲艺术　（戏曲现代戏讨论集 第 3 辑）北京出版社编辑
北京　北京出版社 1964 年 19cm（小 32 开）
定价：CNY0.65

J0164774
庆祝中国人民解放军五十周年全军第四届文艺会演评论情况　第四届文艺会演评论情况大会办公室编
第四届文艺会演评论情况大会办公室 1977 年
26cm（16 开）

J0164775
戏剧艺术论丛　（第一辑）人民文学出版社编辑
北京　人民文学出版社 1979 年 252 页
26cm（16 开）统一书号：10019.2878
定价：CNY1.00

J0164776
戏剧艺术论丛　（第二辑）戏剧艺术论丛编辑部编
北京　中国戏剧出版社 1980 年 244 页
26cm（16 开）统一书号：8069.15 定价：CNY1.20

J0164777
戏剧艺术论丛　（第三辑）戏剧艺术论丛编辑部编
北京　中国戏剧出版社 1980 年 250 页
26cm（16 开）统一书号：8069.64 定价：CNY1.20

J0164778
戏剧纵横谈　俞大纲著
台北　传记文学出版社 1979 年 再版 246+4 页
19cm（32 开）定价：TWD40.00
（传记文学丛书 89）

J0164779
布莱希特戏剧印象记　卞之琳著
北京　中国戏剧出版社 1980 年 131 页
19cm（32 开）统一书号：8069.2 定价：CNY0.42
本书收录《问题的发生》《〈三分钱歌剧〉究竟有多大成就？》《〈措施〉失败在什么地方？》《辩证的发展》《〈伽利略传〉和新时代》《〈高加索灰阑记〉的诗情画意》《界限的确立》。布莱希特（Bertolt Brecht，1898—1956），德国戏剧理论家、剧作家、诗人。出生于德国巴伐利亚，毕业于慕尼黑大学。曾任德意志民主共和国艺术科学院副院长。主要作品有《马哈哥尼城的兴衰》《屠宰场里的圣约翰娜》《高加索灰阑记》《大胆妈妈和她的孩子们》等。作者卞之琳（1910—2000），诗人、文学评论家、翻译家。生于江苏省南通市海门市汤家镇，祖籍南京市溧水区，曾用笔名季陵、薛林等。新文化运动中新月派和现代派的代表诗人。代表作《断章》。出版诗集《三秋草》《鱼目集》等。

J0164780
剧目与评论　（1980.2）
1980 年 64 页 有照片 26cm（16 开）

J0164781
剧目与评论　（1981.1）广西壮族自治区戏剧研究室编
1981 年 64 页 26cm（16 开）

J0164782
戏曲研究　（第一辑）文化部文学艺术研究院戏曲研究所《社会科学战线》编辑部编
长春　吉林人民出版社 1980 年 390 页
20cm（32 开）统一书号：10091.763
定价：CNY1.05

J0164783
戏曲研究　（第二辑）文化部文学艺术研究院戏曲研究所《社会科学战线》编辑部编
长春 吉林人民出版社 1980年 349页
20cm（32开）统一书号：10091.780
定价：CNY0.93

J0164784
戏曲研究　（第三辑）文化部文学艺术研究院戏曲研究所《社会科学战线》编辑部编
长春 吉林人民出版社 1980年 328页
20cm（32开）统一书号：10091.790
定价：CNY0.88

J0164785
戏曲艺术论　张庚著
北京 中国戏剧出版社 1980年 234页
21cm（32开）统一书号：8069.19 定价：CNY1.20

本书对中国戏曲形成的过程，戏曲剧本——剧诗，戏曲音乐，戏曲的表演艺术，舞台美术，导演，戏曲艺术与生活，百花齐放、推陈出新，对中国戏曲艺术作了系统的综合的研究。从戏曲史的角度，考察戏曲文学、表演、导演、音乐和舞美的形成和发展；从美学角度，总结中国戏曲艺术的特殊规律。共分8章。

J0164786
艺术，真善美的结晶　（戏剧艺术论集）曲六乙著
武汉 长江文艺出版社 1980年 421页
19cm（32开）统一书号：1017.211 定价：CNY1.33

作者曲六乙（1930—　），作家。笔名仝前。辽宁瓦房店人，毕业于中南文艺学院研究生班。历任中国戏剧出版社副总编辑、中国戏剧家协会研究室主任、《中国戏剧年鉴》主编、中国少数民族戏剧学会副会长、中国傩戏学研究会会长、中国戏曲学会常务理事等。著作有《中国少数民族戏剧》《艺术——真善美的结晶》《戏剧舞台的奥秘与自由》等。

J0164787
粉墨集　李门著
广州 广东人民出版社 1981年 225页
19cm（32开）统一书号：10111.1294
定价：CNY0.60

J0167663
美国戏剧论辑　（1）廖可兑等著
北京 中国戏剧出版社 1981年 200页
19cm（32开）统一书号：8069.100
定价：CNY0.61
（中央戏剧学院戏剧艺术丛书）

J0164788
美国戏剧论辑　（2）廖可兑著
北京 中国戏剧出版社 1985年 231页 有照片
19cm（32开）统一书号：8069.474
定价：CNY0.87
（中央戏剧学院戏剧艺术丛书）

本书介绍了美国尤金·奥尼尔、桑顿·怀尔德、尼尔·赛蒙、克利福德·奥德茨的剧作，以及美国工人戏剧以及美国小剧场运动等。

J0164789
世界戏剧艺术的欣赏　（世界戏剧史）（美）布罗凯特（Brocktt，O.G.）著；胡耀恒译
台北 志文出版社 1981年 4版 791页 有照片
21cm（32开）精装 定价：TWD320.00
（新潮文学丛书 2）

作者布罗凯特（1923—2010），著名戏剧教育家。美国印第安那大学戏剧学教授。著有《世界戏剧艺术欣赏》等。

J0164790
世界戏剧艺术的欣赏　（世界戏剧史）（美）布罗凯特（Brocktt，O.G.）著；胡耀恒译
台北 志文出版社 1989年 再版 791页 有照片
22cm（16开）精装 定价：TWD400.00
（新潮文学丛书 2）

J0164791
世界戏剧艺术的欣赏　（世界戏剧史）（美）布罗凯特（Brockett，O.G.）著；胡耀恒译
北京 中国戏剧出版社 1987年 600页
20cm（32开）统一书号：8069.898 定价：CNY3.60

本书3部分：第1部分是理论，介绍戏剧的原理、特征、感染力和类别，以及剧本的基本结构；第2部分是历史，分章叙述各国主要剧场的沿革；第3部分着重介绍美国今日剧场艺术。

J0164792
吴祖光论剧
北京 中国戏剧出版社 1981 年 385 页
21cm(32 开) 统一书号: 8069.165
定价: CNY1.50

J0164793
戏曲剧目论集 郭汉城著
上海 上海文艺出版社 1981 年 403 页 有剧照
19cm(32 开) 统一书号: 8078.3262
定价: CNY1.20

J0164794
戏曲研究 (第一辑) 中国艺术研究院戏曲研究所编
北京 文化艺术出版社 1981 年 264 页
20cm(32 开) 定价: CNY0.90

J0164795
戏曲研究 (第二辑) 中国艺术研究院戏曲研究所编
北京 文化艺术出版社 1981 年 273 页
20cm(32 开) 定价: CNY0.90

J0164796
戏曲研究 (第三辑) 中国艺术研究院戏曲研究所编
北京 文化艺术出版社 1981 年 273 页
20cm(32 开) 定价: CNY0.90

J0164797
戏曲研究 (第四辑) 中国艺术研究院戏曲研究所编
北京 文化艺术出版社 1981 年 273 页
20cm(32 开) 统一书号: 10228.008
定价: CNY0.90

J0164798
戏曲研究 (第五辑) 中国艺术研究院戏曲研究所编
北京 文化艺术出版社 1982 年 288 页
20cm(32 开) 统一书号: 10228.020
定价: CNY0.90

J0164799
戏曲研究 (第六辑) 中国艺术研究院戏曲研究所编
北京 文化艺术出版社 1982 年 306 页
20cm(32 开) 统一书号: 10228.024
定价: CNY0.95

J0164800
戏曲研究 (第七辑) 中国艺术研究院戏曲研究所编
北京 文化艺术出版社 1982 年 330 页
20cm(32 开) 统一书号: 10228.029
定价: CNY0.95

J0164801
戏曲研究 (第八辑) 中国艺术研究院戏曲研究所编
北京 文化艺术出版社 1983 年 284 页
20cm(32 开) 统一书号: 10228.031
定价: CNY0.90

J0164802
戏曲研究 (第九辑) 中国艺术研究院戏曲研究所编
北京 文化艺术出版社 1983 年 290 页
20cm(32 开) 统一书号: 10228.039
定价: CNY0.90

J0164803
戏曲研究 (第十辑) 中国艺术研究院戏曲研究所编
北京 文化艺术出版社 1983 年 232 页
20cm(32 开) 统一书号: 10228.049
定价: CNY0.90

J0164804
戏曲研究 (第十一辑) 中国艺术研究院戏曲研究所编
北京 文化艺术出版社 1984 年 264 页
20cm(32 开) 统一书号: 10228.078
定价: CNY0.90

J0164805
戏曲研究 (第十二辑) 中国艺术研究院戏曲研究所编

北京 文化艺术出版社 1984 年 256 页
20cm(32 开) 统一书号: 10228.087
定价: CNY0.90

J0164806
戏曲研究 (第十三辑) 中国艺术研究院戏曲研究所编
北京 文化艺术出版社 1984 年 258 页
20cm(32 开) 统一书号: 10228.096
定价: CNY0.90

J0164807
戏曲研究 (第十四辑) 中国艺术研究院戏曲研究所编
北京 文化艺术出版社 1985 年 263 页
19cm(32 开) 统一书号: 10228.098
定价: CNY0.90

J0164808
戏曲研究 (第十五辑) 中国艺术研究院戏曲研究所编
北京 文化艺术出版社 1985 年 258 页
19cm(32 开) 统一书号: 10228.138
定价: CNY1.00

J0164809
戏曲研究 (第十六辑) 中国艺术研究院戏曲研究所编
北京 文化艺术出版社 1985 年 257 页
19cm(32 开) 统一书号: 10228.178
定价: CNY1.00

J0164810
戏曲研究 (第十七辑) 中国艺术研究院戏曲研究所编
北京 文化艺术出版社 1985 年 303 页
19cm(32 开) 统一书号: 10228.186
定价: CNY1.30

J0164811
戏曲研究 (第十八辑) 中国艺术研究院戏曲研究所编
北京 文化艺术出版社 1986 年 287 页
19cm(32 开) 统一书号: 10228.194
定价: CNY1.30

J0164812
戏曲研究 (第十九辑) 中国艺术研究院戏曲研究所编
北京 文化艺术出版社 1986 年 280 页
20cm(32 开) 统一书号: 10228.202
定价: CNY1.30

J0164813
戏曲研究 (第二十辑) 中国艺术研究院戏曲研究所编
北京 文化艺术出版社 1986 年 302 页
20cm(32 开) 统一书号: 10228.222
定价: CNY1.30

J0164814
戏曲研究 (第二十一辑) 中国艺术研究院戏曲研究所编
北京 文化艺术出版社 1986 年 268 页
20cm(32 开) 统一书号: 10228.223
定价: CNY1.30

J0164815
戏曲研究 (第二十二辑) 中国艺术研究院戏曲研究所编
北京 文化艺术出版社 1987 年 298 页
20cm(32 开) 统一书号: 10228.277
ISBN: 7-5039-0018-0 定价: CNY1.30

J0164816
戏曲研究 (第二十三辑) 中国艺术研究院戏曲研究所编
北京 文化艺术出版社 1987 年 273 页
20cm(32 开) 统一书号: 10228.279
ISBN: 7-5039-0025-7 定价: CNY1.30

J0164817
戏曲研究 (第二十四辑) 中国艺术研究院戏曲研究所编
北京 文化艺术出版社 1987 年 297 页
20cm(32 开) 定价: CNY1.85

J0164818
戏曲研究 (第二十五辑) 中国艺术研究院戏曲研究所编
北京 文化艺术出版社 1987 年 286 页

20cm（20 开）ISBN：7-5039-0140-3
定价：CNY1.85

J0164819
戏曲研究 （第二十六辑）中国艺术研究院戏曲研究所编
北京 文化艺术出版社 1988 年 296 页
20cm（20 开）ISBN：7-5039-0159-4
定价：CNY1.85

J0164820
戏曲研究 （第二十七辑）中国艺术研究院戏曲研究所编
北京 文化艺术出版社 1988 年 278 页
20cm（32 开）ISBN：7-5039-0158-6
定价：CNY1.85

J0164821
戏曲研究 （第二十八辑）中国艺术研究院戏曲研究所编
北京 文化艺术出版社 1988 年 276 页
20cm（32 开）ISBN：7-5039-0303-1
定价：CNY1.85

J0164822
戏曲研究 （第二十九辑）中国艺术研究院戏曲研究所编
北京 文化艺术出版社 1989 年 272 页
20cm（32 开）ISBN：7-5039-0388-0
定价：CNY1.85

J0164823
戏曲研究 （第三十辑）中国艺术研究院戏曲研究所编
北京 文化艺术出版社 1989 年 226 页 有照片
20cm（32 开）ISBN：7-5039-0402-X
定价：CNY1.85

J0164824
戏曲研究 （第三十一辑）中国艺术研究院戏曲研究所编
北京 文化艺术出版社 1989 年 288 页
20cm（32 开）ISBN：7-5039-0474-7
定价：CNY2.60

J0164825
戏曲研究 （第三十二辑）中国艺术研究院戏曲研究所编
北京 文化艺术出版社 1990 年 220 页
20cm（32 开）ISBN：7-5039-0553-0
定价：CNY3.00

本辑大部分篇幅发表了川剧研究文章，文章包括川剧历史、现状和文学、音乐、表演各个方面，反映了川剧研究的新收获。

J0164826
戏曲研究 （第三十三辑）中国艺术研究院戏曲研究所编
北京 文化艺术出版社 1990 年 213 页
20cm（32 开）ISBN：7-5039-0628-6
定价：CNY3.00

J0164827
戏曲研究 （第三十四辑）中国艺术研究院戏曲研究所编
北京 文化艺术出版社 1990 年 220 页
20cm（32 开）ISBN：7-5039-0662-6
定价：CNY3.00

J0164828
戏曲研究 （第三十五辑）中国艺术研究院戏曲研究所编
北京 文化艺术出版社 1990 年 220 页
20cm（32 开）ISBN：7-5039-0691-X
定价：CNY3.00

本辑收录 17 位戏曲理论工作者及演员的力作，探讨了当代戏曲的现状及发展动态。

J0164829
戏曲研究 （第三十六辑）中国艺术研究院戏曲研究所编
北京 文化艺术出版社 1991 年 220 页
20cm（32 开）ISBN：7-5039-0785-1
定价：CNY3.00

J0164830
戏曲研究 （第三十七辑）中国艺术研究院戏曲研究所编
北京 文化艺术出版社 1991 年 220 页
20cm（32 开）ISBN：7-5039-0813-0

定价: CNY3.00

J0164831
戏曲研究 （第三十八辑）中国艺术研究院戏曲研究所编
北京 文化艺术出版社 1991 年 220 页
20cm（32 开）ISBN: 7-5039-0908-0
定价: CNY3.00
本辑在保持原有的“戏曲美学”和“戏曲史研究”栏目的基础上，又开辟了戏曲与姊妹艺术比较研究的栏目。既有对元杂剧、明传奇的新认识，又有对边缘学科的首次探索。此外还刊载了海外学者的学术成果。

J0164832
戏曲研究 （第三十九辑）中国艺术研究院戏曲研究所编
北京 文化艺术出版社 1991 年 220 页
20cm（32 开）ISBN: 7-5039-0980-3
定价: CNY3.00
本辑收录了纪念徽班进京 200 周年的文集以及中西戏剧文化比较的论文等。

J0164833
戏曲研究 （第四十辑）中国艺术研究院戏曲研究所编
北京 文化艺术出版社 1992 年 220 页 有照片
20cm（32 开）ISBN: 7-5039-1019-4
定价: CNY3.35
本辑新开辟了“艺术谈”栏目，有青年学者从新视角来研究中国戏曲的专论，还有根据戏剧形态学和人类学的成果对藏戏的研究文集。

J0164834
戏曲研究 （第四十一辑）中国艺术研究院戏曲研究所编
北京 文化艺术出版社 1992 年 220 页
20cm（32 开）ISBN: 7-5039-1077-1
定价: CNY3.35
本期刊载戏曲研究论文 22 篇，主要栏目有：《创作谈》《舞台艺术》《传统戏曲舞台美术系统评析》《傩与目连》《黑土戏曲专辑》等。

J0164835
戏曲研究 （第四十二辑）中国艺术研究院戏曲研究所编
北京 文化艺术出版社 1992 年 220 页
20cm（32 开）ISBN: 7-5039-1093-3
定价: CNY3.35
本辑以较大篇幅推出山东戏曲工作者的科研成果，从中可以看出带有强烈地域文化色彩的齐鲁风格。其中一部分反映了改良戏剧的情况。

J0164836
戏曲研究 （第四十四辑）中国艺术研究院戏曲研究所编
北京 文化艺术出版社 1993 年 220 页
20cm（32 开）ISBN: 7-5039-1168-9
定价: CNY3.35
本辑包括：当代戏曲、戏曲文学、戏曲音乐、舞台艺术、中外交流 5 部分内容。

J0164837
戏曲研究 （第四十五辑）中国艺术研究院戏曲研究所编
北京 文化艺术出版社 1993 年 220 页
20cm（32 开）ISBN: 7-5039-1183-2
定价: CNY3.35
本辑包括：元杂剧研究、考证与史料、新著评介、地方戏研究等 7 部分内容。

J0164838
戏曲研究 （第四十六辑）中国艺术研究院戏曲研究所编
北京 文化艺术出版社 1993 年 220 页
20cm（32 开）ISBN: 7-5039-1183-2
定价: CNY3.35

J0164839
戏曲研究 （第四十七辑）中国艺术研究院戏曲研究所编
北京 文化艺术出版社 1993 年 220 页
20cm（32 开）ISBN: 7-5039-1235-9
定价: CNY3.35

J0164840
戏曲研究 （第四十八辑）中国艺术研究院戏曲研究所编
北京 文化艺术出版社 1993 年 220 页
20cm（32 开）ISBN: 7-5039-1268-5

定价: CNY4.05

J0164841
戏曲研究 （第四十九辑）中国艺术研究院戏曲研究所编
北京 文化艺术出版社 1994 年 273 页
20cm（32 开）ISBN: 7-5039-1322-3
定价: CNY4.05

J0164842
戏曲研究 （第五十辑）中国艺术研究院戏曲研究所编
北京 文化艺术出版社 1994 年 220 页
20cm（32 开）ISBN: 7-5039-1327-4
定价: CNY4.05

J0164843
戏曲研究 （第五十一辑）中国艺术研究院戏曲研究所编
北京 文化艺术出版社 1995 年 220 页
20cm（32 开）ISBN: 7-5039-1357-6
定价: CNY4.05

J0164844
戏曲研究 （第五十二辑）中国艺术研究院戏曲研究所编
北京 文化艺术出版社 1995 年 220 页
20cm（32 开）ISBN: 978-7-5039-1425-6
定价: CNY6.80

J0164845
戏曲研究 （第五十三辑）中国艺术研究院戏曲研究所编
北京 文化艺术出版社 1996 年 220 页
20cm（32 开）ISBN: 7-5039-1474-2
定价: CNY6.80

J0164846
戏曲研究 （第五十四辑）中国艺术研究院戏曲研究所编
北京 文化艺术出版社 1998 年 220 页
20cm（32 开）ISBN: 7-5039-1756-3
定价: CNY6.80

J0164847
新编大戏考 中国唱片社编
上海 上海文艺出版社 1981 年 402 页
27cm（16 开）定价: CNY2.25, CNY2.80（精装）
本书两部分: 第 1 部分唱词汇编，收录中国唱片社发行的 55 个戏曲剧种的唱片唱词 500 多段。第 2 部分剧情简介，介绍名戏曲剧种的 400 多个剧目的剧情梗概。

J0164848
新剧作 （1981 年增刊）《新剧作》编辑组编
上海 上海艺术研究所 1981 年 255 页
19cm（32 开）定价: CNY0.65

J0164849
台下人语 吴小如著
北京 中国戏剧出版社 1982 年 241 页
19cm（32 开）统一书号: 8069.183 定价: CNY0.73
本书是作者所写的戏曲散论、短评文章的结集。用了近 30 年的功夫。全书两部分: 第 1 部分收录戏曲散论文章 39 篇; 第 2 部分收录《中国戏曲发展讲话》。

J0164850
西厢述评 霍松林著
西安 陕西人民出版社 1982 年 129 页
21cm（32 开）定价: CNY0.45
（戏剧理论丛书）
本书对《西厢记》的主题思想以及原作者的思想倾向作了简明的分析，并着重指出了《西厢记》的艺术成就。

J0164851
戏曲艺术论集 马少波著
北京 中国戏剧出版社 1982 年 425 页
21cm（32 开）统一书号: 8069.175 定价: CNY1.65
本书所选文章，有的阐述了党的戏曲改革政策，有的是对戏曲作品进行具体分析的学术论文; 还有一部分是为老一辈艺术家总结经验的。作者马少波（1918—2009），文学家、文艺理论家。原名马志远，笔名苏扬、红石等。生于山东莱州。历任中国艺术语言研究会会长、中国戏曲学会副会长、中国京剧艺术基金会副会长、中国戏曲学院名誉教授、中国京剧院副院长。代表作《正气歌》《闯王进京》《宝剑归鞘》《宝烛记》《蝴蝶梦》。

J0164852
布莱希特研究 中国社会科学院外国文学研究所外国文学研究资料丛刊编辑委员会编；张黎编选
北京 中国社会科学出版社 1984年 448页
21cm（32开）统一书号：10190.180
定价：CNY2.45
（外国文学研究资料丛刊）

布莱希特（Bertolt Brecht，1898—1956），德国戏剧理论家、剧作家、诗人。出生于德国巴伐利亚，毕业于慕尼黑大学。曾任德意志民主共和国艺术科学院副院长。主要作品有《马哈哥尼城的兴衰》《屠宰场里的圣约翰娜》《高加索灰阑记》《大胆妈妈和她的孩子们》等。

J0164853
贵州戏剧资料汇编 （第二辑）中国戏曲志贵州卷编辑部编
1984年 86页 19cm（32开）

J0164854
黄裳论剧杂文 黄裳著
成都 四川人民出版社 1984年 909页
20cm（32开）定价：CNY3.35

本书是黄裳30多年来所写戏评的总集。内容涉及京剧、川剧等若干个剧种、许多个剧目，以及梅兰芳、盖叫天等许多知名演员；从舞台演出到剧本主题思想、艺术特色与它们所涉及的广阔的生活。作者黄裳（1919—2012），散文家、戏剧评论家。原名容鼎，生于河北井陉，祖籍山东益都。毕业于上海交通大学电机系。著有《锦帆集》《过去的足迹》《珠还记》等。

J0164855
论布莱希特戏剧艺术 中国戏剧出版社编辑部编
北京 中国戏剧出版社 1984年 364页
21cm（32开）统一书号：10069.524
定价：CNY1.60

布莱希特（Bertolt Brecht，1898—1956），德国戏剧理论家、剧作家、诗人。出生于德国巴伐利亚，毕业于慕尼黑大学。曾任德意志民主共和国艺术科学院副院长。主要作品有《马哈哥尼城的兴衰》《屠宰场里的圣约翰娜》《高加索灰阑记》《大胆妈妈和她的孩子们》等。

J0164856
欧阳予倩戏剧论文集 欧阳予倩著
上海 上海文艺出版社 1984年 486页 有照片
21cm（32开）统一书号：8078.3446
定价：CNY2.00，CNY3.20（精装）

本书收录戏剧论文27篇。论文从话剧史、地方剧种史、表导演艺术等各个方面进行了详尽的论述和介绍。书末附《欧阳予倩年表》。

J0164857
张庚戏剧论文集 （1959—1965）张庚著
北京 北京文化艺术出版社 1984年 345页
有照片 21cm（32开）定价：CNY1.25

本书收录《戏曲的形成》《关于诗剧》《推陈出新与整理传统剧目》《台下闲谈》等。作者张庚（1911—2003），戏剧理论家、教育家、戏曲史家。原名姚禹玄，生于湖南长沙。历任中央戏剧学院副院长、东北鲁迅文艺学院副院长兼文工团四团团长、中国戏曲学院院长。论著有《中国戏曲通史》《戏曲艺术论》等。

J0164858
悲剧与喜剧 朱克玲著
北京 文化艺术出版社 1985年 122页
19cm（32开）统一书号：10228.129
定价：CNY0.50

本书阐述了悲剧与喜剧的基本美学特征以及它们之间内在的紧密联系。

J0164859
胡可论剧 胡可著
北京 中国戏剧出版社 1985年 292页
20cm（32开）定价：CNY1.85

本书收录文章34篇，内容为作者的创作心得体会，以及对于军事题材戏剧创作问题的意见、剧评，和有关戏剧活动的回忆文章。作者胡可（1921—2019），编剧。历任石家庄军区副政委、北京部队宣传部副部长、总政文化部副部长，中国人民解放军艺术学院院长，中国戏剧家协会副主席。著有《英雄的阵地》《槐树庄》《习剧笔记》等。

J0164860
台上·台下　凤子著
北京 中国戏剧出版社 1985年 436页 有肖像
20cm(32开)精装 统一书号:8069.872
定价:CNY3.00

本书是中国戏剧评论文集，它既是作者半个多世纪从事戏剧运动的历史和经历，也记载了中国戏剧运动所经历的几个历史时期的艰辛的脚印，实际上从一个侧面勾画了一个中国戏剧运动的历史发展过程。作者凤子(1912—1996)，女，编辑。本名封季壬，笔名凤子原，封凤子，曾用笔名禾子。广西容县人，毕业于复旦大学。历任上海《人世间》月刊主编、北京市文联《说说唱唱》《北京文艺》编委、北京人民艺术剧院艺术处副处长兼文学组组长等。著有长篇小说《无声的歌女》，散文集小说《废墟上的花朵》《八年》《舞台漫步》《台上台下》等。

J0164861
台上·台下　凤子著
北京 中国戏剧出版社 1985年 436页
20cm(32开)定价:CNY2.70

J0164862
听涛室剧话　曹聚仁著
北京 中国戏剧出版社 1985年 267页 有照片
20cm(32开)精装 统一书号:8069.470
定价:CNY1.75

本书选辑作者撰写的戏剧评论、史论文章，对于南曲衍变和研究颇有创见，对于新中国戏剧的评论，别具一格。

J0164863
于伶戏剧电影散论　于伶著
北京 中国戏剧出版社 1985年 389页 有肖像
20cm(32开)精装 统一书号:8069.496
定价:CNY3.05

本书是中国戏剧与电影艺术评论集。作者于伶(1907—1997)，剧作家、戏剧活动家。江苏宜兴人。早年就读于北平大学法学院。30年代初参加左翼戏剧运动。后在上海左翼剧联工作。抗战时期坚持上海“孤岛”剧运，组织上海剧艺社。后赴重庆，组织中国艺术剧社。中华人民共和国成立后任上海电影制片厂厂长、上海市文化局局长等。作有剧本60余部，主要有《夜上海》《长夜行》《七月流火》等。

J0164864
中国人民的戏剧　(苏)奥布拉兹卓夫著;林耘译
北京 中国戏剧出版社 1985年 197页 有照片
20cm(32开)统一书号:8069.895
定价:CNY1.45

J0164865
花·献给孩子们　(1956—1986)中国儿童艺术剧院[编]
北京 中国儿童艺术剧院[1986年]26×26cm

J0164866
论观众　(美)威尔逊(Wilson, I.)著;李醒译
北京 文化艺术出版社 1986年 353页
20cm(32开)统一书号:8228.134 定价:CNY2.40
(外国戏剧研究资料丛书)

本书内容包括:总论、作家与观众、导演与观众、演员与观众、剧场与观众。

J0164867
余上沅戏剧论文集　余上沅著
武汉 长江文艺出版社 1986年 557页 有照片
20cm(32开)统一书号:10107.412
定价:CNY4.10

J0164868
阿瑟·米勒论剧散文　(美)马丁(Martin, R.A.)著;陈瑞兰,杨淮生选译
北京 三联书店 1987年 254页 有肖像
19cm(32开)统一书号:10002.85
定价:CNY1.45
(文化生活译丛)

J0164869
论梅耶荷德戏剧艺术　(苏)马尔科夫等著;孙维善等译
北京 文化艺术出版社 1987年 260页 有剧照
20cm(32开)ISBN:7-5039-0016-4
定价:CNY2.05
(外国戏剧研究资料丛书)

本书从全俄戏剧家协会出版的文集《回忆梅耶荷德》中选译11篇，包括:《弗·埃·梅耶荷德》(帕·马尔科夫)、《孜孜不倦的革新家》(符·别布

托夫）、《两个演剧季（1923—1925）》（鲍·查哈瓦）、《梅耶荷德与维什涅夫斯基》（索·维什涅夫茨卡雅）、《关于戏剧的争论》（尼·丘士金）、《难忘的一课》（列·斯维德林）、《三十三次昏厥》（维·格罗莫夫）、《大师在工作》（阿·格拉德科夫）、《戏剧的魔法师》（米·萨多夫斯基）、《最后一年》（列·斯涅日尼茨基）、《回到斯坦尼斯拉夫斯基身边》（格·克里斯蒂）。

J0164870
戏曲新论 马少波著
西安 陕西人民出版社 1987年 304页 有照片
20cm（32开）统一书号：8094.715
定价：CNY2.10

作者马少波（1918—2009），文学家、文艺理论家。原名马志远，笔名苏扬、红石等。生于山东莱州。历任中国艺术语言研究会会长、中国戏曲学会副会长、中国京剧艺术基金会副会长、中国戏曲学院名誉教授、中国京剧院副院长。代表作《正气歌》《闯王进京》《宝剑归鞘》《宝烛记》《蝴蝶梦》

J0164871
论中国戏剧批评 夏写时著
济南 齐鲁书社 1988年 424页 20cm（32开）
ISBN：7-5333-0087-4 定价：CNY4.30

J0164872
幕前幕后集 陈仕元著
北京 中国戏剧出版社 1988年 209页 有照片
20cm（32开）定价：CNY2.50

J0164873
玉轮轩曲论三编 王季思著
北京 中国戏剧出版社 1988年 241页
20cm（24开）ISBN：7-104-00018-6
定价：CNY2.45

J0164874
地域审美特征初探 关德富著
长春 时代文艺出版社 1989年 188页
20cm（32开）ISBN：7-5387-0127-3
定价：CNY2.35

J0164875
观剧札记 赵景深著
上海 学林出版社 1989年 143页 19cm（32开）
ISBN：7-80510-134-5 定价：CNY1.85
（夜读丛书 第四辑）

J0164876
评戏集 严肃著
北京 中国戏剧出版社 1989年 286页 有肖像
19cm（32开）定价：CNY4.80

J0164877
秦东戏剧论文集 渭南地区文化局等编
西安 西北大学出版社 1989年 186页
19cm（32开）ISBN：7-5604-0099-X
定价：CNY2.00

J0164878
谈戏说影录 吴启文著
北京 中国戏剧出版社 1989年 228页
21cm（32开）定价：CNY3.00

本书分为“谈戏录”和“说影录”两部分，辑录作者在30年编辑生活中写的有关戏剧和电影的创作与演出、戏曲文学、短剧（小戏）研究、戏剧及电影美学、影剧评论等类文章和讲稿共23篇。

J0164879
戏曲艺术欣赏 黄炳琦，唐永德著
南昌 江西人民出版社 1989年 202页
19cm（32开）统一书号：10110.526
ISBN：7-210-00832-2 定价：CNY3.10

J0164880
戏谚赏析 于学剑著
济南 山东文艺出版社 1989年 396页
21cm（32开）定价：CNY3.90

J0164881
中国戏剧的蝉蜕 刘彦君，廖奔著
北京 文化艺术出版社 1989年 529页
19cm（32开）ISBN：7-5039-0349-X
定价：CNY8.00

J0164882
读剧杂识　胡可著
北京 解放军文艺出版社 1990年 183页 有照片
19cm(32开) ISBN: 7-5033-0155-4
定价: CNY2.60
本书是中国现代戏剧文艺评论文集。作者胡可(1921—2019),编剧。历任石家庄军区副政委、北京部队宣传部副部长、总政文化部副部长,中国人民解放军艺术学院院长,中国戏剧家协会副主席。著有《英雄的阵地》《槐树庄》《习剧笔记》等。

J0164883
甘苦集　(顾乐真剧论剧评选)顾乐真著;广西艺术研究所编
南宁 广西人民出版社 1990年 471页 有照片
19cm(32开) ISBN: 7-219-01672-7
定价: CNY5.00
(广西戏剧家丛书)

J0164884
菊圃一叶　(金素秋·吴枫戏、文选集)云南戏剧家协会,云南省民族艺术研究所编;云南省民族艺术研究所戏剧研究室编
[昆明][云南省民族艺术研究所戏剧研究室]
1990年 466页 有照片 19cm(32开)
定价: CNY6.50
(云南戏剧理论建设丛书)

J0164885
青楼集笺注　(元)夏庭芝著;孙崇涛,徐宏图笺注
北京 中国戏剧出版社 1990年 248页
21cm(32开) 定价: CNY3.30
本书为元代戏剧评论笔记。记录了元代女演员100余人的事迹和艺术特长,并提到男演员30余人,及杂剧、散曲作家等50余人的事迹。

J0164886
戏迷手册　刘鸿儒编著
沈阳 春风文艺出版社 1990年 126页
10cm(64开) 定价: CNY1.00

J0164887
真假的奥妙　(戏剧艺术鉴赏)赵美成,李齐著
南宁 广西人民出版社 1990年 156页 有彩照
20cm(32开) ISBN: 7-219-01687-5
定价: CNY3.95
(青年艺术鉴赏丛书)
本书的“统识篇”系统地介绍戏剧艺术的总的特点及其品种繁多、花色纷呈的构成情况,概述戏剧王国中各类从业人员和各大要素的地位和作用。“点珠篇”对不同的戏剧种类——话剧、小品、课本剧、哑剧、木偶戏、滑稽戏、喜剧、悲剧、荒诞派戏剧作了介绍。“识宝篇”较详细地赏析京剧、越剧和黄梅戏。作者赵美成,浙江省艺术研究所副研究员。作者李齐,女,杭州话剧团文艺创作人员。

J0164888
当代戏剧　马森著
台北 时报文化出版企业公司 1991年 350页
有照片 19cm(小32开) ISBN: 957-13-0249-X
定价: TWD250.00
(人间丛书 135)

J0164889
二十世纪国外戏剧概观　冉国选主编
郑州 河南人民出版社 1991年 714页
21cm(32开) ISBN: 7-215-01782-6
定价: CNY10.80

J0164890
华东戏剧论文集　江苏省戏剧家协会编
[南京][江苏省戏剧家协会] 1991年 257页
20cm(32开) 定价: CNY3.50

J0164891
戏曲要籍解题　李惠锦编著
台北 正中书局 1991年 134页 21cm(32开)
ISBN: 957-09-0553-0 定价: TWD90.00

J0164892
艺术的金秋　(陕西省第一.二届艺术节评论集)叶增宽主编;陕西省文化厅,陕西省艺术创作研究协调委员会编
西安 陕西人民出版社 1991年 382页
20cm(32开) ISBN: 7-224-02127-X
定价: CNY6.00

J0164893
中国古典戏剧的认识与欣赏　曾永义著
台北　正中书局　1991年　646页　21cm(32开)
ISBN: 957-09-0367-8　定价: TWD435.00
(中国古典文学系列)

J0164894
德国表现主义戏剧　(托勒尔与凯泽)(加拿大)本森著; 汪义群译
北京　中国戏剧出版社　1992年　195页　有照片
19cm(小32开) ISBN: 7-104-00376-2
定价: CNY4.90
(外国戏剧理论小丛书　第一辑)
本书介绍德国新的表现主义戏剧，以托勒尔的《变形》和《群众与人》等的演出为基点，展示了上述的不同风格及其对新的舞台表现技巧的推动与发展。外文书名: German Expressionist Drama: Ernst Toller and Georg Kaiser.

J0164895
佛教与戏剧艺术　陈宗枢著
天津　天津人民出版社　1992年　255页　有[4]页图版: 图(部分彩图) 19cm(32开)
ISBN: 7-201-01316-5　定价: CNY5.00
(佛教艺术丛书　)
本书上卷介绍了由印度梵剧到中国戏剧的发展过程、佛教对戏剧形式的影响、佛教对戏剧内容的影响、佛教戏剧的分类；下卷系统介绍并赏析观音戏、目连戏、布袋和尚戏、达摩戏、济公戏等19种不同类型的戏及戏目。

J0164896
海州曲论　朱秋华著
北京　中国戏剧出版社　1992年　233页　有照片
19cm(小32开) ISBN: 7-104-00496-3
定价: CNY3.50
本书对海州戏曲、曲艺的艺术形态作了研究和考证，全书分为曲坛漫笔、梨园撷英、评戏拾零3部分。作者朱秋华(1943—　)，编剧。山东郯城人，连云港市文化局剧目室副主任、二级编剧，中国戏剧家协会会员。

J0164897
任桂林戏曲文集　任桂林著; 任葆琦编
北京　中国戏剧出版社　1992年　328页　有照片
20cm(32开) ISBN: 7-104-00365-7
定价: CNY7.60
本书分4辑: 作者的回忆录，有关戏曲工作、创作、改革的专论、杂感，戏剧评论，悼文。记录了他献身戏曲事业50多年的业绩。作者任桂林(1915—1989)，戏曲艺术家。原名任桂龄，河北束鹿人。历任中国京剧院副院长、中国戏剧学院副院长等职。编有《郑成功》《陈胜王》《三打祝家庄》等。

J0164898
无隐室剧论选　吴白匋著
南京　江苏文艺出版社　1992年　249页　有照片
19cm(小32开) ISBN: 7-5399-0363-5
定价: CNY3.50
(江苏文化艺术丛书)
本书内容包括: 1、介绍了作者的写作经验；2、阐述了作者对戏曲领域某些问题的看法；3、剧评与书序。作者吴白匋(1906—?)，教授。名征铸，以字行，自号无隐室主人，江苏仪征县人。曾任南京大学中文系教授、中国戏剧家协会江苏分会名誉主席。

J0164899
戏曲的体认与超越　陈先祥著
北京　中国戏剧出版社　1992年　331页　有照片
20cm(32开) ISBN: 7-104-00495-5
定价: CNY6.20
本书内容包括: 剧论、剧评、艺语及其他4部分，论述了党的十一届三中全会以来戏曲改革的一些成果与经验，并分析了某些不足的原因。作者陈先祥，女，湖北省戏剧家协会常务副主席兼秘书长。

J0164900
艺品　(辽宁省第二届文化艺术节参演剧　节目评论集)杨砚耕主编
[辽宁省艺术研究所] 1992年　338页
19cm(小32开)

J0164901
张真戏曲评论集　张真著
北京　中国戏剧出版社　1992年　486页
20cm(32开) ISBN: 7-104-00003-8
定价: CNY8.10

作者张真（1917—？），戏曲评论家。原名天璞，山西临汾人。毕业于辅仁大学。曾任中央戏剧学院讲师，中国戏剧家协会剧本月刊副主编及戏剧报副主编、编审，中国戏剧家协会理事。著有《戏曲人物散论》《古为今用及其他》《张真戏曲评论集》等。

J0164902
彩虹集　（戏剧美揽胜探幽）谭志湘，吴乾浩著
贵阳　贵州民族出版社　1993 年　13+327 页
20cm（32 开）ISBN：7-5412-0232-0
定价：CNY11.00

作者谭志湘（1941—　），女，满族，研究员。北京人，毕业于中国戏曲学院。历任中国艺术研究院戏曲研究所宗教戏剧研究中心秘书长、中国戏剧家协会会员、中国儿童剧研究会理事、中国少数民族戏剧学会副秘书长等。出版戏曲小说《琵琶记》《西厢记》《长生殿》。作者吴乾浩，中国戏曲研究院任职。

J0164903
郭汉成诗文戏曲集　郭汉城著
北京　中国戏剧出版社　1993 年　432 页　有照片
20cm（32 开）ISBN：7-104-00610-9
定价：CNY29.50

本书收有评论 30 余篇，剧本 4 个，诗词 67 首。

J0164904
胡芝风谈艺　胡芝风著
北京　文化艺术出版社　1993 年　271 页　有肖像
19cm（小 32 开）ISBN：7-5039-1060-7
定价：CNY4.60

本书分演戏谈艺、观戏评艺、师友论艺 3 辑。

J0164905
金鼓集　（戏剧评论文选）李振玉著
北京　大众文艺出版社　1993 年　273 页
20cm（32 开）ISBN：7-80094-058-6
定价：CNY6.20

本书收录《论“白蛇传”》、《论“华清池”》、《历史剧创作的新成果》等文章 30 余篇。作者李振玉（1933—　），四川绵阳人，戏剧评论家。

J0164906
兰陵剧评　蒋柏连著
北京　中国戏剧出版社　1993 年　408 页
19cm（小 32 开）ISBN：7-104-00641-9
定价：CNY8.90

本书是戏剧理论和戏剧评论文章的结集，分为言微斋微言、艺事漫笔、兰陵剧评、当代剧论等 5 组文章。作者蒋柏连，江苏吴江人。中国戏剧家协会会员、江苏省戏剧家协会理事、常州市文化艺术研究所副所长。

J0164907
李渔戏曲艺术论　胡天成著；重庆市艺术研究院编
重庆　西南师范大学出版社　1993 年　364 页
20cm（32 开）ISBN：7-5621-0733-5
定价：CNY5.50

本书论述了李渔其人，戏曲基础理论的戏曲艺术学，戏曲审美规律的戏曲美学，李渔在戏曲史上的地位和作用等。

J0164908
美国戏剧选读　郭继德主编
济南　山东大学出版社　1993 年　451 页
20cm（32 开）ISBN：7-5607-1171-5
定价：CNY8.00

本书收录《琼斯皇帝》《小狐狸》《美国之梦》等 8 个剧本和《美国戏剧概论》《当代美国戏剧发展新趋势》两篇文章。作者郭继德（1965—　），教师。山东单县人，毕业于山东大学外文系。历任山东大学外国语学院院长、教授、博导，美国现代文学研究所所长，加拿大研究中心主任等。出版有《加拿大英语戏剧史》《英语文学散论》《美国文学研究》等。

J0164909
台上台下集　陈仕元著
广州　花城出版社　1993 年　268 页　有照片
20cm（32 开）ISBN：7-5360-1627-1
定价：CNY6.00

本书主要分为专论篇、创作谈、剧评篇和杂谈篇，讲述了作者作为一名戏剧工作者的所思所感。

J0164910
戏剧的困惑与探索　洪兆惠著
沈阳 辽宁大学出版社 1993年 224页
19cm(小32开) ISBN: 7-5610-2612-9
定价: CNY4.00
本书内容包括:"实验剧:困惑中的选择"、"剧场性的强化:观演关系"、"直观:舞台空间意义的确立"等7章。

J0164911
戏曲:现状与未来　韩宇宏著
开封 河南大学出版社 1993年 238页
20cm(32开) ISBN: 7-81018-972-7
定价: CNY5.00
本书收录文章30余篇,分3辑,其中有《现实的昭示——再现戏曲创作应寻找社会情绪的凝结点》《(包公碑)断想》《启人深思的性格悲剧》等。作者韩宇宏(1945—),曾用名韩宏恩,笔名黎辉,河南社会科学院任职。

J0164912
戏曲"拉奥孔"　安葵著
北京 文化艺术出版社 1993年 273页
20cm(32开) ISBN: 7-5039-1186-7
定价: CNY6.00
(中国戏曲史论丛书)
本书通过戏曲"拉奥孔",对戏曲与歌舞、文学、说唱、流行艺术、电视剧等的系列比较,审视剖析了戏曲艺术。作者安葵(1939—),辽宁盖县人,本名王安魁。历任中国艺术研究院戏曲研究所所长、中国戏曲现代戏研究会副会长、中国戏曲学会副会长、中国昆剧研究会副会长、武汉大学兼职教授。专著有《当代戏曲作家论》《新时期戏曲创作论》《戏曲拉奥孔》等。

J0164913
艺圃撷馀　耿引主编;广西群众戏剧研究会,广西群众曲艺研究会编
南宁 广西民族出版社 1993年 238页
19cm(小32开) ISBN: 7-5363-2096-5
定价: CNY4.50
本书收录研究和探讨新时期群众戏剧曲艺的文章22篇,选登作品15篇。

J0164914
纵谈传统戏　何丽著
北京 中国戏剧出版社 1993年 281页
19cm(小32开) ISBN: 7-104-00528-5
定价: CNY5.35
本书收录《漫谈传统剧目的整理改编》《水浒戏曲人物琐议》《元杂剧的语言艺术》等13篇论文。作者何丽,女,山东昌潍师专美术系主任、副教授,中国美术家协会会员。著有《当代工笔人物画谭概》等。

J0164915
李啸仓戏曲曲艺研究论集　李啸仓著
北京 中国戏剧出版社 1994年 343页 有肖像
20cm(32开) ISBN: 7-104-00673-7
定价: CNY9.50
本书收录《宋金元杂剧院本体制考》《清代地方戏发展概况》《释银字儿》等13篇论文。

J0164916
民族花环——戏曲　和宝堂著
北京 中国美术学院出版社 1994年 212页
有剧照 19cm(小32开) ISBN: 7-81019-352-X
定价: CNY12.00
(艺术迷宫指南丛书)
本书由中国美术学院出版社和蓝鲸艺术图书发展公司联合出版。

J0164917
人生奇观——戏剧　江心等著
北京 中国美术学院出版社 1994年 230页
有剧照 19cm(小32开) ISBN: 7-81019-348-1
定价: CNY13.00
(艺术迷宫指南丛书)
本书由中国美术学院出版社和蓝鲸艺术图书发展公司联合出版。

J0164918
师友集　郭汉城,章诒和著
北京 中国戏剧出版社 1994年 426页 有照片
20cm(32开) ISBN: 7-104-00674-5
定价: CNY14.80

J0164919
西潮下的中国现代戏剧　马森著

台北 书林出版公司 1994年 417页 21cm（32开）
ISBN：957-586-461-1 定价：TWD300.00
（戏剧丛书 5）

J0164920
戏剧鉴赏入门 魏怡著
台北 万卷楼图书公司 1994年 224页
21cm（32开）ISBN：957-739-116-8
定价：TWD220.00
（艺术类丛书 3）

J0164921
戏剧鉴赏入门 魏饴著
台北 万卷楼图书股份有限公司 1999年
再版 224页 21cm（32开）ISBN：957-739-217-2
定价：TWD240.00
（文学类丛书 I041）

J0164922
戏曲漫笔 王学秀编著
兰州 敦煌文艺出版社 1994年 315页
20cm（32开）ISBN：7-80587-249-X
定价：CNY7.80
本书收录《漫议戏曲的角色行当》《秦腔表演特技录》《走雪山》等70余篇文章。作者王学秀（1963— ），编辑。笔名禾乃、秦雨，陕西渭南人。甘肃人民广播电台主任编辑、中国戏剧家协会会员和甘肃省振兴秦腔学会常务理事。

J0164923
新时期戏剧述论 李庆成著
北京 大众文艺出版社 1994年 378页
20cm（32开）ISBN：7-80094-037-3
定价：CNY8.80
作者李庆成（1938— ），河北丰润县人。曾任文化部艺术局戏剧处处长、中国戏曲学会副秘书长。

J0164924
艺林花雨 蒋冰杰著
贵阳 贵州教育出版社 1994年 377页 有照片
20cm（32开）ISBN：7-80583-582-9
定价：CNY10.00

J0164925
于乐庆论文集 于乐庆著
北京 中国人事出版社 1994年 217页
19cm（小32开）ISBN：7-80076-126-6
定价：CNY7.00

J0164926
中国现代喜剧观念研究 张健著
北京 北京师范大学出版社 1994年 232页
20cm（32开）ISBN：7-303-03601-6
定价：CNY8.00
本书对中国现代喜剧观念的历史演进作了宏观考察，并分别研究了主观论和客观论主要代表人物具体的喜剧观。作者张健，北师大中文博士后科研流动站任职。

J0164927
中华艺术之花 （图集 1991）中共中央宣传部文化艺术局编
北京 学习出版社 1994年 26cm（15开）
ISBN：7-80116-029-0 定价：CNY55.00

J0164928
中华艺术之花 （图集 1992）中共中央宣传部文化艺术局编
北京 学习出版社 1994年 26cm（15开）
ISBN：7-80116-030-4 定价：CNY55.00

J0164929
中华艺术之花 （图集 1993）中共中央宣传部文化艺术局编
北京 学习出版社 1996年 91页 29cm（15开）
ISBN：7-80116-066-5 定价：CNY55.00

J0164930
中华艺术之花 （图集 1994）中共中央宣传部文化艺术局编
北京 学习出版社 1996年 122页 29cm（15开）
ISBN：7-80116-071-1 定价：CNY65.00

J0164931
中华艺术之花 （图集 1995）中共中央宣传部文化艺术局编
北京 学习出版社 1998年 160页 29cm（15开）
ISBN：7-80116-127-0 定价：CNY75.00

J0164932
中华艺术之花 （图集 1996）中共中央宣传部文化艺术局编
北京 学习出版社 1999年 210页 29cm（15开）
ISBN：7-80116-150-5 定价：CNY98.00

J0164933
中外名剧欣赏 梁骏主编；许并生，王笑林编写
太原 希望出版社 1994年 68页 19cm（小32开）
ISBN：7-5379-1230-0 定价：CNY1.50
（农村少年文库 文艺篇）

J0164934
黑土戏剧论 张葆成著
哈尔滨 黑龙江教育出版社 1995年 255页
20cm（32开）ISBN：7-5316-2580-6
定价：CNY8.70

J0164935
戏剧春秋 韩栖洲著；海南省文化广播体育厅，海南省文学艺术界联合会编
海口 海南出版社 1995年 288页 19cm（小32开）
ISBN：7-80617-142-8 定价：CNY10.80

作者韩栖洲（1927— ），编剧。笔名韩克，海南文昌人。历任海南文联艺术研究员、广东省戏剧家协会副秘书长。出版有《穆桂英》《荔枝换红桃》《两兄弟》等。

J0164936
戏剧欣赏 （读戏、看戏、谈戏）黄美序著
台北 三民书局 1995年 254页 有彩图
24cm（26开）ISBN：957-14-2375-0
定价：旧台币6.20

J0164937
戏林拾薪 宁殿弼著
沈阳 辽宁人民出版社 1995年 412页
20cm（32开）ISBN：7-205-03314-4
定价：CNY9.90

作者宁殿弼（1941— ），教授。辽宁瓦房店人，毕业于甘肃财经学院。曾任《辽宁戏剧》、《社会科学辑刊》编辑、中国戏剧家协会会员、辽宁戏剧家协会理事、青岛大学师范学院中文系教授、青岛市影视文化研究会秘书长等职。专著有《唐韵笙评传》《戏林拾薪》《当代中国戏剧家论坛》等。

J0164938
戏曲艺术论文选 朱文相主编；中国戏曲学院研究所编
北京 文化艺术出版社 1995年 401页
20cm（32开）ISBN：7-5039-1392-4
定价：CNY15.20

J0164939
艺海轻舟 重庆市文化局艺术处，重庆市艺术研究所编
重庆 西南师范大学出版社 1995年 242页
有彩照 20cm（32开）ISBN：7-5621-1289-4
定价：CNY20.00
（舞台艺术研究丛书 3）

J0164940
继续前卫 （寻找整体艺术和当代台北文化）钟明德著
台北 书林出版公司 1996年 424页 有照片
21cm（32开）ISBN：957-586-624-X
定价：TWD300.00

J0164941
刘厚生戏曲长短文 刘厚生著
北京 中国戏剧出版社 1996年 511页 有彩照
20cm（32开）ISBN：7-104-00748-2
定价：CNY32.80
（中国文联晚霞文库）

J0164942
乱弹集 龚和德著
北京 中国戏剧出版社 1996年 516页
20cm（32开）ISBN：7-104-00722-9
定价：CNY32.80
（中国文联晚霞文库）

作者龚和德（1931— ），研究员。江苏启东人，毕业于中央戏剧学院华东分院舞台美术系。历任中国艺术研究院研究员、中国京剧艺术基金会副秘书长、中国戏曲学会副会长等。著有《乱弹集》《舞台美术研究》。

J0164943
跳舞之后·天亮以前 （台湾剧场笔记）鸿鸿著

台北 万象图书公司 1996年 316页 21cm(32开)
ISBN: 957-669-827-8 定价: TWD280.00
(艺书房 22)

作者鸿鸿(1964—),编剧、作家。本名阎鸿亚,生于台湾台南,毕业于台湾地区艺术学院戏剧系。著有诗集《与我无关的东西》《在旅行中回忆上一次旅行》《黑暗中的音乐》等。

J0164944
铁可戏剧评论自选集　铁可著
北京 中国戏剧出版社 1996年 270页 有照片
20cm(32开) ISBN: 7-104-00729-6
定价: CNY19.80
(中国文联晚霞文库)

J0164945
舞台行脚　龚啸岚著
北京 中国戏剧出版社 1996年 449页 有照片
19cm(小32开) ISBN: 7-104-00730-X
定价: CNY28.80
(中国文联晚霞文库)

J0164946
新时期戏剧述论　田本相主编
北京 文化艺术出版社 1996年 506页
20cm(32开) ISBN: 7-5039-1334-7
定价: CNY20.00

作者田本相(1932—2019),教授。天津人,毕业于南开大学。历任中国话剧理论与历史研究会名誉会长,中国艺术研究院话剧所所长、研究员、博士生导师,中国戏剧史研究专家。著有《曹禺剧作论》《郭沫若史剧论》《民国时期话剧杂志汇编》等。

J0164947
赵寻戏剧文选　赵寻著
北京 中国戏剧出版社 1996年 519页 有肖像
20cm(32开) ISBN: 7-104-00751-2
定价: CNY32.80
(中国文联晚霞文库)

J0164948
澳门戏剧过眼录　穆凡中著
澳门 澳门日报出版社 1997年 10+16+366页
有剧照 21cm(32开)

J0164949
等待情结　(戏剧杂文集)羽之野著
呼和浩特 内蒙古人民出版社 1997年 170页
有彩照 20cm(32开) ISBN: 7-204-04064-3
定价: CNY8.60
(大漠文化丛书)

J0164950
荒诞派戏剧艺术论　刘强著
合肥 安徽文艺出版社 1997年 182页
19cm(小32开) ISBN: 7-5396-1609-1
定价: CNY8.00

J0164951
论说戏曲　曾永义著
台北 联经出版事业公司 1997年 343页
21cm(32开) ISBN: 957-08-1666-X
定价: TWD350.00

J0164952
戏文锣鼓　魏绍昌著
郑州 大象出版社 1997年 316页 有照片
20cm(32开) ISBN: 7-5347-2014-1
定价: CNY17.00

J0164953
戏苑奇葩　(中外戏剧精品欣赏)吕兆康,陈方编著
上海 少年儿童出版社 1997年 267页 有彩照
19cm(小32开) ISBN: 7-5324-2953-9
定价: CNY11.80
(艺术长廊丛书)

J0164954
艺术鉴赏　(影视戏剧)朱典淼等编著
上海 华东师范大学出版社 1997年 253页
20cm(32开) ISBN: 7-5617-1718-0
定价: CNY7.60

J0164955
艺苑拾穗　(戏剧影视评述集)李宗繁著
贵阳 贵州民族出版社 1997年 15+340页
20cm(32开) ISBN: 7-5412-0714-4
定价: CNY18.00
(报林人丛书)

J0164956
幽默行旅与讽刺之门　（中国现代喜剧研究）
张健著
北京　中国人民大学出版社　1997 年　432 页
20cm（32 开）ISBN：7-300-02295-2
定价：CNY16.50

作者张健，北师大中文博士后科研流动站任职。

J0164957
中国鬼戏　许祥麟著
天津　天津教育出版社　1997 年　548 页
20cm（32 开）ISBN：7-5309-2470-2
定价：CNY36.00

J0164958
艰难的评论　毛祥麟著
昆明　云南大学出版社　1998 年　230 页
20cm（32 开）ISBN：7-81025-918-0
定价：CNY12.00

J0164959
菊苑巡睃　黄维钧著
北京　大众文艺出版社　1998 年　372 页
20cm（32 开）ISBN：7-80094-496-4
定价：CNY18.00

J0164960
剧海览胜　（王育生戏剧评论集）王育生［著］
北京　大众文艺出版社　1998 年　461 页
20cm（32 开）ISBN：7-80094-248-1
定价：CNY25.00

J0164961
毛泽东与戏曲文化　盛巽昌编著
南宁　广西人民出版社　1998 年　152 页
19cm（32 开）ISBN：7-219-03675-2
定价：CNY7.20
（毛泽东与传统文化）

J0164962
我国的传统戏曲　曾永义著
台北　汉光文化事业公司　1998 年　128 页
有照片　21cm（32 开）ISBN：957-629-303-0
定价：TWD220.00
（传统艺术概说 1）

J0164963
戏剧交响　（演剧艺术撷萃）顾春芳著
上海　复旦大学出版社　1998 年　423 页
20cm（32 开）ISBN：7-309-02080-4
定价：CNY20.00
（缪斯书系）

本书是一部充满交响意味的书，采用了交响乐的结构形式，而非遵循戏剧发展史的线索进行布局。交响乐的 4 个乐章提挈了戏剧作为综合性艺术所包含的主要的构成部分——演员、剧作家、导演、剧场和观众。它们的标题分别为“祭司”、“诗人”、“剧魂”、“圣殿”。

J0164964
闲情偶寄——艺术生活的结晶　颜天佑编撰
海口　海南出版社　1998 年　246 页　20cm（32 开）
ISBN：7-80564-873-5
定价：CNY998.00（全 60 册）
（中国历代经典宝库）

本书由海南出版社和三环出版社联合出版。

J0164965
现代仪式　单世联著
广州　广东旅游出版社　1998 年　324 页
20cm（32 开）ISBN：7-80521-894-3
定价：CNY16.00

J0164966
香港剧坛 360 度　（96-97 剧评人座谈会纪录）
张秉权，朱琼爱编
香港　国际演艺评论家协会（香港分会）1998 年
ISBN：962-8321-04-8

J0164967
香港剧坛 360 度　（97-98 剧评人座谈会纪录）
丁羽编
香港　国际演艺评论家协会（香港分会）1999 年
151 页　有照片　21cm（32 开）
ISBN：962-8321-07-2

J0164968
悲喜人间　（西方戏剧欣赏）王力著
天津　新蕾出版社　1999 年　199 页　有图

20cm(32开) ISBN: 7-5307-1949-1
定价: CNY9.80
(西方艺术鉴赏丛书)

J0164969
陈贻亮戏曲文论选　陈贻亮著
北京 中国戏剧出版社 1999年 310页
20cm(32开) ISBN: 7-104-01060-2
定价: CNY25.00
本书收录《有关戏曲剧目推陈出新的几个问题》《论历史剧创作问题》《戏曲剧作艺术发微》《论对比》等。

J0164970
当代中国戏剧家论谭　宁殿弼著
北京 中国戏剧出版社 1999年 298页 有照片
21cm(32开) ISBN: 7-104-01032-7
定价: CNY15.80
本书对"梅派艺术"、"唐派艺术"、"李健吾戏剧"进行了研究。作者宁殿弼(1941—)，教授。辽宁瓦房店人，毕业于甘肃财经学院。曾任《辽宁戏剧》、《社会科学辑刊》编辑、中国戏剧家协会会员、辽宁戏剧家协会理事、青岛大学师范学院中文系教授、青岛市影视文化研究会秘书长等职。专著有《唐韵笙评传》《戏林拾薪》《当代中国戏剧家论坛》等。

J0164971
东方戏剧论文集　王安葵，刘祯主编
成都 巴蜀书社 1999年 511页 有彩照
20cm(32开) ISBN: 7-80523-909-6
定价: CNY28.00

J0164972
东西剧坛竞风流　(外国古典戏剧)黎继德著
长春 吉林美术出版社 1999年 193页 有彩图
19cm(小32开) ISBN: 7-5386-0750-1
定价: CNY17.00
(世界艺术教育文库 首批)

J0164973
读曲随笔　赵景深著
上海 上海文艺出版社 1999年 210页
19cm(32开) ISBN: 7-5321-1780-4
定价: CNY8.00
(故事会图书馆文库 学者讲坛丛书)
本书收作者写于1933—1936年间的关于《元曲选》和《六十种曲》等读曲随笔。包括《所谓曲海总目提要》《中国戏剧研究》《吴梅的古今名剧选》《诸宫调名存疑》《读宋元戏曲史》等44篇。书前"序"：马美信的《行路迂缓的"笨"骆驼》；书后附：赵景深的《自传及著作自述》、李平的《赵景深教授和戏曲研究》。

J0164974
风姿花传　(日)世阿弥著；王冬兰译
北京 中国社会科学出版社 1999年 109+79页
有图 19×17cm ISBN: 7-5004-2423-X
定价: CNY32.00

J0164975
剧海札记　柯子铭著
北京 中国戏剧出版社 1999年 319页
20cm(32开) ISBN: 7-104-01054-8
定价: CNY26.00
本书包括"古剧钩沉"、"目连探秘"、"求索之旅"、"剧评漫笔"4个栏目。收录《导演艺术与戏曲》《正确评估戏曲舞台形势》《发展戏曲现代戏的思考》《古典戏曲美与现代戏曲美的完美统一》等。作者柯子铭，《中国戏曲志·福建卷》编辑委员会主编。

J0164976
老两口谈戏　(梆子及其它)刘乃崇，蒋健兰著
北京 中国戏剧出版社 1999年 18+558页
有照片 20cm(32开) ISBN: 7-104-01091-2
定价: CNY28.00
本书收录《谈张庆奎的艺术经验》《月来师傅》《随团下乡看戏》《喜看蒲剧一代新人》《评剧元老金开芳》等近120篇文章。作者刘乃崇(1921—2011)，戏曲理论家、评论家、收藏家。生于北京，天津杨柳青人。中国剧协、曲协、民协会员。出版有合著《老两口谈戏——梆子及其它》。作者蒋健兰(1931—2005)，女，戏曲研究者。江西九江人，中国剧协会员。合著《老两口谈戏——梆子及其它》。

J0164977
梨园撷英　(戏曲曲艺艺术文粹)黄立新，沈习康编著

上海 东方出版中心 1999年 255页
19cm(小32开) ISBN: 7-80627-384-0
定价: CNY10.00
(中国历代艺术文粹丛书)

J0164978
幕边絮语 方洪友著
北京 中国戏剧出版社 1999年 220页
19cm(小32开) ISBN: 7-104-00987-6
定价: CNY12.80

J0164979
日常生活的幻觉 (现代西方剧作家和作品)
李涛著
长春 吉林美术出版社 1999年 173页 有照片
19cm(小32开) ISBN: 7-5386-0749-8
定价: CNY16.00
(世界艺术教育文库)

J0164980
日剧游园地 汤祯兆著
香港 文林社出版公司 1999年 224页 有照片
19cm(小32开) ISBN: 962-979-115-3
定价: HKD45.00
(东瀛系列 2)

J0164981
说破·虚假·团圆 (中国民族戏剧艺术表现)
洛地著
长春 吉林美术出版社 1999年 174页 有剧照
19cm(小32开) ISBN: 7-5386-0753-6
定价: CNY16.00
(世界艺术教育文库 首批)

J0164982
西方现代戏剧艺术论 杨文华著
北京 大众文艺出版社 1999年 255页
20cm(32开) ISBN: 7-80094-857-9
定价: CNY130.00(全8册)
(文艺理论研究丛书)

本书讨论西方现代戏剧艺术论,分两编,第1编"内向化"戏剧艺术论;第2编"哲理化"戏剧艺术论。作者杨文华(1952—),出生于山西五台。山西师范大学中文系副主任、副教授。著有《西方戏剧导论》等。

J0164983
戏痴说戏 黄宗江著
北京 书目文献出版社 1999年 318页 有照片
20cm(32开) ISBN: 7-5013-1670-8
定价: CNY22.00
(名人谈艺丛书)

J0164984
演出造型艺术论 田文著
北京 中国戏剧出版社 1999年 583页 有照片
20cm(32开) ISBN: 7-104-01033-5
定价: CNY38.00

本书是舞美史论研究,集选了作者近20年来散落发表在各种刊物上的舞台美术理论研究、历史研究和演出评论的文章70余篇。作者田文(1931—1995),教授。别名彭以尧,生于山东鄄城县,毕业于中央戏剧学院。曾任中央戏剧学院舞台美术系主任、教授。著有《演出造型艺术论》《西方舞台美术史》《事实是研究、借鉴的基础》《戏曲用景门外谈》等。

J0164985
元剧探究 阙真著
桂林 广西师范大学出版社 1999年 173页
20cm(32开) ISBN: 7-5633-2883-1
定价: CNY8.50

J0164986
中外戏剧名篇赏析 (1 中国) 沈鸿鑫编著
重庆 重庆出版社 1999年 245页 20cm(32开)
ISBN: 7-5366-4171-0 定价: CNY11.00
(新世纪百科知识金典)

J0164987
中外戏剧名篇赏析 (2) 王一峰, 王育生编著
重庆 重庆出版社 1999年 216页 20cm(32开)
ISBN: 7-5366-4170-2 定价: CNY10.00
(新世纪百科知识金典)

J0164988
中外戏剧名篇赏析 (3 外国) 沈鸿鑫主编
重庆 重庆出版社 1999年 238页 20cm(32开)
ISBN: 7-5366-4169-9 定价: CNY10.70
(新世纪百科知识金典)

戏剧艺术史、戏剧艺术流派及其研究

J0164989
选古今南北剧　（十卷）（明）徐渭辑
清远斋 明 刻本
分二册。八行十八字白口四周单边。
作者徐渭（1521—1593），明代书画家、文学家。初字文清，改字文长，号天池，又号青藤道人，田水月等，浙江山阴（今绍兴）人。传世之作《墨葡萄图》《山水人物花鸟》《牡丹蕉石图》《墨花》《黄甲图》等；主要著作有《四声猿》《南词叙录》《徐文长全集》等。

J0164990
偏安艺流　（一卷）（宋）周密撰
明末 刻本
（八公游戏丛谈）
作者周密（1232—1298），南宋词人、文学家。字公谨，号草窗，又号泗水潜夫、弁阳老人、华不注山人等。主要作品《武林旧事》《齐东野语》《癸辛杂识》《志雅堂杂钞》等。

J0164991
杂剧段数　（一卷）（宋）周密辑
明末 刻本
（八公游戏丛谈）

J0164992
杂剧段数　（一卷）（宋）周密撰
李际期宛委山堂 清初 刻本 重修 线装
（说郛）
明末刻清初李际期宛委山堂重修汇印本。收于《说郛》卷第五十三中。

J0164993
杂剧段数　（一卷）（宋）周密撰
清 刻本 重修 线装
（说郛）
九行二十字白口左右双边单鱼尾。收于《说郛》卷第五十三中。

J0164994
杂剧段数　（一卷）（宋）周密撰
清顺治 刻本 线装
（说郛）
收于《说郛》卷第五十三中。

J0164995
度曲须知　（二卷）（明）沈宠绥撰
沈宠绥［自］明崇祯十二年［1639］刻本 清顺治六年沈标重修
本书与《度曲须知二卷》《弦索辨讹二卷》（明）沈宠绥撰合订。分四册。八行二十二字白口四周单边。

J0164996
度曲须知　（二卷）（明）沈宠绥撰
沈宠绥［自］明崇祯十二年［1639］刻本
本书与《度曲须知二卷》《弦索辨讹三卷》（明）沈宠绥撰合订。分八册。八行二十二字白口四周单边。

J0164997
度曲须知　（二卷）（明）沈宠绥撰
沈宠绥［自刊］明崇祯十二年［1639］刻本 清顺治六年沈标重修本
本书与《度曲须知二卷》《弦索辨讹三卷》（明）沈宠绥撰合订。分四册。八行二十二字小字双行同白口四周单边。

J0164998
度曲须知　（二卷）（明）沈宠绥撰
沈标 清顺治六年［1649］刻本 重修
本书与《度曲须知二卷》《弦索辨讹三卷》（明）沈宠绥撰合订。

J0164999
度曲须知　（二卷）（明）沈宠绥撰
上海 商务印书馆 民国十一年［1922］影印本
27cm（16开）线装 定价：大洋八角
分一函四册。半叶八行二十二字白口无鱼尾四周单边。

J0165000
弦索辨讹　（二卷）（明）沈宠绥撰
沈宠绥［自刊］明崇祯十二年［1639］刻本 清顺

治六年沈标重修

本书与《度曲须知二卷》《弦索辨讹三卷》(明)沈宠绥撰合订。分四册。八行二十二字白口四周单边。

J0165001
弦索辨讹 (三卷)(明)沈宠绥撰
沈宠绥[自刊]明崇祯十二年[1639]刻本

本书与《度曲须知二卷》《弦索辨讹三卷》(明)沈宠绥撰合订。分八册。八行二十二字白口四周单边。

J0165002
弦索辨讹 (三卷)(明)沈宠绥撰
沈标 清顺治六年[1649]刻本 重修

本书与《度曲须知二卷》《弦索辨讹三卷》(明)沈宠绥撰合订。

J0165003
顾曲杂言 (一卷)(明)沈德符撰
清 抄本

有清李文田校注并跋。九行二十六字黑格白口四周单边无直格。

J0165004
顾曲杂言 (一卷)(明)沈德符撰
六安晁氏 清道光十一年[1831]木活字印本
(学海类编)

收于《学海类编》四百三十二种八百三卷集余三文词中。

J0165005
顾曲杂言 (一卷)(明)沈德符撰
上海 涵芬楼 民国九年[1920]影印本
(学海类编)

据清道光十一年六安晁氏木活字印本影印。收于《学海类编》四百三十三种八百六卷中。

J0165006
听春新咏 留春阁小史辑
清 刻本 线装

分四册。七行十八字白口四周单边单鱼尾。

J0165007
听春新咏 (三卷)(清)留春阁小史辑
民国 线装
(清代燕都梨园史料)

J0165008
听春新咏 (清)留春阁小史辑
北京 双肇楼 民国二十六年[1937]线装
(清代燕都梨园史料)

J0165009
听春新咏别集 (清)留春阁小史辑
民国 线装
(清代燕都梨园史料)

J0165010
消寒新咏 (一卷)(清)铁桥山人,(清)问津渔者,(清)石坪居士撰
宏文阁 清乾隆 刻本 线装

分二册。八行十七字白口四周双边单鱼尾。

J0165011
消寒新咏 (清)铁桥山人,(清)问津渔者,(清)石坪居士撰
北平 北平松筠阁书店 民国二十六年[1937]线装
(清代燕都梨园史料)

J0165012
燕兰小谱 (五卷)(清)安乐山樵撰
清乾隆五十年[1785]刻本 线装

本书与《燕兰小谱五卷》(清)安乐山樵撰、《海沤小谱五卷》(清)秋谷老人撰合订。八行十六字小字双行同白口四周双边单鱼尾。

J0165013
燕兰小谱 (五卷)(清)安乐山樵撰
清乾隆五十五年[1790]刻本 线装

分六册。八行十六字小字双行同白口四周双边单鱼尾。

J0165014
燕兰小谱 (五卷)(清)安乐山樵撰
长沙叶德辉 清宣统三年[1911]刻本 线装
(双梅景闇丛书)

十一行二十二字小字双行同黑口左右双边双鱼尾。

J0165015
燕兰小谱　(五卷)(清)西湖安乐山樵撰
民国 线装
(清代燕都梨园史料)

J0165016
燕兰小谱　(五卷)(清)西湖安乐山樵撰
北平 北平松筠阁书店 民国二十六年[1937]线装
(清代燕都梨园史料)

J0165017
日下看花记　(清)小铁篴道人撰
清嘉庆 刻本 线装
九行二十一字白口四周双边单鱼尾。本书是戏曲杂著。记载嘉庆初年艺人所属班社达10多个,演秦腔或间演秦腔者有大顺宁部、双庆部、三庆部、金玉部、和成部、霓翠部、春台部、庆元部,以及流动京师演出的集秀、宝华、福成等部优伶84人(其中也包括梨园已故伶人魏长生、梨园旧人高郎亭等)的身世和技艺,共写有小序88篇、诗233首,并附录杂诗12首。所记为花部称盛时艺人之事。

J0165018
日下看花记　(四卷)(清)小铁篴道人撰
民国 线装
(清代燕都梨园史料)

J0165019
日下看花记　(四卷)(清)小铁篴道人撰
北京 双肇楼 民国二十六年[1937]线装
(清代燕都梨园史料)

J0165020
灵台小补　(清)悟梦子撰
白山悟梦子 清道光十二年[1832]刻本 线装
分二册。九行十五字白口四周双边单鱼尾。

J0165021
灵台小补　(清)金连凯撰
清道光十四年[1834]刻本 线装
分二册。九行十五字白口四周双边单鱼尾。

J0165022
文华楼唤醒票中子弟文　(一卷)(清)薛仍撰
京都 清道光二十二年[1842]刻本 线装
八行二十二字小字双行同白口四周双边单鱼尾。

J0165023
四灵祥征
清末 抄本 毛装

J0165024
长安看花记　(清)杨懋建撰
清末至民国初 抄本 朱格 线装

J0165025
长安看花记　(一卷)(清)蘂珠旧史撰
上海 同文书局 清光绪十二年[1886] 石印本 线装
(京尘杂录)
十行二十一字小字双行同白口四周双边单鱼尾。

J0165026
长安看花记　(清)蘂珠旧史撰
民国 线装
(清代燕都梨园史料)

J0165027
长安看花记　(一卷)(清)杨掌生撰
上海 扫叶山房 民国六年[1917]石印本 线装
(清人说荟)
收于《清人说荟》二集中。

J0165028
长安看花记　(清)蘂珠旧史撰
北京 双肇楼 民国二十六年[1937]线装
(清代燕都梨园史料)

J0165029
长安看花记　(一卷)(清)杨懋建撰
扬州 江苏广陵古籍刻印社 1984年 影印本
(笔记小说大观)
收于《笔记小说大观》第十八册《京尘杂录》中。

J0165030
鞠部群英　(一卷)(清)小游仙客编

清同治十二年［1873］刻本 线装

分二册。

J0165031
鞠部群英 （一卷）（清）小游仙客编
清同治十二年［1873］刻本 线装

十行二十三字小字双行同白口左右双边单鱼尾。

J0165032
增补菊部群英 （清）麋月楼主撰
西山堂刷印 清同治十二年［1873］刻本 线装

十行二十三字小字双行同白口左右双边单鱼尾。

J0165033
增补菊部群英 （清）麋月楼主撰
民国 线装
（清代燕都梨园史料）

本书是戏曲史料集，又名《群芳小集》，约成于同治10年（1871）。评论清同治年间在北京演出的著名昆曲演员徐小香、朱连芳、梅巧玲、王湘云、时小福、沈凤林、余紫云、陆小芬、王楞仙等30人，按上品、逸品、丽品、能品、妙品分为5类。

J0165034
增补菊部群英 （清）麋月楼主撰
北平 北平松筠阁书店 民国二十六年［1937］线装
（清代燕都梨园史料）

J0165035
金台残泪记 （三卷）（清）华胥大夫撰
清光绪 刻本 线装

本书与《金台残泪记三卷》《南浦秋波录三卷》（清）华胥大夫撰合订。分二册。十行二十字白口左右双边单鱼尾。本书是近代戏曲史料。成稿于道光8年（1828），卷首有作者"自叙"。卷1收名伶小传10篇；卷2收诗59首、词3阙；卷3收杂记37则，记叙北京茶园酒馆、乐部登场演出情况及梨园掌故轶事等，体例类似传统曲话。

J0165036
金台残泪记 （三卷）（清）华胥大夫撰
清光绪 刻本 线装

十行二十字白口左右双边单鱼尾。

J0165037
金台残泪记 （三卷）（清）华胥大夫撰
上海 扫叶山房 民国六年［1917］石印本 线装
（清人说荟）

收于《清人说荟》二集中。

J0165038
丁年玉笋志 （一卷）（清）蘂珠旧史撰
上海 同文书局 清光绪十二年［1886］石印本 线装
（京尘杂录）

十行二十一字小字双行同白口四周双边单鱼尾。

J0165039
丁年玉笋志 （清）蘂珠旧史撰
民国 线装
（清代燕都梨园史料）

J0165040
丁年玉笋志 （一卷）（清）杨掌生撰
上海 扫叶山房 民国六年［1917］石印本 线装
（清人说荟）

收于《清人说荟》二集中。

J0165041
丁年玉笋志 （清）蘂珠旧史撰
北京 双肇楼 民国二十六年［1937］线装
（清代燕都梨园史料）

J0165042
丁年玉笋志 （一卷）（清）杨懋建撰
扬州 江苏广陵古籍刻印社 1984年 影印本 平装
（笔记小说大观）

收于《笔记小说大观》第十八册《京尘杂录》中。

J0165043
梦华琐簿 （一卷）（清）蘂珠旧史撰
上海 同文书局 清光绪十二年［1886］石印本 线装
（京尘杂录）

十行二十一字小字双行同白口四周双边单

鱼尾。

J0165044
梦华琐簿 (清)蘂珠旧史撰
民国 线装
(清代燕都梨园史料)

J0165045
梦华琐簿 (一卷)(清)杨掌生撰
上海 扫叶山房 民国六年[1917]石印本 线装
(清人说荟)
收于《清人说荟》二集中。

J0165046
梦华琐簿 (清)蘂珠旧史撰
北京 双肇楼 民国二十六年[1937]线装
(清代燕都梨园史料)

J0165047
梦华琐簿 (一卷)(清)杨懋建撰
扬州 江苏广陵古籍刻印社 1984年 影印本
(笔记小说大观)
收于《笔记小说大观》第十八册《京尘杂录》中。

J0165048
辛壬癸甲录 (一卷)(清)蘂珠旧史撰
上海 同文书局 清光绪十二年[1886]石印本 线装
(京尘杂录)
十行二十一字小字双行同白口四周双边单鱼尾。

J0165049
辛壬癸甲录 (清)蘂珠旧史撰
民国 线装
(清代燕都梨园史料)

J0165050
辛壬癸甲录 (一卷)(清)杨掌生撰
上海 扫叶山房 民国六年[1917]石印本 线装
(清人说荟)
收于《清人说荟》二集中。

J0165051
辛壬癸甲录 (清)蘂珠旧史撰
北京 双肇楼 民国二十六年[1937]线装
(清代燕都梨园史料)

J0165052
辛壬癸甲录 (一卷)(清)杨懋建撰
扬州 江苏广陵古籍刻印社 1984年 影印本
(笔记小说大观)
收于《笔记小说大观》第十八册《京尘杂录》中。

J0165053
粉墨丛谈 (二卷)(清)梦畹生撰
清光绪十三年[1887]铅印本 线装
十一行二十七字白口四周双边双鱼尾。

J0165054
粉墨丛谈 (二卷,附录一卷)(清)梦畹生撰
上海 国学扶轮社 清宣统二年至民国三年[1910—1914]铅印本 线装
(香艳丛书)
十三行三十字黑口四周双边单鱼尾。收于《香艳丛书》第十七集卷四中。

J0165055
粉墨丛谈 (二卷,附录一卷)(清)梦畹生撰
上海 国学扶轮社 民国三年[1914]线装
(香艳丛书)
收于《香艳丛书》第十七集中。

J0165056
栩园增订西厢记筹令 (清)屈醒陶醉室主人撰
清光绪二十三年[1897]刻本 线装
九行二十字黑口四周双边双鱼尾。

J0165057
天津名伶小传 (清)剑影客撰
清宣统元年[1909]铅印本 线装
十一行三十一字白口四周双边单鱼尾。

J0165058
海上梨园新历史 茗水狂生著
上海 新新小说社 1910年[82]页 19cm(32开)
定价:大洋五角

本书叙述了上海京剧界的历史，内容包括：名伶列传、遗珠补录、歌舞丛谈、剧名录。

J0165059
北平梨园金石文字录题辞　张江裁辑
民国 线装
（清代燕都梨园史料）
作者张江裁（1908—1968），藏书家、学者。广东东莞人。著有《天津杨柳青小志》《南海康先生传》《东莞袁督师后裔考》《袁督师遗稿遗事汇辑》《袁崇焕传》。

J0165060
侧帽余谭　（清）艺兰生撰
民国 线装
（清代燕都梨园史料）
本书系“仿《酉阳杂俎》之编，续《日下旧闻》之录”，于平日“茶余酒后，意之所及，信手札记，凡得若干条，颜曰《侧帽余谭》。”“侧帽”系公暇之意，即公余杂谈。共录札记120则，其于酒肆戏园、私寓下处、习欲惯例、饮宴弈博、题咏赠答、伶人遭遇、论技品艺，凡与优伶生活有关者，几无所不包。虽是点滴文字，但对于了解同治光绪间的梨园动态，有一定的参考价值。

J0165061
侧帽余谭　（清）艺兰生撰
北京 双肇楼 民国二十六年［1937］线装
（清代燕都梨园史料）

J0165062
道咸以来梨园系年小录　周明泰辑
几礼居 民国 稿本 线装
分二册。
作者周明泰（1896—1994），又名周志辅，别号几礼居主人，安徽东至县人。曾任北洋政府总统府秘书、内务部参事。酷爱戏曲，专门从事中国戏曲史研究。著有《几礼居戏曲丛书》《几礼居随笔》《读曲类稿》《枕流答问》等。

J0165063
道咸以来梨园系年小录　周明泰辑
北平 商务印书馆 民国二十一年［1932］线装

J0165064
道咸以来梨园系年小录　周明泰编
北平 商务印书馆 民国二十一年［1932］线装

J0165065
海上梨园杂志　（上册）慕优生编
上海 振聩社［1911年］［146］页 18cm（15开）
本书内容包括：名伶列传、古今名伶轶事、新剧闲评、改良戏曲谭、歌舞志、游戏文章、戏考、丛谈、小说、词苑等。

J0165066
海上梨园杂志　（下册）慕优生编
上海 振聩社 1911年［172］页 18cm（15开）

J0165067
黑籍冤魂图说　新舞台编演
上海 新舞台 1911年 106页 有像 18cm（15开）

J0165068
怀芳记　（清）萝摩庵老人撰；（清）麋月楼主附注
民国 线装
（清代燕都梨园史料）

J0165069
怀芳记　（清）萝摩庵老人撰；（清）麋月楼主注
北京 双肇楼 民国二十六年［1937］线装
（清代燕都梨园史料）

J0165070
金台残泪记　（三卷）（清）华胥大夫撰
民国 线装
（清代燕都梨园史料）

J0165071
金台残泪记　（三卷）（清）华胥大夫撰
北京 双肇楼 民国二十六年［1937］线装
（清代燕都梨园史料）

J0165072
菊台集秀录　（清）佚名撰
民国 线装
（清代燕都梨园史料）

J0165073
菊台集秀录　(清)佚名撰
北京 双肇楼 民国二十六年[1937]线装
(清代燕都梨园史料)

J0165074
梨园旧话　(清)倦游逸叟撰；张江裁辑
民国 线装
(清代燕都梨园史料)
作者张江裁(1908—1968)，藏书家、学者。广东东莞人。著有《天津杨柳青小志》《南海康先生传》《东莞袁督师后裔考》《袁督师遗稿遗事汇辑》《袁崇焕传》。

J0165075
梨园旧话　(清)倦游逸叟撰；张江裁辑
北京 双肇楼 民国二十六年[1937]线装
(清代燕都梨园史料)

J0165076
明僮合录　(清)馀不钓徒撰；(清)殿春生续
北京 双肇楼 民国二十六年[1937]线装
(清代燕都梨园史料)

J0165077
明僮小录　(清)馀不钓徒撰
民国 线装
(清代燕都梨园史料)

J0165078
明僮续录　(清)殿春生撰
民国 线装
(清代燕都梨园史料)

J0165079
片羽集　(清)来青阁主人辑
民国 线装
(清代燕都梨园史料)

J0165080
片羽集　来青阁主人辑
北京 双肇楼 民国二十六年[1937]线装
(清代燕都梨园史料)

J0165081
清代燕都梨园史料　张江裁辑
民国 线装
分六册。

J0165082
清代燕都梨园史料　张江裁辑
北平 邃雅斋 民国二十三年[1934]线装
分十二册。

J0165083
清代燕都梨园史料　(三十八种)张江裁辑
北平 邃雅斋 民国二十三年[1934]线装
分十二册。

J0165084
清代燕都梨园史料　(三十八种 1)张江裁辑
北平 邃雅斋 民国二十三年[1934]线装
分十二册。版心下镌双肇楼丛书，书衣有张江裁墨笔题字。作者张江裁(1908—1968)，藏书家、学者。广东东莞人。著有《天津杨柳青小志》《南海康先生传》《东莞袁督师后裔考》《袁督师遗稿遗事汇辑》《袁崇焕传》。

J0165085
清代燕都梨园史料　(三十八种 1)张江裁辑
北平 邃雅斋 民国二十三年[1934]线装
分十二册。版心下镌双肇楼丛书。

J0165086
清代燕都梨园史料　(三十八种 2)张江裁辑
北平 邃雅斋 民国二十三年[1934]线装
分十二册。版心下镌双肇楼丛书，书衣有张江裁墨笔题字。

J0165087
清代燕都梨园史料　(三十八种 2)张江裁辑
北平 邃雅斋 民国二十三年[1934]线装
分十二册。版心下镌双肇楼丛书。

J0165088
清代燕都梨园史料　(三十八种 3)张江裁辑
北平 邃雅斋 民国二十三年[1934]线装
分十二册。版心下镌双肇楼丛书，书衣有张江裁墨笔题字。

J0165089
清代燕都梨园史料 （三十八种 3）张江裁辑
北平 邃雅斋 民国二十三年[1934]线装
分十二册。版心下镌双肇楼丛书。

J0165090
清代燕都梨园史料 （三十八种，续编十三种）张江裁辑
北京 双肇楼 民国二十六年[1937]线装
分十六册。

J0165091
清代燕都梨园史料续编 （十三种）张江裁辑
北平 松筠阁书店 民国二十六年[1937] 有图 线装
分四册。版心下镌双肇楼丛书，书衣有张江裁墨笔题字。

J0165092
清代燕都梨园史料续编 （十三种）张江裁辑
北平 松筠阁书店 民国二十六年[1937] 有图 线装
分四册。版心下镌双肇楼丛书。

J0165093
情天外史正册 （清）佚名撰
民国 线装
（清代燕都梨园史料）

J0165094
情天外史正册 （清）佚名撰
北京 双肇楼 民国二十六年[1937]线装
（清代燕都梨园史料）

J0165095
情天外史续册 （清）佚名撰
民国 线装
（清代燕都梨园史料）

J0165096
情天外史续册 （清）佚名撰
北京 双肇楼 民国二十六年[1937]线装
（清代燕都梨园史料）

J0165097
群英续集 （清）麇月楼主撰
民国 线装
（清代燕都梨园史料）

J0165098
群英续集 （清）麇月楼主撰
北京 双肇楼 民国二十六年[1937]线装
（清代燕都梨园史料）

J0165099
戏剧杂考 马钟琇撰
民国 抄本 线装

J0165100
戏剧杂录 佚名录
民国 稿本 线装
分五册。

J0165101
撷华小录 （清）沅浦痴渔撰
民国 线装
（清代燕都梨园史料）

J0165102
撷华小录 （清）沅浦痴渔撰
北平 北平松筠阁书店 民国二十六年[1937]线装
（清代燕都梨园史料）

J0165103
新刊鞠台集秀录 （清）佚名撰
北京 北平松筠阁书店 民国二十六年[1937]线装
（清代燕都梨园史料）

J0165104
新刊菊台集秀录 （清）佚名撰
民国 线装
（清代燕都梨园史料）

J0165105
宣南零梦录 （清）沈太侔撰；张江裁辑
民国 线装
（清代燕都梨园史料）
作者张江裁(1908—1968)，藏书家、学者。广东东莞人。著有《天津杨柳青小志》《南海康

先生传》《东莞袁督师后裔考》《袁督师遗稿遗事汇辑》《袁崇焕传》。

J0165106
宣南零梦录　(清)沈宗畸撰
北京 北平松筠阁书店 民国二十六年[1937]线装
(清代燕都梨园史料)

J0165107
宣南杂俎　(清)艺兰生辑
民国 线装
(清代燕都梨园史料)

J0165108
宣南杂俎　(清)艺兰生辑
北京 北平松筠阁书店 民国二十六年[1937]线装
(清代燕都梨园史料)

J0165109
异伶传　陈澹然撰
民国 线装
(清代燕都梨园史料)

本书是艺人传记史料集。记述了"伶圣"程长庚及其弟子简三、谭鑫培、汪桂芬等"出入宫廷数十年,风采动天下,未尝乞恩泽"以及不事权贵的一些动人事迹。

J0165110
异伶传　陈澹然撰
北平 北平松筠阁书店 民国二十六年[1937]线装
(清代燕都梨园史料)

J0165111
梨园佳话　王梦生著
上海 商务印书馆 1915年 160页 18cm(15开)
定价:大洋五角
(文艺丛刻 甲集)

本书内容包括:总论、诸剧精华、群伶概略、余论4章。

J0165112
宋金元诸宫调考　郑振铎著
[1932年]78页 27cm(16开)
(民国籍粹 续)

作者郑振铎(1898—1958),社会活动家、作家、学者、翻译家、收藏家。生于浙江永嘉县,祖籍福建长乐。毕业于北京铁路管理学校。历任全国文联福利部部长,全国文协研究部长,中国科学院考古研究所所长,文化部副部长,中国作家协会理事等。代表作品有《插图本中国文学史》《中国文学研究》《中国版画史图录》《猫》《我们是少年》等。

J0165113
宋元戏曲史　王国维著
上海 商务印书馆 1915年 199页 19cm(32开)
定价:大洋六角
(文艺丛刻 甲集)

本书分16章,首先简介上古至五代的戏剧,然后分别叙述宋代的滑稽戏、小说杂戏、乐曲及官本杂剧,金院本名目,元杂剧的渊源,元剧的存亡与结构,元院本,以及南戏的渊源与时代等。作者王国维(1877—1927),史学家、语言文字学家、文学家。浙江海宁人。初名国桢,字静安,又字伯隅,号礼堂,晚号观堂、永观。曾赴日本留学,后为清华研究院教授。重要著作有《宋元戏曲史》《人间词话》《观堂集林》《海宁王静安先生遗书》《殷卜辞中所见先公先王考》《宋代金文着录表》等,对文艺界、史学界有很大影响。

J0165114
宋元戏曲史　王国维著
上海 商务印书馆 1921年 再版 199页
19cm(32开)定价:大洋六角
(文艺丛刻 甲集)

J0165115
宋元戏曲史　王国维著
上海 商务印书馆 1923年 3版 199页
19cm(32开)定价:大洋六角
(文艺丛刻 甲集)

J0165116
宋元戏曲史　王国维著
上海 商务印书馆 1924年 4版 199页
19cm(小32开)定价:大洋六角
(文艺丛刻 甲集)

J0165117
宋元戏曲史　王国维编

上海 商务印书馆[发行者]民国十五年[1926]
5版 199页 18cm(32开)定价:大洋六角
(文艺丛刊 甲集)

J0165118
宋元戏曲史 王国维编
上海 商务印书馆[发行者]民国十六年[1927]
6版 199页 18cm(32开)定价:大洋六角
(文艺丛刊 甲集)

J0165119
宋元戏曲史 王国维编纂
上海 商务印书馆 1930年 7版 199页
19cm(32开)定价:大洋六角
(文艺丛刊 甲集)

J0165120
宋元戏曲史 王国维著
上海 商务印书馆 1930年 176页 18cm(32开)
(万有文库 第一集 0838)

J0165121
宋元戏曲史 王国维著
上海 商务印书馆 1934年 国难后2版 176页
19cm(32开)定价:大洋四角五分
(国学小丛书)

J0165122
宋元戏曲史 王国维著
上海 商务印书馆[发行者]民国二十三年
[1934]国难后2版 176页 18cm(32开)
(万有文库 第一集 0838)

J0165123
宋元戏曲史 王国维著
重庆 商务印书馆 1943年 渝1版 140页
18cm(32开)定价:国币一元四角
(国学小丛书)

J0165124
宋元戏曲史 王国维著
台北 商务印书馆 1982年 176页
18cm(32开)定价:TWD0.40
(人人文库 760)

J0165125
宋元戏曲史 王国维著
上海 华东师范大学出版社 1995年 171页
20cm(32开)ISBN:7-5617-1376-2
定价:CNY8.60
(二十世纪国学丛书)

J0165126
宋元戏曲史 王国维著
北京 东方出版社 1996年 229页 20cm(32开)
ISBN:7-5060-0707-X 定价:CNY14.80
(民国学术经典文库 文学史类丛 24)

J0165127
宋元戏曲史 王国维撰;叶长海导读
上海 上海古籍出版社 1998年 167页
20cm(32开)ISBN:7-5325-2488-4
定价:CNY9.70
(蓬莱阁丛书)

作者王国维(1877—1927),史学家、语言文字学家、文学家。浙江海宁人。初名国桢,字静安,又字伯隅,号礼堂,晚号观堂、永观。曾赴日本留学,后为清华研究院教授。重要著作有《宋元戏曲史》《人间词话》《观堂集林》《海宁王静安先生遗书》《殷卜辞中所见先公先王考》《宋代金文着录表》等,对文艺界、史学界有很大影响。作者叶长海(1944—),教授。浙江永嘉人,毕业于上海戏剧学院戏剧文学系。历任上海戏剧学院教授、博士生导师,中国戏曲学会副会长。著有《王骥德曲律研究》《中国戏剧学史稿》《曲学与戏剧学》等。

J0165128
宋元戏曲史 王国维著
长沙 岳麓书社 1998年 319页 20cm(32开)
ISBN:7-80520-876-X 定价:CNY14.00
(旧籍新刊)

J0165129
张堰救国演剧纪念录 姚石子等辑
[1915年][62]页 15cm(40开)

J0165130
西洋演剧史 许家庆编纂
上海 商务印书馆 1916年 60页 19cm(32开)

定价：大洋两角
（文艺丛刻 甲集）
本书分11节，介绍西洋演剧的意义、种类，剧场的发展，技艺的进步，戏曲的潮流，名剧作家，爱尔兰的新戏曲，俄罗斯的新剧场，德意志的舞台等。

J0165131
戏言　冒广生撰
民国六年［1917］刻本 线装
（如皋冒氏丛书）
收于《如皋冒氏丛书》之《疚斋小品》中。

J0165132
鞠部丛刊　周剑云编辑
上海 交通图书馆 1918年 2册（［649］页）
有图像 26cm（16开）精装
本书内容包括：霓裳幻影、剧学论坛、歌台新史、戏曲源流、梨园掌故、伶工小传、粉墨月旦、旧谱新声、艺苑选粹、骚人雅韵、俳优轶事、品菊余话。

J0165133
鞠部丛刊　（上册）周剑云编辑
上海 交通图书馆 民国十一年［1922］再版
有图像 26cm（16开）精装 定价：大洋四元

J0165134
鞠部丛刊　（上册）周剑云编辑
上海 交通图书馆 民国十一年［1922］再版
有图像 26cm（16开）定价：大洋三元二角

J0165135
鞠部丛刊　（下册）周剑云编辑
上海 交通图书馆 民国十一年［1922］再版
有图像 26cm（16开）精装 定价：大洋四元

J0165136
鞠部丛刊　（下册）周剑云编辑
上海 交通图书馆 民国十一年［1922］再版
有图像 26cm（16开）定价：大洋三元二角

J0165137
鞠部丛刊　周剑云编
上海 上海书店 1990年 影印本 有照片
19cm（32开）精装 ISBN：7-80569-373-0
（民国丛书 第二编 美学、艺术类 69）
本书与《京剧之变迁》（齐如山）、《古剧说汇》（冯沅君）合订。

J0165138
梨园录　（一卷）关卓然撰
民国七年［1918］抄本 线装
分二册。

J0165139
梨园原　梦菊居士重修
北京 1918年 62页 19cm（32开）定价：六角
本书内容包括：《梨园原》（梦菊居士）、《明心鉴》（秋原居士）、《梨园闲评（上卷）》（逸庵居士）。《梨园原》，论述梨园的出处；《明心鉴》讲述演戏的10种弊病；《梨园闲评》评论名伶谭鑫培、俞润仙、梅兰芳、汪桂芳、孙菊仙等多人。

J0165140
戏剧大观　（第1集）刘达著；苦海余生编辑
上海 交通图书馆 1918年［238］页 有像
19cm（32开）
本书内容包括：霓裳倩影、顾曲须知、京剧术语、俳优列传、粉墨阳秋、伶工趣事、梨园琐记、乐府新声、京剧考证等内容。

J0165141
戏学大全　刘达著
上海 生生美术公司 1920年 2册（142+172页）
有图 19cm（32开）
本书内容包括：梨园常识、度曲金针、歌场笑史、粉墨阳秋、名优列传、乐府新声、剧余鳞爪等。书前有"演员小影"。

J0165142
律和声　刘豁公等编辑
上海 律和票房 1924年 34页 有图 34cm（10开）
本书以研究戏曲为主，是"律和票房"成立纪念刊。刊有票房章则、会员名录，并收有《文姬归汉》《饯春》《步飞燕》等剧本。书前有票房会长、各部主任、会员的照片多幅，以及各界为祝贺票房成立的贺词、祝词等。

J0165143
中国戏曲　(日)迁武雄著
北京 顺天时报社 1926年 再版 282页 有图
19cm(32开) 精装 定价:大洋一元五角
本书内容与《中国剧》基本相同,包括剧史、戏剧、优伶、剧场、营业、开锣6部分,泛论中国戏剧产生、发展、戏剧的特色、种类、演员、剧场、营业等。书末附《已故名伶拿手戏目》《现今名伶及票友拿手戏目》。

J0165144
中国戏曲概论　吴梅著
上海 大东书局[发行者] 民国十五年[1926]
[142]页 22cm(30开) 定价:大洋五角
本书分上中下卷,论述元、明、清的戏曲,包括金元诸杂院本、诸宫调、元人杂剧、散曲,明人杂剧、传奇、清人杂剧、传奇、散曲等。

J0165145
国剧运动　余上沅编
上海 新月书店[发行者] 1927年 280页
19cm(32开) 定价:五角半
(中国戏剧社丛书)
本书收徐志摩的《剧刊始业》、赵太侔的《国剧》《布景》《光影》、梁实秋的《戏剧艺术辨正》、熊佛西的《论据》、闻一多的《戏剧的歧途》、余上沅的《论戏剧批评》《表演》、邓以蛰的《戏剧与雕刻》、杨振声的《中国语言与中国戏剧》、西滢的《新剧与观众》、顾颉刚的《九十年前的北京戏剧》等23篇文章。书末附《北京艺术剧院计划大纲》《中国戏剧社组织大纲》《余上沅致张嘉铸书》3篇文章。

J0165146
西洋之神剧及歌剧　俞寄凡著
上海 商务印书馆 1927年 72页 18cm(32开)
定价:大洋一角
(百科小丛书 140)

J0165147
戏剧演员登记之经过　汉口市政府教育局第三科民众教材股编
汉口 汉口市政府教育局第三科民众教材股
1930年 126页 18cm(32开) 定价:大洋一角
(社会教育业务报告 9)
本书为社会教育业务报告,内容包括:戏剧演员登记之意义、汉口市戏剧演员登记规则、测验戏剧演员四十题等。后附"演员登记中所见"、"所希望于戏剧演员者"。

J0165148
电霞艺术会五周纪念集　上海电报局电霞艺术会编
上海 上海电报局电霞艺术会 1931年 88页
有图 19cm(32开)
"电霞艺术会"是上海电报局职工业余文娱团体。本纪念集收有关电报行政、技术,以及文艺方面的文章。附张人杰、孔祥熙等人的题词、电报、广告等。

J0165149
欧洲近代戏剧　余心著
上海 商务印书馆 1931年 国难后1版 71页
19cm(32开)
(百科小丛书)
本书论述自然主义剧、自然主义剧的开展与分化和新浪漫主义剧。

J0165150
欧洲近代戏剧　余心著
[上海] 商务印书馆 [1933年] 71页 19cm(32开)
定价:CNY20.00
(百科小丛书)

J0165151
审查戏曲　上海市教育局第四科通俗教育股编
上海 上海市教育局 1931年 88页 19cm(32开)
定价:大洋一角
本书内容包括:戏剧审查的办法、规则,上海游戏场调查,旧剧审查,分类表等,收录《审查戏曲之意义》《审查戏曲之经过》《上海市教育局戏剧审查书》等19篇文章。

J0165152
仙逸学校援黑筹款演剧特刊　仙逸学校宣传部编
中山县 石岐民生中学 1931年 18页 19cm(32开)

J0165153
都门纪略中之戏曲史料　周明泰述

北京 周明泰[发行者]民国二十一年[1932]
170页 18cm(15开)定价:大洋五角
(几礼居戏曲丛书 1)

本书内容包括:"都门纪略之缘起"、"都门纪略中之戏剧"、"都门纪略中之戏园"等。作者周明泰(1896—1994),又名周志辅,别号几礼居主人,安徽东至县人。曾任北洋政府总统府秘书、内务部参事。酷爱戏曲,专门从事中国戏曲史研究。著有《几礼居戏曲丛书》《几礼居随笔》《读曲类稿》《枕流答问》等。

J0165154
说书人训练班报告　黄紫轩编
杭州 浙江省立民众教育馆 1932年 94页
有照片 18cm(32开)定价:大洋一角

本书是民国时期浙江省曲艺表演训练班工作报告。由浙江省立民众教育馆和杭州市市政府联合出版。

J0165155
五十年来北平戏剧史材　(二编)周明泰编
民国二十一年[1932]铅印暨影印本 有表格 线装

分六册。作者周明泰(1896—1994),又名周志辅,别号几礼居主人,安徽东至县人。曾任北洋政府总统府秘书、内务部参事。酷爱戏曲,专门从事中国戏曲史研究。著有《几礼居戏曲丛书》《几礼居随笔》《读曲类稿》《枕流答问》等。

J0165156
梨园影事　徐慕云编;徐筱汀助编
上海 大东书局 民国二十二年[1933]有图 线装

分二册。

J0165157
梅兰芳游美记　(四卷,附录一卷 甲种本 黄色书衣)齐如山口述并编附录;齐香笔记
北平 民国二十二年[1933]线装

作者齐如山(1875—1962),戏曲理论家、作家。河北高阳人。名宗康(一说:宗廉),字如山。早年留学欧洲,曾任京师大学堂、北平女子文理学院教授,并致力于戏曲研究。曾与梅兰芳共同从事戏曲艺术的改进工作。编写剧本著名者有时装戏《一缕麻》,古装戏《黛玉葬花》《嫦娥奔月》等。出版有《齐如山全集》。

J0165158
梅兰芳游美记　(四卷,附录一卷 蓝色书衣)齐如山口述并编附录;齐香笔记
北平 民国二十二年[1933]线装

J0165159
明清戏曲史　卢前譔
南京 钟山书局 1933年 114页 有图
19cm(32开)定价:大洋三角
(钟山学术讲座 8)

本书内容包括:明清剧作家之时地、传奇之结构、杂剧之余绪、短剧之流行、南洪北孔、花部之纷起等7章。作者卢前(1905—1951),作家、教师。原名卢正绅,后改名为卢前,江苏南京人。毕业于东南大学。金陵大学任教。文学作品有《春雨》《绿帘》《三弦》《梦蝶庵绝句》《卢冀野诗选》《饮虹五种》《楚凤烈传奇》等。

J0165160
明清戏曲史　卢前著
上海 商务印书馆 1935年 再版 107页
18cm(15开)定价:大洋二角五分
(国学小丛书)

J0165161
明清戏曲史　卢前著
上海 商务印书馆[发行者]民国二十四年
[1935]107页 18cm(15开)
定价:大洋二角五分
(国学小丛书)

J0165162
明清戏曲史　卢前著
台北 商务印书馆 1976年 107页
18cm(小32开)定价:TWD12.00
(人人文库 1720)

J0165163
明清戏曲史　卢前著;陈企孟校点;扬州师范学院中文系词曲研究室编
[扬州][扬州师范学院中文系词曲研究室]
1982年 82页 19cm(32开)

作者卢前(1905—1951),作家、教师。原名卢正绅,后改名为卢前,江苏南京人。毕业于东南大学。金陵大学任教。文学作品有《春雨》《绿

帘》《三弦》《梦蝶庵绝句》《卢冀野诗选》《饮虹五种》《楚凤烈传奇》等。

J0165164
清升平署存档事例漫抄　（六卷）周明泰撰
民国二十二年［1933］线装

作者周明泰（1896—1994），又名周志辅，别号几礼居主人，安徽东至县人。曾任北洋政府总统府秘书、内务部参事。酷爱戏曲，专门从事中国戏曲史研究。著有《几礼居戏曲丛书》《几礼居随笔》《读曲类稿》《枕流答问》等。

J0165165
中国近代戏曲史　郑震编译
上海 北新书局 1933 年 458 页 22cm（30 开）
定价：银一元五角

本书内容包括："元明之间的南北曲"、"名曲之间的昆曲"、"清之花部——皮黄"，以及余论"南北曲之异同"。附录《明清戏曲作者地方分布表》《曲学书目举要》。

J0165166
中国近代戏曲史　郑震编译
上海 北新书局 1950 年 新 1 版 458 页
21cm（32 开）定价：十八元

J0165167
中华平民教育促进会定县实验区戏剧研究委员会第一号报告　戏剧研究委员会编
戏剧研究委员会 1933 年 18 页 有剧照
23cm（10 开）

J0165168
山东省立剧院一览　山东省立剧院编译处编
济南 山东省立剧院编译处 1934 年 83 页
23cm（10 开）

本书收录《山东省立剧院创办缘起》（王泊生）。书中附剧院各种规程、办法、方案等，以及教职员学生一览。

J0165169
中国戏剧概论　卢冀野著
上海 世界书局 1934 年［8］+299 页
19cm（小 32 开）定价：一元两角
（中国文学丛书）

本书论述：中国戏剧的起源与萌芽、宋戏的繁盛、金代的院本、元明清三代的杂剧和传奇等。作者卢冀野（1905—1951），作家、教师。原名卢正绅，后改名为卢前，江苏南京人。毕业于东南大学。金陵大学任教。文学作品有《春雨》《绿帘》《三弦》《梦蝶庵绝句》《卢冀野诗选》《饮虹五种》《楚凤烈传奇》等。

J0165170
中国戏剧概论　卢冀野著
上海 世界书局 1944 年 新 1 版 160 页
20cm（32 开）
（中国文学丛书）

J0165171
中国戏剧概论　卢冀野编著
上海 上海书店 1992 年 影印本 299 页
19cm（32 开）精装 ISBN：7-80569-741-8
定价：CNY4500.00（全编）
（民国丛书 第四编 美学·艺术类 63）

J0165172
名伶百影　（第一集）北平京报馆主编
北平 京报出版部 1935 年 64 页 有剧照
18cm（15 开）定价：大洋一角
（京报丛书）

J0165173
山东省立剧院第一周年纪念年刊　山东省立剧院年刊委员会编
济南 山东省立剧院 1935 年［280］页 有图
25cm（16 开）定价：大洋五角

本书收录《中国舞台艺术的开展》（王泊生）、《中国戏剧演变述略》（李一非），《论演剧与民族文化精神》（林刚白），《一九三五年国内剧坛》（刘念渠）等 6 篇论文。另有该院院徽、演出剧照及各部报告、统计、规程等。附教职员工名单、学生名单。

J0165174
北平图书馆藏升平署曲本目录　国立北平图书馆中文编目组编
北平 国立北平图书馆中文编目组 1936 年 40 页
19cm（32 开）定价：大洋一角五分

本书是中国古代戏剧剧本目录，分上中下

卷，内容包括：杂剧、传奇、乱弹。

J0165175
国立戏剧学校一周年纪念特刊 国立戏剧学校编
南京 国立戏剧学校 1936年 32页 有照片 19cm（32开）

J0165176
中国近世戏曲史 （日）青木正儿著；王古鲁译
上海 商务印书馆 1936年 15+737+23页 22cm（30开）精装 定价：国币三元

本书内容包括："南戏北剧之由来"、"南戏复兴期（自元中叶至明正德）"、"昆曲昌盛期（自明嘉靖至清乾隆）"、"花部勃兴期（自乾隆末至清末）"、"余论"5部分。有著者原序、吴梅序等。附《国立北平图书馆所藏之蒋孝旧南九宫谱》《曲学书目举要》及索引。

J0165177
中国近世戏曲史 （日）青木正儿原著；王古鲁编译
北京 中华书局 1954年 增订本 2册（768页）21cm（32开）定价：旧币38,000元

J0165178
中国近世戏曲史 （日）青木正儿原著；王古鲁编译
上海 上海文艺联合出版社 1956年 新1版 修订增补本 773页 21cm（32开）定价：CNY0.38
（中国古典文学研究丛刊）

J0165179
中国近世戏曲史 （日）青木正儿著；王古鲁译著
北京 作家出版社 1958年 2册（788页）21cm（32开）统一书号：10020.794
定价：CNY2.80

J0165180
中国近世戏曲史 （日）青木正儿著；王古鲁译
台北 商务印书馆 1996年 台1版 重印本 2册 21cm（32开）ISBN：957-05-1295-4
定价：TWD450.00
（大学丛书）

J0165181
中国戏剧史略 周贻白著
上海 商务印书馆 1936年 105页 19cm（32开）
定价：国币三角五分
（戏剧小丛书）

本书简述中国戏剧的起源及历代（迄于清）戏剧的演变和发展，包括对于汉代的乐舞与百戏、六朝与隋唐的戏剧、宋官本杂剧及大曲、南戏、诸宫调与元杂剧、明清戏剧、皮黄剧的来源及现状等的叙述。

J0165182
北京梨园金石文字录 张江裁辑
北京 双肇楼 民国二十六年［1937］线装
（清代燕都梨园史料）

作者张江裁（1908—1968），藏书家、学者。广东东莞人。著有《天津杨柳青小志》《南海康先生传》《东莞袁督师后裔考》《袁督师遗稿遗事汇辑》《袁崇焕传》。

J0165183
北京梨园掌故长编 张江裁辑
北京 双肇楼 民国二十六年［1937］线装
（清代燕都梨园史料）

J0165184
北平梨园竹枝词荟编 张江裁辑
北京 双肇楼 民国二十六年［1937］线装
（清代燕都梨园史料）

J0165185
法婴秘笈 （清）双影庵生撰
北京 双肇楼 民国二十六年［1937］线装
（清代燕都梨园史料）

J0165186
凤城品花记 （清）香溪渔隐撰；（清）艺兰生注
北京 双肇楼 民国二十六年［1937］线装
（清代燕都梨园史料）

J0165187
旧剧丛谈 陈彦衡撰
北京 双肇楼 民国二十六年［1937］线装
（清代燕都梨园史料）

J0165188
菊部丛谭 罗瘿公撰；张江裁辑
北京 双肇楼 民国二十六年［1937］线装
（清代燕都梨园史料）
作者张江裁（1908—1968），藏书家、学者。广东东莞人。著有《天津杨柳青小志》《南海康先生传》《东莞袁督师后裔考》《袁督师遗稿遗事汇辑》《袁崇焕传》。

J0165189
菊部群英 （清）小游仙客撰
北京 双肇楼 民国二十六年［1937］线装
（清代燕都梨园史料）

J0165190
抗战与戏剧 田汉著
上海 商务印书馆 1937年 36页 19cm（小32开）
定价：国币一角五分
（抗战小丛书）
本书是抗战戏剧理论合集。内容包括战时戏剧的特殊任务、抗战剧运的实践、抗战剧本的写作、话剧的新形式、旧剧的运用、儿童剧论等。附结语《今后戏剧的路向》。书前有编者"弁言"，书后附"讨论大纲"。作者田汉（1898—1968），剧作家、戏曲作家、电影编剧、小说家、词作家。本名田寿昌，笔名：田汉、陈瑜、伯鸿等。湖南长沙人。创作歌词的歌曲《万里长城》的第一段，成为中华人民共和国国歌《义勇军进行曲》的歌词。代表作《义勇军进行曲》《名优之死》《关汉卿》等。

J0165191
抗战与戏剧 田汉著
长沙 商务印书馆 1938年 4版 36页
19cm（小32开）定价：国币一角五分
（抗战小丛书）

J0165192
抗战与戏剧 田汉著
长沙 商务印书馆 1938年 5版 36页
19cm（小32开）定价：国币一角五分
（抗战小丛书）

J0165193
抗战与戏剧 田汉等执笔
上海 独立出版社 1939年 56页 20cm（32开）
（战时综合丛书）

J0165194
哭庵赏菊诗 （一卷，附录一卷）易顺鼎撰；张江裁纂
北京 双肇楼 民国二十六年［1937］线装
（清代燕都梨园史料）
本书约作于清末民初。本书除一部分咏赠外，大多为本事诗，叙其菊坛观感，并提供了当时的演剧情况。如诗中介绍了秦腔女伶首先进入北京及京剧最早一批女伶的演出情况。对梆子和曲乞女伶小秋香、冯凤喜、刘喜奎、鲜灵芝等均有评介。另外对小达子、小叫天、姚佩兰、朱幼芬、孟金喜、贾璧云等均有介绍，尤其是对梅兰芳的早年演剧活动，介绍更为详细。附录中对光绪初年京伶各家授徒情况也有所统计，可供研究者参考。

J0165195
梨园轶闻 许九埜撰
北京 双肇楼 民国二十六年［1937］线装
（清代燕都梨园史料）

J0165196
评花新谱 （清）艺兰生撰
北京 双肇楼 民国二十六年［1937］线装
（清代燕都梨园史料）

J0165197
清升平署志略 （上册）王芷章编
北平 国立北平研究院史学研究会历史组
1937年 329页 23cm（10开）
定价：国币四元八角（全2册）
本书是中国古代戏剧史史料。内容包括：引论、沿革、升平署之成立、分制、职官太监年表、署址6章。

J0165198
清升平署志略 （下册）王芷章编
北平 国立北平研究院史学研究会历史组
1937年 330-623页 23cm（10开）
定价：国币四元八角（全2册）

J0165199
清升平署志略 王芷章编
上海 上海书店 1991年 影印本 623页
19cm（32开）精装 ISBN：7-80569-532-6
（民国丛书 第三编 美学、艺术类 59）
本书根据国立北平研究院史学研究会1937年版影印。

J0165200
昙波 （清）四不头陀撰
北京 双肇楼 民国二十六年［1937］线装
（清代燕都梨园史料）

J0165201
檀青引 杨圻撰
北京 双肇楼 民国二十六年［1937］线装
（清代燕都梨园史料）

J0165202
闻歌述忆 鸣晦楼主人撰
北京 北平松筠阁书店 民国二十六年［1937］线装
（清代燕都梨园史料）

J0165203
杏林撷秀 谢素声撰
北京 北平松筠阁书店 民国二十六年［1937］线装
（清代燕都梨园史料）

J0165204
燕都名伶传 张次溪撰
北京 北平松筠阁书店 民国二十六年［1937］线装
（清代燕都梨园史料）

J0165205
燕归来簃随笔 张次溪撰
北平 北平松筠阁书店 民国二十六年［1937］线装
（清代燕都梨园史料）

J0165206
燕台鸿爪集 （清）粟海庵居士撰
北平 北平松筠阁书店 民国二十六年［1937］线装
（清代燕都梨园史料）

J0165207
燕台花史 （清）蜃桥逸客，（清）兜率宫侍者，（清）寄斋寄生撰
北平 北平松筠阁书店 民国二十六年［1937］线装
（清代燕都梨园史料）

J0165208
燕台花事录 （三卷）（清）蜀西樵也撰；张次溪辑
北平 北平松筠阁书店 民国二十六年［1937］线装
（清代燕都梨园史料）

J0165209
燕台集艳二十四花品 （清）播花居士辑
北平 北平松筠阁书店 民国二十六年［1937］线装
（清代燕都梨园史料）

J0165210
瑶台小录 （清）王韬撰；张次溪辑
北平 北平松筠阁书店 民国二十六年［1937］线装
（清代燕都梨园史料）

J0165211
莺花小谱 （清）半标子撰
北平 北平松筠阁书店 民国二十六年［1937］线装
（清代燕都梨园史料）

J0165212
越缦堂菊话 （清）李慈铭撰；张江裁纂
北平 北平松筠阁书店 民国二十六年［1937］线装
（清代燕都梨园史料）
作者张江裁（1908—1968），藏书家、学者。广东东莞人。著有《天津杨柳青小志》《南海康先生传》《东莞袁督师后裔考》《袁督师遗稿遗事汇辑》《袁崇焕传》。

J0165213
云郎小史 冒鹤亭撰
北平 北平松筠阁书店 民国二十六年［1937］线装
（清代燕都梨园史料）

J0165214
众香国 （清）众香主人撰
北京 北平松筠阁书店 民国二十六年［1937］线装
（清代燕都梨园史料）

J0165215
孩子剧团——从上海到武汉 孩子剧团编

汉口 大路书店 1938年 147页 有像
19cm(32开) 定价:国币三角五分

本书是民国时期话剧剧团史料,记述孩子剧团从上海到武汉的经过,书中收录孩子剧团及宣言、公约、团歌,团员小记、团员日记、外界对孩子剧团的印象和批评。书前有代序。书后有陈绍禹、茅盾、郭沫若、沈钧儒、冯玉祥等人题词。

J0165216
梨园轶话 (第1册)唐友诗编
北平 放庐斋室 1938年 52页 有像 19cm(32开)
定价:1.00
(放庐斋室丛书 1)

J0165217
梨园轶话 (第2册)唐友诗编
北平 放庐斋室 1938年 80页 有像 19cm(32开)
(放庐斋室丛书 2)

J0165218
联友剧社纪念专刊 联友剧社编
[联友剧社][1938年][56]页 有像
24cm(26开)精装

"联友剧社"是河北省银行的一个业余团体。本专刊收该社公演时的剧照,各界的贺词、题词,以及《欢迎联友社公演》(侠公),《勉剧社社员》(柴殿卿),《说我自己》(庐金铭)等10篇纪念文章。

J0165219
卢沟桥之战说明书
战总宣战地动员剧团[1938年]油印本 8页
16cm(25开)环筒页装

J0165220
苏联的剧场 (苏)马科夫(P.A.Markov)著;魏南潜译
长沙 商务印书馆 1938年 再版 144页
18cm(32开)
(苏联小丛书)

本书包括:被革命解放了的戏剧力量、剧目问题、莫斯科艺术剧场、新倾向与新形式、苏维埃剧场底目的等11章。

J0165221
一年来的巡回剧团 江西省乡村抗战宣传巡回工作团编
1938年 32页 18cm(32开)

本书是民国时期的话剧剧团史料,介绍该巡回剧团一年来的工作经过。内容包括:异军的突起、第一次出发、第二次出发、我们在赣东、七十七号与黄鱼汎、卷土重来、生命开始7节。书前有"序言",书末附"剧团团员名单"。

J0165222
中国戏剧史 徐慕云著;褚民谊主编
上海 世界书局 1938年[24]+357页 有像
22cm(30开)精装 定价:国币五元

本书内容包括:古今优伶剧曲史、各地各类剧曲史、戏剧之组合、脸谱服装在剧中之特殊功用、戏剧之评价与其艺术之研究。

J0165223
中国戏剧史 徐慕云著;褚民谊主编
上海 世界书局 民国二十七年[1938][24]+357页
有像 22cm(30开)精装 定价:国币五元

J0165224
战时戏剧教育 王衍康著
重庆 中山文化教育馆 1939年 渝版 28页
17cm(40开)定价:六分
(抗战丛刊 85)

本书内容包括:戏剧的教育性、在炮火中迈进的戏剧运动、戏剧教育的问题、戏剧教育的实施。

J0165225
战时演剧政策 葛一虹著
重庆 上海杂志公司 1939年 90页 19cm(32开)
定价:国币五角
(新演剧丛书 2)

本书内容包括:论现阶段新演剧运动、战时演剧政策等两部分。前者论述新演剧运动发展的方向和任务,后者论述确立战时演剧政策的必要性等。

J0165226
战时演剧政策 葛一虹著
重庆 上海杂志公司 1939年 90页 19cm(32开)

定价：三角五分
（新演剧丛书 2）

J0165227
战时演剧政策　葛一虹著
重庆 上海杂志公司 1939年 3版 90页
19cm（32开）定价：四角五分
（新演剧丛书 2）

J0165228
公演三兄弟纪念特刊　在华日本人民反战同盟西南支部编
桂林 在华日本人民反战同盟西南支部 1940年
[34]页 有照片 26cm（16开）定价：四角

J0165229
广东戏剧史略　麦啸霞著
广州 广东省广州市戏曲改革委员会 1940年
80页 19cm（32开）

J0165230
剧坛外史　瞿史公著
上海 艺社 1940年 108页 19cm（小32开）
定价：国币四角五分
本书内容包括：剧坛掌故和剧人轶事两部分。"剧坛掌故"介绍南国社；"剧人轶事"介绍洪深、田汉、唐槐秋、沈西苓、袁牧之等30位名人轶事。

J0165231
近代戏剧艺术　（美）莫德威（H.K.Moderwell）著；贺孟斧译
成都 剧艺出版社 1941年 181页 18cm（15开）
定价：二元四角
本书是近代戏剧史，分12章，论述舞台艺术、灯光照明、戏曲家、戏曲派别等。

J0165232
苏俄的新剧场　（英）亨利·卡特（HenryCarter）著；赵如琳译
重庆 商务印书馆 1942年 252页 17cm（32开）
定价：国币二元六角
本书共22章，节译成18章，叙述新剧场的起源、戏剧活动的派别及代表人物等内容。附录《苏联剧场的今日》。

J0165233
苏俄的新剧场　（英）亨利·卡特（HenryCarter）著；赵如琳译
商务印书馆 1943年 赣1版 252页 18cm（32开）

J0165234
西洋戏剧史　（美）培林革（M.L.F.Bellinger）著；殷炎麟译
贵阳 文通书局 1943年 328页 20cm（32开）
定价：国币六元一角
（大学丛书）
本书内容包括：原始戏剧与原始传说、古典戏剧、中世纪戏剧、各国戏剧的发展、近代欧美戏剧5卷。

J0165235
西洋戏剧史　马家骏，马晓翙著
西安 陕西师范大学出版社 1998年 495页
20cm（32开）ISBN：7-5613-1889-8
定价：CNY18.00
（陕西师范大学学术文库）

J0165236
古优解　冯沅君著
重庆 商务印书馆 民国三十三年[1944] 91页
18cm（15开）定价：国币一元六角
（文史杂志社丛书 3）
本书研究中国古代戏剧史，探讨古优的起源、技艺、特征、影响等。

J0165237
古优解补正　冯沅君撰
国立东北大学出版组 民国三十三年[1944]
石印本 线装

J0165238
我们怎样演出法西斯细菌　军委会政治部剧宣七队编
1944年 48页 21cm（32开）
本书是军委会政治部剧宣七队于1944年2月在曲江参加西南八省第一届戏剧展览公演的演出资料，收录《试论夏衍先生剧作》（吴荻舟）、《导演手记之一》（陈卓道）、《排练日记》（张琢）等12篇诗文。

J0165239
夏声戏剧学校旅行公演特刊　私立西安夏声戏剧学校编
西安 私立西安夏声戏剧学校 1944年 54页 18cm(32开) 定价:法币五元

本书内容包括:校简史、活动、章则。另有讲演稿《国语与戏剧》(黎锦熙)和《中国剧与外国剧的比较》(林语堂)两篇。

J0165240
戏剧教育行政　徐伯璞编著
重庆 商务印书馆 1945年 89页 19cm(32开) 熟料纸 定价:国币一元五角
(社会教育辅导丛书 戏剧教育类)

本书分5章,论述戏剧教育的意义、功能、种类、范围,戏剧教育行政,戏剧教育推行的机构,人员的训练等。附录《音乐戏剧教育人员训练办法》等。

J0165241
中国戏剧小史　周贻白著
上海 永祥印书馆[发行者] 民国三十五年[1946] 再版 84页 17cm(40开)
(青年知识文库 第1辑 16)

本书内容包括:中国戏剧的形成、唐宋间的戏剧、南戏与北剧、明代戏剧概况、昆曲与乱弹、皮黄剧的勃兴、文明戏与话剧、中国戏剧前途的展望。

J0165242
农村剧团参考　冀鲁豫书店编辑部编
朝城 冀鲁豫书店 1947年 24页 21cm(36开)

本书收录《张家村农村剧团》(杨桐等)、《东良店农村剧团的组织领导与生产》(伟强)、《朱大明的鼓动方式》(邓伟林)、《农村剧团怎样编剧?》(贾霁)、《农村剧团的地方性与农村性》(赵树理)、《农村剧团的提高》(荒煤)等8篇。

J0165243
农村剧团参考　冀鲁豫书店编辑部编
[菏泽] 冀鲁豫书店 1947年 24页 19cm(32开)

J0165244
西安市私立晓钟戏剧学校一周纪念特刊　西安市私立晓钟戏剧学校编
西安 西安市私立晓钟戏剧学校 1948年 26页 19cm(32开)

J0165245
华南艺术青年工作概况　(华南戏剧青年工作概况)
香港 1949年 17页 有图 19cm(32开)

本书收录《人民戏剧的诞生过程》《三年来的港九剧运工作》两篇文章,介绍华南地区一些剧团的工作、演出情况。

J0165246
西洋戏剧简史　董每戡著
上海 商务印书馆 1949年 179页 18cm(32开) 定价:六角五分

本书内容包括:古代期戏剧、过渡期戏剧、近代期戏剧3篇,叙述希腊、罗马、意大利、法兰西、西班牙、德、苏、英、美等国的戏剧史。

J0165247
中国戏剧简史　董每戡著
上海 商务印书馆 1949年 10+162页 18cm(15开) 定价:国币六角五分

本书内容包括:考原(史前时期)、巫舞(先秦时代)、百戏(汉魏六朝时期)、杂剧(唐宋时期)、剧曲(元明时期)、花部(满清时期)、话剧(民国时期)7章,叙述中国戏剧的发展史。

J0165248
说剧　董每戡著
上海 文光书店 1950年 122页 17cm(32开) 定价:四元五角

J0165249
说剧　董每戡著
北京 作家出版社 1958年 119页 19cm(32开) 统一书号:10020.792 定价:CNY0.45

J0165250
说剧　董每戡著
北京 人民文学出版社 1983年 415页 有照片 21cm(32开) 统一书号:10019.3393 定价:CNY1.50

本书收录30篇文章,是作者40年代到70年代末对古典戏曲所作的专题论述。

J0165251
说剧　(中国戏剧史专题研究论文集)董每戡著
北京 人民文学出版社 1983年 415页+[1]叶图版 21cm(32开)统一书号:10019.3393
定价:CNY1.50

J0165252
和平鸽的翅子展开了　黄裳撰
上海 平明出版社 1951年 76页 18cm(15开)
定价:旧币4,000元
(新时代文丛 2)

作者黄裳(1919—2012),散文家、戏剧评论家。原名容鼎,生于河北井陉,祖籍山东益都。毕业于上海交通大学电机系。著有《锦帆集》《过去的足迹》《珠还记》等。

J0165253
中国戏剧史　(上册)周贻白编撰
上海 中华书局 1953年 232页 有图
18cm(15开)定价:旧币40,000元(全3册)

J0165254
中国戏剧史　(中册)周贻白编撰
上海 中华书局 1953年 233-474页 有图
18cm(15开)定价:旧币40,000元(全3册)

J0165255
中国戏剧史　(下册)周贻白编著
上海 中华书局 1953年 475-788页 18cm(15开)
定价:[旧币]40,000.00元(全3册)

J0165256
中国戏剧史　周贻白编撰
上海 中华书局 1953年 3册 有图 18cm(15开)
定价:旧币40,000元

J0165257
中国戏剧侧影　(活页选)中国戏剧家协会编
北京 中国戏剧家协会 1955年 影印本 有图
38cm(6开)精装

J0165258
古剧说汇　冯沅君著
北京 作家出版社 1956年 400页 21cm(32开)
统一书号:10020.494 定价:CNY1.40

J0165259
评剧简史　胡沙著
北京 通俗文艺出版社 1958年 223页
19cm(32开)统一书号:T10023.291
定价:CNY1.10
(群众艺术丛书)

J0165260
云南农村戏曲史　徐嘉瑞编著
昆明 云南人民出版社 1958年 303页
19cm(32开)统一书号:10116.145
定价:CNY0.90

J0165261
中国戏剧史讲座　周贻白著
北京 中国戏剧出版社 1958年 269页
19cm(32开)统一书号:10069.213
定价:CNY0.90

本书分10讲:"汉唐时代的歌舞优戏"、"唐代传奇文与北宋杂剧"、"南宋时代的杂剧和戏文"、"元代杂剧"、"元末南戏与明初传奇"、"明代杂剧传奇与所唱声腔"、"明代戏剧的演出"、"清初戏剧与《桃花扇》《长生殿》"、"清代内廷演剧与北京剧坛的嬗变"、"京剧及各地方剧种"。

J0165262
中国戏剧史讲座　周贻白著
北京 中国戏剧出版社 1981年 重印本 247页
20cm(32开)统一书号:8069.153
定价:CNY0.90

J0165263
艺术剧社史料　瞿光照编
上海 上海文艺出版社 1959年 89页 有照片
21cm(32开)统一书号:10078.0390
定价:CNY0.42
(中国现代文学史资料丛书 甲)

J0165264
江西古典戏曲脸谱选集　江西省戏曲学校编选
上海 上海文艺出版社 1960年 74页 26cm(16开)
统一书号:10078.1458 定价:CNY2.40

J0165265
契诃夫与艺术剧院　(苏)玛·斯特罗耶娃基著;

吴启元等译
北京 中国戏剧出版社 1960年 362页 有照片
21cm（32开）统一书号：10069.458
定价：CNY1.40

J0165266
中国戏剧史 （第二册）孟瑶著
台北 传记文学出版社 1960年 再版 452页
19cm（小32开）
（传记文学丛书 66）

作者孟瑶（1919—2000），原名杨宗珍，笔名孟瑶。女，作家。生于湖北武汉市。毕业于中央大学历史系。曾任教于四川省简阳县立女子中学、台中师范学校、新加坡南洋大学、台湾中兴大学等。先后发表50多篇中长篇小说。短篇小说有《孟瑶短篇小说集》《孟瑶自选集》。论著有《中国戏曲史》《中国小说史》等。

J0165267
中国戏剧史长编 周贻白著
北京 人民文学出版社 1960年 662页
21cm（32开）统一书号：10019.1376
定价：CNY2.30

本书较完整地介绍了我国戏剧的起源、形成和各个时期发展的情况，评介了许多重要的作家和作品，收集的资料较为丰富，对我国戏剧史的研究有一定的参考价值。内容包括："中国戏剧的胚胎"、"中国戏剧的形成"、"宋元南戏"、"元代杂剧"、"明代传奇"、"明代戏剧的演进"、"清初的戏剧"、"清代戏剧的转变"、"皮黄剧"9部分。

J0165268
中国戏曲 祝肇年著
［北京］作家出版社 1962年 19cm（小32开）
定价：CNY0.45
（知识丛书）

J0165269
清代燕都梨园史料 张次溪等编
台北 学生书局 1965年 影印本
4册（2260页）21cm（32开）精装
定价：TWD1200.00
（中国史料丛书 29）

J0165270
清代燕都梨园史料 （正续编）张次溪编纂
北京 中国戏剧出版社 1988年 2册（1253页）
20cm（32开）ISBN：7-104-00084-4
定价：CNY13.50

本书辑录清代有关戏曲的著述51种，多为抄本和孤本。所辑之著述，上起吴长元的《燕兰小谱》，下迄张次淇的《燕归来簃随笔》，基本反映自乾隆至民国初年北京戏曲活动的历史面貌。本书于20世纪30年代编纂成书。

J0165271
清代燕都梨园史料 （上）张次溪编
上海 上海书店 1996年 影印本 19cm（32开）
精装 ISBN：7-80569-994-1
（民国丛书 第五编 美学·艺术类 55）

J0165272
清代燕都梨园史料 （下）张次溪编
上海 上海书店 1996年 影印本 19cm（32开）
精装 ISBN：7-80569-994-1
（民国丛书 第五编 美学·艺术类 56）

J0165273
清代燕都梨园史料续编 张次溪编
上海 上海书店 1996年 影印本 19cm（32开）
精装 ISBN：7-80569-994-1
（民国丛书 第五编 美学·艺术类 57）

J0165274
在革命化道路上前进的好剧团 （第一集）中国戏剧家协会编
北京 中国戏剧出版社 1966年 224页
19cm（32开）统一书号：10069.966
定价：CNY0.59

J0165275
中国伶人血缘之研究 潘光女著
台北 商务印书馆 1966年 289页
18cm（15开）定价：TWD12.00
（人人文库 092 ~ 093）

J0165276
论曲五种 （唐宋大曲考 戏曲考源 古剧脚色考 优语录 录曲余谈）王国维撰

台北县 艺文印书馆 1975年 162页 19cm(32开)
定价:TWD60.00

作者王国维(1877—1927),史学家、语言文字学家、文学家。浙江海宁人。初名国桢,字静安,又字伯隅,号礼堂,晚号观堂、永观。曾赴日本留学,后为清华研究院教授。重要著作有《宋元戏曲史》《人间词话》《观堂集林》《海宁王静安先生遗书》《殷卜辞中所见先公先王考》《宋代金文着录表》等,对文艺界、史学界有很大影响。

J0165277
中国戏曲史 孟瑶著
台北 传记文学出版社 1976年 再版 4册
21cm(32开) 定价:TWD120.00
(传记文学丛书 66)

作者孟瑶(1919—2000),原名杨宗珍,笔名孟瑶。女,作家。生于湖北武汉市。毕业于中央大学历史系。曾任教于四川省简阳县立女子中学、台中师范学校、新加坡南洋大学、台湾中兴大学等。先后发表50多篇中长篇小说。短篇小说有《孟瑶短篇小说集》《孟瑶自选集》。论著有《中国戏曲史》《中国小说史》等。

J0165278
中国戏曲史 孟瑶著
台北 传记文学出版社 1979年 再版 4册
21cm(32开) 定价:TWD160.00
(传记文学丛书 66)

J0165279
笔记六编 五十年来北平戏剧史料 佚名辑
台北 广文书局 1977年 2册(1114页)
21cm(32开) 精装 定价:TWD725.00

J0165280
武宁县戏曲志 (初稿) 傅甘霖编撰;文化广播电视剧戏研室编
[文化广播电视剧戏研室] 1978年 289页 有图
26cm(16开)

J0165281
宋代说书史 陈汝衡著
上海 上海文艺出版社 1979年 168页
19cm(32开) 统一书号:8078.3147
定价:CNY0.42
(曲艺知识丛书)

作者陈汝衡(1900—1989),曲艺理论家。江苏扬州人,就读于东南大学。任上海戏剧学院讲师、教授。代表著作《说书艺人柳敬亭》《弹词溯源和它的艺术形式》《杨家将——从民间说唱到戏曲演出》《庆祝上海解放一周年》《石达开》等。

J0165282
中国戏曲发展史纲要 周贻向著
上海 上海古籍出版社 1979年 563页 有照片
20cm(32开) 统一书号:17186.14
定价:CNY2.05

J0165283
江苏省话剧团卅年 (1953—1983) 江苏省话剧团编
南京 江苏省话剧团 [1980—1989年] 20页
有照片 26cm(16开)

J0165284
中国戏曲史漫话 吴国钦著
上海 上海文艺出版社 1980年 320页
19cm(小32开) 定价:CNY0.73

本书以漫话的方式,对中国戏曲艺术的孕育、形成和发展,各个历史时期的戏曲剧种,戏曲史上的主要作家、作品,中国戏曲的剧本创作、表演艺术、舞台美术,历代研究戏曲的主要学者及著述作了介绍,大致勾勒了中国戏曲从先秦、两汉孕育、产生起,直至近代的演变发展的历史轮廓。

J0165285
中国戏曲通史(上) 张庚,郭汉城主编
北京 中国戏剧出版社 1980年 452页
有插图 21cm(32开) 统一书号:8069.56
定价:CNY1.90,CNY2.40(精装)

作者张庚(1911—2003),戏剧理论家、教育家、戏曲史家。原名姚禹玄,生于湖南长沙。历任中央戏剧学院副院长、东北鲁迅文艺学院副院长兼文工团四团团长、中国戏曲学院院长。论著有《中国戏曲通史》《戏曲艺术论》等。

J0165286
中国戏曲通史(中) 张庚,郭汉城主编
北京 中国戏剧出版社 1981年 422页

有插图 21cm(32开)统一书号:8069.67
定价:CNY1.65

J0165287
中国戏曲通史(下) 张庚,郭汉城主编
北京 中国戏剧出版社 1981年 319页
有插图 21cm(32开)统一书号:8069.122
定价:CNY1.30

J0165288
中国戏曲通史 张庚,郭汉城主编
北京 中国戏剧出版社 1992年 2版 1190页
有插图 20cm(32开)ISBN:7-104-00286-3
定价:CNY28.80

J0165289
广西戏剧史论文集 广西壮族自治区戏剧研究室,中国戏剧家协会广西分会[编]
[广西壮族自治区戏剧研究室]1981年
2册(239;387页)19cm(32开)
(广西戏剧史丛书 2)

J0165290
西欧戏剧史 廖可兑著
北京 中国戏剧出版社 1981年 425页
20cm(32开)统一书号:8069.85 定价:CNY1.60
(中央戏剧学院戏剧艺术丛书)
本书描述了约2000余年来西欧戏剧发展史。按时间顺序概述自古希腊、古罗马时期至20世纪50年代的主要作家和作品。

J0165291
西欧戏剧史 廖可兑著
北京 中国戏剧出版社 1994年 2版 425页
20cm(32开)ISBN:7-104-00554-4
定价:CNY12.80
(中央戏剧学院戏剧艺术丛书)

J0165292
优语集 任二北编著
上海 上海文艺出版社 1981年 346页
21cm(32开)定价:CNY1.70

J0165293
乐府传声译注 (清)徐大椿著;吴同宾,李光译
北京 中国戏剧出版社 1982年 110页
19cm(32开)统一书号:8069.198 定价:CNY0.39
(古典戏曲论著译注丛书)
本书是我国古代研究戏曲演唱艺术的一部重要著作。它系统地分析了戏曲演唱艺术中关于字音、口法宫调、曲词与曲调等方面的问题。译注者结合当前戏曲演唱中的各种实际问题,意译、释义兼用的方式,阐释了原著的各种论述并有分析、评论。

J0165294
论李渔的戏剧美学 杜书瀛著
北京 中国社会科学出版社 1982年 193页
19cm(32开)统一书号:10190.129
定价:CNY0.60
本书从美学和文艺学的角度,论述了李渔关于剧本结构、戏剧语言、戏剧真实、戏剧导演和戏剧的社会作用等方面的精辟见解和美学思想,并同古今中外的重要戏剧家的美学理论进行了比较研究。

J0165295
戏曲群星 (第一集)中央人民广播电台文艺部编
北京 广播出版社 1982年 有照片 19cm(32开)
统一书号:8236.013 定价:CNY0.76
本书介绍了京剧、越剧、平剧、豫剧、淮剧、秦腔、湘剧、黄梅戏等剧种的优秀演员在表演、唱腔等方面的艺术特色及舞台生涯。

J0165296
戏曲群星 (第一集 中央人民广播电台《戏曲专题节目》稿选)中央人民广播电台文艺部编
北京 广播出版社 1982年 273页 有图
19cm(32开)统一书号:8236.013
定价:CNY0.76
(广播文艺丛书)
本集共34篇,介绍了梅兰芳、荀慧生、言慧珠、关肃霜等的舞台生涯及其在表演、唱腔方面的艺术特色。

J0165297
戏曲群星 (第二集)中央人民广播电台文艺部编
北京 广播出版社 1982年 有照片 19cm(32开)
统一书号:8236.054 定价:CNY0.80

J0165298
戏曲群星 （第二集　中央人民广播电台《戏曲专题节目》稿选）中央人民广播电台文艺部编
北京　广播出版社 1982 年　284 页 +［4］页图版
19cm（32 开）统一书号：8236.054
定价：CNY0.80
（广播文艺丛书）
本集共 38 篇，介绍了程砚秋、尚小云、张君秋、李玉茹、谭富英、李少春、袁雪芬等著名戏曲演员的舞台生涯及其在表演、唱腔方面的艺术方面的艺术特色。

J0165299
戏曲群星 （第三集）中央人民广播电台文艺部编
北京　广播出版社［1984 年］有照片
19cm（32 开）统一书号：8236.100
定价：CNY0.79

J0165300
延安十年戏剧图集 （1937—1947）钟敬之编
上海　上海文艺出版社 1982 年　88 页　19cm（32 开）
统一书号：8078.3351　定价：CNY1.00
作者钟敬之（1910—　），电影理论家。浙江嵊县人。历任中国电影家协会理事，全国文联委员，中国电影家协会书记处书记、常务理事、名誉理事，中国延安文艺学会顾问。著有《大众文库电影》《延安鲁艺》《延安十年戏剧图集》《人民电影初程纪迹》。

J0165301
张家口市戏剧史略 （初稿）张家口市文化局戏研室编；鲁迟执笔
张家口　1982 年　64 页 +［1］叶图版　19cm（32 开）

J0165302
中国戏曲史钩沉　蒋星煜著
郑州　中州书画社 1982 年　308 页　21cm（32 开）
统一书号：10219.27　定价：CNY1.17
（中国古代戏曲理论丛书）
本书的内容有些是对戏曲理论中久悬未决的问题的探索，有些是对于戏曲史上比较冷僻的问题的钩沉，为中国戏曲史的进一步整理和研究提供了不少重要的线索。收录有《〈唐人勾栏图〉在戏剧史上的意义》《宁献王主权与宁王府的声伎》《明清两代的口技艺术》《谈〈南词引正〉中的几个问题——昆腔形成历史的新探索》《昆山腔发展史的再探索》等 29 篇。附录收录《鲁迅与乱弹、调腔、目连戏》《欧阳予倩研究戏　曲　声腔的成就》等 4 篇。

J0165303
福建戏史录　福建省戏曲研究所编；林庆熙等编注
福州　福建人民出版社 1983 年　240 页
19cm（小 32 开）定价：CNY0.70

J0165304
山东地方戏曲剧种史料汇编　李赵璧，纪根垠主编
济南　山东教育出版社 1983 年　382 页
19cm（32 开）统一书号：10099.1676
定价：CNY1.25

J0165305
山西省文化志曲艺史料集 （征求意见稿　一）
王怀德，王仲祥，马学超［著］
［山西省文化局《文化志》编纂办公室］1983 年
117 页　有地图　19cm（32 开）

J0165306
陕西戏剧史料丛刊 （第一辑）陕西戏剧志编委会编辑部编
西安　陕西戏剧志编委会编辑部 1983 年　308 页
20cm（32 开）

J0165307
陕西戏剧史料丛刊 （第二辑）焦文彬主编；《陕西戏剧（曲）志》编辑部编
西安［《陕西通志·戏剧志》《中国戏曲志·陕西卷》编委会］1983 年　299 页　有照片　21cm（32 开）
定价：CNY2.00

J0165308
什邡川剧团志　什邡县川剧团团志编写组编
［什邡］［什邡县川剧团团志编写组］1983 年
77 页　26cm（16 开）

J0165309
他山集 （戏剧流派·假定性及其它）童道明著
北京　中国戏剧出版社 1983 年　408 页

21cm(32开)统一书号: 8069.399 定价: CNY1.80

本书是研究外国戏剧艺术和文艺理论文章的选集。作者童道明(1937—),翻译家、戏剧评论家。江苏张家港人。中国社会科学院外国文学研究所研究员,中国作家协会会员。著有论文集《他山集》,专著《戏剧笔记》,随笔、散文集《惜别樱桃园》。

J0165310
俄国戏剧史概要 王爱民,任何著
北京 中国戏剧出版社 1984年 436页
19cm(32开)统一书号: 8069.585 定价: CNY1.70

本书叙述了俄国戏剧起源于11世纪的民间迎春活动,到19世纪有了全面的发展的历史。

J0165311
纪念"西南剧展"四十周年纪念文集 纪念"西南剧展"四十周年座谈会办公室编
[桂林][广西文化厅] 1984年 16+11+340页
有照片 19cm(32开)定价: CNY1.50

J0165312
南天话剧运动史料 (1909—1922)夏家善等编
天津 南开大学出版社 1984年 427页 有照片
19cm(32开)定价: CNY3.25

J0165313
唐戏弄 任半塘著
上海 上海古籍出版社 1984年 2册(1416页)
20cm(32开)统一书号: 8186.3
定价: CNY7.40, CNY8.85(精装)

本书包括: 总说、辨体、剧录、脚色、伎艺、设备、演员和杂考8章,并附"唐五代优语和唐戏百问"等资料。

J0165314
西南剧展 (上)广西艺术研究室,广西桂林图书馆编; 丘振声等编选
南宁 广西人民出版社 1984年 482页
21cm(32开)定价: CNY3.65(全2册)
(抗战时期桂林文化运动资料丛书)

本书内容包括:"剧展概论"、"剧坛反响"、"剧目评论"、"剧人回忆"4辑。

J0165315
西南剧展 (下)广西艺术研究室,广西桂林图书馆编; 丘振声等编选
南宁 广西人民出版社 1984年 468页
21cm(32开)定价: CNY3.65(全2册)
(抗战时期桂林文化运动资料丛书)

J0165316
戏曲群星 (第一集)中央人民广播电台文艺部编
北京 中央广播电视出版社 1984年 296页
19cm(小32开)定价: CNY0.97
(广播文艺丛书)

本书介绍了京剧、越剧、平剧、豫剧、淮剧、秦腔、湘剧、黄梅戏等剧种的优秀演员在表演、唱腔等方面的艺术特色及舞台生涯。

J0165317
戏曲群星 (第二集)中央人民广播电台文艺部编
北京 中央广播电视出版社 1984年 296页
19cm(32开)定价: CNY0.97
(广播文艺丛书)

J0165318
戏曲群星 (第三集)中央人民广播电台文艺部编
北京 中央广播电视出版社 1984年 296页
19cm(32开)定价: CNY0.97
(广播文艺丛书)

J0165319
戏曲群星 (第四集)中央人民广播电台文艺部编
北京 中央广播电视出版社 1987年 329页
有照片 19cm(32开)统一书号: 8236.172
定价: CNY2.50
(广播文艺丛书)

J0165320
中国古代编剧理论初探 陈衍编著
武汉 湖北人民出版社 1984年 215页
19cm(32开)定价: CNY0.68
(中国写作研究丛书)

本书内容包括: 中国古代戏曲剧本的体制特点; 中国古代戏曲论著概述; 戏曲的虚与实; 戏曲的社会功能等12部分。

J0165321
中国古代戏剧史初稿 唐文标著
台北 联经出版事业公司 1984 年 278 页
21cm（32 开）

J0165322
中国戏曲志 （湖南卷 编纂提纲 征求意见稿）《中国戏曲志·湖南卷》编辑室［编］
［长沙］［《中国戏曲志·湖南卷》编辑室］1984 年
56 页 26cm（16 开）定价：CNY27.00

J0165323
中国戏曲志 （江西卷·赣州分卷 赣县戏曲资料汇编）赣县戏曲志编纂办公室［编］
［《中国戏曲志·江西卷》编辑室］1985 年 210 页
有图 26cm（16 开）

J0165324
中国戏曲志 （福建卷）《中国戏曲志·福建卷》编委会编印
福州《中国戏曲志·福建卷》编委会 1986 年
321 页 19cm（小 32 开）

J0165325
中国戏曲志 （福建卷 初稿讨论集）《中国戏曲志·福建卷》编委会编辑部编
1986 年 321 页 19cm（32 开）

J0165326
中国戏曲志 （黑龙江卷 资料汇编 第三集）黑龙江省艺术研究所编
［哈尔滨］［黑龙江省艺术研究所］1986 年
152 页 有照片 21cm（32 开）

J0165327
中国戏曲志 （湖南卷 征求意见稿）《中国戏曲志·湖南卷》编辑室［编］
［长沙］［《中国戏曲志·湖南卷》编辑室］1986 年
5 册 26cm（16 开）定价：CNY540.00

J0165328
中国戏曲志 （三 湖南卷）《中国戏曲志·湖南卷》编辑委员会编著
长沙《中国戏曲志·湖南卷》编辑委员会
1986 年 136 页 有乐谱 26cm（16 开）

J0165329
中国戏曲志 （第四册 湖南卷 征求意见稿）《中国戏曲志·湖南卷》编辑室［编］
［长沙］［《中国戏曲志·湖南卷》编辑室］1986 年
26 页 26cm（16 开）定价：CNY80.00

J0165330
中国戏曲志 （第四册 湖南卷 征求意见稿）《中国戏曲志·湖南卷》编辑室［编］
［长沙］［《中国戏曲志·湖南卷》编辑室］1986 年
26 页 26cm（16 开）定价：CNY80.00

J0165331
中国戏曲志 （五 湖南卷）《中国戏曲志·湖南卷》编辑委员会编著
长沙《中国戏曲志·湖南卷》编辑委员会
1986 年 有乐谱 26cm（16 开）

J0165332
中国戏曲志 （六 湖南卷）《中国戏曲志·湖南卷》编辑委员会编著
长沙《中国戏曲志·湖南卷》编辑委员会
1986 年 有乐谱 26cm（16 开）

J0165333
中国戏曲志 （七 湖南卷）《中国戏曲志·湖南卷》编辑委员会编著
长沙《中国戏曲志·湖南卷》编辑委员会
1986 年 127 页 有乐谱 26cm（16 开）

J0165334
中国戏曲志 （湖南卷 总目录 征求意见稿）《中国戏曲志·湖南卷》编辑室［编］
［长沙］［《中国戏曲志·湖南卷》编辑室］1987 年
22 页 26cm（16 开）定价：CNY20.00

J0165335
中国戏曲志 （湖北卷 送审稿）《中国戏曲志·湖北卷》编辑部［编］
［武汉］［《中国戏曲志·湖北卷》编辑部］1987 年
9 册 26cm（16 开）定价：CNY420.00

J0165336
中国戏曲志 （初审稿）《中国戏曲志·西藏卷》编辑部［编］

[拉萨][《中国戏曲志·西藏卷》编辑部] 1987年
油印本 5册 26cm(16开) 定价: CNY100.00

J0165337
中国戏曲志 (辽宁卷 志稿)《中国戏曲志·辽宁卷》编辑委员会[编]
[沈阳][《中国戏曲志·辽宁卷》编辑委员会]
1987年 15册 26cm(16开) 定价: CNY200.00

J0165338
中国戏曲志 (第一册 广西卷 征求意见稿)
《中国戏曲志·广西卷》编辑部[编]
[南宁]《中国戏曲志·广西卷》编辑部 1987年
26cm(16开) 定价: CNY30.00

J0165339
中国戏曲志 (第二册 广西卷 征求意见稿)
《中国戏曲志·广西卷》编辑部[编]
[南宁]《中国戏曲志·广西卷》编辑部 1987年
26cm(16开) 定价: CNY60.00

J0165340
中国戏曲志 (第三册 广西卷 征求意见稿)
《中国戏曲志·广西卷》编辑部[编]
[南宁]《中国戏曲志·广西卷》编辑部 1987年
26cm(16开) 定价: CNY80.00

J0165341
中国戏曲志 (第四册 广西卷 征求意见稿)
《中国戏曲志·广西卷》编辑部[编]
[南宁]《中国戏曲志·广西卷》编辑部 1987年
26cm(16开) 定价: CNY50.00

J0165342
中国戏曲志 (第五册 广西卷 征求意见稿)
《中国戏曲志·广西卷》编辑部[编]
[南宁]《中国戏曲志·广西卷》编辑部 1987年
26cm(16开) 定价: CNY60.00

J0165343
中国戏曲志 (第六册 广西卷 征求意见稿)
《中国戏曲志·广西卷》编辑部[编]
[南宁]《中国戏曲志·广西卷》编辑部 1987年
26cm(16开) 定价: CNY60.00

J0165344
中国戏曲志 (第七册 广西卷 征求意见稿)
《中国戏曲志·广西卷》编辑部[编]
[南宁]《中国戏曲志·广西卷》编辑部 1987年
26cm(16开) 定价: CNY40.00

J0165345
中国戏曲志 (第八册 广西卷 征求意见稿)
《中国戏曲志·广西卷》编辑部[编]
[南宁]《中国戏曲志·广西卷》编辑部 1987年
26cm(16开) 定价: CNY20.00

J0165346
中国戏曲志 (河南卷 正阳县戏曲志 征求意见稿)正阳县文化局编
[正阳]正阳县文化局 1987年 油印本
26cm(16开)

J0165347
中国戏曲志 (第一分册 四川卷 初审稿)《中国戏曲志·四川卷》编委会编辑部[编]
[成都][《中国戏曲志·四川卷》编委会编辑部]
1988年 4册 有照片 26cm(16开)
定价: CNY200.00

J0165348
中国戏曲志 (云南卷)[《中国戏曲志·云南卷》编辑部编]
[昆明]《中国戏曲志·云南卷》[编辑部] 1988年
4册 26cm(16开)

J0165349
中国戏曲志 (二 浙江卷)《中国戏曲志·浙江卷》编辑委员会编著
《中国戏曲志·浙江卷》编辑委员会 1988年
144页 26cm(16开)

J0165350
中国戏曲志 (四 浙江卷)《中国戏曲志·浙江卷》编辑委员会编著
《中国戏曲志·浙江卷》编辑委员会 1988年
202页 26cm(16开)

J0165351
中国戏曲志 (五 浙江卷)《中国戏曲志·浙江

卷》编辑委员会编著
《中国戏曲志·浙江卷》编辑委员会 1988年
202页 26cm(16开)

J0165352
中国戏曲志 (六 浙江卷)《中国戏曲志·浙江卷》编辑委员会编著
《中国戏曲志·浙江卷》编辑委员会 1988年
144页 26cm(16开)

J0165353
中国戏曲志 (七 浙江卷)《中国戏曲志·浙江卷》编辑委员会编著
《中国戏曲志·浙江卷》编辑委员会 1988年
116页 26cm(16开)

J0165354
中国戏曲志 (山西卷 初稿)《中国戏曲志·山西卷》编辑部[编]
[太原]《中国戏曲志·山西卷》[编辑部] 1989年
15册 26cm(16开) 定价: CNY450.00

J0165355
中国戏曲志 (江苏卷 初审稿)《中国戏曲志·江苏卷》编辑部[编]
[南京]《中国戏曲志·江苏卷》[编辑部] 1989年
4册 26cm(16开) 定价: CNY280.00

J0165356
中国戏曲志 (安徽省卷 滁县地区分卷) 滁县地区行署文化局编
滁州[安徽][滁县地区行署文化局][1990年]
187页 有图 21cm(32开) 精装

J0165357
中国戏曲志 (湖南卷)《中国戏曲志》编辑委员会编
北京 文化艺术出版社 1990年 764页 有剧照
26cm(16开) 精装 ISBN: 7-5039-0416-X
定价: CNY41.00

本书分综述、图表、志略、传记4部类，分别记述湖南省戏曲的历史和现状。收录剧种20个，剧目211个，人物138个，并介绍了表演艺术、音乐唱腔、戏曲机构、演出场所、报刊专著，以及文物古迹、轶闻传说、演出习俗、谚语口诀等。为研究湖南戏曲发展的历史、创作规律、美学特征提供了丰富的资料。

J0165358
中国戏曲志 (山西卷)《中国戏曲志》编辑委员会编
北京 文化艺术出版社 1990年 830页 有彩照
26cm(16开) 精装 ISBN: 7-5039-0725-8
定价: CNY38.00

本书比较全面系统地记述山西戏曲的历史与现状，反映了全省40多个剧种的艺术风貌及其繁衍流变的轨迹。

J0165359
中国戏曲志 (山西卷)《中国戏曲志》编辑委员会编
北京 文化艺术出版社 1990年 830页 有彩照
26cm(16开) 精装 ISBN: 7-5039-0726-6
定价: CNY44.50

J0165360
中国戏曲志 (天津卷)《中国戏曲志》编辑委员会编
北京 文化艺术出版社 1990年 539页 有剧照
26cm(16开) 精装 ISBN: 7-5039-0583-2
定价: CNY27.80

本书分综述、图表、志略、传记4部分。对昆曲、京剧、河北梆子、评剧、北方越剧、天津曲艺剧以及文明戏活动情况有比较翔实的整理载录。

J0165361
中国戏曲志 (上海卷 未定稿)《中国戏曲志·上海卷》编辑部[编]
[上海][《中国戏曲志·上海卷》编辑部] 1992年
270页 有表格 26cm(16开)

J0165362
中国戏曲志 (河南卷)《中国戏曲志》编辑委员会编
北京 文化艺术出版社 1992年 790页
26cm(16开) 特精装 ISBN: 7-5039-1036-4
定价: CNY71.00

本书包括河南地区剧种、剧目、音乐、表演、舞台美术、机构、演出场所、演出习俗、文物古迹、报刊专著、轶闻传说、谚语口诀等。

J0165363
中国戏曲志 （吉林卷）张庚主编;《中国戏曲志》编辑委员会编
北京 中国ISBN中心出版社 1992年 747页
26cm（16开）特精装 ISBN：7-5076-0013-0
定价：CNY72.70

J0165364
中国戏曲志 （江苏卷）张庚主编；王鸿分卷主编;《中国戏曲志》编辑委员会编
北京 中国ISBN中心出版社 1992年 1128页
有照片 26cm（16开）精装
ISBN：7-5076-0018-1 定价：CNY85.00

J0165365
中国戏曲志 （江苏卷）《中国戏曲志》编辑委员会编
北京 中国ISBN中心出版社 1992年 1128页
有照片 26cm（16开）特精装
ISBN：7-5076-0017-3 定价：CNY100.00

J0165366
中国戏曲志 （江苏卷）张庚主编;《中国戏曲志》编辑委员会编
北京 中国ISBN中心出版社 1993年 1128页
26cm（16开）特精装 ISBN：7-5076-0017-3
定价：CNY100.00

J0165367
中国戏曲志 （新疆卷 送审稿）《中国戏曲志·新疆卷》编委会［编］
［《中国戏曲志·新疆卷》编委会］1993年 油印本
4册 26cm（16开）定价：CNY240.00

J0165368
中国戏曲志 （福建卷）《中国戏曲志》编辑委员会编
北京 文化艺术出版社 1993年 724页
26cm（16开）特精装 ISBN：7-5039-1038-0
定价：CNY66.00

J0165369
中国戏曲志 （福建卷）张庚主编;《中国戏曲志》编辑委员会编
北京 文化艺术出版社 1993年 724页
26cm（16开）精装 ISBN：7-5039-0679-0
定价：CNY56.00

J0165370
中国戏曲志 （湖北卷）《中国戏曲志》编辑委员会编
北京 文化艺术出版社 1993年 664页
26cm（16开）特精装 ISBN：7-5039-1040-2
定价：CNY61.00

J0165371
中国戏曲志 （湖北卷）《中国戏曲志》编辑委员会,《中国戏曲志·湖北卷》编辑委员会编
北京 文化艺术出版社 1993年 664页 有彩照
26cm（16开）精装 ISBN：7-5039-1041-0
定价：CNY51.00

J0165372
中国戏曲志 （西藏卷）《中国戏曲志》编辑委员会编
北京 文化艺术出版社 1993年 715页
26cm（16开）精装 ISBN：7-5039-1279-0
定价：CNY85.00

J0165373
中国戏曲志 （西藏卷）张庚主编;《中国戏曲志》编辑委员会编
北京 文化艺术出版社 1993年 715页
26cm（16开）精装 ISBN：7-5039-1278-2
定价：CNY75.00

J0165374
中国戏曲志 （安徽卷）《中国戏曲志》编辑委员会,《中国戏曲志·安徽卷》编辑委员会编
北京 中国ISBN中心出版社 1993年 819页
有照片 26cm（16开）精装
ISBN：7-5076-0015-7 定价：CNY78.90

J0165375
中国戏曲志 （河北卷）《中国戏曲志》编辑委员会,《中国戏曲志·河北卷》编辑委员会编
北京 中国ISBN中心出版社 1993年 834页
有照片 26cm（16开）精装

ISBN：7-5076-0035-1 定价：CNY80.20

J0165376
中国戏曲志 （吉林卷）《中国戏曲志》编辑委员会，《中国戏曲志·吉林志》编辑委员会编
北京 中国ISBN中心出版社 1993年 747页
有照片 26cm（16开）特精装
ISBN：7-5076-0013-0 定价：CNY72.70

J0165377
中国戏曲志 （安徽卷）《中国戏曲志》编辑委员会，《中国戏曲志·安徽卷》编辑委员会编
北京 中国ISBN中心出版社 1993年 819页
有照片 26cm（16开）精装
ISBN：7-5076-0016-5 定价：CNY68.90

J0165378
中国戏曲志 （广东卷）《中国戏曲志》编辑委员会，《中国戏曲志·广东卷》编辑委员会编
北京 中国ISBN中心出版社 1993年 603页
有照片 26cm（16开）精装
ISBN：7-5076-0020-3 定价：CNY50.70

J0165379
中国戏曲志 （广东卷）《中国戏曲志》编辑委员会，《中国戏曲志·广东卷》编辑委员会编
北京 中国ISBN中心出版社 1993年 603页
有照片 26cm（16开）特精装
ISBN：7-5076-0019-X 定价：CNY60.70

J0165380
中国戏曲志 （河北卷）《中国戏曲志》编辑委员会，《中国戏曲志·河北卷》编辑委员会编
北京 中国ISBN中心出版社 1993年 834页
有照片 26cm（16开）精装
ISBN：7-5076-0036-X 定价：CNY70.20

J0165381
中国戏曲志 （吉林卷）《中国戏曲志》编辑委员会，《中国戏曲志·吉林志》编辑委员会编
北京 中国ISBN中心出版社 1993年 747页
有照片 26cm（16开）精装
ISBN：7-5076-0014-9 定价：CNY62.70

J0165382
中国戏曲志 （辽宁卷）《中国戏曲志》编辑委员会，《中国戏曲志·辽宁卷》编辑委员会
北京 中国ISBN中心出版社 1994年 571页
有照片 26cm（16开）精装
ISBN：7-5076-0026-2 定价：CNY48.10

J0165383
中国戏曲志 （辽宁卷）《中国戏曲志》编辑委员会，《中国戏曲志·辽宁卷》编辑委员会
北京 中国ISBN中心出版社 1994年 571页
有照片 26cm（16开）特精装
ISBN：7-5076-0025-4 定价：CNY58.10

J0165384
中国戏曲志 （内蒙古卷）《中国戏曲志》编辑委员会，《中国戏曲志·内蒙古卷》编辑委员会编
北京 中国ISBN中心出版社 1994年 640页
有彩照 26cm（16开）精装
ISBN：7-5076-0061-0 定价：CNY72.30

J0165385
中国戏曲志 （内蒙古卷）《中国戏曲志》编辑委员会，《中国戏曲志·内蒙古卷》编辑委员会编
北京 中国ISBN中心出版社 1994年 640页
有彩照 26cm（16开）精装
ISBN：7-5076-0062-9 定价：CNY62.30

J0165386
中国戏曲志 （山东卷）《中国戏曲志》编辑委员会，《中国戏曲志·山东卷》编辑委员会编
北京 中国ISBN中心出版社 1994年 819页
有图 26cm（16开）特精装
ISBN：7-5076-0053-X 定价：CNY89.20

J0165387
中国戏曲志 （黑龙江卷）《中国戏曲志》编辑委员会，《中国戏曲志·黑龙江卷》编辑委员会编
北京 中国ISBN中心出版社 1994年 544页
有彩照 26cm（16开）精装
ISBN：7-5076-0052-1 定价：CNY53.30

J0165388
中国戏曲志 （山东卷）《中国戏曲志》编辑委员会，《中国戏曲志·山东卷》编辑委员会编

北京 中国ISBN中心出版社 1994年 819页
有图 26cm(16开) 精装 ISBN: 7-5076-0054-8
定价: CNY79.20

J0165389
中国戏曲志 (甘肃卷)《中国戏曲志》编辑委员会,《中国戏曲志·甘肃卷》编辑委员会[编]
北京 中国ISBN中心出版社 1995年 19+805页
有图 26cm(16开) 精装 ISBN: 7-5076-0088-2
定价: CNY134.80

J0165390
中国戏曲志 (广西卷)《中国戏曲志》编辑委员会,《中国戏曲志·广西卷》编辑委员会编
北京 中国ISBN中心出版社 1995年 19+723页
有图 26cm(16开) 精装 ISBN: 7-5076-0078-5
定价: CNY104.00

J0165391
中国戏曲志 (陕西卷)《中国戏曲志》编辑委员会,《中国戏曲志·陕西卷》编辑委员会[编]
北京 中国ISBN中心出版社 1995年 19+953页
有照片 26cm(16开) 精装
ISBN: 7-5076-0063-7 定价: CNY132.50

J0165392
中国戏曲志 (陕西卷)《中国戏曲志》编辑委员会,《中国戏曲志·陕西卷》编辑委员会编
北京 中国ISBN中心出版社 1995年 19+953页
有图 26cm(16开) 精装
ISBN: 7-5076-0064-5 定价: CNY122.50

J0165393
中国戏曲志 (四川卷)《中国戏曲志》编辑委员会,《中国戏曲志·四川卷》编辑委员会编
北京 中国ISBN中心出版社 1995年 18+743页
有图 26cm(16开) 精装 ISBN: 7-5076-0079-3
定价: CNY106.00

J0165394
中国戏曲志 (新疆卷)《中国戏曲志》编辑委员会,《中国戏曲志·新疆卷》编辑委员会[编]
北京 中国ISBN中心出版社 1995年 16+868页
有照片 26cm(16开) 精装
ISBN: 7-5076-0093-9 定价: CNY121.50

J0165395
中国戏曲志 (云南卷) 金重卷主编; 张庚主编;《中国戏曲志》编辑委员会,《中国戏曲志·云南卷》编辑委员会[编]
北京 中国ISBN中心出版社 1995年 重印本
20+801页 有照片 26cm(16开) 特精装
ISBN: 7-5076-0059-9 定价: CNY87.70

J0165396
中国戏曲志 (上海卷)《中国戏曲志》编辑委员会,《中国戏曲志·上海卷》编辑委员会[编]
北京 中国ISBN中心出版社 1996年 20+1047页
有照片 26cm(16开) 精装
ISBN: 7-5076-0117-X 定价: CNY176.00

J0165397
中国戏曲志 (宁夏卷)《中国戏曲志》编辑委员会,《中国戏曲志·宁夏卷》编辑委员会编
北京 中国ISBN中心出版社 1996年 11+471页
有彩照及彩图 26cm(16开) 精装
ISBN: 7-5076-0107-2 定价: CNY83.50

J0165398
中国戏曲志 (宁夏卷)《中国戏曲志》编辑委员会编辑
[北京] 中国戏曲志编辑委员会 1996年
26cm(16开) ISBN: 978-7-5076-0107-2
定价: CNY83.50

J0165399
中国戏曲志 (浙江卷)《中国戏曲志》编辑委员会,《中国戏曲志·浙江卷》编辑委员会[编]
北京 中国ISBN中心出版社 1997年 24+938页
有图 26cm(16开) 精装 ISBN: 7-5076-0144-7
定价: CNY155.00

J0165400
中国戏曲志 (海南卷)《中国戏曲志》编辑委员会,《中国戏曲志·海南卷》编辑委员会[编]
北京 中国ISBN中心出版社 1998年 14+808页
有图 26cm(16开) 精装 ISBN: 7-5076-0150-1
定价: CNY134.00

J0165401
中国戏曲志 (江西卷)《中国戏曲志》编辑委

员会,《中国戏曲志·江西卷》编辑委员会［编］
北京 中国ISBN中心出版社 1998年 21+984页
有图 26cm(16开) 精装 ISBN: 7-5076-0127-7
定价: CNY162.00

J0165402
中国戏曲志 (青海卷)《中国戏曲志》编辑委员会,《中国戏曲志·青海卷》编辑委员会［编］
北京 中国ISBN中心出版社 1998年 687页
有图 26cm(16开) 精装 ISBN: 7-5076-0151-X
定价: CNY116.00

J0165403
中国戏曲志 (北京卷)《中国戏曲志》编辑委员会,《中国戏曲志·北京卷》编辑委员会［编］
北京 中国ISBN中心出版社 1999年
2册(34+1682页) 有图 26cm(16开) 精装
ISBN: 7-5076-0152-8 定价: CNY284.00

J0165404
中国戏曲志 (贵州卷)《中国戏曲志》编辑委员会,《中国戏曲志·贵州卷》编辑委员会［编］
北京 中国ISBN中心出版社 1999年 14+688页
有图 26cm(16开) 精装 ISBN: 7-5076-0168-4
定价: CNY116.00

J0165405
中国戏曲志天津卷资料汇编 (第一辑) 高介云(等)主编;《中国戏曲志·天津卷资料汇编》编纂委员会主编
天津［中国戏曲志天津卷资料汇编编纂委员会］
1984年 174页 有剧照 26cm(16开)

J0165406
中国戏曲志天津卷资料汇编 (第二辑) 高介云等主编;《中国戏曲志·天津卷资料汇编》编纂委员会主编
天津［中国戏曲志天津卷资料汇编编纂委员会］
1984年 162页 有照片 26cm(16开)

J0165407
中国戏曲志天津卷资料汇编 (第五辑 戏曲音乐专辑) 高介云(等)主编;《中国戏曲志·天津卷》编辑部主编
天津［中国戏曲志天津卷资料汇编编纂委员会］
1985年 363页 26cm(16开)

J0165408
中国戏曲志天津卷资料汇编 (第六、七辑 戏曲活动史料) 高介云(等)主编;《中国戏曲志·天津卷》编辑部主编
天津［中国戏曲志天津卷资料汇编编纂委员会］
1986年 2册(257;245页) 26cm(16开)

J0165409
中国戏曲志天津卷资料汇编 (第三辑) 高介云(等)主编;《中国戏曲志·天津卷》编辑部主编
天津［中国戏曲志天津卷资料汇编编纂委员会］
1987年 181页 26cm(16开)

J0165410
中国戏曲志天津卷资料汇编 (第四辑) 高介云等主编;《中国戏曲志·天津卷》编辑部主编
天津［中国戏曲志天津卷资料汇编编纂委员会］
1988年 176页 27cm(16开)

J0165411
本溪戏曲纵横 肖哲,沈武编著
［《中国戏曲志·辽宁卷》本溪编辑部］1985年
199页 有图 19cm(32开) 定价: CNY1.50

J0165412
布依戏史话 毛鹰著
贵阳 贵州人民出版社 1985年 62页 有剧照
19cm(32开) 统一书号: 10115.660
定价: CNY0.50
(贵州地方戏曲剧种史丛书)

J0165413
阜新蒙古剧志 ［全国戏剧志辽宁卷阜新编辑部编］
［阜新］［全国戏剧志辽宁卷阜新编辑部］
［1985年］64页 有照片 20cm(32开)

J0165414
贵州地戏简史 高伦著
贵阳 贵州人民出版社 1985年 93页 有冠图
19cm(32开) 统一书号: 10115.668
定价: CNY0.68
(贵州地方戏曲剧种史丛书)

本书内容包括：地戏的起源和形式、地戏的艺术、地戏的装扮艺术、地戏的组织与活动。

J0165415
河南戏曲史志资料辑丛 （第一辑）中国戏曲志河南卷编辑委员会［编］
中国戏曲志河南卷编委会 1985年 257页
有照片 19cm（32开）定价：CNY1.20

J0165416
河南戏曲史志资料辑丛 （第二辑）中国戏曲志河南卷编辑委员会［编］
［郑州］中国戏曲志河南卷编委会［1986年］
288页 有照片 19cm（32开）定价：CNY1.20

J0165417
河南戏曲史志资料辑丛 （第三辑）中国戏曲志河南卷编辑委员会［编］
中国戏曲志河南卷编委会［1985—1989年］
218页 18cm（15开）定价：CNY1.20

J0165418
河南戏曲史志资料辑丛 （第四辑）中国戏曲志河南卷编辑委员会［编］
中国戏曲志河南卷编委会［1985—1989年］
272页 18cm（15开）定价：CNY1.20

J0165419
河南戏曲史志资料辑丛 （第五辑）中国戏曲志河南卷编辑委员会［编］
中国戏曲志河南卷编委会［1985—1989年］
258页 有图 18cm（15开）定价：CNY1.20

J0165420
河南戏曲史志资料辑丛 （第六辑）中国戏曲志河南卷编辑委员会［编］
中国戏曲志河南卷编委会［1985—1989年］
293页 有图 18cm（15开）定价：CNY1.20

J0165421
河南戏曲史志资料辑丛 （第七辑）中国戏曲志河南卷编辑委员会［编］
中国戏曲志河南卷编委会［1985—1989年］
275页 18cm（15开）定价：CNY1.20

J0165422
河南戏曲史志资料辑丛 （第十一辑）中国戏曲志河南卷编辑委员会［编］
中国戏曲志河南卷编委会［1985—1989年］
243页 有图 20cm（32开）定价：CNY1.50

J0165423
河南戏曲史志资料辑丛 （第十四辑 洛阳市专辑）中国戏曲志河南卷编辑委员会［编］
中国戏曲志河南卷编委会 1988年 306页
18cm（15开）定价：CNY2.50

J0165424
江淮戏曲谱 安徽省文学艺术研究所编写
合肥 安徽文艺出版社 1985年 300页
20cm（32开）统一书号：10378.43 定价：CNY1.56

本书收有青阳高腔、徽剧、黄梅戏、庐剧、皖南花鼓戏、泗州戏、淮北花鼓戏、沙河调、含弓戏、嗨子戏、梨簧戏、文南词、清音戏、推子戏、傩戏、目连戏、洪山调、二夹弦、坠子戏等19个剧种的历史概况及其演变的资料。

J0165425
梨园趣闻轶事 马清福编著
北京 中国戏剧出版社 1985年 755页
20cm（32开）定价：CNY3.75

本书收集了古今著名艺术家的一些趣闻逸事，其中包括我国传说最早的演员优孟的表演，伟大剧作家汤显祖运思独苦而创作《临川四梦》，表演艺术家谭鑫培倒仓以后，在讽刺贬义中创造谭派艺术等。

J0165426
宁夏戏曲史料汇编 （第一辑）乃黎主编
［中国戏曲志宁夏卷编辑部］1985年 388页
18cm（15开）定价：CNY2.00

J0165427
黔剧史话 魏绪文著
贵阳 贵州人民出版社 1985年 67页 有照片
19cm（32开）统一书号：10115.654
定价：CNY0.64
（贵州地方戏曲剧种史丛书）

J0165428
全国剧场资料汇编　文化部艺术事业管理局编
1985年 4册 26cm(16开) 定价: CNY12.00

J0165429
天津戏剧纪事　(1983年—1984年) 天津市艺术研究所编
天津 天津市艺术研究所 1985年 311页
26cm(16开) 精装

J0165430
翁偶虹编剧生涯　翁偶虹著
北京 中国戏剧出版社 1985年 591页 有剧照
20cm(32开) 定价: CNY3.30

J0165431
婺剧简史　章寿松, 洪波编著
杭州 浙江人民出版社 1985年 384页 有照片
20cm(32开) 统一书号: 8103.541
定价: CNY2.40

J0165432
延安平剧活动史料集　(第一集) 文化部党史资料征集工作领导小组, 延安平剧活动史料征集组编
北京 文化部党史资料征集工作领导小组
1985年 398页 有照片 19cm(32开)

J0165433
燕都艺谭　中国人民政治协商会议北京委员会文史资料研究委员会编
北京 北京出版社 1985年 411页 20cm(32开)
统一书号: 11071.223 定价: CNY2.55

本书是一部关于昆曲、河北梆子、评戏、相声、大鼓方面的史料, 其中包括相声大师侯宝林的"自传"以及其他几位著名艺术家的传记及艺术成就等。

J0165434
扬州曲艺史话　韦人, 韦明铧编著
北京 中国曲艺出版社 1985年 276页
20cm(32开) 定价: CNY1.25

J0165435
浙江戏曲志资料汇编　《中国戏曲志·浙江卷》编辑部编
杭州 1985年 108页 20cm(32开)
定价: CNY6.50

J0165436
浙江戏曲志资料汇编　(第二期)《中国戏曲志·浙江卷》编辑部编
浙江 [1985年] 218页 20cm(32开)

J0165437
浙江戏曲志资料汇编　(第三期)《中国戏曲志·浙江卷》编辑部编
浙江 [1985年] 226页 20cm(32开)

J0165438
浙江戏曲志资料汇编　(第四期)《中国戏曲志·浙江卷》编辑部编
浙江 [1985年] 321页 20cm(32开)

J0165439
中国的相声　薛宝琨著
北京 人民出版社 1985年 195页 有图
20cm(32开)
(祖国丛书)

本书简略介绍了相声这门艺术形成的源流, 近百年来发展变化的历史, 以及突出的代表人物和代表作品。

J0165440
中国古代戏剧史　唐文标著
北京 中国戏剧出版社 1985年 250页
20cm(32开) 定价: CNY1.65, CNY3.10 (精装)

本书是作者近年研究戏曲史的一部力作, 在研究前人的基础上, 总结探求了中国戏剧的民间渊源, 对隋、唐、宋三代的社会状况及民间艺术考察的论述颇为详尽。

J0165441
中国戏剧史探微　蒋星煜著
济南 齐鲁书社 1985年 364页 有肖像
20cm(32开) 统一书号: 10206.101
定价: CNY2.90

本书是作者的第4本戏曲论文集。共收录30篇文章, 全书分为3组: 第1组是古典戏曲论文13篇; 第2组是论《西厢记》11篇; 第3组是

清代地方戏和曲艺6篇。最后还附录了论述日本学者对《西厢记》版本学的贡献和日本能乐与狂言的两篇文章。

J0165442
中国戏剧文化史述　余秋雨著
长沙 湖南人民出版社 1985年 500页
20cm(32开)统一书号:10109.1969
定价:CNY2.65
本书论述中国戏剧文化的起源、发展、成熟以及现状和发展趋势。

J0165443
中国戏曲史话　彭隆兴编
北京 知识出版社 1985年 333页 有图
19cm(32开)统一书号:8214.29 定价:CNY1.65
本书是一本通俗性读物。简要地阐述了中国戏曲的发祥、形成、演变过程。书中对历代戏曲名家、名著、对各剧种都分别予以介绍分析,并以京剧为代表对我国戏曲的化装、表演、角色、道具等作了介绍。

J0165444
中国戏曲志编辑手册　中国戏曲志编辑部[编辑]
[中国戏曲志编辑部]1985年 再版 441页
19cm(32开)

J0165445
中华国剧史　史焕章编著
台北 商务印书馆 1985年 613页
21cm(32开)定价:TWD5.40
(中华科学技艺史丛书)

J0165446
重庆抗战剧坛　(重庆雾季艺术节资料之一)
重庆戏剧家协会《重庆剧讯》主编
北京 中国戏剧出版社 1985年 160页
19cm(32开)定价:CNY1.50

J0165447
本溪戏曲志　《本溪戏曲志》编辑部[编]
[本溪][《本溪戏曲志》编辑部]1986年 280页
有图 20cm(32开)

J0165448
波阳县戏曲志　(初稿)王遇龙,叶天文编撰
[波阳县文化局戏曲志编纂室]1986年[油印本]
160页 有图 27cm(16开)

J0165449
承德戏曲全志　王乃和主编;《承德戏曲全志》编辑部编辑
[承德][《承德戏曲全志》编辑部]1986年 752页
有图 26cm(16开)精装 定价:CNY20.00

J0165450
承德戏曲资料汇编　《承德戏曲全志》编辑部编辑
承德《承德戏曲全志》编辑部 1986年 459页
27cm(16开)定价:CNY8.50

J0165451
川北灯戏　吕子房等编著;四川省川剧艺术研究院,南充地区文化局编
成都 四川文艺出版社 1986年 页 20cm(32开)
定价:CNY2.95

J0165452
定南县戏曲志　定南县戏曲志编辑小组[编]
1986年 73页 有地图 26cm(16开)

J0165453
简明世界戏剧史　(英)哈特诺尔(Hartnoll, P.)著;李松林译
北京 中国戏剧出版社 1986年 163页
19cm(32开)统一书号:8069.1035
定价:CNY1.60
(外国戏剧史丛书)
本书叙述了从西方戏剧的起源——古希腊罗马的宗教仪式直至现、当代东方戏剧的基本模式,纵横2500年的戏剧发展史,包括舞台建筑、编导和表演艺术、服装、舞台美术以及灯光设计等诸多方面的变化与革新。

J0165454
江西戏曲志资料　(第一期)中国戏曲志江西卷编辑部编
[南昌][中国戏曲志江西卷编辑部]1986年
154页 有照片 21cm(32开)

J0165455
明代传奇之剧场及其艺术 王安祈著
台北 学生书局 1986年 376页 有图
21cm(32开) 定价: TWD230.00
(中国文学研究丛刊)

J0165456
黔北花灯初探 崔克昌等著
贵阳 贵州人民出版社 1986年 135页 有剧照
19cm(32开) 统一书号: 10115.669
定价: CNY0.82
(贵州地方戏曲剧种史丛书)

J0165457
曲苑 (第二辑)《曲苑》编辑部编
南京 江苏古籍出版社 1986年 335页
20cm(32开) 统一书号: 10354.028
定价: CNY2.20

J0165458
四川戏曲史料 戴德源辑录; 中国戏曲志四川卷编辑部, 成都市川剧志编辑部编
1986年 14+195页 19cm(32开)

J0165459
松阳县戏曲史料 包志林主编
松阳 松阳县文化局 1986年
3册(103; 99; 162) 26cm(16开)

J0165460
戏曲论丛 (第一辑) 赵景深主编
兰州 甘肃人民出版社 1986年 327页
20cm(32开) 统一书号: 10096.391
定价: CNY1.80

外文书名: Chinese Theatrical Forum.

J0165461
戏曲文物丛考 刘念兹著
北京 中国戏剧出版社 1986年 147页 有图
20cm(32开) 定价: CNY0.90

本书收录有关戏曲文物的论文7篇。有对中华人民共和国成立以来新发现的戏曲文物的综述; 有对一些重要的戏曲文物的专题考察, 如北宋的雕砖、南宋的瓷俑、金代的戏墓、元代的壁画、清代的戏楼和碑刻。附有15幅戏曲文物图片。

J0165462
元杂剧喜剧艺术 王寿之著
合肥 安徽文艺出版社 1986年 125页
21cm(32开) 定价: CNY0.75
(安徽戏剧理论丛书)

J0165463
中国的戏剧 彭飞著
北京 中国青年出版社 1986年 348页
20cm(32开) 定价: CNY2.10
(祖国丛书)

本出介绍中国古代戏剧的发展历史、中国戏剧流变过程中涌现的艺术大师和著名剧作及几千年来的戏剧运动和舞台演出。

J0165464
中国古代戏曲十九讲 周续赓等著
北京 北京出版社 1986年 204页 19cm(32开)
统一书号: 10071.588 定价: CNY1.00

J0165465
中国古典戏剧 曾永义著
台北 文化建设委员会 1986年
63页 有彩照 21cm(32开) 定价: TWD50.00
(文化资产丛书 23)

J0165466
中国戏剧学史稿 叶长海著
上海 上海文艺出版社 1986年 548页
21cm(32开) 定价: CNY3.95

作者叶长海(1944—), 教授。浙江永嘉人, 毕业于上海戏剧学院戏剧文学系。历任上海戏剧学院教授、博士生导师, 中国戏曲学会副会长。著有《王骥德曲律研究》《中国戏剧学史稿》《曲学与戏剧学》等。

J0165467
楚雄彝族自治州戏曲志 (音乐 上下卷) 楚雄州文化局编
[楚雄][楚雄州文化局] 1987年 油印本
2册(234页) 26cm(16开)

J0165468
范县戏曲志 河南省范县文化局[编]
[范县][河南省范县文化局] 1987年 192页

有图 26cm(16开)

J0165469
河北省戏曲志　(廊坊卷　试编本)廊坊地区戏曲志编辑部编
[廊坊][廊坊地区戏曲志编辑部]1987年
406页 26cm(16开)定价:CNY70.00

J0165470
近代英国戏剧　(英)亨特(Hunt, H.)等著;李醒译
北京 中国戏剧出版社 1987年 388页
19cm(32开)统一书号:8069.1058
定价:CNY2.20
外文书名:The Revels History of Drama in English.

J0165471
抗敌剧社实录　刘佳,胡可等著
北京 军事谊文出版社 1987年 485页
19cm(32开)统一书号:10319.25
ISBN:7-80027-015-7 定价:CNY2.95
作者胡可(1921—2019),编剧。历任石家庄军区副政委、北京部队宣传部副部长、总政文化部副部长,中国人民解放军艺术学院院长,中国戏剧家协会副主席。著有《英雄的阵地》《槐树庄》《习剧笔记》等。

J0165472
绵阳市戏曲志　陈明星主编;绵阳市文化局,《绵阳市戏曲志》编辑部编写
[绵阳][绵阳市文化局]1987年 173页 有照片
26cm(16开)定价:CNY90.00

J0165473
南宁市戏曲志　李玉昆主编;南宁市文化局戏曲志编辑委员会编
[南宁][南宁市戏曲志编辑委员会]1987年
146页 有照片图 26cm(16开)定价:CNY40.00

J0165474
南宁戏曲志　南宁市文化局戏曲志编辑委员会编
[南宁]南宁市文化局戏曲志编辑委员会
1987年 146页 有图 26cm(16开)
定价:CNY30.00

J0165475
沁阳县戏曲志　(第二稿)郭全仁主编;沁阳县文化局《戏曲志》编辑组[编]
[沁阳][沁阳县文化局][1987年]600页
有照片 26cm(16开)

J0165476
清代戏曲史　周妙中编
郑州 中州古籍出版社 1987年 560页
19cm(32开)统一书号:10219.106
定价:CNY4.50
(中国古代戏曲研究丛书)

J0165477
曲靖市戏曲志　朱福民,周永信编撰;曲靖市文化局[编]
[曲靖][曲靖市文化局][1987年]116页
有图 18cm(32开)

J0165478
上海戏曲史料荟萃　(第3集)中国戏曲志上海卷编辑部编
上海[上海艺术研究所]1987年 162页
26cm(16开)

J0165479
宋金元戏曲文物图论　山西师范大学戏曲文物研究所编
太原 山西人民出版社 1987年 147页
25×23cm 定价:CNY10.00

J0165480
苏区“红色戏剧”史话　左莱,梁化群著
北京 文化艺术出版社 1987年 129页
20cm(32开)统一书号:8228.160
定价:CNY1.40,CNY3.90(精装)
ISBN:7-5039-0008-3
(中国艺术研究院话剧研究所研究丛书)
本书内容包括:1、革命根据地“红色戏剧”的兴起;2、群众性“红色戏剧”的蓬勃发展;3、从八一剧团到工农剧社;4、新型的高尔基戏剧学校;5、在长征中的“红色戏剧”;6、“红色戏剧”的演出形式与剧作。

J0165481
谈史说戏 来新夏等著
北京 北京出版社 1987年 327页 有剧照
19cm(32开)统一书号:11071.482
ISBN:7-200-00037-X 定价:CNY2.30

J0165482
延津县戏曲志 武英杰主编;延津县戏曲志编辑室[编]
[延津][延津县戏曲志编辑室] 1987年 132页
有图 26cm(16开)精装

J0165483
中国戏剧史论集 赵景深等著
南昌 江西人民出版社 1987年 430页
20cm(32开)精装统一书号:10110.331
定价:CNY2.85

J0165484
八千里路云和月 (演剧九队回忆录)中共上海市文化局党史资料征集领导小组主编;演剧九队队史编辑委员会编
[上海] 1988年 477页 有图 21cm(32开)

本书收录夏衍的《周总理对演剧队的关怀——关于演剧队的一些史实》、赵明的《在艺术创作道路上摸索前进——演剧九队(原抗剧二队)的戏剧演出》、汤扬的《为人民而歌 为人民而舞——演剧九队(原抗据二队)的音乐舞蹈》、舒强的《我是在演剧队学会演戏的》、水华的《内疚与喜悦》、杨加深的《抗剧二队给我的影响》、于伶的《无锡·丽人·英雄——〈丽人行〉与〈陆文龙〉》等。"重要队史资料"部分收录:演剧九队(原抗剧二队)大事记、本队工作路线图、本队演出剧目统计表、本队演唱歌曲及舞蹈统计表、本队成员姓名录。

J0165485
博爱县戏曲志 宋继光主编;博爱县文化体育广播事业局编
[郑州][中国戏曲志河南卷编委会] 1988年
190页 有照片 26cm(16开)精装

J0165486
风雨南洋行 丁波著
广州 广东人民出版社 1988年 175页 有照片
20cm(32开)ISBN:7-218-00215-3
定价:CNY2.50

本书是中国歌舞剧艺社南洋演出40周年纪念文集。

J0165487
巩县戏曲志 艾方平主编;巩县文化局编
[巩县][巩县文化局] 1988年 206页 有照片
26cm(16开)精装

J0165488
贺龙与战斗剧社 (1928—1953)贺龙与战斗剧社编写组编
1988年 425页 有图 20cm(32开)
定价:CNY4.90

J0165489
湖南戏曲史稿 龙华编
长沙 湖南大学出版社 1988年 349页
19cm(32开)ISBN:7-314-00351-3
定价:CNY3.50

J0165490
话剧ABC 傅成兰著
北京 宝文堂书店 1988年 110页 19cm(32开)
ISBN:7-80030-051-X 定价:CNY1.55
(文化生活丛书)

本书内容包括:话剧历史知识和舞台表演知识。

J0165491
开封县戏曲志 张庆云主编;开封县文化局编
[开封][开封县文化局] 1988年 10+189页
有图 26cm(16开)

J0165492
昆剧生涯六十年 周传瑛口述;洛地整理
上海 上海文艺出版社 1988年 214页 有照片
21cm(32开)定价:CNY3.50
(表演艺术丛书)

本书口述者周传瑛系著名昆剧表演艺术家,书中记述了他自昆剧传习所以来60余年间的曲折人生及成功之路。全书分"春秋篇"和"春泥篇"。分别收录《昆剧家门一代传》《昆曲的第一个学堂》《拍曲踏戏"凿石头"》《从敲小锣到唱小生》《“传”字班的黄金时代》《继承在舞台上保存在群众中》《昆剧家门谈》《谈表演中的指事、化身和出情》等。附录《“传”字辈戏目单》。

J0165493
柳州市戏曲志 柳州市文化局艺术研究所[编]
[柳州][柳州市文化局艺术研究所] 1988年
168页 有图 26cm(16开)

J0165494
洛阳市戏曲志 盛长柱主编;《洛阳市戏曲志》编辑部编辑
[洛阳]《中国戏曲志·河南卷》编委会 1988年
436页 有照片 26cm(16开)精装
定价:CNY33.00

J0165495
洛阳市戏曲志 盛长柱主编;《洛阳市戏曲志》编辑部编辑
[洛阳]《中国戏曲志·河南卷》编委会 1988年
436页 有图 26cm(16开)精装 定价:CNY30.00

J0165496
欧美现代戏剧史 (1945年以后的欧美戏剧)
(苏)鲍雅吉耶夫等主编;张绍儒译
上海 上海文艺出版社 1988年 415页
19cm(32开) ISBN:7-5321-0093-6
定价:CNY3.25

J0165497
潘之恒曲话 (明)潘之恒撰
北京 中国戏剧出版社 1988年 368页
19cm(32开) ISBN:7-104-00107-7
定价:CNY3.50
(古典戏曲论著译注丛书)

本书是中国古典戏曲论著,对昆曲有着独到的见解。作者潘之恒(约1536—1621),明代戏曲评论家、诗人。字景升,号鸾啸生,冰华生,安徽歙县人,侨寓金陵(今江苏南京)。与汤显祖、沈璟等剧作家交好,曾从事《盛明杂剧》的编校工作。撰有《叙曲》《吴剧》《曲派》等。

J0165498
杞县戏曲志 郜明堂主编;河南省杞县文化局编
[杞县][河南省杞县文化局] 1988年 171页
有彩照 26cm(16开)精装 定价:CNY78.00

J0165499
群众剧社回忆录 (纪念华北群众剧社成立五十周年)中国解放区文学研究会天津分会,天津市文化局,天津市文联编
天津 1988年 269页 20cm(32开)
定价:CNY2.50(工本费)

J0165500
陕西省咸阳市戏剧志 吴来保主编;咸阳市戏剧志编委会[编]
[咸阳][咸阳市戏剧志编委会][1988年]
259页 有照片 26cm(16开)定价:CNY138.00

本书采用图表、志略、传记相结合的方式介绍了陕西省咸阳市戏剧事业的发展情况,内容涉及剧种、剧目、音乐、表演、机构、演出场所、演出风俗、文物、古迹、报刊、专著、轶闻传说等。

J0165501
陕县戏曲志 杨军茂主编;中国戏曲志河南卷编辑委员会[编]
[陕县][中国戏曲志河南卷编辑委员会] 1988年
250页 有照片 26cm(16开)精装

J0165502
商丘地区戏曲志 (初稿)商丘地区文化局,商丘地区戏曲志编辑部[编]
[商丘]商丘地区文化局[1988年]油印本 6册
有照片 26cm(16开)环筒页装

本书内容包括:志略(剧种 剧目)、志略(音乐上)、志略(音乐下 表演)、志略(舞台美术 机构上)、志略(机构下 演出场所 演出习俗 文物古迹 报刊专著 轶闻传说 谚语口诀 其他)、传记(资料汇编)、编后语。

J0165503
武陟县戏曲志 武陟县戏曲志编写组编
武陟[武陟县戏曲志编写组] 1988年 254页
有照片 26cm(16开)

J0165504
西华县戏曲志 黄玉芳,赵强主编;西华县文化局编
[西华]西华县文化局 1988年 179页 有照片

26cm（16开）精装 定价：CNY175.00

J0165505
息县戏曲志 雷桂华主编；息县文化局编
［息县］［息县文化局］1988年 126页 有图
26cm（16开）定价：CNY10.00

J0165506
淅川县戏曲志 魏华岐主编；河南省淅川县文化局编
［淅川］［河南省淅川县文化局］1988年 188页
有彩照 26cm（16开）精装 定价：CNY80.00

J0165507
新疆戏剧文化资料汇编 （一）《新疆戏剧史》编委会编
1988年 351页 19cm（32开）定价：CNY3.50

J0165508
信阳市戏曲志 董伟主编；信阳市文化局［编］
［信阳］信阳市文化局 1988年 80页 有照片
26cm（16开）精装 定价：CNY8.00

作者董伟（1966— ），甘肃省广播电视厅干部等，甘肃硬笔书法家协会副会长。

J0165509
延边朝鲜族自治州戏曲志 《延边朝鲜族自治州戏曲志》编辑部，吉林省文化厅编
长春 吉林省文化厅 1988年 204页 有照片
20cm（32开）

J0165510
中国戏曲史索隐 蒋星煜著
济南 齐鲁书社 1988年 245页 21cm（32开）
定价：CNY2.80

本书收戏曲史论29篇，包括《唐代戏剧形式之探索——敬质〈唐戏弄〉作者任半塘先生》《辽代戏剧史索隐》《元代宫廷演出〈伊尹扶汤〉、〈尸谏灵公〉辨析》《"把都儿"考略——敬质〈元曲释词〉作者顾学颉、王学奇两先生》《海盐腔与〈金瓶梅〉》《昆腔发展史索隐》《徐士范刊本〈西厢记〉的孤本、善本问题——兼答张人和同志》《汪廷讷所作传奇考辨》《明末书林的戏曲选本》等。

J0165511
中州戏史录 韩德英著
郑州 中国戏曲志河南卷编辑委员会 1988年
290页 21cm（32开）

J0165512
鞍山市戏曲志 鞍山市戏曲志编辑部编辑
沈阳 春风文艺出版社 1989年 271页 有剧照
19cm（32开）ISBN：7-5313-0256-X
定价：CNY3.50
（辽宁戏曲志丛书）

J0165513
白山风云回忆录
沈阳 辽宁美术出版社［1989年］543页 有照片
20cm（32开）

J0165514
敌后的文艺队伍 （二）晋察冀文艺研究会编
北京 文化艺术出版社 1989年 420页
20cm（32开）ISBN：7-5039-0480-1
定价：CNY5.80
（晋察冀文艺丛书 四）

J0165515
孩子们，站起来 （孩子剧团回忆录）孩子剧团团史资料征集编辑委员会编
上海 少年儿童出版社 1989年 384页
20cm（32开）ISBN：7-5324-0090-5
定价：CNY6.25

J0165516
鹤岗戏曲志 高殿祥主编；黑龙江省鹤岗市文化局，创作评论研究室编
［鹤岗］［黑龙江省鹤岗市文化局，创作评论研究室］1989年（180+32页）有照片 20cm（32开）
（《黑龙江戏曲志》丛书）

J0165517
获嘉县戏曲志 王国毅，栾富生主编；获嘉县文化局编
［获嘉］［获嘉县文化局］1989年 172页 有图
26cm（16开）

J0165518
锦州市戏曲志　白庆余主编
沈阳 春风文艺出版社 1989 年 290 页 有照片
20cm(32 开) ISBN: 7-5313-0243-8
定价: CNY3.70
(辽宁戏曲志丛书)

J0165519
晋绥边区七月剧社回忆录　(1939—1989)
成都 1989 年 333 页 有照片 20cm(32 开)

J0165520
靖安县戏曲志　靖安县文化局主编
1989 年 [油印本] 27cm(16 开)

J0165521
抗日战争时期的四川话剧运动　孙晓芬编著
成都 四川大学出版社 1989 年 403 页
19cm(32 开) ISBN: 7-5614-0228-7
定价: CNY4.40

J0165522
商城县戏曲志　芮祚国主编; 商城县文化局
[商城] [商城县文化局] 1989 年 100 页 有照片
26cm(16 开) 精装 定价: CNY10.00

J0165523
宋元戏曲文物与民俗　廖奔著
北京 文化艺术出版社 1989 年 450 页
20cm(24 开) ISBN: 7-5039-0327-9
定价: CNY11.00

本书内容涉及戏曲史学、考古学、历史学、民俗学、金石学、服饰学。第 1 编宋元戏曲文物概论; 第 2 编宋元主要戏曲文物叙考; 第 3 编戏曲文物与宋元杂剧; 第 4 编宋元祭祀演剧遗俗。作者廖奔(1953—　), 别名向远方、南阳惊牛翁。河南开封人, 毕业于中国社会科学院研究生院。中国艺术研究院研究员, 戏曲研究所副所长、研究生部戏曲系主任, 中国戏剧家协会会员。代表作品《中国戏曲发展史》。

J0165524
渭南地区戏曲志　渭南地区戏曲志编纂委员会编
西安 三秦出版社 1989 年 342 页 有图
26cm(16 开) ISBN: 7-80546-163-5
定价: CNY14.00

J0165525
西安戏曲史料集　西安戏曲志编辑委员会编
北京 中国广播电视出版社 1989 年 362 页
19cm(32 开) ISBN: 7-5043-0339-9
定价: CNY4.80

J0165526
西方演剧史论稿　吴光耀著
北京 中国戏剧出版社 1989 年 587 页
20cm(32 开) ISBN: 7-104-00062-3
定价: CNY7.10

本书内容包括: 西方戏剧的起源和数千年间流变脉络; 现代戏剧演出中舞台美术的主要流派; 莎士比亚戏剧几百年中演出形式的演变。是研究西方戏剧演出形式的专著。作者吴光耀(1922—2011), 教授、戏剧理论家。上海松江人, 毕业于上海戏剧学院舞台美术系, 留校任教。著作有《西方演剧史论稿》。

J0165527
戏曲论丛　(第二辑) 叶开沅主编
兰州 兰州大学出版社 1989 年 346 页
20cm(24 开) ISBN: 7-311-00106-4
定价: CNY3.70

J0165528
延安平剧活动史料　(第二集 延安平剧改革创业史料) 中共文化部党史资料征集工作委员会, 延安平剧活动史料征集组编
北京 文集出版社 1989年 366页 18cm(小32开)
定价: CNY4.40

J0165529
玉溪地区戏曲志　陈克勤主编
昆明 云南人民出版社 1989 年 359 页 有照片
20cm(32 开) ISBN: 7-222-00508-0
定价: CNY6.00
(中国戏曲志云南卷丛书)

J0165530
元杂剧史稿　李春祥著
开封 河南大学出版社 1989 年 308 页

21cm(32开)定价:CNY1.80

J0165531
云南戏曲资料 (5)中国戏曲志云南卷编辑部[编]
1989年 353页 有照片 20cm(32开)

J0165532
在后现代主义的杂音中 钟明德著
台北 书林出版公司 1989年 237页 有照片
21cm(32开)ISBN:957-586-003-9
定价:TWD150.00

J0165533
泽州戏曲史稿 山西晋城市郊区文化局主编;李近义编著
太原 山西人民出版社 1989年 400页 有剧照
19cm(32开)ISBN:7-203-01231-X
定价:CNY7.70
(山西戏曲史料丛书)

J0165534
中国戏曲概论 吴梅著
上海 上海书店 1989年 影印本 19cm(32开)
精装 ISBN:7-80569-179-7
(民国丛书 第一编 63)
本书与徐幕云著的《中国戏剧史》、吴梅著的《顾曲麈谈》合订。

J0165535
中国戏曲简史 杨世祥著
北京 文化艺术出版社 1989年 411页
20cm(32开)ISBN:7-5039-0373-2
定价:CNY5.55
本书从戏曲的孕育、产生、发展和嬗变,系统地叙述了中国戏曲史的概貌。

J0165536
中国现代戏剧史稿 陈白尘,董健主编
北京 中国戏剧出版社 1989年 732页
20cm(32开)ISBN:7-104-00147-6
定价:CNY9.00
本书是1949年以来第一部中国现代戏剧史专著。全书从19世纪末中国现代话剧产生写起,一直到中华人民共和国成立,系统阐述我国现代戏剧(主要是话剧)的产生及其沿革,从多方面总结了中国现代戏剧(特别是话剧文章)发展的历史规律,总结了一系列值得汲取并令人深思的经验教训。

J0165537
中国现代戏剧史稿 陈白尘,董健主编
北京 中国戏剧出版社 1989年 732页
21cm(32开)精装 ISBN:7-104-00147-6
定价:CNY11.00

J0165538
画角声声掠江淮 (新四军抗敌剧团纪程)章洛,胡士平编
北京 解放军文艺出版社 1990年 329页
19cm(32开)ISBN:7-5033-0135-X
定价:CNY4.30

J0165539
隆昌县戏曲志 秦自谋编;隆昌县文教局编
[隆昌][隆昌县文教局][1990年]155页 有照片
26cm(16开)

J0165540
牡丹江戏曲志
牡丹江 牡丹江市文化局 1990年 21+289页
有肖像照片图 21cm(32开)精装
定价:CNY80.00
(黑龙江戏曲志系列丛书)
本志上限为1661年,下限至1982年,设有剧种、剧目、音乐、表演、舞台美术、机构、演出场所、演出习俗、轶闻传说、谚语·口诀·行话、传记等类目,记述了牡丹江市戏曲历史。

J0165541
曲靖地区戏曲志 高天一主编;曲靖地区行署文化局编
北京 文化艺术出版社 1990年 373页 有彩照
20cm(32开)精装 ISBN:7-5039-0949-8
定价:CNY59.00
(中国戏曲志云南卷丛书)

J0165542
戏迷大观园 张屯著
南京 南京大学出版社 1990年 321页 有照片

20cm（32 开）ISBN：7-305-00880-X
定价：CNY5.60

本书记述了当代我国著名戏曲、曲艺艺术家的趣闻轶事、献艺盛况和生活花絮。

J0165543
戏曲史简编 隗芾著
长春 吉林大学出版社 1990 年 250 页
19cm（32 开）ISBN：7-5601-0424-X
定价：CNY3.30

作者隗芾（1938—2016），满族，研究员。笔名顾乡，辽宁新宾人。毕业于吉林大学中文系。历任汕头大学潮汕文化研究中心副教授、汕头文学会副会长，中国戏曲学会理事等。出版有《中国喜剧史》《戏曲史简编》《元明清戏曲选》等。

J0165544
新乡市戏曲志 傅以达主编；新乡市文化局编纂
［新乡］中国戏曲志河南卷编辑委员会［1990 年］
210 页 有图 26cm（16 开）精装 定价：CNY24.50

本志分为综述、图表、志略、传记 4 编，内容包括：剧种、剧目、音乐、表演、舞台美术、机构、演出场所、演出习俗等，客观全面地反映了新乡市戏曲事业的发展历史。

J0165545
新乡市戏曲志 傅以达主编；新乡市文化局［编］
新乡［新乡市文化局］1991 年 210 页 有照片
26cm（16 开）精装

J0165546
延安戏剧图系 钟敬之编
沈阳 辽宁美术出版社 1990 年 111 页
26cm（16 开）ISBN：7-5314-0686-1
定价：CNY30.00

作者钟敬之（1910— ），电影理论家。浙江嵊县人。历任中国电影家协会理事，全国文联委员，中国电影家协会书记处书记、常务理事、名誉理事，中国延安文艺学会顾问。著有《大众文库电影》《延安鲁艺》《延安十年戏剧图集》《人民电影初程纪迹》。

J0165547
营口市戏曲志 营口市戏曲志编辑部编辑
沈阳 春风文艺出版社 1990 年 319 页 有彩照
19cm（32 开）ISBN：7-5313-0306-X
定价：CNY4.50
（辽宁戏曲志丛书）

J0165548
中国的传统戏 今日中国出版社编辑
北京 新星出版社 1990 年 54 页 有照片
19cm（32 开）ISBN：7-80085-204-0
（《今日神州》小丛书 47）

本书简略地介绍了京剧及其它一些有特色的剧种，提供了一些中国传统戏曲的常识，以及它们的历史沿革。

J0165549
中国话剧通史 葛一虹主编
北京 文化艺术出版社 1990 年 459 页 有照片
20cm（32 开）精装 ISBN：7-5039-0610-3
定价：CNY12.00

J0165550
中国话剧通史 葛一虹主编
北京 文化艺术出版社 1997 年 重印本 459 页
20cm（32 开）ISBN：7-5039-0611-1
定价：CNY19.60
（20 世纪艺术文库 史述编）

J0165551
中国戏剧起源 李肖冰等编
上海 知识出版社 1990 年 292 页 20cm（32 开）
精装 ISBN：7-5015-5422-6 定价：CNY7.50

本书内容包括：对中国戏剧起源的研究和对现存原始戏剧形态的研究 2 部分。

J0165552
驻马店市戏曲志 路平主编；驻马店市文化局［编］
［驻马店］驻马店市文化局 1990 年 114 页
有照片 26cm（16 开）精装 定价：CNY10.00

J0165553
沧州戏曲春秋 沧州戏曲志编辑部编
北京 中国戏剧出版社 1991 年 697 页
26cm（16 开）精装 ISBN：7-104-00385-1
定价：CNY28.50

J0165554
大连市戏曲志　大连市戏曲志编纂委员会编
大连 大连出版社 1991 年 40+21+578 页 有图
20cm（32 开）ISBN：7-80555-440-4
定价：CNY12.00，CNY18.00（精装）
本书分综述、图表、志略、传记 4 大类，记述清代后期至 1982 年间大连地区戏曲活动的历史，总结了大连地区戏曲事业发展的历史经验，填补了大连地区戏曲史志方面的空白。

J0165555
东西方戏剧文化历史通道　乔德文著
长沙 湖南文艺出版社 1991 年 404 页
19cm（小 32 开）ISBN：7-5404-0810-3
定价：CNY4.40
作者乔德文（1942—　），国家一级编剧。江苏建湖县人，毕业于上海戏剧学院戏剧文学系。从事中外戏剧的比较研究工作。历任戏剧家协会副主席，省艺术研究所剧目室主任，艺术理论研究室主任、所长，《艺海》杂志主编，省文化厅副厅长等职。主要论著有《东西方戏剧文化历史通道》《湖南当代文艺评论家选集·乔德文卷》《比较文学史》《中外文学跨文化比较》等。

J0165556
抚顺市戏曲志　赵文忠主编；抚顺市戏曲志编辑部编辑
沈阳 辽宁人民出版社 1991 年 259 页 有剧照
20cm（32 开）ISBN：7-205-01690-8
定价：CNY5.00
（辽宁戏曲志丛书）
本书记述了抚顺地区有戏曲活动始至 1982 年底止的戏曲发展情况。全书分为图表、志略、传记等 4 类。

J0165557
赣州地区戏曲志　赣州地区文化局，赣州地区戏曲志编辑部编
［赣州］［赣州地区文化局］1991 年 456 页 有图
19cm（小 32 开）

J0165558
杭州市戏曲志　胡效琦主编
杭州 浙江文艺出版社 1991 年 416 页 有照片
19cm（32 开）精装 ISBN：7-5339-0351-X
定价：CNY6.00
本志分综述、大事年表、志略、人物传记及附录等部分，记录了有关杭州戏曲活动的较为翔实的史料。其中“大事年表”自南宋建炎元年排到 1988 年止。

J0165559
昆明曲剧志　张晓秋主编；昆明市盘龙区文化局编
北京 文化艺术出版社 1991 年 159 页
26cm（16 开）ISBN：7-5039-0816-5
（中国戏曲志云南卷丛书）

J0165560
鲁山县戏曲志　禹瑞祥主编；鲁山县文化局［编］
［鲁山］鲁山县文化局 1991 年 109 页 有照片
26cm（16 开）精装 定价：CNY10.00

J0165561
密县戏曲志　密县文化广播电视局《密县戏曲志》编辑组编
郑州 中州古籍出版社 1991 年 156 页
26cm（16 开）ISBN：7-5348-0617-7
定价：CNY20.50
本书分总述、图表、志略、传记 4 部类，以详近略远的原则，记述了密县戏曲的历史河现状。

J0165562
内江地区戏曲志　内江市文化局《内江地区戏曲志》编写组编
成都 巴蜀书社 1991 年 435 页 有图
26cm（16 开）ISBN：7-80523-429-9
定价：CNY15.00
（中国戏曲志 四川卷）
本书剧种有京剧、曲剧、川剧；时间上起不限（凡资料能追溯到年代皆记之），下限 1984 年；范围，内江地区所辖入县—市；分综述、图表、志略、传记四部分，记述了近 400 出代表剧目、流行剧目的来源、故事梗概、声腔等。

J0165563
平顶山市戏曲志　周斌主编
北京 文化艺术出版社 1991 年 213 页 有彩照
26cm（16 开）ISBN：7-5039-0979-X

定价：CNY150.00

本志全面反映当地戏曲剧种的流变和发展，内容包括：综述、图表、志略、戏曲人物等。

J0165564

戏曲流派艺术研究丛书

北京 中国戏剧出版社［1991 年］20cm（32 开）

J0165565

戏曲与浙江 洛地著

杭州 浙江人民出版社 1991 年 431 页

20cm（32 开）ISBN：7-213-00588-X

定价：CNY5.25

（浙江文化丛书）

本书深入探讨了浙江戏曲与宋戏文、元南戏，以及明代的传奇、各种曲腔等的历史渊源以及它们与元曲杂剧彼此影响等。

J0165566

偃师县戏曲志 张炬灼主编；偃师县文化局编

［偃师］偃师县文化局 1991 年 242 页 有照片

26cm（16 开）精装 定价：CNY18.00

J0165567

中国古代戏曲 周传家著

北京 商务印书馆 1991 年 129 页 有图

19cm（小 32 开）ISBN：7-100-01255-4

定价：CNY2.40

（中国文化史丛书）

作者周传家（1944— ），戏曲史论研究者。江苏沛县人，中国艺术研究院。历任北京联合大学应用文理学院教授，兼任中国昆剧研究会副会长、中华武侠文学研究会副会长，北京人民广播电台艺研所所长。代表作品有《戏曲编剧概论》《京华生藻》《名旦风采》《一代宗师》等。

J0165568

中国古代戏曲 周传家［著］

北京 商务印书馆 1996 年 184 页 有图

19cm（小 32 开）ISBN：7-100-02113-8

定价：CNY11.70

（中国文化史知识丛书 020）

J0165569

中国古代戏曲 周传家著

台北 商务印书馆 1999 年 157 页

19cm（小 32 开）ISBN：957-05-0802-7

定价：TWD140.00

（中华文化史知识丛书 26）

J0165570

中国古代戏曲简史 俞为民著

南京 江苏文艺出版社 1991 年 249 页

19cm（小 32 开）ISBN：7-5399-0228-0

定价：CNY3.50

本书内容包括：戏曲的起源与形成、宋元南戏、元代杂剧、明清传奇以及清代花部。

J0165571

中国话剧史稿 柏彬著

上海 上海翻译出版公司 1991 年 318 页

21cm（32 开）ISBN：7-80514-649-7

定价：CNY6.90

J0165572

中国伶人血缘之研究 潘光旦著

上海 上海书店 1991 年 影印本 292 页

19cm（小 32 开）ISBN：7-80569-429-X

定价：CNY4.50

J0165573

中国戏班史 张发颖著

沈阳 沈阳出版社 1991 年 479 页 有照片

20cm（32 开）精装 ISBN：7-80556-726-3

定价：CNY9.90

本书通过研究历史上乐户制度、历代宫廷教坊组织、城乡民间演出活动、家班、票房票友、名角挑班、经营管理制度等方面，探索了中国戏曲班社历史嬗变其艺术发展的关系。作者张发颖（1930— ），山东临邑人，毕业于山东大学中文系。历任辽宁戏剧家协会会员，中国古典戏曲文学学会理事。出版有《中国戏班史长编》《中国历代戏班制度》《中国戏班简史》。

J0165574

中国左翼戏剧家联盟史料集 文化部党史资料征集工作委员会编

北京 中国戏剧出版社 1991 年 520 页 有照片

20cm（32 开）ISBN：7-104-00357-6

定价：CNY11.40

本书是关于中国左翼戏剧家联盟的一本综合性史料集，收集有关文献、回忆录、论著、大事记、人名录及其所属社团及演出剧目等。

J0165575
中国左翼戏剧家联盟史料集 文化部党史资料征集工作委员会编
北京 中国戏剧出版社 1991年 520页 有照片
20cm(32开) ISBN: 7-104-00357-6
定价: CNY8.40

J0165576
重庆戏曲志 何冶主编；重庆戏曲志编辑委员会编
北京 文化艺术出版社 1991年 551页 有照片
26cm(16开) 精装 ISBN: 7-5039-0994-4
定价: CNY42.50
本志记述了重庆市戏曲历史及理论研究成果，分综述、图表、志略、传记4大部类。上限按实际情况而定，下限至1985年。

J0165577
国剧运动 余上沅编
上海 上海书店 1992年 影印本 280页
19cm(32开) ISBN: 7-80569-613-6
定价: CNY5.00
(中国现代文学史参考资料 新月派文学作品专辑)
本书根据新月书店1927年9月版影印。

J0165578
河东戏曲文物研究 傅仁杰，行乐贤主编
北京 中国戏剧出版社 1992年 260页
20cm(32开) ISBN: 7-104-00380-0
定价: CNY6.00
本书是戏曲研究者对古河东地区的文物进行研究分析的成果。古河东(今山西运城)一带，是古老戏曲的发祥地，有雄厚的古代戏曲文物，地上保存有宋、金、元以来的古戏台建筑、壁画；地下出土墓葬中又有丰富的宋、金、元戏俑、砖雕、壁画等。

J0165579
荒诞派戏剧 (美)艾斯林(Esslin, Martin)著；刘国彬译
北京 中国戏剧出版社 1992年 275页
19cm(小32开) ISBN: 7-104-00488-2
定价: CNY4.60
(外国戏剧理论小丛书 第一辑)
本书介绍了20世纪五六十年代兴盛的荒诞派戏剧，对它进行了界定；对贝克特、阿达莫夫、尤内斯库、热内4位荒诞派戏剧的代表人物的剧作进行了分析、评价。外文书名: The Theatre of the Absurd.

J0165580
荒诞说 (从存在主义到荒诞派)(英)欣奇利夫(Hinchliffe, ArnoldP.)著；刘国彬译
北京 中国戏剧出版社 1992年 139页
19cm(小32开) ISBN: 7-104-00424-6
定价: CNY2.90
(外国戏剧理论小丛书 第一辑)
本书着重评述了非正统小说、存在主义小说与戏剧、戏剧中的荒诞派的发展变化，对其代表性作家，如安德烈·马尔罗、让-保尔·萨特、阿尔贝·加缪等人的作品进行了剖析与评价。外文书名: The Absurd.

J0165581
连云港戏曲志 (中国戏曲志 江苏卷 连云港分卷)连云港港市文化局集成志书办公室[编]
连云港 连云港港市文化局集成志书办公室
1992年 油印本 2册(435页) 26cm(16开)

J0165582
泸州戏曲志
成都 四川人民出版社 1992年 15+396页 有图
19cm(小32开) 精装 ISBN: 7-220-01778-2
定价: CNY18.00
(四川地方文化丛书)

J0165583
缅甸戏剧 (缅)貌阵昂著；吴文译
广州 中山大学出版社 1992年 313页
20cm(32开) ISBN: 7-306-00468-9
定价: CNY7.00
本书是系统研究缅甸戏剧史的著作，对缅甸戏剧的起源，宫廷戏在缅甸的兴起、衰落，缅甸戏剧的惯例等都进行了研究。作者貌阵昂(Maung Htin Aung)，缅甸学者。

J0165584
南阳市戏曲志
郑州 中州古籍出版社 1992年 175页
26cm(16开) ISBN: 7-5348-0691-7
定价: CNY20.00, CNY22.00 (精装)
本志较全面、系统地记述了南阳市戏曲的历史、发展及现状。对剧种、剧目、音乐、表演、机构沿革、演出习俗、戏曲文物古迹等各方面做了较为详尽的记载。

J0165585
沈阳市戏曲志 《沈阳市戏曲志》编纂委员会编
沈阳 辽宁大学出版社 1992年 655页 有照片
20cm(32开) 精装 ISBN: 7-5610-1734-0

J0165586
四川戏剧轶史 冯树丹著
成都 四川省戏剧家协会 1992年 206页 有肖像
18cm(小32开) 定价: CNY3.40

J0165587
松花江地区戏曲志 松花江地区行署文化局松花江地区戏曲志编辑部编
[松花江] [松花江地区行署文化局] 1992年
239页 有照片 20cm(32开)
(黑龙江戏曲志丛书 6)

J0165588
现代中国戏剧考察录 (日)松原刚著; 丛林春译
北京 中国戏剧出版社 1992年 235页 有照片
20cm(32开) 精装 ISBN: 7-104-00464-5
定价: CNY13.50
本书内容包括: 现代中国的戏剧、中国的剧场与舞台、日中戏剧交流。作者松原刚(1930—), 日本戏剧家。日本大学艺术部教授, 中国中央戏剧学院名誉教授。译者丛林春,《外国戏剧》编辑, 从事日本戏剧研究, 翻译家。作者丛林春, 翻译家。《外国戏剧》编辑, 从事日本戏剧研究。

J0165589
战地文艺之花 (晋绥边区七月、人民、吕梁剧社社史) 山西省文化厅文艺理论研究室编
太原 北岳文艺出版社 1992年 462页
19cm(小32开) ISBN: 7-5378-0911-9
定价: CNY6.00
本书记载了抗日战争和解放战争时期, 晋绥边区七月剧社、人民剧社、吕梁剧社的奋斗历史, 以及大众剧社与二中剧社的回忆和兴县专区文工团团史。

J0165590
中国戏剧史 魏子云著
台北 学生书局 1992年 180页 21cm(32开)
ISBN: 957-15-0330-4 定价: TWD140.00
(中国文学研究丛刊 39)

J0165591
中国戏曲声腔源流史 廖奔著
台北 贯雅文化事业公司 1992年 280页 有照片
21cm(32开) ISBN: 957-9388-72-5
定价: TWD220.00
作者廖奔(1953—), 别名向远方、南阳惊牛翁。河南开封人, 毕业于中国社会科学院研究生院。中国艺术研究院研究员, 戏曲研究所副所长、研究生部戏曲系主任, 中国戏剧家协会会员。代表作品《中国戏曲发展史》。

J0165592
20世纪中国戏剧舞台 吴乾浩, 谭志湘著
青岛 青岛出版社 1993年 256页 19cm(32开)
ISBN: 7-5436-0861-8 定价: CNY4.05
(中华20世纪丛书)
本书回顾介绍了1900年至新中国成立后中国戏剧的创作、发展、繁荣, 并对其未来的前景进行了预测。作者谭志湘(1941—), 女, 满族, 研究员。北京人, 毕业于中国戏曲学院。历任中国艺术研究院戏曲研究所宗教戏剧研究中心秘书长、中国戏剧家协会会员、中国儿童剧研究会理事、中国少数民族戏剧学会副秘书长等。出版戏曲小说《琵琶记》《西厢记》《长生殿》。

J0165593
丹东市戏曲志 辽宁戏曲志丛书编委会主编; 丹东市戏曲志编辑部编辑
沈阳 春风文艺出版社 1993年 294页 有剧照
19cm(小32开) ISBN: 7-5313-0840-1
定价: CNY6.50
(辽宁戏曲志丛书)
本书记述了丹东地区戏曲活动历史, 分为综

述、图表、志略、传记 4 部分。

J0165594
当代戏曲四十年　朱颖辉著
北京 文化艺术出版社 1993 年 381 页
20cm（32 开）ISBN：7-5039-1128-X
定价：CNY7.50

J0165595
阜新市戏曲志　《阜新市戏曲志》编辑部编
沈阳 春风文艺出版社 1993 年 343 页 有照片
20cm（32 开）ISBN：7-5313-0591-7
定价：CNY7.40
（辽宁戏曲志丛书）
本书分综述、图表、志略、传记 4 部类，记述辽宁省阜新市 1982 年以前序曲活动的源流与发展。

J0165596
光辉岁月（冲锋剧社成立 55 周年纪念会文集）
1993 年 67 页 26cm（16 开）

J0165597
京都古戏楼　周华斌著
北京 海洋出版社 1993 年 263 页 有照片
20cm（32 开）ISBN：7-5027-3310-8
定价：CNY9.80
本书介绍了一百几十处戏楼及演剧场所，阐述中国古典式剧场的发展演变规律等。

J0165598
梨园佳话　紫微，际春编写
哈尔滨 黑龙江教育出版社 1993 年 125 页
有图 19cm（小 32 开）ISBN：7-5316-1798-6
定价：CNY2.35
（我爱中华丛书 第四辑）
本书通过古今艺人艰辛坎坷的创业故事，介绍了中华民族戏曲的发展史及剧种、剧目、流派等知识。

J0165599
洛宁县戏曲志　周鸿俊主编；洛宁县文化局［编］
［洛宁］［洛宁县文化局］［1993 年］195 页 有图
26cm（16 开）

J0165600
美国戏剧史　郭继德著
郑州 河南人民出版社 1993 年 513 页
20cm（32 开）ISBN：7-215-02255-2
定价：CNY13.50
作者郭继德（1965—　），教师。山东单县人，毕业于山东大学外文系。历任山东大学外国语学院院长、教授、博导，美国现代文学研究所所长，加拿大研究中心主任等。出版有《加拿大英语戏剧史》《英语文学散论》《美国文学研究》等。

J0165601
苏州剧派研究　康保成著
广州 花城出版社 1993 年 255 页 19cm（小 32 开）
ISBN：7-5360-1506-2 定价：CNY5.20
（中国古代戏曲新论丛书）

J0165602
战地红花七月开（七月剧社历史纪实）冯松主编；《战地红花七月开》编委会编
成都 成都出版社 1993 年 178 页 有照片
20cm（32 开）ISBN：7-80575-653-8
定价：CNY6.00

J0165603
中国悲剧史纲　谢柏梁著
上海 学林出版社 1993 年 330 页 有照片
20cm（32 开）ISBN：7-80510-867-6
定价：CNY9.40
（青年学者丛书）
本书从中国悲剧的历史发展、理论演进和美学系统 3 个方面，加以综述、概括、分析和比较，从而大略勾勒出中国悲剧史的面貌及其风神。作者谢柏梁（1958—　），教授。湖北天门人，华东师范大学文学博士。历任上海戏剧学院副教授、中国戏剧史教研室主任。代表作品《中国分类戏剧学史纲》《中国分类戏剧学史纲》《世界悲剧文学史》《中国当代戏曲文学史》等。

J0165604
中国古代戏剧辞典　张月中主编
哈尔滨 黑龙江人民出版社 1993 年 1465 页
有彩图 19cm（小 32 开）精装
ISBN：7-207-01359-0 定价：CNY29.00
本书收录词目 8700 多条，按其内容分为名词术语、作家作品、剧中人物、演员乐师和古今研究5类。

J0165605
中国古代游艺史 （乐舞百戏与社会生活之研究）李建民著
台北 东大图书公司 1993年 280页 21cm（32开）
ISBN：957-19-1479-7 定价：旧台币4.00
（沧海丛刊 礼俗）

J0165606
中国戏剧电影辞典 马奕主编
北京 北京广播学院出版社 1993年 582页
26cm（16开）精装 ISBN：7-81004-422-2
定价：CNY46.60

J0165607
中国戏剧史 张燕瑾著
台北 文津出版社 1993年 340页 有彩图
21cm（32开）ISBN：957-668-125-1
定价：TWD300.00
（中国文化史丛书 8）

J0165608
中国戏曲史略 余从等著
北京 人民音乐出版社 1993年 344页
19cm（小32开）ISBN：7-103-01125-7
定价：CNY8.65
本书简要叙述中国戏曲起源至1949年衍变发展的历史。

J0165609
中国戏曲史略 余从等著
北京 中国少年儿童出版社 1996年 344页
19cm（小32开）ISBN：7-5007-3009-8
（希望书库 5-38 总342）
本书由中国少年儿童出版社和中国青年出版社联合出版。

J0165610
中国现代比较戏剧史 田本相主编
北京 文化艺术出版社 1993年 692页
20cm（32开）ISBN：7-5039-1137-9
定价：CNY12.00
本书从中外国话剧运动、理论思潮和创作的关系来阐述中国话剧的诞生、形成、发展和演变的历史，说明中国话剧在世界戏剧史上的地位和影响。作者田本相（1932—2019），教授。天津人，毕业于南开大学。历任中国话剧理论与历史研究会名誉会长，中国艺术研究院话剧所所长、研究员、博士生导师，中国戏剧史研究专家。著有《曹禺剧作论》《郭沫若史剧论》《民国时期话剧杂志汇编》等。

J0165611
中央歌剧院院史文集 （1952—1992）中央歌剧院编
1993年 242页 有照片 26cm（16开）

J0165612
遵义县戏曲志 贵州省艺术研究室遵义县文艺集成志书领导小组编印
遵义 贵州省艺术研究室遵义县文艺集成志书领导小组 1993年 196页 有照片 20cm（32开）精装
（贵州艺术研究文丛）

J0165613
楚雄州戏曲志 冷用忠主编；楚雄彝族自治州文化局编
北京 文化艺术出版社 1994年 454页
20cm（32开）精装 ISBN：7-5039-1351-7
定价：CNY80.00
（中国戏曲志云南卷丛书）

J0165614
古代戏曲美学史 吴毓华著
北京 文化艺术出版社 1994年 294页
20cm（32开）ISBN：7-5039-1266-9
定价：CNY8.60
（戏曲史论丛书）

J0165615
火线剧社在冀中 晋察冀文艺研究会冀中分会编
北京 中国华侨出版社 1994年 457页
20cm（32开）ISBN：7-80074-859-6
定价：CNY9.50
本书内容包括：要文综述、创作与演出、学习与生活、战斗在火线上、忆亡友5部分。

J0165616
连云港曲艺志 刘增国主编；连云港市文化局编
北京 中国戏剧出版社 1994年 208页
20cm（32开）ISBN：7-104-00654-0
定价：CNY5.80

J0165617
连云港曲艺志 刘增国主编；连云港市文化局编
北京 中国戏剧出版社 1994年 294页 有照片
20cm（32开）ISBN：7-104-00630-3
定价：CNY7.80

J0165618
辽宁民香的考察与研究 任光伟著
台北 财团法人施合郑民俗文化基金会 1994年 526页 有照片 21cm（32开）精装
ISBN：957-8892-44-6 定价：TWD660.00
（民俗曲艺丛书）

作者任光伟（1933—2006），戏曲、曲艺史论工作者。辽宁铁岭县人，毕业于重庆群治学院与东北鲁迅文艺学院戏剧部。曾在东北人民艺术剧院艺术室工作，沈阳市文化局联合组成的东北民间艺术调查小组组长。收有《西厢》《蓝桥》《盘道》《小天台》《大清律》等二十二个曲目，并整理了访问记录。

J0165619
傩史 （中国傩文化概论）林河著
台北 东大图书公司 1994年 560页 有照片
24cm（26开）ISBN：957-19-1724-9
定价：旧台币 13.33
（沧海美术艺术史 4）

J0165620
情系吕梁 （吕梁剧社纪念文集）彦克主编
广州 中国文化出版社 1994年 441页 有肖像及照片 20cm（32开）定价：CNY20.00

J0165621
日据时期台湾新剧运动（一九二三～一九三六）杨渡著
台北 时报文化出版企业公司 1994年 175页
21cm（32开）ISBN：957-13-1258-4
定价：TWD140.00
（历史与现场 50）

J0165622
陕西省戏剧志 （安康地区卷）鱼讯主编；陕西省戏剧志编纂委员会编
西安 三秦出版社 1994年［358］页 有照片
26cm（16开）精装 ISBN：7-80546-774-9
定价：CNY46.00
（陕西省戏剧志丛书）

本书记述安康地区有关的人文史实和近300年间特别是中华人民共和国成立40年间以汉调二黄为主体的各类戏剧活动的历史及现状。

J0165623
陕西省戏剧志 （渭南地区卷）鱼讯主编；陕西省戏剧志编纂委员会编
西安 三秦出版社 1994年 17+397页 有图
26cm（16开）精装 ISBN：7-80546-556-8
定价：CNY45.00

J0165624
陕西省戏剧志 （咸阳市卷）鱼讯主编；陕西省戏剧志编纂委员会编
西安 三秦出版社 1994年［475］页 有照片
26cm（16开）精装 ISBN：7-80546-789-7
定价：CNY55.00
（陕西省戏剧志丛书）

J0165625
陕西省戏剧志 （宝鸡市卷）鱼讯主编；陕西省戏剧志编纂委员会编
西安 三秦出版社 1996年 17+12+503页 有照片
26cm（16开）精装 ISBN：7-80546-440-5
定价：CNY55.00

J0165626
陕西省戏剧志 （铜川市卷）鱼讯主编；陕西省戏剧志编纂委员会编
西安 三秦出版社 1996年 17+414页 有图
26cm（16开）精装 ISBN：7-80546-773-0
定价：CNY45.00

J0165627
陕西省戏剧志 （汉中地区卷）鱼讯主编；陕西省戏剧志编纂委员会编
西安 三秦出版社 1997年 17+10+330页 有照片
26cm（16开）精装 ISBN：7-80628-121-5

定价：CNY55.00

J0165628
陕西省戏剧志 （商洛地区卷）鱼讯主编；陕西省戏剧志编纂委员会编
西安 三秦出版社 1997年 17+338页 有照片
26cm（16开）精装 ISBN：7-80628-082-0
定价：CNY50.00

J0165629
陕西省戏剧志 （延安地区卷）鱼讯主编；陕西省戏剧志编纂委员会编
西安 三秦出版社 1997年 17+333页 有照片
26cm（16开）精装 ISBN：7-80628-095-2
定价：CNY50.00

J0165630
陕西省戏剧志 （西安市卷）鱼讯主编；陕西省戏剧志编纂委员会编
西安 三秦出版社 1998年 17+30+892页 有图
26cm（16开）精装 ISBN：7-80628-204-1
定价：CNY140.00

J0165631
陕西省戏剧志 （榆林地区卷）鱼讯主编；陕西省戏剧志编纂委员会编
西安 三秦出版社 1998年 17+253页 有照片
26cm（16开）精装 ISBN：7-80628-225-4
定价：CNY45.00

J0165632
水月镜花 （后现代主义与当代戏剧）麻文琦著
北京 中国社会出版社 1994年 268页 有照片
19cm（小32开）ISBN：7-80088-546-1
定价：CNY6.50
（后现代主义文化丛书 2）

J0165633
戏剧艺术之发展及其原理 赵如琳译著
台北 东大图书公司 1994年 5版 204页
21cm（32开）ISBN：957-19-0821-5
定价：旧台币2.80
（沧海丛刊）

J0165634
现代欧美戏剧史 陈世雄著
成都 四川教育出版社 1994年 1070页
20cm（32开）精装 ISBN：7-5408-2385-2
定价：CNY30.00

J0165635
艺苑 （艳星风流）华志编著
北京 中国戏剧出版社 1994年 256页
19cm（32开）ISBN：7-104-00592-7
定价：CNY6.00
（民国俗文化大观）

J0165636
英国戏剧史 桂扬清等著
南京 江苏教育出版社 1994年 537页
20cm（32开）精装 ISBN：7-5343-2208-1
定价：CNY11.65

J0165637
源远流长 （《高原演出六年》续集 延安青年艺术学院，联政宣传队回忆录）文化部艺术系统党史资料征集工作领导小组，延安青年艺术剧院，联政宣传队史料征集组编
北京 中共党史出版社 1994年 219页 有照片
20cm（32开）ISBN：7-80023-752-4
定价：CNY7.50

本书收录《小小文艺轻骑兵》《部艺生活杂忆》《续建联政宣传队》等20多篇文章。

J0165638
中国分类戏曲学史纲 谢柏梁著
台北 商务印书馆 1994年 607页
21cm（32开）ISBN：957-05-0892-2
定价：TWD600.00

作者谢柏梁（1958— ），教授。湖北天门人，获华东师范大学文学博士。历任上海戏剧学院副教授、中国戏剧史教研室主任。代表作品《中国分类戏剧学史纲》《中国分类戏剧学史纲》《世界悲剧文学史》《中国当代戏曲文学史》等。

J0165639
中国戏曲史编年 （元明卷）王永宽，王钢著
郑州 中州古籍出版社 1994年 539页
20cm（32开）ISBN：7-5348-1161-9

定价: CNY17.80

作者王永宽，河南省社会科学院文学研究所任职。作者王钢，河南省社会科学院文学研究所任职。

J0165640
北京剧社社史资料专辑　中共北京市委宣传部等编
北京 北京出版社 1995年 285页 有照片
20cm(32开) ISBN: 7-200-02729-4
定价: CNY10.50
(北京地区革命史回忆录 系列丛书)

J0165641
波兰戏剧简史　林洪亮著
北京 社会科学文献出版社 1995年 288页
20cm(32开) ISBN: 7-80050-605-3
定价: CNY11.00

J0165642
二十世纪中国戏剧思潮　胡星亮著
南京 江苏文艺出版社 1995年 408页
20cm(32开) ISBN: 7-5399-0814-9
定价: CNY15.00
(跨世纪文论丛书)

作者胡星亮(1957—　)，教授。浙江淳安人，毕业于南京大学。历任南京大学中文系教授，戏剧戏曲学专业博士生导师；并任中国话剧研究会常务理事、秘书长。著有《二十世纪中国戏剧思潮》《中国现代比较戏剧史》《中国现代喜剧论》等。

J0165643
古代戏曲思想艺术论　江巨荣著
上海 学林出版社 1995年 291页 20cm(32开)
ISBN: 7-80616-141-4 定价: CNY15.00

J0165644
祭祀戏剧志述　宋运超著
贵阳 贵州民族出版社 1995年 378页 有照片
20cm(32开) ISBN: 7-5412-0673-3
定价: CNY18.00

作者宋运超，教授。湘西花垣人，贵州艺术高等专科学校副教授。

J0165645
梨园考论　李尤白著
西安 陕西人民出版社 1995年 238页 有照片
19cm(小32开) ISBN: 7-224-03874-1
定价: CNY10.00

作者李尤白(1924—2005)，原名应甲，字天一，晚号梨园叟，又署不已庐主。中华梨园诗学研究会会长，陕西省地方志编委会研究员等。

J0165646
宁海平调史　蒋中崎等编著
宁波 宁波出版社 1995年 226页 有照片
20cm(32开) ISBN: 7-80602-046-2
定价: CNY20.00

作者蒋中崎(1960—　)，研究员。浙江省文化艺术研究院副院长、浙江省文艺评论家协会副主席、浙江省舞台艺术评论委员会主任、浙江省作家协会戏剧文学委员会主任。出版有《中国戏曲演进与变革史》《甬剧发展史述》《姚剧发展简史》《宁海平调史》《湖剧发展史》《睦剧发展史》《越剧文化论》等。

J0165647
毗陵曲坛掇录　夏芦庆主编
北京 中国戏剧出版社 1995年 477页 有照片
19cm(小32开) ISBN: 7-104-00694-X
定价: CNY18.00

J0165648
世界悲剧文学史　谢柏梁著
上海 上海文艺出版社 1995年 557页 有彩图
20cm(32开) 精装 ISBN: 7-5321-1287-X
定价: CNY30.80

作者谢柏梁(1958—　)，教授。湖北天门人，华东师范大学文学博士。历任上海戏剧学院副教授、中国戏剧史教研室主任。代表作品《中国分类戏剧学史纲》《中国分类戏剧学史纲》《世界悲剧文学史》《中国当代戏曲文学史》等。

J0165649
四川省芦山县清源乡芦山庆坛田野调查报告　于一著
台北 财团法人施合郑民俗文化基金会
1995年 254页 有图 21cm(32开) 精装
ISBN: 957-8892-64-0 定价: TWD300.00

（民俗曲艺丛书）

作者于一，中国川剧文化集成常务副主编，中国傩戏研究会理事，四川省剧协理事。

J0165650
温州进步戏剧史料集 （1919·5-1949·9）
陈寿楠编撰
［温州］［温州市革命文化史料征集办公室］
1995年 2册（928页）有照片 21cm（32开）
（温州市革命文化史料丛书）

J0165651
西方戏剧史话 李永华著
上海 上海文艺出版社 1995年 151页
19cm（小32开）ISBN：7-5321-1257-8
定价：CNY3.00
（希望美育文库）

J0165652
西方戏剧史话 李永华著
北京 中国少年儿童出版社 1996年 151页
19cm（小32开）ISBN：7-5007-3010-1
定价：非卖品
（希望书库 6-56（总425））

本书由中国少年儿童出版社和中国青年出版社联合出版。

J0165653
戏曲优伶史 孙崇涛，徐宏图著
北京 文化艺术出版社 1995年 327页
20cm（32开）ISBN：7-5039-1350-9
定价：CNY11.50
（戏曲史论丛书）

作者孙崇涛（1939— ），学者。浙江瑞安人，毕业于杭州大学中文系。历任中国艺术研究院戏曲研究所研究员、戏曲史研究室主任。出版《风月锦囊考释》《戏曲优伶史》《金印记校勘》《青楼集笺注》等。作者徐宏图（1945— ），研究员。浙江平阳人，浙江省艺术研究所研究员、中国古代戏曲学会理事。中国傩戏研究会常务理事。著有《南宋戏曲史》《浙江戏曲史》《浙江戏曲史话》等。

J0165654
硝烟剧魂 （抗敌演剧一队回忆录）李超著；李布尔整理
北京 中国广播电视出版社 1995年 231页
有照片 20cm（32开）ISBN：7-5043-2790-5
定价：CNY12.00

作者李超（1914—1995），回族，戏剧家。原名李超然，河北迁安人。中国少数民族戏剧学会会长，中国戏剧家协会原秘书长。作者李布尔，话剧研究所任职。

J0165655
优伶史 （优伶从分散走向聚合）谭帆著
上海 上海文艺出版社 1995年 188页
18cm（小32开）精装 ISBN：7-5321-1331-0
定价：CNY10.40
（中国社会民俗史丛书）

本书对优伶的研究从艺术史与民俗文化史两个层面和雅与俗两种视角加以审视。第1-4章是对优伶所作的基础性概述。第5-6章是对优伶的艺术创造和文化功能的阐述。第7-8章揭示传统文化对优伶的禁锢与摧残。第9章为全书归结，揭示“优伶文化”的特质。

J0165656
元代戏曲史稿 黄卉著
天津 天津古籍出版社 1995年 549页
20cm（32开）ISBN：7-80504-477-5
定价：CNY30.00

作者黄卉，女，教授。毕业于北京大学中文系。在北京大学中文系编辑专业教研室、民间文学教研室任教。著有《北京戏剧通史》。

J0165657
中国古代戏剧 郭英德，陶庆梅编著
北京 北京科学技术出版社 1995年 125页
19cm（小32开）ISBN：7-5304-1668-5
定价：CNY3.90
（中国历史知识全书 灿烂文化）

J0165658
中国戏剧史论稿 林锋雄著
台北 1995年 280页 21cm（32开）
ISBN：957-36-0408-6 定价：TWD420.00
（国家文史丛书 19）

J0165659
中国戏剧学通论 赵山林著
合肥 安徽教育出版社 1995年 1071页
20cm(32开)精装 ISBN: 7-5336-1696-0
定价: CNY35.00
作者赵山林(1947—),华东师范大学中文系教师。

J0165660
中国戏曲史话 刘士杰著
上海 上海文艺出版社 1995年 139页
19cm(小32开) ISBN: 7-5321-1264-0
定价: CNY3.00
(希望美育文库)

J0165661
中国戏曲史话 刘士杰著
北京 中国少年儿童出版社 1996年 139页
19cm(小32开) ISBN: 7-5007-3009-8
(希望书库 5-43)
本书由中国少年儿童出版社和与中国青年出版社联合出版。

J0165662
中国戏曲史论集 张燕瑾著
北京 北京燕山出版社 1995年 295页
20cm(32开) ISBN: 7-5402-0218-1
定价: CNY15.00

J0165663
中国戏曲演义 罗晓帆著
上海 上海文艺出版社 1995年 335页
20cm(32开) ISBN: 7-5321-1341-8
定价: CNY14.50
(文艺演义丛书)

J0165664
重庆抗战剧坛纪事 (1937年7月-1946年6月)石曼编
北京 中国戏剧出版社 1995年 222页
19cm(小32开) ISBN: 7-104-00697-4
定价: CNY9.30
(重庆市文化局史料丛书)

J0165665
北京老戏园子 侯希三著
北京 中国城市出版社 1996年 355页
19cm(小32开) ISBN: 7-5074-0802-7
定价: CNY12.80
本书是中国戏剧与剧院史。作者侯希三(1937-),北京史地民俗学会会员。

J0165666
传统戏曲的现代表现 王安祈著
台北 里仁书局 1996年 198+32页 有剧照
21cm(32开)

J0165667
东欧戏剧史 杨敏主编
北京 文化艺术出版社 1996年 34+734页
20cm(32开) ISBN: 7-5039-1305-3
定价: CNY38.00

J0165668
江苏戏曲志 (南京卷)《江苏戏曲志》编辑委员会,《江苏戏曲志·南京卷》编辑委员会编
南京 江苏文艺出版社 1996年 415页 有照片
20cm(32开) ISBN: 7-5399-0861-0

J0165669
江苏戏曲志 (扬州卷)周卫国主编;《江苏戏曲志》编辑委员会,《江苏戏曲志·扬州卷》编辑委员会编
南京 江苏文艺出版社 1997年 438页 有照片
20cm(32开)精装 ISBN: 7-5399-0861-0

J0165670
江苏戏曲志 (镇江卷)郁亦行主编;《江苏戏曲志》编辑委员会,《江苏戏曲志·镇江卷》编辑委员会编
南京 江苏文艺出版社 1997年 414页 有照片
20cm(32开)精装 ISBN: 7-5399-0861-0

J0165671
江苏戏曲志 (盐城卷)张铨主编;《江苏戏曲志》编辑委员会,《江苏戏曲志·盐城卷》编辑委员会编
南京 江苏文艺出版社 1998年 637页 有照片
20cm(32开)精装 ISBN: 7-5399-0861-0

J0165672
江苏戏曲志 (淮海戏志)刘增国主编;淮海戏志编辑部主编
南京 江苏文艺出版社 1999年 394页 有照片
20cm(32开)精装 ISBN:7-5399-0861-0

J0165673
江苏戏曲志 (淮阴卷)张寿山主编;《江苏戏曲志》编辑委员会,《江苏戏曲志·淮阴卷》编辑委员会编
南京 江苏文艺出版社 1999年 473页 有照片
20cm(32开)精装 ISBN:7-5399-0861-0

J0165674
江苏戏曲志 (无锡卷)刘俊鸿主编;江苏戏曲志编辑委员会[编]
南京 江苏文艺出版社 1999年 729页 有照片
20cm(32开)精装 ISBN:7-5399-0861-0

J0165675
上海南汇县老港乡农家渡桥仪式与桥文化 朱建明,谈敬德著
台北 财团法人施合郑民俗文化基金会 1996年 248页 有照片 21cm(32开)
ISBN:957-8892-95-0 定价:TWD250.00
(民俗曲艺丛书)

J0165676
元杂剧史 李修生著
南京 江苏古籍出版社 1996年 331页
20cm(32开)ISBN:7-80519-795-4
定价:CNY15.00
(中国分体断代文学史)

J0165677
中国戏剧图史 廖奔著
郑州 河南教育出版社 1996年 558页 37cm
精装 ISBN:7-5347-1965-8 定价:CNY1280.00

作者廖奔(1953—),别名向远方、南阳惊牛翁。河南开封人,毕业于中国社会科学院研究生院。中国艺术研究院研究员,戏曲研究所副所长、研究生部戏曲系主任,中国戏剧家协会会员。代表作品《中国戏曲发展史》。

J0165678
中国戏曲剧种史丛书 马少波主编
北京 中国戏剧出版社 1996年 310页
20cm(32开)

作者马少波(1918—2009),文学家、文艺理论家。原名马志远,笔名苏扬、红石等。生于山东莱州。历任中国艺术语言研究会会长、中国戏曲学会副会长、中国京剧艺术基金会副会长、中国戏曲学院名誉教授、中国京剧院副院长。代表作《正气歌》《闯王进京》《宝剑归鞘》《宝烛记》《蝴蝶梦》

J0165679
中国戏曲史论 吴新雷著
南京 江苏教育出版社 1996年 361页 有照片
20cm(32开)精装 ISBN:7-5343-2644-3
定价:CNY26.30

J0165680
东西方戏剧进程 刘彦君著
北京 文化艺术出版社 1997年 480页
20cm(32开)ISBN:7-5039-1741-5
定价:CNY27.80
(20世纪艺术文库 史述编)

J0165681
贺龙与战斗剧社 陕甘宁晋绥联防军抗日战争史编审委员会编
北京 军事科学出版社 1997年 335页 有照片
20cm(32开)ISBN:7-80021-750-7

J0165682
梨园春花 (地方戏曲与京剧)关嘉禄著
沈阳 辽宁人民出版社 1997年 186页
20cm(32开)ISBN:7-205-03860-X
定价:CNY13.20
(清代社会文化丛书 文艺卷 5)

J0165683
梨园旧匾 北京市文物事业管理局编
北京 北京燕山出版社 1997年 162页 25×27cm
精装 ISBN:7-5402-1054-0 定价:CNY180.00

J0165684
三门峡市戏曲志 戴征贤主编;《三门峡市戏

曲志》编纂委员会[编]
[三门峡][《三门峡市戏曲志》编纂委员会]
1997年 343页 有图 26cm(16开)

J0165685
台湾剧场与文化变迁 (历史记忆与民众观点)邱坤良著
台北 台原出版社 1997年 482页 有照片
21cm(32开) ISBN: 957-9261-81-4
定价: TWD450.00
(台原研究丛刊 01)

J0165686
戏迷说戏 秦绿枝著
上海 上海书店出版社 1997年 205页 有照片
19cm(小32开) ISBN: 7-80622-227-8
定价: CNY14.50
(闲暇丛书)

J0165687
现代美国戏剧史 (1900—1950)周维培著
南京 江苏文艺出版社 1997年 423页
20cm(32开) ISBN: 7-5399-1153-0
定价: CNY17.80
(跨世纪文论丛书)
外文书名: A History of Modern American Drama.

J0165688
云南省镇雄县泼机镇汉族庆菩萨 马朝开编著
台北 财团法人施合郑民俗文化基金会 1997年
442页 有照片图 21cm(32开) 精装
ISBN: 957-8384-18-1 定价: TWD550.00
(民俗曲艺丛书)

J0165689
正乙祠大戏楼 陈晋楚编
北京 北京燕山出版社 1997年 143页 有照片
20cm(32开) ISBN: 7-5402-0880-5
定价: CNY10.00

J0165690
中国当代戏剧史纲 王新民著
北京 社会科学文献出版社 1997年 17+420页
20cm(32开) ISBN: 7-80149-047-9
定价: CNY23.80

J0165691
中国古代剧场史 廖奔著
郑州 中州古籍出版社 1997年 177+70页 有图
26cm(16开) 精装 ISBN: 7-5348-1531-2
定价: CNY42.00
(中国传统文化研究丛书 第一辑)
本书是一部全面而系统地论述古代剧场史的专著。内容包括: 剧场变迁、戏台沿革、汉魏场地、晋唐场地、勾栏演剧、堂会演剧、戏园演剧、神庙演剧、宫廷剧场、其它剧场、近代变迁、中外剧场比较。作者廖奔(1953—),别名向远方、南阳惊牛翁。河南开封人,毕业于中国社会科学院研究生院。中国艺术研究院研究员,戏曲研究所副所长、研究生部戏曲系主任,中国戏剧家协会会员。代表作品《中国戏曲发展史》。

J0165692
中国古代戏剧统论 徐振贵著
济南 山东教育出版社 1997年 938页
20cm(32开) 精装 ISBN: 7-5328-2468-3
定价: CNY36.80

J0165693
中国古今戏剧史 李万钧主编
广州 广东高等教育出版社 1997年 3册
20cm(32开) ISBN: 7-5361-2070-2
定价: CNY120.00

J0165694
中国戏曲的创造与鉴赏 郑向恒编著
台北 文史哲出版社 1997年 75页 有照片
21cm(32开) ISBN: 957-549-109-2
定价: TWD120.00

J0165695
中国戏曲简史 叶树发著
南昌 江西高校出版社 1997年 211页
20cm(32开) ISBN: 7-81033-763-7
定价: CNY12.00

J0165696
中国戏曲史 张松林著
重庆 重庆大学出版社 1997年 416页

20cm（32开）ISBN：7-5624-1552-8
定价：CNY16.80

J0165697
中国戏曲史研究 黄仕忠著
广州 中山大学出版社 1997年 355页
20cm（32开）ISBN：7-306-01337-8
定价：CNY28.00
（中山大学学术研究丛书）

J0165698
大海浪花 （回忆孩子剧团的战斗生活）许翰如著
北京 北京图书馆出版社 1998年 238页 有照片
29cm（12开）ISBN：7-5013-1507-8
定价：CNY12.00

J0165699
晋察冀革命文化艺术大事记 刘谷主编；晋察冀革命文化史料征集协作组编
石家庄 花山文艺出版社 1998年 48+307页
有图 20cm（32开）精装 ISBN：7-80611-591-9
定价：CNY20.00

J0165700
京剧厉家班史 刘沪生等著
北京 北京图书馆出版社 1998年 226页
20cm（32开）ISBN：7-5013-1519-1
定价：CNY14.00

J0165701
梨园轶闻 刘嵩崑著
北京 北京燕山出版社 1998年 390页
20cm（32开）ISBN：7-5402-1148-2
定价：CNY19.00
（北京旧闻丛书）

J0165702
葡萄牙戏剧史 （葡）路易斯·费兰西斯库·雷贝洛著；陈用仪译
北京 中国文联出版公司 1998年 150页
有剧照 20cm（32开）ISBN：7-5059-3005-2
定价：CNY14.80
（葡萄牙文化丛书）

J0165703
清代以来的北京剧场 李畅著
北京 北京燕山出版社 1998年 268页
20cm（32开）ISBN：7-5402-0955-0
定价：CNY14.00
（京华博览丛书 第一批）

J0165704
清代中期燕都梨园史料评艺三论研究 潘丽珠著
台北 里仁书局 1998年 233页 21cm（32开）
ISBN：957-8352-13-1 定价：TWD250.00

J0165705
实验剧场 曹小容著
台北 扬智文化事业公司 1998年 182页
19cm（小32开）ISBN：957-8446-60-8
定价：TWD150.00
（文化手边册 38）
　外文书名：Experimental Theatre.

J0165706
苏州戏曲志 苏州市文化局，苏州戏曲志编辑委员会[编]
苏州 古吴轩出版社 1998年 16+582页 有图
26cm（16开）精装 ISBN：7-80574-380-0
定价：CNY140.00

J0165707
台湾传统戏曲 曾永义著；陈正之摄影
台北 东华书局股份有限公司儿童部
1998年 重印本 144页 有图 30cm（10开）
ISBN：957-636-873-1 定价：TWD500.00
（学习乡土艺术百科）

J0165708
戏曲文物研究散论 黄竹三著
北京 文化艺术出版社 1998年 434页
20cm（32开）ISBN：7-5039-1809-8
定价：CNY22.80
（20世纪艺术文库 研究编）

J0165709
戏曲志 廖奔撰
上海 上海人民出版社 1998年 395页

21cm(32开)精装 ISBN:7-208-02327-1
定价:CNY6000.00(全套)
(中华文化通志 第8典 艺文 074)

作者廖奔(1953—),别名向远方、南阳惊牛翁。河南开封人,毕业于中国社会科学院研究生院。中国艺术研究院研究员,戏曲研究所副所长、研究生部戏曲系主任,中国戏剧家协会会员。代表作品《中国戏曲发展史》。

J0165710
许昌戏曲志 韩伟,李宗南主编;河南省戏曲志编辑委员会编
许昌[河南][河南省戏曲志编辑委员会]
1998年 276页 有图 26cm(16开)
定价:CNY45.00

J0165711
中国古代梨园百态 张兵著
上海 东方出版中心 1998年 218页
19cm(小32开)ISBN:7-80627-365-4
定价:CNY9.00
(中国古代社会百态丛书 第二辑)

本书内容包括:"释'梨园'"、"说'优伶'"、"帝王与优伶"、"梨园与政治"、"闲话戏班"、"戏德种种"、"学艺生涯"、"戏里戏外"、"艺韵·轶事"。

J0165712
中国喜剧史 隗芾主编
汕头 汕头大学出版社 1998年 17+451页
20cm(32开)ISBN:7-81036-256-9
定价:CNY25.00

作者隗芾(1938—2016),满族,研究员。笔名顾乡,辽宁新宾人。毕业于吉林大学中文系。汕头大学潮汕文化研究中心副教授、汕头文学会副会长、中国戏曲学会理事。出版有《中国喜剧史》《戏曲史简编》《元明清戏曲选》等。

J0165713
中国戏曲史 麻文琦等著
北京 文化艺术出版社 1998年 149页
20cm(32开)ISBN:7-5039-1621-4
定价:CNY11.80
(中国艺术简史丛书)

J0165714
竹堑憨子弟 (新竹市北管子弟的记录)苏玲瑶著
新竹县 新竹市立文化中心 1998年 202页
有图照片 26cm(16开)ISBN:957-02-2096-1

J0165715
驻马店地区戏曲志 方仲根主编;《河南省戏曲志》编辑委员会编
《河南省戏曲志》编辑委员会 1998年 318页
有地图照片 26cm(16开)定价:CNY125.00

J0165716
安徽省六安市戏曲志 许正英主编;六安市文化局编印
[六安][六安市文化局][1999年]14+328页
21cm(32开)精装 定价:CNY90.00

本书设有凡例、综述、大事年表、志略、传记、附录等类目,记载了安徽省六安市戏曲事业的历史和发展状况。

J0165717
澳门戏剧史稿 田本相,郑炜明主编
南京 江苏教育出版社 1999年 301页 有照片
20cm(32开)精装 ISBN:7-5343-3635-X
定价:CNY20.80

作者田本相(1932—2019),教授。天津人,毕业于南开大学。历任中国话剧理论与历史研究会名誉会长,中国艺术研究院话剧所所长、研究员、博士生导师,中国戏剧史研究专家。著有《曹禺剧作论》《郭沫若史剧论》《民国时期话剧杂志汇编》等。

J0165718
春华秋实 (山西省晋剧院建院四十周年纪念1959—1999)陈柱主编
1999年 131页 29cm(16开)定价:CNY80.00

J0165719
从戏台到讲台 (早期香港戏剧及演艺活动一九零零~一九四一)罗卡等编著
香港 国际演艺评论家协会(香港分会)1999年
132+139页 有剧照 21cm(32开)
ISBN:962-8321-129 定价:HKD85.00

J0165720
当代美国戏剧史 （1950—1995）周维培著
南京 南京大学出版社 1999年 19+280页
20cm（32开）ISBN：7-305-03194-1
定价：CNY15.00

J0165721
甘肃文史资料选辑 （第48辑 甘肃戏剧新成就）李天昌，陈光主编；中国人民政治协商会议甘肃省委员会文史资料和学习委员会，甘肃省戏剧家协会编
兰州 甘肃人民出版社 1999年 309页 有照片
21cm（32开）ISBN：7-226-02010-6
定价：CNY25.00
本书收录了甘肃省戏剧方面的文章，对甘肃省的戏剧工作进行了回顾和展望，并对一些优秀的剧作品进行了评议。

J0165722
古代戏曲发展史 孙兰廷编著
呼和浩特 内蒙古大学出版社 1999年 226页
20cm（32开）
本书内容包括：中国戏曲的萌芽、唐代歌舞与参军戏、宋代杂剧与金院本、宋元南戏、元代杂剧、明代戏曲、清代戏曲。

J0165723
加拿大英语戏剧史 郭继德著
郑州 河南人民出版社 1999年 371页 有彩照
20cm（32开）精装 ISBN：7-215-04465-3
定价：CNY24.00
作者郭继德（1965— ），教师。山东单县人，毕业于山东大学外文系。山东大学外国语学院院长、教授、博导，美国现代文学研究所所长、加拿大研究中心主任。出版有《加拿大英语戏剧史》《英语文学散论》《美国文学研究》等。

J0165724
梨园老照片 ［吉林文史出版社编］
长春 吉林文史出版社 1999年 186页 有照片
20cm（32开）ISBN：7-80626-406-X
定价：CNY14.00

J0165725
孟津县戏曲志 雷光顾主编；河南省戏曲志编委会编
［孟津］［孟津县文化局］1999年 181页 有照片
26cm（16开）

J0165726
明传奇排场三要素发展历程之研究 许子汉著
台北 台湾大学出版委员会 1999年 653页
21cm（32开）ISBN：957-02-4652-9
（文史丛刊 108）

J0165727
浓梦清歌 （中国文人戏曲）路应昆著
长春 吉林美术出版社 1999年 174页
19cm（小32开）ISBN：7-5386-0752-8
定价：CNY16.00
（世界艺术教育文库 首批）

J0165728
齐鲁戏曲春秋 山东省政协文史资料委员会编
北京 中国文史出版社 1999年 699页 有照片
20cm（32开）ISBN：7-5034-1029-9
定价：CNY28.60
本书较全面地反映了中华人民共和国成立后山东省各剧种遵照“双百”方针，积极进行戏剧改革及其演出情况、著名艺人的演出活动的真实面貌，并对山东省曲艺的形成、源流、演出状况进行了介绍。

J0165729
千禧之交——两岸戏曲回顾与展望研讨会
传统艺术中心筹备处［等］主办
1999年 有照片 30cm（10开）

J0165730
清代内廷演戏史话 丁汝芹著
北京 紫禁城出版社 1999年 289页 有图
19cm（小32开）ISBN：7-80047-293-0
定价：CNY20.00
（紫禁城丛书）

J0165731
三晋戏曲漫话 赵尚文著；任茂棠主编
太原 山西古籍出版社 1999年 36页 20cm（32开）
ISBN：7-80598-338-0 定价：CNY2.40
（三晋文化研究丛书）

本书简明叙述了山西的戏曲的历史。内容包括：中国古代戏曲的摇篮，戏剧史研究的活化石，源远流长的蒲州梆子，中路梆子和北路梆子等。

J0165732
太原戏剧史　太原市艺术研究所编写
太原 山西古籍出版社 1999 年 372 页 有照片
20cm（32 开）ISBN：7-80598-313-5
定价：CNY20.80

J0165733
维扬优伶　韦明铧著
福州 福建人民出版社 1999 年 223 页 有彩图
19cm（小 32 开）ISBN：7-211-03588-9
定价：CNY10.20
（区域人群文化丛书）

J0165734
文化转型中的中国近代戏剧　左鹏军著
海口 南方出版社 1999 年 310 页 20cm（32 开）
ISBN：7-80660-104-X 定价：CNY25.00
（华南师范大学中文系语言文学与文化丛书）
本书内容包括：中国近代戏剧发展的文化史背景，中国近代文化变迁与戏剧走向，中国近代戏剧发展的基本脉络，近代文化变革与戏剧诸方面变迁等九章。作者左鹏军（1962—　），教授。生于吉林梅河口市，毕业于中山大学。华南师范大学中文系教授、博士生导师。著有《近代传奇杂剧史论》《文化转型中的中国近代戏剧》等。

J0165735
西方戏剧·剧场史　李道增著
北京 清华大学出版社 1999 年
2 册（557；490 页）26cm（16 开）精装
ISBN：7-302-03401-X 定价：CNY180.00
本书介绍了西方戏剧与剧场这对孪生姐妹的起源与发展，以及自远古至今各个历史阶段对戏剧、剧场发展有贡献的剧作家、表演艺术家、音乐家、舞台美术家、建筑师……以及他们的历史业绩和作品。

J0165736
西洋戏剧与戏剧家　张静二著
台北 张静二［自刊］1999 年 10+316 页
21cm（32 开）ISBN：957-97348-7-9
定价：TWD250.00

J0165737
戏史辨　胡忌主编
北京 中国戏剧出版社 1999 年 360 页
21cm（32 开）ISBN：7-104-01126-9
定价：CNY18.80
本书收录《戏史何以需辨》《中国戏剧的早期形态》《角抵考》《中国演剧史》《傀儡戏三辨》《20 世纪的中国戏剧史研究》等 18 篇文章。

J0165738
戏韵　（桂林文场戏考）何红玉，苏兆斌著；桂林市政协文史资料委员会编
桂林 漓江出版社 1999 年 288 页 有照片
19cm（小 32 开）ISBN：7-5407-2490-0
定价：CNY12.50

J0165739
浙江戏曲史话　徐宏图著
宁波 宁波出版社 1999 年 163 页 有图
20cm（32 开）ISBN：7-80602-342-9
定价：CNY9.00
（浙江文化史话丛书 4）
作者徐宏图，浙江平阳人，浙江省艺术研究所研究员、中国戏剧家协会会员，著有《浙江戏曲史话》《戏曲优伶史》《孔村目连戏》等。作者徐宏图（1945—　），研究员。浙江平阳人，浙江省艺术研究所研究员、中国古代戏曲学会理事、中国傩戏研究会常务理事。著有《南宋戏曲史》《浙江戏曲史》《浙江戏曲史话》等。

J0165740
中国古代剧作学史　陈竹著
武汉 武汉出版社 1999 年 14+796 页
20cm（32 开）精装 ISBN：7-5430-1977-9
定价：CNY50.00
本书分 16 章论述了中国古代剧作史的编剧理论、剧学体系，描述了中国古代戏曲在观念不断向“当代”转换中如何走向近代的过程。

J0165741
中国戏　徐城北著
郑州 海燕出版社 1999 年 111 页 20cm（32 开）

ISBN: 7-5350-1870-X 定价: CNY6.60
(千秋文化之旅)

作者徐城北(1942—),作家、学者。生于重庆,毕业于中国戏曲学院戏曲文学系。历任中国作家协会会员、中国戏剧家协会会员、中国京剧院副研究员、北京大学兼职教授。著有《梅兰芳与20世纪》《京剧与中国文化》等。

J0165742

中国戏曲　章诒和主编

北京 文化艺术出版社 1999年 185页

21cm(32开) ISBN: 7-5039-1837-3

定价: CNY28.00

(中国文化艺术丛书)

J0165743

中国戏曲现代戏史　高义龙,李晓主编;中国戏曲现代戏研究会,上海艺术研究所编

上海 上海文化出版社 1999年 524页

26cm(16开) 精装 ISBN: 7-80646-102-7

定价: CNY36.00

作者高义龙(1941—2008),京剧编剧、戏曲研究者。山东济南人,毕业于华东师范大学。上海艺术研究所副研究员、上海市美学学会理事、上海越剧艺术研究中心总干事。专著《袁雪芬的艺术道路》《袁雪芬》《筱文艳舞台生活》《越剧史话》《越剧艺术》等。

J0165744

中国戏曲演进与变革史　蒋中崎著

北京 中国戏剧出版社 1999年 23+743页

21cm(32开) ISBN: 7-104-01165-X

定价: CNY45.00

(中青年学者文丛)

本书内容包括:戏曲的渊源与戏曲诸因素的发展、杂剧的形成与发展、戏文的产生与传奇的繁盛、地方戏的兴起与京剧的形成、传统戏曲向现代戏剧的转变等内容。

戏剧舞台艺术

J0165745

第一舞台清卡

民国四年[1915]抄本 经折装

分十五册。

J0165746

剧本的登场　谷剑尘著

上海 东南剧学编译社 1925年 100页

19cm(32开)

(戏剧丛书)

本书内容包括:剧本的选择、戏剧的领袖、演员的支配、剧意研究和角色之性质与关系之揭示、对读与发音官能、排演述要、戏剧的预备日、上场之先与下场之后8章。

J0165747

国立北平大学艺术学院戏剧系第一届毕业同学论文集　国立北平大学艺术学院编

北平 国立北平大学艺术学院 1929年 166页

有图像 24cm(15开)

本书收录《导演技术》(王瑞麟)、《梅伊阿特的剧场观》(谢兴)、《表演的技术》(张蓝朴)、《表演艺术家》(韩廷让)、《舞台装饰之演进》(张鸣琦)、《化装》(匡直)6篇论文。

J0165748

舞台艺术　予且编

昆明 中华书局 1939年 94+40页 15cm(40开)

定价: 国币二角

本书内容包括:要使演员对于剧本发生兴趣、要演员和群众都认识剧中人、导演心中的几件大事3节。书末附《导演手册》。

J0165749

戏剧演出教程　(美)M.史密士(M.Smith)著;田禽译

上海 上海杂志公司 1939年 226页 19cm(32开)

本书15章,论述剧本、演员、排演、舞台、布景、服装、化装、道具、灯光、公演等。

J0165750
戏剧演出教程 (美)M. 史密士(M.Smith)撰;田禽译述
上海 上海杂志公司 1949年 226页 18cm(32开)
定价:旧币900元
(戏剧理论与方法丛刊)
外文书名:The Book of Play Production.

J0165751
戏剧演出教程 (美)M. 史密士原著;田禽译述
上海 上海杂志公司 1950年 2版 226页 18cm(32开) 定价:旧币900元
(戏剧理论与方法丛刊)

J0165752
战时戏剧演出论 田禽著
重庆 独立出版社 1940年 54页 19cm(32开)
定价:四角二分
(戏剧理论丛书)
本书分10章,介绍了戏剧演出所需要做的各方面准备工作,包括:"战时演剧的使命"、"怎样选择剧本?"、"怎样支配演员?"、"怎样排演?"、"怎样做导演?"、"怎样做演员?"、"怎样化妆?"、"布景、服装、灯光、道具"、"怎样演出?"、"演技与宣传"。书前有"戏剧理论丛书总序"。

J0165753
演剧初程 刘念渠等著
重庆 青年出版社 1941年 268页 19cm(32开)
定价:二元
(青年戏剧指导丛书 2)
本书收录《怎样导演》(张世骝)、《剧本与演出》(刘念渠)、《怎样演出一个角色》(寇嘉弼)、《布景设计》(李乃枕)、《舞台灯光》(赵越)、《后台管理》(黄耀东)、《巡回演剧》(周彦)等11篇话剧理论文章。

J0165754
演员与导演 (苏)拉波泊,(苏)查哈瓦著;曹葆华,天蓝译
重庆 激流社 1941年 116页 19cm(32开)
本书译自美国新戏剧联盟的机关杂志《戏剧工场》,收录《演员论》(丁·拉波泊著,天蓝译)和《导演论》(B.E. 查哈瓦著,曹葆华译)两篇文章。译者曹葆华(1906—1978),诗人、翻译家。四川乐山人。原名宝华,别名伊人。毕业于清华大学研究院。曾任中华文化基金董事会专职翻译、延安鲁艺文学系教师、中共中央宣传部俄文翻译室主任、中国科学院哲学社会科学部外国文学研究所研究员等。著有《抒情十三章》《寄诗魂》《落日颂》等,译有《现代诗论》《党的组织和党的文学》《马克思恩格斯论艺术》等。

J0165755
演员与导演 (苏)Л. 拉波泊,(苏)B. 查哈瓦著;曹葆华,天蓝译
重庆 激流社 1943年 104页 18cm(32开)
定价:八元

J0165756
演员与导演 (苏)拉波泊,(苏)查哈瓦著;曹葆华,天蓝译
大连 生活书店 民国三十七年[1948]108页 19cm(32开) 定价:三元八角

J0165757
演员与导演 (苏)拉波泊(T.Rapuport),(苏)查哈瓦(B.E.Zakhava)撰;曹葆华,天蓝译
大连 生活书店 1949年 108页 18cm(32开)

J0165758
我教你演戏 田禽著;汪子美绘图
重庆 文风书局 1944年 44页 有图 19cm(32开)
定价:国币十六元
(新少年文库 2)
本书内容包括:怎样选剧本、谈导演、怎样表演、怎样化装、谈效果、谈布景、收场戏等8节。

J0165759
演剧艺术 沈狄西编
上海 中华书局 1948年 114页 18cm(32开)
定价:国币二元五角
本书内容包括:编剧、导演、演员、剧场、舞台技术等6章。

J0165760
怎样指导儿童演剧 龚炯编著
上海 商务印书馆 1948年 124页 有照片 18cm(15开) 定价:国币二元五角

（国民教育文库）

本书内容包括：什么叫做儿童剧、儿童剧的教育性、儿童剧团的组织法、儿童剧的编写、导演演出、儿童剧的展望等。

J0165761
导演与演员 章泯撰
上海 生活·读书·新知上海联合发行社 1949年沪初版 78页 16cm（25开）定价：CNY2.50
（新中国百科小丛书）

J0165762
导演与演员 章泯著
上海 生活·读书·新知上海联合发行所 1949年 78页 19cm（32开）
（新中国百科小丛书）

J0165763
导表演系教学计划专辑 中央戏剧学院教务科编
［北京］中央戏剧学院教务科［1950—1959年］油印本 18页 26cm（16开）
（教学改革参考资料 10 5）

J0165764
导演与表演诸问题 王啸平撰
上海 正风出版社 1951年 124页 有图 18cm（15开）定价：旧币5,400元

J0165765
表演和导演问题 舒强撰
上海 新文艺出版社 1952年 104页 20cm（32开）定价：旧币5,300元

本书是作者有关戏剧表演艺术和导演学的关系的理论探讨。作者舒强，戏剧导演。原名蒋树强。江苏南京人。曾在中国左翼戏剧家联盟南京分盟大众剧社、上海业余实验剧团任演员，华北联合大学文艺学院戏剧系主任、中央戏剧学院表演系主任，中央实验话剧院副院长、总导演。导演话剧有《白毛女》《大风歌》等。有《舒强戏剧论文集》。

J0165766
史达尼斯拉夫斯基论舞台艺术 （苏）史达尼斯拉夫斯基（К.С.Станиславский）撰；邵振为译
上海 上海文艺联合出版社 1954年 362页 20cm（32开）定价：旧币12,300元

J0165767
业余剧团怎样排戏演戏和化装 谭增成著
西安 陕西人民出版社 1956年 40页 18cm（32开）统一书号：T8094.50 定价：CNY0.14

J0165768
业余剧团怎样排戏演戏和化装 谭增成著
［西安］陕西人民出版社 1957年 定价：CNY0.14

J0165769
怎样排戏和演戏 冷波编著
沈阳 辽宁人民出版社 1956年 36页 18cm（15开）统一书号：T8090.16 定价：CNY0.12
（文艺活动小丛书 2）

J0165770
朗诵 鲍厚星编著
长沙 湖南人民出版社 1979年 110页 19cm（小32开）定价：CNY0.23

J0165771
朗诵艺术这朵花 中国作家协会广东分会诗歌工作委员会编
广州 广东人民出版社 1979年 47页 19cm（小32开）定价：CNY0.14
（群众文艺辅导丛书）

J0165772
舞台美术知识 周承人编
广州 广东人民出版社 1979年 192页 20cm（32开）统一书号：10111.1085 定价：CNY0.60

J0165773
《红白喜事》的舞台艺术 郭海云等编
北京 中国戏剧出版社 1987年 185页 有照片 20cm（32开）统一书号：8069.1093 定价：CNY1.50
（舞台艺术丛书）

J0165774
文艺演出手册 林君桓，张锦华主编；福建师范大学音乐系艺术实践教研室编
上海 上海音乐出版社 1992年 488页
20cm(32开) ISBN: 7-80553-390-3
定价: CNY8.40
本书对当代各类型的文艺演出，从组织、训练、排练、演出及比赛等各个环节进行了分析、论述，并提出了可行的处理意见、办法。

J0165775
看戏与听戏 魏子云著
台北 贯雅文化事业公司 1993年 365页
21cm(32开) ISBN: 957-9388-77-6
定价: TWD250.00

J0165776
《马兰花》的舞台艺术 黄祖培，郭小梅编
北京 中国戏剧出版社 1994年 364页 有剧照
20cm(32开) ISBN: 7-104-00685-0
定价: CNY11.00
(中国儿童戏剧系列丛书)
作者黄祖培，中国儿童艺术剧院任职。作者郭小梅，中国儿童艺术剧院任职。

J0165777
《结婚》的舞台艺术 余林编
北京 中国戏剧出版社 1995年 239页
20cm(32开) ISBN: 7-104-00701-6
定价: CNY12.20
(舞台艺术丛书)

J0165778
表导演艺术论 张应湘著
桂林 广西师范大学出版社 1997年 357页
有剧照 20cm(32开) ISBN: 7-5633-2441-0
定价: CNY26.00

J0165779
从"脸"字说起 (舞台艺术评论、艺术管理文集) 阮润学著
武汉 长江文艺出版社 1997年 413页 有彩照
20cm(32开) ISBN: 7-5354-1554-7
定价: CNY23.00
(楚天艺术丛书)

J0165780
舞台艺术 孟春燕主编
沈阳 沈阳出版社 1998年 119页 有图
19cm(小32开) ISBN: 7-5441-0981-X
定价: CNY138.00 (全套)
(学生文体娱乐活动丛书 10)

J0165781
导戏、看戏、演戏 杨世彭著
台北 时报文化出版企业公司 1999年 315页
有照片 21cm(32开) ISBN: 957-13-2956-8
定价: TWD350.00
(新人间丛书 35)

J0165782
旋转多姿的学校舞台 尹世霖，方掬芬编著
南宁 接力出版社 1999年 130页 有图
18cm(小32开) ISBN: 7-80631-509-8
定价: CNY8.50
(中小学艺术教育丛书)

戏剧舞台艺术——导演学

J0165783
导演提要 余上沅编
[1911—1949年] 石印本 10页 26cm(16开)
环筒页装
(国立戏剧辅导学校戏剧辅导小丛书 2)
本书内容包括: 导演者之修养、导演者之基本认识、动作设计、地位与大动作等10节。

J0165784
戏剧导演术 向培良编著
上海 世界书局 1932年 94页 19cm(32开)
定价: 银五角
本书内容包括: 选剧本与支配角色、对演员的指导、排演布景设计、灯光与服装、舞台管理等10章。

J0165785
学校剧导演法 周锦涛编著
上海 儿童书局 1932年 再版 54页 18cm(32开)
定价: 一角五分

本书内容包括：戏剧的过去与将来、学校剧的产生、学校剧的功效、剧本的选择等 35 节。

J0165786
导演论 向培良著
上海 商务印书馆 1936 年 54 页 有图
18cm（15 开）定价：国币二角
（戏剧小丛书）
本书内容包括：作一个导演人的准备、剧本分析、选择角色、舞台构图、装置、排演、预演、导演的地位 8 章。

J0165787
戏剧导演 向培良编著
上海 世界书局 民国二十八年［1939］新 1 版
73 页 19cm（32 开）定价：国币三角
（民国籍粹 续）

J0165788
戏剧导演基础 （美）布士沃斯（Bosworth）著；章泯译
重庆 上海杂志公司 1939 年 101 页［19cm］（32 开）
（新演剧丛书）
本书内容包括：演出的准备、完成原稿、舞台布置、道具照明的设计、布景的模型、指挥排练，正确的方法、效果的完成、排练的过程等 19 章。

J0165789
导演方法论 阎哲吾，张石流著
重庆 独立出版社 1942 年 100 页 18cm（15 开）
定价：三元五角
（战时戏剧理论丛书）
本书是戏剧导演艺术专著。内容包括：戏剧艺术创造之完成、导演与导演方法、导演的职责、导演与剧本、实际工作 5 章。

J0165790
戏剧导演的初步知识 洪深著
重庆 中国文化服务社 1943 年 150 页
18cm（32 开）定价：国币三十元
（青年文库）
作者洪深（1894—1955），电影戏剧编导、文艺理论家。江苏武进（今常州）人。名达，字伯骏，号浅哉（一作字），又号潜斋，笔名庄正平、乐水、萧振声。曾赴美进修文学戏剧等。历任复旦大学、山东大学、中山大学、北京师范大学、暨南大学、厦门大学教授，中国文联委员、中国剧协副主席、中国作协理事、对外文化联络局局长、对外文协副会长。译有《恋爱的权利》《人的一生》等，著有《洪深文集》等。

J0165791
戏剧导演的初步知识 洪深著
上海 中国文化服务社 1945 年 沪 1 版 150 页
18cm（32 开）定价：国币三十元
（青年文库）

J0165792
戏剧导演的初步知识 洪深著
上海 中国文化服务社 民国三十五年［1946］
沪 2 版 150 页 18cm（32 开）定价：国币二元
（青年文库）

J0165793
导演术 陈治策编著
重庆 商务印书馆 1945 年 67 页 17cm（40 开）
定价：国币一元二角
（社会教育辅导丛书 戏剧教育类）
本书内容包括：导演者的出现与其应具有的资格、派定脚色、大部位、小动作、排演等 7 章。

J0165794
导演术 陈治策编著
上海 商务印书馆 1947 年 沪再版 67 页
18cm（15 开）定价：国币一元二角
（新中学文库）

J0165795
演剧教程 （苏）拉波泊著；天蓝译
［惠民县］渤海新华书店 1946 年 石印本 34 页
19cm（32 开）环筒页装

J0165796
编剧和导演 方君逸著
上海 永祥印书馆 1947 年 再版 62 页 17cm（35 开）
（青年知识文库 第一辑 第十七种）
本书内容包括：总论、编剧、导演、结论 4 部分。作者从看戏说起，谈及编导在话剧演出中的地位、编剧的动机、导演的职责以及导演是否人人可做等问题。

J0165797
演剧教程 曹葆华，天蓝译
大连 大连中苏友好协会 1947 年 79 页
18cm（32 开）
（新演剧丛书 2）
本书收录《演员论》（丁·拉波泊著，天蓝译）和《导演论》（B.E. 查哈瓦著，曹葆华译）两篇文章。译者曹葆华（1906—1978），诗人、翻译家。四川乐山人。原名宝华，别名伊人。毕业于清华大学研究院。曾任中华文化基金董事会专职翻译、延安鲁艺文学系教师、中共中央宣传部俄文翻译室主任、中国科学院哲学社会科学部外国文学研究所研究员等。著有《抒情十三章》《寄诗魂》《落日颂》等，译有《现代诗论》《党的组织和党的文学》《马克思恩格斯论艺术》等。

J0165798
演剧教程 （俄）拉波泊（T.Rapuport），（俄）查哈瓦（B.E.Zakhava）撰；曹葆华，天蓝辑译
沈阳 东北新华书店辽东分店 1949 年 98 页
18cm（32 开）定价：旧币 280 元

J0165799
导演经验 高歌辑
西安 西北新华书店 1949年 164 页 18cm（15 开）
（陕甘宁戏剧丛书 8）
本书收录《导演论》（B.E. 查哈瓦）、《导演人与导演》（N. 高尔卡科夫著，沙蒙译）、《申红友同志给我们上了第一课》（王大化）、《怎样排戏》（严正）、《内容、形式与技巧》（洪深）等 11 篇。

J0165800
《挡店》导演总结 王西英著
［1950—1999 年］8 页 26cm（16 开）

J0165801
《挡店》导演总结 王西英著
［1950—1959 年］8 页 26cm（16 开）

J0165802
排戏与演戏 严正撰；东北文艺工作团编辑
沈阳 新华书店东北总分店 1950 年 51 页
18cm（15 开）定价：旧币 130 元

J0165803
演剧教程 （俄）拉波泊（T.Rapuport），（俄）查哈瓦（B.E.Zakhava）撰；曹葆华，天蓝辑译
北京 新华书店 1950 年 140 页 18cm（32 开）
定价：CNY4.80

J0165804
导演的艺术创造 焦菊隐撰
上海 文化生活出版社 1951 年 128 页
19cm（32 开）定价：旧币 6,300 元
（北京人民艺术剧院戏剧丛书）
作者焦菊隐（1905—1975），戏剧家、翻译家。原名承志，笔名居颖、居尹、亮俦，艺名菊影，后自改为菊隐。出生于天津，获巴黎大学文学博士学位。曾任北京师范大学文学院院长，北京人民艺术剧院副院长、总导演和艺术委员会主任。代表作品《龙须沟》《明朗的天》《茶馆》等。

J0165805
导演的艺术创造 焦菊隐撰
上海 文化生活出版社 1953 年 3 版 128 页
19cm（32 开）定价：旧币 4,800 元

J0165806
戏剧导演手册 海夫纳撰；章泯译
北京 天下出版社 1951 年 149 页 20cm（32 开）
定价：旧币 9,900 元

J0165807
怎样导演 郑重撰
上海 新文艺出版社 1952年 125 页 20cm（32开）
定价：旧币 5,100 元

J0165808
演剧教程 曹葆华，天蓝辑译
沈阳 东北人民出版社 1953 年 重印本 140 页
18cm（32 开）

J0165809
排戏与演戏 严正著
沈阳 辽宁人民出版社 1954 年 重印本 51 页
18cm（15 开）定价：旧币 1,800 元

J0165810
导演“梁山伯与祝英台”随笔 黄沙著

上海 上海文化出版社 1957年 44页
18cm(15开) 统一书号: T10077.542
定价: CNY0.15

J0165811
导演学引论 格·尼·古里也夫著; 王爱民等译; 中央戏剧学院编
北京 中央戏剧学院编 1957年 321页
26cm(16开) 定价: CNY0.80

J0165812
剧本·导演·演员 (苏)戈尔恰柯夫(Н.Горчаков)著; 何若非译
北京 中国戏剧出版社 1957年 174页
20cm(32开) 统一书号: 10069.67 定价: CNY0.62
本书以排演苏联名剧《马卡尔·杜勃拉瓦》为例，论述斯坦尼斯拉夫斯基体系在导演和演员的创作中起的指导作用，以及导演从选择剧本到排成戏和观众见面为止的全部工作过程。第1章论述苏维埃演剧艺术家首先应该是一个忘我地为自己祖国和人民服务的，具有崇高的公民感情的人，在这个意义上说，斯坦尼斯拉夫斯基的演剧伦理学乃是他整个体系的“灵魂”；第2、3章阐述了导演创作工作中一些基本环节，如导演怎样分析剧本，怎样进行演出构思和制订排演计划，怎样同演员进行案头工作，怎样从寻找有机动作进到舞台排练等。

J0165813
怎样排戏 虞留德著
上海 上海文艺出版社 1958年 14页 18cm(15开)
统一书号: 11178.0083 定价: CNY0.06
(农村图书室文艺丛书 第三辑)

J0165814
论聂米罗维奇——丹钦柯导演方法 (苏)克涅别尔, M.O.著; 周来译
北京 中国戏剧出版社 1959年 167页 有照片
21cm(32开) 统一书号: 10069.263
定价: CNY0.80

J0165815
论聂米罗维奇——丹钦柯导演方法 (苏)玛·克涅别尔(М.О.Кнебль)著; 周来译
北京 中国戏剧出版社 1985年 修订版 168页
20cm(32开) 统一书号: 8069.532
定价: CNY1.20
本书从理论和实践上阐述了聂米罗维奇—丹钦柯的美学现点和创作方法中的若干基本问题。

J0165816
怎样导演 江西省群众艺术馆编写
南昌 江西人民出版社 1959年 14页 18cm(15开)
统一书号: 7110.189 定价: CNY0.05

J0165817
怎样排戏 严正著
沈阳 春风文艺出版社 1959年 32页 19cm(32开)
统一书号: 10158.73 定价: CNY0.11

J0165818
怎样作导演 邹仙月, 村里编
保定 河北人民出版社 1959年 27页 18cm(15开)
统一书号: 7086.300 定价: CNY0.08
(俱乐部小丛书)

J0165819
导演学基础 (苏)古里叶夫著; 张守慎译
北京 中国戏剧出版社 1960年 458页
21cm(32开) 统一书号: 10069.492
定价: CNY1.50
本书内容包括:“剧目计划”，强调思想性和艺术性；“初读剧本”，阅读剧本时切忌带有先入之见，而其目的则是为了了解剧本的基本内容；“剧本的思想和主题的分析”，论及剧本选定的任务；“研究参考材料”，强调应熟悉与剧本有关的各个方面；“剧作法分析”和“剧本的形象系统”，表述剧本结构、对人物性格、人物之间的关系、推动剧情发展的因素的分析等。把剧本分为开头、发展、高潮、结局。导演通过自己的构思使剧情生动地再现舞台。

J0165820
导演学基础 (苏)古里叶夫著; 张守慎译
北京 中国戏剧出版社 1981年 451页
21cm(32开) 统一书号: 8069.142 定价: CNY1.70
(中央戏剧学院戏剧艺术丛书)

J0165821
导演学基础 （苏）格·古里叶夫著；张守慎译
北京 中国戏剧出版社 1984年 451页
21cm（32开）统一书号：8069.142 定价：CNY1.70
（中央戏剧学院戏剧艺术丛书）

J0165822
戏剧导演的艺术与技术 （美）克琳（Klein，R.）著；张天国译
台北 黎明文化事业公司 1972年 215页
21cm（32开）定价：TWD30.00
（大学丛书）

J0165823
戏曲艺术一百例 武汉市戏曲导演训练班编
武汉 1979年［油印本］176页 25cm（16开）

J0165824
戏曲艺术一百例 湖北省戏剧工作室印
［湖北］湖北省戏剧工作室 1980年 200页
19cm（32开）

J0165825
导演艺术论丛 江苏省戏剧学校编导科编印
江苏省戏剧学校编导科 1980年 385页
19cm（小32开）

J0165826
排戏常识 张引编
长沙 湖南人民出版社 1981年 74页 19cm（32开）
统一书号：8109.1316 定价：CNY0.19
（群众文艺辅导丛书）

J0165827
斯坦尼斯拉夫斯基的导演课 （苏）尼·戈尔恰科夫（Н.Горчаков）著；孙维世等译
北京 中国戏剧出版社 1982年 772页 有剧照
21cm（32开）统一书号：8069.188
定价：CNY3.00
（中央戏剧学院戏剧艺术丛书）

本书详细地介绍了斯氏导演《生活的战斗》《火热的心》《费加罗的婚姻》《铁甲列车14-69》等戏剧的创作过程。

J0165828
戏曲导演学概论 郭亮著
长沙 湖南人民出版社 1982年 253页
21cm（32开）统一书号：8109.1342
定价：CNY0.94

本书除绪论外分4章：戏曲导演的任务；戏曲导演的空间处理；戏曲导演的舞台时间处理；戏曲导演的舞台节奏处理。

J0165829
怎样排戏 严正著
北京 中国戏剧出版社 1982年 27页 19cm（32开）
统一书号：8069.213 定价：CNY0.11

本书根据排演过程系统地介绍了怎样选择剧本、研究剧本；怎样做好准备工作；怎样排戏等基本常识，并从理论上作了一定的阐述。

J0165830
《日出》导演计划 欧阳山尊著
北京 中国戏剧出版社 1983年 405页+［11］叶图版 21cm（32开）统一书号：8069.317
定价：CNY1.85

本书主要内容是导演对《日出》剧本的处理，对剧本和导演计划的分析。作者欧阳山尊（1914—2009），话剧导演。生于湖南浏阳，原名欧阳寿。中国戏剧的奠基人之一，先后导演了《杨开慧》《三姐妹》等50多部话剧，数十部舞台剧和影片等。代表作品《春华秋实》《日出》《白毛女》。

J0165831
导演术基础 张骏祥著
北京 中国戏剧出版社 1983年 288页 有照片
21cm（32开）统一书号：8069.327
定价：CNY1.30，CNY1.75（精装）

本书通过对导演基本技术画面的组合、绘意、动作、节奏、做工等方面的研究，探索了导演艺术的基本规律；探讨了喜剧、笑剧、悲剧、闹剧等的导演方法。作者张骏祥（1910—1996），导演、编剧、作家。笔名袁俊，生于江苏镇江市，毕业于清华大学外国文学系和美国耶鲁大学戏剧研究院。创作话剧剧本《小城故事》，执导电影《翠岗红旗》《白求恩大夫》。出版有论文集《关于电影的特殊表现手段》《张骏祥文集》。

J0165832
导演学概论　(苏)格·尼·古里叶夫著；王爱民译
西安 陕西人民出版社 1983年 381页
21cm(32开) 统一书号：10094.468
定价：CNY1.55
(中央戏剧学院戏剧艺术丛书)
本书是苏联艺术家探索的戏剧导演艺术的基本规律和导演方法。

J0165833
舞台速度节奏　(苏)古里耶夫，列普柯夫卡娅著；王爱民，沙金等译
北京 中国戏剧出版社 1983年 208页
19cm(32开) 统一书号：8069.381 定价：CNY0.74

J0165834
怎样排戏　金重等编
昆明 云南人民出版社 1983年 105页
19cm(32开) 统一书号：10116.931
定价：CNY0.29
本书对花灯、滇剧的导演方法、程序和导演艺术的基础知识作了介绍，论述了云南地方戏曲导演艺术的产生、发展及其特点等。作者金重(1919—　)，编剧。中国戏曲志云南卷主编。创作改编《依莱汗》《红葫芦》《孔雀公主》《老海休妻》等花灯剧和花灯歌舞，出版有《鲁凝剧作选》《云南花灯》《艺术论文集》等。

J0165835
导演全程经纬录　吴仞之著
上海 上海文艺出版社 1984年 216页
21cm(32开) 统一书号：8078.3501
定价：CNY0.96，CNY2.65(精装)
本书作者结合具体实例的剖析，对戏剧艺术特征及导演创作的各个环节进行了详尽的论述和讲解，并就导演工作中所经常遇到的各类实际问题，提出了自己的看法。

J0165836
演剧教程　(苏)T.拉普泊，B.E.查哈瓦著；天蓝，曹葆华译
南昌 江西人民出版社 1984年 118页
19cm(32开) 统一书号：10110.329
定价：CNY0.46
本书对戏剧艺术特征及导演创作的各个环节进行了详尽的论述和讲解。译者曹葆华(1906—1978)，诗人、翻译家。四川乐山人。原名宝华，别名伊人。毕业于清华大学研究院。曾任中华文化基金董事会专职翻译，延安鲁艺文学系教师，中共中央宣传部俄文翻译室主任，中国科学院哲学社会科学部外国文学研究所研究员等。著有《抒情十三章》《寄诗魂》《落日颂》等，译有《现代诗论》《党的组织和党的文学》《马克思恩格斯论艺术》等。

J0165837
导演八论　钱英郁著
合肥 安徽文艺出版社 1985年 133页
20cm(32开) 统一书号：10378.49 定价：CNY0.69
(安徽戏剧理论丛书)
本书分8章，探讨了戏曲导演在“二度创作”中经常遇到的一些理论与实际问题。

J0165838
导演基础知识讲话　柯之安著
郑州 黄河文艺出版社 1985年 529页
20cm(32开) 精装 统一书号：10385.15
定价：CNY4.25
本书内容包括：导演与导演学、舞台认识、舞台调度、风格与体裁、导演与剧本、节奏与气氛、导演构思和导演计划、排演、演出组织工作9个部分。

J0165839
导演基础知识讲话　何之安著
郑州 黄河文艺出版社 1985年 529页
20cm(32开) 定价：CNY3.15

J0165840
导演艺术创新讨论集　戏剧报编辑部编
北京 中国戏剧出版社 1985年 143页
19cm(32开) 统一书号：8069.745 定价：CNY0.77

J0165841
古典戏曲导演学论集　高宇著
北京 中国戏剧出版社 1985年 336页
20cm(32开) 统一书号：8069.505 定价：CNY2.10

J0165842
剧坛漫话　夏淳著

北京 中国文联出版公司 1985年 241页
20cm(32开)统一书号: 8355.332 定价: CNY1.80
(中国艺术家论艺术丛书)

本书是作者的戏剧论集，共收17篇文章，附录3篇。文中提出了许多论点，包括：导演作为二度创作的正确解释，对于主演应该如何理解剧本；作者的意图，关于导演应该有自己对剧本的独到见解等等。

J0165843
导演的自我超越　胡伟民著
北京 中国戏剧出版社 1988年 365页 有剧照
20cm(32开) ISBN: 7-104-00053-4
定价: CNY3.70

J0165844
导演入门　熊源伟著
北京 中国戏剧出版社 1988年 203页
19cm(小32开) ISBN: 7-104-00036-4
定价: CNY2.15

外文书名: An Approach to Directing.

J0165845
第五代导演　花军著
北京 民族出版社 1988年 177页 19cm(小32开)
定价: CNY1.90
(现代人丛书)

J0165846
论导演艺术　严政著
北京 知识出版社 1988年 183页 19cm(32开)
ISBN: 7-5015-0239-0 定价: CNY1.55

J0165847
导演参考资料　上海戏剧学院导演系编
上海 上海戏剧学院[1989年]影印本 262页
19cm(小32开)定价: CNY1.00

J0165848
艺海扬帆　(史行文论集)李光耀，沈祖安主编；中国戏剧家协会浙江分会编
杭州 浙江文艺出版社 1990年 437页 有照片
20cm(32开) ISBN: 7-5339-0304-8
定价: CNY5.80

作者沈祖安(1929—)，编剧、曲艺作家、戏剧理论家。祖籍浙江诸暨。历任浙江省曲艺家协会副主席，中国说唱文艺学会理事，杭州市文化局艺术顾问、浙江京昆艺术剧院艺术顾问、浙江省政协诗书画之友社顾问、中国戏曲表演学会顾问等。著有《鉴湖女侠》《纵横谈艺录》《琵琶街杂记》《顾曲丛谈》《变与不变——沈祖安艺术论集》等。

J0165849
导演艺术民族化求索集　杨村彬著；湘乡编
北京 中国戏剧出版社 1991年 563页 有照片
20cm(32开) ISBN: 7-104-00305-3
定价: CNY8.90

本书收录论述导演艺术的重要论文，以及导演实践经验总结、导演阐述、导演提示等的文章。作者杨村彬(1911—1989)，导演、艺术家。原名杨瑞麟，笔名瑞麟，北京人。毕业于北平大学艺术学院戏剧系。历任上海戏剧学院教务主任、上海电影剧本创作所编剧、上海人民艺术剧院编导、中国作家协会会员。导演话剧有《上海战歌》《枯木逢春》等。

J0165850
戏曲导演技法　蔡倜著
长沙 湖南文艺出版社 1991年 250页 有肖像
19cm(小32开) ISBN: 7-5404-0670-4
定价: CNY3.10

作者蔡倜(1923—1989)，全国剧协会员，曾任湖南省戏曲研究所导演。

J0165851
论导演艺术　(苏)托夫斯托诺戈夫著；杨敏译
北京 文化艺术出版社 1992年 331页
20cm(32开) ISBN: 7-5039-0735-5
定价: CNY5.60

本书收录论述导演艺术的理论文章10余篇，包括:《论样式》《论情感的本质》等。

J0165852
西方名导演论导演与表演　杜定宇编
北京 中国戏剧出版社 1992年 549页
20cm(32开) ISBN: 7-104-00245-6
定价: CNY8.70

本书主要就导演的构思与方法和不同作品的处理与导演及表演等问题，编选了上自萨克斯

梅宁根，下至现代与当代众多西方名导演对导演及表演的论述。作者杜定宇（1932—　），戏剧、美术理论翻译家。河南西峡人，毕业于上海外国语学院英文系。上海戏剧学院教授。译著有《色彩艺术》《西方名画家绘画技法》《川剧艺术形象谱》《越剧舞台美术》等。

J0165853
戏曲导演技法谈　余笑予著
北京　中国戏剧出版社　1993年　192页　有照片
20cm（32开）ISBN：7-104-00511-0
定价：CNY6.20
　　本书论述了戏曲导演台本的总体构想、结构法则、排练技法及完成与确定等。

J0165854
戏曲导演概论　黄在敏著
北京　文化艺术出版社　1994年　236页
20cm（32开）ISBN：7-5039-1296-0
定价：CNY8.50
（戏曲史论丛书）

J0165855
戏曲导演概论　薛沐著
杭州　中国美术学院出版社　1994年　233页
20cm（32开）ISBN：7-81019-357-0
定价：CNY15.80
　　作者薛沐，上海戏剧学院导演系教师。

J0165856
戏剧导演　张仲年著
福州　海峡文艺出版社　1995年　564页　有照片
20cm（32开）ISBN：7-80534-811-1
定价：CNY22.00

J0165857
杨村彬艺术世界　赵莱静，杨乡编
上海　上海文艺出版社　1995年　370页　有照片
20cm（32开）ISBN：7-5321-1212-8
定价：CNY15.20
　　杨村彬（1911—1989），导演、艺术家。原名杨瑞麟，笔名瑞麟，北京人。毕业于北平大学艺术学院戏剧系。历任上海戏剧学院教务主任、上海电影剧本创作所编剧、上海人民艺术剧院编导、中国作家协会会员。导演话剧有《上海战歌》《枯木逢春》等。

J0165858
戏剧导演表演美学研究　康洪兴著
北京　高等教育出版社　1996年　286页　有彩照
20cm（32开）ISBN：7-04-005501-5
定价：CNY10.30

J0165859
向"表现美学"拓宽的导演艺术　徐晓钟著
北京　中国戏剧出版社　1996年　485页　有照片
20cm（32开）ISBN：7-104-00743-1
定价：CNY34.80
（中国文联晚霞文库）
　　作者徐晓钟（1928—　），戏剧教育家、话剧导演艺术家。江苏南京人，毕业于苏联卢那察尔斯基戏剧学院。历任中央戏剧学院院长、国际剧协教育委员会委员、中国话剧艺术研究会副会长、中国戏曲学会副会长、中国戏剧家协会顾问等。代表作品《导演艺术的特性与导演职能》《导演基础知识》。

J0165860
陈薪伊导演艺术　黄维钧，余林主编
北京　大众文艺出版社　1997年　332页　有彩照
20cm（32开）ISBN：7-80094-354-2
定价：CNY20.00

J0165861
导演艺术构思　张奇虹著
杭州　中国美术学院出版社　1998年　333页
有照片　20cm（32开）ISBN：7-81019-638-3
定价：CNY28.00

J0165862
导演档案　林荫宇著
北京　中国戏剧出版社　1999年　468页
20cm（32开）ISBN：7-104-00952-3
定价：CNY30.00

J0165863
戏曲导演艺术论　黄在敏著
台北　文津出版社　1999年　350页　21cm（32开）
ISBN：957-668-563-X　定价：TWD310.00
（戏剧丛刊 2）

戏剧舞台艺术——表演学

J0165864
［清宫戏曲演员表］
清 抄本 2件

J0165865
艺流供奉志　（一卷）（宋）泗水潜夫撰
李际期宛委山堂 清初 刻本 重修 线装
（说郛）
明末刻清初李际期宛委山堂重修汇印本。收于《说郛》卷第五十三中。作者泗水潜夫（1232—1298），即周密，南宋词人、文学家。字公谨，号草窗，又号泗水潜夫、弁阳老人、华不注山人等。主要作品《武林旧事》《齐东野语》《癸辛杂识》《志雅堂杂钞》等。

J0165866
艺流供奉志　（一卷）（宋）泗水潜夫撰
清顺治 刻本 线装
（说郛）
收于《说郛》卷第五十三中。

J0165867
艺流供奉志　（一卷）（宋）泗水潜夫撰
清 刻本 重修 线装
（说郛）
九行二十字白口左右双边单鱼尾。收于《说郛》卷第五十三中。

J0165868
莲湖花榜　（清）龙湖诗隐撰
涤绮池馆 清光绪二十五年［1899］刻本 线装
八行二十字白口四周双边单鱼尾。

J0165869
演员的创造　陈治策著
国立戏剧专科学校［民国］石印本 10叶
25cm（15开）环筒页装 定价：三元
（戏曲辅导小丛书 4）
本书内容包括：表演是一种艺术、两年以上的表演基本训练、三年以上的舞台经验、艺术上的创造4篇。

J0165870
观戏建言　齐宗康撰
北京 京华印书局 民国三年［1914］线装

J0165871
北京女伶百咏　（一卷）燕石撰
民国六年［1917］线装

J0165872
敏儿演剧史　雷家骏著；赵景源校订
上海 商务印书馆 1924年 101页 有图
21cm（32开）
（儿童艺术丛书）
本书是关于戏剧表演的儿童读物，用故事体裁叙述演剧常识。

J0165873
敏儿演剧史　雷家骏著；赵景源校订
上海 商务印书馆 1930年 再版 101页 有图
21cm（32开）
（儿童艺术丛书）

J0165874
敏儿演剧史　雷家骏著
上海 商务印书馆 1934年 国难后1版 101页
有图 19cm（32开）定价：大洋二角五分
（儿童艺术丛书）

J0165875
演剧术　徐公美编
上海 中华书局 1926年 18+68页 有照片
22cm（32开）定价：银二角五分
本书内容包括：演剧术概论、戏剧的发音术、戏剧的动作术、戏剧的化妆术。作者徐公美（1881—1950），江苏江都人。名慕杜，字公美，号北柳。曾留学日本攻读数理化。历任江苏省立第六师范校长、江苏省立扬州中学师范科主任兼国文教师、江都县教育局长、江苏学院特级教授等职。著有《北柳诗存》，编有《非常时期的电影教育》等。

J0165876
演剧术　徐公美编

上海 中华书局 民国十六年[1927]再版
18+68页 有照片 20cm(32开)
定价:银二角五分

J0165877
演剧术 徐公美编
上海 中华书局 1928年 3版 18+68页 有像
22cm(32开) 定价:银二角五分

J0165878
演剧术 徐公美编
上海 中华书局 1930年 4版 18+68页 有像
22cm(32开) 定价:银二角五分

J0165879
演剧术 徐公美编
上海 中华书局 1936年 18+64页 有像
19cm(32开)
(初中学生文库)

J0165880
演剧术 徐公美编
上海 中华书局 1941年 4版 18+64页 有像
19cm(32开)
(初中学生文库)

J0165881
表演提要 余上沅编
[1930—1939年]石印本 10页 26cm(16开)
环筒页装 定价:国币三元
(国立戏剧专科学校戏剧辅导小丛书 1)

本书内容包括:表演之本质、表演之工具、演员之修养、情感与理智、演员与化装、演员与服装、演员与布景等。

J0165882
声音技术 洪深编
国立戏剧专科学校 [1930—1949年] 手写石印本 9叶 25cm(16开)环筒页装 定价:三元
(国立戏剧专科学校戏剧辅导小丛书 3)

本书4部分,论述戏剧中声音的表现,包括:说与唱、短语化、必要的变声等。作者洪深(1894—1955),电影戏剧编导、文艺理论家。江苏武进(今常州)人。名达,字伯骏,号浅哉(一作字),又号潜斋,笔名庄正平、乐水、萧振声。曾赴美进修文学戏剧等。历任复旦大学、山东大学、中山大学、北京师范大学、暨南大学、厦门大学教授,中国文联委员、中国剧协副主席、中国作协理事、对外文化联络局局长、对外文协副会长。译有《恋爱的权利》《人的一生》等,著有《洪深文集》等。

J0165883
演剧漫谈 袁牧之著
上海 现代书局 1933年 182页 有肖像
18cm(32开) 定价:六角

本书收录《四演酒后而未得成功》《舞台情人》《演员的目光》《笑与哭》《对照与调和》《演剧技巧应当适合外行或内行?》《狗的跳舞中的翟议礼》《读词与标点》《再论没有自己》《趣剧喜剧与悲剧》《正派与反派》《老太婆是否可以男人扮?》《自己化装和别人化装》《天才到底是什么?》等40篇文章。

J0165884
演剧漫谈 袁牧之著
上海 复兴书局 民国二十五年[1936]再版
182页 有肖像 18cm(32开) 定价:国币二元

J0165885
表演术 陈大悲著
上海 商务印书馆 1936年 55页 有图
19cm(32开) 定价:国币二角
(戏剧小丛书)

本书是戏曲表演艺术专著,包括:概论、动作的训练、发音的分析3章。

J0165886
演技六讲 (美)李却·波里士拉夫斯基(Р.Болеславский)著;郑君里译
上海 良友图书印刷公司 1937年 166页
18cm(32开)定价:四角

本书是戏剧表演艺术专著,包括:聚精会神、情绪的记忆、戏剧的动作、性格化、观察、节奏6讲。外文书名:Acting: The First Six Lessons. 译者郑君里(1911—1969),电影演员、导演、艺术理论家。广东香山(今中山)人,生于上海。原名蔚章、郑重,笔名前烈,别名郑千里。就读于南国艺术学院戏剧科。曾任左翼戏剧家联盟执行委员、中国电影制片厂编导、中国戏剧家协会和中国电影工作者协会理事等。导演《一江春水向东流》《乌鸦与麻雀》《林则徐》《聂耳》等影片。

J0165887
演技六讲　(美)李却·波里士拉夫斯基(P.Болеславский)著;郑君里译
重庆 生活书店 1940年 156页 18cm(32开)
定价:国币六角
外文书名:Acting: The First Six Lessons.

J0165888
演技六讲　(美)波里士拉夫斯基(P.Болеславский)著;郑君里译
哈尔滨 生活书店 1948年 再版 98页 18cm(32开)
(戏剧艺术丛书)

J0165889
演技六讲　(美)波里士拉夫斯基(P.Болеславский)著;郑君里译
哈尔滨 光华书店 1949年 再版 98页 18cm(32开)
(戏剧艺术丛书)

J0165890
演技六讲　(美)李却·波里士拉夫斯基著;郑君里译
三联书店 1949年 定价:CNY3.30
(新中国青年文库)

J0165891
演技六讲　(美)理查德·波列斯拉夫斯基著;郑君里译
北京 中国电影出版社 1980年 112页 19cm(32开)统一书号:8061.1498
定价:CNY0.40

J0165892
演技六讲　(美)理查德·波列斯拉夫斯基著;郑君里译
北京 中国电影出版社 1982年 重印本 112页 19cm(32开)统一书号:8061.1498
定价:CNY0.40
本书通过一个导演与一个初学表演者的对话的形式介绍了表演艺术的基础知识。全书6讲,分别阐述注意力集中、情绪的记忆、戏剧的动作、性格化、观察和节奏等基本概念。

J0165893
会员研究资料　(第一辑)中华全国戏剧界抗敌协会晋察冀边区分会编
中华全国戏剧界抗敌协会晋察冀边区分会
[1938年]油印本 72页 19cm(32开)
本书收录天兰译的《演员论》、章泯的《论演员》、葛一虹的《表演技术基础》3篇文章。

J0165894
表演艺术论　司达克·杨(S.Young)著;章泯译述
重庆 上海杂志公司 1939年 108页 18cm(15开)
定价:国币八角
(新演剧丛书 4)
本书内容包括:表演是怎样一种艺术、性格表演、剧场的声音等6章。

J0165895
表演艺术论　司达克·杨(StarkYoung)著;章泯译述
重庆 上海杂志公司 1940年 再版 108页 18cm(15开)
(新演剧丛书 4)

J0165896
舞台语法讲话　谷剑尘著
沙县 教育部第二巡回戏剧教育队研究组 1939年 34页 20cm(32开)
(辅导丛刊)
本书是戏曲表演的语言艺术辅导用书,包括:什么是舞台语、舞台语非一般的表演用语、舞台语与发言机关的训练、舞台语语音调变化、情意的表示和音调的运用、舞台语的编制与台词的读法、念词应注意的要点等8节。

J0165897
怎样演戏　戈戈编译
上海 碧水社 1939年 116页 19cm(32开)
(戏剧丛书)
本书内容包括:论戏剧的综合性;戏剧的种类;怎样做动作;怎样读台词;怎样用情绪;注意律;合作律;演员和剧本、导演、观众、批评者等。

J0165898
牧之随笔 袁牧之著
上海 微明出版社 1940年 163页 19cm(32开)
定价:国币九角
本书是戏剧表演艺术论文集。收录《不易表演的戏剧》《不同的角色和不同的自己》《怎样制造面部皱纹》《舞台上的情人》《随机应变》《对照与调和》《接受批评》《演剧应有的技巧》《演员的目光》《独角戏与多角戏》等40篇文章。

J0165899
戏剧表演基础 王光乃著
重庆 教育部第二巡回戏剧教育队 1940年
再版 132页 19cm(32开)定价:国币九角
(辅导丛书 3)
本书内容包括:表演概论、舞台上的基本原则、演员修养与角色处理、舞台动作、舞台发音。

J0165900
演员艺术论 (法)B.C.Coquelin作;吴天译
上海 剧场艺术社 民国二十九年[1940]66页
19cm(32开)定价:国币六角
(剧场艺术戏剧丛书 8)
本书内容包括:创造形象、演员如何发音、解释脚色、演员的灵魂—眼睛、论自然主义、再说自然的演技、作家研究等。

J0165901
表演技术论 陈治策著
重庆 独立出版社 1941年 154页 19cm(32开)
定价:国币一元二角
(戏曲理论丛书)
本书内容包括:总论、姿态动作表情、声音表情、杂论、各种练习实例5篇。书末附独幕剧《刽子手》(熊佛西原著,刘念渠改编)。

J0165902
表演艺术论文集 国立戏剧学校编
重庆 正中书局 1941年 128页 19cm(32开)
定价:国币六角五分
(国立戏剧学校战时戏剧丛书 7)
本书收录《论表演艺术》《表情的工具和方法》(余上沅)、《论姿势动作表情》(陈治策)、《史坦尼斯拉夫斯基的演员训练方法》(金韵之)等9篇。附"表演基本训练材料",并收《强盗》《私奔》两个剧本。

J0165903
表演艺术论文集 国立戏剧学校编
重庆 正中书局 1947年 沪1版 128页
18cm(15开)
(国立戏剧学校战时戏剧丛书 7)

J0165904
新演技手册 (美)饶生史亭等著;田禽译
重庆 上海杂志公司 1942年 164页 19cm(32开)
定价:二元

J0165905
演技基本训练 (美)利赤门德(S.Richmond)著;谢云编译
青年出版社 1942年 114页 18cm(32开)
定价:一元
(青年戏剧指导丛书 4)
本书是戏剧表演艺术专著。内容包括:演员论、演员的工具、演员的戒条、基本练习、动作练习、声音练习、混合练习7章。作者谢云(1929—),书法家、出版家、作家。原名谢盛培,号裳翁。浙江苍南人。毕业于中国人民大学新闻系。曾任中国书法家协会秘书长、广西出版总社社长、广西书画院院长等职。代表作品《谢云书法展》《灯前余墨》《谢云鸟虫篆书法艺术》等。

J0165906
戏的念词与诗的朗诵 (美学版)洪深著
重庆 美学出版社 民国三十二年[1943]112页
19cm(32开)
本书收录《话底四种作用》《作用,内容,与声音表现》《"说","唸","诵"应有分别》《中国字音的困难:四声阴阳》《字音准确的重要》《气群与意群》《重读与强调》《吐音的"尺寸"》《自然成节奏》《节奏的变化》《韵律》《节奏与情感》《诗,剧词,说话》等。

J0165907
戏的念词与诗的朗诵 洪深著
上海 大地书屋 1946年 117页[19cm](32开)
(大地文学丛书 1)

J0165908
戏的念词与诗的朗诵　洪深撰
上海 中华书局 1950年 94页 18cm(32开)
定价:四元五角

J0165909
戏的念词与诗的朗诵　洪深著
上海 中华书局 1951年 2版 94页 18cm(32开)
统一书号:14618 定价:CNY0.51

J0165910
戏的念词与诗的朗诵　洪深著
北京 中国戏剧出版社 1962年 79页 21cm(32开)
统一书号:10069.618 定价:CNY0.32

J0165911
天涯海角篇　石挥著;柯灵编选
上海 春秋杂志社 1946年 211页[19cm](32开)统一书号:T10099.391 定价:CNY0.11
(春秋文库 1 3)

本书收录《天涯海角篇》《舞台语》《一个演员的手册》《演技教练》4篇文章。作者柯灵(1909—2000),中国电影理论家、剧作家、评论家。原名高季琳,笔名朱梵、宋约。生于广东广州,原籍浙江绍兴市。代表作品《柯灵电影剧本选集》。

J0165912
天涯海角篇　石挥著
上海 春秋杂志社 民国三十五年[1946]211页 19cm(32开)
(春秋文库 第一辑 3)

J0165913
演员与演技　方君逸著
上海 永祥印书馆 1946年 50页 17cm(32开)
(青年知识文库 2 5)

本书包括演员、演技两部分。前者讲述演员是什么、演员在剧场艺术中的地位、演员与社会的关系、演员的二重性等;后者讲述表演是艺术、更是技术,演技不只是模仿“自然”,训练、演技和剧本导演,建立中国演员的演技体系等。

J0165914
角色的诞生　郑君里著
香港 生活书店 1948年 271页 20cm(32开)

本书内容包括:演员与角色、演员如何准备角色、演员如何排演角色、演员如何演出角色4章。作者郑君里(1911—1969),电影演员、导演、艺术理论家。广东香山(今中山)人,生于上海。原名蔚章、郑重,笔名前烈,别名郑千里。就读于南国艺术学院戏剧科。曾任左翼戏剧家联盟执行委员、中国电影制片厂编导、中国戏剧家协会和中国电影工作者协会理事等。导演《一江春水向东流》《乌鸦与麻雀》《林则徐》《聂耳》等影片。

J0165915
角色的诞生　郑君里著
[大连]生活书店 1949年 东北初版 271页 29cm(16开)

J0165916
角色的诞生　郑君里著
香港 生活书店 1949年 大连初版 271页 20cm(32开)

J0165917
角色的诞生　郑君里撰
上海 三联书店 1950年 沪初版 271页 20cm(32开)定价:CNY9.10

J0165918
角色的诞生　郑君里著
北京 三联书店 1950年 271页 18cm(32开)

J0165919
角色的诞生　郑君里著
北京 中国电影出版社 1963年 新1版 252页 19cm(32开)统一书号:8061.1102
定价:CNY1.50

J0165920
角色的诞生　郑君里著
北京 中国电影出版社 1981年 220页 有照片 20cm(32开)统一书号:8061.1499
定价:CNY0.95

J0165921
新演员手册　(美)饶生史亭等著;田禽译

上海 上海杂志公司 1948年 复兴1版 164页
18cm(32开) 定价：CNY5.50
(戏剧理论与方法丛刊)

J0165922
新演员手册 (美)饶生史亭等著；田禽译
上海 上海杂志公司 1949年 2版 164页
18cm(32开)
(戏剧理论与方法丛刊)

J0165923
怎样做个演员 潜隐著；盐阜文艺社编
华中新华书店盐阜分店 1948年 22页
13cm(60开)
本书内容包括：演员是什么、以前大家的演戏方法、正确的演戏方法、内心技术、动作、念台词等。

J0165924
俄罗斯演员论舞台艺术 (苏)札高尔斯基(М.Загорский)编；梁香译
上海 时代出版社 1949年 76页 20cm(32开)
本书收录德米特烈夫斯基、普拉维尔施企柯夫、索斯尼茨基、莫恰洛夫、史迁普金、叶尔莫洛娃、菲奥陀托娃、斯坦尼斯拉夫斯基、莫斯克文、卡恰洛夫等演员的文章。

J0165925
演员的信念与真实感 (苏)史坦尼斯拉夫斯基著；杜山译
[1949—1959年][43]页 20cm(32开)

J0165926
演员手记 林农撰
大连 大连新华书店 1949年 63页 18cm(32开)

J0165927
演员手记 林农撰
上海 华东人民出版社 1951年 57页 19cm(32开)
定价：旧币2,200元

J0165928
演员手记 林农撰
上海 新文艺出版社 1952年 新1版 57页
18cm(32开) 定价：旧币2,600元

J0165929
表演艺术问题 王啸平撰
上海 群益出版社 1950年 140页 18cm(15开)
定价：国币四元二角
(文艺学习丛书)

J0165930
表演艺术问题 王啸平撰
上海 群益出版社 1951年 2版 修正本 140页
18cm(15开) 定价：旧币5,300元
(文艺学习丛书)

J0165931
表演艺术问题 王啸平撰
上海 新文艺出版社 1952年 新1版 修订本
140页 18cm(15开) 定价：旧币5,300元

J0165932
儿童与演剧 竺伯康等集体创作
上海 上海立化出版社 1950年 80页
15cm(40开) 定价：1.60元
(立化儿童戏剧丛书 2)

J0165933
演员创造论 陈卓猷著
中南部队艺术学院[1950—1959年] 259页
19cm(32开)

J0165934
演员创造论 陈卓猷撰
上海 新文艺出版社 1953年 296页 20cm(32开)
定价：旧币9,700元

J0165935
怎样演戏 田稼撰
济南 山东新华书店 1950年 42页 15cm(40开)
定价：CNY1.10

J0165936
怎样演戏 赵紫编写
上海 通俗文化出版社 1950年 81页 17cm(40开)
定价：CNY2.80

J0165937
剧艺日札 阿英编

[上海]晨光出版公司 1951年 90页 有图
17cm(40开) 定价: CNY0.33

作者阿英(1900—1977),现代著名剧作家、文艺批评家。安徽芜湖人,别名钱杏邨、钱德赋。著有诗歌、小说、散文,尤以戏剧成就最高,代表作品有历史剧《李闯王》等,著有《阿英文集》。

J0165938
苏联演员训练论文集 中央戏剧学院教材编译组辑译; 中央戏剧学院教务处编辑
北京 中央戏剧学院教务处 1951年 78页
18cm(32开)
(中央戏剧学院教材汇编 3)

J0165939
戏剧生活杂录 胡丹佛著
[上海]中华书局 1951年 48页 19cm(小32开)
定价: CNY0.27

J0165940
新演剧 (第一辑)新演剧编辑委员会编辑
北京 天下出版社 1951年 154页 有照片
20cm(32开) 定价: 旧币 12,000元

J0165941
演员初步 包尔尼(J.Bourme)著; 田禽译
上海 上海杂志公司 1951年 126页 20cm(32开)
定价: 旧币 6,200元
(戏剧理论与方法丛书)

J0165942
演员艺术论集 韩塞辑
上海 上杂出版社 1951年 97页 18cm(32开)
定价: 旧币 5,000元
(戏剧理论与方法丛刊)

J0165943
我们怎样演戏 陈文辉撰; 斯明绘图
上海 少年儿童出版社 1953年 51页
12×18cm(36开) 定价: 旧币 2,100元

J0165944
怎样演戏 程维嘉编著
杭州 浙江人民出版社 1953年 45页
18cm(15开) 定价: 旧币 1,800元

J0165945
演员的道德 (苏)史坦尼斯拉夫斯基(К.С.Станиславский)著; 许珂, 郑雪来译; 中央人民政府文化部电影局艺术委员会编辑
北京 艺术出版社 1954年 44页 有图
20cm(32开) 定价: 旧币 2,900元
(电影艺术丛书)

译者郑雪来(1925—),戏剧、电影理论家、翻译家。曾用名郑存善、郑诗昂,笔名雷楠。福建长乐人,就读于暨南大学外文系。从事戏剧、电影翻译及研究工作,以及斯坦尼斯拉夫斯基演剧体系的教学与研究工作。担任中国艺术研究院研究员以及原外国文艺研究所负责人。主要论著有《电影美学问题》《斯坦尼斯拉夫斯基体系论集》《电影学论稿》《世界电影鉴赏辞典》等。

J0165946
演员的道德 (苏)斯坦尼斯拉夫斯基(К.С.Станиславский)著; 许珂, 郑雪来译
北京 中国戏剧出版社 1981年 46页 19cm(32开)
统一书号: 8069.159 定价: CNY0.18

J0165947
同业余演员谈演技 李醒著
北京 北京艺术出版社 1955年 78页 18cm(32开)
定价: CNY0.27
(通俗艺术小丛书)

J0165948
同业余演员谈演技 李醒著
上海 上海文化出版社 1957年 78页 20cm(32开)
统一书号: T10077.531 定价: CNY0.24

J0165949
关于表演技巧问题 查哈瓦著; 中央戏剧学院编
北京 中央戏剧学院 1956年 116页 18cm(15开)
(戏剧艺术资料 表演艺术 1)

J0165950
关于现代戏的表演问题 郭亮著; 中国戏曲研究院编辑
北京 通俗文艺出版社 1956年 32页 18cm(15开)
定价: CNY0.09
(戏曲演员学习小丛书)

J0165951
苏联戏剧大师论演员艺术 （苏）斯坦尼斯拉夫斯基(К.С.Станиславский)等著；江韵辉等译；电影艺术编译社编辑
北京 艺术出版社 1956年 248页 有图
20cm(32开) 统一书号：8022.48 定价：CNY0.85
(电影艺术丛书)

作者斯坦尼斯拉夫斯基(Stanislavsky, Konstantin Serqeievich, 1863—1938)，演员、导演、戏剧教育家、表演理论家。出生于莫斯科。代表作品有《万尼亚舅舅》《三姊妹》《樱桃园》。响。

J0165952
戏曲表演问题 张庚著；中国戏曲研究院编辑
北京 通俗文艺出版社 1956年 45页 18cm(32开)
定价：CNY0.12
(戏曲演员学习小丛书)

作者张庚(1911—2003)，戏剧理论家、教育家、戏曲史家。原名姚禹玄，生于湖南长沙。历任中央戏剧学院副院长、东北鲁迅文艺学院副院长兼文工团四团团长、中国戏曲学院院长。论著有《中国戏曲通史》《戏曲艺术论》等。

J0165953
萧长华先生谈表演艺术 （中国戏曲研究院老艺人访问记）中国戏曲研究院编
北京 北京艺术出版社 1956年 72页 18cm(32开)
统一书号：10022.69 定价：CNY0.22

J0165954
演戏经验 于千等著
济南 山东人民出版社 1956年 38页 18cm(32开)
统一书号：T10099.466 定价：CNY0.12

J0165955
演员道德 罗合如著；中国戏曲研究院编辑
北京 通俗文艺出版社 1956年 46页 20cm(32开)
定价：CNY0.12
(戏曲演员学习小丛书)

J0165956
演员道德 罗合如著
上海 上海文化出版社 1958年 新1版 增订本
74页 20cm(32开) 统一书号：10077.756
定价：CNY0.22
(戏曲演员学习小丛书)

J0165957
谈传统戏曲表演艺术的形体锻炼 白云生著
北京 通俗文艺出版社 1957年 70页 18cm(32开)
统一书号：T10023.170 定价：CNY0.17

J0165958
谈戏曲表现手法 黄克保著
上海 上海文化出版社 1957年 24页 18cm(32开)
统一书号：T10077.534 定价：CNY0.10
(戏曲演员学习小丛书)

作者黄克保(1921—2000)，女，研究员。江苏宜兴人。在中国戏曲研究院从事戏曲表演、导演史论研究。历任中国戏剧家协会会员和艺术委员会委员，中国戏曲学会理事。著有《戏曲表演研究》。

J0165959
戏曲演员的角色创造问题 河南省戏曲学校教学研究室编
郑州 河南人民出版社 1957年 44页 18cm(32开)
统一书号：8105.66 定价：CNY0.19

J0165960
演员的技术 （苏）托波尔科夫(В.Топорков)著；张守慎译
北京 中国戏剧出版社 1957年 132页
18cm(32开) 统一书号：10069.98
定价：CNY0.55

J0165961
演员的技术 （苏）华·托波尔科夫著；张守慎译
北京 中国戏剧出版社 1957年 123页 有照片
20cm(32开) 统一书号：8069.138
定价：CNY0.55

J0165962
演员的生活经验和创造角色的关系 胡沙著
上海 上海文化出版社 1957年 34页 18cm(32开)
统一书号：T10077.550 定价：CNY0.12
(戏曲演员学习小丛书)

本书是1956年中华人民共和国文化部举办的第2届戏曲演员讲习会上的讲稿之一。书中分析了一些老演员的表演艺术经验，说明表演艺术必须有生活基础，但也必须要学会戏曲表演技术，二者结合起来，才能具备创造角色的条件。

J0165963
演员的艺术创造　河南人民出版社辑
郑州 河南人民出版社 1957年 88页 20cm(32开)
统一书号：8105.62 定价：CNY0.30

J0165964
演员经验谈　(第一辑)中国戏曲研究院编辑
上海 上海文化出版社 1957年 64页 19cm(32开)
统一书号：10077.606 定价：CNY0.20
(戏曲演员学习小丛书)

J0165965
演员经验谈　(第二辑)中国戏曲研究院编辑
上海 上海文化出版社 1957年 58页 19cm(32开)
统一书号：10077.606 定价：CNY0.19
(戏曲演员学习小丛书)

J0165966
演员经验谈　(第三辑)中国戏曲研究院编
上海 上海文化出版社 1957年 52页 20cm(32开)
统一书号：10077.596 定价：CNY0.17
(戏曲演员学习小丛书 3)

J0165967
演员经验谈　(第一辑)中国戏曲研究院编辑
上海 上海文化出版社 1958年 64页 20cm(32开)
统一书号：10077.777 定价：CNY0.20
(戏曲演员学习小丛书)

J0165968
演员经验谈　(第四辑)中国戏曲研究院编辑
上海 上海文化出版社 1958年 77页 20cm(32开)
统一书号：10077.761 定价：CNY0.24
(戏曲演员学习小丛书)

J0165969
演员经验谈　(第五辑)中国戏曲研究院编辑
上海 上海文化出版社 1958年 64页 18cm(32开)
统一书号：10077.777 定价：CNY0.20
(戏曲演员学习小丛书)

J0165970
演员经验谈　(第六辑)中国戏曲研究院编辑
上海 上海文化出版社 1958年 55页 18cm(32开)
统一书号：10077.803 定价：CNY0.18
(戏曲演员学习小丛书)

J0165971
一个角色的创造　金山著
北京 中国戏剧出版社 1957年 152页 有照片
统一书号：10069.66 定价：CNY0.65

J0165972
试论中国戏曲舞台艺术的表演程式　陈幼韩著
西安 陕西人民出版社 1958年 78页 19cm(32开)
统一书号：10094.180 定价：CNY0.24

作者陈幼韩(1934.10—)，戏曲美学家。原名陈式琏，福建长乐人。历任陕西省戏剧家协会研究员，中国戏曲学会常务理事，中国剧协艺委会委员，中国戏曲表演学会理事。著有《试论中国戏曲舞台艺术的表演程式》《戏曲表演美学探索》《戏曲表演概论》等。

J0165973
谈谈戏剧表演　娄际成，魏淑娴，孟一心著
上海 上海文艺出版社 1958年 12页 18cm(32开)
统一书号：11178.0202 定价：CNY0.06
(农村图书室文艺丛书 第四辑)

J0165974
戏曲传统表演方法与现代生活　中国戏曲研究院编辑
上海 上海文化出版社 1958年 98页 18cm(32开)
统一书号：10077.783 定价：CNY0.30
(戏曲演员学习小丛书)

J0165975
拥护集体主义反对个人主义　丁波著
上海 上海文化出版社 1958年 23页 18cm(15开)
统一书号：10077.753 定价：CNY0.10元
(戏曲演员学习小丛书)

J0165976
朗读基础知识　阎人诒编著
[南京]江苏人民出版社 1959年 定价：CNY0.20

J0165977
生旦净末丑的表演艺术 白云生著
北京 中国戏剧出版社 1959年 192页
21cm(32开)统一书号:10069.197
定价:CNY0.64

J0165978
试论"陈三五娘"的两种形象处理 郭亮著
北京 宝文堂书店 1959年 新1版 22页
19cm(32开)统一书号:10070.471
定价:CNY0.10
(戏曲演员学习小丛书)

J0165979
怎样演戏 江西省群众艺术馆编写
南昌 江西人民出版社 1959年 13页 19cm(32开)
统一书号:T7110.190 定价:CNY0.05

J0165980
长安艺坛发新枝 陕西省戏曲学校研究室编
西安 长安书店 1959年 35页 有图 19cm(32开)
统一书号:T10095.619 定价:CNY0.18

J0165981
表演经验 (第一辑)中国戏曲研究院编
北京 中国戏剧出版社 1960年 85页 有曲谱
19cm(32开)统一书号:10069.546
定价:CNY0.27
(戏曲艺术经验丛书)

J0165982
表演经验 (第二辑)中国戏曲研究院编
北京 中国戏剧出版社 1960年 86页 有曲谱
19cm(32开)统一书号:10069.543
定价:CNY0.28
(戏曲艺术经验丛书)

J0165983
戏曲表演的十要技巧 董维贤,曲六乙编著
北京 中国戏剧出版社 1960年 103页
19cm(32开)统一书号:10069.558
定价:CNY0.33

作者曲六乙(1930—),作家。笔名仝前。辽宁瓦房店人,毕业于中南文艺学院研究生班。历任中国戏剧出版社副总编辑,中国戏剧家协会研究室主任、《中国戏剧年鉴》主编,中国少数民族戏剧学会副会长,中国傩戏学研究会会长,中国戏曲学会常务理事等。著作有《中国少数民族戏剧》《艺术——真善美的结晶》《戏剧舞台的奥秘与自由》等。

J0165984
戏曲唱工讲话 肖晴著
北京 中国戏剧出版社 1960年 108页
19cm(32开)统一书号:10069.466
定价:CNY0.33
(戏曲基本知识小丛书)

J0165985
戏曲筋斗练习方法 古峰著
上海 上海文艺出版社 1960年 146页
19cm(32开)统一书号:8078.1557
定价:CNY0.40

作者古峰(1932—),戏曲工作者。

J0165986
戏曲筋斗练习方法 古峰著
上海 上海文艺出版社 1980年 2版 146页
有图 19cm(32开)统一书号:8078.1557
定价:CNY0.40

J0165987
戏曲武功教材 (斤斗练习法)古峰编著
上海 上海文艺出版社 1960年 65页
19cm(32开)统一书号:8078.1557
定价:CNY0.22

J0165988
表演经验谈 (第一册)湖南省戏曲工作室编
长沙 湖南人民出版社 1961年 155页
21cm(32开)统一书号:10109.724
定价:CNY0.48

J0165989
关于表演理论问题的讨论 戏剧报编辑部编
[北京]戏剧报编辑部 1961年 128页
18cm(15开)

J0165990
和青年演员谈学艺 北京出版社编辑

北京 北京出版社 1962年 89页 19cm(32开)
统一书号:T10071.602 定价:CNY0.31

J0165991
梅兰芳文集 中国戏剧家协会编
[北京]中国戏剧出版社 1962年 21cm(32开)
定价:CNY1.45,CNY2.90(布面精装),CNY1.75(纸面精装)

梅兰芳(1894—1961),中国京剧表演艺术大师。生于北京,祖籍江苏泰州。名澜,字畹华。擅演青衣、花旦、刀马旦各种角色的剧本,世称“梅派”,为“四大名旦”之一。历任中国京剧院院长、中国戏曲研究院院长、中国戏剧家协会副主席等职。代表剧目有《宇宙锋》《贵妃醉酒》《双奇会》《霸王别姬》等,出版有《梅兰芳文集》《舞台生活四十年》《梅兰芳演出剧本选集》等。

J0165992
戏曲表演论集 阿甲著
上海 上海文艺出版社 1962年 285页
21cm(32开)统一书号:10078.2054
定价:CNY0.96

作者阿甲(1907—1994),戏剧编剧兼戏曲理论家、表演和导演艺术家。无锡宜兴人,祖籍武进。原名符律衡,曾用名符正。历任中国京剧院总导演、副院长兼艺术室主任、名誉院长,中国戏剧家协会副主席等。代表作品有现代京剧《红灯记》等。

J0165993
戏曲表演论集 阿甲著
上海 上海文艺出版社 1979年 重印本 292页
20cm(32开)统一书号:10078.2054
定价:CNY0.99

本书汇集1951—1962年间撰写的重要论文和表导演评论文章共21篇。1979年的重版本增补了一篇再版后记。全书探讨了戏曲艺术的规律性,兼及话剧向戏曲学习问题。包括:《关于戏曲舞台艺术的一些探索》《戏剧艺术的真和美》《生活的真实和戏曲表演艺术的真实》《伟大的时代,必然产生崭新的戏曲》等论文。

J0165994
戏曲的唱念和形体锻炼 白云生著
北京 音乐出版社 1962年 92页 19cm(32开)
统一书号:8026.1536 定价:CNY0.42

J0165995
戏曲龙套教材 郭建英编著
上海 上海文艺出版社 1962年 260页
19cm(32开)统一书号:8078.1958
定价:CNY1.00

本书是上海市戏曲学校专业基础课教学课本之一,据京剧传统的龙套跑法编写。也适用于其他戏曲剧种排演传统剧目时参考。分6章。第1章概说龙套的涵义及其与表演艺术的关系;第2-4章分述龙套的各种姿势、基本队形和组合队形;第5章为龙套常用曲牌;第6章为龙套的动作记录,以《空城计》《穆桂英》为实例。

J0165996
戏曲演唱论著辑释 周贻白辑释
北京 中国戏剧出版社 1962年 208页
21cm(32开)统一书号:10069.624
定价:CNY0.68

本书是戏曲演唱理论专集。内容包括:《唱论》注释、《曲律》注释、《闲情偶寄·演习部》注释、《明心鉴》注释。

J0165997
戏曲演唱论著辑释 周贻白辑释
北京 中国戏剧出版社 1983年 重印本 208页
21cm(32开)统一书号:8069.44 定价:CNY0.72
(中典戏曲论著译注丛书)

J0165998
戏曲演员演唱及创腔经验 中国戏曲学院研究所编
北京 音乐出版社 1962年 130页 19cm(32开)
统一书号:8026.1541 定价:CNY0.58

本书收录20篇有关戏曲演唱和创腔经验的论文,均为中国著名的表演艺术家谈他们在创作过程中的亲身体会。包括:演唱经验、创腔经验和访问记3个部分。

J0165999
“演员的矛盾”讨论集 《戏剧报》编辑部编辑
上海 上海文艺出版社 1963年 300页
21cm(32开)统一书号:10078.2123
定价:CNY1.00

J0166000
"演员的矛盾"讨论集 《戏剧报》编辑部编
上海 上海文艺出版社 1964年 重印本 322页
21cm(32开) 统一书号: 10078.2123
定价: CNY1.05

J0166001
宁波昆剧老艺人回忆录 苏州市戏曲研究室编
苏州 苏州市戏曲研究室 1963年 219页
19cm(32开) 定价: CNY1.30
(戏曲研究资料丛书)

J0166002
戏曲身段表演基础训练 万凤姝编著
武汉 湖北人民出版社 1978年 173页
19cm(32开) 统一书号: 10106.777
定价: CNY0.33

本书1-6部分叙述脚、手、步法、腰功、腿功、跳转等戏曲表演的基础训练方法。第7部分是识别舞台方位的训练，第8部分是整体组合训练。采取图文并用的形式力图通过由浅入深循序渐进的基础训练，使学习者掌握身段表演的基本动作和基本规律，练好身段表演所必须具备的各种基本功。

J0166003
戏曲表导演浅谈 陈先祥著; 湖北省群众文化馆编
[湖北省群众文化馆] 1979年 236页 有图
18cm(32开)

作者陈先祥，女，湖北省戏剧家协会常务副主席兼秘书长。

J0166004
戏曲表导演浅谈 陈先祥著
上海 上海文艺出版社 1982年 254页
19cm(32开) 统一书号: 8078.3295
定价: CNY0.60
(戏剧知识丛书)

本书比较系统地概述了戏曲表、导演的一般常识和规律，既有专业知识的介绍，又有辅导业余排演的实际体会。

J0166005
戏曲表演艺术 (1) 中国戏剧家协会湖南分会编
1979年 94页 19cm(32开)
(戏剧学习小丛书 1)

J0166006
戏曲武功教程 孙兴作著
北京 中国戏剧出版社 1980年 444页
21cm(32开) 统一书号: 8069.18 定价: CNY1.80

本书是戏曲表演基础教材。除绪论外共11章: 武功技术理论的初步探讨、教学和训练、抄功的意义和方法、预防伤害事故、基本功、硬毯子功、软毯子功、双人翻腾、翻扑卧倒、桌子功、弹板功。

J0166007
艺术语言发声基础 周殿福著
北京 中国社会科学出版社 1980年 353页
19cm(32开) 统一书号: 9190.012
定价: CNY0.96

J0166008
表演艺术论 《表演艺术论》编辑组编
上海 华东师范大学出版社 1981年 252页
有剧照 19cm(32开) 统一书号: 8135.002
定价: CNY0.92
(戏剧艺术丛书)

J0166009
戏曲语言漫论 吴琼著
北京 中国戏剧出版社 1981年 95页 19cm(32开)
统一书号: 8069.164 定价: CNY0.32

本书论述戏曲语言的基本特征，即性格化、动作性、抒情性、音乐性。

J0166010
演技七讲 钱英郁编
上海 上海文艺出版社 1981年 96页 18cm(32开)
统一书号: 8078.3293 定价: CNY0.23
(知识丛书)

J0166011
演技十讲 舟子著
香港 万里书店 1981年 107页 19cm(小32开)
定价: CNY4.00

J0166012
石挥谈艺录 石挥著；魏绍昌编
上海 上海文艺出版社 1982年 561页
19cm（32开）统一书号：8078.3324
定价：CNY1.30

J0166013
戏剧表演艺术集锦 中国戏剧家协会宁夏分会，宁夏回族自治区文化局创作研究室编
银川 中国戏剧家协会宁夏分会 1982年 276页
有照片 20cm（32开）定价：CNY0.50
本书由中国戏剧家协会宁夏分会和宁夏回族自治区文化局创作研究室联合出版。

J0166014
戏剧表演艺术集锦 （二）殷元和主编；中国戏剧家协会宁夏分会编
1986年 193页 20cm（32开）

J0166015
戏曲表演身段基本功教材 万凤姝撰写，中国戏曲学院编
北京 中国戏剧出版社 1982年 158页
19cm（32开）统一书号：8069.147
定价：CNY0.59
本书内容包括：手脚的基本姿态、基本活动、基本位置、步法的训练、腰腿功的训练，以及跳转功的训练。

J0166016
戏曲表演毯子功教材 中国戏曲学院编；王佩孚，陆建荣执笔
北京 中国戏剧出版社 1982年 230页
19cm（32开）统一书号：8069.189 定价：CNY0.79

J0166017
戏曲身段初探 陈先祥著
武汉 湖北省群众艺术馆 1982年 283页
19cm（32开）
作者陈先祥，女，湖北省戏剧家协会常务副主席兼秘书长。

J0166018
戏曲演员学习资料
［江西］［江西省吉安地区剧目工作室］1982年
152页 19cm（32开）

J0166019
演戏浅谈 吴德著
西安 陕西人民出版社 1982年 130页
19cm（32开）统一书号：7094.339 定价：CNY0.29
（农村文化生活丛书）
本书4部分，内容包括：演员要分析剧本、创造角色的各种设计、认真排戏、虚心听取意见。

J0166020
演员保健手册 开封地区群众艺术馆编
郑州 河南科学技术出版社 1982年 98页
13cm（60开）统一书号：14245.32
定价：CNY0.16

J0166021
体型与演员的健美训练 侯寄南著
北京 中国电影出版社 1983年 143页
19cm（32开）统一书号：8061.1921
定价：CNY0.49
本书收录《体型与演员的健美训练》《关节梳洗操》两篇专著。

J0166022
外国艺术名家论演员的姿态美 丹纳·巴尔涅编辑；李醒译
北京 文化艺术出版社 1983年 68页
18cm（32开）统一书号：10228.058
定价：CNY0.23
（文艺理论小丛书）
本书收录欧洲著名艺术家的有关言论。他们对演员的姿态美，如何获得姿态美，从技术和技巧上作了许多精辟的论述。

J0166023
戏曲把子功 中国戏曲学院编
北京 文化艺术出版社 1983年 452页
21cm（32开）统一书号：8228.46 定价：CNY2.20
本书用文字和图解细致、系统地把戏曲先辈的戏曲表演和戏曲武打的艺术结晶，或徒手，或器械，一招一式的动作姿势，记录下来，成为文字资料。

J0166024
戏曲龙套艺术　叶仰曦，鲁田编
北京 中国戏剧出版社 1983年 101页
19cm（32开）统一书号：9069.148 定价：CNY0.34
（戏曲知识丛书）
本书内容包括：龙套的由来；龙套的穿戴、唱念；龙套在舞台上的艺术作用；龙套的上场步法；龙套的下场步法；龙套的走场步法；龙套常用音乐曲牌。

J0166025
演戏常识　徐竞存编
长沙 湖南人民出版社 1983年 77页 19cm（32开）
统一书号：8109.1344 定价：CNY0.21
（群众文艺辅导丛书）
本书分7章，内容包括：理解剧本、认识角色、熟悉台词、熟曲练唱、选择形体动作和设计身段、进入排练场、彩排与演出。

J0166026
戏词释典　刘铁城［编］
［中国戏剧家协会河北分会］1984年 16+265页
18cm（32开）定价：CNY1.20
本书与衡水地区行署文化局戏研室、衡水地区戏剧工作者协会合作出版。

J0166027
演员与角色　严正，张婷乙著
太原 山西人民出版社 1984年 342页
21cm（32开）统一书号：10088.893
定价：CNY1.50
本书内容包括：一是讲演员，即作为一个演员应当具备什么样的素质与修养，为具有这样的素质与修养需要进行那些基础训练；二是讲角色，即演员应当怎样运用自己具备的素质与修养在舞台上塑造出成功的艺术形象来。

J0166028
俄罗斯名家论演技　（苏）阿尔佩尔斯编；孙德馨译
北京 中国戏剧出版社 1985年 288页
19cm（32开）统一书号：8069.869 定价：CNY1.50
本书收录俄罗斯30位艺术家有关演剧艺术的论述。书中论及“体验”与“表现”，理智与情感，意识与下意识，演员与观众等问题。

J0166029
谈艺录　《光明日报》文艺部编
北京 光明日报出版社 1985年 258页
20cm（32开）统一书号：8263.003 定价：CNY1.30
本书收录我国各个戏曲剧种著名演员的文章，谈自己在表演艺术实践中的心得体会。

J0166030
戏剧语言　马威著
上海 上海文艺出版社 1985年 263页
19cm（32开）统一书号：8078.3475
定价：CNY1.15
（戏剧知识丛书）
本书以通俗的语言，以大量生动的例证，从审美的角度分析、论述了戏剧语言的基本特征。作者马威（1944—　），原名马庆国，辽宁鞍山市人。中国戏剧家协会会员，中国作家协会会员。

J0166031
戏剧语言　马威著
石家庄 河北人民出版社 1992年 399页
19cm（32开）ISBN：7-202-01203-0
定价：CNY5.20
本书主要探讨了戏剧语言的艺术特性和审美方面的主要特征，分析了戏剧语言别于其他文学语言的主要特点，归纳、概论了戏剧作品对于语言写作的基本要求。

J0166032
戏曲表演美学探索　陈幼韩著
北京 中国戏剧出版社 1985年 397页
20cm（32开）统一书号：8069.570 定价：CNY1.85
本书从美学观的角度，由现实主义的泛美创作表演体系、体验的剖象表现戏剧学派、以“工笔”为主的“写意”艺术观、严谨规范和自由创造的艺术原则、寓浪漫主义抒情美于复杂技巧的民族特色等五个方面，对戏曲表演艺术进行了体系性的探索。作者陈幼韩（1934.10—　），戏曲美学家。原名陈式琏，福建长乐人。历任陕西省戏剧家协会研究员，中国戏曲学会常务理事，中国剧协艺委会委员，中国戏曲表演学会理事。著有《试论中国戏曲舞台艺术的表演程式》《戏曲表演美学探索》《戏曲表演概论》等。

J0166033
戏曲现代戏导演表演艺术论文集 （中国戏曲现代研究会 1984 年年会论文选辑）
上海 上海艺术研究所 1985 年 453 页
19cm（小 32 开）定价：CNY1.90

J0166034
戏曲演员印象录 中央人民广播电台文艺部戏曲组编
北京 中国广播电视出版社 1985 年 204 页
19cm（32 开）统一书号：8236.155
定价：CNY1.10

J0166035
演员必读 （戏曲艺术理论集）杨毓珉，吴乾浩主编；中国戏剧家协会北京分会编
1985 年 375 页 20cm（32 开）定价：CNY1.90
作者吴乾浩，中国戏曲研究院任职。

J0166036
演员创造再体现的途径 （苏）斯特罗莫夫著；姜丽译
北京 中国戏剧出版社 1985 年 102 页
20cm（32 开）统一书号：8069.885 定价：CNY0.73
本书作者据瓦赫坦戈尔夫学派的创作原则，结合斯坦尼斯·拉夫斯基体系的原理，以具体实例详细阐述了创造形象的途径，着重论述了史楚金戏剧学校的“观察生活联系”和“职业技能练习”。

J0166037
表演艺术 （艺术活动欣赏指南）比林顿（Billington）等编著；蔡美铃译
台北 好时年出版社 1986 年 375 页 有照片
21cm（32 开）定价：TWD320.00
（现代人新知系列 21）
外文书名：Performing Arts.

J0166038
梅耶荷德谈话录 （苏）梅耶荷德著；童道明译编
北京 中国戏剧出版社 1986 年 322 页
19cm（32 开）统一书号：8069.877 定价：CNY2.05
本书 2 部分，内容包括：1、格拉特柯夫辑录的“梅耶荷德谈话录”。2、按年代顺序编入梅耶荷德自 1919—1939 年发表的演讲或谈话 27 篇。作者梅耶荷德（Meierkhol'd，Vsevolod Zmil'evich，1874—1940），苏联著名戏剧导演、演员、戏剧理论家。生于奔撒城一日耳曼后裔家庭。创办梅耶荷德剧院，导演古典名剧：《森林》《钦差大臣》《茶花女》等。出版论著《论戏剧》，提出了“假定性戏剧”的理论。译者童道明（1937— ），翻译家、戏剧评论家。江苏张家港人。中国社会科学院外国文学研究所研究员，中国作家协会会员。著有论文集《他山集》，专著《戏剧笔记》，随笔、散文集《惜别樱桃园》。

J0166039
演员实用手册 刘锡林等编写
长沙 湖南人民出版社 1986 年 353 页
13cm（60 开）统一书号：8109.1384
定价：CNY1.15

J0166040
燕南寄庐杂谭 （盖叫天谈艺录）盖叫天口述；沈祖安等记录整理
北京 中国戏剧出版社 1986 年 220 页 有照片
19cm（32 开）统一书号：8069.523
定价：CNY1.25
本书是戏曲表演论著。收录盖叫天谈艺文章 51 篇，以漫谈、随笔的形式，记录盖叫天从 1958 年以后直至他逝世前这一时期里有关他的艺术生活的论述，以及许多涉及戏曲美学的精辟见解。盖叫天（1888—1971），京剧演员。原名张英杰，号燕南，河北高阳县人。代表剧目有《武松》《十字坡》《三岔口》《一箭仇》等。著作有《粉末春秋》《盖叫天表演艺术》《燕南寄庐杂谈》等。沈祖安（1929— ），编剧、曲艺作家、戏剧理论家。祖籍浙江诸暨。历任浙江省曲艺家协会副主席、中国说唱文艺学会理事、杭州市文化局艺术顾问、浙江京昆艺术剧院艺术顾问、浙江省政协诗书画之友社顾问、中国戏曲表演学会顾问等。著有《鉴湖女侠》《纵横谈艺录》《琵琶街杂记》《顾曲丛谈》《变与不变——沈祖安艺术论集》等。

J0166041
表演入门与表演考试 马惠田等著
北京 中国戏剧出版社 1987 年 348 页
19cm（32 开）统一书号：8069.1135
ISBN：7-104-00073-9 定价：CNY2.60

J0166042
剧坛群芳录 华瑛楠收集整理；中国戏曲志江苏卷编辑部，常州市戏曲研究所编
［常州］［常州市戏曲研究所］1987年 467页
19cm（32开）

J0166043
戏曲表演知识三讲 张卉编著
北京 中国戏剧出版社 1987年 129页
19cm（32开）统一书号：8069.1050
定价：CNY0.80
（戏剧知识丛书）

J0166044
艺苑英华 （陕西省著名戏曲赏集锦）孟昭勋等编撰
西安 陕西人民美术出版社 1987年 189页
有照片 19cm（32开）统一书号：8199.1181

J0166045
尊重表演艺术 （美）哈根（Hagen，U.）著；胡茵梦译
台北 汉光文化事业公司 1987年 再版 237页
21cm（32开）定价：TWD100.00
（汉光丛刊 29）

J0166046
尊重表演艺术 （美）哈根（Uta Hagen）著；胡茵梦译
台北 汉光文化事业股份有限公司 1987年
237页 21cm（32开）ISBN：957-629-116-X
（汉光丛刊 29）
外文书名：Respect for Acting.

J0166047
戏曲念唱 尚宪章著
郑州 黄河文艺出版社 1988年 180页
19cm（32开）统一书号：10385.186
ISBN：7-5400-0063-5 定价：CNY1.80

J0166048
戏曲舞蹈艺术 陈先祥著
武汉 长江文艺出版社 1988年 319页
19cm（32开）ISBN：7-5354-0150-3
定价：CNY3.90
作者陈先祥，女，湖北省戏剧家协会常务副主席兼秘书长。

J0166049
表演的艺术 （艺术活动欣赏指南）比林顿（Billington，M.）等编著；蔡美玲译
台北 桂冠图书公司 1989年 373页 有彩图
21cm（32开）ISBN：957-551-033-X
定价：TWD250.00
（桂冠生活知识百科 7）
外文书名：Performing Arts.

J0166050
探索的舞台 蔡体良编
北京 中国戏剧出版社 1989年 375页 有剧照
20cm（32开）ISBN：7-104-00162-X
定价：CNY4.50

J0166051
戏剧演出符号学引论 胡妙胜著
北京 中国戏剧出版社 1989年 316页
19cm（32开）ISBN：7-104-00055-0
定价：CNY2.60
（戏剧文化探索丛书）
本书论述“戏剧的符号化”、“戏剧通讯”、“戏剧记号的类型”、“戏剧演出的系统”、“戏剧信码”、“戏剧记号下的意义”、“戏剧演出文本的结构”、“戏剧的接受”等问题，阐释戏剧演出符号学的基础理论。

J0166052
作为演出艺术的戏剧 李春熹著
北京 中国戏剧出版社 1989年 203页
19cm（32开）ISBN：7-104-00094-1
定价：CNY2.20
（戏剧文化探索丛书）

J0166053
戏曲表演规律再探 阿甲著
北京 中国戏剧出版社 1990年 316页 有照片
20cm（32开）ISBN：7-104-00189-1
定价：CNY4.40
（戏曲艺术理论丛书）
作者阿甲（1907—1994），戏剧编剧兼戏曲理论家、表演和导演艺术家。无锡宜兴人，祖籍武

进。原名符律衡，曾用名符正。历任中国京剧院总导演、副院长兼艺术室主任、名誉院长，中国戏剧家协会副主席等。代表作品有现代京剧《红灯记》等。

J0166054
演艺套餐　张铮著
香港 坤林出版社 1990年 179页 有照片
17cm(32开) ISBN: 962-319-036-0
定价: HKD25.00
(传媒系列)

J0166055
表演艺术十年　余玉照总编辑
台北 文化建设委员会 1991年
61页 有照片 26cm(16开)
ISBN: 957-8515-19-7

J0166056
论戏剧　(致达朗贝尔信)(法)卢梭著；王子野译
北京 三联书店 1991年 221页 19cm(小32开)
ISBN: 7-108-00417-8 定价: CNY4.10
(文化生活译丛)

J0166057
戏曲演员技巧　杨澈著
南京 江苏文艺出版社 1991年 209页 有照片
19cm(小32开) ISBN: 7-5399-0255-8
定价: CNY2.60
(江苏文化艺术丛书)

J0166058
剧中人　杨秋实著
太原 山西人民出版社 1992年 218页 有彩照
20cm(32开) ISBN: 7-203-02088-6
定价: CNY5.70

J0166059
李紫贵戏曲表导演艺术论集　李紫贵著；刘乃崇编
北京 中国戏剧出版社 1992年 597页
20cm(32开) ISBN: 7-104-00304-5
定价: CNY8.60
　　作者李紫贵(1915—1999)，京剧老生、导演、教育家。原名顺来，上海人。中国戏曲学院教授。作者刘乃崇(1921—2011)，戏曲理论家、评论家、收藏家。生于北京，天津杨柳青人。中国剧协、曲协、民协会员。出版有合著《老两口谈戏——梆子及其它》。

J0166060
梦幻狂想奏鸣曲　(中国大陆表演艺术 一九四九～一九八九)周令飞著
台北 时报文化出版企业公司 1992年 500页
有照片 21cm(32开) ISBN: 957-13-0386-0
定价: TWD400.00
(文化丛书 104)

J0166061
戏曲表演研究　黄克保著
北京 中国戏剧出版社 1992年 341页 有照片
19cm(小32开) ISBN: 7-104-00350-9
定价: CNY6.45
　　本书包括概述、理论分析研究，剧目观摩笔记、传统戏表现方法的基本特点等文章10余篇，探索了戏曲表演的规律，论述了戏曲的时空艺术、表演程式、脚色行当。作者黄克保(1921—2000)，女，研究员。江苏宜兴人。在中国戏曲研究院从事戏曲表演、导演史论研究。历任中国戏剧家协会会员和艺术委员会委员，中国戏曲学会理事。著有《戏曲表演研究》。

J0166062
戏曲表演概论　刘伯奇著
郑州 河南人民出版社 1993年 419页
20cm(32开) ISBN: 7-215-02808-9
定价: CNY8.80
　　本书分4篇：演员篇、戏曲篇、创造篇、表演篇。

J0166063
表演艺术方法　崔小萍著
台北 书林出版公司 1994年 268页 21cm(32开)
ISBN: 957-586-457-3 定价: TWD200.00
(戏剧丛书 6)

J0166064
戏曲演员创造角色论　胡芝风著
上海 上海文艺出版社 1994年 268页 有照片
21cm(32开)

本书从戏曲艺术的美学原理出发，尽量以舞台上的表演实例，来论述戏曲表演的基本特征和基本规律，包括唱、念、做、打(舞)的美学要义及技巧要义、戏曲表演特殊的形式、戏曲表演的规定情境等戏曲表演的各方面。

J0166065
中国戏曲表演艺术辞典 余汉东编著
武汉 湖北辞书出版社 1994年 592+29页
20cm(32开)精装 ISBN: 7-5403-0162-7
定价: CNY32.00
本书收入录并解释中国戏曲艺术中的各种表演身段及表演相关的名词术语近2000条。

J0166066
表演实务 (表演初学者的创作舞台)麦克·欧文(MackOwen)著; 郭玉珍译
台北 亚太图书出版社 1995年 187页
23cm(20开) ISBN: 957-8510-75-6
定价: TWD250.00
外文书名: The Actor's Scenebook: Scenes for Beginning Actors to Create.

J0166067
表演视界 (台湾现代表演艺术摄影集)林静芸主编
台北 台湾中正文化中心 1995年 103页
28cm(大16开) ISBN: 957-00-5205-8
定价: TWD150.00

J0166068
大连表演艺术 (纪念抗日战争胜利暨大连市解放五十周年1945—1995)毛长富主编
大连 大连市文化局 1995年 128页 有照片
29cm(16开)

J0166069
舞蹈保健手册 王维刚著
北京 人民音乐出版社 1995年 177页
20cm(32开) ISBN: 7-103-01266-0
定价: CNY9.40

J0166070
演艺妙语 叶涛主编
上海 上海文艺出版社 1995年 379页
21cm(32开)精装 ISBN: 7-5321-1211-X
定价: CNY17.60
作者叶涛，上海戏剧学院教授。

J0166071
'95戏剧表演教学荟萃 嬴枫主编
杭州 中国美术学院出版社 1996年 376页
有彩照 20cm(32开) ISBN: 7-81019-516-6
定价: CNY25.00

J0166072
表演艺术入门 (表演初学者务手册)麦克·欧文(MackOwen)著; 郭玉珍译
台北 亚太图书出版社 1996年 重印本 309页
23cm ISBN: 957-8510-74-8 定价: TWD350.00
外文书名: The Stages of Acting : A Practical Approch for Beginning Actors.

J0166073
朗诵与台词 肖君，陶岚琴著
太原 山西教育出版社 1996年 140页
26cm(16开) ISBN: 7-5440-0834-7
定价: CNY11.80

J0166074
戏曲表演概论 陈幼韩著
北京 文化艺术出版社 1996年 283页
20cm(32开) ISBN: 7-5039-1348-7
定价: CNY12.70
(戏曲史论丛书)
作者陈幼韩(1934.10—)，戏曲美学家。原名陈式琏，福建长乐人。历任陕西省戏剧家协会研究员，中国戏曲学会常务理事，中国剧协艺委会委员，中国戏曲表演学会理事。著有《试论中国戏曲舞台艺术的表演程式》《戏曲表演美学探索》《戏曲表演概论》等。

J0166075
表演学 (准备、排练、表演)蓓蓓·伊特金(BellaItkin)，[埃文]RichardC.Aven著; 涂瑞华译
台北 亚太图书出版社 1997年 408页 23cm
ISBN: 957-8510-87-X 定价: TWD450.00
外文书名: Acting, Preparation, Practice, Performance.

J0166076
过过演员瘾　(学演戏)杨向红编著
济南　明天出版社　1997年　138页　有图
20cm(32开) ISBN: 7-5332-2643-7
定价: CNY96.00 (全套)
(课外活动丛书)

J0166077
论表演艺术的改革与建设　曲润海著
北京　文化艺术出版社　1997年　388页　有彩图
20cm(32开　) ISBN: 7-5039-1652-4
定价: CNY18.80

J0166078
表演艺术年鉴　(1997年)林静芸,卢健英主编
台北　台湾中正文化中心　1998年　254页
26cm(16开) ISBN: 957-02-1928-9
定价: TWD350.00

J0166079
戏剧表演艺术简明教程　温鉴非,于丽红编著
北京　中国戏剧出版社　1998年　297页
20cm(32开) ISBN: 7-104-00912-4
定价: CNY13.50

J0166080
表演创作论　郭溥澜等编
北京　中国戏剧出版社　1999年　26+279页
20cm(32开) ISBN: 7-104-01042-4
定价: CNY18.00

J0166081
喜剧研究与喜剧表演　朱宗琪著
北京　中国广播电视出版社　1999年　290页
20cm(32开) ISBN: 7-5043-3328-X
定价: CNY14.00

J0166082
戏曲表演做功十技　万凤姝,万如泉著;中国戏曲学院,中国戏曲学院附中编
北京　中国戏剧出版社　1999年　297页
19cm(小32开) ISBN: 7-104-00841-1
定价: CNY16.50

J0166083
优伶考述　孙民纪著
北京　中国戏剧出版社　1999年　376页
20cm(32开) ISBN: 7-104-00988-4
定价: CNY28.00

J0166084
语言表达艺术　盛光希主编
长沙　湖南科学技术出版社　1999年　406页
20cm(32开) ISBN: 7-5357-2767-0
定价: CNY13.80

戏剧舞台美术(舞台设计)、舞台技术

J0166085
[**剧场台面布置**]
清　抄本　线装

J0166086
舞台设计提要　余上沅编
[民国]石印本　13页　26cm(16开)环筒页装
(国立戏剧专科学校戏剧辅导小丛书 5)
本书内容包括:写实与写意、设计者之任务、设计之步骤、模型之功用等10节。

J0166087
舞台色彩学　向培良著
上海　商务印书馆　1936年　68页　19cm(32开)
定价: 国币二角五分
(戏剧小丛书)

J0166088
舞台照明　贺孟斧著
上海　商务印书馆　1936年　74页　有图
19cm(32开)定价: 国币二角五分
(戏剧小丛书)

J0166089
舞台照明　贺孟斧著
长沙　商务印书馆　1940年　再版　74页　有图
19cm(32开)定价: 新法币二角五分
(戏剧小丛书)

J0166090
舞台装置 朱人鹤著
上海 商务印书馆 1936年 78页 有图
19cm(32开) 定价:国币二角五分
(戏剧小丛书)
本书主要讲述戏剧舞台布景的基本知识,共12章,概述舞台装置的意义、进展、模型、构图、色彩,以及装景工人与布景工人等。

J0166091
舞台艺术论 戈登克雷著;赵如琳译
曲江 动员书店 1940年 61页 18cm(32开)
定价:七角
(广东省立战时艺术馆丛书)
本书是舞台艺术理论专著,内容包括:第一次对话、第二次对话、露天剧场、欧洲的舞台装置与衣饰、舞台装置者米尔辛拿、舞台装置者勃菌丝坦6篇。

J0166092
舞台技术基础 刘露著;新演剧社主编
重庆 上海杂志公司 1941年 173页
18cm(小32开) 定价:国币一元三角
(新演剧丛书 二辑)
本书内容包括:幕、景片、升降与旋转的舞台、舞台光、舞台效果等8章。

J0166093
舞台技术基础 刘露撰
上海 上海杂志公司 1941年 173页 18cm(32开)
定价:八元
(戏剧理论与方法丛刊)

J0166094
舞台技术基础 刘露撰
上海 上海杂志公司 1951年 3版 173页
18cm(32开) 定价:旧币 8,000元
(戏剧理论与方法丛刊)

J0166095
舞台布景初程 赵越撰
上海 商务印书馆 1950年 172页 有图
15cm(40开) 统一书号:78424.3
定价:旧币 5,000元
(人民百科小册)

J0166096
舞台布景初程 赵越著
上海 商务印书馆 1951年 再版 172页
15cm(40开) 统一书号:78424.3
定价:5,000元
(人民百科小册)

J0166097
音响效果 郭韦立撰
[辽宁]新华书店东北总分店 1950年 67页
有图 18cm(32开) 定价:旧币 175元

J0166098
怎样搞舞台装置 李润之撰
上海 劳动出版社 1950年 54页 有图
18cm(15开) 统一书号:0080
定价:旧币 2,500元
(工人文艺辅导丛书)

J0166099
论设计图与舞台空间 刘露撰;中央戏剧学院教务处编辑
北京 中央戏剧学院 1951年 25页 有图
18cm(15开)
(中央戏剧学院教材汇编 4)

J0166100
舞台设计 黄相撰
上海 上海杂志公司 1951年 111页 有图
18cm(32开) 定价:旧币 8,000元
(戏剧理论与方法丛刊)
本书内容包括:设计者之任务、设计之步骤、模型之功用等。

J0166101
怎样搞舞台效果 陆国荣编撰
广州 南方通俗出版社 1952年 2版 52页
18cm(15开) 定价:旧币 1,600元

J0166102
舞台美术入门 张耀卿编著
沈阳 辽宁人民出版社 1956年 103页
18cm(32开) 统一书号:T8090.31
定价:CNY0.28
(文艺活动小丛书 5)

J0166103
谈谈舞台效果的制作与使用 邵冲飞编著
北京 北京出版社 1957年 49页 有图
18cm(32开) 统一书号: T8071.10
定价: CNY0.17

J0166104
舞台美术工作经验简介 中国戏剧家协会艺术委员会编
北京 中国戏剧家协会艺术委员会 1957年 76页
有图 18cm(32开)

J0166105
舞台美术研究 刘露等编
北京 中国戏剧出版社 1957年 120页
20cm(32开) 统一书号: 10069.17
定价: CNY0.75

J0166106
舞台实用效果 曹永久, 李玉增编著
沈阳 辽宁人民出版社 1957年 68页
18cm(32开) 统一书号: 8090.40 定价: CNY0.28

J0166107
实用舞台技术 姜梅岩编著
济南 山东人民出版社 1958年 119页
19cm(32开) 统一书号: T10099.611
定价: CNY0.36

J0166108
戏剧和电影中的音响效果 袁立风著
北京 中国电影出版社 1958年 72页
19cm(32开) 统一书号: 15061.39
定价: CNY0.26

J0166109
简易舞台布景制作法 河北人民出版社编辑
保定 河北人民出版社 1959年 33页 18cm(15开)
统一书号: 7086.304 定价: CNY0.09
(俱乐部小丛书)

J0166110
简易舞台效果 李天顺, 王世伟编
保定 河北人民出版社 1959年 28页 18cm(15开)
统一书号: 7086.303 定价: CNY0.09
(俱乐部小丛书)

J0166111
舞台建筑问题的研究 李布白编著
北京 建筑工程出版社 1959年 105页
20cm(32开) 统一书号: 15040.951
定价: CNY0.60

J0166112
舞台美术的研究 姜今编著
北京 人民美术出版社 1959年 246页
21cm(32开) 统一书号: 8027.1860
定价: CNY1.70

作者姜今, 广州美术学院教授。

J0166113
怎样搞舞台效果 江西省群众艺术馆编写
南昌 江西人民出版社 1959年 11页 19cm(32开)
统一书号: K7110.210 定价: CNY0.04
(工农实用戏剧歌舞知识丛书)

J0166114
怎样搞舞台装置 文哲虚编写
南昌 江西人民出版社 1959年 22页 18cm(15开)
统一书号: T7110.191 定价: CNY0.07
(工农实用舞知识丛书)

J0166115
舞台布景绘制方法 王世伟著
北京 中国戏剧出版社 1960年 37页
19cm(32开) 统一书号: 10069.521
定价: CNY0.24
(戏剧常识小丛书)

J0166116
戏曲切末与舞台装置 王遐举, 金耀章编著
北京 中国戏剧出版社 1960年 40页
19cm(32开) 统一书号: 10069.461
定价: CNY0.65
(戏曲基本知识小丛书)

本书系统地介绍中国传统的戏曲舞台切末与装置, 并阐述切末与戏曲表演的关系及戏曲舞台上布景的产生与发展。作者王遐举(1909—1995), 书法家。原名克元, 字清泉, 号野农。出生于湖北荆州, 毕业于武昌中华大学。历任中央

文史研究馆馆员、海峡两岸书画家联谊会会长、中国书法艺术研究院院长等职。出版有《野农轩诗话》《王遐举书法作品集》《中国舞台布景与民族传统绘画》等。

J0166117
舞台美术史概要　(上卷)(苏)雷科夫(А.В.Рыков)讲授;中央戏剧学院编;张守慎译
北京　人民美术出版社　1963年　198页
26cm(16开)统一书号:8027.3938
定价:CNY1.94

J0166118
舞台道具　吴光耀编著
上海　上海文化出版社　1964年　146页
18cm(32开)统一书号:8077.186
定价:CNY0.42

作者吴光耀(1922—2011),教授、戏剧理论家。上海松江人,毕业于上海戏剧学院舞台美术系,留校任教。著作有《西方演剧史论稿》。

J0166119
舞台技术　聂光炎编著
台北　黎明文化事业公司　1972年　207页
21cm(32开)定价:TWD30.00
(大学丛书)

J0166120
天幕景片临摹台　湖北省幻灯制片厂[编]
武汉　湖北人民出版社　1973年　37页
19cm(32开)统一书号:7106.953
定价:CNY0.10

J0166121
首都舞台美术设计资料选　王石之,李光晨编
北京　中国戏剧家协会北京分会　1981年
72+14页　27cm(16开)定价:CNY5.20

作者王石之(1946—　),画家。生于黑龙江阿城。毕业于中央美术学院附中。中国美术家协会、中国摄影家协会、北京油画学会、中国舞台美术协会、中国工业设计协会、中国展示设计协会会员。作品有《香山雪夜镶明珠》等。

J0166122
舞美新探　上海戏剧学院1980届舞美进修班教学组选编
上海　华东师范大学出版社　1981年　102页
19cm(32开)统一书号:8135.003
定价:CNY0.67
(戏剧艺术丛书)

J0166123
舞台美术与技术　(1981年第1期)中国舞台美术学会等编
北京　中国戏剧出版社　1981年　126页
26cm(16开)统一书号:8069.107
定价:CNY1.20

本丛刊设有“专题论述”、“舞美评论”、“创作经验”、“戏曲舞美”、“人物介绍”、“舞台科技”、“外国舞美”等栏目。

J0166124
舞台美术与技术　(1982年第2期)中国舞台美术学会,中国舞台科学技术研究所《舞台美术与技术》编辑委员会编辑
北京　中国戏剧出版社　1982年　128页
26cm(16开)定价:CNY1.20

J0166125
舞台美术与技术　(1984年第3期)中国舞台美术学会等编
北京　中国戏剧出版社　1984年　126页
26cm(16开)定价:CNY1.20

J0166126
舞台照明　(日)大庭三郎著;许振茂译
西南地区建筑设计标准化办公室　1981年　99页
26cm(16开)定价:CNY1.00

J0166127
舞台绘景知识　王振山等著
北京　中国戏剧出版社　1982年　104页
19cm(32开)统一书号:8069.329　定价:CNY0.34
(中国戏剧学院戏剧艺术丛书)

本书内容包括:绘景的任务及表现;绘景的特征、工作程序、设备和工具;绘景的颜料、调料;绘景的基本方法,特殊方法;绘景与舞台光。附插图75幅。作者王振山,摄影记者。山东人,新华通讯社主任记者,中国新闻摄影学会会员。

J0166128
舞台美术文集　中国艺术研究院戏曲研究所编
北京 中国戏剧出版社 1982年 458页 有照片
21cm(32开) 统一书号: 8069.196
定价: CNY1.80
　　本书选编1949—1966年期间有关戏曲、话剧、舞剧舞台美术论文60篇。并附铜版和锌版两种插图(舞台设计图)58幅。

J0166129
舞台美术资料索引　张良仁辑录
上海 上海人民艺术剧院舞台美术研究组
1982年 72页 19cm(32开)

J0166130
北京人民艺术剧院舞台美术选集　(画册)
北京人民艺术剧院舞台艺术资料编辑组编
北京 中国戏剧出版社 1983年 106页
25cm(15开) 统一书号: 8069.310 定价: CNY8.55
　　本书从北京人民艺术剧院30年来演出的近150个剧本的舞台美术中，挑选了较能代表该院风格的53个作品，包括舞台设计图、舞台景照、人物造型图、平面图、灯光布光图等。

J0166131
北京人民艺术剧院舞台美术选集　(画册)
北京人民艺术剧院舞台艺术资料编辑组编
北京 中国戏剧出版社 1983年 106页
25cm(15开) 精装 统一书号: 8069.310
定价: CNY9.35

J0166132
湖南省舞台美术作品选　湖南省文化局艺术处，湖南美术出版社编
长沙 湖南美术出版社 1983年 47页
25cm(小16开) 统一书号: 8233.321
定价: CNY2.80
　　本书编选了布景设计、人物造型设计、道具和皮影、木偶造型以及收集整理的戏曲脸谱等作品223件。

J0166133
舞台美术选集　北京人民艺术剧院编
北京 中国戏剧出版社 1983年 106页
25cm(16开) 统一书号: 8069.310 定价: CNY8.55

J0166134
舞台美术作品选　山东省文化局编
济南 山东人民出版社 1983年 70页
[21×19cm](20开) 统一书号: 8099.2669
定价: CNY2.00

J0166135
舞台艺术的真实感　(漫谈戏曲艺术的特点)
何迟著
天津 百花文艺出版社 1983年 80页 19cm(32开)
统一书号: 10151.680 定价: CNY0.24

J0166136
舞台美术设计概说　欧阳劳汗著
贵阳 贵州人民出版社 1984年 145+28页 有图
20cm(32开) 统一书号: 10115.541
定价: CNY1.50
　　本书内容包括: 舞台美术的基本概念; 舞台美术设计的性质; 舞台美术设计的任务; 舞台美术设计的案头工作和舞台体现。

J0166137
充满符号的戏剧空间　(舞台设计论集) 胡妙胜著
北京 知识出版社 1985年 549页 有照片
19cm(32开) 统一书号: 8214.34 定价: CNY3.10
　　本书是舞台美术论文合集，就舞台设计的功能、意境、虚实、假定性、样式、写意性及戏剧空间等问题进行了系统的阐述。此外还介绍和分析了当代西方舞台设计及其最有影响的舞台美术家，并对中西的舞台美术进行了比较研究。本书还包括参加关于写意戏剧观等问题争鸣的文章。书中附有彩色和黑白插图近百幅。

J0166138
辽宁舞台美术
沈阳 辽宁美术出版社 1985年 84页
24cm(26开) 统一书号: 8161.0518
定价: CNY26.00

J0166139
舞台灯光　(英)皮尔布罗(Pilbrow, R.)著; 韩晓风, 陈武译
北京 中国戏剧出版社 1985年 312页 有照片
20cm(32开) 统一书号: 8069.371

定价：CNY2.05

本书是一部较完善的舞台灯光著作。书中较系统地介绍了舞台灯光的理论知识、设计过程和布光方法，并以具体的演出实例论述如何创造光线环境、突出人物形象等问题。外文书名：Stage Lighting.

J0166140
舞台美　《舞台美》编辑部编
武汉　湖北省戏剧研究所　1985 年　26cm（16 开）

J0166141
戏剧电影美术资料　（1 建筑）马强等编绘
北京　人民美术出版社　1985 年　421 页
26cm（16 开）统一书号：8027.8866
定价：CNY7.30

本书是一套供戏剧、电影、电视美术工作者设计布景、道具、服装作参考的大型美术资料书。本书 7 部分，包括各式住宅外观、亭台楼阁、唐宋明清彩画、各种类型门窗、（附外国门窗）栏杆、柱石等。作者马强（1928—1989），舞台美术家、古典戏曲艺术研究专家。字英秋，山东安丘人。

J0166142
戏剧电影美术资料　（2 家具）马强等编绘
北京　人民美术出版社　1987 年　297 页
26cm（16 开）ISBN：7-102-00246-7
定价：CNY7.90

J0166143
戏剧电影美术资料　（3 道具）马强等编绘
北京　人民美术出版社　1991 年　333 页
26cm（16 开）ISBN：7-102-00888-0
定价：CNY11.30

本书收集历代交通工具、历代仪仗、器物、历代兵器和各种日用器物及陈设器物、历代灯具及历代戏曲道具等图片资料 2000 余幅。

J0166144
论剧场艺术　（英）克雷（Craig, E.G.）著；李醒译
北京　文化艺术出版社　1986 年　367 页
20cm（32 开）统一书号：8228.120
定价：CNY2.75
（外国戏剧研究资料丛书）

本书是欧洲“象征主义戏剧运动”代表人物爱·戈登·克雷的重要理论著作，从导演、表演、舞美设计以及舞台演出、剧场建筑等方面论述了象征主义的戏剧原则。此书是研究欧美现代戏剧思潮和各种流派发展的重要文献。

J0166145
现代剧场艺术　赖特（Wright, E.A.）著；石光生译
台北　书林出版公司　1986 年　305 页　有剧照
21cm（32 开）定价：TWD100.00

J0166146
中国舞台美术　全国舞台美术展览会办公室编；费文麓摄影；凌寒，张大勇译
北京　中国戏剧出版社　1986 年　216 页 26×27cm
统一书号：8069.874　定价：CNY60.00

外文书名：Stage Design of China.

J0166147
论剧场艺术　（英）克雷（Craig, E.G.）著；李醒译
台北　丹青图书公司　1987年　312页　21cm（32开）
定价：TWD230.00
（丹青文库 12）

J0166148
舞台电视照明基础　姚振中编译
上海　上海翻译出版公司　1987 年　139 页
26cm（16 开）ISBN：7-80514-080-4
定价：CNY2.50

J0166149
舞台美术研究　龚和德著
北京　中国戏剧出版社　1987 年　408 页
20cm（32 开）统一书号：8069.1014
定价：CNY3.00

本书汇集作者近几年的著述 16 篇，内容包括：舞台美术的基本原理、戏曲化装、服装和舞台装置历史沿革的研究等。外文书名：Stage Design Researches. 作者龚和德（1931—　），研究员。江苏启东人，毕业于中央戏剧学院华东分院舞台美术系。历任中国艺术研究院研究员，中国京剧艺术基金会副秘书长，中国戏曲学会副会长等。著有《乱弹集》《舞台美术研究》。

J0166150
20世纪西方舞台设计新貌　吴光耀著
北京 中国戏剧出版社 1989年 209页
20cm(32开) ISBN: 7-104-00065-8
定价: CNY2.50
　　本书着重介绍西方舞台设计中20世纪前期的流派和一些有代表性的人物，勾勒出有关20世纪西方舞台设计的概貌。作者吴光耀(1922—2011)，教授、戏剧理论家。上海松江人，毕业于上海戏剧学院舞台美术系，留校任教。著作有《西方演剧史论稿》。

J0166151
戏曲景物造型概论　段纯麟著
杭州 浙江美术学院出版社 1991年 52页
26cm(16开) ISBN: 7-81019-080-6
定价: CNY0.80

J0166152
舞台幻灯艺术　欧载欣著
北京 中国戏剧出版社 1992年 130页 有彩图
20cm(32开) ISBN: 7-104-00004-6
定价: CNY4.10
　　本书介绍了幻灯的光学结构、成像原理等及绘制幻灯景片的技巧。作者欧载欣(1929—　)，国画家，舞台美术家。广东吴川人。中国美术家协会会员、中华诗词学会会员，燕京百鸟画社理事等。书画作品有《清流暗渡》，著有《舞台幻灯艺术》等。

J0166153
舞台机械　马守谦等编著
北京 机械工业出版社 1992年 158页
19cm(小32开) ISBN: 7-111-02949-6
定价: CNY4.60
　　本书对主要舞台机械设备的功能原理、结构、设计计算诸方面进行了系统的论述，介绍了一些舞台机械配置现代化的剧场，多功能剧场的机械装置等。作者马守谦，西北工业大学教师。

J0166154
舞台、歌舞厅、演播室灯光与音响　(工程设计及操作指南)邹伟胜编著
北京 华语教学出版社 1993年 261页
26cm(16开) ISBN: 7-80052-320-9
定价: CNY18.00
　　本书分灯光和音响两部分，包括：声光控制、声电转换、录音、扩音、混合调音效果处理和声音合成等。作者邹伟胜，音响专家，北京电影学院教授。

J0166155
中国戏曲装饰艺术　徐华铛等编绘
北京 中国轻工业出版社 1993年 243页
20cm(32开) ISBN: 7-5019-1376-5
定价: CNY12.80
　　本书论述和再现了中国戏曲服装的艺术特色、形式种类和装饰图案，道具的形式、式样和风采，布景在戏曲舞台上的装饰等。作者徐华铛(1944—　)，工艺美术师。生于浙江嵊县。历任中国民间文艺家协会、中国工艺美术研究会会员。著有《中国竹艺术》《中国的龙》《佛国造像艺术》《中国古塔》等。

J0166156
亚典舞台美术作品选　杨亚典著
苏州 古吴轩出版社 1995年 36页
28cm(大16开) ISBN: 7-80574-198-0
定价: CNY35.50

J0166157
布景技术　陈子平，倪荣泉著
杭州 中国美术学院出版社 1996年 193页
26cm(16开) ISBN: 7-81019-512-3
定价: CNY25.00

J0166158
张继文舞台美术设计图集　张继文[作]
北京 文津出版社 1996年 147页 25×26cm
ISBN: 7-80554-320-8 定价: CNY [150.00]
　　外文书名: The Stage Artistic of Zhang Ji-wen Designing.

J0166159
中国戏曲舞美概论　张连著
石家庄 河北教育出版社 1996年 256页
20cm(32开) ISBN: 7-5434-2645-5
定价: CNY9.20

J0166160
中国戏台 高琦华著
杭州 浙江人民出版社 1996年 161页
20cm(32开) ISBN: 7-213-01186-3
定价: CNY12.50
(造型文化丛书)

J0166161
当代西方舞台设计的革新 胡妙胜著
杭州 中国美术学院出版社 1997年 141页
20cm(32开) ISBN: 7-81019-503-4
定价: CNY28.50

J0166162
广东舞台美术家作品选集 广东舞台美术学会,广东省文化基金会编
广州 岭南美术出版社 1997年 120页
29cm(16开) ISBN: 7-5362-1641-6
定价: CNY168.00

J0166163
舞台美术: 幻觉与非幻觉的诱惑 汪又绚著
北京 北京大学出版社 1997年 249页
19cm(小32开) ISBN: 7-301-03319-2
定价: CNY15.00
(北京大学艺术教育与美学研究丛书 第二辑 11)

J0166164
越剧舞台美术 苏石风主编; 上海越剧艺术研究中心编
上海 上海人民美术出版社 1997年 220页
26×38cm 精装 ISBN: 7-5322-1875-9
定价: CNY600.00

J0166165
舞台灯光使用技巧 左月,金易编著
北京 中国青年出版社 1999年 114页
20cm(32开) ISBN: 7-5006-3386-6
定价: CNY8.00

J0166166
舞台设计创作论 徐翔著
北京 中国铁道出版社 1999年 205页
21cm(32开) ISBN: 7-113-03572-8
定价: CNY36.00

J0166167
戏剧舞台上的日本美学观 (日)河竹登志夫著; 丛林春译
北京 中国戏剧出版社 1999年 244页 有照片
20cm(32开) ISBN: 7-104-00858-6
定价: CNY18.00

作者河竹登志夫,日本早稻田大学教授、著名戏剧学者。长期从事戏剧理论教学和比较戏剧学研究。著作有《戏剧的座标》《歌舞伎的座标》《日本的哈姆莱特》《比较戏剧学》《戏剧概论》等。译者丛林春,翻译家。《外国戏剧》编辑,从事日本戏剧研究。

J0166168
现代歌舞厅灯光 音响 视频设计 曹祥编著
北京 中国建筑工业出版社 1999年 211页
26cm(16开) ISBN: 7-112-03683-6
定价: CNY24.00

J0166169
意象剧场: 非常亚陶 朱静美著
台北 扬智文化事业公司 1999年 181页 有剧照
21cm(32开) ISBN: 957-818-046-2
定价: TWD200.00
(剧场风景 3)

J0166170
中国舞台美术 (1983—1999) 中国舞台美术学会编
北京 中国戏剧出版社 1999年 159页
29cm(16开) 精装 ISBN: 7-104-00963-9
定价: CNY200.00

戏剧化装、戏剧服装

J0166171
装饰学 (第4集) 王玉剑等撰述
上海 云记书局 1920年 110页 有像 19cm(32开)

本书收录《男女照相化装学》(王玉剑撰)、《戏剧化装学》(汪秋凤撰)、《侦探化装学》(李瘦竹撰)。

J0166172
装饰学　(第4集)王玉剑撰述
上海 东陆书局 1921年 110页 有像 19cm(32开)

J0166173
脸谱的分析　翁耦红著
上海 世界书局 [1927—1949年] 29页 有图 26cm(16开)
(剧学月刊 第五卷 第八期)

J0166174
戏剧化装术　袁牧之编著
上海 世界书局 1931年 97页 有图 19cm(32开)
本书内容包括:绪论、化装底人体研究、人相底研究、化装底目的、服装等7章。

J0166175
戏剧化装术　袁牧之编著
上海 世界书局 1939年 新1版 97页 有图 19cm(32开)

J0166176
戏剧的化妆术　谷剑尘编
上海 商务印书馆 1933年 172页 有图 19cm(32开) 定价:大洋四角
(百科小丛书)
本书内容包括:戏剧化妆的名称及其历史、戏剧何以需要化妆、戏剧化妆与灯光等20章。

J0166177
舞台服装　向培良著
上海 商务印书馆 1936年 79页 19cm(32开)
定价:国币二角五分
(戏剧小丛书)
本书分10章,讲述服装的结构、变迁、服装与角色的关系,服装式样、色彩、材料、服饰,服装管理等。

J0166178
舞台化装　朱人鹤著
上海 商务印书馆 1936年 119页 19cm(32开)
定价:国币四角
(戏剧小丛书)
本书内容包括:舞台化装的意义、情绪化装术、形体化装术、容貌化装术、化装之步骤及设备、化装用品及工具、化装品简易制造法、化装及卸装的常识8章。

J0166179
舞台与银幕的化装术　(英)N.E.B.Woltors著;朱炳荪译
南京 正中书局 1937年 76页 有图 19cm(32开)
定价:国币二角
本书分9章,介绍戏剧化装的基本知识。附《化装术简明参考表》。外文书名:Modern Make-up for Stage and Screen.

J0166180
舞台与银幕的化装术　(英)N.E.B.Woltors著;朱炳荪译
南京 正中书局 民国三十一年[1942] 4版 76页 有图 19cm(32开)
定价:国币一元一角五分
外文书名:Modern Make-up for Stage and Screen.

J0166181
舞台与银幕的化装术　(英)N.E.B.Woltors著;朱炳荪译
上海 正中书局 1947年 沪1版 76页 有图 19cm(32开) 定价:国币一元九角

J0166182
脸谱大全　张笑侠编辑
戏曲研究社 民国二十七年[1938] 石印本 彩色 有图 线装

J0166183
钟球斋脸谱集　翁偶虹摹绘
民国二十八年[1939] 摹写本 有图 经折装

J0166184
简易演剧化装术　萧帆著
哈尔滨 光华书店 1948年 28页 有图 14cm(64开)
本书内容包括:化装的效能、化装术研究、化妆品简易制作法。

J0166185
舞台化妆术　黑龙江人民文艺工作团编

沈阳 新华书店东北总分店 1950年 34页
16cm(25开) 定价:旧币105元

J0166186
舞台化装初程 茹枚撰
上海 商务印书馆 1950年 98页 有图
15cm(40开) 统一书号:78424.2
定价:旧币2,600元
(人民百科小册)

J0166187
舞台化装初程 茹枚著
上海 商务印书馆 1951年 再版 98页 有图
15cm(40开) 定价:旧币2,600元

J0166188
怎样化装 申怀琪撰
上海 劳动出版社 1950年 33页 15cm(40开)
定价:旧币1,800元
(工人文艺辅导丛书)

J0166189
怎样化装 申怀琪著
上海 劳动出版社 1950年 再版 33页 有图
19cm(32开) 定价:旧币1,800元
(工人文艺辅导丛书)

J0166190
怎样化装 申怀琪著
上海 劳动出版社 1951年 5版 33页
18cm(15开) 定价:旧币1,800元
(工人文艺辅导丛书)

J0166191
怎样化装 羊景,程维嘉著
[杭州]浙江人民出版社 1952年
定价:旧币80元

J0166192
戏剧化妆常识 封顺著
北京 宝文堂书店 1953年 52页 有图
17cm(32开)定价:旧币3,500元

J0166193
戏剧化妆常识 封顺著
北京 中国戏剧出版社 1982年 102页
19cm(32开) 统一书号:8069.219
定价:CNY0.45

J0166194
化装 宗英编
成都 四川人民出版社 1956年 14页
18cm(15开) 统一书号:T8118.38
定价:CNY0.06
(农村俱乐部丛书 戏剧类)

J0166195
怎样化装 杨勤编著;张福宜绘图
沈阳 辽宁人民出版社 1956年 40页
18cm(15开) 统一书号:T8090.32
定价:CNY0.13
(文艺活动小丛书 6)

J0166196
舞台化妆常识 常大年著
北京 北京出版社 1957年 40页 有彩图
18cm(32开) 统一书号:8071.31 定价:CNY0.38

J0166197
现代剧化装常识 孙永和编
西安 长安书店 1957年 36页 有图 18cm(32开)
统一书号:T10095.236(新) 定价:CNY0.14

J0166198
怎样化妆 江西省群众艺术馆编写
南昌 江西人民出版社 1959年 14页 18cm(15开)
统一书号:K7110.209 定价:CNY0.05
(工农实用戏剧歌舞知识丛书)

J0166199
怎样化装 杨勤编著
沈阳 春风文艺出版社 1959年 新1版 40页
19cm(32开) 统一书号:T8158.7 定价:CNY0.11

J0166200
怎样化装 朱新晖编
[保定]河北人民出版社 1959年 20页
19cm(32开) 统一书号:7086.302
定价:CNY0.31
(俱乐部小丛书)

J0166201
怎样化装 朱新晖编
天津 河北人民出版社 1966年 2版 31页
19cm（32开）统一书号：7086.302
定价：CNY0.12
（俱乐部小丛书）

J0166202
化妆常识 常大年著
北京 中国戏剧出版社 1960年 93页
19cm（32开）统一书号：10069.511
定价：CNY0.60

J0166203
越剧西厢记、梁山伯与祝英台舞台服装设计 （画册）苏石风等设计
上海 上海人民美术出版社 1960年 45页
23×30cm 精装 统一书号：T8081.4372
定价：CNY28.00

J0166204
化装技艺 （美）文森·J-R 柯霍著；于飞等译
上海 上海电影制片厂 1979年 270页
19cm（32开）定价：CNY4.20

J0166205
怎样化妆 华庆著
上海 上海文艺出版社 1979年 53页 19cm（32开）
统一书号：8078.3074 定价：CNY0.41
（戏剧知识丛书）

J0166206
怎样化装 邵森永编著
广州 广东人民出版社 1979年 60页
19cm（32开）统一书号：10111.1160
定价：CNY0.21
（群众文艺辅导丛书）

J0166207
化妆要诀 颜丽丝编著
香港 得利书局印行 1980年 86页 19cm（小32开）

J0166208
中国戏剧脸谱 （画片辑 汉英文对照）
北京 中国旅游出版社 1980年 12张（套）
[14cm]（80开）

J0166209
化妆基本知识 叶红红著
杭州 浙江文艺出版社 1983年 55页 有照片
19cm（32开）统一书号：10317.79
定价：CNY0.22
（群众文艺辅导丛书）

J0166210
舞台化妆基础 李德权，孙穆著
北京 中国戏剧出版社 1983年 223页
19cm（32开）统一书号：8069.333 定价：CNY0.80
（中央戏剧学院戏剧艺术丛书）

J0166211
怎样化妆 黄伟编
昆明 云南人民出版社 1983年 95页 19cm（32开）
统一书号：10116.936 定价：CNY0.27

J0166212
化妆艺术与技术 孙永和著
西安 陕西人民出版社 1984年 160页
19cm（32开）统一书号：7094.380 定价：CNY0.43
（农村文化生活丛书）

本书内容包括：舞台化妆概述；解剖知识是化妆造型的基础；化妆造型以生活为依据；舞台化妆的条件；怎样化妆；几种常用化妆的制作等。

J0166213
舞台化妆技法 陈文昂著
北京 人民美术出版社 1986年 82页 有剧照
19cm（32开）统一书号：8027.8653
定价：CNY0.75

J0166214
粤剧服饰
香港 区域市政局 1988年 130页 有照片
23×24cm ISBN：962-7213-03-9

外文书名：Cantonese Opera Costumes.

J0166215
脸谱大全 张笑侠编
北京 中国书店 1990年 影印本 10+60页

26cm（16开）线装锦盒装 ISBN：7-80568-049-3
定价：CNY96.00

脸谱是中国传统戏曲中演员面部化妆的一种程式。本书集中国戏曲脸谱之大成。收京剧、昆曲、秦腔脸谱1008幅。

J0166216
脸谱大全　张笑侠编
北京 中国书店 1990年 影印本 线装
ISBN：7-80568-049-3 定价：CNY96.00

J0166217
脸谱大全　张笑侠编纂
北京 中国书店 1996年 影印本 有彩绘 线装
ISBN：7-80568-049-3 定价：CNY298.00

J0166218
脸谱大全　张笑侠编
北京 中国书店 1996年 影印本 120页
29cm（16开）线装 ISBN：7-80568-049-3
定价：CNY298.00

本书收集皮黄净谱500多种，带盔头、髯口的丑谱200多种，昆腔净、丑100多种，秦腔净、丑谱100多种。

J0166219
戏剧化妆　李德权主编；北京蒙妮坦美发美容学校编
北京 高等教育出版社 1990年 228页
19cm（32开）ISBN：7-04-003015-2
定价：CNY3.00
（美发美容技术学习丛书）

J0166220
中国戏剧脸谱　刘金奎绘
北京 北京美术摄影出版社［1990年］10张
［14cm］（80开）定价：CNY2.00

J0166221
中国戏曲脸谱艺术　张庚主编；中国艺术研究院戏曲研究所编
南昌 江西美术出版社 1993年 170页
38cm（6开）精装 ISBN：7-80580-121-5

本书图文并茂地介绍了中国戏曲脸谱的溯源、地方戏脸谱艺术、传世古谱、京剧脸谱艺术及戏曲脸谱与民间美术等。外文书名：The Art of Face Painting in Chinese Music-Drama.

J0166222
中国戏曲脸谱艺术　张庚主编
台北 宏观文化事业公司 1995年 139页 有彩图
29cm（16开）精装 ISBN：957-731-070-2

作者张庚（1911—2003），戏剧理论家、教育家、戏曲史家。原名姚禹玄，生于湖南长沙。历任中央戏剧学院副院长，东北鲁迅文艺学院副院长兼文工团四团团长，中国戏曲学院院长。论著有《中国戏曲通史》《戏曲艺术论》等。

J0166223
中国戏曲脸谱艺术　张庚主编；中国艺术研究院戏曲研究所编
南昌 江西美术出版社 1997年 2版 170页
37cm 精装 ISBN：7-80580-295-5
定价：CYN500.00

外文书名：The Art of Face Painting in Chinese Music-Drama.

J0166224
中国戏曲脸谱文集　黄殿祺辑
北京 中国戏剧出版社 1994年 218页
20cm（32开）ISBN：7-104-00550-1
定价：CNY6.70

本书收有文章30余篇，介绍了中国戏曲脸谱的起源、形成、发展及主要地方戏曲脸谱的不同艺术特色和风格。

J0166225
中国戏曲服装图集　（中英文本）马强等著
太原 山西教育出版社 1995年 181页
38cm（6开）精装 ISBN：7-5440-0560-7
定价：CNY600.00

外文书名：The Pictorial Album of Costumes in Chinese Traditional Opera. 作者马强（1928—1989），字英秋，山东安丘人，舞台美术家，古典戏曲艺术研究专家。

J0166226
中国戏曲脸谱　石少山绘
北京 科学出版社 1995年 86页 20×22cm
ISBN：7-03-001171-6 定价：CNY71.00

外文书名：Make-Up Designs in Traditional Chinese Operas. 作者石少山（1930—　），楚剧花脸演员。湖北省艺术学校任教。

J0166227
头饰·面具·脸谱　俨韦编绘
哈尔滨 黑龙江人民出版社 1996年 28+361页 19×21cm ISBN：7-207-03386-9
定价：CNY48.00
外文书名：Head Ornaments· Mask· Facial Makeup.

J0166228
中国脸谱面具图案集　郑军编绘
上海 上海书店出版社 1996年 201页 17×19cm
ISBN：7-80622-089-5 定价：CNY14.00
（中国传统图案丛书）
作者郑军（1965—　），教授。生于山东诸城，毕业于无锡轻工业学院。山东艺术学院设计学院教授。著有《中国民间装饰艺术》《女性装饰画集》等。

J0166229
中国戏曲脸谱　（百丑图）张金梁，张汉生［编］
济南 山东画报出版社 1996年 64页 29cm（16开）
精装 ISBN：7-80603-079-4 定价：CNY120.00
外文书名：Facial Makeup in Traditional Chinese Operas.

J0166230
1998：戏剧脸谱　（剪纸挂历）周河等创作
石家庄 河北美术出版社 1997年 77×53cm
ISBN：7-5310-0918-8 定价：CNY160.00

戏剧剧团组织和管理

J0166231
［戏园开支册］
民国 抄本 经折装
分三十三册。

J0166232
民鸣　民鸣社书记室编
上海 华商印刷公司（承印）［1916年］34页 21cm（32开）
本书内容包括：民鸣社的工作计划和贺词等。

J0166233
［吉祥茶园开支册］
民国七年［1918］石印本 填写 经折装
分三十五册。

J0166234
［文明茶园开支册］
民国七年［1918］石印本 填写 经折装
分十三册。

J0166235
创建话剧的意见
1935年 46页 21cm（32开）

J0166236
戏班　齐如山撰
北平 北平国剧学会 民国二十四年［1935］线装
作者齐如山（1875—1962），戏曲理论家、作家。河北高阳人。名宗康（一说：宗廉），字如山。早年留学欧洲，曾任京师大学堂、北平女子文理学院教授，并致力于戏曲研究。曾与梅兰芳共同从事戏曲艺术的改进工作。编写剧本著名者有时装戏《一缕麻》，古装戏《黛玉葬花》《嫦娥奔月》等。出版有《齐如山全集》。

J0166237
戏班　齐如山著
北平 北平国剧学会 民国二十四年［1935］74页 有图 27cm（16开）线装 定价：银洋一元
（齐如山剧学丛书 8）

J0166238
戏班　齐如山撰
北平国剧学会 民国二十四年［1935］线装
（齐如山剧学丛书）

J0166239
戏班　齐如山著
北平 国剧学会 1935年 148页 26cm（16开）
定价：银洋七角

（齐如山剧学丛书 8）

本书分6章，讲述经营戏班方法、人员组成、规章制度、售票及对外联系等。附“国剧陈列馆发售书目”。书中有1917年广德楼冬月17日戏价详单。

J0166240
剧团组织及舞台管理　谷剑尘编
上海 商务印书馆 1936年 75页 有图
19cm（32开）定价：国币二角五分
（戏剧小丛书）

本书分10节，简论剧团组织与舞台管理的重要意义及其方法、措施等。

J0166241
小剧场经营法　徐公美编
上海 商务印书馆 1936年 66页 19cm（32开）
定价：国币二角五分
（戏剧小丛书）

本书内容包括：创设、组织、销券运动、审定剧本、公布与广告、上演与管理、经费、导演问题等9节。

J0166242
中国剧场史　周贻白著
上海 商务印书馆 1936年 120页 有图
20cm（32开）定价：国币五角
（戏剧小丛书）

本书内容包括：剧场的形式、剧团的组织、戏剧的出演。

J0166243
剧场　顾仲彝编著
上海 商务印书馆 1937年 43页 有图
［13×19cm］定价：国币二角
（社会教育小丛书）

本书分5章，讲述小剧场的起源、组织、戏剧的上演、排演方法，以及小剧场的装置。

J0166244
剧场生活　阎哲吾著
上海 中华书局 1937年 254页 有图
19cm（32开）定价：国币五角

本书介绍剧团管理知识，包括：舞台管理；剧本演出；演员训练；语音学习；苦闷、牢骚5辑。

J0166245
剧场生活　阎哲吾著
上海 中华书局 1939年 再版 254页 有照片
18cm（15开）定价：国币五角

J0166246
剧团的组织与管理　定南县文建会文艺训练组编
定南 定南县文建会文艺训练组 1941年 油印本
30页 20cm（32开）

J0166247
战时剧团组织与训练　阎哲吾著
重庆 独立出版社 1941年 99页 18cm（15开）
（战时戏剧理论丛书）

本书收录《战时剧队组织基本问题》《战时巡回剧团的设备》《论戏剧工作者的工作态度》《怎样免除剧团人事纠纷》《战时剧团演出诸方式》《战时演剧两件事》《战时移动剧队的对外联络工作》《怎样编制抗战戏剧》《战时戏剧辅导工作之实施》等19篇文章。卷首有《戏剧理论丛书总序》。

J0166248
剧团管理　阎哲吾著
青年出版社 1942年 296页 18cm（15开）
（青年戏剧指导丛书 3）

本书内容包括：剧团组织、基本行政、演出行政、会计管理、人事管理、舞台管理、前台管理、辅导工作8章。

J0166249
东北人民艺术剧院建院学习材料　（一）东北人民艺术剧院编
沈阳 东北人民艺术剧院 1951年 29页
19cm（32开）

J0166250
剧场与舞台技术　李畅等整理
汉口 中南人民文学艺术出版社 1954年 75页
有图 26cm（16开）定价：旧币7,000元

J0166251
剧协党组关于举办“迎春晚会”的检查报告　中国剧协党组［作］

北京［中国剧协党组］1964年 5页 26cm（16开）

J0166252
剧团管理 郁仁民等编著
上海 华东师范大学出版社 1988年 123页
20cm（32开）ISBN：7-5617-0225-6
定价：CNY1.20

J0166253
表演艺术管理学引论 王絮著
沈阳 辽宁教育出版社 1990年 361页
20cm（32开）ISBN：7-5382-1242-6
定价：CNY5.40

J0166254
世界表演艺术市场 高鉴编著
北京 中国大百科全书出版社 1995年 131页
19cm（小32开）ISBN：7-5000-5483-1
定价：CNY98.80（合计）
（世界市场全书 世界文化市场全书 45）

J0166255
继往开来 （天津市青年京剧团"百日集训"经验总结）叶厚荣主编
北京 中国戏剧出版社 1997年 285页 有彩照
20cm（32开）ISBN：7-104-00882-9
定价：CNY28.80

J0166256
大陆沿海地区重要城市表演场地概况
台北 1999年 266页 有图 30cm（10开）
ISBN：957-02-5145-X 定价：TWD200.00

中国戏剧、曲艺、杂技艺术

J0166257
役挫公司中国曲调 役挫公司编
［上海］役挫公司［1910—1949年］160页
26cm（16开）

本书是戏曲唱片目录，分为北京音、广东省城音、厦门音、福州音和汕头音等5种。

J0166258
中国戏剧图案 齐如山著
［民国］14页 27×36cm

本书是戏剧图样集，包括乐器、道具、服装、脸谱等。作者齐如山（1875—1962），戏曲理论家、作家。河北高阳人。名宗康（一说：宗廉），字如山。早年留学欧洲，曾任京师大学堂、北平女子文理学院教授，并致力于戏曲研究。曾与梅兰芳共同从事戏曲艺术的改进工作。编写剧本著名者有时装戏《一缕麻》，古装戏《黛玉葬花》《嫦娥奔月》等。出版有《齐如山全集》。

J0166259
戏剧论选 刘汉流编辑
北京 中华印刷局 1925年 140页 19cm（32开）
定价：大洋四角

本书收录《古乐与今戏》《中国戏剧综合研究之发端》《唐明皇所设梨园教坊中角色名称》《丑角的来源及要素》《皮簧戏剧中角色名称》《曲白六要》《论乐器》《板眼》《脸谱论》《艺病十种》《身段八要》《旧剧界之革新运动》等40篇文章。

J0166260
新旧戏曲之研究 佟晶心著
上海［上海戏曲研究会］1926年 336页 有图
18cm（15开）定价：大洋八角

本书分8章，前4章论述昆曲、皮簧、秦腔、高腔、大鼓、莲花落、道情、花鼓戏、社剧、话剧、说书、傀儡剧、影戏等；第5–6章为戏院和表演杂谈；后两章包括18个戏曲范本和3个创作剧本。书前有引言《衡量戏剧的艺术论》。

J0166261
新旧戏曲之研究 佟晶心著
上海 上海戏曲研究会 1927年 再版 336页
有图 17cm（40开）定价：六角
（戏剧丛书）

J0166262
戏曲论 余心编著
上海 光华书局［发行者］民国十六年［1927］
90页 19cm（32开）定价：二角半

本书分序论、剧艺术的系统、演剧的目的与要素、戏曲的观念、戏曲的二种性、结论6部分，论述戏剧艺术的理论问题。

J0166263
新旧戏与批评 佟晶心著
北京 隆华书社 1927年 再版 336页 有图
18cm(15开) 定价:七角
本书内容与《新旧戏曲之研究》一书基本相同,共8章,前4章论述昆曲、皮簧、秦腔、高腔、大鼓、莲花落、道情、花鼓戏、社剧、话剧、说书、傀儡剧、影戏等;第5-6章为戏院和表演杂谈;后两章包括18个戏曲范本和3个创作剧本。

J0166264
中国剧之组织 齐如山编
北平 北平国剧学会 民国十七年[1928]有图
线装

J0166265
戏剧剪报 (第一册)
[1930—1939年]剪贴本 有照片 18×26cm

J0166266
戏剧剪报 (第二册)
[1930—1939年]剪贴本 有照片 18×26cm

J0166267
戏剧丛刊 (第三期)北平国剧学会编辑
北平 北平国剧学会 民国二十一年[1932]
101页 27cm(16开)线装 定价:大洋六角

J0166268
戏剧丛刊 (第四期)北平国剧学会编辑
北平 北平国剧学会 民国二十四年[1935]
111页 27cm(16开)线装 定价:大洋六角

J0166269
戏剧丛刊 北平国剧学会编辑
天津 天津市古籍书店 1993年 影印本 566页
19cm(小32开)定价:CNY18.00

J0166270
修竹庐剧话 (第一集)朱瘦竹著
上海 罗宾汉出版社 1935年 32页 19cm(32开)
定价:大洋两角
本书包括谈荟、剧话、答问3编,讲述舞台艺术与演技、戏装等。

J0166271
修竹庐剧话 朱瘦竹著
上海 1949年 128页 27cm(16开)
定价:CNY3.00
(民国籍粹 续)

J0166272
戏曲论 余心编著
上海 大光书局 1936年 再版 90页 19cm(32开)
定价:国币一角
本书分序论、剧艺术的系统、演剧的目的与要素、戏曲的观念、戏曲的二种性、结论6部分,论述戏剧艺术的理论问题。

J0166273
中国戏剧 武德报社编
北平 武德报社 1939年 134页 有图
19cm(32开)定价:洋二角
(民众丛书)

J0166274
战时戏剧讲座 国立戏剧学校主编
重庆 正中书局 1940年 131页 18cm(15开)
定价:国币六角五分
(国立戏剧学校战时戏剧丛书 2)
本书辑录余上沅、姜公伟、杨村彬、万家宝、宋之的、贺孟斧、陈治策、吴祖光、陈永倞、阎哲吾、萧崇素、潘孑农等人在讲座上所作的报告13篇。

J0166275
菊花锅 刘炎臣著
天津 三友美术社 1941年 181页 有像
19cm(32开)定价:一元二角
本书是中国戏剧艺术文集,内容涉及皮簧、昆曲、杂耍等戏剧种类,收“伶人轶事”、“剧事评论”、“歌场记述”等方面的文章227篇。

J0166276
现阶段戏剧问题 胡绍轩,张惠良著
重庆 独立出版社 1942年 49页 19cm(32开)
定价:八角
(戏剧理论丛书)
本书是戏剧艺术理论专著,阐述演出、剧本及剧场管理等问题。内容包括:戏剧工作者的自

学问题、剧本的整理和改编问题、小剧场的建立问题等。

J0166277
战时演剧手册 唐绍华编著
重庆 中国文化服务社 1942 年 66 页 18cm(15 开)
定价:国币二元四角
本书分 9 章:导论、剧团组织、编剧、导演、演员、舞台布景、化妆、照明、其他。

J0166278
在人民的舞台上 刘念渠,吴青编撰
上海 上海诗剧文出版社 1949 年 203 页
18cm(15 开)
(剧影春秋社剧影丛书)
本书收录《现阶段的人民戏剧》《记文代会期间的演出工作》《参加文代会戏剧演出的文工团队简介》《文代会期间戏剧演出节目简介》。

J0166279
戏曲工作手册 西北行政委员会文化局辑
西安 西北行政委员会文化局 1953 年 114 页
18cm(32 开)

J0166280
川剧音乐问题研究资料 (一)中国音乐家协会成都分会编印
成都 中国音乐家协会成都分会 1957 年 101 页
19cm(小 32 开)

J0166281
京尘杂记 孙履安著
[南京]江苏省剧目工作委员会 1957 年 70 页
19cm(32 开)定价:CNY0.48
(江苏戏曲资料丛刊)

J0166282
艺术研究资料 (1958.1)文化部艺术科学研究领导小组办公室编
北京 文化部艺术科学研究领导小组办公室
1958 年 222 页 19cm(32 开)定价:CNY1.32

J0166283
艺术研究资料 (1958.2)文化部艺术科学研究领导小组办公室编
北京 文化部艺术科学研究领导小组办公室
1958 年 118 页 19cm(32 开)定价:CNY1.32

J0166284
艺术研究资料 (1958.3)文化部艺术科学研究领导小组办公室编
北京 文化部艺术科学研究领导小组办公室
1958 年 118 页 19cm(32 开)定价:CNY1.32

J0166285
艺术研究资料 (1958.4)文化部艺术科学研究领导小组办公室编
北京 文化部艺术科学研究领导小组办公室
1958 年 118 页 19cm(32 开)定价:CNY1.32

J0166286
艺术研究资料 (1959.5)文化部艺术科学领导小组办公室编
北京 文化部艺术科学领导小组办公室 1959 年
138 页 21cm(32 开)

J0166287
艺术研究资料 (1959.1)中国艺术科学研究院编
北京 中国艺术科学研究院 1959 年 176 页
20cm(32 开)

J0166288
艺术研究资料 (1959.2)中国艺术科学研究院编
北京 中国艺术科学研究院 1959 年 176 页
20cm(32 开)

J0166289
艺术研究资料 (1959.3)中国艺术科学研究院编
北京 中国艺术科学研究院 1959 年 176 页
20cm(32 开)

J0166290
艺术研究资料 (1959.4)中国艺术科学研究院编
北京 中国艺术科学研究院 1959 年 176 页
20cm(32 开)

J0166291
艺术研究资料 （1959.5）中国艺术科学研究院编
北京 中国艺术科学研究院 1959年 176页
20cm（32开）

J0166292
艺术研究资料 （1959.6）中国艺术科学研究院编
北京 中国艺术科学研究院 1959年 176页
20cm（32开）

J0166293
艺术研究资料 （1959.7）中国艺术科学研究院编
北京 中国艺术科学研究院 1959年 176页
20cm（32开）

J0166294
艺术研究资料 （1959.8）中国艺术科学研究院编
北京 中国艺术科学研究院 1959年 176页
20cm（32开）

J0166295
艺术研究资料 （1959.9）中国艺术科学研究院编
北京 中国艺术科学研究院 1959年 176页
20cm（32开）

J0166296
艺术研究资料 （1959.10）中国艺术科学研究院编
北京 中国艺术科学研究院 1959年 176页
20cm（32开）

J0166297
艺术研究资料 （1959.11）中国艺术科学研究院编
北京 中国艺术科学研究院 1959年 176页
20cm（32开）

J0166298
艺术研究资料 （1960.1）中国艺术科学研究院编
北京 中国艺术科学研究院 1960年 162页
20cm（32开）

J0166299
艺术研究资料 （1960.2）中国艺术科学研究院编
北京 中国艺术科学研究院 1960年 162页
20cm（32开）

J0166300
艺术研究资料 （1960.3）中国艺术科学研究院编
北京 中国艺术科学研究院 1960年 162页
20cm（32开）

J0166301
戏曲艺术讲座 （第一集）北京市戏曲编导委员会编
北京 宝文堂书店 1959年 重印本 12页
19cm（32开）统一书号：10070.162
定价：CNY0.07

J0166302
戏曲艺术讲座 （第二集）北京市戏曲编导委员会编
北京 宝文堂书店 1959年 重印本 12页
19cm（32开）统一书号：10070.163
定价：CNY0.07

J0166303
戏曲艺术讲座 （第三集）北京市戏曲编导委员会编
北京 宝文堂书店 1960年 1册 19cm（32开）
统一书号：10070.537 定价：CNY0.08

J0166304
戏曲艺术讲座 （第四集）北京市戏曲编导委员会编
北京 宝文堂书店 1960年 14页 19cm（32开）
统一书号：10070.534 定价：CNY0.07

J0166305
戏曲艺术讲座 （第五集）北京市戏曲编导委员会编
北京 宝文堂书店 1960年 18页 19cm（32开）

统一书号：10070.537 定价：CNY0.08

J0166306
戏曲艺术讲座 （第六集）北京市戏曲编导委员会编
北京 宝文堂书店 1960年 20页 19cm（32开）
统一书号：10070.573 定价：CNY0.08

J0166307
戏曲艺术讲座 （第七集）北京市戏曲编导委员会编
北京 宝文堂书店 1960年 13页 19cm（32开）
统一书号：10070.591 定价：CNY0.08

J0166308
一得余抄 （1951—1959年艺术论文选）欧阳予倩著
北京 作家出版社 1959年 426页 20cm（32开）
统一书号：10020.1416 定价：CNY1.51

J0166309
坚决照办 邬盛林等著
上海 上海市革命出版组 1970年 13cm（60开）
定价：CNY0.06
（革命小戏选 1）

J0166310
高山青松 （革命戏剧集）山东省纪念毛主席《在延安文艺座谈会上的讲话》发表三十周年办公室编辑
济南 山东人民出版社 1972年 209页
19cm（32开）统一书号：10.099.47
定价：CNY0.37

J0166311
革命现代京剧分析 （初稿）南京师范学院中文系［编］
南京师范学院中文系 1972年 69页
19cm（小32开）

J0166312
川剧高腔乐府 张德成编述
成都 四川省川剧艺术研究所翻印 1978年
2册（736页）有乐谱 26cm（16开）

J0166313
戏剧艺术资料 （1）中国戏剧家协会广东分会，广东省戏剧研究室编
［广州］［广东省戏剧研究室］1979年 198页
26cm（16开）

J0166314
戏剧艺术资料 （2）中国戏剧家协会广东分会，广东省戏剧研究室编
广州 广东省戏剧研究室 1979年 225页
26cm（16开）

J0166315
戏剧艺术资料 （3）中国戏剧家协会广东分会，广东省戏剧研究室编
广州 广东省戏剧研究室 1980年 187页
26cm（16开）

J0166316
戏剧艺术资料 （4）中国戏剧家协会广东分会，广东省戏剧研究室编
广州 广东省戏剧研究室 1980年 165页
26cm（16开）

J0166317
戏剧艺术资料 （5）中国戏剧家协会广东分会，广东省戏剧研究室编
广州 广东省戏剧研究室 1980年 204页
26cm（16开）

J0166318
戏剧艺术资料 （6）中国戏剧家协会广东分会，广东省戏剧研究室编
广州 广东省戏剧研究室 1982年 209页
26cm（16开）

J0166319
戏剧艺术资料 （7）中国戏剧家协会广东分会，广东省戏剧研究室编
广州 广东省戏剧研究室 1982年 232页
26cm（16开）

J0166320
戏剧艺术资料 （8）中国戏剧家协会广东分会，广东省戏剧研究室编

广州 广东省戏剧研究室 1983年 162页
26cm(16开)

J0166321
戏剧艺术资料 (9)中国戏剧家协会广东分会,广东省戏剧研究室编
广州 广东省戏剧研究室 1983年 210页
26cm(16开)
本书包括:"现代戏研究"、"专题探讨"、"古典剧作研究"、"古典剧论研究"、"话剧史料"、"人物评传"、"戏曲赏析"等10个栏目。

J0166322
戏剧艺术资料 (10)中国戏剧家协会广东分会,广东省艺术研究所编
广州 广东省戏剧研究室 1984年 218页
26cm(16开)

J0166323
戏剧艺术资料 (11)中国戏剧家协会广东分会,广东省艺术研究所编
广州 广东省戏剧研究室 1986年 297页
26cm(16开)

J0166324
戏剧艺术资料 (12)中国戏剧家协会广东分会,广东省艺术研究所编;吴世枫,谢彬筹主编
广州 广东省戏剧研究室 1987年 254页
26cm(16开)

J0166325
戏剧艺术资料 (13)中国戏剧家协会广东分会,广东省艺术研究所编
广州 广东省戏剧研究室 1990年 213页
26cm(16开)

J0166326
祁太秧歌研究之一 (祁太秧歌句式结构初探)阎定文著
[山西大学艺术系印] 1980年 油印本 73页
26cm(16开)

J0166327
祁太秧歌研究之二 (祁太秧歌调式初探)阎定文著
[山西大学艺术系印] 1980年 油印本 47页
26cm(16开)

J0166328
福建戏曲剧种 中国戏剧家协会福建分会,福建省戏曲研究所编
福州 中国戏剧家协会福建分会 1981年 119页
19cm(32开)
(福建戏曲艺术丛书 1)
本书由中国戏剧家协会福建分会和福建省戏曲研究所联合出版。

J0166329
蒲剧史魂 墨遗萍著
北京 山西省文化戏剧工作研究室 1981年
124页 有照片 20cm(32开)

J0166330
戏剧研究 (1981年第2期.总第4期)太原市文化局戏剧研究室编
太原 太原市文化局戏剧研究室 1981年 80页
26cm(16开)
本书由太原市文化局戏剧研究室和《戏剧研究》编辑部联合出版。

J0166331
戏剧研究 (1982年第2期 总第8期)
1981年 76页 27cm(16开)

J0166332
戏剧研究 (1985年1、2期合刊 总第9、10期)
太原市戏剧研究所,《戏剧研究》编辑部编
1985年 128页 有照片 26cm(16开)

J0166333
戏剧研究 (1985年第3期 总第11期)太原市戏剧研究所,《戏剧研究》编辑部编
1985年 64页 有图照片 26cm(16开)

J0166334
戏剧研究 (1986年第1期.总第12期)《戏剧研究》编辑部编
太原 太原市戏剧研究所 1986年 64页 有照片
26cm(16开)

J0166335
戏曲词语汇释 陆澹安编著
上海 上海古籍出版社 1981 年 683 页
21cm(32 开)精装 定价: CNY3.45

J0166336
戏曲论汇 (第一辑)北京市戏曲研究所编
北京 [北京市戏曲研究所][1981 年] 380 页
有图 21cm(32 开)

J0166337
艺术研究资料 (第一辑)浙江省艺术研究所编
杭州 浙江省艺术研究所 1981 年 359 页
20cm(32 开)定价: CNY1.00

J0166338
艺术研究资料 (第二辑)浙江省艺术研究所编
杭州 浙江省艺术研究所 1981 年 359 页
20cm(32 开)定价: CNY1.00

J0166339
艺术研究资料 (第三辑)浙江省艺术研究所编
杭州 浙江省艺术研究所 1982 年 344 页
20cm(32 开)定价: CNY1.00

J0166340
艺术研究资料 (第四辑)浙江省艺术研究所编
杭州 浙江省艺术研究所 1983 年 352 页 有照片
20cm(32 开)定价: CNY1.00
本书是浙江昆剧“传”字辈表演艺术家艺术经验专辑。

J0166341
艺术研究资料 (第五辑)浙江省艺术研究所编
杭州 浙江省艺术研究所 1983 年 433 页
19cm(32 开)定价: CNY1.00

J0166342
艺术研究资料 (第六辑)浙江省艺术研究所,上海艺术研究所编辑
杭州 浙江省艺术研究所 1983 年 420 页 有照片
20cm(32 开)定价: CNY1.00
本书由浙江省艺术研究所和上海艺术研究所联合出版。

J0166343
艺术研究资料 (第七辑)浙江省艺术研究所,上海艺术研究所编辑
杭州 浙江省艺术研究所 1983 年 有照片
20cm(32 开)定价: CNY1.00
本书由浙江省艺术研究所和上海艺术研究所联合出版。

J0166344
艺术研究资料 (第八辑)浙江省艺术研究所,温州市文化局艺术研究室合编
[杭州][浙江省艺术研究所] 1983 年 361 页
20cm(32 开)定价: CNY1.00
本书是南戏研究专辑。

J0166345
艺术研究资料 (第九辑)浙江省艺术研究所编
杭州 浙江省艺术研究所 1983 年 363 页 有照片
20cm(32 开)定价: CNY1.00
本书是戏曲编、导、演问题探讨专辑。

J0166346
中国戏剧年鉴 (1981)《中国戏剧年鉴》编辑部编
北京 中国戏剧出版社 1981 年 359 页+[16]页图版 26cm(16 开)精装 统一书号: 8069.136
定价: CNY4.30
本书由中国戏剧家协会主办,每年初出版上年版本,内容为上上年度中国戏剧届全年综述,含中国戏剧综述、重要戏剧事件、评奖办节、理论评论、各地戏剧概况、剧种研究、中外戏剧研究、行业风采等内容。

J0166347
中国戏剧年鉴 (1982)《中国戏剧年鉴》编辑部编
北京 中国戏剧出版社 1983 年 640 页+[24]页图版 26cm(16 开)精装 统一书号: 8069.358
定价: CNY7.30

J0166348
中国戏剧年鉴 (1983)《中国戏剧年鉴》编辑部编
北京 中国戏剧出版社 1983 年 628 页 有彩图
26cm(16 开)精装 统一书号: 8069.737

定价：CNY7.50

J0166349
中国戏剧年鉴　（1984）《中国戏剧年鉴》编辑部编
北京　中国戏剧出版社　1985年　636页+[24]页图版　26cm（16开）精装　统一书号：8069.741
定价：CNY9.45

J0166350
中国戏剧年鉴　（1985年）《中国戏剧年鉴》编辑部编
北京　中国戏剧出版社　1987年　468页　有剧照　26cm（16开）精装　统一书号：8069.1126
定价：CNY9.50

J0166351
中国戏剧年鉴　（1989）《中国戏剧年鉴》编辑部编
北京　中国文联出版公司　1990年　319页　有剧照　26cm（16开）精装　ISBN：7-5059-1338-7
定价：CNY28.50

J0166352
中国戏剧年鉴　（1990—1991）《中国戏剧年鉴》编辑部编
北京　中国戏剧出版社　1993年　487页　有剧照　26cm（16开）精装　ISBN：7-104-00434-3
定价：CNY35.00

J0166353
中国戏剧年鉴　（1992）中国戏剧年鉴社编辑；吴福荣主编
北京　中国戏剧年鉴社　1995年　220页　26cm（16开）

本年鉴设有"特载"、"综述"、"戏剧日志"、"戏剧概况"、"评奖"、"专题"、"争鸣·讨论"、"新剧目"8个栏目。

J0166354
中国戏剧年鉴　（1993—1994）中国戏剧年鉴社编辑
北京　中国戏剧年鉴社　1996年　296页　有剧照　26cm（16开）

J0166355
中国戏剧年鉴　（1995—1996）中国戏剧年鉴社编辑
北京　中国戏剧年鉴社　1999年　329页　有剧照　26cm（16开）

J0166356
中国戏曲曲艺词典　上海艺术研究所，中国戏剧家协会上海分会编
上海　上海辞书出版社　1981年　823+55页　19cm（32开）精装　统一书号：17187.43
定价：CNY3.70

本书收录戏曲名词术语，包括戏曲声腔、剧种，戏曲作家、理论家、艺术家、团体，戏曲作品、论著、刊物，曲艺名词术语，曲艺曲种，曲艺作家、理论家、艺术家、团体、曲艺作品、论著等词目5636条，附重要人物、服装、道具、乐器等插图160余幅。

J0166357
中华戏剧　俞大纲等著；傅建诚摄
台北　1981年　96页　有图　19×26cm

J0166358
从襄武秧歌的演变，看板腔体音乐的形成与发展　阎定文著
1982年　油印本　24页　26cm（16开）

J0166359
京剧改革的先驱　南通市文联戏剧资料整理组编
南京　江苏人民出版社　1982年　214页　19cm（小32开）定价：CNY0.68
（艺苑掌故丛书）

本书内容包括：欧阳予倩的戏剧改革理论；欧阳予倩新编剧目及其演出；回忆南通伶工学校；回忆南通更俗剧场；欧阳予倩在南通；梅兰芳在南通6部分。

J0166360
戏剧研究资料　（1）天津市文化局戏剧研究室编
天津　天津市文化局戏剧研究室　1982年　128页　19cm（32开）

本书收录《晋察冀边区曲艺工作点滴》《从禁演评书坏书目〈混混儿论〉》《陈士和〈评书聊

斋志异〉整理经过》《论相声家常宝堃的艺术创造》《谈相声节奏》《姜存瑞评书艺术浅识》《郝艳霞从艺西河五十年》《早期天津曲艺之一瞥》《略谈短篇传统曲目的整理》。

J0166361
戏剧研究资料 （2）天津市文化局戏剧研究室编
天津 天津市文化局戏剧研究室 1982年 128页 19cm（32开）
　　本书收录《戏曲美学研究方法管窥》《戏与画》《中国传统戏曲理论研究浅谈》《白蛇是怎样从丑变到美的》《认真继承，勇于创新》《幼年盖叫天在天津》《南北谈艺录》《天津戏剧界建国前变迁简记》《周子厚〈司鼓散论〉》。

J0166362
戏剧研究资料 （3 戏剧语言的修辞艺术）天津市文化局戏剧研究室编
天津 天津市文化局戏剧研究室 1982年 128页 19cm（32开）

J0166363
戏剧研究资料 （4 戏剧基本功教材）天津市文化局戏剧研究室编
天津 天津市文化局戏剧研究室 1982年 128页 19cm（32开）

J0166364
戏剧研究资料 （5）天津市文化局戏剧研究室编
天津 天津市文化局戏剧研究室 1982年 175页 有图 19cm（32开）
　　本书收录《回忆1945—1946年在张家口时的戏曲改革工作》《由〈一马高了〉说开来》《著名河北梆子演员刘洪山先生净角戏的表演艺术》《试谈〈珠帘寨〉的表演艺术》《南北谈艺录(二)》《谈著名河北梆子表艺术家金宝环折子戏〈挂画〉的表演艺术》《京剧诀谚辑释(一)》《从现代戏谈现代京剧〈一包蜜〉创作的新意》《练习戏曲武功时常见的〈劝伤〉及其急救治疗》。

J0166365
戏剧研究资料 （6 评戏在天津．戏曲史料）天津市文化局戏剧研究室编；李英斌，孙伟编
天津 天津市文化局戏剧研究室 1982年 226页 18cm（32开）

J0166366
戏剧研究资料 （7）天津市文化局戏剧研究室编
［天津］［天津市文化局戏剧研究室］1982年 129页 19cm（32开）

J0166367
戏剧研究资料 （8 鲜灵霞——传记文学）天津市文化局戏剧研究室编
天津 天津市文化局戏剧研究室 1982年 128页 19cm（32开）

J0166368
戏剧研究资料 （9）天津市文化局戏剧研究室编
天津 天津市文化局戏剧研究室 1982年 128页 19cm（32开）

J0166369
戏剧研究资料 （10 京剧的箱口与服装）天津市文化局戏剧研究室编
天津 天津市文化局戏剧研究室 1982年 128页 19cm（32开）

J0166370
戏剧研究资料 （第2期 荆州花鼓戏表演艺术经验专辑）湖北省戏剧工作室编
［武汉］［湖北省戏剧工作室］1982年 135页 19cm（32开）

J0166371
戏剧研究资料 （第8期 楚剧专辑）湖北省戏剧工作室编
［武汉］［湖北省戏剧工作室］1983年 315页 19cm（32开）

J0166372
戏剧研究资料 （第11期）湖北省戏剧工作室编
［武汉］［湖北省戏剧工作室］1984年 158页 19cm（32开）

J0166373
戏剧研究资料 （第12期）湖北省戏剧工作室编
［武汉］［湖北省戏剧工作室］1984年 158页 19cm（32开）

J0166374
戏剧研究资料 （第 13 期）湖北省戏剧工作室编
［武汉］［湖北省戏剧工作室］1984 年 158 页
19cm（32 开）

J0166375
戏剧研究资料 （第 14 期 汉剧表演艺术专辑）
湖北省戏剧工作室编
［武汉］［湖北省戏剧工作室］1985 年 311 页
19cm（32 开）

J0166376
戏剧研究资料 （第 17 期）湖北省戏剧工作室编
［武汉］［湖北省戏剧工作室］1984 年 158 页
19cm（32 开）

J0166377
戏剧研究资料 （第 18 期）湖北省戏剧工作室编
［武汉］［湖北省戏剧工作室］1990 年 158 页
19cm（32 开）

J0166378
戏剧资料 （总第七期）晋东南行署文化局编
1982 年 91 页 有照片 27cm（16 开）

J0166379
戏剧资料 （1984 年第 2 期 总第 9 期 戏曲志资料专辑）晋东南行署文化局［编］
1984 年 95 页 27cm（16 开）

J0166380
戏剧资料汇集 （一九八二年第一期 总第五期）中国戏剧家协会山东分会编
1982 年 259 页 19cm（32 开）

J0166381
戏剧资料汇集 （一九八三年第二期 总第七期）中国戏剧家协会山东分会编
1983 年 497 页 19cm（32 开）

J0166382
戏曲漫谈 胡沙著
武汉 中国戏剧家协会湖北分会《长江戏剧》编辑部 1982 年 222 页 有照片 19cm（32 开）

J0166383
戏曲艺术资料 湖南省常德地区戏曲工作室编
［常德］［湖南省常德地区戏曲工作室］［1982 年］
102+16+98 页 26cm（16 开）

J0166384
中国戏曲艺术 张赣生著
天津 百花文艺出版社 1982 年 425 页
21cm（32 开）统一书号：10151.594
定价：CNY1.33

本书是戏曲理论专著。系统总结了中国戏曲艺术独特的美学原理，并据此深入阐述发了中国戏曲的编剧、导演、演员，以及舞台美术和音乐设计等方面的特点。

J0166385
黄花集 陶雄著
广州 花城出版社 1983年 189页 19cm（小32开）
定价：CNY0.66

本书用散文的形式，介绍和阐述了戏曲艺术的特征，详述有代表性传统剧目的思想性和艺术性，广泛地介绍了有关的历史传统，民族传统，思想文化，民族风俗等方面的知识，勾勒出了新旧社会的明暗对比，做到了思想性和艺术性并重。

J0166386
昆曲艺术 傅雪漪著
天津 天津市戏曲音乐干部进修班 1983 年 25 页
有乐谱 26cm（16 开）

作者傅雪漪（1922— ），满族，音乐教师、教授。原名傅鼎梅、雪篘，北京人。毕业于国立北平艺术专科学校。历任中国艺术研究院研究员、中国戏曲学院客座教授、中国戏曲学会理事、中国音乐家协会民族音乐委员会委员。出版有《中国传统戏曲声乐艺术》《九宫大成南北词宫谱选择》《昆曲音乐欣赏漫谈》等。

J0166387
昆曲艺术 （曲例部分）傅雪漪著
天津 天津市戏曲音乐干部进修班 1983 年
100 页 有乐谱 26cm（16 开）

J0166388
曲苑新书 （1978—1981）封桂荣编；扬州师范

学院中文系词曲研究室编
[扬州][扬州师范学院中文系词曲研究室]
1983年 14页 25cm(16开)

J0166389
戏剧通讯 (一九八三年 第2期 总第十期)中国戏剧家协会编
1983年 98页 19cm(32开)

J0166390
艺苑论丛 (1983年第1辑 总第1辑)河北省戏曲研究室编
1983年 265页 20cm(32开)

J0166391
银河新星 (戏剧电影报增刊)戏剧电影报社编辑部编辑
天津 百花文艺出版社 1983年 30页 25cm(16开)
定价:CNY0.38

J0166392
浙江昆剧"传"字辈表演艺术家艺术经验 浙江省艺术研究所编辑
[杭州]浙江省艺术研究所 1983年 352页
19cm(32开)定价:CNY1.00
(艺术研究资料 第四辑)

J0166393
中国大百科全书 (戏剧、曲艺)中国大百科全书编委会编
北京 中国大百科全书出版社 1983年 659页
25cm(16开)精装 统一书号:17197.22
定价:CNY20.00

本书为中国大百科戏剧卷,共收条目1162条,彩色和黑白图片1056幅。内容包括:戏剧概论、戏剧文学、戏剧导演艺术、表演艺术、戏剧舞台艺术、剧场、戏剧发展史等13个分支学科。同时还重点介绍了中国戏剧知识,艺术特点、舞台风貌、有贡献的中外导演、演员、剧作家、理论家、戏剧活动家等。由戏剧界300多位专家学者参与编辑。

J0166394
中国大百科全书 (戏剧)中国大百科全书编委会编
北京 中国大百科全书出版社 1989年 583页
26cm(16开)精装 ISBN:7-5000-0159-2
定价:CNY37.90

J0166395
江苏曲种 江苏省文化厅剧目工作室编印
南京 江苏省文化厅 1984年 343页 19cm(小32开)
(江苏戏曲丛书)

J0166396
兰苑集萃 江苏省文化厅剧目工作室编
南京 江苏省文化厅 1984年 343页 19cm(小32开)
(江苏戏曲丛书)

J0166397
山西耍孩儿唱腔之源 江一舟著
1984年 油印本 73页 26cm(16开)

J0166398
中国少数民族戏曲研究资料选编 中国戏曲志编辑部[编]
[北京]中国戏曲志编辑部 1984年 324页
19cm(32开)

J0166399
剧艺百家 《剧艺百家》编辑部编
南京《剧艺百家》编辑部 1985年 26cm(16开)
定价:CNY1.40

J0166400
戏曲诀谚通俗注释 戴旦辑注
昆明 云南人民出版社 1985年 85页 19cm(32开)
统一书号:10116.997 定价:CNY0.35

本书辑录了诀谚100多条,分为唱、念、做、舞与灯、艺术方法、修养几部分。来源有滇剧、川剧、京剧和其他剧种。

J0166401
中国艺术研究院首届研究生硕士学位论文集 (戏曲卷)中国艺术研究院研究生部编
北京 文化艺术出版社 1985年 650页
21cm(32开)统一书号:8228.096 定价:CNY3.25

J0166402
戏剧艺术资料 (戏曲导演专辑)中国戏剧家

协会辽宁分会编
沈阳 中国戏剧家协会辽宁分会 1986年 95页
19cm(32开)

J0166403
中国戏曲及其音乐 常静之著
郑州 黄河文艺出版社 1986年 397页
19cm(32开)统一书号: 8385.15 定价: CNY2.25
作者常静之(1940—),戏曲音乐家。

J0166404
中华戏曲 (1)山西师范大学戏曲文物研究所编
太原 山西人民出版社 1986年 310页
20cm(32开)统一书号: 10088.976
定价: CNY1.85
本刊是一套以研究中国戏曲发展的历史现状为宗旨的学术论文辑刊。

J0166405
中华戏曲 (2)山西师范大学戏曲文物研究所编
太原 山西人民出版社 1986年 318页 有照片
20cm(32开)统一书号: 10088.985
定价: CNY2.00

J0166406
中华戏曲 (3)山西师范大学戏曲文物研究所编
太原 山西人民出版社 1987年 358页
20cm(32开)ISBN: 7-203-00003-6
定价: CNY2.25

J0166407
中华戏曲 (4)山西师范大学戏曲文物研究所编
太原 山西人民出版社 1987年 290页 有彩照
20cm(32开)ISBN: 7-203-00114-2
定价: CNY2.25

J0166408
中华戏曲 (总第5辑)中国戏曲协会,山西师范大学戏曲文物研究所编
太原 山西人民出版社 1988年 311页
20cm(32开)ISBN: 7-203-00262-5
定价: CNY2.95

J0166409
中华戏曲 (总第6辑)中国戏曲协会,山西师范大学戏曲文物研究所编
太原 山西人民出版社 1988年 312页
20cm(32开)定价: CNY3.40

J0166410
中华戏曲 (总第7辑)中国戏曲学会,山西师范大学戏曲文物研究所编
太原 山西人民出版社 1988年 258页
20cm(32开)定价: CNY3.20

J0166411
中华戏曲 (总第8辑)中国戏曲学会,山西西师大戏曲文物研究所编
太原 山西人民出版社 1989年 294页
20cm(24开)ISBN: 7-203-00880-0
定价: CNY3.85

J0166412
中华戏曲 (总第9辑)中国戏曲学会,山西师范大学戏曲文物研究所[编]
太原 山西人民出版社 1990年 258页+[2]页图版 21cm(32开)ISBN: 7-203-01250-6
定价: CNY3.95

J0166413
中华戏曲 (总第10辑)中国戏曲学会,山西师范大学戏曲文物研究所编
太原 山西人民出版社 1991年 284页
20cm(32开)ISBN: 7-203-01766-4
定价: CNY4.75

J0166414
中华戏曲 (总第11辑)中国戏曲学会,山西师范大学戏曲文物研究所编
太原 山西人民出版社 1991年 331页 有书影
20cm(32开)ISBN: 7-203-02004-5
定价: CNY6.70

J0166415
中华戏曲 (总第13辑)中国戏曲学会,山西师范大学戏曲文物研究所编
太原 山西人民出版社 1991年 有书影
20cm(32开)ISBN: 7-203-02004-5
定价: CNY6.70

J0166416
中华戏曲 （总第15辑）中国戏曲学会，山西师范大学戏曲文物研究所编
太原 山西人民出版社 1991年 有书影
20cm（32开）ISBN：7-203-02004-5
定价：CNY6.70

J0166417
中华戏曲 （总第12辑 中国傩戏学国际学术讨论会论文专辑）中国戏曲学会，山西师范大学戏曲文物研究所编
太原 山西人民出版社 1992年 374页 有彩图
20cm（32开）ISBN：7-203-02035-5
定价：CNY7.60
本辑收录《傩与道教》《贵州省的假面剧》《锣鼓杂戏》《江西的跳傩与傩戏》等近30篇艺术论文。

J0166418
中华戏曲 （总第14辑）中国戏曲学会，山西师范大学戏曲文物研究所编著
太原 山西古籍出版社 1993年 421页 有照片
20cm（32开）ISBN：7-80598-005-5
定价：CNY8.50
本辑收录《艺术的强大动力》《藏戏和傩戏、傩艺术》《明代戏曲创作倾向的变迁》等20余篇文章。

J0166419
中华戏曲 （总第17辑）中国戏曲学会，山西师范大学戏曲文物研究所编
太原 山西古籍出版社 1994年 419页 有彩照
20cm（32开）ISBN：7-80598-029-2
定价：CNY13.50

J0166420
中华戏曲 （总第16辑）中国戏曲学会，山西师范大学戏曲文物研究所［编］
太原 山西古籍出版社 1995年 378页 有照片
20cm（32开）ISBN：7-80598-101-9
定价：CNY12.80

J0166421
中华戏曲 （总第18辑）龚和德，黄竹三主编；中国戏曲学会，山西师范大学戏曲文物研究所［编］
太原 山西古籍出版社 1996年 397页
20cm（32开）ISBN：7-80598-115-9
定价：CNY17.00
作者龚和德（1931— ），研究员。江苏启东人，毕业于中央戏剧学院华东分院舞台美术系。历任中国艺术研究院研究员、中国京剧艺术基金会副秘书长、中国戏曲学会副会长等。著有《乱弹集》《舞台美术研究》。

J0166422
中华戏曲 （总第19辑）龚和德，黄竹三主编；中国戏曲学会，山西师范大学戏曲文物研究所［编］
太原 山西古籍出版社 1996年 381页 有照片
20cm（32开）ISBN：7-80598-117-5
定价：CNY15.50

J0166423
中华戏曲 （总第20辑）中国戏曲学会，山西师范大学戏曲文物研究所编
太原 山西古籍出版社 1997年 427页 有彩照
20cm（32开）ISBN：7-80598-173-6
定价：CNY18.00

J0166424
中华戏曲 （总第21辑）中国戏曲学会，山西师范大学戏曲文物研究所主办，龚和德，黄竹三主编
太原 山西古籍出版社 1998年 453页 有照片
20cm（32开）ISBN：7-80598-236-8
定价：CNY22.00

J0166425
中华戏曲 （总第22辑）中国戏曲学会，山西师范大学戏曲文物研究所［编］
太原 山西古籍出版社 1999年 499页 有照片
20cm（32开）ISBN：7-80598-287-2
定价：CNY25.20

J0166426
中华戏曲 （总第23辑）龚和德主编；中国戏曲学会，山西师范大学戏曲文物研究所［编］
北京 文化艺术出版社 1999年 312页 有照片
20cm（32开）ISBN：7-5039-1878-0
定价：CNY16.80

J0166427
西路评剧初探
[中国评剧院] 1987年 油印本 有乐谱
26cm(16开)

J0166428
中国戏曲剧种手册　李汉飞编
北京 中国戏剧出版社 1987年 985页
19cm(32开) 统一书号: 8069.879
定价: CNY5.50, CNY8.00 (精装)
本书是在编者60年代编写的《全国戏曲剧种汇编》的基础上，约请全国各地戏曲工作者撰稿，重新编辑、整理而成。

J0166429
中国戏曲艺术国际学术讨论会　(提交中国戏曲艺术国际学术讨论会论文提要)
1987年 78页 26cm(16开)

J0166430
中国戏曲艺术国际学术讨论会论文汇编
中国艺术研究院，中国戏曲艺术国际学术讨论会秘书处[编]
[中国艺术研究院] 1987年 26cm(16开)

J0166431
西方人看中国戏剧　施叔青著
北京 人民文学出版社 1988年 279页 有照片
20cm(32开) 统一书号: 10019.4236
ISBN: 7-02-000181-5 定价: CNY2.40

J0166432
徐州琴书释文　李子秋著
徐州 [徐州市文化艺术研究所] 1988年 33页
有乐谱 27cm(大16开)

J0166433
古代戏剧鉴赏辞典　王志武著
西安 陕西人民出版社 1989年 877页
21cm(32开) 定价: CNY14.45

J0166434
莎士比亚在中国舞台上　曹树钧，孙福良著
哈尔滨 哈尔滨出版社 1989年 274页
21cm(32开) 定价: CNY5.00

J0166435
莎士比亚在中国舞台上　曹树钧，孙福良著
哈尔滨 哈尔滨出版社 1994年 校订本 重印本
271页 有照片 20cm(32开)
ISBN: 7-80557-025-6 定价: CNY12.50

J0166436
新时期戏剧论文选　广州市文化局[编]
[广州] [广州市文化局] 1989年 383页
19cm(32开) 定价: CNY4.00
(庆祝建国暨广州解放四十周年文艺丛书)

J0166437
艺野知见录　任光伟著
沈阳 春风文艺出版社 1989年 243页 有照片
19cm(32开) ISBN: 7-5313-0247-0
定价: CNY2.65
本书是中国戏曲评论文集。作者任光伟(1933—2006)，戏曲、曲艺史论工作者。辽宁铁岭县人，毕业于重庆群治学院与东北鲁迅文艺学院戏剧部。曾在东北人民艺术剧院艺术室工作，沈阳市文化局联合组成的东北民间艺术调查小组组长。收有《西厢》《蓝桥》《盘道》《小天台》《大清律》等二十二个曲目，并整理了访问记录。

J0166438
在延安舞台上　钟敬之编
北京 文津出版社 1989年 112页 有照片
20cm(32开) ISBN: 7-80554-011-X
定价: CNY3.40
作者钟敬之(1910—1998)，电影理论家。浙江嵊县人。历任中国电影家协会理事，全国文联委员，中国电影家协会书记处书记、常务理事、名誉理事，中国延安文艺学会顾问。著有《大众文库电影》《延安鲁艺》《延安十年戏剧图集》《人民电影初程纪迹》。

J0166439
中国民间小戏　张紫晨著
杭州 浙江教育出版社 1989年 240页
19cm(小32开) ISBN: 7-5338-0329-9
定价: CNY2.35
本书对中国民间小戏的形成基础与途径、形成与发展进程、民间小戏的系统及其特点、结构形式和情节类型、民间小戏的演出和民间戏曲艺

人等方面作了论述。

J0166440
中国民间小戏　张紫晨著
杭州 浙江教育出版社 1995年 2版 209页
有彩照 20cm(32开) 精装
ISBN: 7-5338-2167-X 定价: CNY9.30

J0166441
中国戏剧管理体制概要　李旭东等主编
北京 中国戏剧出版社 1989年 232页
20cm(32开) ISBN: 7-104-00136-0
定价: CNY3.30

本书分3章，立足当代，对中国不同时代的管理体制作出反思；着重记述历代戏剧管理体制的史实与形态，分析和评判不同时期的管理体制对促进中国戏剧艺术的发展曾产生过的利弊和得失；对中国当代的戏剧管理体制的发展前景作了预测。本书采用史与论的综合体制。分别介绍古代传统戏班之体制、近代改良剧社之体制、现代戏剧院团之体制。

J0166442
大综合舞台艺术的奥秘　(中国戏曲探胜) 许祥麟，陆广训编著
北京 高等教育出版社 1990年 230页
20cm(32开) ISBN: 7-04-003204-X
定价: CNY2.25
(艺术教育丛书)

本书分10章，内容包括：中国戏曲的起源和形式、戏曲的形态等。

J0166443
戏曲艺术节奏论　姜永泰著
北京 文化艺术出版社 1990年 230页
19cm(32开) ISBN: 7-5039-0640-5
定价: CNY2.75

J0166444
戏曲音乐资料汇编　(第六、七合集) 中国戏曲音乐集成上海卷编辑部编
上海 中国戏曲音乐集成上海卷编辑部 1990年 114页 26cm(16开) 定价: CNY2.00

J0166445
中国戏曲观众学　赵山林著
上海 华东师范大学出版社 1990年 317页
20cm(32开) ISBN: 7-5617-0554-9
定价: CNY4.90

作者赵山林(1947—　)，华东师范大学中文系教师。

J0166446
中国戏曲与中国宗教　周育德著
北京 中国戏剧出版社 1990年 202页
19cm(32开) ISBN: 7-104-00175-1
定价: CNY2.50
(戏剧文化探索丛书)

J0166447
滑稽戏论集　梁冰主编
南京 江苏文艺出版社 1991年 274页
19cm(小32开) ISBN: 7-5399-0245-0
定价: CNY3.50
(江苏文化艺术丛书)

J0166448
魔编　白天佑著；王四海绘画、摄影
北京 教育科学出版社 1991年 32页
19cm(小32开) ISBN: 7-5041-0634-8
定价: CNY1.50
(魔幻丛书)

作者白天佑(1933—　)，中央教育科学研究所副教授。出生于河北磁县。曾留学苏联。中国早教传媒网特约专家、中央教育科学研究所研究员。

J0166449
魔剪　白天佑著；王四海绘画、摄影
北京 教育科学出版社 1991年 32页
19cm(小32开) ISBN: 7-5041-0635-6
定价: CNY1.50
(魔幻丛书)

J0166450
魔球　白天佑著
北京 教育科学出版社 1991年 32页
19cm(小32开) ISBN: 7-5041-0522-8
定价: CNY1.50

（魔幻丛书）

J0166451
新花部农谭　周传家著
石家庄 花山文艺出版社 1991年 270页
19cm（小32开）ISBN：7-80505-402-9
定价：CNY3.50
作者周传家（1944—　），戏曲史论研究者。江苏沛县人，中国艺术研究院。历任北京联合大学应用文理学院教授，兼任中国昆剧研究会副会长、中华武侠文学研究会副会长，北京人民广播电台艺研所所长。代表作品有《戏曲编剧概论》《京华生藻》《名旦风采》《一代宗师》等。

J0166452
艺术论文初集　甘肃省文化艺术研究所[编]
1991年 326页 21cm（32开）
（甘肃艺术研究丛书 3）

J0166453
中国戏曲艺术教程　（试用本）中国戏剧家协会艺术委员会，中国昆剧研究会编
南京 江苏人民出版社 1991年 336页
20cm（32开）ISBN：7-214-00807-6
定价：CNY4.80

J0166454
戏曲之乡　山东省政协文史资料委员会，曹县政协文史资料委员会编
济南 山东人民出版社 1992年 291页 有剧照
20cm（32开）ISBN：7-209-01162-5
定价：CNY5.80

J0166455
戏学全书　许志豪，凌善清编著
上海 上海书店 1993年 影印本 有图
19cm（小32开）精装 ISBN：7-80569-563-6
定价：CNY36.00
本书原名《戏学汇考》，包括戏学编和戏曲编两大部分，介绍了化装、表情、身段、台步、唱工、武技等各方面的艺术，选收名伶曲本百余篇，分生、旦、净、丑等依次罗列。

J0166456
新剧种论　薛若邻，荆文礼主编
长春 时代文艺出版社 1993年 395页
20cm（32开）ISBN：7-5387-0753-0
定价：CNY8.50
（中国戏曲学会丛书）
本书收录《剧种生机论》《论黄龙戏的音乐形态》《低谷中的反思》等39篇文章。

J0166457
中国戏曲文化概论　郑传寅著
武汉 武汉大学出版社 1993年 451页 有照片
19cm（小32开）ISBN：7-307-01527-7
定价：CNY13.20
（武汉大学学术丛书）
本书论述了戏曲文化的产生发展和古典戏曲的审美形态、精神特质等。

J0166458
中国戏曲文化概论　郑传寅著
武汉 武汉大学出版社 1998年 修订版 449页
有彩照 20cm（32开）精装
ISBN：7-307-02554-X 定价：CNY21.00
（武汉大学学术丛书）

J0166459
当代中国戏曲　张庚主编
北京 当代中国出版社 1994年 19+871页
有照片 20cm（32开）ISBN：7-80092-129-8
定价：CNY60.00
（当代中国丛书）

J0166460
戏海探艺　王华莹著
济南 山东文艺出版社 1994年 277页
20cm（32开）ISBN：7-5329-1147-0
定价：CNY7.80
作者王华莹（1956—　），女，山东省艺术研究所任职，中国戏曲志山东卷编辑、中国戏剧家协会山东分会会员、助理研究员。

J0166461
戏曲人情　王志健编著
台北 文史哲出版社 1995年 410页 21cm（32开）
ISBN：957-547-932-7 定价：TWD380.00
（民间文学 4）

J0166462
中国的戏曲文化　陈抱成［著］
北京　中国戏剧出版社　1995 年　247 页
19cm（小 32 开）ISBN：7-104-00711-3
定价：CNY8.20
　　作者陈抱成（1937—　），教师。四川成都人，毕业于四川大学。郑州大学中文系教授。主要作品有《中国的戏曲文化》《细说汉武帝》《明代人物轶事》等。

J0166463
中国戏曲剧种大辞典　《中国戏曲剧种大辞典》编辑委员会编
上海　上海辞书出版社　1995 年　1668 页
有彩图及剧照　26cm（16 开）精装
ISBN：7-5326-0024-6　定价：CNY230.00

J0166464
中国现代喜剧论　胡星亮著
南京　南京大学出版社　1995 年　250 页
20cm（32 开）ISBN：7-305-02813-4
定价：CNY7.20
（江苏省中国现当代文学（含戏剧）重点学科丛书）
　　作者胡星亮（1957—　），教授。浙江淳安人，毕业于南京大学。南京大学中文系教授、戏剧戏曲学专业博士生导师，并任中国话剧研究会常务理事、秘书长。著有《二十世纪中国戏剧思潮》《中国现代比较戏剧史》《中国现代喜剧论》等。

J0166465
迈向现代的古老戏剧　贾志刚著
北京　中国戏剧出版社　1996 年　307 页
20cm（32 开）ISBN：7-104-00798-9
定价：CNY19.80
　　作者贾志刚（1954—2017），学者。出生于北京，祖籍辽宁沈阳。历任中国艺术研究院戏曲研究所戏曲导演研究室主任、中国戏曲导演学会常务理事兼副秘书长。著有《戏曲体验论》《迈向现代的古老戏剧》《传统戏曲的历史转折》。

J0166466
神功戏在香港　（粤剧、潮剧及福佬剧）陈守仁著；叶正立摄影
香港　三联书店（香港）公司　1996 年　150 页　有图
19×21cm　ISBN：962-04-1309-1
定价：HKD120.00
（香港民俗丛书）

J0166467
说杂技　道曲艺　李蔚编著
郑州　海燕出版社　1996 年　58 页　20cm（32 开）
ISBN：7-5350-1484-4　定价：CNY2.00
（农村娃科普系列丛书）

J0166468
中国戏曲漫谈　陆丹［编］
北京　中国少年儿童出版社　1996 年　119 页
19cm（32 开）ISBN：7-5007-2983-9
定价：CNY79.80（全套），CNY84.00（全套盒装）
（祖国知识文库丛书）

J0166469
中国戏曲文化　周育德著
北京　中国友谊出版公司　1996 年　496 页
有照片　19cm（小 32 开）ISBN：7-5057-1273-X
定价：CNY24.00

J0166470
标点的世界　徐城北著
北京　中国书店　1997 年　170 页　有图
19cm（小 32 开）ISBN：7-80568-802-8
定价：CNY13.50
（梨园文化雅俗谈　风之集　5）
　　作者徐城北（1942—　），作家、学者。生于重庆，毕业于中国戏曲学院戏曲文学系。历任中国作家协会会员、中国戏剧家协会会员、中国京剧院副研究员、北京大学兼职教授。著有《梅兰芳与 20 世纪》《京剧与中国文化》等。

J0166471
名字就有戏　徐城北著
北京　中国书店　1997 年　146 页　有图
19cm（小 32 开）ISBN：7-80568-801-X
定价：CNY11.50
（梨园文化雅俗谈　风之集　2）

J0166472
戏曲人类学初探　（仪式、剧场与社群）容世诚著
台北　麦田出版公司　1997 年　294 页　有图
21cm（32 开）ISBN：957-708-502-4

定价：TWD260.00
（麦田人文 16）

外文书名：The Anthropology of Chinese Drama, Ritual, Theater and Community.

J0166473
徐虎师傅　（从生活走向舞台）上海戏剧学院编
杭州 中国美术学院出版社 1997年 236页
有彩照 20cm（32开）ISBN：7-81019-600-6
定价：CNY28.50

J0166474
寻找风景　徐城北著
北京 中国书店 1997年 172页 有图
19cm（小32开）ISBN：7-80568-803-6
定价：CNY14.00
（梨园文化雅俗谈 风之集 1）

J0166475
一对石狮子　徐城北著
北京 中国书店 1997年 182页 有图
19cm（小32开）ISBN：7-80568-800-1
定价：CNY14.50
（梨园文化雅俗谈 风之集 4）

J0166476
艺术不老　（文集）常静之著
台北 学海出版社 1997年 336页 20cm（32开）
ISBN：957-614-101-X 定价：TWD286.00

作者常静之（1940—　），戏曲音乐家。

J0166477
中国曲学大辞典　齐森华等主编
杭州 浙江教育出版社 1997年 99+1115页 有图
26cm（16开）精装 ISBN：7-5338-2528-4
定价：CNY98.00

J0166478
闽台戏曲关系之调查研究计画成果报告
曾永义研究主持
台北 1998年 136页 29cm（16开）
精装 定价：TWD1800.00

J0166479
明清戏曲国际研讨会论文集　华玮，王瑷玲主编
台北 1998年 2册 24cm（26开）
ISBN：957-671-607-1 定价：TWD800.00
（中国文哲论集 11）

J0166480
中国戏剧　边重新编
北京 中国少年儿童出版社 1998年 114页
19cm（小32开）ISBN：7-5007-4003-4
定价：CNY50.50
（爱国主义教育文库 上 灿烂文化卷）

J0166481
老戏迷侃戏　萧荻［著］
广州 花城出版社 1999年 260页 有图
21cm（32开）ISBN：7-5360-3063-0
定价：CNY18.00

本书收集1958—1963年间谈戏曲的文章，发表在《羊城晚报》的《晚会》和《花地》两个副刊上。

J0166482
曲学与戏剧学　叶长海著
上海 学林出版社 1999年 460页 有图
20cm（32开）ISBN：7-80616-723-4
定价：CNY24.00，CNY34.00（精装）

作者叶长海（1944—　），教授。浙江永嘉人，毕业于上海戏剧学院戏剧文学系。历任上海戏剧学院教授、博士生导师，中国戏曲学会副会长。著有《王骥德曲律研究》《中国戏剧学史稿》《曲学与戏剧学》等。

J0166483
戏曲体验论　贾志刚著
北京 中国戏剧出版社 1999年 221页 有照片
20cm（32开）ISBN：7-104-01085-8
定价：CNY15.00

作者贾志刚（1954—2017），学者。出生于北京，祖籍辽宁沈阳。历任中国艺术研究院戏曲研究所戏曲导演研究室主任、中国戏曲导演学会常务理事兼副秘书长。著有《戏曲体验论》《迈向现代的古老戏剧》《传统戏曲的历史转折》。

J0166484
中国曲学研究　李克和著

长沙 岳麓书社 1999年 244页 20cm(32开)
ISBN：7-80520-877-8 定价：CNY13.80

J0166485
中国戏曲文化论 焦垣生著
西安 陕西人民出版社 1999年 214页 20cm(32开) ISBN：7-224-05033-4
定价：CNY9.50

京剧艺术

J0166486
日下梨园百咏 (清)醉薇居士撰
天津 天津石印书屋 清光绪十七年[1891] 石印本 线装
九行十八字黑口四周单边。

J0166487
国剧砌膜与髯口 隆丐使著
[1900—1949年] 26cm(16开)

J0166488
国剧冠巾与行头 隆丐使著
[民国] 26cm(16开)

J0166489
国剧身段谱 齐如山撰
北平 北平国剧学会 民国 线装
作者齐如山(1875—1962)，戏曲理论家、作家。河北高阳人。名宗康(一说：宗廉)，字如山。早年留学欧洲，曾任京师大学堂、北平女子文理学院教授，并致力于戏曲研究。曾与梅兰芳共同从事戏曲艺术的改进工作。编写剧本著名者有时装戏《一缕麻》，古装戏《黛玉葬花》《嫦娥奔月》等。出版有《齐如山全集》。

J0166490
国剧身段谱 齐如山撰
北平 北平国剧学会 民国二十一年[1932] 线装

J0166491
梨园外纪 徐慕云撰
民国 抄本 线装
分四册。

J0166492
荣记大舞台纪念特刊 荣记大舞台编
[民国][102]页 有像 26cm(16开)
本书收录曹梦泽的"创刊话"、梁梦的《我们该重新去认识国剧》、盈庭的《国剧与反封建色彩》、沈宗泽的《改进国剧之吾见》、锦中的《论戏剧教育》等9篇。书前有剧声照片及程砚秋、尚小云、梅兰芳等人的照片多幅。

J0166493
说谭 陈彦衡撰
民国 线装

J0166494
说谭 陈彦衡著
民国七年[1918] 有图 线装

J0166495
谢小娥传
[民国][8]页 20cm(32开)
本书内容包括：谢小娥事略、谢小娥传剧目、谢小娥传剧词3部分。

J0166496
观剧指南 (第1册)许慕羲编；王景文评曲
上海 东方书局 1914年 再版 58页 19cm(32开)
本套书主要介绍京剧剧情、角色和曲评。

J0166497
观剧指南 (第2册)许慕羲编；王景文评曲
上海 东方书局 1915年 再版 69页 19cm(32开)

J0166498
唱戏入门 吴秋帆编
上海 进步书局 1917年 74页 15cm(40开)
本书包括：腔调、唱工、说白、做工、表情等节，讲述京戏唱法。

J0166499
唱戏入门 吴秋帆编
上海 进步书局 1926年 5版 74页 15cm(40开)

J0166500
唱戏入门 吴秋帆编
上海 进步书局 1930年 6版 74页 15cm(40开)

J0166501
京剧考证百出 熊文通述；刘豁公撰文；中华图书集成编辑所编辑
上海 中华图书集成公司 1919年 20+102页 有图 19cm(32开) 定价：洋六角
(世界游戏场 9)

J0166502
名伶小影
[1921—1930年] 2张 17cm(40开)
本书收"袁二公子与汪伶隐合饰之盗宗卷"和"王润卿王惠芳游戏结婚之摄影"。

J0166503
百花亭 (梅兰芳秘本)缀玉轩著
香港 香港同乐会 1922年 4页 有图 18cm(15开)

J0166504
佳期拷红 (梅兰芳秘本)缀玉轩著
香港 香港同乐会 1922年 7页 有图 18cm(15开)

J0166505
玉堂春 (梅兰芳秘本)缀玉轩著
香港 香港同乐会 1922年 9页 有图 18cm(15开)

J0166506
补庵谈戏 (第一集)补庵著
补庵[发行者] 1924年 有图 19cm(32开) 定价：八角
本书是京戏杂谈文集。"谈戏零拾"收5篇文章；"编戏赘言"收1篇文章。

J0166507
京剧二百年之历史 (日)波多野乾一著；鹿原学人编译
上海 启智印务公司 1926年 2版 [424]页 有图 19cm(32开)
本书内容包括：老生、小生、武生、青衣、花旦、老旦等11章，介绍京剧各流派近200年的发展历史。书末附"剧话"、"菊部拾遗"、"京班规则"、"后台术语注解"等。

J0166508
鞠部丛谈校补 (一卷)罗瘿公撰；李释龛校补
涉园 民国十五年[1926]刻本 线装
本书记叙了清朝末年至民国初年，北京京剧艺术活动、传闻和轶事，评述了当时著名京剧演员的舞台表演和艺术成就，具有较高的历史文献价值，是考察京剧艺术发展的重要历史资料。

J0166509
鞠部丛谈校补 罗瘿公撰；李释龛校补
下辫樊山阅涉园 民国十五年[1926]刻本 线装

J0166510
梨园条例 王连平辑
民国十五年[1926]石印本 线装

J0166511
兰社特刊 (第1册)刘豁公，郑子褒编辑
上海 兰社 1927年 54页 有像 19cm(32开)

J0166512
戏剧之变迁 (一卷)齐如山撰
北平 北平国剧学会 民国十六年[1927]线装
作者齐如山(1875—1962)，戏曲理论家、作家。河北高阳人。名宗康(一说：宗廉)，字如山。早年留学欧洲，曾任京师大学堂、北平女子文理学院教授，并致力于戏曲研究。曾与梅兰芳共同从事戏曲艺术的改进工作。编写剧本著名者有时装戏《一缕麻》，古装戏《黛玉葬花》《嫦娥奔月》等。出版有《齐如山全集》。

J0166513
中国剧之变迁 齐如山撰
民国十六年[1927]线装

J0166514
程艳秋剧词 天台山农，吴天翁编
上海 大舞台戏院(赠)[1928年]40页 有像 20cm(32开)
本书收录《花舫缘》《斟情记》《赚文娟》《青霜剑》《玉狮坠》《玉镜台》《金锁记》等剧情说

明书。

J0166515
戏场闲话　(第一集)实事白话报编辑部编
[北平]实事白话报社 1928年 80页 有照片
19cm(32开) 定价:大洋三角

J0166516
戏场闲话　(第二集)实事白话报编辑部编
[北平]实事白话报社 1930年 123页 有照片
19cm(32开) 定价:大洋三角
本书收录《定军山》(兰生)、《开场戏》(愚樵)、《打沙锅》(东亚戏迷)、《天河配》(钟智公)、《双包案》(张振宇)等127篇漫谈京剧的短文。书前有梅兰芳、马连良、程砚秋等京剧名角的照片、书画作品。

J0166517
正谊社六周纪念特刊　上海正谊社宣传部编
上海 上海正谊社宣传部 1928年[150]页
有肖像[19×26cm]
本书收录《本社之沿革》(邵达人)、《本社历年服务社会成绩报告》(贝一峰)、《论本社慈善事业》(蔡子香)、《一年来研究皮黄之所见》(梅村)、《剧之始员原与今日之戏》(潄六山房)、《评四大名旦》(空我)、《说派》(鹅池旧主)等37篇文章。书前有委员、职员、戏装、风景照片多幅,末附社员录、社章等。

J0166518
中国剧之组织　齐如山编
北平 北华印刷局[1928年]126页 有图
22cm(30开) 定价:大洋一元
(齐如山剧学丛书)
全书分8章,从唱白、动作、衣服、盔帽靴鞋、胡须、脸谱、切末物件和音乐的角度分别论述了中国剧的特性,系统分析了中国戏曲的组织结构特点。作者毕生致力于戏曲研究,曾访问京剧界名角三四千人,记录下丰富生动的原始材料,并借鉴古代典籍及西方有关的戏剧理论,整理归纳成书。

J0166519
皮黄戏指迷　吕仙吕著
上海 现代书局 1929年 139页 15cm(40开)
定价:大洋二角
(蓝皮小书)
本书是京剧常识读物,内容包括:源流、派别、脚色、结构、声韵、音律、技术7章。

J0166520
[梅尚程荀京剧剧本选]
[1930—1937年]
本书除了对四大名旦表演的京剧作介绍外,还对四位的表演进行了精彩的评论。并收录了梅兰芳霸王别姬剧本、尚小云卓文君剧本、程砚秋玉堂春总本及荀慧生荀灌娘剧本。

J0166521
春秋笔特刊
上海[黄金出版社][1930—1938年]16页
有剧照图 26cm(16开)

J0166522
审查京剧本之准备　汉口市政府教育局第三科民众教材股编
汉口 汉口市政府教育局第三科民众教材股
1930年 50页 18cm(32开) 定价:大洋五分
(社会教育业务报告 10)
本书为汉口市政府教育局对上演京剧剧目的审查意见书。对《九更天》《三击掌》《武家坡》《汾河湾》等70个剧目提出简略意见。

J0166523
正谊社七周纪念特刊　上海正谊社宣传部编
上海 上海正谊社宣传部 1930年[160]页
有肖像 27cm(16开)
本书收录《本社的历史》(邵达人)、《一年来本社各部办事之回顾》(奏肤)、《正谊社七周年纪念特刊》(潄六山房)、《戏剧与书画》(海上潄石生)、《票界拾零》(小隐)、《说八大拿》(淑灵)等36篇文章。书前有委员、职员、戏装、风景照片多幅,末附社员录、社章等。

J0166524
梨园话　方问溪著;张次溪校
北平 中华印书局 1931年 26+130页 有肖像
23cm(10开) 定价:大洋六角
(三拜楼丛书 1)
本书收录平、津、沪京剧戏班中专有名词术

语400余条，按笔画顺序排列，逐条注解，并加附记。

J0166525
天津永兴国剧社周年纪念册　永兴国剧社编
天津　永兴国剧社　1931年　40页　有图
27cm(16开)
本书中的永兴国剧社为票友组织，书内有该社情况介绍、京戏剧谈、京戏剧词等。

J0166526
亦宜社彩排特刊　苏焕园，乐文林编辑
上海　亦宜社　1931年[28]页　有图　19cm(32开)
本书为民国时期业余京剧组织亦宜社的特刊，内有该社组织概况、戏目、谈戏短文等。

J0166527
国剧脸谱图解　齐如山编
[1932年]　29×40cm
本书收脸谱72种，有脸谱表解说，包括：颜色谱、奸脸谱、勾法谱、眉谱、眼窝谱、嘴谱、脑门谱7部分。书前有编者的脸谱说明。作者齐如山(1875—1962)，戏曲理论家、作家。河北高阳人。名宗康(一说：宗廉)，字如山。早年留学欧洲，曾任京师大学堂、北平女子文理学院教授，并致力于戏曲研究。曾与梅兰芳共同从事戏曲艺术的改进工作。编写剧本著名者有时装戏《一缕麻》，古装戏《黛玉葬花》《嫦娥奔月》等。出版有《齐如山全集》。

J0166528
永兴二周年刊　永兴国剧社编
天津　永兴国剧社　1932年　44页　有照片
27cm(16开)
本书包括题词之部、戏剧之部、剧词之部。"戏剧之部"收《剧艺丛谈》(冯邦杰)、《皮簧的组织法》(小琴)、《皮黄唱白的两种根本问题》(黎公)、《乐符传声》(樊吉初述)等文章。书前有本社简章、职员一览表、社员姓名录，以及寒梅的《永兴国剧社二周大事纪略》等。

J0166529
富连成三十年史　唐伯弢著
北平　艺术出版社筹备处　1933年　138页　有照片
18cm(15开)定价：大洋二元
本书介绍富连成社创办以来的历史，并有师生简传。末附张次溪的《广和查楼沿革考》。该社初名：喜连城社。

J0166530
京沪沪杭甬两路同人会京剧部九周纪念特刊
[1934年]85页　有像[13×19cm]
本书收录有关京剧及表演艺术问题的杂论数篇。

J0166531
脸谱　齐如山撰
松竹梅商店　民国二十三年[1934]线装
(齐如山剧学丛书)

J0166532
脸谱　齐如山撰
文岚簃印书局　民国二十三年[1934]线装

J0166533
北平国剧学会陈列馆目录　(二卷)齐如山编
北平　北平国剧学会　1935年　101+54页
24cm(26开)定价：银一元
本书分两卷。上卷包括：内务府档案文件类、升平署档案文件类、升平署剧本曲谱提纲类3类；下卷包括：梨园文献类、戏剧图表类、音乐类、戏剧唱片类、杂物类5类。

J0166534
北平国立学会册陈列馆目录　(二卷)齐如山编
北平　北平国剧学会　民国二十四年[1935]线装

J0166535
唱戏门径　金吉云编
上海　中央书店　1935年　再版　164页
19cm(小32开)
本书收录《戏剧的浅说》《京戏的由来》《唱戏的乐趣》《京调的种类》等18篇。

J0166536
唱戏门径　金吉云编
上海　中央书店　1937年　6版　164页
19cm(32开)定价：国币一角

J0166537
国剧浅释　齐如山著
北平 齐如山［发行者］民国二十四年［1935］
114页 有图 26cm（16开）定价：国币二元
本书包括剧场、中国剧场之变迁、切末、行头、古装、冠巾、脸谱等12章。

J0166538
国剧身段谱　齐如山著
北平 北平国剧学会 民国二十四年［1935］
再版 101页 27cm（16开）线装
定价：银洋一元六角
（齐如山剧学丛书 4）

J0166539
行头盔头　齐如山撰
北平国剧学会 民国二十四年［1935］线装
（齐如山剧学丛书）

J0166540
行头盔头　（二卷）齐如山著
北平 国剧学会 1935年［78］页 25cm（15开）
定价：银洋五角
（齐如山剧学丛书 9）
本书介绍中国传统戏剧的服装。上卷介绍行头，包括富贵衣、蟒、大太监衣、官衣等90种；下卷介绍盔头，包括草帽圈、九龙冠、学士盔、半凤冠等96种。

J0166541
京剧之变迁　齐如山著
北京 北平国剧学会 民国二十四年［1935］增订
再版 122页 24cm（27开）定价：银洋七角
本书是京剧论著。论述清代咸丰同治年间，在北京等地演出的京剧剧目、演员，戏班和舞台艺术等诸方面的发展变化状况。内容包括："京剧之变迁"、"清代皮簧名脚简述"、"谈四脚"3部分。

J0166542
京剧之变迁　齐如山著
北平 北平国剧学会 民国二十四年［1935］再版
增订 61页 27cm（16开）线装
定价：银洋一元
（齐如山剧学丛书 2）

J0166543
京剧之变迁　（一卷）齐如山撰
北平 北平国剧学会 民国二十四年［1935］线装

J0166544
梅兰芳艺术一斑　齐如山著
北平 国剧学会 1935年 66页 有剧照
19cm（32开）定价：国币八角
（民国籍粹 续）
本书与《梅景周先生抗战言论集》合订。

J0166545
齐如山全集　（一）齐如山著
台北 重光文艺出版社 1935年 21cm（32开）
定价：银洋二元
本集收录《中国剧之组织》《戏班》《上下场》《国剧身段谱》《行头盔头》《脸谱》《国剧简要图案》等文章。作者齐如山（1875—1962），戏曲理论家、作家。河北高阳人。名宗康（一说：宗廉），字如山。早年留学欧洲，曾任京师大学堂、北平女子文理学院教授，并致力于戏曲研究。曾与梅兰芳共同从事戏曲艺术的改进工作。编写剧本著名者有时装戏《一缕麻》，古装戏《黛玉葬花》《嫦娥奔月》等。出版有《齐如山全集》。

J0166546
齐如山全集　（二）齐如山著
台北 重光文艺出版社 1935年 21cm（32开）
本集收录《京剧之变迁》《梅兰芳艺术一斑》《梅兰芳游美记》《脚色名词考》等文章。

J0166547
齐如山全集　（三）齐如山著
台北 重光文艺出版社 1935年 21cm（32开）
本集收录《国剧概论》《国剧要略》《国剧的原则》《国剧漫谈》《谈平剧》等文章。

J0166548
齐如山全集　（四）齐如山著
台北 重光文艺出版社 1935年 21cm（32开）
本集收录《清代皮簧名脚简述》《谈四脚》《戏界小掌故》《同治后五十年间北平恒演剧目》《百舍斋存戏曲书目》《桂剧剧目》等文章。

J0166549
齐如山全集 （五）齐如山著
台北 重光文艺出版社 1935年 21cm（32开）
本集收录《五十年来的国剧》《编剧回忆》《国舞漫谈》《鼓词小调评论》等文章。

J0166550
齐如山全集 （六）齐如山著
台北 重光文艺出版社 1935年 586页 21cm（32开）
本集收录《国剧艺术汇考》。

J0166551
齐如山全集 （七）齐如山著
台北 重光文艺出版社 1935年 21cm（32开）
本集收录《北平怀旧》《北平小掌故》《故都市乐图考》《齐如山随笔》《中国馔馐考》《谚语录》《中国风俗丛谈》等文章。

J0166552
齐如山全集 （八.上）齐如山著
台北 重光文艺出版社 1935年 21cm（32开）
本书为中国京剧艺术评论文集，本集收有《中国之科名》《中国之固有化学工艺》《华北农村》等文章。

J0166553
齐如山全集 （八.下）齐如山著
台北 重光文艺出版社 1935年 21cm（32开）
本集收录《杂著》《齐如山回忆录》。

J0166554
齐如山全集 齐如山著
台北 联经出版事业公司 1979年 影印本 10册 22cm（32开）精装 定价：TWD3500.00

J0166555
上下场 齐如山著
北平 国剧学会 1935年 52页 23cm（10开）定价：银洋四角
（齐如山剧学丛书 5）
本书是京剧表演艺术专著，内容包括：总论、论上场、论下场3章。

J0166556
学戏百法 金吉云编
上海 中央书店 1935年 再版 118页 18cm（32开）定价：七角
本书收录《戏剧的由来》《学戏的趣味》《平剧的种类》《平剧和音乐》《化装的方法》《开脸的方法》《排戏的方法》《彩排的秘诀》等22篇文章。

J0166557
学戏百法 金吉云著
上海 中央书店 1937年 4版 118页 18cm（32开）定价：国币一角

J0166558
学戏秘诀 张德福口述；胡憨珠笔录
上海 中央书店 1935年 164页 19cm（32开）定价：大洋一元
本书为京剧表演艺术专著，包括："学戏刍言"、"保护嗓子法"、"行腔高低法"、"唱时换气法"等内容，介绍百余种学习京戏的方法。

J0166559
学戏秘诀 胡憨珠编
上海 中央书店 1936年 再版 164页 19cm（32开）定价：大洋一角四分

J0166560
京剧词典释例 徐凌霄著
北平 世界编译馆北平分馆 1937年 156页 19cm（32开）定价：国币八角
（戏曲音乐丛书）
本书主要内容是对京剧中的成词或专用于京剧而又不易被一般人所理解的字句进行举例解释。前有述旨和叙类，讲述编制剧体词典的目的，戏剧语词与其他语文的关系等。书末附录曾发表于大公报的有关文章《技术白与自然白》《剧体文》等5篇。

J0166561
乐天集特刊 （第1号）林老拙编辑
北平 乐天集 1937年 64页 有像 21cm（32开）
本书是民国时期京剧组织史料，收录《本集一年来之经过》（林老拙）、《乐天集纪略》（巢红梅）、《乐天集一周纪念刍言》（海上漱石生）、《空城计之研究》(苏少卿)、《个人兴趣与戏剧运动》(欧阳予倩)、《戏剧三原则》(陈小田)、《演空城计之秘诀》(许良臣)等21篇。书前有"乐天集章程"、"会员录"等。

J0166562
平剧总论 刘菊禅编
上海 平剧出版社 1937年 17cm(40开)
定价:国币三角
(最新详注戏考 1)

J0166563
老副末谈剧 (第1辑)张乙庐著
上海 戏学书局 1938年 78页 18cm(15开)
定价:旧币二角五分
(戏报丛书)
本书收录《京曲总书编制书略》《京派与海派》《周信芳之身段与唱》《锣鼓之为用》《说嗓》等剧谈10余篇。

J0166564
梅景周先生抗战言论集 梅景周著
[香港][太平洋类编社][发行者][1938年]
103+66页 19cm(32开)定价:国币五角
(民国籍粹 续)
本书与齐如山著的《梅兰芳艺术一斑》合订。

J0166565
戏学顾问 刘慕耘编著
上海 中央书店 1938年 383页 16cm(25开)
定价:国币六角
本书包括介绍京剧基本知识14章。前13章介绍京剧的各个方面的知识,第14章为"名角剧本",收16个剧目。

J0166566
国剧详诠 关雪庵编
天津 屏亚印书馆 民国二十九年[1940]2册
18cm(30开)

J0166567
马连良专集 吴江枫编
上海 黄金出版社 1940年 24页 有图
26cm(16开)

J0166568
脸谱 (京剧秘本)北京戏曲研究社编绘
北京 戏曲研究社 1941年 有图 15×19cm 精装
定价:十元
本书辑集彩色脸谱117个。书前有张笑侠的《脸谱大全通论》。

J0166569
听歌想影录 张卿公著
天津 天津书局 1941年 226页 19cm(32开)
定价:一元二角
本书是京剧艺术评论文集,收录1913年至1918年间的京剧掌故百余则。包括:《听老谭琼林宴记》《梅兰芳之孽海波澜》《孙菊仙之桑园寄子》《吉祥园之好戏》《杨小楼之白龙关》《孙汪同台演剧记》《谭鑫培之击鼓骂曹》等。

J0166570
新亚平剧研究社第一次彩排特刊 新亚平剧研究社编
上海 新亚平剧研究社 1941年 31页
[19×26cm](16开)
本书是民国时期京剧研究史料。内容包括:摄影、题词、撰著、社艺等部分,收录虞洽卿、袁礼敦、方椒伯、严独鹤、徐慕云等10余人的题词;收录《对于新亚平剧社之希望》(肖伧)、《新亚平剧研究社》(苏少卿)、《梅花馆随笔》(梅花馆主)、《戏剧与娱乐》(石颜也)等20余篇文章。书末附"新亚歌咏队第一次音乐大会特刊"。

J0166571
平剧研究院成立特刊 (1942双十节)
北京 平剧研究院[1942年]48页
25cm(小16开)

J0166572
戏剧入门 丁国栋编辑
沈阳 文影社 1942年 68+142页 有图
17cm(32开)定价:国币一元六角

J0166573
康乐活动资料 (三 平剧的学习与演出)军事委员会政治部编
南京 军事委员会政治部 1945年 56页
13cm(60开)

（政工人员服务指导小册 33）

本书内容包括：平剧漫谈、学习的程序、教师的选择、演员必具的条件、演员应有的修养、舞台常识、剧团的组织与训练、容易演出的戏目等。

J0166574

从“逼上梁山”“三打祝家庄”谈到平剧改造 刘芝明等著；冀鲁豫书店编辑部编

［菏泽］冀鲁豫书店 1947年 42页 20cm（32开）

J0166575

国剧津梁 稚青著

上海 匡社票房［1947年］83页 有图 19cm（32开）

本书内容包括：京戏角色之分类、嗓音、皮黄浅说、声韵、念白5章，介绍有关京剧的知识，并有《搜孤救孤》等剧剧情介绍。

J0166576

平剧手册 平剧出版社编著；苏少卿主编

上海 平剧出版社 1949年 60页 17cm（40开）

本书内容包括：角色的分类表、术语辑要、十三道辙四声尖团字汇、行头砌末例释等8部分。

J0166577

歌舞春秋 张缪子著

上海 广益书局 1951年 139页 19cm（32开）

定价：旧币8,000元

J0166578

京剧发展略史 张缪子撰

上海 大公报 1951年 62页 18cm（15开）

定价：旧币2,500元

J0166579

京戏近百年琐记 周明泰撰

周明泰自刊 1951年 2版 增订本 20cm（32开）

作者周明泰（1896—1994），又名周志辅，别号几礼居主人，安徽东至县人。曾任北洋政府总统府秘书、内务部参事。酷爱戏曲，专门从事中国戏曲史研究。著有《几礼居戏曲丛书》《几礼居随笔》《读曲类稿》《枕流答问》等。

J0166580

京戏近百年琐记 周明泰著

周肇良 1976年 3版 增订本 26cm（16开）

J0166581

京戏业发展史略 张缪子著

上海 上海大公报 1951年 62页 21cm（32开）

定价：旧币2,500元

J0166582

谈京戏的表演艺术 阿甲撰

上海 中华书局 1951年 88页 18cm（32开）

统一书号：15409 定价：旧币4,200元

（新中国文艺丛书）

作者阿甲（1907—1994），戏剧编剧兼戏曲理论家、表演和导演艺术家。无锡宜兴人，祖籍武进。原名符律衡，曾用名符正。历任中国京剧院总导演、副院长兼艺术室主任、名誉院长，中国戏剧家协会副主席等。代表作品有现代京剧《红灯记》等。

J0166583

梅兰芳的舞台艺术 （上集 断桥、宇宙锋）许姬传，朱家溍著

北京 通俗文艺出版社 1956年 60页 18cm（15开）

定价：CNY0.34

作者许姬传（1900—1990），梅派艺术研究家、戏曲评论家。字闻武，号思潜，生于江苏苏州，祖籍浙江海宁县。代表作品《忆艺术大师梅兰芳》《许姬传艺坛漫录》等。作者朱家溍（1914—2003）戏曲研究家。字季黄，浙江萧山人。曾任故宫博物院研究员、国家文物鉴定委员、朱熹纪念馆名誉馆长。自幼从溥侗（红豆馆主）、曹心泉、何金海等习昆曲，整理出版《梅兰芳的舞台艺术》。整理排演昆曲传统剧目《麒麟阁·激秦三挡》《牧羊记·告雁》《连环记·小宴》等。戏曲研究专著主要有：《清代内廷演戏情况杂谈》《清代的戏曲服饰史料》《清代宫中乱弹演出史料》等。

J0166584

梅兰芳的舞台艺术 （下集 洛神，贵妃醉酒，霸王别姬）许姬传，朱家溍著

北京 通俗文艺出版社 1957年 126页 18cm（15开）统一书号：T10023.110

定价：CNY0.50

J0166585
梅兰芳的舞台艺术 许姬传，朱家溍著
北京 中国戏剧出版社 1960年 186页 有照片
19cm（32开）统一书号：10069.505
定价：CNY0.67

本书着重介绍梅兰芳精湛的表演艺术。介绍梅兰芳所演的《断桥》《宇宙锋》《洛神》《贵妃醉酒》《霸王别姬》5出戏。主要记录剧词、表演方法以及有关剧目的历史沿革，以及身段谱方式等。

J0166586
梅兰芳舞台艺术 许姬传，朱家溍编述
北京 中国戏剧出版社 1961年 2版 139页
有照片 19cm（32开）统一书号：10069.505
定价：CNY0.76

J0166587
梅兰芳舞台艺术 上海人民美术出版社编辑
上海 上海人民美术出版社 1964年 20幅（函）
有彩照 29cm（16开）活页精装
统一书号：T8081.9129 定价：CNY8.00

J0166588
京剧剧目初探 陶君起编著
上海 上海文化出版社 1957年 346+30页
20cm（32开）统一书号：10077.695
定价：CNY1.30

本书初版收编京剧传统剧目提要1200余个，增订重版时将它列为甲编，增补自1949年前后至1961年上半年为止的新编京剧剧目提要95个，列为乙编。

J0166589
戏剧脚色名词考 齐如山著
1957年 33页 27cm（16开）线装
（齐如山剧学丛书 3）

作者齐如山（1875—1962），戏曲理论家、作家。河北高阳人。名宗康（一说：宗廉），字如山。早年留学欧洲，曾任京师大学堂、北平女子文理学院教授，并致力于戏曲研究。曾与梅兰芳共同从事戏曲艺术的改进工作。编写剧本著名者有时装戏《一缕麻》，古装戏《黛玉葬花》《嫦娥奔月》等。出版有《齐如山全集》。

J0166590
粉墨春秋 盖叫天口述；何慢，龚义江记录整理
北京 中国戏剧出版社 1958年 156页
20cm（32开）统一书号：10069.151
定价：CNY0.80

作者盖叫天（1888—1971），京剧表演艺术家，盖派武生创始人。原名张英杰，号燕南，河北高阳县人。代表著作有《粉墨春秋》《盖叫天表演艺术》《燕南寄庐杂谈》等。代表剧目有《武松》《十字坡》《三岔口》《一箭仇》等。

J0166591
粉墨春秋 盖叫天口述；何慢，龚义江记录整理；《戏剧报》编辑部编
北京 中国戏剧出版社 1959年 156页
20cm（32开）统一书号：10069.151
定价：CNY0.38

J0166592
粉墨春秋 （1 盖叫天舞台艺术经验）何慢，龚义江记录，整理；“戏剧报”编辑部编
北京 中国戏剧出版社 1961年 156页
19cm（大32开）精装 定价：CNY2.00

J0166593
粉墨春秋 （盖叫天舞台艺术经验）盖叫天口述；何慢，龚义江整理
北京 中国戏剧出版社 1980年 2版 379页
有照片 19cm（32开）统一书号：8069.13
定价：CNY1.40

本书4部分，包括：1、艺术生活；2、教论；3、《武松》的表演经验；4、表演艺术纵横谈。

J0166594
京剧常识 杨貌著
上海 上海文艺出版社 1958年 109页
19cm（32开）统一书号：10078.0152
定价：CNY0.32

J0166595
京剧前辈艺人回忆录 苏雪安著
上海 上海文化出版社 1958年 220页 有乐谱
19cm（小32开）统一书号：10077.769
定价：CNY0.60

J0166596
京剧艺术讲座 （第一集）北京市戏曲编导委员会编
北京 宝文堂书店 1958 年 12 页 19cm（32 开）
统一书号：10070.162 定价：CNY0.07

J0166597
京剧艺术讲座 （第二集）北京市戏曲编导委员会编
北京 宝文堂书店 1958 年 12 页 19cm（32 开）
统一书号：10070.163 定价：CNY0.07

J0166598
京剧艺术讲座 （第三集）北京市戏曲编导委员会编
北京 宝文堂书店 1959 年 19 页 19cm（32 开）
统一书号：10070.320 定价：CNY0.08

J0166599
空城计 袁子敬编著
上海 上海人民美术出版社 1958 年 94 页
15cm（40 开）统一书号：T8081.3662
定价：CNY0.38

J0166600
徐兰沅操琴生活 徐兰沅口述；唐吉整理；北京市戏曲编导委员会编
北京 中国戏剧出版社 1958 年 127 页 有图及曲谱 19cm（小 32 开）统一书号：10069.123
定价：CNY0.46

J0166601
徐兰沅操琴生活 （第 2 集）徐兰沅口述；北京市戏曲编导委员会编；唐吉记录整理
北京 中国戏剧出版社 1960 年 157 页
定价：CNY0.80

J0166602
徐兰沅操琴生活 （第 1 集）徐兰沅口述；唐吉记录整理；北京市戏曲编导委员会编
［北京］中国戏剧出版社 1962 年 2 版
15cm（64 开）定价：CNY0.50

J0166603
徐兰沅操琴生活 （第 2 集）徐兰沅口述；唐吉记录整理；北京市戏曲编导委员会编
［北京］中国戏剧出版社 1962 年 2 版
15cm（64 开）定价：CNY0.73

J0166604
徐兰沅操琴生活 （第 1 集）北京市戏曲编导委员会编；徐兰沅口述；唐吉记录整理
北京 中国戏剧出版社 1980 年 2 版 重印本
108 页 有照片 19cm（32 开）统一书号：8069.47
定价：CNY0.54

J0166605
徐兰沅操琴生活 （第 3 集）徐兰沅口述；唐吉记录整理；北京市戏曲编导委员会编
北京 中国戏剧出版社 1980 年 2 版 21cm（32 开）
定价：CNY0.74

J0166606
徐兰沅操琴生活 徐兰沅口述；唐吉记录整理；北京市戏曲编导委员会编
北京 中国戏剧出版社 1998 年 新 1 版 155 页
有照片 20cm（32 开）ISBN：7-104-00903-5
定价：CNY19.80

J0166607
程砚秋的舞台艺术 田汉等著
北京 中国戏剧出版社 1959 年 142 页 有照片
19cm（32 开）统一书号：10069.444
定价：CNY0.43

J0166608
程砚秋文集 程砚秋著；中国戏曲研究院编辑
北京 中国戏剧出版社 1959 年 248 页 有照片
21cm（32 开）统一书号：10069.186
定价：CNY0.98

作者程砚秋（1904—1958），满族，京剧表演艺术家。原名承麟，初名程菊侬，后改艳秋，字玉霜，更名砚秋，改字御霜。著名京剧旦角，四大名旦之一，程派艺术的创始人。代表作品有《程砚秋文集》《锁麟囊》《荒山泪》等。

J0166609
程砚秋文集 程砚秋著；中国戏曲研究院编
北京 中国戏剧出版社 1981 年 248 页 有照片
21cm（32 开）统一书号：8069.144

定价：CNY1.15

本书收录京剧表演艺术家程砚秋撰述的包括自传《我所走过的道路》在内的20余篇文章，总结了戏曲表演艺术经验及有关论文。

J0166610

程砚秋舞台艺术　田汉等著

北京 中国戏剧出版社 1962年 142页 21cm(32开)统一书号：10069.444

定价：CNY0.47，CNY1.20（精装）

本书对程派的表演、唱腔和演出剧目的独特风格进行了评价，收录田汉、梅兰芳、俞振飞、荀慧生、马少波的探讨文章。

J0166611

京剧表演艺术杂谈　钱宝森口述；潘侠风整理

北京 北京出版社 1959年 87页 有照片 21cm(32开)统一书号：10071.451

定价：CNY0.60

本书是京剧老艺人钱宝森口述表演艺术的专著。记述其父、已故名演员钱金福的表演艺术口诀，并以讲故事方式介绍他学艺的经过，总结表演艺术的基本规律和舞蹈动作的准则。《身段谱口诀》叙述口诀的产生和有关基本功、修养、云手、起霸等内容。"我的学艺经过"和"表演杂谈"两部分内容是钱宝森50年来艺术生活经验的总结和对京剧表演艺术的见解。附照片120多幅。

J0166612

京剧表演艺术杂谈　钱宝森口述；潘侠风整理；北京市戏曲研究所编辑

北京 北京出版社 1964年 2版 增订本 106页 有图 21cm(32开)统一书号：10071.451

定价：CNY0.70

作者钱宝森(1893—1963)，京剧武净演员。北京人。12岁开始练功，后随父钱金福学艺，终得乃父真传。任青年京剧团顾问，兼北京戏研所工作。曾为总政京剧团、中国戏校实验京剧团、青年京剧团说戏、把场。代表剧目有《火判》《嫁妹》《山门》《芦花荡》《铁笼山》《御果园》《战宛城》等。出版有《京剧表演艺术杂谈》。

J0166613

京剧常识讲话　孙荣柏著

北京 中国戏剧出版社 1959年 68页 19cm(32开)统一书号：10069.182 定价：CNY0.20

J0166614

京剧的角色分行及其艺术特点　陶君起著

北京 中国戏剧出版社 1959年 48页 19cm(32开)统一书号：10069.455 定价：CNY0.17

(戏曲基本知识小丛书)

J0166615

梅兰芳戏剧散论　梅兰芳著

北京 中国戏剧出版社 1959年 252页 有照片 21cm(32开)统一书号：10069.230

定价：CNY0.86

作者梅兰芳(1894—1961)，中国京剧表演艺术大师。生于北京，祖籍江苏泰州。名澜，字畹华。擅演青衣、花旦、刀马旦各种角色的剧本，世称"梅派"，为"四大名旦"之一。历任中国京剧院院长、中国戏曲研究院院长、中国戏剧家协会副主席等职。代表剧目有《宇宙锋》《贵妃醉酒》《双奇会》《霸王别姬》等，出版有《梅兰芳文集》《舞台生活四十年》《梅兰芳演出剧本选集》等。

J0166616

谈京剧《红色风暴》和《智取威虎山》　上海文艺出版社编

上海 上海文艺出版社 1959年 49页 19cm(32开)统一书号：10078.0526 定价：CNY0.17

J0166617

谈如何学艺　程砚秋著

北京 北京宝文堂书店 1959年 17页 19cm(32开)统一书号：10070.371 定价：CNY0.08

J0166618

戏曲表演的四功五法　程砚秋著

北京 宝文堂书店 1959年 30页 19cm(32开)统一书号：10070.283 定价：CNY0.11

J0166619

言菊朋的舞台艺术　言少朋等著

北京 中国戏剧出版社 1959年 53页 有照片 19cm(32开)统一书号：10069.414

定价：CNY0.23

本书收录介绍言菊朋的艺术生活和言派艺术特点的论述文章。并收言菊朋的子女言少朋以及马少波、景孤血、李慕良、李家载等人的回忆与评论。

J0166620
怎样学会了演京戏 欧阳予倩著
北京 宝文堂书店 1959年 42页 19cm(32开)
统一书号:10070.316 定价:CNY0.14

J0166621
捉放曹的人物创造 (郝寿臣表演艺术之一)
郝寿臣述;吴晓铃记
北京 中国戏剧出版社 1959年 51页 有照片
19cm(32开)统一书号:10069.402
定价:CNY0.23

作者郝寿臣(1886—1961),京剧表演艺术家、教育家。名瑞,乳名万通,艺名小奎禄。开创了"架子花脸铜锤唱"的郝派艺术,代表作品有《黄金台》《荆轲传》《桃花村》《飞虎梦》《打曹豹》《红逼宫》等。

J0166622
京剧的行当 景孤血著
北京 宝文堂书店 1960年 82页 19cm(32开)
统一书号:10070.543 定价:CNY0.25

J0166623
京剧化妆常识 黎新,朋弟著
北京 中国戏剧出版社 1960年 52页
19cm(32开)统一书号:10069.467
定价:CNY0.62
(戏曲基本知识小丛书)

J0166624
京剧杂谈 徐慕云著
北京 宝文堂书店 1960年 51页 有表
19cm(32开)统一书号:10070.549
定价:CNY0.17

本书2部分,内容包括:对京剧各行当的流派做了介绍,对老生的流派,着重地谈到谭派、孙派、汪派的表演风格;京剧舞台艺术杂谈。

J0166625
谈麒派艺术 中国戏剧出版社编
北京 中国戏剧出版社 1960年 127页 有照片
19cm(32开)统一书号:10069.504
定价:CNY0.41

本书是京剧表演艺术专著,主要介绍由周信芳创始的麒派艺术,以及他的中国传统艺术审美理念和京剧本身的传统法则的运用。

J0166626
谈麒派艺术 中国戏剧出版社编
北京 中国戏剧出版社 1961年 127页 有照片
21cm(32开)统一书号:10069.504
定价:CNY0.47

J0166627
谈麒派艺术 田汉等作
北京 中国戏剧出版社 1961年[127]页 有
20cm(32开)精装 统一书号:10069.504
定价:CNY1.20

作者田汉(1898—1968),剧作家、戏曲作家、电影编剧、小说家、词作家。本名田寿昌,笔名:田汉、陈瑜、伯鸿等。湖南长沙人。创作歌词的歌曲《万里长城》的第一段,成为中华人民共和国国歌《义勇军进行曲》的歌词。代表作《义勇军进行曲》《名优之死》《关汉卿》等。

J0166628
荀慧生的舞台艺术 荀慧生著
北京 中国戏剧出版社 1960年 96页
19cm(32开)统一书号:10069.461
定价:CNY0.34

作者荀慧生(1900—1968),著名京剧表演艺术家、京剧旦角。原名秉超,号留香,曾用艺名白牡丹。荀派艺术的创始人。祖籍河北阜城(现河北东光县)。代表剧目有《红娘》《红楼二尤》《玉堂春》《棋盘山》等,出版有《荀慧生演剧散论》《荀慧生演出剧本选集》《荀慧生舞台艺术》等。

J0166629
周信芳戏剧散论 周信芳著
北京 中国戏剧出版社 1960年 151页 有照片
20cm(32开)统一书号:10069.472
定价:CNY0.57

作者周信芳(1895—1975),京剧表演艺术家,"麒派"艺术创始人。名士楚,字信芳,艺名麒麟童，浙江慈溪市人。历任中国戏曲研究院副院长，上海京剧院院长，中国戏剧家协会上海分会主席等职位。代表剧目有《徐策跑城》《乌龙院》《萧何月下追韩信》《香妃》《董小宛》等。

J0166630
刘鸿声的声腔艺术　徐兰沅讲述；唐吉记录整理
北京 音乐出版社 1961年 43页 有乐谱
19cm（32开）统一书号：8026.1486
定价：CNY0.23

作者刘鸿声（1879—1921），京剧演员。一作鸿升，又作鸿生，字子余，号泽宝。北京顺义县人。早期京剧老生名家，其艺术世称刘派。代表剧目有《三斩一探》《辕门斩子》《四郎探母》《上天台》《空城计》《斩马谡》等。

J0166631
麒派浅谈　（资料集）陶雄著
兰州 甘肃省艺术研究会 1961年 16页
26cm（16开）

J0166632
学戏和演戏　侯喜瑞口述；张胤德整理；北京市戏曲编导委员会编辑
北京 北京出版社 1961年 109页 有图
21cm（32开）统一书号：10071.544
定价：CNY0.69

J0166633
周信芳舞台艺术　周信芳口述；卫明，吕仲记录
北京 中国戏剧出版社 1961年 303页
21cm（32开）统一书号：10069.581
定价：CNY1.45，CNY2.70（精装）

本书收录周信芳（麒麟童）谈京剧《四进士》《清风亭》《乌龙院》《萧何月下追韩信》《徐策跑城》《打渔杀家》《义责王魁》等剧情内容、角色塑造和艺术表演，以及麒派剧目、表演艺术、唱腔、念白、锣鼓和服装、造型的文章13篇。

J0166634
贵妃醉酒　梅兰芳主演
上海 上海人民美术出版社 1962年 新1版
150页 有图 15cm（40开）统一书号：T8081.5164
定价：CNY0.48

梅兰芳（1894—1961），中国京剧表演艺术大师。生于北京，祖籍江苏泰州。名澜，字畹华。擅演青衣、花旦、刀马旦各种角色的剧本，世称“梅派”，为“四大名旦”之一。历任中国京剧院院长、中国戏曲研究院院长、中国戏剧家协会副主席等职。代表剧目有《宇宙锋》《贵妃醉酒》《双奇会》《霸王别姬》等，出版有《梅兰芳文集》《舞台生活四十年》《梅兰芳演出剧本选集》等。

J0166635
国剧艺术汇考　齐如山著
台北 重光文艺出版社 1962年 15+586页
21cm（32开）定价：TWD60.00

本书分12章，内容包括：来源及变迁、上下场、动作、歌唱、行头、脸谱、胡须、切末、脚色名词、音乐、戏台等。书前有：“陈纪滢序”、“张其昀序”、“张道藩序”、“张群序”；书后附：齐如山的《皮簧念字法》、台静农的《读〈国剧艺术汇考〉的感想》、梁实秋的《悼齐如山先生》、张翼彤的“跋”。作者齐如山（1875—1962），戏曲理论家、作家。河北高阳人。名宗康（一说：宗廉），字如山。早年留学欧洲，曾任京师大学堂、北平女子文理学院教授，并致力于戏曲研究。曾与梅兰芳共同从事戏曲艺术的改进工作。编写剧本著名者有时装戏《一缕麻》，古装戏《黛玉葬花》《嫦娥奔月》等。出版有《齐如山全集》。

J0166636
郝寿臣脸谱集　北京市戏曲学校主编；吴晓铃纂辑
北京 中国戏剧出版社 1962年 144页
32cm（10开）统一书号：1619 定价：CNY80.00（布面精装），CNY70.00（纸面精装）

本书两部分：“脸谱部分”，水白脸、三块窝脸、花三块窝脸、老三块窝脸、六分脸、十字老脸、喜鹊眼脸、蝴蝶脸、花碎皱脸、歪脸、太监脸、和尚脸、无双脸等脸谱图数十幅；“文字部分”，有面部地位图、勾脸程序、脸谱说明及谱法。

J0166637
郝寿臣脸谱集　郝寿臣著；北京市戏曲学校主编；吴晓铃纂辑
北京 中国戏剧出版社 1996年 2版 59+116页
29cm（16开）精装 ISBN：7-104-00817-9
定价：CNY200.00

作者郝寿臣（1886—1961），京剧表演艺术家、教育家。名瑞，乳名万通，艺名小奎禄。开创了“架子花脸铜锤唱”的郝派艺术，代表作品有《黄金台》《荆轲传》《桃花村》《飞虎梦》《打曹豹》《红逼宫》等。

J0166638
近百年的京剧 周志辅著
九龙 周志辅自刊 1962年 130页 19cm（32开）
（几礼居戏曲丛书 5）

作者周志辅（1896—1994），本名周明泰，别号几礼居主人，安徽东至县人。曾任北洋政府总统府秘书、内务部参事。酷爱戏曲，专门从事中国戏曲史研究。著有《几礼居戏曲丛书》《几礼居随笔》《读曲类稿》《枕流答问》等。

J0166639
京剧花旦表演艺术 小翠花口述；柳以真整理；北京市戏曲编导委员会编辑
北京 北京出版社 1962年 158页 有图
21cm（32开）统一书号：10071.596
定价：CNY0.87

本书作者继承了清末民初几位著名花旦演员的表演艺术，吸收了梆子花旦的表演技艺，创造革新，形成自己的表演流派。本书记录了他的艺术经验，特别是在京剧传统剧目《乌龙院》和《活捉》两出戏的表演中，在人物形象的刻画上很有特色。书前有两剧的各场情节、身段神态、表情和服饰照片116幅。作者小翠花（1900—1967），京剧花旦演员。原名于连泉，艺名小翠花、筱翠花，字绍卿。代表作品有《打樱桃》《荷花配》《梅龙镇》《红梅阁》等。

J0166640
京剧流派欣赏 秋文著
上海 上海文艺出版社 1962年 156页
19cm（32开）统一书号：8078.1994
定价：CNY0.44

J0166641
京剧史话 陶君起编写
北京 中华书局 1962年 44页 有图
19cm（小32开）统一书号：10018.310
定价：CNY0.14
（中国历史小丛书）

本书收录《什么叫“戏”》《京剧的诞生》《京剧独立登场了》《在战斗中成长》《更进一步的发展》《京剧的衰落》《重获新生》等。

J0166642
京剧史话 陶君起著
北京 中华书局 1982年 重印本 41页 有照片
19cm（32开）统一书号：11018.310
定价：CNY0.14

J0166643
五十年来的国剧 齐如山著
台北 正中书局 1962年 台初版 176页 有照片
21cm（32开）定价：TWD1.10
（现代中国文艺史丛书）

J0166644
形体训练“基本功”教材 （京剧表演专业）中国戏曲学校编
北京 中国戏剧出版社 1962年［86］页 有图
21cm（32开）统一书号：10069.627
定价：CNY0.58

J0166645
荀慧生舞台艺术 荀慧生著
北京 中国戏剧出版社 1962年 96页
21cm（32开）统一书号：10069.465
定价：CNY0.40，CNY1.05（精装）

本书收录《我演金玉奴》《谈〈红楼二尤〉的唱做》《整理〈卓文君〉的一点体会》《我演〈荀灌娘〉》《红娘、金玉奴和荀灌娘》等谈表演经验的文章以及其他谈表演艺术、编剧、流派、培养青年演员的文章共14篇。

J0166646
言菊朋舞台艺术
北京 中国戏剧出版社 1962年 53页
20cm（32开）统一书号：10069.414
定价：CNY0.24，CNY0.85（精装）

言菊朋（1890—1942），晚清至民国时期京剧老生名角，大学士松筠玄孙。原名锡，本姓玛拉特氏。北京人，蒙古族。曾在清廷蒙藏院任职。因酷爱京剧，业余参加清音雅集、春阳友会等票房。演老生。早年经常观摩谭鑫培演出，并从陈彦衡学“谭派”戏，又向红豆馆主、钱金福、王长林等请益，唱、做、念、打均有基础。1923年，在梅兰芳、陈彦衡等鼓励下，正式参加戏班。以演《汾河湾》、《战太平》、《定军山》、《桑园寄子》、《法场换子》等著名。

J0166647
京剧剧目初探 陶君起编著
北京 中国戏剧出版社 1963年 增订本 558页
21cm(32开) 统一书号：10069.642
定价：CNY1.75

J0166648
京剧剧目初探 陶君起编著
北京 中国戏剧出版社 1963年 536页
21cm(32开) 统一书号：8069.63 定价：CNY2.10

J0166649
刘奎官京剧脸谱集 中国戏剧协会云南分会，云南人民出版社编；廖丽涌绘图；张宝彝说明
昆明 云南人民出版社 1963年 104页
27cm(16开) 精装 统一书号：8116.453
定价：CNY28.00

本书收集刘奎官60年舞台生涯所扮演的一些人物的脸谱188幅。分3部分：角色脸谱；净角脸谱；神怪和象形类脸谱。刘奎官(1894—1965)，京剧表演艺术家。艺名小奎官。历任昆明劳动人民京剧团团长，云南省京剧团团长、云南省京剧院院长、中国剧协理事、中国戏剧家协会云南分会副主席。代表作品《古城会》《通天犀》《状元印》等。

J0166650
谈悟空戏表演艺术 郑法祥口述；刘梦德记录整理
上海 上海文艺出版社 1963年 152页
21cm(32开) 统一书号：10078.2211
定价：CNY0.84

本书分7章。前3章描述作者学艺经历和演配角的亲身体验，以及作者父亲郑长泰(赛活猴)的忆述。第4-5章谈创造悟空形象的表演技法，归纳为"四法三功一扮"(身、手、步、棒法，唱念、筋 斗)等。

J0166651
荀慧生演剧散论 荀慧生著
上海 文艺出版社 1963年 228页 有图
21cm(32开) 统一书号：10078.2207
定价：CNY0.88

作者荀慧生(1900—1968)，著名京剧表演艺术家、京剧旦角。原名秉超，号留香，曾用艺名白牡丹。荀派艺术的创始人。祖籍河北阜城(现河北东光县)。代表剧目有《红娘》《红楼二尤》《玉堂春》《棋盘山》等，出版有《荀慧生演剧散论》《荀慧生演出剧本选集》《荀慧生舞台艺术》等。

J0166652
荀慧生演剧散论 荀慧生著
上海 上海文艺出版社 1980年 2版
380页+[14]页图版 21cm(32开)
统一书号：8078.3212 定价：CNY1.25

J0166653
京剧现代戏观摩演出大会节目单 (合订本)
文化部编
北京 文化部 1964年 26cm(16开)

J0166654
张家口市京剧团演出八一风暴评论集 张家口市文化局，张家口市文联编
张家口 1964年 134页 21cm(32开)

J0166655
京剧《红灯记》评论集 中国戏剧家协会编
北京 中国戏剧出版社 1965年 325页
19cm(32开) 统一书号：10069.865
定价：CNY0.90

J0166656
京剧新戏考 中国唱片社，上海人民广播电台编
上海 上海文化出版社 1965年 13cm(64开)
定价：CNY0.24

J0166657
革命现代京剧《智取威虎山》 (编号9420)
1969年 17幅 23×31cm 定价：CNY17.00

J0166658
无产阶级的艺术明珠 (赞革命样板戏) 天津师范学院中文系编

天津［天津师范学院］1969年 460页+［4］叶图版 19cm(32开)

J0166659
高大完美的形象 辉煌壮丽的颂歌 (赞革命现代样板戏的艺术成就)广西壮族自治区"革命委员会"政治工作组编
南宁 广西人民出版社 1970年 19cm(32开)
定价:CNY0.30

J0166660
革命的红灯 (赞革命现代京剧《红灯记》)浙江人民出版社编辑
杭州 浙江人民出版社 1970年［1页］19cm(32开)定价:CNY0.33

J0166661
革命枪杆绘新图 (赞革命现代京剧《沙家浜》)浙江人民出版社编辑
杭州 浙江人民出版社 1970年［1张］19cm(32开)定价:CNY0.18

J0166662
革命现代京剧《红灯记》评介文章选编
成都 四川人民出版社 1970年 19cm(32开)
定价:CNY0.17

J0166663
革命现代京剧《红灯记》主要唱段学习札记
成都 四川人民出版社 1970年 13cm(60开)
定价:CNY0.18

J0166664
革命现代京剧《红灯记》主要唱段学习札记 天津人民出版社编辑
天津 天津人民出版社 1970年 19cm(32开)
定价:CNY0.20

J0166665
革命现代京剧《智取威虎山》评介文章选编
成都 四川人民出版社 1970年 19cm(32开)
定价:CNY0.14

J0166666
革命现代京剧《智取威虎山》主要唱段学习体会
武汉 湖北人民出版社 1970年 78页 18cm(15开)
统一书号:10106.611 定价:CNY0.17

J0166667
革命现代京剧《智取威虎山》主要唱段学习札记
南昌 江西省新华书店 1970年 13cm(60开)
定价:CNY0.08

J0166668
革命现代京剧《智取威虎山》主要唱段学习札记
成都 四川人民出版社 1970年 13cm(60开)
定价:CNY0.18

J0166669
革命现代京剧《智取威虎山》主要唱段学习札记 天津人民出版社编辑
天津 天津人民出版社 1970年 88页 19cm(32开)
统一书号:10072.300 定价:CNY0.20

J0166670
革命现代京剧红灯记 (画册)新华社供稿
南京 江苏省"革命委员会" 1970年 28页 15cm(40开)统一书号:8100.1407
定价:CNY0.08

J0166671
革命样板戏《智取威虎山》《红灯记》唱段学习札记
贵阳 贵州人民出版社 1970年 98页 19cm(32开)
统一书号:10115.314 定价:CNY0.18

J0166672
火红的战旗 (赞革命现代京剧《智取威虎山》)浙江人民出版社编辑
杭州 浙江人民出版社 1970年 19cm(32开)
定价:CNY0.34

J0166673
人民战争的伟大史诗 (革命现代京剧《智取威虎山》评论集)江苏省"革命委员会"出版发行局编辑
南京 江苏省"革命委员会"出版发行局 1970年

19cm（32 开）定价：CNY0.30

J0166674
人民战争的绚丽画卷（赞革命现代京剧《沙家浜》）
沈阳 辽宁省新华书店 1970 年 55 页 19cm（32 开）
定价：CNY0.11

J0166675
无产阶级文艺创作的光辉样板（赞革命现代京剧《智取威虎山》）
沈阳 辽宁省新华书店 1970 年 19cm（32 开）
定价：CNY0.19

J0166676
无产阶级文艺革命的红灯（赞革命现代京剧《红灯记》）
长春 吉林人民出版社 1970 年 19cm（32 开）
定价：CNY0.13

J0166677
无产阶级文艺革命的红灯（革命现代京剧《红灯记》评论集）江苏省"革命委员会"出版发行局编辑
南京 江苏省"革命委员会"出版发行局 1970 年 19cm（32 开）定价：CNY0.18

J0166678
武装斗争的壮丽颂歌（革命现代京剧《沙家浜》评论集）江苏省"革命委员会"出版发行局编辑
南京 江苏省"革命委员会"出版发行局 1970 年 19cm（32 开）定价：CNY0.15

J0166679
学习革命样板戏　保卫革命样板戏
（学习革命样板戏《智取威虎山》材料选编）
合肥 安徽人民出版社 1970 年 19cm（32 开）
定价：CNY0.25

J0166680
学习革命样板戏　保卫革命样板戏
（毛主席的革命文艺路线胜利万岁）
贵阳 贵州人民出版社 1970 年 19cm（32 开）
定价：CNY0.31

J0166681
源于生活　高于生活（赞革命现代京剧《智取威虎山》）浙江人民出版社编辑
杭州 浙江人民出版社 1970 年 19cm（32 开）
定价：CNY0.18

J0166682
赞《红灯记》（一九七〇年五月演出本）
广州 广东人民出版社 1970 年 19cm（32 开）
定价：CNY0.38
（革命样板戏评论选集 之二）

J0166683
赞《沙家浜》（一九七〇年五月演出本）
广州 广东人民出版社 1970 年 19cm（32 开）
定价：CNY0.21
（革命样板戏评论选集 之三）

J0166684
赞革命现代京剧《智取威虎山》 天津人民出版社编辑
天津 天津人民出版社 1970 年 19cm（32 开）
定价：CNY0.45

J0166685
赞革命现代京剧样板戏《红灯记》（评论集）
郑州 河南人民出版社 1970 年 19cm（32 开）
定价：CNY0.30

J0166686
赞革命现代京剧样板戏《沙家浜》（评论集）
郑州 河南人民出版社 1970 年 19cm（32 开）
定价：CNY0.19

J0166687
赞革命现代京剧样板戏《智取威虎山》（评论集）
郑州 河南人民出版社 1970 年 19cm（32 开）
定价：CNY0.23

J0166688
中国无产阶级的光辉典型（赞革命现代京剧《智取威虎山》）

沈阳 辽宁省新华书店 1970年 19cm(32开)
定价:CNY0.14

J0166689
《红灯记》唱段学习札记
长沙 湖南人民出版社 1971年 93页 13cm(60开)
统一书号:10109.925 定价:CNY0.11

J0166690
《智取威虎山》唱段学习札记
长沙 湖南人民出版社 1971年 78页 13cm(60开)
统一书号:10109.924 定价:CNY0.10

J0166691
革命现代京剧《红灯记》主要唱段学习札记
石家庄 河北人民出版社 1971年 52页
19cm(32开)

J0166692
革命现代京剧《红灯记》主要唱段学习札记
石家庄 河北人民出版社 1971年 重印本 52页
19cm(32开)统一书号:10086.267
定价:CNY0.11

J0166693
革命现代京剧《红灯记》主要唱段学习札记 《普及革命样板戏小丛书》选编组编
上海 上海人民出版社 1971年 13cm(60开)
定价:CNY0.10
(普及革命样板戏小丛书)

J0166694
革命现代京剧《红灯记》主要唱段学习札记 (1970年5月演出本)云南人民出版社编辑
昆明 云南人民出版社 1971年 173页
13cm(60开)统一书号:8116.543 定价:CNY0.20

J0166695
革命现代京剧《智取威虎山》主要唱段教唱辅导 《普及革命样板戏小丛书》编选组[编]
上海 上海人民出版社 1971年 45页 13cm(60开)
定价:CNY0.07
(普及革命样板戏小丛书)

J0166696
革命现代京剧《智取威虎山》主要唱段学习札记
石家庄 河北人民出版社 1971年 48页
19cm(32开)统一书号:10086.266
定价:CNY0.11

J0166697
革命现代京剧《智取威虎山》主要唱段学习札记 《普及革命样板戏小丛书》编选组[编]
上海 上海人民出版社 1971年 75页 13cm(60开)
定价:CNY0.10
(普及革命样板戏小丛书)

J0166698
革命现代京剧《智取威虎山》主要唱段学习札记
[昆明]云南人民出版社 1971年 13cm(60开)
定价:CNY0.24

J0166699
革命现代京剧常识 天津师范学院中文系《革命现代京剧常识》编写组编
天津 天津人民出版社 1971年 104页
19cm(32开)定价:CNY0.20

J0166700
革命现代京剧常识 天津师范学院中文系《革命现代京剧常识》编写组编
天津 天津人民出版社 1971年 19cm(小32开)
定价:CNY0.11

J0166701
戏画戏话 张大夏著
台北 重光文艺出版社 1971年 再版 240页
有插图 17cm(32开)定价:TWD30.00

J0166702
赞革命现代京剧《沙家浜》 天津人民出版社编
天津 天津人民出版社 1971年 169页
19cm(小32开)统一书号:10072.338
定价:CNY0.30

J0166703
国剧角色和人物 刘嗣著

台北 黎明文化事业股份有限公司 1972年
436页 有照片 19cm(32开) 定价: TWD60.00
(黎明文丛)

J0166704
龙江颂 (编号: 总稿2407 沪发0064) 新华社稿
[上海] 1972年 20幅 22×31cm 定价: CNY10.00

J0166705
龙江颂 (革命现代京剧) 上海京剧团《龙江颂》剧组集体创作
上海 上海人民出版社 1974年 403页
21cm(32开) 精装 统一书号: 10171.149
定价: CNY3.00

J0166706
奇袭白虎团 (编号: 总稿2429 沪发0084) 新华社稿
[上海] 1972年 20幅 22×31cm 定价: CNY10.00

J0166707
"龙江风格"万古常青 (赞革命现代京剧《龙江颂》) 上海人民出版社编辑
上海 上海人民出版社 1973年 114页
19cm(32开) 统一书号: 8171.603 定价: CNY0.23

J0166708
"龙江风格"万古常青 (赞革命现代京剧《龙江颂》) 浙江人民出版社编辑
杭州 浙江人民出版社 1973年 134页
19cm(32开) 统一书号: 10103.6 定价: CNY0.28

J0166709
革命现代京剧常识及选场分析 (中学语文教师函授辅导资料) 广东肇庆地区师范学校中文科组编
肇庆 广东肇庆地区师范学校中文科组 1973年
114页 19cm(32开)

J0166710
奇袭白虎团 (剧照选集)
济南 山东人民出版社 1973年 有图 17×19cm
统一书号: 8099.174 定价: CNY0.60

J0166711
深入工农兵 演好革命戏 (编号0256) 新华社记者摄
[北京] 1973年 6幅 12×15cm 定价: CNY6.00

J0166712
地方戏移植革命样板戏好 (部分省、市、自治区文艺调演节目介绍 编号1020) 新华社记者摄
[北京] 1974年 14幅 11×15cm 定价: CNY14.00

J0166713
革命现代京剧《杜鹃山》主要唱段选
昆明 云南人民出版社 1974年 19cm(小32开)
定价: CNY0.18

J0166714
革命现代京剧《平原作战》(主旋律乐谱) (一九七三年七月演出本) 中国京剧团创作; 张永枚执笔
北京 人民文学出版社 1974年 21cm(32开)
定价: CNY0.30

J0166715
革命现代京剧音乐知识 上海市中小学教材编写组编
上海 上海人民出版社 1974年 137页
19cm(32开) 统一书号: K7171.523
定价: CNY0.27

J0166716
革命样板戏学习材料选编 (一) 北京大学中文系文学专业[编]
北京 北京大学 1974年 157页 18cm(15开)

J0166717
学习革命样板戏的经验 《河北文艺》编辑部辑
《河北文艺》编辑部 1974年 131页 18cm(32开)

J0166718
学习移植革命现代京剧《沙家浜》 (粤剧主旋律乐谱 广东省粤剧团演出本)
广州 广东人民出版社 1974年 21cm(32开)
定价: CNY0.22

J0166719
《海港》评论集　（革命现代京剧）人民文学出版社编辑部编
北京 人民文学出版社 1975年 144页
20cm（32开）统一书号：10019.2262
定价：CNY0.39

J0166720
安丘县京剧团农村流动舞台　李进才等编写
济南 山东人民出版社 1975年 74页 19cm（32开）
统一书号：8099.355 定价：CNY0.20

J0166721
革命现代京剧杜鹃山　（剧照）新华社供稿
上海 上海人民出版社 1975年 20页 20cm（32开）
统一书号：8171.1111 定价：CNY0.63

J0166722
革命现代京剧学唱常识介绍　肖从曙著
上海 上海人民出版社 1975年 85页 19cm（32开）
统一书号：8171.1067 定价：CNY0.20

J0166723
革命现代京剧音乐介绍　许国华著
石家庄 河北人民出版社 1975年 292页
19cm（32开）统一书号：8086.591 定价：CNY0.55

J0166724
革命样板戏论文集　（第一辑 试编本）人民文学出版社编辑部编
北京 人民文学出版社 1975年 266页
20cm（32开）定价：CNY0.65

J0166725
国剧图谱　齐如山著作；张大夏绘图
台北 幼狮文化事业公司 1977年 131页
27cm（16开）精装 定价：TWD360.00，USD9.50

作者齐如山（1875—1962），戏曲理论家、作家。河北高阳人。名宗康（一说：宗廉），字如山。早年留学欧洲，曾任京师大学堂、北平女子文理学院教授，并致力于戏曲研究。曾与梅兰芳共同从事戏曲艺术的改进工作。编写剧本著名者有时装戏《一缕麻》，古装戏《黛玉葬花》《嫦娥奔月》等。出版有《齐如山全集》。

J0166726
国剧图谱　齐如山著作；张大夏绘图
台北 幼狮文化事业公司 1987年 3版 131页
29cm（15开）精装 定价：TWD11.00，USD15.00

J0166727
红毹纪梦诗注　张伯驹著
香港 中华书局香港分局 1978年 90页
21cm（32开）

本书以七言绝句177首抒写作者一生中参与京剧活动的往事，从看戏、学戏到演戏、论戏，记剧坛掌故，剧人动态，兼及社会风貌，每首诗后都附有或详或简的注释。诗既明白晓畅，文亦清新可读。对京剧历史及民情风俗的演变有研究参考的价值。全书分3部分："余自七岁起所观昆乱演员及各地方戏演剧"、"所观票友戏"、"个人所学及所演之戏"。书前有吴祖光和欧阳中石的"序"；书后附楼宇栋的《尘劫难移爱国志——泪忆岳父张伯驹》。作者张伯驹（1898—1982），鉴赏家、书画家、诗词学家、京剧艺术研究家。原名张家骐，字家骐，号丛碧，别号游春主人、好好先生，河南项城人。历任中央文史研究馆馆员，北京戏曲研究所研究员，北京中国画研究会名誉会长等职。主要著作有《丛碧词》《春游词》《雾中词》《无名词》《续断词》等。

J0166728
红毹纪梦诗注　张伯驹著
北京 宝文堂书店 1988年 123页 有照片
19cm（32开）统一书号：8069.1108
ISBN：7-80030-053-6 定价：CNY1.30

J0166729
谈梅兰芳　齐崧著
台北 传记文学出版社 1980年 221页
19cm（32开）定价：TWD60.00
（传记文学丛书 97）

J0166730
舞台生活四十年　梅兰芳，许姬传记
北京 中国戏剧出版社 1980年 重印本 258页
有照片 21cm（32开）统一书号：8069.21
定价：CNY1.35

梅兰芳（1894—1961），京剧表演艺术大师。生于北京，祖籍江苏泰州。名澜，字畹华。擅演

青衣、花旦、刀马旦各种角色的剧本，世称“梅派”，为“四大名旦”之一。历任中国京剧院院长、中国戏曲研究院院长、中国戏剧家协会副主席等职。代表剧目有《宇宙锋》《贵妃醉酒》《双奇会》《霸王别姬》等，出版有《梅兰芳文集》《舞台生活四十年》《梅兰芳演出剧本选集》等。许姬传（1900—1990），梅派艺术研究家、戏曲评论家。字闻武，号思潜，生于江苏苏州，祖籍浙江海宁县。代表作品《忆艺术大师梅兰芳》《许姬传艺坛漫录》等。

J0166731
舞台生活四十年　（第三集）梅兰芳述；许姬传，朱家溍记
北京　中国戏剧出版社 1981 年 249 页
21cm（32 开）定价：CNY1.05

J0166732
萧长华戏曲谈丛　萧长华述；钮骠记
北京　中国戏剧出版社 1980 年 158 页
21cm（32 开）统一书号：8069.93 定价：CNY0.70

本书内容涉及戏曲教育、表演经验等方面，还有宝贵的戏曲史料和掌故轶闻。共收文章 21 篇。

J0166733
京剧行当　景孤血著
北京　中国戏剧出版社 1981 年 重印本 82 页
18cm（15 开）统一书号：8069.151 定价：CNY0.28
（戏曲知识丛书）

J0166734
京剧脸谱　江南春，江南青作
上海　上海人民美术出版社 1981 年 76cm（2 开）
定价：CNY0.16

J0166735
京剧流派　董维贤著
北京　文化艺术出版社 1981 年 311 页 有照片
21cm（32 开）统一书号：8228.016
定价：CNY1.60

本书对自京剧艺术形成以来卓有成就的 85 位演员的艺术轨迹进行分析研究。对京剧流派的形成、流派的作用、流派的局限性进行了科学的论证。

J0166736
京剧生行艺术家浅论　王庚生讲述；吴同宾，李相心整理
北京　中国戏剧出版社 1981 年 303 页 有剧照
19cm（32 开）统一书号：8069.112
定价：CNY0.95

本书专论京剧生行表演艺术。认为京剧演员，必须唱、念、做、打全面发展，更要能够结合剧情、角色灵活运用，不同行当自然形成了各自表演上的特点。

J0166737
笑谈国剧　小大姐著
台北　民生报社 1981 年 259 页 有剧照
21cm（32 开）定价：TWD100.00
（民生报丛书）

J0166738
异香原自苦寒来　（宋长荣主演的《红娘》评论汇编）江苏省淮阴行政公署文化局编辑
淮阴　江苏淮阴新印刷厂印刷 1981 年 56 页
26cm（16 开）

J0166739
关肃霜表演艺术散论　云南省戏剧创作研究室编
昆明　云南人民出版社 1982 年 164 页 有照片
21cm（32 开）统一书号：10116.916
定价：CNY1.00

本书选编关肃霜本人的心得体会文章 14 篇和冯牧等评论家关于关肃霜表演艺术研究的文章 18 篇。关肃霜（1929—1992），女，满族，京剧表演艺术家。原名关鹔鹴，湖北荆州人。京剧演员，专攻武旦。历任中国戏剧家协会副主席、云南省剧协主席、省京剧院院长。代表作品《打焦赞》《扈家庄》《战洪州》《黛诺》等。

J0166740
京剧漫话　张梦庚等著
北京　北京出版社 1982 年 192 页 有剧照
19cm（32 开）统一书号：10071.374
定价：CNY0.66

本书通过京剧发展历史的简单勾画，介绍了京剧艺术所取得的主要成就，并且介绍了京剧剧种的艺术特征和表现手法。

J0166741
京剧身段技法　于学剑编著
济南 山东人民出版社 1982年 145页
19cm(32开)统一书号:10099.1558
定价:CNY0.39
本书讲述京剧身段在训练中应遵守的技术法则,是作者学习先辈艺人的经验并结合自己的艺术实践整理而成的。

J0166742
京剧长谈　李洪春述;刘松岩整理
北京 中国戏剧出版社 1982年 459页 有照片
21cm(32开)统一书号:8069.314
定价:CNY1.85
本书不仅记述了李洪春的艺术生涯和舞台经验,而且介绍了一些早年的梨园习俗、京剧掌故等。

J0166743
刘奎官舞台艺术　刘奎官口述;赵凤池记录,黎方整理
北京 中国戏剧出版社 1982年 267页 有照片
21cm(32开)统一书号:8069.174
定价:CNY1.10
作者刘奎官(1894—1965),京剧表演艺术家。艺名小奎官。历任昆明劳动人民京剧团团长,云南省京剧团团长,云南省京剧院院长,中国剧协理事、中国戏剧家协会云南分会副主席。代表作品《古城会》《通天犀》《状元印》等。

J0166744
周信芳文集　周信芳著
北京 中国戏剧出版社 1982年 416页
19cm(32开)统一书号:8069.191
定价:CNY1.85, CNY2.75(精装)
本书收录中华人民共和国成立前后发表的文章55篇,包括对艺术道路的总结、表演艺术的经验、戏曲美学观点的阐述等。作者周信芳(1895—1975),京剧表演艺术家,"麒派"艺术创始人。名士楚,字信芳,艺名麒麟童,浙江慈溪市人。历任中国戏曲研究院副院长、上海京剧院院长、中国戏剧家协会上海分会主席等职。代表剧目有《徐策跑城》《乌龙院》《萧何月下追韩信》《香妃》《董小宛》等。

J0166745
周信芳艺术评论集　中国戏剧出版社编辑部编
北京 中国戏剧出版社 1982年 599页
19cm(32开)统一书号:8069.290
定价:CNY2.45, CNY3.35(精装)
(戏曲流派艺术研究丛书)
本书选编文章88篇,内容包括对周信芳的艺术道路、表演艺术经验、戏曲美学观点等各个方面;同时,也选入了周信芳的亲友、艺术上的合作者及麒门弟子的一部分回忆文章。

J0166746
周信芳艺术评论集
北京 中国戏剧出版社 1983年 599页
19cm(32开)定价:CNY2.45
(戏曲流派艺术研究丛书)

J0166747
周信芳艺术评论集　中国戏剧出版社编辑部编
北京 中国戏剧出版社 1991年 重印本 599页
有照片 20cm(32开)ISBN:7-104-00215-4
定价:CNY9.60
(戏曲流派艺术研究丛书)

J0166748
周信芳艺术评论集续编　周信芳艺术研究会编
北京 中国戏剧出版社 1994年 516页 有照片
20cm(32开)ISBN:7-104-00517-X
定价:CNY17.80
(戏曲流派艺术研究丛书)
本书收录文章70余篇,从不同角度回忆了周信芳的艺术生活和麒派艺术的发展、特点和美学价值等。

J0166749
二簧、西皮考源诸说　京剧史编写组辑
中国艺术研究院戏曲研究所 1983年[油印本]
65叶 27cm(16开)

J0166750
古典戏曲人物脸谱　何瑞勤,于明善编绘;继贤等摄
西安 陕西人民美术出版社 1983年 76cm(2开)
统一书号:8199.505 定价:CNY0.18

J0166751
京门剧谈　李希凡著
济南 山东人民出版社 1983年 277页
21cm(32开) 统一书号: 10099.1727
定价: CNY0.98
　　作者李希凡(1927—2018), 红学家。原名李锡范, 字畴九。生于北京通州, 祖籍浙江绍兴, 毕业于山东大学和中国人民大学。历任中国艺术研究院常务副院长、中国作家协会理事、中国红学会副会长。主要作品有《红楼梦评论集》《论中国古典小说艺术形象》等。

J0166752
秋声集　(程派艺术研究专集) 中国戏曲家协会北京分会程派艺术研究小组编
北京 北京出版社 1983年 256页 有剧照
21cm(32开) 统一书号: 10071.457
定价: CNY0.86

J0166753
我的舞台艺术　赵燕侠著
武汉 长江文艺出版社 1983年 207页 有照片
19cm(32开) 统一书号: 10107.286
定价: CNY1.06

J0166754
张君秋戏剧散论　张君秋著; 谢虹雯, 安志强整理
北京 中国戏剧出版社 1983年 241页 有照片
21cm(32开) 统一书号: 8069.365
定价: CNY1.10
　　本书收录31篇散论, 作者对自己的学艺经过、艺术经验和艺术见解都有详尽的介绍和精辟的阐述。作者张君秋(1920—1997), 京剧表演艺术家。原名滕家鸣, 字玉隐, 出生于北京, 祖籍江苏丹徒。 代表作品《玉堂春》《西厢记》《望江亭》等。

J0166755
张君秋戏剧散论　[张君秋]; 谢虹雯, 安志强整理
北京 中国戏剧出版社 1983年 241页+[8]页图版 21cm(32开) 统一书号: 8069.365
定价: CNY1.10

J0166756
盖叫天表演艺术　浙江文艺出版社编
杭州 浙江文艺出版社 1984年 574页 有剧照
21cm(32开) 统一书号: 8317.1 定价: CNY2.10
　　作者盖叫天(1888—1971), 京剧表演艺术家, 盖派武生创始人。原名张英杰, 号燕南, 河北高阳县人。代表著作有《粉墨春秋》《盖叫天表演艺术》《燕南寄庐杂谈》等。代表剧目有《武松》《十字坡》《三岔口》《一箭仇》等。

J0166757
国剧脸谱艺术　王少林绘谱; 曹国麟撰文
台北 汉光文化事业公司 1984年 158页
29cm(15开) 精装 定价: TWD350.00
(中华之美系列)

J0166758
京剧名家的演唱艺术　陈富年著
成都 四川人民出版社 1984年 232页 有照片
19cm(32开) 统一书号: 8118.1495
定价: CNY0.92

J0166759
京剧声乐研究　卢文勤著
上海 上海文艺出版社 1984年 208页
19cm(32开) 统一书号: 8078.3464
定价: CNY0.92
　　本书内容包括: 呼吸; 共鸣; 字、腔——风格韵味的构成; 京剧中常见的发声问题; 如何训练京剧歌唱等10章。作者卢文勤(1928—2000), 戏曲声乐专家。江苏泰州人。历任上海市戏剧学校教授, 中国戏曲学院客座教授, 中国音乐家协会戏曲声乐研究会会长等职。著有《戏曲声乐教学谈》《京剧声乐研究》《中国戏曲声乐美学》等。

J0166760
裘盛戎艺术评论集　方荣翔, 张胤德编
北京 中国戏剧出版社 1984年 263页
21cm(32开) 统一书号: 8069.559
定价: CNY1.40
(戏曲流派艺术研究丛书)
　　本书收录《裘盛戎论》《裘盛戎和他的舞台艺术》《京剧花脸的做和唱》等26篇文章。

J0166761
裘盛戎艺术评论集　方荣翔，张胤德编
北京 中国戏剧出版社 1991年 重印本 263页
有照片 20cm(32开) ISBN: 7-104-00217-0
定价: CNY4.90
(戏曲流派艺术研究丛书)

J0166762
裘盛戎与京剧花脸艺术　张胤德著
天津 百花文艺出版社 1984年 143页 有剧照
21cm(32开) 统一书号: 8151.77 定价: CNY1.40

J0166763
怀梨偶寄　许逸之著
台北 商务印书馆 1985年 161页
18cm(15开)
(人人文库 特747)
作者许逸之，福建闽侯人，曾任台湾新竹交通大学机械系主任。

J0166764
怀梨偶寄　许逸之著
北京 宝文堂书店 1987年 137页 19cm(32开)
统一书号: 8070.267 定价: CNY1.10
本书分13章节，内容包括：论戏剧目的之不在象真、戏剧中之戏与剧、戏剧与梦寐之心理功效、舞台艺术之所以欲真则不实、角色分类及演化之结果、京戏中言文以外之表情、水袖之渊源及戏装之功用、说勾脸、京戏音乐论说等，论述了京剧的艺术特征。

J0166765
京剧大观　北京出版社编
北京 北京出版社 1985年 403页 20cm(32开)
本书选编200多出戏，包括常演剧目的剧情简介，剧中主要角色和主要唱词，以及佟志贤通知为本书写的《京剧欣赏浅谈》一文。

J0166766
京剧史研究　北京京剧史研究会供稿；北京市戏曲研究所编
上海 学林出版社 1985年 318页 20cm(32开)
统一书号: 8259.006 定价: CNY2.05
(戏曲论汇 二 专辑)

J0166767
京剧谈往录　中国人民政治协商会议北京市委员会文史资料研究委员会编
北京 北京出版社 1985年 569页 20cm(32开)
统一书号: 11071.224 定价: CNY3.60
本书收录《喜(富)连成科班的始末》(叶龙章)、《回忆中华戏曲学校》(王金璐)、《北京国剧学会成立之缘起》(张伯驹)、《孙菊仙的表演艺术及其它》(许姬传)、《陈德霖与陈少霖》(陈志明)、《余叔岩生平回忆片断》(陈维麟)、《我与程砚秋》(翁偶虹)等。

J0166768
京剧谈往录续编　政协北京市委员会文史资料研究委员会编
北京 北京出版社 1988年 529页 有照片
20cm(32开) ISBN: 7-200-00285-2
定价: CNY4.90
本书分别介绍了梅兰芳、谭鑫培、王瑶卿、刘喜奎等20多位京剧艺术家的艺术生涯和艺术特点。

J0166769
京剧谈往录三编　中国人民政治协商会议北京市委员会文史资料研究委员会编
北京 北京出版社 1990年 594页 有剧照
20cm(32开) ISBN: 7-200-01156-8
定价: CNY9.50

J0166770
京剧谈往录四编　中国人民政治协商会议北京市委员会文史资料委员会编
北京 北京出版社 1997年 515页 有照片
20cm(32开) ISBN: 7-200-03281-6
定价: CNY18.00

J0166771
马连良舞台艺术　中国戏剧家协会北京市分会马派艺术研究小组编
银川 宁夏人民出版社 1985年 451页 有照片
20cm(32开) 统一书号: 8157.474
定价: CNY2.85

J0166772
身段谱口诀论　邹惠兰著

兰州 甘肃人民出版社 1985年 207页 有照片
20cm(32开) 统一书号: 8096.1080
定价: CNY1.75

本书阐明了京剧身段基本功的标准要求，指出了“艺病十种”及其纠正方法，论述了“三形、六劲、心意八、无意者十”的训练进程和艺术境界。

J0166773
王瑶卿艺术评论集　史若虚，荀令香主编
北京 中国戏剧出版社 1985年 391页 有照片
20cm(32开) 统一书号: 8069.492
定价: CNY2.45
(戏曲流派艺术研究丛书)

本书收集了散见于中华人民共和国成立前后各报章上的有关评介王派艺术的文章。这些文章，从不同角度追思和评述了王瑶卿生前在舞台艺术上继承、革新、创造的杰出业绩和在艺术教育上的巨大贡献。

J0166774
翁偶虹戏曲论文集　翁偶虹著
上海 上海文艺出版社 1985年 542页 有照片
20cm(32开) 统一书号: 8078.3503
定价: CNY2.95

本书选编了作者探讨京剧艺术的文章40余篇。其中对京剧表演艺术取得了卓越成就的如杨小楼、高庆奎、马连良、程砚秋、叶盛章、叶盛兰、李少春等都做了专题评述。

J0166775
许姬传七十年见闻录　许姬传著
北京 中华书局 1985年 335页+[5]页图版
25cm(16开) 统一书号: 11018.1319
定价: CNY2.25

本书是中国京剧发展的历史见证，内容包括：戊戌变法侧记——徐仅叟先生传略；谭鑫培的艺术道路；梅边琐记。作者许姬传(1900—1990)，梅派艺术研究家、戏曲评论家。字闻武，号思潜，生于江苏苏州，祖籍浙江海宁县。代表作品《忆艺术大师梅兰芳》《许姬传艺坛漫录》等。

J0166776
国剧的舞台　魏子云著
台北 学生书局 1986年 328页 有彩照
21cm(32开) 定价: TWD200.00, TWD250.00(精装)
(民俗研究丛刊 4)

J0166777
京剧老生流派综说　吴小如著
北京 中华书局 1986年 278页 有照片
20cm(32开) 统一书号: 17018.153
定价: CNY2.20

J0166778
京剧艺术发展史简编　刘静沅著
合肥 安徽文艺出版社 1986年 重印本 217页
19cm(32开) 统一书号: 10378.21
定价: CNY1.20

J0166779
六十年京剧见闻　江上行著
上海 学林出版社 1986年 234页 19cm(32开)
统一书号: 7259.059 定价: CNY1.10
(夜读丛书 第二辑)

J0166780
戏曲表演把子功教材　孙盛云编
北京 中国戏剧出版社 1986年 518页
19cm(32开) 统一书号: 8069.730 定价: CNY2.75

J0166781
京剧见闻录　槛外人著
北京 宝文堂书店 1987年 153页 有照片
19cm(32开) 统一书号: 8070.264
定价: CNY1.10

本书内容包括: 1、伶界大王谭鑫培; 2、京剧大宗师杨小楼的风范; 3、在《舞台生活四十年》以外谈梅兰芳; 4、沉痛中的怀念——再谈梅先生; 5、聪明而浑身是戏的周信芳; 6、谈周信芳的《四进士七、不难相与的盖叫天; 8、戏剧革命世家——夏氏兄弟; 9、出色当行的后台经理谢月奎。

J0166782
京剧脸谱　颜少奎编绘
南京 江苏人民出版社 1987年 48页 19cm(32开)
统一书号: 8100.243.600 ISBN: 7-214-00028-8

本书介绍京剧脸谱艺术的画册。分为京剧

脸谱艺术、古代脸谱、近代脸谱、脸谱流派、脸谱常识、综合脸谱、脸谱的勾画，脸谱的演变、名剧脸谱共10部分。介绍中国古典戏曲脸谱的源流及其嬗变，配以古代壁画及历代风格各异的脸谱，展示近代戏剧脸谱的演变、定型过程。外文书名：Facial Makeup in Beijing Opera. 作者颜少奎（1938— ），脸谱艺术家、京剧表演艺术家。山东郯城人。江苏省京剧院净角演员，中国戏曲家协会、民间文艺家协会会员。出版有《京剧脸谱》。

J0166783
京剧脸谱 （中英文本）颜少奎编绘
南京 江苏人民出版社 1995年 46页 20×20cm
ISBN：7-214-01561-7 定价：CNY19.80

外文书名：Facial Makeup in Beijing Opera.

J0166784
京剧艺术问答 潘侠风编著
北京 文化艺术出版社 1987年 360页 有彩照
19cm（32开）统一书号：8228.119
定价：CNY3.80

本书叙述了京剧的起源、演变和发展过程；介绍了一些著名演员的成名和生活趣事；分析了京剧的流派、行当、服饰、脸谱及掌故趣闻，并附有几十幅图谱。作者潘侠风（1914—1993），戏曲作家。原籍北京通县。自幼喜爱京剧，向京剧武花脸名角骆连翔学习武花脸戏，1957年调入戏曲编导委员会工作，1957—1965年期间编辑《京剧汇编》109集，个人编写有《一箭和》《青霞丹雪》《三侠五义》《赵氏孤儿》等戏。代表戏剧作品有《溜须老店》《鉴湖女侠》《侠骨柔情》等。

J0166785
1989：中国京剧脸谱年历
北京 中国戏剧出版社 1988年 76cm（2开）

J0166786
古中国的歌 （京剧演唱艺术赏析）秋文著
北京 宝文堂书店 1988年 238 19cm（32开）
ISBN：7-80030-001-3 定价：CNY1.95

本书从中国戏剧与中国文化、戏剧的功能作用及艺术产生的本源性角度，研究京剧唱腔，对京剧演唱艺术中的行腔、咬字、流派风格等进行了考察研讨。

J0166787
京剧100题 徐城北著
北京 人民日报出版社 1988年 263页
20cm（32开）统一书号：10132.078
ISBN：7-80002-007-X 定价：CNY2.20

作者徐城北（1942— ），作家、学者。生于重庆，毕业于中国戏曲学院戏曲文学系。历任中国作家协会会员、中国戏剧家协会会员、中国京剧院副研究员、北京大学兼职教授。著有《梅兰芳与20世纪》《京剧与中国文化》等。

J0166788
京剧艺术讲话 吴同宾著
北京 中国广播电视出版社 1988年 140页
有照片 19cm（32开）统一书号：8236.269
ISBN：7-5043-0024-1 定价：CNY1.40

J0166789
京剧音乐欣赏漫谈 李庆森著
北京 人民音乐出版社 1988年 224页
19cm（32开）ISBN：7-103-00274-6
定价：CNY2.35

本书从京剧的形成、发展和流传；京剧音乐的构成；京剧唱腔的表现特点及创腔手法；唱腔欣赏常遇到的几个问题；京剧乐队的组织及伴奏手法；唱段赏析6个章节介绍有关京剧音乐欣赏的基本知识。

J0166790
京剧音乐欣赏漫谈 李庆森著
北京 中国少年儿童出版社 1996年 224页
19cm（32开）ISBN：7-5007-3009-8
（希望书库 5-40（总344））

本书由中国少年儿童出版社和中国青年出版社联合出版。

J0166791
京剧二百年概观 苏移著
北京 北京燕山出版社 1989年 403页
20cm（32开）ISBN：7-5402-0074-X
定价：CNY6.50

本书论述自清乾隆五十五年以来，京剧萌芽、诞生、发展的历史，记述200年间京剧艺术的各个流派、演出团体、科班、戏校及演出情况的概貌。

J0166792
京剧老旦名家唱腔赏析 鸣迟，张梓媛著
北京 中国戏剧出版社 1989年 409页 有照片
20cm（32开）ISBN：7-104-00157-3
定价：CNY5.20

J0166793
孟小冬与高谭马 丁秉鐩著
台北 大地出版社 1989年 263页 有照片
19cm（32开）ISBN：957-9460-08-6
定价：TWD130.00
（万卷文库 192）

作者丁秉鐩（1916—1980），主持人、剧评家。笔名燕京散人。台湾地区广播电台广播节目主持人。

J0166794
平剧脸谱 颜少奎编绘
台北 星光出版社 1989年 48页 17cm（40开）
精装 定价：TWD150.00
（中国系列 81）

外文书名：Facial Makeup in Beijing Opera. 作者颜少奎（1938— ），脸谱艺术家、京剧表演艺术家。山东郯城人。江苏省京剧院净角演员，中国戏曲家协会、民间文艺家协会会员。出版有《京剧脸谱》。

J0166795
青衣·花脸·小丑 丁秉鐩著
台北 大地出版社 1989年 217页 有照片
19cm（32开）ISBN：957-9460-04-3
定价：TWD110.00
（万卷文库 193）

作者丁秉鐩（1916—1980），主持人、剧评家。笔名燕京散人。台湾地区广播电台广播节目主持人。

J0166796
清代京剧百年史 （一七七〇——八七〇）葛林·马克拉斯（ColinP.Mackerras）著；马德程译
台北 中国文化大学出版部 1989年 340页
21cm（32开）定价：TWD300.00

外文书名：The Rise of Peking Opera, 1770—1870： Social Aspects oftheTheatre in Manchu China.

J0166797
新编京剧大观 北京出版社编
北京 北京出版社 1989年 774页 有照片
19cm（小32开）ISBN：7-200-00656-4
定价：CNY12.95

J0166798
郝寿臣表演艺术 郝寿臣艺术整理委员会编
北京 中国戏剧出版社 1990年 522页
20cm（32开）ISBN：7-104-00211-1
定价：CNY6.10
（戏曲流派艺术研究丛书）

郝寿臣（1886—1961），京剧表演艺术家、教育家。名瑞，乳名万通，艺名小奎禄。开创了“架子花脸铜锤唱”的郝派艺术，代表作品有《黄金台》《荆轲传》《桃花村》《飞虎梦》《打曹豹》《红逼宫》等。

J0166799
侯喜瑞艺术评论集 张胤德编
北京 中国戏剧出版社 1990年 254页 有照片
20cm（32开）ISBN：7-104-00063-1
定价：CNY3.90
（戏曲流派艺术研究丛书）

本书收录梅兰芳、吴祖光、吴晓铃等人关于京剧净行表演艺术家侯喜瑞舞台艺术研究、评论文章15篇。

J0166800
京剧架子花与中国文化 袁世海，徐城北著
北京 文化艺术出版社 1990年 210页
20cm（24开）ISBN：7-5039-0694-4
定价：CNY3.30

本书叙述了“架子花”与中国文化的关系，在京剧中所占的地位，以及这一行的代表人物，并从理论上进行了总结，提出了一些新观点。

J0166801
京剧诀谚辑释 刘琦著
天津 百花文艺出版社 1990年 重印本 160页
19cm（32开）ISBN：7-5306-0586-0
定价：CNY2.45

本书辑有自京剧艺术发展的百多年来，散落在民间、市井，流传于艺人口头的京剧诀谚、谚语共237条，经过去伪存真、去粗取精的筛选和

科学分类后的确切解释，成为易懂、易记、通俗、生动的戏剧理论知识。分6部分：唱工与念白、身段与动作、学戏与演戏、关于京剧的审美特性、关于京剧的表演法则及其他。

J0166802

京剧脸谱图说　刘曾复著；北京市政协文史资料研究委员会编

北京　北京燕山出版社　1990年　42页　有彩图

29cm（16开）精装　ISBN：7-5402-0219-X

定价：CNY78.00

本书内容包括：第1部分“京剧脸谱的基本类型”，总结京剧脸谱的各种类型及象征意义，勾画脸谱的构图方式与基本手法。第2-3部分阐述京剧中净丑两种角色的脸谱形成和发展演变过程，各流派脸谱的传承关系和艺术特点。第4部分详细分析钱金福、杨小楼、金少山等各家脸谱构图、用笔、用色的特殊处理方法及脸谱与刻画剧中人物性格的关系。

J0166803

京剧史照　鲁青等编纂

北京　北京燕山出版社　1990年　295页　有剧照

37cm（8开）精装　ISBN：7-5404-0205-X

定价：CNY198.00

外文书名：Pictorial History of Beijing Opera.

J0166804

京剧小戏考　上海人民广播电台文艺台戏曲科编

上海　上海文艺出版社　1990年　328页　有剧照

19cm（32开）ISBN：7-5321-0409-5

定价：CNY4.05

J0166805

京剧一知录　赵晓东著

北京　文化艺术出版社　1990年　256页　有照片

19cm（32开）ISBN：7-5039-0738-X

定价：CNY4.20

本书收录欣赏京剧流派与美学特征的学术论文，分析京剧舞台时弊的杂文、随笔，还有京剧名流的特写、素描等文章。

J0166806

京剧知识词典　吴同宾，周亚勋主编

天津　天津人民出版社　1990年　有彩照

20cm（32开）精装　ISBN：7-201-00668-1

定价：CNY29.00

本词典共收有关京剧知识条目4500条，分行当、音乐、声腔、念白、化妆、脸谱、表演等20个部类。

J0166807

梨园一叶　叶盛长叙事；陈绍武撰文

北京　中国戏剧出版社　1990年　496页　有照片

19cm（32开）ISBN：7-104-00138-7

定价：CNY5.90

作者叶盛长（1922—2001），京剧表演艺术家。

J0166808

马连良艺术评论集　吴晓玲，马崇仁编

北京　中国戏剧出版社　1990年　353页　有照片

20cm（32开）ISBN：7-104-00226-X

定价：CNY5.10

（戏曲流派艺术研究丛书）

本书辑录专家学者和艺术界朋友、学生关于京剧表演艺术家马连良舞台艺术的评论、介绍和回忆文章34篇，附编马连良的各类诗文16篇。

J0166809

梅兰芳艺术评论集　中国梅兰芳研究会，梅兰芳纪念馆编

北京　中国戏剧出版社　1990年　778页　有肖像

20cm（32开）ISBN：7-104-00172-7

定价：CNY11.00

（戏曲流派艺术研究丛书）

J0166810

梅兰芳与二十世纪　徐城北著

北京　三联书店　1990年　287页　20cm（32开）

ISBN：7-108-00350-3　定价：CNY5.60

作者徐城北（1942—　），作家、学者。生于重庆，毕业于中国戏曲学院戏曲文学系。历任中国作家协会会员、中国戏剧家协会会员、中国京剧院副研究员、北京大学兼职教授。著有《梅兰芳与20世纪》《京剧与中国文化》等。

J0166811

品戏斋夜话　徐城北著文；丁聪插画

北京　中国戏剧出版社　1990年　201页

19cm（32开）ISBN：7-104-00195-6
定价：CNY2.75

著名漫画家丁聪的一组梨园人物八扇屏引出作者的品技艺、品韵味等6组文章，并对京剧界名家如袁世海、尚小云等人的表演流派风格都有所评价。

J0166812
松柏庵传奇 仲仁恭著
北京 北京出版社 1990年 257页 有照片
19cm（32开）ISBN：7-200-01158-4
定价：CNY4.10

本书从北京市戏校最初校舍——松柏庵传奇式的变迁中，道出了中华人民共和国成立前京剧艺人的辛酸，和中华人民共和国成立后党和政府对振兴京剧的支持，以及30多年来人才辈出的可喜成绩。

J0166813
谭鑫培艺术评论集 戴淑娟等编
北京 中国戏剧出版社 1990年 411页 有剧照
20cm（32开）ISBN：7-104-00228-6
定价：CNY5.50
（戏曲流派艺术研究丛书）

谭鑫培（1847—1917），著名的京剧艺术大师。本书系统地反映了谭氏的艺术生平和他勤学苦练、继承创新而蔚然成名家的艺术生涯。此外，还有谭氏为人为艺的趣闻趣事，特别是多年来各方对谭的各种评说。

J0166814
唐韵笙评传 宁殿弼著
沈阳 辽宁大学出版社 1990年 290页 有照片
20cm（24开）ISBN：7-5610-1006-0
定价：CNY5.50

作者宁殿弼（1941— ），教授。辽宁瓦房店人，毕业于甘肃财经学院。曾任《辽宁戏剧》、《社会科学辑刊》编辑、中国戏剧家协会会员、辽宁戏剧家协会理事、青岛大学师范学院中文系教授、青岛市影视文化研究会秘书长等职。专著有《唐韵笙评传》《戏林拾薪》《当代中国戏剧家论坛》等。

J0166815
向暖一枝花 （记沈小梅的艺术生活）李克因著
南京 江苏文艺出版社 1990年 218页
19cm（小32开）定价：CNY2.50
（江苏文化艺术丛书）

J0166816
萧长华艺术评论集 钮骠编
北京 中国戏剧出版社 1990年 376页 有照片
20cm（32开）ISBN：7-104-00234-0
定价：CNY5.20
（戏曲流派艺术研究丛书）

本书辑录有关著名京剧丑行表演艺术大师、戏曲教育家萧长华的舞台艺术、杏坛耕耘等方面的研究、评论、回忆文章60篇，诗、联9则，附表2份。

J0166817
杨小楼艺术评论集 戴淑娟等编
北京 中国戏剧出版社 1990年 310页 有剧照
20cm（32开）ISBN：7-104-00198-0
定价：CNY4.40
（戏曲流派艺术研究丛书）

本书汇编关于京剧杨小楼舞台艺术的研究、评论文章21篇、传记2篇，附录《杨小楼艺术研究资料篇目索引》。作者杨小楼（1878—1938），杰出的京剧表演艺术家，一代武生宗师。

J0166818
余叔岩艺术评论集 吾群力主编
北京 中国戏剧出版社 1990年 418页 有照片
20cm（32开）ISBN：7-104-00144-1
定价：CNY5.90
（戏曲流派艺术研究丛书）

本书所选收的36篇论文，详尽地论述了京剧“余派”的形成过程，从各个不同的角度，阐发了“余派”的演唱特色，艺术风格，并上升为理论角度总结了“余派”取得的卓越成就。

J0166819
中国京剧服装图谱 中国戏曲学院编；谭元杰绘
北京 北京工艺美术出版社 1990年 331页
20cm（32开）ISBN：7-80526-041-9
定价：CNY10.00

本书按照蟒、帔、靠、褶、衣5大类别，以中国京剧历史剧目的人物全身扮相的图谱形式，展示了京剧传统服装的145个品种，并根据京剧的特定规格绘有特殊穿戴32例。

J0166820
中国京剧服装图谱 中国戏曲学院编；谭元杰绘
北京 北京工艺美术出版社 1992年 2版 331页 有彩照及图 20cm（大32开）
ISBN：7-80526-041-9 定价：CNY10.00

J0166821
中国京剧服装图谱 中国戏曲学院编；谭元杰绘
北京 北京工艺美术出版社 1994年 2版 修订本 331页 有图 20cm（32开）ISBN：7-80526-041-9
定价：CNY10.00

J0166822
中国京剧服装图谱 中国戏曲学院编；谭元杰绘
北京 北京工艺美术出版社 1997年 331页 20cm（32开）ISBN：7-80526-198-9
定价：CNY20.00

J0166823
中国京剧史 （上卷）北京市艺术研究所，上海艺术研究所编著
北京 中国戏剧出版社 1990年 677页 有彩照 20cm（32开）ISBN：7-104-00127-1
定价：CNY7.60，CNY9.00（精装）
（中国戏曲剧种史丛书）

本书全面记述了京剧的历史，内容包括京剧的孕育形成、京剧的逐渐成熟、京剧的鼎盛时期、战争年代的京剧、京剧的黄金时代、振兴京剧的新时期、京剧艺术在台港澳地区和国外等，并介绍了各时期京剧界的人物。

J0166824
中国京剧史 （中卷）北京市艺术研究所，上海艺术研究所编著
北京 中国戏剧出版社 1990年 858页 有照片 20cm（32开）ISBN：7-104-00257-X
定价：CNY11.30，CNY13.5（精装）
（中国戏曲剧种史丛书）

J0166825
中国京剧史 （下卷）北京市艺术研究所，上海艺术研究所编著
北京 中国戏剧出版社 1999年 2册 有照片 20cm（32开）精装 ISBN：7-104-01096-3
定价：CNY298.00（全4册）
（中国戏曲剧种史丛书）

J0166826
当代菊苑群英 （纪念徽班进京二百周年振兴京剧观摩演出剧照集）鲁青主编；北京市对外文化交流协会，中国戏曲学会，北京市艺术研究所合编
北京 北京出版社 1991年 187页 36cm（15开）精装 ISBN：7-200-01556-3 定价：CNY178.00

外文书名：Peking Opera Stardom，Celebrating 200 Years of Peiking Opera.

J0166827
国剧故事 （第一集）钟传幸著
台北 1991年 91页 有图 26cm（16开）
ISBN：957-8515-07-3
（国剧欣赏丛书 3）

J0166828
国剧故事 （第二集）陈宏著
台北 1991年 113页 有图 26cm（16开）
ISBN：957-8515-08-1
（国剧欣赏丛书 4）

J0166829
国剧故事 （第三集）段彩华著
台北 1992年 91页 有图 26cm（16开）
ISBN：957-8515-74-X
（国剧欣赏丛书 4）

J0166830
国剧故事 （第四集）陈宏著
台北 1992年 109页 有图 26cm（16开）
ISBN：957-8515-75-8
（国剧欣赏丛书 6）

J0166831
国剧故事 （第五集）张大夏著
台北 1992年 73页 有图 26cm（16开）
ISBN：957-8515-76-6
（国剧欣赏丛书 7）

J0166832
国剧故事 （第六集）张青琴著
台北 1992年 101页 有图 26cm（16开）
ISBN：957-8515-82-0
（国剧欣赏丛书 8）

J0166833
徽班进京二百周年振兴京剧观摩研讨大会纪念册 王文章等编
北京 文化艺术出版社 1991年 169页
26cm（16开）ISBN：7-5039-1008-9
定价：CNY80.00，CNY120.00（精装）

本书刊有江泽民、李鹏、李瑞环、宋任穷、贺敬之、高占祥、徐文伯、陈昌本等的题词、照片、文章及全国各主要京剧院团、著名演员和剧目演出等珍贵资料。共240幅图。作者王文章（1951— ），教授。山东寿光人，毕业于山东大学中文系。历任文化部艺术局戏剧处处长，中国艺术研究院常务副院长兼党委副书记、院长，文化部副部长。主编有《艺术体制改革与管理初探》《传统与超越——科学与中国传统文化的对话》《中国学者眼中的科学与人文》《澳门艺术丛书》等。

J0166834
京剧谈往录 （1 须生篇）叶祖孚编
香港 繁荣出版公司 1991年 220页 有照片
17cm（40开）ISBN：962-429-088-1
定价：HKD35.00

J0166835
京剧谈往录 （1 旦角篇）叶祖孚编
香港 繁荣出版公司 1991年 256页 有照片
17cm（40开）ISBN：962-429-078-4
定价：HKD38.00

J0166836
梅兰芳剧照集 商鼎编辑室编
台北 商鼎文化出版社 1991年 109页
21cm（32开）精装 ISBN：957-624-155-3
定价：TWD350.00
（戏剧丛书 4）

本书由商鼎文化出版社和千华图书出版事业有限公司联合出版。

J0166837
唐韵笙舞台艺术集 唐玉薇编著
沈阳 沈阳出版社 1991年 586页 有图
20cm（32开）ISBN：7-80556-778-6
定价：CNY12.00

本书所收文章介绍了著名京剧表演艺术家唐韵笙的舞台生涯，记录了唐派11剧目的主要唱段等。作者唐玉薇，辽宁省戏剧家协会会员，抚顺市艺术研究所研究人员。

J0166838
奚啸伯艺术生涯 马健鹰等编著
北京 新华出版社 1991年 450页 有照片
20cm（32开）ISBN：7-5011-1592-3
定价：CNY8.50

J0166839
杨小楼艺术评论 戴淑娟，金沛霖编
台北 商鼎文化出版社 1991年 277页
21cm（32开）ISBN：957-624-152-9
定价：TWD340.00
（戏剧丛书 1）

本书由商鼎文化出版社和千华图书出版事业有限公司联合出版。

J0166840
余派戏词钱氏辑粹
1991年 154页 有彩图 21cm（32开）
（传统文化延生系列丛书 4）

J0166841
徽班与京剧 （北京市纪念徽班进京200周年学术研讨论文选编）北京市艺术研究所编辑
北京 华龄出版社 1992年 346页 19cm（小32开）
ISBN：7-80082-216-8 定价：CNY5.45

本书选收论文27篇。从剧作、表演、流派、艺术管理等方面作了论述。

J0166842
京剧百家谱 冯宏来著
北京 中国戏剧出版社 1992年 296页
19cm（小32开）ISBN：7-104-00265-0
定价：CNY5.00

本书是作者1987年至1989年底在河北省《承德群众报》副刊连载的150篇有关京剧艺术

的文章。作者冯宏来(1938—)，记者。北京人。《人民铁道》报记者，中国曲艺家协会会员。

J0166843
京剧唱词选注 徐世英编著
北京 人民日报出版社 1992年 236页
20cm(32开) ISBN：7-80002-363-X
定价：CNY4.50

J0166844
京剧脸谱 赵梦林，阎继青撰文
北京 朝华出版社 1992年 119页 26cm(16开)
ISBN：7-5054-0073-8 定价：CNY36.00

本书在"京剧脸谱杂谈"中介绍了脸谱的起源与发展、京剧脸谱的色彩与人物性格、京剧脸谱的构图分类、脸谱的象征性表现手法、京剧脸谱的勾画技巧；"京剧脸谱图录"收录272个脸谱；并对京剧脸谱人物谱式和剧目进行了简要介绍。作者赵梦林(1952—)，生于内蒙古察右前旗，祖籍山西忻州，代表作有《三国人物绣像》《京剧脸谱》等。

J0166845
京剧脸谱 赵梦林，阎继青撰文；赵梦林绘图
北京 朝华出版社 1994年 2版 修订版 119页
25cm(小16开)

J0166846
京剧曲谱集成 (第一集)上海文艺出版社编
上海 上海文艺出版社 1992年 309页 有剧照
26cm(16开) ISBN：7-5321-0849-X
定价：CNY9.05

本书收录《宇宙锋》《贵妃醉酒》《霸王别姬》《凤还巢》《生死恨》等。

J0166847
京剧曲谱集成 (第二集)上海文艺出版社编
上海 上海文艺出版社 1992年 294页 有剧照
26cm(16开) ISBN：7-5321-0850-3
定价：CNY8.70

本书收录《李陵碑》《文昭关》《断臂说书》《搜孤救孤》《空城计》《徐策跑城》等。

J0166848
京剧曲谱集成 (第三集)上海文艺出版社编
上海 上海文艺出版社 1992年 287页 有剧照
26cm(16开) ISBN：7-5321-0851-1
定价：CNY8.55

本书收录《打渔杀家》《二堂舍子》《汾河湾》《审头刺汤》《女起解》《三堂会审》等。

J0166849
京剧曲谱集成 (第四集)上海文艺出版社编
上海 上海文艺出版社 1992年 308页 有剧照
26cm(16开) ISBN：7-5321-0852-X
定价：CNY9.00

本书收录《罗成叫关》《罢宴》《武家坡》《清官册》《辕门斩子》《定军山》《姚期》等。

J0166850
京剧曲谱集成 (第五集)上海文艺出版社编
上海 上海文艺出版社 1992年 318页 有照片
26cm(16开) ISBN：7-5321-0853-8
定价：CNY9.25

本书收录《樊江关》《断桥》《望江亭》《锁麟囊》《贩马记》《金山寺》《别宫祭江》等。

J0166851
京剧曲谱集成 (第六集)上海文艺出版社编
上海 上海文艺出版社 1992年 290页 有剧照
26cm(16开) ISBN：7-5321-0854-6
定价：CNY8.70

本书收录《捉放曹》《赤桑镇》《卧龙吊孝》《群英会》《借东风》《二进宫》。

J0166852
京剧曲谱集成 (第七集)上海文艺出版社编
上海 上海文艺出版社 1992年 340页 有剧照
26cm(16开) ISBN：7-5321-0855-4
定价：CNY9.70

本书收录《柜中缘》《让徐州》《桑园寄子》《龙凤呈祥》《四进士》《金玉奴》。

J0166853
京剧曲谱集成 (第八集)上海文艺出版社编
上海 上海文艺出版社 1998年 重印本 357页
有照片 26cm(16开) ISBN：7-5321-1213-6
定价：CNY25.00

本书收录《四郎探母》《六月雪》《三娘教子》《春香闹学》《穆桂英挂帅》等。

J0166854
京剧曲谱集成 （第九集）上海文艺出版社编
上海 上海文艺出版社 1998年 227页
26cm（16开）ISBN：7-5321-1696-4
定价：CNY19.50

J0166855
京剧曲谱集成 （第十集）上海文艺出版社编
上海 上海文艺出版社 1998年 245页
26cm（16开）ISBN：7-5321-1709-X
定价：CNY19.50

J0166856
京剧艺术问答 （一）潘侠风著
台北 商鼎文化出版社 1992年 173页
21cm（32开）ISBN：957-8575-08-4
定价：TWD170.00
（戏剧丛书 5）

作者潘侠风（1914—1993），戏曲作家。原籍北京通县。自幼喜爱京剧，向京剧武花脸名角骆连翔学习武花脸戏，1957年调入戏曲编导委员会工作，1957—1965年期间编辑《京剧汇编》109集，个人编写有《一箭和》《青霞丹雪》《三侠五义》《赵氏孤儿》等戏。代表戏剧作品有《溜须老店》《鉴湖女侠》《侠骨柔情》等。

J0166857
京剧艺术问答 （二）潘侠风著
台北 商鼎文化出版社 1992年 174页
21cm（32开）ISBN：957-8575-09-2
定价：TWD170.00
（戏剧丛书 6）

J0169773
品戏斋札记 徐城北著
济南 明天出版社 1992年 274页 有图
20cm（32开）ISBN：7-5332-1540-0
定价：CNY4.15

本书主要对京剧艺术进行品评，分为“今日功臣”、“梨园谈美”、“隔山望海”、“杂剧乱弹”、“小品连环”等8辑。作者徐城北（1942— ），作家、学者。生于重庆，毕业于中国戏曲学院戏曲文学系。中国作家协会会员、中国戏剧家协会会员、中国京剧院副研究员、北京大学兼职教授。著有《梅兰芳与20世纪》《京剧与中国文化》等。

J0166858
我的艺术生活 梁小鸾口述；冯宏来执笔
长春 时代文艺出版社 1992年 229页 有照片
19cm（小32开）定价：CNY3.50

作者冯宏来（1938— ），记者。北京人。《人民铁道》报记者，中国曲艺家协会会员。

J0166859
杨小楼评传 周志辅著
北京 北京燕山出版社 1992年 79页 有照片
20cm（32开）ISBN：7-5402-0459-1
定价：CNY1.80

杨小楼（1878—1938），名嘉训，擅演长靠武生剧目，被誉为武生泰斗，一代宗师。书中除评述他的生平艺术外，也涉及当时京剧舞台演出情况及社会生活。作者周志辅（1896—1994），本名周明泰，别号几礼居主人，安徽东至县人。曾任北洋政府总统府秘书、内务部参事。酷爱戏曲，专门从事中国戏曲史研究。著有《几礼居戏曲丛书》《几礼居随笔》《读曲类稿》《枕流答问》等。

J0166860
叶盛兰与叶派小生艺术 李滨声等著
北京 北京出版社 1992年 184页 有照片
19cm（小32开）ISBN：7-200-01529-6
定价：CNY3.20

作者李滨声（1925— ），新闻漫画家。曾用名李洛非，笔名梨园客。出生于黑龙江哈尔滨，祖籍辽宁本溪。历任中国美术家协会会员，北京市文史研究馆馆员。代表作品《喧宾夺主》《三星铅笔》等。

J0166861
艺坛桃李录 张晓晨编著
北京 中国妇女出版社 1992年 382页 有照片
19cm（小32开）ISBN：7-80016-719-4
定价：CNY8.00

本书集传略、评议、研究于一体，介绍了张学津、李玉芙、孙毓敏等京剧艺术家的艺术之路。作者张晓晨（1933— ），女，河北唐山人。北京京昆振兴协会副会长，《京昆艺术》主编等。

J0166862
争取京剧艺术的繁荣 （纪念徽班进京200周年振兴京剧学术讨论会文集）徽班进京200周年

纪念委员会办公室学术评论组编
北京 中国戏剧出版社 1992年 769页
21cm(大32开) ISBN: 7-104-00415-7
定价: CNY13.00, CNY18.80 (精装)

本书选收论文50篇,从剧作、表演、流派、艺术管理等方面作了论述。

J0166863
中国京剧发展史 (一) 马少波等著
台北 商鼎文化出版社 1992年 17+338页
21cm(32开) ISBN: 957-8575-21-1
定价: TWD640.00 (全2册)
(戏剧丛书 7)

作者马少波(1918—2009),文学家、文艺理论家。原名马志远,笔名苏扬、红石等。生于山东莱州。历任中国艺术语言研究会会长、中国戏曲学会副会长、中国京剧艺术基金会副会长、中国戏曲学院名誉教授、中国京剧院副院长。代表作《正气歌》《闯王进京》《宝剑归鞘》《宝烛记》《蝴蝶梦》

J0166864
中国京剧发展史 (二) 马少波等编著
台北 商鼎文化出版社 1992年 10+339-789页
21cm(32开) 套 ISBN: 957-8575-21-1
定价: TWD640.00 (全2册)
(戏剧丛书 8)

J0166865
粉墨登场 (一 国剧脸谱艺术论述篇) 高戈平著
台北 书泉出版社 1993年 339页 有彩图
21cm(32开) ISBN: 957-648-298-4
定价: TWD350.00
(艺术现场 8)

J0166866
粉墨登场 (二 国剧脸谱艺术赏析篇) 高戈平绘著
台北 书泉出版社 1993年 220页 21cm(32开)
ISBN: 957-648-297-6 定价: TWD350.00
(艺术现场 9)

J0166867
菊坛旧闻录 丁秉鐩著
北京 中国戏剧出版社 1993年 334页 有剧照
20cm(32开) ISBN: 7-104-00506-4
定价: CNY8.50

本书收录《国剧名伶轶事》《青衣·花脸·小丑》《孟小冬与言高谭马》,书中对19世纪30、40年代诸多京剧表演艺术家,如:杨小楼、金少山、程砚秋及四小名旦等人的艺事精髓作了记述。作者丁秉鐩(1916—1980),主持人、剧评家。笔名燕京散人。台湾地区广播电台广播节目主持人。

J0166868
菊坛旧闻录 丁秉鐩著
北京 中国戏剧出版社 1995年 522页 有照片
20cm(32开) ISBN: 7-104-00506-4
定价: CNY22.80

J0166869
梨园新声 李望苏著
南京 江苏文艺出版社 1993年 196页 有照片
19cm(小32开) 精装 ISBN: 7-5399-0623-5
定价: CNY5.00

本书收录文章80余篇,记述了京剧艺术的新人新貌。作者李望苏(1930—),江苏沭阳人,曾在江苏农学院等处任教。

J0166870
诗文会 老烈编著
广州 岭南美术出版社 1993年 80页 有彩图
26cm(16开) ISBN: 7-5362-0628-3
定价: CNY50.00

本书集书、诗、文、画、印为一体,介绍了有关京剧的基本知识和部分剧目的内容。

J0166871
戏曲武功特技选 陆建荣,王佩孚著
北京 中国戏剧出版社 1993年 148页
20cm(32开) ISBN: 7-104-00484-X
定价: CNY3.30

本书分单、双人技巧两部分,介绍了54个特技项目的技术要领、规格要求、练习过程、抄保方法及常见错误和纠正方法等。

J0166872
袁世海的艺术道路 蒋健兰,刘乃崇著
北京 中国戏剧出版社 1993年 367页 有照片

19cm(小 32 开) ISBN: 7-104-00408-4
定价: CNY6.20

本书记述了著名京剧花脸表演艺术家袁世海几十年来学艺、从艺所走过的道路，评论、总结了他在学戏、演戏、排戏、较戏的过程中的丰富经验。袁世海(1916—2002)，京剧表演艺术家。原名瑞麟。他开创了以架子花脸主演大型剧目的先河，形成了袁派表演艺术的风格体系。任中国戏剧家协会理事。代表作有《群英会》《盗御马》《将相和》《李逵探母》《坐寨盗马》等。

J0166873
国剧之艺术与欣赏 王安祈著
台北 1994 年 2 版 63 页 有剧照 21cm(32 开)
ISBN: 957-8515-48-0
(文化资产丛书 3)

J0166874
京剧奇葩 (四大名旦)任明耀著
南京 东南大学出版社 1994 年 240 页 有照片
20cm(32 开) ISBN: 7-81023-900-7
定价: CNY12.00

本书介绍了梅兰芳、程砚秋、荀慧生、尚小云四大名旦为代表的京剧四流派的风格特色、代表剧目、艺术造诣及部分唱腔。

J0166875
京剧小生宗师姜妙香 何时希著; 北京市政协文史资料委员会编
北京 北京出版社 1994 年 203 页 有照片
20cm(32 开) ISBN: 7-200-02170-9
定价: CNY5.80

J0166876
京剧艺术入门 严明编著
台北 业强出版社 1994 年 299 页 有图
31cm(10 开) ISBN: 957-683-259-4
定价: TWD120.00
(青少年图书馆 81)

J0166877
南北皮黄戏史述 于质彬著
合肥 黄山书社 1994 年 512 页 有照片
21cm(32 开) ISBN: 7-80535-616-5
定价: CNY14.80

本书内容包括: 皮黄戏的形成、皮黄戏进京徽班的嬗变、皮黄戏新秀——京剧、四大徽班进京后南方的徽班与皮黄戏、南方京剧史述。

J0166878
牛子厚与中国京剧事业 (北京喜连成谈访录)高玉璞著
长春 吉林文史出版社 1994 年 423 页 有照片
20cm(32 开) ISBN: 7-80528-825-9
定价: CNY12.00

本书记述了牛子厚(1865—1943)的生平事迹及其创办喜(富)连成京剧科班的全过程。

J0166879
品戏斋神游录 徐城北著
上海 上海文艺出版社 1994 年 264 页
20cm(32 开) ISBN: 7-5321-1078-8
定价: CNY6.70

本书从探求京剧大文化诸问题着眼，涉及古今的风景、器物、书籍、习俗、科学、人物、文艺、学术等问题。

J0166880
台湾平剧发展之研究 温秋菊著
台北 学艺出版社 1994 年 769 页 有图
26cm(16 开) ISBN: 957-9560-12-9

J0166881
我看京剧 崔长武, 周传家主编; 北京艺术研究所编
北京 中国戏剧出版社 1994 年 314 页
19cm(小 32 开) ISBN: 7-104-00688-5
定价: CNY8.70

J0166882
许姬传艺坛漫录 许姬传著
北京 中华书局 1994 年 582 页 有照片
20cm(32 开) ISBN: 7-101-01004-0
定价: CNY19.75

作者许姬传(1900—1990)，梅派艺术研究家、戏曲评论家。字闻武，号思潜，生于江苏苏州，祖籍浙江海宁县。代表作品《忆艺术大师梅兰芳》《许姬传艺坛漫录》等。

J0166883
中国京剧脸谱大观　高立根绘著
南宁 广西民族出版社 1994年 102页
26cm(16开) ISBN: 7-5363-2885-0
定价: CNY100,00, CNY150.00(精装)
外文书名: All Types of Facial Makeup in Beijing Opera.作者高立根，曾任演员、导演、舞台监督，艺术杂家。

J0166884
中国京剧史图录　金耀章主编
石家庄 河北教育出版社 1994年 253页
27×25cm 精装 ISBN: 7-5434-2069-4
定价: CNY68.80
本书收集大量图片和书影，每个演员都有生平、籍贯、师承等概括介绍，并涉及京剧史上著名琴师、鼓师、作家、票房、票友、科班、戏校。

J0166885
中国京剧习俗　叶涛著
西安 陕西人民出版社 1994年 241页 有照片
19cm(小32开) ISBN: 7-224-02541-0
定价: CNY7.00
(中国风俗丛书)

J0166886
周信芳与麒派艺术　李晓，黄菊盛主编
上海 华东师范大学出版社 1994年 357页
有照片 20cm(32开) ISBN: 7-5617-1287-1
定价: CNY15.30
周信芳(1895—1975)，京剧表演艺术家，"麒派"艺术创始人。名士楚，字信芳，艺名麒麟童，浙江慈溪市人。历任中国戏曲研究院副院长，上海京剧院院长，中国戏剧家协会上海分会主席等职位。代表剧目有《徐策跑城》《乌龙院》《萧何月下追韩信》《香妃》《董小宛》等。

J0166887
大专院校京剧讲座　骆正编写
天津 天津教育出版社 1995年 320页 有照片
20cm(32开) ISBN: 7-5309-2377-3
定价: CNY15.40
(中国京剧艺术丛书)

J0166888
古今中外论长庚　(程长庚与京剧形成研究资料集)《程长庚研究文丛》编辑委员会编
北京 中国戏剧出版社 1995年 596页 有照片
20cm(32开) ISBN: 7-104-00708-3
定价: CNY22.00
(程长庚研究文丛 2)

J0166889
关肃霜艺术论　郭思九著
昆明 云南人民出版社 1995年 155页
19cm(小32开) ISBN: 7-222-01732-1
定价: CNY6.00
作者郭思九(1936—)，研究员。云南大姚人。历任云南省民族艺术研究所所长、研究员，《民族艺术研究》主编，云南省戏剧家协会副主席。

J0166890
京剧二百年史话　(上卷)毛家华编著
台北 1995年 23+264页 有图 26cm(16开)
ISBN: 957-8989-88-1

J0166891
京剧二百年史话　(下卷)毛家华编著
台北 1995年 23+265-511页 有图 26cm(16开)
ISBN: 957-8989-89-X

J0166892
京剧欣赏入门　逸才，庆旺主编；马玉麟等撰稿
哈尔滨 哈尔滨工程大学出版社 1995年 261页
有彩照 20cm(32开) ISBN: 7-81007-634-5
定价: CNY9.80

J0166893
京剧欣赏入门　逸才，庆旺主编；马玉麟等撰稿
哈尔滨 哈尔滨工程大学出版社 1999年 2版
修订版 267页 有图 20cm(32开)
ISBN: 7-81007-634-5 定价: CNY12.00
本书介绍了京剧艺术在我国的形成、产生与发展，文中穿插了京剧的表演程式、京剧的艺术大师、脍炙人口的精彩唱腔、常见的优秀剧目等内容。

J0166894
京剧知识手册 吴同宾编写
天津 天津教育出版社 1995年 23+594页
有图 20cm（32开）ISBN：7-5309-2323-4
定价：CNY25.60
（中国京剧艺术丛书 1）

J0166895
看戏谈戏 许介文[著]
济南 济南开明企业京剧团编辑部 1995年
321页 有照片 19cm（小32开）
本书收录文章166篇，内容包括：京剧浅识、门外试评、菊坛绝话、趣闻轶事、票房素描5大类。

J0166896
裘盛戎生平和裘派艺术 钳韵宏著
青岛 青岛出版社 1995年 146页 有图
20cm（32开）ISBN：7-5436-1223-2
定价：CNY10.00
作者钳韵宏（1939— ），国家一级演员，中国戏剧家协会会员。

J0166897
孙毓敏谈艺录 孙毓敏著
北京 华文出版社 1995年 307页 有彩照
20cm（32开）ISBN：7-5075-0412-3
定价：CNY18.00
作者孙毓敏（1940— ），女，京剧表演艺术家。历任国家一级演员，北京市戏曲学校校长、中国剧协理事、北京作协会员。代表作品《红娘》《荀灌娘》《杜十娘》《红楼二尤》《金玉奴》等。

J0166898
样板戏的风风雨雨 （江青·样板戏及内幕）戴嘉枋著
北京 知识出版社 1995年 346页 20cm（32开）
ISBN：7-5015-1160-8 定价：CNY10.80

J0166899
中小学京剧读本 谢国祥，刘琦编著
天津 天津教育出版社 1995年 214页 有彩图
20cm（32开）ISBN：7-5309-2333-1
定价：CNY9.80
（中国京剧艺术丛书 2）

J0166900
高文澜剧作及评论文选集
1996年 469页 有照片 21cm（32开）

J0166901
京剧服饰 述鼎著
台北 艺术图书公司 1996年 187页 有彩照
21cm（32开）ISBN：957-672-239-X
定价：TWD450.00
（中华艺术导览 7）

J0166902
京剧诗、书、文、画 老烈编著
台北 淑馨出版社 1996年 71页 26cm（16开）
ISBN：957-531-514-6 定价：TWD480.00

J0166903
京剧现状研究 崔长武主编；北京市艺术研究所编
北京 中国戏剧出版社 1996年 188页
19cm（小32开）ISBN：7-104-00786-5
定价：CNY9.80

J0166904
京剧园地导游 徐城北编著
北京 教育科学出版社 1996年 75页
19cm（小32开）ISBN：7-5041-1662-9
定价：CNY23.00
（中小学袖珍图书馆 36）
作者徐城北（1942— ），作家、学者。生于重庆，毕业于中国戏曲学院戏曲文学系。中国作家协会会员、中国戏剧家协会会员、中国京剧院副研究员、北京大学兼职教授。著有《梅兰芳与20世纪》《京剧与中国文化》等。

J0166905
马少童书画脸谱选 马少童[绘]
济南 山东文艺出版社 1996年 40页 29cm（16开）
ISBN：7-5329-1402-X 定价：CNY68.00

J0166906
名旦风采 （荀尚筱艺术论集）北京市艺术研究所编
北京 北京燕山出版社 1996年 258页
20cm（32开）ISBN：7-5402-0683-7

定价: CNY16.50

J0166907
艺苑秋实 （京剧表演多种程式的妙用）张云溪著; 李滨声绘
北京 中国广播电视出版社 1996年 重印本
256页 有图 20cm(32开) ISBN: 7-5043-2729-8
定价: CNY13.00
作者李滨声(1925—), 新闻漫画家。曾用名李洛非, 笔名梨园客。出生于黑龙江哈尔滨, 祖籍辽宁本溪。中国美术家协会会员、北京市文史研究馆馆员。代表作品《喧宾夺主》《三星铅笔》等。

J0166908
忆江南 李紫贵口述; 蒋健兰整理
北京 中国戏剧出版社 1996年 212页 有照片
20cm(32开) ISBN: 7-104-00789-X
定价: CNY23.80
(中国文联晚霞文库)
作者李紫贵(1915—1999), 京剧老生、导演、教育家。原名顺来, 上海人。中国戏曲学院教授。作者蒋健兰(1931—2005), 女, 戏曲研究者。江西九江人, 中国剧协会员。合著《老两口谈戏——梆子及其它》。

J0166909
赵荣琛表演艺术浅论 刘英华著
北京 文化艺术出版社 1996年 252页 有照片
20cm(32开) ISBN: 7-5039-1417-3
定价: CNY12.80

J0166910
中国京剧 徐城北著
广州 广东旅游出版社 1996年 14+242页 有图
20cm(32开) ISBN: 7-80521-625-8
定价: CNY12.80
(中国旅游文化书系)

J0166911
中国京剧脸谱宝典 于长澍, 范铁铮编绘
哈尔滨 黑龙江美术出版社 1996年 168页
29cm(16开) ISBN: 7-5318-0335-6
定价: CNY198.00

J0166912
中国京剧脸谱宝典 于长澍, 范铁铮编绘
哈尔滨 黑龙江美术出版社 1999年 重印本
168页 29cm(16开) ISBN: 7-5318-0697-5
定价: CNY98.00

J0166913
中国京剧艺术 （图集）张庚, 余从主编; 中国艺术研究院戏曲研究所编
北京 京华出版社 1996年 321页 29cm(16开)
精装 ISBN: 7-80600-180-8 定价: CNY450.00
作者张庚(1911—2003), 戏剧理论家、教育家、戏曲史家。原名姚禹玄, 生于湖南长沙。历任中央戏剧学院副院长、东北鲁迅文艺学院副院长兼文工团四团团长、中国戏曲学院院长。论著有《中国戏曲通史》《戏曲艺术论》等。

J0166914
周信芳评传 沈鸿鑫著
上海 上海文艺出版社 1996年 335页
20cm(32开) ISBN: 7-5321-1449-X
定价: CNY16.70

J0166915
程砚秋艺术评论集 萧晴编
北京 中国戏剧出版社 1997年 608页 有照片
20cm(32开) ISBN: 7-104-00692-3
定价: CNY30.00
(秋声丛书)
程砚秋(1904—1958), 满族, 京剧表演艺术家。原名承麟, 初名程菊侬, 后改艳秋, 字玉霜, 更名砚秋, 改字御霜。著名京剧旦角, 四大名旦之一, 程派艺术的创始人。代表作品有《程砚秋文集》《锁麟囊》《荒山泪》等。

J0166916
京剧精神 蒋锡武著
武汉 湖北教育出版社 1997年 310页
20cm(32开) ISBN: 7-5351-2168-3
定价: CNY13.40
(青橄榄文丛)

J0166917
上海京剧发展战略论集 上海京剧院理论研究室编

上海 文汇出版社 1997年 474页 21cm(32开)
ISBN: 7-80531-520-5 定价: CNY36.00

本书收录《京剧随时代前进》《祝上海京剧发展战略研讨会》《对上海京剧现状和发展的几点思考》《寻求古典艺术与当代审美意识的最佳结合点》《关于京剧命运的论辩》等文章。

J0166918
我与京剧艺术　梁小鸾叙事; 冯宏来撰文
长春 时代文艺出版社 1997年 365页 有照片
19cm(小32开) ISBN: 7-5387-1086-8
定价: CNY13.00

J0166919
闲话京戏　徐城北著
杭州 浙江摄影出版社 1997年 262页
20cm(32开) ISBN: 7-80536-461-3
定价: CNY20.00
(锦瑟文丛 第一辑)

作者徐城北(1942—), 作家、学者。生于重庆, 毕业于中国戏曲学院戏曲文学系。中国作家协会会员、中国戏剧家协会会员、中国京剧院副研究员、北京大学兼职教授。著有《梅兰芳与20世纪》《京剧与中国文化》等。

J0166920
中国京剧脸谱编织图案精选　曹庆婕等绘
太原 山西科学技术出版社 1997年 96页
26cm(16开) ISBN: 7-5377-1411-8
定价: CNY21.00

J0166921
中国京剧艺术　(图集)霍建瀛编著
北京 今日中国出版社 1997年 123页
28cm(大16开) 精装 ISBN: 7-5072-0850-8

J0166922
坐在台上看戏　徐城北著
北京 中国书店 1997年 156页 有图
19cm(小32开) ISBN: 7-80568-799-4
定价: CNY12.50
(梨园文化雅俗谈 风之集 3)

J0166923
高盛麟表演艺术　周笑先, 蒋锡武编
武汉 武汉出版社 1998年 457页 有照片
20cm(32开) ISBN: 7-5430-1964-7
定价: CNY25.00
(武汉文艺丛书)

J0166924
国剧艺术汇考　齐如山著
沈阳 辽宁教育出版社 1998年 2册(504页)
19cm(小32开) ISBN: 7-5382-5041-7
定价: CNY20.00
(新世纪万有文库 近世文化书系)

作者齐如山(1875—1962), 戏曲理论家、作家。河北高阳人。名宗康(一说: 宗廉), 字如山。早年留学欧洲, 曾任京师大学堂、北平女子文理学院教授, 并致力于戏曲研究。曾与梅兰芳共同从事戏曲艺术的改进工作。编写剧本著名者有时装戏《一缕麻》, 古装戏《黛玉葬花》《嫦娥奔月》等。出版有《齐如山全集》。

J0166925
京剧·跷和中国的性别关系　(1902—1937)
黄育馥著
北京 三联书店 1998年 211页 有照片
20cm(32开) ISBN: 7-108-01187-5
定价: CNY13.00
(三联·哈佛燕京学术丛书 第五辑)

本书内容包括: 跷在京剧中的应用、跷的功能分析、从跷看京剧中女性形象的变化、从跷看京剧中性别结构的变化等8章。

J0166926
京剧人物装扮百出　万如泉等编著
北京 文化艺术出版社 1998年 299页
20cm(32开) ISBN: 7-5039-1731-8
定价: CNY18.80

J0166927
厉慧良纪念集　谢国祥主编
天津 百花文艺出版社 1998年 367页 有照片
20cm(32开) ISBN: 7-5306-2666-3
定价: CNY25.00

J0166928
麒艺丛编　(第一辑)刘厚生等主编; 周信芳艺术研究会编

上海 学林出版社 1998年 242页 20cm(32开)
ISBN: 7-80616-440-5 定价: CNY14.00

本书收录《艺术生命的链条——周信芳唱腔艺术的构成基因》(安志强)、《试论周信芳的声腔艺术》(叶舫瑞)、《论"麒派"与"海派"的文化追求》(张泽纲)、《麒艺二题》(侯硕平)、《麒门桃李多芳菲》(孙善康)、《周信芳戏曲悲剧艺术风格论》(桂荣华)等。

J0166929
麒艺丛编 (第二辑)刘厚生等主编; 周信芳艺术研究会编
上海 学林出版社 1999年 271页 有剧照
20cm(32开) ISBN: 7-80616-728-5
定价: CNY14.50

本书收录《独具魅力的麒老牌》(刘海粟)、《戏剧艺术的生命力在于从众随俗——由周信芳先生想到的》(陈多)、《试谈〈澶渊之盟〉的寇准形象》(啸岚)、《从周信芳演〈海瑞上疏〉说起》(吴石坚)、《从生活融铸程式》(钱英郁)、《石库门文化——麒派艺术之性》(侯硕平)等。

J0166930
戏里乾坤大——平剧世界 王安祈著
台北 汉光文化事业公司 1998年 128页
有照片 17cm(40开) ISBN: 957-629-311-1
定价: TWD180.00
(传统艺术丛书 5)

J0166931
戏迷夜话 张国威编著
武汉 武汉出版社 1998年 179页 有图
19cm(小32开) ISBN: 7-5430-1674-5
定价: CNY8.50
(大众文娱休闲丛书)

J0166932
杨宝森纪念集 谢国祥主编
天津 百花文艺出版社 1998年 375页 有照片
20cm(32开) ISBN: 7-5306-2667-1
定价: CNY25.00

杨宝森(1909—1958),著名京剧表演艺术家。原籍安徽合肥,祖居北京。主要作品有《失街亭·空城计·斩马谡》《定军山》《四郎探母》等。

J0166933
中国京剧观赏 顾群等编著
哈尔滨 黑龙江人民出版社 1998年 42+402页
有彩图 20cm(32开) ISBN: 7-207-04030-X
定价: CNY25.00

J0166934
2000:京剧脸谱 (美术挂历)
石家庄 河北美术出版社 1999年 58×42cm
ISBN: 7-5310-1313-4 定价: CNY58.00

J0166935
车王府曲本与京剧的形成 郭精锐著
汕头 汕头大学出版社 1999年 267页
20cm(32开) ISBN: 7-81036-380-8
定价: CNY18.00

J0166936
第二届中国京剧艺术节 (画册)
北京 同心出版社 1999年 63页 29cm(16开)
ISBN: 7-80593-426-6 定价: CNY188.00

J0166937
东篱采菊 (京剧知识ABC)项晨,韶华著
北京 人民音乐出版社 1999年 187页
20cm(32开) ISBN: 7-103-01848-0
定价: CNY9.60

J0166938
方荣翔文集 方荣翔著; 方立民编著
北京 中国戏剧出版社 1999年 192页 有照片
20cm(32开) ISBN: 7-104-00942-6
定价: CNY17.20

J0166939
国剧风采 (中国京剧艺术)陈培仲,胡世均著
长春 吉林美术出版社 1999年 184页 有剧照
19cm(小32开) ISBN: 7-5386-0751-X
定价: CNY16.50
(世界艺术教育文库 首批)

J0166940
京剧丛谈百年录 翁思再主编
石家庄 河北教育出版社 1999年 2册(627页)
23cm ISBN: 7-5434-3704-X 定价: CNY38.00

本书收录《关于旧剧改良的通信》《中国戏剧的三条路》《国剧学会缘起》《京剧的特点》《梨园佳话》等百余篇文章。

J0166941
京剧魅力　严明著
海口 海南出版社 1999 年 168 页 有图
19cm（小 32 开）ISBN：7-80645-398-9
定价：CNY42.00（全辑）
（火凤凰青少年文库 70 第二批 生活万花筒）

J0166942
京剧人物　赵梦林撰文·绘画
北京 朝华出版社 1999 年 122 页 25cm（小 16 开）
ISBN：7-5054-0648-5 定价：CNY68.00
本书主要内容：妙笔丹青现梨园；翁偶虹先生题词；李万春先生赠画；京剧人物的造型艺术；京剧人物图谱等。作者赵梦林（1952—　），生于内蒙古察右前旗，祖籍山西忻州，代表作有《三国人物绣像》《京剧脸谱》等。

J0166943
京剧新序　刘曾复编著；屠楚材记谱
北京 北京燕山出版社 1999 年 10+393 页
20cm（32 开）ISBN：7-5402-1205-5
定价：CNY25.00
（北京京剧昆曲振兴协会系列丛书）

J0166944
京剧与中国文化　徐城北著
北京 人民出版社 1999 年 745 页 有图
20cm（32 开）精装 ISBN：7-01-002941-5
定价：CNY49.20
（中国文化新论丛书）
作者徐城北（1942—　），作家、学者。生于重庆，毕业于中国戏曲学院戏曲文学系。中国作家协会会员、中国戏剧家协会会员、中国京剧院副研究员、北京大学兼职教授。著有《梅兰芳与20世纪》《京剧与中国文化》等。

J0166945
快乐看角色学行当　偶树琼著
台北 艺术教育馆 1999 年 152 页 有剧照
20cm（32 开）ISBN：957-02-4365-1
定价：TWD150.00
（青少年表演艺术丛书 认识京剧）

J0166946
霓裳曲　老烈著
广州 广东教育出版社 1999 年 291 页
20cm（32 开）ISBN：7-5406-4129-0
定价：CNY15.00

J0166947
上海京剧志　徐幸捷，蔡世成主编；《上海文化艺术志》编纂委员会，《上海京剧志》编辑部［编］
上海 上海文化出版社 1999 年 32+486 页 有照片
26cm（16 开）精装 ISBN：7-80646-038-1
定价：CNY80.00
本志是《上海文化艺术志》的专业分志之一，上限为 1863 年上海有京调皮黄起，下限为 1996 年，记述了上海市及所属区、县的重要京剧活动与外地京剧在上海的重要活动。

J0166948
戏中邮　马铁汉著
北京 知识出版社 1999 年 161 页 有图
26cm（16 开）精装 ISBN：7-5015-2278-2
定价：CNY48.00
（邮政周报丛书）
作者从自古流传下来的大量京剧剧目中，撷取了 160 则片段，展现了古人传信递物的历史和风俗。作者马铁汉（1936—　），回族，字古燕，号秀夫，北京人。毕业于南开大学历史系和中国戏曲研究院研究生班。历任中国农工民主党宣武区工委副主委、北京市宣武区政协第九届副主席。著有《戏中邮》，编撰《中老年案头之友》《中国京剧艺术邮册》等。

J0166949
中国国剧脸谱大全　赵梦林著
台北 淑馨出版社 1999 年 226 页 有照片
21×22cm 精装 ISBN：957-531-635-5
定价：TWD580.00
（吾土吾民文物丛书 15）
作者赵梦林（1952—　），生于内蒙古察右前旗，祖籍山西忻州，代表作有《三国人物绣像》《京剧脸谱》等。

J0166950
中国京剧　陈多，叶长海等主编
上海　上海古籍出版社　1999 年　315 页
37cm（8 开）精装　ISBN：7-5325-2655-0
定价：CNY550.00

本书以大量的照片资料从京剧的美学特征、京剧的行当与角色、京剧的风格和流派 3 个方面对京剧艺术进行了介绍，最后介绍了京剧的脸谱艺术及京剧的普及与交流。

J0166951
中国京剧服饰　赵少华主编
北京　五洲传播出版社［1999 年］102 页
31cm（10 开）精装　ISBN：7-80113-628-4
定价：CNY298.00

J0166952
中国京剧剧谚选注　苏移编注
北京　中国戏剧出版社　1999 年　136 页
20cm（32 开）ISBN：7-104-00944-2
定价：CNY8.50

J0166953
中国京剧史　北京市艺术研究所，上海艺术研究所组织编著
北京　中国戏剧出版社　1999 年　4 册　有照片
20cm（32 开）ISBN：7-104-01097-1
定价：CNY226.00

本书全面记述了京剧的历史，内容包括京剧的孕育形成、京剧的逐渐成熟、京剧的鼎盛时期、战争年代的京剧、京剧的黄金时代、“文革”前后的京剧、振兴京剧的新时期、京剧艺术在台港澳地区和国外等，并介绍了各时期京剧界的人物。

J0166954
中国京剧史　北京市艺术研究所，上海艺术研究所组织编著
北京　中国戏剧出版社　1999 年　4 册（37+2853 页）
有图　20cm（32 开）精装　ISBN：7-104-01095-5
定价：CNY800.00

J0166955
中国京剧史　马少波［等］主编；北京市艺术研究所，上海艺术研究所组织编著
北京　中国戏剧出版社　1999 年　4 册（37+2846 页）
有图　21cm（32 开）精装　ISBN：7-104-01096-3
定价：CNY298.00

J0166956
朱福侠创作演出剧本集　朱福侠著；谈志湘编
北京　大众文艺出版社　1999 年　226 页　有照片
20cm（32 开）ISBN：7-80094-658-4
定价：CNY19.80

昆曲艺术

J0166957
太平王会　（清）承应抄
清嘉庆十三年［1808］抄本　毛装

J0166958
寿祝万年
清道光　抄本　毛装

J0166959
万寿祥开
清末　抄本　线装

J0166960
昆曲皮簧盛衰变迁史　鹿原学人编纂
上海　泰东图书局　1928 年　50 页　19cm（32 开）
定价：大洋二角

本书内容包括：花部之诸腔、蜀伶之跳梁、徽班之勃兴。此书是《京剧二百年历史》的“总论”部分。

J0166961
浣纱记校记　储皖峰著
1936 年　20 页　25cm（15 开）

本书是中国古代戏曲研究专著。

J0166962
昆曲研究会彩爨纪念集　（第 1 期）北京国剧学会编
北平　北京国剧学会　1942 年　14 页　有肖像
［19×26cm］

J0166963
昆剧观摩演出纪念文集　中国戏剧家协会上海分会编
上海 上海文化出版社 1957年 119页 有照片
21cm(32开) 统一书号: 10077.612
定价: CNY0.46

J0166964
昆剧表演一得　(第一集) 徐凌云演述; 管际安, 陆兼之整理
上海 上海文艺出版社 1959年 122页 有照片
21cm(32开) 统一书号: 10078.0768
定价: CNY0.54
本书记录整理了徐凌云演出实践的27个昆剧剧目，生旦净末丑行当俱全。剧目有《寄子》《小宴》《嫁妹》《见娘》《照镜》等。每一剧目除作剧情介绍和分析主题思想外，详细记录主要角色的全部表情身段动作，指出唱念表演上的注意点和人物在特定环境中的精神活动。

J0166965
昆剧表演一得　(第二集) 徐凌云演述; 管际安, 陆兼之整理
上海 上海文艺出版社 1959年 121页 有照片
21cm(32开) 统一书号: 10078.1044
定价: CNY0.54
作者徐凌云(1886—1966)，昆曲表演艺术家。字文杰，号摹烟，浙江海宁人。作品有《看戏六十年》《昆剧表演一得》。

J0166966
昆剧表演一得　(第三集) 徐凌云演述; 管际安, 陆兼之整理
上海 上海文艺出版社 1960年 124页 有照片
21cm(32开) 统一书号: 10078.1428
定价: CNY0.52

J0166967
我演昆丑　华傳浩演述; 陆兼之记录整理
上海 上海文艺出版社 1961年 161页
21cm(32开) 统一书号: 10078.1741
定价: CNY0.84, CNY1.25 (精装)
本书内容包括: 第1部分泛论昆丑的艺术特点，从实践中提出自己的见解。第2部分为全书重点，详述了《相梁》《刺梁》《芦林》《茶访》《盗甲》《醉皂》《下山》7出戏的表演艺术，以及配角戏的表演心得。

J0166968
李慧娘　(昆剧) 孟超编剧; 陆放谱曲
上海 上海文艺出版社 1962年 115页 有图及曲谱
19cm(32开) 统一书号: 10078.1928
定价: CNY0.44

J0166969
李慧娘　(昆剧) 孟超编剧; 陆放谱曲
上海 上海文艺出版社 1990年 重印本 128页
有剧照曲谱 19cm(32开) 统一书号: 8078.3171
定价: CNY0.43

J0166970
昆剧穿戴　(第一集) 苏州市戏曲研究室编
苏州 苏州市戏曲研究室 1963年 130页
19cm(32开) 定价: 1.00元
(戏曲研究资料丛书)

J0166971
昆剧穿戴　(第二集) 苏州市戏曲研究室编
苏州 苏州市戏曲研究室 1963年 128页
19cm(32开) 定价: 1.00元
(戏曲研究资料丛书)

J0166972
我演昆丑　华传浩演述; 陆兼之记录整理
上海 上海文艺出版社 1979年 重印本 159页
有照片 20cm(32开) 统一书号: 10078.1741
定价: CNY0.74
本书是昆曲丑角表演艺术的经验总结。作者华传浩(1912—1975)，昆剧演员。原名福麟，字湘卿，江苏苏州人。擅演剧目有《醉皂》《下山》等，著有《我演昆丑》。

J0166973
昆剧演出史稿　陆萼庭著
上海 上海文艺出版社 1980年 361页 有照片
21cm(32开) 统一书号: 8078.3148
定价: CNY1.25

J0166974
昆曲《牡丹亭》与古典舞蹈之研究　蒋啸琴著

台北 台湾艺术专科学校出版委员会 1984年
178页 有图 26cm(16开)
定价:TWD300.00,TWD400.00(精装)
(艺术丛书)

J0166975
俞振飞艺术论集 俞振飞著;王家熙等整理
上海 上海文艺出版社 1985年 396页 有照片
20cm(32开)精装 统一书号:8078.3524
定价:CNY3.30

J0166976
丑中美 (王传淞谈艺录)王传淞口述;沈祖安,王德良整理
上海 上海文艺出版社 1987年 185页 有照片
20cm(32开)统一书号:8078.3634
定价:CNY1.70
(表演艺术丛书)

J0166977
优孟衣冠八十年 侯玉山口述;刘东升整理
北京 中国戏剧出版社 1988年 268页 有剧照
19cm(32开)ISBN:7-104-00114-X
定价:CNY2.25
本书真实记录了侯玉山先生八十年来从艺生涯中的所见所闻,是一部对早期昆弋腔在北方分布活动情况的珍贵艺术资料。收录《初涉艺途》《去庆长搭班》《昆曲在河北农村》《由荣庆到祥庆》《在肃宁县高家口村教戏》《我演青面虎及使用椅子功的情况》《关于红豆馆主的见闻》《昆弋著名武生王益友》《昆曲当前面临改革》《九十寿辰茶话会》等。

J0166978
昆剧发展史 胡忌,刘致中编著
北京 中国戏剧出版社 1989年 758页
20cm(32开)精装 ISBN:7-104-00057-8
定价:CNY11.00,CNY9.30(平装)
(中国戏曲剧种史丛书)
本书从历史发展的角度研究与介绍昆剧文学、昆剧音乐、昆剧创作与演出、昆剧班社和艺术名家等诸方面。

J0166979
笛情梦边 (记张继青的艺术生活)丁修询著
南京 江苏文艺出版社 1991年 233页 有照片
19cm(小32开)ISBN:7-5399-0299-X
定价:CNY3.50
(江苏文化艺术丛书)

J0166980
昆剧表演一得 徐凌云演述;管际安,陆兼之记录整理
苏州 苏州大学出版社 1993年 394页 有剧照
26cm(16开)ISBN:7-81037-005-7
定价:CNY51.00
(昆剧艺术丛书)
作者徐凌云(1886—1966),昆曲表演艺术家。字文杰,号摹烟,浙江海宁人。作品有《看戏六十年》《昆剧表演一得》。

J0166981
艺海一粟 (汪世瑜谈艺录)章骥,程曙鹏主编
香港 金陵书社出版公司 1993年 256页 有剧照
20cm(32开)ISBN:962-440-132-2
定价:HKD20.00

J0166982
张继青表演艺术 中国昆剧研究会编著
南京 江苏人民出版社 1993年 216页 有彩照
19cm(小32开)ISBN:7-214-01075-5
定价:CNY8.00
本书收录《从张继青的表演看戏曲表演艺术基本原理》《送南昆出国》《张继青的成长》等20余篇文章。外文书名:Zhang Jiqing's Performing Arts.

J0166983
首届全国昆剧青年演员交流演出资料汇编
王蕴明,丛兆桓主编;中国昆剧研究会,北方昆曲剧院编
1994年 104页 26cm(16开)

J0166984
中国昆曲艺术 钮骠等[著]
北京 北京燕山出版社 1996年 13+319页 有照片
20cm(32开)ISBN:7-5402-0721-3
定价:CNY16.50

J0166985
上海昆剧志　方家骥，朱建明主编；《上海文化艺术志》编纂委员会，《上海昆剧志》编辑部［编］
上海　上海文化出版社　1998 年　10+339 页　有图
26cm（16 开）精装　ISBN：7-80511-947-3
定价：CNY54.00

中国歌剧、音乐剧、歌舞剧艺术

J0166986
乘风破浪解放海南特刊　李门等著；华南文工团公演
［民国］22 页　19cm（32 开）

J0166987
春晓　（儿童歌剧　二集）王渐仁，胡敬熙编著
上海　中原书局　民国十七年［1928］42 页
19cm（32 开）

J0166988
慈爱之光　（独幕歌舞剧）
北平　北美印刷局　民国十八年［1929］46 页
19cm（32 开）

J0166989
名利网　（孩子们的歌剧）沈醉了作词；陈雪鹄谱曲
上海　开明书店　1929 年　86 页　有图
19cm（小 32 开）
（春蜂乐会丛刊）
本书前有《"名利网"的故事》，并介绍登场人物、地点、时间、布景、用具等。五线谱、简谱对照。

J0166990
神仙妹妹　（重编歌舞剧本）黎锦晖著
上海　中华书局　民国十八年［1929］65 页
19cm（32 开）
作者黎锦晖（1891—1967），儿童歌舞音乐作家，中国流行音乐的奠基人。生于湖南湘潭，毕业于长沙高等师范学校。代表作品《麻雀与小孩》《葡萄仙子》《小小画家》等。

J0166991
好朋友　（儿童歌剧）梁肖友，潘学古编著
苏州　文怡福记书局　民国十九年［1930］72 页
19cm（32 开）

J0166992
最后的胜利　（歌舞剧本）黎锦晖编著
上海　中华书局　民国二十年［1931］49 页
有照片　19cm（32 开）

J0166993
狼和七只小山羊　（独幕歌剧）钱锄湘编著
上海　儿童书局　民国二十六年［1937］54 页
19cm（32 开）

J0166994
歌剧研究与舞踊　中国歌剧艺术学会编
成都　中国歌剧艺术学会　1943 年　16 页
19cm（32 开）
（歌剧通讯　1）
本书收录《歌剧与诗》（王余）、《谈歌剧》（黄岩海）、《舞踊散记》（戴爱莲讲）、《什么是舞踊艺术》（吴晓邦）等 6 篇文章。

J0166995
松梅风雨　（歌剧）
北平　北平歌剧协进会　1946 年　33 页　19cm（32 开）

J0166996
文艺的群众路线　（上册）李春兰编
［菏泽］冀鲁豫书店　1947 年　178 页　20cm（32 开）
本书收录民国时期共产党关于秧歌剧运动的文艺政策文件，以及相关的文章。

J0166997
新歌剧　周扬等著；冀鲁豫书店编辑部编
［菏泽］冀鲁豫书店　1947 年　63 页　20cm（32 开）

J0166998
秧歌表演手册　水华等著；鲁迅文艺工作团编
鲁迅文艺工作团　1947 年　24 页　18cm（32 开）
定价：一百元
本书收录《演员创作方法手记》（苏文）、《秧歌剧的技术》（张水华）两篇文章。

J0166999
秧歌论文选集 艾思奇等著；东北文艺工作团编
大连 中苏友好协会 1947年 66页 20cm（32开）
（新演剧丛书）

J0167000
华北大学文艺工作团第一团公演新歌剧《白毛女》（演职员人名单）华北大学文艺工作团第一团［印发］
北平 华北大学文艺工作团第一团 1949年 1张 27×18cm

J0167001
论新歌剧 张际春等撰
中国人民解放军第二野战军政治部 1949年 43页 13cm（60开）
（文艺工作丛书）
本书收录《看了文工团三个剧的演出后》（张际春）、《介绍“两种作风”》（任白戈）、《介绍歌剧“王克勤班”》（陈斐琴）、《部队歌剧创作过程中的几点经验》（江涛）等8篇论文。

J0167002
五幕歌剧《白毛女》公演说明 中国人民解放军十三兵团政治部宣传队编辑
北京 中国人民解放军十三兵团政治部宣传队 1949年 5页 19×13cm
本书收录《北风吹》《风卷雪花》《太阳出来了》3首为观众耳熟能详的歌曲。书前有《白毛女本事》。

J0167003
秧歌剧导演常识 力鸣著
沈阳 东北书店 1949年 46页 18cm（32开）
本书分10节，内容包括：秧歌剧的特点，导演应该具备的才能，导演与剧作者，演员及各工作部门人员的关系，怎样分析剧本，组织研究剧本和读词，感情的充分发挥，怎样注意演员的动作和姿态，全剧连派，关于布景、服装、道具的常识等。

J0167004
秧歌晚会节目单 华北大学文艺工作团［印发］
［北平］华北大学文艺工作团［1949年］1张 21×30cm（15开）

J0167005
秧歌舞初步 陈锦清著
大连 大众书店 民国三十八年［1949］26页 18cm（32开）
本书内容包括：介绍几个地域的秧歌舞、怎样学习和练习、提高和创造、服装和道具4章。

J0167006
秧歌与新歌剧 张庚著
大连 大众书店 1949年 54页 18cm（32开）
本书内容包括：民间的秧歌、新秧歌的成就和它提出来的问题、新秧歌剧的酝酿、理想和展望4部分。

J0167007
从秧歌到地方戏 黄芝冈撰
上海 中华书局 1951年 132页 18cm（15开）
定价：旧币5,600元
（人民戏剧丛书）

J0167008
重新做人（歌剧）郦仲瑜著
上海 文化工作社 1951年 42页 13cm（60开）
平装
（文化工作者戏曲丛书 四辑之二）

J0167009
新歌剧表演的初步探索 舒强撰
上海 新文艺出版社 1952年 135页 20cm（32开）
定价：旧币5,600元
作者舒强，戏剧导演。原名蒋树强。江苏南京人。曾在中国左翼戏剧家联盟南京分盟大众剧社、上海业余实验剧团任演员，华北联合大学文艺学院戏剧系主任、中央戏剧学院表演系主任，中央实验话剧院副院长、总导演。导演话剧有《白毛女》《大风歌》等。有《舒强戏剧论文集》。

J0167010
大揪什锦汤（歌表演）王春元，王金陵编剧；刘炽作曲
北京 音乐出版社 1958年 12页 19cm（32开）
统一书号：8026.1085 定价：CNY0.07
（春节文娱小丛书）

J0167011
赶河湾 （歌舞剧）杨琦编剧；李向一编曲
上海 上海文艺出版社 1958年 29页 18cm（15开）
统一书号：8078.277 定价：CNY0.10
作者杨琦（1921— ），音乐理论家、美学家、诗人、教授。本名杨其庄，云南丽江人。

J0167012
丰收歌 （歌舞）中国舞蹈工作者协会编；黄素嘉舞；李玉兰编舞；黄素嘉作词；朱南溪，张慕鲁作曲
上海 上海文化出版社 1965年 60页 19cm（32开）
统一书号：8077.260 定价：CNY0.24

J0167013
装卸号子 （歌舞）中国舞蹈工作者协会编；衡阳铁路车站装卸工集体创作；怡明记谱；刘霁云记录
上海 上海文化出版社 1965年 43页 14cm（64开）
统一书号：T8077.270 定价：CNY0.09

J0167014
毛泽东思想的颂歌 （音乐舞蹈史诗《东方红》广州演出的经验和体会）广东人民出版社编辑
广州 广东人民出版社 1966年 101页
19cm（32开）统一书号：10111.783
定价：CNY0.25

J0167015
革命现代芭蕾舞剧《白毛女》 北京出版社编辑；上海市舞蹈学校集体创作
北京 北京出版社 1967年 19cm（小32开）
定价：CNY0.22

J0167016
送饲料 （"红小兵"歌舞）上海市肇周路小学编；虞天慈编舞；朱烁渊作词；沈祖望作曲；毛用坤绘图
上海 上海人民出版社 1973年 20页 14cm（64开）
统一书号：R8171.711 定价：CNY0.05

J0167017
中国歌剧艺术文集 田川，荆蓝主编
北京 国际文化出版公司 1990年 720页
20cm（32开）ISBN：7-80049-641-4
定价：CNY8.60
本书收录中国歌剧界编导创演各方面专家的文章。有的是对歌剧艺术理论问题的讨论，有的是对自己艺术生涯的回忆，有的是艺术家多年累积的体会和经验等。

J0167018
中国歌剧艺术散论 韦明著；中国人民解放军总政治部歌剧团，《歌剧艺术研究》编辑部编
[上海][歌剧艺术研究杂志社][1996年]
301页 有照片 19cm（32开）定价：CNY10.00

中国话剧艺术

J0167019
新剧史 朱双云著
上海 新剧小说社[发行]民国三年[1914]
有照片 22cm（30开）定价：六角
本书以中国传统史书和笔记文学的笔法记述了中国早期话剧，特别是上海早期话剧从开创到中兴期间的历程。不仅是中国话剧最早的专门史著，也是后人研究文明新戏（通俗话剧）的珍贵史料。

J0167020
新剧史 朱双云著
1914年[130]页 有照片 22cm（30开）

J0167021
民鸣新剧社一周年纪念书 民鸣社编辑部编
上海 1915年[20]页 有图 18cm（15开）

J0167022
学校剧 范寿康著
上海 商务印书馆 1923年 63页 17cm（35开）
定价：大洋一角
（百科小丛书 36）
本书内容包括：学校剧的历史与价值、剧的本质与表现、舞台装置与杂件、教育上应注意的诸点等5章，论述在学校演出的剧本的教育意义和演剧的技术问题。

J0167023
学校剧 范寿康著
上海 商务印书馆 1926年 再版 63页
17cm(35开) 定价: 大洋一角
(百科小丛书 36)

J0167024
学校剧 阎哲吾编
长沙 商务印书馆 1936年 70页 19cm(32开)
定价: 国币二角五分
(戏剧小丛书)
本书内容包括: 学校剧的意义、价值; 社团组织; 演员训练及支配; 剧本选用; 排演; 剧场与舞台; 舞台装置; 儿童剧等9章。

J0167025
学校剧 阎哲吾著
上海 商务印书馆 [1945—1949年] 70页
18cm(32开) 定价: 新法币二元五角
(戏剧小丛书)

J0167026
剧本汇刊 (第1集) 上海戏剧协社编
上海 商务印书馆 民国十四年[1925] 213页
18cm(32开) 定价: 大洋五角五分
本刊收录《泼妇》(独幕剧)、《好儿子》(独幕剧)、《少奶奶的扇子》(四幕剧)等。

J0167027
剧本汇刊 (第1集) 上海戏剧协社编
上海 商务印书馆 1933年 国难后第1版 213页
18cm(32开) 定价: 大洋五角五分
本书两集。收录创作剧《泼妇》、《回家以后》、《月下》(欧阳予倩)、《好儿子》(汪仲贤); 改编剧《少奶奶的扇子》(四幕剧, [英]王尔德原著, 洪深改译), 《第二梦》(三幕剧, 洪深据[英]J.M.Barrie's的"Dear brutus"改译)。第1集书前有欧阳予倩的"序", 第2集有谷剑尘的"序"。

J0167028
剧本汇刊 (第2集) 上海戏剧协社编
上海 商务印书馆 1933年 213页 18cm(32开)

J0167029
独幕剧ABC 蔡慕晖著
上海 世界书局 1928年 101页 18cm(小32开)
(ABC丛书)
本书分6章, 介绍独幕剧的价值、特性、主题、材料、剧情、性格以及对话等。

J0167030
岳飞 (四幕十一景古装历史剧)
[1930—1939年] 20页 [19cm] (32开)
本书与《国家至上》(四幕名剧)合订。

J0167031
学校戏剧概论 阎哲吾编
镇江 中央书店 1931年 94页 19cm(32开)
本书内容包括: 总论、学校剧的社团组织、剧本、演员、排演、剧场、舞台、布景、光彩、色彩、化装、服装、道具, 以及学校剧与儿童剧等。书前收录《我们的学校戏剧运动》《学校戏剧运动答客难》《学校戏剧与学校教育》。编者阎折梧(1907—1988), 戏剧家, 中国剧协上海分会会员。本名阎葆明, 字哲吾, 后改名包明, 笔名折梧。江苏扬州人。著有剧作《防不胜防》《母性之光》等。

J0167032
中国的话剧
[1932—1936年] 76页 26cm(16开) 精装

J0167033
话剧演员的基本知识 孔包时著
上海 商务印书馆 1935年 74页 18cm(15开)
定价: 大洋一角五分
(百科小丛书)
本书内容包括: 姿态、动作与对话、对话的读法等15章。

J0167034
《过渡》演出特辑 中华平民教育促进会编
北平 中华平民教育促进会 1936年 84页
23cm(10开) 定价: 旧币二角
(农民戏剧实验报告)
本书收集了报刊上对《过渡》话剧剧本的评论文章23篇, 其中有熊佛西的《新生》《"过渡"的写作及其演出》《中国戏剧的新途径》、杨村彬的《定县的农民戏剧实验》、陈治策的《中国的戏剧应由过度走上正轨》等。

J0167035
交大话剧社特刊 张宗祺编辑
上海 交大话剧社交际股 1936年 71页 19cm(32开)
本书收录《日出》《委曲求全》两个剧本的本事、评论文章及演员介绍等，作者有李健吾、陈凝秋、吴铁翼、凤子等。书前有陈广湘的《敬致观众》、钱曾慰的《写在公演前》，以及《交大话剧社为庆祝本校四十纪念公演经费筹划之经过》。

J0167036
说谎者 朱端钧改译
南京 国立戏剧学校［1936年］24页 19cm(32开)
本书包括剧情介绍，原作者介绍，演、职员名单等。此剧为英国琼斯原著。

J0167037
国民公敌 （五幕剧）(挪)易卜生著；张彭春，万家宝译；王家齐导演
南京 国立戏剧学校［1937年］18页 有图 18cm(15开)
本书包括公演秩序单、前后台职员表、剧情分幕说明等，附陈治策的《易卜生的幽默》一文。

J0167038
后防 熊佛西等著
成都 四川省立戏剧教育实验学校［1937—1945年］11页 26cm(16开)
本书是四川省立戏剧实验学校第一届公演特刊。

J0167039
戏剧大众化之实验 熊佛西编著
南京 正中书局 民国二十六年［1937］116页 21cm(32开) 定价：国币四元四角
本书内容包括：实验的动机、剧本、剧团、剧场、演出、农民戏剧与农民教育、推行或制度问题7章。

J0167040
戏剧大众化之实验 熊佛西编著
南京 正中书局 1947年 沪1版 116页 20cm(32开) 定价：国币四元四角

J0167041
自救 （四幕剧）张道藩著
南京 国立戏剧学校 1937年 22页 有剧照 18cm(15开)
本书是民国时期话剧演出史料，包括剧情说明、演出人员的名单、观剧后之剧评等。

J0167042
话剧抗战 （创刊号）达县民众教育馆群力救亡戏剧社主编
达县 达县民众教育馆群力救亡戏剧社 1939年 26页 19cm(32开)
本书收录《从戏剧的本质说起》(何璨)、《论抗战戏剧》(老哲)、《战线》(非值)等20篇。

J0167043
论抗战戏剧运动 郑君里著
重庆 生活书店 1939年 65页 18cm(15开) 定价：国币二角
本书是中国话剧艺术评论，内容包括：绪论、战区演剧、敌后演剧、后方演剧4章。

J0167044
新伶人 第二战区文化抗敌协会戏剧部编著
宜川 民族革命出版社 民国二十八年［1939］98页 20cm(32开) 定价：四角
本书内容分9章，包括：一个被忽略的问题、认识与目的、预见的困难、怎样训练、活动剪影、经验与教训、收获了些什么、金字塔不是一天造成的等。

J0167045
夜上海 上海剧艺社编
上海 上海剧艺社 1939年 39页 有肖像［19cm］(32开)
本书为话剧《夜上海》的说明书。附"上海剧艺社周年纪念文章多篇及该社大事记"、"演出统计表"、"收支报告表"等。

J0167046
二年来的协大抗建剧团 叶明勋执笔
邵武 协和大学学生自治会 1940年 8页 有肖像 20cm(32开)

J0167047
林冲
［1940—1949 年］11 页 13×19cm
本书是《林冲》剧情介绍。由吴祖光编剧，佐临导演。

J0167048
农民剧 徐公美编
长沙 商务印书馆 1940 年 42 页 18cm（小 32 开）
（戏剧小丛书）
本书内容包括：研究农民剧的定义、创作、演出等戏剧理论问题。

J0167049
下乡演剧的实践 周彦著
重庆 独立出版社 1940 年 52 页 19cm（32 开）
定价：二角五分
（戏剧理论丛书）
本书是中国话剧舞台演出理论专著，内容包括：什么样的组织、什么样的演出、什么样的剧本、怎样召集观众等 10 章。

J0167050
征募寒衣话剧公演特刊 重庆市银行业学谊励进会编
重庆 重庆市银行业学谊励进会［1940—1945年］47 页 24cm（15 开）

J0167051
新旅战时生活写真 新旅团员著；潘一尘校订
丽水 江南出版生产合作社 1941 年 42 页 19cm（32 开）定价：国币一元
（新安旅行团丛书 3）
本书是民国时期中国话剧团的史料。收录《我们将来怎样办》《拿出我们的本领来》《香港的儿童运动》《砍柴献金竞赛》《反汪禁烟宣传突击队》《我们这一年》《儿童部的一天》《我们的快乐会》《离敌人十五里》《我们的学习》等 14 篇反映剧团生活的文章。

J0167052
新演出 杨村彬著
重庆 独立出版社 1941 年 72 页 19cm（32 开）
定价：四角
（戏剧理论丛书）
本书是中国话剧艺术评论文集。收录《定县农民戏剧之实践》（1936 年“过渡”之演出）、《土生土养与接受遗产》（1937 年“龙王渠”之演出）、《儿童节成都儿童抗敌活动》（1938 年“儿童世界”之世界）、《民族艺术之路》（1939 年“秦良玉之演出”）4 篇文章。作者杨村彬（1911—1989），导演、艺术家。原名杨瑞麟，笔名瑞麟，北京人。毕业于北平大学艺术学院戏剧系。历任上海戏剧学院教务主任、上海电影剧本创作所编剧、上海人民艺术剧院编导，中国作家协会会员。导演话剧有《上海战歌》《枯木逢春》等。

J0167053
学生首次实习公演特刊 徐筱汀编
［西安］陕西省巡回歌咏戏剧队 1941 年 31 页 19cm（32 开）定价：七角
本书是民国时期陕西话剧剧团史料。收录《本队学生实习公演献辞》（封至模）、《论剧—对于秦腔的希望》（王捷三）、《戏剧教育的基本要求》（袁允中），《秦腔刍议》（徐筱汀）等 11 篇文章。

J0167054
怎样演出抗战戏剧 阎哲吾编著
教育部特种教育委员会 1941 年 40 页 18cm（15 开）
（特级丛刊 19）
本书是中国话剧研究专著。内容包括：导演计划、排演过程、演出事务计划、公演事务处理、公演后的事务管理 5 章。附录《戏剧理论丛书二十种》《世界名剧一百种中国创作剧本一百种》。

J0167055
战地戏剧理论与实践 侯枫著
重庆 独立出版社 1941 年 64 页 19cm（32 开）
定价：八角五分
（戏剧理论丛书）
本书是中国话剧艺术理论专著，分为上、下两篇。上篇含 6 章：引言、战地演剧的重要性、战地演剧的中心任务、战地演剧必具的条件、战地演剧的经验和教训、尾语；下篇为两年来战地演剧的实践。书前有编者著“戏剧理论丛书总序”。

J0167056
初期职业话剧史料 朱双云著
重庆 独立出版社 1942年 65页 18cm(15开)
定价:国币二元
(戏剧史丛书)
本书是中国话剧史专著,介绍各剧团的兴衰,以及演出情况、演员和剧目。

J0167057
养正剧团宣传纪念册 芜湖养正剧团宣传科编
芜湖 芜湖养正剧团宣传科 1942年[22]页
有图 19×26cm(16开)
本书介绍民国时期养正剧团的一些活动及演出情况。养正剧团为日伪组织。

J0167058
晚宴 艺光剧团编
艺光剧团 1943年 8页 19cm(32开)
定价:一元
(艺光公演特刊 3)
本书是三幕剧《晚宴》的剧情介绍。书前有编剧石华夫的《关于"晚宴"》、芸的《漫谈晚宴》。

J0167059
牧歌 方明编剧;费穆导演
上海 国风艺术剧社 1945年[5]页 12×18cm
定价:一百元
本书内容是四幕剧《牧歌》的说明书,包括:《牧歌》的本事、演员职员表,另收李宗善的《眼镜先生》,方明的《关于〈牧歌〉》两文。

J0167060
钗头凤 (四幕六场古装哀艳悲剧)魏于潜编剧;朱端钧导演
上海 上海剧艺社 1946年 19cm(32开)
定价:旧币500元
本书是四幕六场古装悲剧《钗头凤》的说明书。书前有魏于潜的《空白时代的补白——重演〈钗头凤〉感言》,书末附胡怀琛的《爱国诗人陆放翁》《记唐惠仙》。

J0167061
同志 你走错了路 (演出特辑)苏中部队文工团编
苏中部队文工团 1946年 34页 有图 18cm(32开)

J0167062
新官上任 上海实验剧社编
上海 上海实验剧社 1946年 14页
[19×26cm](16开)
本书是上海实验剧社演出前所编印的宣传品。

J0167063
《李闯王》演出专刊 (第三期)军区政治部宣传部编
[南宁]军区政治部宣传部[1950年]2张
25×18cm
本刊收录《我们为甚么要上演"李闯王"》《排演"李闯王"中的几点说明》《记住历史的教训》等文章。

J0167064
甲申记特刊
1950—1959年 34+9页 18cm(15开)

J0167065
屈原 (纪念屈原逝世二千二百三十年)中国青年艺术剧院演出
北京 中国青年艺术剧院 1953年 5页
26cm(16开)
本书是话剧艺术评论文集。

J0167066
首届话剧会演会刊 (1-36)第一届全国话剧观摩演出会编
北京 第一届全国话剧观摩演出会 1956年
26cm(16开)

J0167067
关于"话剧加唱"的问题 罗合如著
上海 上海文化出版社 1957年 25页 18cm(15开)
统一书号:10077.564 定价:CNY0.10
(戏曲演员学习小丛书)

J0167068
桃花扇 欧阳予倩编导
北京 中央戏剧学院实验话剧院[1957年]
有剧照 18cm(32开)
本书汇集中央戏剧学院实验话剧院三幕历史剧《桃花扇》的剧照。

J0167069
中国话剧运动五十年史料集 （第一辑）“中国话剧运动五十年史料集”编辑委员会编辑
北京 中国戏剧出版社 1958年 316页 有照片
20cm（32开）统一书号：10069.102
定价：CNY1.40

J0167070
中国话剧运动五十年史料集 （第二辑）“中国话剧运动五十年史料集”编辑委员会编辑
北京 中国戏剧出版社 1959年 373页 有照片
20cm（32开）统一书号：10069.179
定价：CNY1.60

J0167071
中国话剧运动五十年史料集 （第三辑）《中国话剧运动五十年史料集》编辑委员会编
北京 中国戏剧出版社 1963年 221页
20cm（32开）统一书号：10069.639
定价：CNY0.87

J0167072
中国话剧运动五十年史料集 （1）田汉等编
北京 中国戏剧出版社 1985年 313页 有剧照
19cm（32开）统一书号：8069.866
定价：CNY1.90

本套书是1957年由戏剧界老前辈田汉、欧阳予倩、夏衍、阳翰笙建议，经中国戏剧家协会主席团批准而编辑出版的。全书分3辑。内容包括：50年留存于世的关于话剧运动的部分历史文献、图片；当年投身于革命话剧运动的戏剧工作者的回忆录。

J0167073
中国话剧运动五十年史料集 （2）田汉等编
北京 中国戏剧出版社 1985年 371页 有剧照
19cm（32开）统一书号：8069.867
定价：CNY2.15

作者田汉（1898—1968），剧作家、戏曲作家、电影编剧、小说家、词作家。本名田寿昌，笔名：田汉、陈瑜、伯鸿等。湖南长沙人。创作歌词的歌曲《万里长城》的第一段，成为中华人民共和国国歌《义勇军进行曲》的歌词。代表作《义勇军进行曲》《名优之死》《关汉卿》等。

J0167074
中国话剧运动五十年史料集 （3）田汉等编
北京 中国戏剧出版社 1985年 220页 有剧照
19cm（32开）统一书号：8069.868
定价：CNY1.60

J0167075
西南区话剧、地方戏观摩演出大会演出剧目
成都 1965年 1册 25cm（16开）

J0167076
能文能武的文艺战士 （记工人演出的话剧《为革命修路》第1099号）新华社记者摄
［北京］1974年 3幅 11×15cm 定价：CNY3.00

J0167077
导演的话 黄佐临著
上海 上海文艺出版社 1979年 294页
20cm（32开）统一书号：8078.3150
定价：CNY0.94

本书收辑文章16篇。分“导演阐述”、“导演经验总结”、“戏剧论述”3大类。作者黄佐临（1906—1994），导演、编剧、作家。原名黄作霖，生于天津，毕业于英国伯明翰大学。导演作品有《陈毅市长》《布谷鸟又叫了》《为了和平》等，出版文集《我与写意戏剧观》《导演的话》。

J0167078
话剧表演知识讲座 叶涛等著
北京 人民文学出版社 1979年 168页
19cm（32开）统一书号：10019.2788
定价：CNY0.35

作者叶涛，上海戏剧学院教授。

J0167079
《茶馆》的舞台艺术 蒋瑞，苏民，杜澄夫编
北京 中国戏剧出版社 1980年
322页+［17］叶图版 21cm（32开）
统一书号：8069.14 定价：CNY2.85

J0167080
《蔡文姬》的舞台艺术 苏民，蒋瑞，杜澄夫编
上海 上海文艺出版社 1981年
274页+［20］页图 19cm（32开）
统一书号：8078.3277 定价：CNY1.20

J0167081
话剧语言训练　张仪静，杨莹编著
上海 华东师范大学出版社 1981年 130页
19cm（32开）统一书号：8135.001
定价：CNY0.48
（戏剧艺术丛书）

J0167082
《雷雨》的舞台艺术　北京人民艺术剧院《艺术研究资料》编辑组；苏民等编
上海 上海文艺出版社 1982年
477页+[19]叶图版 21cm（32开）
统一书号：8078.3331 定价：CNY1.55
本书是关于《雷雨》导演、表演艺术及人物形象创造的文章，是艺术家们的经验之谈；还收有人物造型照、剧照、舞台设计剧照及台词本等资料。是中国现代话剧艺术评论选集之一。

J0167083
《骆驼祥子》的舞台艺术　蒋瑞，张帆，杜澄夫编
北京 中国戏剧出版社 1982年
302页+[25]页图版 有照片 21cm（32开）
统一书号：8069.260 定价：CNY2.15
本书系统总结了北京人民艺术剧院演出话剧《骆驼祥子》的舞台艺术经验。

J0167084
北京人民艺术剧院　（纪念北京人民艺术剧院建院三十周年）"北京人民艺术剧院建院三十周年纪念册"编辑组编
香港 夏图广告设计有限公司 1982年 107页
有剧照 25×26cm

J0167085
话剧表演导演艺术探索　中国艺术研究院话剧研究所主编
北京 文化艺术出版社 1982年 265页 有剧照
21cm（32开）统一书号：10228.028
定价：CNY1.10
（话剧艺术研究丛书 第一辑）
本书收录10篇介绍演员、导演的创作经验和研究舞台艺术规律的专文，从不同方面探讨了北京人艺30年来的艺术成就。

J0167086
话剧台词艺术教程　郭溥澜著
北京 中国戏剧出版社 1982年 209页
19cm（32开）统一书号：8069.167 定价：CNY0.65
本书内容包括：关于话剧演员的台词基本功训练和台词的内外部技术；论述演员从分析台词入手，需经过怎样的途径和训练。

J0167087
舞台语言外部技巧初探　周翰雯，冯明义著
北京 中国戏剧出版社 1982年 180页
19cm（32开）统一书号：8069.199 定价：CNY0.56
（中央戏剧学院艺术丛书）
本书是一部论述话剧台词艺术的专著。内容分两部分：一部分是论述演员如何运用语言声音的变化技巧，哭与笑的技巧，气息变化的技巧，结合内心体验，创造出具有鲜明个性特征的人物语言；另一部分是为使演员掌握以上外部技巧而编写的各种练习以训练为目的而改编的一部分戏剧片段。

J0167088
舞台语言外部技巧初探　周翰雯，冯明义著
北京 中国戏剧出版社 1986年 180页
19cm（32开）统一书号：8069.199 定价：CNY0.91
（中央戏剧学院戏剧艺术丛书）

J0167089
东方舞台上的奇迹　（《茶馆》在西欧）（德）乌苇·克劳特编
北京 文化艺术出版社 1983年 178页 有照片
19cm（32开）统一书号：10228.033
定价：CNY0.68

J0167090
东方舞台上的奇迹　（《茶馆》在西欧）（德）克劳特编
北京 文化艺术出版社 1983年 178页
19cm（小32开）定价：CNY0.68

J0167091
话剧　（中国戏剧史专题研究论文集）董每戡著
北京 人民文学出版社 1983年 415页
20cm（32开）统一书号：10019.3393
定价：CNY1.50

J0167092
中国话剧学习外国戏剧的历史经验 丁罗男著
北京 中国戏剧出版社 1983年 109页
21cm(32开)统一书号:8069.452 定价:CNY0.55

J0167093
《风雪夜归人》的舞台艺术 王正等编
北京 中国戏剧出版社 1984年 383页
21cm(32开)统一书号:8069.504 定价:CNY2.35
(舞台艺术丛书)
本书从各方面记录了中国青年艺术剧院演出此剧的实况，包括演出本、导演构思、演员和舞台美术工作者的创作经验；画家黄永玉画的人物速写、剧照；还有邓颖超同志观剧后的谈话等。

J0167094
《风雪夜归人》的舞台艺术 王正等编
北京 中国戏剧出版社 1984年 383页
21cm(32开)精装 统一书号:8069.504
定价:CNY2.90
(舞台艺术丛书)

J0167095
《红鼻子》的舞台艺术 林克欢编
北京 中国戏剧出版社 1984年 298页 有剧照
21cm(32开)统一书号:8069.517
定价:CNY1.75
(舞台艺术丛书)

J0167096
《红鼻子》的舞台艺术 林克欢编
北京 中国戏剧出版社 1984年
298页+[12]叶图版 21cm(32开)精装
统一书号:8069.517 定价:CNY2.35
(舞台艺术丛书)

J0167097
《屈原》的导演艺术 金山著
上海 上海文艺出版社 1984年 197页 有照片
21cm(32开)统一书号:8078.3431
定价:CNY1.35
本书是对《屈原》总体导演的构思、分场导演处理及具体导演意图的分析与阐述，详尽、细致地记录了金山的导演艺术思想。

J0167098
南开话剧运动史料 (1909—1922)夏家善等编
天津 南开大学出版社 1984年 427页 有照片
21cm(32开)统一书号:70301.8 定价:CNY3.25
本书主要包括南开话剧理论；南开新剧团的组织；南开话剧史话；南开话剧活动纪事；南开演出话剧剧目汇览等内容。

J0167099
《绝对信号》的艺术探索 北京人民艺术剧院《绝对信号》剧组编
北京 中国戏剧出版社 1985年 225页 有照片
19cm(32开)统一书号:8069.747
定价:CNY1.25
本书系中国话剧《绝对信号》艺术评论，总结了该剧的舞台创作经验。

J0167100
论话剧导表演艺术 (第一辑)张仁里编
北京 中国戏剧出版社 1985年 436页
20cm(32开)精装 统一书号:8069.536
定价:CNY2.70
本套书分两辑。收集了我国几位著名的导演艺术家撰写的文章共24篇。

J0167101
论话剧导表演艺术 (第二辑)张仁里编
北京 中国戏剧出版社 1985年 389页
20cm(32开)定价:CNY1.85

J0167102
论焦菊隐导演学派 苏民等著
北京 文化艺术出版社 1985年
224页+[18]页图版 有图 20cm(32开)
统一书号:8228.109 定价:CNY2.10
(中国艺术研究院话剧研究所 北京人民艺术剧院研究丛书)
本书通过对焦菊隐导演实践成果的分析，研究和探讨了焦菊隐导演学派的形成及其美学思想体系。

J0167103
宜昌抗战剧团史料专辑 中共宜昌县委党史资料征集编研委员会办公室编
1985年 14+116页 有照片 18cm(32开)

J0167104
朱端钧的戏剧艺术 王复民等编选
北京 中国戏剧出版社 1985年 367页 有照片
20cm(32开)统一书号:8069.385
定价:CNY2.85

本书收录朱端钧的论著10篇,并由著名的戏剧家和他的艺术创作合作者撰文,从导演表演、舞台美术、戏剧音乐及理论研究等方面对他的成就、风格和经验,分别阐述介绍和评论总结。

J0167105
当代话剧探讨 (黑龙江省话剧学术讨论会专集)黑龙江省艺术研究所[编]
[哈尔滨][黑龙江省艺术研究所] 1986年
158页 20cm(32开)

J0167106
广东话剧运动史料集 (第二集)中国戏剧家协会广东分会,广东话剧研究会编
1986年 223页 26cm(16开)

J0167107
广东话剧运动史料集 (第三集)中国戏剧家协会广东分会,广东话剧研究会编
1990年 214页 26cm(16开)

J0167108
中国现代话剧教育史稿 阎折梧编
上海 华东师范大学出版社 1986年 373页
有照片 20cm(32开)统一书号:8135.007
定价:CNY1.90

J0167109
《龙须沟》的舞台艺术 蒋瑞编
北京 中国戏剧出版社 1987年 436页 有照片
20cm(32开)精装 统一书号:8069.1043
定价:CNY2.95

本书编入三幕话剧《龙须沟》编剧、导演以及于是之、叶子、郑榕、陈永祥等演员、舞台美术工作者,从不同角度总结深入生活、体验角色、创造形象,以及探索话剧民族化等方面的经验的文章;收录1953年的舞台演出本以及编剧、导演、演职员的生活照、合影、剧照、人物造型照、舞台美术设计图。

J0167110
舞台的倾斜 林克欢著
广州 花城出版社 1987年 240页 19cm(小32开)
ISBN: 7-5360-0051-0 定价:CNY1.95
(开放文丛)

J0167111
于是之论表演艺术 于是之著
北京 中国戏剧出版社 1987年 218页 有照片
20cm(32开)统一书号:8069.1080
定价:CNY1.55

本书编入作者从1951年以来撰写的关于表演艺术及其艺术实践经验的文章。作者于是之(1927—2013),话剧表演艺术家。原名于淼,天津人,生于河北唐山。北京大学西语系法文专业肄业。代表作《茶馆》《龙须沟》《大河奔流》《秋瑾》。出版有《于是之论表演》《于是之漫笔》《于是之家书》等。

J0167112
在舞台的天地里 童超著
上海 上海文艺出版社 1987年 127页
19cm(32开)统一书号:8078.3637
定价:CNY0.77

J0167113
中国话剧史料集 (第一辑)中国艺术研究院话剧研究所主编
北京 文化艺术出版社 1987年 340页
20cm(32开)统一书号:8228.179
ISBN: 7-5039-0040-7 定价:CNY2.70
(话剧艺术研究丛书)

J0167114
1987·首都话剧信息交流会发言汇编 中国话剧艺术研究会,中国艺术研究院话剧研究所主编
[北京]中国话剧艺术研究会 1988年 235页
19cm(32开)

J0167115
话剧艺术研究 (《黑色的石头》专辑)中国话剧艺术研究会编
[中国话剧艺术研究会][1989年] 228页
有照片 19cm(32开)

J0167116
话剧艺术研究　（中国话剧艺术研究会第二届年会专辑）中国话剧艺术研究会编
1989 年　294 页　19cm（32 开）

J0167117
李默然论表演艺术　李默然著
北京　中国戏剧出版社　1989 年　350 页　有照片
20cm（32 开）ISBN：7-104-00116-6
定价：CNY3.90

J0167118
秋实春华集　（北京人民艺术剧院建院 35 周年纪念文集）周瑞祥等编
北京　北京出版社　1989 年　405 页　有照片
20cm（32 开）ISBN：7-200-00451-0
定价：CNY6.95

J0167119
鸣镝篇　（广州锋社话剧团的战斗历程）广东话剧研究会《鸣镝篇》编委会［编］
广东话剧研究会《鸣镝篇》编委会
［1990—1999 年］350 页　有照片　20cm（32 开）

J0167120
人艺之友　苏民总编
1990 年　104 页　26×28cm
本书是北京人民艺术剧院之友联谊会纪念册。

J0167121
中国话剧研究　（第一期）田本相主编
北京　文化艺术出版社　1990 年　227 页
21cm（32 开）ISBN：7-5039-0507-7
定价：CNY3.20
作者田本相（1932—2019），教授。天津人，毕业于南开大学。历任中国话剧理论与历史研究会名誉会长，中国艺术研究院话剧所所长、研究员、博士生导师，中国戏剧史研究专家。著有《曹禺剧作论》《郭沫若史剧论》《民国时期话剧杂志汇编》等。

J0167122
佐临研究　上海艺术研究所话剧室编
北京　中国戏剧出版社　1990 年　454 页
20cm（32 开）ISBN：7-104-00237-5
定价：CNY5.80
本书是研究国内戏剧理论工作者黄佐临的艺术理论和艺术实践的合集，收录文章 21 篇。

J0167123
刁光覃、朱琳论表演艺术　蒋瑞，王宏韬编
北京　中国戏剧出版社　1991 年　329 页
20cm（32 开）ISBN：7-104-00261-8
定价：CNY5.40

J0167124
红旗谱　（话剧民族化的探索）阿庚，苗泽芬编
北京　中国戏剧出版社　1991 年　220 页　有剧照
20cm（32 开）ISBN：7-104-00108-5
定价：CNY3.90
本书收录《红旗谱》演出剧本以及小说作者、剧作者和导演、演员、舞美、音乐工作者的创作经验的文章及对此剧的评论文章。

J0167125
徐晓钟导演艺术研究　林荫宇编
北京　中国戏剧出版社　1991 年　423 页　有照片
20cm（32 开）ISBN：7-104-00309-6
定价：CNY6.90
本书对徐晓钟导演艺术成就、艺术风格、特色以及他的导演理论诸问题，进行了深入的研究、探讨。书中还收录了徐晓钟撰写的导演艺术的重要论文。徐晓钟（1928—　），戏剧教育家、话剧导演艺术家。江苏南京人，毕业于苏联卢那察尔斯基戏剧学院。历任中央戏剧学院院长、国际剧协教育委员会委员、中国话剧艺术研究会副会长、中国戏曲学会副会长、中国戏剧家协会顾问等。代表作品《导演艺术的特性与导演职能》《导演基础知识》。

J0167126
走出低谷　（沈阳话剧团艺术探索之路）中国艺术研究院话剧研究所编
北京　中国戏剧出版社　1991 年　303 页
20cm（32 开）ISBN：7-104-00285-5
定价：CNY4.65
本书选取戏剧界 30 余位专家、学者的文章，从戏剧美学、观众学以及戏剧发展的价值取向等角度，对沈阳话剧团的经验进行了多方

面的探讨。

J0167127
北京人民艺术剧院大事记（征求意见稿 第一集 1952—1956年）周瑞祥主编；北京人民艺术剧院大事记编辑组编
［北京］［北京人民艺术剧院］1992年 26cm（16开）

J0167128
北京人民艺术剧院大事记（征求意见稿 第二集.上 1957—1958年）周瑞祥主编；北京人民艺术剧院大事记编辑组编
［北京］［北京人民艺术剧院］1992年 26cm（16开）

J0167129
北京人民艺术剧院大事记（征求意见稿 第二集.下 1959—1960年）周瑞祥主编；北京人民艺术剧院大事记编辑组编
［北京］［北京人民艺术剧院］1992年 26cm（16开）

J0167130
北京人民艺术剧院大事记（征求意见稿 第三集 1961年）周瑞祥主编；北京人民艺术剧院大事记编辑组编
［北京］［北京人民艺术剧院］1992年 26cm（16开）

J0167131
北京人民艺术剧院大事记（征求意见稿 第四集 1962—1963年）周瑞祥主编；北京人民艺术剧院大事记编辑组编
［北京］［北京人民艺术剧院］1992年 26cm（16开）

J0167132
北京人民艺术剧院大事记（征求意见稿 第五集 1964年）周瑞祥主编；北京人民艺术剧院大事记编辑组编
［北京］［北京人民艺术剧院］1992年 26cm（16开）

J0167133
北京人民艺术剧院大事记（征求意见稿 第六集 1965—1966年）周瑞祥主编；北京人民艺术剧院大事记编辑组编
［北京］［北京人民艺术剧院］1992年 26cm（16开）

J0167134
北京人民艺术剧院大事记（征求意见稿 第七集 1966—1976年）周瑞祥主编；北京人民艺术剧院大事记编辑组编
［北京］［北京人民艺术剧院］1992年 26cm（16开）

J0167135
北京人民艺术剧院大事记（征求意见稿 第八集 1977—1978年）周瑞祥主编；北京人民艺术剧院大事记编辑组编
［北京］［北京人民艺术剧院］1992年 26cm（16开）

J0167136
北京人民艺术剧院大事记（征求意见稿 第九集 1979年）周瑞祥主编；北京人民艺术剧院大事记编辑组编
［北京］［北京人民艺术剧院］1994年 100叶 26cm（16开）

J0167137
北京人民艺术剧院大事记（征求意见稿 第十集 1980年）周瑞祥主编；北京人民艺术剧院大事记编辑组编
［北京］［北京人民艺术剧院］1994年 106页 26cm（16开）

J0167138
北京人民艺术剧院大事记（征求意见稿 第十一集 1981—1982年）周瑞祥主编；北京人民艺术剧院大事记编辑组编
［北京］［北京人民艺术剧院］1994年 75+80叶 26cm（16开）

J0167139
北京人民艺术剧院大事记（征求意见稿 第十二集 1983年）周瑞祥主编；北京人民艺术剧院大事记编辑组编
［北京］［北京人民艺术剧院］1995年 2册（147叶）26cm（16开）

J0167140
北京人民艺术剧院大事记（征求意见稿 第十四集 1985年）周瑞祥主编；北京人民艺术剧院大事记编辑组编
［北京］［北京人民艺术剧院］1995年 113叶

26cm（16 开）

J0167141
北京人民艺术剧院大事记　（征求意见稿　第十五集　1986 年）周瑞祥主编；北京人民艺术剧院大事记编辑组编
［北京］［北京人民艺术剧院］1995 年　132 叶
26cm（16 开）

J0167142
北京人民艺术剧院大事记　（征求意见稿　第十三集　1984 年）周瑞祥主编；北京人民艺术剧院大事记编辑组编
［北京］［北京人民艺术剧院大事记］1995 年
121 叶　26cm（16 开）

J0167143
北京人民艺术剧院大事记　（征求意见稿　第十六集　1987 年）周瑞祥主编；北京人民艺术剧院大事记编辑组编
［北京］［北京人民艺术剧院］1996 年　138 叶
26cm（16 开）

J0167144
北京人民艺术剧院大事记　（征求意见稿　第十七集　1988 年）周瑞祥主编；北京人民艺术剧院大事记编辑组编
［北京］［北京人民艺术剧院］1996 年　163 叶
26cm（16 开）

J0167145
北京人民艺术剧院大事记　（征求意见稿　第十八集　1989 年）周瑞祥主编；北京人民艺术剧院大事记编辑组编
［北京］［北京人民艺术剧院］1996 年　109 叶
26cm（16 开）

J0167146
北京人民艺术剧院大事记　（征求意见稿　第十九集　1990 年）周瑞祥主编；北京人民艺术剧院大事记编辑组编
［北京］［北京人民艺术剧院］1996 年　123 叶
26cm（16 开）

J0167147
北京人民艺术剧院大事记　（征求意见稿　第二十集　1991 年）周瑞祥主编；北京人民艺术剧院大事记编辑组编
［北京］［北京人民艺术剧院］1996 年　87 叶
26cm（16 开）

J0167148
北京人民艺术剧院大事记　（征求意见稿　第二十一集　1992.1–1992.6 年）周瑞祥主编；北京人民艺术剧院大事记编辑组编
［北京］［北京人民艺术剧院］1996年　26cm（16开）

J0167149
北京人民艺术剧院大事记　（征求意见稿　第二十二集　1992.7 年）周瑞祥主编；北京人民艺术剧院大事记编辑组编
［北京］［北京人民艺术剧院］1996年　26cm（16开）

J0167150
北京人民艺术剧院大事记　（征求意见稿　第二十三集　1992.7–1992.12）周瑞祥主编；北京人民艺术剧院大事记编辑组编
［北京］［北京人民艺术剧院］1996年　26cm（16开）

J0167151
北京人民艺术剧院大事记　（征求意见稿　第二十四集　专题汇编）周瑞祥主编；北京人民艺术剧院大事记编辑组编
［北京］［北京人民艺术剧院］1997年　26cm（16开）

J0167152
北京人民艺术剧院演剧学派国际学术讨论会　中国艺术研究院主办
北京　中国艺术研究院　1992 年　油印本
29cm（16 开）

本书收录《北京人艺是谁的剧院》《客观再现与主观表现相结合》《艺术风格要发展》等文章，分别论述了北京人艺 40 年的艺术成就，北京人艺演剧学派的形成及历史地位等问题。

J0167153
北京人艺的故事　梁秉堃著
北京　北京十月文艺出版社　1992 年　314 页
19cm（小 32 开）ISBN：7–5302–0259–6

定价：CNY4.25
（北京人民艺术剧院艺术家丛书）
本书收录北京人民艺术剧院的100个小故事，披露了不少鲜为人知的有关剧院排练、演出等诸方面的史实以及著名艺术家的生活逸事。

J0167154
十大笑星话小品　赵瑞，郑君编
西安　陕西人民教育出版社　1992年　93页
19cm（小32开）ISBN：7-5419-3062-8
定价：CNY1.80
（中华小品文库）
本书收录了游本昌、宋丹丹等艺术家关于幽默小品的看法。

J0167155
我与话剧　周特生著
南京　江苏文艺出版社　1992年　245页　有照片
19cm（小32开）ISBN：7-5399-0399-6
定价：CNY3.50
（江苏文化艺术丛书）
本书包括作者自传、论著、导演计划及同事友人对作者革命生涯与艺术生涯的回忆。作者周特生（1918—2008），作曲家。江苏省话剧团导演。革命歌曲《我们愿把牢底坐穿》的曲作者，创作并执导了《热血》《刺花灯罩》等40多部大型话剧。

J0167156
小品艺术论　陈孝英著
西安　陕西人民教育出版社　1992年　162页
19cm（小32开）ISBN：7-5419-3064-4
定价：CNY2.95
（中华小品文库）
本书收录作者对近10年来小品研究的论文，以及对小品发展史的述评。作者陈孝英（1942—　），教师。出生于上海。历任西安外语学院教师，陕西省艺术研究所所长、研究员，《喜剧世界》主编等。著有《幽默的奥秘》，译著《托翁轶影》《幽默理论在当代世界》等。

J0167157
叶子　王宏韬编
北京　北京十月文艺出版社　1992年　194页
有照片　19cm（小32开）ISBN：7-5302-0258-8
定价：CNY3.20
（北京人民艺术剧院艺术家丛书）
叶子（1911—2012），女，原名叶仲寅，河北大城县人，著名话剧演员，抗战时有“话剧皇后”之誉。其夫熊佛西是中国戏剧奠基人之一、上海话剧学院首任校长。叶子从事话剧表演事业80年，参与创建北京人艺，新中国话剧事业功勋卓著的元老之一。中华人民共和国成立后曾在老舍的剧作《龙须沟》中扮演丁四嫂，先后塑造了《日出》中的翠喜、《北京人》中的思懿等，《骆驼祥子》中的虎妞是叶子在舞台上塑造的最后一个角色。本书收录叶子自述、创作谈及一些评论。

J0167158
军旅戏剧之花　（总政话剧团的创作道路）中国艺术研究院话剧研究所编
北京　中国戏剧出版社　1993年　278页　有照片
20cm（32开）ISBN：7-104-00513-7
定价：CNY7.40
本书收录文章约30篇，就总政话剧团的方向、道路、艺术风格等进行了理论探讨，并附录“中国人民解放军总政话剧团简介”等。

J0167159
刘保罗论抗战戏剧　刘保罗著
南京　江苏文艺出版社　1993年　174页
19cm（小32开）ISBN：7-5399-0152-7
定价：CNY2.10
本书收录《应景剧演出法》《动作的旋律》等论文6篇，并附录怀念保罗同志的文章等。

J0167160
戏剧的自我诘难　邹平著
上海　上海文艺出版社　1993年　307页
19cm（小32开）ISBN：7-5321-0999-2
定价：CNY6.00
（牛犊丛书）
本书以对话形式，讨论了诸多有关戏曲理论问题。内容包括：话剧本体探寻、话剧的人体美、先锋戏剧的使命等。

J0167161
《鲜卑岩祭火》导演计划　张大起著
海拉尔　内蒙古文化出版社　1994年　18+150页
有彩照　19cm（小32开）ISBN：7-80506-392-3

定价：CNY8.50

J0167162
刁光覃 朱以中编
北京 北京十月文艺出版社 1994年 298页
有照片 19cm（小32开）ISBN：7-5302-0360-6
定价：CNY7.10
（北京人民艺术剧院艺术家丛书）

J0167163
儿童剧散论 程式如著
北京 中国戏剧出版社 1994年 422页
20cm（32开）ISBN：7-104-00683-4
定价：CNY12.00
（中国儿童戏剧系列丛书）

作者程式如（1929— ），女，戏剧评论家。笔名石汝、芥子。江苏吴县人，毕业于南京金陵女子文理学院。中国作家协会会员、中国儿童戏剧研究会常务理事、中国戏剧家协会会员。作品有《儿童剧散论》《蓝皮鼠大脸猫》《白雪公主》等。

J0167164
探索的足迹 （北京人艺演剧学派国际学术讨论会论文集）《探索的足迹》编委会编
北京 中国戏剧出版社 1994年 458页
20cm（32开）ISBN：7-104-00623-0
定价：CNY11.80

本书收集了参加北京人艺演剧学派国际学术讨论会的30多位中外专家的学术论文。分别论述了北京人艺40年的艺术成就，北京人艺演剧学派的形成及历史地位等问题。

J0167165
中国话剧艺术的一颗明星 （辽宁人民艺术剧院40年）谢俊华等著
北京 中国戏剧出版社 1994年 394页
20cm（32开）ISBN：7-104-00689-3
定价：CNY11.60

J0167166
江淮话剧寻踪 李培仁著
北京 文津出版社 1995年 122页 19cm（小32开）
ISBN：7-80554-281-3 定价：CNY4.80

作者李培仁（1917—1997），话剧演员。中国戏剧家协会会员，曾任《安徽新戏》编辑。主演有《放下你的鞭子》《回春之曲》《飞将军》《归来》等话剧，著有《江淮话剧寻踪》等。

J0167167
抗日烽火文艺兵 （抗敌演剧队第一队（剧宣四队）的十一年）抗敌演剧队第一队队史编写组，中共柳州市委党史研究室编
柳州 ［1995年］190页 有照片 20cm（32开）

J0167168
论北京人艺演剧学派 于是之等著
北京 北京出版社 1995年 308页 有照片
20cm（32开）精装 ISBN：7-200-02806-1
定价：CNY15.80

作者于是之（1927—2013），话剧表演艺术家。原名于淼，天津人，生于河北唐山。北京大学西语系法文专业肄业。代表作《茶馆》《龙须沟》《大河奔流》《秋瑾》。出版有《于是之论表演》《于是之漫笔》《于是之家书》等。

J0167169
论北京人艺演剧学派 于是之等著
北京 北京出版社 1995年 308页 20cm（32开）
ISBN：7-200-02805-3 定价：CNY11.80

J0167170
梅阡 柯文辉编
北京 北京十月文艺出版社 1995年 258页
有照片 19cm（小32开）ISBN：7-5302-0386-X
定价：CNY7.20
（北京人民艺术剧院艺术家丛书）

J0167171
夏淳 朱以中编
北京 北京十月文艺出版社 1995年 283页
有照片 19cm（小32开）ISBN：7-5302-0409-2
定价：CNY9.50
（北京人民艺术剧院艺术家丛书）

J0167172
中国人民解放军南京军区政治部前线话剧团 （纪念前线话剧团建团四十周年 1955—1995）韩为民主编
1995年 150页 25×25cm

J0167173
朱琳　朱以中编
北京 北京十月文艺出版社 1995年 277页
有照片 19cm(小32开) ISBN: 7-5302-0361-4
定价: CNY7.50
(北京人民艺术剧院艺术家丛书)

J0167174
贵州省话剧团　(纪念贵州省话剧团建团四十周年 一九五六——一九九六)
[贵阳] 1996年 92页 24×26cm

J0167175
戏剧人生　李默然著
沈阳 春风文艺出版社 1996年 13+12+722页
有彩照 20cm(32开) ISBN: 7-5313-1679-X
定价: CNY35.00

J0167176
在战火纷飞的年代　(孩子剧团史料汇编) 孩子剧团史料编辑委员会编
1996年 19+687页 有图 20cm(32开)

J0167177
中国话剧史大事记　左莱主编; 中国艺术研究院话剧研究所编
[中国艺术研究院话剧研究所] 1996年 593页
20cm(32开) 定价: CNY30.00

J0167178
走上小舞台　中国戏剧家协会《剧本》杂志社, 中国戏剧电视剧创作函授中心编
北京 中国戏剧出版社 1996年 148页
19cm(32开) ISBN: 7-104-00749-0
定价: CNY6.80
本书是中国现代儿童剧的基本知识。

J0167179
抗敌剧社　(战友话剧团建团60周年)
1997年 153页 24×24cm 精装

J0167180
马彦祥文集　陈美英编注
北京 文化艺术出版社 1997年 666页
20cm(32开) ISBN: 7-5039-1270-7
定价: CNY28.00
(话剧论文 杂文卷)

J0167181
田稼戏剧研究　李祥春主编
上海 上海交通大学出版社 1997年 411页
有剧照及照片 20cm(32开)
ISBN: 7-313-01923-8 定价: CNY25.00

J0167182
演员于是之　王宏韬, 杨景辉编
北京 北京十月文艺出版社 1997年 521页
有照片 20cm(32开) 精装 ISBN: 7-5302-0482-3
定价: CNY24.00
于是之(1927—2013), 话剧表演艺术家。原名于淼, 天津人, 生于河北唐山。北京大学西语系法文专业肄业。代表作《茶馆》《龙须沟》《大河奔流》《秋瑾》。出版有《于是之论表演》《于是之漫笔》《于是之家书》等。

J0167183
演员于是之　王宏韬, 杨景辉编
北京 北京十月文艺出版社 1997年 521页
有照片 20cm(32开) ISBN: 7-5302-0467-X
定价: CNY19.50

J0167184
战友话剧团　(1937—1997) 中国人民解放军北京军区政治部[编]
1997年 153页 25cm(小16开) 精装

J0167185
剧艺尖兵　(广州艺术工作者协会戏剧组与艺协剧团历程) 克逊, 陈平, 林青而编著
广州 1998年 156页 有照片 19cm(小32开)

J0167186
中国话剧史　王卫国等著
北京 文化艺术出版社 1998年 189页 有照片
20cm(32开) ISBN: 7-5039-1617-6
定价: CNY11.80
(中国艺术简史丛书)

J0167187
胡伟民研究　张余编; 上海话剧艺术中心, 上

海艺术研究所主编
北京 中国戏剧出版社 1999年 417页 有照片
20cm(32开) ISBN: 7-104-01024-6
定价: CNY28.00

J0167188
中国话剧　田本相主编; 宋宝珍, 王卫国撰稿
北京 文化艺术出版社 1999年 148页 有剧照
21cm(32开) ISBN: 7-5039-1835-7
定价: CNY28.00
(中国文化艺术丛书)

作者田本相(1932—2019), 教授。天津人, 毕业于南开大学。历任中国话剧理论与历史研究会名誉会长, 中国艺术研究院话剧所所长、研究员、博士生导师, 中国戏剧史研究专家。著有《曹禺剧作论》《郭沫若史剧论》《民国时期话剧杂志汇编》等。

中国地方剧艺术

J0167189
沪剧　上海沪剧院[编]
[民国] 25×26cm

J0167190
陆文龙　(有新生活精神的旧戏剧)徐筱汀改编
西安 [夏声戏剧学校] [民国] 6页 19cm(32开)
环筒页装

J0167191
汉剧丛谈　(一卷)扬铎撰
汉口 椒山别墅 民国六年[1917] 线装
(椒山别墅丛书)

收于《椒山别墅丛书》第一中。

J0167192
北平俗曲略　李家瑞编
北平 国立中央研究院历史语言研究所 1933年
190页 26cm(16开) 定价: 国币一元

本书分说书、戏剧、杂曲、杂耍、徒歌5大类, 叙述北平的民间曲艺。

J0167193
北平俗曲略　李家瑞编
台北 文史哲出版社 1974年 再版 190页
21cm(32开) 定价: TWD200.00

J0167194
北平俗曲略　李家瑞编
北京 中国曲艺出版社 1988年 215页
20cm(32开) ISBN: 7-80008-010-2
定价: CNY2.50
(中国曲艺研究资料丛书)

本书分别评介了说书、戏剧、杂曲、杂耍、徒歌5个种属共62种俗曲的历史沿革、艺术特色等。

J0167195
北平俗曲略　李家瑞编
北京 中国曲艺出版社 1988年 215页
21cm(32开) ISBN: 7-80008-010-2
定价: CNY2.50
(中国曲艺研究资料丛书)

本书是北京民俗曲艺简介。据国立中央研究院历史语言研究所1933年旧版影印。

J0167196
北平俗曲略　李家瑞著
上海 上海文艺出版社 1990年 影印本 190页
26cm(16开) ISBN: 7-5321-0133-9
定价: CNY7.50
(民俗、民间文学影印资料 27)

J0167197
北平俗曲略　李家瑞编
台北 1993年 影印版 190页 27cm(16开) 精装
定价: TWD270.00

J0167198
楚剧概言　陶古鹏著
汉口 楚剧同学会 1934年 24+32页 有图
19cm(32开) 定价: 洋二角

本书内容包括: "楚剧过去之纲要"、"楚剧现在之立场"、"楚剧未来的改革" 3篇。

J0167199
地方戏剧集　阎哲吾编

上海 大风书店 1937年 310页 20cm(32开)
(戏剧丛书)

本书是中国地方戏艺术评论。收录《河北省乡村戏剧演出概况》(岳稚珪)、《谈蹦蹦戏》(洪深)、《山东地方戏剧"五音班"》(彦祥)、《从汉调谈到花鼓戏》(欧阳予倩)等42篇文章。

J0167200
李秀成特刊　樊仰山编
陕西易俗社 1938年 8页 有像 26cm(16开)
定价:国币一角
(陕西易俗社新剧特刊)

本书是民国时期陕西易俗社新剧特刊。内容包括:本剧事略、本剧露布、演员阵容、场目、唱词摘锦等。

J0167201
平剧寻声　萧承先,郝悟非编著
重庆 平剧旬刊社 民国三十二年[1943]
18cm(小32开)

J0167202
雪声纪念刊　(袁雪芬与新越剧)雪声剧务部编辑
上海 雪声越剧团 民国三十五年[1946] 186页
26cm(16开) 精装

本书是雪声越剧团纪念刊,介绍该剧团的沿革、越剧剧本的内容、演员等。

J0167203
秦腔记闻　王绍猷编述
1949年 88页 18cm(15开)

本书是秦腔戏剧艺术研究专著。

J0167204
怎样改进粤剧　黄宁婴著
广州 人间书店 1950年 96页 17cm(40开)
定价:旧币3,000元
(青年学习丛书)

J0167205
锡剧曲调介绍　向安编;郑桦,程茹辛整理
南京 江苏人民出版社 1954年 56页 19cm(32开)
定价:旧币2,000元

本书包括锡剧和曲谱两部分。锡剧部分,叙述锡剧的沿革和发展,介绍它在对子戏时期、同场戏时期、"章回小说"戏时期的演出形式、演出场所、剧目、演员等演变情况,说明锡剧在中华人民共和国成立以后,经过逐步改革,获得飞跃的发展和进步。同时阐述锡剧的表演艺术、音乐和腔调、说白和唱词的特点。锡剧曲谱部分,收集32种锡剧音乐中较常用的优美曲调,如老簧调、长三调、哭调、大陆调、铃铃调、迷魂调、三角板、九连环、紫竹调、绣荷包调等。

J0167206
川剧《情探》的表演艺术　周慕莲口述;胡度记录
上海 文化生活出版社 1955年 48页
18cm(15开) 定价:CNY0.21

作者周慕莲(1900—1961),川剧演员、教育家。字瑶卿,四川成都人。重庆市川剧院院长。著有《周慕莲舞台艺术》,代表剧目有《情探》《打神》《评雪辨踪》《别宫出征》《红梅阁》《荆钗记》《战洪州》等。

J0167207
河南梆子概述　马紫晨著
汉口 湖北人民出版社 1955年 44页 18cm(15开)
定价:CNY0.16

J0167208
华东戏曲剧种介绍　(第一集)华东戏曲研究院辑
上海 新文艺出版社 1955年 176页 有曲谱及地图
20cm(32开) 定价:CNY0.66

本书大部分是由数十位作者向老艺人深入调查、采录发掘的史实撰写而成。内容重要,翔实可信。

J0167209
华东戏曲剧种介绍　(第二集)华东戏曲研究院辑
上海 新文艺出版社 1955年 148页 有曲谱
20cm(32开) 定价:CNY0.52

J0167210
华东戏曲剧种介绍　(第三集)华东戏曲研究院辑
上海 新文艺出版社 1955年 137页 有曲谱

20cm（32开）定价：CNY0.49

J0167211
华东戏曲剧种介绍　（第四集）华东戏曲研究院辑
上海　新文艺出版社　1955年　134页　有曲谱　20cm（32开）定价：CNY0.47

J0167212
华东戏曲剧种介绍　（第五集）华东戏曲研究院辑
上海　新文艺出版社　1955年　135页　有曲谱　20cm（32开）定价：CNY0.47

J0167213
谈川剧表演艺术　王朝闻等著；四川省文化局戏曲研究室辑
成都　四川人民出版社　1955年　74页　18cm（32开）定价：CNY0.24

作者王朝闻（1909—2004），雕塑家、文艺理论家、美学家。生于四川合江。别名王昭文，更名王朝闻，笔名汶石、廖化、席斯珂。就读于成都艺专、杭州国立艺专。历任中央美术学院副教务长、中国美术家协会副主席、中国艺术研究院副院长等。代表作品《浮雕毛泽东像》《圆雕刘胡兰像》等。

J0167214
刘海砍樵　湖南省歌剧团，长沙花鼓戏剧团演出；何冬保剧本整理
上海　上海人民美术出版社　1956年　15×13cm　统一书号：T8081.1291　定价：CNY0.21

本书收有湖南省花鼓剧团演出的舞台剧照56幅和说明文字。其中剧照是由何冬保和萧重珪饰演的刘海和胡秀英。

J0167215
锡剧曲调介绍　（续集）程茹辛等编
南京　江苏人民出版社　1956年　72页　19cm（32开）统一书号：10100.251　定价：CNY0.22

J0167216
小二姐做梦　（河北地方戏曲——丝弦音乐）徐佩记录
保定　河北人民出版社　1956年　60页　19cm（32开）统一书号：8086.6　定价：CNY0.20

J0167217
怎样表演二人转　赵奎英编著；杨雨春绘图
沈阳　辽宁人民出版社　1956年　83页　18cm（15开）统一书号：T8090.29　定价：CNY0.24
（文艺活动小丛书　4）

本书详细介绍二人转的演出形式和表演方式（包括乐队、民歌、舞蹈、唱腔的运用和曲调的选用等）。附“常用曲调和舞蹈”和“走场图解”。

J0167218
“一只鞋”“穆桂英”“萝卜园”评论文章选辑　（附“美洞房”“杀惜”两剧剧评）成都市川剧团辑
成都　成都市川剧团　1957年　32页　有照片　19cm（32开）定价：CNY0.05

J0167219
河南曲子牌曲　（坠胡独奏民族管弦乐伴奏）任一萍，马光陆编曲
北京　音乐出版社　1957年　38页　27cm（16开）统一书号：8026.711　定价：CNY0.34

J0167220
我怎样演“刁窗”　周慕莲讲述；余夫记录
重庆　重庆人民出版社　1957年　40页　18cm（32开）统一书号：10114.179　定价：CNY0.13

作者周慕莲（1900—1961），川剧演员、教育家。字瑶卿，四川成都人。重庆市川剧院院长。著有《周慕莲舞台艺术》，代表剧目有《情探》《打神》《评雪辨踪》《别宫出征》《红梅阁》《荆钗记》《战洪州》等。

J0167221
扬州清曲选　扬州市文联编
南京　江苏人民出版社　1957年　109页　19cm（32开）统一书号：10100.440　定价：CNY0.32

J0167222
越剧演员谈表演　姚水娟等著
杭州　东海文艺出版社　1957年　60页　18cm（15开）统一书号：T10125.9　定价：CNY0.20

本书收录《我是怎样演旦角的》(姚水娟)、《十六年辛酸话武生》(吴剑芳)、《谈越剧老生》(钱鑫培)、《漫谈小生戏的表演》(陈佩卿)、《我是怎样演丑角的》(屠笑飞)等6篇文章，着重阐述各类角色表演艺术的基本知识，特别是关于表演程式和如何分析人物等问题。

J0167223
川剧艺术研究 (第一集) 重庆市戏曲工作委员会编辑
重庆 重庆人民出版社 1958年 210页
20cm(32开) 统一书号: 10114.237
定价: CNY0.75

J0167224
川剧艺术研究 (第二集) 重庆市戏曲工作委员会编
重庆 重庆人民出版社 1961年 219页
20cm(32开) 统一书号: 10114.328
定价: CNY0.82

J0167225
川剧艺术研究 (第三集) 重庆市戏曲工作委员会编
重庆 重庆人民出版社 1963年 190页
20cm(32开) 统一书号: 10114.375
定价: CNY0.66

J0167226
二度梅 念禾, 朱衣整理
上海 上海人民美术出版社 1958年 有图
15cm(40开) 统一书号: T8081.3509
定价: CNY0.48

J0167227
锡剧小戏考 言前编
上海 上海文艺出版社 1958年 118页 有曲谱
15cm(64开) 统一书号: 10077.879
定价: CNY0.26

J0167228
沪剧小戏考 上海文艺出版社编
上海 上海文艺出版社 1959年 74页 有剧照
15cm(64开) 统一书号: 10078.0429
定价: CNY0.18

J0167229
沪剧小戏考 上海人民广播电台戏曲组编
上海 上海文艺出版社 1984年 226页 有剧照
25cm(15开) 统一书号: 8078.3489
定价: CNY0.81

J0167230
沪剧小戏考 中国唱片社编
上海 上海文艺出版社 1963年 2版 修订本 149页
有曲谱 15cm(40开) 统一书号: 10078.429
定价: CNY0.28

J0167231
情探 赵尧生原著; 周慕莲主演; 李净白, 袁子敬改编
上海 上海人民美术出版社 1958年 19cm(32开)
统一书号: T8081.3636 定价: CNY0.80

本书收录舞台剧照228幅与说明文字。

J0167232
谈谈看地方戏 卫明著
上海 上海文艺出版社 1958年 13页 18cm(32开)
统一书号: 11178.0026 定价: CNY0.06
(农村图书室文艺丛书 第一辑)

J0167233
锡剧小戏考 言前编
上海 上海文艺出版社 1958年 118页 有曲谱
15cm(40开) 统一书号: 10077.879
定价: CNY0.26

J0167234
锡剧小戏考 言前编
上海 上海文艺出版社 1961年 新1版 重印本
118页 有曲谱 15cm(40开)
统一书号: 10078.0665 定价: CNY0.26

J0167235
锡剧小戏考 中国唱片社编辑
上海 上海文艺出版社 1963年 新2版 修订本
77页 有曲谱 15cm(40开) 统一书号: 10078.665
定价: CNY0.17

J0167236
锡剧小戏考 江苏省锡剧艺术研究会编

上海 上海文艺出版社 1985 年 151 页 有剧照
15cm（25 开）统一书号：10078.3593
定价：CNY0.77

J0167237
川剧旦角表演艺术 中国戏曲研究院编
北京 中国戏剧出版社 1959 年 122 页
27cm（16 开）定价：CNY2.90

本书是川剧表演艺术专著。总结阳友鹤从艺 30 余年的艺术生涯和表演经验，主要阐述川剧旦角的分行、基本功训练和表演要求。

J0167238
川剧旦角表演艺术 中国戏曲研究院编；阳友鹤表演并讲述
北京 中国戏剧出版社 1960 年 2 版 122 页
26cm（16 开）统一书号：8069.79 定价：CNY1.90

J0167239
赣剧演出评论文集 （第二集）江西省赣剧院艺术室编
1959 年 91 页 21cm（32 开）

J0167240
湖南地方戏曲脸谱选集 湖南省戏曲工作室编
长沙 湖南人民出版社 1959 年 47 页 26cm（16 开）
统一书号：8109.270 定价：CNY1.30

本书选收属于长沙湘戏、衡阳湘戏、巴陵戏、荆河戏、辰河戏、祁阳戏、常德汉戏 7 个地方大剧种的脸谱。

J0167241
陇剧走上戏曲舞台的组织领导工作点滴体会 甘肃省戏曲剧院编
兰州 甘肃省戏曲剧院 1959 年 42 页 19cm（32 开）

J0167242
评剧小戏考 张慧，韩宝编
上海 上海文艺出版社 1959 年 54 页 有剧照
15cm（64 开）统一书号：10078.0479
定价：CNY0.14

J0167243
评剧小戏考 中央人民广播电台文艺部戏剧组编；张慧等编选
上海 上海文艺出版社 1985 年 288 页 有剧照
19cm（32 开）统一书号：10078.3671
定价：CNY1.55

J0167244
陕西戏曲在北京演出评论集 田汉等著
西安 东风文艺出版社 1959 年 60 页 19cm（32 开）
统一书号：10147.77 定价：CNY0.19

J0167245
演员谈演唱 河南豫剧院艺术室汇编
郑州 河南人民出版社 1959 年 77 页 有曲谱
19cm（32 开）统一书号：8105.157
定价：CNY0.22

J0167246
云南兄弟民族戏剧概况 云南省文化局戏剧工作室编
昆明 云南人民出版社 1959 年 171 页 有曲谱
19cm（32 开）统一书号：10116.301
定价：CNY0.50

J0167247
怎样演沪剧 上海市人民沪剧团编著
上海 上海文艺出版社 1959 年 88 页 有曲谱
19cm（32 开）统一书号：10078.1083
定价：CNY0.22

J0167248
滇南采茶戏剧介绍 张福林著
1960 年［油印本］25 页 26cm（16 开）

J0167249
牛郎织女笑开颜 （图册）金芝编剧；安徽省庐剧团演出
上海 上海人民美术出版社 1960 年 52 页
15cm（40 开）精装 统一书号：T8081.4677
定价：CNY5.20

J0167250
二人台资料汇编 内蒙古自治区文化局编
呼和浩特 内蒙古人民出版社 1961 年 230 页
有曲谱 19cm（32 开）统一书号：8089.33
定价：CNY1.20

J0167251
湖南地花鼓、花灯　谷志壮，傅泽淳整理；湖南省群众艺术馆编
长沙 湖南人民出版社 1961年 84页
21cm(32开) 统一书号：8109.543
定价：CNY0.30

J0167252
湘剧赏基本训练、毯子功　湖南省戏曲工作室编
长沙 湖南人民出版社 1961年 59页 20cm(32开)
统一书号：8109.530 定价：CNY0.22

J0167253
湘剧演员基本训练、毯子功　(湖南戏曲表演艺术)湖南省戏曲工作室编
长沙 湖南人民出版社 1961年 定价：CNY0.22

J0167254
二人转史料　(第一集)吉林省戏曲研究室编
长春 吉林人民出版社 1962年 197页
20cm(32开) 统一书号：10091.465
定价：CNY0.71

J0167255
二人转史料　(第二集)吉林省戏曲研究室编
长春 吉林人民出版社 1978年 156页
20cm(32开)

J0167256
二人转研究　王铁夫著
[沈阳]春风文艺出版社 1962年 修订本
19cm(小32开) 定价：CNY0.40

本书是1956年5月和1958年11月后出版的《东北二人转研究》及其续集的合编本。

J0167257
谈川剧舞台人物的创造　《四川文学》编辑部编
成都 四川人民出版社 1962年 134页
19cm(32开) 统一书号：10118.603
定价：CNY0.50

J0167258
谈川剧舞台人物的创造　《四川文学》编辑部编
成都 四川人民出版社 1980年 新1版 140页
21cm(32开) 统一书号：10118.258
定价：CNY0.41

J0167259
越剧丛刊　(第一集)上海文艺出版社编
上海 上海文艺出版社 1962年 400页 有剧照及曲谱 21cm(32开) 定价：CNY2.00

本书收录《梁山伯与祝英台》《西厢记》《春香传》《红楼梦》4个剧本。

J0167260
越剧丛刊　(第二集)上海文艺出版社编
上海 上海文艺出版社 1962年 365页 有剧照及曲谱 21cm(32开) 定价：CNY1.40

本书收录《碧玉簪》《盘夫索夫》《辕门斩女》《血手印》4个剧本。

J0167261
越剧戏考　浙江人民出版社编辑
杭州 浙江人民出版社 1962年 202页 有剧照
15cm(40开) 统一书号：T10103.235
定价：CNY0.49

J0167262
越剧戏考　谢中编
杭州 浙江人民出版社 1990年 428页
19cm(小32开) 定价：CNY4.20

J0167263
粤剧演员谈表演艺术　中国戏剧家协会广东分会编
广州 广东人民出版社 1962年 101页
19cm(32开) 统一书号：10111.578
定价：CNY0.33

J0167264
周慕莲舞台艺术　周慕莲口述；胡度等记录整理；重庆市戏曲工作委员会编辑
上海 上海文艺出版社 1962年 172页
21cm(32开) 统一书号：10078.2087
定价：CNY0.90

周慕莲(1900—1961)，川剧演员、教育家。字瑶卿，四川成都人。重庆市川剧院院长。著有《周慕莲舞台艺术》，代表剧目有《情探》《打神》《评雪辨踪》《别宫出征》《红梅阁》《荆钗

记》《战洪州》等。

J0167265
别洞观景 （川剧画册）琼莲芳主演；重庆市戏曲工作委员会编辑
重庆 重庆人民出版社 1963年 71页 19cm（32开）
统一书号：8114.237 定价：CNY0.55

J0167266
川剧脸谱选 四川省戏曲研究所编选
上海 上海文艺出版社 1963年 29张
目次及说明1册 27cm（16开）
统一书号：10078.2142 定价：CNY10.00

J0167267
川剧艺诀释义 胡度著
重庆 重庆人民出版社 1963年 73页 19cm（32开）
统一书号：10114.370 定价：CNY0.26

J0167268
川剧艺诀释义 胡度著
上海 上海文艺出版社 1980年 105页
19cm（32开）统一书号：8078.3193
定价：CNY0.30

本书收录川剧艺诀152则，分4类加以解析。

J0167269
花鼓灯 顾群，马振铨编著
合肥 安徽人民出版社 1963年 102页
19cm（32开）统一书号：8102.166
定价：CNY0.32

J0167270
江淮之声 （第一集）
江淮出版社 1963年 42页 有图 19cm（小32开）
（戏剧丛书）

J0167271
闽剧历史资料汇编 （第三辑）福州闽剧院编
福州 福州闽剧院 1963年 油印本 35页
26cm（16开）

J0167272
闽剧历史资料汇编 （第四辑）福州闽剧院编
福州 福州闽剧院 1964年 油印本 167页
26cm（16开）

J0167273
闽剧历史资料汇编 （第五辑）福州闽剧院编
福州 福州闽剧院 1964年 油印本 128页
26cm（16开）

J0167274
粤剧脸谱集 中国戏剧家协会广东分会编
广州 广东人民出版社 1963年［72］页 有图
27cm（16开）精装 统一书号：8111.471
定价：CNY2.60

本书收录粤剧脸谱141个，内容包括：历史、传奇、传说、神话各类戏曲人物的脸谱。

J0167275
云南民族戏剧的花朵 民族戏剧观摩演出大会秘书处编
昆明 云南人民出版社 1963年 456页 有剧照
20cm（32开）统一书号：10116.410
定价：CNY2.17

J0167276
怎样表演二人转 赵奎英编著；杨雨春插图
沈阳 春风文艺出版社 1963年 重印本 82页
19cm（32开）统一书号：T8158·40
定价：CNY0.23

本书内容包括：乐队和帮唱、民歌、舞蹈、选择剧本、选用唱法、演唱方法等。

J0167277
赣剧演出评介文章选辑 （第一辑 1963—1964）江西省赣剧院艺术研究室编
［1964年］74页 19cm（32开）

J0167278
赣剧演出评介文章选辑 （第二辑 1965.1-1965.5）江西省赣剧院艺术室编
［1965年］72页 19cm（32开）

J0167279
略论常香玉的演唱艺术 于林青著
北京 音乐出版社 1964年 127页 有图乐谱
19cm（32开）统一书号：8026.1922
定价：CNY0.55

作者于林青，国家一级作曲家、音乐理论家。出生于河南遂平，毕业于中央音乐学院作曲系。代表作品有《常香玉的演唱艺术》《音乐散论》《曲艺音乐概论》等。

J0167280
浙江省戏曲现代剧曲艺现代书观摩演出大会资料选辑 浙江省戏曲现代剧曲艺现代书观摩演出大会办公室编
浙江省戏曲现代剧曲艺现代书观摩演出大会办公室 1964年 177页 有照片 19cm（32开）

J0167281
彩调音乐介绍 沈桂芳编写；广西壮族自治区戏剧研究室编
［广西壮族自治区戏剧研究室］1979年 171页 26cm（16开）

J0167282
潮剧艺术通讯 （1979年6月第2期）广东潮剧院研究室编
1979年 33页 26cm（16开）

J0167283
潮剧艺术通讯 （1980年3月第1期 总第四期）广东潮剧院研究室编
1980年 36页 26cm（16开）

J0167284
二人转研究资料 （第一集）中国曲艺工作者协会吉林分会［编］
1979年 156页 20cm（32开）

J0167285
刘成基舞台艺术 刘成基口述；陈国铮记录整理
上海 上海文艺出版社 1980年 330页 有照片 19cm（32开）统一书号：8078.3217
定价：CNY1.10

本书记录刘成基的川剧表演艺术，以笔者采访实录的方式展开记述，内容有口述者的代表性剧目《赠绨袍》《议剑献剑》《问病逼宫》《胡琏闹钗》中的表演技艺，有对川剧丑角行当及其表演程式的分析，有对丑行中一些特殊人物设计特殊表演动作的体会，有对自己学艺经历和川剧艺坛的回忆。作者刘成基（1905—1976），川剧表演艺术家、川剧丑角演员。祖籍四川遂宁。著有《川剧丑角表演程式》《刘成基舞台艺术》。

J0167286
蒲剧史魂 墨遗萍著
北京 中国戏剧出版社［1980—1989年］124页 有照片 20cm（32开）定价：CNY1.00
（中国戏曲剧种史丛书）

J0167287
四卒千军 曾荣华口述；蒋永德整理
成都 四川人民出版社 1980年 56页 19cm（32开）
统一书号：10118.394 定价：CNY0.17
（川剧表演程式丛书）

J0167288
寻乌县戏曲普查资料汇编 寻乌县戏曲志编辑组［编］
［赣州］［寻乌县戏曲志编辑组］［1980—1989年］有图 26cm（16开）

J0167289
豫剧脸谱集 关朋编绘
郑州 河南省戏曲工作室 1980年 95页
19×18cm 定价：CNY8.50

J0167290
云南剧目选辑 （总第一期 一九八〇年第一期）中国戏剧家协会云南分会，云南省戏剧创作研究室合编
昆明 中国戏剧家协会云南分会 1980年
26cm（16开）

J0167291
云南剧目选辑 （总第二期 一九八〇年第二期）中国戏剧家协会云南分会，云南省戏剧创作研究室合编
昆明 中国戏剧家协会云南分会 1980年
26cm（16开）

J0167292
云南剧目选辑 （总第五期 一九八一年第一期）中国戏剧家协会云南分会，云南省戏剧创作研究室合编
1981年 94页 26cm（16开）

J0167293
云南剧目选辑 （总第十七期 一九八四年第一期）中国戏剧家协会云南分会，云南省戏剧创作研究室编
昆明 中国戏剧家协会云南分会 1984 年 86 页
有照片 26cm（16 开）

J0167294
云南剧目选辑 （总第十八期 一九八四年第二期）《云南剧目选辑》编辑室编
1984 年 106 页 有照片 26cm（16 开）

J0167295
云南戏曲曲艺概况 云南省戏剧创作研究室编
昆明 云南人民出版社 1980 年 126 页 有照片
19cm（32 开）统一书号：10116.819
定价：CNY0.45

J0167296
白剧资料集 （一）大理州文化局艺术科，大理州文化局戏剧创作室编
1981 年 165 页 19cm（32 开）

J0167297
川剧艺术研究 （1）重庆戏曲工作委员会编
成都 四川人民出版社 1981 年 21cm（32 开）
统一书号：10118.406 定价：CNY0.76

J0167298
川剧艺术研究 （2）重庆戏曲工作委员会编
成都 四川人民出版社 1981 年 21cm（32 开）
统一书号：10118.407 定价：CNY0.77

J0167299
川剧艺术研究 （3）重庆戏曲工作委员会编
成都 四川人民出版社 1981 年 21cm（32 开）
统一书号：10118.411 定价：CNY0.61

J0167300
川剧艺术研究 （4）重庆戏曲工作委员会编
成都 四川人民出版社 1981 年 21cm（32 开）
统一书号：10118.729 定价：CNY0.77

J0167301
川剧艺术研究 （第三集）重庆市戏曲工作委员会编
成都 四川人民出版社 1981 年 2 版 180 页
20cm（32 开）统一书号：10118.411
定价：CNY0.61

J0167302
川剧艺术研究 （第四集）重庆市戏曲工作委员会编，《川剧艺术研究》编辑组编
成都 四川人民出版社 1984 年 207 页
20cm（32 开）统一书号：10118.407
定价：CNY0.77

J0167303
广东省戏剧年鉴 （1980 年卷）广东省戏剧研究室编
广州 1981 年 151 页 26cm（16 开）

J0167304
广东省戏剧年鉴 （1985 年 总第五卷）广东省艺术研究所编
［广州］［广东省艺术研究所］［1985 年］
22+665 页 21cm（32 开）定价：CNY79.00

全书分专栏、大事记、剧目一览、剧论与剧评、剧坛人物、中外戏剧交流、演出动态等 10 个栏目，收录的内容均为 1984 年的。

J0167305
广东省戏剧年鉴 （1986—1995）广东省艺术研究所编
广州 岭南美术出版社 1998 年 19+1042 页
20cm（32 开）ISBN：7-5362-1823-0
定价：CNY95.00

J0167306
黄梅戏艺术 （1981 年第 1 辑 总第 1 辑）安徽省黄梅戏学校黄梅戏研究室，安庆市文化局创作研究室编辑
［安庆］［安徽省黄梅戏学校］1981 年
192 页 +［4］叶图版 21cm（32 开）
定价：CNY0.40

J0167307
黄梅戏艺术 （1981 年第 2 辑 总第 2 辑）安徽省黄梅戏学校黄梅戏研究室，安庆市文化局创作研究室编辑

[安庆][安徽省黄梅戏学校] 1982 年
192 页 + [6]叶图版 21cm(32 开)
定价:CNY0.50

J0167308
黄梅戏艺术 (1982 年第 1 辑 总第 3 辑)安徽省黄梅戏学校,安庆黄梅戏剧院编辑
[安庆][安徽省黄梅戏学校] 1982 年
192 页 + [6]叶图版 21cm(32 开)
定价:CNY0.50

J0167309
蒲剧艺术 (一九八一年 第四期 总第五期 张庆奎舞台生活五十年纪念专刊)
1981 年 86 页 有图 26cm(16 开)

J0167310
粤剧艺术欣赏 韦轩编
南宁 广西人民出版社 1981 年 85 页 有剧照
19cm(32 开)统一书号:8113.672
定价:CNY0.31

J0167311
云南戏剧艺术研究 (第一辑)昆明市戏剧研究室编
1981 年 2 册(364 页)19cm(32 开)
定价:CNY1.00

J0167312
云南戏剧艺术研究 (第二辑)昆明市戏剧研究室编
[昆明][昆明市戏剧研究室] 1981 年 304 页
有图 19cm(32 开)

J0167313
云南戏剧艺术研究 (第三辑)昆明市戏剧研究室编
[昆明][昆明市戏剧研究室] 1981 年 2 册 有图
19cm(32 开)

J0167314
云南戏剧艺术研究 (第四辑)昆明市戏剧研究室编
[昆明][昆明市戏剧研究室] 1981 年 346 页
有图 19cm(32 开)定价:CNY1.00

J0167315
张德成川剧表演论文选 张德成著
成都 四川人民出版社 1981 年 143 页
19cm(32 开)统一书号:10118.501
定价:CNY0.37

J0167316
采茶戏研究资料 南昌市《戏曲志》编辑部[编]
[南昌][南昌市《戏曲志》编辑部][1982 年]
油印本 27cm(16 开)

J0167317
吵闹 (川剧表演艺术画册)重庆市川剧院研究室编辑
成都 四川人民出版社 1982 年 67 页 19cm(32 开)
统一书号:8118.1194 定价:CNY0.40

《吵闹》是川剧《琵琶记》中的一折,是由 14 世纪高则诚本第一出《蔡母嗟儿》衍化、发展而成。此剧揭露了封建科举制度带给这个普通家庭的悲剧,反映了当时的饥荒年岁带给人民的苦难。

J0167318
川剧爱好者 张珂,欧阳翥编
成都 四川人民出版社 1982 年 48 页 21cm(32 开)
统一书号:10118.605 定价:CNY0.45

本书收录 11 篇文章,其中有谈川剧唱腔艺术的,有谈演员表演的经验和体会的,有介绍川剧行当的表演艺术特色的。

J0167319
川剧脸谱 莱如雷等作
成都 四川人民出版社 1982 年 76cm(2 开)
定价:CNY0.16

J0167320
二人转史料 (第一集)王肯记录整理
长春 吉林省地方戏曲研究室 1982 年 194 页
22cm(32 开)
(二人转资料丛书 1)

J0167321
二人转史料 (第三集)吉林省地方戏曲研究室[编辑]
长春[吉林省地方戏曲研究室] 1980 年 351 页

21cm（32开）
（二人转资料丛书 1）

J0167322
二人转史料 （第四集）吉林省地方戏曲研究室［编辑］
长春 吉林省地方戏曲研究室 1982年 363页
22cm（32开）
（二人转资料丛书 1）

J0167323
河北梆子简史 马龙文，毛达志著
北京 中国戏剧出版社 1982年 207页
21cm（32开）统一书号：8069.309 定价：CNY0.77
（中国戏曲剧种史丛书）

本书系统地介绍了河北梆子的发生、发展和源流的各个方面，包括：剧目、唱腔、表演、班社流派、演员等。

J0167324
吉剧艺术 华迦，关德富编
北京 文化艺术出版社 1982年 562页 有照片
21cm（32开）精装 统一书号：8228.025
定价：CNY3.50，CNY2.20（平装）

本书系统地搜集、整理了吉剧的大量文献、资料，其中包括：中共吉林省委有关负责同志关于创建吉剧的讲话和文章。

J0167325
吉剧艺术 （第二辑）王木箫编
北京 文化艺术出版社 1989年 680页
21cm（32开）定价：CNY10.50

J0167326
江西戏剧年鉴 江西省戏曲研究所，中国戏剧家协会江西分会编
江西 江西省戏曲研究所［1982年］248页
26cm（16开）

J0167327
金震雷舞台艺术 金震雷等口述；秋声，雨村记录整理
成都 四川人民出版社 1982年 155页 有剧照
21cm（32开）统一书号：8118.1192
定价：CNY0.54

作者金震雷（1914—1986），川剧表演艺术家。

J0167328
辽宁二人转资料 （第一集）中国曲艺家协会辽宁分会编
1982年 293页 19cm（32开）定价：CNY1.50

J0167329
评剧简史 胡沙著
北京 中国戏剧出版社 1982年 322页 有剧照
21cm（32开）统一书号：8069.313
定价：CNY1.65，CNY2.55（精装）
（中国戏曲剧种史丛书）

本书分4篇26章。第1编从“莲花落”到“唐山落子”的演变；第2编“奉天落子”时期及女演员的兴起；第3编评剧的形成；第4编西路评剧“北京蹦蹦”小史。书前刊有大量资料。

J0167330
天津戏剧年鉴 （1981—1982）天津市文化局戏剧研究室［编］
［天津］［天津市文化局戏剧研究室］［1982年］
291页 26cm（16开）精装 定价：CNY78.00

本书包括大事记、各剧种在津流衍情况简介、市区县专业剧团介绍、戏剧机构介绍、戏剧报刊介绍、戏剧工作者介绍、中华人民共和国成立后逝世的戏剧工作者等内容。

J0167331
西安易俗社七十周年资料汇编 （1912—1982）鱼闻诗等编辑
北京 纪念西安易俗社成立七十周年办公室
1982年 304页 26cm（16开）定价：CNY2.80

J0167332
湘剧教学演出纪念册 湖南省湘剧教学演出大会，湖南省戏曲研究会编
1982年 176页+［14］页图版 21cm（32开）

J0167333
艺术研究荟录 （1982年第1-2集 总第1集 陕西地方剧种史学术讨论会论文专辑）陕西省艺术研究所编
西安 陕西省艺术研究所 1982年 305页

21cm(32开)
(陕西艺术丛书)

J0167334
艺术研究荟录 (1983年第1集　总第2集 我国首次梆子声腔剧种学术讨论会秦腔论文专辑)陕西省艺术研究所[编]
西安 陕西省艺术研究所 1983年 298页
21cm(32开)
(陕西艺术丛书)

J0167335
艺术研究荟录 (1984年第1集　总第3集 我国首次梆子声腔剧种学术讨论会秦腔论文专辑)陕西省艺术研究所[编]
西安 陕西省艺术研究所 1984年 280页
21cm(32开)
(陕西艺术丛书)

J0167336
彩调舞蹈身段　唐继编著
[广西壮族自治区群众艺术馆] 1983年 108页
有图照片 19cm(32开)

J0167337
陈全波舞台艺术　陈全波口述;罗明常整理
重庆 重庆出版社 1983年 133页 有剧照
21cm(32开)统一书号:8114.23 定价:CNY0.58
　　本书主要就《做文章》等7个戏的表演论及有关川剧丑角的表演艺术。

J0167338
广东汉剧源流探讨　丘煌,罗恒报主编;广东汉剧院研究室编
[广东汉剧院研究室] 1983年 [油印本] 47页
26cm(16开)

J0167339
河北地方剧种史料汇编　河北省文化局艺术处(等)编
[河北省文化局艺术处] [1983年] 467页
19cm(32开)

J0167340
徽剧资料汇编　安徽省文学艺术研究所,安徽省徽剧团编
合肥 安徽省文学艺术研究所 1983年 295页
有照片 18cm(15开)

J0167341
江苏剧种　江苏省文化局剧目工作室编
南京 江苏省文化局 1983年 295页 有图
18cm(15开)
(江苏戏曲丛书 第一辑)

J0167342
秦腔研究论著选　陕西省艺术研究所编
西安 陕西人民出版社 1983年 185页
19cm(32开)统一书号:10094.381
定价:CNY0.52
(戏剧理论丛书)

J0167343
陕西戏曲剧种志 (第一辑)鱼讯,焦文彬主编;《陕西戏剧志》编辑部编
[西安] [《陕西戏剧志》编辑部] 1983年 312页
21cm(32开)精装
(陕西戏剧史志丛书)

J0167344
天府之花 (川剧艺术浅谈)陈国福著
重庆 重庆出版社 1983年 248页 有剧照
19cm(32开)统一书号:8114.50 定价:CNY0.80
　　本书内容包括:声腔简介、川剧史话、行当浅说、剧目一瞥、名伶艺术5部分。

J0167345
粤剧研究资料选　广东省戏剧研究室编
1983年 552页 20cm(32开)
　　本书介绍了粤剧戏剧艺术的特点,戏剧史、表演的传承与演变。

J0167346
早期越剧发展史　嵊县文化局越剧发展史编写组编
杭州 浙江人民出版社 1983年 118页 有照片
18cm(15开)统一书号:8103.529
定价:CNY0.32

J0167347
周仁耍路 兰光临著；陈肇式解说
成都 四川人民出版社 1983年 66页 19cm（32开）
统一书号：10118.635 定价：CNY0.45
（川剧表演艺术画册）
本书收录剧照100幅，并附文字说明。书后附剧本。

J0167348
梆子声腔剧种学术讨论会文集 中国艺术研究院戏曲研究所，山西省文化厅戏剧工作研究室编
太原 山西人民出版社 1984年 673页
21cm（32开）统一书号：10088.845
定价：CNY2.80

J0167349
成兆才与评剧 王乃和著
北京 文化艺术出版社 1984年 166页 有照片
19cm（32开）统一书号：8228.094
定价：CNY0.83

J0167350
革新是评剧音乐的生命线 （中国评剧院唱腔发展概况 1955—1985）贺飞等著；中国评剧院编
1984年 412页 21cm（32开）

J0167351
革新是评剧音乐的生命线 （中国评剧院唱腔发展概况 1955—1985）贺飞等著；中国评剧院编
1985年 412页 21cm（32开）

J0167352
汉剧艺术研究 （音乐改革论文集）湖北省汉剧研究室［编］
1984年 358页 20cm（32开）

J0167353
河北戏曲资料汇编 （第一辑）《中国戏曲志》河北卷编辑部［编］
1984年 282页 21cm（32开）

J0167354
河北戏曲资料汇编 （第二辑）《中国戏曲志》河北卷编辑部［编］
1984年 300页 21cm（32开）

J0167355
河北戏曲资料汇编 （第三辑）河北省文化厅，河北省民族事务委员会，中国戏剧家协会河北分会［编］
1984年 350页 20cm（32开）

J0167356
河北戏曲资料汇编 （第四辑）河北省文化厅，河北省民族事务委员会，中国戏剧家协会河北分会［编］
［1983年］447页 20cm（32开）

J0167357
河北戏曲资料汇编 （第五辑）河北省文化厅，河北省民族事务委员会，中国戏剧家协会河北分会［编］
1984年 有图 21cm（32开）

J0167358
河北戏曲资料汇编 （第六辑）河北省文化厅，河北省民族事务委员会，中国戏剧家协会河北分会［编］
1985年 363页 20cm（32开）

J0167359
河北戏曲资料汇编 （第七辑）河北省文化厅，河北省民族事务委员会，中国戏剧家协会河北分会［编］
1985年 300页 20cm（32开）

J0167360
河北戏曲资料汇编 （第八辑）河北省文化厅，河北省民族事务委员会，中国戏剧家协会河北分会［编］
1985年 342页 20cm（32开）

J0167361
河北戏曲资料汇编 （第九辑）河北省文化厅，河北省民族事务委员会，中国戏剧家协会河北分会［编］

1985 年 332 页 有图 21cm（32 开）

J0167362
河北戏曲资料汇编 （第十辑）河北省文化厅，河北省民族事务委员会，中国戏剧家协会河北分会[编]
1985 年 436 页 21cm（32 开）

J0167363
河北戏曲资料汇编 （第十一辑）河北省文化厅，河北省民族事务委员会，中国戏剧家协会河北分会[编]
1985 年 360 页 20cm（32 开）

J0167364
河北戏曲资料汇编 （第十二辑）河北省文化厅，河北省民族事务委员会，中国戏剧家协会河北分会[编]
1985 年 20cm（32 开）

J0167365
河北戏曲资料汇编 （第十三辑）河北省文化厅，河北省民族事务委员会，中国戏剧家协会河北分会[编]
1986 年 20cm（32 开）

J0167366
河北戏曲资料汇编 （第十四辑）河北省文化厅，河北省民族事务委员会，中国戏剧家协会河北分会[编]
1986 年 20cm（32 开）

J0167367
河北戏曲资料汇编 （第十五辑）河北省文化厅，河北省民族事务委员会，中国戏剧家协会河北分会[编]
[1983 年] 364 页 20cm（32 开）

J0167368
河北戏曲资料汇编 （第十六辑）河北省文化厅，河北省民族事务委员会，中国戏剧家协会河北分会[编]
1986 年 425 页 20cm（32 开）

J0167369
河北戏曲资料汇编 （第十七辑）河北省文化厅，河北省民族事务委员会，中国戏剧家协会河北分会[编]
1986 年 374 页 20cm（32 开）

J0167370
河北戏曲资料汇编 （第十八辑）河北省文化厅，河北省民族事务委员会，中国戏剧家协会河北分会[编]
1986 年 20cm（32 开）

J0167371
河北戏曲资料汇编 （第十九辑）河北省文化厅，河北省民族事务委员会，中国戏剧家协会河北分会[编]
1986 年 20cm（32 开）

J0167372
河北戏曲资料汇编 （第二十辑）河北省文化厅，河北省民族事务委员会，中国戏剧家协会河北分会[编]
1987 年 343 页 21cm（32 开）

J0167373
柳子戏音乐简编 侯俊美(等)著
1984 年 10+10+244 页 26cm（16 开）

J0167374
秦腔脸谱 （1）何瑞等编绘；黄继贤等摄影
西安 陕西人民美术出版社 1984 年 29 张
15cm（40 开）定价：CNY1.85

J0167375
山西剧种概说 山西省文化局戏剧工作研究室编
太原 山西人民出版社 1984 年 663 页
21cm（32 开）统一书号：10038.772
定价：CNY2.30

本书收录了介绍山西省地方戏曲剧种概貌的文章 50 篇。内容包括：各个剧种的形成年代、源流沿革、流布范围、艺术特点、代表剧目、主要班社和主要演员等方面。

J0167376
兴国县戏曲普查资料汇编 肖吉州等汇编；

兴国县戏曲志编纂办公室编
1984 年［油印本］170 页 有图 26cm（16 开）

J0167377
展开艺术想象的翅膀 丁是娥口述；简慧等整理
上海 上海文艺出版社 1984 年 231 页 有照片
19cm（32 开）统一书号：8078.3455
定价：CNY1.20，CNY1.65（精装）
（表演艺术丛书）

本书内容包括“求艺篇”和“谈艺篇”两部分。

J0167378
振兴川剧资料选编 （第二集）四川省川剧领导小组，四川省川剧艺术研究院编
1984 年 112 页 19cm（32 开）

J0167379
振兴川剧资料选编 四川省川剧领导小组，四川省川剧艺术研究院编
1984 年 204 页 19cm（32 开）

J0167380
周慕莲谈艺录 周慕莲著；胡度辑录
北京 中国戏剧出版社 1984 年 72 页 19cm（32 开）
统一书号：8069.445 定价：CNY0.29

本书是川剧研究工作和胡度同志根据周先生在 1953 至 1957 年期间的教学、讲学和艺术活动中的谈话辑录整理而成。作者周慕莲（1900—1961），川剧演员、教育家。字瑶卿，四川成都人。重庆市川剧院院长。著有《周慕莲舞台艺术》，代表剧目有《情探》《打神》《评雪辨踪》《别宫出征》《红梅阁》《荆钗记》《战洪州》等。

J0167381
壮剧艺术资料集 广西壮族自治区戏剧研究室［编］
［广西壮族自治区戏剧研究室］1984 年 320 页
18cm（15 开）

J0167382
安远县戏曲普查资料汇编 安远县《戏曲志》编纂办公室编
1985 年 78 叶 有地图 26cm（16 开）

J0167383
楚剧志资料汇编 武汉市楚剧团艺术研究室编
武汉 湖北省戏剧研究所 1985 年 3 册
26cm（16 开）

本书由湖北省戏剧研究所和武汉市艺术研究室联合出版。

J0167384
川剧学习与研究 （第 1 辑）成都市川剧艺术研究所编
1985 年 92 页 有图 26cm（16 开）

J0167385
川剧艺术研究 （第五集）重庆市川剧艺术研究所编
重庆 重庆出版社 1985 年 196 页 20cm（32 开）
统一书号：8114.355 定价：CNY0.92

J0167386
川剧艺术研究 （第六集）重庆市川剧艺术研究所编
重庆 重庆出版社 1988 年 300 页 19cm（32 开）
ISBN：7-5366-0614-1 定价：CNY2.75

J0167387
二人转辞典 王玉文编
丹东［辽宁省丹东市群众艺术馆］1985 年
469 页 19cm（32 开）

J0167388
二人转的创作与表演 王肯，蔡兴林著
哈尔滨 北方文艺出版社 1985 年 183 页
21cm（32 开）定价：CNY1.20
（曲艺家谈曲艺丛书）

J0167389
古南戏遗响 （福建梨园戏）中国艺术研究院戏曲研究所，福建省梨园戏实验剧团合编
1985 年 28 页 有照片 26cm（16 开）

J0167390
黄梅戏艺林 史纪南，朱玉芬主编
北京 中国广播电视出版社 1985 年 251 页
有照片 19cm（32 开）统一书号：8236.224
定价：CNY1.50

本书内容包括：黄梅戏史话、表演艺术、唱腔欣赏、艺苑新葩等。

J0167391
黄梅戏源流　陆洪非编著
合肥 安徽文艺出版社 1985年 412页
20cm（32开）统一书号：10378.42 定价：CNY1.80
（安徽地方剧种史丛书）

J0167392
晋剧百年史话　王永年讲述；刘巨才，段树人编
太原 山西人民出版社 1985年 346页
19cm（32开）统一书号：10088.975
定价：CNY1.65
（山西戏曲史料丛书）
本书记述了百余年来中路梆子在晋中、太原一带的盛衰衍变情况。谈及清代道光、咸丰至今的50多个知名班社、200多位杰出艺伶以及许多戏曲方面的演出盛况、趣闻轶事、戏谚口歌和风俗民情等。

J0167393
老调简史　李忠奇等著
北京 中国戏剧出版社 1985年 155页
20cm（32开）定价：CNY1.20
（中国戏曲剧种史丛书）
老调又称老调梆子，是河北省历史上较为悠久的地方戏剧之一。本书介绍了老调的形成、大战、老调艺术、老调的衰落和新兴的过程。

J0167394
梨园女武生　张风洪著
石家庄 河北人民出版社 1985年 137页
有照片 10cm（64开）统一书号：7086.1221
定价：CNY0.59
裴艳玲，女，原名裴信，1947年出生，河北省肃宁县人。京剧武生表演艺术家。自幼随父练功并师承李崇帅。5岁登台，9岁开始先后在乐陵、灵寿、束鹿京剧团挑梁。1960年入省河北梆子剧院，拜李少春、侯永奎、郭景春为师。任第九届全国政协委员、中国文联副主席、中国戏剧家协会副主席、河北省戏剧家协会主席、河北省京剧院名誉院长、河北省京剧院裴艳玲剧团团长等职。

J0167395
漫话越剧　朱玉芬，史纪南主编
北京 中国广播电视出版社 1985年 382页
20cm（32开）定价：CNY2.10
本书内容包括：越剧实话、越剧知识、越剧拾零、越剧演员谈唱腔、越剧舞台上的年轻人、怎样欣赏越剧。

J0167396
宁都县戏曲普查资料汇编　温宏亮等编
［宁都县戏曲志编纂办公室］1985年 252页
27cm（16开）

J0167397
评剧剧目考略　铁健编著
黑龙江省艺术研究所 1985年 27+263页
20cm（32开）
（艺术研究丛书）
本书由黑龙江省艺术研究所和《艺术研究》编辑部联合出版。

J0167398
评剧明星　张平，文华著
沈阳 春风文艺出版社 1985年 358页
20cm（32开）定价：CNY2.80
本书收录评剧各个发展时期的代表人物82位，以著名演员为主，同时还有影响较大的编剧、导演、音乐舞台设计等艺术家，是按照历史时期的先后顺序排列。

J0167399
陕北秧歌研究　（陕西省「陕北秧歌学术讨论会」论文专辑）陕西省文化厅，陕西省《民舞集成》编辑办公室编
1985年 276页 19cm（32开）

J0167400
石城县戏曲普查资料汇编　石城县戏曲志编辑小组［编］
1985年 71页 有图 26cm（16开）

J0167401
说戏论艺　上海越剧院艺术研究室编
1985年 520页 19cm（32开）
本书是上海越剧院建院30周年舞台艺术

文选。

J0167402
万载花鼓灯概貌 （万载县戏曲普查专题资料选编）万载县《戏曲志》编写组搜集整理
1985年 49页 27cm（16开）

J0167403
我们的旗帜不能放下 （中国评剧院建院三十周年艺术经验汇编 1955—1985）中国评剧院编
1985年 412页 有照片 20cm（32开）

J0167404
戏曲资料汇编 （第二集）中国戏曲志辽宁卷编辑部编
［沈阳］1985年 283页 19cm（32开）

J0167405
湘剧 （总第一期）湖南省湘剧院研究室［编］
1985年 128页 有照片 26cm（16开）

J0167406
扬州清曲 韦人，韦明铧编
上海 上海文艺出版社 1985年 173页
20cm（32开）统一书号：8078.3483
定价：CNY1.10

J0167407
豫剧源流考论 韩德英，赵再生选编
［中国民族音乐集成河南省编辑办公室］1985年
272页 20cm（32开）

J0167408
长寿县川剧团志 长寿县川剧团志编纂小组编
［长寿］［长寿县川剧团志编纂小组］［1985年］
油印本 210叶 26cm（16开）

本书内容包括：概述、大事记、沿革、管理、艺人生活、艺术与人才、人物传记等，记述了长寿县川剧的发展与现状。

J0167409
著名晋剧表演艺术家程玉英舞台生活五十年 尚华整理；山西省晋中行署文化局，山西省晋中艺术学校编
［山西省晋中行署文化局］1985年 280页
有照片 21cm（32开）

J0167410
常德汉剧论集 湖南省常德地区戏曲工作室，湖南省常德市戏曲工作室［编］
1986年 243页 19cm（32开）

J0167411
川剧揽胜 陈国福著
成都 四川人民出版社 1986年 119页
19cm（32开）统一书号：8118.2113
定价：CNY0.62
（祖国的四川丛书）

J0167412
川剧脸谱 何开新等作
成都 四川美术出版社 1986年 1张 76cm（2开）
定价：CNY0.20

J0167413
滇剧史 杨明，顾峰主编
北京 中国戏剧出版社 1986年 391页
21cm（32开）定价：CNY2.80
（中国戏曲剧种史丛书）

本书描述滇剧的历史发展过程，探讨它的声腔源流及演唱特色，介绍历代有代表性的著名演员和他们的表演艺术，勾勒了这一剧种的艺术面貌。作者顾峰（1926—？），曾任中国书法家协会、中国戏剧家协会、中国作家协会云南分会会员等，云南《文化艺术志》《云南文史丛刊》等副主编。

J0167414
梨园纵横谈 （梨园戏评论文选 一）福建省梨园戏实验剧团编
［泉州］1986年 64页 有照片 26cm（16开）

J0167415
梨园纵横谈 （梨园戏评论文选 二）陈君平主编；福建省梨园戏实验剧团编
［泉州］1987年 48页 有照片 26cm（16开）

J0167416
梨园纵横谈 （梨园戏评论文选 三）陈君平主编；福建省梨园戏实验剧团编

1988年 64页 有照片 26cm(16开)

J0167417
梨园纵横谈 (梨园戏评论文选 四)陈君平主编;福建省梨园戏实验剧团编
[泉州] 1989年 52页 有照片 26cm(16开)

J0167418
内蒙古戏曲资料汇编 (第一辑)《中国戏曲志·内蒙古卷》编辑部[编]
内蒙古艺术研究所 1986年 295页 20cm(32开)

J0167419
宁河戏部分资料 (江西省古老剧种汇报演出)江西省修水县宁河戏剧团[编]
[1986年]油印本 44页 有图照片地图 26cm(16开)精装

J0167420
傩坛戏概观 邓光华[著];贵州省艺术研究室,贵州省思南县文化局编
1986年 15+153页 有图 19cm(32开)

作者邓光华(1939—),贵州思南人,贵州师范大学学术委员会委员、艺术系副主任,中国音乐家协会会员,中国傩戏学研究会理事等。

J0167421
萍乡戏曲资料汇编 (第1集 征求意见稿)熊斌贤,欧阳文健编
[萍乡市《戏曲志》编纂办公室] 1986年 27cm(16开)

J0167422
泉州地方戏曲 (第一期)福建省泉州地方戏曲研究社编
1986年 178页 有图 26cm(16开)

J0167423
泉州地方戏曲 (第二期)福建省泉州地方戏曲研究社编
[泉州][泉州地方戏曲研究社] 1987年 126页 26cm(16开)

J0167424
石家庄地区戏曲资料汇编 石家庄地区行署文化局戏曲志编辑部[编]
1986年 425页 20cm(32开)

J0167425
皖南花鼓戏一百年 (剧种史料卷)茆耕茹编
1986年 15+490页 有照片 21cm(32开)

J0167426
万载县戏曲普查资料汇编 万载县《戏曲志》编写组[编]
1986年 224页 27cm(16开)

J0167427
婺剧艺术 (第一期)婺剧艺术研究室编
[金华]婺剧艺术研究室 1986年 156页 有照片 29cm(32开)定价:CNY0.10

本书内容包括:概述、义乌腔与婺剧的起源和形成、婺剧声腔、婺剧的艺术特色、中华人民共和国成立前的著名戏曲班社、义乌婺剧团、演出场所等。

J0167428
筱文艳舞台生活 高义龙等著
上海 上海文艺出版社 1986年 211页 有剧照 21cm(32开)
(表演艺术丛书)

作者高义龙(1941—2008),京剧编剧、戏曲研究者。山东济南人,毕业于华东师范大学。历任上海艺术研究所副研究员、上海市美学学会理事、上海越剧艺术研究中心总干事。专著《袁雪芬的艺术道路》《袁雪芬》《筱文艳舞台生活》《越剧史话》《越剧艺术》等。

J0167429
豫剧传统剧目汇释 王艺生著
郑州 黄河文艺出版社 1986年 648页 20cm(32开)统一书号:10385.52 定价:CNY4.65

J0167430
袁玉堃舞台艺术 (袁玉堃讲述)中国艺术研究院戏曲研究所,重庆市川剧研究所编
成都 四川文艺出版社 1986年 253页 有照片 21cm(32开)定价:CNY2.36

本书由11篇文章组成。前6篇文章结合饰演蔡伯喈、郑元和、周仁、吕蒙正、王魁等形象,

介绍袁派川剧文小生角色塑造特色；第7-10篇从唱、做、念诸方面探究川剧文小生表演程式与技法；最后回顾60年艺术生涯。讲述人袁玉堃（1917—2004），川剧表演艺术家。曾任重庆市川剧院名誉院长。代表剧目《送行》和《迎贤店》。

J0167431
粤剧“花旦王”千里驹 赖伯疆编著
广州 花城出版社 1986年 178页 有照片
19cm（32开）统一书号：10261.794
定价：CNY1.70

作者赖伯疆（1936—2005），笔名李苑诗等，广东惠阳人。曾就职于广东省社科院文学研究所，广东省剧协理事、广东作协评论委员会委员、广东省粤剧研究中心常务副理事长、广东省文化传播学会副会长。撰有《海外华文文学概况》《广东戏曲简史》。

J0167432
川剧常识 于一，刘兴明，邓运佳著；中国戏曲志四川卷编辑部编
1987年 221页 19cm（32开）

作者于一，中国川剧文化集成常务副主编，中国傩戏研究会理事，四川省剧协理事。作者邓运佳，四川大学任教。

J0167433
川剧词典 胡度等编
北京 中国戏剧出版社 1987年 353页
19cm（小32开）精装 定价：CNY4.00

本书收川剧词目2082条，下限时间为1983年，分为：音乐，剧目，表导演，舞台美术，作家·艺术家，论著·选集·影片·刊物，团体·戏园7个门类。列剧目545个，占现有剧目总数的四分之一强，以内容时序先后排列，时序不清的列后，每一剧目略述剧情梗概。所列表导演和舞台美术词目，附有程式、行头、道具插图103幅，脸谱谱式26幅。

J0167434
第二届广西戏剧展览会资料汇编 广西壮族自治区文化厅编
［南宁］［广西壮族自治区文化厅］1987年
2册（669页）18cm（15开）

J0167435
福建省戏剧年鉴 （1986年卷）中国戏剧家协会福建分会，福建省戏曲研究所编
福州 福建省戏剧家协会 1987年 145页 有剧照
26cm（16开）

J0167436
福建省戏剧年鉴 （1987年卷）中国戏剧家协会福建分会，福建省戏曲研究所编
福州 中国戏剧家协会福建分会［1988年］99页
26cm（16开）

J0167437
福建省戏剧年鉴 （1988年卷）中国戏剧家协会福建分会，福建省戏曲研究所编
福州 中国戏剧家协会福建分会［1989年］99页
26cm（16开）

J0167438
福建省戏剧年鉴 （1989年卷）中国戏剧家协会福建分会，福建省戏曲研究所编
福州 中国戏剧家协会福建分会［1990年］99页
26cm（16开）

J0167439
福建省戏剧年鉴 （1990年卷）中国戏剧家协会福建分会，福建省戏曲研究所编
福州 中国戏剧家协会福建分会［1991年］99页
26cm（16开）

J0167440
福建省戏剧年鉴 （1991年卷）福建省戏剧家协会，福建省艺术研究所编
福州 福建省戏剧家协会［1992年］61页
26cm（16开）

本书由福建省戏剧家协会和福建省艺术研究所联合出版。

J0167441
福建省戏剧年鉴 （1994年卷）福建省戏剧家协会，福建省艺术研究所编
福州 福建省戏剧家协会［1995年］106页
26cm（16开）

本书由福建省戏剧家协会和福建省艺术研究所联合出版。

J0167442
福建省戏剧年鉴 （1995年卷）《福建省戏剧年鉴》编辑部编
福州《福建省戏剧年鉴》编辑部 [1996年] 79页 26cm(16开)

J0167443
福建省戏剧年鉴 （1996年卷）福建省戏剧家协会，福建省艺术研究所编
福州 福建省戏剧家协会 1997年 71页 26cm(16开)

J0167444
福建省戏剧年鉴 （1997年卷）福建省戏剧家协会，福建省艺术研究所编
福州 福建省戏剧家协会 1998年 96页 26cm(16开) 定价：CNY [10.00]

J0167445
贵州花灯史话 （东路、南路、西路）王希古等编
贵阳 贵州人民出版社 1987年 279页 19cm(32开) 定价：CNY1.50
（贵州地方戏曲剧种史丛书）

J0167446
河北地方戏曲脸谱集锦 秦金波绘
北京 中国戏曲出版社 1987年 38页 26cm(16开)
ISBN：7-104-00020-8 定价：CNY7.20
（河北艺术研究丛书）

J0167447
湖湘曲论 中国曲艺家协会湖南分会，湖南省曲艺理论研究会编
《茶馆》文艺杂志社 1987年 254页 20cm(32开)

J0167448
吉水县戏曲资料汇编
1987年 [油印本] 有图 26cm(16开)

J0167449
荆州花鼓戏志 湖北省荆州行署文化局，荆州花鼓戏志编纂委员会编
[荆州] [湖北省荆州行署文化局] 1987年 油印本 3册 有表格 26cm(16开)
定价：CNY200.00

J0167450
论潮剧艺术 林澜著
广州 花城出版社 1987年 366页 19cm(32开)
统一书号：10261.946 定价：CNY2.40

J0167451
南京戏曲资料汇编 （第一辑）黄文虎，朱喜主编；《中国戏曲志·江苏卷·南京分卷》编辑室编
1987年 277页 有照片 20cm(32开)
定价：CNY5.20

J0167452
南京戏曲资料汇编 （第二辑）《中国戏曲志·江苏卷·南京分卷》编辑室编
1987年 297页 有照片 20cm(32开)
定价：CNY4.00

J0167453
南京戏曲资料汇编 （第三辑）查双禄主编；《中国戏曲志·江苏卷·南京分卷》编辑室编
1988年 251页 有照片 20cm(32开)
定价：CNY4.50

J0167454
南京戏曲资料汇编 （第四辑）《中国戏曲志·江苏卷·南京分卷》编辑室编
1989年 309页 有照片 20cm(32开)
定价：CNY5.00

J0167455
南京戏曲资料汇编 （第五辑）《中国戏曲志·江苏卷·南京分卷》编辑室编
1990年 345页 有照片 20cm(32开)
定价：CNY4.30

J0167456
傩戏论文选 德江县民族事务委员会，贵州民院民族研究所编
贵阳 贵州民族出版社 1987年 210页 21cm(32开) ISBN：7-5412-0020-4
定价：CNY2.10

本书收录傩戏论文17篇，从戏剧、宗教、民俗、历史、舞蹈、音乐、美术、民族等不同视角，对贵州不同品种，不同历史发展时期，有着不同艺术形态的傩戏群——彝族“撮泰吉”、土家族傩

堂戏、布依族地戏等的发生、发展、演化、融合、蜕变，及在贵州的传播过程进行研究和探讨。

J0167457
萍乡戏曲资料汇编 （第2集 征求意见稿）熊斌贤，欧阳文健编
［萍乡市《戏曲志》编纂办公室］1987年
48+98页 27cm（16开）

J0167458
秦腔史稿 焦文彬等著
西安 陕西人民出版社 1987年 608页
20cm（32开）统一书号：10094.604
定价：CNY4.15

J0167459
山西省运城地区蒲剧团晋京演出资料汇编
运城地区文化局［编］
1987年 144页 有照片 21cm（32开）

J0167460
通化文艺史料 （戏剧资料专辑）通化市文化局，浑江市文化局编
［通化］通化市文化局［1987年］352页 有照片
21cm（32开）

本书编入通化市的戏曲发生、变革和发展。上限自该市戏剧活动初始，下限至1984年底（个别资料为保持其完整性记述到1984年以后）。本书由通化市文化局和浑江市文化局联合出版。

J0167461
晓艇表演艺术初探 晓艇等著
成都 四川文艺出版社 1987年 146页 有照片
19cm（32开）统一书号：10374.284
ISBN：7-5411-0043-9 定价：CNY1.00

J0167462
新凤霞说戏 新凤霞著
银川 宁夏人民出版社 1987年 575页 有照片
20cm（32开）统一书号：8157.526
ISBN：7-227-00007-9 定价：CNY3.65

本书收录新凤霞谈表演艺术经验的文章99篇，以唱、做、念、舞为线索编辑成书。新凤霞的评剧表演艺术，既继承传统又有所创造，有所发展；尤其以“疙瘩腔”流利、清脆、优婉著称，形成新派。作者新凤霞（1927—1998），评剧表演艺术家。原名杨淑敏，小名杨小凤。生于江苏苏州。历任北京实验评剧团团长、解放军总政治部文工团评剧团副团长、中国评剧院演员。代表剧目有《花为媒》《刘巧儿》《乾坤带》《杨三姐告状》《凤还巢》《金沙江畔》等。

J0167463
豫剧小戏考 庞无比等编选
上海 上海文艺出版社 1987年 245页 有剧照
19cm（32开）统一书号：8078.3632
定价：CNY1.70

J0167464
云南戏曲传统剧目汇编 （3 民族戏曲 第1集）云南省民族艺术研究所戏剧研究室，中国戏曲志云南卷编辑部合编
1987年 430页 19cm（32开）定价：CNY3.00

J0167465
中国评剧 （第二卷）胡沙主编；中国评剧院《中国评剧》编辑部编
中国评剧院 1987年 182页 26cm（16开）

J0167466
彩调艺术研究 蔡定国著
南宁 广西人民出版社 1988年 271页
20cm（32开）ISBN：7-219-00962-3 定价：CNY3.40
（广西各族民间文艺研究丛书）

本书对彩调的剧目、表演、唱腔、锣鼓等方面的艺术特色，作了具体深入的分析。具体包括：第1章“彩调概述”；第2章“彩调剧目的特色”；第3章“彩调表演的特色”；第4章“彩调音乐的特色”。

J0167467
陈伯华舞台艺术 陈伯华口述；邓家琪，黄靖整理
上海 上海文艺出版社 1988年 216页 有照片
20cm（32开）统一书号：8078.3655
定价：CNY1.90
（表演艺术丛书）

陈伯华是继余洪元、吴天保之后的又一个汉剧表演艺术家。本书记述了她从9岁学艺以来的坎坷经历，并就《宇宙锋》《二度梅》等剧目，

阐释了她的表演艺术经验。

J0167468
川剧艺术概论 邓运佳编著
成都 四川省社会科学院出版社 1988年 534页 有照片 20cm(32开) ISBN: 7-80524-120-1
定价: CNY4.50
作者邓运佳,四川大学任教。

J0167469
赣南采茶戏传统剧目纲要 赵小觉,张虹,徐荣秀整理
1988年 41叶 21×30cm

J0167470
湖南地方剧种志丛书 (一 祁剧志、邵阳花鼓戏志、零陵花鼓戏志)湖南省戏曲研究所编
长沙 湖南文艺出版社 1988年 522页 有剧照 20cm(32开)精装 定价: CNY6.80

J0167471
湖南地方剧种志丛书 (二 辰河戏志 阳戏志 苗剧志 侗戏志 傩堂戏志)湖南省戏曲研究所编
长沙 湖南文艺出版社 1989年 579页 有剧照 20cm(32开)精装 ISBN: 7-5404-0423-X
定价: CNY7.95

J0167472
湖南地方剧种志丛书 (三 衡阳湘剧志 巴蓤戏志 衡州花鼓戏志 岳阳花鼓戏志)湖南省戏曲研究所编
长沙 湖南文艺出版社 1989年 556页 有剧照 19cm(32开)精装 ISBN: 7-5404-0488-4
定价: CNY8.20

J0167473
湖南地方剧种志丛书 (四 常德花鼓戏志、湖南花灯戏志、湘昆戏志、荆河戏志、武陵戏志)湖南省戏曲研究所编
长沙 湖南文艺出版社 1990年 720页 有剧照 20cm(32开)精装 ISBN: 7-5404-0598-8
定价: CNY10.20

J0167474
湖南地方剧种志丛书 (五 湘剧志、长沙花鼓戏志)湖南省戏曲研究所编
长沙 湖南文艺出版社 1992年 767页 有照片 20cm(32开)精装 ISBN: 7-5404-0927-4
定价: CNY11.50
本书分综述、图表、志略、传记4部分,另设附录、索引等。时间上限从湘剧的萌发时期起,下限截至1986年12月31日止。

J0167475
李文杰舞台艺术 重庆市川剧艺术研究所编
重庆 重庆出版社 1988年 139页 有图 19cm(32开) ISBN: 7-5366-0615-X
定价: CNY1.60

J0167476
柳子戏简史 纪根垠著
北京 中国戏剧出版社 1988年 263页 21cm(32开)定价: CNY2.25
(中国戏曲剧种史丛书)
本书分5章:柳子戏的形成;柳子戏的成长;柳子戏的兴起;柳子戏的艺术特色;柳子戏的衰落与复兴。以纵为主,溯源追流,总结特色,探究衰而复兴的自身与社会诸因素。

J0167477
梅州市一九八八年山歌剧研讨会论文集
梅州 广东省梅州市文化局 1988年[油印本] 152页 25cm(小16开)

J0167478
评剧名家演唱艺术 少君,息国玲主编;天津人民广播电台戏曲组编
北京 中国广播电视出版社 1988年 937页 有照片 20cm(32开) ISBN: 7-5043-0107-8
定价: CNY9.10
本书是在天津人民广播电台的评剧艺术赏析讲座广播稿的基础上整理补充而成,介绍评剧发展简史和各个时期著名演员的唱腔艺术和当代有成就的青年演员的演唱艺术,总共选介47位评剧艺术家。收有各演员代表性唱段的唱腔曲谱和120幅历史资料及演员照片。

J0167479
曲艺志资料 《曲艺志资料·辽宁卷》编辑部[编]
1988年 282页 19cm(32开)

J0167480
取经路上五十年　六龄童口述；陶仁坤整理
上海　上海文艺出版社　1988 年　189 页　有照片
20cm（32 开）ISBN：7-5321-0127-4
定价：CNY2.70
（表演艺术丛书）

J0167481
于永江文集　（永江先生从事蹦蹦大业四十周年）吉林省艺术研究所编
长春　吉林省艺术研究所　1988 年　310 页
20cm（32 开）

J0167482
粤剧史　赖伯疆，黄镜明著
北京　中国戏剧出版社　1988 年　402 页　有剧照
20cm（32 开）ISBN：7-104-00006-2
定价：CNY3.30
（中国戏曲剧种丛书）

本书分 7 章：分别论述粤剧的渊源和沿革、粤剧唱腔音乐的变化发展、粤剧的剧种家和剧目概况、粤剧演员的承传与演变、粤剧的表演艺术和舞台美术的演变、粤剧组织机构及其演变、粤剧在港澳和海外的沧桑。书后附有撰写《粤剧史》的主要参考资料。作者赖伯疆（1936—2005），笔名李苑诗等，广东惠阳人。曾就职于广东省社科院文学研究所，广东省剧协理事、广东作协评论委员会委员、广东省粤剧研究中心常务副理事长、广东省文化传播学会副会长。撰有《海外华文文学概况》《广东戏曲简史》。

J0167483
粤剧艺术论　郭秉箴著
北京　中国戏剧出版社　1988 年　290 页
19cm（32 开）ISBN：7-104-00089-5
定价：CNY2.00

J0167484
中国少数民族戏剧丛书　（青海卷）中国戏剧家协会青海分会，青海省文学艺术研究所编选
北京　中国戏剧出版社　1988 年　370 页
20cm（32 开）ISBN：7-104-00024-0
定价：CNY2.90

J0167485
中国少数民族戏剧丛书　（新疆卷．上）中国戏剧家协会新疆分会，新疆维吾尔自治区艺术研究所编
北京　中国戏剧出版社　1988 年　462 页　有剧照
20cm（32 开）ISBN：7-104-00167-0
定价：CNY3.70

本书收录新疆地区少数民族的话剧、歌剧、和舞剧共 9 部，书后还附有对剧作的评论文章。

J0167486
中国少数民族戏剧丛书　（贵州卷．上卷）贵州省文化厅编
北京　中国戏剧出版社　1988 年　308 页　有照片
20cm（32 开）定价：CNY2.20

J0167487
中国少数民族戏剧丛书　（云南卷）云南省民族艺术研究所编选
北京　中国戏剧出版社　1988 年　370 页
20cm（32 开）ISBN：7-104-00024-0
定价：CNY2.90

J0167488
安顺地戏　沈福馨著
贵阳　贵州人民出版社　1989 年　77 页　有彩图
26cm（16 开）ISBN：7-221-00660-1
定价：CNY3.30
（中国民族文化专题研究丛书）

J0167489
曾荣华舞台艺术　曾荣华讲述；戴德源，刘永康记录整理
成都　四川文艺出版社　1989 年　349 页　有照片
20cm（32 开）ISBN：7-5411-0377-2
定价：CNY4.06
（川剧艺术家丛书）

本书结合曾荣华饰演武松、吕布、铁木耳、吕蒙正、林雨农的形象，介绍了他塑造的川剧文武小生角色及特点。在概述川剧小生戏功技巧部分着重介绍眉眼技巧、水发功、翎子功和文小生的站、坐、行。还有介绍旧戏班沿革、演变的专文 2 篇。

J0167490
常香玉演唱艺术研究 陈小香著
北京 人民音乐出版社 1989年 252页 有照片
20cm(32开) ISBN: 7-103-00452-8
定价: CNY4.00

J0167491
范瑞娟表演艺术 吴兆芬等整理
上海 上海文艺出版社 1989年 367页 有照片
20cm(32开) ISBN: 7-5321-0510-5
定价: CNY7.30
(表演艺术丛书)

J0167492
贵州侗戏 黔东南苗族侗族自治州文化局编; 李瑞岐主编
贵阳 贵州民族出版社 1989年 280页
21cm(32开) 定价: CNY3.80

J0167493
坎坷前面是美景 (傅全香的艺术生涯) 傅全香等著
上海 百家出版社 1989年 389页 21cm(32开)

本书是研究傅全香表演艺术的文集。所收文章大都写于1987年11月中国剧协浙江分会和上海分会举办"傅全香表演艺术研讨会"的前后。作者中有傅全香本人和与她同台合作的演员、编剧、导演、戏曲音乐家、舞台美术家、戏剧评论家、文学家、新闻记者等; 他们分别从各个不同的视角, 对傅全香半个多世纪的艺术生涯, 进行了全面的回顾, 对她所创造的"傅派"艺术——表演和声腔艺术, 进行了系统的论述。

J0167494
裴艳玲表演艺术评论文集 河北省艺术研究所编
石家庄 河北人民出版社 1989年 179页
有照片 20cm(32开) ISBN: 7-202-00407-0
定价: CNY2.25
(河北艺术研究丛书)

J0167495
豫剧在全国 张北方, 周律编著
中国民族音乐集成河南省编辑办公室 1989年
10+609页 有地图及肖像 20cm(32开)
定价: CNY5.00

本书由中国民族音乐集成河南省编辑办公室和河南民族音乐学会、河南省文化厅文化志编辑室联合出版。

J0167496
粤剧百年蜕变
香港 区域市政局 1989年 有照片 19cm(32开)
ISBN: 962-7213-06-3 定价: HKD9.90

外文书名: A Century of Cantonese Opera.

J0167497
云岭剧论 云南省民族艺术研究所编
昆明 云南人民出版社 1989年 323页
20cm(32开) ISBN: 7-222-00497-1
定价: CNY4.75, CNY6.55 (精装)
(云南地方艺术研究所丛书)

J0167498
中国越剧 钱法成主编
杭州 浙江人民出版社 1989年 238页 有剧照
26cm(16开) 精装 ISBN: 7-213-00396-8
定价: CNY21.50

本书6部分, 内容包括: 1、越剧简史; 2、越剧音乐; 3、越剧明星; 4、越剧流派; 5、越剧舞台; 6、越剧艺踪。越剧是中国地方戏曲中的一枝奇葩。其早期又称小歌班、的笃班、的笃戏、绍兴文戏, 由浙江嵊县农村的民歌小调及民间说唱发展演化而成。作者钱法成(1932—), 剧作家、书法家。笔名双戈, 浙江嵊州市人。毕业于浙江湘湖师范。历任浙江省文化厅厅长、浙江省政协常委。代表作品: 越剧《胭脂》, 绍剧《于谦》, 婺剧《西施泪》, 越剧《柳玉娘》。出版有《魏峨双戈剧作选》。

J0167499
周企何舞台艺术 陈国福著
成都 四川人民出版社 1989年 226页 有剧照
19cm(32开) ISBN: 7-220-00637-3
定价: CNY3.10

周企何(1911—1988), 川剧表演艺术家。

J0167500
安顺地戏论文集 沈福馨等编
北京 文化艺术出版社 1990年 154页

20cm(32开) ISBN: 7-5039-0775-4
定价: CNY3.80

J0167501
东北二人转史 (辽宁部分)李微著
长春 长春出版社 1990年 388页 21cm(32开)
定价: CNY5.90
(中华说唱文艺丛书)
本书内容包括: 二人转的孕育与形成、清代的小秧歌、民国时期的蹦蹦、中华人民共和国成立后的二人转、辽宁蹦蹦流派、辽宁蹦蹦师承总谱、传统二人转作品分类、二人转与姊妹艺术。

J0167502
广西傩艺术论文集 广西艺术研究所编
北京 文化艺术出版社 1990年 290页
19cm(32开) ISBN: 7-5039-0815-7
定价: CNY3.85

J0167503
吉剧创建纪实 先程著
长春 时代文艺出版社 1990年 257页 有照片及剧照 20cm(32开) ISBN: 7-5387-0345-4
定价: CNY8.30
本书对吉剧发展历程中的经验教训进行了总结, 并对其艺术形式进行了研究、探讨。作者先程(1932—2009), 研究员。原名张宪民、张先程, 笔名先程, 出生于长春。曾任吉林省艺术研究所研究员、省戏曲音乐学会会长、中国戏剧家协会会员。有舞蹈音乐《红绸舞》(合作), 歌曲《老司机》《女民兵》, 吉剧音乐《燕青卖线》《桃李梅》。

J0167504
昆明曲剧音乐 栗臻主编; 王业伟等编辑
北京 文化艺术出版社 1990年 346页 有剧照
20cm(32开) ISBN: 7-5039-0690-1
定价: CNY5.50
(中国戏曲音乐集成 云南卷)

J0167505
论云南少数民族戏剧 黎方著
北京 文化艺术出版社 1990年 201页
20cm(32开) ISBN: 7-5039-0616-2
定价: CNY2.80
本书收录论文20余篇, 从不同角度对壮、白、彝、苗等云南少数民族戏剧作了分析和研究。

J0167506
傩戏、傩文化 (原始文化的活化石)庹修明著
北京 中国华侨出版公司 1990年 108页 有彩照
19cm(32开) ISBN: 7-80074-001-3
定价: CNY3.20
(中华本土文化丛书)
中国的巫文化在北方是萨满教, 在南方是傩戏、傩文化。傩戏是带有浓厚宗教色彩的戏剧形式, 表演中保存着大量具有原始风貌的巫术表演, 如"上刀梯"、"杀铧"、"捞油锅"等。本书对此进行了历史唯物主义的分析研究。

J0167507
傩戏·少数民族戏剧及其它 曲六乙著
北京 中国戏剧出版社 1990年 380页 有照片
20cm(32开) ISBN: 7-104-00152-2
定价: CNY5.20
作者曲六乙(1930—), 作家。笔名仝前。辽宁瓦房店人, 毕业于中南文艺学院研究生班。历任中国戏剧出版社副总编辑、中国戏剧家协会研究室主任、《中国戏剧年鉴》主编、中国少数民族戏剧学会副会长、中国傩戏学研究会会长、中国戏曲学会常务理事等。著作有《中国少数民族戏剧》《艺术——真善美的结晶》《戏剧舞台的奥秘与自由》等。

J0167508
傩戏面具艺术 顾朴光编著
台北 淑馨出版社 1990年 [1]+154页 有彩图
26cm(16开) ISBN: 957-531-094-2
定价: TWD600.00
本书以132幅珍贵的图片, 展示贵州省形形色色的面具艺术。作者顾朴光(1942—), 生于贵州贵阳市, 籍贯江苏崇明县(今属上海市)。历任贵州民族学院教授, 学报副主编。代表作品有《中国面具史》《中国民间面具》。

J0167509
秦腔戏散论 王学秀著
兰州 敦煌文艺出版社 1990年 317页 有照片及剧照 19cm(32开) ISBN: 7-80587-013-6

定价：CNY4.05

作者王学秀(1963—)，编辑。笔名禾乃、秦雨，陕西渭南人。甘肃人民广播电台主任编辑，中国戏剧家协会会员和甘肃省振兴秦腔学会常务理事。

J0167510
山西戏曲脸谱 洪丽云编绘；乔寿宁翻译
太原 山西人民出版社 1990年 146页
26cm(16开) 精装 ISBN：7-203-01125-9
定价：CNY65.00

本书编入山西各地方戏曲脸谱445幅。

J0167511
四川藏戏 四川省民族事务委员会著
成都 四川民族出版社 1990年 118页
20cm(32开) ISBN：7-5409-0404-6
定价：CNY1.94

本书介绍了四川藏戏的兴起及剧种，四川藏戏的艺术特色、演出习俗、剧团简介及著名藏戏艺术家。

J0167512
台湾战后初期的戏剧 焦桐著
台北 台原出版社 1990年 259页 有照片
21cm(32开) ISBN：957-9261-06-7
定价：TWD220.00
(协和台湾丛刊 14)

J0167513
探索集 徐棻著
成都 四川文艺出版社 1990年 302页 有照片
20cm(32开) ISBN：7-5411-0562-7
定价：CNY4.00

本书是中国川剧艺术评论集，包括有关戏曲的论文和剧本两部分。

J0167514
席明真戏剧文选 席明真著；四川省川剧艺术研究院编
成都 四川文艺出版社 1990年 302页 有照片
20cm(32开) ISBN：7-5411-0687-9
定价：CNY4.00

J0167515
戏比天大 (常香玉回忆录) 常香玉口述；张黎至整理；陈小玉记录
北京 中国戏剧出版社 1990年 445页
19cm(小32开) 定价：CNY4.80
(舞台生活丛书)

常香玉(1923—2004)，豫剧艺术家。原名张妙玲，河南巩县(今巩义市)人。曾任中国戏剧家协会副主席、河南省戏剧家协会主席、河南豫剧院院长、河南省戏曲学校校长、沈阳音乐学院教授等职。代表作有《花木兰》《拷红》《断桥》《大祭桩》《人欢马叫》等。

J0167516
新时期江苏戏剧论文集 中国戏剧家协会江苏分会编
1990年 344页 19cm(32开) 定价：CNY3.00

J0167517
艺苑奇葩 (梁山灯戏) 苏明星，李向东主编；中国戏曲志四川卷编辑部，四川省梁平县文化局编
北京 文化艺术出版社 1990年 114页 有照片
19cm(32开) ISBN：7-5039-0764-9
定价：CNY3.65

本书介绍了梁山灯戏的形成、艺术特色、演出风尚、发展与展望等。作者苏明星，设计师。四川梁平人，四川省万县地区文化局退休干部，梁山灯戏研究会任办公室专职副主任，并任梁平县剧协秘书长。作者李向东，四川梁平人。梁平县文化局长兼梁山灯戏研究会和梁平年画研究会会长。

J0167518
粤剧春秋 广州市政协文史资料研究委员会，粤剧研究中心合编
广州 广东人民出版社 1990年 353页 有照片
20cm(32开) ISBN：7-218-00554-3
定价：CNY4.80
(广州文史资料 42)

本书通过发掘、整理、编纂、出版本书史料，为研究我国戏曲史提供了重要材料，并有助于促进粤剧的革新、振兴和繁荣。

J0167519
云南戏剧艺术散论 郭思九著

昆明 云南人民出版社 1990年 252页
21cm(32开)定价:CNY3.60

本书是作者30多年来有关戏剧艺术研究文章的选集，共30篇。分4个部分：1、对云南省地方戏和民族戏的研究和探讨；2、对新时期云南省戏剧舞台上涌现出来的新剧目《关山碧血》《苍山会盟》《和睦皈朝》等的评论；3、对表演艺术家关肃霜、王玉珍的研究与评介；4、对党的文艺方针政策的研究。作者郭思九(1936—)，研究员。云南大姚人。历任云南省民族艺术研究所所长、研究员，《民族艺术研究》主编，云南省戏剧家协会副主席。

J0167520
张云霞表演艺术 李惠康，蓝凡主编
上海 学林出版社 1990年 273页 有图
20cm(32开)ISBN:7-80510-649-5
定价:CNY6.50
(上海艺术家丛书)

J0167521
中国少数民族戏剧丛书 (湖南卷)《中国少数民族戏剧丛书·湖南卷》编委会编
北京 中国戏剧出版社 1990年 574页 有剧照
20cm(32开)ISBN:7-104-00167-0
定价:CNY4.85

J0167522
壮剧艺术研究 韦苇，何凡著
南宁 广西人民出版社 1990年 297页
21cm(32开)定价:CNY4.00
(广西各族民间文艺研究丛书)

J0167523
安徽贵池傩戏调查报告 吕光群，纪明庭著
池州[安徽][池州地区文化局剧目创作研究室]
1991年[油印本]44页 26cm(16开)

J0167524
唱功研究 高茹编著
长春 时代文艺出版社 1991年 326页 有照片
19cm(32开)ISBN:7-5387-0338-1
定价:CNY4.40

本书详细介绍了东北地方戏的“唱功”。作者高茹(1961—2017)，女，二人转表演艺术家。吉林永吉县人。历任中国曲艺家协会会员、中国曲艺家协会吉林分会理事、吉林省二人转艺术家协会理事。演唱代表作品有《摇篮曲》《县长下乡到咱家》《梅花开得好》等，编著《唱功研究》《东北民间音乐》等。

J0167525
陈晋元及其司鼓艺术 张林雨著
北京 人民音乐出版社 1991年 545页 有照片
20cm(32开)ISBN:7-103-00801-9
定价:CNY10.70

作者张林雨，山西省戏剧研究所任职。

J0167526
黄梅采茶戏志 黄梅县文化局编
北京 中国戏剧出版社 1991年 152页 有照片
26cm(16开)ISBN:7-104-00391-6
定价:CNY38.00
(湖北省地方戏曲研究丛书)

J0167527
昆剧折子戏初探 陈为瑀著
郑州 中州古籍出版社 1991年 283页
21cm(32开)ISBN:7-5348-0591-X
定价:CNY4.50

J0167528
傩戏傩文化资料集 (二)杨启孝主编；贵州民族学院图书馆编
1991年 264页 有照片 18cm(小32开)
定价:CNY3.50

J0167529
评戏在天津发展简史 王林主编
天津 天津人民出版社 1991年 585页
20cm(32开)ISBN:7-201-00962-1
定价:CNY11.80

本书以人物为主线写出中华人民共和国成立前后评剧在天津形成、发展、繁荣、昌盛的过程。作者王林，别名雅文，女，黑龙江嫩江县人，天津市艺术研究所副研究员，天津市昆曲研究会秘书长，中国戏剧家协会会员。

J0167530
山右戏曲杂记 王易风著

太原 北岳文艺出版社 1991年 426页 有彩照 19cm(小32开) ISBN: 7-5378-0669-1 定价: CNY8.60
(山西文艺家丛书)

本书是研究山西中路梆子的史料书，涉及历史、艺人、班社、剧种特色等诸多方面。

J0167531
陕西省戏剧年鉴 (1949—1989) 刘克明，刘敬贤主编；陕西省文化厅编
西安 三秦出版社 1991年 392页 19cm(小32开) ISBN: 7-80546-218-6 定价: CNY4.60
(新时期陕西文化艺术丛书)

J0167532
许倩云舞台艺术 重庆市川剧研究所编
北京 中国戏剧出版社 1991年 179页 19cm(小32开) ISBN: 7-104-00242-1 定价: CNY2.75

川剧著名旦角演员许倩云，从事艺术生涯已近半个世纪，本书忠实纪录她在艺术道路上奋进的轨迹，对她所创造的艺术形象进行了中肯深入的剖析。

J0167533
一九九〇年潮剧年鉴 汕头市戏剧研究室，汕头市潮州音乐研究室，中国剧协汕头支会编
[汕头][《潮剧年鉴》编委会] 1991年 212页 19cm(小32开)

J0167534
一九九一年潮剧年鉴 汕头市戏剧研究室，汕头市潮州音乐研究室，中国剧协汕头支会编
[汕头][《潮剧年鉴》编委会] 1992年 211页 19cm(32开)

J0167535
一九九二年潮剧年鉴 汕头市戏剧研究室，汕头市潮州音乐研究室编
[汕头][《潮剧年鉴》编委会] 1993年 252页 有图 19cm(32开)

本年鉴除了收集潮汕闽南各潮剧团的资料外，还收集了首届国际潮剧节的资料，包括美国、法国、新加坡等国家和地区潮人剧团乐社的资料，反映潮剧在对外文化交流中出现的新特点。

J0167536
彝剧志 郭思九主编；楚雄彝族自治州文化局编
北京 文化艺术出版社 1991年 155页 有照片 20cm(32开) ISBN: 7-5039-1082-8
(中国戏曲志云南卷丛书)

作者郭思九(1936—)，研究员。云南大姚人。历任云南省民族艺术研究所所长、研究员、《民族艺术研究》主编、云南省戏剧家协会副主席。

J0167537
喑痖鹤鸣 刘还月著
台北 时报文化出版企业公司 1991年 270页 有照片 19cm(小32开) ISBN: 957-13-0312-7 定价: TWD200.00
(人间丛书 169)

J0167538
甬剧发展史述 蒋中崎编著
杭州 浙江文艺出版社 1991年 331页 有照片 20cm(32开) ISBN: 7-5339-0382-X 定价: CNY13.00

本书从甬剧的发展历史到甬剧的艺术特色、甬剧作家与作品、甬剧演员及表演、甬剧舞台艺术和甬剧音乐，进行了介绍和探索。

J0167539
越剧史话 高义龙著
上海 上海文艺出版社 1991年 243页 19cm(小32开) ISBN: 7-5321-0773-6 定价: CNY4.50

本书以记人和记事的特点，回顾了越剧发展的历史、成长、成熟的过程。作者高义龙(1941—2008)，京剧编剧、戏曲研究者。山东济南人，毕业于华东师范大学。历任上海艺术研究所副研究员、上海市美学学会理事、上海越剧艺术研究中心总干事。专著《袁雪芬的艺术道路》《袁雪芬》《筱文艳舞台生活》《越剧史话》《越剧艺术》等。

J0167540
梓潼阳戏 黄道德，于一主编；中国戏曲志四川卷编辑部，绵阳市文化局，梓潼县文化局编

1991年 110页 有照片 19cm(小32开)

作者于一，中国川剧文化集成常务副主编，中国傩戏研究会理事，四川省剧协理事。

J0167541

川剧艺术形象谱 胡度，何冶主编；重庆市川剧研究所，重庆戏曲志编辑部编；杜定宇英译

上海 上海文艺出版社 1992年 298页 有剧照 20cm(32开) ISBN：7-5321-0934-8

定价：CNY20.00

本书为中英对照本，展现了一百个川剧艺术形象。外文书名：Charater Portrayals in Chuanju Opera.

J0167542

川剧志 席明真主编；中国戏曲志四川卷编辑部编

北京 文化艺术出版社 1992年 414页 有照片 21cm(32开) ISBN：7-5039-0940-4

定价：CNY10.80，CNY88.00(精装)

本书介绍了川剧的相关情况，分为剧目、音乐、表演、舞台美术、机构、演出习俗、报刊专著、轶闻传说、传记等11卷内容。

J0167543

湖南戏曲史探 尹伯康撰；湖南省文化厅文化志编纂室，湖南省艺术研究所编

1992年 203页 19cm(小32开) 定价：CNY2.50

J0167544

六国大封相 梁沛锦著

香港 香港市政局公共图书馆 1992年 有彩照 19×26cm ISBN：962-7038-55-5

定价：HKD62.00

J0167545

傩蜡之风 (长江流域宗教戏剧文化) 萧兵著

南京 江苏人民出版社 1992年 869页 有照片 20cm(32开) ISBN：7-214-00879-3

定价：CNY17.80

(长江文明丛书)

本书从中国"大文化"的角度，探讨了长江流域地区的物质、社会、精神文化，并考察其内涵、成因、特点、影响等。作者萧兵(1933—)，教授。福建福州人。历任上海海军预备学校教员，淮阴师专中文系教授，东南大学东方文化研究所、华中师大中文系兼职教授，中国社会调查所人类学研究中心特约研究员。著有《中国文化的精英》《傩蜡之风》《神话学引论》等。

J0167546

戚雅仙表演艺术 傅骏整理

上海 上海文艺出版社 1992年 367页 20cm(32开) ISBN：7-5321-0911-9

定价：CNY7.50

(表演艺术丛书)

J0167547

秦腔趣闻 阎成功著

西安 陕西旅游出版社 1992年 200页 有照片 19cm(小32开) ISBN：7-5418-0231-X

定价：CNY3.50

本书内容包括：秦腔概述、名家荟萃、轶闻趣事、戏曲名胜等。作者阎成功(1949—)，编辑。笔名布丁，陕西西安人。《教师报》编辑、记者。著有散文集《九州胜景探幽》《陕西风物趣事》《秦腔趣闻》《陕西名胜导游》《陕西风情文化》等。

J0167548

西域戏剧与戏剧的发生 曲六乙，李肖冰编

乌鲁木齐 新疆人民出版社 1992年 300页 20cm(32开) ISBN：7-228-02002-2

定价：CNY5.90

本书收录《浅论西域戏剧艺术的起源》《论西域歌舞戏》《中国戏剧发生简论》等近20篇论文。作者曲六乙(1930—)，作家。笔名仝前。辽宁瓦房店人，毕业于中南文艺学院研究生班。历任中国戏剧出版社副总编辑、中国戏剧家协会研究室主任、《中国戏剧年鉴》主编、中国少数民族戏剧学会副会长、中国傩戏学研究会会长，中国戏曲学会常务理事等。著作有《中国少数民族戏剧》《艺术——真善美的结晶》《戏剧舞台的奥秘与自由》等。

J0167549

细说粤剧 (陈铁儿粤剧论文书信集) 黄兆汉，曾影靖编

香港 光明图书公司 1992年 279页 21cm(32开)

定价：HKD100.00

J0167550
越剧溯源 嵊县政协文史资料委员会编
杭州 浙江文艺出版社 1992年 297页
19cm(小32开) ISBN: 7-5339-0498-2
定价: CNY4.80
本书收录介绍越剧起源、发展及演唱形式，早期名演员等30篇文章。

J0167551
越剧艺术欣赏 上海市艺术教育委员会编
上海 少年儿童出版社 1992年 142页 有彩照
19cm(小32开) ISBN: 7-5324-1721-2
定价: CNY1.85
本书介绍了越剧表演的唱词、唱腔、常用程式动作、流派等。

J0167552
在金开芳老师跟前学戏 张晖著
北京 中国戏剧出版社 1992年 173页 有照片
19cm(小32开) ISBN: 7-104-00465-3
定价: CNY5.35
本书通过回忆往事，写出了金老在教戏育人工作中的经验，并对《花为媒》《朱买臣休妻》《王二姐思夫》《马寡妇开店》4部戏曲的艺术处理作了介绍。作者张晖，鞍山市艺术创作研究所从事戏曲理论学习、研究工作。

J0167553
中国傩戏调查报告 顾朴光等编
贵阳 贵州人民出版社 1992年 345页
20cm(大32开) ISBN: 7-221-02516-9
定价: CNY5.50
(中国民族文化专题研究丛书)
本书收录包括晋、皖、苏、湘、川、滇、黔7省12篇傩戏调查报告。内容包括: 锣鼓杂戏，赛戏、队戏、扇鼓傩戏、童子戏、傩堂戏、咚咚推、杠菩萨等。作者顾朴光(1942—)，生于贵州贵阳市，籍贯江苏崇明县(今属上海市)。历任贵州民族学院教授、学报副主编。代表作品有《中国面具史》《中国民间面具》。

J0167554
安徽省贵池市刘街乡源溪村曹、金、柯三姓家族的傩戏 王兆乾，王秋贵著
台北 施合郑民俗文化基金会 1993年 231页 有剧照 21cm(32开) ISBN: 957-8892-33-0
定价: TWD145.00
(民俗曲艺丛书)

J0167555
巴蜀目连戏剧文化概论 林建华著
北京 文化艺术出版社 1993年 271页 有照片
20cm(32开) ISBN: 7-5039-1221-9
定价: CNY5.50
目连戏亦称“目莲戏”，是以目连救母故事为题材的戏剧。唐代已有《大目乾连冥间救母变文》，以后各地各种戏曲中多有目连戏。鲁迅《朝花夕拾·无常》:“目连戏的热闹，张岱在《陶庵梦忆》上也曾夸张过，说是要连演两三天。”本书为首部四川目连戏的理论著述，全书分12个专题。

J0167556
布依戏研究文集 桂梅，一丁著
贵阳 贵州民族出版社 1993年 189页
19cm(小32开) ISBN: 7-5412-0383-1
定价: CNY3.20
本书收有作者不同时期的文章13篇，文章对布依戏作了全面地介绍与论述。作者一丁，中国音乐家协会会员、中国少数民族音乐学会会员、黔西南州文联秘书长兼音协主席。

J0167557
潮剧闻见录 林淳钧著
广州 中山大学出版社 1993年 560页 有彩照
20cm(32开) ISBN: 7-306-00620-7
定价: CNY15.00
(潮汕文库 潮汕历史文化资料丛编)
本书以笔记的形式，记述了有关潮剧的见闻110条。内容包括: 潮剧的历史渊源、声腔的沿革、戏班的组织和人事关系、剧坛轶事等。作者林淳钧(1936—)，编剧。笔名林牧，潮州市人，就读于中山大学中文系。历任广东潮剧院艺术研究室主任、广东潮剧院副院长。编有《潮剧剧目纲要》《迎风山》，出版潮剧专著《潮剧闻见录》《20世纪潮剧百戏图》《潮剧史》。

J0167558
楚剧志 《中国戏曲志·湖北卷》编辑委员会，武汉市文化局[编]
北京 中国戏剧出版社 1993年 179页 有照片

26cm（16 开）ISBN：7-104-00482-3

J0167559
福建省邵武市大阜岗乡河源村的“跳番僧”与“跳八蛮” 叶明生著
台北 施合郑民俗文化基金会 1993 年 198 页 有照片 21cm（32 开）ISBN：957-8892-05-5
定价：TWD134.00
（民俗曲艺丛书）

J0167560
汉剧志 邓家琪主编；《中国戏曲志·湖北卷》编辑委员会武汉市文化局编
北京 中国戏剧出版社 1993 年 264 页 有彩照 26cm（16 开）精装 ISBN：7-104-00433-5
定价：CNY66.00

J0167561
汉剧志 邓家琪主编；《中国戏曲志·湖北卷》编辑委员会，武汉市文化局［编］
北京 中国戏剧出版社 1993 年 264 页
26cm（16 开）ISBN：7-104-00433-5
定价：CNY119.00

本书内容包括：源流与沿革、大事年表、剧目、音乐、表演、机构、演出习俗、文物古迹、报刊专著、轶闻传说、谚语、口诀、行话、传记等。

J0167562
湖南戏曲研究 金汉川著
北京 中国戏剧出版社 1993 年 233 页
20cm（32 开）ISBN：7-104-00579-X
定价：CNY4.00

本书收录《湖南戏曲发展的纵横考察》《四十年来戏改工作的回顾》《传统戏的人性问题》《戏曲的通俗化要求》等研究湖南戏曲的论文 14 篇。作者金汉川，湖南文化部门从事戏曲工作。

J0167563
苦辣酸甜 （姚澄的艺术生涯）薛明著
南京 江苏文艺出版社 1993 年 226 页 有照片
19cm（小 32 开）ISBN：7-5399-0452-6
定价：CNY3.50
（江苏文化艺术丛书）

本书记述了锡剧艺术家姚澄的生活经历与从艺生涯。

J0167564
牛桂英舞台生活回忆 赵志冲编
太原 山西人民出版社 1993 年 412 页 有照片
20cm（32 开）ISBN：7-203-02723-6
定价：CNY11.80
（山西省戏剧研究所艺术研究丛书）

本书叙述了牛桂英参加各项重大政治与社会活动及舞台生活、教学活动、生活情趣、人际关系等。

J0167565
傩与艺术宗教 邓光华著
北京 中国文联出版公司 1993 年 348 页 有彩照
20cm（32 开）ISBN：7-5059-1851-6
定价：CNY8.80

本书收录《傩的源流浅识》《谈贵州土家族傩坛戏》《傩文化与音乐起源》《傩与宗教的初步探究》等 19 篇论文。作者邓光华（1939— ），贵州思南人，贵州师范大学学术委员会委员、艺术系副主任，中国音乐家协会会员，中国傩戏学研究会理事等。

J0167566
蒲剧简史 行乐贤，李恩泽著
北京 中国戏剧出版社 1993 年 26+238 页
有照片 20cm（32 开）ISBN：7-104-00193-X
定价：CNY5.40
（中国戏曲剧种史丛书）

蒲剧即蒲州梆子，形成于山陕地区，与同州梆子同称为“山陕梆子”。本书分 7 章：蒲剧源流；清末蒲剧再兴与戏剧班社之繁荣；蒲剧著名演员、鼓师、琴师与其他；古老蒲剧班社的建制、班规与班俗；蒲剧艺术；解放前后的蒲剧；文化大革命后的蒲剧。

J0167567
上海县圣堂道院及其太平公醮考查记实 朱建明著
台北 财团法人施合郑民俗文化基金会 1993 年
216 页 有图 21cm（32 开）精装
ISBN：957-8892-06-3 定价：TWD176.00
（民俗曲艺丛书）

J0167568
上海县圣堂道院及其太平公醮考查记实 朱建明著
台北 施合郑民俗文化基金会 1993年 216页
有照片 21cm(32开) ISBN: 957-8892-07-1
定价: TWD117.00
(民俗曲艺丛书)

J0167569
思南傩堂戏 卢朝栋主编; 思南县民族事务委员会编
贵阳 贵州民族出版社 1993年 420页 有彩照
20cm(32开) ISBN: 7-5412-0186-3
定价: CNY12.00
本书根据民间流传的手抄本和土老师的口述，记录了思南傩戏的内坛法事和外坛剧目；并介绍思南傩戏的音乐、服装、道具、面具、流派、传承，以及土老师在演出中常用的符篆、咒语、手诀等。作者卢朝栋，思南县民委委员。

J0167570
四川省酉阳土家族苗族自治县双河区小冈乡兴隆村面具阳戏 段明著
台北 施合郑民俗文化基金会 1993年 310页
有照片 21cm(32开) ISBN: 957-8892-11-X
定价: TWD280.00
(民俗曲艺丛书)

J0167571
玩友十年 黄光新著
成都 巴蜀书社 1993年 302页 有照片
20cm(32开) ISBN: 7-80523-570-8
定价: CNY5.00
本书收录作者发表的有关川剧艺术的通讯、特写、评论、理论专著和报告文学等。作者黄光新，四川眉山人。中国管理科学研究院四川文化研究所特约副研究员。

J0167572
薛觉先艺苑春秋 赖伯疆著
上海 上海文艺出版社 1993年 239页
20cm(32开) ISBN: 7-5321-0927-5
定价: CNY6.00
(表演艺术丛书)
作者赖伯疆(1936—2005)，笔名李苑诗等，广东惠阳人。曾就职于广东省社科院文学研究所，广东省剧协理事、广东作协评论委员会委员、广东省粤剧研究中心常务副理事长、广东省文化传播学会副会长。撰有《海外华文文学概况》《广东戏曲简史》。

J0167573
杨兰春编导艺术论 王鸿玉主编
北京 中国戏剧出版社 1993年 269页 有照片
20cm(32开) ISBN: 7-104-00519-6
定价: CNY5.20
本书是中国豫剧的编剧导演艺术研究。作者王鸿玉(1941—)，文学家。河南获嘉人，毕业于郑州大学中文系。历任中共河南省委宣传部文艺处长、河南省文联主席团成员、河南省书协理事。出版《王鸿玉篆隶作品集》。

J0167574
一代桐凤 (阳友鹤文存)郭铭彝，阳荣秀编
成都 四川文艺出版社 1993年 2册(1162页)
有照片 20cm(32开) ISBN: 7-5411-0764-6
定价: CNY21.00
阳友鹤(1913—1984)，艺名筱桐凤，著名川剧表演艺术家，戏曲教育家。内容包括：阳友鹤文存、评介、庆祝舞台生活六十年、悼言怀念、部分书信、演出剧目选和生平大事记等。

J0167575
豫剧艺术总汇 《豫剧艺术总汇》编辑委员会编
北京 中国戏剧出版社 1993年 621页 有彩图
26cm(16开)精装 ISBN: 7-104-00626-5
定价: CNY49.00
本书分为豫剧概论、音乐、剧目、名家、重要资料5部分。

J0167576
越剧音乐史初探 余乐编著
[浙江艺术学校] 1993年 油印本 26cm(16开)

J0167577
振兴川剧综论 (1982—1992)严福昌，王定欧主编
重庆 西南师范大学出版社 1993年 351页
20cm(32开) ISBN: 7-5621-0793-9
定价: CNY5.50

本书总结了四川省振兴川剧的工作，论述了川剧工作的成就、经验、改革、发展及目前面临的新情况新问题。作者严福昌，四处省文化厅副厅长。作者严福昌（1939—　），编剧。毕业于上海戏剧学院戏剧文学系。历任四川省文化局干事、四川省文化厅副厅长、中国演出家协会副主席、中国剧协理事等。著有《扎西娜姆废墟》《南国论》《论剧集》等。

J0167578
中国川剧　陈国福著
成都 成都出版社 1993年 401页 有照片
21cm（32开）ISBN：7-80575-560-4
定价：CNY6.80

本书着重介绍川剧在国内外的重大影响，内容包括：川剧的发展、川剧大观、川剧群星、川剧撷英等。

J0167579
中国川剧通史　邓运佳著
成都 四川大学出版社 1993年 871页 有照片
20cm（32开）ISBN：7-5614-0704-1
定价：CNY20.00

本书记述了从古巴蜀的神话传说到1992年上下数千年的川剧艺术史，记录了各个历史时期的作家、作品和艺术家的艺术活动，记载了毛泽东等国家领导人对川剧的指示关怀。作者邓运佳，四川大学任教。

J0167580
中国傩戏傩文化资料汇编　杨启孝编
台北 施合郑民俗文化基金会 1993年 439页
21cm（32开）ISBN：957-8892-27-6
定价：TWD350.00
（民俗曲艺丛书）

J0167581
中国评剧剧目集成　王士笑，印淑英编著
沈阳 沈阳出版社 1993年 27+354页
19cm（小32开）精装 ISBN：7-80556-963-0
定价：CNY15.00

本书收录评剧剧目1881个，分3部分：中华人民共和国成立前历史故事剧、中华人民共和国成立后历史故事剧和现代剧。

J0167582
超轮本目连　庄淑芝编辑
台北 施合郑民俗文化基金会 1994年 272页
21cm（32开）ISBN：957-8892-13-6
定价：TWD240.00
（民俗曲艺丛书）

J0167583
陈宪章戏剧艺术论　荆桦等主编；河南省戏剧家协会编辑
北京 中国戏剧出版社 1994年 204页 有照片
20cm（32开）ISBN：7-104-00686-9
定价：CNY7.80
（河南戏剧家文库）

J0167584
川剧偶谈　黎本初著
成都 四川民族出版社 1994年 96页
19cm（小32开）ISBN：7-5409-0663-4
定价：CNY3.60
（西部书系）

J0167585
旦东与抗战花灯　玉溪地区行署文化局艺术研究室编
北京 中国民族摄影艺术出版社 1994年 366页
有照片 20cm（32开）ISBN：7-80069-092-X
定价：CNY9.80

J0167586
古腔新论　（青阳腔学术研讨会论文集）安徽省艺术研究所编
合肥 安徽文艺出版社 1994年 319页
20cm（32开）ISBN：7-5396-1244-4
定价：CNY6.10

青阳腔，又名池州调，是明代兴起于安徽池州地区的一种戏曲声腔。

J0167587
古树新花又一枝　（潮剧《张春郎削发》文汇）
广东潮剧院编
1994年 10+441页 有图 21cm（32开）

J0167588
贵州安顺地戏调查报告集　王秋桂，沈福馨著

台北 施合郑民俗文化基金会 1994年 498页
有照片 21cm(32开) ISBN: 957-8892-15-2
定价: TWD320.00
(民俗曲艺丛书)

J0167589
梨园戏艺术史论 吴捷秋著
台北 施合郑民俗文化基金会 1994年 2册
有照片 21cm(32开) ISBN: 957-8892-19-5
定价: TWD450.00
(民俗曲艺丛书)

J0167590
梨园戏艺术史论 吴捷秋著; 泉州地方戏曲研究社编
北京 中国戏剧出版社 1996年 453页
20cm(32开) ISBN: 7-104-00773-3
定价: CNY30.00

J0167591
莆仙戏目连救母 庄淑芝编辑
台北 施合郑民俗文化基金会 1994年 190页
21cm(32开) ISBN: 957-8892-43-8
定价: TWD170.00
(民俗曲艺丛书)

J0167592
泉腔南戏概述 刘浩然编著
泉州 泉州市刺桐文史研究社(筹) 1994年
134页 19cm(小32开)
(泉州学丛书)

本书由泉州市刺桐文史研究社和泉州市菲律宾归侨联谊会联合出版。

J0167593
山西省晋剧院院志 (一 1952—1992) 侯桂林主编; 山西省晋剧院编
[太原] [山西省晋剧院] [1994年] 359页
有照片 21cm(32开) 定价: CNY90.00

本志上限为1952年，下迄至1992年，记述了这四十年中山西省晋剧院的设置、沿革、艺术活动、人位进退等史实，反映了这一历史时期的总体面貌，反映了几代艺术家和从业人员不断从事继承、创造与革新的场景和进程。

J0167594
山西省曲沃县任庄村《扇鼓神谱》调查报告 黄竹三, 王福才著
台北 施合郑民俗文化基金会 1994年 214页
有照片 21cm(32开) ISBN: 957-8892-03-9
定价: TWD160.00
(民俗曲艺丛书)

J0167595
四川省重庆市巴县接龙区汉族的接龙阳戏 (接龙端公戏之一) 胡天成著
台北 施合郑民俗文化基金会 1994年 490页
有照片 21cm(32开) ISBN: 957-8892-31-4
定价: TWD360.00
(民俗曲艺丛书)

J0167596
四川省梓潼县马鸣乡红寨村一带的梓潼阳戏 于一等著
台北 施合郑民俗文化基金会 1994年 215页
有照片 21cm(32开) ISBN: 957-8892-47-0
定价: TWD180.00
(民俗曲艺丛书)

J0167597
为粤剧唱赞歌 朱善著
广州 广东人民出版社 1994年 162页
20cm(32开) ISBN: 7-218-01501-8
定价: CNY8.00

本书阐述了粤剧的历史知识和一般常识，以及粤剧改革与发展的路向。

J0167598
云南傩戏傩文化论集 玉溪地区文化局, 云南省民族艺术研究所编
昆明 云南人民出版社 1994年 333页
20cm(32开) ISBN: 7-222-01568-X
定价: CNY6.25
(云南地方艺术研究丛书)

本书收录《从云南傩戏谈两类傩戏》《关索和关索戏》《傣族巫舞考源》等29篇文章。

J0167599
浙江省目连戏资料汇编 徐宏图, 王秋桂编著
台北 财团法人施合郑民俗文化基金会 1994年

622 页 有图 21cm（32 开）精装
ISBN：957-8892-48-9 定价：TWD750.00
（民俗曲艺丛书）

作者徐宏图（1945— ），研究员。浙江平阳人，浙江省艺术研究所研究员、中国古代戏曲学会理事。中国傩戏研究会常务理事。著有《南宋戏曲史》《浙江戏曲史》《浙江戏曲史话》等。

J0167600
中国傩 张子伟主编
长沙 湖南师范大学出版社 1994 年 560 页
20cm（32 开）ISBN：7-81031-349-5
定价：CNY12.00

J0167601
重新走向辉煌 高义龙，卢时俊主编；上海越剧艺术研究中心，上海越剧院艺术研究院编
北京 中国戏剧出版社 1994 年 423 页
20cm（32 开）ISBN：7-104-00680-X
定价：CNY26.00

作者高义龙（1941—2008），京剧编剧、戏曲研究者。山东济南人，毕业于华东师范大学。历任上海艺术研究所副研究员，上海市美学学会理事、上海越剧艺术研究中心总干事。专著《袁雪芬的艺术道路》《袁雪芬》《筱文艳舞台生活》《越剧史话》《越剧艺术》等。

J0167602
百年坎坷歌仔戏 陈耕，曾学文著
台北 幼狮文化事业公司 1995 年 190 页 有照片
21cm（32 开）ISBN：957-530-873-5
定价：TWD200.00
（蕃薯藤文化丛书 1）

J0167603
姹紫嫣红开遍——良辰美景仙凤鸣 （卷一～卷三）卢玮銮主编；白雪仙口述；迈克撰文
香港 三联书店（香港）公司 1995 年 3 册 有图
31cm（10 开）ISBN：962-04-1232-X
定价：HKD1180.00

J0167604
姹紫嫣红开遍——良辰美景仙凤鸣 （纤浓本）卢玮銮主编；白雪仙口述；迈克撰文
香港 三联书店（香港）有限公司 1995 年 有剧照
26cm（16 开）精装

J0167605
潮剧研究 （潮剧广场戏研究专辑 1）陈韩星主编；汕头市艺术研究室编
汕头 汕头大学出版社 1995 年 266 页 有照片
19cm（小 32 开）ISBN：7-81036-144-9
定价：CNY14.00

作者陈韩星（1946— ），编剧。广东汕头市人。结业于上海戏剧学院戏文系高级编剧研修班。历任海南农垦文工团编剧、汕头市歌舞团编剧、汕头市艺术研究室主任，一级编剧。著有歌剧和电视剧本《蝴蝶兰》（合作）《滴血的三叶树》《缺瓣的莲花峰》《东坡三折》等。

J0167606
潮剧研究 （潮剧广场戏研究专辑 2）陈韩星主编；汕头市艺术研究室编
汕头 汕头大学出版社 1995 年 有照片
19cm（小 32 开）

J0167607
潮剧研究 （潮剧广场戏研究专辑 3）陈韩星主编；汕头市艺术研究室编
汕头 汕头大学出版社 1995 年 有照片
19cm（小 32 开）

J0167608
潮剧研究 （丛刊 3 潮剧五十年文论选）陈韩星主编；汕头市艺术研究室编
北京 中国戏剧出版社 1999 年 458 页
20cm（32 开）ISBN：7-104-01157-9
定价：CNY30.00

J0167609
潮剧志 《潮剧志》编辑委员会编
汕头 汕头大学出版社 1995 年 418 页
20cm（32 开）精装 ISBN：7-81036-071-X
定价：CNY80.00
（广东地方剧种志丛书）

J0167610
傣剧艺术与社会文化 施之华著
昆明 云南民族出版社 1995 年 174 页
19cm（小 32 开）ISBN：7-5367-1092-5

定价：CNY12.00

J0167611
广西省柳州师公傩的文武坛法事 庞绍元，王超著
台北 施合郑民俗文化基金会 1995年 366页 有照片 21cm（32开）ISBN：957-8892-71-3
定价：TWD370.00
（民俗曲艺丛书）

J0167612
贵州省岑巩县注溪乡岑王村老屋基喜傩神调查报告 王秋桂，庹修明计画主持
台北 财团法人施合郑民俗文化基金会 1995年 408页 有图 21cm（32开）精装
ISBN：957-8892-72-1 定价：TWD650.00
（民俗曲艺丛书）

J0167613
贵州戏曲大观 （艺术家卷）王恒富，谢振东主编
贵阳 贵州民族出版社 1995年 13+481页 有图 20cm（32开）ISBN：7-5412-0537-0
定价：CNY15.00

J0167614
贵州戏曲大观 （剧种卷）王恒富，谢振东主编；《贵州戏曲大观》编辑部编
贵阳 贵州民族出版社 1997年 408页 有照片 20cm（32开）ISBN：7-5412-0721-7
定价：CNY25.00

J0167615
江苏省通州市横港乡北店村胡氏上童子仪式 曹琳著
台北 财团法人施合郑民俗文化基金会 1995年 504页 有图 21cm（32开）精装
ISBN：957-8892-81-0 定价：TWD750.00
（民俗曲艺丛书）

J0167616
晋城文史资料 （第三辑 戏曲专辑）
晋城［中国人民政治协商会议山西省晋城市委员会文史资料研究委员会编］1995年 321页 有照片 21cm（32开）定价：CNY15.00
本书内容包括：上党梆子在晋城的形成和发展、泽州秧歌的产生与演进、晋城鸣凤班、陵川青云班等。

J0167617
李德书戏剧文选 李德书著
成都 四川大学出版社 1995年 115页 有彩照 19cm（小32开）ISBN：7-5614-1255-X
定价：CNY6.00
作者李德书（1949— ），四川射洪人，毕业于四川大学中文系。历任中国戏剧家协会会员、中国李白研究会会员、四川省李白研究会理事、四川盐亭螺祖文化研究会顾问。代表作品有《李德书戏剧文选》《绵阳市戏曲志》，出版有《李德书诗选》《李德书民间文艺作品》《绵阳颂》等。

J0167618
论评剧的振兴 （纪念成兆才诞辰120周年振兴评剧学术研讨会论文集）曲润海，高长德主编；纪念成兆才诞辰120周年暨全国评剧新剧目交流演出组委会编
天津 天津市文化局 1995年 250页 有照片 20cm（32开）

J0167619
梅兰珍唱腔集 徐澄宇编
上海 上海文艺出版社 1995年 196页 有剧照 20cm（32开）ISBN：7-5321-1216-0
定价：CNY10.50

J0167620
明华园 （台湾戏剧世家）邱婷著
台北 独家出版社 1995年 236页 有照片 21cm（32开）ISBN：957-9488-26-6
定价：TWD300.00
（精彩人物系列 3）

J0167621
评剧谈艺录 孙玉敏著
天津 百花文艺出版社 1995年 328页 19cm（小32开）ISBN：7-5306-2157-2
定价：CNY1.00

J0167622
秦腔词典 王正强主编
兰州 敦煌文艺出版社 1995年 60+603页

有彩图及剧照 21cm(32开)精装
ISBN: 7-80587-308-9 定价: CNY36.80

J0167623
神人交错的艺术 (西南民间戏剧与宗教) 金重著
昆明 云南教育出版社 1995年 12+234页
有彩图 20cm(32开) ISBN: 7-5415-0937-X
定价: CNY7.80, CNY10.80(精装)
(西南研究书系)

外文书名: A Drama of Men and God-Folk Dramas and Religions in Southwest China. 作者金重(1919—), 编剧。中国戏曲志云南卷主编。创作改编《依莱汗》《红葫芦》《孔雀公主》《老海休妻》等花灯剧和花灯歌舞, 出版有《鲁凝剧作选》《云南花灯》《艺术论文集》等。

J0167624
四川省接龙阳戏接龙端公戏 (二 接龙庆坛) 胡天成著
台北 财团法人施合郑民俗文化基金会 1995年
362页 有图 21cm(32开) 精装
ISBN: 957-8892-87-X 定价: TWD560.00
(民俗曲艺丛书)

J0167625
四川省接龙阳戏接龙端公戏 (三 接龙延生) 胡天成著
台北 财团法人施合郑民俗文化基金会 1995年
418页 有图 21cm(32开) 精装
ISBN: 957-8892-79-9 定价: TWD630.00
(民俗曲艺丛书)

J0167626
胥河两岸的跳五猖 茆耕茹著
台北 财团法人施合郑民俗文化基金会 1995年
210页 有图 21cm(32开) 精装
ISBN: 957-8892-74-8 定价: TWD330.00
(民俗曲艺丛书)

J0167627
一代风流尹桂芳 李惠康著
上海 上海文艺出版社 1995年 424页
20cm(32开) ISBN: 7-5321-1214-4
定价: CNY18.50
(表演艺术丛书)

本书是中国现代越剧表演家的表演艺术文集。

J0167628
云南省昭通地区镇雄县泼机乡邹氏端公庆菩萨调查 郭思九, 王勇著
台北 财团法人施合郑民俗文化基金会 1995年
244页 有图 21cm(32开) 精装
ISBN: 957-8892-68-3 定价: TWD380.00
(民俗曲艺丛书)

作者郭思九(1936—), 研究员。云南大姚人。历任云南省民族艺术研究所所长、研究员,《民族艺术研究》主编, 云南省戏剧家协会副主席。

J0167629
云南壮剧志 何朴清主编; 文山壮族苗族自治州文化局, 文山壮族苗族自治州民族事务委员会编
北京 文化艺术出版社 1995年 352页 有照片
20cm(32开) ISBN: 7-5039-0857-2
(中国戏曲志云南卷丛书)

J0167630
浙江省东阳市马宅镇孔村汉人的目连戏
徐宏图著
台北 财团法人施合郑民俗文化基金会 1995年
203页 有图 21cm(32开) ISBN: 957-8892-50-0
定价: TWD180.00
(民俗曲艺丛书)

作者徐宏图(1945—), 研究员。浙江平阳人, 浙江省艺术研究所研究员、中国古代戏曲学会理事。中国傩戏研究会常务理事。著有《南宋戏曲史》《浙江戏曲史》《浙江戏曲史话》等。

J0167631
浙江省磐安县深泽村的炼火仪式 徐宏图著
台北 财团法人施合郑民俗文化基金会 1995年
248页 有图 21cm(32开) 精装
ISBN: 957-8892-66-7 定价: TWD320.00
(民俗曲艺丛书)

J0167632
浙江省磐安县仰头村的西方乐 徐宏图著
台北 财团法人施合郑民俗文化基金会 1995年

196 页 有图 21cm(32 开) 精装
ISBN: 957-8892-52-7 定价: TWD300.00
(民俗曲艺丛书)

J0167633
巴蜀傩戏　于一著
北京 大众文艺出版社 1996 年 360 页
19cm(小 32 开) ISBN: 7-80094-177-9
定价: CNY14.50
作者于一,中国川剧文化集成常务副主编,中国傩戏研究会理事,四川省剧协理事。

J0167634
二人转本体美学　田子馥著
长春 时代文艺出版社 1996 年 480 页
20cm(32 开) 精装 ISBN: 7-5387-1056-6
定价: CNY24.00

J0167635
风流儒雅写春秋　(中国豫剧第一小生王希玲舞台生活四十年) 朱军等著
北京 中国戏剧出版社 1996 年 385 页 有照片
20cm(32 开) ISBN: 7-104-00732-6
定价: CNY14.20

J0167636
海峡两岸歌仔戏学术研讨会论文集　海峡两岸歌仔戏学术研讨会编辑委员会编
台北 1996 年 489 页 有剧照 27cm(大 16 开)
ISBN: 957-00-7604-6

J0167637
湖北戏曲声腔剧种研究　王俊,方光诚著
北京 中国戏剧出版社 1996 年 239 页
20cm(32 开) ISBN: 7-104-00549-8
定价: CNY9.50

J0167638
湖南省永顺县和平乡双凤村土家族的毛古斯仪式　张子伟著
台北 财团法人施合郑民俗文化基金会 1996 年
398 页 有照片 21cm(32 开)
ISBN: 957-8892-97-7 定价: TWD420.00
(民俗曲艺丛书)

J0167639
江苏六合县马鞍乡五星村宋庄及马集镇尖山村龚营汉人的家谱香火神会　黄文虎著
台北 财团法人施合郑民俗文化基金会 1996 年
290 页 有照片 21cm(32 开)
ISBN: 957-8892-91-8 定价: TWD300.00
(民俗曲艺丛书)

J0167640
江苏省南通市闸东乡公园村汉人的免灾胜会　曹琳著
台北 财团法人施合郑民俗文化基金会 1996 年
321 页 有照片 21cm(32 开)
ISBN: 957-8892-99-3 定价: TWD320.00
(民俗曲艺丛书)

J0167641
江西省南丰县三溪乡石邮村的跳傩　余大喜,刘之凡著
台北 财团法人施合郑民俗文化基金会 1996 年
194 页 有图 21cm(32 开) 精装
ISBN: 957-8892-83-7 定价: TWD300.00
(民俗曲艺丛书)

J0167642
论红线女舞台艺术　《红线女艺术丛书》编委会编
北京 奥林匹克出版社 1996 年 522 页 有照片
20cm(32 开) ISBN: 7-80067-313-8
定价: CNY40.00
(红线女艺术丛书)

J0167643
落乡班　阮志远,叶丹青著
广州 广州出版社 1996 年 147 页 20cm(32 开)
ISBN: 7-80592-590-9 定价: CNY10.00

J0167644
梅兰珍的戏剧人生　梅兰珍口述;孙中整理
上海 上海文艺出版社 1996 年 223 页 有照片
20cm(32 开) ISBN: 7-5321-1328-0
定价: CNY14.50
(表演艺术丛书)
梅兰珍(1927—2012),女,锡剧表演艺术家。自幼随父母学艺,5 岁登台,13 岁挑大梁演

出。无锡市锡剧团的主要演员。先后主演《珍珠塔》《孟丽君》《红花曲》。

J0167645
闽西汉剧史 王远廷编著；福建省龙岩地区文化局，福建省龙岩地区地方志编纂委员会组织编写
福州 海潮摄影艺术出版社 1996年 231页
有照片 20cm（32开）ISBN：7-80562-427-5
定价：CNY15.00

J0167646
莆仙戏史略 陈骏驹著
福州 福建人民出版社 1996年 123页
19cm（小32开）ISBN：7-211-02764-9
定价：CNY5.20

J0167647
厦门戏曲 曾学文著
厦门 鹭江出版社 1996年 132页 20cm（32开）
ISBN：7-80610-350-3 定价：CNY8.40，CNY15.40（精装）
（厦门文化丛书 第一辑）

J0167648
厦门戏曲 曾学文著
厦门 鹭江出版社 1999年 2版 132页
20cm（32开）ISBN：7-80610-350-3
定价：CNY8.40
（厦门文化丛书 第一辑）

J0167649
山陕商人与梆子戏 刘文峰著
北京 文化艺术出版社 1996年 288页
20cm（32开）ISBN：7-5039-1462-9
定价：CNY40.00
（三晋文化研究丛书）

本书从4个方面论述山陕商人和梆子戏的关系：第1，明清时期的山陕商人考；第2，梆子戏源流发展考；第3，山陕商人与梆子戏关系考；第4，商贾观剧场所——会馆戏楼考。作者刘文峰（1953— ），山西临县人，毕业于北京大学中文系文学专业。中国艺术研究院戏曲研究所副研究员、中国戏曲志编辑部主任。出版有《山陕商人与梆子戏》《百年梨园春秋》《中国戏曲文化图典》。

J0167650
绍剧发展史 罗萍著
北京 中国戏剧出版社 1996年 339页 有照片
20cm（32开）ISBN：7-104-00753-9
定价：CNY18.80
（中国戏曲剧种史丛书）

J0167651
说说地方戏 胡广爱编著
郑州 海燕出版社 1996年 58页 20cm（32开）
ISBN：7-5350-1483-6 定价：CNY2.00
（农村娃科普系列丛书）

J0167652
四川省江北县舒家乡龙岗村刘宅的还阳戏 王跃著
台北 财团法人施合郑民俗文化基金会 1996年
322页 有照片 21cm（32开）精装
ISBN：957-8892-56-X 定价：TWD440.00
（民俗曲艺丛书）

J0167653
锡剧艺术文集 王慧芬主编
北京 中国戏剧出版社 1996年 223页 有彩照
19cm（小32开）ISBN：7-104-00727-X
定价：CNY9.80

J0167654
戏台明灭 邱婷著
台北 幼狮文化事业公司 1996年 183页 有剧照
21cm（32开）ISBN：957-530-879-4
定价：TWD180.00
（名家广场 50）

J0167655
豫剧表导演艺术 谭静波著
北京 中国戏剧出版社 1996年 264页
20cm（32开）ISBN：7-104-00733-4
定价：CNY19.80

J0167656
邹西池舞台艺术 胡天成主编；重庆市艺术研究所编
重庆 西南师范大学出版社 1996年 205页
有照片 20cm（32开）ISBN：7-5621-1289-4

定价：CNY15.80
（舞台艺术研究丛书 4）

J0167657
安徽目连戏资料集　茆耕茹编
台北 财团法人施合郑民俗文化基金会 1997 年 352 页 有照片 21cm（32 开）精装
ISBN：957-8384-14-9 定价：TWD470.00
（民俗曲艺丛书）

J0167658
潮剧艺术欣赏　林淳钧著
汕头 汕头大学出版社 1997 年 89 页 有照片 19cm（小 32 开）ISBN：7-81036-244-5
定价：CNY65.00（全辑）
（潮汕历史文化小丛书 第一辑）
作者林淳钧（1936— ），编剧。笔名林牧，潮州市人，就读于中山大学中文系。历任广东潮剧院艺术研究室主任、广东潮剧院副院长。编有《潮剧剧目纲要》《迎风山》，出版潮剧专著《潮剧闻见录》《20 世纪潮剧百戏图》《潮剧史》。

J0167659
成都市志　（川剧志）刘德一总编；成都市地方志编纂委员会编纂；戴德源［卷］主编
北京 方志出版社 1997 年 11+336 页 有图 26cm（16 开）精装 ISBN：7-80122-206-7
定价：CNY158.00
本志全面记述成都川剧事业的发展历程及其艺术形态，剧目按古装戏、时装戏、现代戏分类。

J0167660
川剧表演身段教程　陈国礼著
成都 天地出版社 1997 年 295 页 20cm（32 开）
ISBN：7-80624-078-0
（川剧文化丛书）

J0167661
川目连艺术论　王定欧著
成都 天地出版社 1997 年 287 页 20cm（32 开）
ISBN：7-80624-078-0
（川剧文化丛书）

J0167662
福建地方戏剧　陈雷等著
福州 福建人民出版社 1997 年 249 页 有照片 20cm（32 开）ISBN：7-211-02193-4
定价：CNY13.40
（福建文化丛书）

J0167663
福建龙岩市苏邦村上元建幡大醮与龙岩师公戏　叶明生，刘远著
台北 财团法人施合郑民俗文化基金会 1997 年 556 页 有图 21cm（32 开）精装
ISBN：957-8384-08-4 定价：TWD550.00
（民俗曲艺丛书）

J0167664
歌仔戏史　陈耕著
北京 光明日报出版社 1997 年 217 页 20cm（32 开）ISBN：7-80091-901-3
（歌仔戏艺术研究丛书 5）

J0167665
歌仔戏艺术研究丛书　陈耕等著
北京 光明日报出版社 1997 年 5 册 20cm（32 开）
ISBN：7-80091-901-3 定价：CNY65.00
本书包括《歌仔戏资料汇编》《一代宗师邵江海》等 5 册。

J0167666
湖剧发展史　蒋中崎，许丽娟编著
杭州 浙江人民出版社 1997 年 32+245 页 有照片 20cm（32 开）ISBN：7-213-01467-6
定价：CNY18.50
作者蒋中崎（1960— ），研究员。浙江省文化艺术研究院副院长、浙江省文艺评论家协会副主席、浙江省舞台艺术评论委员会主任、浙江省作家协会戏剧文学委员会主任。出版有《中国戏曲演进与变革史》《甬剧发展史述》《姚剧发展简史》《宁海平调史》《湖剧发展史》《睦剧发展史》《越剧文化论》等。

J0167667
黄梅戏初论　王长安著
北京 大众文艺出版社 1997 年 280 页 19cm（32 开）ISBN：7-80094-122-1

定价: CNY12.00

J0167668
晋昆考　张林雨著
北京 中国电影出版社 1997年 10+773页
有照片及地图 26cm(16开) 精装
ISBN: 7-106-01227-0 定价: CNY280.00
作者张林雨，山西省戏剧研究所任职。

J0167669
吕剧起源与发展　东营市文化局编
济南 黄河出版社 1997年 272页 有照片
20cm(32开) ISBN: 7-80558-933-X
定价: CNY23.80

J0167670
民间戏曲　韩德英著
郑州 海燕出版社 1997年 350页 有彩图
20cm(32开) 精装 ISBN: 7-5350-0987-5
定价: CNY19.00
(中原民俗丛书)
外文书名: Folk Drama and Opera.

J0167671
荣庆传铎　王蕴明主编
北京 华龄出版社 1997年 395页 20cm(32开)
ISBN: 7-80082-662-7 定价: CNY15.90
全书分7辑: 韩世昌专辑、白云生专辑、侯永奎专辑、马祥麟专辑、侯玉山专辑、同代昆曲老艺术家简介、昆曲音乐专论。

J0167672
上海越剧志　卢时俊,高义龙主编;《上海文化艺术志》编纂委员会,《上海越剧志》编纂委员会[编]
北京 中国戏剧出版社 1997年 420页 有照片
26cm(16开) 精装 ISBN: 7-104-00880-2
定价: CNY150.00
作者高义龙(1941—2008)，京剧编剧、戏曲研究者。山东济南人，毕业于华东师范大学。历任上海艺术研究所副研究员，上海市美学学会理事、上海越剧艺术研究中心总干事。专著《袁雪芬的艺术道路》《袁雪芬》《筱文艳舞台生活》《越剧史话》《越剧艺术》等。

J0167673
台湾歌仔戏的发展与变迁　曾永义著
台北 联经事业公司 1997年 重印本 118页
有照片 21cm(32开) 精装
ISBN: 957-08-1737-2 定价: TWD250.00
(台湾研究丛刊)

J0167674
魏香庭和魏派艺术　卢鸿沐著
贵阳 贵州人民出版社 1997年 10+161页
有照片 19cm(小32开) ISBN: 7-221-04437-6
定价: CNY13.50

J0167675
戏曲表导演知识谈　陈国礼著
成都 天地出版社 1997年 208页 20cm(32开)
ISBN: 7-80624-078-0
(川剧文化丛书)

J0167676
戏谭　何光表著
成都 天地出版社 1997年 209页 20cm(32开)
ISBN: 7-80624-078-0
(川剧文化丛书)

J0167677
艺海博览　新凤霞著
石家庄 河北人民出版社 1997年 670页
有照片 20cm(32开) ISBN: 7-202-02101-3
定价: CNY29.80
(新凤霞回忆文丛)
作者新凤霞(1927—1998)，评剧表演艺术家。原名杨淑敏，小名杨小凤。生于江苏苏州。历任北京实验评剧团团长，解放军总政治部文工团评剧团副团长，中国评剧院演员。代表剧目有《花为媒》《刘巧儿》《乾坤带》《杨三姐告状》《凤还巢》《金沙江畔》等。

J0167678
浙江傩戏资料汇编　徐宏图,张爱萍编
台北 财团法人施合郑民俗文化基金会 1997年
180页 有图 21cm(32开) 精装
ISBN: 957-8384-16-5 定价: TWD280.00
(民俗曲艺丛书)
作者徐宏图(1945—　)，研究员。浙江平阳

人，浙江省艺术研究所研究员、中国古代戏曲学会理事、中国傩戏研究会常务理事。著有《南宋戏曲史》《浙江戏曲史》《浙江戏曲史话》等。

J0167679
中国少数民族戏剧研究论文集 方鹤春主编
沈阳 辽宁民族出版社 1997年 574页 有彩照
20cm(32开) ISBN: 7-80644-013-5
定价: CNY26.00

J0167680
歌仔调之美 张炫文著
台北 汉光文化事业公司 1998年 144页 有照片
17cm(40开) ISBN: 957-629-308-1
定价: TWD180.00
(传统艺术丛书 2)

J0167681
贵池傩文化艺术 吕光群编著
合肥 安徽美术出版社 1998年 171页 26×27cm
精装 ISBN: 7-5398-0541-2 定价: CNY160.00
外文书名: Guichi Nuo Culture and Art Anhui China.

J0167682
海峡两岸梨园戏学术研讨会论文集 海峡两岸梨园戏学术研讨会编辑委员会编辑
台北 台湾中正文化中心 1998年 368页
26cm(16开) ISBN: 957-02-1025-7

J0167683
红豆英彩 (我与粤剧表演艺术及其他)红线女著
广州 广东人民出版社 1998年 217页 有照片
20cm(32开) ISBN: 7-218-02956-6
定价: CNY20.00
(红线女艺术丛书)

J0167684
靳梦萍粤艺谈奇说趣 靳梦萍著
香港 星岛出版社 1998年 325页 有照片
21cm(32开) ISBN: 962-672-047-6

J0167685
客家戏曲身段教材 (基础身段篇)郑荣兴，谢一如编撰
台北 1998年 12+127页 有图 26cm(16开)

J0167686
罗品超舞台艺术七十三年 罗品超等编著
北京 中国文联出版公司 1998年 380页 有照片
20cm(32开) ISBN: 7-5059-2904-6
定价: CNY32.00
(金三角洲文化丛书)

J0167687
民间目连戏中庶民文化之探讨 (以宗教、道德与小戏为核心)郝誉翔著
台北 文史哲出版社 1998年 16+205页
21cm(32开) ISBN: 957-549-185-8
定价: TWD220.00
(戏曲研究系列 6)

J0167688
睦剧发展史 蒋中崎，周福金编著
杭州 浙江人民出版社 1998年 254页 有照片
20cm(32开) ISBN: 7-213-01713-6
定价: CNY16.00
(浙江剧种史)
本书以大量的真实史料，记述了睦剧100多年来衍变发展过程，尤其对新中国成立之后半个世纪来睦剧的起落兴衰，阐述更为详尽。睦剧原名“三脚戏”，睦剧这个剧种的称谓，是县文化馆在1951年建立淳安县睦剧实验剧团时取的。全书分11章：睦剧形成的人文环境与文化土壤、睦剧的渊源、睦剧的形成、睦剧的发展与繁荣、睦剧的复兴、睦剧在困境中求生存、作家与作品、演员与表演、音乐与舞美、组织与领导、睦剧唱腔选段。

J0167689
南管戏 辛晚教著
台北 汉光文化事业公司 1998年 128页 有照片
17cm(40开) ISBN: 957-629-312-X
定价: TWD180.00
(传统艺术丛书 6)

J0167690
琼剧文化论 赵康太著
北京 中国戏剧出版社 1998年 358页
20cm(32开) ISBN: 7-104-00928-0

定价：CNY16.50

作者赵康太（1955— ），海南大学社会科学部主任、副教授，博士。

J0167691
上党落子黎城史话 崔守信编
［中共黎城县委宣传部］1998年 329页
20cm（32开）

J0167692
上海淮剧志 上海市文化局史志办公室《上海淮剧志》主编
上海［上海市文化局］1998年 279页 有照片
20cm（32开）

J0167693
宋上华 杨令俗及秦腔名宿艺术丛谈 杨文颖著
西安 西安出版社 1998年 323页 有图
20cm（32开）ISBN：7-80594-534-9
定价：CNY22.00

J0167694
台湾的客家戏 黄心颖著
台北 台湾书店 1998年 357页 21cm（32开）
ISBN：957-567-199-6 定价：TWD600.00

J0167695
许合智司鼓之道 （当代晋剧鼓师泰斗）张林雨，张志永著
北京 文化艺术出版社 1998年 854页 有照片
20cm（32开）精装 ISBN：7-5039-1772-5
定价：CNY85.00

作者张林雨，山西省戏剧研究所任职。

J0167696
尹桂芳舞台生活写照 傅骏主编
上海 上海人民美术出版社 1998年 87页
29cm（16开）ISBN：7-5322-2035-4
定价：CNY128.00

J0167697
袁留安与花灯艺术 （著名花灯表演艺术家袁留安从艺45周年研讨文集）昆明市文化局编
昆明 云南民族出版社 1998年 149页 有照片
19cm（小32开）ISBN：7-5367-1542-0
定价：CNY12.00

J0167698
郑一标潮剧导演艺术 陈名贤主编
北京 中国戏剧出版社 1998年 248页 有照片
19cm（小32开）ISBN：7-104-00937-X
定价：CNY20.00

J0167699
中国豫剧大词典 马紫晨主编
郑州 中州古籍出版社 1998年 76+699页 有图
26cm（16开）精装 ISBN：7-5348-1558-4
定价：CNY95.00

J0167700
潮剧年鉴 （1998年卷）汕头市艺术研究室编
北京 中国戏剧出版社 1999年 328页 有彩照
20cm（32开）ISBN：7-104-01157-9
定价：CNY20.00

J0167701
川剧艺苑春烂漫 陈国志主编
成都 四川人民出版社 1999年 454页 有照片
21cm（32开）ISBN：7-220-04568-9
定价：CNY25.00
（共和国五十年四川文史书系）

J0167702
范瑞娟越剧艺术影集 杜南志编
北京 中国戏剧出版社 1999年 94页 29cm（16开）
精装 ISBN：7-104-01052-1 定价：CNY120.00

J0167703
歌仔戏概论 刘美菁著
台北县 学海出版社 1999年 150页 21cm（32开）
ISBN：957-614-151-6 定价：TWD200.00
（高雄歌剧团丛书 1）

J0167704
海陆丰戏见闻 吕匹著
广州 花城出版社 1999年 359页 20cm（32开）
ISBN：7-5360-3068-1 定价：CNY18.00

J0167705
红线女艺术研究 （第一期）谢彬筹主编；红线女艺术中心编
广州 红线女艺术中心 1999年 60页 有照片
29cm（16开）

J0167706
红线女艺术研究 （第二期）谢彬筹主编；红线女艺术中心编
广州 红线女艺术中心 1999年 60页 有照片
29cm（16开）

J0167707
祭礼·傩俗与民间戏剧 （'98亚洲民间戏剧、民俗艺术观摩与学术研讨会论文集）麻国钧等主编
北京 中国戏剧出版社 1999年 688页
20cm（32开）ISBN：7-104-00954-X
定价：CNY35.00

J0167708
江苏戏曲志 （江苏梆子戏志）《江苏戏曲志》编辑委员会，《江苏戏曲志·江苏梆子戏志》编辑委员会编
南京 江苏文艺出版社 1999年 396页 有照片
20cm（32开）精装 ISBN：7-5399-0861-0

J0167709
面向新世纪的思考 （90年代川剧创新理论研讨会文集）胡继先主编；四川省川剧艺术研究院编
成都 巴蜀书社 1999年 497页 20cm（32开）
ISBN：7-80523-989-4 定价：CNY20.00

本书收录了1998年在成都举办的“四川省90年代川剧创新理论研讨会”上讨论的有关川剧如何创新、开拓市场、振兴川剧的政策问题，和发表的学术论文30多篇。

J0167710
傩戏艺术源流 康保成著
广州 广东高等教育出版社 1999年 411页
有彩照 20cm（32开）ISBN：7-5361-2336-1
定价：CNY22.00
（广东中华文化王季思学术基金丛书 6）

J0167711
瓯剧史 李子敏著
北京 中国戏剧出版社 1999年 582页 有照片
20cm（32开）ISBN：7-104-01065-3
定价：CNY38.00
（中国戏曲剧种史丛书）

本书分13章，内容包括：瓯剧生存的沃壤、简说瓯剧的史前话、瓯剧的滥觞、“乱弹”的突起、清以来的（瓯剧）乱弹班、漫说源流家话、剧目概览、班社培训与组班史例、解放后的繁荣、瓯剧音乐、瓯剧脸谱、梨园谱、佚事传说等。

J0167712
上党傩文化与祭祀戏剧 寒声主编
北京 中国戏剧出版社 1999年 64+24+685页
有图 26cm（16开）精装 ISBN：7-104-01017-3
定价：CNY198.00

J0167713
上海沪剧志 汪培等主编；《上海文化艺术志》编纂委员会，《上海沪剧志》编辑委员会[编]
上海 上海文化出版社 1999年 238页 有彩照及照片 26cm（16开）精装 ISBN：7-80646-036-5
定价：CNY42.00

本书记述了沪剧事业的历史和现状。本志是上海市文化局系统地方志所属的一部剧种分志。

J0167714
台南县六甲乡“车鼓阵”调查研究计划期末报告 施德玉，吕钟宽计划主持
[台湾传统艺术中心筹备处] 1999年 177页
有照片 30cm（10开）

J0167715
台湾歌仔戏 杨馥菱著
台北 汉光文化事业公司 1999年 128页 有剧照
17cm（40开）ISBN：957-629-321-9
定价：TWD180.00
（传统艺术丛书 16）

J0167716
台湾各类型地方戏曲 莫光华著
台北 南天书局 1999年 255页 有图
21cm（32开）ISBN：957-638-523-7
定价：TWD360.00
（南天台湾研究 7）

J0167717
扬州戏考 韦人著
南京 江苏古籍出版社 1999 年 32+933 页
有照片 20cm(32 开)精装
ISBN: 7-80643-252-3 定价: CNY58.00
本书分上下卷，主要介绍扬州戏曲源流考和扬州戏曲剧目考等内容。

J0167718
长阳南曲 陈洪著
武汉 长江文艺出版社 1999 年 295 页 有照片
20cm(32 开)ISBN: 7-5354-1865-1
定价: CNY18.00
(湖北长阳民族文化研究丛书)

J0167719
中国藏戏艺术 刘志群主编；西藏民族艺术研究所编
拉萨 西藏人民出版社 1999 年 270 页
29cm(16 开)精装 ISBN: 7-80600-429-7
定价: CNY450.00
本书 11 个部分，内容包括：藏戏概说、藏戏的历史、藏戏剧种与流派、藏戏剧目、藏戏表演艺术、藏戏的面具脸谱服饰头饰道具等。由西藏人民出版社和京华出版社联合出版。外文书名: The Art of Chinese Tibetan Opera.

J0167720
中国豫剧 韩德英等著
郑州 河南人民出版社 1999 年 408 页 有照片
29cm(13 开)精装 ISBN: 7-215-04454-8
定价: CNY189.00

中国曲艺艺术

J0167721
说书 (戏剧说书审查报告之二)浙江省民政教育厅编
杭州 浙江省民政教育厅 1935 年 362 页
19cm(32 开)

J0167722
江湖丛谈 (第一集)云游客著
北京 北平时言报社 1937 年 19cm(32 开)
定价: 大洋四角
(时言报丛书)

J0167723
江湖丛谈 (第二集)云游客著
北京 北平时言报社 民国二十五年[1936]
159 页 19cm(32 开)定价: 大洋四角
(时言报丛书)

J0167724
江湖丛谈 (第三集)云游客著
北京 北平时言报社 1937 年 19cm(32 开)
定价: 大洋四角
(时言报丛书)

J0167725
江湖丛谈 云游客著
北京 中国曲艺出版社 1988 年 484 页
20cm(32 开)ISBN: 7-80008-011-0
定价: CNY3.10
(中国曲艺研究资料丛书)
本书记载了评书、大鼓、相声、戏法、杂技、武术等的发展沿革、演出状况和名艺人传。

J0167726
江湖丛谈 连阔如著；贾建国，连丽如整理
北京 当代中国出版社 1995 年 557 页
20cm(32 开)ISBN: 7-80092-371-1
定价: CNY18.00
作者连阔如(1903—1971)，满族，评书艺术家。原名毕连寿，笔名云游客，生于北京。20 世纪 30 年代，他以云游客的笔名，在北平《时言报》发表了反映江湖艺人生活的长篇连载《江湖丛谈》，长篇评书代表作有《东汉演义》《三国演义》等。

J0167727
江湖丛谈 云游客著述；黄秀娴点校
广州 广东高等教育出版社 1995 年 422 页
有冠图 20cm(32 开)ISBN: 7-5361-1615-2
定价: CNY18.00

J0167728
江湖丛谈 云游客著；金玉，金城校点

天津 百花文艺出版社 1996年 404页 20cm(32开) ISBN: 7-5306-2007-X 定价: CNY16.80

J0167729
说书小史 陈汝衡著
上海 中华书局 1936年 112页 18cm(32开) 定价: 银三角

本书内容包括: 说书源流、宋代说书概况、话本、苏州说书、上海说书、扬州说书等12章, 叙述说书的起源及发展。

J0167730
大鼓研究 赵景深著
上海 商务印书馆 1937年 77页 有表 19cm(32开) 定价: 国币二角
(百科小丛书)

本书是中国曲艺大鼓的研究专著, 分总论、分论两编。前者叙述大鼓的类别、起源、体制和演唱; 后者分别叙述子弟书、快书、牌子曲、岔曲等。

J0167731
抗战木鱼 张彤著
时代诗歌社 1938年 36页 13cm(60开)

J0167732
鼓子曲言 张长弓编著
上海 正中书局 1948年 176页 21cm(32开) 定价: 国币五元一角

本书内容包括: 鼓子曲的源流; 牌子杂调的组织法与南北曲之关系; 乐器的性质; 鼓子曲与八角鼓等歌曲之比较; 鼓子曲的读音、取材、体制、内容、与俗文学的关系等问题。

J0167733
曲艺的写作和演唱 胡度, 张继楼编著
重庆 重庆人民出版社 1955年 90页 19cm(32开) 定价: CNY0.30

J0167734
单弦音乐 (北京民间音乐研究资料之一) 北京群众艺术馆编
北京 宝文堂出版社 1956年 定价: CNY0.58

J0167735
曲艺的创作和表演 老舍等著
北京 工人出版社 1956年 103页 19cm(32开) 统一书号: 8007.4 定价: CNY0.24

J0167736
如何表演山东快书 杨立德, 张军著
济南 山东人民出版社 1956年 38页 19cm(32开) 统一书号: T10099.416 定价: CNY0.12

作者张军, 山东省艺术研究所研究员。

J0167737
怎样表演单弦 沈阳群众艺术馆编
沈阳 辽宁人民出版社 1956年 47页 19cm(32开) 统一书号: T8090.20 定价: CNY0.15
(文艺活动小丛书)

J0167738
怎样表演相声 里竹著; 沈阳市群众艺术馆编辑
沈阳 辽宁人民出版社 1956年 40页 19cm(32开) 统一书号: 8090.12 定价: CNY0.13
(文艺活动小丛书 1)

J0167739
相声的表演 侯宝林著
上海 上海文化出版社 1957年 30页 19cm(32开) 统一书号: 10077.568 定价: CNY0.12

本书作者结合长期的艺术实践和研究相声的心得体会, 阐述相声演员的修养与态度、相声的表演技巧, 并探讨相声表演艺术的特性。

J0167740
怎样表演京韵大鼓 白凤鸣, 王决著
上海 上海文化出版社 1957年 76页 19cm(32开) 统一书号: 10077.655 定价: CNY0.24

作者王决(1924—1997), 曲艺理论家、作家、评论家。原名王孟明, 祖籍山东莱州, 生于北京。毕业于北平中国大学法学院政经系。曾任中央人民广播电台曲艺组负责人、《中国曲艺志·北京卷》副主编。创作、整理、改编有《王决曲艺创作选》《西汉故事选》《吃书》《大红袍》等。

J0167741
表演山东快书的经验 高元钧等著
上海 上海文化出版社 1958年 74页 18cm(15开)
统一书号:10077.750 定价:CNY0.22

J0167742
说书史话 陈汝衡著
北京 作家出版社 1958年 264页 20cm(32开)
统一书号:10020.801 定价:CNY0.95

作者陈汝衡(1900—1989),曲艺理论家。江苏扬州人,就读于东南大学。任上海戏剧学院讲师、教授。代表著作《说书艺人柳敬亭》《弹词溯源和它的艺术形式》《杨家将—从民间说唱到戏曲演出》《庆祝上海解放一周年》《石达开》等。

J0167743
演唱单弦的心得 荣剑尘著;杨大钧记谱整理
上海 上海文化出版社 1958年 66页 有乐谱 19cm(32开)统一书号:10077.709
定价:CNY0.20

J0167744
湖北小曲新作品选 中国曲艺工作者协会武汉分会编
武汉 湖北人民出版社 1963年 81页 19cm(32开)
统一书号:T8106.586 定价:CNY0.28

J0167745
曲艺学习资料 (第二集)中国曲艺工作者协会编著
北京 中国曲艺工作者协会 1964年 114页 20cm(32开)

J0167746
小老板 (单出头)张文奇原作;刘中整理;赵云程编曲
长春 吉林人民出版社 1965年 19cm(小32开)
定价:CNY0.10

J0167747
白山青松 (歌颂王大彪说唱集)吉林省军区政治部编
长春 吉林人民出版社 1970年 19cm(32开)
定价:CNY0.13

J0167748
革命文艺演唱材料 (第二辑)
广州 广东人民出版社 1970年 19cm(32开)
定价:CNY0.10

本书内容包括:小话剧、韵白剧、快板剧等。

J0167749
革命文艺演唱材料
广州 广东人民出版社 1970年 19cm(32开)
定价:CNY0.11

本书内容包括:朗诵诗、快板、锣鼓词、小演唱等。

J0167750
工农兵演唱 (第一辑)江西省京剧团编写
南昌 江西省新华书店 1970年 19cm(32开)
定价:CNY0.21

J0167751
工农兵演唱 (第二辑)
南昌 江西省新华书店 1970年 19cm(32开)
定价:CNY0.18

本书内容包括:小演唱、故事说唱、表演唱、对口剧等。

J0167752
工农兵演唱 (第三辑)
南昌 江西省新华书店 1970年 19cm(32开)
定价:CNY0.18

本书内容包括:小歌剧、小话剧集等。

J0167753
工农兵演唱 (第四辑)
南昌 江西省新华书店 1970年 19cm(32开)
定价:CNY0.14

本书内容包括:小话剧、数来宝、小戏曲等。

J0167754
工农兵演唱 (一)
济南 山东人民出版社 1970年 13cm(60开)
定价:CNY0.14

本书内容包括:革命歌曲、鼓词、唱词、诗表演、山东快书等。

J0167755
工农兵演唱 （二）
济南 山东人民出版社 1970年 13cm(60开)
定价：CNY0.16
本书内容包括：革命历史歌曲、小戏曲、对口剧、山东快书等。

J0167756
工农兵演唱 （三）
济南 山东人民出版社 1970年 13cm(60开)
定价：CNY0.18
本书内容包括：革命歌曲、小话剧、小戏曲、对口剧等。

J0167757
工农兵演唱 （第一辑）
杭州 浙江人民出版社 1970年 13cm(60开)
定价：CNY0.06
本书内容包括：小话剧、小戏曲等。

J0167758
文艺宣传资料 （1）上海出版系统出版"革命组"，工农兵《文艺宣传资料》编写组编
上海 上海市革命出版组 1970年 13cm(60开)
定价：CNY0.07
本书内容包括：革命歌曲、锣鼓词、对口词、表演唱等。

J0167759
文艺宣传资料 （2）上海市出版"革命组"，工农兵《文艺宣传资料》编写组编
上海 上海市革命出版组 1970年 13cm(60开)
定价：CNY0.07
本书内容包括：歌曲、词表演、小快板、朗诵诗等。

J0167760
文艺宣传资料 （3）上海市出版"革命组"，工农兵《文艺宣传资料》编写组编
上海 上海市革命出版组 1970年 13cm(60开)
定价：CNY0.07
本书内容包括：歌曲、锣鼓词、表演唱、对口词、小话剧等。

J0167761
文艺宣传资料 （4）工农兵《文艺宣传资料》编写组，上海市出版"革命组"编
上海 上海市革命出版组 1970年 13cm(60开)
定价：CNY0.07
本书内容包括：歌曲、革命儿歌、对口词、快板小剧等。

J0167762
文艺宣传资料 （5）上海市出版"革命组"编辑
上海 上海市革命出版组 1970年 13cm(60开)
定价：CNY0.09
本书内容包括：锣鼓词、唱词、对口词、说唱、快板书等。

J0167763
文艺宣传资料 （6）中国人民解放军上海警备区文艺骨干学习班，上海市出版"革命组"编
上海 上海市革命出版组 1970年 13cm(60开)
定价：CNY0.11
本书内容包括：锣鼓词、词表演、快板、故事表演等。

J0167764
文艺宣传资料 （7）《文艺宣传资料》工农兵编写组，上海市出版"革命组"编
上海 上海市革命出版组 1970年 19cm(32开)
定价：CNY0.25
本书内容包括：唱词、快板、表演唱等。

J0167765
文艺宣传资料 （国庆特刊）上海市革命群众文艺小组，上海市出版"革命组"编
上海 上海市革命出版组 1970年 19cm(32开)
定价：CNY0.09
本书内容包括：歌曲、唱词、小演唱等。

J0167766
文艺宣传资料 （专辑）上海市出版"革命组"，工农兵《文艺宣传资料》编写组编
上海 上海市革命出版组 1970年 13cm(60开)
定价：CNY0.08
本书内容包括：表演唱、唱词、对口词、锣鼓词、快板书等。

J0167767
文艺演唱材料　甘肃人民出版社编辑
兰州 甘肃人民出版社 1970 年 19cm（32 开）
定价：CNY0.04
本书内容包括：朗诵诗、对口表演、锣鼓词等。

J0167768
一壶香茶　（革命文艺演唱材料）
广州 广东人民出版社 1970 年 19cm（32 开）
定价：CNY0.10
本书内容包括：对口词、诗表演、群口词、小歌剧等。

J0167769
早已森严壁垒　（文艺宣传材料）江苏省“革命委员会”出版发行局编辑
南京 江苏省“革命委员会”出版发行局 1970 年
13cm（60 开）定价：CNY0.10
本书内容包括：朗诵诗、快板、词表演、故事剧等。

J0167770
弹词研究　赵景深著
台北 东方文化书局 1972 年 影印本 150 页
20cm（32 开）精装
（国立北京大学中国民俗学会民俗丛书 62）
外文书名：Studies on musical songs

J0167771
南音、龙舟和木鱼的编写　蔡衍棻编
广州 广东人民出版社 1978 年 96 页 19cm（32 开）
统一书号：10111.1125 定价：CNY0.21
（农村文化室文艺辅导丛书）

J0167772
怎样谱写四川清音　冯光钰编
成都 四川人民出版社 1978 年 116 页
19cm（32 开）统一书号：10118.116
定价：CNY0.25
作者冯光钰（1935—2011），教授。重庆市人。毕业于四川音乐学院，留校任教。历任中国音协书记处书记、中国民族器乐学会会长。代表作品有《中国曲牌考》《中国同宗民歌》。

J0167773
济南三十年曲艺选　（1949—1979）济南市文学艺术界联合会编
济南 济南市文学艺术界联合会 1979 年 306 页
19cm（小 32 开）

J0167774
曲艺创作表演浅谈　（介绍山东快书、快板书、相声、评书）李金良编
西宁 青海群众艺术馆 1979 年 109 页
19cm（32 开）

J0167775
苏州评弹音韵　苏州市评弹研究室编
苏州 苏州市评弹研究室 1979 年 63 页
19cm（32 开）定价：CNY0.75

J0167776
相声表演漫谈　罗荣寿著
上海 上海文艺出版社 1979 年 128 页
19cm（32 开）统一书号：8078.3124
定价：CNY0.26
（曲艺知识丛书）

J0167777
相声基础知识　薛永年编
武汉 湖北省群众文化馆 1979 年 80 页
19cm（32 开）
作者薛永年（1941— ），相声演员，相声作者，少儿语言教育家，天津人。湖北省曲艺家协会理事、湖北省美育研究会会员、湖北省相声学会常任副会长。著有《相声基础知识》《中国传统相声精品集》等。

J0167778
吉林曲艺丛刊　中国曲艺家协会吉林分会编
吉林 中国曲艺家协会吉林分会 1980 年 135 页
20cm（32 开）定价：CNY0.40

J0167779
相声艺术漫谈　马季著
广州 广东人民出版社 1980 年 219 页
19cm（32 开）统一书号：10111.1266
定价：CNY0.60
（群众文艺辅导小丛书）

J0167780
评弹艺术浅谈 左弦著
北京 中国曲艺出版社 1981年 167页
19cm(32开)统一书号:10227.001
定价:CNY0.41

J0167781
数来宝的艺术技巧 刘学智,刘洪滨著
北京 中国曲艺出版社 1981年 200页
19cm(小32开)定价:CNY0.49

J0167782
相声艺术论集 侯宝林等著
哈尔滨 黑龙江人民出版社 1981年 194页
21cm(32开)定价:CNY0.62

本书收录《发扬相声的现实主义传统》《传统相声遗产评介》《关于相声的讽刺传统》《老舍先生和相声艺术》《论何迟的相声创作》《一篇不可多得的相声史料——略谈"子弟书"〈风流词客〉》《承前启后的相声名家——"穷不怕"》《漫话相声艺人张三禄》《说"白沙撒字"源于"沙书"》《相声释名》《相声和"乔"》《"平地茶园"——侯宝林艺术生活漫忆》《相声和口技(资料)》。

J0167783
单弦艺术经验谈 中国曲艺出版社编辑部编
北京 中国曲艺出版社 1982年 129页
19cm(32开)统一书号:10227.032
定价:CNY0.34

本书是著名曲艺家、单弦艺术大师荣剑尘、谭凤元和曹宝禄长期艺术实践的心得体会与经验总结。

J0167784
评弹散记 左弦著
上海 上海文艺出版社 1982年 318页
19cm(32开)统一书号:8078.3313
定价:CNY0.77

J0167785
评弹散论 左弦著
上海 上海文艺出版社 1982年 318页
19cm(32开)统一书号:8078.3313
定价:CNY0.77

本书选编关于评弹艺术研究性论文50余篇。分为:(1)论述"评弹说表"等10篇文章。(2)探讨评弹的艺术特点,如理、细、趣、味、奇等。(3)有关评弹艺人流派曲调的评论。(4)评价刘天韵等艺人的风格和特点。(5)论述现代书目的创作、整理和改编。(6)"听书偶拾"。

J0167786
评弹艺人谈艺录 苏州评弹研究室编
南京 江苏人民出版社 1982年 176页
19cm(32开)统一书号:8100.037 定价:CNY0.42

本书内容包括:说表艺术谈;弹唱艺术谈;表演艺术谈;整旧与创新;学艺录。

J0167787
评弹艺术 (第一集)苏州评弹研究会编
北京 中国曲艺出版社 1982年 272页
19cm(32开)统一书号:10227.037
定价:CNY0.68

本集刊主要登载评弹理论、艺术经验、书刊评论、艺人介绍和有关史料。

J0167788
评弹艺术 (第二集)苏州评弹研究会编
北京 中国曲艺出版社 1983年 265页
19cm(32开)统一书号:10227.044
定价:CNY0.65

J0167789
评弹艺术 (第三集)苏州评弹研究会编
北京 中国曲艺出版社 1984年 274页
19cm(32开)统一书号:10227.049
定价:CNY0.73

J0167790
评弹艺术 (第四集)苏州评弹研究会编
北京 中国曲艺出版社 1985年 252页
19cm(32开)统一书号:10227.068
定价:CNY1.15

J0167791
评弹艺术 (第五集)苏州评弹研究会编
北京 中国曲艺出版社 1986年 252页
19cm(32开)统一书号:10227.044
定价:CNY1.25

J0167792
评弹艺术 （第六集）苏州评弹研究会编
北京 中国曲艺出版社 1986年 256页
19cm（32开）统一书号：10227.078
定价：CNY1.30

J0167793
评弹艺术 （第七集）苏州评弹研究会编
北京 中国曲艺出版社 1987年 230页
19cm（32开）统一书号：10227.087
定价：CNY1.30

J0167794
评弹艺术 （第八集）苏州评弹研究会编
北京 中国曲艺出版社 1987年 246页
19cm（32开）统一书号：10227.101
定价：CNY1.30

J0167795
评弹艺术 （第九集）苏州评弹研究会编
北京 中国曲艺出版社 1988年 236页
19cm（32开）ISBN：7-80008-023-4
定价：CNY1.80

J0167796
评弹艺术 （第十集）苏州评弹研究会编
北京 中国曲艺出版社 1989年 200页
19cm（32开）定价：CNY1.80

J0167797
评弹艺术 （第十一集）苏州评弹研究会编
北京 中国曲艺出版社 1989年 200页
19cm（32开）ISBN：978-7-8000-8062-3
定价：CNY2.00

J0167798
评弹艺术 （第十二集）苏州评弹研究会编
北京 新华出版社 1991年 160页 19cm（32开）
ISBN：7-5011-0868-4 定价：CNY2.00

本集设有“《苏州评弹艺术初探》讨论”、“关于旧上海题材的书目”、“名人录”、“轶闻”、“历史和史料”等栏目。

J0167799
评弹艺术 （第十三集）江苏省曲艺家协会编
北京 新华出版社 1991年 182页 19cm（32开）
ISBN：7-5011-0868-4 定价：CNY2.50

本集设有“书目笔谈”、“艺术谈”、“传记轶闻”、“史话、史料”等栏目。

J0167800
评弹艺术 （1）苏州评弹研究会编
北京 中国曲艺出版社 1984—1994年
19cm（32开）统一书号：10227.037
定价：CNY0.68

J0167801
评弹艺术 （2）苏州评弹研究会编
北京 中国曲艺出版社 1984—1994年
19cm（32开）统一书号：10227.044
定价：CNY0.65

J0167802
评弹艺术 （3）苏州评弹研究会编
北京 中国曲艺出版社 1984—1994年
19cm（32开）统一书号：10227.049
定价：CNY0.73

J0167803
评弹艺术 （4）苏州评弹研究会编
北京 中国曲艺出版社 1984—1994年
19cm（32开）统一书号：10227.068
定价：CNY1.15

J0167804
评弹艺术 （5）苏州评弹研究会编
北京 中国曲艺出版社 1984—1994年
19cm（32开）统一书号：10227.044
定价：CNY1.25

J0167805
评弹艺术 （6）苏州评弹研究会编
北京 中国曲艺出版社 1984—1994年
19cm（32开）统一书号：10227.078
定价：CNY1.30

J0167806
评弹艺术 （7）苏州评弹研究会编
北京 中国曲艺出版社 1984—1994年
19cm（32开）统一书号：10227.087

定价：CNY1.30

J0167807
评弹艺术　（8）苏州评弹研究会编
北京 中国曲艺出版社 1984—1994年
19cm（32开）统一书号：10227.101
定价：CNY1.30

J0167808
评弹艺术　（9）苏州评弹研究会编
北京 中国曲艺出版社 1984—1994年
19cm（32开）ISBN：7-80008-023-4
定价：CNY1.80

J0167809
评弹艺术　（10）苏州评弹研究会编
北京 中国曲艺出版社 1984—1994年
19cm（32开）ISBN：7-80008-038-2
定价：CNY1.80

J0167810
评弹艺术　（11）苏州评弹研究会编
北京 中国曲艺出版社 1984—1994年
19cm（32开）ISBN：7-80008-062-5
定价：CNY2.00

J0167811
评弹艺术　（12）苏州评弹研究会编
北京 中国曲艺出版社 1984—1994年
19cm（32开）ISBN：7-5011-0868-4
定价：CNY2.00

J0167812
评弹艺术　（13）苏州评弹研究会编
北京 中国曲艺出版社 1984—1994年
19cm（32开）ISBN：7-5011-0868-4
定价：CNY2.50

J0167813
评弹艺术　（14）苏州评弹研究会编
北京 中国曲艺出版社 1984—1994年
19cm（32开）ISBN：7-5399-0482-8
定价：CNY4.00

J0167814
评弹艺术　（15）苏州评弹研究会编
北京 中国曲艺出版社 1984—1994年
19cm（32开）ISBN：7-5399-0548-4
定价：CNY3.60

J0167815
曲海探宝　蒋敬生等编写
北京 中国曲艺家协会 1982年 171页
19cm（小32开）定价：CNY0.50

J0167816
曲艺漫谈　王决著
北京 广播出版社 1982年 192页 19cm（32开）
统一书号：8236.020 定价：CNY0.46

本书较系统地介绍了曲艺的概貌、种类及其说唱、表演的特点，并对评书、相声、大鼓、评弹等曲种作了专题介绍。作者王决（1924—1997），曲艺理论家、作家、评论家。原名王孟明，祖籍山东莱州，生于北京。毕业于北平中国大学法学院政经系。曾任中央人民广播电台曲艺组负责人，《中国曲艺志·北京卷》副主编。创作、整理、改编有《王决曲艺创作选》《西汉故事选》《吃书》《大红袍》等。

J0167817
曲艺艺术论丛　（1981年第1辑）中国曲协研究部编辑
北京 中国曲艺出版社 1982年 128页
26cm（16开）统一书号：10227.006
定价：CNY0.60

J0167818
曲艺艺术论丛　（1981年第2辑）中国曲协研究部编辑
北京 中国曲艺出版社 1982年 128页
26cm（16开）定价：CNY0.60

J0167819
曲艺艺术论丛　（1982年第3辑）中国曲协研究部编辑
北京 中国曲艺出版社 1982年 128页
26cm（16开）统一书号：10227.039
定价：CNY0.60

J0167820
曲艺艺术论丛 （1984年第4辑）中国曲艺研究部编
北京 中国曲艺出版社 1984年 128页
26cm（16开）统一书号：10227.052
定价：CNY0.60

J0167821
曲艺艺术论丛 （1987年第5辑）中国曲协研究部编
北京 中国曲艺出版社 1987年 128页
26cm（16开）定价：CNY0.80

J0167822
曲艺艺术论丛 （1987年第7辑）中国曲协研究部编
北京 中国曲艺出版社 1987年 128页
26cm（16开）定价：CNY0.80

J0167823
曲艺艺术论丛 （1987年第8辑）中国曲协研究部编
北京 中国曲艺出版社 1987年 128页
26cm（16开）定价：CNY0.80

J0167824
曲艺艺术论丛 （1987年第9辑）中国曲协研究部编
北京 中国曲艺出版社 1987年 128页
26cm（16开）定价：CNY1.00

J0167825
曲艺艺术论丛 （1988年第10辑）中国曲协研究部编
北京 中国曲艺出版社 1988年 28页 26cm（16开）
定价：CNY1.40

J0167826
山东快书艺术浅论 高元钧著
北京 人民美术出版社 1982年 169页
21cm（32开）定价：CNY0.57

J0167827
相声艺术与笑 王力叶著
北京 广播出版社 1982年 153页 19cm（32开）
统一书号：8236.026 定价：CNY0.40

本书介绍了相声的基本知识，着重分析相声结构笑料的种种方法，并举出典型例子加以说明。

J0167828
大调曲子初探 辛秀，长溪编著；河南省戏曲工作室编
1983年 392页 有照片 20cm（32开）
（河南曲艺丛书）

J0167829
侯宝林和他的相声艺术 薛宝琨著
哈尔滨 黑龙江人民出版社 1983年 176页
19cm（32开）统一书号：8093.852 定价：CNY0.70

J0167830
侯宝林谈相声 侯宝林口述；刘祖法执笔
哈尔滨 黑龙江人民出版社 1983年 178页
有照片 21cm（32开）统一书号：10093.465
定价：CNY0.91

J0167831
湖北小曲 何远志主编
武汉 中国曲艺家协会湖北分会 1983年 503页
有照片 20cm（32开）定价：CNY2.60

J0167832
苏州评弹旧闻钞 周良编著
南京 江苏人民出版社 1983年 371页
19cm（小32开）定价：CNY0.97

本书辑录苏州评弹史料，说话、诸宫调、陶真、词话、盲词、南词等。资料按年代排列，至中华人民共和国成立为止。

J0167833
骆玉笙和她的京韵大鼓 薛宝琨著
哈尔滨 黑龙江人民出版社 1984年 101页
有照片 19cm（32开）统一书号：18093.615
定价：CNY0.60

J0167834
山东琴书研究 张军著
北京 中国曲艺出版社 1984年 257页 有照片
19cm（32开）统一书号：10227.034

定价：CNY0.70

作者张军，山东省艺术研究所研究员。

J0167835

相声史杂谈 金名[著]

福州 福建人民出版社 1984年 157页

19cm（32开）统一书号：10173.468

定价：CNY0.50

J0167836

笑的艺术 薛宝琨著

天津 百花文艺出版社 1984年 271页

19cm（32开）统一书号：10151.760

定价：CNY1.30

J0167837

中国曲艺论集 （第一集）中国曲艺出版社编

北京 中国曲艺出版社 1984年 779页

21cm（32开）定价：CNY2.25，CNY3.25（精装）

本书收录粉碎"四人帮"之后至党的第十二次代表大会召开之前，在报纸、杂志等出版物上发表的曲艺理论文章。

J0167838

陈汝衡曲艺文选 陈汝衡著

北京 中国曲艺出版社 1985年 652页 有照片

20cm（32开）定价：CNY3.20

作者陈汝衡（1900—1989），曲艺理论家。江苏扬州人，就读于东南大学。任上海戏剧学院讲师、教授。代表著作《说书艺人柳敬亭》《弹词溯源和它的艺术形式》《杨家将—从民间说唱到戏曲演出》《庆祝上海解放一周年》《石达开》等。

J0167839

高元钧和他的山东快书 汪景寿著

哈尔滨 北方文艺出版社 1985年 146页

20cm（32开）定价：CNY0.90

J0167840

金钱板表演与写作 邹忠新讲

成都 四川文艺出版社 1985年 196页

20cm（32开）定价：CNY0.90

金钱板是流行在四川地区的一种民间曲艺形式。本书概括地介绍了金钱板的起源、各种流派、它的打法、唱法以及表演。

J0167841

陶钝曲艺文选 陶钝著

北京 中国曲艺出版社 1985年 278页

21cm（32开）定价：CNY1.30

陶钝是现代著名作家和文艺理论家，自50年代起专事曲艺领导工作，从曲艺创作、表演、书目以及艺术教育等问题入手，对曲艺艺术的诸多方面进行了调查研究，发表了大量的指导或研究性文章，本书从中精选了较有代表性的著述共44篇。

J0167842

关于几个戏曲理论问题的争论 华迦，关德富著

北京 文化艺术出版社 1986年 154页

21cm（32开）定价：CNY1.15

J0167843

张长弓曲论集 张长弓著

郑州 黄河文艺出版社 1986年 223页

20cm（32开）统一书号：10385.80 定价：CNY1.35

本书分3编，内容包括：鼓子曲言；河南坠子书；短论拾零。

J0167844

北京地区曲艺资料汇编 （第一辑）卢肃主编

北京 中国曲艺音乐集成·北京卷编辑部 1987年 100页 26cm（16开）

J0167845

兰州鼓子研究 王正强著

兰州 甘肃人民出版社 1987年 432页

21cm（32开）定价：CNY2.95

本书论述、考证了兰州鼓子的渊源、发展，特色和美学价值。全书分5章。附录"一百五十年兰州鼓子艺人师承关系一览表"、"建国前论述兰州鼓子有关文章、条目索引"、"曲谱中特殊符号说明"等。作者王正强，曾在甘肃人民广播电台任职。

J0167846

笑谈相声 于万海，王决编著

北京 宝文堂书店 1987年 226页 有照片

19cm（32开）ISBN：7-80030-002-1

定价：CNY1.40

作者王决（1924—1997），曲艺理论家、作家、评论家。原名王孟明，祖籍山东莱州，生于北京。毕业于北平中国大学法学院政经系。曾任中央人民广播电台曲艺组负责人，《中国曲艺志·北京卷》副主编。创作、整理、改编有《王决曲艺创作选》《西汉故事选》《吃书》《大红袍》等。

J0167847
怎样欣赏戏曲艺术 薛宝琨著
石家庄 花山文艺出版社 1987 年 184 页
19cm（小 32 开）定价：CNY1.10

J0167848
中国的曲艺 薛宝琨著
北京 人民出版社 1987 年 221 页 有图
19cm（32 开）统一书号：8001.180
定价：CNY1.10
（祖国丛书）

J0167849
评弹知识手册 周良主编；苏州评弹研究会编
上海 上海文艺出版社 1988 年 372 有照片
19cm（32 开）ISBN：7-5321-0155-X
定价：CNY3.45

J0167850
说唱艺术简史 中国艺术研究院曲艺研究所［编］
北京 文化艺术出版社 1988 年 228 页
21cm（32 开）精装 ISBN：7-5039-0079-2
定价：CNY6.45，CNY3.45（平装）

本书系统地综合研究中国说唱艺术历史发展的专著。内容包括：说唱艺术探源；唐代的说唱艺术；两宋时期说唱艺术的发展与繁荣；金、元时期的说唱艺术；明代承前启后的说唱艺术；清代说唱艺术的再度繁荣；清末民初及五·四前后的说唱艺术；革命年代的说唱艺术；说唱艺术的春天 9 章。对曲艺艺术的孕育、形成、嬗变、发展，作了横向的观照和纵向的溯源。

J0167851
苏州评弹艺术初探 周良著
北京 中国曲艺出版社 1988 年 219 页
19cm（小 32 开）定价：CNY1.60

本书分“历史”、“艺论”、“书目”、“演出”、“理论”、“展望”6 个部分，对苏州评弹艺术的发展历史、表现形式、艺术特点和若干有影响的书目、艺术家和艺术流派以及苏州评弹发展中的新问题、新经验等，都作了比较全面的概括和论述，而且注意把评弹艺术作为一种有着广泛群众性并不断发展着的说唱艺术进行分析研究。

J0167852
八角鼓 桂静文编著
台北 1989 年 262 页 有照片 21cm（32 开）
（文化传播丛书 9）

J0167853
戴宏森说唱艺术论集 戴宏森著
北京 中国民间文艺出版社 1989 年 189 页
有照片 21cm（32 开）定价：CNY4.50
（东方说唱艺术系列丛书）

J0167854
广西曲艺资料汇编 （第 2 辑）《中国曲艺志·广西卷》编辑部，《中国曲艺音乐集成·广西卷》编辑部［编］
1989 年 290 页 18cm（15 开）

J0167855
广西曲艺资料汇编 （第 3 辑）《中国曲艺志·广西卷》编辑部，《中国曲艺音乐集成·广西卷》编辑部［编］
1990 年 243 页 有照片 19cm（32 开）

J0167856
广西曲艺资料汇编 （第 4 辑）《中国曲艺志·广西卷》编辑部，《中国曲艺音乐集成·广西卷》编辑部［编］
1991 年 14+305 页 19cm（小 32 开）

J0167857
京韵大鼓 桂静文编著
台北 1989 年 195 页 有彩照 21cm（32 开）

J0167858
民间说唱艺术选集 黄国强主编
南昌 江西教育出版社 1989 年 656 页 有剧照
26cm（16 开）ISBN：7-5392-0563-6
定价：CNY7.00

J0167859
曲坛奇葩 李大庆编著
武汉 中国地质大学出版社 1989年 198页
20cm(32开) ISBN: 7-5625-0342-7
定价: CNY2.10
作者李大庆(1945—),中国音协湖北分会会员。

J0167860
曲艺特征论 薛宝琨等著
北京 中国曲艺出版社 1989年 310页
21cm(32开) 定价: CNY3.10

J0167861
山东快书概论 刘司昌,汪景寿著
哈尔滨 黑龙江人民出版社 1989年 296页
19cm(小32开) 定价: CNY3.30

J0167862
乌力格尔曲调300首 哲盟艺术集成办公室搜集;那达密德,福宝琳整理;内蒙古哲里木盟文学艺术研究所编
[通辽][内蒙古哲里木盟文学艺术研究所]
[1989年] 326页· 19cm(32开) 定价: CNY4.00
(哲盟民间文艺研究丛书 7)

J0167863
相声艺术的奥秘 刘梓钰编著
天津 百花文艺出版社 1990年 320页
19cm(小32开) ISBN: 7-5306-0456-2
定价: CNY3.90
本书介绍相声艺术的有关知识,论述相声艺术的本质、审美特性、喜剧性功能及其发展前景。

J0167864
翠峰寻香录 (利川小曲探索)潘顺福著
成都 四川民族出版社 1991年 134页 有照片
19cm(小32开) ISBN: 7-5409-0641-3
定价: CNY1.80
本书内容主要是对利川小曲的表演形式、文学特点、音乐特点、伴奏及乐器等方面进行介绍和研究,对其源流沿革予以较为翔实的介绍,并编选了39种55支曲牌。作者潘顺福(1949—),高级讲师。中国少数民族音乐学会会员,湖北省民族研究学会理事,利川市文学协会主席。发表论文有《高山致富的成功实践》《利川苗族调查实录述考》《利川小曲》。

J0167865
南京曲艺资料汇编 (1)查双禄主编;《中国曲艺志·江苏卷·南京分卷》编辑室编
[南京] 1991年 281页 有图 20cm(32开)

J0167866
南京曲艺资料汇编 (2)查双禄主编;《中国曲艺志·江苏卷·南京分卷》编辑室编
[南京] 1993年 280页 有图 20cm(32开)

J0167867
南京曲艺资料汇编 (3)查双禄主编;《中国曲艺志·江苏卷·南京分卷》编辑室编
[南京] 1993年 318页 有照片 20cm(32开)

J0167868
西河大鼓史话 钟声编
石家庄 花山文艺出版社 1991年 254页
19cm(小32开) ISBN: 7-80505-096-1
定价: CNY3.40
本书对西河大鼓的形成、定名、主要流派艺术、基本曲调的形成与发展以及其传统书目进行了深入细致而有理有据的探索。

J0167869
中国曲艺史 倪钟之著
沈阳 春风文艺出版社 1991年 528页 有照片
20cm(32开) ISBN: 7-5313-0483-X
定价: CNY8.50, CNY11.00(精装)
作者倪钟之(1936—2016),著名曲艺理论家、教育家。天津人,毕业于天津城市建设学校(今河北工业大学)。曾任中国北方曲艺学校研究员、中国曲艺家协会理事等职务。在中国北方曲艺学校开设《中国曲艺史》《曲艺概论》《中国小说史》《长篇书写作》等课程。著作有《中国曲艺史》《中国相声史》《中国当代曲艺史》。

J0167870
话本艺术初论 张棣华著
南京 江苏文艺出版社 1992年 205页 有照片
19cm(小32开) ISBN: 7-5399-0419-4

定价: CNY3.50
(江苏文化艺术丛书)

本书收录《话本艺术初论》《新书创作中想到的一些问题》《评话的小道具》等28篇文章。

J0167871
四川省绵阳市中区曲艺志 绵阳市中区文化馆[编]
[绵阳][绵阳市中区文化馆][1992年]201页 26cm(16开) 定价: CNY110.00

本志记述了绵阳市市中区曲艺艺术的发展历史和现状。

J0167872
相声艺术论 汪景寿，藤田香著
北京 北京大学出版社 1992年 295页 20cm(32开) ISBN: 7-301-01907-6 定价: CNY6.00

本书对相声的表现形式、结构方式、构成因素、艺术手段、语言风貌等方面的艺术特点进行了讨论。作者藤田香，女，本名大野香织，笔名藤田香，日本文化学者。20世纪80年代到中国留学，毕业于北京大学中文系。专门研究中国曲艺，并拜吴革为师学习相声。与相声理论家汪景寿合著有《中国相声史》《相声艺术论》。

J0167873
艺海苦航录 (扬州评话“王派水浒”回忆)王筱堂口述；李真整理；江苏省政协文史资料委员会，镇江市政协文史资料委员会编
南京 江苏文史资料编辑部 1992年 268页 有照片 20cm(32开) 统一书号: 32-1287 定价: CNY5.95
(江苏文史资料 55)

本书主要记述了著名扬州评话艺术大师王少堂同志的艺术道路和艺术见解，并介绍了“王派《水浒》”的发展历程。

J0167874
中国曲艺志 (湖南卷)中国曲艺志全国编辑委员会;《中国曲艺志·湖南卷》编辑委员会编
北京 新华出版社 1992年 659页 26cm(16开) 特精装 ISBN: 7-5011-1753-5 定价: CNY60.00

本志记录了各地区、各民族曲艺历史与现状，分综述、图表、志略、传记4大部类。时间上限按曲艺发展实际情况而定，下限至1985年底。

J0167875
中国曲艺志 (德阳市卷 资料卷)中国曲艺志·德阳市卷编委会编印
[德阳][中国曲艺志·德阳市卷编委会][1993年]10+268页 有图 26cm(16开) 定价: CNY160.00

本志反映了德阳市曲艺的历史和现状，包括曲种、曲(书)目、音乐、表演、舞台美术、机构、演出场所、演出习俗、文物·古迹、报刊·专著、轶闻传说、谚语·口诀·行话、传记等。

J0167876
中国曲艺志 (河南卷)中国曲艺志全国编辑委员会,《中国曲艺志·河南卷》编辑委员会[编]
北京 中国ISBN中心出版社 1995年 16+738页 有图 26cm(16开) 精装 ISBN: 7-5076-0089-0 定价: CNY124.00

J0167877
中国曲艺志 (江苏卷)中国曲艺志全国编辑委员会,《中国曲艺志·江苏卷》编辑委员会[编]
北京 中国ISBN中心出版社 1996年 21+898页 有图 26cm(16开) 精装 ISBN: 7-5076-0100-5 定价: CNY150.00

J0167878
中国曲艺志 (北京卷)中国曲艺志全国编辑委员会,《中国曲艺志·北京卷》编辑委员会[编]
北京 中国ISBN中心出版社 1999年 12+785页 有图 26cm(16开) 精装 ISBN: 7-5076-0143-9 定价: CNY131.00

本卷包括北京市的曲种、音乐、表演、舞台美术、机构、演出习俗、文物古迹、报刊、专著、轶闻传说、谚语口诀、行话术语等。

J0167879
三门峡市曲艺志 三门峡市文化局编
郑州 河南人民出版社 1993年 344页 有照片 20cm(32开) ISBN: 7-215-02437-7 定价: CNY13.00
(河南曲艺志系列丛书)

J0167880
扬州曲艺志　周卫国，王澄主编；扬州曲艺志编委会编
南京 江苏文艺出版社 1993年 11+367页 有图
21cm（32开）ISBN：7-5399-0625-1
定价：CNY98.00
本书记录和整理了扬州地区曲艺历史与现状有科学研究价值的资料，反映中华人民共和国成立以来曲艺改革的成就及其理论研究成果，弘扬民族民间文化艺术。

J0167881
陈云同志和评弹艺术　江浙沪评弹工作领导小组办公室编
南京 江苏文艺出版社 1994年 277页
19cm（小32开）ISBN：7-5399-0669-3
定价：CNY12.00

J0167882
花影录　何忠华主编；湖北省曲艺家协会编
武汉 武汉大学出版社 1994年 272页
20cm（32开）ISBN：7-307-00478-X
定价：CNY7.80
（湖北曲艺丛书）

J0167883
南阳地区曲艺志　南阳地区文化局编；河南曲艺志系列丛书编审委员会总纂
郑州 河南人民出版社 1994年 16+532页
有地图及照片 20cm（32开）
ISBN：7-215-03388-0 定价：CNY19.50
（河南曲艺志系列丛书）

J0167884
说唱：乡土艺术的奇葩　汪景寿著
北京 北京大学出版社 1994年 176页
19cm（小32开）ISBN：7-301-02190-9
定价：CNY4.90
（北京大学艺术教育与美学研究丛书 7）
本书内容包括：说唱艺术与乡土、说唱艺术的喜剧美、说唱艺术与其他文艺形式等8章。

J0167885
说唱：乡土艺术的奇葩　汪景寿著
台北 淑馨出版社 1997年 160页 21cm（32开）
ISBN：957-531-549-9 定价：TWD180.00
（艺术教育与美学研究丛书 8）

J0167886
中国曲艺艺术论　汪景寿著
北京 北京大学出版社 1994年 312页
20cm（32开）ISBN：7-301-02615-3
定价：CNY9.60
本书探讨曲艺艺术的源流、价值、风格及语言，并分述相声、评书、快书、鼓曲、评弹的艺术手段及特色。

J0167887
河南曲艺志丛书　（二）
郑州 中州古籍出版社 1995年
3册（403；284；256页）有照片及地图
20cm（32开）ISBN：7-5348-1369-7
定价：CNY31.00
本书包括：《安阳市曲艺志》（安阳市文化局编）、《新乡市曲艺志》（新乡市文化局编）、《平顶山市曲艺志》（平顶山市文化局编）。

J0167888
梨园相思树　鲍震培编著
石家庄 河北少年儿童出版社 1995年 174页
有彩图 20cm（32开）精装
ISBN：7-5376-1319-2 定价：CNY12.25
（中国民间文化 戏曲说唱）
作者鲍震培（1962— ），女，河北深泽人，毕业于天津南开大学。天津社会科学院文学研究所任职。著有《中国说唱艺术史论》《中国民间戏曲、说唱文化、梨园相思树》《清代女作家弹词研究》等。

J0167889
曲艺创新录　罗扬著
北京 中国文学出版社 1995年 404页 有彩照
20cm（32开）ISBN：7-5071-0294-7
定价：CNY18.00
（中国说唱文艺丛书）

J0167890
粤曲探索　陈亦祥著
广州 广州出版社 1995年 221页 20cm（32开）
ISBN：7-80592-239-X 定价：CNY8.50

本书内容包括："曲调的构成"、"板腔的结构形式"、"曲牌的应用"、"唱腔的出新"等。作者陈亦祥，粤剧演出团体任职。

J0167891

中国相声史 王决等著

北京 北京燕山出版社 1995 年 356 页

20cm（32 开）ISBN：7-5402-0256-4

定价：CNY12.00

作者王决（1924—1997），曲艺理论家、作家、评论家。原名王孟明，祖籍山东莱州，生于北京。毕业于北平中国大学法学院政经系。曾任中央人民广播电台曲艺组负责人、《中国曲艺志·北京卷》副主编。创作、整理、改编有《王决曲艺创作选》《西汉故事选》《吃书》《大红袍》等。

J0167892

河南曲艺史论文集 马紫晨著

郑州 中州古籍出版社 1996 年 345 页 有照片

20cm（32 开）ISBN：7-5348-1451-0

定价：CNY18.00

（河南地方志丛书）

J0167893

评弹文化词典 吴宗锡主编

上海 汉语大词典出版社 1996 年 31+583 页

有照片 20cm（32 开）精装

ISBN：7-5432-0188-7

定价：CNY50.00，CNY88.00（特藏本）

J0167894

屏书华实 （辽宁电视台"评书联播"10 周年文集）高广志主编

北京 中国广播电视出版社 1996 年 200 页

有照片 19cm（小 32 开）ISBN：7-5043-2891-X

定价：CNY7.80

J0167895

屏下谈书 史艳芳著

北京 中国广播电视出版社 1996 年 188 页

19cm（小 32 开）ISBN：7-5043-2892-8

定价：CNY7.40

J0167896

书坛一杰 （杨立德派山东快书艺术研讨会论文选编）张军，赵连甲主编

北京 大众文艺出版社 1996 年 159 页

19cm（小 32 开）ISBN：7-80094-199-X

定价：CNY7.00

作者张军，山东省艺术研究所研究员 作者赵连甲（1935— ），曲艺作家、演员。历任中华山东快书研究会副会长、中华说唱艺术研究中心常务理事。出版专著有《赵连甲曲艺选》《赵连甲山东快书选集》，相声专辑《建筑英雄谱》。

J0167897

陈云同志关于评弹的谈话和通信 《陈云同志关于评弹的谈话和通信》编写组编

北京 中央文献出版社 1997 年 增订本 134 页

20cm（32 开）ISBN：7-5073-0383-7

定价：CNY10.00

J0167898

李润杰快板书艺术 李润杰口述；夏之冰整理

天津 百花文艺出版社 1997 年 260 页

20cm（32 开）ISBN：7-5306-2533-0

定价：CNY13.80

J0167899

山东曲艺史 张军，郭学东著

济南 山东文艺出版社 1997 年 447 页 有照片

20cm（32 开）ISBN：7-5329-1364-3

定价：CNY28.00

J0167900

悦耳的曲艺 张长龙，唐小辉编著

广州 广州出版社 1997 年 118 页 19cm（小 32 开）

ISBN：7-80592-708-1 定价：CNY92.00（全辑）

（百科世界丛书 第四辑 68）

J0167901

中国传统山东快书大全 刘洪滨，赵连甲主编

北京 文化艺术出版社 1997 年 611 页

20cm（32 开）精装 ISBN：7-5039-1679-6

定价：CNY45.00

J0167902
中国道情艺术概论　武艺民著
太原 山西古籍出版社 1997年 522页 有照片
20cm(32开) 精装 ISBN: 7-80598-219-8
定价: CNY37.50

J0167903
当代中国曲艺　罗扬主编
北京 当代中国出版社 1998年 578页 有照片
20cm(32开) 精装 ISBN: 7-80092-730-X
定价: CNY48.00
(当代中国丛书)

J0167904
东北大鼓音乐艺术论　夏晓华著
哈尔滨 北方文艺出版社 1998年 216页
19cm(小32开) ISBN: 7-5317-1071-4
定价: CNY13.50

J0167905
教你学相声　刘庆成编著
北京 中国少年儿童出版社 1998年 122页
19cm(32开) ISBN: 7-5007-4381-5
定价: CNY4.90
(教你学·教你做小学生实用丛书)

J0167906
曲艺 - 说唱的艺术　薛宝琨编写
北京 中国少年儿童出版社 1998年 148页
19cm(小32开) ISBN: 7-5007-4003-4
定价: CNY50.50
(爱国主义教育文库 灿烂文化卷 上)

J0167907
曲艺杂技志　薛宝琨, 鲍震培撰
上海 上海人民出版社 1998年 482页
21cm(32开) 精装 ISBN: 7-208-02330-1
定价: CNY6000.00 (全套)
(中华文化通志 第8典 艺文 077)

作者鲍震培(1962—), 女, 河北深泽人, 毕业于天津南开大学。天津社会科学院文学研究所任职。著有《中国说唱艺术史论》《中国民间戏曲、说唱文化、梨园相思树》《清代女作家弹词研究》等。

J0167908
中国曲艺史　蔡源莉, 吴文科著
北京 文化艺术出版社 1998年 187页 有照片
20cm(32开) ISBN: 7-5039-1614-1
定价: CNY11.80
(中国艺术简史丛书)

J0167909
安徽省六安地区曲艺志　沈晓富主编
合肥 黄山书社 1999年 234页 20cm(32开)
精装 ISBN: 7-80630-421-5 定价: CNY26.00

本书主要记述了上起清末、民国时期, 个别的追溯到明代甚至宋代, 下至1986年安徽省六安地区具有地方特色的曲种。如锣鼓书、四弦书、小调胡琴书等。作者沈晓富(1947—), 编剧。安徽六安市人。历任六安市文化局创作室主任、中国戏剧家协会安徽省分会理事、六安地区曲艺工作者协会秘书长。主编有《安徽省六安地区曲艺志》, 并任《中国曲艺志·安徽省卷》编委。

J0167910
单弦音乐欣赏漫谈　白奉霖编著
北京 人民音乐出版社 1999年 535页
19cm(小32开) ISBN: 7-103-01683-6
定价: CNY22.60
(曲艺音乐欣赏丛书)

J0167911
动人的声韵醉人的音　("孙书筠京韵大鼓艺术研讨会"文集) 中国艺术研究院曲艺研究所, 李苦禅纪念馆合编
[中国艺术研究院曲艺研究所] 1999年 166页
有照片 20cm(32开)

J0167912
南音粤讴的词律曲韵　陈志清著
香港 香港文学报社出版公司 1999年 206页
有图 21cm(32开) ISBN: 962-962-024-3
定价: HKD52.00

J0167913
宁波曲艺志　李蔚波主编; 宁波曲艺志编纂委员会编
宁波 宁波出版社 1999年 264页 有照片

20cm（32 开）ISBN：7-80602-324-0
定价：CNY15.00

J0167914
衢州市曲艺志　《衢州市曲艺志》编纂委员会编
杭州　浙江人民出版社　1999 年　240 页
20cm（32 开）精装　ISBN：7-213-01631-8
定价：CNY20.00

J0167915
赵铮河南坠子艺术　赵铮，赵抱衡编著
北京　大众文艺出版社　1999 年　307 页　有照片
26cm（16 开）ISBN：7-80094-257-0
定价：CNY35.00

J0167916
中国曲艺·杂技·木偶戏·皮影戏　陈义敏，刘峻骧主编
北京　文化艺术出版社　1999 年　184 页
21cm（32 开）ISBN：7-5039-1836-5
定价：CNY28.00
（中国文化艺术丛书）

中国其他剧艺术

（活报剧、木偶剧、皮影剧等）

J0167917
小杂戏题纲
清末　抄本　毛装
分二册。

J0167918
杂剧
［民国］219-319 页　26cm（16 开）

J0167919
近代戏曲原出宋傀儡戏影戏考　孙楷弟著
1942 年　62 页　26cm（16 开）
本书内容包括：唐以前之傀儡戏、宋人记杂伎艺之书、宋之傀儡戏、宋之影戏、宋之傀儡影戏与宋元以来戏文杂剧之关系。

J0167920
关于皮影戏　田益荣著
北京　新华书店西北总分店　1950 年　14 页
18cm（15 开）定价：CNY0.70
（戏剧丛书 1）

J0167921
我的会演戏的鸟兽　杜罗夫著；任溶溶译
［上海］时代出版社　1951 年　140 页　有图
20cm（32 开）定价：CNY0.50

J0167922
傀儡戏考原　孙楷弟著
上海　上杂出版社　1952 年　123 页　20cm（32 开）
定价：旧币 7,200 元
（中国戏曲理论丛书）

J0167923
北京皮影　中央美术学院实用美术系编
北京　人民美术出版社　1953 年　影印本　15 页
37cm（8 开）定价：旧币 100,000 元（甲种绫面）
本书内容包括：1、中国皮影戏的发展；2、皮影人的雕镂艺术；3、剧情介绍。皮影戏是中国民间戏剧艺术的一种，所用的皮影人是用驴皮或羊皮制作的，故又称驴皮影。

J0167924
北京皮影　路景达刻绘；王逊序文
北京　人民美术出版社　1953 年　18 张
作者王逊（1915—1969），美术史论家。山东莱阳人，毕业于清华大学哲学系。曾任天津南开大学哲学系副教授，清华大学哲学系教授，中央美术学院美术史系教授及系主任，兼《美术》杂志执行编委。出版专著有《中国美术史》《北京皮影》等。

J0167925
北京皮影　中央美术学院实用美术系编
北京　人民美术出版社　1953 年　影印本　15 页
37cm（8 开）定价：旧币 80,000 元（乙种盒装）

J0167926
怎样演木偶戏　吴定洪编
上海　儿童读物出版社　1954 年　66 页
19cm（32 开）定价：旧币 2,800 元

J0167927
皮影戏　阿维编
［北京］朝花出版社 1955年［1］张 39cm（8开）
定价：CNY0.16

J0167928
陕西省第一届皮影木偶戏观摩演出大会会刊　（第1-11期 合订本）陕西省第一届皮影木偶戏观摩演出大会筹委会编
北京 陕西省第一届皮影木偶戏观摩演出大会筹委会 1956年 26cm（16开）

J0167929
怎样演影子戏　吴定洪编
上海 儿童读物出版社 1956年 33页
19cm（32开）定价：CNY0.14

J0167930
木偶戏艺术　虞哲光编著
上海 上海文化出版社 1957年 99页
19cm（32开）统一书号：8077.88 定价：CNY0.34

J0167931
推车的猴子　（木偶剧）王沧著
上海 上海文化出版社 1957年 32页
18cm（32开）统一书号：10077.579
定价：CNY0.11
（萌芽小丛书 戏剧曲艺 第三辑）

J0167932
皮影戏艺术　虞哲光编著
上海 上海文化出版社 1958年 48页
17cm（40开）统一书号：8077.113
定价：CNY0.24

J0167933
北京皮影戏　关俊哲著
北京 北京出版社 1959年 97页 有图
19cm（32开）统一书号：8071.79 定价：CNY0.29

J0167934
鹤与龟　（皮影画册）李昌敏编；游振鑫摄影
长沙 湖南人民出版社 1959年 70页 15cm（40开）
统一书号：8109.281 定价：CNY0.26

J0167935
皮影　沈之瑜选编
上海 上海人民美术出版社 1959年 彩印影印
21幅（函）38×52cm 统一书号：T8081.2769
定价：CNY22.00

J0167936
木偶戏技术　（苏）阿·费道托夫，A.著；金乃学译
北京 中国戏剧出版社 1961年 164页
20cm（32开）统一书号：10069.570
定价：CNY0.61

J0167937
元代杂剧　顾肇仓著
［北京］作家出版社 1962年 19cm（小32开）
定价：CNY0.30
（知识丛书）

J0167938
元代杂剧艺术　徐扶明著
上海 上海文艺出版社 1981年 348页
21cm（32开）统一书号：8078.3242
定价：CNY1.10
本书从元杂剧这一方面，探索中国戏曲艺术，包括戏曲文学和舞台演出的历史渊源及其流变。通过大量注释的方式，在论述元杂剧的同时，联系后世戏曲，如昆剧、京剧的演出的成就。

J0167939
湖南木偶戏　李昌敏著
长沙 湖南人民出版社 1984年 91页
19cm（32开）统一书号：10109.1757
定价：CNY0.75
本书内容包括：湖南木偶的雏形；湖南木偶戏的形成；品种与流派及其分布状况；剧目；表演和导演艺术；造型艺术；舞台；音乐与声腔。

J0167940
咸阳皮影　王茂先编；朱景琪译
西安 陕西人民美术出版社［1984年］60页
19cm（32开）统一书号：8199.1120
定价：CNY［2.95］
（陕西民间工艺）

J0167941
皮影史料 刘庆丰编著
黑龙江省艺术研究所 1986年 410页 有图
20cm（32开）
（艺术研究丛书）

J0167942
泉州木偶艺术 陈瑞统编
厦门 鹭江出版社 1986年 289页 有彩照
19cm（32开）统一书号：8422.31 定价：CNY1.95

本书选收介绍泉州木偶艺术的文章50多篇。内容包括：泉州木偶艺术源流探索、历史沿革、掌故传说，木偶剧种的特点和优秀剧目，著名木偶头雕刻家、表演艺术家的生平和艺术成就，音乐唱腔、表导演的风格，以及泉州木偶艺术在国际文化交流中的影响和作用等。

J0167943
儿童戏剧研究文集 中国儿童戏剧研究会主编
北京 中国戏剧出版社 1987年 398页
19cm（32开）统一书号：8069.876 定价：CNY2.20

J0167944
香港的木偶皮影戏及其源流 曹本治编著
香港 香港市政局 1987年 99页 有照片
23cm（10开）ISBN：962-7039-16-0
定价：HKD51.00

外文书名：Puppet Theatres in Hong Kong and Their Origins.

J0167945
怎样演皮影戏 崔永平著
北京 中国戏剧出版社 1987年 151页
19cm（32开）统一书号：8069.1089
定价：CNY1.15

J0167946
王景愚与哑剧艺术 王景愚著
北京 中国戏剧出版社 1988年 119页
19cm（小32开）定价：CNY1.00

J0167947
川北皮影戏 四川省南充地区文化局编
成都 四川文艺出版社 1989年 380页
20cm（32开）ISBN：7-5411-0469-8
定价：CNY5.17

J0167948
中国民间傀儡艺术 李昌敏著
南昌 江西教育出版社 1989年 264页
20cm（32开）精装 ISBN：7-5392-0233-5
定价：CNY5.15

本书介绍了我国傀儡戏的品种、流派以及剧本、导演、表演、造型、美术、音乐、唱腔等，阐述了傀儡戏的艺术特征。

J0167949
风华绝代掌中艺 （台湾的布袋戏）刘还月著
台北 台原出版社 1990年 133页 有照片
21cm（32开）ISBN：957-9261-08-3
定价：TWD135.00
（台湾智慧丛刊 1）

J0167950
悬丝牵动万般情 （台湾的傀儡戏）江武昌著
台北 台原出版社 1990年 141页 有照片
21cm（32开）ISBN：957-9261-09-1
定价：TWD135.00
（台湾智慧丛刊 2）

J0167951
儿童木偶 曹婉娴著
广州 新世纪出版社 1991年 280页 17×19cm
ISBN：7-5405-0526-5 定价：CNY8.00

作者曹婉娴（1933— ），中国戏剧家协会会员，中国木偶皮影艺术学会副会长。

J0167952
掌中功名 （台湾的传统偶戏）陈正之著
台中县 台湾省政府新闻处 1991年 284页
有图 21cm（32开）
（民族文化丛书 31）

J0167953
中国木偶史 丁言昭著
上海 学林出版社 1991年 159页 有照片
19cm（小32开）ISBN：7-80510-636-3
定价：CNY3.20

本书介绍了木偶与木偶戏的诞生与发展过程。附“中国木偶大事记及木偶研究资料选目”。

作者丁言昭(1946—　), 上海木偶剧团编剧。

J0167954
笑星赵本山　赵本山等著
桂林 漓江出版社 1992年 212页 有照片
19cm(小32开) ISBN: 7-5407-0901-X
定价: CNY3.75

本书是中华喜剧美学研究会在桂林召开的赵本山喜剧研讨会的论文和发言。对赵本山的艺术现象作了集中、深入的探讨和剖析。

J0167955
杨华生滑稽生涯六十年　杨华生著
上海 学林出版社 1992年 274页 有照片
20cm(32开) ISBN: 7-80510-721-1
定价: CNY5.20

本书记录了作者从参与独角戏到形成滑稽戏剧种的全过程, 描述了作者在滑稽艺术领域中探索、追求、开拓的足迹。

J0167956
中国影戏　江玉祥著
成都 四川人民出版社 1992年 332页 有彩图
20cm(32开) ISBN: 7-220-01448-1
定价: CNY6.80
(民俗文化系列)

外文书名: Chinese Shadow Theatre. 作者江玉祥(1945—　), 教授。生于四川双流县。历任四川大学博物馆民俗学副教授、四川民俗学会副秘书长。代表作品《民俗学经典理论著作导读》《中国饮食文化》《中国民间艺术》等。

J0167957
中国木偶艺术　刘霁, 姜尚礼主编
北京 中国世界语出版社 1993年 284页 有彩图
26cm(16开) 精装 ISBN: 7-5052-0102-6
定价: CNY150.00

本书图文并茂地介绍了中国木偶艺术的起源、发展及各地的木偶艺术特色。

J0167958
陇东南影子戏初编　赵建新编著
台北 财团法人施合郑民俗文化基金会 1995年
16+606页 有图 21cm(32开) 精装
ISBN: 957-8892-36-5 定价: TWD750.00
(民俗曲艺丛书)

J0167959
闽西上杭高腔傀儡与夫人戏　叶明生著
台北 财团法人施合郑民俗文化基金会 1995年
296页 有图 21cm(32开) 精装
ISBN: 957-8892-85-3 定价: TWD450.00
(民俗曲艺丛书)

J0167960
皮影戏　(张德成艺师) 石光生著
台北 1995年 296页 有照片 38cm(6开) 精装
ISBN: 957-00-4964-2 定价: TWD2800.00
(重要民族艺术艺师生命史 1)

J0167961
布袋戏　(布袋戏图录) 林保尧等编辑
台北 1996年 2册(393页) 26cm(16开)
ISBN: 957-00-7236-9 定价: TWD1300.00
(重要民族艺术传艺计画案 图鉴类汇整专辑 1-2)

J0167962
湖南省黔阳县湾溪乡的观音醮和辰河木偶戏香山　李怀荪著
台北 财团法人施合郑民俗文化基金会 1996年
208页 有图 21cm(32开) 精装
ISBN: 957-8892-60-8 定价: TWD310.00
(民俗曲艺丛书)

J0167963
泉州傀儡艺术概述　黄少龙著; 泉州地方戏曲研究社编
北京 中国戏剧出版社 1996年 274页 有彩图
20cm(32开) ISBN: 7-104-00799-7
定价: CNY20.00

J0167964
儿童戏剧艺术的魅力　李涵著
北京 中国戏剧出版社 1997年 428页 有照片
20cm(32开) ISBN: 7-104-00844-6
定价: CNY21.80

本书收录"儿童剧断想"、"儿童剧理应出现高水准的作品"、"儿童情趣浓郁的科学幻想剧: 评《神帽》"、"任德辉二三事"、"她擅长扮演幼年儿童"、"令人难忘的小女孩: 沈洁"、"在逆境中

奋进的丁建华”等文章。作者李涵(1954—),画家、戏剧评论家。江苏苏州人。中国福利会儿童艺术剧院副院长,《儿童剧》杂志主编,中国儿童戏剧研究会常务理事。著有《儿童戏剧艺术的魅力》。

J0167965
福建寿宁四平傀儡戏奶娘传 吴乃宇记述;叶明生校订
台北 财团法人施合郑民俗文化基金会 1997年 278页 有照片 21cm(32开) 精装
ISBN: 957-8384-01-7 定价: TWD390.00
(民俗曲艺丛书)

J0167966
布袋戏 (李天禄艺师) 郭端镇著
台北 1998年 299页 有照片 37cm(8开) 精装
ISBN: 957-02-1071-0 定价: TWD2800.00
(重要民族艺术艺师生命史 4)

J0167967
明杂剧研究 徐子方著
台北 文津出版社 1998年 641页 21cm(32开)
ISBN: 957-668-478-1 定价: TWD480.00
(文史哲大系 123)

J0167968
台湾的皮影戏 邱一峰著
台北 汉光文化事业公司 1998年 128页 有照片 18cm(小32开) ISBN: 957-629-314-6
定价: TWD180.00
(传统艺术丛书 8)

J0167969
六合三侠 谢非得, 江美琦, 蔡家珍文字撰写
台北 远流出版事业股份有限公司 1999年 25页 有图 21cm(32开) 精装 ISBN: 957-32-3763-6
定价: TWD699.00, HKD160.00

J0167970
明杂剧概论 曾永义著
台北 学海出版社 1999年 2版 修订本 622页 21cm(32开) ISBN: 957-614-149-4
定价: TWD600.00
(中国戏曲论著丛刊 第二辑)

J0167971
叶小钗正传 (非官方版) 黄强华原著; 庄雅婷编著
台北 霹雳新朝社 1999年 131页 有剧照 23cm(20开) ISBN: 957-667-449-2
定价: TWD200.00
(霹雳 People 3)

J0167972
云州大儒侠史艳文 谢非得, 江美琦, 蔡家珍文字撰写
台北 远流出版事业股份有限公司 1999年 222+25页 有图 21cm(32开) 精装
ISBN: 957-32-3763-6
定价: TWD699.00, HKD160.00
(史艳文舞台 2)

J0167973
中国影戏与民俗 汪玉祥著
台北 淑馨出版社 1999年 437页 有图 21×22cm 精装 ISBN: 957-531-638-X
定价: TWD480.00
(吾土吾民文物丛书 16)

中国杂技艺术

J0167974
弹棋经 (一卷)(晋)徐广撰
李际期宛委山堂 清初 刻本 重修 线装
(说郛)

明末刻清初李际期宛委山堂重修汇印本。收于《说郛》卷第一百二中。

J0167975
弹棋经 (一卷)(晋)徐广撰
清顺治 刻本 线装
(说郛)

收于《说郛》卷第一百二中。

J0167976
菊社约 (清)狄亿撰
清 刻本 重修 线装
(檀几丛书)

收于《檀几丛书》馀集卷上中。

J0167977
迷藏一哂 （不分卷）□□辑
清 抄本

J0167978
五白新声
清 刻本 线装
（奚囊续要）
九行十八字白口四周单边。收于《奚囊续要》谱录中。

J0167979
新刻秘传神巧戏法 （清）佚名编
清 刻本 线装
八行十八字白口四周单边单鱼尾。

J0167980
新刻新传神巧戏法 （不分卷）□□辑
清 刻本

J0167981
快活三谱 （一卷）
清康熙 刻本 线装
（一夕话二刻）
分二册。九行二十四字白口四周单边。

J0167982
口技记 （清）东轩主人撰
清嘉庆七年［1802］刻本 线装
（虞初续志）
九行二十字白口四周双边单鱼尾。收于《虞初续志》卷七中。

J0167983
桐阶副墨 （清）黎遂求撰
扫叶山房 清末至民国初 石印本 线装
（广虞初新志）
十六行三十六字白口四周双边单鱼尾。收于《广虞初新志》卷之四十中。

J0167984
弹球术 （清）斋亭主人译
清光绪 石印本 有图 线装

J0167985
弹球术 斋亭主人编译
斋亭主人 民国初 石印本 有图 线装

J0167986
古香图谱 （清）丁澐摹
丁氏 清光绪五年［1879］刻本 有图 线装
分四册。四周单边单鱼尾。

J0167987
游戏三昧 （八卷，卷首一卷）（清）佚名撰
上海王氏 清光绪十二年［1886］刻本 线装
分六册。六行十三字黑口左右双边单鱼尾。

J0167988
鹅幻汇编 （十二卷）（清）唐再丰撰
清光绪十五年［1889］石印本
本书为幻术（魔术）著作。光绪12年（1886）编著成书。作者以毕生精力记录我国古典幻术和当时流行的戏法节目320余套，并进行分类研究，使之系统化。他将节目分为：手法门（手彩）、丝法门（物体移位类）、药法门（类似化学幻术）、符法门（画符念咒）等。是清代以前流行的中国戏法的总结。

J0167989
鹅幻汇编 （十二卷）（清）唐再丰撰
清光绪十九年［1893］石印本
本书由《鹅幻汇编十二卷》《中东戏法不分卷》（清）唐再丰撰合订。

J0167990
鹅幻汇编 （十二卷）（清）唐再丰撰
春观澜阁书局 清光绪三十一年［1905］石印本

J0167991
鹅幻汇编 （十二卷）（清）唐再丰撰
上海书局 清光绪三十二年［1906］石印本

J0167992
有益游戏图说 （清）刘云龙绘图；（清）田吴炤译说
清光绪三十年［1904］刻本 朱印 有图 线装
九行二十四字朱口四周双边单鱼尾。

J0167993
游戏的理论与实际 艾国炎撰
民国 稿本 线装

J0167994
魔术大观 顾鸣盛编辑
上海 文明书局 1916年 206页 有图
22cm(20开) 定价:洋六角
本书内分上下卷。上卷包括:光学之魔术、化学及电气学之魔术、力技之魔术等;下卷包括:舞台及演坛之魔术、纸牌之魔术、银钱之魔术等。共14编,163种。由文明书局和中华书局联合出版。

J0167995
戏法大观 文艺编译社编
上海 文艺编译社 1916年 石印本
4册(46;76;82;60页) 有图 15cm(40开)
环筒页装
本书收录幻术350种。

J0167996
戏法大观 文艺编译社编辑
上海 文艺编译社 1922年 6版 4册 有图
15cm(40开) 定价:洋四角

J0167997
戏法大观 文艺编译社编
上海 文艺编译社 1928年 8版 石印本
4册(46;76;82;60页) 有图 15cm(40开)
环筒页装

J0167998
新魔术 文明书局编
上海 文明书局 1918年[110页 有图 18cm(15开)
本书收录魔术80余种。由文明书局和中华书局联合出版。

J0167999
新魔术 文明书局编
上海 文明书局 1929年 8版 [110]页
有图 18cm(15开)
本书由文明书局和中华书局联合出版。

J0168000
新魔术 文明书局编
上海 文明书局 1937年 10版 [110]页
有图 18cm(15开)
本书由文明书局和中华书局联合出版。

J0168001
幻术讲义 (三编)吴恩淇编
苏州 幻术研究社 1920年 44页 15cm(40开)
本书包括:奇异之指、墨水变果、纸牌神眼等12种幻术。

J0168002
幻术说明书 吴恩淇编著
苏州 万国魔术会附设幻术研究社 [1921年]
44页 有图 18cm(15开)
本书收录幻术200个。

J0168003
游艺旬刊 (一至十七期)马白纳等编
北京 民国十至十一年[1921—1922]石印本
有图 线装

J0168004
绝妙集 杨春农辑
民国十一年[1922]石印本 线装

J0168005
汉画所见游戏考 赵邦彦著
北平 国立中央研究院历史语言研究所 1933年
525-538页 有图 26cm(16开)

J0168006
家庭幻术 俞雍衡著
上海 黎民书局 1933年 105页 有图
17cm(40开) 定价:三角
(黎明小丛书)

J0168007
儿童小幻术 傅德雍编
上海 现代书局 1934年 78页 19cm(32开)
(现代儿童丛书)
本书是关于魔术的儿童读物,收录小魔术30套。

J0168008
戏法秘传 范缪，金吉云编
上海 中央书店 民国二十四年［1935］3版
76页 有图 18cm（32开）定价：六角
本书收录魔术36种。

J0168009
戏法秘传 范缪，金吉云编
上海 中央书店 1937年 76页 有图 18cm（32开）

J0168010
科学魔术 萧一萍编
上海 经纬书局［1937年］62页 15cm（40开）

J0168011
魔术戏法精华 （第1、2集）萧灵君编
上海 经纬书局［1937年］2册（62；68页）有图
15cm（40开）
（经纬百科丛书）
本书收录家庭、舞台表演的魔术46套，东方魔术98套。

J0168012
科学魔术 王常编
桂林 中国科学图书仪器公司 1942年 桂2版
84页 有图 18cm（15开）定价：四元八角
（中国科学社科学画报小丛书）
本书收录魔术59种。

J0168013
科学魔术 王常辑
上海 中国科学图书仪器公司 1951年 5版
84页 18cm（15开）定价：旧币4,000元
（中国科学社科学画报丛书）

J0168014
家庭魔术二六九种 朱纹编著
上海 群学书店 1946年 160页 18cm（15开）
本书包括：经验术、万能术、新秘戏、神仙诀4篇，收魔术269种。

J0168015
儿童科学把戏 鞠孝铭著
正中书局 1947年 沪1版 71页 有图
19cm（32开）定价：国币一元六角
本书收录戏法28则。

J0168016
反特洋片 （杂耍集）刚鉴等撰；刘馗作画；行星作曲
沈阳 东北新华书店辽东分店 1949年 47页
15cm（40开）

J0168017
军民同乐 （杂耍）陈戈撰
［天津］渤海军区政治部宣教部 1949年 15页
9×13cm

J0168018
科学消遣 姜长英编
上海 中国科学图书仪器公司 1949年 146页
18cm（15开）定价：150

J0168019
胜利之下莫骄傲 （杂耍）林待茂撰
［天津］渤海军区政治部宣教部 1949年 10页
10×13cm

J0168020
耍狗熊 （杂耍）张杨撰
［天津］渤海军区政治部宣教部 1949年 17页
9×13cm

J0168021
简易戏法图说 罗影编著
上海 国光书店 1951年 2版 66页 有图
18cm（15开）

J0168022
文娱幻术 （一集）傅天奇，熊大绂编绘
上海 国光书店 1952年 88页 有图 18cm（32开）
定价：旧币3,500元

J0168023
文娱幻术 （二集）傅天奇，熊大绂编绘
上海 国光书店 1953年 88页 有图 18cm（32开）
定价：旧币3,000元

J0168024
文娱幻术 （三集）傅天奇，熊大绂编绘

上海 国光书店 1953年 90页 有图 18cm（32开）
定价：旧币3,000元

J0168025
文娱幻术 （四集）傅天奇，熊大绂编绘
上海 国光书店 1954年 90页 有图 18cm（32开）
定价：旧币3,000元

J0168026
文娱幻术 （五集）傅天奇，熊大绂编绘
上海 国光书店 1954年 90页 有图 18cm（32开）
定价：旧币3,000元

J0168027
文娱幻术 （六集）傅天奇，熊大绂编绘
上海 国光书店 1955年 90页 有图 18cm（32开）
定价：旧币3,000元

J0168028
文娱幻术 （七集）傅天奇，熊大绂编绘
上海 国光书店 1955年 90页 有图 18cm（32开）
定价：旧币3,000元

J0168029
文娱幻术 （八集）傅天奇，熊大绂编绘
上海 国光书店 1955年 90页 有图 18cm（32开）
定价：旧币3,000元

J0168030
魔术 张慧冲著
上海 天下书报社 1953年 192页 有照片
18cm（15开）定价：旧币10,000元

J0168031
魔术 （第二集）张慧冲著
上海 天下书报社 1954年 80页 有图
18cm（15开）定价：旧币5,000元

J0168032
魔术 张慧冲撰
上海 天下书报社 1954年 2版 192页
18cm（15开）精装 定价：旧币12, 000元

J0168033
小幻术 傅天奇，熊大绂编绘
上海 国光书店 1953年 90页 有图 18cm（32开）
定价：旧币3,200元

J0168034
新魔术 严次平编著
上海 工农兵读物出版社 1954年 96页
15cm（40开）定价：旧币3,000元
（工农兵文娱丛书）

J0168035
新奇幻术 王惠周著
上海 天下书报社 1954年 62页 18cm（32开）
定价：旧币3,000元

J0168036
中国民间戏法 傅天正编辑
上海 国光书店 1954年 定价：CNY0.45

J0168037
幻术 张慧冲编
上海 上海文化出版社 1955年 88页 15cm（40开）
定价：CNY0.18

J0168038
幻术短剧 雄大绂，傅天奇编著
上海 国光书店 1955年 92页 19cm（32开）
定价：CNY0.35

J0168039
群众幻术 傅天正编著；傅天奇绘图
上海 上海文化出版社 1955年 123页
15cm（40开）定价：CNY0.26

J0168040
杂技艺术的花朵 张梦庚著；北京市文联创作委员会辑
北京 大众出版社 1956年 50页 有图
18cm（15开）统一书号：8071.4 定价：CNY0.27
（北京文艺丛书）

J0168041
宝盒 （魔术短剧）熊熊著
上海 上海文化出版社 1957年 定价：CNY0.16

J0168042
大众魔术　李明俊编著
福州 福建人民出版社 1957年 46页 18cm(15开)
统一书号: T7104.31 定价: CNY0.14

J0168043
简易扑克魔术　纪维周等编
上海 上海文化出版社 1957年 36页 15cm(40开)
统一书号: T7077.92 定价: CNY0.07

J0168044
马戏团的秘密　木可著; 罗盘绘图
上海 少年儿童出版社 1957年 99页
19cm(32开) 统一书号: R10024.1700
定价: CNY0.28
作者罗盘(1927—2005), 连环画家。原名罗孝芊, 出生于上海市, 福建闽侯人。代表作品《草上飞》《战上海》。

J0168045
奇妙的魔术　凌凛, 耕心编
南京 江苏人民出版社 1957年 44页 18cm(15开)
统一书号: R7100.408 定价: CNY0.13

J0168046
十二个小戏法　郝宗耀编; 郑文慧绘图
北京 中国少年儿童出版社 1957年 27页
18cm(32开) 统一书号: R7056.8 定价: CNY0.08

J0168047
小魔术　傅天奇编
上海 少年儿童出版社 1957年 28页 18cm(32开)
统一书号: R7024.111 定价: CNY0.11

J0168048
小戏法　傅天奇, 柴亚耕编
上海 上海文化出版社 1957年 55页 15cm(40开)
统一书号: T7077.94 定价: CNY0.10

J0168049
宝盒　(魔术短剑) 熊熊著
上海 上海文化出版社 1958年 76页 18cm(15开)
统一书号: 7077.114 定价: CNY0.16

J0168050
简易魔术表演　(第一本) 程德谟, 纪维周编
南京 江苏人民出版社 1958年 78页 15cm(40开)
统一书号: T7100.419 定价: CNY0.12

J0168051
简易魔术表演　(第二本 火柴魔术) 纪维周等编
南京 江苏人民出版社 1958年 50页 17cm(40开)
统一书号: T7100.510 定价: CNY0.09

J0168052
简易魔术表演　(第三本) 纪维周, 程德谟编
南京 江苏人民出版社 1959年 55页 17cm(40开)
统一书号: T7100.807 定价: CNY0.12

J0168053
仙人栽豆与九连环　傅天正, 傅天奇编著
上海 上海文化出版社 1958年 100页
20cm(32开) 统一书号: 7077.135
定价: CNY0.40

J0168054
小戏法
[北京] 通俗读物出版社 [1958年] 18页
19cm(32开)
(文娱活动丛书)

J0168055
杂技艺术集锦　维云, 卣绂编著
上海 上海文化出版社 1958年 103页
20cm(32开) 统一书号: 7077.147 定价: CNY0.42

J0168056
陕西民间芯子　(摄影小画片) 汪子栋摄
西安 长安美术出版社 1959年 1套(7幅)
26cm(16开) 统一书号: 8094.215
定价: CNY0.24

J0168057
戏法人人会变　傅天奇编著
北京 中国少年儿童出版社 1959年 34页
18cm(32开) 统一书号: R7056.21
定价: CNY0.12

J0168058
小幻术 刘臣虹编著
西安 长安书店 1959年 89页 19cm(32开)
统一书号: T10095.510 定价: CNY0.27

J0168059
中国杂技艺术 上海文艺出版社编
上海 上海文艺出版社 1959年 106页 有照片
26cm(16开) 统一书号: 8078.1045
定价: CNY3.10, CNY4.30(精装)

本书第一、二部分可看作中华人民共和国成立前后中国杂技的简史，为"中国杂技艺术源远流长"和"蓬勃发展的新中国杂技"；第三部分为"著名的杂技表演艺术家"对古彩戏法表演艺术家杨小亭、口技表演艺术家孙泰、顶琬表演艺术家夏菊花、小武术表演艺术家成氏五兄妹的艺术造诣作了介绍。第四部分"绚丽多彩的杂技之花"则是对当时杂技舞台上表演的《舞狮子》等34个节目的简介。

J0168060
中国杂技艺术 (乙种本)上海杂技团编
上海 上海文艺出版社 1980年 2版 165页
25cm(小16开) 统一书号: 8078.1045
定价: CNY14.00

J0168061
新幻术 (工具书)陈曾安, 邵志礼编绘
西安 长安书店 1960年 57页 有图 19cm(32开)
统一书号: T10095.676 定价: CNY0.17

魔术工具书。

J0168062
中国魔术 傅天奇, 柴亚耕编
上海 少年儿童出版社 1960年 重印本 32页
有图 18cm(15开) 统一书号: R10024.2029
定价: CNY0.16

J0168063
骗总爷 (四川口技)罗俊林等整理
成都 四川人民出版社 1961年 37页 14cm(64开)
统一书号: T10118.588 定价: CNY0.07

J0168064
小魔术 (哈萨克文)傅天奇编; 新疆青年出版社翻译
乌鲁木齐 新疆青年出版社 1961年 43页
有图 19cm(32开) 统一书号: MR7124.56
定价: CNY0.12

J0168065
(新编)大众魔术 (第一辑)张奋, 盛沛亨编
福州 福建人民出版社 1963年 40页
19cm(32开) 统一书号: T7104.245
定价: CNY0.14

J0168066
魔术 华特生编著
南昌 江西人民出版社 1963年 68页 19cm(32开)
统一书号: T8110.265 定价: CNY0.20

J0168067
小魔术 傅天奇编著
上海 上海文化出版社 1965年 320页
19cm(32开) 统一书号: 7077.177
定价: CNY0.88

J0168068
小魔术 傅天奇编著
上海 上海文化出版社 1982年 179页
19cm(32开) 统一书号: 7077.177 定价: CNY0.48

J0168069
中国民间戏法 傅天正编著
香港 艺美图书公司 1971年 149页 有图
19cm(32开) 定价: HKD2.50

J0168070
广州杂技团访问澳大利亚 (编号1706)新华社记者摄
[北京] 1973年 3幅 12×15cm 定价: CNY3.00

J0168071
沈阳杂技 (彩色图片)万景新摄影
沈阳 辽宁人民出版社 1973年 15cm(40开)
统一书号: 8090·337 定价: CNY0.52

J0168072
中国古今民间百戏 黄华节著
台北 商务印书馆 1979年 再版 179页

18cm(15 开) 定价: TWD14.00
(人人文库 383)

J0168073
小魔术　陈容光编; 施嘉彬, 徐征野插图
福州 福建人民出版社 1980 年 85 页 19cm(32 开)
统一书号: 8173.291 定价: CNY0.22

J0168074
小魔术　杨畅编
石家庄 河北人民出版社 1980 年 78 页
19cm(32 开) 统一书号: 8086.1185
定价: CNY0.20

J0168075
新编小魔术　陈容光著
福州 福建人民出版社 1981 年 111 页 有插图
19cm(32 开) 统一书号: 8173.382
定价: CNY0.29

J0168076
杂技训练基础知识　孔令仪编著
沈阳 春风文艺出版社 1981 年 334 页
19cm(32 开) 统一书号: 10158.585
定价: CNY0.74

J0168077
中国魔术　曾国珍, 杨晓歌著
天津 天津科学技术出版社 1981 年 262 页
有照片 21cm(32 开) 统一书号: 8212.1
定价: CNY1.15

J0168078
中国魔术　曾国珍, 杨晓歌著
天津 天津科学技术出版社 1981 年 262 页
21cm(32 开) 精装 定价: CNY2.00

本书对曾国珍创新节目做了分类简介, 包括总论、中国古代戏法、中国现代魔术、近百年来中国部分魔术演员简介、精彩小魔术剖析 50 例等部分。

J0168079
中国杂技　(画册) 孙永学编辑
北京 外文出版社 1981 年 145 页 37cm(8 开)
精装

J0168080
中国杂技　(画册) 王正保编
北京 外文出版社 1982 年 107 页 24cm(26 开)

J0168081
大众魔术　陈容光著
长沙 湖南人民出版社 1982 年 162 页
19cm(32 开) 统一书号: 8109.1339
定价: CNY0.38

本书介绍了群众喜爱的魔术 100 套, 除有详细的文字说明外, 还有分析图解。

J0168082
大众魔术　(续集) 陈容光著
长沙 湖南文艺出版社 1986 年 119 页
19cm(32 开) 统一书号: 8456.6 定价: CNY0.66

J0168083
大众魔术续集　陈容光著
长沙 湖南文艺出版社 1986 年 新 1 版 119 页
有图 19cm(32 开) 定价: CNY0.84

J0168084
化学小魔术　李殿阁编
哈尔滨 黑龙江科学技术出版社 1982 年 89 页
19cm(32 开) 统一书号: 13217.042
定价: CNY0.30

J0168085
魔术　汪安行编著
杭州 浙江人民出版社 1982 年 90 页
19cm(32 开) 统一书号: 8103.526
定价: CNY0.24
(农村文库·农村文化活动丛书)

J0168086
魔术集锦　孙师敬编
福州 福建人民出版社 1982 年 185 页
19cm(32 开) 统一书号: 7173.530 定价: CNY0.45

J0168087
魔术之谜　王从俊著
哈尔滨 黑龙江人民出版社 1982 年 124 页
19cm(32 开) 统一书号: R7093.696
定价: CNY0.31

（小学生文库）

J0168088
魔术之谜 王从俊编著
哈尔滨 黑龙江少年儿童出版社 1982年 105页
19cm（32开）定价：CNY0.25
（小学生文库）
本书讲述了魔术表演的特色和其中的科学道理，共有31个魔术表演的节目。

J0168089
数学魔术 凌启渝著
成都 四川少年儿童出版社 1982年 79页
19cm（32开）统一书号：R10247.72
定价：CNY0.22

J0168090
学生小魔术 王占山编
天津 天津科学技术出版社 1982年 61页
19cm（32开）统一书号：8212.3 定价：CNY0.21

J0168091
怎样变魔术 杨振华，万鹰编
北京 中国戏剧出版社 1982年 71页 19cm（32开）
统一书号：8069.171 定价：CNY0.18
本书包括：戏法儿与魔术的由来、戏法与魔术的区别、助手的作用、怎样制造道具、怎样摆列道具和利用彩桌、魔术五十例、中国戏法儿五例和简介几种新魔术。

J0168092
中国杂技艺术 王正保编
北京 外文出版社 1982年 107页 22cm（30开）
定价：CNY6.40

J0168093
变戏法 林宏，林随喜编
西安 陕西人民出版社 1983年 85页
19cm（32开）统一书号：7094.348
定价：CNY0.20
（农村文化生活丛书）
本书是杂技艺术的一个分支，也称魔术，本书共收有46个魔术节目。

J0168094
化学晚会 承杰编
郑州 河南人民出版社 1983年 156页
19cm（小32开）定价：CNY0.45
本书是根据中学化学中常见的化学变化、化学现象编排的，再用引人入胜的文艺形式表演出来，寓知识于娱乐之中。

J0168095
精彩魔术选 朱腾云等编写
南昌 江西人民出版社 1983年 125页
19cm（32开）统一书号：7110.440 定价：CNY0.42

J0168096
科学小魔术 胡永昌编译
南京 江苏人民出版社 1983年 67页
19cm（32开）统一书号：R7100.248
定价：CNY0.23

J0168097
中国杂技 傅腾龙，傅起凤著
天津 天津科学技术出版社 1983年 231页
有照片 21cm（32开）统一书号：8212.11
定价：CNY1.60，CNY2.70（精装）
作者傅腾龙（1943— ），当代魔术表演艺术家、杂技魔术理论家。重庆人。出生于魔术世家。集表演、设计、理论研究于一身。中国杂技艺术家协会理事，上海杂协理事，中国魔术艺术委员会副会长。创作了《书画幻术》《心灵感应》《高空水遁》等精品幻术节目。编著出版《中国魔术》《中国杂技史》等。

J0168098
家庭小魔术 陈容光著
杭州 浙江人民出版社 1984年 126页
19cm（32开）统一书号：7103.1290
定价：CNY0.33
本书共收小型魔术100套。

J0168099
家庭小魔术 陈容光著
杭州 浙江人民出版社 1986年 2版 修订本
196页 19cm（32开）统一书号：7103.1290
定价：CNY0.75

J0168100
魔术、催眠术　程羲编著
台北 星光出版社 1984年 243页 19cm(32开)
(双子星丛书 273)

J0168101
魔术入门　傅和鸣，陈真编著
天津 天津科学技术出版社 1984年 454页
21cm(32开) 统一书号：8212.15 定价：CNY2.50
本书介绍了中国魔术的历史，魔术中的科学，魔术道具的制作，以及表演、编排、风格、术语等有关魔术的基本知识。作者傅和鸣，北京市杂技艺术家协会会员。

J0168102
小朋友学魔术　王占山编著
重庆 重庆出版社 1984年 59页 有图
19cm(32开) 统一书号：R7114.147
定价：CNY0.18

J0168103
中国魔术变法　万子信口述；胡秉俊整理
兰州 甘肃人民出版社 1984年 232页
21cm(32开) 统一书号：8096.968 定价：CNY0.81
本书共选辑古今大中小型魔术节目140多个(套)，是老魔术师万子信同志60多年表演实践的总结。

J0168104
大众戏法　赵世奎，冯玉堂编著
北京 中国文联出版公司 1985年 68页
19cm(32开) 统一书号：8355.349
定价：CNY0.45

J0168105
顶技　(摄影 1986年农历丙寅年年历) 杨永明摄影
郑州 河南美术出版社 1985年 1张 54cm(4开)
定价：CNY0.23
作者杨永明，云南保山人。曾任德宏州摄影家协会理事、中国橡树摄影网会员。主要作品有《传授》《泼水欢歌》《春眠不觉晓》《相聚喊沙》等。

J0168106
扑克魔术100例　沈雷著
北京 中国文联出版公司 1985年 204页
18cm(15开) 统一书号：8355.248
定价：CNY2.25

J0168107
新魔术　陈容光编著
福州 福建少年儿童出版社 1985年 111页
19cm(32开) 统一书号：7367.32 定价：CNY0.55
本书介绍了50套魔术。有大、中、小三型，同时对每套魔术的原理和表演方法都作了详细的解释，并附有插图说明。作者陈容光，杭州市戏剧家协会会员，国际书画学会会员。

J0168108
中国百戏史话　叶大兵编写
杭州 浙江人民出版社 1985年 168页
19cm(32开) 统一书号：10103.383
定价：CNY0.68
本书内容包括："原始杂技、乐舞萌芽"、"夏代的'乐舞'和'奇伟之戏'"、"周代的'散乐'和'讲武'"、"春秋战国时的杂技和巫舞"、"秦代的'角抵俳优之戏'"、"汉代的'百戏'"、"魏晋时代的'百戏'"、"南北朝的'百戏'"、"隋代的'百戏'"、"唐代的'散乐'"、"宋、元时的'百戏'"、"明代的杂技'百戏'"、"清代的'百戏'"。书前《长安——中国"百戏"的摇篮(代序)》。

J0168109
科学魔术图解　经宝恕编绘
北京 气象出版社 1986年 92页 19cm(32开)
统一书号：13194.0325 定价：CNY0.59
(从小学起智力竞赛丛书)

J0168110
魔术万花筒　傅腾龙，徐秋编著
合肥 安徽文艺出版社 1986年 293页
19cm(32开) 统一书号：8378.17 定价：CNY1.50
作者傅腾龙(1943—　)，当代魔术表演艺术家、杂技魔术理论家。重庆人。出生于魔术世家。集表演、设计、理论研究于一身。中国杂技艺术家协会理事、上海杂协理事、中国魔术艺术委员会副会长。创作了《书画幻术》《心灵感应》《高空水遁》等精品幻术节目。编著出版《中国魔术》

《中国杂技史》等。

J0168111
彩色魔术卡片 （一）莫少仙等编
上海 上海科学普及出版社 1987年 8张
13cm（60开）定价：CNY1.00

J0168112
彩色魔术卡片 （二）莫少仙等编
上海 上海科学普及出版社 1987年 8张
13cm（60开）定价：CNY0.90

J0168113
魔术百变 孙师敬编著
福州 福建少年儿童出版社 1987年 251页
19cm（32开）ISBN：7-5395-0092-1
定价：CNY1.40

J0168114
魔术集锦 陈容光著
兰州 甘肃人民出版社 1987年 167页
19cm（32开）统一书号：8096.1229
定价：CNY0.85
（欢天喜地丛书）

J0168115
扑克牌魔术 傅和鸣编著
西安 陕西科学技术出版社 1987年 450页
19cm（32开）统一书号：17202.36
定价：CNY3.40

本书介绍魔术基本技巧、技法及200余种不同类型的节目，且每种节目均配有技巧分解图。作者傅和鸣，北京市杂技艺术家协会会员。

J0168116
吴桥——中国的杂技之乡 （英汉对照）武润玺，徐亚平编写；夏文义译
石家庄 河北教育出版社 1987年 60页
有彩照 19cm（32开）统一书号：17509.17
定价：CNY0.76
（中国河北对外文化交流丛书）

J0168117
杂技纵横谈 中国杂技艺术家协会山西分会编
［太原］1987年 2册（318；328页）21cm（32开）

J0168118
儿童魔术大观 暖流编
福州 福建人民出版社 1988年 162页
19cm（32开）ISBN：7-211-00414-2
定价：CNY1.10

J0168119
钱币魔术 陈容光著
南京 江苏人民出版社 1988年 127页
19cm（32开）ISBN：7-214-00123-3
定价：CNY1.15

J0168120
趣味扑克牌魔术 李诚元编
兰州 甘肃少年儿童出版社 1988年 62页
19cm（32开）ISBN：7-5422-0055-0
定价：CNY0.46

J0168121
少年魔术师 徐秋著
上海 少年儿童出版社 1988年 199页
19cm（32开）ISBN：7-5324-0043-3
定价：CNY1.10

J0168122
神秘魔术不神秘 陈斌编著
香港 国泰出版社 1988年 201页 21cm（32开）
定价：HKD28.00

J0168123
世界魔术大观 王慧真编
台南 综合出版社 1988年 231页 有图
21cm（32开）

J0168124
手帕魔术集锦 陈容光著
长沙 湖南文艺出版社 1988年 262页
有照片及图 19cm（32开）ISBN：7-5404-0238-5
定价：CNY1.60

J0168125
小戏法 冯玉堂，王华芳编著
北京 宝文堂书店 1988年 98页 19cm（小32开）
定价：CNY0.85
（文化生活丛书）

J0168126
延安时期的杂技艺术　李志涓撰
西安 陕西省文化厅地方志办公室 1988年 252页 有图 20cm(32开)

J0168127
杂技美学论文集
[天津]中国杂技艺术家协会 1988年 231页 有图 18cm(15开) 定价:CNY3.50

J0168128
中国的魔术　傅腾龙,徐秋编著
北京 人民出版社 1988年 193页 有图 19cm(小32开) ISBN:7-01-000059-X 定价:CNY1.60
(祖国丛书)

J0168129
百戏奇观　聂传学著
北京 文化艺术出版社 1989年 261页 19cm(32开) ISBN:7-5039-0361-9 定价:CNY3.30
(文化生活丛书)

J0168130
家庭实用魔术　田源等编著
北京 科学技术文献出版社 1989年 267页 19cm(32开) ISBN:7-5023-1200-5 定价:CNY3.75
(《乐在其中》系列书)

J0168131
精彩魔术100套　傅腾龙,经宝恕编著
长沙 湖南少年儿童出版社 1989年 176页 16cm(25开) ISBN:7-5358-0502-7 定价:CNY2.80
(少年课外活动丛书)

J0168132
魔法小天地　香港《智力世界》杂志社编辑
天津 新蕾出版社 1989年 96页 有图 19cm(32开) ISBN:7-5307-0494-X 定价:CNY1.45
(智力世界小丛书)

J0168133
魔幻世界　吴苏雄编著
北京 知识出版社 1989年 97页 19cm(小32开) ISBN:7-5015-0285-4 定价:CNY1.60

J0168134
魔术大观园　《杂技与魔术》编辑部编辑
北京 中国文联出版公司 1989年 188页 19cm(32开) ISBN:7-5059-1017-5 定价:CNY2.50

J0168135
魔术大篷车　陈容光著
杭州 浙江人民出版社 1989年 314页 20cm(32开) ISBN:7-213-00322-4 定价:CNY3.10

J0168136
趣味小魔术　王占山编著
石家庄 河北教育出版社 1989年 83页 有图 19cm(32开) ISBN:7-5434-0250-5 定价:CNY1.00

J0168137
少年科学魔术　宋建华等编绘
大连 大连出版社 1989年 251页 有图 19cm(32开) ISBN:7-80555-179-0 定价:CNY3.28

J0168138
西洋魔术　陈钰鹏编译
上海 上海科学技术出版社 1989年 187页 19cm(32开) ISBN:7-5323-1174-0 定价:CNY2.35

J0168139
现代魔术大观　杨少山主编
石家庄 河北科学技术出版社 1989年 399页 有图 20cm(32开) ISBN:7-5375-0194-7 定价:CNY5.50

本书共5部分:心理魔术、手彩魔术、纸牌魔术、化学魔术、大型幻术等。

J0168140
小魔术　赵治平,孙镜屏编著

北京 北京少年儿童出版社 1989年 99页
19cm(32开) ISBN: 7-5301-0123-4
定价: CNY1.30
(小学生俱乐部)

J0168141
杂技美的探寻 唐莹著
天津 天津科学技术出版社 1989年 185页
有剧照 19cm(32开) ISBN: 7-5308-0489-8
定价: CNY2.40

J0168142
中国杂技精粹 (国际比赛获奖节目 摄影集)
傅起凤, 严秋白撰文; 王正保等摄影
北京 外文出版社 1989年 112页 25×22cm
ISBN: 7-119-00758-0

J0168143
中国杂技史 傅起凤, 傅腾龙著
上海 上海人民出版社 1989年 340页 有彩图
20cm(32开) ISBN: 7-208-00351-3
定价: CNY11.15, CNY15.55 (精装)
(中国文化史丛书)

本书共8章: 杂技起源; 杂技雏形的出现; 百戏的形成; 百戏杂技向纵深发展; 宫廷杂技盛极而衰; 都会杂技的繁荣; 沦落江湖与现代杂技的萌芽; 现代杂技艺术的崛起。上溯原始杂技的出现, 下探80年代杂技艺术的崛起, 对2000多年来中国杂技的兴衰有全面勾画。书首图片近百幅, 展示杂技艺术的时代风貌。

J0168144
大众魔术 王玉萍等编译
西安 未来出版社 1990年 127页 有图
19cm(32开) ISBN: 7-5417-0312-5
定价: CNY1.50

J0168145
儿童魔术 王占山编
南宁 接力出版社 1990年 130页 有图
19cm(32开) ISBN: 7-80581-084-2
定价: CNY1.20

J0168146
儿童魔术 王占山编
南宁 接力出版社 1995年 96页 有插图
19cm(小32开) ISBN: 7-80581-891-6
定价: CNY160.00 (全套)
(小学生图书精品库 41)

J0168147
鲁豫冀苏皖民间杂技马戏艺术研讨会文集 兰天主编; 安徽省文化厅, 安徽省杂技协会编
合肥 安徽省文化厅 1990年 120页 有图
19cm(32开)

J0168148
魔手 (民间戏法) 秦王克主编; 山东省杂技艺术家协会编
济南 山东友谊书社 1990年 275页 有图
19cm(32开) ISBN: 7-80551-385-6
定价: CNY4.35

本书对每种魔术的表演现象及秘密都作了极为详细的剖析。并配有大量幽默生动的插图。外文书名: Magic Hands.

J0168149
魔术·戏法 沈小林编译
北京 海洋出版社 1990年 126页 13cm(60开)
ISBN: 7-5027-0951-7 定价: CNY1.20

J0168150
魔术奥秘200例 程德谟等编著
南京 江苏科学技术出版社 1990年 337页
19cm(32开) ISBN: 7-5345-1071-6
定价: CNY4.10

J0168151
魔绣 白天佑著
北京 教育科学出版社 1990年 32页
19cm(小32开) 定价: CNY1.50
(魔幻丛书)

作者白天佑(1933—), 中央教育科学研究所副教授。出生于河北磁县。曾留学苏联。中国早教传媒网特约专家、中央教育科学研究所研究员。

J0168152
扑克魔术 (日)高木重朗著; 贾继译
北京 华夏出版社 1990年 159页 19cm(32开)

ISBN：7-80053-833-8 定价：CNY3.80

J0168153
扑克魔术 100 例　文丛编著
北京 农村读物出版社 1990 年 254 页
19cm（32 开）ISBN：7-5048-1328-1
定价：CNY6.30

J0168154
少年科学杂技 100 例　傅腾龙，经宝恕编著
北京 中国少年儿童出版社 1990 年 222 页
19cm（32 开）ISBN：7-5007-0930-7
定价：CNY2.40

本书介绍了近百个短小有趣的杂技节目和表演方法。作者傅腾龙（1943— ），当代魔术表演艺术家、杂技魔术理论家。重庆人。出生于魔术世家。集表演、设计、理论研究于一身。中国杂技艺术家协会理事、上海杂协理事、中国魔术艺术委员会副会长。创作了《书画幻术》《心灵感应》《高空水遁》等精品幻术节目。编著出版《中国魔术》《中国杂技史》等。

J0168155
西洋“迷你”魔术　（墨西哥）德阿尔门德拉斯著；刘京胜译
南宁 广西人民出版社 1990 年 128 页
19cm（32 开）ISBN：7-219-01495-3
定价：CNY2.30

J0168156
杂技艺术教程　丁树云，程伍伢编著
成都 成都出版社 1990 年 586 页 19cm（32 开）
ISBN：7-80575-082-3 定价：CNY7.80

本书有近 400 幅技术动作分解图，内容包括了人体素质、鼎功、筋斗、舞蹈基础等一般杂技基本功的训练内容，以及专项杂技节目的基本功的训练方法等。

J0168157
中国古典魔术　杨小毛，葛修瀚编译
南京 江苏文艺出版社 1990 年 222 页
19cm（小 32 开）精装 ISBN：7-5399-0157-8
定价：CNY2.95

J0168158
杂技：超常的艺术　唐莹著
北京 中国文联出版公司 1991 年 223 页 有剧照
19cm（小 32 开）ISBN：7-5059-1416-2
定价：CNY3.55

本书从美学的角度，揭示了杂技艺术中的秘密，以及杂技的起源、异彩纷呈的形式和未来的发展。本书实例丰富、文笔生动。

J0168159
中国古代杂技　刘荫柏著
北京 商务印书馆 1991 年 122 页 有插图
19cm（小 32 开）ISBN：7-100-01275-9
定价：CNY1.95
（中国文化史丛书）

J0168160
中国古代杂技　刘荫柏著
台北 商务印书馆 1993 年 148 页 有插图
19cm（小 32 开）ISBN：957-05-0803-5
定价：TWD140.00
（中国文化史知识丛书 27）

J0168161
中国古代杂技　刘荫柏［编著］
北京 商务印书馆 1997 年 188 页 有图
19cm（小 32 开）ISBN：7-100-02183-9
定价：CNY11.20
（中国文化史知识丛书）

J0168162
中国魔术 100 例　任端科，王玉珍编著
哈尔滨 黑龙江人民出版社 1991 年 120 页
19cm（小 32 开）ISBN：7-207-02033-3
定价：CNY4.90

J0168163
百戏图　殷登国著
台北 时报文化出版企业公司 1992 年 320 页
有图 21cm（32 开）ISBN：957-13-0409-3
定价：TWD280.00
（人间丛书 176）

J0168164
儿童智力魔术　金雯，罗捷编著

北京 中国旅游出版社 1992年 108页 有彩照
19cm(小32开) ISBN: 7-5032-0713-2
定价: CNY2.98

J0168165
魔术ABC (教你步入魔术之门) 钱超编
成都 四川科学技术出版社 1992年
2册(155; 153页) 有插图 19cm(小32开)
ISBN: 7-5364-2292-X 定价: CNY8.00

J0168166
魔术集锦 张顺保, 张礼魁编
郑州 河南人民出版社 1992年 210页
19cm(小32开) ISBN: 7-215-02007-X
定价: CNY3.35
作者张顺保, 河南离休干部, 中华武术气功团主办人、魔术师。

J0168167
扑克魔术99法 群华, 殿纯编著
沈阳 辽宁科学技术出版社 1992年 135页
19cm(小32开) ISBN: 7-5381-1378-9
定价: CNY2.70

J0168168
趣味小魔术88套 金志军等编著
南宁 广西民族出版社 1992年 232页
19cm(小32开) ISBN: 7-5363-1944-4
定价: CNY3.40
(小魔术系列丛书)

J0168169
线绳小魔术50套 金志军等编著
南宁 广西民族出版社 1992年 145页
19cm(小32开) ISBN: 7-5363-1944-4
定价: CNY2.30
(小魔术系列丛书)

J0168170
香烟火柴100变 (家庭小魔术) 陈容光著
杭州 浙江人民出版社 1992年 206页
19cm(小32开) ISBN: 7-213-00716-5
定价: CNY2.85

J0168171
有趣的小魔术 杨畅编著
北京 中国妇女出版社 1992年 124页
19cm(小32开) ISBN: 7-80016-702-X
定价: CNY2.00
本书共收集100套小魔术。

J0168172
杂技艺术论 吴克明主编
贵阳 贵州人民出版社 1992年 499页
20cm(32开) ISBN: 7-221-02698-X
定价: CNY7.00
本书选收60篇文章, 内容涉及杂技创新、表演、训练、杂技音乐、魔术、马戏等12部分。

J0168173
纸片小魔术50套 金志军等编著
南宁 广西民族出版社 1992年 167页
19cm(小32开) ISBN: 7-5363-1944-4
定价: CNY2.50
(小魔术系列丛书)

J0168174
中国古代杂技 郎延芝, 罗青著
济南 山东教育出版社 1992年 161页 有彩照
19cm(小32开) ISBN: 7-5328-1374-6
定价: CNY1.80
(中国文化史知识丛书)
本书包括《技艺杂技的懵懂童年》《杂技艺术之花的盛开——汉唐以后的技艺杂技》等8篇文章。

J0168175
中国古代杂技发展概略 聂传学著
北京 新华出版社 1992年 154页 19cm(小32开)
ISBN: 7-5011-1579-6 定价: CNY3.00
(神州文化集成丛书 文学与艺术类)
本书内容包括: 杂技起源、先秦乐舞、汉代百戏、盛唐风韵、明清流变、近代中国杂技等。

J0168176
中国戏法 任端科等编著
北京 中国戏剧出版社 1992年 167页
19cm(小32开) ISBN: 7-104-00370-3
定价: CNY2.65

J0168177
中外新魔术　孙师敬著
海口 南海出版公司 1992年 245页 有图
18cm(小32开) ISBN: 7-80570-482-1
定价: CNY4.70

J0168178
自己玩魔术入门　陈嘉和编译
台南 信宏出版社 1992年 223页 有图
21cm(32开) ISBN: 957-538-303-6
定价: TWD120.00
(康乐 7)

J0168179
口袋里的秘密　(小魔术表演100例) 刘崇学主编; 白洁等编著
长春 吉林教育 1993年 154页 有插图
19cm(小32开) ISBN: 7-5383-2036-9
定价: CNY2.65
(《使你更聪明》丛书)
本书介绍了100个小型魔术表演的手法与秘密及其道具的创作等。

J0168180
魔术奥秘　陈振龙著
北京 中国文联出版公司 1993年 276页
19cm(小32开) ISBN: 7-5059-1744-7
定价: CNY5.65
为读者提供了100多个魔术表演方法，其中折烟不断，挂瓶不掉、火柴调头、气功停脉、咬盆还原等小节目更是引人入胜。

J0168181
魔术探秘　傅和鸣等编著
天津 天津科学技术出版社 1993年 309页
20cm(32开) ISBN: 7-5308-1236-X
定价: CNY7.95
本书分为当代三大魔术奇迹、"特异功能"表演、扑克牌魔术、中外新颖小魔术等8部分。作者傅和鸣，北京市杂技艺术家协会会员。

J0168182
齐鲁杂技文集　张大经主编; 山东省杂技艺术家协会编
[济南] 1993年 283页 19cm(小32开)

J0168183
奇趣小魔术270例　李善良编著
北京 中国青年出版社 1993年 245页
19cm(小32开) ISBN: 7-5006-1312-1
定价: CNY5.60
(青年文化娱乐丛书)

J0168184
少年魔术王国　赵宏，张怡昭编著; 陈军，黄莉莉绘画
北京 团结出版社 1993年 92页 有图
19cm(小32开) ISBN: 7-80061-773-4
定价: CNY2.40

J0168185
神奇魔术54　李宝东编写
兰州 甘肃少年儿童出版社 1993年 120页
18×17cm ISBN: 7-5422-0741-5 定价: CNY2.55
(星期天系列丛书)

J0168186
小魔术集萃　陈容光等著
沈阳 辽宁少年儿童出版社 1993年 280页
19cm(小32开) ISBN: 7-5315-1491-5
定价: CNY3.00
(小学新书系 文体娱乐系列)
本书介绍了中小学生、业余魔术爱好者喜爱的新奇魔术130种变法。

J0168187
自学小魔术　(日)冈田康彦著; 瑞智译
哈尔滨 黑龙江科学技术出版社 1993年 234页
有图 19cm(小32开) ISBN: 7-5388-2036-1
定价: CNY4.30

J0168188
惊世奇功揭秘　傅起凤，杨虹编著
北京 人民体育出版社 1994年 162页
20cm(32开) ISBN: 7-5009-1109-2
定价: CNY5.00
本书包括: 天目开、他心通与心理魔术; 意念控制与搬运法; 硬气功与婆罗门伎等4章。

J0168189
魔幻艺术　吴萍编著

南宁 广西科学技术出版社 1994年 87页
19cm(小32开) ISBN: 7-80565-925-7
定价: CNY2.40

J0168190
扑克魔术变法大全 史华国著
北京 学苑出版社 1994年 128页 有图
19cm(小32开) ISBN: 7-5077-0792-X
定价: CNY4.50

J0168191
趣味魔术 傅和鸣, 盛捷编著
北京 中国工人出版社 1994年 254页 有插图
19cm(小32开) ISBN: 7-5008-1434-8
定价: CNY7.20
作者傅和鸣, 北京市杂技艺术家协会会员。

J0168192
一通百通的小魔术 张如飞著
长沙 湖南文艺出版社 1994年 224页
19cm(小32开) ISBN: 7-5404-1303-4
定价: CNY4.30

J0168193
中华魔术百变与解秘 史华国著
北京 学苑出版社 1994年 166页 有图
19cm(小32开) ISBN: 7-5077-0790-3
定价: CNY4.60

J0168194
魔术表演艺术与方法 邱志刚, 何世维编著
重庆 重庆大学出版社 1995年 240页
19cm(小32开) ISBN: 7-5624-1021-6
定价: CNY8.00

J0168195
实用扑克魔术大全 李善良编著
北京 农村读物出版社 1995年 184页
19cm(小32开) ISBN: 7-5048-2402-X
定价: CNY6.80

J0168196
图解扑克魔术大全 杨廷梓, 宋维炳编著; 周庆绘图
北京 中国三峡出版社 1995年 187页
19cm(小32开) ISBN: 7-80099-121-0
定价: CNY7.80

J0168197
图解扑克牌魔术100招 陈婷主编
北京 华龄出版社 1995年 187页 有图
19cm(小32开) ISBN: 7-80082-334-2
定价: CNY7.30

J0168198
精巧魔术110招 程德谟, 纪维周编著
北京 金盾出版社 1996年 300页 有图
19cm(小32开) ISBN: 7-5082-0219-8
定价: CNY8.80
(旅途文化小丛书)

J0168199
少年科学魔术100例 傅腾龙, 经宝恕编
北京 中国少年儿童出版社 1996年 246页
有插图 19cm(小32开) ISBN: 7-5007-3008-X
定价: 非卖品
(希望书库 4-84 (总303))
本书由中国少年儿童出版社和中国青年出版社联合出版。

J0168200
少年科学魔术一百例 傅腾龙, 经宝恕编著
北京 中国少年儿童出版社 [1996年] 246页
有图 19cm(小32开) ISBN: 7-5007-0264-7
定价: CNY9.30
(科学小博士丛书)

J0168201
实用小魔术100例 林源著
大连 大连理工大学出版社 1996年 159页
19cm(小32开) ISBN: 7-5611-1080-4
定价: CNY7.00

J0168202
小魔术 尚志明等编著
上海 上海书店出版社 1996年 132页
19cm(小32开) ISBN: 7-80622-103-4
定价: CNY5.50
(闲暇丛书)

J0168203
小魔术　尚志明等著
上海 上海书店 1998年 106页 有图
19cm(小32开) ISBN: 7-80622-383-5
定价: CNY4.10
(海螺·绿叶文库 欢乐消闲)

J0168204
中国的魔术　傅腾龙, 徐秋编著
北京 中国少年儿童出版社 1996年 193页
19cm(小32开) ISBN: 7-5007-3007-1
定价: 非卖品
(希望书库 3-68 (总189))
本书由中国少年儿童出版社与中国青年出版社合作出版。

J0168205
100个科学小魔术　风格编
北京 中国少年儿童出版社 1997年 152页
19cm(小32开) ISBN: 7-5007-3427-1
定价: CNY6.10
(《100个动手动脑科技活动》丛书)

J0168206
当代中国杂技　夏菊花主编
北京 当代中国出版社 1997年 448页 有照片
20cm(32开) 精装 ISBN: 7-80092-527-7
定价: CNY100.00
(当代中国丛书)

J0168207
科学魔术的秘密　经宝恕, 傅腾龙编; 缪印堂等绘
成都 四川少年儿童出版社 1997年 90页
19×26cm ISBN: 7-5365-1864-1
定价: CNY13.00
作者缪印堂(1935—2017), 著名漫画家。江苏南京人。曾任中国科普研究所高级工艺美术师、中国美协漫画艺委会委员、中国美术家协会漫画艺委员会副主任、《漫画月刊》高级顾问、北京电影学院动画学院客座教授。漫画作品有《啊, 危险 》《讲经》《矛盾的统一》等。著作有《缪印堂漫画选》《漫画艺术入门》《科学漫画创作概论》等。

J0168208
马戏——没有边疆的世界　王峰著
北京 中国文联出版公司 1997年 361页 有彩照
20cm(32开) 精装 ISBN: 7-5059-2497-4
定价: CNY22.40
(中国文联晚霞文库)

J0168209
魔术与神功　郭正谊, 傅起凤编著
北京 科学普及出版社 1997年 156页 有插图
19cm(小32开) ISBN: 7-110-03799-1
定价: CNY9.00
(破除迷信丛书)

J0168210
你也会变魔术　徐秋, 傅起凤编著
上海 上海远东出版社 1997年 149页
19cm(小32开) ISBN: 7-80613-355-0
定价: CNY6.00
(皮大王丛书 益智篇)

J0168211
图解大众魔术　金明甫编著; 田林, 李昊翰绘图
北京 华龄出版社 1997年 213页 20cm(32开)
ISBN: 7-80082-788-7 定价: CNY12.80

J0168212
科学小魔术　风格编
北京 中国少年儿童出版社 1998年 152页
有插图 19cm(小32开) ISBN: 7-5007-4043-3
定价: CNY3.90
(特价版素质教育书库 动脑动手篇)

J0168213
科学小杂技　傅腾龙, 经宝恕[编著]
北京 中国少年儿童出版社 1998年 222页
有插图 19cm(小32开) ISBN: 7-5007-4043-3
定价: CNY5.50
(特价版素质教育书库 动脑动手篇)

J0168214
魔术跟我学　傅腾龙, 傅起凤编著
上海 上海文化出版社 1998年 122页 有插图
19cm(小32开) ISBN: 7-80511-965-1
定价: CNY6.30

（玩家丛书）

J0168215
奇趣小魔术 李善良编著
北京 中国青年出版社 1998年 2版 245页
有插图 19cm（小32开）ISBN：7-5006-1312-1
定价：CNY9.10
（文化娱乐丛书）

J0168216
台湾民间杂技 吴腾达著
台北 汉光文化事业公司 1998年 128页 有照片
21cm（32开）ISBN：957-629-306-5
定价：TWD220.00
（传统艺术概说 4）

J0168217
怎样制作小魔术 孟春燕主编
沈阳 沈阳出版社 1998年 134页 有图
19cm（小32开）ISBN：7-5441-0981-X
定价：CNY138.00（全套）
（学生文体娱乐活动丛书 14）

J0168218
中国杂技史 刘峻骧著
北京 文化艺术出版社 1998年 155页
20cm（32开）ISBN：7-5039-1615-X
定价：CNY11.80
（中国艺术简史丛书）

J0168219
安徽杂技志 （评审稿）杂技志编辑部[编]
[合肥][安徽省文化厅] 1999年 282页 有照片
26cm（16开）

J0168220
河北杂技 边发吉主编；河北省艺术研究所编
石家庄 花山文艺出版社 1999年 28+329页
有照片 26cm（16开）ISBN：7-80611-840-3
定价：CNY58.00
（燕赵艺术精萃）

外文书名：The Acrobatics of Hebei.

J0168221
魔术跟我学 傅腾龙，傅起凤编著
上海 上海文化出版社 1999年 2版 199页
有插图 19cm（小32开）ISBN：7-80511-965-1
定价：CNY6.30
（玩家丛书）

J0168222
少年魔术师 龚惠良选编
上海 少年儿童出版社 1999年 62页 19cm（32开）
ISBN：7-5324-3797-3 定价：CNY3.00
（学生素质教育丛书）

J0168223
玩牌高手 （经典扑克牌游戏、魔术、绝技大全）
凡禹编著
北京 民主与建设出版社 1999年 403页 有插图
19cm（小32开）ISBN：7-80112-180-5
定价：CNY17.80

J0168224
吴桥杂技老照片 边发吉主编；河北省杂技艺术家协会编
石家庄 花山文艺出版社 1999年 233页
26cm（16开）ISBN：7-80611-751-2
定价：CNY48.00

各国戏剧、杂技艺术

J0168225
虚受斋志学谱 （八卷）（清）蔡寿臻撰
桐乡蔡氏 清光绪 写本

J0168226
中东戏法 （不分卷）（清）唐再丰撰
清光绪十九年[1893]石印本

本书由《鹅幻汇编十二卷》《中东戏法不分卷》（清）唐再丰撰合订。

J0168227
中外戏法图说 （十二卷）（清）唐再丰撰
上海 锦章图书局 民国二年[1913]石印本

J0168228
游戏科学 钱香如编著
上海 钱香如自刊［1914年］石印本
4册（［139］页）有图 20cm（32开）环筒页装
本书介绍民间戏法以及国内幻术。第1册书名《欧美幻术之真髓》；第2册《泰西戏法秘本》；第3册《实验奇妙幻术》；第4册《老妪能解之新智囊》。第4册末附《游戏谈》。

J0168229
游戏科学 （第四册 老妪能解之新智囊）钱香如编著
上海 锦章图书局 1915年 再版 石印本［40叶］有照片图 20cm（32开）环筒页装
定价：一元（全4册）

J0168230
科学演义 胡寄尘编
上海 文明书局 1917年 120页 19cm（32开）
本书分上、下卷，辑译东西洋各种科学游戏法，涉及物理、化学、数学、测绘等。

J0168231
科学演义 胡寄尘编
上海 文明书局 1925年 5版 19cm（32开）

J0168232
科学演义 胡寄尘编
上海 文明书局 1929年 6版 19cm（32开）

J0168233
魔术实验法 （日）三泽隆茂著；W.T.O.译
上海 生计协会发行部 1919年 再版
2册（154页）有图 21cm（32开）
本书卷下包括声学、光学、电学3编，收魔术80余则。

J0168234
歌剧与乐剧 丰子恺著
上海 商务印书馆［1925年］95-109页
26cm（16开）
本书为歌剧理论著作。为日本人前田三男著的《音乐常识》之一，由作者酌译而成。作者丰子恺（1898—1975），画家、文学家、艺术教育家。原名丰润，又名仁、仍，字子觊，后改为子恺，笔名TK，浙江嘉兴人。作品有《缘缘堂随笔》、画集《子恺漫画》等。

J0168235
西洋音乐与戏剧 王光祈著
上海 中华书局 1925年［121］页 有图
20cm（32开）定价：银四角
（音乐丛刊）
本书包括西洋歌剧进化短史、近代西洋歌剧作家及其作品、近代西洋剧本之解剖3编，叙述欧洲近三百年（十六世纪末至十九世纪）来的歌剧进化情形。书中插有一段瓦庚来所作Nibelungen剧中的《西格蒙爱情歌》的总谱。

J0168236
西洋音乐与戏剧 王光祈著
上海 中华书局 1928年 3版 103页 有图
20cm（32开）定价：银四角
（音乐丛刊）
作者王光祈（1892—1936），音乐学家、社会活动家。字润玙，笔名若愚，四川温江人。毕业于柏林大学，获波恩大学博士。代表作《东方民族之音乐》《欧洲音乐进化论》《论中国古典歌剧》等。

J0168237
西洋音乐与戏剧 王光祈著
上海 中华书局 民国十八年［1929］5版
88+50页 有图 20cm（32开）定价：银五角
（音乐丛刊）

J0168238
西洋音乐与戏剧 王光祈著
上海 中华书局 1929年［121］页
有图［20×14cm］
（音乐丛刊）

J0168239
西洋音乐与戏剧 王光祈著
上海 中华书局［1929年］4版 103页
19cm（32开）定价：银四角
（音乐丛刊）

J0168240
新俄的演剧运动与跳舞 （日）昇曙华著；画

室译
北京 北新书局 1927年 172页 有图
20cm(32开) 定价：大洋四角半
(新俄文艺论述)
本书译自《革命期的演剧与跳舞》和《无产阶级剧与映画及音乐》，收录《革命期的俄国演剧》、《演剧革命的回顾》(路纳却尔司基)、《新剧运动的三权威》、《无产阶级演剧运动》、《舞台装置的革命》、《俄国最近的跳舞》、《最近的二种跳舞剧》、《革命艺术与社会主义艺术》(特罗茨基)等文章。

J0168241
现代幻术 俞雍衡编译
[俞雍衡] 1931年 164页 有图 19cm(32开)
本书内收魔术100套。附幻术家趣事4则，补白2则。

J0168242
印度魔术 (英)勃伦森(L.H.Branson)著；张大光译
上海 自然魔术社 1933年 90页 有图
19cm(32开) 精装 定价：三元
本书介绍印度的魔术酒杯和球、竹竿、杖上的戒指、玻璃箱和球、浜豆小艇等10余种的表演方法。外文书名：Indian Conjuring.

J0168243
麦克多纳魔术讲义 席寄尘译
上海 中申新书局 1934年 134页 21cm(32开)
本书内收麦氏的魔术39套，曾袒棠的魔术11套，共50套。

J0168244
歌剧概论 胡葵荪著
上海 商务印书馆 1936年 80页 19cm(32开)
定价：国币二角五分
(戏剧小丛书)
本书分7章，阐述了歌剧的意义、脚本与音乐、表演、古典以及近代的歌剧等一般理论问题。

J0168245
歌剧概论 胡葵荪著
上海 商务印书馆 1940年 再版 80页
18cm(15开) 定价：国币二角五分
(戏剧小丛书)
本书分8章，阐述了歌剧的意义、脚本与音乐、表演、古典以及近代的歌剧等一般理论问题。

J0168246
秘本中外戏法图说 康芸洲编著
上海 鸿文书店 1936年 165页 21cm(32开)
本书内收戏法320套，圆光法12段，江湖诀27则。

J0168247
秘本中外戏法图说 康芸洲编著
上海 春明书店 1947年 再版 165页 有图
21cm(32开)

J0168248
魔术大观 顾鸣盛编辑
上海 文明书局 1936年 13版 [206]页 有图
22cm(30开)
本书内分上、下卷。上卷包括光学之魔术、化学及电气学之魔术、力技之魔术等；下卷包括舞台及演坛之魔术、纸牌之魔术、银钱之魔术等。共14编，163种。

J0168249
世界魔幻奇术全书 台湾世界魔术团等编著；殷剑影译述
世界魔幻研究社 1937年 3册(394)页 有图
19cm(32开)
本书内容包括：总论、家庭魔术、厅堂魔术、学校魔术、舞台魔术、江湖魔术等6编，收幻术演法300余种。

J0168250
非常时期的戏剧 (街头剧演出法)赵如琳著
广州 广东省党政军联席会议宣传部 [1938年]
36页 19cm(32开)
(抗战戏剧小丛书 1)

J0168251
魔术秘传 金吉云编；黄权校订
上海 中央书店 1940年 76页 21cm(32开)
本书介绍我国、欧美、日本的魔术，述及魔

术和音乐、口才、手法以及各种机关，并举 34 例说明。

J0168252
魔术秘传　金吉云编；黄权校订
上海 中央书店 1949 年 新 10 版 76 页 21cm（32 开）
　　本书介绍我国、欧美、日本的魔术，述及魔术和音乐、口才、手法以及各种机关，并举 34 例说明。

J0168253
苏联演剧体系　（苏）诺维茨基著；舒非译
桂林 上海杂志公司 1943 年 126 页 19cm（32 开）定价：八元五角
　　本书包括演剧艺术的特殊性、戏剧的教义、演剧体系等七部分。

J0168254
世界魔术大全　（最新实验）罗影编
上海 国光书店 1946 年 再版 178 页 有图 18cm（32 开）
　　本书内收西洋魔术 103 种，东方魔术 99 种。后附魔术戏法须知 22 款。

J0168255
苏联的戏剧　田禽撰
上海 商务印书馆 1950 年 70 页 13cm（60 开）统一书号：74128 定价：旧币 2,000 元
（人民百科小册）

J0168256
世界魔术图说　罗影编著
上海 国光书店 1951 年 2 版 112 页 18cm（32 开）定价：旧币 4,500 元

J0168257
莎士比亚在苏联　（苏）莫罗佐夫（M.M.Морозов）撰；巫宁坤译
上海 平明出版社 1953 年 98 页 有图 20cm（32 开）定价：旧币 5,300 元
（近代文学译丛）

J0168258
莎士比亚在苏联舞台上　（苏）莫罗佐夫（M.M.Морозов）撰；吴怡山译
上海 上杂出版社 1953 年 144 页 有图 20cm（32 开）定价：旧币 6,200 元

J0168259
奥瑟罗导演计划　（苏）史坦尼斯拉夫斯基（К.С.Станиславский）著；英若诚译
上海 平明出版社 1954 年 391 页 18cm（15 开）定价：旧币 15,200 元
　　《奥瑟罗》代表着一类人、一种情绪或一种激情，奥瑟罗的嫉妒导致了悲剧，而史坦尼斯拉夫斯基制定了这部悲剧的导演计划。

J0168260
奥瑟罗导演计划　（苏）斯坦尼斯拉夫斯基（К.С.Станиславский）著；英若诚译
北京 中国电影出版社 1957 年 396 页 20cm（32 开）统一书号：8061.62
定价：CNY 1.30，CNY 1.80（精装）
　　作者斯坦尼斯拉夫斯基（Stanislavsky，Konstantin Serqeievich，1863—1938），演员、导演、戏剧教育家、表演理论家。出生于莫斯科。代表作品有《万尼亚舅舅》《三姊妹》《樱桃园》。响。

J0168261
《奥瑟罗》导演计划　（苏）斯坦尼斯拉夫斯基著；英若诚译
北京 中国电影出版社 1981 年 2 版 392 页 有图 21cm（32 开）统一书号：8061.1496
定价：CNY1.45

J0168262
暴风雨　（四幕六场歌剧）（苏）法依柯，（苏）维尔塔编剧；赫连尼科夫作曲
北京 苏联经济及文化建设成就展览会 1954 年 9 页 26cm（16 开）

J0168263
多瑙河彼岸的萨坡罗什人　（三幕民间音乐喜剧）（苏）谢波夫·格欧尔格尔译诗及作词；康拉克－阿尔捷莫夫斯基作曲
北京 苏联经济及文化建设成就展览会 1954 年 [4]页 26cm（16 开）
　　本书是戏院演出节目说明书。苏联国立莫斯科斯坦尼斯拉夫斯基与聂米罗维奇—丹钦科

音乐剧院访问演出。

J0168264
国际幻术　傅天正编辑
上海　国光书店　1954年　138页　18cm(15开)
定价：旧币4,800元

J0168265
叶夫根尼·奥涅金　(三幕七场抒情歌剧)(苏)柴可夫斯基作曲
北京　苏联经济及文化建设成就展览会　1954年　[2]页　26cm(16开)

本书是苏联国立莫斯科斯坦尼斯拉夫斯基与聂米罗维奇—丹钦科音乐剧院访问演出的节目说明书。作者柴可夫斯基(Чайковский, ПётрИльич, 1840—1893)，俄罗斯作曲家、音乐剧作家，代表作有芭蕾舞剧《天鹅湖》《睡美人》《胡桃夹子》，歌剧《叶甫根尼·奥涅金》，交响曲《罗密欧与朱丽叶》等。

J0168266
捷克斯洛伐克木偶戏　(捷)杨·马列克(JanMalik)著；杜友良，刘幼兰译
北京　艺术出版社　1955年　50页　17cm(40开)
定价：CNY0.35

J0168267
俄罗斯古典歌剧的世界意义　(苏)伊·伊·马尔诺夫著；陈子卿译
北京　音乐出版社　1956年　1张　定价：CNY0.23

J0168268
海鸥导演计划　(苏)斯坦尼斯拉夫斯基(К.С.Станиславский)著；黄鸣野，李庄藩译；电影艺术编译社编辑
北京　艺术出版社　1956年　319页　20cm(32开)
统一书号：8022.39　定价：CNY1.20
(电影艺术丛书)

《海鸥》是契诃夫的著名剧本之一。这个剧本在初次演出中曾遭到失败，后来由斯坦尼斯拉夫斯基导演，自1898年起在新建立的莫斯科艺术剧院演出并获得成功，成为当时舞台演出的楷模，并因此奠定了莫斯科艺术剧院的基础。本书内容除斯坦尼斯拉夫斯基的导演计划外，并有苏联科学院院士、莫斯科艺术剧院史专家巴罗哈蒂所写的一篇长序，详细叙述演出的经过，导演对剧本的处理，和序言作者对剧本和导演计划的分析。

J0168269
苏联小魔术　(苏)格列戈里等著；何化编译
上海　上海文化出版社　1956年　43页　15cm(40开)
定价：CNY0.11
(俱乐部小丛书)

J0168270
马戏场上的丑角　(苏)米·尼·鲁米安采夫(М.Румянцев)著；刘华兰，华潜译
上海　上海文化出版社　1957年　87页　有图及肖像
20cm(32开)统一书号：10077.678
定价：CNY0.46

J0168271
苏联木偶戏　(苏)谢·奥布拉兹卓夫等著；李士钊，吴钧燮译
上海　上海人民美术出版社　1957年　有照片
19cm(32开)统一书号：T8081.2260
定价：CNY0.48

J0168272
在底层导演计划　(苏)斯坦尼斯拉夫斯基(К.С.Станиславский)著；伍菡卿译
北京　中国电影出版社　1957年　327页　有插图及肖像　20cm(32开)统一书号：8061.96
定价：CNY1.20，CNY1.70(精装)

本书系苏联剧目导演计划。《在底层》代表着一类人、一种情绪或一种激情。而史坦尼斯拉夫斯基制定了这部剧的导演计划。

J0168273
歌剧“卡门”分析　(苏)霍赫洛夫金娜著；曹洪译
北京　音乐出版社　1958年　73页　有图
15cm(64开)定价：CNY0.24
(中央音乐学院编译室译丛)

歌剧名作《卡门》是世界乐坛上最受欢迎的作品之一。本书谈到这一部歌剧的创作过程，歌剧脚本和文学原著的区别，并对音乐作了分析。

J0168274
苏联马戏团在中国　上海市中苏友好协会编
上海 上海人民美术出版社 1958 年 影印本
48 页 有照片 26cm（16 开）统一书号：8081.3268
定价：CNY1.30

J0168275
奥涅金　（俄）柴科夫斯基著；中央歌舞剧院，音乐出版社编
北京 音乐出版社 1962 年 115 页 有图
19cm（32 开）统一书号：8026.1572
定价：CNY0.47
　　作者柴科夫斯基（Чайковский，ПётрИльич，1840—1893），通译为柴可夫斯基。俄罗斯作曲家、音乐剧作家。代表作有芭蕾舞剧《天鹅湖》《睡美人》《胡桃夹子》，歌剧《叶甫根尼·奥涅金》，交响曲《罗密欧与朱丽叶》等。

J0168276
在风浪中　（独幕歌剧）李靖之等编
广州 广州部队战士歌剧团 1965 年 19 页
20cm（32 开）

J0168277
现代奇异法术　（日）田渊秀明著；蔡奇洁译
九龙 新艺出版社［1980—1989 年］ 163 页
有图 19cm（32 开）定价：HKD8.00

J0168278
《在底层》导演计划　（苏）斯坦尼斯拉夫斯基著；伍菡卿译；富澜校
北京 中国电影出版社 1981 年 2 版
350 页 +［16］叶图版 有图肖像 21cm（32 开）
统一书号：8061.1495 定价：CNY1.50
　　本书系苏联剧目导演计划。《在底层》代表着一类人、一种情绪或一种激情。而史坦尼斯拉夫斯基制定了这部剧的导演计划。

J0168279
当代孟加拉艺术　香港艺术馆编
香港 香港市政局 1981 年 71 页 有图
23cm（10 开）ISBN：962-215-039-1
定价：HKD15.00
　　外文书名：Contemporary Bangladesh Art.

J0168280
《海鸥》导演计划　（苏）斯坦尼斯拉夫斯基著；黄鸣野，李庄藩译
北京 中国电影出版社 1982 年 2 版 262 页
有图 21cm（32 开）统一书号：8061.1513
定价：CNY1.10
　　本书详细叙述了《海鸥》的演出经过，导演对剧本的处理，以及序言作者对剧本和导演计划的分析等。作者斯坦尼斯拉夫斯基（Stanislavsky，Konstantin Serqeievich，1863—1938），演员、导演、戏剧教育家、表演理论家。出生于莫斯科。代表作品有《万尼亚舅舅》《三姊妹》《樱桃园》。响。

J0168281
卡门　（音乐分析·脚本·选曲）比捷；人民音乐出版社编辑部编
北京 人民音乐出版社 1983 年
180 页 +［3］叶图版 有图 19cm（32 开）
统一书号：8026.4051 定价：CNY0.67
（外国歌剧小丛书）

J0168282
弄臣　（音乐分析·脚本·选曲）（意）威尔第作曲；人民音乐出版社编辑部编
北京 人民音乐出版社 1983 年 117 页 有照片
19cm（32 开）统一书号：8026.4052
定价：CNY0.47
（外国歌剧小丛书）
　　作者威尔第（Giusepe Verdi，1813—1901），意大利作曲家。出生于意大利北部布塞托，毕业于米兰音乐学院。代表作品《茶花女》《弄臣》《阿依达》《奥塞罗》等。

J0168283
阿伊达　（音乐分析·脚本·选曲）人民音乐出版社编辑编
北京 人民音乐出版社 1984 年 106 页
19cm（32 开）统一书号：8026.4177
定价：CNY0.44
（外国歌剧小丛书）

J0168284
奥涅金　（音乐分析·脚本·选曲）（俄）柴科夫斯基（Уайковский，П.И.）作曲；人民音乐出版社编

北京 人民音乐出版社 1984年 162页 有剧照
19cm(32开) 统一书号: 8026.4239
定价: CNY0.68
(外国歌剧小丛书)

本书包括歌剧脚本、歌剧音乐分析、作曲家有关该剧的信件摘要、选曲和剧照。作者柴科夫斯基(Чайковский, ПётрИльич, 1840—1893),通译为柴可夫斯基。俄罗斯作曲家、音乐剧作家。代表作有芭蕾舞剧《天鹅湖》《睡美人》《胡桃夹子》,歌剧《叶甫根尼·奥涅金》,交响曲《罗密欧与朱丽叶》等。

J0168285
哈尔卡 (音乐分析·脚本·选曲) 莫纽什科曲; 人民音乐出版社编辑部编
北京 人民音乐出版社 1984年 144页 有肖像及剧照 18cm(15开) 统一书号: 8026.4240
定价: CNY0.60
(外国歌剧小丛书)

J0168286
我的职业 (苏)奥布拉兹卓夫(Образцов, С.)著; 王俊之译
北京 中国戏剧出版社 1985年 306页 有照片
20cm(32开) 统一书号: 8069.578
定价: CNY1.60

本书是苏联著名木偶剧艺术家奥布拉兹卓夫的一部重要著作。作者回顾了他从事话剧与木偶表演艺术的历程,并在总结木偶剧编、导、演工作经验的基础上提出了较系统的理论与表演方法。

J0168287
西欧十大名歌剧欣赏 张承谟著
上海 上海文艺出版社 1985年 582页
21cm(32开) 定价: CNY4.65

本书选取莫扎特、罗西尼、威尔第、比才、普契尼等5位作曲家的10部著名歌剧,比较详细地介绍了这些歌剧的内容,并提供作曲家生平、历史背景、掌故、轶文等资料。

J0168288
西欧十大名歌剧欣赏 张承谟著
上海 上海文艺出版社 1985年 582页 有照片
20cm(32开) 精装 统一书号: 8078.3505
定价: CNY7.70

J0168289
新马话剧活动四十五年 朱绪著
香港 文学书屋 1985年 192页 有剧照
19cm(32开) ISBN: 9971-975-12-2
定价: HKD6.00

J0168290
话剧艺术概论 谭霈生, 路海波著
北京 中国戏剧出版社 1986年 519页
19cm(32开) 统一书号: 8069.891 定价: CNY3.40

本书对戏剧构成的诸因素: 演员艺术、剧本、造型成分、音响与音乐、导演艺术等进行了介绍和论述。同时还论述了话剧艺术的本质特征、"戏剧动作的本性"、"戏剧性"、"话剧的假定性"。对戏剧的三大体裁——悲剧、喜剧和正剧,以及按题材内容划分的几个主要剧种、广播剧、电视剧作了阐述; 对古典主义、浪漫主义、现实主义以及现代派等戏剧流派也有所涉及,同时,还对戏剧观众、戏剧的社会功能及戏剧批评作了一定的阐释。

J0168291
魔术大全 (美国魔术教程 图解)(美)威尔逊(Wilson, M.)著; 刘冀民译
长沙 湖南人民出版社 1986年 347页
19cm(32开) 统一书号: 8109.1385
定价: CNY2.05

J0168292
苏联话剧史 (一) 苏联科学院, 苏联文化部艺术史研究所著; 白嗣宏译
北京 中国戏剧出版社 1986年 473页
20cm(32开) 统一书号: 8069.870 定价: CNY2.85

本书共3册。描述1917—1967年苏联戏剧50年的发展史,总结苏联戏剧发展史的经验教训,在详细阐述苏联戏剧主要流派斯坦尼斯拉夫斯基体系的同时,对梅耶荷德、瓦赫坦戈夫、塔伊罗夫等艺术大师在苏联戏剧发展中的作用和贡献,给予适当的评介。译者白嗣宏(1937—),作家、戏剧家。毕业于苏联国立列宁格勒大学语言文学系。先后任教于安徽艺术学院、合肥师范学院、安徽大学等。中国作家协会会员、中国戏剧家协会第四届理事会理事、南京师范大学外语

学院名誉教授。翻译作品有《列夫·托尔斯泰戏剧集》《果戈理戏剧集》《阿尔布卓夫戏剧选》等。

J0168293
云南歌舞戏曲史料辑注 顾峰[编]；云南省民族艺术研究所戏剧研究室编
[云南省民族艺术研究所戏剧研究室] 1986年 521页 18cm(15开)
(云南戏剧理论建设丛书)
作者顾峰(1926—？)，曾任中国书法家协会、中国戏剧家协会、中国作家协会云南分会等会员，云南《文化艺术志》《云南文史丛刊》等副主编。

J0168294
中国掌中艺术 (布袋戏)沈平山著
台北 沈平山[自刊] 1986年 494页 有照片 21cm(32开)

J0168295
卡门 (音乐分析·脚本·选曲)人民音乐出版社编辑部编
北京 人民音乐出版社 1987年 重印本 180页 25cm(15开) 统一书号：8026.4051
定价：CNY1.50
本书是法国著名作曲家比捷根据法国作家梅里美的同名小说改编的脚本所创作的。

J0168296
阿塞·密勒论戏剧 (美)密勒(Miller, A)著；郭继德等译
北京 文化艺术出版社 1988年 296页 有肖像 20cm(32开) ISBN：7-5039-0109-8
定价：CNY3.80
(外国戏剧研究资料丛书)
本书选译了作者有关戏剧理论的演讲文章20篇，内容涉及美国和西方国家戏剧界的一些重要情况。作者阿瑟·密勒(Arthur Miller, 1915—2005)，美国当代剧作家。毕业于密歇根大学。代表作品《推销员之死》《萨勒姆的女巫》《全是我的儿子》等。译者郭继德(1965—)，教师。山东单县人，毕业于山东大学外文系。历任山东大学外国语学院院长、教授、博导，美国现代文学研究所所长，加拿大研究中心主任等。出版有《加拿大英语戏剧史》《英语文学散论》《美国文学研究》等。

J0168297
奥尼尔戏剧研究论文集 曹禺等著
北京 中国戏剧出版社 1988年 275页 18cm(小32开) ISBN：7-104-00044-5
定价：CNY3.20
本书收录我国老、中、青学者研究奥尼尔剧作的论文17篇，论述了“美国戏剧之父”奥尼尔戏剧创作的源流、表现手法、风格特点及其哲学思想。包括：曹禺的《在奥尼尔学术讨论会上的讲话》、欧阳基的《尤金·奥尼尔的〈马可百万〉和老子的“道”》、刘海平的《奥尼尔与老庄哲学》、汪义群的《人的价值的探索——浅论〈毛猿〉主题的开拓》、郭继德的《奥尼尔和他的剧本〈进入黑夜的漫长旅程〉》等。后附：岳小燕的《奥尼尔研究在中国》和傅鸿础辑的《尤金·奥尼尔年表》。

J0168298
现代魔术入门 刘树正，刘廷玉著
成都 四川科学技术出版社 1988年 226页 19cm(小32开) 定价：CNY3.05

J0168299
外国新魔术 孙师敬著
北京 中国文联出版公司 1989年 89页 26cm(16开) ISBN：7-5059-0952-5
定价：CNY2.50

J0168300
话剧表演艺术概论 叶涛，张马力著
北京 中国戏剧出版社 1990年 378页 20cm(32开) ISBN：7-104-00185-9
定价：CNY4.95
本书为系统地论述话剧表演理论的专著，作者在总结中外话剧表演理论的基础上，对表演特征、舞台行动、角色性格、风格体裁、表演节奏、创作手段、流程诸问题进行了深入的研究。作者叶涛，上海戏剧学院教授。

J0168301
魔术百科 堤芳郎著
台北 巧集出版社 1990年 174页 有图 19cm(32开) ISBN：957-662-055-4
定价：TWD80.00

(学生贵族青少年系列 6)

J0168302
魔术大观
台北 巧集出版社 1990年 190页 有图
19cm(32开) ISBN: 957-662-147-X
定价: TWD80.00
(学生贵族青少年系列 8)

J0168303
魔术世界　傅腾龙, 陈容光著
上海 上海文艺出版社 1990年 397页
19cm(32开) ISBN: 7-5321-0499-0
定价: CNY3.65
(娱乐世界丛书)
本书分史话、见闻、人物等文章和中外魔术作品两个部分。作者傅腾龙(1943—), 当代魔术表演艺术家、杂技魔术理论家。重庆人。出生于魔术世家。集表演、设计、理论研究于一身。中国杂技艺术家协会理事, 上海杂协理事, 中国魔术艺术委员会副会长。创作了《书画幻术》《心灵感应》《高空水遁》等精品幻术节目。编著出版《中国魔术》《中国杂技史》等。作者陈容光, 杭州市戏剧家协会会员, 国际书画学会会员。

J0168304
世界戏法魔术入门　引田天功监修
台北 巧集出版社 1990年 198页 19cm(32开)
ISBN: 957-662-052-X 定价: TWD80.00
(学生贵族青少年系列 3)

J0168305
中外扑克魔术　陈容光著
福州 福建少年儿童出版社 1991年 285页
19cm(小32开) ISBN: 7-5395-0488-9
定价: CNY3.00

J0168306
情节剧　(英)史密斯(Smith, JamesL.)著; 武文译
北京 中国戏剧出版社 1992年 114页
19cm(小32开) ISBN: 7-104-00425-4
定价: CNY2.50
(外国戏剧理论小丛书 第一辑)
本书追溯了情节剧的发展演变, 论述了善胜恶败类、恶胜善败类和抗议类情节剧的各剧特色。外文书名: Melodrama.

J0168307
西洋歌剧名作解说　(上册)张弦等编译
北京 人民音乐出版社 1992年 574页
20cm(32开) ISBN: 7-103-00840-X
定价: CNY12.00
本书介绍了欧洲巴罗克、古典、浪漫主义时期以及近现代40余位著名作曲家的一百多部歌剧作品。

J0168308
西洋歌剧名作解说　(下册)徐国弼等编译
北京 人民音乐出版社 1992年 454页
20cm(32开) ISBN: 7-103-00868-X
定价: CNY9.85
本书介绍了《伊凡·苏萨宁》(格林卡)、《薄伽丘》(苏佩)、《战争与和平》(普罗科菲耶夫)等50余部歌剧。

J0168309
西洋歌剧名作解说　(上册)张弦等编译
台北 世界文物出版社 1993年 606页
24cm(26开)精装 ISBN: 957-8996-09-8
定价: TWD600.00

J0168310
西洋歌剧名作解说　(下册)张弦等编译
台北 世界文物出版社 1993年 476页
24cm(26开)精装 ISBN: 957-8996-10-1
定价: TWD600.00

J0168311
东南亚华文戏剧概观　赖伯疆著
北京 中国戏剧出版社 1993年 293页
20cm(32开) ISBN: 7-104-00411-4
定价: CNY5.20
本书概述了东南亚本土戏剧情况及其与中国戏剧的关系, 论述戏曲、木偶戏、影戏在各个历史时期的发展概貌、特色、现状及其未来的前途。作者赖伯疆(1936—2005), 笔名李苑诗等, 广东惠阳人。曾就职于广东省社科院文学研究所, 广东省剧协理事、广东作协评论委员会委员、广东省粤剧研究中心常务副理事长、广东省文化传播学会副会长。撰有《海外华文文学概况》

《广东戏曲简史》。

J0168312
世界魔术大揭秘 王法编著
北京 农村读物出版社 1993年 220页
19cm(小32开) ISBN: 7-5048-2358-9
定价: CNY4.80
本书揭示了大型、小型魔术方法和扑克牌、丝巾等魔术表演的技巧。

J0168313
歌剧群芳谱 [马特奥乌洛斯]Matheopoulos, H.著; 林祖诚译
台北 世界文物出版社 1994年 344页 有照片
23cm ISBN: 957-8996-38-1 定价: TWD350.00

J0168314
趣味的超魔术 廖玉山编著
台北 大展出版社 1994年 219页 21cm(32开)
ISBN: 957-557-433-8 定价: TWD150.00
(青春天地 34)

J0168315
图解扑克魔术45招 高明编译
北京 华龄出版社 1994年 154页 19cm(小32开)
ISBN: 7-80082-475-6 定价: CNY3.30

J0168316
掌中天地宽 (台湾民间戏曲·布袋戏)陈淑华编撰; 王炜昶, 黄烈文摄
台北 创意力文化事业公司 1994年 176页 有照片
30cm(10开) 精装 ISBN: 957-9491-46-1
定价: TWD1500.00

J0168317
歌剧辞典 王沛纶著
北京 国际文化出版公司 1995年 57+896页
有肖像 20cm(32开) 精装
ISBN: 7-80105-042-8 定价: CNY50.00
作者王沛纶(1909—1972), 江苏吴县人, 毕业于七海音乐专科学校。曾担任过音乐教师, 台湾地区交响乐团特约指挥。著有《歌剧辞典》《乐人字典》《音乐字典》等。

J0168318
歌剧辞典 王沛纶著
北京 国际文化出版公司 1999年 2版 57+896页
有肖像 20cm(32开) 精装
ISBN: 7-80105-042-8 定价: CNY68.00

J0168319
马戏·杂技·市场 田润民著
北京 中国文联出版公司 1995年 119页
有照片 19cm(小32开) ISBN: 7-5059-2136-3
定价: CNY4.80
作者田润民(1945—), 曾就职于文化部。

J0168320
杂技魔术丑角 傅腾龙编著
上海 上海文化出版社 1995年 375页
19cm(小32开) ISBN: 7-80511-676-8
定价: CNY8.80
(娱乐世界丛书)
作者傅腾龙(1943—), 当代魔术表演艺术家、杂技魔术理论家。重庆人。出生于魔术世家。集表演、设计、理论研究于一身。中国杂技艺术家协会理事、上海杂协理事、中国魔术艺术委员会副会长。创作了《书画幻术》《心灵感应》《高空水遁》等精品幻术节目。编著出版《中国魔术》《中国杂技史》等。

J0168321
歌剧艺术欣赏 王凤岐, 樊其光著
太原 山西教育出版社 1996年 199页
19cm(小32开) ISBN: 7-5440-0853-3
定价: CNY6.60
(美育丛书 音乐舞蹈系列)

J0168322
歌剧艺术之理念与实践 曾道雄著
台北 扬智文化事业有限公司 1997年 2版
155页 21cm(32开) ISBN: 957-97224-3-9
定价: TWD280.00

J0168323
世界魔术大师秘法大公开 赫伯特·贝克(HerbertL.Becker)著; 林宪正译
台北 旺文出版社 1997年 174页 有图
21cm(32开) ISBN: 957-508-436-5

（生活智慧丛书）
外文书名：All the Secrets of Magic Revealed.

J0168324
帷幕升起　（世界著名歌剧赏析）周小静著
天津 天津人民出版社 1997年 215页
20cm（32开）ISBN：7-201-02615-1
定价：CNY10.00
（世界经典音乐宝库）

J0168325
我爱百老汇　（音乐剧大街的名作导游）宋铭著
台北 方周文化事业公司 1997年 190页
20×21cm ISBN：957-98699-0-1
定价：TWD320.00
（音乐线上 001）
外文书名：I Love Broadway.

J0168326
歌剧入门指南　（荷兰）卡尔·舒曼（KarlShumann）著；陈澄和译
台北 大吕出版社 1998年 340页 21cm（32开）
ISBN：957-9358-22-2 定价：TWD300.00
（大吕音乐丛刊 32）
外文书名：Opera Compactotheque.

J0168327
竞技奇观　王友英编著
天津 新蕾出版社 1998年 85页 有插图
19cm（小32开）ISBN：7-5307-1935-1
定价：CNY3.50
（少年奇观博览丛书）

J0168328
马戏丛谈　韦明铧著
福州 福建人民出版社 1998年 204页
20cm（32开）ISBN：7-211-03304-5
定价：CNY10.50

J0168329
日本歌舞伎艺术　李颖著
北京 大众文艺出版社 1998年 316页 有照片
20cm（32开）ISBN：7-80094-604-5
定价：CNY23.80

J0168330
音乐剧之旅　周小川等著
北京 新世界出版社 1998年 581页 有图
20cm（32开）ISBN：7-80005-443-8
定价：CNY36.00

J0168331
西洋歌剧与美声唱法　（外国声乐教学曲目精选）胡建军等主编
南昌 江西高校出版社 1999年 263页
26cm（16开）ISBN：7-81075-041-0
定价：CNY22.50
本书系统全面地介绍了西洋歌剧的诞生、分类、流派的形成、发展演变、重要的歌剧作曲家及美声唱法的形成、发展、流派和代表人物，并精选了外国声乐教学曲目百余首。作者胡建军，江西师范大学艺术学院音乐系声乐教研室任教。

戏剧、曲艺、杂技事业

J0168332
［**升平署戏单**］（清）佚名编
清 抄本 毛装

J0168333
［**梨园丛录**］
清末至民国初 抄本 线装
分二册。

J0168334
俳优教育　唐碧节译；曹振勋校订
通俗教育研究会［民国］26页 23cm（10开）
本书包括日本俳幼教育之过去及现在、西洋俳优教育之过去、西洋俳优教育之现在、欧美之俳优学校、俳优学校教育之利害等5章。

J0168335
赏荷承应玉井标名御筵献瑞提纲
民国 抄本 线装

J0168336
公演《最后关头》特刊　国立戏剧学校巡回公

演剧团[编]
[长沙]国立戏剧学校巡回公演剧团[1921—1939年]32页 19cm(32开)
本书系国立戏剧学校巡回公演剧团所编中国民国剧团舞台演出特刊。

J0168337
剧院的将来 Bonamy Robref著;徐霞村译
上海 北新书店 1928年 46页 15×22cm
(明日丛书)
本书包括国家剧院、戏剧学院、其他剧院等3节。为原著的节译本。

J0168338
中华戏曲音乐院北平戏曲专科学校概况 中华戏曲音乐院编
北平 中华戏曲音乐院 民国二十年[1931]12页 26cm(16开)

J0168339
北平国剧学会概况 北平国剧学会编
北平 北平国剧学会[1935年]24页 25cm(15开)环筒页装
本书介绍国剧学会的缘起、沿革、组织、经费、陈列馆、图书馆及编纂出版等情况。

J0168340
爱人如己 (独幕剧)(苏)安特列夫,(英)巴蕾,余上沅著
南京 国立戏剧学校[1936年]20页 18cm(15开)
本书系中国民国话剧舞台剧,本书与《上太太们那去吧》《回家》合订。本册包括第三届公演秩序单、职员表,并收《试用新法演出"爱人如己"》《读〈回家〉》《"上太太们那儿去吧"的上演》等7篇文章。

J0168341
狄四娘 (四幕悲剧)张道藩改译
南京 国立戏剧学校[1936年]34页 有像 19cm(32开)
本书包括公演秩序单、前后台职员表、剧情分幕说明、改译后序、著者介绍、本校启事等。此剧为法国嚣俄原著。嚣俄现译为雨果。国立戏剧学校第四届公演。

J0168342
国立戏剧学校第一次旅行公演 国民经济建设运动委员会江苏省分会,江苏省新生活运动促进会编
南京[国立戏剧学校][1936年]44页 有像 18cm(15开)
本书记载该校到镇江演出情况,内容包括演出时间、导演者、剧中人及扮演者;《戏》《自救》《视察专员》《狄四娘》四个剧的剧情说明;余上沅的《旅行公演致辞》;1936年该校公演剧目表。附剧照12幅。

J0168343
国立戏剧学校公演手册 (第一辑 第一届至第六届)国立戏剧学校编
南京 国立戏剧学校[1936年]有剧照 18cm(15开)
本书收录《视察专员》《说谎者》《爱人如己》《狄四娘》《群鸦》等剧,此书是合订本。

J0168344
国立戏剧学校一览 国立戏剧学校编
南京 国立戏剧学校[1936年]72页 有照片 23cm(10开)

J0168345
国立戏剧学校一览 国立戏剧学校编
重庆 国立戏剧学校 1937年 85页 有照片 22cm(32开)
本书为民国时期国立戏剧专科学校迁至重庆后编的学校概况,内容有校史、章则、人名录、剧目表等。

J0168346
国立戏剧学校一览 国立戏剧学校编
江安 国立戏剧学校 1939年 85页 23cm(10开)

J0168347
国立戏剧专科学校成立十周年纪念刊 国立戏剧专科学校编
[南京]国立戏剧学校[1936年]50页 19cm(32开)
本书内有张道藩的《剧专十周年校庆为校友进一言》《国立戏剧学校之创立》、石辛的《本校十周年校庆纪实》,该校概况,来电、贺函、贺

词，剧专剧团介绍等。附《三省吾身》（余上沅），“余上沅先生从事戏剧二十五年主校十年年表”，余上沅的跋。

J0168348
国立戏剧专科学校成立十周年纪念刊　张道藩编
［南京］国立戏剧专科学校［1945年］49页
19cm（32开）

J0168349
民国二十五年双十节国庆纪念日剧目　佚名编；梁社乾译
民国二十五年［1936］有照片　线装

J0168350
三年来的中国旅行剧团　赵慧深等著
上海　上海杂志无限公司［1936年］32页　有像
19cm（32开）
本书收录《三年来的中国旅行剧团》（赵慧深），《我和中国旅行剧团》（唐槐秋），《中国旅行剧团大事摘记》（姜明），《中旅三年来所演各剧一览》（姜明），《话剧运动在今日》（陈锦）等，另有《茶花女》《雷雨》《梅萝香》三个剧的剧情介绍及演员表。

J0168351
三年来的中国旅行剧团　中国旅行剧团编
上海　上海杂志无限公司［1950—1959年］32页
18cm（15开）

J0168352
视察专员　陈治策改编
南京　国立戏剧学校［1936年］38页
19cm（32开）
本书包括公演秩序单、职员表、致词、剧本改编情况及戏校小史等。1932年2月公演。此剧为俄国果戈里原著，或译为《巡按使》《钦差大臣》。

J0168353
戏　（英）米尔恩（A，A.Milne）原著；万家宝等译
［南京］［国立戏剧学校］［1936年］19页　有图
19cm（32开）
本书与张道藩著的《自救》；郭果原著的《视察专员》合订。本书介绍该校第七届公演的三个剧目，包括独幕剧《戏》（英国米尔恩著，万家宝译，马彦祥导演），四幕喜剧《自救》（张道藩著，王家齐导演），五幕讽刺喜剧《视察专员》（俄国郭果尔著，陈治策改编，余上沅导演）。书后有“本届前后台职员表”。

J0168354
莎士比亚的威尼斯商人
南京　国立戏剧学校［1937年］12页
18cm（32开）
本书为第一届毕业公演。包括剧中人及扮演者名单、剧情分幕说明等。

J0168355
业余剧人第三次公演欲魔、大雷雨、醉生梦死三大名剧特刊　上海业余剧团编
上海　上海业余剧团［1937年］18页　有图
［19×26cm］（16开）
本书介绍业余剧人的组织情况，并有三大名剧公演的评介文章及剧照。附该剧团1937年的计划。

J0168356
争强　（四幕剧　公演秩序单）国立戏剧学校公演
北京　国立戏剧学校［1937年］20页
18cm（15开）

J0168357
洪水特刊　（晓风剧团首次公演）晓风剧团编
上海　晓风剧团［1938年］30页　有像
20cm（32开）
本书为介绍话剧《洪水》的本事，并有演出说明、短评等。

J0168358
公演手册　（中华民国第二届戏剧节）江安县戏剧界主办
江安　江安县戏剧界［1939年］10叶
20cm（32开）
本书内有该届公演日程表及剧情说明和演员表。公演的戏剧有《围炉斩邀》《三江好》《魔窟》《一年间》《一生大事》《正在想》等16种，大多数为话剧。书前有干部、前台、后台职员表。

J0168359
公演手册 教育部第三巡回戏剧教育队主办
雅安 省立民教馆［1939 年］25 页 19cm（32 开）
环筒页装

本书内有该届公演日程表及剧情说明和演员表。书前有干部、前台、后台职员表。

J0168360
国立戏剧专科学校一览 国立戏剧专科学校编
江安 国立戏剧专科学校 1941 年 96 页
22cm（32 开）

本书为民国时期国立戏剧专科学校的介绍，该校有话剧和乐剧二科。

J0168361
巡回第三年 教育部第二巡回戏剧教育队编
［1941 年］78 页 有冠图 21cm（32 开）

本书所辑 1940 年在福建、广东一带巡回演出的沿途纪实、演出日记等。

J0168362
戏剧教育之理论与实际 谷剑尘著
重庆 商务印书馆 1944 年 226 页 18cm（32 开）
定价：国币二元四角

本书包括：戏剧与教育的关系，戏剧对社会的反对特征功能和我们应取的对策，戏剧教育的认识、价值、特征和定义，六大路线，学校剧的研究，人员和专业，制度和行政、实施，怎样推进中国戏剧教育运动，各国戏剧教育运动概观等 12 章。附《各省巡回歌咏戏剧组织办法》《教育巡回戏剧教育队暂行简章》。

J0168363
尖兵剧社公演 （17）冀热辽军区政治部尖兵剧社编辑
［锦州］冀热辽军区政治部尖兵剧社［1945 年］
1 张 37×26cm

J0168364
［中央戏剧学院］本科、普通科一九五〇年度主要课程教学总结 中央戏剧学院教务处编
北京 中央戏剧学院教务处 1950 年 油印本
26cm（16 开）

J0168365
回家 （独幕剧 公演秩序单）国立戏剧学校公演
北京 国立戏剧学校［1950—1959 年］20 页

J0168366
介绍两个比较好的农村业余剧团 西北行政委员会文化局编
西北行政委员会文化局［1950—1959 年］8 页
18cm（15 开）
（农村群众文艺活动小丛书 3）

J0168367
农村业余剧团戏曲演出常识 西北行政委员会文化局编
西安 西北行政委员会文化局［1950—1959 年］
8 页 18cm（15 开）
（农村群众文艺活动小丛书 5）

J0168368
农村业余剧团怎样排戏和化装 西北行政委员会文化局编
西安 西北行政委员会文化局［1950—1959 年］
8 页 18cm（15 开）
（农村群众文艺活动小丛书 4）

J0168369
中国人民解放军第二届文艺会演节目 昆明部队业余文艺演出队编
昆明 昆明部队业余文艺演出队［1950—1959 年］
51 页 18cm（15 开）

J0168370
莫斯科艺术剧院与苏联军队 （苏）萨嘉诺维奇（М.Сагалович）撰；周黎扬译
上海 正风出版社 1951 年 201 页 有冠像剧照
20cm（32 开）定价：旧币 10,500 元

J0168371
农村剧团怎样编剧和排剧 孙琳编撰
济南 山东人民出版社 1951 年 49 页 15cm（40 开）
定价：旧币 2,100 元

J0168372
戏改参考资料 （第一辑）山东省人民政府文教厅编

山东省人民政府文教厅［1952年］49页
18cm（32开）

本书收入周恩来、田汉、马少波、艾青等有关戏曲改革的报告、专论9篇。

J0168373
戏改参考资料 （第二辑）山东省人民政府文教厅编
山东省人民政府文教厅［1952年］116页
18cm（32开）

本书辑入马少波、伊兵、盖叫天、梅兰芳、新凤霞、张庚、叶盛兰等论述戏改的专论17篇。

J0168374
戏曲工作参考资料 （第三辑）山东省人民政府文化事业管理局编
［山东］［山东省人民政府文化事业管理局］
［1952年］97页 18cm（32开）

J0168375
一个农村剧团的成长 浙江人民出版社编
［杭州］浙江人民出版社 1952年 定价：CNY0.09

J0168376
“东北区第一届戏剧音乐舞蹈观摩演出大会”会演简报 （合订本第1-11期）东北区第一届戏剧音乐舞蹈观摩演出大会工作委员会编
沈阳 东北区第一届戏剧音乐舞蹈观摩演出大会工作委员会 1953年 70页 26cm（16开）

J0168377
介绍水西乡农村剧团 艾煌，谷天著
［南京］江苏人民出版社 1953年 定价：CNY0.10

J0168378
民联剧院［节目单］
武汉［武汉市协明楚剧团］［1953年］［13叶］
17×28cm

本书收录《打渔杀家》《借红灯》等剧目。

J0168379
武汉市汉乐剧场光明楚剧团演出
武汉［1953年］［13叶］20×28cm（16开）

本书收录《西厢记》《白蛇传》等剧目。

J0168380
武汉市和平剧场节目表 ［武汉市汉剧工作团编］
武汉［1953年］1册 20cm（32开）

本书收录《打渔杀家》《黄鹤楼》等剧目。

J0168381
华东区戏曲观摩演出大会 （说明书合订本）华东区戏曲观摩演出大会编辑
上海 华东区戏曲观摩演出大会 1954年
26cm（16开）

J0168382
华东区戏曲观摩演出大会会刊 （合订本）华东区戏曲观摩演出大会编辑
上海 华东区戏曲观摩演出大会 1954年 94页
26cm（16开）

J0168383
华东区戏曲观摩演出大会纪念刊 华东区戏曲观摩演出大会编
上海 华东区戏曲观摩演出大会 1954年 601页
有照片 20cm（32开）

J0168384
莫斯科国立音乐剧院演出节目简介 接待苏联来华展览办公室文艺活动处编
接待苏联来华展览办公室文艺活动处 1954年
65页 18cm（15开）

J0168385
农村剧团的方向问题 林辰夫编著
杭州 浙江人民出版社 1954年 32页 18cm（15开）
定价：旧币1,300元

J0168386
苏联国立大剧院 （苏）维·巴尔索娃等著；李士钊辑译
上海 文娱出版社 1954年 142页 有图
20cm（32开）定价：旧币8,400元

J0168387
在革命中诞生的音乐剧院 （苏）Д. 卡米尔尼茨基作；接待苏联来华展览办公室文艺活动处编
接待苏联来华展览办公室文艺活动处 1954年
17页 19cm（32开）

J0168388
在伟大的社会主义建设中提高与发展人民戏曲艺术 江西省人民政府文化事业管理局编
南昌 江西省人民政府文化事业管理局 1954年
26cm(16开)

J0168389
湖南省第二届戏曲观摩会演大会会刊 (合订本)湖南省第二届戏曲观摩会演大会编
长沙 湖南省第二届戏曲观摩会演大会
1955—1956年 26cm(16开)

J0168390
山西省第二次民间艺术观摩演出大会会刊 山西省文化局编
太原 山西省文化局 1955年 128页 有照片乐谱
21cm(32开)

J0168391
山西省第一届戏曲观摩演出大会几种剧种的访问报告 中央音乐学院民族音乐研究所编
北京 中央音乐学院民族音乐研究所 1955年
油印本 25页 26cm(16开)

J0168392
业余剧团演戏常识问答 江苏人民出版社编
南京 江苏人民出版社 1955年 68页
15cm(40开) 定价:CNY0.14

J0168393
群众业余剧团演戏常识 刘云,胡之玉著
南昌 江西人民出版社 1956年 46页
18cm(15开) 统一书号:T8110.14
定价:CNY0.15

J0168394
群众业余剧团演戏常识 刘云编著
南昌 江西人民出版社 1959年 2版 56页
19cm(32开) 统一书号:T8110.14
定价:CNY0.14

J0168395
陕西省第一届戏剧观摩演出大会纪念刊 陕西省第一届戏剧观摩演出大会编
西安 陕西省第一届戏剧观摩演出大会 1956年
375页 有图及曲谱 26cm(16开) 精装

J0168396
戏剧观摩 (中南区戏剧观摩演出剧目)中南区戏剧观摩演出大会编
广州 中南区戏剧观摩演出大会 1956年 有图
26cm(16开)

J0168397
中国古典歌舞剧团在北欧五国 中国人民对外文化协会对外文化联络局编辑
北京 中国人民对外文化协会对外文化联络局
1956年 124页 21cm(32开)

J0168398
北方昆曲剧院建院纪念特刊 金紫光等编;张力,章梅摄影
北京 北方昆曲剧院 1957年 16+131页 有照片
26cm(16开)
本书封面题名《继承与发展昆曲艺术》。

J0168399
农村业余剧团演戏常识 金葳编著
北京 通俗读物出版社 1957年 42页
18cm(15开) 统一书号:T7008.50
定价:CNY0.11

J0168400
农村业余剧团演戏常识 金葳编著
[北京] 通俗读物出版社 1957年 定价:CNY0.11

J0168401
江西省第二次职业剧团政治工作会议材料汇编 中共江西省委文教部,江西省文化局编
南昌 中共江西省委文教部 1958年
本书由中共江西省委文教部和江西省文化局联合出版。

J0168402
莫斯科艺术剧院 (1898—1948)(苏)马尔科夫(П.Марков),(苏)楚西金(Н.Чушкин)著;陈笃忱译
北京 中国电影出版社 1958年 101页
19cm(32开) 统一书号:8061.228
定价:CNY0.70

J0168403
世界文化名人关汉聊戏剧创作七百年纪念演出周 中国戏剧家协会等编
北京 中国戏剧家协会 1958年 20页 19cm(32开)

J0168404
谈谈组织农村业余剧团 浦连青等著
上海 上海文艺出版社 1958年 20页 18cm(32开)
统一书号:11178.0201 定价:CNY0.07
(农村图书室文艺丛书 第四辑)

J0168405
戏剧工作经验选辑 (第一辑)上海文艺出版社编辑
上海 上海文艺出版社 1958年 56页 19cm(32开)
统一书号:10078.0169 定价:CNY0.19
(文化艺术跃进经验丛书)

J0168406
怎样办农村业余剧团 贵州省文化局编写
[贵阳]贵州人民出版社 1958年 22页
19cm(小32开)定价:CNY0.08

J0168407
安丘县参加专区音乐舞蹈汇演节目 (乐谱)
安丘县人民委员会文化科编
安丘县 安丘县人民委员会文化科 1959年
油印本 26cm(16开)

J0168408
贵州省第三次艺术会演资料汇刊 贵州省第三次艺术会演大会编
贵州 贵州省第三次艺术会演大会 1959年
540页 有图及照片 26cm(16开)

J0168409
吉林曲艺工作通讯 吉林省曲艺工作者协会编
长春 吉林省曲艺工作者协会 1960年 52页
19cm(32开)

J0168410
成都市川剧院演出团说明书 成都市川剧院编
成都 成都市川剧院 1963年 119页 有剧照
19cm(32开)

J0168411
关于戏剧界“迎春晚会”的反应和陆定一同志对这件事的批示
北京[1964年]7页 26cm(16开)

J0168412
贵州省少数民族群众业余艺术观摩演出节目资料汇刊 贵州省少数民族群众业余艺术观摩演出会编
贵阳 贵州省少数民族群众业余艺术观摩演出会
1964年 137页 有剧照 26cm(16开)

J0168413
文艺必须为无产阶级政治服务、必须为社会主义经济基础服务 (1963年华东区话剧观摩演出大会资料之一)中国戏剧家协会浙江省分会编辑
中国戏剧家协会浙江省分会 1964年 34页
26cm(16开)

J0168414
文艺必须为无产阶级政治服务、必须为社会主义经济基础服务 (华东区话剧观摩演出大会资料之二)中国戏剧家协会浙江省分会编辑
中国戏剧家协会浙江省分会 1964年 26页
26cm(16开)

J0168415
云南省代表团演出资料 全国少数民族群众业余艺术观摩演出会云南省代表团[编]
昆明 全国少数民族群众业余艺术观摩演出会云南省代表团 1964年 100页 19cm(32开)

J0168416
看万山红遍 (中南区戏剧观摩演出剧目集锦画册)王志渊摄影;赵慕志等美术
广州 广东画报社 1965年 70页 26cm(16开)
定价:CNY1.00

J0168417
上海杂技团在圣马力诺访问 (编号0993)
新华社记者摄
[北京]1973年 2幅 11×15cm 定价:CNY2.00

J0168418
武汉杂技团在越南举行首次演出 （编号 0974）新华社发
［北京］1973 年 1 幅 11×15cm 定价：CNY1.00

J0168419
中国上海杂技团在意大利 （第 0874 号）新华社稿
［北京］1973 年 3 幅 11×15cm 定价：CNY3.00

J0168420
中国上海杂技团在英首次演出 （编号 0962）新华社记者摄
［北京］1973 年 1 幅 11×15cm 定价：CNY1.00

J0168421
中国沈阳杂技团到朝鲜进行友好访问演出 （编号 0948）新华社记者摄
［北京］1973 年 4 幅 11×15cm 定价：CNY4.00

J0168422
中国沈阳杂技团访朝演出开幕式在平壤举行 （第 0850 号）新华社记者摄
［北京］1973 年 1 幅 11×15cm 定价：CNY1.00

J0168423
中国沈阳杂技团在朝鲜元山市进行友好访问演出 （编号 0995）新华社记者摄
［北京］1973 年 1 幅 11×15cm 定价：CNY1.00

J0168424
中国武汉杂技团访问斯里兰卡 （第 0208 号）新华社记者摄
［北京］1973 年 3 幅 11×15cm 定价：CNY3.00

J0168425
北京京剧团在阿尔及利亚访问演出 （第 1575 号）新华社记者摄
［北京］文汇报社 1974 年 4 幅 11×15cm 定价：CNY4.00

J0168426
部分省、市自治区文艺调演在北京举行 （编号 0984）新华社记者摄
［北京］1974 年 1 幅 11×15cm 定价：CNY1.00

J0168427
参加华北地区文艺调演的内蒙古自治区歌舞团为厂矿工人演出 （第 0111 号）新华社记者摄
［北京］1974 年 3 幅 11×15cm 定价：CNY3.00

J0168428
坚持无产阶级政治挂帅　搞好文艺调演 （编号 1056）新华社记者摄
［北京］1974 年 4 幅 11×15cm 定价：CNY4.00

J0168429
文艺舞台百花盛开 （华北地区文艺调演节目选介之二 第 0127 号）新华社记者摄
［北京］1974 年 11 幅 11×15cm 定价：CNY11.00

J0168430
武汉杂技团访问牙买加 （编号 0419）新华社记者摄
［北京］1974 年 1 幅 12×15cm 定价：CNY1.00

J0168431
中国上海杂技团在日本访问演出 （编号 0934）新华社稿
［北京］1974 年 2 幅 11×15cm 定价：CNY2.00

J0168432
中国上海杂技团在日本横滨为工人演出小节目 （编号 0839）新华社发
［北京］1974 年 1 幅 12×15cm 定价：CNY1.00

J0168433
中国武汉杂技团在阿根廷 （编号 0418）新华社记者摄
［北京］1974 年 2 幅 12×15cm 定价：CNY2.00

J0168434
坚持文艺为工农兵服务的方向 （鄢陵县豫剧团经验介绍）河南人民出版社编辑
郑州 河南人民出版社 1975 年 71 页 19cm（32 开）
统一书号：10105.103 定价：CNY0.16

J0168435
部分省、市、自治区农民业余艺术调演节目选 （歌曲曲艺专辑）中华人民共和国文化部群

众文化局编
[北京]中华人民共和国文化部群众文化局
1980年 128页 19cm(32开)

J0168436
上海戏剧学院三十年 (1945—1982建校37周年)
上海[上海戏剧学院][1982年]57页 有图
26cm(16开)

J0168437
戏曲教育论集 史若虚著
北京 中国戏剧出版社 1983年 125页
21cm(32开)统一书号:8069.359 定价:CNY0.67

本书共收集了作者历年在各种刊物上发表的文章,以及一些讲话和未发表的文稿共22篇。

J0168438
进一步革新和发展戏曲艺术 中国戏曲现代戏研究会,文化部艺术一局创作研究室编
北京 中国戏剧出版社 1984年 370页
19cm(32开)统一书号:8069.508 定价:CNY1.30

J0168439
戏剧工作文献资料汇编 中国艺术研究院戏曲研究所《戏曲研究》编辑部,吉林省戏剧创作评论室评论辅导部编
长春 1984年 10+668页 19cm(32开)

J0168440
戏剧工作文献资料汇编 (续编)中国艺术研究院戏曲研究所《戏曲研究》编辑部,吉林省戏剧创作评论室评论辅导部编
1985年 10+884页 19cm(32开)

J0168441
中央实验话剧院建院三十周年纪念册 (1956—1986)
京华美术厂 1986年 有照片 25×25cm 精装

J0168442
红氍毹上 陶雄著
北京 中国戏剧出版社 1987年 366页 有肖像
20cm(32开)统一书号:8069.1053
定价:CNY2.40

本书内容包括评论、论述、学术探讨,对戏曲改革工作的意见及对著名京剧艺术家的回忆。

J0168443
中美文化在戏剧中交流 (奥尼尔与中国)刘海平,朱栋霖著
南京 南京大学出版社 1988年 329页 有彩照
20cm(32开)定价:CNY4.00

本书是研究西方作家与中国文化关系的专著。从中西文化交流的角度,考察诺贝尔文学奖获得者、美国著名剧作家尤金·奥尼尔所受东方哲学的影响;以及奥尼尔对中国现代戏剧的影响和60余年来中国奥尼尔研究的文化进程。

J0168444
中国艺术表演团体在改革中前进 文化部艺术表演团体改革经验选编小组编
北京 文化艺术出版社 1989年 521页
20cm(32开)ISBN:7-5039-0602-2
定价:CNY7.00

J0168445
艺苑拾贝 孙华著
北京 学苑出版社 1990年 185页 19cm(32开)
ISBN:7-5077-0177-8 定价:CNY3.00

本书论述了当前文化艺术改革的理论。对文化艺术团体,特别是对戏剧院团,在新时代进军中所走着的不平坦路程,作了概括的、真实的反映。

J0168446
全国演出管理理论研讨会文集 (一)黄森,冯绍宗编辑
[中国演出管理家协会]1992年 318页 有照片
20cm(32开)定价:CNY6.00

J0168447
全国演出管理理论研讨会文集 (二)中国演出管理家协会编
1993年 290页 有照片 20cm(32开)
定价:CNY6.00

J0168448
全国演出管理理论研讨会文集 (三)中国演出管理家协会编

1994 年 180 页 有照片 20cm(32 开)
定价: CNY8.00

J0168449
全国演出管理理论研讨会文集 (四)中国演出家协会编
1996 年 196 页 有照片 20cm(32 开)

J0168450
全国演出管理理论研讨会文集 (五)中国演出家协会编
[中国演出家协会] 1997 年 232 页 有照片 20cm(32 开)

J0168451
全国演出管理理论研讨会文集 (六)中国演出家协会编
[中国演出家协会] 1998 年 234 页 有照片 20cm(32 开)

J0168452
红火的山庄戏剧 (承德话剧团的艺术道路)中国艺术研究院话剧研究所编
北京 中国戏剧出版社 1993 年 271 页 20cm(32 开) ISBN: 7-104-00472-6
定价: CNY5.60

J0168453
唐山市文化艺术事业史料 (表演艺术事业专辑)李国昌主编
[唐山][唐山市文化局文化志办公室] 1993 年 444 页 有照片 20cm(32 开)

J0168454
戏曲艺术管理纵横 张晓晨著
北京 中国妇女出版社 1993 年 318 页 19cm(小 32 开) ISBN: 7-80016-860-3
定价: CNY6.70

本书收《文艺领导人才的基本素质》《戏曲需要一批管理家》《彭真市长与京剧》等 30 余篇文章。作者张晓晨(1933—),女,河北唐山人。北京京昆振兴协会副会长,《京昆艺术》主编等。

J0168455
亚洲传统戏剧国际研讨会论文集 中国戏剧家协会,国际剧协中国中心编
北京 中国戏剧出版社 1993 年 456 页 20cm(32 开) ISBN: 7-104-00532-3
定价: CNY25.00

本书内容涉及:中国及亚洲其他国家和地区传统戏剧的介绍,亚洲传统戏剧的美学研究、亚洲传统戏剧舞台艺术的研究等。

J0168456
艺术体制改革与管理初探 王文章著
北京 华夏出版社 1993 年 368 页 20cm(32 开) ISBN: 7-5080-0121-4 定价: CNY8.00

本书论述艺术管理所涉及的各个方面。作者王文章(1951—),教授。山东寿光人,毕业于山东大学中文系。历任文化部艺术局戏剧处处长,中国艺术研究院常务副院长兼党委副书记、院长,文化部副部长。主编有《艺术体制改革与管理初探》《传统与超越——科学与中国传统文化的对话》《中国学者眼中的科学与人文》《澳门艺术丛书》等。

J0168457
半个世纪的五彩路 (1942—1995)山西省话剧院编
1995 年 198 页 有照片 28cm(大 16 开)

本书系山西省话剧院话剧艺术表演史。

J0168458
贵州阳戏 (以罗甸县栗木乡达上村邓氏戏班为例)皇甫重庆著
台北 财团法人施合郑民俗文化基金会 1995 年 290 页 有图 21cm(32 开)精装
ISBN: 957-8892-37-3 定价: TWD450.00
(民俗曲艺丛书)

J0168459
剧专十四年 《剧专十四年》编辑小组编
北京 中国戏剧出版社 1995 年 468 页 有肖像及剧照 20cm(32 开) ISBN: 7-104-00719-9
定价: CNY20.70

剧专即国立戏剧专科学校,原名"国立戏剧学校",又称"南京国立戏剧专科学校",是我国第一所戏剧专科学校。1935 年创建于南京,戏剧教育家余上沅教授任校长。抗日战争爆发后转迁重庆,后迁往四川江安。1940 年改名为"国立

戏剧专科学校”。1949年后，剧专与原华北大学艺校、东北鲁艺学院合并组成中央戏剧学院。曹禺、应尚能、杨村彬、田汉、吴梅、赵元任、徐悲鸿、梅兰芳、程砚秋、陈白尘等一批我国著名的戏剧家先后在此任教。

J0168460
论综合治理振兴山西戏曲 曲润海编
太原 山西人民出版社 1995年 363页 有照片
20cm(32开) ISBN: 7-203-03411-9
定价: CNY14.80

J0168461
中国京剧院建院四十周年纪念册 (1955—1995)杜振宁主编
1995年 131页 29cm(16开)

J0168462
第二届中国曲艺节 裴建中主编；中共河南省委宣传部，中共平顶山市委宣传部编
郑州 河南美术出版社 1996年 160页
29cm(16开) 精装 ISBN: 7-5401-0524-0
定价: CNY120.00

J0168463
青话四十年 莫伦通主编
[广州市青年文化宫] 1996年 180页 有照片
21cm(32开)

J0168464
台湾现代戏剧概况 田本相主编
北京 文化艺术出版社 1996年 195页 有照片
20cm(32开) ISBN: 7-5039-1487-4
定价: CNY9.80

作者田本相(1932—2019)，教授。天津人，毕业于南开大学。历任中国话剧理论与历史研究会名誉会长，中国艺术研究院话剧所所长、研究员、博士生导师，中国戏剧史研究专家。著有《曹禺剧作论》《郭沫若史剧论》《民国时期话剧杂志汇编》等。

J0168465
戏剧管理学 路海波著
杭州 中国美术学院出版社 1996年 258页
20cm(32开) ISBN: 7-81019-538-7
定价: CNY22.50

外文书名: The Management of Theatre.

J0168466
中央实验话剧院 (1956—1996)王正春，冼济华主编
1996年 143页 有照片 26×28cm 精装

外文书名: China National Experimental Theatre.

J0168467
情系剧专 陈学璇主编；国立剧专在粤校友编
1997年 532页 18cm(小32开)
(南雁丛集 2)

J0168468
庆祝北方昆曲剧院成立四十周年 (兰圃)王蕴明主编；晓岚译
北京 北方昆曲剧院 1997年 88页 有彩照
29cm(16开)

J0168469
广播·电视·戏曲研究 周华斌著
北京 北京广播学院出版社 1998年 284页
有插图 20cm(32开) ISBN: 7-81004-752-3
定价: CNY16.50

J0168470
汉堡剧评 (德)莱辛(Gotthold Ephraim Lessing)著；张黎译
上海 上海译文出版社 1998年 527页
20cm(32开) ISBN: 7-5327-2105-1 定价: CNY19.50

本书据德意志民主共和国建设出版社1954年出版的十卷本《莱辛文集》第六卷译出。

J0168471
陕西省戏曲研究院六十年 (1938—1998)
1998年 123页 有照片 29cm(16开)

J0168472
陕西省戏曲研究院院志 杨兴主编；陕西省戏曲研究院院志编纂委员会编
西安 三秦出版社 1998年 379页 有图
26cm(16开) 精装 ISBN: 7-80546-996-2

定价: CNY45.00

J0168473
北京京剧院 (1979—1999)吴江, 王玉珍主编
[北京] 1999年 176页 29cm(16开)精装
外文书名: Peking Opera Troupe of Beijing.

J0168474
高雄县皮影戏五大戏团研究报告 陈忆苏, 卢彦光著
高雄县 高雄县立文化中心 1999年 91页
有照片图 21cm(32开) ISBN: 957-02-4043-1
定价: TWD250.00

J0168475
辉煌的历程 张晓琪著
银川 宁夏人民出版社 1999年 32+165页
有照片 20cm(32开) ISBN: 7-227-02076-2
定价: CNY28.80
中国近现代京剧史料选集, 宁夏京剧团史料。

J0168476
论艺术表演团体体制改革 孙滨主编
银川 宁夏人民出版社 1999年 240页
20cm(32开) ISBN: 7-227-01968-3
定价: CNY13.00
(有中国特色社会主义文化理论建设丛书 第一辑)

J0168477
南京小红花 南京市政协文史和学习委员会等编; 陈五一主编
南京 南京出版社 1999年 241页 有照片
20cm(32开) ISBN: 7-80614-523-0
定价: CNY19.50

J0168478
上海旧影 (老戏班)林明敏等编著
上海 上海人民美术出版社 1999年 91页
有照片 19cm(小32开) ISBN: 7-5322-2052-4
定价: CNY6.80

J0168479
台湾小剧场运动史 (寻找另类美学与政治)钟明德著
台北 扬智文化事业公司 1999年 340页 23cm
ISBN: 957-818-019-5 定价: TWD350.00
(剧场风景 1)

J0168480
戏剧教学 (启动多彩的心)(加)娜拉·摩根(Norah Morgan), (加)茱莉安娜·萨克森(Juliana Saxton)著; 郑黛琼译
台北 心理出版社 1999年 316页 21cm(32开)
ISBN: 957-702-310-X 定价: TWD320.00
(一般教育 51)
外文书名: Teaching Drama.

J0168481
中国戏剧艺术院团院校大全 中国戏剧家协会编
北京 中国戏剧出版社 1999年 166页
29cm(16开)精装 ISBN: 7-104-00941-8
定价: CNY120.00

电影、电视艺术

电影、电视艺术理论

J0168482
影戏学 徐卓呆编译
[民国] 188 页 [19cm](32 开)
本书包括影片剧的要素、影片剧的形式及分类、造意与原作者、编著法及编著者、舞台监督、俳优、摄影场及舞台装置、摄影法及影片技术与技师等，共 8 章，论述电影摄制技术。附“译名对照表”。

J0168483
活动影戏 孙毓修编纂
上海 商务印书馆 1918 年 30 页 有图 方 18cm(32 开)
本书为电影常识普及读物，儿童读物。

J0168484
活动影戏 孙毓修编纂
上海 商务印书馆 1922 年 3 版 30 页 有图 方 18cm(32 开)

J0168485
电影艺术 里斯加波拉，川添利基著；郑心南译
上海 商务印书馆 1926 年 82 页 17cm(36 开)
定价：大洋二角
(百科小丛书 119)
本书内容包括电影戏的本质、电影剧本、导演者、摄影术、电影演员、摄影所、映演场、电影艺术的鉴赏法等 8 章。

J0168486
电影艺术 郑心南节译
上海 商务印书馆 1930 年 69 页 18cm(小 32 开)
(万有文库 第一集 0734)

J0168487
电影艺术 里斯加波拉，川添利基著；郑心南译
上海 商务印书馆 1933 年 国难后 1 版 69 页 19cm(32 开) 定价：大洋二角
(万有文库 第 1 集)
本书内容包括：电影戏的本质、电影剧本、导演者、摄影术、电影演员、摄影所、映演场、电影艺术的鉴赏法等 8 章。

J0168488
星火 (影剧论集) 卢梦殊著
上海 电影书店 1927 年 126 页 19cm(32 开)
本书包括《新英雄主义的影剧》《批评论》《电影与革命》《斥银光》《灰色的影剧》《导演者的责任》《新艺术》等 12 篇。书末附《观影漫志》一文。

J0168489
电影讲义 周剑云，陈醉云，汪煦昌撰
上海 大东书局 [1928 年] 19cm(32 开)
(民国籍粹 续)

J0168490
电影与文艺 (银星号外) 卢梦殊编
上海 良友图书印刷有限公司 1928 年 147 页 有像 21cm(32 开) 定价：大洋六角
本书内容包括《电影的文艺化》(蔚南)、《银

幕上的文学》(春冰)、《电影与文学》(张若谷)、《电影文艺化与文艺电影化》(卢梦殊)、《文艺与电影》(卢楚宝)、《影剧与短篇小说》(汪倜然)等17篇文章。书前有编者的《编辑本书的经过》一文。

J0168491
电影 江苏省立教育学院研究实验部编
无锡 江苏省立教育学院 1931年 6页
19cm(32开) 定价:大洋三分
(民众科学问答丛书 20)
本书采用问答形式介绍电影知识,包括活动电影、电影的历史、活动电影成功的必要条件等七部分。

J0168492
蝶酣花醉 罗淑桢著
上海 上海印书馆 1931年 217页 有像
19cm(32开)
(电影本事 第1集)

J0168493
电影教育的实际和设施 (样本)刘之常编
[1933年] 40页 20cm(32开)
本书内容有电影史的概观、电影机的使用法、电影场的设备等。

J0168494
电影 (新发明之五)钟敬之编
上海 新生命书局 1934年 78页 有图
19cm(32开)
(新生命大众文库)
本书主要内容包括:最初的电影、原理、幻灯与滦州影戏、摄影机开映和胶片、电影制作、卡通片、有声电影、特种摄影法的电影、电影事业的现状等10节。书前有电影照片16幅,书末附本书重要人名原文表。

J0168495
电影教育实施法 刘之常,蒋社村编校
镇江 江苏省立镇江民众教育馆 1934年 266页
有图 18cm(15开) 定价:大洋四角
(江苏省立社会教育机关辅导丛刊)
本书内容分为电影教育论、实施问题2编,论述过去、现在和将来的电影教育事业,介绍教育电影场的设备法、建筑法、教学法等。附教育电影剧本《饮食卫生》、中国电影教育论文引得等。

J0168496
电影艺术 殷作桢著
上海 中国文化书局 1934年 142页 19cm(32开)
本书内容分上下编:上编为“电影一般论”,论述电影的本质、编制、演出、摄影、剪接、节拍、鉴赏等,共7章;下编为“电影导演论”,论述情绪的经验、电影的感觉、拍戏的准备、表演的才能、速度的意义、影片的剪接等,共11章。书前有作者的《写在电影艺术之前》。上编曾分别发表于光华书局的《文艺创作讲座》第4集和《青年与战争》,下编曾发表于1932年《时事新报》电影副刊。

J0168497
电影术语词典 洪深著
上海 天马书店 1935年 320页 有肖像
19cm(32开) 定价:大洋一元二角
本书解释电影界常用的及比较重要的术语,包括活动影片、摄影机、镜箱、开麦拉、摄影场、灯、制片部、技巧的镜头、彩色影片、有声电影、编剧、导演等25节。书末有中西文索引及著者后记。

J0168498
教育电影移风易俗内容述要 陈果夫编
教育部中华教育电影制片厂指导委员会
[1935年] 214页 18cm(15开)
本书分4篇,包括移风易俗教育电影编著缘起及经过、移风易俗教育电影旨趣分类一览表、节目分类一览表、各幕内容述要等。

J0168499
我国之教育电影运动 郭有守著
中国教育电影协会 1935年 16页 19cm(32开)
本书为讲演稿,介绍电影发明和发达经过,电影教育在欧洲、日本和我国的开展及机构设施概况。

J0168500
教育电影概论 宗亮东编
上海 商务印书馆 1936年 12+314页

19cm(32开)定价:国币五角

本书分10章,论述教育电影的意义、范围、对象、设置、实施,以及教育电影的编制与展望等。附中国教育电影协会章程等7种。

J0168501

非常时期的电影教育 徐公美编

南京 正中书局 1937年 13+154页 有像 21cm(32开)定价:国币五角

(教与学月刊社丛篇)

本书分两篇,上篇"各国电影政策概述",概述美国、德国、英国、意大利等国家的电影政策;下篇"非常时期电影教育",概述"电影与国防之关系""训练专门人才"等。书前有陈立夫、潘公展序及著者自序等。书后有《教育部电影教育委员会规则》等38条附录。

J0168502

教育电影实施指导 宗秉新,蒋社村编

上海 中华书局 1937年 282页 22cm(30开) 定价:国币七角

本书分教育电影的意义与范围、中国教育电影概观、各国教育电影概观、教育电影简易设备法、教育电影教学法、教育电影巡回放映法等8章。

J0168503

有声的教育电影 陈友松著

上海 商务印书馆 1937年 258页 有图像 21cm(32开)定价:国币九角

本书为有声教学电影研究专著,分电影教育的地位、世界各国电影教育的现状、教育有声影片的制造、视听教育行政、中小学有声电影教育的实施、大学及成人电影教育的实施等12章。

J0168504

浙江省教育厅电化教育人员训练班课外演讲集 浙江省教育厅电化教育人员训练班编

杭州 浙江省教育厅公报室 1937年 128页 19cm(32开)

本书内收《欧美各国之电影教育》《教育工具的价值与应用》《社教人员的修养问题》等演讲十余篇。

J0168505

电影概论 徐公美著

长沙 商务印书馆 1938年 86页 19cm(32开) 定价:国币三角五分

(电影小丛书)

本书内容分8节,包括论述电影的意义、诞生、艺术价值、社会效用等。

J0168506

电影教育论 陈友兰编

长沙 商务印书馆 1938年 175页 19cm(32开) 定价:国币六角五分

(电影小丛书)

本书内容分为:何谓电影教育、电影在教育上的效能、各国电影教育概观、我国电影教育运动的鸟瞰、电影教育的设备法及教学法、电影教育研究的资料等八部分。附教育部电影教育委员会规则等。

J0168507

电影艺术论 徐公美著

长沙 商务印书馆 1938年 105页 19cm(32开) 定价:国币四角五分

(电影小丛书)

本书内容包括电影艺术的发展过程、电影艺术在艺术史上的特殊位置、电影艺术的艺术性与企业性的对立、电影艺术性的肯定与否定、电影艺术的技术、电影艺术的综合性与集团性等,共13章。

J0168508

电影浅说 沈西苓,凌鹤编

昆明 中华书局 1941年 4版 52页 有图 19cm(32开)

(初中学生文库)

本书为中学课外读物,内容包括电影与魔术、电影公司、怎样看电影、电影史、中国电影、电影民众化等6章,是面向初中学生的课外读物。

J0168509

电影浅说 沈西苓,凌鹤编

上海 中华书局 1947年 52页 有图 19cm(32开) 定价:国币一元三角

(中华文库 初中第1集)

本书内容包括：电影与魔术、电影公司、怎样看电影、电影史、中国电影、电影民众化等6章，是面向初中学生的课外读物。

J0168510
电影教育　陈沂著
永安 福建省政府教育厅 1942年 89页
18cm(15开) 定价：国币二元五角
(社会教育小丛书)
本书内容分：电影教育发展史、理论根据、施行方针和原则、辅助教具的运用4章。

J0168511
电影常识　叶运升著
桂林 文化供应社 1943年 59页 15cm(40开)
定价：国币二元二角
(青年新知识丛刊)
本书内容包括：电影是什么、电影的发明和改进、电影活动的原理、电影与教育、电影美术等13节，每节末有提问及中文参考书目。

J0168512
电影　(第六期)吴崇文编辑
上海 冯葆善 1946年 13页 有照片 26cm(16开)
定价：旧币1,500元

J0168513
电影知识　鲁思著
上海 永祥印书馆 1946年 2版 81页 16cm(25开)
(青年知识丛书 第1辑 12)
本书内容包括电影历史、电影原理两篇，介绍电影的诞生、格雷斐斯与电影艺术、电影的表演、电影的化装、导演与摄影师、有声电影如何发音等。

J0168514
电影　唐廷仁编著
正中书局 1948年 2版 22页 有图 18cm(15开)
定价：国币六角
(儿童科学丛书)
本书内容为电影基本知识，包括：看电影——电影机的构造和电影的原理、参观制片公司——影片的制法和摄影、听张先生讲故事——电影的发明和功用等3节。

J0168515
电影　唐廷仁编著
正中书局 1948年 22页 有图 19cm(小32开)
定价：国币六角
(儿童科学丛书)

J0168516
有声电影和电视　温太辉编著
上海 正中书局 1948年 23页 有图 19cm(32开)
定价：国币六角
(儿童科学丛书)
本书包括：影的奇迹、关于有声电影和电视的几个基本问题、有声电影、电视等4节，向儿童介绍有声电影和电视的基本知识。

J0168517
有声电影和电视　温太辉编著
上海 正中书局 1948年 2版 23页 有图
[19cm](32开) 定价：国币六角
(儿童科学丛书)

J0168518
论电影　于伶等著
上海 艺术社 1949年 135页 [13×19cm]
本书内收《新形势下文艺运动上的几个问题》(荃麟)、《文艺运动的现状及趋势》(史笃)、《新中国电影运动的前途与方针》(丁伶)、《论社会主义的现实主义》(A.塔拉辛可夫)、《萧军思想的分析》(周立波)、《哈尔滨文化界批评萧军的思想》(柳晨)、《亩半园子》(田生)、《鼓》(田晴)、《从刀锋的缺口下来》(葛琴)、《寓言三则》(张天翼)、《一九四九年在中国》(绀弩)、《老板及其他》(马凡陀)等12篇文章。

J0168519
电影艺术概论　顾仲彝撰
上海 群艺出版社 1950年 146页 18cm(15开)
(文艺学习丛书)
本书根据符·普多夫金的《电影技术》、厄纳斯特·林格伦的《电影艺术》和罗吉尔·孟弗尔的《电影》，以及作者的实际经验写成。旨在使读者对电影艺术影片摄制过程有一个初步的概念。内容包括：电影事业的组织、电影制作的过程、电影的剪辑术、电影的导演术、电影的摄影术、电影里的音乐、电影的演技等。

J0168520
电影艺术概论 顾仲彝撰
上海 新文艺出版社 1951 年 新 1 版 146 页
18cm（15 开）定价：旧币 5,500 元
（文艺学习丛书）

J0168521
中央电影局艺术处资料 （第 1 辑 经验介绍 1–10）中央电影局艺术处编
北京 中央电影局艺术处 1950 年 52 页
19cm（32 开）

J0168522
中央电影局艺术处资料 （第 1 辑 理论 1–10）中央电影局艺术处编
北京 中央电影局艺术处 1950 年 137 页 有照片
19cm（32 开）

J0168523
中央电影局艺术处资料 （第 2 辑 理论 11–20）中央电影局编
北京 中央电影局艺术处 1950 年 111 页
19cm（32 开）

J0168524
中央电影局艺术处资料 （第 2 辑 经验介绍 11–20）中央电影局艺术处编
北京 中央电影局艺术处 1951 年 53–124 页
19cm（32 开）

J0168525
中央电影局艺术处资料 （第 3 辑 理论 21–30）中央电影局艺术处编
北京 中央电影局艺术处 1951 年 122 页
19cm（32 开）

J0168526
中央电影局艺术处资料 （第 4 辑 理论 31–40）中央电影局艺术处编
北京 中央电影局艺术处 1951 年 123–218 页
19cm（32 开）

J0168527
中央电影局艺术处资料 （第 5 辑 理论 41–50）中央电影局艺术处编
北京 中央电影局艺术处 1951 年 219–334 页
19cm（32 开）

J0168528
中央电影局艺术处资料 （第 6 辑 理论 51–60）中央电影局艺术处编
北京 中央电影局艺术处 1951 年 345–434 页
19cm（32 开）

J0168529
中央电影局艺术处资料 （第 7 辑 理论 61–70）中央电影局艺术处编
北京 中央电影局艺术处 1951 年 435–527 页
19cm（32 开）

J0168530
中央电影局艺术处资料 （第 8 辑 理论 71–75）中央电影局艺术处编
北京 中央电影局艺术处 1951 年 1 册（合订）
19cm（32 开）

J0168531
中央电影局艺术处资料 （第 11 辑 理论 11–20）中央电影局艺术处编
北京 中央电影局 1950 年 111 页 19cm（32 开）

J0168532
电影 （俄）费多洛夫（А.С.Федоров），（苏）格利哥尔也夫（Г.Б.Григорьев）著；腾砥平译
北京 开明书店 1951年 75页 有图 18cm（15开）
定价：旧币 3,600 元
（苏联青年科学丛书）

本书内容主要讲述电影发明的经过，电影放映和发声的原理，以及许多特殊的电影拍摄方法。

J0168533
电影 （苏）费多洛夫，格里戈尔也夫著；滕砥平译
［北京］中国青年出版社 1951 年
定价：旧币 2,500 元

J0168534
电影艺术资料丛刊 （1952 年 第 3 号 总第 29 期）中央电影局艺术委员会编
北京 中央电影局艺术委员会 1952 年 120 页

20cm（32开）定价：旧币5,000元

J0168535
电影艺术资料丛刊 （1952年 第4号）中央电影局艺术委员会编辑
北京 中央电影局艺术委员会 1952年 115页 20cm（32开）定价：旧币5,000元

J0168536
电影艺术资料丛刊 （1952年 第5号）中央电影局艺术委员会编辑
北京 中央电影局艺术委员会 1952年 112页 20cm（32开）定价：旧币5,000元

J0168537
电影艺术资料丛刊 （1952年 第6号）中央电影局艺术委员会编辑
北京 中央电影局艺术委员会 1952年 130页 20cm（32开）定价：旧币5,000元

J0168538
电影艺术资料丛刊 （1952年 第1号）中央人民政府文化部电影事业管理局艺术委员会辑
北京 中央人民政府文化部电影事业管理局 1952年 82页 20cm（32开）
定价：旧币4,000元

J0168539
电影艺术资料丛刊 （1952年 第2号）中央人民政府文化部电影事业管理局艺术委员会编辑
北京 中央人民政府文化部电影事业管理局 1952年 106页 20cm（32开）
定价：旧币5,000元

J0168540
电影艺术四讲 （苏）爱森斯坦（С.М.Эйзенштейн）撰；齐宙译；中央人民政府文化部电影局艺术委员会编辑
北京 时代出版社 1953年 262页 有照片 20cm（32开）定价：旧币13,000元
（电影艺术丛书）

作者谢尔盖·爱森斯坦（Сернгей Михфйлович Зйзенштейн，1898—1948），苏联电影导演，电影理论家和教育家。艺术学博士、教授。出生于里加。毕业于圣彼得堡土木工程学院建筑系。作品有：执导传记电影《伊凡雷帝》《伊凡雷帝》，纪录片《墨西哥万岁》。

J0168541
电影艺术译丛 （1953年第1期）中央电影局艺术委员会编辑
北京 中央电影局 1953年 89页 20cm（32开）
定价：旧币3,600元

J0168542
电影艺术译丛 （1953年第2期）中央电影局艺术委员会编辑
北京 中央电影局 1953年 96页 20cm（32开）
定价：旧币3,600元

J0168543
电影艺术译丛 （1953年第3期）中央电影局艺术委员会编辑
北京 中央电影局 1953年 96页 20cm（32开）
定价：旧币3,600元

J0168544
电影艺术译丛 （1953年第4期）中央电影局艺术委员会编辑
北京 中央电影局 1953年 96页 20cm（32开）
定价：旧币3,600元

J0168545
电影艺术译丛 （1953年第5期）中央电影局艺术委员会编辑
北京 中央电影局 1953年 96页 20cm（32开）
定价：旧币3,600元

J0168546
电影艺术译丛 （1953年第6期）中央电影局艺术委员会编辑
北京 中央电影局 1953年 94页 有照片 20cm（32开）定价：旧币3,600元

J0168547
电影艺术译丛 （1953年第7期）中央电影局艺术委员会编辑
北京 中央电影局 1953年 94页 有照片 20cm（32开）定价：旧币3,600元

J0168548
电影艺术译丛 （1953 年第 8 期）中央电影局艺术委员会编辑
北京 中央电影局 1953 年 94 页 有照片
20cm（32 开）定价：旧币 3,600 元

J0168549
电影艺术译丛 （1953 年第 9 期）中央电影局艺术委员会编辑
北京 中央电影局 1953 年 94 页 有照片
20cm（32 开）定价：旧币 3,600 元

J0168550
电影艺术译丛 （1953 年第 10 号）中央电影局艺术委员会编辑
北京 中央电影局 1953 年 94 页 有照片
20cm（32 开）定价：旧币 3,600 元

J0168551
电影艺术译丛 （1953 年第 11-12 期）中央电影局艺术委员会编辑
北京 中央电影局 1953 年 94 页 有照片
20cm（32 开）定价：旧币 3,600 元

J0168552
电影艺术译丛 （1954 年第 7 期 总第 19 期）中央电影局艺术委员会编辑
北京 艺术出版社 1954 年 96 页 有照片
20cm（32 开）定价：旧币 4,500 元

J0168553
电影艺术译丛 （1954 年第 8 期 总第 20 期）中央电影局艺术委员会编辑
北京 艺术出版社 1954 年 98 页 有照片
20cm（32 开）定价：旧币 4,500 元

J0168554
电影艺术译丛 （1954 年第 9 期 总第 21 期）中央电影局艺术委员会编辑
北京 艺术出版社 1954 年 96 页 有照片
20cm（32 开）定价：旧币 4,500 元

J0168555
电影艺术译丛 （1954 年第 10 期 总第 22 期）中央电影局艺术委员会编辑
北京 艺术出版社 1954 年 98 页 有照片
20cm（32 开）定价：旧币 4,500 元

J0168556
电影艺术译丛 （1954 年第 11 期 总第 23 期）中央电影局艺术委员会编辑
北京 艺术出版社 1954 年 102 页 有照片
20cm（32 开）定价：旧币 4,500 元

J0168557
电影艺术译丛 （1954 年第 12 期 总第 24 期）中央电影局艺术委员会编辑
北京 艺术出版社 1954 年 104 页 有照片
20cm（32 开）定价：旧币 4,500 元

J0168558
电影艺术译丛 （1955 年第 1 期 总第 25 期）中央电影局艺术委员会编辑
北京 艺术出版社 1955 年 103 页 有照片
20cm（32 开）定价：旧币 4,500 元

J0168559
电影艺术译丛 （1955 年第 2 期 总第 26 期）中央电影局艺术委员会编辑
北京 艺术出版社 1955 年 103 页 有照片
20cm（32 开）定价：旧币 4,500 元

J0168560
电影艺术译丛 （1955 年第 3 期 总第 27 期）中央电影局艺术委员会编辑
北京 艺术出版社 1955 年 103 页 有照片
20cm（32 开）定价：旧币 4,500 元

J0168561
电影艺术译丛 （1955 年第 4 期 总第 28 期）中央电影局艺术委员会编辑
北京 艺术出版社 1955 年 103 页 有照片
20cm（32 开）定价：旧币 4,500 元

J0168562
电影艺术译丛 （1955 年第 5 期 总第 29 期）中央电影局艺术委员会编辑
北京 艺术出版社 1955 年 104 页 有照片
20cm（32 开）定价：CNY0.45

J0168563
电影艺术译丛 （1955 年第 6 期 总第 30 期）
电影艺术编辑社编辑
北京 艺术出版社 1955 年 104 页 有照片
20cm（32 开）定价：CNY0.45

J0168564
电影艺术译丛 （1955 年第 7 期 总第 31 期）
电影艺术编辑社编辑
北京 艺术出版社 1955 年 104 页 有照片
20cm（32 开）定价：CNY0.45

J0168565
电影艺术译丛 （1955 年第 8 期 总第 32 期）
电影艺术编辑社编辑
北京 艺术出版社 1955 年 104 页 有照片
20cm（32 开）定价：CNY0.45

J0168566
电影艺术译丛 （1955 年第 9 期 总第 33 期）
中央电影局艺术委员会编辑
北京 艺术出版社 1955 年 108 页 有照片
20cm（32 开）定价：CNY0.45

J0168567
电影艺术译丛 （1955 年第 10 期 总第 34 期）
中央电影局艺术委员会编辑
北京 艺术出版社 1955 年 108 页 有照片
20cm（32 开）定价：CNY0.45

J0168568
电影艺术译丛 （1955 年第 11 期 总第 35 期）
中央电影局艺术委员会编辑
北京 艺术出版社 1955 年 108 页 有照片
20cm（32 开）定价：CNY0.45

J0168569
电影艺术译丛 （1955 年第 12 期 总第 36 期）
中央电影局艺术委员会编辑
北京 艺术出版社 1955 年 110 页 有照片
20cm（32 开）定价：CNY0.45

J0168570
电影艺术译丛 （1956 年第 1 期 总第 37 期）
中央电影局艺术委员会编辑
北京 艺术出版社 1956 年 110 页 有照片
20cm（32 开）定价：CNY0.45

J0168571
电影艺术译丛 （1956 年第 2 期 总第 38 期）
中央电影局艺术委员会编辑
北京 艺术出版社 1956 年 110 页 有照片
20cm（32 开）定价：CNY0.45

J0168572
电影艺术译丛 （1956 年第 3 期 总第 39 期）
中央电影局艺术委员会编辑
北京 艺术出版社 1956 年 110 页 有照片
20cm（32 开）定价：CNY0.45

J0168573
电影艺术译丛 （1956 年第 4 期 总第 40 期）
中央电影局艺术委员会编辑
北京 艺术出版社 1956 年 110 页 有照片
20cm（32 开）定价：CNY0.45

J0168574
电影艺术译丛 （1956 年第 5 期 总第 41 期）
中央电影局艺术委员会编辑
北京 艺术出版社 1956 年 110 页 有照片
20cm（32 开）定价：CNY0.45

J0168575
电影艺术译丛 （1956 年第 6 期 总第 42 期）
中央电影局艺术委员会编辑
北京 艺术出版社 1956 年 110 页 有照片
20cm（32 开）定价：CNY0.45

J0168576
电影艺术译丛 （1956 年第 7 期 总第 43 期）
中央电影局艺术委员会编辑
北京 艺术出版社 1956 年 110 页 有照片
20cm（32 开）定价：CNY0.45

J0168577
电影艺术译丛 （1956 年第 8 期 总第 44 期）
中央电影局艺术委员会编辑
北京 艺术出版社 1956 年 110 页 有照片
20cm（32 开）定价：CNY0.45

J0168578
电影艺术译丛 （1956 年第 9 期 总第 45 期）
中央电影局艺术委员会编辑
北京 艺术出版社 1956 年 110 页 有照片
20cm（32 开）定价：CNY0.45

J0168579
电影艺术译丛 （1956 年第 10 期 总第 46 期）
中央电影局艺术委员会编辑
北京 艺术出版社 1956 年 110 页 有照片
20cm（32 开）定价：CNY0.45

J0168580
电影艺术译丛 （1956 年第 11 期 总第 47 期）
中央电影局艺术委员会编辑
北京 艺术出版社 1956 年 110 页 有照片
20cm（32 开）定价：CNY0.45

J0168581
电影艺术译丛 （1956 年第 12 期 总第 48 期）
中央电影局艺术委员会编辑
北京 艺术出版社 1956 年 110 页 有照片
20cm（32 开）定价：CNY0.45

J0168582
电影艺术译丛 （1957 年第 1 期 总第 49 期）
中国电影出版社编辑
北京 中国电影出版社 1957 年 128 页 有剧照
20cm（32 开）定价：CNY0.38

J0168583
电影艺术译丛 （1957 年第 2 期 总第 50 期）
中国电影出版社编辑
北京 中国电影出版社 1957 年 128 页 有剧照
20cm（32 开）定价：CNY0.38

J0168584
电影艺术译丛 （1957 年第 3 期 总第 51 期）
中国电影出版社编辑
北京 中国电影出版社 1957 年 106 页 有剧照
20cm（32 开）定价：CNY0.38

J0168585
电影艺术译丛 （1957 年第 4 期 总第 52 期）
中国电影出版社编辑
北京 中国电影出版社 1957 年 106 页 有剧照
20cm（32 开）定价：CNY0.38

J0168586
电影艺术译丛 （1957 年第 5 期 总第 53 期）
中国电影出版社编辑
北京 中国电影出版社 1957 年 106 页 有剧照
20cm（32 开）定价：CNY0.38

J0168587
电影艺术译丛 （1957 年第 6 期 总第 54 期）
中国电影出版社编辑
北京 中国电影出版社 1957 年 106 页 有剧照
20cm（32 开）定价：CNY0.38

J0168588
电影艺术译丛 （1957 年第 7 期 总第 55 期）
中国电影出版社编辑
北京 中国电影出版社 1957 年 106 页 有剧照
20cm（32 开）定价：CNY0.38

J0168589
电影艺术译丛 （1957 年第 8 期 总第 56 期）
中国电影出版社编辑
北京 中国电影出版社 1957 年 106 页 有剧照
20cm（32 开）定价：CNY0.38

J0168590
电影艺术译丛 （1957 年第 9 期 总第 57 期）
中国电影出版社编辑
北京 中国电影出版社 1957 年 106 页 有剧照
20cm（32 开）定价：CNY0.38

J0168591
电影艺术译丛 （1957 年第 10 期 总第 58 期）
中国电影出版社编辑
北京 中国电影出版社 1957 年 122 页 有剧照
20cm（32 开）定价：CNY0.38

J0168592
电影艺术译丛 （1957 年第 11 期 总第 59 期）
中国电影出版社编辑
北京 中国电影出版社 1957 年 122 页 有剧照
20cm（32 开）定价：CNY0.38

J0168593
电影艺术译丛 （1957年第12期 总第60期）
中国电影出版社编辑
北京 中国电影出版社 1957年 108页 有剧照
20cm（32开）定价：CNY0.38

J0168594
电影艺术译丛 （1958年1月号 总第61号）
中国电影出版社编辑
北京 中国电影出版社 1958年 98页 有照片
20cm（32开）定价：CNY0.38

J0168595
电影艺术译丛 （1958年第2期 总第62期）
中国电影出版社编辑
北京 中国电影出版社 1958年 98页 有照片
20cm（32开）定价：CNY0.38

J0168596
电影艺术译丛 （1958年第3期 总第63期）
中国电影出版社编辑
北京 中国电影出版社 1958年 98页 有照片
20cm（32开）定价：CNY0.38

J0168597
电影艺术译丛 （1958年第4期 总第64期）
中国电影出版社编辑
北京 中国电影出版社 1958年 98页 有照片
20cm（32开）定价：CNY0.38

J0168598
电影艺术译丛 （1958年第5期 总第65期）
中国电影出版社编辑
北京 中国电影出版社 1958年 98页 有照片
20cm（32开）定价：CNY0.38

J0168599
电影艺术译丛 （1958年第6期 总第66期）
中国电影出版社编辑
北京 中国电影出版社 1958年 98页 有照片
20cm（32开）定价：CNY0.38

J0168600
电影艺术译丛 （1962年第1辑）电影艺术译丛编辑部编
北京 中国电影出版社 1962年 269页
20cm（32开）统一书号：8061.992 定价：CNY1.30

J0168601
电影艺术译丛 （1962年第2辑）电影艺术译丛编辑部编
北京 中国电影出版社 1962年 269页
20cm（32开）统一书号：8061.992 定价：CNY1.30

J0168602
电影艺术译丛 （1962年第3辑）电影艺术译丛编辑部编
北京 中国电影出版社 1962年 290页 有剧照
20cm（32开）统一书号：8061.1034
定价：CNY1.30

J0168603
电影艺术译丛 （1963年第1辑）电影艺术译丛编辑部编
北京 中国电影出版社 1963年 273页 有剧照
20cm（32开）统一书号：8061.991
定价：CNY1.30

J0168604
电影艺术译丛 （1963年第4辑）电影艺术译丛编辑部编
北京 中国电影出版社 1963年 277页 有照片
20cm（32开）统一书号：8061.1054
定价：CNY1.30

J0168605
电影艺术译丛 （1963年第5辑）电影艺术译丛编辑部编
北京 中国电影出版社 1963年 275页 有照片
20cm（32开）统一书号：8061.1076
定价：CNY1.40

J0168606
电影艺术译丛 （1963年第6辑）电影艺术译丛编辑部编
北京 中国电影出版社 1963年 265页 有剧照
20cm（32开）统一书号：8061.1082
定价：CNY1.20

J0168607
电影艺术译丛 （1964年第7辑）电影艺术译丛编辑部编
北京 中国电影出版社 1964年 284页
20cm（32开）定价：CNY1.20

J0168608
电影艺术译丛 （1978年第1期）《电影艺术译丛》编辑部编
北京 中国电影出版社 1978年 320页
20cm（32开）定价：CNY0.77

J0168609
电影艺术译丛 （1979年第1期）电影艺术译丛编剧部编
北京 中国电影出版社 1979年 320页
20cm（32开）定价：CNY0.77

J0168610
电影艺术译丛 （1979年第2期 内总第10期）电影艺术译丛编辑部编辑
北京 中国电影出版社 1979年 320页
21cm（32开）定价：CNY0.77

J0168611
电影艺术译丛 （1979年第3期 内总第11期）电影艺术译丛编辑部编辑
北京 中国电影出版社 1979年 320页
21cm（32开）定价：CNY0.77

J0168612
电影艺术译丛 （1979年第4期 内总第12期）电影艺术译丛编辑部编辑
北京 中国电影出版社 1979年 320页
21cm（32开）定价：CNY0.77

J0168613
电影艺术译丛 （1979年第12期）电影艺术译丛编剧部编
北京 中国电影出版社 1979年 320页
20cm（32开）定价：CNY0.77

J0168614
电影艺术译丛 （1980年第3期）电影艺术译丛编辑部编
北京 中国电影出版社 1980年 320页
20cm（32开）定价：CNY0.77

J0168615
电影艺术译丛 （1980年第4期）电影艺术译丛编辑部编
北京 中国电影出版社 1980年 320页
20cm（32开）定价：CNY0.77

J0168616
电影艺术译丛 （1980年第5期）电影艺术译丛编辑部编
北京 中国电影出版社 1980年 320页
20cm（32开）定价：CNY0.77

J0168617
电影艺术译丛 （1981年第1期）电影艺术译丛编辑部编
北京 中国电影出版社 1981年 256页+[6]页图版 有图 20cm（32开）定价：CNY0.65

J0168618
电影艺术译丛 （1981年第3期）电影艺术译丛编辑部编
北京 中国电影出版社 1981年 256页+[6]页图版 有图 20cm（32开）定价：CNY0.65
本书是外国电影艺术家发表的电影评论集。

J0168619
论电影与戏剧中的冲突 （苏）包哥廷等著；李纬武等译
[北京]艺术出版社 1954年 [106]页
20cm（32开）定价：旧币4,300元

J0168620
文学与电影 （苏）罗姆（MPoмм）等著；富澜译
北京 艺术出版社 1954年 139页 20cm（32开）定价：旧币4,800元
（电影艺术丛书）

J0168621
电影的奇迹 何寄梅，吴定洪编译
北京 北京书店 1955年 104页 有图
20cm（32开）定价：CNY0.38
（苏联科学知识译丛）

J0168622
俄、英、德、法电影名词术语汇编 电影艺术编译社编
北京 电影艺术编译社 1955 年 632 页
15cm(40 开) 定价: CNY2.50

J0168623
高尔基和电影 (苏)瓦依斯菲尔德等著; 胡英远等译
[北京]艺术出版社 1956 年 定价: CNY0.38
本书选辑 6 篇文章, 对高尔基和电影的关系作了具体的阐述。包括:《高尔基论电影剧作和导演的技巧》(И. 瓦依斯菲尔德)、《高尔基的电影剧本》(И. 瓦依斯菲尔德)、《高尔基和电影》(В. 维什涅夫斯基)、《高尔基与电影艺术》(С. 布列依特布尔格)、《高尔基与苏联电影艺术》(В. 葛拉切夫)、《高尔基的"母亲"在银幕上》(И. 乌拉基米尔契娃, А. 别列涅兹)。

J0168624
谈谈看电影 卓戈云编著
广州 广东人民出版社 1956年 28 页 18cm(32 开)
统一书号: T7111.32 定价: CNY0.08

J0168625
文学遗产与电影 电影艺术编译社编辑
北京 艺术出版社 1956 年 69 页 20cm(32 开)
统一书号: 10022.63 定价: CNY0.30
(电影艺术丛书)

J0168626
文学遗产与电影 (苏)马涅维奇等著; 伍菡卿等译
[北京]艺术出版社 1956 年 定价: CNY0.30

J0168627
电影简话 吴天著
北京 中国电影出版社 1957年 80 页 20cm(32 开)
统一书号: 8061.198 定价: CNY0.24
本书介绍了电影的基本知识。内容分 5 章: "概说"; "片种和样式"; "特性"; "主题、人物、冲突、细节"; "艺术创作"。本书可以帮助读者了解电影艺术创作和影片制作过程, 获得电影艺术的常识; 对于如何欣赏电影, 也可以有所帮助。

J0168628
和电影交朋友 岑桑, 王伟轩编著; 岑毅鸣绘图
广州 广东人民出版社 1957 年 94 页
18cm(15 开) 统一书号: TR10111.141
定价: CNY0.24

J0168629
论电影艺术 (英)林格伦(E.Lindgren)著; 何力, 李庄藩译
北京 中国电影出版社 1957 年 156 页 有图版
20cm(32 开) 统一书号: 8061.154
定价: CNY0.90
本书介绍了影片的摄制组织、拍摄过程和技术要素及影片的摄影技巧、音乐问题、演员的表演技巧等。外文书名: The Art of the Film.

J0168630
论电影艺术 (英)林格伦(E.Lindgren)著; 何力等译
北京 中国电影出版社 1979 年 274 页 有照片
20cm(32 开) 统一书号: 8061.1347
定价: CNY1.45
本书介绍了影片的摄制组织、拍摄过程和技术要素及影片的摄影技巧、音乐问题、演员的表演技巧等。

J0168631
论电影艺术 (英)林格伦(Lindgren, Ernest)著; 何力等译
北京 中国电影出版社 1993 年 重印本 274 页
有附照片 20cm(32 开) ISBN: 7-106-00031-0
定价: CNY5.60
(外国电影理论名著)
本书介绍了影片的摄制组织、拍摄过程和技术要素及影片的摄影技巧、音乐问题、演员的表演技巧等。外文书名: The Art of the Film.

J0168632
论电影艺术 (英)林格伦(Lindgren, Ernest)著; 何力等译
北京 中国电影出版社 1993 年 重印本 274 页
有附照片 20cm(32 开) 精装
ISBN: 7-106-00847-8 定价: CNY7.00
(外国电影理论名著)
本书介绍了影片的摄制组织、拍摄过程和技

术要素及影片的摄影技巧、音乐问题、演员的表演技巧等。

J0168633
国际电影参考资料 （3《民主德国电影创作会议》专辑）《国际电影》编辑部编
［北京］《国际电影》编辑部 1958年 75页
19cm（32开）

J0168634
论电影剧作 （苏）杜甫仁科等著；袭逸霄译
北京 中国电影出版社 1958年 定价：CNY0.28

J0168635
论电影艺术的特性 （苏）吉甘等著；念繁等译
北京 中国电影出版社 1958年 95页 20cm（32开）
统一书号：8061.233 定价：CNY0.36

J0168636
电影 傅肃雍编写
杭州 浙江人民出版社 1959年 36页
18cm（15开）统一书号：T7103.127
定价：CNY0.08
（农村实用电气知识丛书）

J0168637
论文学与电影 ［苏］M. 罗姆等著；何力译
北京 中国电影出版社 1959年 定价：CNY0.26

J0168638
为提高新闻记录电影的思想性艺术性而奋斗 丁峤等著
北京 中国电影出版社 1959年 定价：CNY0.46

J0168639
电影艺术参考资料 （1961.19）中国电影工作者协会编
北京 电影艺术编辑部 1961年 128页
19cm（32开）

J0168640
格拉西莫夫论文集 （一）（苏）格拉西莫夫著；中国电影工作者协会外国电影研究室编
北京 中国电影出版社 1961年 243页
19cm（32开）统一书号：8061.843 定价：CNY0.70

作者谢尔盖·阿波里纳里耶维奇·格拉西莫夫（СергейПоллинариевич Герасимов，1906—1985），苏联电影编剧、导演、苏联人民艺术家。《静静的顿河》导演。

J0168641
格拉西莫夫论文集 （二）（苏）格拉西莫夫著；中国电影工作者协会外国电影研究室编
北京 中国电影出版社 1961年 228页
19cm（32开）统一书号：8061.844 定价：CNY0.65

作者谢尔盖·阿波里纳里耶维奇·格拉西莫夫，СергейполлинариевичГерасимов（1906—1985）苏联电影编剧、导演，苏联人民艺术家。《静静的顿河》导演。

J0168642
走向艺术真实之路 （苏）彼萨列夫斯基等著；卫平等译
北京 中国电影出版社 1961年 146页
21cm（32开）统一书号：8061.943 定价：CNY0.53
（电影艺术理论文辑 2）

本书收录3篇论文：《走向艺术真实之路——影片〈夏伯阳〉的创作历史片断》（Д.彼萨列夫斯基）、《影片〈亚历山大·涅夫斯基〉的结构》（В.尼柯尔斯卡娅）、《影片〈海军上将乌沙科夫〉的群众场面》（М.罗姆）。3篇论文各自结合一部具体影片，分别论述了艺术概括的特性问题、影片的结构原则问题和群众场面的处理与组织问题。

J0168643
爱森斯坦论文选集 （苏）爱森斯坦，C.M.著；尤列涅夫编注；魏边实等译
北京 中国电影出版社 1962年 629页
21cm（32开）统一书号：8061.1022
定价：CNY2.75，CNY3.85（精装）

本书收入了作者创作成熟时期的重要论文。作者谢尔盖·爱森斯坦（Сернгей Михфйлович Зйзенштейн，1898—1948），苏联电影导演，电影理论家和教育家。艺术学博士、教授。出生于里加。毕业于圣彼得堡土木工程学院建筑系。作品有：执导传记电影《伊凡雷帝》《伊凡雷帝》，纪录片《墨西哥万岁》。

J0168644
电影，第五种力量 （意）契阿里尼（L.Chiarini）著；芮鹤九译
北京 中国电影出版社 1962年 228页
20cm（32开）统一书号：8061.983 定价：CNY0.90
本书内容包括："电影的强大力量"、"国家与电影"、"检查机关"、"电影的富与贫"、"电影周围的斗争：教会与教权派"、"电影周围的斗争：非宗教力量和共产党人"、"文化与电影"。

J0168645
电影作为艺术 （德）爱因汉姆，R.著；杨跃译
北京 中国电影出版社 1962年 213页
21cm（32开）统一书号：8061.998 定价：CNY0.80
本书作者从心理学角度，深入分析并总结了无声电影的实践经验，时刻提醒创作者避免在创作实践中脱离艺术的必要性去滥用电影的技术进步。此外，本书对电影技巧进行分类研究的方法为后来的电影文法理论创立了一个先例，成为这个理论学派的一部奠基性著作。

J0168646
电影作为艺术 （德）鲁道夫·爱因汉姆著；杨跃译；木菌校
北京 中国电影出版社 1981年 213页
20cm（32开）统一书号：8061.998 定价：CNY0.83
本书作者从心理学角度，深入分析并总结了无声电影的实践经验，时刻提醒创作者避免在创作实践中脱离艺术的必要性去滥用电影的技术进步。此外，本书对电影技巧进行分类研究的方法为后来的电影文法理论创立了一个先例，成为这个理论学派的一部奠基性著作。

J0168647
普多夫金论文选集 （苏）普多夫金，В.И.著；（苏）多林斯基编注；罗慧生等译
北京 中国电影出版社 1962年 627页
21cm（32开）精装 统一书号：8061.1002
定价：CNY3.75
本书选集按作者所论述的基本问题的性质分成4个部分，分别编入关于电影导演工作、电影演员创作特性、电影评论以及国外印象的文章。作者普多夫金（1893—1953），前苏联电影导演，电影理论家。导演影片有《米宁和波札尔斯基》《逃兵》《苏沃洛夫大元帅》《海军上将纳希莫夫》《俄罗斯航空之父茹阔斯基》。

J0168648
电影 （1963年10-12月）中国人民大学附属剪报资料图书卡社编辑
北京 中国人民大学附属剪报资料图书卡社
1963年 影印本 26cm（16开）

J0168649
电影 （1964年10-12月）中国人民大学附属剪报资料图书卡社编辑
北京 中国人民大学附属剪报资料图书卡社
1964年 影印本 26cm（16开）

J0168650
电影 （1964年1-3月）中国人民大学附属剪报资料图书卡社编辑
北京 中国人民大学附属剪报资料图书卡社
1964年 影印本 26cm（16开）

J0168651
电影 （1964年4-6月）中国人民大学附属剪报资料图书卡社编辑
北京 中国人民大学附属剪报资料图书卡社
1964年 影印本 26cm（16开）

J0168652
电影 （1964年7-9月）中国人民大学附属剪报资料图书卡社编辑
北京 中国人民大学附属剪报资料图书卡社
1964年 影印本 2册 26cm（16开）

J0168653
电影 （1965年4-6月 第二辑）中国人民大学附属剪报资料图书卡片社编辑
北京 中国人民大学附属剪报资料图书卡片社
1965年 26cm（16开）

J0168654
电影 （1965年10-12月）中国人民大学附属剪报资料图书卡片社编辑
北京 中国人民大学附属剪报资料图书卡片社
1965年 26cm（16开）

J0168655
电影 （1965年1-3月）中国人民大学附属剪报资料图书卡片社编辑
北京 中国人民大学附属剪报资料图书卡片社 1965年 26cm（16开）

J0168656
电影 （1965年7-9月）中国人民大学附属剪报资料图书卡片社编辑
北京 中国人民大学附属剪报资料图书卡片社 1965年 26cm（16开）

J0168657
电影的理论 （日）岩崎昶著；陈笃忱译
北京 中国电影出版社 1963年 140页 21cm（32开）统一书号：8061.1049
定价：CNY0.70

作者岩崎昶（1903—1981），日本电影理论家、评论家及纪录片制作者。生于日本东京，毕业于东京帝国大学德国文学系。主要著作有《电影与资本主义》《电影的理论》《现代电影艺术》《日本电影史》《现代电影》等，译著有《好莱坞的内幕》《编剧与电影剧本创作》《电影艺术论》等。

J0168658
电影的理论 （日）岩崎昶著；陈笃忱译
北京 中国电影出版社 1982年 139页+［3］页图版 有图 20cm（32开）统一书号：8061.1049
定价：CNY0.68

J0168659
电影的理论 （日）岩崎昶著；陈笃忱译
北京 中国电影出版社 1984年 3版 139页 20cm（32开）统一书号：8061.1049
定价：CNY0.68

J0168660
电视学 （美）法拉（Fowler, K.）著；俞祖祯译
台北 1964年 2版 536页 19cm（32开）

J0168661
电影 吴定洪编
北京 科学普及出版社 1966年 150页 19cm（32开）统一书号：15051.008
定价：CNY0.35
（知识丛书）

J0168662
电影艺术与电影文学基础 朱玛著；四川大学中文系编
成都 四川大学中文系 1977年 308页 26cm（16开）定价：CNY1.85

J0168663
电影艺术与电影文学基础 朱玛著；四川大学学报编辑部编辑
［成都］四川人民出版社 1979年 417页 有照片 19cm（小32开）定价：CNY1.90
（四川大学学报丛刊 第四辑）

J0168664
电影论文集 夏衍著
北京 中国电影出版社 1979年 2版 318页 20cm（32开）统一书号：8061.1362
定价：CNY1.20，CNY1.80（精装）

本书选辑作者自中华人民共和国成立后至20世纪60年代陆续发表的有关电影问题的文章。分4个部分：电影事业方面的论述；中国电影发展的历史和中国共产党对电影事业的领导；电影剧作的探索；影评。

J0168665
电影艺术参考资料 （1979.1.总第50期）中国电影工作者协会编
［北京］中国电影工作者协会 1979年 64页 19cm（32开）

J0168666
电影艺术参考资料 （1979.2.总第51期）中国电影工作者协会编
［北京］中国电影工作者协会 1979年 64页 19cm（32开）

J0168667
电影艺术参考资料 （1979.3.总第52期）中国电影工作者协会编
［北京］中国电影工作者协会 1979年 32页 19cm（32开）定价：CNY0.05

J0168668
电影艺术参考资料 （1979.4. 总第 53 期）中国电影工作者协会编
［北京］中国电影工作者协会 1979 年 64 页
19cm（32 开）定价：CNY0.10

J0168669
电影艺术参考资料 （1979.5. 总第 54 期）中国电影工作者协会编
［北京］中国电影工作者协会 1979 年 64 页
19cm（32 开）

J0168670
电影艺术参考资料 （1979.6. 总第 55 期）中国电影工作者协会编
［北京］中国电影工作者协会 1979 年 64 页
19cm（32 开）

J0168671
电影艺术参考资料 （1979.7. 总第 56 期）中国电影工作者协会编
［北京］中国电影工作者协会 1979 年 64 页
19cm（32 开）

J0168672
电影艺术参考资料 （1979.8. 总第 57 期）中国电影工作者协会编
［北京］中国电影工作者协会 1979 年 64 页
19cm（32 开）

J0168673
电影艺术参考资料 （1979.9. 总第 58 期）中国电影工作者协会编
［北京］中国电影工作者协会 1979 年 64 页
19cm（32 开）

J0168674
电影艺术参考资料 （1979.10. 总第 59 期）中国电影工作者协会编
［北京］中国电影工作者协会 1979 年 64 页
19cm（32 开）

J0168675
电影艺术参考资料 （1979.11. 总第 60 期）中国电影工作者协会编
［北京］中国电影工作者协会 1979 年 64 页
19cm（32 开）

J0168676
电影艺术参考资料 （1979.12. 总第 61 期）中国电影工作者协会编
［北京］中国电影工作者协会 1979 年 64 页
19cm（32 开）

J0168677
电影艺术参考资料 （1980.1. 总第 62 期）中国电影工作者协会编
［北京］中国电影工作者协会 1980 年 64 页
19cm（32 开）

J0168678
电影艺术参考资料 （1980.2. 总第 63 期）中国电影工作者协会编
［北京］中国电影工作者协会 1980 年 64 页
19cm（32 开）

J0168679
电影艺术参考资料 （1980.3. 总第 64 期）中国电影工作者协会编
［北京］中国电影工作者协会 1980 年 64 页
19cm（32 开）

J0168680
电影艺术参考资料 （1980.4. 总第 65 期）中国电影工作者协会编
［北京］中国电影工作者协会 1980 年 64 页
19cm（32 开）

J0168681
电影艺术参考资料 （1980.5. 总第 66 期）中国电影工作者协会编
［北京］中国电影工作者协会 1980 年 64 页
19cm（32 开）

J0168682
电影艺术参考资料 （1980.6. 总第 67 期）中国电影工作者协会编
［北京］中国电影工作者协会 1980 年 64 页
19cm（32 开）

J0168683
电影艺术参考资料 （1980.7. 总第 68 期）中国电影工作者协会编
［北京］中国电影工作者协会 1980 年 64 页 19cm（32 开）

J0168684
电影艺术参考资料 （1980.8. 总第 69 期）中国电影工作者协会编
［北京］中国电影工作者协会 1980 年 64 页 19cm（32 开）

J0168685
电影艺术参考资料 （1980.9. 总第 70 期）中国电影工作者协会编
［北京］中国电影工作者协会 1980 年 64 页 19cm（32 开）

J0168686
电影艺术参考资料 （1980.10. 总第 71 期）中国电影工作者协会编
［北京］中国电影工作者协会 1980 年 64 页 19cm（32 开）

J0168687
电影艺术参考资料 （1980.11. 总第 72 期）中国电影工作者协会编
［北京］中国电影工作者协会 1980 年 64 页 19cm（32 开）

J0168688
电影艺术参考资料 （1980.12. 总第 73 期）中国电影工作者协会编
［北京］中国电影工作者协会 1980 年 64 页 19cm（32 开）

J0168689
电影艺术参考资料 （1980.13. 总第 74 期）中国电影工作者协会编
［北京］中国电影工作者协会 1980 年 64 页 19cm（32 开）

J0168690
电影艺术参考资料 （1980.14. 总第 75 期）中国电影工作者协会编
［北京］中国电影工作者协会 1980 年 64 页 19cm（32 开）

J0168691
电影艺术参考资料 （1980.15. 总第 76 期）中国电影工作者协会编
［北京］中国电影工作者协会 1980 年 64 页 19cm（32 开）

J0168692
电影艺术参考资料 （1980.16. 总第 77 期）中国电影工作者协会编
［北京］中国电影工作者协会 1980 年 64 页 19cm（32 开）

J0168693
电影艺术参考资料 （1980.17. 总第 78 期）中国电影工作者协会编
［北京］中国电影工作者协会 1980 年 64 页 19cm（32 开）

J0168694
电影艺术参考资料 （1980.18. 总第 79 期）中国电影工作者协会编
［北京］中国电影工作者协会 1980 年 64 页 19cm（32 开）

J0168695
电影艺术参考资料 （1980.19. 总第 80 期）中国电影工作者协会编
［北京］中国电影工作者协会 1980 年 64 页 19cm（32 开）

J0168696
电影艺术参考资料 （1980.20. 总第 81 期）中国电影工作者协会编
［北京］中国电影工作者协会 1980 年 64 页 19cm（32 开）

J0168697
电影艺术参考资料 （1980.21. 总第 82 期）中国电影工作者协会编
［北京］中国电影工作者协会 1980 年 64 页 19cm（32 开）

J0168698
电影艺术参考资料 （1980.22. 总第 83 期）中国电影工作者协会编
［北京］中国电影工作者协会 1980 年 64 页
19cm（32 开）

J0168699
电影艺术参考资料 （1980.23. 总第 84 期）中国电影工作者协会编
［北京］中国电影工作者协会 1980 年 64 页
19cm（32 开）

J0168700
电影艺术参考资料 （1980.24. 总第 85 期）中国电影工作者协会编
［北京］中国电影工作者协会 1980 年 64 页
19cm（32 开）

J0168701
电影艺术参考资料 （1980.25. 总第 86 期）中国电影工作者协会编
［北京］中国电影工作者协会 1980 年 64 页
19cm（32 开）

J0168702
电影艺术参考资料 （1980.26. 总第 87 期）中国电影工作者协会编
［北京］中国电影工作者协会 1980 年 64 页
19cm（32 开）

J0168703
电影艺术参考资料 （1981.1. 总第 88 期）中国电影工作者协会编
［北京］中国电影工作者协会 1981 年 64 页
19cm（32 开）

J0168704
电影艺术参考资料 （1981.2. 总第 89 期）中国电影工作者协会编
［北京］中国电影工作者协会 1981 年 64 页
19cm（32 开）

J0168705
电影艺术参考资料 （1981.3. 总第 90 期）中国电影工作者协会编
［北京］中国电影工作者协会 1981 年 64 页
19cm（32 开）

J0168706
电影艺术参考资料 （1981.4. 总第 91 期）中国电影工作者协会编
［北京］中国电影工作者协会 1981 年 64 页
19cm（32 开）

J0168707
电影艺术参考资料 （1981.5. 总第 92 期）中国电影工作者协会编
［北京］中国电影工作者协会 1981 年 64 页
19cm（32 开）

J0168708
电影艺术参考资料 （1981.6. 总第 93 期）中国电影工作者协会编
［北京］中国电影工作者协会 1981 年 64 页
19cm（32 开）

J0168709
电影艺术参考资料 （1981.7. 总第 94 期）中国电影工作者协会编
［北京］中国电影工作者协会 1981 年 64 页
19cm（32 开）

J0168710
电影艺术参考资料 （1981.8. 总第 95 期）中国电影工作者协会编
［北京］中国电影工作者协会 1981 年 64 页
19cm（32 开）

J0168711
电影艺术参考资料 （1981.9. 总第 96 期）中国电影工作者协会编
［北京］中国电影工作者协会 1981 年 64 页
19cm（32 开）

J0168712
电影艺术参考资料 （1981.10. 总第 97 期）中国电影工作者协会编
［北京］中国电影工作者协会 1981 年 64 页
19cm（32 开）

J0168713
电影艺术参考资料 （1981.11. 总第 98 期）中国电影工作者协会编
［北京］中国电影工作者协会 1981 年 64 页
19cm（32 开）

J0168714
电影艺术参考资料 （1981.12. 总第 99 期）中国电影工作者协会编
［北京］中国电影工作者协会 1981 年 64 页
19cm（32 开）

J0168715
电影艺术参考资料 （1981.13. 总第 100 期）中国电影工作者协会编
［北京］中国电影工作者协会 1981 年 64 页
19cm（32 开）

J0168716
电影艺术参考资料 （1981.14. 总第 101 期）中国电影工作者协会编
［北京］中国电影工作者协会 1981 年 64 页
19cm（32 开）

J0168717
电影艺术参考资料 （1981.15. 总第 102 期）中国电影工作者协会编
［北京］中国电影工作者协会 1981 年 64 页
19cm（32 开）

J0168718
电影艺术参考资料 （1981.16. 总第 103 期）中国电影工作者协会编
［北京］中国电影工作者协会 1981 年 64 页
19cm（32 开）

J0168719
电影艺术参考资料 （1981.17. 总第 104 期）中国电影工作者协会编
［北京］中国电影工作者协会 1981 年 64 页
19cm（32 开）

J0168720
电影艺术参考资料 （1981.18. 总第 105 期）中国电影工作者协会编
［北京］中国电影工作者协会 1981 年 64 页
19cm（32 开）

J0168721
电影艺术参考资料 （1982.1. 总第 106 期）中国电影工作者协会编
［北京］中国电影工作者协会 1982 年 64 页
19cm（32 开）

J0168722
电影艺术参考资料 （1982.2. 总第 107 期）中国电影工作者协会编
［北京］中国电影工作者协会 1982 年 64 页
19cm（32 开）

J0168723
电影艺术参考资料 （1982.3. 总第 108 期）中国电影工作者协会编
［北京］中国电影工作者协会 1982 年 64 页
19cm（32 开）

J0168724
电影艺术参考资料 （1982.4. 总第 109 期）中国电影工作者协会编
［北京］中国电影工作者协会 1982 年 64 页
19cm（32 开）

J0168725
电影艺术参考资料 （1982.5. 总第 110 期）中国电影工作者协会编
［北京］中国电影工作者协会 1982 年 64 页
19cm（32 开）

J0168726
电影艺术参考资料 （1982.6. 总第 111 期）中国电影工作者协会编
［北京］中国电影工作者协会 1982 年 64 页
19cm（32 开）

J0168727
电影艺术参考资料 （1982.7. 总第 112 期）中国电影工作者协会编
［北京］中国电影工作者协会 1982 年 64 页
19cm（32 开）

J0168728
电影艺术参考资料 （1982.8. 总第 113 期）中国电影工作者协会编
［北京］中国电影工作者协会 1982 年 64 页
19cm（32 开）

J0168729
电影艺术参考资料 （1982.9. 总第 114 期）中国电影工作者协会编
［北京］中国电影工作者协会 1982 年 64 页
19cm（32 开）

J0168730
电影艺术参考资料 （1982.10. 总第 115 期）中国电影工作者协会编
［北京］中国电影工作者协会 1982 年 64 页
19cm（32 开）

J0168731
电影艺术参考资料 （1982.11. 总第 116 期）中国电影工作者协会编
［北京］中国电影工作者协会 1982 年 64 页
19cm（32 开）

J0168732
电影艺术参考资料 （1982.12. 总第 117 期）中国电影工作者协会编
［北京］中国电影工作者协会 1982 年 64 页
19cm（32 开）

J0168733
电影艺术参考资料 （1982.13. 总第 118 期）中国电影工作者协会编
［北京］中国电影工作者协会 1982 年 64 页
19cm（32 开）

J0168734
电影艺术参考资料 （1982.14. 总第 119 期）中国电影工作者协会编
［北京］中国电影工作者协会 1982 年 64 页
19cm（32 开）

J0168735
电影艺术参考资料 （1982.15. 总第 120 期）中国电影工作者协会编
［北京］中国电影工作者协会 1982 年 64 页
19cm（32 开）

J0168736
电影艺术参考资料 （1982.16. 总第 121 期）中国电影工作者协会编
［北京］中国电影工作者协会 1982 年 64 页
19cm（32 开）

J0168737
电影艺术参考资料 （1982.17. 总第 122 期）中国电影工作者协会编
［北京］中国电影工作者协会 1982 年 64 页
19cm（32 开）

J0168738
电影艺术参考资料 （1983.1. 总第 123 期）中国电影工作者协会编
［北京］中国电影工作者协会 1983 年 64 页
19cm（32 开）定价：CNY0.10

J0168739
电影艺术参考资料 （1983.2. 总第 124 期）中国电影工作者协会编
［北京］中国电影工作者协会 1983 年 64 页
19cm（32 开）定价：CNY0.10

J0168740
电影艺术参考资料 （1983.3. 总第 125 期）中国电影工作者协会编
［北京］中国电影工作者协会 1983 年 64 页
19cm（32 开）定价：CNY0.10

J0168741
电影艺术参考资料 （1983.4. 总第 126 期）中国电影工作者协会编
［北京］中国电影工作者协会 1983 年 64 页
19cm（32 开）定价：CNY0.10

J0168742
电影艺术参考资料 （1983.5. 总第 127 期）中国电影工作者协会编
［北京］中国电影工作者协会 1983 年 64 页
19cm（32 开）定价：CNY0.10

J0168743
电影艺术参考资料 （1983.6. 总第 128 期）中国电影工作者协会编
［北京］中国电影工作者协会 1983 年 64 页
19cm（32 开）定价：CNY0.10

J0168744
电影艺术参考资料 （1983.7. 总第 129 期）中国电影工作者协会编
［北京］中国电影工作者协会 1983 年 64 页
19cm（32 开）定价：CNY0.10

J0168745
电影艺术参考资料 （1983.8. 总第 130 期）中国电影工作者协会编
［北京］中国电影工作者协会 1983 年 64 页
19cm（32 开）定价：CNY0.10

J0168746
电影艺术参考资料 （1983.9. 总第 131 期）中国电影工作者协会编
［北京］中国电影工作者协会 1983 年 64 页
19cm（32 开）定价：CNY0.10

J0168747
电影艺术参考资料 （1983.10. 总第 132 期）中国电影工作者协会编
［北京］中国电影工作者协会 1983 年 64 页
19cm（32 开）定价：CNY0.10

J0168748
电影艺术参考资料 （1983.11. 总第 133 期）中国电影工作者协会编
［北京］中国电影工作者协会 1983 年 64 页
19cm（32 开）定价：CNY0.10

J0168749
电影艺术参考资料 （1983.12. 总第 134 期）中国电影工作者协会编
［北京］中国电影工作者协会 1983 年 64 页
19cm（32 开）定价：CNY0.10

J0168750
电影艺术参考资料 （1983.13. 总第 135 期）中国电影工作者协会编
［北京］中国电影工作者协会 1983 年 64 页
19cm（32 开）定价：CNY0.10

J0168751
电影艺术参考资料 （1983.14. 总第 136 期）中国电影工作者协会编
［北京］中国电影工作者协会 1983 年 64 页
19cm（32 开）定价：CNY0.10

J0168752
电影艺术参考资料 （1983.15. 总第 137 期）中国电影工作者协会编
［北京］中国电影工作者协会 1983 年 64 页
19cm（32 开）定价：CNY0.10

J0168753
电影艺术参考资料 （1984.1. 总第 138 期）中国电影工作者协会编
［北京］中国电影工作者协会 1984 年 64 页
19cm（32 开）

J0168754
电影艺术参考资料 （1984.2. 总第 139 期）中国电影工作者协会编
［北京］中国电影工作者协会 1984 年 64 页
19cm（32 开）

J0168755
电影艺术参考资料 （1984.3. 总第 140 期）中国电影工作者协会编
［北京］中国电影工作者协会 1984 年 64 页
19cm（32 开）

J0168756
电影艺术参考资料 （1984.4. 总第 141 期）中国电影工作者协会编
［北京］中国电影工作者协会 1984 年 64 页
19cm（32 开）

J0168757
电影艺术参考资料 （1984.5. 总第 142 期）中国电影工作者协会编
［北京］中国电影工作者协会 1984 年 64 页
19cm（32 开）

J0168758
电影艺术参考资料 （1984.6. 总第 143 期）中国电影工作者协会编
［北京］中国电影工作者协会 1984 年 64 页
19cm（32 开）

J0168759
电影艺术参考资料 （1984.7. 总第 144 期）中国电影工作者协会编
［北京］中国电影工作者协会 1984 年 64 页
19cm（32 开）

J0168760
电影艺术参考资料 （1984.8. 总第 145 期）中国电影工作者协会编
［北京］中国电影工作者协会 1984 年 64 页
19cm（32 开）

J0168761
电影艺术参考资料 （1984.9. 总第 146 期）中国电影工作者协会编
［北京］中国电影工作者协会 1984 年 64 页
19cm（32 开）

J0168762
电影艺术参考资料 （1984.10. 总第 147 期）中国电影工作者协会编
［北京］中国电影工作者协会 1984 年 64 页
19cm（32 开）

J0168763
电影艺术参考资料 （1984.11. 总第 148 期）中国电影工作者协会编
［北京］中国电影工作者协会 1984 年 64 页
19cm（32 开）

J0168764
电影艺术参考资料 （1984.12. 总第 149 期）中国电影工作者协会编
［北京］中国电影工作者协会 1984 年 64 页
19cm（32 开）

J0168765
电影艺术参考资料 （1984.13. 总第 150 期）中国电影工作者协会编
［北京］中国电影工作者协会 1984 年 64 页
19cm（32 开）

J0168766
电影艺术参考资料 （1984.14. 总第 151 期）中国电影工作者协会编
［北京］中国电影工作者协会 1984 年 64 页
19cm（32 开）

J0168767
电影艺术参考资料 （1984.15. 总第 152 期）中国电影工作者协会编
［北京］中国电影工作者协会 1984 年 64 页
19cm（32 开）

J0168768
电影艺术参考资料 （1984.16. 总第 153 期）中国电影工作者协会编
［北京］中国电影工作者协会 1984 年 64 页
19cm（32 开）

J0168769
电影艺术参考资料 （1985.1. 总第 154 期）中国电影工作者协会编
［北京］中国电影工作者协会 1985 年 64 页
19cm（32 开）

J0168770
电影艺术参考资料 （1985.2. 总第 155 期）中国电影工作者协会编
［北京］中国电影工作者协会 1985 年 64 页
19cm（32 开）

J0168771
电影艺术参考资料 （1985.3. 总第 156 期）中国电影工作者协会编
［北京］中国电影工作者协会 1985 年 64 页
19cm（32 开）

J0168772
电影艺术参考资料 （1985.4. 总第 157 期）中国电影工作者协会编
［北京］中国电影工作者协会 1985 年 64 页
19cm（32 开）

J0168773
电影艺术参考资料 （1985.5. 总第 158 期）中国电影工作者协会编
[北京] 中国电影工作者协会 1985 年 64 页
19cm(32 开)

J0168774
电影艺术参考资料 （1985.6. 总第 159 期）中国电影工作者协会编
[北京] 中国电影工作者协会 1985 年 64 页
19cm(32 开)

J0168775
电影艺术参考资料 （1985.7. 总第 160 期）中国电影工作者协会编
[北京] 中国电影工作者协会 1985 年 64 页
19cm(32 开)

J0168776
电影艺术参考资料 （1985.8. 总第 161 期）中国电影工作者协会编
[北京] 中国电影工作者协会 1985 年 64 页
19cm(32 开)

J0168777
电影艺术参考资料 （1985.9. 总第 162 期）中国电影工作者协会编
[北京] 中国电影工作者协会 1985 年 64 页
19cm(32 开)

J0168778
电影艺术参考资料 （1985.10. 总第 163 期）中国电影工作者协会编
[北京] 中国电影工作者协会 1985 年 64 页
19cm(32 开)

J0168779
电影艺术参考资料 （1985.11. 总第 164 期）中国电影工作者协会编
[北京] 中国电影工作者协会 1985 年 64 页
19cm(32 开)

J0168780
电影艺术参考资料 （1986.1. 总第 165 期）中国电影工作者协会编
[北京] 中国电影工作者协会 1986 年 64 页
19cm(32 开)

J0168781
电影艺术参考资料 （1986.2. 总第 166 期）中国电影工作者协会编
[北京] 中国电影工作者协会 1986 年 64 页
19cm(32 开)

J0168782
电影艺术参考资料 （1986.3. 总第 167 期）中国电影工作者协会编
[北京] 中国电影工作者协会 1986 年 64 页
19cm(32 开)

J0168783
电影艺术参考资料 （1986.4. 总第 168 期）中国电影工作者协会编
[北京] 中国电影工作者协会 1986 年 64 页
19cm(32 开)

J0168784
电影艺术参考资料 （1986.5. 总第 169 期）中国电影工作者协会编
[北京] 中国电影工作者协会 1986 年 64 页
19cm(32 开)

J0168785
电影艺术参考资料 （1986.6. 总第 170 期）中国电影工作者协会编
[北京] 中国电影工作者协会 1986 年 64 页
19cm(32 开)

J0168786
电影艺术参考资料 （1986.7. 总第 171 期）中国电影工作者协会编
[北京] 中国电影工作者协会 1986 年 64 页
19cm(32 开)

J0168787
电影艺术参考资料 （1986.8. 总第 172 期）中国电影工作者协会编
[北京] 中国电影工作者协会 1986 年 64 页
19cm(32 开)

J0168788
电影艺术参考资料 （1986.9. 总第 173 期）中国电影工作者协会编
［北京］中国电影工作者协会 1986 年 64 页
19cm（32 开）

J0168789
电影艺术参考资料 （1986.10. 总第 174 期）中国电影工作者协会编
［北京］中国电影工作者协会 1986 年 64 页
19cm（32 开）

J0168790
电影艺术参考资料 （1986.11. 总第 175 期）中国电影工作者协会编
［北京］中国电影工作者协会 1986 年 64 页
19cm（32 开）

J0168791
电影艺术参考资料 （1987.1. 总第 176 期）中国电影工作者协会编
［北京］中国电影工作者协会 1987 年 64 页
19cm（32 开）

J0168792
电影艺术参考资料 （1987.2. 总第 177 期）中国电影工作者协会编
［北京］中国电影工作者协会 1987 年 64 页
19cm（32 开）

J0168793
电影艺术参考资料 （1987.3. 总第 178 期）中国电影工作者协会编
［北京］中国电影工作者协会 1987 年 64 页
19cm（32 开）

J0168794
电影艺术参考资料 （1987.4. 总第 179 期）中国电影工作者协会编
［北京］中国电影工作者协会 1987 年 64 页
19cm（32 开）

J0168795
电影艺术参考资料 （1987.5. 总第 180 期）中国电影工作者协会编
［北京］中国电影工作者协会 1987 年 64 页
19cm（32 开）

J0168796
电影艺术参考资料 （1987.6. 总第 181 期）中国电影工作者协会编
［北京］中国电影工作者协会 1987 年 64 页
19cm（32 开）

J0168797
电影艺术参考资料 （1987.7. 总第 182 期）中国电影工作者协会编
［北京］中国电影工作者协会 1987 年 64 页
19cm（32 开）

J0168798
电影艺术参考资料 （1987.8. 总第 183 期）中国电影工作者协会编
［北京］中国电影工作者协会 1987 年 64 页
19cm（32 开）

J0168799
电影艺术参考资料 （1987.9. 总第 184 期）中国电影工作者协会编
［北京］中国电影工作者协会 1987 年 64 页
19cm（32 开）

J0168800
电影艺术参考资料 （1988.1. 总第 185 期）中国电影工作者协会编
［北京］中国电影工作者协会 1988 年 64 页
19cm（32 开）

J0168801
电影艺术参考资料 （1988.2. 总第 186 期）中国电影工作者协会编
［北京］中国电影工作者协会 1988 年 64 页
19cm（32 开）

J0168802
电影艺术参考资料 （1988.3. 总第 187 期）中国电影工作者协会编
［北京］中国电影工作者协会 1988 年 64 页
19cm（32 开）

J0168803
电影艺术参考资料（1988.4. 总第 188 期）中国电影工作者协会编
［北京］中国电影工作者协会 1988 年 64 页
19cm（32 开）

J0168804
电影艺术参考资料（1988.5. 总第 189 期）中国电影工作者协会编
［北京］中国电影工作者协会 1988 年 64 页
19cm（32 开）

J0168805
电影艺术参考资料（1988.7. 总第 191 期）中国电影工作者协会编
［北京］中国电影工作者协会 1988 年 64 页
19cm（32 开）

J0168806
电影艺术参考资料（1988.8. 总第 192 期）中国电影工作者协会编
［北京］中国电影工作者协会 1988 年 64 页
19cm（32 开）

J0168807
电影艺术参考资料（1988.9. 总第 193 期）中国电影工作者协会编
［北京］中国电影工作者协会 1988 年 64 页
19cm（32 开）

J0168808
电影艺术参考资料（1988.10. 总第 194 期）中国电影工作者协会编
［北京］中国电影工作者协会 1988 年 64 页
19cm（32 开）

J0168809
电影艺术参考资料（1988.11. 总第 195 期）中国电影工作者协会编
［北京］中国电影工作者协会 1988 年 64 页
19cm（32 开）

J0168810
电影艺术参考资料（1988.12. 总第 196 期）中国电影工作者协会编
［北京］中国电影工作者协会 1988 年 64 页
19cm（32 开）

J0168811
电影艺术参考资料（1989.1. 总第 197 期）中国电影工作者协会编
［北京］中国电影工作者协会 1989 年 64 页
19cm（32 开）

J0168812
电影艺术参考资料（1989.2. 总第 198 期）中国电影工作者协会编
［北京］中国电影工作者协会 1989 年 64 页
19cm（32 开）

J0168813
电影艺术参考资料（1989.3. 总第 199 期）中国电影工作者协会编
［北京］中国电影工作者协会 1989 年 64 页
19cm（32 开）

J0168814
电影艺术参考资料（1989.4. 总第 200 期）中国电影工作者协会编
［北京］中国电影工作者协会 1989 年 64 页
19cm（32 开）

J0168815
电影艺术参考资料（1989.5. 总第 201 期）中国电影工作者协会编
［北京］中国电影工作者协会 1989 年 64 页
19cm（32 开）

J0168816
电影艺术参考资料（1989.6. 总第 202 期）中国电影工作者协会编
［北京］中国电影工作者协会 1989 年 64 页
19cm（32 开）

J0168817
电影艺术参考资料（1989.7. 总第 203 期）中国电影工作者协会编
［北京］中国电影工作者协会 1989 年 64 页
19cm（32 开）

J0168818
电影艺术参考资料 （1989.8. 总第 204 期）中国电影工作者协会编
［北京］中国电影工作者协会 1989 年 64 页
19cm（32 开）

J0168819
电影艺术参考资料 （1989.9. 总第 205 期）中国电影工作者协会编
［北京］中国电影工作者协会 1989 年 64 页
19cm（32 开）

J0168820
电影艺术参考资料 （1989.10. 总第 206 期）中国电影工作者协会编
［北京］中国电影工作者协会 1989 年 64 页
19cm（32 开）

J0168821
电影艺术参考资料 （1989.11. 总第 207 期）中国电影工作者协会编
［北京］中国电影工作者协会 1989 年 64 页
19cm（32 开）

J0168822
电影艺术参考资料 （1989.12. 总第 208 期）中国电影工作者协会编
［北京］中国电影工作者协会 1989 年 64 页
19cm（32 开）

J0168823
电影艺术参考资料 （1990.1. 总第 209 期）中国电影工作者协会编
［北京］中国电影工作者协会 1990 年 64 页
19cm（32 开）

J0168824
电影艺术参考资料 （1990.2. 总第 210 期）中国电影工作者协会编
［北京］中国电影工作者协会 1990 年 64 页
19cm（32 开）

J0168825
电影艺术参考资料 （1990.3. 总第 211 期）中国电影工作者协会编
［北京］中国电影工作者协会 1990 年 64 页
19cm（32 开）

J0168826
电影艺术参考资料 （1990.4. 总第 212 期）中国电影工作者协会编
［北京］中国电影工作者协会 1990 年 64 页
19cm（32 开）

J0168827
电影艺术参考资料 （1990.5. 总第 213 期）中国电影工作者协会编
［北京］中国电影工作者协会 1990 年 64 页
19cm（32 开）

J0168828
电影艺术参考资料 （1990.7. 总第 215 期）中国电影工作者协会编
［北京］中国电影工作者协会 1990 年 64 页
19cm（32 开）

J0168829
电影艺术参考资料 （1990.8. 总第 216 期）中国电影工作者协会编
［北京］中国电影工作者协会 1990 年 64 页
19cm（32 开）

J0168830
电影艺术参考资料 （1990.9. 总第 217 期）中国电影工作者协会编
［北京］中国电影工作者协会 1990 年 64 页
19cm（32 开）

J0168831
电影艺术参考资料 （1990.10. 总第 218 期）中国电影工作者协会编
［北京］中国电影工作者协会 1990 年 64 页
19cm（32 开）

J0168832
电影艺术参考资料 （1990.11. 总第 219 期）中国电影工作者协会编
［北京］中国电影工作者协会 1990 年 64 页
19cm（32 开）

J0168833
电影艺术参考资料 （1990.12. 总第220期）中国电影工作者协会编
[北京]中国电影工作者协会 1990年 64页
19cm（32开）

J0168834
电影艺术参考资料 （1991.1. 总第221期）中国电影工作者协会编
[北京]中国电影工作者协会 1991年 64页
19cm（32开）

J0168835
电影艺术参考资料 （1991.2. 总第222期）中国电影工作者协会编
[北京]中国电影工作者协会 1991年 64页
19cm（32开）

J0168836
电影艺术参考资料 （1991.3. 总第223期）中国电影工作者协会编
[北京]中国电影工作者协会 1991年 64页
19cm（32开）

J0168837
电影与传播 吴东权著
台北 黎明文化事业股份有限公司 1979年
292页 有照片 19cm（32开）定价：TWD90.00
本书目录有：电影媒介与二类传播；电影艺术思想的流程；电影片名得来不易；电影剧本与文学作品；电影剧本与舞台剧本；电影剧本与小说创作；电影剧本与小说对白；武侠小说与武侠电影；电影剧本中动作部分的描写等。

J0168838
电影知识 叶永烈编著
北京 科学出版社 1979年 258页 19cm（32开）
统一书号：13031.1018 定价：CNY0.65
作者叶永烈（1940—2020），作家、教授。浙江温州人。毕业于北京大学化学系。曾任中国科学协会委员、中国科普创作协会常务理事、世界科幻小说协会理事。代表作品有《小灵通漫游未来》《“四人帮”兴亡》《邓小平改变中国》《历史选择了毛泽东》等。

J0168839
银幕的剧作 （苏）弗雷里赫（С.Хрейпих）著；富澜译
北京 中国电影出版社 1979年 2版 190页
20cm（32开）统一书号：8061.1096
定价：CNY0.76

J0168840
银幕上的小常识 柯天国编
南宁 广西人民出版社 1979年 56页 19cm（32开）
统一书号：8113.501 定价：CNY0.15

J0168841
电影的语言 马斯赛里著；罗学濂译
艺术出版社[1980—1989年]363页 有照片
19cm（32开）

J0168842
电影的语言 马斯赛里（Mascelli, J.V.）著；罗学濂译
台北 志文出版社 1987年 再版 363页 有剧照
19cm（32开）定价：TWD180.00
（新潮文库 248）
外文书名：The Five C's of Cinematography

J0168843
电影技巧与电影表演 （苏）普多夫金（Pudovkin, V.I.）著；刘森尧译
台北 书林出版有限公司 1980年 291页
22cm（30开）
本书作者普多夫金以他自身实际的电影创作经验，融合复杂的理论学说，简单明了的说出一般性的电影原理。就“电影技巧”方面，他明晰的说出电影的编剧、拍摄、剪接等基本原理。至于“电影表演”部分，他分析了电影表演与舞台表演各自的基本特质，进而指出正确可行的电影表演途径。本书不仅可以当作批评的理论来研究，更可视为实际电影制作的指南，对所有喜爱电影的读者而言，无疑的是最富启发性且最令人兴奋的一本电影著作。外文书名：Film Technique and Film Acting.

J0168844
电影技巧与电影表演 （苏）普多夫金（Pudovkin, V.I.）著；刘森尧译

台北 书林出版公司 1991 年 291 页 有照片
21cm(32 开) ISBN: 957-586-094-2
定价: TWD125.00

外文书名: Film Technique and Film Acting.

J0168845
电影文化丛刊 (1980 年. 第一辑. 创刊号) 文化部文学艺术研究院电影研究所《电影文化》编辑室编
北京 中国社会科学出版社 1980 年 219 页
有照片 20cm(32 开) 统一书号: 10190.030
定价: CNY0.70

J0168846
电影文化丛刊 (1980 年. 第二辑. 总第二辑) 文化部文学艺术研究院电影研究所,《电影文化》编辑室编
北京 中国社会科学出版社 1980 年 219 页
20cm(32 开) 统一书号: 10190.038
定价: CNY0.70

J0168847
电影文化丛刊 (1981 年. 第一辑. 总第三辑) 波布克编
北京 中国社会科学出版社 1981 年 187 页
有照片 19cm(32 开) 统一书号: 10190.053
定价: CNY0.62

J0168848
电影文化丛刊 (1981 年. 第二辑. 总第四辑) 波布克编
北京 中国社会科学出版社 1981 年
187 页 + [4] 页图版 有图肖像 20cm(32 开)
统一书号: 10190.096 定价: CNY0.62

J0168849
电影文化丛刊 (1981 年. 第三辑. 总第五辑) 中国艺术研究电影研究所《电影文化》编辑室编
北京 中国社会科学出版社 1981 年
187 页 + [4] 页图版 有图 21cm(32 开)
统一书号: 10190.079 定价: CNY0.62

J0168850
电影文化丛刊 (1981 年. 第四辑. 总第六辑) 波布克编
北京 中国社会科学出版社 1981 年 187 页
有照片 20cm(32 开) 统一书号: 10190.096
定价: CNY0.62

J0168851
电影文化丛刊 (1982 年. 第一辑. 总第七辑) 中国艺术研究院电影研究所《电影文化》编辑部编
北京 中国社会科学出版社 1982 年
203 页 + [4] 页图版 有图 21cm(32 开)
统一书号: 10190.108 定价: CNY0.70

J0168852
电影文化丛刊 (1982 年. 第二辑. 总第八辑) 中国艺术研究院电影研究所《电影文化》编辑部编
北京 中国社会科学出版社 1982 年
187 页 + [4] 页图版 有图 21cm(32 开)
统一书号: 10190.119 定价: CNY0.62

J0168853
电影语言 (法)马尔丹(M.Martin)著; 何振淦译
北京 中国电影出版社 1980 年 222 页
20cm(32 开) 统一书号: 8061.1440
定价: CNY0.90

本书系法国马赛尔·马尔丹所著，他从电影画面就是电影语言的基本元素这个概念出发，论述了电影语言与文学、绘画、音乐的联系，以及它在蒙太奇、景深、对话、空间、时间等方面的表现。全书共分十三章，其以数百部电影为例论证他的论点。

J0168854
演进中的电影语言 罗学濂编译
艺术出版社 [1980—1989 年] 239 页 有照片
19cm(32 开)

J0168855
大众电影知识 薛润芳, 韩长兴著
济南 山东科学技术出版社 1981 年 159 页
19cm(32 开) 统一书号: 13195.58
定价: CNY0.45

J0168856
电影 叶永烈著
哈尔滨 黑龙江人民出版社 1981 年 101 页
有插图 19cm(32 开) 统一书号: R7039.587

定价: CNY0.25
(小学生文库)

本书介绍了电影的过去、现在和未来。讲述了立体电影、真假宽银幕、电影特技、故事片的秘密和电影发展的前景: 全息电影、有味电影,以及汽车电影院等。作者叶永烈(1940—2020),作家、教授。浙江温州人。毕业于北京大学化学系。曾任中国科学协会委员、中国科普创作协会常务理事、世界科幻小说协会理事。代表作品有《小灵通漫游未来》《"四人帮"兴亡》《邓小平改变中国》《历史选择了毛泽东》等。

J0168857
电影辞典 徐广顺编
沈阳 辽宁大系中文系 1981年 434页
19cm(小32开)

J0168858
电影语言的语法 (乌拉圭)阿里洪(Arijon, D.)著; 陈国铎等译
北京 中国电影出版社 1981年 642页
19cm(32开) 精装 统一书号: 8061.1480
定价: CNY2.90

本书讨论了电影语言的诸多方面,除了纯美学方面外,还试图对电影如何阐述思想和情绪,提供某种具体结构法。

J0168859
电影语言的语法 (乌拉圭)丹尼艾尔·阿里洪(Daniel Arijon)著; 陈国铎等译
北京 中国电影出版社 1993年 642页
21cm(32开) 精装 ISBN: 7-106-00029-9
定价: CNY30.00

本书讨论了电影语言的诸多方面,除了纯美学方面外,还试图对电影如何阐述思想和情绪,提供某种具体结构法。外文书名: Grammar of the Film Language.

J0168860
电影的画面与声音 陈西禾著
北京 中国电影出版社 1982年 116页
20cm(32开) 统一书号: 8061.1657
定价: CNY0.43

本书比较系统地阐述了电影中人、景、光影、构图、色彩的表现以及声音的运用等电影语言各种元素的特性和功能,分析了它们之间的关系。

J0168861
电影趣闻 宋健编著
石家庄 花山文艺出版社 1982年 104页
19cm(32开) 统一书号: 8286.6 定价: CNY0.30

本书介绍了电影发展的历史、电影小知识和电影特技等。

J0168862
海外银坛剪影 杨集富编
广州 花城出版社 1982年 204页 19cm(32开)
统一书号: 10261.215 定价: CNY0.59

本书是一本有关外国影坛趣闻轶事的知识性、资料性、趣味性读物,着重介绍美、英、法、意、日和其他国家影坛上卓有成就的著名编剧、导演、演员的从影生涯、艺术特色,同时简要地介绍了一些较有影响的影片,以及当时外国影坛的发展概况。

J0168863
电视剧初探 王维超著
北京 宝文堂书店 1983年 109页 19cm(32开)
统一书号: 8070.146 定价: CNY0.42

本书对电视剧的特性、艺术表现手段、审美媒介、欣赏方式、空间功能等方面的特征进行了有益的探索,并对电视剧编、导、表演、音响、美工的特殊要求也提出了个人的看法。

J0168864
电影的观念 (美)梭罗门(S.J.Solomon)著; 齐宇译
北京 中国电影出版社 1983年 439页 有剧照
20cm(32开) 统一书号: 8061.1959
定价: CNY2.10, CNY2.70(精装)

本书从几个方面研究了电影作为一种艺术形式的特点和性质; 分析了电影艺术形式的各种元素及其在银幕上的表现潜力; 阐述了形式和组织电影叙事的主要程序以及各种元素的美学意义。

J0168865
电影门内 汪岁寒著
北京 中国电影出版社 1983年 161页

20cm(32开)统一书号: 8061.1930
定价: CNY0.67, CNY1.30(精装)
　　本书选入作者从二十世纪五十年代到现在陆续发表的文章18篇,对电影的特性和艺术技巧作了较为广泛的探讨。

J0168866
风雨银幕　罗艺军著
北京 中国电影出版社 1983年 304页
20cm(32开)统一书号: 8061.2046
定价: CNY1.15, CNY1.80(精装)
　　本书分为两部分:前部分以电影艺术理论等专论为主,也有电影艺术随笔;后部分则为影评和电影剧本评论。

J0168867
探索　于敏著
北京 中国电影出版社 1983年 390页
20cm(32开)精装 统一书号: 8061.1924
定价: CNY2.10, CNY1.50(平装)
　　本书共收集作者12篇论文和5篇短文,是一部颇有特点和水平的电影论文集。

J0168868
电影　吴东权著
台北 允晨文化实业公司 1984年 169页 有照片
21cm(32开)定价: TWD100.00
(允晨新闻传播丛书 4)
　　本书将电影成长的过程中分为几条重要的纵走理路,顺其自然的发展,按时序的更替而予以概括式的叙述。

J0168869
电影　(理论蒙太奇)(美)麦肯(McCann, R.D.)编;哈公译
台北 联经出版事业公司 1984年 356页 有剧照
21cm(32开)定价: TWD120.00
　　作者黄宣威,笔名哈公。

J0168870
电影百题　吴培民,孟涛编
长沙 湖南人民出版社 1984年 216页
19cm(32开)统一书号: 10109.1768
定价: CNY0.60
　　本书采用问答的形式,介绍了有关电影方面的知识。

J0168871
电影理论初步　李以庄著
南昌 江西人民出版社 1984年 297页
20cm(32开)统一书号: 10110.317
定价: CNY1.08
　　本书介绍了电影理论的基本知识,对于电影的美学特性、电影的语言——蒙太奇,电影剧作在电影艺术中及其结构和形式的特点,都做了阐述。

J0168872
电影趣话　牟传俊,刘秉谦著
呼和浩特 内蒙古人民出版社 1984年 138页
有图 19cm(32开)统一书号: 13089.63
定价: CNY0.47

J0168873
电影与文学　陆润棠著
台北 中国文化大学出版部 1984年 179页
21cm(32开)定价: TWD150.00

J0168874
电影知识讲话　王瑾编
杭州 浙江人民出版社 1984年 189页
19cm(32开)统一书号: 7103.1297
定价: CNY0.58
(青年文化丛书)
　　本书共分五讲:第一讲电影不是文学,也不是戏剧;第二讲电影艺术的表现特性;第三讲电影蒙太奇;第四讲电影镜头;第五讲常见的电影表现技巧。

J0168875
文化批判与电影意识型态研究　姜澎生著
台北 思潮出版社 1984年 298页 有图
21cm(32开)定价: TWD140.00
(思潮文丛 731)

J0168876
《当代世界电影》画卷　(第1辑 1985年)国际报告文学研究会影视创作实验中心编辑
北京 光明日报出版社 1985年 32页 26cm(16开)
定价: CNY0.65

J0168877
北京电影画报　北京电影画报编辑部编
北京 北京电影画报编辑部 1985年 26cm(16开)
定价：CNY1.47

J0168878
电影常用词语诠释　郦苏元著
北京 高等教育出版社 1985年 139页
20cm(32开)统一书号：10010.03 定价：CNY1.00
(中国电影艺术丛书)
　　本书对电影常用词语、电影发展历史、电影科学技术、艺术表现等各方面作了详尽的注释说明。

J0168879
电影画刊　电影画刊编辑部编
西安 陕西人民出版社 1985年 26cm(16开)
定价：CNY6.60

J0168880
电影基础理论　石城，刘树林主编
长春 东北师范大学出版社 1985年 461页
20cm(32开)统一书号：8334.4 定价：CNY3.00
(影视文学丛书)
　　本书的内容着重于基础理论的普及，力图对电影艺术的基本规律、电影文学创作的理论作出较为系统地阐释。

J0168881
电影人　卢玉莹摄
香港 电影工作室 1985年 有图 24cm(26开)
定价：TWD40.00
　　外文书名：The Filmmakers.

J0168882
电影学概论　李维品编著
重庆 西南师范大学出版社 1985年 217页
19cm(32开)统一书号：10405.5 定价：CNY1.46

J0168883
电影艺术讲座　中国电影家协会编
北京 中国电影出版社 1985年 695页
20cm(32开)精装 统一书号：8061.2794
定价：CNY4.50
　　本书系1983年暑期全国高等院校电影课教师进修班上的讲稿选编，其中包括电影基本知识、概况、主要电影生产大国近代电影发展史，以及国外电影流派及理论问题等等。

J0168884
银幕　《银幕》编辑部编
广州 珠江电影制片 1985年 1册 26cm(16开)
定价：CNY2.88

J0168885
电影的元素　(美)波布克(Bobker, L.R.)著；伍菡卿译
北京 中国电影出版社 1986年 237页 有照片
20cm(32开)统一书号：8061.2572
定价：CNY2.05
　　全书分8章，前4章按影片制作程序对剧本(剧本的元素又有视觉影像、音响)、影像(电影摄影的元素包括胶片、构图和照明)、录音和剪辑等技术元素作了阐释，后几章写了西方当代导演的职能、作用、对电影诸元素的独特运用和一些重要导演的风格特征。作者还考察了对电影艺术做出了贡献的十一位重要现代导演的作品，对他们独特的创作风格进行了分析和探讨。

J0168886
电影的元素　(美)波布克(Bobker, LeeR.)著；伍菡卿译
北京 中国电影出版社 1992年 237页 有剧照
20cm(32开)ISBN：7-106-00490-1
定价：CNY4.80
(影视教程系列)
　　外文书名：Elements of Film.

J0168887
电影趣闻录　白冰著
上海 上海文化出版社 1986年 122页
19cm(32开)统一书号：8077.3007
定价：CNY0.50
(五角丛书)

J0168888
电影学论稿　郑雪来著
北京 中国电影出版社 1986年 468页
20cm(32开)统一书号：8061.2775
定价：CNY2.70

本书汇辑关于电影研究的文章28篇，涉及电影学、电影美学、现代电影观念、电影特性、电影剧作、电影表演、电影史研究等基本理论问题，和对国外电影思潮的专题研究，对电影艺术的重大理论问题和世界电影的艺术现象做了深入的探索，在一定程度上也反映出近年来中国电影理论研究的发展轨迹。

J0168889
电影艺术词典　（1986年版）
北京　中国电影出版社　1986年　742页
19cm（32开）统一书号：8061.3179
定价：CNY8.50，CNY6.00（精装）
本书共收词条1734条。分总类、电影学、电影流派、电影编剧、电影导演、电影表演、电影摄影、电影美术、电影音乐、电影录音、电影剪辑、美术电影12个分支。

J0168890
电影艺术概论　朱玛著
成都　四川大学出版社　1986年　322页
19cm（32开）统一书号：8404.3　定价：CNY2.00

J0168891
电影艺术讲座　中国电影家协会等合编
北京　中国电影出版社　1986年　695页
20cm（32开）ISBN：7-106-00353-0
定价：CNY15.50
本书系1983年暑期全国高等院校电影课教师进修班上的讲稿选编，其中包括电影基本知识、概况、主要电影生产大国近代电影发展史，以及国外电影流派及理论问题等等。

J0168892
电影作为艺术　（德）爱因汉姆著；杨跃译
北京　中国电影出版社　1986年　213页
20cm（32开）统一书号：8061.998
定价：CNY0.83，CNY2.50（精装）
（外国电影理论名著丛书）
本书从心理学角度，分析并总结了无声电影的实践经验，对电影技巧进行分类研究，并涉及作者对电视前途的预测等。

J0168893
论影剧艺术　谭霈生著
长沙　湖南文艺出版社　1986年　265页
20cm（32开）统一书号：10456.135
定价：CNY1.60
作者谭霈生（1933—　），戏剧理论家。出生于河北蓟县，毕业于中央戏剧学院戏剧文学专业，后入中国人民大学文学研究班。任教于中央戏剧学院戏剧文学系，曾任戏剧艺术研究所副所长。

J0168894
影视基础理论和技巧　张凤铸著
武汉　湖北教育出版社　1986年　288页
19cm（32开）统一书号：8306.13　定价：CNY1.60
作者张凤铸（1936—　），教授。出生广东五华县，毕业于中山大学。历任北京广播学院文艺编辑系主任，中华全国美学学会会员。著有《文艺广播初探》《影视基础理论和技巧》《音响美学》等。

J0168895
电视片艺术论　田本相，夏骏著
北京　工人出版社　1987年　179页　19cm（32开）
统一书号：8007.45　定价：CNY1.05
作者田本相（1932—2019），教授。天津人，毕业于南开大学。历任中国话剧理论与历史研究会名誉会长，中国艺术研究院话剧所所长、研究员、博士生导师，中国戏剧史研究专家。著有《曹禺剧作论》《郭沫若史剧论》《民国时期话剧杂志汇编》等。

J0168896
电影的文学性讨论文选　中国电影艺术编辑室编
北京　中国电影出版社　1987年　280页
20cm（32开）统一书号：8061.2948
定价：CNY2.15
（中国当代电影理论丛书　2）

J0168897
电影观念讨论文选　中国电影艺术编辑室编
北京　中国电影出版社　1987年　527页
20cm（32开）统一书号：8061.2991
定价：CNY3.70
（中国当代电影理论丛书　1）
中国电影界发生了一场关于电影观念、电影

语言“现代化”问题的争论。本书选辑自 1979 年到 1985 年 3 月期间刊物所载的有关论文。

J0168898
电影理论基础 贺常端等编写
北京 中国青年出版社 1987 年 477 页
19cm(32 开)统一书号:8009.58
ISBN:7-5006-0003-8 定价:CNY2.85
本书概述中国电影的发展概况及成就。阐述电影的教育作用、认识作用和审美作用，以及高等院校开设电影课的目的和任务。

J0168899
电影是什么? (法)巴赞著;崔君衍译
北京 中国电影出版社 1987 年 389 页 有剧照
20cm(32 开)精装 统一书号:8061.2558
定价:CNY4.50
(外国电影理论名著丛书)
外文书名: Qu'est que le cinema ?

J0168900
结构主义和符号学 (电影理论译文集)李幼蒸选编
北京 三联书店 1987 年 278 页 21cm(32 开)
统一书号:8002.16 定价:CNY2.45
(现代西方学术文库)

J0168901
论电视剧 李邦媛,李醒选编
北京 北京广播学院出版社 1987 年 226 页
19cm(32 开)统一书号:7450.003
ISBN:7-81004-000-6 定价:CNY1.65
(外国电视理论丛书)

J0168902
旋转中的电影社会 汪天云著
上海 上海交通大学出版社 1987 年 122 页
19cm(32 开)ISBN:7-313-00174-6
定价:CNY1.00
本书是我国电影理论工作者运用文艺社会学等学科的基本原理，对电影社会学的一系列研究课题——电影与社会、电影与人类心态、电影与方法论、电影与文化观念、电影与历史轨迹、电影与现代科技等相互关系和作用所做的探讨和研究的初步成果。全书观点鲜明，富有一定的文学风韵和哲理思辨性。

J0168903
电影电视辞典 朱玛主编
成都 四川科学技术出版社 1988 年 99+1130 页
20cm(32 开)ISBN:7-5364-0013-6
定价:CNY9.80, CNY11.00(精装)

J0168904
电影改编理论问题 陈犀禾选编
北京 中国电影出版社 1988 年 639 页
20cm(32 开)统一书号:8061.3124
定价:CNY5.00
(外国电影研究资料丛书)
本书汇集了 20 世纪世界各国电影理论家们有关文学改编电影的论文，从“电影·文学·戏剧”、“改编原理”、“改编实例”三个方面展示了国外理论家们的研究成果。

J0168905
电影学 (中国电影评论学会首届电影学年会论文选)中国电影评学会,中国电影出版社编
北京 中国电影出版社 1988 年 663 页
20cm(32 开)ISBN:7-106-00110-4
定价:CNY5.15
本书选辑 1984 年召开的中国电影评论学会首届年会的论文 34 篇。内容大致分为电影美学、电影艺术专论、样式电影探讨、著名电影艺术家研究以及电影观众学等，探讨诸如电影本性、纪实性美学、长镜头理论、蒙太奇、诗电影、电影结构、节奏等电影学问题。

J0168906
电影学概论 叶元等编写
上海 上海社会科学院出版社 1988 年 288 页
20cm(32 开)ISBN:7-80515-181-4
定价:CNY3.50

J0168907
电影学基础 舒其惠编著
长沙 湖南大学出版社 1988 年 308 页
19cm(32 开)ISBN:7-314-00257-6
定价:CNY2.85

J0168908
电影学引论 张玉瓖主编
银川 宁夏人民出版社 1988 年 334 页
20cm(32 开) ISBN: 7-227-00235-7
定价: CNY2.55
本书分 9 章: 电影艺术的诞生, 电影艺术的本性, 蒙太奇与长镜头, 电影拍摄中的艺术手段, 电影的风格, 电影的流派, 电影剧本的创作与改编, 电影鉴赏, 电影评论。

J0168909
电影艺术的多元结构 春子著
沈阳 辽宁大学出版社 1988 年 285 页
19cm(32 开) ISBN: 7-5610-0381-1
定价: CNY2.70
(文艺新潮丛书 18)

J0168910
影视文化 (1) 中国艺术研究院影视研究室《影视文化》编辑部编辑
北京 文化艺术出版社 1988 年 317 页 有彩照
20cm(32 开) ISBN: 7-5039-0258-2
定价: CNY2.70

J0168911
影视文化 (2) 中国艺术研究院影视研究室《影视文化》编辑部编
北京 文化艺术出版社 1989 年 315 页 有照片
20cm(32 开) ISBN: 7-5039-0436-4
定价: CNY2.70

J0168912
影视文化 (3) 中国艺术研究院影视研究室,《影视文化》编辑部编辑
北京 文化艺术出版社 1990 年 317 页
20cm(32 开) ISBN: 7-5039-0586-7
定价: CNY4.50

J0168913
影视文化 (4) 中国艺术研究院影视研究室《影视文化》编辑部编
北京 文化艺术出版社 1991 年 317 页 有照片
20cm(32 开) ISBN: 7-5039-0901-3
定价: CNY5.00

J0168914
第八女神的风采 (电影世界面面观) 汪天云编著
上海 上海科学技术出版社 1989 年 192 页
19cm(32 开) ISBN: 7-5323-1763-3
定价: CNY2.30
本书内容包括: 电影艺术基本知识, 以及中外著名导演、演员及其不同的艺术风格等。作者汪天云(1950—), 编剧。浙江湖州人, 毕业于上海师范大学中文系, 留校任教。上海电影集团副总裁、上海视觉艺术学院表演艺术学院院长、上海师范大学人文学院硕士生导师、上海市电影评论学会副秘书长、上海作家协会理事。著有《电影社会学研究》《电影社会学引论》等。

J0168915
电影论文选 孙志强, 吴恭俭主编
北京 文化艺术出版社 1989 年 435 页
20cm(32 开) ISBN: 7-5039-0234-5
定价: CNY5.35

J0168916
电影社会学引论 汪天云著
合肥 安徽文艺出版社 1989 年 192 页
19cm(32 开) ISBN: 7-5396-0106-X
定价: CNY2.00
(文艺社会学研究丛书)

J0168917
电影学原理 李泱, 吕亚人主编
北京 文化艺术出版社 1989 年 439 页
20cm(32 开) ISBN: 7-5039-0235-3
定价: CNY5.50

J0168918
电影艺术纵横论 马德波著
西安 华岳文艺出版社 1989 年 568 页
19cm(32 开) ISBN: 7-80549-138-0
定价: CNY6.45

J0168919
认识电影 Giannetti, L.D. 著; 焦雄屏译
台北 远流出版事业公司 1989 年 398 页
21cm(32 开) ISBN: 957-32-0123-2
定价: TWD300.00

（电影馆 1）

本书从电影理论的典型视角出发，评论电影艺术。外文书名：Understanding Movies. 译者焦雄屏(1953—)，女，台湾电影学者、影评家、剧作家、制片人、监制。毕业于美国德州奥斯汀分校影视专业硕士学位。策划出版了《电影馆》丛书等，监制作品有《香港情怀》《望乡》《洞》《十七岁的单车》《半镜》等。

J0168920
我心中的太阳 陈昊苏著
北京 中国青年出版社 1989年 296页 有照片
19cm(32开) ISBN：7-5006-0604-4
定价：CNY4.60

作者陈昊苏(1942—)，中国作家协会会员。出生于四川内江，毕业于中国科技大学电子学系。历任共青团中央书记处书记，北京市人民政府副市长，广播电影电视部副部长，中国人民对外友好协会会长等职。著有诗集《红军之歌》《继志集》《时空的跨越》，文集《我心中的太阳》《辉煌的日出》《青春之旅》《我们世纪的英雄》等。

J0168921
现代电影思潮 张万晨著
沈阳 辽宁教育出版社 1989年 238页
20cm(32开) ISBN：7-5382-0775-9
定价：CNY3.15
（当代大学生书林 文学艺术书系）

本书作者从电影美学、电影风格流派的角度对这些电影思潮的发端、发展及其流变，给予了系统的阐述和概括，并对未来电影的发展走向作了客观预测。

J0168922
现代电影艺术 （日）岩崎昶著；张加贝译
北京 中国电影出版社 1989年 108页
20cm(32开) ISBN：7-106-00176-7
定价：CNY1.40

作者岩崎昶(1903—1981)，日本电影理论家、评论家及纪录片制作者。生于日本东京，毕业于东京帝国大学德国文学系。主要著作有《电影与资本主义》《电影的理论》《现代电影艺术》《日本电影史》《现代电影》等，译著有《好莱坞的内幕》《编剧与电影剧本创作》《电影艺术论》等。

J0168923
谢晋谈艺录 谢晋著
上海 上海文艺出版社 1989年 219页 有照片
19cm(32开) ISBN：7-5321-0414-1
定价：CNY3.45

本书是著名电影导演谢晋关于电影的言论集。介绍了怎样做个好导演、好演员及怎样提高电影欣赏水平的学习方法等。内容包括："谈电影导演"部分，收录《电影导演是作家》《电影创作以导演为中心》《电影导演的任务》《导演要有主心骨》；"谈电影演员和电影表演"部分，收录《演员和影片的形象体现者》《向角色靠拢》《戏——人物关系的纠葛》等；"电影艺术随想"部分，收录《艺术家和创作》《美和生活》《艺术要有追求》等。书后附"《谢晋谈艺录》参考资料索引"。

J0168924
银海游 邵牧君著
北京 中国电影出版社 1989年 477页
20cm(32开) ISBN：7-106-00078-7
定价：CNY5.00

本书收辑作者1979—1986年间电影研究论文31篇。作者从电影作为世界性文化的特征出发，对电影创作和理论上的一些重要问题作了历史的比较考察。

J0168925
中国电影文化透视 （兼论"五代导演"的艺术观念和创作）张成珊著
上海 学林出版社 1989年 513页 有照片
20cm(32开) ISBN：7-80510-164-7
定价：CNY7.30
（青年学者丛书）

本书分为诞生和萌发；发展和扭曲；突破和局限3篇。张成珊(1948—)，中国作家协会上海分会会员。

J0168926
电视文艺学 刘树林，李泱主编
沈阳 辽宁大学出版社 1990年 398页
19cm(32开) ISBN：7-5610-0795-7
定价：CNY5.00

（电视文艺丛书）

本书是《电视文艺丛书》的“龙头”。它涵盖了电视文艺领域中较多侧面的论题。

J0168927

电影理论 （美）安祖（J.Dudley Andrew）著；陈国富译

台北 志文出版社 1990年 再版 278页 有照片

19cm（32开）定价：TWD130.00

（新潮文库 285）

外文书名：The Major Film Theories.

J0168928

电影理论概念 （美）安德鲁著；郝大铮等译

上海 上海文艺出版社 1990年 253页

19cm（32开）ISBN：7-5321-0162-2

定价：CNY3.85

J0168929

电影理论文选 邵牧君等译

北京 中国电影出版社 1990年 391页

20cm（32开）ISBN：7-106-00356-5

定价：CNY6.20

J0168930

电影艺术与电影文学 刘金镛，宋家庚编著

济南 山东文艺出版社 1990年 398页

20cm（32开）ISBN：7-5329-0477-6

定价：CNY5.65

J0168931

环球影视界奇观 （第一卷）吕咸发等主编

济南 山东友谊书社 1990年 243页 19cm（32开）

ISBN：7-80551-299-X 定价：CNY3.60

本书介绍了世界各国电影、电视界的基本状况及有关知识，各国影视界在拍摄、制作、宣传、上映等方面所使用的招数等。作者吕咸发，山东淄博广播电视局任职。

J0168932

环球影视界奇观 （第二卷）吕咸发等主编

济南 山东友谊书社 1990年 242页 19cm（32开）

ISBN：7-80551-300-7 定价：CNY3.60

本书介绍了世界各国电影、电视界的基本状况及有关知识，各国影视界在拍摄、制作、宣传、上映等方面所使用的招数等。

J0168933

看见的世界 （关于电影本体论的思考）（美）卡维尔（Cavell，S.）著；齐宇，利芸译

北京 中国电影出版社 1990年 238页

20cm（32开）精装 ISBN：7-106-00223-2

定价：CNY3.90

（外国电影理论名著）

本书作者从哲学本体论的角度出发，通过对大量影片实例的分析，对电影的本质、起源、内部构成等理论问题进行了深刻的思辨，着重探讨了电影作为一个整体与客观世界作为一个整体之间的关系。外文书名：The World Viewed: Reflections on the Ontology of Film.

J0168934

看见的世界 （关于电影本体论的思考）（美）卡维尔（Cavell，S.）著；齐宇，利芸译

北京 中国电影出版社 1990年 238页

20cm（24开）ISBN：7-106-00222-4

定价：CNY2.80

（外国电影理论名著）

外文书名：The World Viewed: Reflections on the Ontology of Film.

J0168935

图象符号和电影语言 （荷）扬·M·彼得斯（Peters，J.M.）著；一匡译

北京 中国电影出版社 1990年 110页

20cm（32开）ISBN：7-106-00258-5

定价：CNY2.20

本书阐明作为符号过程的图像的复杂性，并界定通过图像符号陈述信息的不同方式。外文书名：Pictorial Signs and the Language of Film.

J0168936

银幕上的声画艺术——电影 郭凤岐编著

北京 高等教育出版社 1990年 229页

20cm（32开）ISBN：7-04-002984-7

定价：CNY2.15

（艺术教育丛书）

本书论述了电影的基本原理，阐发了电影的综合艺术特征，介绍了电影的发展历史、现代电影流派等。

J0168937
影迷大观　郦苏元主编
石家庄 河北人民出版社 1990年 479页
20cm(32开) ISBN: 7-202-00711-8
定价: CNY6.80
本书内容包括: 电影历史、特征、流派、评论和特技以及名片赏析、影人家庭、影坛趣闻、电影节、电影奖等。

J0168938
影视基础　曹家正等编
上海 复旦大学出版社 1990年 89页 19cm(32开)
ISBN: 7-309-00540-6 定价: CNY1.00
本书系统地阐述了影视欣赏必需的基础知识, 介绍了影视的各类样式及其欣赏要点。

J0168939
怎样看电影　(美)莫纳科(J.Mouaco)著; 刘安义等译
上海 上海文艺出版社 1990年 339页
19cm(32开) ISBN: 7-5321-0400-1
定价: CNY4.40
外文书名: How to Read a Film.

J0168940
第三丰碑　(电影符号学综述)张振华著
长沙 湖南文艺出版社 1991年 184页
19cm(小32开) ISBN: 7-5404-0803-0
定价: CNY2.25
(文化前沿丛书)

J0168941
电视艺术辞典　《电视艺术辞典》编辑委员会编
北京 学苑出版社 1991年 1021页 有彩照
19cm(小32开) 精装 ISBN: 7-80060-861-1
定价: CNY18.00
本书共收辞目909条、64万字。按学科分为20个分栏目, 各学科按各自的角度给予阐释。

J0168942
电视艺术通论　陈志昂主编; 中央电视台《电视艺术通论》编写组编著
北京 知识出版社 1991年 499页 20cm(32开)
ISBN: 7-5015-0488-1 定价: CNY7.00
(电视艺术丛书 理论系列)
本书是全面论述电视艺术的专著。其内容包括: 电视艺术的历史、特性、纪录片、摄像、美术设计、音乐创造、传播、欣赏、电视与其他艺术的关系、管理、现实与理想等。

J0168943
电影　(银幕世界的魅力)彭吉象著
北京 北京大学出版社 1991年 244页 有剧照
19cm(小32开) ISBN: 7-301-01545-3
定价: CNY5.15
(北京大学艺术教育与美学研究丛书 2)
本书从电影美学视角, 追溯了近百年来中西电影发展的历史轨迹, 介绍了电影的主要流派及电影语言、电影样式、电影节奏、电影表演等艺术表现手段, 对电影所呈现出来的美学的辩证关系、电影所表现出来的文化现象及电影审美过程中所蕴含的心理奥秘作了认真的探索。

J0168944
电影　(银幕世界的魅力)彭吉象著
台北 淑馨出版社 1992年 194页 有照片
21cm(32开) ISBN: 957-531-241-4
定价: TWD140.00
(艺术教育与美学研究丛书 2)
作者彭吉象(1948—), 教授, 博士。四川成都人, 获得北京大学哲学博士。历任北京大学艺术教研室主任、副教授, 中国作家协会会员。代表作品《艺术学概论》《电影银幕世界的魅力》。

J0168945
电影记号学导论　(英)伍伦(Peter Wollen)著; 刘森尧等译
台北 志文出版社 1991年 182页 有照片
19cm(小32开) ISBN: 957-545-521-5
定价: TWD110.00
(新潮文库 341)
外文书名: Signs and Meaning in the Cinema.

J0168946
电影新视野　上海电影艺术研究所编
北京 中国电影出版社 1991年 254页
21cm(32开) ISBN: 7-106-00571-1
定价: CNY5.00
本书是上海电影理论界在电影研究方面最

新成果的汇集，选收20篇有关电影学基础研究、电影史研究、新时期电影综合研究以及电影创作实践的评论等方面的文章。

J0168947
电影艺术初论 高夙胜主编
济南 山东大学出版社 1991年 293页
20cm(32开) ISBN: 7-5607-0573-1
定价: CNY4.30
本书阐述了电影学的基础知识，介绍电影学已有的学术成就。作者高夙胜(1939—)，山东淄博人，济南政协文史委员会副主任，社会科学副研究员，中国戏剧家协会会员。

J0168948
电影艺术新论 (交叉与分离)潘秀通，万丽玲著
北京 中国电影出版社 1991年 400页
20cm(32开) ISBN: 7-106-00486-3
定价: CNY6.90
(电影学新论丛书)
本书提出"以个性化为主旨的整体综合电影美学"的主张，并以"交叉与分离"为解谜手段，构架了一个电影艺术新理论观。作者潘秀通，哈尔滨师范大学任教。

J0168949
电影意识论 刘妡著
兰州 敦煌文艺出版社 1991年 336页
21cm(32开) 精装 ISBN: 7-85087-051-7
定价: CNY7.75

J0168950
电影原理与制作 梅长龄著
台北 三民书局 1991年 5版 337页 21cm(32开)
ISBN: 957-14-0614-7 定价: 旧台币4.44

J0168951
世俗神话 (电影的野性思维)(匈)伊芙特(Yvette.B.)著；崔君衍译
北京 中国电影出版社 1991年 220页 有剧照
20cm(32开) ISBN: 7-106-00502-9
定价: CNY4.70
(外国电影理论名著丛书)
本书是在抽象的层面上，对电影本体所做的哲学沉思。它以大量实例论证了一系列涉及电影创作实践的理论命题。外文书名: Profane Mythology: The Savage Mind of the Cinema. 作者伊芙特，匈牙利著名女理论家，电影创作艺术家。

J0168952
影视艺术的奥秘 金章才著
天津 百花文艺出版社 1991年 230页
19cm(小32开) ISBN: 7-5306-0643-3
定价: CNY3.35

J0168953
大型电影学文库
北京 中国广播电视出版社 1992—2001年 8册
24cm(27开)

J0168954
电视艺术概论 高鑫著
北京 学苑出版社 1992年 415页 有彩照
19cm(小32开) ISBN: 7-5077-0431-9
定价: CNY9.50
结合我国电视艺术创作和发展的实际，对电视艺术给予了科学的界定和分类；对电视艺术的审美、思维和语言的特征及其规律进行了探讨。作者高鑫(1938—)，教授。河北高阳人，硕士毕业于中国社科院研究生院文学系。中国传媒大学电视与传媒学院教授、博士生导师，电视艺术研究所所长，北京电视艺术家协会副主席，《电视艺术》杂志副主编。著有《电视剧创作概论》《电视剧的探索》《电视艺术概论》。

J0168955
电视艺术纵论 林辰夫著
杭州 浙江大学出版社 1992年 217页 有照片
19cm(小32开) ISBN: 7-308-00131-8
定价: CNY5.00
本书4部分: 论述电视剧、戏曲电视剧、电视剧介绍和评论、中外电视及电视艺术考察。

J0168956
电视与文化论丛 陈为良，孙沛然主编
杭州 浙江大学出版社 1992年 249页
20cm(32开) ISBN: 7-308-01130-5
定价: CNY5.00
本书收录《新的技术革命与电视文化》《电

视文化形态论》《电视与地球文化》等论文21篇。

J0168957
电影编剧 张觉明著
台北 杨智文化事业公司 1992年 342页
21cm(32开) ISBN: 957-9091-09-9
定价: TWD280.00

J0168958
电影的戏剧艺术 (英)卡斯蒂(Casty, Alan)著; 郑志宁译
北京 中国电影出版社 1992年 197页 有照片
20cm(32开) ISBN: 7-106-00551-7
定价: CNY3.30
本书探讨分析了电影各个元素(摄影、构图、剪辑、照明等)的运用的同时,探讨了戏剧的元素,分析了这些元素怎样由于电影形式的要求而有所改变,并列举影片实例。外文书名: The Dramatic Art of the Film.

J0168959
电影符号学 齐隆壬著
台北 书林出版公司 1992年 219页 有照片
21cm(32开) ISBN: 957-586-298-8
定价: TWD180.00
(电影丛书 FILM1)

J0168960
电影赋比兴集 刘成汉著
台北 远流出版事业公司 1992年 2册
21cm(32开) ISBN: 957-32-1623-X
定价: TWD320.00
(电影馆 29-30)

J0168961
电影经验 黄建业,张伟男译
台北 书林出版公司 1992年 221页 有照片
21cm(32开) ISBN: 957-586-341-0
定价: TWD180.00
(电影丛书)

J0168962
电影渗透谈 夏鹏汉著
天津 百花文艺出版社 1992年 346页
20cm(32开) ISBN: 7-5306-1116-X
定价: CNY7.30

J0168963
电影实践理论 (美)伯奇(Barch, Noel)著; 周传基译
北京 中国电影出版社 1992年 155页
20cm(32开) ISBN: 7-106-00655-6
定价: CNY3.00
(外国电影理论名著丛书)
本书阐述了电影时空的表达方式、音画的辩证关系、干扰性因素及虚构与非虚构题材等问题。

J0168964
电影学简编 卜召林主编
济南 山东大学出版社 1992年 323页
20cm(32开) ISBN: 7-5607-0834-X
定价: CNY5.30
本书论述了有关电影艺术诸多方面的知识,其中有:蒙太奇、电影语言、样式、流派、剧本创作、欣赏与评论等。作者卜召林,教授。生于山东日照,毕业于曲阜师范大学文学院。在曲阜师范大学任教,任学校语言文学研究所所长,山东省现代文学学会副会长。出版专著和教材有《鲁迅文学批评研究》《中国现代新文学批评研究》《影视艺术论》等。

J0168965
电影艺术 (形式与风格)(美)鲍得威尔(Bordwell, D.),(日)汤普逊(Thompson, K.)著; 曾伟祯译
台北 远流出版事业公司 1992年 622页
有照片 21cm(32开) ISBN: 957-32-1587-X
定价: TWD500.00
(电影馆 24)

J0168966
电影艺术导论 (美)波德维尔(Bordwell, D.),汤普森(Thompson, K.)著; 史正,陈梅译
上海 上海文艺出版社 1992年 629页
20cm(32开) ISBN: 7-5321-0398-6
定价: CNY9.00
作者汤普森(Kristin Thompson, 1950—),通译名莉丝汀·汤普森,美国电影理论家。麦迪逊电影研究博士,在威斯康星大学、爱荷华大

学、阿姆斯特丹大学等大学任客座教授。主要学术方向为电影形式分析、电影风格史。作品有《世界电影史》《电影百年发展史》等。

J0168967
电影艺术概论 凌振元主编
南京 南京出版社 1992年 376页 20cm(32开)
ISBN: 7-80560-703-6 定价: CNY6.00
本书介绍了电影艺术的历史、特性、蒙太奇、镜头、编剧、导演、表演等内容。作者凌振元(1945—),教师。出生于江苏常熟。上海师范大学人文学院影视专业主任、副教授。著作有《中外电影简史》《经典电影欣赏》。

J0168968
电影哲学概说 (苏)魏茨曼(ВейцманЕвгений)著;崔君衍译
北京 中国电影出版社 1992年 240页
20cm(32开) ISBN: 7-106-00568-1
定价: CNY3.90
(外国电影理论名著丛书)
本书对传统的艺术学问题进行了哲学分析、涉及和批判了西方当代哲学流派和电影理论思潮,论证了辩证唯物论与电影的根本联系。作者叶夫根尼·米哈依洛维奇·魏茨曼(1918—1977),苏联著名哲学家和电影学家。

J0168969
海外名家谈电视 任远编译
北京 中国国际广播出版社 1992年 195页
19cm(小32开) ISBN: 7-5078-0276-0
定价: CNY3.50

J0168970
李连庆荧屏艺术文集 王云缦,果青主编
北京 中国广播电视出版社 1992年 186页
20cm(32开) ISBN: 7-5043-1442-0
定价: CNY3.75
(荧屏艺术丛书)
李连庆曾先后任职于中央广播事业局、电视艺术家协会。本书选收了他在任职期间的讲话和文章40篇,从理论上阐述发展电视剧的意义、作用,提高电视剧质量,以繁荣电视艺术。

J0168971
写人的觉醒 (冷冶夫电视论文集)冷冶夫著
沈阳 白山出版社 1992年 123页 19cm(小32开)
ISBN: 7-80566-067-0 定价: CNY2.50
(电视文学系列丛书)

J0168972
影视艺术教程 王光祖等主编
北京 高等教育出版社 1992年 433页
20cm(32开) ISBN: 7-04-003771-8
定价: CNY6.55
全书16章,分特性论,创作论,鉴赏论,影视发展简史四编,介绍了电视电影制作的基本原理及影视这一门综合艺术的形成、特点、鉴赏及评论等。作者王光祖,华东师范大学任教。

J0168973
中国第五代电影 刘树生著
北京 中国广播电视出版社 1992年 294页
20cm(32开) ISBN: 7-5043-2029-3
定价: CNY6.15
第五代电影是指中国"第五代"导演所拍摄的影片。"第五代"是指以北京电影学院78级(82届)毕业生张艺谋、陈凯歌、吴子牛、田壮壮等为主体的一批导演。自1984年开始,这批导演先后拍摄出《一个和八个》《黄土地》《喋血黑谷》《猎场扎撒》《盗马贼》《大阅兵》《红高粱》等一大批具有全新艺术观念和个人风格特色的影片。这些影片被称为"第五代"电影。

J0168974
中国电影理论文选 (20-80年代)李晋生,徐虹,罗艺军主编
北京 文化艺术出版社 1992年
2册(661;592页) 20cm(32开)
ISBN: 7-5039-1035-6 定价: CNY21.60
本书收1920—1989年间发表的中国电影理论文章98篇。

J0168975
TV风景线:电视与电视文 严峰,韩玉芬著
北京 中国人民大学出版社 1993年 213页
19cm(小32开) ISBN: 7-300-01597-2
定价: CNY4.00
(大众文化丛书)

J0168976
电视文艺论集 沈纪主编
北京 人民出版社 1993年 458页 20cm(32开)
ISBN: 7-01-001631-3 定价: CNY9.85
(电视丛书)
本书共收有文章60余篇，主要内容包括：宏观电视文艺理论的研究、春节联欢晚会的评论、电视文艺导演谈创作等。

J0168977
电视文艺论集 沈纪主编
北京 人民出版社 1993年 13+458页
21cm(32开)精装 ISBN: 7-01-001630-5
定价: CNY18.45
(电视丛书)
本书共收有文章60余篇，主要内容包括：宏观电视文艺理论的研究、春节联欢晚会的评论、电视文艺导演谈创作等。

J0168978
电视学原理 刘志明著
北京 中国人民大学出版社 1993年 300页
20cm(32开) ISBN: 7-300-01546-8
定价: CNY5.90
本书包括电视的发展及其影响、电视的特性与传播规律、电视节目的传播过程、电视的传播者和电视体制、电视摄录技术等13章。

J0168979
电视艺术的走向 徐朝信，文言著
沈阳 辽宁大学出版社 1993年 145页
19cm(小32开) ISBN: 7-5610-2075-9
定价: CNY2.50

J0168980
电影导引 吴贻弓主编
上海 中国纺织大学出版社 1993年 155页
19cm(小32开) ISBN: 7-81038-004-4
定价: CNY4.80
(市场经济实务丛书)
本书介绍了电影的特性、功能、样式、制作工序和中外电影发展历史以及电影导演艺术、电影表演艺术的欣赏。作者吴贻弓(1938—2019)，电影导演。出生于重庆，毕业于北京电影学院导演系。历任上海市电影局局长、中国电影家协会主席等职。执导电影有《城南旧事》《阙里人家》《流亡大学》等。

J0168981
电影的奥秘 林阿锦[著]
石家庄 河北教育出版社 1993年 110页
19cm(32开) ISBN: 7-5434-1616-6
定价: CNY2.25
(小博士文库)

J0168982
电影的奥秘 林阿锦[著]
石家庄 河北教育出版社 1994年 2版
110页 19cm(小32开) ISBN: 7-5434-1616-6
定价: CNY2.90
(小博士文库)

J0168983
电影的七段航程 [戈达尔]Jean-LucGodard著；郭昭澄译
台北 远流出版事业公司 1993年 316页
21cm(32开) ISBN: 957-32-1993-X
定价: TWD260.00
(电影馆 41)

J0168984
电影理论与批评手册 戴锦华著
北京 科学技术文献出版社 1993年 244页
有照片 20cm(32开) ISBN: 7-5023-1962-X
定价: CNY7.00
本书详尽分析新中国电影现象，电影导演的作品序列及具体作品。讲叙实际运用中如何把握当代电影理论的基本观点与批评方法。作者戴锦华(1959—)，女，教授。生于北京。毕业于北京大学中文系。北京大学中文系比较文学研究所教授、博士生导师。代表作品《涉渡之舟》《〈简爱〉的光影转世》《隐形书写——90年代中国文化研究》。

J0168985
电影社会学研究 汪天云等著
上海 三联书店上海分店 1993年 265页
20cm(32开) ISBN: 7-5426-0616-6
定价: CNY9.00
本书包括：电影社会学体系和嬗变、电影的

社会生产、电影的社会消费、电影的社会传播等6章。作者汪天云（1950—　），编剧。浙江湖州人，毕业于上海师范大学中文系，留校任教。上海电影集团副总裁、上海视觉艺术学院表演艺术学院院长、上海师范大学人文学院硕士生导师，上海市电影评论学会副秘书长、上海作家协会理事。著有《电影社会学研究》《电影社会学引论》等。

J0168986
电影术语词典　（美）毕佛著；童锦荣，黄庆译
北京 解放军文艺出版社 1993年 314页
19cm（小32开）ISBN：7-5033-0380-8
定价：CNY5.00
本书汇集了电影表达和电影分析中涉及的技术、概念、人物和流派、事件、风格等方面的语汇。作者弗兰克·毕佛，美国信息传播学家、电影历史学家、美国密执安大学著名信息传播学教授。

J0168987
电影与法律：现状、规范、理论　宋杰著
北京 中国电影出版社 1993年 323页
20cm（32开）ISBN：7-106-00830-3
定价：CNY5.80

J0168988
法斯宾达论电影　（幻想的无政府主义电影解放心智）（德）法斯宾达（Fassbinder，R.W.）著；林芳如译
台北 万象图书公司 1993年 407页 21cm（32开）
ISBN：957-669-447-7 定价：TWD380.00
（电影眼系列 5）

J0168989
革命、情欲残酷物语　（大岛渚的影像探索）（日）佐藤忠男著；沙鸥译
台北 万象图书公司 1993年 362页 21cm（32开）
ISBN：957-669-383-7 定价：TWD330.00
（电影眼系列 3）

J0168990
观逆集·中外电影篇　李焯桃著
九龙 次文化公司 1993年 206页 有照片
21cm（32开）定价：HKD60.00
（次文化电影学丛书 影象文化系列 4）

J0168991
世界电影百科全书　杨海明等编译
北京 社会科学文献出版社 1993年 820页
有剧照 20cm（32开）精装
ISBN：7-80050-203-1 定价：CNY25.00
本书据苏联1986年出版的《电影百科全书》编译而成，收有苏联、东欧与西方及中国的部分导演、演员人物词条。

J0168992
温德斯论电影　（情感电影影像的逻辑）（德）温德斯（Wenders，W.）著；孙秀蕙译
台北 万象图书公司 1993年 366页 21cm（32开）
ISBN：957-669-381-0 定价：TWD340.00
（电影眼系列 1）

J0168993
我需要的一点现实　（谈影片是如何产生的）（德）法斯宾德（Fassbinder，Rainer Werner），（德）普弗劳姆（Pflaum，Hans Gunther）著；李伯杰译
北京 中国电影出版社 1993年 116页
20cm（32开）ISBN：7-106-00854-0
定价：CNY2.30
本书阐述了电影创作观念与经验，包括：制作、摄影、音响、剪辑和蒙太奇等11部分，附录电影剧本《爱比死亡更冷酷》（法斯宾德）。外文书名：Das bisschen realitat, das ich brauche wie filme entstehen. 作者普弗劳姆，德国电影批评家。作者法斯宾德（Rainer Werner Fassbinder，1945—　），德国著名电影导演。出生于巴伐利亚。执导代表影片有《爱比死更冷》《维洛妮卡·佛斯的欲望》《劳拉》《莉莉玛莲》《恐惧吞噬灵魂》等。

J0168994
现代电影学　（开启成功票房的钥匙）程予诚著
台北 五南图书出版公司 1993年 431页
21cm（32开）ISBN：957-11-0614-3
定价：旧台币8.00
（大众传播系列 3）

J0168995
香港电影民俗学　吴昊著
香港 次文化公司 1993年 195页 21cm（32开）
ISBN：962-7420-06-9 定价：HKD60.00

（次文化电影学丛书 影像文化系列 1）

J0168996
影迷世界 赵有平，苏小卫著
成都 四川少年儿童出版社 1993年 146页
17cm（40开）ISBN：7-5365-1036-5
定价：CNY2.00
（中学生文化快餐丛书）

J0168997
在历史与幻象之间 （荷索的电影世界）（美）柯利根（Corrigan，T.）编；迷走译
台北 万象图书公司 1993年 282页 21cm（32开）
ISBN：957-669-382-9 定价：TWD270.00
（电影眼系列 2）

J0168998
中国应用电视学 朱羽君等主编；北京广播学院电视系学术委员会，《中国应用电视学》编辑委员会编
北京 北京师范大学出版社 1993年 1060页
有彩图 26cm（16开）精装
ISBN：7-303-02718-1 定价：CNY76.00

J0168999
中外电影名连缀 王斌编
长春 时代文艺出版社 1993年 304页 有彩照
19cm（小32开）ISBN：7-5387-0675-5
定价：CNY5.70

J0169000
中外影视名作辞典 李恒基等主编
北京 国际文化出版公司 1993年 64+981页
有彩照 26cm（16开）精装
ISBN：7-80049-964-2 定价：CNY68.00

本书介绍每部影视作品的片名、编剧、导演、主演演员、剧情、作品简析、获奖情况等。

J0169001
电视学引论 李振潼主编
上海 华东师范大学出版社 1994年 339页
20cm（32开）ISBN：7-5617-1088-7
定价：CNY13.70

本书论述了电视本论、电视的基本手段、表现形式和电视技术管理等。

J0169002
电影王国旅游记 易治安，周景行著
重庆 重庆出版社 1994年 217页 19cm（小32开）
ISBN：7-5366-2774-2 定价：CNY4.00

J0169003
电影文艺学 严蓉仙著
济南 山东文艺出版社 1994年 285页
20cm（32开）ISBN：7-5329-1187-X
定价：CNY7.60

作者严蓉仙，山东大学任教。

J0169004
电影意义的追寻 （电影解读手法的剖析与反思）（美）[博尔韦尔]Bordwell，D.著；游惠贞，李显立译
台北 远流出版事业公司 1994年 424页
21cm（32开）ISBN：957-32-2402-X
定价：TWD350.00
（电影馆 48）

外文书名：Making Meaning，Inference and Rhetoric in the Interpretation of Cinema.

J0169005
广播电影电视艺术辞典 程树安主编；广播电影电视艺术辞典编辑委员会编
武汉 武汉测绘科技大学出版社 1994年 552页
19cm（小32开）ISBN：7-81030-311-2
定价：CNY16.80

本书主要介绍了广播、电影、电视的基础知识，并介绍和阐述了广播、电影、电视发展的历史和当今最新信息。

J0169006
全新的奇观 （后现代主义与当代电影）孟宪励著
北京 中国社会出版社 1994年 263页
19cm（小32开）ISBN：7-80088-545-3
定价：CNY6.50
（后现代主义文化丛书 4）

J0169007
探索的银幕 倪霞著
北京 中国电影出版社 1994年 348页
20cm（32开）ISBN：7-106-00781-1

定价: CNY9.40

本书内容包括: 中国电影历史的发展总结、电影本体理论的研究、我国娱乐片生产的一些看法、大陆台湾及国外优秀影片的评介赏析, 及一些有成就的电影人的专访、介绍。作者倪霞, 北京电影学院副教授、电影评论家。

J0169008

异端的电影与诗学 (巴索里尼的性、政治与神话) 葛林(Greene, N.)著; 林宝元译
台北 万象图书公司 1994年 469页 有照片
21cm(32开) ISBN: 957-669-576-7
定价: TWD450.00
(电影眼系列 6)

J0169009

影视趣话 周星等编著
北京 光明日报出版社 1994年 182页
19cm(小32开) ISBN: 7-80091-568-9
定价: CNY4.40
(百科知识趣话丛书)

J0169010

影视艺术概论 李泱著
北京 北京工业大学出版社 1994年 354页
19cm(小32开) ISBN: 7-5639-0346-1
定价: CNY7.30

本书阐述了电影与电视的诞生与发展以及影视的创作与改编、片种与式样、地位与作用、共同特征与表演、摄制、音响和美工等。

J0169011

电影帝国 (另一种注视: 电影文化研究) 陈儒修著
台北 万象图书公司 1995年 263页 21cm(32开)
ISBN: 957-669-734-4 定价: TWD250.00
(艺书房 16)

J0169012

电影观赏 (现世的宗教意念性心理经验) 郑泰丞著
台北 桂冠图书公司 1995年 195页 21cm(32开)
ISBN: 957-551-921-3 定价: TWD200.00
(新知丛书 80)

J0169013

电影诗人费里尼 (意)邦德内拉(Bondanella, P.)著; 林文琪等译
台北 万象图书公司 1995年 514页 有照片
21cm(32开) ISBN: 957-669-626-7
定价: TWD450.00
(电影眼系列 7)

J0169014

电影文化、理论和批判 史文鸿著
香港 次文化公司 1995年 232页 有照片
21cm(32开) 定价: HKD70.00
(次文化影像文化系列 5)

J0169015

电影艺术ABC 封敏[著]
北京 教育科学出版社 1995年 214页
19cm(小32开) ISBN: 7-5041-1556-8
定价: CNY6.00
(电影艺术教育丛书)

作者封敏(1931—2017), 女, 教授、电影史论家。河北正定人, 历任北京电影学院文学系副教授、硕士生导师、电影史论教研组组长, 中国电影家协会会员。出版《中国电影艺术史纲(1896—1986)》《爱国主义影片赏析与史话》《电影艺术ABC》《孔雀为什么这样美丽?》等。

J0169016

电影艺术论 袁玉琴著
桂林 漓江出版社 1995年 298页 20cm(32开)
ISBN: 7-5407-1555-3 定价: CNY9.80

外文书名: On Art of Film. 作者袁玉琴, 南京师大任教。

J0169017

对外影视文集 (第三届"金桥奖"颁奖暨国际影视研讨会讲话·发言汇编) 五洲传播中心编
北京 五洲传播出版社 1995年 251页 有彩照
20cm(32开) ISBN: 7-80113-086-3
定价: CNY15.00

J0169018

录影学 艾姆斯(Roy Armes)著; 唐维敏译
台北 远流出版事业公司 1995年 284页
21cm(32开) ISBN: 957-32-2460-7

定价：TWD290.00
（传播馆 31）

外文书名：On Video.

J0169019
外国电影理论文选　李恒基，杨远婴主编
上海 上海文艺出版社 1995 年 731 页
20cm（32 开）精装 ISBN：7-5321-1197-0
定价：CNY35.80

J0169020
新中国电影意识形态史　（1949—1976）胡菊彬著
北京 中国广播电视出版社 1995 年 149 页
20cm（32 开）ISBN：7-5043-2730-1
定价：CNY6.50

J0169021
影视词汇　陈文泉编著
台北 合记图书出版社 1995 年 132 页
21cm（32 开）ISBN：957-666-326-1

J0169022
影视剧作引论　韩世华，朱少玲［著］
广州 广东高等教育出版社 1995 年 355 页
20cm（32 开）ISBN：7-5361-1745-0
定价：CNY15.00

作者韩世华，教授。湖北武汉人，中山大学中文系副教授，广东省电影家协会会员。作者朱少玲（1941—　），女，教师。广东新会人，毕业于华南师院中文系，留校任教。广东省电影家协会会员。编著有《电影学原理》《电影剧作选评》《电影论文选》《美育基础》等。

J0169023
影视人类学论文译文和资料选编　中国社会科学院民族研究所，影视人类学研究室［编］
1995 年 279 页 20cm（32 开）

J0169024
影视文化导论　孙沛然著
杭州 浙江大学出版社 1995 年 220 页
20cm（32 开）ISBN：7-308-01635-8
定价：CNY6.10

J0169025
影视学教程　舒其惠，钟友循著
长沙 湖南师范大学出版社 1995 年 重印本
395 页 20cm（32 开）ISBN：7-81031-383-5
定价：CNY8.80

J0169026
当代电影分析方法论　［奥蒙］Jacques Aumont，［玛丽］Michel Marie 著；吴珮慈译
台北 远流出版事业公司 1996 年 361 页
21cm（32 开）ISBN：957-32-2730-4
定价：TWD320.00
（电影馆 60）

外文书名：L' Analyse Des Films.

J0169027
电影基础知识大观　黄德明，杨玉英编著
上海 同济大学出版社 1996 年 375 页
19cm（小 32 开）ISBN：7-5608-1669-X
定价：CNY12.50

J0169028
电影艺术　（形式与风格）［博德韦］David Bordwell，［汤普森］Kristin Thompson 著；曾伟祯译
台北 美商麦格罗·希尔国际公司 1996 年 4 版
560 页 有图 26cm（16 开）
ISBN：957-8496-01-X 定价：TWD700.00

作者汤普森（Kristin Thompson，1950—　），通译名莉丝汀·汤普森，美国电影理论家。麦迪逊电影研究博士，在威斯康星大学、爱荷华大学、阿姆斯特丹大学等大学任客座教授。主要学术方向为电影形式分析、电影风格史。作品有《世界电影史》《电影百年发展史》等。

J0169029
电影艺术　刘立行等编著
台北 台湾空中大学 1996年 336页 21cm（32开）
ISBN：957-661-149-0 定价：TWD330.00

J0169030
电影语言学导论　贾磊磊著
北京 中国电影出版社 1996 年 259 页 有照片
20cm（32 开）ISBN：7-106-01099-5
定价：CNY11.00
（电影学新论丛书）

J0169031
影视漫话　王庆仁[编]
北京 中国少年儿童出版社 1996年 124页
19cm(32开) ISBN: 7-5007-2983-9
定价: CNY79.80(全套), CNY84.00(全套盒装)
(祖国知识文库丛书)

J0169032
影视艺术概论　乔淑芳主编; 大庆师范学校, 上海第六师范学校编
哈尔滨 黑龙江人民出版社 1996年 242页
19cm(小32开) ISBN: 7-207-03593-4
定价: CNY9.50

J0169033
百闻不如一见　(影视发明的故事)白虹编著
济南 泰山出版社 1997年 120页 有图
19cm(小32开) ISBN: 7-80634-058-0
定价: CNY6.20
(20世纪发明创造故事丛书)

本书收录《电影技术的发展》《电影的电子化》《电视广播的原理》《视频点播》等科普读物，讲述了许多重大科学发明背后科学巨人的感人事迹，以及与这些创造发明有关的动人故事。由泰山出版社和中华工商联合出版社联合出版。

J0169034
北京电影学院硕士学位论文集　崔君衍等主编
北京 中国电影出版社 1997年 547页
20cm(32开) ISBN: 7-106-01183-5
定价: CNY24.50

J0169035
第三世界电影与西方　罗伊·阿姆斯(Roy Armes)著; 廖金凤, 陈儒修译
台北 1997年 498页 有照片 21cm(32开)
ISBN: 957-99048-3-9 定价: TWD450.00
(国际电影丛书 002)

本书是作者Roy Armes在研究第三世界电影多年后所完成的力作，全书从理论出发，除了概述第三世界国家的社会、经济、文化背景之外，主要论点集中在第三世界电影拍制的理论和技术，并以现今第三世界国家为实例，逐一详述各国如何试图发展出“非西方式”电影，以为自己在世界电影史中重新定位，最后再以六位值得深入探讨的第三世界导演为总结。外文书名: Third World Film Making and the West.

J0169036
电视纪实与电视艺术　冷治夫, 张群力著
北京 警官教育出版社 1997年 286页
19cm(小32开) ISBN: 7-81027-890-8
定价: CNY19.80

J0169037
电视剧的戏剧冲突艺术　秦俊香著
北京 北京广播学院出版社 1997年 245页
20cm(32开) ISBN: 7-81004-668-3
定价: CNY13.00
(电视剧艺术丛书)

J0169038
电视剧原理　(第一卷 本质论)曾庆瑞著
北京 北京广播学院出版社 1997年 389页
20cm(32开) ISBN: 7-81004-630-6
定价: CNY16.00
(电视剧艺术丛书)

J0169039
电视文化学　苗棣, 范钟离著
北京 北京广播学院出版社 1997年 298页
20cm(32开) ISBN: 7-81004-728-0
定价: CNY17.00

作者苗棣(1951—　), 教授。毕业于中国人民大学。历任中国传媒大学文学院院长、中国传媒大学艺术研究院电影所所长、北京广播学院教授。著有《论通俗文化——美国电视剧类型分析》《电视文化学》《电视艺术哲学》等。

J0169040
电视艺术的观念　丁海宴著
北京 北京广播学院出版社 1997年 234页
20cm(32开) ISBN: 7-81004-744-2
定价: CNY14.50, CNY25.00(精装)

J0169041
电视艺术概论　孙恺著
南昌 江西高校出版社 1997年 205页
20cm(32开) ISBN: 7-81033-744-0
定价: CNY18.80

J0169042
电视艺术哲学 （上编）苗棣著
北京 北京广播学院出版社 1997年 267页
20cm（32开）ISBN：7-81004-719-1
定价：CNY15.00

J0169043
电影 雅克·派屈（Jacques Pecheur）著；孟筱敏译
台北 三民书局 1997年 99页 有图 21cm（32开）
精装 ISBN：957-14-2628-8 定价：TWD250.00
（人类文明小百科 12）
著者通译：佩舍尔。

J0169044
电影的社会实践 ［美］［格雷姆·特纳］Graeme Turner著；林文淇译
台北 远流出版事业公司 1997年 255页
21cm（32开）ISBN：957-32-3143-3
定价：TWD220.00
（电影馆 68）
外文书名：Film as Social Practice.

J0169045
电影电视艺术导论 张凤铸著
北京 中国广播电视出版社 1997年 272页
21cm（32开）ISBN：7-5043-3017-5
定价：CNY18.00
（广播电视文艺系列丛书）
本书主要包括艺术缪斯和艺术分类；影视艺术本体特征；影视艺术时间空间；影视艺术的节奏；镜头运用与画面等内容。作者张凤铸（1936— ），教授。出生广东五华县，毕业于中山大学。历任北京广播学院文艺编辑系主任，中华全国美学学会会员。著有《文艺广播初探》《影视基础理论和技巧》《音响美学》等。

J0169046
电影符号学的新语汇 （美）［罗伯特·斯塔姆］RobertStam等著；张梨美译
台北 远流出版事业公司 1997年 385页
21cm（32开）ISBN：957-32-3363-0
定价：TWD340.00
（电影馆 75）
外文书名：New Vocabularies in Film Semiotics.

J0169047
电影概论 BernardF.Dick著；邱启明译
台北 五南图书出版公司 1997年 337页
23cm ISBN：957-11-1305-0 定价：旧台币8.00
（大众传播系列 13）
本书论述了当前电影研究及实务制作领域概况，系统介绍了电影时间与空间、影像与声音等建构电影原始素材等，提出新颖且具有深度的鉴赏理论。外文书名：Anatomy of Film.

J0169048
电影理论与实践 （法）［诺埃尔·伯奇］Noel Burch著；（美）李天铎，刘现成译
台北 远流出版事业公司 1997年 221页
21cm（32开）ISBN：957-32-3178-6
定价：TWD220.00
（电影馆 70）
外文书名：Praxis Du Cinema.

J0169049
电影媒介与艺术论 李显杰，修倜著
武汉 华中师范大学出版社 1997年 重印本
295页 20cm（32开）ISBN：7-5622-1306-2
定价：CNY12.80
（文学理论批评建设丛书）

J0169050
电影迷宫漫游 岳世平编著
北京 教育科学出版社 1997年 89页
19cm（小32开）ISBN：7-5041-1662-9
定价：CNY3.00
（中小学袖珍图书馆 23）

J0169051
电影学研究 （第一辑）王亮衡主编
北京 中国广播电视出版社 1997年 511页
20cm（32开）ISBN：7-5043-2965-7
定价：CNY25.00
外文书名：Film Studies.

J0169052
电影艺术的科学 金天逸著
北京 中国电影出版社 1997年 426页
20cm（32开）ISBN：7-106-01140-1
定价：CNY20.00

（电影学新论丛书）

J0169053
女性电影理论 李台芳著
台北 扬智文化事业公司 1997年 136页
19cm（小32开）ISBN：957-9272-62-X
定价：TWD150.00
（文化手边册 23）
外文书名：Theory of Women's Cinema.

J0169054
女性书写：电影与文学 黄淑娴著
香港 青文书屋 1997年 237页 22cm（30开）
ISBN：962-7258-57-1
（文化视野丛书）
外文书名：Feminine Writing in Cinema and Literature.

J0169055
女性与电影 （摄影机前后的女性）［卡普兰］E.Ann Kaplan著；曾伟祯等译
台北 远流文化事业公司 1997年 370页
21cm（32开）ISBN：957-32-3226-X
定价：TWD340.00
（电影馆 69）
外文书名：Women and Film, Both Sides of the Camera.

J0169056
认识电影 （美）路易斯·贾内梯（Louis Giannetti）著；胡尧之等译
北京 中国电影出版社 1997年 442页 有剧照
20cm（32开）ISBN：7-106-01230-0
定价：CNY80.00

J0169057
现代精选英汉影像技术词库 广播电影电视部电影事业管理局，机械工业部秦皇岛视听机械研究所编
北京 中国电影出版社 1997年 951页
19cm（小32开）精装 ISBN：7-106-01217-3
定价：CNY60.00
外文书名：Select English-Chinese Current Terms of Image Technology.

J0169058
香港电影类型论 罗卡等著
香港 牛津大学出版社 1997年 171页
22cm（30开）ISBN：0-19-590068-5
（香港文化研究丛书）

J0169059
新电视观 于鹏阁等编著
呼和浩特 内蒙古科学技术出版社 1997年
248页 19cm（小32开）ISBN：7-5380-0541-2
定价：CNY12.00

J0169060
新时期电影的多元结构 王春荣著
沈阳 辽宁大学出版社 1997年 248页
20cm（32开）ISBN：7-5610-0381-1
定价：CNY14.80

J0169061
新时期电影文化思潮 饶朔光，裴亚莉著
北京 中国广播电视出版社 1997年 376页
有剧照 20cm（32开）ISBN：7-5043-2964-9
定价：CNY19.00
（新时期电影研究丛书）
作者裴亚莉（1971— ），女，教师。山西夏县人，北京师范大学文学博士，山西师范大学中文系任教，合著有《新时期电影文化思潮》等。

J0169062
影视艺术概述 汤振海编著
苏州 苏州大学出版社 1997年 249页
20cm（32开）ISBN：7-81037-346-3
定价：CNY11.50
（现代新闻学与传播学丛书）

J0169063
走向纵深 （中国影视从业者的使命）黄会林编
北京 北京师范大学出版社 1997年 288页
20cm（32开）ISBN：7-303-04590-2
定价：CNY13.50

J0169064
从文学之隅到影视文化之路 （文学与影视文化研究文集）周星著
北京 北京出版社 1998年 388页 20cm（32开）

ISBN: 7-200-03338-3 定价: CNY14.00

J0169065
电视艺术学 高鑫著
北京 北京师范大学出版社 1998年 441页
有插图 20cm(32开) ISBN: 7-303-04526-0
定价: CNY26.00, CNY40.00 (精装)

作者高鑫(1938—), 教授。河北高阳人, 硕士毕业于中国社科院研究生院文学系。中国传媒大学电视与传媒学院教授、博士生导师, 电视艺术研究所所长, 北京电视艺术家协会副主席,《电视艺术》杂志副主编。著有《电视剧创作概论》《电视剧的探索》《电视艺术概论》。

J0169066
电视艺术语言应用基础 邵长波著
杭州 浙江教育出版社 1998年 263页
20cm(32开) ISBN: 7-5338-3132-2
定价: CNY11.00

J0169067
电影艺术论 (朝)金正日著; 志光译
北京 中国社会科学出版社 1998年 333页
20cm(32开) ISBN: 7-5004-2285-7
定价: CNY22.00

本书内容包括: "生活与文学", 收录《文学是人学》等; "电影和导演", 收录《导演是创作组的司令员》等; "性格和演员", 收录《演员是影片的面孔》等; "影像和摄影", 收录《摄影要有真实感》等; "画面和美术", 收录《要以朝鲜的民族形式作为基础》等; "场面和音乐", 收录《没有音乐的电影就不是电影》等; "艺术和创作", 收录《创作过程应该成为革命化、工人阶级化的过程》等; "创作与领导", 收录《革命的创作实践要求新的创作领导体系》等。

J0169068
电影与历史 (法)马克·费侯(Marc Ferro)著; 张淑娃译
台北 麦田出版公司 1998年 311页 有剧照
21cm(32开) ISBN: 957-708-644-6
定价: TWD320.00
(历史与文化丛书 5)

外文书名: Cinema et Histoire.

J0169069
结构主义和符号学 (电影文集) 乌伯托·艾柯著; 李幼蒸选编
台北 桂冠图书公司 1998年 316页 21cm(32开)
平装 ISBN: 957-551-669-9 定价: TWD300.00
(当代思潮系列丛书 9)

J0169070
奇妙的电影 连文光编著
广州 新世纪出版社 1998年 63页 有插图
19cm(小32开) ISBN: 7-5405-1828-6
定价: CNY20.00 (全套)
(新世纪通俗文库 文化系列)

作者连文光(1937—), 教授。广东龙川县人, 毕业于暨南大学中文系。历任暨南大学中国语言文化教学中心(系)主任, 广东喜剧美学研究会理事, 广东作家协会、广东电影家协会、广东电视艺术家协会会员, 并兼任华南文艺成人学院影视戏剧系教授。出版有《中外电影史话》《电影名版论析》等。

J0169071
生活的重构 (新时期电视纪实语言) 朱羽君, 殷乐著
北京 北京广播学院出版社 1998年 349页
有照片 20cm(32开) ISBN: 7-81004-767-1
定价: CNY21.00

J0169072
世纪转折时期的中国影视文化 尹鸿著
北京 北京出版社 1998年 327页 20cm(32开)
ISBN: 7-200-03421-5 定价: CNY14.00
(跨世纪青年学者文库)

J0169073
世界电影手册 ('90-'94) 中国电影出版社外国电影艺术编辑室编
北京 中国电影出版社 1998年 2册(13+1316页)
有剧照 20cm(32开) ISBN: 7-106-01251-3
定价: CNY80.00

J0169074
探索集 (关于电视艺术的论述) 刘习良著
北京 中国广播电视出版社 1998年 263页
有彩照 20cm(32开) ISBN: 7-5043-3071-X

定价: CNY15.00

J0169075
影视 OK (第1辑)朱辉军著
北京 中国电影出版社 1998年 32页 20cm(32开)
ISBN: 7-106-01378-1 定价: CNY1.50

J0169076
影视 OK (第2辑)朱辉军著
北京 中国电影出版社 1998年 32页 20cm(32开)
ISBN: 7-106-01380-3 定价: CNY1.50

J0169077
影视人类学国际学术讨论会(北京)论文集 杜荣坤, 肖锋主编
成都 四川民族出版社 1998年 216页 有照片
19cm(小32开) ISBN: 7-5409-2010-6
定价: CNY16.80
(浣花溪丛书)

J0169078
影视心理学 (德)W. 舒里安(Walter Schurian)著; 罗悌伦译
成都 四川人民出版社 1998年 271页
20cm(32开) ISBN: 7-220-03835-6
定价: CNY15.00

作者W. 舒里安(1938—), 德国明斯特大学教授。译者罗悌伦(1944—), 教授。四川温江县人, 毕业于北京大学西语系, 曾任四川省文学翻译家协会副秘书长、德国康斯坦茨大学学会会员、四川联合大学教授。编译有《接受美学译文集》《影视心理学》《生命探索——生命的时间结构》等。

J0169079
影视艺术与电视制作 凤家骐著
西安 陕西科学技术出版社 1998年 261页
20cm(32开) ISBN: 7-5369-2920-X
定价: CNY14.60

J0169080
追求有效抉择 夏衍绪著
福州 海风出版社 1998年 407页 19cm(小32开)
ISBN: 7-80597-204-4 定价: CNY18.50

现代中国影视艺术理论文集。

J0169081
电视艺术12讲 胡辛主编
南昌 江西教育出版社 1999年 334页
20cm(32开) ISBN: 7-5392-3378-8
定价: CNY14.80
(大学生文化素质教育丛书)

J0169082
电影辞典 徐立功等总编辑
台北 1999年 312页 25cm(小16开) 精装
ISBN: 957-99048-0-4 定价: TWD450.00

J0169083
电影的叙事 沈贻炜著
北京 华语教学出版社 1999年 重印本 152页
20cm(32开) ISBN: 7-80052-646-1
定价: CNY10.00

本书共分四个章节。第一章电影叙事的演进, 论述了从100年前电影的诞生到现代派电影的表现手法的演进历程。第二章"戏剧电影"和电影的戏剧化叙事。论述了电影与戏剧的关系, 以及电影不能舞台性及戏剧化的电影叙事艺术的不断发展等问题。第三章类型电影的叙事模式, 着重分析研究了8种类型电影(西部片、喜剧片、歌舞片、犯罪片、科幻片、战争片、灾难片、伦理片)的特征。

J0169084
电影小博士 成人等编著
北京 知识出版社 1999年 151页 有图
19cm(小32开) ISBN: 7-5015-1892-0
定价: CNY60.00 (全套)
(文史小博士丛书)

本书主要介绍了电影的由来与发展电影的基础知识、电影的基本类型、电影史上的著名人物和故事及电影的未来。

J0169085
电影语言现代化再认识 裴亚莉著
北京 大众文艺出版社 1999年 217页
20cm(32开) ISBN: 7-80094-857-9
定价: CNY130.00 (全8册)
(文艺理论研究丛书)

本书内容包括: 电影和戏剧以及电影中的戏剧性、蒙太奇再认识、长镜头和电影的纪

实风格再认识、电影化的倾向等。作者裴亚莉(1971—),女,教师。山西夏县人,北京师范大学文学博士,山西师范大学中文系任教,合著有《新时期电影文化思潮》等。

J0169086
声电光影里的社会与人生 (影视艺术导论)张健主编;李彦春等撰稿
北京 中国人民大学出版社 1999年 255页
23cm ISBN:7-300-02932-9 定价:CNY24.00
(高等学校美育教材系列)

J0169087
时代电影 (系列丛书 1999年 第1辑)杨红兵主编
奎屯 伊犁人民出版社 1999年 64页 有照片
19cm(小32开)ISBN:7-5425-0498-3
定价:CNY3.00

J0169088
世界电影经典 里尔编著
杭州 浙江文艺出版社 1999年 522页 有照片
20cm(32开)ISBN:7-5339-1297-7
定价:CNY28.00

本书精选了自有声片以来世界经典名片一百部。 作者里尔,电影报刊栏目撰稿人,主要作品有《奥斯卡内幕》和《奥斯卡最佳影片故事》等。

J0169089
西方电影中的性问题 (美)托马斯·R·阿特金斯(ThomasR.Atkins)编;郝一匡,徐建生译
北京 中国电影出版社 1999年 244页 有剧照
20cm(32开)ISBN:7-106-01361-7
定价:CNY23.50

J0169090
斜塔瞭望 (中国电影文化 1978—1998)戴锦华著
台北 远流出版事业公司 1999年 446页 有剧照
21cm(32开)ISBN:957-32-3822-5
定价:TWD380.00
(电影馆 85)

作者戴锦华(1959—),女,教授。生于北京。毕业于北京大学中文系。北京大学中文系比较文学研究所教授、博士生导师。代表作品《涉渡之舟》《〈简爱〉的光影转世》《隐形书写——90年代中国文化研究》。

J0169091
谢铁骊谈电影艺术 谢铁骊著;王小明编
重庆 重庆大学出版社 1999年 241页 有照片
20cm(32开)ISBN:7-5624-1985-X
定价:CNY18.00

本书从谢铁骊导演历年发表的文章和讲话稿中节选而成。文章所涉及的内容,有对我国电影事业的关注,有一个艺术家的创作观点和美学追求,有通过电影创作实践而总结出来的经验之谈,以及他对自己重大历史事件的回顾等。全书共7部分:论电影文化、论编导、论电影改革与发展、编导影片评述、忆往事、谢铁骊评传、谢铁骊电影创作年表。

J0169092
影视剧创作心理研究 曹树钧著
福州 海峡文艺出版社 1999年 198页
20cm(32开)ISBN:7-80640-292-6
定价:CNY12.00

J0169093
影视剧论 张凤铸著
南京 南京大学出版社 1999年 572页 有彩照
20cm(32开)ISBN:7-305-03214-X
定价:CNY25.00

作者张凤铸(1936—),教授。出生广东五华县,毕业于中山大学。历任北京广播学院文艺编辑系主任、中华全国美学学会会员。著有《文艺广播初探》《影视基础理论和技巧》《音响美学》等。

J0169094
影视艺术概论 予锋,邓劲梅著
广州 花城出版社 1999年 246页 20cm(32开)
ISBN:7-5360-3294-3 定价:CNY19.80

本书主要讲述了影视艺术的形成,影视艺术的特征,影视艺术的语言,影视艺术的创作,影视艺术的分类,影视艺术的流派等内容。

J0169095
影视艺术前沿 (影视本体和走向论)张凤铸主编

北京 中国广播电视出版社 1999 年 568 页
20cm（32 开）ISBN：7-5043-3396-4
定价：CNY30.00

J0169096
中国电视文艺学 张凤铸主编
北京 北京广播学院出版社 1999 年 637 页
20cm（32 开）ISBN：7-81004-805-8
定价：CNY35.00

电影、电视美学和电影、电视艺术理论的基本问题

J0169097
电影艺术在表现形式上的几个特点 史东山著；中央人民政府文化部电影局艺术委员会编辑
北京 艺术出版社 1954 年 57 页 20cm（32 开）
定价：旧币 2,500 元

J0169098
电影艺术在表现形式上的几个特点 史东山著
北京 中国电影出版社 1958 年 85 页 19cm（32 开）
统一书号：8061.460 定价：CNY0.32
本书共两部分，第一部分从分析小说、戏剧与电影的区别和共同点入手，阐释了电影艺术在表现形式上的基本特点；第二部分，对电影分镜头的原理提供了一些论据。

J0169099
电影艺术在表现形式上的几个特点 史东山著
北京 中国电影人民出版社 1959 年 精装
定价：CNY0.65
本书共两部分，第一部分从分析小说、戏剧与电影的区别和共同点入手，阐释了电影艺术在表现形式上的基本特点；第二部分，对电影分镜头的原理提供了一些论据。

J0169100
论电影艺术中的家庭道德 （苏）葛拉切夫等著；志刚等译；电影艺术编译社编辑
北京 艺术出版社 1955 年 67 页 18cm（15 开）
定价：CNY0.28
（电影艺术丛书）

J0169101
电影美学 （匈）巴拉兹（B.Bal ú zs）著；何力译
北京 中国电影出版社 1958 年 202 页
20cm（32 开）统一书号：8061.350
定价：CNY0.85

J0169102
电影美学 （匈）巴拉兹（B.Balazs）著；何力译
北京 中国电影出版社 1978 年 307 页
19cm（32 开）统一书号：8061.1278
定价：CNY0.95
贝拉·巴拉兹（1884—1949）是匈牙利著名的电影理论家。在电影理论发展的历史上，巴拉兹是最早系统地研究观众的。他认为，任何艺术的价值都在于其本身创造文化的能量。作为艺术的电影，它最重要的意义在于创造出了一种新的视觉文化。本书内容包括：理论礼赞、一种新形式和新语言、视觉文化、“可见的人类”、创造性的摄影机、电影中的风格问题、先锋派的形式主义、声音、对白、有声喜剧片问题、对彩色片和立体片的意见等。

J0169103
电影美学 （匈）巴拉兹（Baì azs，B.）著；何力译
北京 中国电影出版社 1982 年 2 版 271 页
20cm（32 开）统一书号：8061.1278
定价：CNY1.05

J0169104
电影中的人物、性格和情节 袁文殊著
北京 中国电影出版社 1958 年 98 页 20cm（32 开）
统一书号：8021.220 定价：CNY0.36

J0169105
电影中的人物、性格和情节 袁文殊著
北京 中国电影出版社 1959 年 2 版 116 页
21cm（32 开）统一书号：8061.220
定价：CNY0.42

J0169106
电影美学概述 （法）阿杰尔，H. 著；徐崇业译
北京 中国电影出版社 1963 年 132 页
21cm（32 开）统一书号：8061.1048

定价：CNY0.52

外文书名：Esthetique du cinea.

J0169107

电影美学概述　(法)亨.阿杰尔(Agel，Henri)著；徐崇业译

北京　中国电影出版社　1994 年　2 版　113 页

20cm(32 开) ISBN：7-106-00982-2

定价：CNY5.30

(外国电影理论名著丛书)

作者介绍了电影自诞生以来至 60 年代初期各国电影艺术理论家的重要著作。

J0169108

电影艺术问题论文集　苏联科学院艺术史研究所编

北京　中国电影出版社　1963 年　579 页

21cm(32 开)统一书号：8061.1070

定价：CNY1.95

本书两部分，第 1 部分辑入了有关苏联电影史方面的研究文章，收录《马雅可夫斯基与电影》(Б.罗斯托茨基)、《有声电影的诞生》(Н.列别捷夫)、《普通人伟大》(Р.尤列涅夫)等；第 2 部分的文章，研究了现代电影艺术理论与实践的某些问题，收录《影片〈海军上将乌沙科夫〉的群众场面》(М.罗姆)、《场面调度的产生》(С.尤特凯维奇等)、《电影中的排演》(И.日嘉尔科)等。

J0169109

树人　于敏著

北京　中国电影出版社　1982 年　114 页

21cm(32 开)定价：CNY0.63

本书作者依据实践论的观点，探讨文艺反映生活的规律性问题，并从两方面阐述塑造人物的基本功，并以文学和电影的关系进行分析。

J0169110

电影美学　(1982)钟惦棐主编

北京　中国文艺联合出版公司　1983 年　350 页

20cm(32 开)统一书号：8313.132

定价：CNY2.10

本书是对电影美学进行探索的年度出版物。作者钟惦棐(1919—1987)，电影评论家。重庆江津人，毕业于延安鲁艺美术系，留校任教。历任华北联合大学文艺学院教师、华北军区抗敌剧社美术队干部、中宣部干部、中国影协书记处书记、中国电影艺术中心研究员等。著有《陆沉集》《起搏书》《电影的锣鼓》《电影策》等。

J0169111

电影美学问题　郑雪来著

北京　文化艺术出版社　1983 年　122 页

18cm(15 开)统一书号：10228.056

定价：CNY0.35

(文艺理论小丛书)

本书就当前国外电影美学研究状况及若干重要问题进行评述，并联系国内文艺界正在探讨和争论的有关对现实主义和现代主义的评价、电影理论的类型、电影文学与电影特性的关系等问题作了阐述。

J0169112

论电影艺术的视觉性　张客著

北京　中国电影出版社　1983 年　155 页

20cm(32 开)统一书号：8061.1948

定价：CNY0.67

本书一部分文章探讨了电影艺术视觉性的特点，以及怎样才能使得人物内在的思想感情成为历历可见的银幕形象。另一部分文章，是从导演艺术处理角度，分析了一些影片的成败得失。

J0169113

电视剧研究资料选编　(3)中国电视剧制作中心编

[北京][中国电视剧制作中心][1984 年]

278 页　19cm(32 开)

J0169114

电影美学基础　谭霈生著

南京　江苏人民出版社　1984 年　506 页

20cm(32 开)统一书号：8100.053

定价：CNY1.90，CNY2.80(精装)

本书共分电影艺术的构成；电影动作的特性；银幕的空间与时间；电影中的假定性；电影中的“人学”五章。作者谭霈生(1933—　)，戏剧理论家。出生于河北蓟县，毕业于中央戏剧学院戏剧文学专业，后入中国人民大学文学研究班。任教于中央戏剧学院戏剧文学系，曾任戏剧艺术研究所副所长。

J0169115
电影民族形式探胜　徐昌霖著
南昌 江西人民出版社 1984 年 243 页
19cm(32 开) 统一书号: 10110.314
定价: CNY0.70

本书是电影民族化问题的研究专著。在坚持电影民族化口号并对其内涵作了较为系统阐述，既表现在对社会生活的民族特色(人物的民族气质、社会环境、自然环境的民族风貌)把握上，也显现在民族审美经验、审美习惯的追求中。按照电影艺术的特性吸收传统美学的精神。作者徐昌霖(1916—2001)，影视导演、评论家。生于浙江杭州，就读杭州三江大学和成都剧校。历任重庆中国电影制片厂编辑、上海中电三厂编剧导演、上海国泰影片公司导演、上海电影制片厂导演等职。著有《向民族文艺探胜求宝》《电影的蒙太奇与诗的赋比兴》《电影民族形式探胜》《论早期中国电影的民族风格》等。

J0169116
历史·战争·电影美　中国电影艺术研究中心编
北京 解放军文艺出版社 1984 年 286 页
19cm(32 开) 统一书号: 10137.100
定价: CNY1.00

本书是一部研究历史题材、战争题材电影美学的文集。

J0169117
电影美学　(1984) 钟惦棐主编
北京 中国电影出版社 1985 年 434 页
20cm(32 开) 统一书号: 8061.2772
定价: CNY2.90

本书是对电影美学进行探索的年度出版物。作者钟惦棐(1919—1987)，电影评论家。重庆江津人，毕业于延安鲁艺美术系，留校任教。历任华北联合大学文艺学院教师，华北军区抗敌剧社美术队干部，中宣部干部，中国影协书记处书记，中国电影艺术中心研究员等。著有《陆沉集》《起搏书》《电影的锣鼓》《电影策》等。

J0169118
电影美学初探　李厚基，梁嘉琦著
南昌 江西人民出版社 1985 年 221 页
20cm(32 开) 统一书号: 10110.371
定价: CNY1.05

本书共包括九篇文章：从门缝中瞧进去；年轻的艺术女艺术的“假定性”与电影的真和美；隐藏在银幕后面的两个绝对主角；是结构，更是思维；情与境；体现生命力的艺术脉动；“色彩即思想”；美的声，声的美。

J0169119
电影美学论文集　哈尔滨师范大学中文系电影电视教研室编
[哈尔滨] [哈尔滨师范大学] 1985 年 392 页
19cm(32 开)

J0169120
世界电影美学思潮史纲　罗慧生著
太原 山西人民出版社 1985 年 486 页
20cm(32 开) 统一书号: 2088.101
定价: CNY3.65

本书通过对历史上有代表性的电影影片所做的理论与内容上的分析，指出了世界电影美学思潮的演变过程和对电影发展的影响与作用。

J0169121
当代西方电影美学思想　李幼蒸著
北京 中国社会科学出版社 1986 年 300 页
19cm(32 开) 统一书号: 2190.145
定价: CNY1.65

J0169122
当代西方电影美学思想　李幼蒸著
台北 时报文化出版企业公司 1991 年 336 页
21cm(32 开) ISBN: 957-13-0253-8
定价: TWD250.00
(文化丛书 10)

J0169123
电影策　钟惦棐著
上海 上海文艺出版社 1987 年 312 页 有照片
20cm(32 开) 统一书号: 10078.3804
定价: CNY1.80, CNY3.65 (精装)

本书收入我国著名电影评论家钟惦棵从文艺学、社会学、美学等方面，论述电影问题的文章 30 篇。作者钟惦棐(1919—1987)，电影评论家。重庆江津人，毕业于延安鲁艺美术系，留校任教。历任华北联合大学文艺学院教师，华北军区抗敌剧社美术队干部，中宣部干部，中国影协书记处书记，中国电影艺术中心研究员等。著有《陆沉集》《起搏书》《电影的锣鼓》《电影策》等。

J0169124
色彩学基础与银幕色彩 王树薇著
北京 中国电影出版社 1987年 202页 有彩图
20cm（32开）统一书号：8061.3107
定价：CNY1.95

本书是有关色彩艺术方法与电影色彩方法的基础理论专著。分3部分。

J0169125
探索电影集 上海文艺出版社编
上海 上海文艺出版社 1987年 642页
20cm（32开）统一书号：10078.3808
定价：CNY3.45，CNY5.00（精装）
（文艺探索书系）

J0169126
现代电影美学导论 朱小丰著
成都 四川省社会科学院出版社 1987年 336页
20cm（32开）统一书号：8316.17
ISBN：7-80524-030-2 定价：CNY2.50

J0169127
在爱中成长 （从电影看人生 第二辑）曾昭旭著
台北 汉光文化事业公司 1987年 3版 243页
有剧照 21cm（32开）定价：TWD100.00
（汉光丛刊 030）

J0169128
电视美学 朱汉生著
重庆 重庆出版社 1988年 203页 19cm（32开）
ISBN：7-5366-0577-3 定价：CNY2.35
（艺术美丛书）

作者朱汉生（1935— ），编审。北京人，中国电视艺术家协会理事、编辑出版部主任。

J0169129
电影美学 卢玉瑾著
石家庄 花山文艺出版社 1988年 172页
19cm（32开）ISBN：7-80505-107-0
定价：CNY2.00

全书包括引论和6个章节：一、电影艺术的诞生与电影美学的研究；二、电影艺术的特性；三、蒙太奇与长镜头——电影艺术的特性；四、电影的造型表现手段（一）电影画面；五、电影的造型表现手段（二）电影的声音；六、电影剧作。

J0169130
电影美学思考 皇甫可人著
广州 花城出版社 1988年 252页 20cm（32开）
ISBN：7-5360-0110-X 定价：CNY2.60

本书作者从美学的角度，对世界电影发展的历史，当前各种电影流派的理论和代表作，以及我国电影创作的实践，作了系统的比较探索和研究，大胆地思考了电影美学的各个侧面，各个单元中的结构、特点及其内在联系。

J0169131
电影艺术美漫谈 韩尚义著
南宁 广西人民出版社 1988年 192页 有照片
19cm（32开）ISBN：7-219-00958-5
定价：CNY2.65

J0169132
电影作为语言 （法）马尔丹（Martin，M.）著；吴岳添，赵家鹤译
北京 中国社会科学出版社 1988年 315页
20cm（32开）ISBN：7-5004-0254-6
定价：CNY2.20
（美学译文丛书）

J0169133
影视艺术的审美与欣赏 刘烈恒著
沈阳 辽宁人民出版社 1988年 231页
19cm（32开）ISBN：7-205-00298-2
定价：CNY2.15

这是一本从美学角度论述影视艺术欣赏的专著，书中对各种不同艺术形式进行比较，阐发了影视艺术在生活与创作、内容与形式等一系列问题上的特点，并以实例作品加以说明。

J0169134
影艺丛语 张维著
昆明 云南民族出版社 1988年 250页 有照片
19cm（32开）ISBN：7-5367-0157-8
定价：CNY2.00

作者张维，武汉人。云南省社会科学院研究员兼电影评论家，影视民族学学者。

J0169135
现代电影美学论集 罗慧生著
北京 中国电影出版社 1989年 311页
20cm(32开) ISBN: 7-106-00134-1
定价: CNY3.40

本书分3辑: 第一辑收7篇文章, 论析现代电影思维美学特征、现代电影观基本特征、现代电影思潮转变、现实主义电影表现派历史源流, 以及西方电影哲理化等问题; 第二辑收4篇文章, 探讨纪实性电影的理论基础、具体要求, 以及纪实性电影美学的苏联模式等课题; 第三辑收4篇文章, 对电影艺术样式和样式观念、现代电影创新观、电影隐喻等问题, 从美学角度进行分析。

J0169136
艺术电影与民族经典 焦雄屏著
台北 远流出版事业公司 1989年 224页 有照片
21cm(32开) ISBN: 957-32-0229-8
定价: TWD140.00
(电影馆 4)

作者焦雄屏(1953—), 女, 台湾电影学者、影评家、剧作家、制片人、监制。毕业于美国德州奥斯汀分校影视专业硕士学位。策划出版了《电影馆》丛书等, 监制作品有《香港情怀》《望乡》《洞》《十七岁的单车》《半镜》等。

J0169137
影视美学 张涵等著
太原 山西人民出版社 1989年 301页
20cm(32开) ISBN: 7-203-01221-2
定价: CNY4.35

本书从阐述电影电视的形态入手, 从美学的角度论述了电影、电视的概念, 它们之间的关系以及怎样健康发展影视事业等理论问题。作者张涵, 郑州大学美学研究所所长、中华美学学会理事。

J0169138
影视民族学 (美)海德著; 田广, 王红译
北京 中央民族学院出版社 1989年 228页
19cm(32开) ISBN: 7-81001-174-X
定价: CNY1.35

本书将民族学和影视学相结合, 建立影视民族学这门新兴学科。对影视民族学的理论和实际问题进行探讨, 并讨论民族学影视片的真实性原则及制作方法。

J0169139
逼近生活的第二自然——影视美 王蔚桦著
贵阳 贵州人民出版社 1990年 108页 有剧照
19cm(32开) ISBN: 7-221-02078-7
定价: CNY1.50
(青少年美育丛书)

J0169140
电视美学 (电视艺术的美及其审美活动) 刘隆民著
北京 文化艺术出版社 1990年 191页
20cm(32开) ISBN: 7-5039-0548-4
定价: CNY3.10

J0169141
电影美学 胡安仁著
西安 陕西师范大学出版社 1990年 294页
20cm(32开) ISBN: 7-5613-0333-5
定价: CNY4.80

从美学的视角, 研究电影艺术特有的感性审美现象, 包括电影艺术的审美本质、电影的本体审美元素、电影的非本体审美元素、电影的审美形态、电影审美心理描述、电影思维等。

J0169142
画面, 向无限延伸…… (影视美的创造与赏析) 丁道希著
北京 知识出版社 1990年 397页 19cm(32开)
ISBN: 7-5015-0197-1 定价: CNY5.20

本书收集了作者近年来对于电影、电视美感与审美问题研究的文章及对一些有代表性的影视作品所作的评论。

J0169143
人间世与理想国 (从电影看人生 第三辑) 曾昭旭, 林景苏著
台北 汉光文化事业公司 1990年 2版 213页
有照片 21cm(32开) ISBN: 957-629-000-7
定价: TWD120.00
(汉光人文系列 1)

J0169144
影视艺术审美谈　龚富忠著
石家庄 河北人民出版社 1990年 137页
19cm(32开) ISBN: 7-202-00826-2
定价: CNY2.00
(当代文艺纵横小丛书)

J0169145
运动中的艺术　(苏)瓦依斯菲尔德(Вайсфельд, И.В.)著; 刘小中译
北京 中国电影出版社 1990年 225页
20cm(32开) ISBN: 7-106-00243-7
定价: CNY2.90
本书以社会主义的文艺观点考察了银幕含义表达力的演变和银幕的美学规律。书中通过分析电影造型的本质、剧本和影片的结构、蒙太奇思维的独特性, 情节与性格的特性等探求了银幕历史演变的逻辑。

J0169146
怎样欣赏电影　(电影审美系列讲座)姜敏著
北京 中国广播电视出版社 1990年 311页
20cm(32开) ISBN: 7-5043-0374-7
定价: CNY4.80
本书较系统地就电影审美中的若干课题, 以一个电影审美主体的姿态、对审美客体进行了融合着感受、理解、想象、联想、情感等诸多审美因素的读解。

J0169147
电视剧审美特征探索　徐宏著
济南 山东文艺出版社 1991年 327页
20cm(32开) ISBN: 7-5329-0738-4
定价: CNY6.00
(电视文化丛书)
本书探讨了《四世同堂》《女奴》《红楼梦》《狂潮》《杨乃武与小白菜》等电视剧的艺术创作与审美价值和取向。

J0169148
电视图像艺术　吴天著
成都 成都出版社 1991年 295页 19cm(小32开)
精装 ISBN: 7-80575-236-2 定价: CNY9.80
本书总结了13个图像设计分类, 讲述了电视图像艺术的设计问题。作者吴天(1953-), 原名吴向模, 成都电视台美术编辑。

J0169149
电影美学　姚晓蒙著
北京 人民出版社 1991年 198页 有剧照
19cm(小32开) ISBN: 7-01-000827-2
定价: CNY2.75
(美学袖珍丛书)
本书从美学的角度, 集中考察了电影理论史上一些具有重要影响和具有代表性的流派, 论述了苏联蒙太奇学派、西方电影心理学派、巴赞的电影理论、电影符号学、电影叙事学等学说。

J0169150
天堂乐园　(电影、文学、人生)马健君著
台北 张老师出版社 1991年 有照片
21cm(32开) ISBN: 957-9486-71-9
定价: TWD180.00
(文化显影系列 5)

J0169151
王云缦荧屏艺术文集　王云缦著
北京 中国广播电视出版社 1991年 179页
20cm(32开) ISBN: 7-5043-1441-2
定价: CNY3.70
(荧屏艺术丛书)
本书分析电视艺术美学特征、文化品格、地域特色和民族化等问题, 分析电视剧多样形态, 现代审美意识和接受心理等。

J0169152
中国电影美学　林年同著
台北 耘晨文化实业公司 1991年 260页
21cm(32开) ISBN: 957-9027-42-0
定价: TWD140.00
(允晨文选 15)

J0169153
从电影看人生　曾昭旭著
台北 汉光文化事业公司 1992年 9版 219页
有照片 21cm(32开) ISBN: 957-629-184-4
定价: TWD120.00
(汉光丛刊 003)

J0169154
电视剧美学　郑凤兰，崔洪勋主编
太原 山西高校联合出版社 1992年 276页
20cm(32开) ISBN: 7-81032-200-1
定价: CNY7.30
　　系统论述电视剧美学理论的专著。从宏观角度对涉及电视剧基本艺术规律和理论的哲学意识、文化属性、社会功能以及造型元素、审美范畴、形式观念、叙事形态等，作了探讨。在论述中坚持辩证唯物主义观点，把握电视本体特征和思维方式，并结合了80年代以来播映的优秀剧目和电视艺术的发展状况。

J0169155
电影创造过程差　张红军著
北京 中国广播电视出版社 1992年 403页
有剧照 20cm(32开) ISBN: 7-5043-1536-2
定价: CNY8.50
(大型电影学文库 中国电影学)
　　本书以新颖的理论构架和独特的观点，对电影的基本美学特性与人的视觉欲望、创造欲望、文化欲望等进行理论探讨。

J0169156
电影的视觉美感　王文宾著
北京 中国国际广播出版社 1992年 426页
有照片 20cm(32开) ISBN: 7-80035-833-X
定价: CNY6.00, CNY7.20 (精装)
　　本书结合中外名片论述了电影影像运动和视觉中心转移的特殊规律，涉及运动、色彩、空间造型、叙事节奏以及编、导、演、摄制和观赏活动的广泛领域。外文书名: Visual Aesthetic Perception of Films.

J0169157
通俗电影美学论稿　栾俊林著
沈阳 辽宁大学出版社 1992年 217页
20cm(32开) ISBN: 7-5610-1467-8
定价: CNY5.00
　　本书论述了电影文化现象，电影艺术的构思，表演特点，摄影技巧，音乐风格及一些国家电影艺术发展概况等。

J0169158
未来电影的新形式　班卫东著
北京 中国国际广播出版社 1992年 142页
有插图 19cm(小32开) ISBN: 7-5078-0653-7
定价: CNY4.50
　　作者班卫东，山东省电影学校任教。

J0169159
影片的美学　(苏) 日丹(Ждан, В.) 著；于培才译
北京 中国电影出版社 1992年 445页
20cm(32开) ISBN: 7-106-00563-0
定价: CNY7.50
(外国电影理论名著丛书)
　　本书研究了当代电影的基本理论问题，从电影形象和电影语言的特性、银幕的假定性到艺术方法这一极重要的理论问题，对影片的结构、电影剧本、电影与技术进步、现代主义美学等分别进行了阐述。

J0169160
电影美学　姚晓濛著
台北 五南图书出版公司 1993年 226页
17cm(40开) ISBN: 957-11-0717-4
定价: 旧台币 3.60
(袖珍美学丛书 4)

J0169161
电影美学分析原理　王志敏著
北京 中国电影出版社 1993年 236页
20cm(32开) ISBN: 7-106-00714-5
定价: CNY4.50
(电影学新论丛书)
　　本书对电影第一、第二符号学进行了论述，并提出了"电影第三符号学"的论点。作者王志敏，教授。出生于黑龙江哈尔滨，天津宝坻县人。历任重庆大学美视电影学院教授、硕士生导师。华东师范大学传播学院兼职教授及博士生导师。中华美学学会会员、中国电影艺术家协会会员、中国电影评论学会理事。著有《电影学》《元美学》《现代电影美学体系》等。

J0169162
电影民族学论纲　张维著
昆明 云南人民出版社 1993年 206页 有照片
20cm(32开) ISBN: 7-222-01451-9
定价: CNY4.60

本书针对我国民族电影现状，阐明了电影民族性的客观性、民族电影独特的审美价值构成、风情特质及运用原则、民族电影艺术表现手法等。作者张维，武汉人。云南省社会科学院研究员兼电影评论家，影视民族学学者。

J0169163
电影阅读美学　简政珍著
台北　书林出版公司　1993年　224页　21cm（32开）
ISBN：957-586-349-6　定价：TWD150.00
（电影丛书　2）

J0169164
银屏世界　（影视美的欣赏）陈航著
太原　希望出版社　1993年　148页　有照片
19cm（小32开）ISBN：7-5379-1175-4
定价：CNY4.00
（发现美的眼睛丛书）
本书收《蒙太奇：1+1 ≠ 2》《人物：性格的魅力》《纪实性：谈淡装天然样》等26篇文章。

J0169165
电影美学简论　王钦韶著
郑州　河南人民出版社　1994年　359页
20cm（32开）ISBN：7-215-03125-X
定价：CNY7.90
本书包括：电影美学的科技基础、银幕形象的美学特性、电影美的社会学效应等三编。

J0169166
电影形态学　朱辉军著
北京　中国电影出版社　1994年　299页
20cm（32开）ISBN：7-106-00899-0
定价：CNY8.40
（电影学新论丛书）
全书分5章，介绍艺术创造的三维结构与艺术形态学和电影的历史、文化、审美形态等。

J0169167
多姿多彩的银幕美　林洪桐，张建栋著
北京　北京出版社　1994年　177页　有剧照
20cm（32开）ISBN：7-200-02109-1
定价：CNY5.90
（青少年探美丛书）
本书介绍了电影法宝—蒙太奇、银幕的整体效应、国际影坛新人扫描等22个方面的内容。作者林洪桐（1938—　），电影编剧、导演、教师。生于福建福州，毕业于北京电影学院表演系，留校任教。历任电影学院院务委员会委员、学术委员会委员、中国电影表演艺术学会副会长，青年电影制片厂导演及艺术顾问等职。著有《电影演员的魅力》《银幕技巧与手段》《电影表演艺术》等。

J0169168
美学与电子文化　徐宏力著
沈阳　春风文艺出版社　1994年　217页
20cm（32开）ISBN：7-5313-1161-5
定价：CNY5.70
（泛美学丛书）
本书全面分析了电子技术对社会文化质变的宏观影响，包括左脑的命运、文化商品、电视权威等18章。

J0169169
电影美　曹永慈著
武汉　湖北教育出版社　1995年　131页
19cm（小32开）ISBN：7-5351-1724-4
定价：CNY3.60
（中学生美学文库）
作者曹永慈（1932—　），教师。安徽休宁人，武汉大学中文系中国现当代文学教研室副教授，中国高等院校电影学会会员。

J0169170
电影美学　姚晓濛著
北京　东方出版社　1996年　重印本　198页
19cm（32开）ISBN：7-5060-0864-5
定价：CNY9.80
（东方袖珍美学丛书　4）

J0169171
电影美学教程　陈培湛编著
广州　中山大学出版社　1996年　248页
20cm（32开）ISBN：7-306-01217-7
定价：CNY12.00

J0169172
科教影视创作的美学思考　杨力著
北京　学习出版社　1996年　279页　19cm（小32开）

ISBN：7-80116-099-1 定价：CNY11.00

作者杨力（1933— ），原名杨崇礼，科教电影高级编导，中国电影家协会会员。

J0169173

声色之谜 （电影形式与风格解读）王志成著
台北 万象图书公司 1996年 324页 21cm（32开）
ISBN：957-669-794-8 定价：TWD250.00
（艺书房 19）

J0169174

现代电影美学基础 王志敏著
北京 中国电影出版社 1996年 506页 有剧照
20cm（32开）ISBN：7-106-01126-6
定价：CNY24.00
（电影艺术基础理论系列）

作者王志敏，教授。出生于黑龙江哈尔滨，天津宝坻县人。历任重庆大学美视电影学院教授、硕士生导师。华东师范大学传播学院兼职教授及博士生导师。中华美学学会会员、中国电影艺术家协会会员、中国电影评论学会理事。著有《电影学》《元美学》《现代电影美学体系》等。

J0169175

电影美学原理 李泱著
北京 中国和平出版社 1997年 505页
20cm（32开）ISBN：7-80101-614-9
定价：CNY25.00

J0169176

中国电视剧的审美艺术 曾庆瑞，卢蓉著
北京 北京广播学院出版社 1997年 196页
20cm（32开）ISBN：7-81004-688-8
定价：CNY11.00
（电视剧艺术丛书）

J0169177

电视美的探寻 胡智锋著
武汉 华中理工大学出版社 1998年 299页
20cm（32开）ISBN：7-5609-1699-6
定价：CNY13.00

J0169178

电视艺术美学 高鑫主编
北京 北京广播学院出版社 1998年 286页
20cm（32开）ISBN：7-81004-754-X
定价：CNY16.50

作者高鑫（1938— ），教授。河北高阳人，硕士毕业于中国社科院研究生院文学系。中国传媒大学电视与传媒学院教授、博士生导师，电视艺术研究所所长，北京电视艺术家协会副主席，《电视艺术》杂志副主编。著有《电视剧创作概论》《电视剧的探索》《电视艺术概论》。

J0169179

电视幽默论纲 杨斌著
北京 中国广播电视出版社 1998年 548页
20cm（32开）ISBN：7-5043-3124-4
定价：CNY26.00

J0169180

电影美学 （法）热拉尔·贝东（Gerard Betton）著；袁文强译
北京 商务印书馆 1998年 165页 18cm（小32开）
ISBN：7-100-02319-X 定价：CNY7.50
（我知道什么？ 百科知识丛书 第四批 9）

本书内容包括：第1章“各种美学观，再现言语或思维的各种方法”；第2章“一种文字符号，一种语言要素”；第3章“文字的风格：视觉蒙太奇和声音蒙太奇。对现实的组织”；第4章“从作者的思想到观众的创造性想象”；第5章“戏剧与电影，文学与电影”。

J0169181

海上繁华录 （《海上花》的影像美感）黄文英，曹智伟著
台北 远流出版事业公司 1998年 187页
20cm（32开）ISBN：957-32-3595-1
定价：TWD450.00
（电影馆 901）

J0169182

影视美与欣赏 宇慧主编
沈阳 沈阳出版社 1998年 107页 19cm（小32开）
ISBN：7-5441-0987-9 定价：CNY98.00（全套）
（审美素质培养丛书 17）

作者宇慧，主编的作品有《音乐美与欣赏》《怎样拉二胡》《怎样吹口哨》等。

J0169183
电影艺术美学散论　陈玉通著
北京 中国电影出版社 1999 年 12+550 页
20cm（32 开）ISBN：7-106-01545-8
定价：CNY28.80

本书选编了作者历年所发表的电影美学论文及电影艺术美学随笔近 80 篇，将理论学术性与知识趣味性融为一体，是一部有鲜明个性特色和可读性较强的电影艺术美学文集。作者陈玉通（1942—　），编审。生于北京。历任中国电影家协会、电影文学学会、电影评论学会会员，中国电影出版社副编审。著有《秘密银号》《王后斗皇城》等。

J0169184
民风化境　（中国影视与民族文化）周星编选
北京 北京师范大学出版社 1999 年
18+438 页 20cm（32 开）ISBN：7-303-04781-6
定价：CNY20.00
（中国影视美学丛书）

J0169185
影视审美学　王世德著
北京 北京广播学院出版社 1999 年 492 页
20cm（32 开）ISBN：7-81004-758-2
定价：CNY24.50

电影、电视工作者和电影、电视艺术创作方法

J0169186
银幕上的苏军形象　（苏）日丹（В.Ждан）撰；史敏徒译；中央人民政府文化部电影事业管理局艺术委员会编辑
北京 时代出版社 1951 年 186 页 22cm（20 开）
定价：旧币 9,000 元
（电影艺术丛书）

J0169187
银幕上的苏军形象　（苏）日丹（В.Ждан）撰；史敏徒译
北京 时代出版社 1954 年 186 页［22cm］
（电影艺术丛书）

J0169188
"三年"影片艺术创作总结　［"三年"摄制组著］
上海 上海电影制片厂 1954 年 油印本 43 页
26cm（16 开）

J0169189
论电影剧本创作的特征　蔡楚生等著
［北京］中国电影出版社 1956 年 定价：CNY0.38

本书选辑了有关电影剧本创作的文章，谈到电影剧本创作中的一些重要问题。总结了实际工作中的经验，并进行了理论上的研究分析。包括：《论正面人物形象的创造》（陈荒煤）、《电影中的人物、性格和情节》（袁文殊）、《生活和技巧》（袁文殊）、《对分镜头剧本和文学剧本的一些看法》（蔡楚生）、《谈谈电影文学剧本艺术形式的要求》（史东山）、《电影剧本为什么会太长》（张骏祥）、《从参加改编"白毛女"电影剧本说起》（杨润身）、《我是怎样写作"渡江侦察记"的》（沈默君）。

J0169190
论电影剧本中的人物　（苏）克拉夫琴科等著；贾珍等译；电影艺术编译社编辑
北京 艺术出版社 1956 年 141 页 20cm（32 开）
统一书号：8022.46 定价：CNY0.50
（电影艺术丛书）

本书收录《深刻而多方面地表现现代主题影片中的人物性格》（В.克拉夫琴科）、《论正面形象的突出刻划》（А.卡拉干诺夫）、《生活中与电影剧本中的英雄人物》（Л.别洛娃）、《论主人公的内心世界》（Е.格布里罗维奇）、《论艺术中的典型问题》（Ю.波列夫，В.拉祖姆内依）、《典型问题与艺术技巧问题》（А.格洛雪夫）、《典型与个性》（А.布洛夫）。

J0169191
创作的探索　夏衍等著
北京 中国电影出版社 1958 年 54 页 19cm（32 开）
统一书号：8061.556 定价：CNY0.18

本书收辑了影片《祝福》《上甘岭》的剧作者、《海魂》《宋景诗》的导演有关这几部影片创作工作的文章。从这些文章可以看出，作者在辛勤的、同时也是饶有兴味的探索中，如何逐步解

决所遇到的一些创作上的问题和困难。作者在创作活动中的感受、做法和经验，接触到电影艺术创作中的一些重要问题，如关于改编，关于生活和创作的关系，导演在影片创作中的艺术构思和形象体现，如何表现历史人物等，作者在这些文章中为我们提供了有价值的经验。

J0169192
关于电影的特殊表现手段　张骏祥著
北京 中国电影出版社 1958年 85页 20cm(32开)
统一书号: 8061.316 定价: CNY0.32
本书收集有关电影剧本创作问题的论文6篇。作者通过实例，论述了电影在表现方法上与文学、戏剧的区别，探讨了蒙太奇特征及其作用，对作为叙事文学和戏剧文学创作技巧之一的“悬念”手法在电影剧作中的运用，对电影剧作中矛盾冲突的处理，电影中的对话等问题，都进行了具体的剖析，并提出了自己的见解。

J0169193
关于电影的特殊表现手段　张骏祥著
北京 中国电影出版社 1959年 精装
定价: CNY0.65

J0169194
关于电影的特殊表现手段　张骏祥著
北京 中国电影出版社 1963年 2版 修订本
133页 20cm(32开) 统一书号: 8061.447
定价: CNY0.52

J0169195
电影工作笔记　黄钢著
北京 中国电影出版社 1963年 283页
19cm(32开) 精装 统一书号: 8061.1045
定价: CNY1.50

J0169196
电影艺术诗学　(苏)多宾, E.著; 罗慧生, 伍刚译
北京 中国电影出版社 1963年 273页
20cm(32开) 统一书号: 8061.1105
定价: CNY1.00
本书介绍了苏联电影中“诗的电影”和“散文电影”的不同理论观点和创作倾向，肯定了诗的语言在电影中运用的重要作用，着重分析了隐喻、气氛与节奏等手法在电影中的意义，最后提出诗与散文相结合的电影理论主张。

J0169197
电影艺术诗学　(苏)多宾, E.著; 罗慧生, 伍刚译
北京 中国电影出版社 1984年 2版 227页
20cm(32开) 定价: CNY0.90
本书介绍了苏联电影中的“诗的电影”和“散文电影”的理论观点与创作手法，论述了构成隐语手法的要素以及诗与散文的最终结合。

J0169198
闪闪的红星　(电影文学剧本和创作经验笔谈)
广西人民出版社编辑
南宁 广西人民出版社 1975年 202页 有剧照
19cm(32开) 统一书号: 10113.53
定价: CNY0.41

J0169199
图解电影语言的文法　(乌拉圭)赫理洪著; 王骥译
台北 志文出版社 1980年 再版 681+14页 有图
22cm(16开) 精装 定价: TWD380.00
(新潮大学丛书 4)

J0169200
图解电影语言的文法　(乌拉圭)赫理洪(Arijon, D.)著; 王骥译
台北 志文出版社 1987年 681页 21cm(32开)
精装 定价: TWD380.00
(新潮大学丛书 4)

J0169201
《创新独白》与瞿白音
北京 中国电影出版社 1982年 139页
20cm(32开) 统一书号: 8061.1726
定价: CNY0.60, CNY1.20(精装)
本书编写于1962年，原名为《关于电影创新问题的独白》，电影创作方法研究，它批判了60年代电影创作中存在的左倾等弊病。

J0169202
电影的创作过程　(美)约翰·霍华德·劳逊(Lawson, J.H.)著; 齐宇, 齐宙译

北京 中国电影出版社 1982 年 422 页 有剧照
20cm(32 开) 统一书号: 8061.1688
定价: CNY1.95

本书共分五个部分: 第一、二部分回顾了默片时代的经验及有声片的兴起; 第三部分论述了电影语言的主要特点及与其他艺术的区别; 第四部分依据历史资料探讨了有关理论和主要的电影流派; 第五部分研究了电影结构的若干问题。

J0169203
新闻纪录电影创作谈 文化部电影局《电影通讯》编辑室, 中国电影出版社本国电影编辑室编
北京 中国电影出版社 1982 年 137 页
20cm(32 开) 统一书号: 8061.1804
定价: CNY0.57

中国新闻纪录片创作经验论文集。

J0169204
电影剧作八讲 范景伍等编
北京 中国展望出版社 1983 年 194 页
21cm(32 开) 定价: CNY0.75

本书是一本论述电影文学创作方法的书。全书按照大学讲授的习惯, 分章列目, 列举了中外电影名作的例证, 分析了当前电影创作存在的病症和不良倾向。

J0169205
南昌起义 (从小说到电影) 中国电影出版社编
北京 中国电影出版社 1983 年 469 页 有剧照
20cm(32 开) 精装 统一书号: 8061.1931
定价: CNY2.50, CNY1.95 (平装)

本书力图从总结《南昌起义》这部影片创作经验的角度, 收入了文学剧本、分镜头剧本, 以及影片主要创作人员经验体会文章, 同时还选收了评论文章数篇, 书后附有影片画面选辑。

J0169206
电视剧研究资料选编 (1) 中国电视剧制作中心编
[北京] [中国电视剧制作中心] [1984 年]
356 页 19cm(32 开)

J0169207
电视剧研究资料选编 (2) 中国电视剧制作中心编
[北京] [中国电视剧制作中心] [1984 年]
312 页 19cm(32 开)

J0169208
电视剧的探索 高鑫著
北京 北京广播学院出版社 1988 年 257 页
19cm(32 开) ISBN: 7-81004-076-6
定价: CNY2.50
(电视节目制作丛书)

作者高鑫(1938—), 教授。河北高阳人, 硕士毕业于中国社科院研究生院文学系。中国传媒大学电视与传媒学院教授、博士生导师, 电视艺术研究所所长, 北京电视艺术家协会副主席,《电视艺术》杂志副主编。著有《电视剧创作概论》《电视剧的探索》《电视艺术概论》。

J0169209
电视剧作艺术 杨田村著
北京 北京广播学院出版社 1988 年 178 页
19cm(32 开) ISBN: 7-81004-102-9
定价: CNY2.30

本书对电视剧的特点; 电视剧与电视影片的艺术特征和制作方法; 对我国电视剧发展的独特道路均作了深入的探讨。

J0169210
电视剧作艺术 周靖波著
北京 北京广播学院出版社 1997 年 221 页
20cm(32 开) ISBN: 7-81004-633-0
(电视剧艺术丛书)

J0169211
黑炮事件——从小说到电影 张贤亮等编
北京 中国电影出版社 1988 年 462 页
20cm(32 开) ISBN: 7-106-00108-2
定价: CNY3.95
(中国影片研究丛书)

本书第 1 部分收录了张贤亮原小说《浪漫的黑炮》、根据小说改编的电影文学剧本、分镜头剧本。第 2 部分收录了主创人员的阐述和总结, 反映出这个年轻创作集体的求新精神和一定的理论素养。第 3 部分精选的评论文章也具有相当水平。书后有附录、图片。

J0169212
渴望奇迹 (苏)邦达尔丘克(С.Бондарчух);刘小中,黄其才译
北京 中国电影出版社 1988年 258页
19cm(32开) ISBN:7-106-00005-1
定价:CNY2.65

本书作者从自己的电影导演、表演角度出发,结合电影理论,分析了电影的各个方面在电影创作中的作用。

J0169213
小说改编与影视编剧 冯际罡编译
台北 书林书店 1988年 679页 有照片
21cm(32开) 定价:TWD300.00
(电影丛书)

J0169214
话说电视节目主持人 全国电视学研究委员会编
北京 文化艺术出版社 1989年 286页
20cm(32开) ISBN:7-5039-0461-5
定价:CNY4.30

J0169215
一个电影编剧的探寻 林杉著
北京 中国电影出版社 1989年 482页 有肖像
20cm(32开) ISBN:7-106-00059-0
定价:CNY5.00

本书包括三部分内容:一、对电影剧作的主题思想、结构和人物塑造等方面进行论述的文章12篇;二、电影剧作4部《上甘岭》《党的女儿》《再生记》《冬梅》;三、作者回忆他是如何开始革命的戏剧、电影生涯的文章4篇。

J0169216
电视节目大世界 朱景和著
北京 北京体育学院出版社 1990年 208页
19cm(32开) ISBN:7-81000-300-X
定价:CNY3.20

J0169217
电视剧的实践之路 辛述威编
济南 山东文艺出版社 1990年 386页
21cm(32开) 定价:CNY6.90
(电视文化丛书)

J0169218
《三线·创业者的歌》创作论 许川,卢子贵主编
成都 四川大学出版社 1991年 300页
19cm(小32开) ISBN:7-5614-0418-2
定价:CNY3.80

J0169219
电视片编辑理论与技巧 于聚义著
乌鲁木齐 新疆人民出版社 1991年 253页
19cm(小32开) ISBN:7-228-01803-6
定价:CNY4.00

结合作者的采编实践,探索电视片创作的题材与主题、蒙太奇、结构、摄像用光、镜头组接、解说词、声画合成等各种问题。

J0169220
电影电视写作 (艺术、技巧和商业)(美)沃尔特(Walter, Richard)著;汤恒译
南京 河海大学出版社 1991年 219页
20cm(32开) ISBN:7-5630-0364-9
定价:CNY3.30

外文书名:Screenwriting: The Art, Craft, and Business of Film and Television Writing. 译者汤恒(1962—),江西九江人,历任中共中央宣传部文艺局干事、北京电视艺术中心副主任、中央宣传部文艺局副局长。合作著有《电视剧导演创作与理论》《电影电视写作——艺术、技巧和商业》《〈渴望〉的世界》《悲剧的魅力》《新闻界人物》等。

J0169221
电影片编辑理论与技巧 于聚义著
乌鲁木齐 新疆人民出版社 1991年 253页
21cm(32开) ISBN:7-228-01803-6
定价:CNY4.00

J0169222
我的艺术生涯 徐涛著
济南 山东文艺出版社 1991年 277页
21cm(32开) ISBN:7-5329-0745-7
定价:CNY5.10
(电视文化丛书)

本书辑录了李婉芬、六小龄童、张惠娟、李保田等人的艺术生涯文章。

J0169223
影视编剧技巧 (美)维尔(Vale, E.)著;吴光灿,吴光耀译
北京 中国戏剧出版社 1991年 277页
19cm(小32开) ISBN:7-104-00159-X
定价:CNY4.20

作者吴光耀(1922—2011),教授、戏剧理论家。上海松江人,毕业于上海戏剧学院舞台美术系,留校任教。著作有《西方演剧史论稿》。

J0169224
影视剧作法 (法)西翁著;何振淦译
北京 中国广播电视出版社 1991年 230页
20cm(32开) ISBN:7-5043-0859-5
定价:CNY4.40

本书以四部影片为例,结合影视创作理论,揭示了影视剧创作的原则、规律、方法和技巧。译者何振淦(1929—2003),戏剧理论家、翻译家、影评家。生于江苏无锡,毕业于北京中央电影学校编剧班。曾先后在电影局电影艺术研究室、中国电影家协会、中国电影出版社外编室、中国电影艺术研究中心编目部工作,中国电影资料馆研究员。著有《意大利电影概述》《闪光的棕榈叶——嘎纳电影节》等。

J0169225
电视艺术诱人之谜 (电视节目创作与欣赏入门)鲁丹,邓勤著
北京 文化艺术出版社 1992年 249页
19cm(小32开) ISBN:7-5039-0899-8
定价:CNY4.10

本书分析了电视艺术的特点、优势及潜力,详细论述了电视新闻的四大特点,解说词的创作,与戏剧、电影的关系,如何创作、改编、欣赏电视剧,并列举实例分析说明。作者邓勤,中央电视台主任记者。作者鲁丹(1935—),本名陈昌本,毕业于中国人民大学新闻系。历任北京电视台台长、北京广播电视局局长、文化部副部长。著有长篇上说《痴恋》,散文集《远游记》,长篇纪实文学《七十个日日夜夜》,中篇小说《山民轶事》等。

J0169226
再创作 (电影改编问题讨论集)《电影艺术》编辑部,中国电影出版社本国电影编辑部编
北京 中国电影出版社 1992年 401页
20cm(32开) ISBN:7-106-00653-X
定价:CNY6.80
(中国当代电影理论丛书 3)

本书收集了1981年至1984年30多位作者关于电影改编问题的文章。文章涉及下列问题:电影改编理论问题;鲁迅小说的改编;现代文学名著的改编;当代小说的改编。

J0169227
银幕技巧与手段 (中外名片优秀手法剖析)林洪桐著
北京 中国电影出版社 1993年 425页
19cm(小32开) ISBN:7-106-00715-3
定价:CNY6.60
(影视实用理论与技巧丛书)

本书探讨了电影时空、蒙太奇、电影结构、摄影、音响、光与色、剪辑与节奏等在影法创作中的运用。作者林洪桐(1938—),电影编剧、导演、教师。生于福建福州,毕业于北京电影学院表演系,留校任教。历任电影学院院务委员会委员、学术委员会委员、中国电影表演艺术学会副会长,青年电影制片厂导演及艺术顾问等职。著有《电影演员的魅力》《银幕技巧与手段》《电影表演艺术》等。

J0169228
为银幕写作 汪流著
北京中国电影出版社 1994年 150页
20cm(32开) ISBN:7-106-00873-7
定价:CNY6.00

作者汪流(1929—2012),教授。浙江绍兴人,毕业于中央电影局电影学校编剧班。北京电影学院教授。出版有《艺术概论》《电影剧作概论》《电影剧作的结构形式》等。

J0169229
性、金钱、权利与恐惧 (电影世界的游戏规则)保罗·洛森菲尔德(Paul Rosenfield)著;姜静绘译
台北 新新闻文化事业公司 1994年 332页
21cm(32开) 定价:TWD295.00
(新新闻丛书)

J0169230
CCTV节目主持人的艺术和风采 应天常编著
广州 广东教育出版社 1995年 387页
19cm(小32开) ISBN: 7-5406-2849-9
定价: CNY7.80

J0169231
电视剧的本色·方位·走向 广东文艺批评家协会编
广州 广东人民出版社 1995年 248页
20cm(32开) ISBN: 7-218-02029-1
定价: CNY11.00

J0169232
中国的电影改编 汪流著
北京 中国广播电视出版社 1995年 179页
20cm(32开) ISBN: 7-5043-2783-2
定价: CNY8.00

J0169233
我们是朋友 (记"金士明"杯全国电视节目主持人大赛)杨伟光主编
北京 人民出版社 1996年 537页 有彩照
20cm(32开) ISBN: 7-01-002452-9
定价: CNY29.80

J0169234
银海论艺 赵绍义著
北京 文津出版社 1996年 297页 19cm(小32开)
ISBN: 7-80554-297-X 定价: CNY9.00

J0169235
电视节目创意论 申晓励著
长春 吉林文史出版社 1997年 312页
20cm(32开) ISBN: 7-80626-227-X
定价: CNY18.00

J0169236
电视专题片创作 高鑫著
北京 中国广播电视出版社 1998年 重印本
219页 20cm(32开) ISBN: 7-5043-2396-9
定价: CNY11.00
(电视制作丛书)

作者高鑫(1938—),教授。河北高阳人,硕士毕业于中国社科院研究生院文学系。中国传媒大学电视与传媒学院教授、博士生导师,电视艺术研究所所长,北京电视艺术家协会副主席,《电视艺术》杂志副主编。著有《电视剧创作概论》《电视剧的探索》《电视艺术概论》。

J0169237
电视文艺节目的创作 游洁著
北京 中国广播电视出版社 1999年 209页
20cm(32开) ISBN: 7-5043-3174-0
定价: CNY12.00
(广播电视文艺系列丛书)

J0169238
电影艺术创作 沈寂,缪新亚主编
重庆 重庆出版社 1999年 234页 有图
20cm(32开) ISBN: 7-5366-4162-1
定价: CNY11.00
(新世纪百科知识金典)

作者沈寂(1924—2016),编剧。别名汪崇刚,曾用名汪波。出生于上海,祖籍浙江奉化人。肄业于上海复旦大学西洋文学系。曾任上海电影制片厂一级编剧。出版小说集《两代图》《盐场》《红森林》等。

J0169239
多出精品 繁荣创作 杨伟光主编
北京 人民出版社 1999年 259页 有照片
21cm(32开) ISBN: 7-01-002984-9
定价: CNY28.00

本书收录了《关于重大革命历史题材影视创作的几个问题》《总结经验 再创辉煌》《提高质量,规范管理,努力开创重大革命历史题材影视创作的新局面》等文章。

J0169240
过程中的发现 (电视片创作札记)赵勤著
长春 吉林摄影出版社 1999年 408页 有照片
20cm(32开) ISBN: 7-80606-262-9
定价: CNY22.00

电影、电视的评论、欣赏和电影、电视造型艺术理论

J0169241
好莱坞巡礼　谢恩祈，梁林光编译
上海　良友图书印刷公司［民国］88页　有照片　20cm（32开）精装
本书介绍美国好莱坞影片公司拍片的情形，配照片说明。

J0169242
美国新闻处电影影片分类目录
美国新闻处［民国］29页　28cm（大16开）

J0169243
赖婚　（解决婚姻问题之大名著）真光剧场编辑
北京　真光剧场［1923年］70页　20cm（32开）
包括说明、评论两部分。说明部分收《赖婚》剧本、说明书等；评论部分收理白、孙伏园、厉南溪、侬声、郑拔驾等10人的评论文章。附"三剑客内容特点"、"三剑客说明书"。

J0169244
美人计特刊　大中华百合影片公司编辑部编
上海　大中华百合影片公司　1927年［111］页　有像　26cm（16开）定价：大洋四角
本书内收《美人计》本事及有关影评，电影艺术短论及剧照。计有：《美人计弁言》（曹梦鱼），《对于"美人计"的感想》（张碧梧），《我对于"美人计"之见解》（刘豁公），《历史影片的利用及难点》（程小青），《三国志之社会观》（黄转陶），《摄制古装剧与新艺术》（张光宇），《说美人计》（求一居士），《出人头地之美人计》（陈少云）等15篇文章，另有20余首诗、赋。

J0169245
电影鉴赏法　（美）Edgar Dale著；贝仲圭译
上海　商务印书馆　1935年　254页　有图　19cm（32开）定价：国币八角
本书内容包括：什么是电影鉴赏、选择电影观赏、电影的历史、电影评论、演艺等13章。书末附：读物介绍、电影术语集注。外文书名：How to Appreciate Motion Pictures. 著者通译：戴尔·埃德加

J0169246
电影鉴赏法　（美）Edgar Dale著；贝仲圭译
上海　商务印书馆　1938年　再版　254页　有照片　19cm（32开）定价：国币一元二角
本书内容包括：什么是电影鉴赏、选择电影观赏、电影的历史、电影评论、演艺等13章。书末附：读物介绍、电影术语集注。外文书名：How to Appreciate Motion Pictures.

J0169247
电影批评集　古学淇著
［1942年］［200］页　20cm（32开）
本书内容为评论《春》《秋》《并蒂莲》《慈母心》《蔷薇处处开》等10余部电影，附影片本事。

J0169248
桃李满天下
［1947年］［5页］有照片　26cm（16开）
本书又名《乡村女教师》，介绍了苏联影片《桃李满天下》的演职人员和剧情。

J0169249
怎样鉴赏电影　罗毅夫撰
哈尔滨　光华书店　1949年　41页　18cm（15开）（光华丛刊　16）

J0169250
怎样鉴赏电影　罗毅夫著
大连　光华书店　1949年　41页　18cm（15开）（光华丛刊　16）
本书包括：电影是最具有群众性的艺术，电影的历史，怎样鉴赏电影，关于脚本，电影的表现手法，怎样评判演员的表演技术，关于摄影，电影中的布景等10节，从不同角度分析电影作品，指导鉴赏电影。

J0169251
好电影介绍　（斯大林格勒大血战）中央电影局发行处宣传科编
北京　大众书店　1950年　31页　有图　19cm（32开）

定价：1.50

J0169252
介绍八部好电影 江苏人民出版社编
南京 江苏人民出版社［1950—1959年］39页 有图 19cm（32开）定价：旧币1,000元

J0169253
苏联电影 （纪念苏联电影三十周年）苏联电影研究院编著；吴辉扬译；陶锡奇校阅
香港 南方影业公司 1948年 50+10页 有图 26cm（16开）定价：HKD2.00
本书系苏联电影研究丛书第二第三辑合刊。

J0169254
苏联电影介绍 陈陇编
北京 三联书店 1950年 14+162页 有图 20cm（32开）定价：CNY10.80

J0169255
苏联电影介绍 陈陇，凌燕编著
北京 三联书店 1951年 2版 162页 有照片 20cm（32开）定价：旧币8,800元

J0169256
关于批评错误影片"武训传"的学习资料 上海市文联剧影协会研究部编
上海 上海市文联 1951年 201页 21cm（32开）

J0169257
论苏联电影 （苏）波尔沙科夫（И.Вольшаков）等撰；戴彭荫辑译；中央电影局艺术委员会编辑
北京 时代出版社 1951年 288页 20cm（32开）定价：旧币12,500元
（电影艺术丛书）

J0169258
苏联电影介绍 新疆中苏友好协会编
［乌鲁木齐］新疆人民出版社 1951年 45页 18cm（32开）
（苏联介绍小丛书 6）

J0169259
应当重视电影《武训传》的讨论 中共重庆市委宣传部编
重庆 中共重庆市委宣传部 1951年 56页 19cm（32开）

J0169260
应当重视电影《武训传》的讨论 （人民日报社论）
北京 中国人民大学 1951年 7页 19cm（32开）

J0169261
在电影工作岗位上 黄钢著
上海 新文艺出版社 1952年 174页 20cm（32开）定价：旧币8,200元
本书为一部电影评论集。收录《从〈武训传〉讨论中看电影批评工作问题》《上海纱厂女工曾经是怎样看待和批评电影的？》《错误的例证和混乱的论点》《葛雷菲斯是〈电影之父〉吗？》《对在电影工作中贯彻毛主席文艺方向必须有正确的理解》《影片〈钢铁战士〉和它获奖的意义》《我国纪录电影的新成就》《英雄的业绩和英雄的颂歌》《〈宣誓〉的艺术成就》《从〈宣誓〉到〈攻克柏林〉》《〈阴谋〉等政论影片的研究》。

J0169262
银幕上的列宁 萨克编撰
上海 陆开记书店 1953年 50页 有图 18cm（32开）定价：旧币3,000元
（苏联电影小丛书）

J0169263
电影批评与创作问题 黄钢著
上海 新文艺出版社 1954年 144页 18cm（15开）

J0169264
怎样看反特影片 袁文殊主讲
北京 北京图书馆 1955年 6页 19cm（32开）

J0169265
科学教育电影剧本选集 科学教育电影制片厂编
［北京］中华全国科学技术普及协会 1956年 定价：CNY0.38

J0169266
苏联影片评论集 （苏）尤列涅夫等著；慧源等译
［北京］中国电影出版社 1957年 定价：CNY0.60

J0169267
苏联影片评论集　(第二集)(苏)巴拉蒙诺娃，K.等著；凌集译
北京　中国电影出版社 1959年 160页
21cm(32开)统一书号：8061.457　定价：CNY0.55

J0169268
中国电影评论集　陈波儿等著
[北京]中国电影出版社 1957年　定价：CNY0.46

J0169269
论戏曲电影　张骏祥等著
北京　中国电影出版社 1958年 80页 20cm(32开)
统一书号：8061.513　定价：CNY0.30

作者张骏祥(1910—1996)，导演、编剧、作家。笔名袁俊，生于江苏镇江市，毕业于清华大学外国文学系和美国耶鲁大学戏剧研究院。创作话剧剧本《小城故事》，执导电影《翠岗红旗》《白求恩大夫》。出版有论文集《关于电影的特殊表现手段》《张骏祥文集》。

J0169270
战舰波将金号　(苏)爱森斯坦等著；綦山等译
北京　中国电影出版社 1958年 140页
20cm(32开)统一书号：8061.391　定价：CNY0.48

本书讲述苏联电影大师爱森斯坦于1926年所摄制的影片《战舰波将金号》，已成为世界电影的经典作品。作者谢尔盖·爱森斯坦(Серdroitй Михфйлович Зйзенштейн，1898—1948)，苏联电影导演，电影理论家和教育家。艺术学博士、教授。出生于里加。毕业于圣彼得堡土木工程学院建筑系。作品有：执导传记电影《伊凡雷帝》《伊凡雷帝》，纪录片《墨西哥万岁》。

J0169271
祝福　(从小说到电影)中国电影出版社编辑
北京　中国电影出版社 1959年 188页 有图表
21cm(32开)精装 统一书号：8061.567
定价：CNY2.00

J0169272
祝福　(从小说到电影)中国电影出版社编辑
北京　中国电影出版社 1979年 2版 188页
21cm(32开)定价：CNY1.30，CNY1.90(精装)

J0169273
关于美国影片“在海滩上”　中国电影艺术研究所编著
北京　中国电影艺术研究所 1960年 57页
20cm(32开)
(电影艺术资料专集 之一)

J0169274
关于意大利影片《甜蜜的生活》　中国电影艺术研究所编
北京　中国电影艺术研究所 1960年 65页
20cm(32开)
(电影艺术资料专集 5)

J0169275
洪湖赤卫队　(1-4 摄影集)余文祥编文；湖北画报社供稿
武汉　湖北人民出版社 1960年　定价：CNY0.26

J0169276
生产队长李春兰
[北京]中国电影出版社 1960年[1张]
定价：CNY0.13

J0169277
拾棉姑娘
[北京]中国电影出版社 1960年[1张]
定价：CNY0.13

J0169278
达吉　(电影剧照)长春电影制片厂供稿
[长春]吉林人民出版社 1961年[1张]
定价：CNY0.10

J0169279
歌舞纪录片“百凤朝阳”中的“欢乐的青年”镜头之一　北京电影制片厂摄制
[北京]中国电影出版社 1961年[1张]
定价：CNY0.06

J0169280
歌舞纪录片“百凤朝阳”中的“孔雀舞”镜头之一　北京电影制片厂摄制
[北京]中国电影出版社 1961年[1张]
定价：CNY0.06

J0169281
歌舞纪录片“百凤朝阳”中的“走雨”镜头之一　北京电影制片厂摄制
［北京］中国电影出版社 1961 年［1 张］
定价：CNY0.06

J0169282
革命家庭
［北京］中国电影出版社 1961 年［4 幅］
定价：CNY0.32

J0169283
红旗谱　（1-4）
［北京］中国电影出版社 1961 年［4 张］
定价：CNY0.32

J0169284
红色娘子军　（1-4）
［北京］中国电影出版社 1961 年［4 张］
定价：CNY0.32

J0169285
红色娘子军　（从剧本到影片）中国电影出版社编辑
北京 中国电影出版社 1962 年 465 页
21cm（32 开）精装 统一书号：8061.1001
定价：CNY2.90

J0169286
红色娘子军　（从剧本到影片）
北京 中国电影出版社 1979 年 2 版 466 页
有图片 20cm（32 开）统一书号：8061.1309
定价：CNY2.15，CNY2.75（精装）

J0169287
洪湖赤卫队　（1-4）
［北京］中国电影出版社 1961 年［4 张］
定价：CNY0.26

J0169288
林海雪原　（1-4）
［北京］中国电影出版社 1961 年［4 张］
定价：CNY0.32

J0169289
林则徐　（1-4）海燕电影制片厂供稿；潘培元改编
上海 上海人民美术出版社 1961 年［4 张］
定价：CNY0.26

J0169290
刘三姐　（四扇屏）长春电影制片厂供稿
［长春］吉林人民出版社 1961 年［4 张］
定价：CNY0.24

J0169291
梅兰芳在戏曲艺术片“梅兰芳的舞台艺术”中饰演“霸王别姬”的虞姬　北京电影制片厂摄制
［北京］中国电影出版社 1961 年［1 张］
定价：CNY0.08

J0169292
梅兰芳在戏曲艺术片“游园惊梦”中饰演杜丽娘与柳梦梅（俞振飞饰）在梦中相会　北京电影制片厂摄制
［北京］中国电影出版社 1961 年［1 张］
定价：CNY0.11

J0169293
神话故事影片“马兰花”中小兰和兔姐妹　上海海燕电影制片厂摄制
［北京］中国电影出版社 1961 年［1 幅］
定价：CNY0.11

J0169294
史楚金在电影中创造的列宁形象的人民性　（苏）巴切里斯著；卡克慎译
北京 中国电影出版社 1961 年 76 页 19cm（32 开）
统一书号：8061.942 定价：CNY0.31
（电影艺术理论文辑 1）

J0169295
舞剧片“小刀会”镜头之一　上海天马电影制片厂拍摄
［北京］中国电影出版社 1961 年［1 幅］
定价：CNY0.06

J0169296
戏曲片“百岁挂帅”中的穆桂英

［北京］中国电影出版社 1961年［1幅］
定价：CNY0.13

J0169297
戏曲艺术片《百岁挂帅》中佘太君庆寿的镜头 上海海燕电影制片厂摄制
［北京］中国电影出版社 1961年［1幅］
定价：CNY0.11

J0169298
影片“好孩子”中的红红和豆豆
［北京］中国电影出版社 1961年［1幅］
定价：CNY0.06

J0169299
影片“刘三姐”中的僮族歌手刘三姐 长春，南宁电影制片厂合制
［北京］中国电影出版社 1961年［1幅］
定价：CNY0.11

J0169300
影片“追鱼”中的鲤鱼精 王文娟饰
［北京］中国电影出版社 1961年［1幅］
定价：CNY0.13

J0169301
动画片《大闹天宫》中孙悟空大战哪吒 上海美术电影制片厂供稿
［北京］中国电影出版社 1962年［1张］
76cm（2开）定价：CNY0.25

J0169302
青春之歌 （从小说到电影）中国电影出版社编辑
北京 中国电影出版社 1962年［449］页 有图
21cm（32开）精装 统一书号：8061.994
定价：CNY2.70

本书内容包括：第1部分为电影文学剧本、分镜头剧本；第2部分为影片主要创作者介绍创作经验；第3部分为影片评论。

J0169303
青春之歌 （从小说到电影）
北京 中国电影出版社 1981年 417页 有剧照
20cm（32开）统一书号：8061.1540
定价：CNY1.65

J0169304
青春之歌 （从小说到电影）
北京 中国电影出版社 1981年 重印本 417页
有剧照 20cm（32开）精装 统一书号：8061.994
定价：CNY2.20

本书为电影文学剧本创作方法与中国电影评论。

J0169305
送鲛珠 （柳毅传书剧照）长春电影制片厂供稿
沈阳 辽宁美术出版社 1962年 53cm（4开）
定价：CNY0.10

J0169306
舞剧版《蔓萝花》中的蔓萝姑娘跳竹枝舞
上海海燕电影制片厂供稿
［北京］中国电影出版社 1962年 76cm（2开）
定价：CNY0.25

J0169307
戏曲片《还魂记》（赣剧）中的杜丽娘和柳梦梅 长春电影制片厂供稿
［北京］中国电影出版社 1962年 76cm（2开）
定价：CNY0.25

J0169308
影片《花儿朵朵》中的“吉庆有余”舞
［北京］中国电影出版社 1962年 76cm（2开）
定价：CNY0.25

J0169309
“小八路”和解放军战士 （影片《英雄小八路》剧照）上海天马电影制片厂供稿
北京 中国电影出版社 1963年 76cm（2开）
定价：CNY0.18

J0169310
阿娜尔罕 北京电影制片厂供稿
北京 中国电影出版社 1963年［1张］
54cm（4开）定价：CNY0.10

J0169311
埃及人眼中的美国电影 （阿联）卡米尔·阿特—达尔马沙尼著；金初高译；戴光晰校
北京 中国电影出版社 1963年 119页

19cm（32 开）统一书号：8061.1123
定价：CNY0.45

本书系埃及人评价美国好莱坞电影的文集，包括《略谈好莱坞影片生产和美国现状》《关于埃及电影的好莱坞化》《关于战争和好莱坞的战争片》等。

J0169312
彩楼记　燕烈摄
上海 上海人民美术出版社 1963 年 76cm（2 开）
定价：CNY0.18

J0169313
春江花月夜　北京电影制片厂供稿
北京 中国电影出版社 1963 年 76cm（2 开）
定价：CNY0.18

J0169314
第四十一个　（专集之一）中国电影工作者协会［编］
北京 中国电影工作者协会［1963 年］244 页
18cm（15 开）

本书为影片《第四十一个》专集，分两集。第 1 集包括小说、电影文学剧本、镜头纪录本及影片介绍等；第 2 集为有关影片的一些评论文章选译。

J0169315
第四十一个　（专集之二）中国电影工作者协会［编］
北京 中国电影工作者协会［1963 年］123 页
18cm（15 开）

J0169316
电影求索录　袁文殊著
北京 中国电影出版社 1963 年 331 页
21cm（32 开）统一书号：8061.1086
定价：CNY1.25

本书收作者 50-60 年代的电影评论文章。其中对电影艺术的特性，电影创作中的典型形象塑造，电影中的人物、性格和情节结构以及编导演合作等问题，进行了探讨。

J0169317
电影求索录　袁文殊著
北京 中国电影出版社 1980 年 2 版 291 页
20cm（32 开）统一书号：8061.1354
定价：CNY1.15

J0169318
风云雷电谱雄歌　陈默著
北京 作家出版社 1963 年 169 页 19cm（32 开）
统一书号：10020.1731 定价：CNY0.47

J0169319
红孩子　（1-4）
北京 中国电影出版社 1963 年 2 版 4 张
54cm（4 开）定价：CNY0.36

J0169320
红楼梦　（1-4）
北京 中国电影出版社 1963 年 4 张 54cm（4 开）
定价：CNY0.36

J0169321
红楼梦　（剧照）
北京 中国电影出版社 1981 年 2 张 76cm（2 开）
定价：CNY0.32

J0169322
花木兰　（1-4）
北京 中国电影出版社 1963 年 4 张 54cm（4 开）
定价：CNY0.36

J0169323
贾宝玉和林黛玉　（影片《红楼梦》）徐玉兰，王文娟饰
北京 中国电影出版社 1963 年 76cm（2 开）
定价：CNY0.18

徐玉兰（1921—2017），女，越剧表演艺术家。祖籍浙江新登。就职于中央军委总政治部文工团越剧队，上海越剧院。代表作有《北地王》《西厢记》《春香传》《红楼梦》《追鱼》《西园记》等。

J0169324
金玉姬　（影片《金玉姬》）白杨饰
北京 中国电影出版社 1963 年 1 幅 54cm（4 开）
定价：CNY0.10

白杨（1920—1996），女，电影表演艺术家。

原名杨成芳，又名杨君莉。生于北平，原籍湖南汨罗。参与过多部话剧和电影的表演。代表作品《梅萝香》《茶花女》《祝福》等。

J0169325
李双双 （电影连环画挂图）上海海燕电影制片厂供稿
成都 四川人民出版社 1963年 24张(套)
39cm（4开）定价：CNY0.95

J0169326
李双双 （从小说到电影）中国电影出版社编辑
北京 中国电影出版社 1963年［429］页 有图
21cm（32开）精装 统一书号：8061.1075
定价：CNY2.75

J0169327
李双双 （从小说到电影）中国电影出版社编辑
北京 中国电影出版社 1963年
［429］页＋［37］页图版 有图 21cm（32开）
精装 统一书号：8061.1075 定价：CNY2.75

J0169328
李双双 （从小说到电影）中国电影出版社编辑
北京 中国电影出版社 1979年 2版 415页
20cm（32开）统一书号：8061.1286
定价：CNY1.90

J0169329
梁山伯与祝英台 燕烈摄
上海 上海人民美术出版社 1963年 76cm（2开）
定价：CNY0.18

J0169330
梁山伯与祝英台 （剧照）桑弧编词；上海电影制片厂摄制
上海 上海人民美术出版社 1979年 2张
76cm（2开）定价：CNY0.28

J0169331
两家春 （影片《两家春》中的坠儿和大康）秦怡，高博饰
北京 中国电影出版社 1963年 54cm（4开）
定价：CNY0.10

J0169332
林冲 北京电影制片厂供稿
北京 中国电影出版社 1963年 76cm（2开）
定价：CNY0.18

J0169333
猫仔 （影片"南海潮"上集）石小满饰
北京 中国电影出版社 1963年 54cm（4开）
定价：CNY0.10

J0169334
穆桂英 北京电影制片厂供稿
北京 中国电影出版社 1963年 76cm（2开）
定价：CNY0.18

J0169335
聂耳 （从剧本到影片）中国电影出版社编辑
北京 中国电影出版社 1963年［506］页 有图
21cm（32开）精装 统一书号：8061.1085
定价：CNY2.70

本书收集了从剧本到影片中的有关作品和文章，计分为三部分：第一部分为电影文学剧本、分镜头剧本；第二部分为影片主要创作者介绍创作经验，有影片编剧、导演、主要演员、摄影师、美工师、作曲等人的文章；第三部分为影片评论，对影片的主题、人物、艺术构思和处理等，作了深入的分析。

J0169336
聂耳 （从剧本到影片）
北京 中国电影出版社 1982年 重印本 484页＋［30］叶图版 有图肖像 21cm（32开）精装
统一书号：8061.1085 定价：CNY2.40

J0169337
女社长金花和姑娘们 （电影《五朵金花》中的镜头）长春电影制片厂供稿
北京 中国电影出版社 1963年 54cm（4开）
定价：CNY0.10

J0169338
七面风 （专集）中国电影工作者协会编著
北京 中国电影工作者协会 1963年 316页
20cm（32开）

本书系关于电影《七面风》的评论，影片镜

头记录本，以及捷克、(前)东德、波兰等对此电影的评论。

J0169339
人间彩虹　中央新闻纪录电影制片厂供稿
北京 中国电影出版社 1963年 76cm(2开)
定价: CNY0.18

J0169340
士兵之歌　(专集之二)中国电影工作者协会编著
北京 中国电影工作者协会 1963年 237页
20cm(32开)
本书系苏联电影《士兵之歌》影评，内容包括：苏联国内的评论，以及各国专业人士的评论。

J0169341
士兵之歌　(专集之一)中国电影工作者协会编著
北京 中国电影工作者协会 1963年 242页
20cm(32开)

J0169342
苏联电影文集　(第一辑)中国电影工作者协会编著
北京 中国电影工作者协会 1963年 280页
20cm(32开)

J0169343
苏联电影文集　(第二辑)中国电影工作者协会编著
北京 中国电影工作者协会 1963年 133页
20cm(32开)

J0169344
苏联电影文集　(第三辑 丘赫莱依言论集)中国电影工作者协会编著
北京 中国电影工作者协会 1963年 113页
20cm(32开)

J0169345
苏联电影文集　(第四辑)中国电影工作者协会编著
北京 中国电影工作者协会 1963年 201页
20cm(32开)

J0169346
舞剧片《蔓萝花》的蔓萝姑娘竹枝舞　上海海燕电影制片厂供稿
北京 中国电影出版社 1963年 76cm(2开)
定价: CNY0.18

J0169347
喜儿　(影片《白毛女》)田华饰
北京 中国电影出版社 1963年 76cm(2开)
定价: CNY0.18

J0169348
一年中的九天　(专集之二)中国电影工作者协会编著
北京 中国电影工作者协会 1963年 223页
20cm(32开)

J0169349
影片《花儿朵朵》中的少年气象员　北京电影制片厂供稿
北京 中国电影出版社 1963年 54cm(4开)
定价: CNY0.10

J0169350
关于电影《北国江南》的讨论　(报刊篇名索引)中国人民大学图书馆编
北京 中国人民大学图书馆 1964年 油印本
12页 26cm(16开)

J0169351
破镣铐，争自由　袁水拍等著
北京 中国电影出版社 1964年 164页
21cm(32开)统一书号: 8061.1131
定价: CNY0.65
本书系电影评论集，收集了文化名人袁水拍、袁鹰、冯牧、巴金、袁文姝、亦群等对13个国家反帝斗争影片的评论文章。

J0169352
文艺创作电影评论报刊资料索引　(附文摘)
广西壮族自治区第二图书馆编
桂林 广西壮族自治区第二图书馆 1964年
油印本 17页［26cm］(16开)

J0169353
影片《北国江南》讨论报刊篇名索引 （二、三）上海社会科学院图书馆资料参考组编
上海 上海社会科学院图书馆资料参考组
1964年 油印本［6］页 26cm（16开）

J0169354
夺印 （从舞台到银幕）中国电影出版社编辑
北京 中国电影出版社 1965年
382页+［18］页图版 有图 21cm（32开）精装
统一书号：8061.1192 定价：CNY2.10

本书分为三部分：第一部分是电影文学剧本和电影分镜头剧本；第二部分是由包括编剧、导演、主要演员、摄影、美工等在内的影片创作人员总结自己创作经验的文章；第三部分是评论文章，对影片的主题思想和艺术风格作了分析和评价。

J0169355
看《雷锋》学雷锋 中国电影出版社编辑
北京 中国电影出版社 1965年 166页
19cm（32开）统一书号：8061.1184
定价：CNY0.40

J0169356
李双双 （一九六六年〈农历丙午年〉节气表）
周淑丽摄影，赵启祥设框
郑州 河南人民出版社 1965年 53cm（4开）
定价：CNY0.08

J0169357
李双双 （一九六六年〈农历丙午年〉节气表）
周淑丽摄影，赵启祥设框
郑州 河南人民出版社 1965年 38cm（6开）
定价：CNY0.04

J0169358
农奴 （从剧本到影片）中国电影出版社编辑
北京 中国电影出版社 1965年 395页
21cm（32开）精装 统一书号：8061.1100
定价：CNY2.40

《农奴》电影文学剧本，创作人员的创作经验及对电影的评论。

J0169359
农奴 （从剧本到影片）
北京 中国电影出版社 1979年 2版 395页
有剧照 20cm（32开） 统一书号：8061.1308
定价：CNY1.80，CNY2.40（精装）

J0169360
千万不要忘记 北京电影制片厂供稿
沈阳 辽宁美术出版社 1965年 2张 76cm（2开）
定价：CNY0.30

J0169361
纪录新的时代 （《在生产高潮中》的创作和评论）中国电影出版社编辑
北京 中国电影出版社 1966年 113页 有照片
19cm（32开）统一书号：8061.1261
定价：CNY0.50

J0169362
小电影 上海文化出版社编
上海 上海文化出版社 1966年 114页
19cm（32开）统一书号：10077.1223
定价：CNY0.26

J0169363
把敌人消灭在人民战争的汪洋大海之中 （电影《地雷战》介绍 第0895号）新华社稿
［北京］1969年 5幅 11×15cm 定价：CNY5.00

J0169364
教学影片《地道战》介绍 （第0896号）新华社稿
［北京］1969年 5幅 11×15cm 定价：CNY5.00

J0169365
朝鲜彩色纪录片《兄弟的中国人民的使者》剪辑 （编号0595）新华社发
［北京］1970年 3幅 11×15cm 定价：CNY3.00

J0169366
朝鲜民主主义人民共和国电影《战友》剪辑 （编号0594）新华社发
［北京］1970年 3幅 11×15cm 定价：CNY3.00

J0169367
国产电影《奇袭》剪辑 （编号 0593）新华社记者摄
［北京］1970 年 3 幅 11×15cm 定价：CNY3.00

J0169368
革命现代京剧《红灯记》彩色电影剧照 （编号 0028）
［北京］［新华社］1971 年 2 幅 12×15cm
定价：CNY2.00

J0169369
革命样板戏《红色娘子军》电影剧照 （第 1231 号）新华社记者摄
［北京］1971 年 2 幅 11×15cm 定价：CNY2.00

J0169370
钢琴伴唱《红灯记》、钢琴协奏曲《黄河》、革命交响曲音乐《沙家浜》彩色电影剧照 （编号 0143）新华社稿
［北京］1972 年 19 幅 15×20cm 定价：CNY19.00

J0169371
革命现代京剧《海港》彩色电影剧照 （编号 0521）新华社稿
［北京］1972 年 15 幅 12×15cm 定价：CNY15.00

J0169372
革命现代京剧《红色娘子军》彩色电影剧照 （第 0658 号）新华社稿
［北京］1972 年 14 幅 11×15cm 定价：CNY14.00

J0169373
革命现代京剧《奇袭白虎团》彩色电影剧照 （编号 1349）新华社稿
［北京］1972 年 20 幅 12×15cm 定价：CNY20.00

J0169374
革命现代舞剧《白毛女》彩色电影剧照 （编号 0157）新华社稿
［北京］1972 年 20 幅 12×15cm 定价：CNY20.00

J0169375
关于希腊影片《囚徒》 中国电影资料馆编
［北京］［中国电影资料馆］［1972—1980 年］87 页 19cm（32 开）
（资料专集 1）

J0169376
国外科技参考影片（日本农机）放映后的反映 陕西省“革命委员会”科技局编
西安 陕西省“革命委员会”科技局 1972 年 8 页 26cm（16 开）定价：CNY0.11

J0169377
奇袭白虎团 （革命现代京剧 电影剧照 编号 7211）新华通讯社编
北京 人民美术出版社 1972 年 21 幅 26×38cm
定价：CNY0.63

J0169378
革命现代舞剧《白毛女》（电影剧照）
石家庄 河北人民出版社 1973 年 13cm（60 开）
定价：CNY0.30

J0169379
彩色电影《火红的年代》（赵四海小组决定再次试炼“争气钢”的镜头）
天津 天津人民美术出版社 1974 年［1 张］
76cm（2 开）定价：CNY0.14

J0169380
彩色电影《青松岭》（共产党员、老贫农张万山……夺过鞭子为革命赶车的镜头。）
天津 天津人民美术出版社 1974 年［1 张］
76cm（2 开）定价：CNY0.14

J0169381
彩色电影《艳阳天》（东山坞党支部按乡党委的指示，决定整顿组织的镜头）
天津 天津人民美术出版社 1974 年［1 张］
76cm（2 开）定价：CNY0.14

J0169382
彩色故事片《火红的年代》（电影剧照 四条屏）
沈阳 辽宁人民出版社 1974 年 2 张 76cm（2 开）
定价：CNY0.28

J0169383
彩色故事片《艳阳天》（电影剧照 四条屏）

长春电影制片厂供稿
石家庄 河北人民出版社 1974年 2张
76cm（2开）定价：CNY0.28

J0169384
彩色故事片《艳阳天》（电影剧照 四条屏）长春电影制片厂供稿
沈阳 辽宁人民出版社 1974年 2张 76cm（2开）
定价：CNY0.28

J0169385
彩色故事影片《闪闪的红星》剧照（第1255号）新华社发
［北京］1974年 5幅 11×15cm 定价：CNY5.00

J0169386
彩色宽银幕故事影片《南征北战》剧照（第1253号）新华社发
［北京］1974年 5幅 11×15cm 定价：CNY5.00

J0169387
电影艺术的灿烂新花 方鄂等著
1974年 36页 26cm（16开）
本书内容是《闪闪的红星》创作体会及影评。

J0169388
恶毒的用心 卑劣的手法（批判安东尼奥尼拍摄的题为《中国》的反华影片）辽宁人民出版社编辑
沈阳 辽宁人民出版社 1974年 58页 19cm（32开）
统一书号：3090.252 定价：CNY0.12

J0169389
革命现代京剧《平原作战》剧照（八路军排长赵勇刚 1975〈农历乙卯年〉年历）八一电影制片厂《平原作战》摄制组摄
北京 人民美术出版社 1974年 53cm（4开）
定价：CNY0.18

J0169390
故事影片《侦察兵》剧照（编号0802）新华社发
［北京］1974年 5幅 12×15cm 定价：CNY5.00

J0169391
湖南花鼓戏彩色影片《送货路上》剧照（编号0801）新华社发
［北京］1974年 3幅 12×15cm 定价：CNY3.00

J0169392
火红的年代（四条屏）上海电影制片厂，上海电影发行公司供稿
上海 上海人民出版社 1974年 2张 76cm（2开）
定价：CNY0.22

J0169393
几部新摄制的故事影片剧照（编号1290）新华社记者摄
［北京］1974年 4幅 11×15cm 定价：CNY4.00

J0169394
平原作战（四条屏）中国京剧团《平原作战》剧组演出；八一电影制片厂《平原作战》摄制组摄
武汉 湖北人民出版社 1974年 2张 76cm（2开）
定价：CNY0.28

J0169395
平原作战（四条屏）中国京剧团《平原作战》剧组演出；八一电影制片厂《平原作战》摄制组摄
北京 人民美术出版社 1974年 2张 76cm（2开）
定价：CNY0.28

J0169396
平原作战（四条屏）中国京剧团《平原作战》剧组演出；八一电影制片厂《平原作战》摄制组摄
天津 天津人民美术出版社 1974年 2张
76cm（2开）定价：CNY0.28

J0169397
青松岭（四条屏）长春电影制片厂供稿
石家庄 河北人民出版社 1974年 2张
76cm（2开）定价：CNY0.28

J0169398
青松岭（四条屏）长春电影制片厂供稿
沈阳 辽宁人民出版社 1974年 2张 76cm（2开）
定价：CNY0.28

J0169399
《闪闪的红星》评论集　上海人民出版社编辑
上海 上海人民出版社 1975 年 154 页
19cm（32 开）统一书号：10171.407
定价：CNY0.28

J0169400
草原儿女　（四条屏）新华社稿
［石家庄］河北人民出版社 1975 年 2 张
76cm（2 开）定价：CNY0.28

J0169401
草原儿女　（四条屏）中国舞剧团演出
北京 人民美术出版社 1975 年 2 张 76cm（2 开）
定价：CNY0.28
年画形式的国产电影《草原儿女》剧照。

J0169402
电影艺术的灿烂新花　（《闪闪的红星》评论集）
人民文学出版社编辑
北京 人民文学出版社 1975 年 179 页
20cm（32 开）统一书号：10019.2261
定价：CNY0.46

J0169403
杜鹃山——农民自卫军党代表柯湘　（电影剧照 1976 年年历）
［南昌］江西人民出版社 1975 年 53cm（4 开）
定价：CNY0.16

J0169404
革命电影阔步前进　（彩色影片《艳阳天》《火红的年代》《青松岭》评论集）江天著
北京 人民文学出版社 1975 年 243 页
20cm（32 开）统一书号：10019.2245
定价：CNY0.60

J0169405
革命现代京剧彩色影片剧照《平原作战》
新华社供稿
［西安］陕西人民出版社 1975 年 76cm（2 开）
定价：CNY0.11

J0169406
革命现代舞剧《草原儿女》（彩色电影剧照）
新华通讯社编
北京 人民美术出版社 1975 年 17 张（套）
38cm（6 开）定价：CNY0.82

J0169407
革命现代舞剧《沂蒙颂》（彩色电影剧照）新华通讯社编
北京 人民美术出版社 1975 年 17 张（套）
38cm（6 开）定价：CNY0.28

J0169408
红星闪闪放光彩　（影片《闪闪的红星》评论集）
荣广润等著
郑州 河南人民出版社 1975 年 167 页
19cm（32 开）统一书号：10105.90 定价：CNY0.30

J0169409
红星照我去战斗　（影片《闪闪的红星》评论集）
四川人民出版社编辑
成都 四川人民出版社 1975 年 175 页
19cm（32 开）统一书号：10118.27 定价：CNY0.32

J0169410
潘冬子紧握红缨枪　（剧照 1976〈农历丙辰年〉年历）
［西安］陕西人民出版社 1975 年 78cm（2 开）
定价：CNY0.05

J0169411
潘冬子紧握红缨枪　（剧照 1976〈农历丙辰年〉年历）
［西安］陕西人民出版社 1975 年 26cm（16 开）
定价：CNY0.03

J0169412
评电影《闪闪的红星》
济南 山东人民出版社 1975 年 201 页
19cm（32 开）统一书号：10099.116
定价：CNY0.39

J0169413
闪闪的红星　（电影文学剧本·评论）
杭州 浙江人民出版社 1975 年 172 页
19cm（32 开）统一书号：10103.33 定价：CNY0.34

J0169414
闪闪的红星 （四条屏）八一电影制片厂供稿
［石家庄］河北人民出版社 1975年 2张
76cm（2开）定价：CNY0.28

J0169415
闪闪的红星 （四条屏）中国人民解放军“八一”电影制片厂供稿
上海 上海人民出版社 1975年 2张 76cm（2开）
定价：CNY0.22

J0169416
闪闪的红星 （四条屏）
天津 天津人民美术出版社 1975年 2版 2张
76cm（2开）定价：CNY0.28

J0169417
闪闪的红星 （摄影 1976〈农历丙辰年〉年历）人民画报稿
［南昌］江西人民出版社 1975年 38cm（6开）
定价：CNY0.09

J0169418
闪闪的红星——党的孩子 北京八一电影制片厂供稿
上海 上海人民出版社 1975年 25cm（小16开）
定价：CNY0.07

J0169419
闪闪的红星——刀劈胡汉三 北京八一电影制片厂供稿
上海 上海人民出版社 1975年 25cm（小16开）
定价：CNY0.07

J0169420
闪闪的红星——轻抚鞭痕 北京八一电影制片厂供稿
上海 上海人民出版社 1975年 25cm（小16开）
定价：CNY0.07

J0169421
闪闪的红星——仰望北斗星 北京八一电影制片厂供稿
上海 上海人民出版社 1975年 25cm（小16开）
定价：CNY0.07

J0169422
闪闪红星照万代 （影片《闪闪的红星》评论集）
石家庄 河北人民出版社 1975年 102页
19cm（32开）统一书号：10086.344
定价：CNY0.23

J0169423
闪闪红星照万代 （故事片《闪闪的红星》评论集）湖北人民出版社编辑
武汉 湖北人民出版社 1975年 103页
19cm（32开）统一书号：10106.713
定价：CNY0.21

J0169424
送货路上 （四条屏）北京电影制片厂供稿
［长沙］湖南人民出版社 1975年 2张
76cm（2开）定价：CNY0.22

J0169425
无影灯下颂银针 上海电影制片厂供稿
上海 上海人民出版社 1975年［1幅］
76cm（2开）定价：CNY0.11

J0169426
一个可爱的小英雄 （评电影《闪闪的红星》）云南人民出版社编辑
昆明 云南人民出版社 1975年 130页
19cm（32开）统一书号：10116.620
定价：CNY0.25

J0169427
“四人帮”扼杀《创业》说明了什么？ （文艺评论选）贵州人民出版社编辑
贵阳 贵州人民出版社 1976年 111页
19cm（32开）定价：CNY0.21
本书中国电影故事《创业》的文艺评论。

J0169428
《创业》与评论
成都 四川人民出版社 1976年 162页
19cm（32开）统一书号：10118.77 定价：CNY0.31

J0169429
半边天 （剧照 四条屏）山东省小戏队演出；上海电影制片厂拍摄

济南 山东人民出版社 1976年 2张 76cm(2开)
定价: CNY0.22

J0169430
春苗　上海电影制片厂摄制
上海 上海人民出版社 1976年 2张 76cm(2开)
定价: CNY0.22

J0169431
光辉的历史文件（学习毛主席关于电影《创业》的批示 批倒批臭"四人帮"）任平等著
北京 人民出版社 1976年 50页 19cm(32开)
定价: CNY0.12

J0169432
还原舞台　高于舞台（革命样板戏影片评论集 第一辑）
北京 人民文学出版社 1976年 198页
20cm(32开) 统一书号: 10019.2365
定价: CNY0.50

J0169433
红云岗（剧照 四条屏）新华社供稿
济南 山东人民出版社 1976年 2张 76cm(2开)
定价: CNY0.22 (单面胶版纸), CNY0.28 (双面胶版纸)

J0169434
现代电影现代人　王长安著
台北 大林出版社 [1976年] 187页 有剧照
19cm(32开) 定价: TWD40.00
(大林文库 83)

J0169435
一个可爱的小英雄（评电影《闪闪的红星》）方锷等著
北京 人民出版社 1976年 111页 19cm(32开)
统一书号: 10071.109 定价: CNY0.23

J0169436
创业（剧照）中国电影公司供稿
石家庄 河北人民出版社 1977年 2张(套)
76cm(2开) 定价: CNY0.24

J0169437
扼杀《园丁之歌》是为了篡党夺权　湖南人民出版社编辑
长沙 湖南人民出版社 1977年 62页 19cm(32开)
统一书号: 3109.422 定价: CNY0.13

J0169438
小刀会（剧照 1978年年历）
济南 山东人民出版社 1977年 [1张]
54cm(4开) 定价: CNY0.15

J0169439
小刀会（剧照 1978年年历）
天津 天津人民美术出版社 1977年 [1张]
54cm(4开) 定价: CNY0.50

J0169440
阿诗玛（摄影 1979年年历）
杭州 浙江人民出版社 1978年 1张 53cm(4开)
定价: CNY0.12

J0169441
电影就是电影　罗维明著
台北 志文出版社 1978年 283页 有剧照
19cm(32开) 定价: TWD60.00
(新潮文库 196)

J0169442
两只小孔雀　上海美术电影制片厂供稿
上海 上海人民美术出版社 1978年 76cm(2开)
定价: CNY0.11

J0169443
塞上新花（剧照）榆林地区"革委会"文教局编; 陈宝生摄影
西安 陕西人民出版社 1978年 76cm(2开)
定价: CNY0.14

作者陈宝生(1939—　), 摄影家。山西吕梁人。中国摄影家协会会员、中国书法家协会会员、陕西省榆林地区文联副主席、榆林地区摄影家协会主席。先后出版有《塞上风光》《长城内外》《无定河》等9部图集和《陈宝生摄影作品集》及《摄影家与实践》理论专著。代表作《农家乐》《黄土魂》《大河号子》等。

J0169444
阿诗玛 （剧照）
上海 上海人民美术出版社 1979年［1张］
76cm（2开）定价：CNY0.11

J0169445
报童 （剧照）
北京 中国电影出版社 1979年 2张 76cm（2开）
定价：CNY0.28

J0169446
蔡文姬
北京 中国电影出版社 1979年［1张］
53cm（4开）定价：CNY0.07

J0169447
蔡文姬 （剧照）
北京 中国电影出版社 1979年 2张 76cm（2开）
定价：CNY0.28

J0169448
闯王旗 （剧照）
北京 中国电影出版社 1979年 2张 76cm（2开）
定价：CNY0.22

J0169449
电影《阿诗玛》中的阿诗玛与阿黑
北京 中国电影出版社 1979年［1张］
76cm（2开）定价：CNY0.07

J0169450
电影《梁山伯与祝英台》中之“化蝶”
北京 中国电影出版社 1979年［1张］
53cm（4开）定价：CNY0.07

J0169451
高夫人在绣闯王旗 （剧照）
北京 中国电影出版社 1979年［1张］
76cm（2开）定价：CNY0.14

J0169452
梁山伯与祝英台 （剧照）
北京 中国电影出版社 1979年 2张 76cm（2开）
定价：CNY0.28

J0169453
梁山伯与祝英台
北京 中国电影出版社［1989年］2张
76cm（2开）定价：CNY1.00

J0169454
梁山伯与祝英台 （剧照摄影）
北京 中国电影出版社 1994年 2张 77×53cm
定价：CNY2.60

J0169455
林则徐 （从剧本到影片）中国电影出版社编辑
北京 中国电影出版社 1979年 2版 409页
20cm（32开）统一书号：8061.1292
定价：平装CNY1.70，精装CNY2.30

J0169456
庐山恋 （摄影 1980年年历）王庭士摄
南昌 江西人民出版社 1979年［1张］
53cm（4开）定价：CNY0.18

J0169457
罗马11时 （意）桑蒂斯等著；蓝萧子译
北京 中国电影出版社 1979年 263页
20cm（32开）统一书号：8061.1310
定价：CNY1.00
（外国影片研究丛书）
本书为外国影片研究丛书中的意大利现代电影剧本及电影评论专著。

J0169458
罗生门
北京 中国电影出版社 1979年 109页
20cm（32开）统一书号：8061.1338
定价：CNY0.54
（外国影片研究丛书）
本书为外国影片研究丛书中的日本惊险片电影《罗生门》的电影评论。

J0169459
苏联影片《恋人曲》（电影文学剧本及评论）
格里高利耶夫，康查洛夫斯基著；夏金译
北京 北京电影学院 1979年 135页
19cm（小32开）

J0169460
阿诗玛 （剧照 1981〈农历辛酉年〉年历）
北京 中国电影出版社 1980年 53cm（4开）
定价：CNY0.18

J0169461
艾里甫——赛乃木 （摄影 1981年年历）梁枫摄
乌鲁木齐 新疆人民出版社 1980年 53cm（4开）
定价：CNY0.20

J0169462
白蛇传 （白娘子）
北京 中国电影出版社 1980年［1］张
76cm（2开）定价：CNY0.16

J0169463
白蛇传 （白娘子和许仙）
北京 中国电影出版社 1980年［1］张
76cm（2开）定价：CNY0.16

J0169464
白蛇传 （剧照）
北京 北京中国电影出版社 1981年［1张］
76cm（2开）定价：CNY0.13

J0169465
白蛇传 （剧照）
北京 中国电影出版社 1981年 2张 76cm（2开）
定价：CNY0.26

J0169466
逼婚记
北京 中国电影出版社 1980年［1］张
76cm（2开）定价：CNY0.16

J0169467
大河奔流 （从剧本到影片）
北京 中国电影出版社 1980年 552页
20cm（32开）统一书号：8061.1393
定价：CNY2.80

J0169468
等到满山红叶时 （摄影 1981年年历）南京市广告公司设计
南京 江苏人民出版社 1980年 53cm（4开）
定价：CNY0.18

J0169469
国际电影宣传画 （1）
沈阳 辽宁美术出版社 1980年 181页
20cm（32开）统一书号：8117.1753
定价：CNY5.00
本作品是现代电影宣传画册，本辑收入电影宣传画80余幅。

J0169470
国际电影宣传画 （2）辽宁美术出版社编
沈阳 辽宁美术出版社 1981年 88页 20cm（32开）
统一书号：8117.2026 定价：CNY2.00

J0169471
国际电影宣传画 （3）
沈阳 辽宁美术出版社 1982年 82页 20cm（32开）
统一书号：8161.0105 定价：CNY2.10
本作品是现代电影宣传画册，本辑收入电影宣传画80余幅。

J0169472
国际电影宣传画 （4）
沈阳 辽宁美术出版社 1984年 1册（81页）
18cm（15开）统一书号：8161.0506
定价：CNY3.20
本集主要介绍了辽宁、北京、天津电影宣传画展览的作品，共82幅。

J0169473
国际电影宣传画 （5）辽宁美术出版社编
沈阳 辽宁美术出版社 1985年 82页 17cm（40开）
统一书号：8161.0832 定价：CNY3.00

J0169474
国际电影宣传画 （6）邵瑞刚等绘
沈阳 辽宁美术出版社 1986年 82页 20cm（32开）
定价：CNY3.00

J0169475
国际电影宣传画 （7）辽宁美术出版社编
沈阳 辽宁美术出版社 1987年 17cm（40开）
统一书号：8161.1008 定价：CNY2.40

J0169476
国际电影宣传画 （一）
沈阳 辽宁美术出版社 1990年 20张
19cm（小32开）袋装 定价：CNY4.90

J0169477
国际电影宣传画 （二）
沈阳 辽宁美术出版社 1990年 20张
19cm（小32开）袋装 定价：CNY4.90

J0169478
国际电影宣传画 （三）
沈阳 辽宁美术出版社 1990年 20张
19cm（小32开）袋装 定价：CNY4.90

J0169479
国际电影宣传画 （四）
沈阳 辽宁美术出版社 1990年 20张
19cm（小32开）袋装 定价：CNY4.90

J0169480
国际电影宣传画 （五）
沈阳 辽宁美术出版社 1990年 20张
19cm（小32开）袋装 定价：CNY4.90

J0169481
劫后影谈 夏衍著
北京 中国电影出版社 1980年 204页
20cm（32开）精装 统一书号：8061.1542
定价：CNY1.30，

本书收入作者1976年以后有关电影的讲话、文章21篇。内容涉及端正创作思想，提高电影质量，培养电影创作队伍，题材规划和对中国电影事业的展望等。作者总结了中国电影事业和艺术创作正反两个方面的经验和教训，对当时电影的迫切问题提出了自己的看法。

J0169482
庐山恋 （剧照 1981〈农历辛酉年〉年历）
北京 中国电影出版社 1980年 53cm（4开）
定价：CNY0.20

J0169483
圈内圈外 篇笙著
香港 星际出版社［1980—1989年］184页
18cm（32开）定价：HKD15.00
（星际书系）

J0169484
如何欣赏电影 周晏自译
艺术出版社［1980—1989年］338页 有图
22cm（25开）

J0169485
珊瑚岛上的死光 （摄影 1981〈农历辛酉年〉年历）南京市广告公司设计
南京 江苏人民出版社 1980年 53cm（4开 ）
定价：CNY0.18

J0169486
珊瑚岛上的死光 （摄影 1981年年历）
杭州 西泠印社 1980年 53cm（4开 ）
定价：CNY0.20

J0169487
神秘的大佛 （剧照 1981〈农历辛酉年〉年历）
北京 中国电影出版社 1980年 53cm（4开）
定价：CNY0.20

J0169488
天云山传奇 （摄影 1981〈农历辛酉年〉年历）
南京市广告公司设计
南京 江苏人民出版社 1980年 53cm（4开）
定价：CNY0.18

J0169489
铁弓缘 北京电影制片厂供稿
石家庄 河北人民出版社 1980年 2张
76cm（2开）定价：CNY0.32

J0169490
消磨在戏院里 曾希邦著
香港 香港出版发行公司［1980—1989年］
498页 21cm（32开）
（曾希邦选集）

J0169491
小花 （《小花》电影剧照）傅鲁沛复制
济南 山东人民出版社 1980年［1］张
76cm（2开）定价：CNY0.16

J0169492
演员·剧照　（2 明信片）恽锡麟等摄
上海　上海人民美术出版社　1980 年　12 张
［17cm］（44 开）定价：CNY0.75

J0169493
演员·剧照　姚经才摄影
上海　上海人民美术出版社　1980 年　10 张
18cm（32 开）统一书号：8081.11823
定价：CNY0.65

J0169494
尤里斯·伊文思　（五十年电影回顾）夏衍，王炳南等编
［中国电影出版社］［1980 年］77 页　有图
25cm（24 开）

J0169495
《毕昇》中的舞蹈　（之二）
北京　北京中国电影出版社　1981 年［1 张］
76cm（2 开）定价：CNY0.13

J0169496
阿诗玛　（剧照）
北京　中国电影出版社　1981 年　2 张　76cm（2 开）
定价：CNY0.32

J0169497
艾力甫——赛乃木　（1982 年年历）漆星摄
乌鲁木齐　新疆人民出版社　1981 年　39cm（8 开）
定价：CNY0.15

J0169498
蓓蕾　（1982 年年历）常春，张涵毅摄
上海　上海人民美术出版社　1981 年　54cm（4 开）
定价：CNY0.16

作者常春（1933—　），河北阜城人。原名李凤楼。先后任《解放日报》记者、上海人美社编辑室主任等职，并兼任《摄影家》杂志主编。中国摄协上海分会会员。主要作品有《出击》《横跨激流》《上工》等。

J0169499
陈圆圆　（之一）
北京　北京中国电影出版社　1981 年［1 张］
76cm（2 开）定价：CNY0.13

J0169500
陈圆圆　（之二）
北京　北京中国电影出版社　1981 年［1 张］
76cm（2 开）定价：CNY0.13

J0169501
第二次握手　（剧照）
北京　中国电影出版社　1981 年　2 张　76cm（2 开）
定价：CNY0.26

J0169502
电影的本性　（物质现实的复原）（德）克拉考尔（Kracauer.S.）著；邵牧君译
北京　中国电影出版社　1981 年　437 页
20cm（32 开）统一书号：8061.1536
定价：CNY2.00

外文书名：Nature of Film：The Redemption of Physical Reality.

J0169503
电影的本性　（物质现实的复原）（德）齐格佛里德·克拉考尔著；邵牧君译
北京　中国电影出版社　1981 年　437 页
20cm（32 开）精装　定价：CNY2.50

本书是研究电影本体论的一部力作，已成为西方电影理论的经典作品。外文书名：Nature of Film：The Redemption of Physical Reality. 作者齐格佛里德·克拉考尔（Siegfried Kracauer，1889—1966），德国著名电影理论家。出生于德国法兰克福。著作有《电影的本性》《宣传和纳粹战争片》《从卡里加利到希特勒》。

J0169504
电影评论集　（1979.5 ~ 1980.12）中国电影家协会浙江分会，浙江省电影发行放映公司编辑
［杭州］［1981 年］111 页　19cm（32 开）

J0169505
杜丽娘　（剧照）
北京　北京中国电影出版社　1981 年［1 张］
76cm（2 开）定价：CNY0.16

J0169506
杜十娘 （之一 剧照）
北京 北京中国电影出版社 1981 年［1 张］
76cm（2 开）定价：CNY0.13

J0169507
公主喃·穆鲁娜 （剧照）
北京 北京中国电影出版社 1981 年［1 张］
76cm（2 开）定价：CNY0.14

J0169508
公主与王子 （剧照）
北京 北京中国电影出版社 1981 年［1 张］
76cm（2 开）定价：CNY0.16

J0169509
归心似箭 （从剧本到影片）中国电影出版社编辑
北京 中国电影出版社 1981 年 322 页 有剧照
19cm（32 开）统一书号：8061.1563
定价：CNY1.20

J0169510
归心似箭 （从剧本到影片）
北京 中国电影出版社 1981 年 322 页
19cm（小 32 开）精装 定价：CNY1.70

J0169511
归心似箭 （剧照）
北京 中国电影出版社 1981 年 2 张 76cm（2 开）
定价：CNY0.32

J0169512
红娘子与陈圆圆 （剧照）
北京 北京中国电影出版社 1981 年［1 张］
76cm（2 开）定价：CNY0.13

J0169513
江苏首届电影剧作讲习会专题报告集 中国电影家协会江苏分会编
中国电影家协会江苏分会 1981 年 270 页
19cm（32 开）定价：CNY1.10

J0169514
绝代名姬 （剧照）
北京 北京中国电影出版社 1981 年［1 张］
76cm（2 开）定价：CNY0.16

J0169515
克雷默夫妇
北京 中国电影出版社 1981 年 256 页 有剧照
20cm（32 开）统一书号：8061.1601
定价：CNY1.10
（外国影片研究丛书）
本书内容包括根据美国畅销小说《克雷默夫妇》改编的同名电影剧本和有关该影片的其他材料。

J0169516
林娘子 （剧照）
北京 北京中国电影出版社 1981 年［1 张］
76cm（2 开）定价：CNY0.16

J0169517
林秀英 （剧照）
北京 北京中国电影出版社 1981 年［1 张］
76cm（2 开）定价：CNY0.16

J0169518
穆桂英大战洪州 （剧照）
北京 中国电影出版社 1981 年 2 张 76cm（2 开）
定价：CNY0.28

J0169519
七品芝麻官 （剧照）
北京 中国电影出版社 1981 年 2 张 76cm（2 开）
定价：CNY0.32

J0169520
七品芝麻官 （剧照）
北京 中国电影出版社［1987 年］2 张
76cm（2 开）定价：CNY0.60

J0169521
七月流火 （1982 年年历）张祖麟摄
上海 上海人民美术出版社 1981 年 54cm（4 开）
定价：CNY0.16

J0169522
群英会 （剧照）
北京 北京中国电影出版社 1981 年［1 张］

76cm（2 开）定价：CNY0.16

J0169523
铁弓缘 （剧照）
北京 中国电影出版社 1981 年 2 张 76cm（2 开）
定价：CNY0.28

J0169524
屠夫状元 （剧照）
北京 北京中国电影出版社 1981 年［1 张］
76cm（2 开）定价：CNY0.16

J0169525
屠夫状元 （剧照）
北京 中国电影出版社 1981 年 2 张 76cm（2 开）
定价：CNY0.26

J0169526
屠夫状元 （剧照）杨苑鑫，周彦昌摄
郑州 中州书画社 1981 年 2 张 76cm（2 开）
定价：CNY0.36

J0169527
胭脂 （剧照）
北京 北京中国电影出版社 1981 年［1 张］
76cm（2 开）定价：CNY0.16

J0169528
胭脂与春兰 （剧照）
北京 北京中国电影出版社 1981 年［1 张］
76cm（2 开）单胶纸 定价：CNY0.13

J0169529
胭脂与春兰 （剧照）
北京 北京中国电影出版社 1981 年［1 张］
76cm（2 开）双胶纸 定价：CNY0.16

J0169530
野猪林 （剧照）
北京 北京中国电影出版社 1981 年［1 张］
76cm（2 开）定价：CNY0.16

J0169531
游园惊梦 （剧照）
北京 北京中国电影出版社 1981 年［1 张］
76cm（2 开）定价：CNY0.16

J0169532
中外电影集锦 沈寂等编
合肥 安徽人民出版社 1981 年 360 页 有剧照
20cm（32 开）统一书号：10102.897
定价：CNY1.10

作者沈寂（1924—2016），编剧。别名汪崇刚，曾用名汪波。出生于上海，祖籍浙江奉化人。肄业于上海复旦大学西洋文学系。曾任上海电影制片厂一级编剧。出版小说集《两代图》《盐场》《红森林》等。

J0169533
作家电影面面观 但汉章著
台北 幼狮文化事业公司 1981 年 5 版 276 页
21cm（32 开）精装 定价：旧台币 2.06
（幼狮期刊丛书 109）

J0169534
《艾力甫与赛乃木》（电影剧照）于振羽摄影
乌鲁木齐 新疆人民出版社 1982 年 4 张
53cm（4 开）定价：CNY0.60

J0169535
《爱力甫与赛乃木》电影剧照 漆星摄
乌鲁木齐 新疆人民出版社 1982 年 12 张
13cm（60 开）定价：CNY0.60

J0169536
《对花枪》夫妻团圆 费文麓，王秉龙摄影
北京 中国电影出版社 1982 年［1 幅］
76cm（2 开）定价：CNY0.13

王秉龙（1943— ），生于山西祁县。中国戏剧家协会会员，北京美术家协会会员。擅长楷书、魏碑、行书。出版《科学发明家故事》《明史演义》等多部连环画册；改编拍摄并出版了几百种传统戏曲年画，被称为中国戏曲年画摄影第一人。

J0169537
《花为媒》中的张五可 杨如鑫摄影
郑州 中州书画社 1982 年［1 幅］76cm（2 开）
定价：CNY0.18

J0169538
《孔雀公主》中的喃穆鲁娜 程忠摄影
昆明 云南民族出版社［1982年］［1幅］
54cm（4开）定价：CNY0.18

J0169539
《孔雀公主》中的召树屯 程忠摄影
昆明 云南民族出版社［1982年］［1幅］
54cm（4开）定价：CNY0.18

J0169540
《西厢记》中的崔莺莺 （剧照 1983年年历）王跃进摄影
郑州 中州书画社 1982年［1张］54cm（4开）
定价：CNY0.09

J0169541
《杨门女将》中的八姐九妹 （剧照 1983年年历）杨永明摄影
郑州 中州书画社 1982年［1张］54cm（4开）
统一书号：4219.136 定价：CNY0.09

作者杨永明，云南保山人。曾任德宏州摄影家协会理事、中国橡树摄影网会员。主要作品有《传授》《泼水欢歌》《春眠不觉晓》《相聚喊沙》等。

J0169542
1983（《艾里甫与赛乃木》电影剧照月历） 于振宇摄影
乌鲁木齐 新疆人民出版社［1982年］
38cm（6开）定价：CNY1.80

J0169543
1983（电影挂历）
延吉 延边人民出版社 1982年 54cm（4开）
定价：CNY3.00

J0169544
1983（电影挂历）
北京 中国电影出版社 1982年 54cm（4开）
定价：CNY1.50

J0169545
1983（电影挂历）
北京 中国电影戏剧出版社［1982年］
54cm（4开）定价：CNY3.20

J0169546
80年代"天王巨星" 林德宗著
台北 金文图书公司 1982年 295页 有剧照
19cm（32开）定价：TWD120.00
（金文丛书 83）

本书对80年代电影人才的崛起，经典之作影片编、导、演的探索，以及作品的剖析，均有深入的讨论。

J0169547
阿香 （故事影片《毕生》剧照）
北京 中国电影出版社 1982年［1张］
76cm（2开）定价：CNY0.13

J0169548
巴山夜雨 （从剧本到影片）
北京 中国电影出版社 1982年 345页+［32］页图版 有图 21cm（32开）统一书号：8061.1794
定价：CNY1.40，CNY2.00（精装）

本书内容包括：第1部分是电影文学剧本、分镜头剧本；第2部分是影片创作人员的心得体会文章；第3部分是影片概论。

J0169549
白玉凤 （彩色戏曲影片《花烛泪》剧照）
北京 中国电影出版社 1982年 76cm（2开）
定价：CNY0.13

J0169550
蔡楚生的创作道路 蔡洪声著
北京 文化艺术出版社 1982年 133页
21cm（32开）定价：CNY0.60

本书叙述了蔡楚生一生所走过的独特的艺术道路，探索了他在各个时期的创作思想，并对他的主要影片的思想意义、艺术特色及在电影史上的地位作了分析。

J0169551
村姑问路 刘立滨摄影
北京 中国电影出版社 1982年 76cm（2开）
定价：CNY0.13

J0169552
电影《孔雀公主》中的演员：唐国强，李秀明（剧照 1983 年年历）
北京 中国电影出版社 1982 年 54cm（4 开）
定价：CNY0.10

J0169553
电影《小街》中的演员——郭凯敏和张瑜（剧照 1983 年年历）
北京 中国电影出版社 1982 年 54cm（4 开）
定价：CNY0.10

J0169554
电影《知音》中的小凤仙（剧照 1983 年年历）
北京 中国电影出版社 1982 年 54cm（4 开）
定价：CNY0.10

J0169555
杜十娘 长春电影制片厂供稿
天津 天津人民美术出版社 1982 年 2 张
76cm（2 开）定价：CNY0.36

J0169556
杜十娘（故事影片《杜十娘》剧照）
北京 中国电影出版社 1982 年 76cm（2 开）
定价：CNY0.13

J0169557
段红玉（彩色戏曲影片《包公误》剧照）
北京 中国电影出版社 1982 年 76cm（2 开）
定价：CNY0.13

J0169558
风流千古（电影《风流千古》剧照）
北京 中国电影出版社 1982 年 76cm（2 开）
定价：CNY0.18

J0169559
风雪黄昏（日）堀辰雄著；李正伦译
北京 中国电影出版社 1982 年 126 页
21cm（32 开）定价：CNY0.56
（外国影片研究丛书）
本书收集了日本著名小说家堀辰雄的代表作——短篇小说《风雪黄昏》，以及据此改编的电影剧本。

J0169560
红牡丹（故事影片《红牡丹》剧照）
北京 中国电影出版社 1982 年 76cm（2 开）
定价：CNY0.13

J0169561
花墙会（电影《花墙会》剧照）
北京 中国电影出版社 1982 年 76cm（2 开）
定价：CNY0.18

J0169562
花园定情 梁祖宏摄影
北京 中国电影出版社 1982 年 76cm（2 开）
定价：CNY0.13

J0169563
宦娘（剧照 1983 年年历）张朝玺摄影
天津 天津人民美术出版社 1982 年 54cm（4 开）
定价：CNY0.18

J0169564
吉祥如意万象更新（神话故事影片《孔雀公主》剧照）
北京 中国电影出版社 1982 年 76cm（2 开）
定价：CNY0.13

J0169565
佳期（彩色戏曲影片《花烛泪》剧照）
北京 中国电影出版社 1982 年 76cm（2 开）
定价：CNY0.13

J0169566
李清照（故事影片《李清照》剧照）
北京 中国电影出版社 1982 年 76cm（2 开）
定价：CNY0.13

J0169567
满园春色（彩色戏曲影片《花墙会》剧照）
北京 中国电影出版社 1982 年 76cm（2 开）
定价：CNY0.13

J0169568
盟誓（彩色戏曲影片《桃李梅》剧照）
北京 中国戏剧出版社 1982 年 76cm（2 开）
定价：CNY0.13

J0169569
穆桂英射雁 刘立滨等摄影
北京 中国电影出版社 1982年 76cm(2开)
定价:CNY0.13

J0169570
女词家李清照 (彩色故事片《李清照》剧本)
北京 中国电影出版社 1982年 76cm(2开)
定价:CNY0.13

J0169571
桃李梅 (电影《桃李梅》剧照)
北京 中国电影出版社 1982年 1张 76cm(2开)
定价:CNY0.18

J0169572
巫山神女 (故事影片《巴山夜雨》剧照)
北京 中国电影出版社 1982年 1张 76cm(2开)
定价:CNY0.13

J0169573
舞台姐妹 (从提纲到影片)上海文艺出版社编
上海 上海文艺出版社 1982年 309页 有剧照
20cm(32开)统一书号:8078.3340
定价:CNY1.20

本书汇集了影片的剧本详细提纲、文学剧本、分镜头剧本及导演、摄影、音乐、美工等各方面的创作经验谈。并总结、回顾了影片创作过程。

J0169574
西游记——错坠盘丝洞 刘大健摄;《西游记》剧组供稿
南京 江苏美术出版社 1988年 2张 76cm(2开)
定价:CNY0.72

J0169575
西游记——错坠盘丝洞 刘大健摄;西游记剧组供稿
南京 江苏美术出版社 1988年 4张 76cm(2开)
定价:CNY1.75

J0169576
西游记——坎途逢三难 刘大健摄;西游记剧组供稿
南京 江苏美术出版社 1988年 2张 76cm(2开)
定价:CNY0.72

J0169577
西游记——坎途逢三难 刘大健摄;西游记剧组供稿
南京 江苏美术出版社 1988年 4张 76cm(2开)
定价:CNY1.75

J0169578
西游记——巧过女儿国 张朝玺,董岩青摄影
天津 天津人民美术出版社 1982年 1张
76cm(2开)定价:CNY0.18

作者董岩青(1925—),山东蓬莱人。笔名冬山,别名董宝珊。中国摄影家协会会员,天津摄影家协会理事、顾问。作品有《我为祖国献石油》《早班车》《古街新雪》等。

J0169579
游湖 (电影《白蛇传》剧照)
北京 中国电影出版社 1982年 76cm(2开)
定价:CNY0.18

J0169580
有情人终成眷属 (电影)
北京 中国电影出版社 1982年 76cm(2开)
定价:CNY0.16

J0169581
玉梅 (电影《桃李梅》剧照)
北京 中国电影出版社 1982年 76cm(2开)
定价:CNY0.18

J0169582
玉色蝴蝶
北京 中国电影出版社 1982年 2张 76cm(2开)
定价:CNY0.26

J0169583
赠镯 (电影《毕昇》剧照)
北京 中国电影出版社 1982年 76cm(2开)
定价:CNY0.18

J0169584
知音 (电影剧照)

北京 中国电影出版社 1982 年 76cm（2 开）
定价：CNY0.13

J0169585
知音
北京 中国电影出版社［1989 年］1 张
76cm（2 开）定价：CNY0.50

J0169586
《西厢记》中的红娘与莺莺 （剧照 1984 年年历）费文麓摄影
北京 中国戏剧出版社 1983 年［1 张］
54cm（4 开）定价：CNY0.20

J0169587
《西厢记》中的莺莺 （剧照 1984 年年历）白且直摄影
长春 吉林人民出版社 1983 年［1 张］
54cm（4 开）定价：CNY0.20

J0169588
笔中情 （摄影 1984〈农历甲子年〉年历）晓琼摄影
石家庄 河北美术出版社 1983 年 54cm（4 开）
定价：CNY0.20

J0169589
茶花 （选自影片《喜鹊岭茶歌》）
北京 中国电影出版社 1983 年 76cm（2 开）
定价：CNY0.16

J0169590
春晖 （选自影片《春晖》）
北京 中国电影出版社 1983 年 76cm（2 开）
定价：CNY0.16

J0169591
黛玉葬花 （剧照 1984 年年历）杨克林摄影
成都 四川人民出版社 1983 年 54cm（4 开）
定价：CNY0.18（铜版纸），CNY0.08（胶版纸）
作者杨克林，擅长摄影。主要作品有年历《时装·女东方衫》《怒放》《漫游太空》等。

J0169592
电影《城南旧事》 （剧照 1984 年年历）
北京 中国电影出版社 1983 年 54cm（4 开）
定价：CNY0.12

J0169593
电影《春晖》 （剧照 1984 年年历）
北京 中国电影出版社 1983 年 54cm（4 开）
定价：CNY0.12

J0169594
电影《春兰秋菊》 （剧照 1984 年年历）
北京 中国电影出版社 1983 年 54cm（4 开）
定价：CNY0.12

J0169595
电影《大地之子》中的海云（娜仁花饰） （剧照 1984 年年历）
北京 中国电影出版社 1983 年 54cm（4 开）
定价：CNY0.12

J0169596
电影《何处不风流》 （剧照 1984 年年历）
北京 中国电影出版社 1983 年 54cm（4 开）
定价：CNY0.12

J0169597
电影《牧马人》 （剧照 1984 年年历）
北京 中国电影出版社 1983 年 54cm（4 开）
定价：CNY0.12

J0169598
电影《奇迹发生吗？》 （剧照 1984 年年历）
北京 中国电影出版社 1983 年 54cm（4 开）
定价：CNY0.12

J0169599
电影《人到中年》 （剧照 1984 年年历）
北京 中国电影出版社 1983 年 54cm（4 开）
定价：CNY0.12

J0169600
电影《他们并不陌生》 （剧照 1984 年年历）
北京 中国电影出版社 1983 年 54cm（4 开）
定价：CNY0.12

J0169601
电影《勿忘我》 （剧照 1984 年年历）
北京 中国电影出版社 1983 年 54cm（4 开）
定价：CNY0.10

J0169602
电影《乡情》 （剧照 1984 年年历）
北京 中国电影出版社 1983 年 54cm（4 开）
定价：CNY0.12

J0169603
电影《小刺猬奏鸣曲》中的豆豆 （剧照 1984 年年历）
北京 中国电影出版社 1983 年 54cm（4 开）
定价：CNY0.12

J0169604
电影《心灵深处》 （剧照 1984 年年历）
北京 中国电影出版社 1983 年 54cm（4 开）
定价：CNY0.10

J0169605
电影《一盘没有下完的棋》 （剧照 1984年年历）
北京 中国电影出版社 1983 年 54cm（4 开）
定价：CNY0.12

J0169606
凡人小事 （从小说到电视剧）
北京 中国戏剧出版社 1983 年 138 页 有剧照
19cm（32 开）统一书号：8069.369
定价：CNY0.45
本书收有短篇小说《绣花床单》和根据这篇小说改编的电视剧《凡人小事》的文学剧本、分镜头剧本及关于这个电视剧的创作和表、导演人员的评论文章。

J0169607
反弹琵琶舞 （选自影片《丝路花雨》）
北京 中国电影出版社 1983 年 76cm（2 开）
定价：CNY0.16

J0169608
华姑 （选自影片《忘忧草》）
北京 中国电影出版社 1983 年 76cm（2 开）
定价：CNY0.16

J0169609
桓娥 （选自影片《张衡》）
北京 中国电影出版社 1983 年 76cm（2 开）
定价：CNY0.16

J0169610
可爱的小鹿 （选自影片《山道弯弯》）
北京 中国电影出版社 1983 年 76cm（2 开）
定价：CNY0.16

J0169611
陆沉集 钟惦棐著
北京 中国电影出版社 1983 年 454 页
20cm（32 开）统一书号：8061.1967
定价：CNY1.70
本书收作者 1950 年至 1957 年间发表在各种报刊上的电影评论、专论、杂文、随笔等。作者钟惦棐（1919—1987），电影评论家。重庆江津人，毕业于延安鲁艺美术系，留校任教。历任华北联合大学文艺学院教师、华北军区抗敌剧社美术队干部、中宣部干部、中国影协书记处书记、中国电影艺术中心研究员等。著有《陆沉集》《起搏书》《电影的锣鼓》《电影策》等。

J0169612
莫愁女 （剧照 1984 年年历）张朝玺，董岩青摄影
天津 天津人民美术出版社 1983 年 54cm（4 开）
定价：CNY0.20

J0169613
普通人 （美）朱迪思·盖斯特著；陈尧光等译
北京 中国电影出版社 1983 年 343 页
19cm（小 32 开）定价：CNY1.30
（外国影片研究丛书）
本书内容包括美国女作家朱迪思·盖斯特的小说《普通人》，以及阿尔文·萨金特据此改编的同名电影剧本和其他有关材料。

J0169614
全国报刊电影文章目录索引 （1949—1979）
北京图书馆社会科学参考组，中国电影家协会电影史研究部编
北京 中国电影出版社 1983 年 879 页
21cm（32 开）精装 统一书号：8061.1817

定价：CNY3.80

J0169615
沙鸥　（从剧本到影片）
北京　中国电影出版社　1983 年　429 页
20cm（32 开）统一书号：8061.2226
定价：CNY1.50，CNY2.10（精装）
本书内容包括：电影文学剧本、分镜头剧本；影片主要创作者的经验总结；影片评论。

J0169616
闪光的彩球　（剧照 1984 年年历）佳艺摄影
天津　天津人民美术出版社　1983 年［1 张］
54cm（4 开）定价：CNY0.20

J0169617
上海电视　（1983 年 4 月号　总第 10 期）《上海电视》编辑部编辑
上海　上海报刊发行处　1983 年　32 页＋［8］页图版　19cm（32 开）

J0169618
双鱼舞　（选自影片《哪吒》）
北京　中国电影出版社　1983 年　1 张　76cm（2 开）
定价：CNY0.16

J0169619
天云山传奇　（从小说到电影）
北京　中国电影出版社　1983 年　569 页　有剧照
20cm（32 开）统一书号：8061.1834
定价：CNY2.30，CNY2.90（精装）
本书内容包括：一是电影文学剧本、分镜头剧本；二是编剧、导演、主要演员、摄影、美工、音乐、录音、剪辑创作人员的经验体会；三是评论文章。

J0169620
为国争光　（选自影片《神行太保》）
北京　中国电影出版社　1983 年　1 张　76cm（2 开）
定价：CNY0.16

J0169621
西施
北京　中国电影出版社　1983 年　2 张　76cm（2 开）
定价：CNY0.32

J0169622
西施和范蠡　（选自戏曲片《西施泪》）
北京　中国电影出版社　1983 年　1 张　76cm（2 开）
定价：CNY0.16

J0169623
笑妹和玉娇　（选自电影《喜鹊岭茶歌》）
北京　中国电影出版社　1983 年　1 张　76cm（2 开）
定价：CNY0.16

J0169624
新岸　（从报告文学到电视剧）
北京　中国戏剧出版社　1983 年　193 页　有照片
19cm（32 开）统一书号：8069.396
定价：CNY0.59
本书内容包括：第一部分是原作、电视剧文学剧本和电视剧分镜头剧本；第二部分是电视剧主要创作人员——编、导、演的心得体会；第三部分是对该剧的评介文章。

J0169625
音乐之声　（美）玛丽亚·奥古斯塔·特拉普著；诸宁译
北京　中国电影出版社　1983 年　429 页
21cm（32 开）定价：CNY1.70
（外国影片研究丛书）

J0169626
银幕的造型世界　（苏）查希里扬（Г.Чахирьян）著；伍菡卿，俞虹译
北京　中国电影出版社　1983 年　234 页
20cm（32 开）统一书号：8061.1958
定价：CNY0.94
本书探讨了电影艺术造型特性方面一系列有趣的、至今还很少有人研究的问题，指出了电影与传统空间艺术的联系及的异同。著者通译：恰希良。

J0169627
鱼精舞　（选自影《哪吒》）
北京　中国电影出版社　1983 年　76cm（2 开）
定价：CNY0.16

J0169628
张铁匠与腊月　（选自影片《张铁匠的罗曼史》）

北京 中国电影出版社 1983年 76cm(2开)
定价: CNY0.16

J0169629
中外电影荟萃 沈寂等编
昆明 云南人民出版社 1983年 531页
19cm(小32开) 定价: CNY2.00

本书搜集和遴选了中外各国比较优秀的或有一定影响的影片240部，编成电影故事。每篇故事附编剧、导演和主演。作者沈寂(1924—2016)，编剧。别名汪崇刚，曾用名汪波。出生于上海，祖籍浙江奉化人。肄业于上海复旦大学西洋文学系。曾任上海电影制片厂一级编剧。出版小说集《两代图》《盐场》《红森林》等。

J0169630
珠宝舞 (选自影片《丝路花雨》)
北京 中国电影出版社 1983年 76cm(2开)
定价: CNY0.16

J0169631
《青春万岁》中杨蔷云 (剧照 1985年年历)
北京 中国电影出版社 1984年 [1幅]
54cm(4开) 定价: CNY0.12

J0169632
笔中情
北京 中国电影出版社 1984年 76cm(2开)
定价: CNY0.18

J0169633
电影《寒夜》剧照 (摄影 1985年农历乙丑年年历) 易行摄影
成都 四川省新闻图片社 [1984年] 54cm(4开)
定价: CNY0.20

J0169634
电影《精变》剧照 姜伟摄影
长沙 湖南美术出版社 1984年 76cm(2开)
定价: CNY0.16

作者姜伟(1932—)，摄影家。江苏涟水人。山东人民出版社从事摄影工作，中国摄影家协会、中华全国新闻工作者协会会员。

J0169635
电影《柯棣华》剧照 (摄影 1985年年历) 俞根泉摄影
郑州 河南人民出版社 1984年 78cm(2开)
定价: CNY0.24

J0169636
电影评论选 中国电影家协会辽宁分会编
[沈阳] [中国电影家协会辽宁分会] 1984年
157页 19cm(32开)

J0169637
金鸡起舞又一春(摄影)
北京 中国电影出版社 1984年 76cm(2开)
定价: CNY0.16

J0169638
邻居 (从剧本到影片)
北京 中国电影出版社 1984年 385页 有剧照
20cm(32开) 统一书号: 8061.2228
定价: CNY1.75, CNY2.35 (精装)
(中国影片研究丛书)

本书共分电影文学剧本、分镜头剧本；编、导、演等主要创作人员的创作体会；对影片的评论文章三部分。还附有剧情照、演员的形象照、工作照等若干幅。

J0169639
六斤县长 金[illegible]改编
北京 中国电影出版社 1984年 157页
13cm(64开) 定价: CNY0.34

J0169640
六斤县长 陈正庆, 王家民改编
北京 中国戏剧出版社 1984年 2张 76cm(2开)
定价: CNY0.32

J0169641
莎士比亚与电影 (英)曼威尔(R.Manvell)著; 史正译
北京 中国电影出版社 1984年 166页
20cm(32开) 统一书号: 8061.2206
定价: CNY1.95

本书论述莎士比亚原作剧本及其被改编成影片的情况，并列举了数十部经典影片。外文书名: Shakespeare and the Film.

J0169642
石榴花 （剧照 1985 年年历）
北京 中国电影出版社 1984 年 1 张 76cm（2 开）
定价: CNY0.24

J0169643
丝路花雨 （剧照 1985 年年历）
北京 中国电影出版社 1984 年 1 张 76cm（2 开）
定价: CNY0.24

J0169644
舞蹈电影《丝路花雨》剧照 （摄影 1985 年年历）
北京 中国电影出版社 1984 年 1 张 76cm（2 开）
定价: CNY0.24

J0169645
喜盈门 （从剧本到影片）
北京 中国电影出版社 1984 年 377 页
20cm（32 开）统一书号: 8061.2039
定价: CNY1.60， CNY2.25（精装）
本书内容包括: 文学剧本，分镜头剧本，主要创作人员的心得体会，评论和观众反应。

J0169646
《红色风暴》从舞台到银幕 金山著
上海 上海文艺出版社 1985 年 208 页
20cm（32 开）统一书号: 8078.3545
定价: CNY1.05
本书是人民艺术家金山与有关剧组集体讨论创作的话剧《红色风暴》和电影《风暴》两部作品及其创作体会文章的合集。

J0169647
城南旧事 （从小说到电影）
北京 中国电影出版社 1985 年 542 页 有剧照
20cm（32 开）精装 统一书号: 8061.2483
定价: CNY4.20
（中国电影研究丛书）
本书是一部根据台湾省女作家林海音的同名小说改编拍的散文诗式的电影。影片反映了我国二十年代旧北京的风貌，深沉地表达了作者对故土的思念。

J0169648
春江奇缘 王秉龙摄影; 包朝赞编文
北京 中国戏剧出版社 1985 年 2 张 76cm（2 开）
定价: CNY0.42
作者王秉龙（1943— ），生于山西祁县。中国戏剧家协会会员，北京美术家协会会员。擅长楷书、魏碑、行书。出版《科学发明家故事》《明史演义》等多部连环画册; 改编拍摄并出版了几百种传统戏曲年画，被称为中国戏曲年画摄影第一人。

J0169649
从简爱出发 王祯和著
台北 洪范书店 1985 年 264 页 有剧照
19cm（32 开）定价: TWD110.00
（洪范文学丛书 144）

J0169650
大地的深情 （从小说到电视剧）凌儿，晨原改编
北京 中国戏剧出版社 1985 年 294 页 有照片
19cm（32 开）统一书号: 8069.597
定价: CNY1.00
本书包括原小说《一座雕像的诞生》、剧本和评论文章等。

J0169651
电影《黑蜻蜓》时装表演造型 陈松�摄
上海 上海人民美术出版社 1985 年 2 张
76cm（2 开）定价: CNY0.40

J0169652
电影《岳家小将》——岳云 （摄影 1986 年年历）
北京 中国电影出版社 1985 年 1 张 76cm（2 开）
定价: CNY0.30

J0169653
电影剧作家的探索 （中国电影文学学会首届年会文集）
北京 中国电影出版社 1985 年 165 页 有照片
20cm（32 开）统一书号: 8061.2603
定价: CNY1.60

J0169654
电影艺术鉴赏 陈同艺著

成都 四川人民出版社 1985年 221页
19cm(32开)统一书号:8118.2093
定价:CNY1.50

本书是一本介绍电影知识的青少年读物,它形象、通俗地告诉我们如何从电影文学、电影艺术、电影科学、电影技术、电影理论、电影发展史等角度,去看出电影的"门道"来。

J0169655
电影与批评 刘森尧著
台北 志文出版社 1985年 再版 336页 有照片
19cm(32开)定价:TWD130.00
(新潮文库 279)

J0169656
洞房梳妆迎新郎 梁祖宏摄
北京 中国戏剧出版社 1985年 1张 76cm(2开)
统一书号:8069.940 定价:CNY0.21

J0169657
樊梨花薛丁山成亲
北京 中国电影出版社 1985年 1张 76cm(2开)
定价:CNY0.20

J0169658
海姑和海兰
北京 中国电影出版社 1985年 2张 76cm(2开)
定价:CNY0.42

J0169659
巾帼奇男 池一平,郭阿根摄;赵雪海配诗
杭州 浙江人民美术出版社 1985年 2张
76cm(2开)定价:CNY0.38

J0169660
金像背后 李元著
北京 中国文联出版公司 1985年 225页 有照片
20cm(32开)统一书号:10355.244
定价:CNY1.80
(文汇月刊电影丛书)

本书介绍了西方科幻片的盛衰,恐怖片的离奇,伦理片的时兴,好莱坞三代人的演变,著名影星的生活与爱情等。作者李元(1922—),笔名李默祖,生于山东德州。曾先后入鲁艺美术系及中央美院学习。中国美术家协会会员、中国延安鲁艺校友会美术委员会副主任、青岛大千书画院院长。作品有《桥沟风光——平型关战役故址》,出版《李墨祖画集》《李墨祖山水画选》《墨祖绘画艺术》等。

J0169661
跨马出征 王秉龙摄
北京 中国戏剧出版社 1985年 1张 76cm(2开)
定价:CNY0.21

作者王秉龙(1943—),生于山西祁县。中国戏剧家协会会员,北京美术家协会会员。擅长楷书、魏碑、行书。出版《科学发明家故事》《明史演义》等多部连环画册;改编拍摄并出版了几百种传统戏曲年画,被称为中国戏曲年画摄影第一人。

J0169662
龙女 赵振民编文;郑振祥摄影
上海 上海人民美术出版社 1985年 2张
76cm(2开)定价:CNY0.40

J0169663
龙女
北京 中国电影出版社 1985年 2张 76cm(2开)
定价:CNY0.42

J0169664
龙女 (剧照)
北京 中国电影出版社 1987年 2张 76cm(2开)
定价:CNY0.60

J0169665
卖画郎 池一平,陈坚摄;王云根配词
杭州 浙江人民美术出版社 1985年 2张
76cm(2开)定价:CNY0.38

J0169666
梅朵电影评论集 梅朵著
成都 四川文艺出版社 1985年 227页
20cm(32开)统一书号:10374.83 定价:CNY1.53

本书是电影评论家梅朵40年来所写影评的合集。这些文章从人物形象和细节运用等方面入手,对电影作了思想上和艺术上的分析与评价。

J0169667
南拳王
北京 中国电影出版社 1985 年 2 张 76cm（2 开）
定价：CNY0.42

J0169668
欧美电影指南 1000 部欧美电影指南 1000 部 梁良编著
台北 今日电影杂志 1985年 470页 22cm（32开）
精装 定价：TWD220.00
（今日电影丛书）

J0169669
片面之言 （陈国富电影文集）陈国富著
台北 电影图书馆出版部 1985 年 268 页
有剧照 21cm（32 开）定价：TWD250.00
（影图丛书 010）

J0169670
三拜花堂 费文麓摄
兰州 甘肃人民出版社 1985 年 1 张 76cm（2 开）
定价：CNY0.20
中国现代戏剧电影剧照。

J0169671
三关点帅
北京 中国电影出版社 1985 年 2 张 76cm（2 开）
定价：CNY0.42

J0169672
三看御妹刘金定 王秉龙摄
北京 中国戏剧出版社 1985 年 2 张 76cm（2 开）
定价：CNY0.44

J0169673
三全其美
北京 中国电影出版社 1985 年 2 张 76cm（2 开）
定价：CNY0.42

J0169674
少林小子
北京 中国电影出版社 1985 年 2 张 76cm（2 开）
定价：CNY0.42

J0169675
少林小子 （剧照）
北京 中国电影出版社 1987 年 2 张 76cm（2 开）
定价：CNY0.60

J0169676
十部经典影片的回顾 （美）默里（Murray, E.）著；张婉晔译
北京 中国电影出版社 1985 年 143 页 有照片
20cm（32 开）统一书号：8061.2574
定价：CNY1.10
本书作者从理论和历史的角度，通过叙述、分析和解释，回顾了 10 部世界经典影片的形成。外文书名：Ten Film ClassicsA Re-Viewing.

J0169677
双雄会
北京 中国电影出版社 1985 年 2 张 76cm（2 开）
定价：CNY0.42

J0169678
天朝风云 天鹰，兆欣摄
杭州 浙江人民美术出版社 1985 年 2 张
76cm（2 开）定价：CNY0.38

J0169679
乌纱梦
北京 中国电影出版社 1985 年 2 张 76cm（2 开）
定价：CNY0.42

J0169680
五女拜寿
北京 中国电影出版社 1985 年 2 张 76cm（2 开）
定价：CNY0.42

J0169681
武林志
北京 中国电影出版社 1985 年 2 张 76cm（2 开）
定价：CNY0.42

J0169682
习武
北京 中国电影出版社 1985 年 1 张 76cm（2 开）
定价：CNY0.20

J0169683
杨元芳
北京 中国电影出版社 1985年 1张 76cm(2开)
定价:CNY0.20

J0169684
迎春亭 池一平摄
杭州 浙江人民美术出版社 1985年 1张
76cm(2开) 定价:CNY0.18

J0169685
影评写作 朱玛,吴信训著
武汉 湖北教育出版社 1985年 243页
20cm(32开) 定价:CNY1.25
(电影电视教学丛书)
本书分“电影欣赏的特点”、“电影评论的作用”、“电影评论的文体形式”、“电影评论的角度和方法”、“电影艺术家专评”、“影评写作要略概述”、“电影评论的基本功”等7章。

J0169686
影视大观 (第1辑)
武汉 长江文艺出版社 1985年 64页 26cm(16开)
定价:CNY0.70

J0169687
有情人终成伴侣
北京 中国电影出版社 1985年 1张 76cm(2开)
定价:CNY0.20

J0169688
玉娘
北京 中国电影出版社 1985年 1张 76cm(2开)
定价:CNY0.20

J0169689
岳家小将
北京 中国电影出版社 1985年 2张 76cm(2开)
定价:CNY0.42

J0169690
岳云和银玲子 (剧照 1986年年历)
北京 中国电影出版社 1985年 1张 76cm(2开)
定价:CNY0.30

J0169691
云花与姜文玉
北京 中国电影出版社 1985年 1张 76cm(2开)
定价:CNY0.20

J0169692
长相思 池一平,郭阿根摄;言秋土配词
杭州 浙江人民美术出版社 1985年 2张
76cm(2开) 定价:CNY0.38

J0169693
中国革命之歌
北京 中国电影出版社 1985年 2张 76cm(2开)
定价:CNY0.42

J0169694
中国近代文艺电影研究 蔡国荣著
台北 电影图书馆出版部 1985年 312页
21cm(32开) 定价:TWD250.00
(影图丛书 11)

J0169695
转动中的电影世界 黄建业著
台北 志文出版社 1985年 再版 280页 有照片
19cm(32开) 定价:TWD100.00
(新潮文库 234)

J0169696
《四世同堂》电视剧讨论会文集 中国电视艺术家协会北京分会编
北京 中国文联出版公司 1986年 251页
19cm(32开) 统一书号:10355.681
定价:CNY1.50

J0169697
1987:红楼梦 (挂历)
南京 江苏科学技术出版社 1986年 78cm(2开)
定价:CNY5.30

J0169698
1987:红楼梦 (挂历)
北京 中国广播电视出版社 1986年 78cm(2开)
定价:CNY6.00

J0169699
八仙的传说　（剧照）
北京　中国电影出版社 1986 年 2 张 76cm（2 开）
定价：CNY0.42

J0169700
彩色戏曲片《芙蓉花仙》（剧照 1987 年年历）
北京　中国电影出版社 1986 年 1 张 76cm（2 开）
定价：CNY0.30

J0169701
初吐芳心　天鹰，兆欣摄
杭州　浙江人民美术出版社 1986 年 1 张
76cm（2 开）统一书号：8156.1243
定价：CNY0.20

J0169702
大刀王五　（剧照）
北京　中国电影出版社 1986 年 2 张 76cm（2 开）
定价：CNY0.50

J0169703
德国新电影　黄玉珊辑
台北　电影图书馆出版部 1986 年 336 页
有剧照 21cm（32 开）定价：TWD250.00
（影图丛书）

J0169704
电视剧的足迹　丁浪编
北京　中国文联出版公司 1986 年 523 页
20cm（32 开）定价：CNY2.75
（获奖文艺家谈获奖作品丛书）

J0169705
电影·电影人·电影刊物　（电影文选 2）李幼新编
台北　自立晚报社 1986 年 209 页 有剧照
21cm（32 开）定价：TWD160.00
（自立丛书 27）

J0169706
电影艺术欣赏　朱成蓉责任编辑
成都　四川文艺出版社 1986 年 171 页
19cm（小 32 开）定价：CNY1.03
（文艺欣赏丛书）

J0169707
电影与电影艺术鉴赏　张成珊著
上海　同济大学出版社 1986 年 271 页
19cm（32 开）统一书号：8335.006 定价：CNY1.45
（大学生修养丛书 3）

J0169708
范仲华娶亲　（剧照）
天津　天津人民美术出版社 1986 年 1 张
76cm（2 开）定价：CNY0.44

J0169709
方世玉大破金光阵　陈予之等摄
广州　岭南美术出版社 1986 年 2 张 76cm（2 开）
定价：CNY0.46

J0169710
芙蓉花仙与仙童
北京　中国电影出版社 1986 年 1 张 76cm（2 开）
定价：CNY0.20

J0169711
高官子弟　（1–4）池一平等摄；吴兆千词
杭州　浙江人民美术出版社 1986 年 2 张
76cm（2 开）定价：CNY0.40

J0169712
姑苏恋　（剧照）
北京　中国电影出版社 1986 年 2 张 76cm（2 开）
定价：CNY0.50

J0169713
郭靖和黄蓉——《射雕英雄传》（剧照 1987 年年历）
南京　江苏美术出版社 1986 年 1 张 53cm（4 开）
定价：CNY0.25

J0169714
湖阳公主与刘秀　（剧照）
北京　中国电影出版社 1986 年 1 张 76cm（2 开）
定价：CNY0.20

J0169715
花枪缘　（剧照）
北京　中国电影出版社 1986 年 1 张 76cm（2 开）

定价：CNY0.23

J0169716
花枪缘 （剧照）
北京 中国电影出版社 1986年 2张 76cm（2开）
定价：CNY0.42

J0169717
花田招婿 乔海民改编；王秉龙摄
北京 中国戏剧出版社 1986年 2张 76cm（2开）
定价：CNY0.50
作者王秉龙（1943— ），生于山西祁县。中国戏剧家协会会员，北京美术家协会会员。擅长楷书、魏碑、行书。出版《科学发明家故事》《明史演义》等多部连环画册；改编拍摄并出版了几百种传统戏曲年画，被称为中国戏曲年画摄影第一人。

J0169718
黄蓉、华筝和穆念慈——《射雕英雄传》 （剧照 1987年年历）
南京 江苏美术出版社 1986年 1张 53cm（4开）
定价：CNY0.25

J0169719
捲蓆筒 （剧照）
北京 中国电影出版社 1986年 2张 76cm（2开）
定价：CNY0.50

J0169720
柳玉娘传奇 魏启平改编；王秉龙摄
北京 中国戏剧出版社 1986年 2张 76cm（2开）
定价：CNY0.50

J0169721
迷人的乐队 （剧照）
北京 中国电影出版社 1986年 2张 76cm（2开）
定价：CNY0.42

J0169722
末代皇后 安治国摄
南京 江苏美术出版社 1986年 2张 76cm（2开）
定价：CNY0.46

J0169723
起搏书 钟惦棐著
北京 中国电影出版社 1986年 450页
20cm（32开）统一书号：8061.2425
定价：CNY2.45
本书是作者发表的电影评论、专论、剧评、文学品论、杂谈随笔、书信、散文等选集。作者钟惦棐（1919—1987），电影评论家。重庆江津人，毕业于延安鲁艺美术系，留校任教。历任华北联合大学文艺学院教师、华北军区抗敌剧社美术队干部、中宣部干部、中国影协书记处书记、中国电影艺术中心研究员等。著有《陆沉集》《起搏书》《电影的锣鼓》《电影策》等。

J0169724
秦香莲后传 葛庆亚，魏素梅编摄
郑州 河南美术出版社 1986年 2张 76cm（2开）
定价：CNY0.50

J0169725
人到中年 （从小说到电影）中国电影出版社编
北京 中国电影出版社 1986年 453页 有照片
20cm（32开）统一书号：8061.2920
定价：CNY2.90
（中国影片研究丛书）

J0169726
三探圆明园 周苍志等摄
天津 天津人民美术出版社 1986年 2张
76cm（2开）定价：CNY0.44

J0169727
升官记 （剧照）
北京 中国电影出版社 1986年 2张 76cm（2开）
定价：CNY0.50

J0169728
似水流年 （从剧本到影片）中国电影出版社编
北京 中国电影出版社 1986年 376页 有照片
20cm（32开）统一书号：8061.3125
定价：CNY2.50
（中国电影片研究丛书）

J0169729
双珠凤 兆欣，基中摄；俞介君配诗

南京 江苏美术出版社 1986年 2张 76cm(2开)
定价:CNY0.46

J0169730
太极神功 (剧照)
北京 中国电影出版社 1986年 2张 76cm(2开)
定价:CNY0.50

J0169731
唐僧出世 刘大健摄
南京 江苏美术出版社 1986年 2张 76cm(2开)
定价:CNY0.50

J0169732
唐僧出世 中国电视剧制作中心供稿
南京 江苏美术出版社 1986年 1张 76cm(2开)
定价:CNY1.00

J0169733
细说电影 (美)麦高文(Macgowan, K.)著;曾西霜编译
台北 志文出版社 1986年 290页 有照片
19cm(32开) 定价:TWD140.00
(新潮文库 318)

J0169734
贤孝杜鹃文 魏启平改编;王秉龙摄
北京 中国戏剧出版社 1986年 2张 76cm(2开)
定价:CNY0.50

J0169735
香港电影八六 电影双周刊出版社小组编辑
香港 电影双周刊出版社小组 1986年 309页
有剧照 21cm(32开) 定价:HKD50.00

J0169736
小露珠 (剧照)
北京 中国电影出版社 1986年 1张 76cm(2开)
定价:CNY0.20

J0169737
绣花女 (剧照)
北京 中国电影出版社 1986年 2张 76cm(2开)
定价:CNY0.46

J0169738
一个运动的开始 小野著
台北 时报文化出版企业公司 1986年 284页
19cm(32开) 定价:TWD100.00
(人间丛书 54)

J0169739
影片《小花》剧照"小花和赵永生" (摄影1987年年历)
北京 中国电影出版社 1986年 1张 53cm(4开)
定价:CNY0.18

J0169740
影事偶记 许南明著
北京 中国电影出版社 1986年 222页
20cm(32开) 统一书号:8061.3052
定价:CNY1.45

本书内容是电影创作经验和对电影理论著作的评论等。

J0169741
鸳鸯镜 苏南,培良摄
西安 陕西人民美术出版社 1986年 2张
76cm(2开) 定价:CNY0.50

J0169742
怎样欣赏电影 上海教育学院中文系电影文学研究室著
上海 上海教育出版社 1986年 147页
19cm(32开) 统一书号:7150.3706
定价:CNY0.70
(中学生文库)

J0169743
中国大众影评编 钟惦棐主编;中国电影评论学会编
北京 中国电影出版社 1986年 336页
20cm(32开) 统一书号:8061.2771
定价:CNY2.10
(电影爱好者之友丛书)

本书选辑了群众影评的佳作,可以从了解广大观众的审美情趣和审美要求,获得观众心理信息;有志于影评写作的业余作者们,则能得到某些思想上的启发和方法上的借鉴。同时,还希望通过这套书的编选,有助于推动群众影评的进一

步繁荣和发展。作者钟惦棐(1919—1987),电影评论家,曾任中国影协常务理事、中国电影评论学会会长。重庆江津人。出版有《陆沉集》《起搏书》等。

J0169744
中国古代爱情故事 欧之行摄
哈尔滨 黑龙江美术出版社 1986年 2张 76cm(2开) 定价:CNY0.42

J0169745
中国古代美女团 (剧照)
哈尔滨 黑龙江美术出版社 1986年 2张 76cm(2开) 定价:CNY0.42

J0169746
中国拳 梅林摄
北京 中国戏剧出版社 1986年 2张 76cm(2开) 定价:CNY0.50

J0169747
中国西部电影论丛 中国电影家协会新疆分会编
乌鲁木齐 新疆人民出版社 1986年 122页 19cm(32开) 统一书号:8098.246 定价:CNY0.65

J0169748
诸葛亮成亲 (剧照)
天津 天津人民美术出版社 1986年 1张 76cm(2开) 定价:CNY0.44

J0169749
"宝玉"日记 欧阳奋强著
北京 宝文堂书店 1987年 198页 有照片 18cm(15开) 统一书号:8070.293 ISBN:7-80030-022-6 定价:CNY1.60

J0169750
《红楼梦》剧照 (1-4)
天津 天津人民美术出版社 1987年 4轴(卷轴) 76cm(2开) 定价:CNY2.30

J0169751
碧波公主 (剧照)
北京 中国电影出版社 1987年 1张 76cm(2开) 定价:CNY0.28

J0169752
大漠紫禁令 (剧照)
北京 中国电影出版社 [1987年] 2张 76cm(2开) 定价:CNY0.60

J0169753
当代中国电影评论选 王白石,王文和编选
北京 中国广播电视出版社 1987年 2册(307+411页) 20cm(32开) 统一书号:8236.243 定价:CNY5.55
作者王文和,中国电影艺术研究中心中国电影周报编辑、记者。

J0169754
电视连续剧红楼梦 (1) 中国电视剧制作中心摄制
南京 江苏美术出版社 1987年 1张 76cm(2开) 定价:CNY0.60
本作品为中国电视剧剧照。

J0169755
电视连续剧红楼梦 (2) 中国电视剧制作中心摄制
南京 江苏美术出版社 1987年 1张 76cm(2开) 定价:CNY0.60

J0169756
电视连续剧红楼梦 (3) 中国电视剧制作中心摄制
南京 江苏美术出版社 1987年 1张 76cm(2开) 定价:CNY0.60
本作品为中国电视剧剧照。

J0169757
电视连续剧红楼梦 (4) 中国电视剧制作中心摄制
南京 江苏美术出版社 1987年 1张 76cm(2开) 定价:CNY0.60

J0169758
电视连续剧红楼梦 (综合画册) 周雷编
上海 上海古籍出版社 1987年 62页 有剧照

26cm(16开)统一书号:10186.758
定价:CNY3.95

J0169759
电影评论选 (故事片 1982)
北京 中国电影出版社 1987年 308页
20cm(32开)统一书号:8067.2895
定价:CNY1.90

J0169760
电影评论选 (故事片·1981)中国电影出版社编
北京 中国电影出版社 1987年 391页
20cm(32开)统一书号:8061.2802
定价:CNY2.30

J0169761
电影欣赏 钱国民著
杭州 浙江教育出版社 1987年 249页 有图片
20cm(32开)统一书号:7346.479
定价:CNY1.80

J0169762
电影欣赏 王瑾著
杭州 浙江大学出版社 1988年 283页
19cm(32开)ISBN:7-308-00056-7
定价:CNY2.10

J0169763
电影研究 (论文集)中国电影家协会艺术研究部编
北京 中国电影出版社 1987年 346页
20cm(32开)定价:CNY2.50

J0169764
电影之旅 罗卡著
香港 博益出版集团公司 1987年 278页
16cm(25开)ISBN:962-17-0304-2
定价:HKD20.00
(博益城市笔记)

J0169765
电影中国梦 马森著
台北 时报文化出版企业公司 1987年 298页
有剧照 19cm(32开)定价:TWD150.00
(人间丛书 106)

J0169766
扶花曲 (剧照)池一平,陈坚摄
杭州 浙江人民美术出版社 1987年 2张
76cm(2开)定价:CNY0.50

J0169767
驸马与公主 (扬剧《打金枝》剧照)尹福康摄
上海 上海人民美术出版社 1987年 1张
76cm(2开)定价:CNY0.28

作者尹福康(1927—),摄影家。江苏南京人。曾任上海人民美术出版社副编审、上海市摄影家协会副主席等职。主要作品有《烟笼峰岩》《向荒山要宝》《晒盐》《工人新村》等。

J0169768
富春江畔的传说 (剧照)
北京 中国电影出版社 1987年 2张 76cm(2开)
定价:CNY0.60

J0169769
还剑奇情 (剧照)
北京 中国电影出版社 1987年 2张 76cm(2开)
定价:CNY0.60

J0169770
汉江萝 (剧照)
北京 中国电影出版社[1987年]1张
76cm(2开)定价:CNY0.28

J0169771
汉武晚情 (剧照)郑伟,钱豫强摄
杭州 浙江人民美术出版社 1987年 2张
76cm(2开)定价:CNY0.50

作者郑伟,字荻溪,号平庵。苏州相城区太平桥人,苏州工艺美院毕业,美协会员。著有《唐诗宋词扇画集》《古镇印像》《大风,传承》等作品。作者钱豫强(1944—),浙江嘉善人,历任浙江美术出版社副编审、浙江赛丽美术馆执行馆长。

J0169772
红果情 (剧照)
北京 中国电影出版社[1987年]1张
76cm(2开)定价:CNY0.28

J0169773
红楼梦 杨树云摄影
兰州 甘肃人民出版社 1987 年 10 张
定价：CNY1.50

J0169774
红楼梦剧照 中央电视台《红楼梦》剧组供稿
石家庄 河北美术出版社 1987 年 15cm（40 开）
定价：CNY1.40

J0169775
简明影迷手册 黄吉人著
沈阳 辽宁人民出版社 1987 年 240 页
19cm（小 32 开）统一书号：7090.459
定价：CNY1.65

J0169776
巾帼剑侠 陈晓等摄
南京 江苏美术出版社 1987 年 2 张 76cm（2 开）
定价：CNY0.60

J0169777
金玉良缘 （越剧《红楼梦》剧照）赖克里摄
上海 上海人民美术出版社 1987 年 1 张
76cm（2 开）定价：CNY0.28

J0169778
绝处逢生 （剧照）
北京 中国电影出版社［1987 年］2 张
76cm（2 开）定价：CNY0.60

J0169779
开掘 （《话说运河》评论集）北京广播学院电视系学术委员会编
北京 北京广播学院出版社 1987 年 187 页
有彩图 20cm（32 开）统一书号：7450.011
精装 ISBN：7-81004-015-4 定价：CNY3.00

J0169780
李信与红娘子 吴长杰摄；敬少文文
西安 陕西人民美术出版社 1987 年 2 张
76cm（2 开）定价：CNY0.60

J0169781
梁山伯与祝英台 （剧照）高国强摄
南京 江苏美术出版社 1987 年 2 张 76cm（2 开）
定价：CNY0.60

J0169782
梁玉卿 （剧照）
北京 中国电影出版社［1987 年］1 张
76cm（2 开）定价：CNY0.28

J0169783
美满姻缘 （剧照）
北京 中国电影出版社 1987 年 1 张 76cm（2 开）
定价：CNY0.28

J0169784
孟丽君游上林苑 （剧照）陈民新摄
上海 上海人民美术出版社 1987 年 1 张
76cm（2 开）定价：CNY0.28

J0169785
梦中皇后
北京 中国电影出版社［1987 年］1 张
76cm（2 开）定价：CNY0.28

J0169786
末代皇后 （剧照）
北京 中国电影出版社 1987 年 2 张 76cm（2 开）
定价：CNY0.60

J0169787
母老虎上轿 （剧照）
北京 中国电影出版社 1987 年 2 张 76cm（2 开）
定价：CNY0.60

J0169788
屏幕前的探索 （电视制作的多向思考）任远著
北京 北京广播学院出版社 1987 年 339 页
有肖像 19cm（32 开）统一书号：7450.001
定价：CNY2.80
（电视节目制作丛书）
本书内容包括：观念篇、技巧篇、评论篇、国外信息篇。

J0169789
七品芝麻官 （剧照）曹震云摄；藉耿龙编文
上海 上海人民美术出版社 1987 年 2 张

76cm（2开）定价：CNY0.58

J0169790
千鸟袍　（剧照）
北京　中国电影出版社 1987年 2张 76cm（2开）
定价：CNY0.60

J0169791
前卫电影　黄翰荻编译
台北　电影图书馆出版部 1987年 252页
有图 20cm（32开）定价：TWD300.00
（影图丛书 16）

J0169792
乾隆游江南　（剧照）谢艺摄；方元编
成都　四川美术出版社 1987年 2张 76cm（2开）
定价：CNY0.52

J0169793
秦香莲后传　（剧照）郑伟摄
杭州　浙江人民美术出版社 1987年 2张
76cm（2开）定价：CNY0.50
作者郑伟，字荻溪，号平庵。苏州相城区太平桥人，苏州工艺美院毕业，美协会员。著有《唐诗宋词扇画集》《古镇印像》《大风，传承》等作品。

J0169794
全国首届青年影评征文获奖作品选　广播电影电视部电影局《电影通讯》编辑部等编
北京　中国电影出版社 1987年 205页 有照片
19cm（32开）统一书号：8061.3228
定价：CNY1.70

J0169795
少林寺　（剧照）
北京　中国电影出版社［1987年］2张
76cm（2开）定价：CNY0.60

J0169796
神鞭　（剧照）
北京　中国电影出版社［1987年］2张
76cm（2开）定价：CNY0.60

J0169797
神丐　（剧照）
北京　中国电影出版社［1987年］2张
76cm（2开）定价：CNY0.60

J0169798
十三妹　（剧照）北京电影制片厂供稿
南京　江苏美术出版社 1987年 2张 76cm（2开）
定价：CNY0.60

J0169799
孙中山　（剧照）
北京　中国电影出版社 1987年 2张 76cm（2开）
定价：CNY0.60

J0169800
孙中山　（从剧本到影视）
北京　中国电影出版社 1991年 495页 有剧照
20cm（32开）ISBN：7-106-00417-0
定价：CNY6.80
（中国影片研究丛书）

J0169801
太守与歌妓　厚全编文、摄影
上海　上海人民美术出版社 1987年 2张
76cm（2开）定价：CNY0.58

J0169802
桐江雨　（剧照）江申摄；富春编
上海　上海人民美术出版社 1987年 2张
76cm（2开）定价：CNY0.58

J0169803
武当仙袍　（剧照）刘耀中编；路振隆摄
郑州　河南美术出版社 1987年 2张 76cm（2开）
定价：CNY0.70

J0169804
喜相逢
北京　中国电影出版社［1987年］1张
76cm（2开）定价：CNY0.28

J0169805
喜相逢
北京　中国电影出版社 1990年 2张 76cm（2开）

定价：CNY1.00

J0169806
喜相逢　（剧照四条屏）
北京 中国电影出版社［1991年］2张
76cm（2开）定价：CNY2.00

J0169807
侠女十三妹　孔孟建摄
济南 山东美术出版社 1987年 1张 76cm（2开）
定价：CNY0.56

J0169808
侠女十三妹　（剧照）
北京 中国电影出版社 1987年 2张 76cm（2开）
定价：CNY0.60

J0169809
侠女十三妹
北京 中国电影出版社［1989年］2张
76cm（2开）定价：CNY1.00

J0169810
辛七娘　（剧照）陈坚，石如摄
杭州 西湖摄影艺术出版社 1987年 2张
76cm（2开）定价：CNY0.47

J0169811
一代枭雄　唐载清等摄
南京 江苏美术出版社 1987年 2张 76cm（2开）
定价：CNY0.60

J0169812
异想天开　（剧照）
北京 中国电影出版社［1987年］2张
76cm（2开）定价：CNY0.60

J0169813
殷虹　（剧照）
北京 中国电影出版社 1987年 1张 76cm（2开）
定价：CNY0.28

J0169814
荧屏红楼　（电视连续剧《红楼梦》主要人物、演员及故事介绍）大勤，晓颂编
西安 华岳文艺出版社 1987年 193页 有剧照
19cm（32开）ISBN：7-80549-000-7
定价：CNY1.20

J0169815
玉蜻蜓　（剧照）郑伟等摄
杭州 浙江人民美术出版社 1987年 2张
76cm（2开）定价：CNY0.50

作者郑伟，字荻溪，号平庵。苏州相城区太平桥人，苏州工艺美院毕业，美协会员。著有《唐诗宋词扇画集》《古镇印像》《大风，传承》等作品。

J0169816
元宵谜　（剧照）范爱权，骆仲奇摄；陈元宁文
天津 天津人民美术出版社 1987年 2张
76cm（2开）定价：CNY0.60

J0169817
智破银簪案　（剧照）
北京 中国电影出版社 1987年 2张 76cm（2开）
定价：CNY0.60

J0169818
中外电影佳作赏析　黄式宪，木艺编
北京 中国电影出版社 1987年 212页 有照片
19cm（32开）统一书号：8061.3266
定价：CNY1.90
（中外电影佳作赏析丛书 第一集）

本书选辑美国、法国、意大利、德国、日本、苏联和中国等中外各国在思想、艺术上各具特色的电影名片赏析文章23篇。文章从导演风格、表演艺术、剧作结构和摄影等不同角度，对影片进行了深入浅出的分析。

J0169819
中外电影佳作赏析　（2）黄式宪，木艺编
北京 中国电影出版社 1989年 211页 有剧照
19cm（32开）ISBN：7-106-00271-2
定价：CNY2.90

本书选辑美国、法国、意大利、德国、日本、苏联和中国等中外各国在思想、艺术上各具特色的电影名片赏析文章23篇。文章从导演风格、表演艺术、剧作结构和摄影等不同角度，对影片进行了深入浅出的分析。

J0169820
中外电影名作 李亦中编著
上海 上海教育出版社 1987 年 248 页
19cm(小 32 开) 定价: CNY1.30
(中学生文库)
作者李亦中，教授。历任媒体与设计学院电影电视系主任、上海交通大学美国电影研究中心常务副主任、教育部戏剧影视广播教指委委员、中国高等院校电影电视学会副会长、中国电影评论学会理事。出版有《电影四面八方》《中国入世与传播学新视野: 影视传播》《影视艺术教程》等。

J0169821
1989 : 红楼梦 (电影剧照挂历)
延吉 延边人民出版社 [1988 年] 78cm(3 开)
定价: CNY7.90

J0169822
1989 : 我是一片云 (摄影挂历)
成都 四川人民出版社 1988 年 76cm(2 开)
定价: CNY14.80

J0169823
白鸽物语 小野著
台北 时报文化出版企业公司 1988 年 237 页
19cm(32 开) 定价: TWD100.00
(人间丛书 138)

J0169824
宝黛读西厢 (摄影 1989 年年历)
北京 中国电影出版社 [1988 年] 1 张
76cm(2 开) 定价: CNY0.38

J0169825
宝玉与黛玉 (摄影 1989 年年历)
北京 中国电影出版社 [1988 年] 1 张
76cm(2 开) 定价: CNY0.38

J0169826
大观园 (电视剧《红楼梦》画册特辑) 中国电影出版社中编室编
北京 中国电影出版社 [1988 年] 26cm(16 开)
统一书号: 8061.3466 ISBN: 7-106-00067-1
定价: CNY3.80
本书采集电视连续剧《红楼梦》图片近 150 幅。其中包括大量剧照和演员生活照、摄制组活动照; 电视剧主要创作人员的经验总结; 影视及红学界知名人士对该电视剧的评论摘编; 还有拍摄花絮等。

J0169827
电视剧艺术文论集 高方正等编
北京 中国电影出版社 1988 年 223 页
19cm(32 开) ISBN: 7-106-00002-7
定价: CNY1.80

J0169828
电影的一代 梁良著
台北 志文出版社 1988 年 294 页 有照片
19cm(32 开) 定价: TWD140.00
(新潮文库 324)

J0169829
东陵大盗 (《慈禧墓珍宝传奇》之一) 影方供稿
西安 陕西人民美术出版社 1988 年 2 张
76cm(2 开) 定价: CNY0.80

J0169830
红楼梦 (一) 李耀宗摄; 岳凌撰文
武汉 湖北美术出版社 1988 年 1 张 76cm(2 开)
定价: CNY0.76

J0169831
红楼梦 (二) 李耀宗摄; 东方闻樱撰文
武汉 湖北美术出版社 1988 年 1 张 76cm(2 开)
定价: CNY0.72

J0169832
红楼梦 (三) 李耀宗摄; 东方闻樱撰文
武汉 湖北美术出版社 1988 年 1 张 76cm(2 开)
定价: CNY0.76

J0169833
红楼梦 (四) 李耀宗摄; 东方闻樱撰文
武汉 湖北美术出版社 1988 年 1 张 76cm(2 开)
定价: CNY0.76

J0169834
红楼梦 李耀宗摄; 东方闻樱, 岳凌撰文

武汉 湖北美术出版社 1988 年 2 张 76cm（2 开）
定价：CNY0.74

J0169835
军人眼中的影视艺术 黄吉人主编
北京 学苑出版社 1988 年 218 页 19cm（32 开）
ISBN：7-80060-236-Z 定价：CNY2.20

J0169836
类型影片鉴赏 左孝本著
成都 成都电讯工程学院出版社 1988 年 252 页
有照片 19cm（32 开）ISBN：7-81016-091-5
定价：CNY3.10

作者左孝本（1947— ），四川安岳人，中共宜宾地委宣传部任职，四川省电影家协会会员，宜宾地区报纸副刊研究会副会长。

J0169837
末代皇后饰演者潘虹 （剧照 1989 年年历）
天津 天津人民美术出版社 1988 年 1 张
54cm（4 开）定价：CNY0.40

J0169838
平津夺宝 影方供稿
西安 陕西人民美术出版社 1988 年 2 张
76cm（2 开）定价：CNY0.80

J0169839
四探无底洞 新欣，刘大健摄
天津 天津人民美术出版社 1988 年 2 张
76cm（2 开）定价：CNY0.80

J0169840
苏禄国王与中国皇帝
北京 中国电影出版社［1988 年］2 张
76cm（2 开）定价：CNY0.74

J0169841
台湾新电影 焦雄屏编著
台北 时报文化出版企业公司 1988 年 433 页
有照片 19cm（32 开）定价：TWD180.00
（人间丛书 117）

作者焦雄屏（1953— ），女，台湾电影学者、影评家、剧作家、制片人、监制。毕业于美国德州奥斯汀分校影视专业硕士学位。策划出版了《电影馆》丛书等，监制作品有《香港情怀》《望乡》《洞》《十七岁的单车》《半镜》等。

J0169842
抬花轿 （摄影 1989 年年历）
北京 中国电影出版社［1988 年］1 张
76cm（2 开）定价：CNY0.38

J0169843
王熙凤
北京 中国电影出版社［1988 年］1 张
76cm（2 开）定价：CNY0.36

J0169844
希区柯克论电影 （法）特吕弗著；严敏译
上海 上海文艺出版社 1988 年 418 页 有肖像
及照片 20cm（32 开）ISBN：7-5321-0010-3
定价：CNY4.10

J0169845
现代电影风貌 （英）雅米斯（Armes，R.）著；
张伟男译
台北 志文出版社 1988 年 再版 286 页 有照片
19cm（32 开）定价：TWD130.00
（新潮文库 174）

J0169846
乡音 （从剧本到影片）王一民等著
北京 中国电影出版社 1988 年 346 页 有剧照
20cm（32 开）统一书号：8061.2884
定价：CNY2.50
（中国影片研究丛书）

J0169847
新时期电影 10 年 中国电影艺术研究中心编
重庆 重庆出版社 1988 年 465 页 有剧照
20cm（32 开）精装 ISBN：7-5366-0382-7
定价：CNY5.45，CNY4.05（平装）

J0169848
影视求索 （影视艺术欣赏）陈兴保，魏建华著
北京 知识出版社 1988 年 303 页 19cm（32 开）
ISBN：7-5015-0105-X 定价：CNY2.60

J0169849
影视写作与欣赏　王培铎著
大连 大连出版社 1988年 268页 19cm(32开)
ISBN: 7-80555-037-9 定价: CNY2.50

J0169850
中国当代优秀电影赏析　吕亚人等著
合肥 安徽文艺出版社 1988年 292页
19cm(32开) ISBN: 7-5396-0050-0
定价: CNY2.00

J0169851
《河殇》批判　巴蜀书社编
成都 巴蜀书社 1989年 304页 19cm(32开)
ISBN: 7-80523-306-3 定价: CNY2.89

J0169852
《河殇》批判　华砚编
北京 文化艺术出版社 1989年 251页
20cm(32开) ISBN: 7-5039-0621-9
定价: CNY3.50

J0169853
宝黛读西厢　(摄影)
北京 中国电影出版社 [1989年] 1张
76cm(2开) 定价: CNY0.50

J0169854
宝玉与黛玉　(摄影)
北京 中国电影出版社 [1989年] 1张
76cm(2开) 定价: CNY0.50

J0169855
卞卡　(摄影 1990年年历) 郭伟成摄影
天津 天津人民美术出版社 1989年 1张
54cm(4开) 定价: CNY0.50

J0169856
颤动的金翅膀
北京 中国电影出版社 [1989年] 2张
76cm(2开) 定价: CNY0.36

J0169857
颤动的金翅膀
北京 中国电影出版社 [1989年] 1张
76cm(2开) 定价: CNY0.50

J0169858
电影的奥秘　(日)佐藤忠男著; 廖祥雄译
台北 志文出版社 1989年 再版 276页 有照片
19cm(32开) 定价: TWD140.00
(新潮文库 261)

J0169859
电影画集　(第一集) 中国电影发行放映公司编辑
北京 中国电影出版社 [1989年] 36页
[30cm] (12开) ISBN: 7-106-00392-1
定价: CNY2.50

J0169860
电影画集　中国电影发行放映公司编
北京 中国电影出版社 1990年 36页 30cm(12开)
ISBN: 7-106-00454-5 定价: CNY2.50

J0169861
电影追踪　任殷著
上海 上海文艺出版社 1989年 289页
19cm(32开) ISBN: 7-5321-0372-2
定价: CNY4.00

J0169862
电影作品选评　贺常端, 汤洵主编
北京 文化艺术出版社 1989年 402页
20cm(32开) ISBN: 7-5039-0233-7
定价: CNY4.80
　　本书辑入了56部中外电影名作的文学剧本或分镜头剧本。

J0169863
复兴之路　(1977年至1986年电影创作与理论批评) 李兴叶著
北京 中国电影出版社 1989年 230页
20cm(32开) ISBN: 7-106-00225-9
定价: CNY3.40
　　本书系综述1977年至1986年中国电影发展的专著。分3部分: 第一部分评述这时期电影创作的历程; 第二部分概括这一时期电影理论与批评的主要问题; 第三部分是导演论。

J0169864
河殇、何伤 胡菊人著
台北 远景出版事业公司 1989年 154页 有照片
19cm(32开) ISBN: 957-39-0037-8
定价: TWD100.00
(远景丛书 16)

J0169865
计收猪八戒 《西游记》剧组供稿
天津 天津人民美术出版社 1989年 2张
76cm(2开) 定价: CNY1.10

J0169866
京都大侠 影方供稿
西安 陕西人民美术出版社 1989年 2张
76cm(2开) 定价: CNY0.95

J0169867
康德第一保镖传奇 (电视连续剧故事)窦峰摄影编文
天津 天津人民美术出版社 1989年 2张
76cm(2开) 定价: CNY1.10

J0169868
两性乡愁 陈艾妮著
台北 黎明文化事业公司 1989年 226页
21cm(32开) ISBN: 957-16-0013-X
定价: TWD130.00
(青年文库 第2辑 21)

J0169869
两性一生 陈艾妮著
台北 黎明文化事业公司 1989年 234页 有照片
21cm(32开) 定价: TWD140.00
(青年文库 第1辑 3)

J0169870
龙年的悲怆 (《河殇》争鸣与回应)三联书店(香港)编辑部编
香港 三联书店(香港)编辑部 1989年 191页
19cm(32开) ISBN: 962-04-0721-0
定价: HKD25.00

J0169871
孟姜女
北京 中国电影出版社 [1989年] 2张
76cm(2开) 定价: CNY1.00

J0169872
孟姜女 (剧照摄影)
北京 中国电影出版社 1994年 2张 77×53cm
定价: CNY2.60

J0169873
末代皇帝 北京电影制片厂供稿
南京 江苏美术出版社 1989年 2张 76cm(2开)
定价: CNY1.00

J0169874
全国微型电影评论选讲集 白莲主编
上海 学林出版社 1989年 455页 10×14cm
ISBN: 7-80510-229-5 定价: CNY2.35

J0169875
人间自有真情在 (电视系列节目《人与人》作品评论集)洪民生等主编
南京 河海大学出版社 1989年 262页
20cm(32开) ISBN: 7-5630-0126-3
定价: CNY6.50

作者洪民生(1932—),书法家、电视艺术家、编辑。浙江宁波人,历任中央电视台副台长兼总编辑、联合国教科文组织中国委员、中国书法家协会会员。代表作品有《全国电视书法大赛》。

J0169876
神探亨特 (摄影)江苏美术出版社编
南京 江苏美术出版社 1989年 1张 78×36cm
定价: CNY0.80

J0169877
声音的艺术 (广播剧赏析)崔哲编剧;陆永昌评析
长沙 湖南教育出版社 1989年 236页
19cm(32开) 定价: CNY2.80

J0169878
时代的骄子 (改革·电视艺术·企业家)中国电视艺术家协会编
济南 山东文艺出版社 1989年 361页 有彩照

19cm（32开）ISBN：7-5329-0285-4
定价：CNY4.95

J0169879
世界获奖电影介绍与欣赏　凌振元，饶明华主编
上海 上海科学技术文献出版社 1989年
10+391页 19cm（32开）ISBN：7-80513-418-9
定价：CNY4.35

作者凌振元（1945—　），教师。出生于江苏常熟。上海师范大学人文学院影视专业主任、副教授。著作有《中外电影简史》《经典电影欣赏》。

J0169880
孙猴巧行医　《西游记》剧组供稿
天津 天津人民美术出版社 1989年 2张
76cm（2开）定价：CNY1.10

J0169881
孙猴巧行医　（电视连续剧《西游记》故事剧照）《西游记》剧组供稿
天津 天津人民美术出版社 1994年 2张
77×53cm 定价：CNY2.40

J0169882
天湖女侠　长春电影制片厂供稿
天津 天津人民美术出版社 1989年 2张
76cm（2开）定价：CNY1.10

J0169883
天津碧波庄风光　王志成摄
济南 山东美术出版社 1989年 1张
107cm（全开）定价：CNY2.00

J0169884
天下第一剑　长春电影制片厂供稿
天津 天津人民美术出版社 1989年 2张
76cm（2开）定价：CNY1.10

J0169885
天下第一剑
北京 中国电影出版社［1989年］2张
76cm（2开）定价：CNY1.00

J0169886
天竺公主　《西游记》剧组供稿
天津 天津人民美术出版社 1989年 1张
76cm（2开）定价：CNY0.50

J0169887
无敌鸳鸯腿
北京 中国电影出版社［1989年］2张
76cm（2开）定价：CNY1.00

J0169888
无敌鸳鸯腿　（剧照四条屏）
北京 中国电影出版社［1991年］2张
76cm（2开）定价：CNY2.00

J0169889
西游记　刘大健摄
南京 江苏美术出版社 1989年 4张 76cm（2开）
定价：CNY2.20

J0169890
西游记　（波胜极乐天）刘大健摄
南京 江苏美术出版社 1989年 2张 76cm（2开）
定价：CNY1.00

J0169891
西游记　（传艺玉华洲）刘大健摄
南京 江苏美术出版社 1989年 2张 76cm（2开）
定价：CNY1.00

J0169892
西游记　（电视连续剧《西游记》人物谱）刘大健摄
南京 江苏美术出版社 1989年 2张 76cm（2开）
定价：CNY1.00

J0169893
西游群仙　《西游记》剧组供稿
天津 天津人民美术出版社 1989年 1张
76cm（2开）定价：CNY0.50

J0169894
希望奖文集　西安市青少年影评"希望奖"办公室编
西安 陕西人民教育出版社 1989年 266页

有照片 19cm（32开）ISBN：7-5419-1403-9
定价：CNY3.00

J0169895
戏假情真 黄志著
香港 友禾制作事务所 1989年 181页
17cm（32开）定价：HKD22.00
（友禾电影人丛书 3）

J0169896
中国儿童电视剧论文集 中国电视艺术家协会等编
成都 四川少年儿童出版社 1989年 227页
19cm（32开）ISBN：7-5365-0261-3
定价：CNY1.70
本书收录有关儿童电视剧的研究和评论文章21篇。

J0169897
重评《河殇》 钟华民等著
杭州 杭州大学出版社 1989年 299页
20cm（32开）ISBN：7-81035-004-8
定价：CNY3.80

J0169898
《河殇》百谬 李凤祥编
北京 中国文联出版公司 1990年 199页
19cm（32开）ISBN：7-5059-1314-X
定价：CNY3.00

J0169899
《河殇》的误区 （从《河殇》到《五四》）中共中央宣传部文化艺术局影视处编
南昌 江西人民出版社 1990年 282页
19cm（32开）ISBN：7-210-00856-X
定价：CNY3.50

J0169900
《河殇》宣扬了什么 《河殇宣扬了什么》编辑组编
北京 中国广播电视出版社 1990年 258页
19cm（32开）ISBN：7-5043-0355-0
定价：CNY4.50

J0169901
八十年代外国电影100部 （故事梗概）洪尔铎编译
北京 中国经济出版社 1990年 338页
19cm（32开）ISBN：7-5017-0609-3
定价：CNY4.90

J0169902
蓓蕾初绽 （延安地区"蓓蕾奖"影评征文获奖作品选编）蔡炎主编
西安 陕西人民出版社 1990年 272页 有照片
19cm（32开）ISBN：7-224-01374-9
定价：CNY2.80

J0169903
裁决 （美）瑞德（Reed, B.）著；孙建秋等译
北京 中国电影出版社 1990年 1册 20cm（32开）
ISBN：7-106-00315-8 定价：CNY4.40
（外国影片研究丛书）

J0169904
彩色故事片《开国大典》剧照 （1991年年历）
北京 中国电影出版社 1990年 1张 53cm（4开）
定价：CNY0.30

J0169905
茶馆 焦雄屏辑
台北 万象图书公司 1990年 303页 有剧照
21cm（32开）ISBN：957-9056-26-9
定价：TWD200.00
（电影 中国名作选 5）
作者焦雄屏（1953— ），女，台湾电影学者、影评家、剧作家、制片人、监制。毕业于美国德州奥斯汀分校影视专业硕士学位。策划出版了《电影馆》丛书等，监制作品有《香港情怀》《望乡》《洞》《十七岁的单车》《半镜》等。

J0169906
潮流与光影 黄建业著
台北 远流出版事业公司 1990年 241页
21cm（32开）ISBN：957-32-0617-X
定价：TWD160.00
（电影馆 3）

J0169907
潮流与光影　黄建业著
台北 远流出版公司 1992年 2版 14+241页
有剧照 21cm(32开) ISBN: 957-32-0617-X
定价: TWD160.00
(电影馆 3)

J0169908
春蚕　焦雄屏辑
台北 万象图书公司 1990年 227页 有剧照
21cm(32开) ISBN: 957-9056-24-2
定价: TWD150.00
(电影 中国名作选 3)

J0169909
大潮初动　(论中国电影与社会)王忠明著
北京 中国电影出版社 1990年 210页
19cm(32开) ISBN: 7-106-00259-3
定价: CNY2.50

这是一部由青年业余影评人撰写的、内容侧重于尖锐批评的专著。它对新时期的中国电影作了通盘考察和细致研究，论述了电影中存在的弊端、差距，同时也指明了出路。

J0169910
大岛诸的世界　(日)佐藤忠男著; 张加贝译
北京 中国电影出版社 1990年 321页
20cm(32开) ISBN: 7-106-00345-X
定价: CNY3.50

本书是对日本导演大岛诸的部分重要作品所做的公正、客观、细致的分析和评论。作品主题是反体制的，作品的主人公多是社会的牺牲品、罪犯，他注重探索人的内心世界及性的实态。本书对大岛诸大部分重要作品所做的公正、客观、细致的分析和评论。

J0169911
当代电视剧文论选　徐涛编
济南 山东文艺出版社 1990年 293页
20cm(32开) ISBN: 7-5329-0426-1
定价: CNY4.65
(电视文化丛书)

J0169912
电影《红楼梦》薛宝钗与贾母　魏为摄
上海 上海人民美术出版社 1990年 1张(2开)
定价: CNY0.45

J0169913
电影被我跑垮了　宇业荧著
台北 时报文化出版企业公司 1990年 318页
有照片 21cm(32开) ISBN: 957-13-0174-4
定价: TWD220.00
(记者系列 7)

J0169914
电影的奥妙　叶永烈著; 孙佳麟绘
台北 锦绣文化企业图文出版社 1990年 136页
有插图 24cm(26开) 精装
ISBN: 957-514-010-9
(儿童21丛书)

作者叶永烈(1940—2020)，作家、教授。浙江温州人。毕业于北京大学化学系。曾任中国科学协会委员、中国科普创作协会常务理事、世界科幻小说协会理事。代表作品有《小灵通漫游未来》《“四人帮”兴亡》《邓小平改变中国》《历史选择了毛泽东》等。

J0169915
电影新潮　郁兰, 陆光著
沈阳 春风文艺出版社 1990年 91页 14cm(64开)
ISBN: 7-5313-0321-3 定价: CNY0.90
(文化艺术小丛书)

J0169916
喋雪街头　吴宇森等编剧
香港 友禾制作事务所 1990年 有照片
19cm(32开) 定价: HKD25.00

J0169917
河殇集外集　苏晓康等著
台北 风云时代出版公司 1990年 233页
21cm(32开) ISBN: 957-9536-06-6
定价: TWD120.00
(河殇系列丛书 27)

J0169918
河殇讨论集　赵耀东等著
台北 风云时代出版公司 1990年 227页
21cm(32开) ISBN: 957-9536-05-8

定价：TWD120.00
（河殇讨论集 16）

J0169919
黑色走廊 北京电影制片厂编摄
南京 江苏美术出版社 1990年 2张 76cm（2开）
定价：CNY1.00

J0169920
花翎飞盗 王家俭摄
天津 天津人民美术出版社 1990年 2张
76cm（2开）定价：CNY1.10

J0169921
黄土地 焦雄屏辑
台北 万象图书公司 1990年 203页 有剧照
21cm（32开）ISBN：957-9056-23-4
定价：TWD140.00
（电影 中国名作选 2）

J0169922
解构香港电影 周华山著
香港 青文文化事业公司 1990年 146页
18cm（15开）定价：HKD36.00
（普及文化研究 3）

J0169923
军营影评家成才之路 汪泾洋编
北京 海潮出版社 1990年 125页 20cm（32开）
ISBN：7-80054-100-2 定价：CNY2.20

J0169924
老井 焦雄屏辑
台北 万象图书公司 1990年 191页 有剧照
21cm（32开）ISBN：957-9056-22-6
定价：TWD130.00
（电影 中国名作选 1）

J0169925
乱世影劫 乔迈著
北京 中国电影出版社 1990年 158页
19cm（32开）ISBN：7-106-00307-7
定价：CNY2.50

J0169926
乱云书 汪泾洋著
北京 海潮出版社 1990年 246页 20cm（32开）
ISBN：7-80054-082-0 定价：CNY4.30
本书所收论文内容有对影视作品展开的论述、漫谈、有从宏观经营、综合治理角度兴发而起的种种建议。

J0169927
骆驼祥子 焦雄屏辑
台北 万象图书公司 1990年 227页 有剧照
21cm（32开）ISBN：957-9056-25-0
定价：TWD150.00
（电影 中国名作选 6）

J0169928
马路天使 焦雄屏辑
台北 万象图书公司 1990年 189页 有剧照
21cm（32开）ISBN：957-9056-27-7
定价：TWD130.00
（电影 中国名作选 4）

J0169929
梦影集 （中国电影印象）陈辉扬著
台北 允晨文化实业公司 1990年 291页 有照片
21cm（32开）ISBN：957-9027-11-0
定价：TWD200.00
（允晨文选 10）

J0169930
齐鲁影视评论 山东省电影电视评论学会编
济南 山东文艺出版社 1990年 306页
19cm（32开）ISBN：7-5329-0500-4
定价：CNY3.90

J0169931
全国大学生电影评论选 周迪荪，曹永慈编
武汉 湖北教育出版社 1990年 208页
19cm（32开）ISBN：7-5351-0135-6
定价：CNY2.60
作者曹永慈（1932— ），教师。安徽休宁人，武汉大学中文系中国现当代文学教研室副教授，中国高等院校电影学会会员。

J0169932
人文电影的追寻 黄建业著
台北 远流出版事业公司 1990年 243页
21cm(32开) ISBN: 957-32-0618-8
定价: TWD160.00
(电影馆 2)

J0169933
陕西省影视评论选 范景伍,肖云儒编
西安 三秦出版社 1990年 381页 19cm(小32开)
定价: CNY4.95
(新时期陕西文化艺术丛书)

J0169934
上海的早晨 (从小说到电视剧)尚弋昌编
上海 三联书店上海分店 1990年 303页
有彩照 20cm(32开) ISBN: 7-5426-0348-5
定价: CNY12.00

J0169935
十六岁的花季 (剧本·评论·信札)张弘,富敏编
上海 上海人民出版社 1990年 324页 有彩照
19cm(32开) ISBN: 7-208-00960-0
定价: CNY3.80

作者张弘(1959—),湖南宁乡人,生于武汉,毕业于广州美术学院中国画系。历任广州美院美术教育系系主任、教授、硕士研究生导师,中国美术家协会会员,广东美术家协会理事。作品有《新港》《日月盈昃》《不灭的火焰》《十月秋染山》《日落而息》。

J0169936
外国电影鉴赏辞典 姜启等主编
济南 山东文艺出版社 1990年 511页
19cm(32开) ISBN: 7-5329-0134-3
定价: CNY6.50

J0169937
我与电视 洪民生著
北京 中国国际广播出版社 1990年 281页
20cm(32开) ISBN: 7-80035-557-8
定价: CNY4.30

作者洪民生(1932—),书法家、电视艺术家、编辑。浙江宁波人,历任中央电视台副台长兼总编辑、联合国教科文组织中国委员、中国书法家协会会员。代表作品有《全国电视书法大赛》。

J0169938
香港电影的中国脉络 (第十四届香港国际电影节)
香港 香港市政局 1990年 148页 有照片
29cm(16开) ISBN: 962-7040-30-4
定价: HKD35.00

外文书名: The China Factor in Hong Kong Cinema, The 14th Hong Kong International Film Festival.

J0169939
星迹 (影星采访录)徐如中著
香港 广雅轩出版社 1990年 311页 有图
20cm(32开) 定价: HKD48.00
(神州影谭系列 1)

J0169940
野山 (从小说到银幕)雪村等著
北京 中国电影出版社 1990年 405页 有照片
20cm(32开) ISBN: 7-106-00090-6
定价: CNY5.20
(中国影片研究丛书)

本书收集了优秀影片《野山》的剧本、完成台本,创作人员经验体会,以及评论文章。同时附有《野山》在国内外获奖情况和工作照、剧情照65幅。

J0169941
影片《东方美女》女主角——单星梅 马建国摄
长沙 湖南美术出版社 1990年 1张 76cm(2开)
定价: CNY0.90

J0169942
阅读主流电影 焦雄屏著
台北 志文出版社 1990年 254页 有剧照
21cm(32开) 定价: TWD160.00
(电影馆 5)

本书论述以美国电影为主,尤其是近十多年来的好莱坞电影,如《回到过去》《蝙蝠侠》《威探闯通关》《时空英豪》《雨人》《龙年》《华尔街》《上班女郎》《魔宫传奇》《圣战奇兵》等。作者焦雄屏(1953—),女,台湾电影学者、影评

家、剧作家、制片人、监制。毕业于美国德州奥斯汀分校影视专业硕士学位。策划出版了《电影馆》丛书等，监制作品有《香港情怀》《望乡》《洞》《十七岁的单车》《半镜》等。

J0169943
《河殇》与国情 朱育和等著
北京 高等教育出版社 1991年 208页
19cm（小32开）ISBN：7-04-003373-9
定价：CNY3.45
（中国近现代国情丛书）

本书从中国近现代历史进程，历史发展的主脉以及两种长城观，黄河观和“新纪元”观的争论剖析，批评了《河殇》书中存在的种种谬误。作者朱育和（1938— ），清华大学社会学系教授。

J0169944
《渴望》冲击波 杨文勇，解玺璋主编
北京 光明日报出版社 1991年 295页
19cm（32开）ISBN：7-80091-074-1
定价：CNY3.95

本书内容包括：《渴望》纪实报告、评论、创作，《渴望》剧组演员介绍和《渴望》主题歌、插曲。

J0169945
《渴望》的世界 汤恒编
北京 文化艺术出版社 1991年 288页 有彩照
19cm（小32开）ISBN：7-5039-0887-4
定价：CNY4.40

本书内容包括：50集室内剧《渴望》故事、荧屏后面、明星知多少、《渴望》大讨论、观众心声等。作者汤恒（1962— ），江西九江人，历任中共中央宣传部文艺局干事、北京电视艺术中心副主任、中央宣传部文艺局副局长。合作著有《电视剧导演创作与理论》《电影电视写作——艺术、技巧和商业》《〈渴望〉的世界》《悲剧的魅力》《新闻界人物》等。

J0169946
《五朵金花的女儿》（创作体会·评论·插曲 音乐电视剧）王云缦，果青编
北京 中国广播电视出版社 1991年 108页
有剧照 20cm（32开）ISBN：7-5043-1120-0
定价：CNY2.60
（电视艺术与美学丛书）

J0169947
007银幕大观
合肥 安徽文艺出版社 1991年 32页 有彩图
26cm（16开）ISBN：7-5396-0472-7
定价：CNY2.70
（影视之友丛书）

J0169948
蔡澜谈电影 蔡澜著
香港 天地图书公司 1991年 247页
19cm（小32开）ISBN：962-257-444-0
定价：HKD25.00

J0169949
大太监李连英（剧照条屏）阎国苹编
天津 天津人民美术出版社 1991年 2张
76cm（2开）ISBN：7-5305-2198-2
定价：CNY1.20

J0169950
大丈夫的私房钱（剧照四条屏）
北京 中国电影出版社［1991年］2张
76cm（2开）定价：CNY2.00

J0169951
电视剧《杨家将》（幽州救宋王）武晋翘摄；高建国编文
上海 上海人民美术出版社 1991年 2张
76cm（2开）定价：CNY1.10

J0169952
电视剧《杨乃武与小白菜》
上海 上海人民美术出版社 1991年 2张
76cm（2开）定价：CNY1.10

J0169953
电视剧评论十人集 陆文杰编
北京 中国戏剧出版社 1991年 469页 有照片
20cm（32开）ISBN：7-104-00348-7
定价：CNY6.80
（大众电视丛书 理论系列）

J0169954
电视艺术枝叶谈　卢子贵著
成都 四川大学出版社 1991年 388页
19cm(小32开) ISBN: 7-5614-0380-1
定价: CNY4.40

J0169955
电影历史及理论　李少白著
北京 文化艺术出版社 1991年 501页
20cm(32开) ISBN: 7-5039-0972-2
定价: CNY6.90

本书系作者从事电影工作几十年来撰写的有关电影文章的一个结集。其内容共分：学科、历史、理论、随笔、杂感影评五部分。作者李少白(1942—　)，著名摄影家。生于重庆。先后任《大众摄影》《中国摄影》等杂志编委、《中国国家地理》《文明》等杂志签约摄影师。出版有《李少白摄影作品选》《神秘的紫禁城》《伟大的长城》《走进故宫》等。

J0169956
电影漫画　(1 发烧电影)冯旭文主编；林倍得绘
台北 号角出版社 1991年 101页 21cm(32开)
ISBN: 957-620-041-5 定价: TWD100.00
(时代语言 25)

外文书名: Movies Comics.

J0169957
电影漫画　(2 笑弹龙虎榜)石子良绘
台北 号角出版社 1991年 21cm(32开)
ISBN: 957-620-048-2 定价: TWD100.00
(时代语言 28)

J0169958
电影评论艺术　张维著
昆明 云南教育出版社 1991年 234页
20cm(32开) ISBN: 7-5415-0498-X
定价: CNY3.25

本书主要研究电影作品的艺术价值、社会价值以及电影的诸种功能；探讨观众在电影欣赏中审美心理发生、发展、变异的规律等等。作者张维，武汉人。云南省社会科学院研究员兼电影评论家，影视民族学学者。

J0169959
独行客　(剧照四条屏)上海电影制片厂供稿
天津 天津人民美术出版社 1991年 2张
76cm(2开) ISBN: 7-5305-2198-5
定价: CNY1.20

J0169960
敦煌夜谭　(剧照四条屏)张甦妍摄
南京 江苏美术出版社 1991年 2张 76cm(2开)
定价: CNY1.40

J0169961
飞天神鼠　(剧照四条屏)
北京 中国电影出版社 [1991年] 2张
76cm(2开) 定价: CNY2.00

J0169962
古今大战秦俑情　(剧照四条屏)
北京 中国电影出版社 [1991年] 2张
76cm(2开) 定价: CNY2.00

J0169963
鼓上蚤时迁　(剧照四条屏)
北京 中国电影出版社 [1991年] 2张
76cm(2开) 定价: CNY2.00

J0169964
滚滚红尘　(剧照四条屏)
北京 中国电影出版社 [1991年] 2张
76cm(2开) 定价: CNY2.00

J0169965
海外遗恨　(七集电视连续剧)安岩主编
北京 中国戏剧出版社 1991年 302页 有彩照
20cm(32开) ISBN: 7-104-00354-1
定价: CNY5.70
(大众电视丛书 作品系列)

《海外遗恨》比较真实地反映了我国留学人员在国外学习和生活的一个侧面。本书集剧本、剧照、观后感和艺术评论文集于一体。收录《一部发人深思的警世之作》(王云缦)、《一个人不能没有祖国》(李下)、《艺术的生命在于求新》(李浅枫)、《新鲜 真实 警世 应时》、《梦娇的恨和爱》(吉秋仓)、《年龄铸不成保险箱》(梦恬)、《海外不是一片平静的乐土》(吕亚)、《性格复杂可恨可怜》(谭建容)、《新颖 真实 奇特》(鲁野)等。书前有钱松樵和凡夫的“序”。

J0169966
河北影评集萃 张子诚等主编
石家庄 花山文艺出版社 1991年 197页
19cm(小32开) ISBN: 7-80505-386-3
定价: CNY2.80
本书收录河北省影评文章78篇,从多角度剖析我国50多部影片的艺术表现风格和特色。

J0169967
皇家尼姑 (剧照四条屏)
北京 中国电影出版社 [1991年] 2张
76cm(2开) 定价: CNY2.00

J0169968
火烧赤壁 (剧照四条屏)
北京 中国电影出版社 [1991年] 2张
76cm(2开) 定价: CNY2.00

J0169969
焦裕禄 (电影·纪实文学) 王云缦主编
北京 北京十月文艺出版社 1991年 242页
有照片及剧照 19cm(32开)
ISBN: 7-5302-0222-7 定价: CNY3.90
本书包括:电影《焦裕禄》的文学剧本、电影插曲、电影拍摄及有关评论。

J0169970
渴望之谜 星华编
北京 新华出版社 1991年 140页 有剧照
19cm(32开) ISBN: 7-5011-1083-2
定价: CNY3.00

J0169971
刘德华《雷洛传》
香港 电影双周刊出版社 1991年 有照片
28cm(大16开) 定价: HKD38.00
(电影双周刊别册 1)

J0169972
录象世界
长沙 湖南文艺出版社 1991年 96页 有照片
26cm(16开) ISBN: 7-5404-0684-4
定价: CNY2.85

J0169973
辘轳、女人和井 (剧照四条屏) 方金等摄
沈阳 辽宁美术出版社 1991年 2张 76cm(2开)
ISBN: 7-5314-0943 定价: CNY1.20

J0169974
倪氏春秋 (剧照四条屏)
北京 中国电影出版社 [1991年] 2张
76cm(2开) 定价: CNY2.00

J0169975
情节剧电影 (苏)马尔库兰(Маркулан, Я.К.)著; 于培才译
北京 中国电影出版社 1991年 145页
19cm(32开) ISBN: 7-106-00472-3
定价: CNY2.80
本书在阐释了情节剧一些基本理论之后,重点以几部著名的情节剧影片如《音乐之声》、《西区故事》等为例,剖析了影片结构、技巧及其社会心理功能,介绍了读解和赏析影片的方法。

J0169976
人生 焦雄屏辑
台北 万象图书公司 1991年 249页 21cm(32开)
ISBN: 957-669-089-7 定价: TWD180.00
(电影、中国名作选 7)
作者焦雄屏(1953—),女,台湾电影学者、影评家、剧作家、制片人、监制。毕业于美国德州奥斯汀分校影视专业硕士学位。策划出版了《电影馆》丛书等,监制作品有《香港情怀》《望乡》《洞》《十七岁的单车》《半镜》等。

J0169977
三侠五义 (一 剧照条屏)
北京 中国电影出版社 [1991年] 2张
76cm(6开) 定价: CNY2.00

J0169978
三侠五义 (二 剧照条屏)
北京 中国电影出版社 [1991年] 2张
76cm(6开) 定价: CNY2.00

J0169979
神秘失踪的船 （剧照四条屏）北京电影制片厂供稿
南京 江苏美术出版社 1991年 2张 76cm（2开）
定价：CNY1.10

J0169980
世界电影鉴赏词典 （续编）郑雪来主编
福州 福建教育出版社 1993年 844页 有剧照
20cm（32开）精装 ISBN：7-5334-1433-0
定价：CNY35.00
本书介绍180部世界著名影片，如：《乡村女教师》《巴黎圣母院》《沉默的羔羊》等。译者郑雪来（1925— ），戏剧、电影理论家、翻译家。曾用名郑存善、郑诗昂，笔名雷楠。福建长乐人，就读于暨南大学外文系。从事戏剧、电影翻译及研究工作，以及斯坦尼斯拉夫斯基演剧体系的教学与研究工作。担任中国艺术研究院研究员以及原外国文艺研究所负责人。主要论著有《电影美学问题》《斯坦尼斯拉夫斯基体系论集》《电影学论稿》《世界电影鉴赏辞典》等。

J0169981
世界电影鉴赏辞典 郑雪来主编；于培才等撰
福州 福建教育出版社 1991年 876页 有剧照
20cm（32开）精装 ISBN：7-5334-0664-8
定价：CNY22.00
本书收集1916—1989年从百年来世界几十万部电影中精选出200部著名故事片，每部影片分“片头介绍”“剧情梗概”“鉴赏”三部分进行分析和介绍。外文书名：An Appreciation Dictionary of World Films.

J0169982
世界电影鉴赏辞典 （三编）郑雪来主编
福州 福建教育出版社 1995年 861页 有剧照
20cm（32开）精装 ISBN：7-5334-2018-7
定价：CNY42.00
外文书名：An Appreciation Dictionary of World Films.

J0169983
世界电影名篇探胜 袁玉琴主编
南京 南京出版社 1991年 488页 19cm（小32开）
ISBN：7-80560-423-1 定价：CNY5.90

J0169984
她在白山黑水间寻找：程捷电视艺术作品赏析 向兵编
北京 中国戏剧出版社 1991年 231页
19cm（小32开）ISBN：7-104-00381-9
定价：CNY4.10
本书收入了《我所认识的乔羽》、《热爱生活》等艺术片的导演台本和十几位著名评论家的赏析评论文章。

J0169985
台港电影中的作者与类型 焦雄屏著
台北 远流出版事业公司 1991年 294页 有剧照
21cm（32开）ISBN：957-32-1478-4
定价：TWD200.00
（电影馆 19）
作者焦雄屏（1953— ），女，台湾电影学者、影评家、剧作家、制片人、监制。毕业于美国德州奥斯汀分校影视专业硕士学位。策划出版了《电影馆》丛书等，监制作品有《香港情怀》《望乡》《洞》《十七岁的单车》《半镜》等。

J0169986
太监秘史 （剧照四条屏）陆方编
天津 天津人民美术出版社 1991年 2张
76cm（2开）ISBN：7-5305-2197-2
定价：CNY1.20

J0169987
太监秘史 （剧照四条屏）
北京 中国电影出版社［1991年］2张
76cm（2开）定价：CNY2.00

J0169988
谈影录 焦雄屏著
台北 远流出版事业公司 1991年 259页 有剧照
21cm（32开）ISBN：957-32-1464-4
定价：TWD180.00
（电影馆 18）

J0169989
唐伯虎 （剧照四条屏）
北京 中国电影出版社［1991年］2张
76cm（2开）定价：CNY2.00

J0169990
“天皇巨星”（剧照四条屏）
北京 中国电影出版社［1991年］2张
76cm（2开）定价：CNY2.00

J0169991
铜头铁罗汉（剧照四条屏）
北京 中国电影出版社［1991年］2张
76cm（2开）定价：CNY2.00

J0169992
王府刀客（剧照四条屏）
北京 中国电影出版社［1991年］2张
76cm（2开）定价：CNY2.00

J0169993
围城内外（从小说到电视剧）解玺璋主编
北京 世界知识出版社 1991年 236页
19cm（小32开）ISBN：7-5012-0403-9
定价：CNY3.40

J0169994
武则天初恋（剧照四条屏）
天津 天津人民美术出版社 1991年 2张
76cm（2开）ISBN：7-5305-2198-3
定价：CNY1.20

J0169995
现世活宝（剧照四条屏）
北京 中国电影出版社［1991年］2张
76cm（2开）定价：CNY2.00

J0169996
销魂刀（剧照四条屏）上海电影制片厂摄
天津 天津人民美术出版社 1991年 2张
76cm（2开）ISBN：7-5305-22130 定价：CNY1.20

J0169997
小丑历险记（剧照四条屏）
北京 中国电影出版社［1991年］2张
76cm（2开）定价：CNY2.00

J0169998
新亚洲电影面面观　焦雄屏编
台北 远流出版事业公司 1991年 229页 有照片
21cm（32开）ISBN：957-32-1454-7
定价：TWD200.00
（电影馆 21）

作者焦雄屏（1953—　），女，台湾电影学者、影评家、剧作家、制片人、监制。毕业于美国德州奥斯汀分校影视专业硕士学位。策划出版了《电影馆》丛书等，监制作品有《香港情怀》《望乡》《洞》《十七岁的单车》《半镜》等。

J0169999
雄师魂　邦南编著
兰州 敦煌文艺出版社 1991年 337页 有彩照
20cm（32开）精装 ISBN：7-80587-056-X
定价：CNY8.15

中国现代电视影片评论。作者赵邦南（1942—　），笔名邦南，牧茵。甘肃庆阳人，毕业于西北师范学院艺术系。曾担任甘肃省歌剧团演奏员，后为甘肃人民出版社文艺编辑。

J0170000
寻找焦裕禄　李力等编著
北京 世界知识出版社 1991年 228页 有彩照
19cm（小32开）ISBN：7-5012-0386-5
定价：CNY2.90

本书详细报道了影片《焦裕禄》从投拍到引起轰动的全部过程，对影片主创人员的情况作了全面地介绍。

J0170001
一代枪王（剧照四条屏）
北京 中国电影出版社［1991年］2张
76cm（2开）定价：CNY2.00

J0170002
一代枪王（剧照摄影）
北京 中国电影出版社 1994年 2张 77×53cm
定价：CNY2.60

J0170003
英雄交响诗（赞颂银幕上的共产党员形象影评征文选）总政治部文化部编
北京 解放军文艺出版社 1991年 290页
20cm（32开）ISBN：7-5033-0565-7
定价：CNY5.90

J0170004
张爱玲与《金锁记》（从小说到荧屏）周健，顾象贤主编
西安 西北大学出版社 1991年 228页
20cm（32开）ISBN：7-5604-0289-5
定价：CNY3.95
张爱玲（1921—1995），著名女作家。原名张煐，笔名梁京，祖籍河北丰润，生于上海。小说作品有《沉香屑·第一炉香》《茉莉香片》《倾城之恋》《红玫瑰与白玫瑰》等。有《张爱玲全集》。

J0170005
长短集（河南优秀影评精选）张建邦主编
郑州 河南人民出版社 1991年 382页
19cm（32开）ISBN：7-215-01803-2
定价：CNY5.70
本书精选河南省优秀影评文章120篇。

J0170006
中国当代优秀电影欣赏 寇立光，李玉芝著
太原 山西教育出版社 1991年 343页
20cm（32开）ISBN：7-80578-729-8
定价：CNY4.00
本书从2100多部影片中筛选40多部优秀影片进行鉴赏，如《城南旧事》《泉水叮咚》《黄土地》《末代皇后》《老井》《红高粱》等它们代表中国电影的主流和当代电影的成就，展示中国电影的社会风貌。作者寇立光（1939— ），教授。历任中国现代文学研究会会员、中国高校电影学会会员、江苏电影电视评论学会理事、徐州师范大学教授。著有《中国当代电影新论》《台湾香港电影名片欣赏》等。

J0170007
中外法制电影赏析 谈大正，沈栖主编
上海 上海科学技术文献出版社 1991年 342页
19cm（小32开）ISBN：7-80513-805-2
定价：CNY3.95

J0170008
走进焦裕禄世界 李培禹编
北京 中国人事出版社 1991年 187页 有照片
19cm（小32开）ISBN：7-80076-081-2
定价：CNY3.80
本书为有关电影《焦裕禄》的评论集。内容包括：上篇"老焦是这样活，这样走的"，收录《县委书记的榜样——焦裕禄》（穆青，冯健，周原）、《泪洒中原》（熊能）等；中篇"走进焦裕禄世界"，收录《走进焦裕禄世界》（李培禹）、《我演焦裕禄》（李雪健）、《以焦裕禄精神拍焦裕禄》（吴宝文）等；下篇"银幕内外的震撼"，收录《〈焦裕禄〉是怎样搬上银幕的》（何平平）、《又一次震撼》（施倩）等。书前有李瑞环的《在〈焦裕禄〉首映式上的讲话》；书后有李培禹的《我为好人编本书》。

J0170009
《封神榜》荧屏后的彩虹 上海电视剧制作中心编
上海 学林出版社 1992年 224页 有剧照
20cm（32开）ISBN：7-80510-733-5
定价：CNY4.25

J0170010
《公关小姐》（创作体会·评论·歌曲 22集电视连续剧）王云缦，果青主编
北京 中国广播电视出版社 1992年 155页
有剧照 20cm（32开）ISBN：7-5043-1246-0
定价：CNY3.10
（电视艺术与美学丛书）

J0170011
10集京剧电视连续剧《曹雪芹》（创作体会·评论·文学创作·唱段）王云缦，果青主编；《电视艺术与美学》丛书编委会编辑
北京 中国广播电视出版社 1992年 260页
有照片 19cm（小32开）ISBN：7-5043-1247-9
定价：CNY4.30
（电视艺术和美学丛书）
本书所选文作者均为各方专家及主要创作人员撰写的评论、经验或演出体会，并附有《曹雪芹》剧文学剧本、唱段选。

J0170012
波兰斯基回忆录 （法）波兰斯基著；喇培康译
北京 中国广播电视出版社 1992年 413页
21cm（25开）ISBN：7-5043-2326-8
定价：CNY9.50
（大型电影学文库）

J0170013
电影批评的艺术 刘奉英主编
沈阳 辽宁教育出版社 1992年 249页
19cm(小32开) ISBN: 7-5382-1795-9
定价: CNY5.30

本书论述了电影评论的性质、特点、方法，电影批评的感情尺码，电影批评的科学与求实，电影批评与名著改编等。

J0170014
电影评论写作学 李广德主编；湖州市电影发行放映公司组织编著
杭州 浙江大学出版社 1992年 305页
20cm(32开) ISBN: 7-308-00990-4
定价: CNY5.50

本书共10章。有电影评论写作的准备、构思结构、语言、模式、成文与投稿等内容，外文书名: Writing of Film Review. 作者李广德(1935—)，湖州师专中文系教授、《湖州师专学报》主编，湖州市作家协会主席。

J0170015
电影与新方法 张红军编
北京 中国广播电视出版社 1992年 537页
20cm(32开) ISBN: 7-5043-1994-5
定价: CNY12.20
(大型电影学文库 西方电影学译丛)

本书系现代电影理论与批评论文集，内容包括: 审视与思考、历史批评、类型批评、女权批评、结构主义符号学、精神分析与意识形态批评、叙事研究7部分。

J0170016
福州影评 (第五集) 中共福州市委宣传部[等编]
1992年 油印本 190页 有图 26cm(16开)

J0170017
高山下的花环 (从小说到电影) 李存葆等著
北京 中国电影出版社 1992年 562页 有照片
20cm(32开) ISBN: 7-106-00104-X
定价: CNY9.60
(中国影片研究丛书)

本书选收了原小说、电影文学剧本、完成台本和摄影组主要创作人员的创作体会及一些不同观感的评论文章。

J0170018
红楼探幽 (小说《红楼梦》与电视连续剧《红楼梦》) 陈善等编著
海口 南海出版公司 1992年 280页
19cm(小32开) ISBN: 7-80570-932-7
定价: CNY4.95

作者陈善(1935—)，海南大学副教授。

J0170019
皇城根下的“侃爷”和“痞子”们 (《皇城根》《编辑部的故事》《渴望》三部曲拍摄内幕大曝光) 野岛著
北京 北京师范大学出版社 1992年 64页
有彩照 26cm(16开) ISBN: 7-303-02031-4
定价: CNY3.98

J0170020
剧照“周恩来” (1993年年历)
北京 中国电影出版社 [1992年] 1张 77×53cm
定价: CNY1.10

1993年年历，中国现代工艺美术作品，内容为电影剧照。

J0170021
剧照“周恩来与邓小平” (1993年年历)
北京 中国电影出版社 [1992年] 1张
53cm(4开) 定价: CNY0.60

J0170022
剧照《小花》 (1993年年历)
北京 中国电影出版社 1992年 1张 77×53cm
定价: CNY1.10

J0170023
开国大典 (从剧本到影片) 中国电影出版社中编室，长春电影制片厂宣传处编
北京 中国电影出版社 1992年 505页 有照片
20cm(32开) ISBN: 7-106-00664-5
定价: CNY9.00
(中国影片研究丛书)

J0170024
柯灵电影文存 柯灵著；陈纬编
北京 中国电影出版社 1992年 352页 有照片
20cm(32开) 精装 ISBN: 7-106-00593-2

定价：CNY7.40

本书是作者从30年代至80年代有关电影评论、专题研究、创作经验，以及对一些前辈名人的经历、人品、作品、艺术风格等方面的评介和分析文章的结集。作者柯灵（1909—2000），中国电影理论家、剧作家、评论家。原名高季琳，笔名朱梵、宋约。生于广东广州，原籍浙江绍兴市。代表作品《柯灵电影剧本选集》。

J0170025
恋恋风尘 吴念真，朱天文著
台北 远流出版事业公司 1992年 新版 191页
有照片 21cm（32开）ISBN：957-32-1712-0
定价：TWD160.00
（电影馆 31）

J0170026
龙腾四海 （刘德华/黎明首度银幕大对决）邝小燕主编
台中 晨星出版社 1992年 96页 有剧照
14×15cm ISBN：957-583-230-2
定价：TWD120.00
（巨星快报 5）

J0170027
路易斯·布努艾尔 张红军编著；中国电影艺术研究中心等编辑
北京 中国广播电视出版社 1992年 449页
有照片 20cm（32开）ISBN：7-5043-1995-3
定价：CNY9.50
（大型电影学文库 现代电影大师创造学·传记）

路易斯·布努艾尔（1900—1983），出生于西班牙阿拉贡特鲁埃尔，西班牙电影导演、编剧、制片人、演员，毕业于马德里大学。本书内容包括：第1章“布努艾尔与超现实主义”；第2章“被上帝遗忘的角落”；第3章“奠定大师的地位”；第4章“类型语言的探索期”；第5章“黄金时代的交响曲”；第6章“艺术人格结构的综合体现”；第7章“最后的叹息”。尾声《神秘的布努艾尔》；附录《布努艾尔创作概论》（简·梅伦）、《走向成熟》（J.弗朗西斯科·阿兰达）、《路易斯·布努艾尔》（卡洛斯·福恩特斯）等。

J0170028
上海一家人 （二十六集电视连续剧 剧照·剧本·评论·专访·插曲）李波，解玺璋编
北京 中国戏剧出版社 1992年 420页 有剧照
20cm（32开）ISBN：7-104-00451-3
定价：CNY8.50

本书收录了对电视连续剧《上海一家人》的有关评论、创作经验谈，并选载了电视剧剧本。

J0170029
神圣与世俗 （从电影的表面结构到深层结构）颜汇增著
台北 远流出版事业公司 1992年 246页
21cm（32开）ISBN：957-32-1663-9
定价：TWD160.00
（电影馆 28）

J0170030
史文鸿的电影评论 史文鸿著
香港 次文化公司 1992年 158页 有图
21cm（32开）定价：HKD45.00
（次文化形象文化系列 6）

J0170031
世界电影广告300例 （摄影集）杨庆周，晓宇编
南宁 广西美术出版社 1992年 26cm（16开）
ISBN：7-80582-429-0 定价：CNY11.00
（现代设计家丛书）

J0170032
我最后的叹息 （西）路易斯·布努艾尔著；傅郁辰，孙海清译
北京 中国广播电视出版社 1992年 273页
21cm（25开）ISBN：7-5043-2325-X
定价：CNY7.00
（大型电影学文库）

本书是路易斯·布努艾尔和让-克洛德·卡里埃尔之间共事18年与友谊的成果。他们共同编写了6个电影剧本：《女仆日记》《白日美人》《银河》《资产阶级隐蔽的魅力》《自由的幽灵》《欲望的隐晦目的》。本书产生于他们在西班牙和墨西哥工作闲暇时间的谈话中。收录《记忆》《中世纪的回忆》《卡兰达的鼓》《萨拉哥萨》《孔齐塔的回忆》《欢乐之地》《马德里》《巴黎》《梦与梦幻》等。作者规范汉译姓：布努埃尔。

J0170033
香港电影海报选录 （1950—1990）卢子英主编
香港 三联书店(香港)公司 1992年 127页
24cm(26开) 精装 ISBN: 962-04-1013-0
定价: HKD198.00
(图说香港系列)

J0170034
香港荧屏艺坛 柯可著
广州 暨南大学出版社 1992年 255页
19cm(32开) ISBN: 7-81029-106-8
定价: CNY3.80

本书扼要地介绍了十部以现代城市生活为题材的电视剧，对30位男女明星的个性、特长、技巧以及所饰演的角色作了评价，并对香港电视剧进行审美分析。作者柯可(1952—)，文化学者。生于广西桂林，原籍安徽。历任广东省社会科学院文研所副所长、哲学所副所长，广东华文国学院执行院长，中华老子研究会副会长，广东省文化传播学会副会长，广东省传记文学学会会长。著有《新珠江文化论》《周易大典》《中国岭南影视艺术史》等。

J0170035
香港荧屏艺坛 柯可著
广州 暨南大学出版社 1992年 255页
19cm(小32开) ISBN: 7-81029-106-8
定价: CNY3.80

J0170036
新时期电影论 任仲伦编著
上海 上海文艺出版社 1992年 356页
19cm(小32开) ISBN: 7-5321-0818-X
定价: CNY4.75

本书对新时期的电影创作进行了评论，包括电影精神、导演意识、电影现象3篇。

J0170037
杨家将 （三十二集电视连续剧 剧照·剧情录·群星谱·评论·插曲）古剑，青云编
北京 中国戏剧出版社 1992年 289页 有剧照
20cm(32开) ISBN: 7-104-00450-5
定价: CNY6.60

J0170038
银海虚实谈 成志谷著
北京 中国电影出版社 1992年 204页
19cm(小32开) ISBN: 7-106-00006-X
定价: CNY3.70

本书收入作者"文革"后撰写的电影理论、评论、随笔杂文及悼亡忆旧文字等四十七篇。作者成志谷，电影评论家。曾任上海市电影局艺术处副处长、局长助理，上海电影评论学会会长、北京电影制片厂厂长。

J0170039
荧屏内外 朱汉生著
北京 中国文联出版公司 1992年 300页 有照片
19cm(小32开) ISBN: 7-5059-1690-4
定价: CNY4.80

本书收有电视评论、艺术论文、国内外访问纪实、人物专访等。作者朱汉生(1935—)，编审。北京人，中国电视艺术家协会理事、编辑出版部主任。

J0170040
影视鉴赏入门 沈红著
上海 华东师范大学出版社 1992年 165页
19cm(小32开) ISBN: 7-5617-0916-1
定价: CNY3.50

J0170041
影视艺术观赏指南 姚楠，邸力争著
保定 河北大学出版社 1992年 327页
19cm(小32开) ISBN: 7-81028-073-2
定价: CNY4.90

本书分为：影视鉴赏、影视评论、影视保健、影视游艺、影视文化、影视功能6篇。

J0170042
永恒的纪念 陈荒煤著
重庆 重庆出版社 1992年 394页 有照片
19cm(小32开) ISBN: 7-5366-2055-1
定价: CNY4.70

本书分3辑：回忆总理和一些学习周总理文艺思想的文章、怀念周总理关心的几位电影界的朋友的文章、有关电影艺术工作的评论文章。作者陈荒煤(1913—1996)，原名陈光美，笔名沪生，湖北襄阳人。历任中国作家协会副主席，文

化部电影局局长、文化部副部长，中国社会科学院文学研究所副所长。作品有短篇小说《忧郁的歌》《长江上》《在教学里唱歌》，报告文学集《刘伯承将军印象记》《陈赓将军印象记》，散文集《荒野中的地火》《梦之歌》等。

J0170043
这边风景 （共产党人银幕形象论集）中共陕西省委组织部，陕西省电影家协会编
西安 陕西人民教育出版社 1992年 260页
有照片 20cm（32开）ISBN：7-5419-3504-2
定价：CNY6.00

J0170044
周恩来 （从剧本到影片）
北京 中国电影出版社 1992年 566页 有彩照
20cm（32开）ISBN：7-106-00753-6
定价：CNY10.00
（中国影片研究丛书）
本书如实记载了影片《周恩来》诞生的全过程，包括《周恩来》电影文学剧本、《周恩来》影片剧作谈、《周恩来》摄影阐述等。

J0170045
周恩来 （剧照摄影）
北京 中国电影出版社 1994年 2张 77×53cm
定价：CNY2.60

J0170046
“北京人”的遭遇 （《北京人在纽约》拍摄散记）彭晓林撰文；高鑫摄影
北京 中国文学出版社［1993年］48页
26cm（16开）ISBN：7-5071-0203-3
定价：CNY9.80

J0170047
巴人 周东臣等主编
北京 中国广播电视出版社 1993年 269页
20cm（32开）ISBN：7-5043-2433-7
定价：CNY7.00
本书编收电视剧《巴人》文学剧本、台本、创作谈和各地专家的评论文章。

J0170048
当代电影 当代电影编辑部
北京 当代电影杂志社 1993年 206页
26cm（16开）定价：CNY5.50

J0170049
当代港台电影 （1993）黄寤兰主编
台北 时报文化出版公司 1993年 226页 有彩照
21cm（32开）ISBN：957-13-0873-0
定价：TWD200.00
（人间丛书 202）

J0170050
当代影视艺术欣赏与评论 刘剑锋，严蓉仙主编
济南 山东大学出版社 1993年 392页
20cm（32开）ISBN：7-5607-1021-2
定价：CNY6.80
作者刘剑锋，山东枣庄师专任教。作者严蓉仙，山东大学任教。

J0170051
邓在军电视艺术 林强编
北京 华文出版社 1993年 319页 有彩照
20cm（32开）ISBN：7-5075-0179-5
定价：CNY8.50

J0170052
低度开发的回忆 （一种异类影评）吴其谚著
台北 唐山出版社 1993年 218页 21cm（32开）
定价：TWD170.00
（战争机器丛刊 6）

J0170053
电视剧论集 陈汉元主编
北京 人民出版社 1993年 582页 20cm（32开）
ISBN：7-01-001561-9 定价：CNY12.20
（电视丛书）
本书分上下两篇，上篇为宏观理论研究文章，下篇为历届“飞天奖”一等奖部分剧目的评论。

J0170054
电视剧论集 陈汉元主编
北京 人民出版社 1993年 13+582页
21cm（32开）精装 ISBN：7-01-001560-0
定价：CNY20.80

（电视丛书）

本书从加强宏观理论研究这一宗旨出发，集有关方面的领导和评论家、艺术家的讲话、评论与创作于一体，以期从多方位、多侧面、多视角地去研究电视剧艺术的创作规律，明确我国电视剧生产的主导方向，从中总结出有益的经验，使电视剧健康地发展，以满足亿万观众对电视文化日益增长的需要。

J0170055
电影一百年名作精选丛书（法国电影卷）李亦中，吕晓明主编
上海 华东师范大学出版社 1993年 265页
20cm（32开）ISBN：7-5617-1087-9
定价：CNY7.85

本书论述了法国电影概观，并对19部法国电影进行了简介、鉴赏。作者李亦中，教授。历任媒体与设计学院电影电视系主任，上海交通大学美国电影研究中心常务副主任，教育部戏剧影视广播教指委委员、中国高等院校电影电视学会副会长，中国电影评论学会理事。出版有《电影四面八方》《中国入世与传播学新视野：影视传播》《影视艺术教程》等。作者吕晓明，上海电影艺术研究所任职。

J0170056
电影一百年名作精选丛书（美国电影卷）李亦中，吕晓明主编
上海 华东师范大学出版社 1993年 334页
20cm（32开）ISBN：7-5617-0977-3
定价：CNY5.10

本书收录《淘金记》《一夜风流》《乱世佳人》等24部电影，每部由故事梗概与鉴赏文字两部分组成。

J0170057
电影一百年名作精选丛书（中国电影卷）李亦中，吕晓明主编
上海 华东师范大学出版社 1993年 398页
20cm（32开）ISBN：7-5617-1103-4
定价：CNY11.20

本书编入我国30-90年代初的电影名片30部，每部包括故事梗概与鉴赏文字两部分。

J0170058
电影一百年名作精选丛书（英国电影卷）李亦中，吕晓明主编
上海 华东师范大学出版社 1996年 260页
20cm（32开）ISBN：7-5617-1585-4
定价：CNY12.00

J0170059
雕刻时光（塔可夫斯基的电影反思）（苏）塔可夫斯基（Tarkovsky，A.）著；陈丽贵，李泳泉译
台北 万象图书公司 1993年 340页 21cm（32开）
ISBN：957-669-448-5 定价：TWD320.00
（电影眼系列 4）

J0170060
歌舞电影纵横谈　焦雄屏著
台北 远流出版事业公司 1993年 266页 有照片
21cm（32开）ISBN：957-32-1926-3
定价：TWD220.00
（电影馆 39）

作者焦雄屏（1953—　），女，台湾电影学者、影评家、剧作家、制片人、监制。毕业于美国德州奥斯汀分校影视专业硕士学位。策划出版了《电影馆》丛书等，监制作品有《香港情怀》《望乡》《洞》《十七岁的单车》《半镜》等。

J0170061
耕耘集　李文斌著
北京 长征出版社 1993年 393页 20cm（32开）
ISBN：7-80015-272-3 定价：CNY8.80

本书分为电影评论、影事纵横、天南地北3部分，其中包括影评、影事、电影创作通信、出访随笔等。

J0170062
巩俐·张艺谋电影杰作与小说
郑州 中原农民出版社 1993年 262页 有彩照
19cm（小32开）ISBN：7-80538-474-6
定价：CNY5.20

J0170063
古船·女人和网　方金摄
沈阳 辽宁美术出版社 1993年 2张 77×53cm
定价：CNY1.50

J0170064
关于雷奈·费里尼电影的二三事 李幼新著
台北 志文出版社 1993年 454页 有照片
19cm(小32开) ISBN: 957-545-558-4
定价: TWD350.00
(新潮文库 360)
本书主要介绍雷乃、费里尼及其影片，尝试用雷乃、费里尼的电影解释别人的电影。

J0170065
黄一鹤的电视艺术道路 黄望南主编
北京 中国广播电视出版社 1993年 272页
有彩照 20cm(32开) ISBN: 7-5043-2466-3
定价: CNY6.40
本书包括黄一鹤从事电视艺术工作的总结，电视界活动家、理论家为他做的综述和评论及有关春节晚会的回顾等。作者黄望南，中央电视台编导。

J0170066
辉煌的篇章 (建党七十周年献礼片电影评论集)曹文敏编
北京 中国戏剧出版社 1993年 299页
19cm(小32开) ISBN: 7-104-00504-8
定价: CNY5.60
作者曹文敏，上海市工人文化宫任职。

J0170067
混沌与苍茫 (萧尔斯电影评论集)赵军著
1993年 199页 20cm(32开) 定价: CNY3.00

J0170068
建筑电影院 (阅读电影中的空间意涵)李清志主编
台北 创兴出版社 1993年 131页 有照片
21cm(32开) 定价: TWD180.00
(大众空间丛书 1)

J0170069
聊斋影视评论 王富聪著
济南 山东文艺出版社 1993年 276页
20cm(32开) ISBN: 7-5329-1075-X
定价: CNY11.80
本书内容包括：聊斋电视系列剧评论、聊斋电视剧本评论、聊斋电影(本)评论及附录。作者王富聪(1940—)，女，研究员。天津人，山东省艺术研究所副研究员、中国戏剧家协会会员。

J0170070
难得真言 (影视放评及其它)闵中王著
北京 中国检察出版社 1993年 重印本 433页
19cm(32开) ISBN: 7-80086-133-3
定价: CNY8.50
本书收录文章百余篇，影视批评居多，另有经济小品文和专论时事、政治或社会问题的文章等。

J0170071
欧洲当代电影新潮 蔡秀女著
台北 远流出版公司 1993年 273页 有照片
21cm(32开) ISBN: 957-32-1978-6
定价: TWD220.00
(电影馆 40)

J0170072
亲吻一朵微笑 (幕前、幕后、人生)马健君著
台北 张老师出版社 1993年 215页 21cm(32开)
ISBN: 957-693-069-3 定价: TWD180.00
(文化显影系列 12)

J0170073
三毛从军记 上海电影制片厂供稿
上海 上海人民美术出版社 1993年 2张
77×53cm 定价: CNY2.00

J0170074
山不转水转 (六集电视连续剧剧照·导演阐述·导演工作台本·评论·插曲)厉夏，方金编
北京 中国戏剧出版社 1993年 271页 有剧照
20cm(32开) ISBN: 7-104-00558-7
定价: CNY7.35

J0170075
声与光的潮汐 思忖著
北京 解放军文艺出版社 1993年 343页 有照片
19cm(小32开) ISBN: 7-5033-0412-X
定价: CNY5.50
本书是作者自1979年至1992年所撰军事题材电影批评论著自选集。共收文章50余篇，其中有《前进中的军事题材电影》、《面对消费者》、

《历史片视野的拓宽》等。作者思忖(1934—),编审。原名陈适存,福建泉州人。历任中国作家协会会员、中国当代文学研究会会员、中国电影家协会会员。著有《军人的美和美的军事文学》《声与光的潮汐》《突进在战争文学的纵深地带》。

J0170076
台湾香港电影名片欣赏 寇立光,李玉芝著
太原 山西教育出版社 1993 年 398 页
20cm(32 开) ISBN: 7-5440-0257-8
定价: CNY9.70

本书对《秋决》《春寒》《上海之夜》《大红灯笼高高挂》等 50 部港台电影进行了故事梗概介绍和评析。作者寇立光(1939—),教授。历任中国现代文学研究会会员、中国高校电影学会会员、江苏电影电视评论学会理事、徐州师范大学教授。著有《中国当代电影新论》《台湾香港电影名片欣赏》等。作者李玉芝(1940—),女,徐州师范学院中文系副教授,中国写作学会会员,中国高校电影学会会员。

J0170077
我的电影思维 翁睦瑞著
北京 文津出版社 1993年 559页 19cm(小32开)
ISBN: 7-80554-211-2 定价: CNY10.00

中国现代电影理论和故事片电影评论文集。作者翁睦瑞(1939—),广东潮阳人,中国社会科学院文学研究所副研究员。

J0170078
喜宴 李安,冯光远著
台北 时报文化出版企业公司 1993 年 283 页
有照片 21cm(32 开) ISBN: 957-13-0623-1
定价: TWD140.00
(人间丛书 190)

J0170079
夏衍访谈录 李文斌著
北京 中国电影出版社 1993 年 103 页 有彩照
20cm(32 开) ISBN: 7-106-00837-0
定价: CNY2.20

本书收集了近年来夏衍同志观看影片的意见,其中包括:对影片创作者的具体评析,关于新时期电影创作和电影界体制改革的意见和主张等。

J0170080
夏衍谈电影 夏衍著;林缦,李子云编选
北京 中国电影出版社 1993 年 200 页 有彩照
20cm(32 开) ISBN: 7-106-00805-2
定价: CNY3.80

本书汇集了夏衍同志在 80 年代关于电影方面的讲话、通信、杂谈、论文等,其中有对中国电影的回顾、当代电影创作的评价等。

J0170081
寻找本土 (盛伯骥电视艺术文选) 盛伯骥著
长沙 湖南出版社 1993年 144页 19cm(小32开)
ISBN: 7-5438-0549-9 定价: CNY3.10

本书收集的是作者从事电视工作获奖节目的解说词和在全国、省级刊物发表过的论文。作者盛伯骥(1956—),编导。湖南长沙人。历任湖南省政府参事、湖南省电视艺术家协会专职副会长兼秘书长、湖南广播电视集团宣传管理办公室主任、湖南广播电视台常务副总编等职。代表作品《家话》《寻找故乡》。

J0170082
银海潮音 (莆田市电影评论选) 杨振辉编
北京 中国文联出版公司 1993 年 228 页
19cm(小 32 开) ISBN: 7-5059-0913-4
定价: CNY4.45

J0170083
荧屏三原色 (影视评论集) 谷俊杰,邢文国著
长春 时代文艺出版社 1993 年 342 页
20cm(32 开) ISBN: 7-5387-0635-6
定价: CNY7.00

本书收录两位作者的影视评论百余篇,包括:《"渴望"的启示》《电视剧"红楼梦"的缺憾》《若男与阿信》等。作者谷俊杰(1943—),笔名古文、若谷、歌吾等。辽宁海城人,毕业于吉林大学中文系。历任吉林电视台文艺部主任,长春广播电视局副局长,中国电视艺术家协会会员等。作者邢文国,吉林伊通县人。《视听导报》总编辑、中国作家协会吉林分会会员等。

J0170084
影评人的真面目 梁良编著
台北 淑馨出版社 1993 年 251 页 有照片
21cm(32 开) ISBN: 957-531-284-8

定价: TWD180.00
(影剧广场 1)

J0170085
影视艺苑巡礼　周怡, 傅立新著
海口 南海出版公司 1993年 235页 20cm(32开)
ISBN: 7-5442-0121-X 定价: CNY6.80
(山东评论家丛书)
本书收百余篇文章, 有《电影的色彩感受》《中国出了个毛泽东》《给"女人"亮分》等。

J0170086
欲念、毒品和鬼魂　(世界电影羁旅)崔子恩撰
北京 华夏出版社 1993年 202页 19cm(小32开)
ISBN: 7-5080-0070-6 定价: CNY5.80
作者崔子恩, 导演、编剧、作家、制作人。出生于黑龙江。毕业于中国社会科学院研究生院。任教于北京电影学院。有纪实小说《北斗有7星》, 电影《野草莓》, 著作《艺术家的宇宙》等。

J0170087
再现革命历史的艺术　(革命历史题材电影研究论文集)孟犁野等编
北京 中国电影出版社 1993年 322页
20cm(32开) ISBN: 7-106-00764-1
定价: CNY5.50
本书共收文章31篇, 分三类。一.1991年建党70年前后上映的革命题材影片的艺术总结; 二.对我国革命题材影片创作道路的回顾与反思; 三.对革命题材电影艺术成就与不足的探讨等。

J0170088
周恩来　(摄影 1994年年历)
北京 中国电影出版社 [1993年] 1张 77×53cm
定价: CNY1.30

J0170089
最后的贵族　(从小说到电影)白先勇等著; 大地文化社主编
上海 百家出版社 1993年 380页 有照片
20cm(32开) ISBN: 7-80576-067-5
定价: CNY8.50

J0170090
《活著》一部电影的诞生　王斌著
台北 国际村文库书店 1994年 254页 有彩照
21cm(32开) ISBN: 957-754-114-3
定价: TWD170.00

J0170091
爱国主义精神永放光芒　(百部爱国主义影片荟萃)章柏青主编
北京 中国电影出版社 1994年 283页 有剧照
20cm(32开) ISBN: 7-106-00880-X
定价: CNY7.00

J0170092
爱在台北　(剧照摄影)
北京 中国电影出版社 1994年 2张 77×53cm
定价: CNY3.40

J0170093
八十四集大型电视连续剧《三国演义》导观　蒲国珍编著
石家庄 花山文艺出版社 1994年 41页
有地图 19cm(小32开) ISBN: 7-80505-792-3
定价: CNY2.00

J0170094
霸王别姬　(剧照摄影)
北京 中国电影出版社 1994年 2张 77×53cm
定价: CNY3.40

J0170095
白衣侠女　杨文庆摄
北京 中国电影出版社 1994年 2张 77×53cm
定价: CNY2.60

J0170096
百部爱国影视片欣赏　汪开寿等编著
合肥 安徽人民出版社 1994年 216页
19cm(小32开) ISBN: 7-212-01143-6
定价: CNY4.50

J0170097
百部爱国主义影片评介　赵士奎主编
北京 中国物资出版社 1994年 384页
19cm(小32开) ISBN: 7-5047-0984-0

定价：CNY6.80

J0170098
百部爱国主义影视片赏析 张绍祖主编
天津 天津人民出版社 1994年 165页
19cm（小32开）ISBN：7-201-02016-1
定价：CNY3.50
（口袋里的老师丛书 4）

J0170099
百部优秀爱国主义影片观赏指南 杭州大学影视戏曲研究所，浙江省电影总公司编
杭州 杭州大学出版社 1994年 226页
19cm（小32开）ISBN：7-81035-741-7
定价：CNY4.00

J0170100
柏格曼论电影 柏格曼（Bergman，L.）著；韩良忆等译
台北 远流出版事业公司 1994年 348页 有照片
21cm（32开）ISBN：957-32-2272-8
定价：TWD280.00
（电影馆 45）

J0170101
拜花堂 （摄影）
北京 中国电影出版社 1994年 1张 52×77cm
定价：CNY1.30

J0170102
碧血宝刀 李森摄
北京 中国电影出版社 1994年 2张 77×53cm
定价：CNY2.60

J0170103
大决战 （辽沈战役 剧照摄影）
北京 中国电影出版社 1994年 2张 77×53cm
定价：CNY2.60

J0170104
袋鼠男人 （电影剧本与幕后人语）李黎，刘怡明著
台北 远流出版事业公司 1994年 166页 有照片
21cm（32开）ISBN：957-32-2453-4
定价：TWD160.00
（电影馆 52）

J0170105
当代军事题材电视纪录片创作论谈 柯铭主编
北京 解放军出版社 1994年 224页
19cm（小32开）ISBN：7-5065-2304-3
定价：CNY7.20

本书收有文章30篇，包括《军旅大风歌——评电视系列片〈边关军魂〉》《中国之路魅力长存》《〈血沃中原〉的艺术构筑》等。

J0170106
当代中国电影 （1994）黄寤兰主编
台北 时报文化出版企业公司 1994年 309页
有照片 21cm（32开）ISBN：957-13-1491-9
定价：TWD300.00
（人间丛书 217）

J0170107
当代中国电影 （1995—1997）黄寤兰主编
台北 时报文化出版企业公司 1998年 329页
有照片 21cm（32开）ISBN：957-13-2523-6
定价：TWD250.00
（时报书系 679）

J0170108
当代中国电影 （1998）黄寤兰主编
台北 时报文化出版企业公司 1999年 256页
有剧照 21cm（32开）ISBN：957-13-2846-4
定价：TWD250.00
（时报书系 681）

J0170109
恶声 （陈克华电影笔记）陈克华著
台北 皇冠文学出版公司 1994年 231页
21cm（32开）ISBN：957-33-1152-6
定价：TWD150.00
（皇冠丛书 2373）

J0170110
方世玉 （剧照摄影）
北京 中国电影出版社 1994年 2张 77×53cm
定价：CNY3.40

J0170111
古船·女人和网　（剧照摄影）
北京　中国电影出版社　1994年　2张　77×53cm
定价：CNY3.40

J0170112
古船·女人与网　（摄影）
天津　天津人民美术出版社　1994年　2张
77×53cm　定价：CNY2.40

J0170113
过年　（剧照摄影）
北京　中国电影出版社　1994年　2张　77×53cm
定价：CNY2.60

J0170114
海边漫步　（摄影）
北京　中国电影出版社　1994年　1张　77×53cm
定价：CNY1.30

J0170115
红色的旋律　（摄影）
北京　中国电影出版社　1994年　1张　77×53cm
定价：CNY1.80

J0170116
红星照我去战斗　（小学爱国主义教育优秀影视片鉴赏）贾占清，张子臣主编
开封　河南大学出版社　1994年　重印本　158页
19cm（32开）ISBN：7-81041-037-7
定价：CNY2.80

本书内容分为必看片16部和选看片34部，书末附录《小学爱国主义教育优秀影视片歌曲选》。

J0170117
猴娃　（剧照摄影）
北京　中国电影出版社　1994年　2张　77×53cm
定价：CNY3.40

J0170118
荒原回声　（影视评论集）高力著
乌鲁木齐　新疆大学出版社　1994年　229页
21cm（32开）ISBN：7-5631-0548-4
定价：CNY7.80
（苦旅文丛）

J0170119
娇娜　（剧照摄影）
北京　中国电影出版社　1994年　2张　77×53cm
定价：CNY2.60

J0170120
开国大典　（摄影　1995年年历）
北京　中国电影出版社　1994年　1张　52×38cm
定价：CNY1.00

J0170121
离婚大战　赵小丁摄
北京　中国电影出版社　1994年　2张　77×53cm
定价：CNY2.60

J0170122
离婚合同　（剧照摄影）
北京　中国电影出版社　1994年　2张　77×53cm
定价：CNY2.60

J0170123
离婚喜剧　（剧照摄影）
北京　中国电影出版社　1994年　2张　77×53cm
定价：CNY2.60

J0170124
篱笆·女人和狗　方今撰文；大连电视台电视剧部提供
北京　中国电影出版社　1994年　2张　77×53cm
定价：CNY3.40

J0170125
刘海戏金蟾　（摄影　1995年年历）赵之硕摄
北京　中国连环画出版社　1994年　1张
77×53cm　定价：CNY2.20

J0170126
辘轳·女人和井　（剧照摄影）
北京　中国电影出版社　1994年　2张　77×53cm
定价：CNY3.40

J0170127
毛泽东的故事　罗逊摄

北京 中国电影出版社 1994年 2张 77×53cm
定价：CNY2.60

J0170128
毛泽东和他的儿子 （剧照摄影）
北京 中国电影出版社 1994年 2张 77×53cm
定价：CNY2.60

J0170129
梦幻世界－电影 叶知著
中国美术学院出版社 1994年 187页 有剧照
19cm（小32开）ISBN：7-81019-354-6
定价：CNY11.00
（艺术迷宫指南丛书）
本书由中国美术学院出版社和蓝鲸艺术图书发展公司联合出版。

J0170130
男同性恋电影 李幼新著
台北 志文出版社 1994年 修订版 463页 有照片
19cm（小32开）ISBN：957-545-557-6
定价：TWD350.00
（新潮文库 361）

J0170131
南国都市电影研究论集 黄大德，陆环主编
广州 中山大学出版社 1994年 372页 有照片
19cm（小32开）ISBN：7-306-00972-9
定价：CNY12.00

J0170132
南行记 （从小说到屏幕）四川电视台，中国电影出版社编
北京 中国电影出版社 1994年 235页 有彩照
20cm（32开）ISBN：7-106-01014-6
定价：CNY11.40
（中国影片研究丛书）

J0170133
女人不是月亮 （剧照摄影）
北京 中国电影出版社 1994年 2张 77×53cm
定价：CNY3.40

J0170134
女性与影像 （女性电影的多角度阅读）游惠贞编
台北 远流出版事业公司 1994年 328页 有照片
21cm（32开）ISBN：957-32-2389-9
定价：TWD250.00
（电影馆 49）

J0170135
平津战役 （剧照摄影）
北京 中国电影出版社 1994年 2张 77×53cm
定价：CNY2.60

J0170136
七星碧玉刀 （剧照摄影）
北京 中国电影出版社 1994年 2张 77×53cm
定价：CNY3.40

J0170137
奇恋 赵鹏等摄
北京 中国电影出版社 1994年 2张 77×53cm
定价：CNY2.60

J0170138
奇侠俏妹闹热河 （剧照摄影）
北京 中国电影出版社 1994年 2张 77×53cm
定价：CNY3.40

J0170139
青春似火 （摄影）
北京 中国电影出版社 1994年 1张 77×53cm
定价：CNY1.30

J0170140
青春无悔 吴孟樵，周晏子编著
台北 幼狮文化事业公司 1994年 重印本 192页
有彩照 21cm（32开）ISBN：957-530-482-9
定价：TWD150.00
（幼狮电影广场 6）

J0170141
秋菊打官司 （剧照摄影）
北京 中国电影出版社 1994年 2张 77×53cm
定价：CNY3.40

J0170142
秋收起义 （剧照摄影）

北京 中国电影出版社 1994 年 2 张 77×53cm
定价：CNY3.40

J0170143
少女与摩托 肖雪摄
北京 中国电影出版社 1994 年 1 张 77×53cm
定价：CNY1.30

J0170144
神捕铁中英 郑康振摄
北京 中国电影出版社 1994 年 2 张 77×53cm
定价：CNY2.60

J0170145
神秘女郎 （剧照摄影）
北京 中国电影出版社 1994 年 2 张 77×53cm
定价：CNY2.60

J0170146
神州第一刀 （剧照摄影）
北京 中国电影出版社 1994 年 2 张 77×53cm
定价：CNY3.40

J0170147
狮王争霸 （《黄飞鸿》之三 剧照摄影）
北京 中国电影出版社 1994 年 2 张 77×53cm
定价：CNY3.40

J0170148
十月怀胎 李俊岩摄
北京 中国电影出版社 1994 年 2 张 77×53cm
定价：CNY2.60

J0170149
索命飞刀 刘健魁，林博泉摄
北京 中国电影出版社 1994 年 2 张 77×53cm
定价：CNY2.60

J0170150
唐伯虎点秋香 （剧照摄影）
北京 中国电影出版社 1994 年 2 张 77×53cm
定价：CNY3.40

J0170151
天竺收玉兔 （电视连续剧《西游记》故事剧照）
陈元宁编文；欣心，大健摄影
天津 天津人民美术出版社 1994 年 2 张
77×53cm 定价：CNY2.40

J0170152
甜女 （摄影）
北京 中国电影出版社 1994 年 1 张 77×53cm
定价：CNY1.30

J0170153
王尘无电影评论选集 王尘无著；广播电影电视部党史资料征集工作领导小组，中国电影艺术研究中心编
北京 中国电影出版社 1994 年 420 页 有照片
20cm（32 开）ISBN：7-106-00886-9
定价：CNY8.70

J0170154
王者之风 （《黄飞鸿》之四 剧照摄影）
北京 中国电影出版社 1994 年 2 张 77×53cm
定价：CNY3.40

J0170155
偎依 （摄影）
北京 中国电影出版社 1994 年 1 张 77×53cm
定价：CNY1.30

J0170156
温馨爱意 （摄影）
北京 中国电影出版社 1994 年 1 张 77×53cm
定价：CNY1.30

J0170157
我所敬仰的电影人物 （百部优秀影视片征文选辑）葛枫安，杜卫国
济南 山东教育出版社 1994 年 200 页 有插图
19cm（小 32 开）ISBN：7-5328-2054-8
定价：CNY3.85

J0170158
无名三侠客 田建民摄
北京 中国电影出版社 1994 年 2 张 77×53cm
定价：CNY2.60

J0170159
五钩神枪俏罗成 （剧照摄影）
北京 中国电影出版社 1994年 2张 77×53cm
定价：CNY3.40

J0170160
五郎八卦棍 （剧照摄影）
北京 中国电影出版社 1994年 2张 77×53cm
定价：CNY2.60

J0170161
武则天的恋情 （摄影）何新，赵立新摄
沈阳 辽宁美术出版社 1994年 2张 77×53cm
定价：CNY3.60

J0170162
喜剧明星 关庆武摄
北京 中国电影出版社 1994年 2张 77×53cm
定价：CNY2.60

J0170163
香江恋曲 （剧照摄影）
北京 中国电影出版社 1994年 2张 77×53cm
定价：CNY3.40

J0170164
小学电影观赏指南 黄会林等主编
武汉 湖北教育出版社 1994年 389页
19cm（小32开）ISBN：7-5351-1349-4
定价：CNY4.85
（爱国主义影视教育丛书）

J0170165
杨贵妃 钟文明摄
北京 中国电影出版社 1994年 2张 77×53cm
定价：CNY2.60

J0170166
杨乃武与小白菜 （摄影）袁建华，朱家骅供稿
沈阳 辽宁美术出版社 1994年 2张 77×53cm
定价：CNY3.60

J0170167
一村之长 （剧照摄影）
北京 中国电影出版社 1994年 2张 77×53cm
定价：CNY3.40

J0170168
义剑奇侠 （剧照摄影）
北京 中国电影出版社 1994年 2张 77×53cm
定价：CNY3.40

J0170169
银屏内外随笔录 于得水著
郑州 河南人民出版社 1994年 233页 有照片
19cm（小32开）ISBN：7-215-02716-3
定价：CNY5.40
本书包括：影视艺术的探索、导演艺术散论、银屏艺术评论、影视艺术随笔、影人与作品、影视与观众6部分。

J0170170
英雄本色 （剧照摄影）
北京 中国电影出版社 1994年 2张 77×53cm
定价：CNY3.40

J0170171
荧海一得 果青主编
北京 中央广播电视出版社 1994年 201页
20cm（32开）ISBN：7-5043-1277-0
定价：CNY6.20
（电视业务理论丛书）

J0170172
荧屏漫笔 （情感·形象·符号）王维超著
北京 中国文联出版公司 1994年 243页
19cm（小32开）ISBN：7-5059-2030-8
定价：CNY5.80

J0170173
影视鉴赏活动指导 皇甫积庆著
杭州 杭州大学出版社 1994年 247页
19cm（小32开）ISBN：7-81035-622-4
定价：CNY5.60
（中学教师继续教育丛书）

J0170174
影视艺术鉴赏与评论 陈卫平编
北京 高等教育出版社 1994年 263页
19cm（小32开）ISBN：7-04-004955-4

定价: CNY4.60
(中学教师继续教育丛书 知识更新、扩大知识面和课外指导系列)

J0170175
优秀爱国主义影视故事选 (小学版) 钟起煌主编
南昌 21世纪出版社 1994年 重印本 218页
19cm(32开) ISBN: 7-5391-0773-1
定价: CNY3.50

J0170176
优秀爱国主义影视故事选 (中学版) 钟起煌主编
南昌 21世纪出版社 1994年 重印本 258页
有插图 19cm(32开) ISBN: 7-5391-0779-0
定价: CNY3.80

J0170177
有人偏偏爱上我 (剧照摄影)
北京 中国电影出版社 1994年 2张 77×53cm
定价: CNY2.60

J0170178
运筹帷幄 (摄影)
北京 中国电影出版社 1994年 1张 52×77cm
定价: CNY1.30

J0170179
赵百万梦幻曲 杨鹏辉, 于振海摄
北京 中国电影出版社 1994年 2张 77×53cm
定价: CNY2.60

J0170180
智勇和尚 (剧照摄影)
北京 中国电影出版社 1994年 2张 77×53cm
定价: CNY2.60

J0170181
中小学生百部爱国主义影视片观赏指南 朱定昌主编
武汉 湖北人民出版社 1994年 250页
19cm(小32开) ISBN: 7-216-01321-2
定价: CNY4.10

J0170182
中学电影观赏指南 黄会林主编
武汉 湖北教育出版社 1994年 422页
19cm(小32开) ISBN: 7-5351-1379-6
定价: CNY5.75
(爱国主义影视教育丛书)

J0170183
钟惦棐文集 钟惦棐著
北京 华夏出版社 1994年 2册(671+706页)
有照片 20cm(32开) 精装
ISBN: 7-5080-0405-1 定价: CNY66.00

本文集收作者1950—1986年间近300篇文章，主要是有关电影艺术的评论。作者钟惦棐(1919—1987)，电影评论家。重庆江津人，毕业于延安鲁艺美术系，留校任教。历任华北联合大学文艺学院教师、华北军区抗敌剧社美术队干部、中宣部干部、中国影协书记处书记、中国电影艺术中心研究员等。著有《陆沉集》《起搏书》《电影的锣鼓》《电影策》等。

J0170184
周末恋爱角 刘枫棣, 李力摄
北京 中国电影出版社 1994年 2张 77×53cm
定价: CNY2.60

J0170185
赚它一千万 (剧照摄影)
北京 中国电影出版社 1994年 2张 77×53cm
定价: CNY3.40

J0170186
祖国在我心中 (中学爱国主义教育优秀影视片鉴赏) 张子臣, 贾占清主编
开封 河南大学出版社 1994年 重印本 161页
19cm(32开) ISBN: 7-81041-032-6
定价: CNY2.80

本书对18部中学生必看影片和33部选看影片进行了介绍、赏析，其中有《英雄儿女》《党的女儿》《子夜》《李四光》等。

J0170187
祖国在我心中 (上海市中小学生影评获奖作品选) 凌同光主编; 上海市中等学校影评协会编
上海 上海远东出版社 1994年 192页

19cm（小 32 开）ISBN：7-80514-326-9
定价：CNY9.00

J0170188
爱国主义影片赏析与史话　封敏著
北京 教育科学出版社 1995 年 221 页
19cm（小 32 开）ISBN：7-5041-1557-6
定价：CNY6.00
（电影艺术教育丛书）

本书是为纪念中国电影 90 周年（1905—1995）而编辑的影片赏析与评论。作者封敏（1931—2017），女，教授、电影史论家。河北正定人，历任北京电影学院文学系副教授、硕士生导师、电影史论教研组组长，中国电影家协会会员。出版《中国电影艺术史纲（1896 — 1986）》《爱国主义影片赏析与史话》《电影艺术 ABC》《孔雀为什么这样美丽？》等。

J0170189
崔嵬与电影　郦苏元编
北京 奥林匹克出版社 1995 年 312 页 有照片
20cm（32 开）ISBN：7-80067-247-6
定价：CNY20.00

J0170190
单打双不打（一部来自金门的百姓电影）萤火虫映像体著
台北 万象图书公司 1995 年 193 页 21cm（32 开）
ISBN：957-669-632-1 定价：TWD180.00
（艺书房 7）

J0170191
当代电影名片赏析　王宗法等主编
福州 海峡文艺出版社 1995 年 543 页
20cm（32 开）ISBN：7-80534-784-0
定价：CNY19.00
（中国当代文学名作赏析丛书）

J0170192
颠覆好莱坞（大众文化与传统之战）麦可·米德维（MichaelMedved）著；黄葳威译
台北 正中书局 1995 年 336 页 21cm（32 开）
ISBN：957-09-0994-3 定价：TWD250.00
（大众传播学译丛）

外文书名：Hollywood Vs. America：Popular Culture and the War on Traditional Values.

J0170193
电影笔记（王长安看电影）王长安著
台北 万象图书公司 1995 年 299 页 有照片
21cm（32 开）ISBN：957-669-700-X
定价：TWD250.00
（艺书房 13）

J0170194
电影的读解　颜纯钧著
北京 中国电影出版社 1995 年 263 页
20cm（32 开）ISBN：7-106-00652-1
定价：CNY9.00

本书内容包括：导论、形式经验、文学的方式、艺术的方式、超越读解 5 章。

J0170195
电影电视广角镜　李军，赵金阁编著
北京 中国华侨出版社 1995 年 204 页
19cm（小 32 开）ISBN：7-80120-046-2
定价：CNY7.80
（现代科技与人文大观 丛书）

本书是中国现代电影电视的影片赏析与评论。

J0170196
电影名片论析　连文光著
广州 暨南大学出版社 1995 年 353 页
19cm（32 开）ISBN：7-81029-428-8
定价：CNY13.50

作者连文光（1937—　），教授。广东龙川县人，毕业于暨南大学中文系。历任暨南大学中国语言文化教学中心（系）主任，广东喜剧美学研究会理事，广东作家协会、广东电影家协会、广东电视艺术家协会会员，并兼任华南文艺成人学院影视戏剧系教授。出版有《中外电影史话》《电影名版论析》等。

J0170197
东邪西毒（剧照四条屏）北京电影制片厂供稿
南京 江苏美术出版社 1995 年 2 张 77×53cm
定价：CNY3.90

J0170198
二次大战中的美国电影　沈寂主编
上海　上海画报出版社　1995年　240页　有剧照
20cm（32开）ISBN：7-80530-139-5
定价：CNY14.00
本书是世界反法西斯战争中的美国战争影片赏析与评论。作者沈寂（1924—2016），编剧。别名汪崇刚，曾用名汪波。出生于上海，祖籍浙江奉化人。肄业于上海复旦大学西洋文学系。曾任上海电影制片厂一级编剧。出版小说集《两代图》《盐场》《红森林》等。

J0170199
湖畔情韵　阮波著
北京　大众文艺出版社　1995年　16+145页
有彩照　19cm（小32开）ISBN：7-80094-112-4
定价：CNY6.80
本书是中国现代电视文学剧本与电视影片评论选集。作者阮波（1927—　），女。作家、出版工作者。原名张薇青，笔名文薇、柏青。上海人。硕士毕业于中国人民大学西洋文学系。中国轻工业出版社编辑室主任兼副总编辑、中国展望出版社社长兼总编辑、上海国际展望信息传播中心董事长、国际报告文学研究会副秘书长、北京国际商学院名誉院长。代表作品《和平晨曲》《明日朗朗》《蔷薇青青》《虎穴深深》等。

J0170200
镜城突围　（女性·电影·文学）戴锦华著
北京　作家出版社　1995年　216页　20cm（32开）
ISBN：7-5063-0959-9　定价：CNY8.80
（莱曼女性文化书系）
作者戴锦华（1959—　），女，教授。生于北京。毕业于北京大学中文系。北京大学中文系比较文学研究所教授，博士生导师。代表作品《涉渡之舟》《〈简爱〉的光影转世》《隐形书写——90年代中国文化研究》。

J0170201
镜与世俗神话　（影片精读十八例）戴锦华著
北京　中国广播电视出版社　1995年　300页
20cm（32开）ISBN：7-5043-2728-X
定价：CNY10.50

J0170202
廊桥寻梦　（从小说到电影）萧朴编
上海　华东师范大学出版社　1995年　225页
19cm（小32开）ISBN：7-5617-1455-6
定价：CNY8.30

J0170203
罗青看电影　（原型与象征）罗青著
台北　东大图书公司　1995年　222页　有照片
21cm（32开）精装　ISBN：957-19-1881-4
定价：旧台币8.20
（沧海美术　艺术论丛　8）
著者原名：罗青哲。

J0170204
落英集　李一萍著
沈阳　春风文艺出版社　1995年　221页
19cm（小32开）ISBN：7-5313-1476-2
定价：CNY98.00（全套）
（辽宁作家理论书系）

J0170205
美国一瞥　（摄影四条屏）北京电影制片厂供稿
南京　江苏美术出版社　1995年　2张　77×53cm
定价：CNY3.90

J0170206
山西电视论丛　（文艺·电视剧卷）陆嘉生主编
太原　山西人民出版社　1995年　563页
20cm（32开）精装　ISBN：7-203-03337-6
定价：CNY30.00

J0170207
世界百部战争影片　明振江主编
北京　解放军文艺出版社　1995年　383页　有照片
20cm（32开）ISBN：7-5033-0687-4
定价：CNY19.00，CNY22.50（精装）
外文书名：The World War Film 100.

J0170208
文化的魅力　（影视评论三人集）蔡骧等著
南宁　广西教育出版社　1995年　349页　有插图
20cm（32开）ISBN：7-5435-2216-0
定价：CNY10.50
本书包括：蔡骧小集、余倩小集、童道明小

集、影视评论三人集。作者蔡骧(1923—2001),导演,编剧。出生于北京,毕业于国立戏剧专科学校。历任中国电视艺术委员会委员、中国电视艺术家协会主席团委员、北京电视艺术家协会副主席。编导电视剧《虾球》《羊城一人家》《莫里生案件》等。

J0170209
文化批评与华语电影　郑树森编
台北　麦田出版公司　1995年　366页　21cm(32开)
ISBN: 957-708-310-2　定价: TWD340.00
(麦田人文　9)

J0170210
我的一票选总统　(反英雄人物的黑色幽默荒诞剧)邱铭诚编著
台北　号角出版社　1995年　197页　有照片
21cm(32开)ISBN: 957-620-136-5
定价: TWD160.00
(时代语言　92)

J0170211
血与火的岁月　世界反法西斯战争电影故事选编; 中国电影出版社编选
北京　中国电影出版社　1995年　234页　有照片
20cm(32开)ISBN: 7-106-01091-X
定价: CNY9.70

J0170212
寻找电影中的台北　(1950—1990)陈儒修,廖金凤编著
台北　万象图书公司　1995年　163页　有照片
29cm(15开)ISBN: 957-669-743-3
定价: TWD200.00

J0170213
寻找假想线的银幕　(当代台湾电影观察)王玮著
台北　万象图书公司　1995年　178页　21cm(32开)
ISBN: 957-669-698-4　定价: TWD160.00
(艺书房　15)

J0170214
意义与空白　(当代香港电影观察)王玮著
台北　万象图书公司　1995年　235页　21cm(32开)
ISBN: 957-669-690-9　定价: TWD200.00
(艺书房　12)

J0170215
影视采风集　汤振海编著
苏州　古吴轩出版社　1995年　217页　20cm(32开)
ISBN: 7-80574-202-2　定价: CNY14.50

J0170216
影视趣闻录　程锐编
武汉　湖北教育出版社　1995年　313页　有照片
19cm(小32开)ISBN: 7-5351-1576-4
定价: CNY9.00
(爱国主义影视教育丛书)

J0170217
影视与课文　(中学部分)中宣部宣传教育局等编
上海　上海教育出版社　1995年　155页
19cm(小32开)ISBN: 7-5320-4240-5
定价: CNY4.00

本书介绍了中国现代100部优秀爱国主义影视教育片,中学课外读物用书。

J0170218
张艺谋电影论　陈墨著
北京　中国电影出版社　1995年　286页
20cm(32开)ISBN: 7-106-01036-7
定价: CNY9.00

本书从张艺谋影片原著小说切入,在对二者缜密、系统比较研究中,结合张艺谋从影经历及其个人特点,论述了这些影片思想艺术特色、成就与不足。作者陈墨(1960—　),研究员。安徽望江县人,毕业于中国社会科学院研究生院文学系。在中国电影艺术研究中心任职。《张艺谋电影论》《刀光侠影蒙太奇——中国武侠电影论》《中国武侠电影史》等。

J0170219
中外名片赏析　孙锡荣著
北京　中国广播电视出版社　1995年　161页
20cm(32开)ISBN: 7-5043-2726-3
定价: CNY6.00

外文书名: Appreciation of Film Classics.

J0170220
边缘视角　(吴其谚文集)吴其谚著
台北 万象图书公司 1996年 377页 21cm(32开)
ISBN: 957-669-771-9 定价: TWD300.00
(艺书房 8)

J0170221
并非冷漠的大自然　(苏)C.爱森斯坦(C.M.Эйзенштейн)著; 富澜译
北京 中国电影出版社 1996年 529页 有照片
20cm(32开) ISBN: 7-106-01108-8
定价: CNY22.00
(外国电影理论名著)
本书是苏联现代电影艺术评论,据莫斯科艺术出版社1964年版《爱森斯坦文集》(六卷集)第3卷译出。作者谢尔盖·爱森斯坦(Сергей Михфйлович Зйзенштейн, 1898—1948),苏联电影导演,电影理论家和教育家。艺术学博士、教授。出生于里加。毕业于圣彼得堡土木工程学院建筑系。作品有:执导传记电影《伊凡雷帝》《伊凡雷帝》,纪录片《墨西哥万岁》。

J0170222
沉入生命　朱向前著
太原 北岳文艺出版社 1996年 389页
20cm(32开) ISBN: 7-5378-1632-8
定价: CNY17.80

J0170223
当代华语电影论述　李天铎编著
台北 时报文化出版企业公司 1996年 338页
21cm(32开) ISBN: 957-13-2032-3
定价: TWD320.00
(文化丛书 143)

J0170224
电视剧长短录　赵群编著
北京 东方出版社 1996年 450页 20cm(32开)
ISBN: 7-5060-0754-1 定价: CNY28.00

J0170225
电视连续剧《三国演义》艺术评论集　赵群主编
北京 中国广播电视出版社 1996年 419页
21cm(32开) ISBN: 7-5043-2890-1
定价: CNY17.00
本书将两次电视连续剧《三国演义》座谈会上的发言、论文以及报刊上发表的部分文章和作为背景资料的部分创作人员所写的文章、演职员采访记,一起结集出版。

J0170226
电影妄想症　颜忠贤著
台北 万象图书公司 1996年 159页 21cm(32开)
ISBN: 957-669-837-5 定价: TWD180.00
(艺书房 24)

J0170227
告别大师　(外语电影 1990—1996)闻天祥著
台北 知书房出版社 1996年 480页 有剧照
21cm(32开) ISBN: 957-8622-45-7
定价: TWD320.00
(阅读电影书系 3)

J0170228
纪录与真实　(世界非剧情片批评史)[理查德·巴萨姆]Richard M.Barsam著; 王亚维译
台北 远流出版事业公司 1996年 683页 有照片
21cm(32开) ISBN: 957-32-2861-0
定价: TWD500.00
(电影馆 63)
外文书名: Nonfiction Film: A Critical History Revised and Expanded.

J0170229
建筑电影学　(电影中空间类型的比较与解读)李清志著
台北 创兴出版社 1996年 143页 21cm(32开)
ISBN: 957-9693-26-9 定价: TWD240.00
(大众空间丛书 6)

J0170230
金光闪耀　(细数历届奥斯卡最佳影片)梁良著
台北 世界电影画刊杂志社 1996年 246页
有照片 21cm(32开) ISBN: 957-99003-0-2
定价: TWD250.00
(世界电影丛书 601)

J0170231
论张艺谋　中国电影出版社中国电影艺术编辑

室编
北京 中国电影出版社 1996年 重印本 311页
20cm(32开) ISBN: 7-106-00985-7
定价: CNY13.00
(中国电影艺术家研究丛书)

J0170232
摄影机与绞肉机 (华语电影 1990—1996) 闻天祥著
台北县 知书房出版社 1996年 281页 有剧照
21cm(32开) ISBN: 957-8622-44-9
定价: TWD250.00
(阅读电影书系 2)

J0170233
守望电影 朱晶著
长春 长春出版社 1996年 328页 有照片
20cm(32开) ISBN: 7-80604-432-9
定价: CNY16.80

J0170234
香魂女 焦雄屏辑
台北 万象图书公司 1996年 186页 有照片
21cm(32开) ISBN: 957-669-668-2
定价: TWD180.00
(电影 中国名作选 13)
作者焦雄屏(1953—),女,台湾电影学者、影评家、剧作家、制片人、监制。毕业于美国德州奥斯汀分校影视专业硕士学位。策划出版了《电影馆》丛书等,监制作品有《香港情怀》《望乡》《洞》《十七岁的单车》《半镜》等。

J0170235
影迷藏宝图 闻天祥著
台北 知书房出版社 1996年 353页 有剧照
21cm(32开) ISBN: 957-8622-28-7
定价: TWD320.00
(阅读电影书系 1)

J0170236
影视名作赏析 汤振海著
苏州 苏州大学出版社 1996年 318页
20cm(32开) ISBN: 7-81037-202-5
定价: CNY12.00

J0170237
影视艺术欣赏 边东子著
太原 山西教育出版社 1996年 218页
19cm(小32开) ISBN: 7-5440-1028-7
定价: CNY7.30
(美育丛书 其他艺术系列)

J0170238
中国影片大典 (1905—1930 故事片·戏曲片) 朱天纬,王珍珍主编;中国电影艺术研究中心,中国电影资料馆编
北京 中国电影出版社 1996年 290页 有照片
26cm(16开) 精装 ISBN: 7-106-01155-X
定价: CNY188.00
(中国电影文献资料丛书)
外文书名: Encyclopaedia of Chinese Films. 作者朱天纬,中国电影资料馆编目研究部副主任,中国电影音乐学会秘书长。

J0170239
中国影片大典 (故事片·舞台艺术片 1949.10-1976) 姜鸿涛主编;中国电影艺术研究中心,中国电影资料馆编
北京 中国电影出版社 1996年 26cm(16开)
(中国电影文献资料丛书)
外文书名: Encyclopaedia of Chinese Films.

J0170240
中国影片大典 (故事片·戏剧片 1931—1949.9) 姜鸿涛主编;中国电影艺术研究中心,中国电影资料馆编
北京 中国电影出版社 1996年 26cm(16开)
(中国电影文献资料丛书)
外文书名: Encyclopaedia of Chinese Films.

J0170241
中国影片大典 (故事片·戏曲片 1977—1994) 姜鸿涛主编;中国电影艺术研究中心,中国电影资料馆编
北京 中国电影出版社 1996年 59+1448页
26cm(16开) 精装 ISBN: 7-106-01095-2
定价: CNY288.00
(中国电影文献资料丛书)
外文书名: Encyclopaedia of Chinese Films.

J0170242
《汉江潮》评论选　高瑞科主编
武汉 湖北教育出版社 1997年 285页
20cm(32开) ISBN: 7-5351-2158-6
定价: CNY16.00
　　中国现代大型电视系列片评论。

J0170243
1998 : 廊桥遗梦　(摄影挂历) 奥林匹克出版社编
北京 奥林匹克出版社 1997年 104×76cm
ISBN: 7-80067-330-8 定价: CNY36.00
　　美国电影《廊桥遗梦》中的剧照。

J0170244
1998 : 篱笆女人狗　(摄影挂历) 任梅等摄影
石家庄 河北美术出版社 1997年 77×53cm
ISBN: 7-5310-0907-2 定价: CNY26.00
　　电视剧《篱笆女人狗》中的剧照。

J0170245
百部爱国主义教育影视片观后感　(小学卷)
安徽省小学语文教学研究会主编
合肥 安徽少年儿童出版社 1997年 235页
19cm(小32开) ISBN: 7-5397-1367-4
定价: CNY7.50

J0170246
半间斋影话　(陈墨电影评论集) 陈墨著
南昌 百花洲文艺出版社 1997年 374页
20cm(32开) ISBN: 7-80579-887-7
定价: CNY16.00
　　作者陈墨(1960—　), 研究员。安徽望江县人, 毕业于中国社会科学院研究生院文学系。在中国电影艺术研究中心任职。《张艺谋电影论》《刀光侠影蒙太奇——中国武侠电影论》《中国武侠电影史》等。

J0170247
沉沦与觉醒　(从鸦片战争到《鸦片战争》) 郭伟成著; 朱苏进编剧
上海 上海文艺出版社 1997年 265页 有照片
20cm(32开) ISBN: 7-5321-1585-2
定价: CNY18.00

J0170248
电影理论与批评　刘立行著
台北 五南图书出版公司 1997年 241页
23cm ISBN: 957-11-1432-4 定价: 旧台币 5.60
(大众传播系列 27)

J0170249
电影批评面面观　[蒂姆·拜沃特]Tim Bywater, (托马斯·索布哈克)Thomas Sobchack 著; 李显立译
台北 远流出版事业公司 1997年 334页
21cm(32开) ISBN: 957-32-3355-X
定价: TWD300.00
(电影馆 74)
　　外文书名: An Introduction to Film Criticism.

J0170250
电影修炼魔法　王静蓉著
台北 新路出版公司 1997年 236页 21cm(32开)
ISBN: 957-98983-6-7 定价: TWD180.00
(新感动丛书 001)

J0170251
电影与当代批评理论　(罗伯特·拉普斯利) Robert Lapsley, (迈克尔·韦斯特莱克) Michael Westlake 著; 李天铎, 谢慰雯译
台北 远流出版事业公司 1997年 302页
21cm(32开) ISBN: 957-32-3336-3
定价: TWD280.00
(电影馆 76)
　　外文书名: Film Theory: An Introduction.

J0170252
风云际会　(与当代中国电影对话) 焦雄屏著
台北 远流出版事业公司 1997年 332页 有照片
21cm(32开) ISBN: 957-32-3404-1
定价: TWD300.00
(电影馆 77)

J0170253
光辉业绩　伟人风采　(细说《邓小平》) 龙平平等编著
北京 红旗出版社 1997年 17+394页 有照片
20cm(32开) ISBN: 7-5051-0077-7
定价: CNY33.00

J0170254
国际大奖电影精萃　周斌，许道明主编
北京　中国青年出版社　1997年　891页　有剧照
20cm（32开）ISBN：7-5006-2352-6
定价：CNY36.20

J0170255
河流　焦雄屏，蔡明亮著
台北　皇冠文学出版公司　1997年　207页　有照片
21cm（32开）ISBN：957-33-1398-7
定价：TWD150.00
（皇冠丛书　2690）

J0170256
浪花尖上说风流　（大学生评说《汉江潮》）李怀中编
武汉　华中理工大学出版社　1997年　304页
20cm（32开）ISBN：7-5609-1523-X
定价：CNY13.00

J0170257
论中国少数民族电影　（第五届中国金鸡百花电影节学术研讨会文集）中国电影家协会编
北京　中国电影出版社　1997年　385页
20cm（32开）ISBN：7-106-01244-0
定价：CNY19.60

J0170258
没有故事的故事　（侯麦的电影世界）（法）帕斯卡·博尼泽（PascalBonitzer）著；郑淑文译
台北　万象图书公司　1997年　229页　有照片
21cm（32开）ISBN：957-27-0142-8
定价：TWD250.00
（电影眼　9）

J0170259
人品　艺境　商魂　（记22集电视连续剧《东方商人》）贾磊磊主编
北京　文化艺术出版社　1997年　360页　有照片
20cm（32开）ISBN：7-5039-1601-X
定价：CNY18.00

J0170260
傻子沉浮录　郑松茂主编
杭州　杭州出版社　1997年　178页　有彩照
20cm（32开）ISBN：7-80633-073-9
定价：CNY11.00
（电视文化丛书）

J0170261
审美的银幕　（中外电影赏览）徐甡民著
上海　百家出版社　1997年　242页　有照片
20cm（32开）ISBN：7-80576-674-6
定价：CNY20.00
（典雅艺术普及丛书　电影分册）

J0170262
时代显影　（中西电影论述）焦雄屏著
台北　远流出版事业公司　1997年　308页　有照片
21cm（32开）ISBN：957-32-3427-0
定价：TWD280.00
（电影馆　78）

J0170263
世界经典电影荟萃　斯群，南虞著
重庆　重庆出版社　1997年　10+1119页
20cm（32开）ISBN：7-5366-3388-2
定价：CNY55.00

J0170264
世界优秀电影赏析　（家庭影院欣赏指南）孙建京编著
北京　中国广播电视出版社　1997年　11+559页
20cm（32开）ISBN：7-5043-2976-2
定价：CNY25.00

J0170265
隋炀帝电影创作与隋炀帝研究　李文斌主编
北京　中国电影出版社　1997年　250页
20cm（32开）精装　ISBN：7-106-01216-5
定价：CNY23.00

J0170266
我的电影梦　（赵葆华影视评论选）赵葆华著
北京　中国广播电视出版社　1997年　346页
20cm（32开）ISBN：7-5043-2963-0
定价：CNY14.60

J0170267
信手拈来写影评　（美）［蒂莫西·科里根］

Timothy Corrigan 著；曾伟祯等译
台北 远流出版事业公司 1997 年 222 页
21cm（32 开）ISBN：957-32-3126-3
定价：TWD200.00
（电影馆 67）
外文书名：A Short Guide to Writing About Film.

J0170268
熊井启的电影 （从《望乡》到《爱》）（日）熊井启著；俞虹，（日）森川和代译
北京 中国电影出版社 1997 年 281 页 有照片
20cm（32 开）ISBN：7-106-01242-4
定价：CNY15.20
（电影大师创作系列）

J0170269
银海风流 （中外电影精品欣赏）少年儿童出版社编著
上海 少年儿童出版社 1997 年 296 页 有剧照
19cm（小 32 开）ISBN：7-5324-3068-5
定价：CNY12.80
（艺术长廊丛书）

J0170270
银海风流 （中外电影精品长廊）少年儿童出版社编著
上海 少年儿童出版社 1998 年 143 页
19cm（小 32 开）ISBN：7-5324-3457-5
定价：CNY5.00
（海螺·绿叶文库 长河浪涛）

J0170271
荧屏探微 王家贤著
北京 中国广播电视出版社 1997 年 238 页
有彩照 20cm（32 开）ISBN：7-5043-3067-1
定价：CNY18.80

J0170272
影视初论 高云雷著
哈尔滨 黑龙江教育出版社 1997 年 241 页
20cm（32 开）ISBN：7-5316-3171-7
定价：CNY12.00

J0170273
影视艺术鉴赏概论 李小多著
北京 新华出版社 1997 年 261 页 20cm（32 开）
ISBN：7-5011-3598-3 定价：CNY14.50

J0170274
优秀现实题材电视剧评论文集 陈汉元主编
北京 中国电影出版社 1997 年 423 页 有剧照
20cm（32 开）ISBN：7-106-01228-9
定价：CNY23.00

J0170275
长征岁月 （十集电视连续剧 导演工作台本及评论集）陈芳，宋鲁曼编
北京 中国电影出版社 1997 年 257 页 有剧照
20cm（32 开）ISBN：7-106-01211-4
定价：CNY18.50

J0170276
中国电影名片鉴赏辞典 程树安主编
北京 长征出版社 1997 年 16+952 页 有剧照
20cm（32 开）精装 ISBN：7-80015-360-6
定价：CNY42.80

J0170277
中国士兵谣 （三部曲）陈芳编
北京 解放军文艺出版社 1997 年 239 页 有剧照
20cm（32 开）ISBN：7-5033-0897-4
定价：CNY15.00

J0170278
“镜”文化思辨 黄式宪著
北京 中国电影出版社 1998 年 371 页
20cm（32 开）ISBN：7-106-01324-2
定价：CNY19.80

J0170279
《白骆驼》电影剧本及评论集 陈芳编
北京 中国电影出版社 1998 年 235 页 有彩照
20cm（32 开）ISBN：7-106-01375-7
定价：CNY16.00

J0170280
《铁达尼号》中国公演珍藏集 《新现代画报》社编

广州 广州出版社 1998年 28cm(大16开)
ISBN: 7-80592-788-X 定价: CNY20.00

J0170281
"铁达尼号":漂浮与沉没 (全球风靡的理由)季思聪,季思亮编著
香港 明镜出版社 1998年 231页 有照片
21cm(32开) ISBN: 1-896745-64-4
定价: HKD77.00
(浮华世界系列 11)
外文书名: Titanic: Floating and Sinking.

J0170282
奥斯卡经典影片赏析 华严编著
北京 新华出版社 1998年 303页 有照片
20cm(32开) ISBN: 7-5011-4185-1
定价: CNY22.00

J0170283
程树安电影电视评·论选 程树安著
武汉 湖北教育出版社 1998年 461页 有照片
20cm(32开) ISBN: 7-5351-2244-2
定价: CNY18.50

J0170284
大众电视丛书 (影碟 NO.1) 钱松樵主编
杭州 浙江人民美术出版社 1998年 153页
20cm(32开) ISBN: 7-80597-179-X
定价: CNY118.00

J0170285
德子论集 康万成著
呼和浩特 远方出版社 1998年 182页 有照片
19cm(小32开) ISBN: 7-80595-520-4
定价: CNY101.00 (全套)
(绿风文丛)

J0170286
电视剧人物塑造艺术 张筱强著
北京 北京广播学院出版社 1998年 373页
20cm(32开) ISBN: 7-81004-762-0
定价: CNY17.00
(电视剧艺术丛书)

J0170287
电影环球 (世界优秀影片读本 珍藏版) 刘高和,邓小岩编著
海口 海南出版社 1998年 433页 有彩照及图
23cm ISBN: 7-80645-247-8 定价: CNY41.50
(森乐文库)

J0170288
好莱坞的魅力 (VCD影片导读手册 当红影星与卖座片) 吕成编著
北京 文化艺术出版社 1998年 48+285页
有照片 20cm(32开) ISBN: 7-5039-1744-X
定价: CNY23.80

J0170289
好一个《总督张之洞》 柳菊兴主编
武汉 湖北人民出版社 1998年 363页 有照片
20cm(32开) ISBN: 7-216-02309-9
定价: CNY22.00

J0170290
和你一起拥有明天 中共山东省委宣传部文艺处编
济南 山东美术出版社 1998年 154页 有彩照
29cm(16开) ISBN: 7-5330-1181-3
定价: CNY87.00
本书收录第一届至第六届全国"五个一工程"和第一届至第三届山东省"精品工程"入选的电影、电视剧(片)和戏剧作品,介绍每部作品的组织和演出(摄制)单位、故事梗概、主要演职员等有关资料,从一个侧面再现了山东文艺创作生产不断繁荣发展的轨迹。

J0170291
恍惚的世界 (200部电影中的精神疾病案例分析) 舒伟洁,昂秋青著
上海 复旦大学出版社 1998年 424页
20cm(32开) ISBN: 7-309-02032-4
定价: CNY20.00

J0170292
魂牵梦绕那座山 李习文著
成都 四川民族出版社 1998年 323页
19cm(小32开) ISBN: 7-5409-2009-2
定价: CNY12.80

（浣花溪丛书）

J0170293
聚沙集 刘旭东著；江苏电视台编
1998 年 348 页 21cm（32 开）定价：CNY15.00

J0170294
老上海电影 黄志伟主编
上海 文汇出版社 1998 年 181 页 26×27cm
精装 ISBN：7-80531-541-8 定价：CNY98.00

本书介绍了 20 余位导演 70 余位演员的艺术成就，讲述了上海老电影的诞生、发展、繁荣以及沉默、复兴过程。

J0170295
然后有了光 （22 位导演作品选析）王瑞祺著
香港 香港电影评论学会 1998 年 207 页
有照片 20cm（32 开）ISBN：962-8271-51-2
定价：HKD86.00
（香港电影评论学会丛书 4）

J0170296
台湾电影阅览 李泳泉著
台北 玉山社出版事业公司 1998 年 110 页
有照片 24cm（26 开）ISBN：957-9361-91-6
定价：TWD280.00
（影像·台湾 19）

J0170297
泰坦尼克号 （资料）大光编译
北京 中国电影出版社 1998 年 148 页 有照片
20cm（32 开）ISBN：7-106-01312-9
定价：CNY18.00

J0170298
泰坦尼克号大写真 齐星编著
杭州 浙江文艺出版社 1998 年 205 页 有照片
20cm（32 开）ISBN：7-5339-1085-0
定价：CNY18.00

J0170299
现实主义的胜利 （二十五集电视连续剧《选择》评论集）北京广播学院广播电视文学系，北京广播学院广播电视文学研究所编著
北京 北京广播学院出版社 1998 年 283 页
20cm（32 开）ISBN：7-81004-734-5
定价：CNY12.50
（中国电视剧评论丛书）

J0170300
香港影片大全 （第二卷 一九四二～一九四九）
傅慧仪编辑；张建德译
香港 香港电影资料馆 1998 年 19+540 页
有剧照 29cm（16 开）精装
ISBN：962-8050-05-2 定价：HKD235.00

J0170301
银幕上的意义 （电影：观赏与阐释）贾磊磊，董馨著
沈阳 辽宁大学出版社 1998 年 209 页
19cm（小 32 开）ISBN：7-5610-3619-1
定价：CNY7.80

J0170302
银屏画外音 （电视艺术例话）辛述威著
沈阳 辽宁大学出版社 1998 年 170 页
20cm（32 开）ISBN：7-5610-3620-5
定价：CNY7.80

J0170303
荧屏思索录 石长顺著
北京 中国广播电视出版社 1998 年 377 页
有彩照 19cm（小 32 开）ISBN：7-5043-3137-6
定价：CNY18.00

J0170304
影碟世界 （新片碟报 100 部）亦笑，海瑄编著
长沙 湖南文艺出版社 1998 年 109 页
29cm（16 开）ISBN：7-5404-1950-4
定价：CNY29.50

J0170305
影视鉴赏 彭吉象主编
北京 高等教育出版社 1998 年 268 页
20cm（32 开）ISBN：7-04-006374-3
定价：CNY16.80

作者彭吉象（1948— ），教授，博士。四川成都人，获得北京大学哲学博士。历任北京大学艺术教研室主任、副教授，中国作家协会会员。代表作品《艺术学概论》《电影银幕世界的

魅力》。

J0170306
影视艺术鉴赏基础 倪祥保著
苏州 苏州大学出版社 1998 年 249 页
20cm(32 开) ISBN: 7-81037-446-X
定价: CNY14.00

J0170307
影视艺术鉴赏与批评 李家杰编著
合肥 安徽大学出版社 1998 年 174 页
20cm(32 开) ISBN: 7-81052-156-X
定价: CNY12.00
(中学教师继续教育丛书)

J0170308
永远的"泰坦尼克" 程序工作室策划编撰
上海 华东师范大学出版社 1998 年 210 页
有照片 20cm(32 开) ISBN: 7-5617-1823-3
定价: CNY14.80

J0170309
钟艺兵艺术评论选 钟艺兵著
北京 中国戏剧出版社 1998 年 10+622 页
20cm(32 开) ISBN: 7-104-00926-4
定价: CNY33.20

J0170310
《黑脸》启示录 (12 集电视剧剧本及评论) 吴野渡主编
石家庄 河北人民出版社 1999 年 713 页
有彩照 20cm(32 开) ISBN: 7-202-02543-4
定价: CNY36.00

J0170311
《西游记》大观 夏桂祥, 田桂林编著
北京 中国盲出版社 1999年 2册 19cm(小32开)
ISBN: 7-5002-1307-7 定价: CNY15.80

J0170312
2000:还珠格格 (摄影挂历)
广州 广州出版社 1999 年 96×70cm
ISBN: 7-80655-005-4 定价: CNY33.80

J0170313
2000:还珠格格 (摄影挂历)
北京 中国文联出版公司 1999 年 76×52cm
ISBN: 7-5059-3476-7

J0170314
2000:还珠格格 (摄影挂历)
北京 中国文联出版公司 1999 年 52×37cm
ISBN: 7-5059-3475-9

J0170315
2000:还珠格格 (摄影挂历)
北京 中国文联出版公司 1999 年 62×43cm
ISBN: 7-5059-3452-X

J0170316
20 世纪百部好莱坞经典 何伯雄等主编
上海 文汇出版社 1999 年 343 页 有照片
20cm(32 开) ISBN: 7-80531-539-6
定价: CNY16.00

J0170317
90 年代世界流行影片 李小刚, 晓航编
北京 中国电影出版社 1999 年 237 页
19×21cm ISBN: 7-106-01416-8
定价: CNY48.00
(影视图文库)

J0170318
VCD 藏碟宝典 安吉编著
桂林 漓江出版社 1999 年 54+56+1275 页
有剧照 20cm(32 开) 精装
ISBN: 7-5407-2383-1 定价: CNY65.00

J0170319
大时代影视文丛 胥怀勇主编
成都 四川文艺出版社 1999 年
2 册(595+594 页) 20cm(32 开)
ISBN: 7-5411-1804-4 定价: CNY98.00

J0170320
电视剧赏析 高鑫, 吴秋雅著
重庆 重庆出版社 1999 年 207 页 20cm(32 开)
ISBN: 7-5366-4217-2 定价: CNY9.60
(新世纪百科知识金典)

J0170321
电影名片欣赏　沈寂主编
重庆 重庆出版社 1999年 255页 20cm(32开)
ISBN: 7-5366-4164-8 定价: CNY11.50
(新世纪百科知识金典)

作者沈寂(1924—2016),编剧。别名汪崇刚,曾用名汪波。出生于上海,祖籍浙江奉化人。肄业于上海复旦大学西洋文学系。曾任上海电影制片厂一级编剧。出版小说集《两代图》《盐场》《红森林》等。

J0170322
碟花　(家庭影院购片指南)达像编译
北京 作家出版社 1999年 34+533页 有照片
20cm(32开) ISBN: 7-5063-1558-0
定价: CNY25.00

J0170323
光与影的叙述　李天鹏著
天津 天津人民出版社 1999年 387页
20cm(32开) ISBN: 7-201-03425-1
定价: CNY18.00

本书收录影视理论、影视批评文章一百多篇。作者将文学与影视理论相结合,对影视进行了阐释。

J0170324
还珠格格俊男靓女大写真　韩春萌,子月编著
珠海 珠海出版社 1999年 123页 有照片
20cm(32开) ISBN: 7-80607-549-6
定价: CNY16.80

J0170325
还珠格格写真全纪录　平鑫涛主编;琼瑶等编著
广州 广东旅游出版社 1999年 178页
29cm(16开) ISBN: 7-80653-048-7
定价: CNY49.50

J0170326
佳片有约　(中外电影名片解读)董锋等编著
大连 大连出版社 1999年 438页 有剧照
20cm(32开) ISBN: 7-80612-606-6
定价: CNY20.00

J0170327
老海报　梁京武,赵向标主编
北京 龙门书局 1999年 149页 29cm(16开)
精装 ISBN: 7-80111-564-3
定价: CNY1580.00(全套)
(二十世纪怀旧系列 6)

J0170328
论视说听　孙孔华著
北京 北京广播学院出版社 1999年 454页
20cm(32开) ISBN: 7-81004-787-6
定价: CNY26.00
(岭南视听丛书)

J0170329
卖座电影情报站　保罗编著
北京 中华工商联合出版社 1999年 342页
有剧照 20cm(32开) ISBN: 7-80100-381-0
定价: CNY20.00

J0170330
伤心电影院　余蒨如著
台北 联经出版事业公司 1999年 249页
21cm(32开) ISBN: 957-08-2017-9
定价: TWD220.00
(缤纷版系列 1)

J0170331
石琪影话集　(1 新浪潮逼人来 上)石琪著
香港 次文化有限公司 1999年 242页 有剧照
21cm(32开) ISBN: 962-7420-11-5
定价: HKD80.00
(次文化影像文化丛书 16)

J0170332
石琪影话集　(2 新浪潮逼人来 下)石琪著
香港 次文化有限公司 1999年 258页 有剧照
21cm(32开) 定价: HKD80.00
(次文化影像文化丛书 17)

J0170333
石琪影话集　(3 从兴盛到危机 上)石琪著
香港 次文化有限公司 1999年 364页 有剧照
21cm(32开) 定价: HKD120.00
(次文化影像文化丛书 18)

J0170334
石琪影话集 （4 从兴盛到危机 下）石琪著
香港 次文化有限公司 1999年 311页 有剧照
21cm（32开）定价：HKD120.00
（次文化影像文化丛书 19）

J0170335
石琪影话集 （5 八大名家风貌 上）石琪著
香港 次文化有限公司 1999年 261页 有剧照
21cm（32开）定价：HKD80.00
（次文化影像文化丛书 20）

J0170336
石琪影话集 （6 八大名家风貌 下）石琪著
香港 次文化有限公司 1999年 242页 有剧照
21cm（32开）定价：HKD80.00
（次文化影像文化丛书 21）

J0170337
石琪影话集 （7 十八般武艺 上）石琪著
香港 次文化有限公司 1999年 190页 有剧照
21cm（32开）定价：HKD70.00
（次文化影像文化丛书 22）

J0170338
石琪影话集 （8 十八般武艺 下）石琪著
香港 次文化有限公司 1999年 232页 有剧照
21cm（32开）定价：HKD70.00
（次文化影像文化丛书 23）

J0170339
世界电影梦幻经典 海特等编著
北京 中国世界语出版社 1999年 381页 有照片
20cm（32开）ISBN：7-5052-0420-3
定价：CNY19.80

J0170340
世界经典影片分析与读解 潘桦等著
北京 中国广播电视出版社 1999年 356页
20cm（32开）ISBN：7-5043-3330-1
定价：CNY19.00
（广播电视文艺系列丛书）

J0170341
外国电影精品 （影碟收藏指南）吴越编
兰州 甘肃民族出版社 1999年 18+445页
19cm（小32开）ISBN：7-5421-0675-9
定价：CNY16.00

J0170342
完全北野武 （日）淀川长治编；刘名扬译
台北 红色文化事业公司 1999年 263页 有剧照
21cm（32开）ISBN：957-708-906-2
定价：TWD350.00

J0170343
现代影视批评艺术 周安华主编
北京 中国广播电视出版社 1999年 471页
20cm（32开）ISBN：7-5043-3380-8
定价：CNY27.00

J0170344
现在：与12位媒介人的对话 杨君著
北京 北京大学出版社 1999年 12+442页
有照片 21cm（32开）ISBN：7-301-04428-3
定价：CNY28.00

J0170345
心动 张艾嘉著；翁狄森剧照摄影
台北 尖端出版社 1999年 21cm（32开）
ISBN：957-10-2048-6 定价：TWD299.00

J0170346
新中国百部优秀影片赏析 （1949—1998）佳明主编；中国电影家协会编
北京 中国电影出版社 1999年 451页 有照片
20cm（32开）ISBN：7-106-01503-2
定价：CNY30.00

J0170347
星球大战全记录 卞智洪编著
北京 中国电影出版社 1999年 187页 有照片
20cm（32开）ISBN：7-106-01571-7
定价：CNY19.80
本书介绍《星球大战》系列的相关背景。包括《幽灵的威胁》的故事、演员、特技及其制作过程。

J0170348
绚丽的时空 （电影·电视）王文宾等著

杭州 浙江人民美术出版社 1999 年 155 页
20cm(32 开) ISBN: 7-5340-0836-0
定价: CNY15.00
(艺术教育图典)

J0170349
艺术电影的魅力 陈南著
上海 同济大学出版社 1999 年 221 页 有剧照
20cm(32 开) ISBN: 7-5608-2098-0
定价: CNY10.00

J0170350
银屏的回声 (边国立影视文论选)边国立著
北京 解放军文艺出版社 1999 年 338 页
20cm(32 开) ISBN: 7-5033-1130-4
定价: CNY20.00

J0170351
荧屏前后谈 蔡贤盛著
北京 北京广播学院出版社 1999 年 368 页
20cm(32 开) ISBN: 7-81004-786-8
定价: CNY21.00
(岭南视听丛书)

J0170352
影碟名片珍藏宝典 晓峰,林岩主编
太原 北岳文艺出版社 1999 年 2 册
21cm(32 开) ISBN: 7-5378-2014-7
定价: CNY58.00

本书精选世界名片 1000 部,分为获奖名片、娱乐巨片、音乐天堂、动画世界四部分,分别对每部片子的片头、获奖情况、内容情节、五星级评分等做了介绍。

电影、电视艺术史和电影、电视艺术流派

J0170353
电影年鉴 电影年鉴编纂委员会编
电影年鉴编纂委员会 民国[800]页
26cm(16 开)

本书内收有《电影在教育上的价值和实际》(刘之常)、《国际教育电影协会之目的与任务》(彭百川译)、《编剧二十八问》(洪深)、《电影导演论》(孙瑜)、《从剧本到银幕》(招勉之译)、《摄影术研究》《电影化装术研究》(舒湮、苏凤)、《美术装置与电影》(克尼、苏凤)、《影片制造研究》(杨能深)等论文,以及论述苏、美、英、法、德、日等国电影事业的文章,共 30 余篇。另有准演国产、外国影片一览表。

J0170354
如何抓住电影这武器 郑峻生编述
[民国] 54 页 21cm(32 开)
(军事委员会委员长南昌行营政治训练处电影股丛书)

本书内容包括:电影的艺术价值与感应力、在文化教育上的重要性、政治的利用,以及世界各国电影运动概况。

J0170355
中国影戏大观 徐耻痕编纂
上海 合作出版社 1927 年[150]页 有像
26cm(18 开)

本书内容包括:上海各影片公司的创立经过,演员略历,小说与电影的关系,影片出品一览、剧院内容一斑等。附电影演员 60 余人的照片。

J0170356
电影万恶史 南京银光编译所编
南京 银光出版部[1928 年] 11+125 页
20cm(32 开)

本书收有《一个制造侦探长片的万恶导演》《摄影场上的血痕》《一幕大骗局》《万恶婚姻的发祥地》等 20 章文章。

J0170357
取缔租界内电影院交涉之经过 汉口特别市政府教育局编
汉口 汉口特别市政府教育局 1929年 30页 18cm(32开)
本书写作背景为1928年8月前后，汉口市政府根据法租界内“中央”、“维多利亚”等影剧院抗拒送审，多次放映西方色情影片，向法方进行交涉。并介绍交涉的经过和结果。

J0170358
华北公司平津同人欢迎罗总理纪念册 华北公司同人会励群社编
[天津]华北公司同人会励群社 1931年 44页 有像 19cm(32开)
本书前半部分为同人留影；后半部分为同人名录。附欢迎罗明佑的照片4幅。

J0170359
上海市电影检查委员会业务报告 (十八年九月至二十年六月)上海市电影检查委员会编
上海 上海市电影检查委员会 [1931年] 176页 有像 26cm(16开)
本书内容为该会1929年至1931年各项业务报告。包括大事记、成立经过、组织、检查影片手续、检查影片统计等。

J0170360
中国教育电影协会会员名录 中国教育电影协会编
中国教育电影协会 [1932年] 8页 24cm(26开)

J0170361
中国教育电影协会会员名录 中国教育电影协会编
中国教育电影协会 1934年 36页 22cm(30开)

J0170362
中国教育电影协会会员名录 中国教育电影协会编
中国教育电影协会 [1935年] 50页 22cm(30开)

J0170363
中国教育电影协会会员名录 中国教育电影协会编
中国教育电影协会 [1936年] 58页 22cm(32开)

J0170364
中国教育电影协会会员名录 中国教育电影协会编
中国教育电影协会 1937年 52页 22cm(30开)

J0170365
电影事业之出路 中国教育电影协会著
南京 中国教育电影协会 1933年 14页 19cm(32开)
本书主要讲述电影在教育上应负的任务和电影事业在营业上应注意的几个问题等。

J0170366
电影与中国 (意)萨尔地(Sardi)著；彭明川，张培滢译
南京 中国教育电影协会 1933年 22页 26cm(16开)
本书著者系意大利国立教育电影馆馆长。本书为作者在中国考察和推广电影教育的工作报告书。

J0170367
利用电影促成三民主义之实现及辅助各种事业之进行 褚民谊著
南京 中国教育电影协会 1933年 8页 27cm(16开)

J0170368
现代电影论 杨骚编译
上海 申报 1933年 116页 19cm(32开)
定价：大洋三角
(申报丛书 17)
本书内收《美国电影发达史》《欧洲电影发达史》《苏俄电影界概观》《有声电影论》等4篇论文。

J0170369
中国电影事业 陈立夫著
上海 晨报社 1933年 57页 有图 19cm(32开)
定价：一角
(晨报家庭文库 第1辑 2)
本书包括绪论、发扬民族精神、鼓励生产建设等篇。

J0170370
中国电影事业的新路线 陈立夫讲述；王平陵笔记
南京 中国教育电影协会 1933年 30页
25cm(小16开)

J0170371
中国教育电影协会工作计划书 中国教育电影协会编
南京 中国教育电影协会 1933年 11页
26cm(16开)
本书分教育电影的取材标准、搜集材料及摄制教育影片、推行教育影片等7节。

J0170372
中国教育电影协会会务报告 (二十一年度)中国教育电影协会总务组编
南京 中国教育电影协会总务组［1933年］48页
26cm(16开)
本书分概况、附录两部分。内容有职员进展、款项收支报告、该会缘起、该会简章、职员一览等。

J0170373
中国教育电影协会会务报告 (二十二年度)中国教育电影协会总务组编
［南京］中国教育电影协会总务组［1934年］
86页 26cm(16开)

J0170374
中国教育电影协会会务报告 (二十三年度)中国教育电影协会总务组编
南京 中国教育电影协会总务组 1935年 102页
26cm(16开)

J0170375
中国教育电影协会会务报告 (二十四年四月至二十五年三月)中国教育电影协会总务组编
南京 中国教育电影协会总务组 1936年 84页
有图 26cm(16开)
本书为中国教育电影协会1935至1936年的工作报告。

J0170376
中国教育电影协会会务报告 (二十五年四月至二十六年三月)中国教育电影协会总务组编
中国教育电影协会总务组 1937年 104页
26cm(16开)
本书为中国教育电影协会1936至1937年的工作报告。

J0170377
中国教育电影协会会务报告 (二十七年一月至三十二年十二月)中国教育电影协会总务组编
重庆 中国教育电影协会总务组［1943年］
［30］页 19cm(32开)
本书内容为1938年1月-1943年12月该会工作概况。

J0170378
电影界的新生活 洪深著
南京 正中书局 1934年 82页 有像 15cm(40开)
定价：国币二角五分
(新生活丛书)
本书内容包括构成分子的复杂、电影工作的困难、所谓电影界的习气、新生活与计划电影、新生活的实践等5章。书前有“丛书发刊旨趣”一文。作者洪深(1894—1955)，电影戏剧编导、文艺理论家。江苏武进(今常州)人。名达，字伯骏，号浅哉(一作字)，又号潜斋，笔名庄正平、乐水、萧振声。曾赴美进修文学戏剧等。历任复旦大学、山东大学、中山大学、北京师范大学、暨南大学、厦门大学教授，中国文联委员，中国剧协副主席，中国作协理事，对外文化联络局局长、对外文协副会长。译有《恋爱的权利》《人的一生》等，著有《洪深文集》等。

J0170379
教育内政部电影检查委员会工作总报告 教育部，内政部电影检查委员会编
南京 教育部电影检查委员会［1934年］
［399］页 有照片 26cm(16开)精装
本书分8章。有该会组织概要、检查电影程序、大事记、重要文件法规、工作统计、委员名录等。附准演与禁演的中外影片名单。本书与内政部电影检查委员会合作出版。

J0170380
二十三年份国产电影发达概况 郭有守著
中国教育电影协会［1935年］24页 19cm(32开)

J0170381
联华年鉴 （1934—1935）联华影业公司编
上海 联华影业公司［1935年］116页 有图像 27cm（16开）

本书包括铜图、图表、文字三部分。第一部分为该公司导演、演员及联华内景摄影照片；第二部分为联华总厂南北图、出品影片部数及行销图内外区域图；第三部分为该公司成立经过、宣言、宗旨、组织和大事记等。

J0170382
联华年鉴 （1934—1935）联华影业公司编
上海 联华影业公司［1935年］79页 有图像 27cm（16开）

本书包括铜图、图表、文字三部分。第一部分为该公司导演、演员及联华内景摄影照片；第二部分为联华总厂南北图、出品影片部数及行销图内外区域图；第三部分为该公司成立经过、宣言、宗旨、组织和大事记等。

J0170383
中国教育电影协会第三届职员名单 中国教育电影协会编
中国教育电影协会 1935年 油印本 1页 29×45cm

本书的名单中有陈立夫、罗家伦、张道藩、徐悲鸿、蔡元培、汪精卫、吴稚晖、陈果夫、朱家骅、王世杰、陈璧君、褚民谊、戴策等近50人。

J0170384
中国教育电影协会第四届年会专刊 中国教育电影协会编
中国教育电影协 1935年 88页 有照片 26cm（16开）

本书内容包括：筹备概述、大会记录、论文、提案等。其中论文收《电影教育的地位与趋势之检讨》（陈友松）、《我国之教育电影运动》（郭有守）、《视觉教育》（范德盛）等10篇。

J0170385
中国教育电影协会上海分会年刊 （中华民国二十四年度）中国教育电影协会总务部编
上海 中国教育电影协会总务部 1935年 22页 有图像 26cm（16开）

本书分第三届年会秩序、本届年会提案、论坛等五部分。

J0170386
两年来国产影片本事汇刊 （二十三年五月至二十五年三月）中国教育电影协会编
中国教育电影协会 1936年 168页 26cm（16开）

本书为1934至1936年间中国影片目录，包括《两年来国产影片公司出品一览》《国产影片本事》，演职员表等。影片公司有明星、天一、艺华等30余家。

J0170387
中国教育电影协会第五届年会特刊 中国教育电影协会编
南京 中国教育电影协会 1936年 86页 26cm（16开）

本书分发刊辞、论文、专载等五部分，收《祝中国教育电影协会第五届年会》（陈立夫）、《中国教育电影协会的使命》（方治）、《略谈教育电影剧本》（王平陵）、《教育电影与戏剧》（余上沅）、《如何广置有关儿童教育影片》（吴研因）、《什么是优良的教育电影》（陈友松）、《中国教育电影协会一年来会务述要》（郭有守）等23篇。

J0170388
抗战与电影 姚苏凤著
长沙 商务印书馆 1937年 44页 19cm（32开）
定价：国币二角
（抗战小丛书）

本书介绍1937至1945年中国电影事业的概况，全书分11节，内容包括：为什么电影是抗战宣传中最强的一环、要摄制怎样的影片、利用已成的影片、给战士们看的影片、怎样来实施战时电影教育、战时教育电影设计（八种）等。书后有代跋《献给我们的电影从业员》。书前有潘公展“本书丛书发刊旨趣”。

J0170389
抗战与电影 姚苏凤著
长沙 商务印书馆 1938年 4版 44页 19cm（32开）定价：国币二角
（抗战小丛书）

本书分11节，内容包括：抗战与电影的关系、电影在抗战宣传中的作用、电影剧本举例等。书前有潘公展“本书丛书发刊旨趣”。

J0170390
抗战与电影 姚苏凤著
长沙 商务印书馆 1938年 5版 44页
19cm(32开) 定价: 国币二角
(抗战小丛书)

J0170391
浙江省电影教育实施概况 浙江省教育厅第三科电化教育服务处编
浙江省教育厅公报室 1937年 162页
22cm(30开) 定价: 国币三角
本书分浙江省教育厅、省立社教机关、省学区代用社教辅导机关、县市政府等七部分, 介绍各机关电影教育情况。

J0170392
中国教育电影协会第六届年会特刊 中国教育电影协会编
南京 中国教育电影协会 1937年 108页
22cm(30开)
本书分筹备经过、大会记录、论文等六部分。其中论文收《中国电影的动向》(葛伟昶),《电影教育年的展望》(徐公美),《教育电影的理论及其在视觉教育材料的地位》(范德盛)等15篇。

J0170393
电影发达史 徐公美著
长沙 商务印书馆 1938年 55页 19cm(32开)
定价: 国币三角
(电影小丛书)
本书共分七章, 介绍美、苏、法、德、意、中等国的电影发展史。

J0170394
电影文学论 王平陵编著
长沙 商务印书馆 1938年 62页 19cm(32开)
(电影小丛书)
本书共15章, 论述电影艺术的发明成长、电影与文学的关系等。

J0170395
国产影片调查 (第三辑) 中国教育电影协会编
重庆 中国教育电影协会 1940年 60页
18cm(15开)
本书为1937年6月至1940年6月的影片调查资料。附中国教育电影协会会员录。

J0170396
国联大戏院开幕纪念刊 国联大戏院编
上海 国联大戏院 1940年 16页 20cm(32开)
本书为影院宣传品, 介绍该影院上演影片的情况。书前有《国联的诞生》一文。

J0170397
有声电影 蔡任尹著
长沙 商务印书馆 1940年 312页 有图像
21cm(32开) 定价: 三十七元五角
本书为有声电影史, 共15章, 介绍有声电影的历史、声的性质、唱片式与影片式有声电影、摄影场、戏院、商用声机、有声电影放映须知、家庭有声电影等。

J0170398
教育部中华教育电影制片厂工作情形简述暨新片目录
[重庆] 中华教育电影制片厂 1941年 油印本
4叶 24cm(26开) 环筒页装

J0170399
教育部中华教育电影制片厂概况 教育部中华教育电影制片厂编
北碚 教育部中华教育电影制片 1942年 96页
18cm(15开)
本书内容包括: 该厂筹设经过、制片纲要、1942年工作情况等。

J0170400
事业报告书 (中华民国三十一年二、三月份) 中华电影股份有限公司[编]
[上海] 中华电影股份有限公司 1942年 油印本
26页 26cm(16开) 活页装

J0170401
业务报告书 (中华民国三十一年一月份) 中华电影股份有限公司[编]
[上海] 中华电影股份有限公司 1942年 油印本
26叶 27cm(16开) 环筒页活页装

J0170402
教育部中华教育电影制片厂三十二年度工作计划…… 教育部中华教育电影制片厂编
教育部中华教育电影制片厂 1943年 14叶
25cm(15开) 环筒页装
本书完整书名:《教育部中华教育电影制片厂三十二年度工作计划 三年制片计划选目草案 电影教育与宣传工作计划大纲拟议》。

J0170403
电影检阅论 华北政务委员会总务厅情报局编
北平 华北政务委员会总务厅情报局 1944年
130页 18cm(15开)
(时局丛书 53)
本书内容包括上、下两编。上编略述中国电影之沿革、华北检阅行政之现状;下编述说各国电影检阅之情形及我国今后影政之路线。

J0170404
银国春秋 江上鸥著
成都 联友出版社 1944年 140页 18cm(32开)
(电影纪事报丛书 2)
本书内容包括:从电影流入中国说起、几个制片者的素描、红星自传之一章、三颗慧星的陨落、银坛点银术、国营影业今昔观等二十部分,介绍中国影坛三四十年间影业状况及电影明星的轶事等。

J0170405
银国春秋 江上鸥著
上海 天地出版社 1946年 再版 144页
18cm(32开)

J0170406
好莱坞内幕 徐萩园著
上海 大东书局 1947年 78页 16cm(25开)
定价:国币二元
本书包括:好莱坞的外貌、神话式的好莱坞、揭开了好莱坞的幕帘、银色大亨、风流总汇好莱坞等5章。

J0170407
南京首都电影院股份有限公司第十四届股东大会记录 首都电影院编
南京 首都电影院 1947年 13页 [13×19cm]

J0170408
电化教育概论 赵光涛著
上海 商务印书馆 1948年 237页 有图
19cm(32开)
(国民教育文库)
本书内容包括:电影之发明与改进、各国教育电影事业概况、中国教育电影事业、教育播音节目之建立、中国电化教育行政概况等10章。

J0170409
中电三厂三周年纪念专刊 中电三厂宣传室编
北平 中电三厂宣传室 1948年 32页
[19cm](32开)
本书为中央电影企业股份有限公司第三厂纪念专刊,介绍该厂导演、演员,以及三年来的工作成果。

J0170410
中央电影企业股份有限公司章程
1948年 18页 19cm(32开)

J0170411
为科学服务的苏联电影 (俄)费道罗夫(A.S.Fedorov)著;秦佚译
北京 大众书店 1949年 33页 17cm(32开)
定价:CNY1.65
(大众知识译丛 7)

J0170412
一九三九年以来英国电影 (英)狄妮斯·鲍慧尔(DilysPowell)著;张骏祥译
上海 商务印书馆 1949年 40页 有图
20cm(32开) 定价:四元
(英国文化丛书)
本书概述了第二次世界大战中和战后英国影坛的重要作品。外文书名:Films Since 1939. 译者张骏祥(1910—1996),导演、编剧、作家。笔名袁俊,生于江苏镇江市,毕业于清华大学外国文学系和美国耶鲁大学戏剧研究院。创作话剧剧本《小城故事》,执导电影《翠岗红旗》《白求恩大夫》。出版有论文集《关于电影的特殊表现手段》《张骏祥文集》。

J0170413
中华全国电影艺术工作者协会章程 中华全

国电影艺术工作者协会订
[北京]中华全国电影艺术工作者协会 1949年
1摺 24cm(26开)

J0170414
苏联电影三十年 (1919—1949)中央人民政府文化部电影局宣传科编
北京 大众书店 1950年 54页 有剧照
26cm(16开)定价:CNY6.00

J0170415
中央电影局艺术委员会资料 (电影史料辑2)中央电影局艺术委员会辑
北京 中央电影局艺术委员会 1952年
101-168页 有图 18cm(15开)

J0170416
日本电影的发展与繁荣的道路 (日本共产党的电影政策)日本共产党中央指导部电影政策委员会编;陈笃忱等译;中央人民政府文化部电影局艺术委员会编辑
北京 中央人民政府文化部电影局 1953年 77页
有剧照 22cm(25开)
(电影艺术丛书)

J0170417
电影放映资料 (第1辑)文化部电影事业管理局编
北京 文化部电影事业管理局 1954年 94页
有图 18cm(15开)

J0170418
电影放映资料 (第2辑)文化部电影事业管理局编
北京 文化部电影事业管理局 1954年 94页
有图 18cm(15开)

J0170419
电影放映资料 (第3辑)文化部电影事业管理局编
北京 文化部电影事业管理局 1954年 94页
有图 18cm(15开)

J0170420
电影放映资料 (第4辑)文化部电影事业管理局编
北京 文化部电影事业管理局 1954年 94页
有图 18cm(15开)

J0170421
电影放映资料 (第5辑)文化部电影事业管理局编
北京 文化部电影事业管理局 1954年 94页
有图 18cm(15开)

J0170422
电影放映资料 (第6辑)文化部电影事业管理局编
北京 文化部电影事业管理局 1954年 94页
有图 18cm(15开)

J0170423
电影放映资料 (第7辑)文化部电影事业管理局编
北京 文化部电影事业管理局 1954年 66页
有图 18cm(15开)

J0170424
电影放映资料 (第8辑)文化部电影事业管理局编
北京 文化部电影事业管理局 1954年 94页
有图 18cm(15开)

J0170425
电影放映资料 (第9辑)文化部电影事业管理局编
北京 文化部电影事业管理局 1954年 94页
有图 18cm(15开)

J0170426
电影放映资料 (第10辑)文化部电影事业管理局编
北京 文化部电影事业管理局 1955年 43页
有图 18cm(15开)

J0170427
电影放映资料 (第11辑)文化部电影事业管理局编
北京 文化部电影事业管理局 1955年 43页
有图 18cm(15开)

J0170428
电影放映资料 （第12辑）文化部电影事业管理局编
北京 文化部电影事业管理局 1955年 43页
有图 18cm（15开）

J0170429
苏联电影史与电影理论工作问题 中央人民政府文化部电影局艺术委员会编辑
北京 中央人民政府文化部电影局 1954年 86页
20cm（32开）定价：旧币3,600元
（电影艺术丛书）

J0170430
访问苏联电影事业资料汇编 文化部电影事业管理局编
北京 文化部电影事业管理局 1955年
238+299页 22cm（32开）精装 定价：非卖品

J0170431
电影艺术史 （法）萨杜尔（G.Sadoul）著；徐昭，陈笃忱译
北京 中国电影出版社 1957年 588页
20cm（32开）精装 定价：CNY2.90
本书作者萨杜尔是法国著名电影史家，他把电影作为一种受到工业、经济、社会和科技等条件制约着的艺术加以研究。全书分31章，对电影的发明经过、各国电影学派的兴起、民族电影的诞生、电影艺术的趋向与发展，以及截止20世纪50年代的主要电影作品，做了全面的概述与介绍。

J0170432
电影通史 （第六卷 上 当代电影 第二次世界大战时期的电影）（苏）萨杜尔（G.Sadoul）著；徐昭，何振淦译
北京 中国电影出版社 1958年 269页
19cm（32开）精装 统一书号：8061.132
定价：CNY2.00
本书作者对战争期间的各国电影业、电影工作者和主要作品，结合各国的军事、政治、经济情况，做了详细而全面的评述。译者何振淦（1929—2003），戏剧理论家、翻译家、影评家。生于江苏无锡，毕业于北京中央电影学校编剧班。曾先后在电影局电影艺术研究室、中国电影家协会、中国电影出版社外编室、中国电影艺术研究中心编目部工作。中国电影资料馆研究员。著有《意大利电影概述》《闪光的棕榈叶——嘎纳电影节》等。

J0170433
电影通史 （第二卷 电影的先驱者时期 1897—1909年）（法）萨杜尔，G.著；徐昭，何振淦译
北京 中国电影出版社 1959年 434页 有照片
21cm（32开）精装 统一书号：8061.515
定价：CNY3.30
本书叙述1897—1908年间早期电影的发展情况，对这一时期各国电影先驱者摄制的作品、样式、艺术风格、表现方法以及电影技术的革新，有声电影与宽银幕电影的尝试等方面，做了详细的介绍与分析。外文书名：Histoire Generale du Cinema.

J0170434
电影通史 （第一卷 电影的发明 1832—1897年）（法）萨杜尔，G.著；徐昭，何振淦译
北京 中国电影出版社 1961年 401页 有照片
21cm（32开）精装 统一书号：8061.851
定价：CNY2.00
本书记述了1832—1897年各国科学家和发明家如何利用以往的科技成果，经过无数次的尝试、实验与不断改进，终于发明了电影，从而为电影这一门新的艺术奠定了技术基础。外文书名：Histoire Generale du Cinema.

J0170435
电影通史 （第二卷 电影的先驱者 1897—1909）（法）萨杜尔（Sadoul，G.）著；唐祖培等译
北京 中国电影出版社 1982年 549页 有照片
20cm（32开）精装 统一书号：8061.515
定价：CNY4.00
本卷记述了1897年至1909年间早期电影的发展情况。书中对本时期各国电影先驱者摄制的作品、样式、艺术风格、表现方法以及电影技术的革新，有声电影与宽银幕电影的尝试等方面，作了介绍与分析。

J0170436
电影通史 （第三卷.上 电影成为一种艺术 战前时期 1909—1914年）（法）萨杜尔（G.Sadoul）

著；徐昭，吴玉麟译
北京 中国电影出版社 1982 年 441 页
20cm（32 开）精装 统一书号：8061.1568
定价：CNY3.00

本书以第一次世界大战为分界线，分别叙述1909—1914 年和 1914—1920 年期间各国电影企业的兴衰与电影创作的发展情况，展示了电影作为一个独立的新视觉艺术的形成过程。

J0170437
电影通史 （第三卷 下 电影成为一种艺术 第一次世界大战时期 1914—1920 年）（法）萨杜尔（G.Sadoul）著；文华等译
北京 中国电影出版社 1982 年 596 页
20cm（32 开）精装 统一书号：8061.1620
定价：CNY3.50

本书以第一次世界大战为分界线，分别叙述1909—1914 年和 1914—1920 年期间各国电影企业的兴衰与电影创作的发展情况，展示了电影作为一个独立的新视觉艺术的形成过程。

J0170438
电影通史 （第一卷 电影的发明 1832—1897 年）（法）萨杜尔（G.Sadoul）著；忠培译
北京 中国电影出版社 1983 年 484 页
20cm（32 开）统一书号：8061.851 定价：CNY2.40

本书作者以丰富的史料，叙述了电影器械的发明与早期活动形象和影片的制作经过。是一部了解早期电影的发明及其技术理论的参考书。外文书名：Histoire generale du cinema.

J0170439
中国电影发行放映统计资料汇编 （1949—1957 第一册 国内发行放映部分）中国电影发行放映公司［编］
北京 中国电影发行放映公司 1958 年 175 页
13 × 19cm

J0170440
苏联电影史纲 （第一卷 1917—1934）苏联科学院艺术史研究所编；龚逸霄译
北京 中国电影出版社 1959 年 796 有照片
21cm（32 开）精装 统一书号：8061.691
定价：CNY4.80

J0170441
苏联电影史纲 （第一卷）苏联科学院艺术史研究所编；龚逸霄译
北京 中国电影出版社 1983 年 2 版 780 页
20cm（32 开）精装 统一书号：8061.691
定价：CNY4.10

J0170442
苏联电影史纲 （第一卷）苏联科学院艺术史研究所编；龚逸霄译
北京 中国电影出版社 1983 年 780 页
20cm（32 开）精装 统一书号：8061.691
定价：CNY4.10

本套书三卷，叙述自 1917 年至 60 年代的苏联电影发展历史。全书对苏联电影历史发展的概貌、各时期的重大事件、主要作品和主要编剧、导演、演员的创作特点等做了详尽的记述和评论，并附有大量插图。

J0170443
苏联电影史纲 （第二卷）苏联科学院艺术史研究所编；龚逸霄译
北京 中国电影出版社 1983 年 1049 页 有剧照
20cm（32 开）精装 统一书号：8061.693
定价：CNY6.50

J0170444
苏联电影史纲 （第三卷）苏联科学院艺术史研究所编；张开等译
北京 中国电影出版社 1992 年 681 页 有照片
20cm（32 开）精装 ISBN：7-106-00473-1
定价：CNY12.10

J0170445
苏联电影史中几个有待争论的问题 （苏）尤特凯维奇著
北京 中国电影出版社 1961 年 84 页 20cm（32 开）
统一书号：8061.945 定价：CNY0.33

本书收录《苏联电影史中几个有待争论的问题》（C. 尤特凯维奇）、《电影学中的历史主义和党性原则》（C. 弗雷里赫）、《思想性和艺术性——论电影艺术中图解性的历史根源》（A. 马契列特）。论文中所提出和论证的问题，对于了解苏联电影史和电影理论研究工作中的若干问题有很大助益。

J0170446
苏联电影四十年　(苏)尤列涅夫著；周传基等译
北京　中国电影出版社 1961年 124页
20cm(32开)统一书号：8061.982　定价：CNY0.46

本书是电影理论家尤列涅夫为一部以图片为主的电影画册《千百万人的艺术》而写的前言。以简短的篇幅叙述了苏联电影发展史的大致轮廓。全文分4部分：1、1917—1930，十月革命至有声电影出现以前；2、1930—1941，有声电影出现后至卫国战争开始；3、1941—1945，卫国战争年代；4、1945—1957，战后年代。

J0170447
《社会中坚》导演回忆录　(美)赫伯特·毕波尔曼著；黄鸣野，李庄藩译
[北京]中国电影出版社 1962年 2版
21cm(32开)定价：CNY1.30

书名为《一个导演的经历》，这次重排出版并改用现名。

J0170448
1961年电影胶片感光测定专业会议的决议
[北京]中国电影出版社 1962年 15cm(64开)
定价：CNY0.16

1961年11月全国感光测定专业研究会议议订，经文化部〈62〉文电夏字第172号文批准试行。

J0170449
电影半路出家记　欧阳予倩著
[北京]中国电影出版社 1962年 21cm(32开)
定价：CNY0.45
(电影回忆录丛刊)

本书是作者从事电影工作的回忆录，记述了作者20多年来编写电影剧本、导演影片及参加其它电影活动的种种经历，提供了有关我国电影发展的某些真实、朴素的情况。内容包括："第一次学编电影剧本《玉洁冰清》"、"《三年以后》第一次作电影导演"、"想替被压迫者说句公平话《天涯歌女》"、"希望电影成为教育工具"、"第一次拍有声影片《新桃花扇》"、"企图暴露封建家庭罪恶的《清明时节》"等14小节。

J0170450
电影随想录　(1920至1950年间电影艺术历史材料)(法)克莱尔(R.Clair)著；邵牧君，何振淦译
北京　中国电影出版社 1962年 230页
20cm(32开)统一书号：8061.1017
定价：CNY0.90，CNY1.40(精装)

本书分无声电影时期，有声电影初期电影艺术水平的倒退，当代电影的前途三大部分。译者何振淦(1929—2003)，戏剧理论家、翻译家、影评家。生于江苏无锡，毕业于北京中央电影学校编剧班。曾先后在电影局电影艺术研究室、中国电影家协会、中国电影出版社外编室、中国电影艺术研究中心编目部工作。中国电影资料馆研究员。著有《意大利电影概述》《闪光的棕榈叶——嘎纳电影节》等。

J0170451
电影随想录　(法)克莱尔(R.Clair)著；邵牧君，何振淦译
北京　中国电影出版社 1981年 218页
20cm(32开)统一书号：8061.1017
定价：CNY0.87

J0170452
感慨话当年　王汉伦等著
北京　中国电影出版社 1962年 112页
21cm(32开)统一书号：8061.984
定价：CNY0.60
(电影回忆录丛刊)

J0170453
感慨话当年　王汉伦等著
北京　中国电影出版社 1984年 2版
114页+[6]页图版 有图 21cm(32开)
统一书号：8061.984　定价：CNY0.55

J0170454
解放区的电影　袁牧之等著
北京　中国电影出版社 1962年 73页
21cm(32开)统一书号：8061.892
定价：CNY0.50
(电影回忆录丛刊)

本书收集了有关解放区电影的情况和回忆文章11篇。

J0170455
解放区的电影　袁牧之等著

北京 中国电影出版社 1962年 82页+[9]页图版 有图 20cm(32开) 统一书号：8061.892
定价：CNY0.50

J0170456
解放区的电影 袁牧之等著
北京 中国电影出版社 1984年 2版 82页
有照片 20cm(32开) 统一书号：8061.892
定价：CNY0.72

J0170457
我的电影生活 梅兰芳著
[北京] 中国电影出版社 1962年 21cm(32开)
定价：CNY0.95
(电影回忆录丛刊)

作者梅兰芳(1894—1961)，中国京剧表演艺术大师。生于北京，祖籍江苏泰州。名澜，字畹华。擅演青衣、花旦、刀马旦各种角色的剧本，世称“梅派”，为“四大名旦”之一。历任中国京剧院院长、中国戏曲研究院院长、中国戏剧家协会副主席等职。代表剧目有《宇宙锋》《贵妃醉酒》《双奇会》《霸王别姬》等，出版有《梅兰芳文集》《舞台生活四十年》《梅兰芳演出剧本选集》等。

J0170458
影评忆旧 鲁思著
北京 中国电影出版社 1962年 48页 21cm(32开)
统一书号：8061.987 定价：CNY0.32
(电影回忆录丛刊)

J0170459
美国银幕上的中国和中国人 (1896—1955)
(美)琼斯，Dorothy.B.著；邢祖文，刘宗锟译
北京 中国电影出版社 1963年 142页
19cm(32开) 统一书号：8061.1129
定价：CNY0.50

J0170460
日本电影史 (日)岩崎昶著；钟理译
北京 中国电影出版社 1963年 419页 有图表
21cm(32开) 统一书号：8061.1087
定价：CNY1.65

本书作者将电影在日本诞生到60年代初的电影的情况和特色作了评价和分析。作者岩崎昶(1903—1981)，日本电影理论家、评论家及纪录片制作者。生于日本东京，毕业于东京帝国大学德国文学系。主要著作有《电影与资本主义》《电影的理论》《现代电影艺术》《日本电影史》《现代电影》等，译著有《好莱坞的内幕》《编剧与电影剧本创作》《电影艺术论》等。

J0170461
日本电影史 (日)岩崎昶著；钟理译
北京 中国电影出版社 1981年 2版 373页
有照片 20cm(32开) 统一书号：8061.1087
定价：CNY1.50

本书作者将电影在日本诞生到60年代初的电影的情况和特色作了评价和分析。

J0170462
日本电影史 (日)岩崎昶著；钟理译
北京 中国电影出版社 1985年 2版 重印本
373页 有照片 20cm(32开)
ISBN：7-106-00337-9 定价：CNY2.00

J0170463
中国电影发展史 (初稿 第一卷)程季华等编著
北京 中国电影出版社 1963年 680页
21cm(32开) 统一书号：8061.1000
定价：CNY3.90，CNY5.50(精装)

本书内容包括：中国电影的萌芽、在混乱中发展、左翼电影运动的开始及其成就等。

J0170464
中国电影发展史 (初稿 第二卷)程季华等编著
北京 中国电影出版社 1963年 535页
21cm(32开) 精装 统一书号：8061.1016
定价：CNY4.90

本书介绍了进步电影运动的新阶段和人民电影的兴起，内容包括：为抗日民族解放战争服务、为人民民主革命的最后胜利而斗争、人民电影的兴起和成长等七章。

J0170465
中国电影发展史 (初稿 第一卷)程季华主编；程季华，李少白，邢祖文编著
北京 中国电影出版社 1980年 2版
680页+[128]叶图版 有图 21cm(32开)
统一书号：8061.1000 定价：CNY4.50

本书总结了中国电影历史的经验，并根据中国电影历史发展的本身特点，叙述自电影传入中国至中华人民共和国成立前为止的中国电影发展历程。

J0170466
中国电影发展史 （初稿 第一卷）程季华主编；程季华等编著
北京 中国电影出版社 1980年 2版 680页
有照片 20cm（32开）精装 统一书号：8061.1381
定价：CNY5.50

J0170467
中国电影发展史 （初稿 第二卷）程季华主编；程季华，李少白，邢祖文编著
北京 中国电影出版社 1980年 2版
535页+［114］叶图版 有图 21cm（32开）
统一书号：8061.1016 定价：CNY3.90

J0170468
让印度尼西亚民族电影当家作主 （印尼）苏里亚达马，Nj.U.著；音德拉等译
北京 中国电影出版社 1965年 48页 19cm（32开）
统一书号：8061.1206 定价：CNY0.22

J0170469
五十年来的中国电影 钟雷编著
台湾 正中书局 1965年 158页 有表
20cm（32开）定价：0.90
（现代中国文艺丛书）

J0170470
印度尼西亚民族电影的发展道路 （印尼）夏基安，B.著；薛河献等译
北京 中国电影出版社 1965年 84页
19cm（32开）统一书号：8061.1194
定价：CNY0.30

J0170471
破除对“三十年代”电影的迷信 （评《中国电影发展史》）田星著
北京 中国人民政治协商会议全国委员会学习委员会 1966年 20页 21cm（32开）
（活页学习资料 10）

J0170472
世界电影的裸变 （1 由三十年代到四十年代）老沙著
台北 中国电影文学出版社 1968年 220页
19cm（32开）

J0170473
美国电影史 杜云之著
香港 文艺书屋 1969年 275页 19cm（32开）
定价：HKD4.00
（文星丛刊 250）

J0170474
中国电影史 杜云之著
台湾 商务印书馆 1972年 3册 有照片
19cm（32开）定价：TWD80元（全3册）

J0170475
影事春秋 （第一辑）陈同艺编写
济南 山东人民出版社 1981年 259页
19cm（32开）统一书号：10099.1513
定价：CNY0.59

J0170476
影事春秋 （第二辑）陈同艺等著
济南 山东人民出版社 1982年 319页
19cm（32开）定价：CNY0.82

本辑除继续介绍上海电影制片厂知名的艺术家外，还介绍了六十年代初和七十年代末在影坛崭露头角的中青年导演和演员。

J0170477
影事春秋 （第三辑）肖潮等编写
济南 山东人民出版社 1982年 184页
19cm（32开）统一书号：10099.1534
定价：CNY0.44

本辑介绍了长春电影制片厂20多位导演和演员的艺术生涯。

J0170478
影事春秋 （第四辑）姚欣，高远同编写
济南 山东人民出版社 1982年 317页
19cm（32开）统一书号：10099.1580
定价：CNY0.65

本辑介绍了北京电影制片厂的著名导演和

演员近30人。书中以访问的形式，对他们的生活道路和艺术探索的刻苦精神作了详细的介绍。

J0170479
影事春秋 （第五辑）宋绍明编写
济南 山东人民出版社 1982年 213页
19cm（32开）统一书号：10099.1588
定价：CNY0.46
本辑主要介绍八一电影制片厂的电影艺术家，其中有著名导演王苹、李俊、严寄州等；著名演员有田华、王心刚、王晓棠、斯琴高娃等；青年演员有唐国强、陈佩斯、宝珣等。

J0170480
影事追怀录 田汉著
北京 中国电影出版社 1981年 100页
20cm（32开）统一书号：8061.1558
定价：CNY0.37
本书作者亲身经历，从不同的角度回顾了中国电影从20世纪初到中华人民共和国成立初期的电影发展。作者田汉（1898—1968），剧作家、戏曲作家、电影编剧、小说家、词作家。本名田寿昌，笔名：田汉、陈瑜、伯鸿等。湖南长沙人。创作歌词的歌曲《万里长城》的第一段，成为中华人民共和国国歌《义勇军进行曲》的歌词。代表作《义勇军进行曲》《名优之死》《关汉卿》等。

J0170481
世界电影史 （法）萨杜尔（Sadolnl，G.）著；徐昭，胡承伟译
北京 中国电影出版社 1982年 844页 有剧照
20cm（32开）统一书号：8061.1430
定价：CNY4.70（精装），CNY4.20
本书共27章，概要地介绍了电影的发明、电影艺术的发展和世界各国电影的状况，以及著名的导演、编剧、演员，详尽地分析了电影史中的许多重要影片。外文书名：Histoire du Cinema Mondial.

J0170482
世界电影史 （1960年以来 第3卷 上）（联邦德国）格雷戈尔（Gregor，U.）著；郑再新译
北京 中国电影出版社 1987年 503页 有剧照
20cm（32开）统一书号：8061.2934
定价：CNY4.60，CNY5.90（精装）
本书较全面、系统地介绍1960年后世界各国电影发展的概况，对各主要国家的电影经济、电影流派、重要导演及其影片作了详尽的介绍。

J0170483
世界电影史 （1960年以来 第3卷 下）（联邦德国）格雷戈尔（Gregor，U.）著；郑再新译
北京 中国电影出版社 1987年 449页 有剧照
20cm（32开）统一书号：8061.3192
定价：CNY3.85，CNY5.15（精装）
本书较全面、系统地介绍1960年后世界各国电影发展的概况，对各主要国家的电影经济、电影流派、重要导演及其影片作了详尽的介绍。外文书名：Geschichte Des Films. 作者乌利希·格雷戈尔（1932— ），德国电影制作人、作家、讲师。出生于德国汉堡。出版有《电影史》《世界电影史 ： 1960年以来》《电影资料》等。

J0170484
世界电影史 （法）乔治·萨杜尔（GeorgeSadoul）著；徐昭，胡承伟译
北京 中国电影出版社 1995年 2版 32+859页 有剧照 20cm（32开）精装
ISBN：7-106-00334-4 定价：CNY30.00
外文书名：Histoire Du Cinema Mondial Des Origines A Nos Jours. 作者乔治·萨杜尔（1904—1967），法国电影史学家。著有《电影艺术史》《法国电影》《世界电影史》《电影通史》等。

J0170485
西方电影史概论 邵牧君著
北京 中国电影出版社 1982年 135页 有剧照
20cm（32开）统一书号：8061.1728
定价：CNY0.70
本书介绍了西方电影中的技术主义传统、西方电影中的写实主义传统和电影中的现代主义。

J0170486
西方电影史概论 邵牧君著
北京 中国电影出版社 1994年 重印本 135页
20cm（32开）ISBN：7-106-00355-7
定价：CNY4.00
本书介绍了西方电影中的技术主义传统、西方电影中的写实主义传统和电影中的现代主义。外文书名：Essay on Western Film History.

J0170487
影坛旧闻 （但杜宇和殷明珠）郑逸梅著
上海 上海文艺出版社 1982 年 68 页
19cm（小 32 开）定价：CNY0.35

本书记述了但杜宇和殷明珠这对电坛夫妇从事电影事业的历程，以及他们从影的坎坷命运。作者郑逸梅（1895—1992），作家、文史学家。出生于江苏苏州，祖籍安徽歙县。曾任中孚书局编辑，上海国华中学副校长，上海晋元中学副校长等。代表作品有《艺林散叶》《文苑花絮》《书报话旧》等。

J0170488
影坛人物录 蓝澄著
杭州 浙江人民出版社 1982 年 142 页 有照片
19cm（小 32 开）定价：CNY0.34

本书介绍了影坛人物的种种经历和艺术生涯，从各个侧面反映了半个世纪以来中国电影艺术的发展与繁荣的历程。

J0170489
中国电影史概论 （1896—1966）（苏）C. 托洛普采夫著；志刚等译
北京 中国电影家协会资料室 1982 年 186 页
21cm（32 开）统一书号：8061.1708
定价：CNY0.85

著者通译：托罗普采夫。

J0170490
20-40 年代中国电影回顾 中国电影资料馆
［北京］中国电影资料馆 1983 年 1 套
26cm（16 开）

J0170491
三十年细说从头 李翰祥著
香港 天地图书有限公司 1983—1984 年 4 册
有照片 21cm（32 开）定价：HKD95.00

本书以李翰祥先生个人经历为主线，以编导演活动为中心，纵横交错，上下奔驰，生动展现了港台及国内影坛内外的生活。从李翰祥先生 1948 年到香港大中华影片公司从影写起，一直到 1978 年回大陆拍摄《火烧圆明园》《垂帘听政》两部历史片为止。30 年间，个人的荣辱得失、喜怒哀乐，影坛的盛事壮举、名流巨星、轶闻趣谈，都有翔实的介绍和生动的描绘。

J0170492
台湾电影史简编 陈飞宝编
厦门 厦门大学台湾研究所 1983 年 238 页
19cm（32 开）

J0170493
影坛忆旧 程步高著
北京 中国电影出版社 1983 年 219 页
20cm（32 开）统一书号：8061.1872
定价：CNY0.88

本书内容分四部分：一是对三十年代几部影片拍摄情况的回忆；二是对我国早期电影的叙述；三是对同时代一些电影工作者的追记；四是对《五四以来电影剧本选集》所选 16 部影片编、导、演员情况的回忆。

J0170494
中国电影画册 （1949—1979）《中国电影画册》编委会编辑
北京 中国电影出版社 1983 年 519 页
38cm（6 开）精装 统一书号：8061.1527
定价：CNY90.00

本画册为 1949—1979 年三十年间我国电影剧照选集。介绍了一些著名电影工作者的艺术成就，反映了中国电影发展成就的概貌。

J0170495
中国电影画册 （1949—1979）
北京 中国电影出版社 1994 年 518 页
34cm（12 开）精装 ISBN：7-106-00816-8
定价：CNY275.00

J0170496
中国电影五十年 司马芬著
台北 皇鼎文化出版社 1983 年 341 页 有照片
26cm（16 开）精装 定价：TWD400.00

J0170497
梦远星稀 （中国明星影史）蔡国荣著
台北 中国影评人协会 1984 年 380 页 有剧照
21cm（32 开）定价：TWD240.00

J0170498
香港影坛秘史 陈蝶衣著
香港 奔马出版社 1984 年 354 页 有插图

19cm(小 32 开) 定价: CNY11.00
(人物系列 2)

J0170499
影事春秋　丁小逖编著
北京 中国电影出版社 1984 年 54 页 20cm(32 开)
统一书号: 8061.2112 定价: CNY0.54
本书回忆了三十年代、四十年代上海进步电影事业所经历的一些战斗历程和几个事件。

J0170500
长寿县电影发行放映志
[长寿][长寿县文化艺术志编辑室][1984 年]
油印本 227 页 有地图 27cm(16 开) 线装
本志主要记述中华人民共和国成立以来长寿县电影发行放映事业的史实。上限为 1952 年,下限止于 1983 年。分为概述、大事记、建制沿革、放映网、电影宣传、经营管理等内容。

J0170501
抗战电影回顾　(重庆 重庆雾季艺术节资料汇编之一) 范国华(等) 编
重庆 重庆市文化局 1985 年 385 页 20cm(32 开)
本书由重庆市文化局、重庆市电影评论学会筹备组、重庆市电影发行放映公司联合出版。

J0170502
世界电影史　(美) 马斯特(Mast, G.) 著; 陈卫平译
台北 电影图书馆出版部 1985 年 3 版
577 页 有剧照 21cm(32 开) 定价: TWD550.00
(电图丛书)

J0170503
香港电影掌故　(第一辑 默片时代 1896—1934) 余慕云著
香港 广角镜出版社 1985 年 209 页 有照片
21cm(32 开) ISBN: 962-226-092-6
定价: HKD40.00

J0170504
印度电影史　(印度) 伦贡瓦拉著; 孙琬译
北京 中国电影出版社 1985 年 146 页 有照片
20cm(32 开) 统一书号: 8061.2022
定价: CNY1.30
本书简要地记述了自 1896 年印度电影诞生以来,从创业、拍摄短片,进而拍摄故事片,以及印度独立以后电影事业的发展情况和成就。书中还着重介绍了几位有名的印度电影艺术家。

J0170505
影事琐议　张骏祥著
北京 中国电影出版社 1985 年 195 页
20cm(32 开) 精装 统一书号: 8061.2569
定价: CNY2.30
本书辑录作者 1977 年以来发表在各报刊上的文章 23 篇。这些文章多从全局的高度对 30 年来我国电影事业的基本经验教训做了回顾和总结;同时以提高故事片思想艺术质量为中心,对电影的若干理论问题进行了积极的探讨。作者张骏祥(1910—1996),导演、编剧、作家。笔名袁俊,生于江苏镇江市,毕业于清华大学外国文学系和美国耶鲁大学戏剧研究院。创作话剧剧本《小城故事》,执导电影《翠岗红旗》《白求恩大夫》。出版有论文集《关于电影的特殊表现手段》《张骏祥文集》。

J0170506
中华人民共和国电影事业三十五年　(1949—1984) 中国电影家协会电影史研究部编
北京 中国电影出版社 1985 年 417 页
20cm(32 开) 精装 统一书号: 8061.2798
定价: CNY3.10
本书是新中国电影事业 35 年发展概况的史料性文集。书中收入 33 篇文章,分别从电影的创作、制片生产、经营管理、发行放映、电影科技、电影教育、电影图书出版以及对外交流诸方面,简括而较系统地追溯了我国人民电影事业在中国共产党的领导下,历经艰难曲折,不断发展壮大的历史。

J0170507
电影风格流派　朱玛编
成都 四川大学出版社 1986 年 367 页
20cm(32 开) 定价: CNY2.80
(五角丛书 艺术类)

J0170508
粤语文艺片回顾　(1950—1969)
香港 1986 年 160 页 有剧照 26cm(16 开)

ISBN：962-7040-19-3 定价：HKD28.00

香港电影史。外文书名：Cantonese Melodrama.

J0170509

中国电影七十年 （1904—1972）杜云之著

台湾［台湾］电影图书馆出版部 1986年 450页

有照片 19cm（小32开）定价：TWD63.45

（影图丛书）

J0170510

中影三十五年 （1951—1986）

中国电影发行放映公司 1986年 130页

有图照片 25cm（小16开）

外文书名：China Film Distribution & Exhibition Corporation 1951—1986. 本书由中国电影发行放映公司和中国电影输出输入公司联合出版。

J0170511

电视社会学 （日）藤竹晓著；蔡林海译

合肥 安徽文艺出版社 1987年 212页

19cm（小32开）定价：CNY1.40

（文艺社会学译评丛书）

J0170512

电影的昨天·今天和明天 汪天云，张函编著

上海 上海教育出版社 1987年 208页 有插图

19cm（32开）统一书号：7150.4064

ISBN：7-5320-0205-5 定价：CNY1.05

（中学生文库）

本书分电影的昨天、电影的今天和电影的明天3部分，介绍电影的发明、发展历史及其对人类文化的巨大影响，并展望电影未来的发展趋势。作者汪天云（1950— ），编剧。浙江湖州人，毕业于上海师范大学中文系，留校任教。上海电影集团副总裁、上海视觉艺术学院表演艺术学院院长、上海师范大学人文学院硕士生导师，上海市电影评论学会副秘书长、上海作家协会理事。著有《电影社会学研究》《电影社会学引论》等。

J0170513

合肥市电影志 （试写稿）合肥市文化局文化志编纂委员会主编；合肥市电影发行放映公司电影志编写组编

［合肥］［合肥市文化局文化志编纂委员会］

1987年 246页 有地图照片 20cm（32开）

J0170514

美国电视明星 （美）芭芭拉·马图索著；杨照明等译

北京 中国广播电视出版社 1987年 364页

21cm（32开）统一书号：8236.239

定价：CNY2.70

J0170515

上海影坛话旧 曹懋唐，伍伦编著

上海 上海文艺出版社 1987年 255页 有剧照

19cm（32开）统一书号：8078.3631

定价：CNY1.40

J0170516

影坛夜话 陈同艺著

上海 上海文化出版社 1987年 101页 有照片

19cm（32开）ISBN：7-80511-089-1

定价：CNY0.50

（五角丛书 第六辑）

J0170517

第三个时期的中国电影 （北京、台北、香港学生电影录像汇展）

香港 香港浸会学院传理系 1988年 169页

22cm（32开）

J0170518

美国电影史事拾零 邵牧君著

桂林 漓江出版社 1988年 159页 有照片

18×17cm ISBN：7-5407-0337-7 定价：CNY6.50

本书记叙了美国电影史上的种种趣事，包括电影业的肇始、大制片公司的发迹、名片的问世前后、好莱坞的内幕、著名影人嘉宝、戴维丝、奥立佛、希区柯克等的佳话轶闻。

J0170519

人民电影初程纪迹 钟敬之著

广州 广东人民出版社 1988年 113页 有照片

20cm（32开）ISBN：7-218-00126-2

定价：CNY1.20

作者钟敬之（1910— ），电影理论家。浙江嵊县人。历任中国电影家协会理事，全国文联委

员，中国电影家协会书记处书记、常务理事、名誉理事，中国延安文艺学会顾问。著有《大众文库电影》《延安鲁艺》《延安十年戏剧图集》《人民电影初程纪迹》。

J0170520
世界科幻电影史 克里斯蒂安·黑尔曼(Christian Hellmann)著；陈钰鹏译
北京 中国电影出版社 1988年 210页
20cm(32开) ISBN：7-106-00130-9
定价：CNY2.40
本书在阐述科幻电影历史沿革的同时，对西方科幻电影兴衰的社会历史背景，及其与现实生活的关系以及各类题材间的异同，作了颇有意义的探讨。

J0170521
苏联电影·问题与探索 （苏）卡拉甘诺夫(Караганов, A.B.)著；傅保中译
北京 中国电影出版社 1988年 156页
20cm(32开) ISBN：7-106-00044-2
定价：CNY1.50
苏联电影60年所走过的历程回顾。

J0170522
台湾电影史话 陈飞宝编著
北京 中国电影出版社 1988年 517页 有照片
20cm(32开) ISBN：7-106-00091-4
定价：CNY4.70
（台湾电影丛书）
本书叙述台湾省自1895年至1985年间电影事业的发展情况。分7章，比较详细地介绍了各个时期一些有代表性的作品、艺术家和制片机构，评介了台湾各艺术流派的追求和风格。

J0170523
文艺志资料 （电影专辑）山东省文化厅史志办公室，山东省电影发行放映公司[编]
[济南][山东省新闻出版局] 1988年 444页
有照片 19cm(32开)

J0170524
电影发达史 徐公美著
上海 上海书店 1989年 影印本 19cm(32开)
精装 ISBN：7-80569-179-7
（民国丛书 第一编 70）
本书与洪琛著的《角色的诞生》，陈鲤庭著的《电影戏剧的编剧方法》，郑君里著的《电影规范》合订

J0170525
河南省开封电影志 （征求意见稿 上下）李少先主编；开封市电影志编辑室编
[开封][开封市电影志编辑室] 1989年
2册(765页) 有表格 26cm(16开)

J0170526
回顾香港电影三十年 张彻著
香港 三联书店(香港)分店 1989年 235页
有剧照 19cm(32开) ISBN：962-04-0752-0
定价：HKD37.00
（古今香港系列）

J0170527
青海电影志 青海省文化厅，中国电影发行放映学会青海分会[编]
[西宁][青海省文化厅] 1989年 379页 有照片
26cm(16开)

J0170528
青海电影志 冯国寅主编；青海省文化厅，中国电影发行放映学会青海分会编辑
[西宁][青海省文化厅] 1989年 379页 有照片
26cm(16开) 定价：CNY210.00

J0170529
世界电视之窗 高晓虹编著
北京 人民邮电出版社 1989年 154页
19cm(小32开) ISBN：7-115-03882-1
定价：CNY1.65
（青年人看世界丛书）

J0170530
世界著名电影综览 （日）猪俣胜人著；曹培林等译
郑州 河南人民出版社 1989年 2册(604；537页)
有照片 20cm(32开) ISBN：7-215-00260-8
定价：CNY18.50

J0170531
香港小姐与香港电影 （1946—1988）余慕云著
香港 三联书店(香港)分店 1989年 185页
有照片 19cm(32开) ISBN: 962-04-0745-8
定价: HKD35.00
(古今香港系列)

J0170532
中国电影艺术史略 王云缦著
北京 中国国际广播出版社 1989年 141页
有剧照 20cm(32开) ISBN: 7-80035-233-1
定价: CNY2.80
本书内容是中国电影历史1905—1988年简述。

J0170533
中国影星大观 （1905—1949）赵士荟，许志浩主编
西安 陕西人民出版社 1989年 64页 有剧照
26cm(16开) ISBN: 7-224-00232-1
定价: CNY3.20

J0170534
中外电影简史 凌振元著
上海 上海科学技术文献出版社 1989年 286页
有剧照 19cm(32开) ISBN: 7-80513-420-0
定价: CNY3.90
作者凌振元(1945—)，教师。出生于江苏常熟。上海师范大学人文学院影视专业主任、副教授。著作有《中外电影简史》《经典电影欣赏》。

J0170535
八十年代香港电影笔记 李焯桃著
香港 创建出版公司 1990年 2册 有照片
21cm(32开) ISBN: 962-420-091-2
定价: HKD38.00
(创建文库)

J0170536
北京电影业史迹 （1900—1949 上册）田静清编著
北京 北京出版社 1990年 196页 有照片
20cm(32开) ISBN: 7-200-01319-6
定价: CNY5.00

J0170537
满映——国策电影面面观 胡昶，古泉著
北京 中华书局 1990年 253页 有照片
20cm(32开) ISBN: 7-101-00819-4
定价: CNY6.50
(东北沦陷十四年史丛书)
本书为东北沦陷十四年史丛书中的满洲国电影史专著。作者胡昶(1933—2016)，电影史学家。吉林梨树人，毕业于东北师范大学。历任中国电影家协会会员，长春电影史志办公室主任、副编审。著有《新中国电影的摇篮》《满映——国策电影面面观》。古泉(1958—)，长春电影制片厂副导演。

J0170538
中共电影史概论 张力涛著
香港 集英馆 1990年 191页 有照片
19cm(32开) ISBN: 962-422-008-5
定价: HKD28.00
(集英丛书 8)

J0170539
中国电影简史 许道明，沙似鹏著
北京 中国青年出版社 1990年 508页+[16]页图版 有图 19cm(32开) ISBN: 7-5006-0366-5
定价: CNY7.90
论述中国电影从寄生性的放映外国短片到自行建厂独立摄制；从拍摄简短的舞台纪录片到生产题材广泛的故事片等各类影片；由帝国主义、买办资产阶级垄断中国电影事业到左翼电影运动的兴起和壮大以及人民电影事业随着民主革命的进展和胜利从无到有、从小到大的发展过程，评析各个时期的代表作品，回顾近百年来中国电影事业与民族命运、国家安危、革命成败休戚相关的独特发展道路。

J0170540
电影年鉴 （1990）台湾电影年鉴编辑委员会[编]；罗树南主编
台北 台湾电影年鉴编辑委员会 1991年
392页 有剧照 25cm(小16开)
定价: TWD300.00

J0170541
法国当代电影史 （1945—1977）(法)福特

(Ford, C.)著; 朱延生译
北京 中国电影出版社 1991年 315页 有照片
20cm(32开) ISBN: 7-106-00457-X
定价: CNY5.90

本书作者将1945—1977年间法国摄制的每一部有价值的作品做了翔实的介绍和客观评论, 有力地批驳了30年来电影艺术和生产变成政治、工会活动、国际关系等的附属品和色情影片的附属品等现象。外文书名: Histoire du Cinema Francais Contemporain 1945—1977.

J0170542
广东省电影发行放映工作史料 (第一辑) 陈烁主编; 广东省文化厅电影处, 广东省电影公司, 广东省电影发行放映学会合编
[广州] [广东省电影公司] 1991年 281页
有照片 19cm(小32开)

作者陈烁, 广东省电影公司经理、省电影发行放映学会会长。

J0170543
广东省电影发行放映工作史料 (第二辑) 陈烁主编; 广东省文化厅电影处, 广东省电影公司, 广东省电影发行放映学会合编
[广州] [广东省电影公司] 1991年 [281]页
有照片 19cm(小32开)

J0170544
广东省电影发行放映工作史料 (第三辑) 陈烁, 邱镇先主编; 广东省电影发行放映协会编
[广州] [广东省电影公司] [1993年] 238页
19cm(32开)

本书系陈烁、邱镇先主编, 广东省电影发行放映协会编广东电影发行、放映历史第三辑。

J0170545
好莱坞死亡悬案 (美)韦布, (美)卡尔著; 王晓明, 钱晓明译
北京 群众出版社 1991年 192页 19cm(小32开)
ISBN: 7-5014-0670-7 定价: CNY3.30

本书通过对好莱坞死亡案件的真实记述, 揭开了影城鲜为人知的一角, 反映了美国社会腐朽阴暗的一面。外文书名: The Laughs on Hollywood.

J0170546
剧影浮沉录 赵明著
北京 文津出版社 1991年 186页 有照片
19cm(小32开) ISBN: 7-80554-069-1
定价: CNY2.65

本书叙述了抗战前和抗战时期抗敌演剧队的活动, 并对作者自己的电影创作进行了总结。作者赵明(1915—1999), 教授、导演。原名赵炳章, 生于江苏扬州, 原籍江苏镇江。肄业于上海美术专科学校西画系。历任上海电影制片厂导演, 上海电影专科学校副校长兼导演系主任, 北京电影学院副院长、教授。执导的影片有《三毛流浪记》《铁道游击队》《凤凰之歌》等, 导演的话剧有《胜利进行曲》《愁城记》《水乡吟》等。

J0170547
抗日战争时期的重庆电影 (1937—1945) 重庆市文化局电影处编
重庆 重庆出版社 1991年 690页 20cm(32开)
ISBN: 7-5366-1592-2 定价: CNY9.50

本书选收了抗战时期活跃在重庆的文化、电影界人士130多位作者发表在重庆的报刊上的电影文章166篇, 按电影理论, 电影评介, 电影编、导、演札记及电影译文四部分编排。

J0170548
美国电影的兴起 (美)雅各布斯(Jacobs, L.)著; 刘宗锟等译
北京 中国电影出版社 1991年 741页 有剧照
20cm(32开) 精装 ISBN: 7-106-00456-1
定价: CNY13.60

本书介绍了美国电影是怎样兴起、发展和风靡世界的。外文书名: The Rise of the American Film.

J0170549
美国电影史话 (美)斯特普尔斯主编; 张兴援, 郭忠译
北京 中国人民大学出版社 1991年 351页
20cm(32开) ISBN: 7-300-01186-1
定价: CNY5.70

本书按时间顺序对美国电影发展进行了介绍, 对美国电影与外国电影的相互影响进行了探讨。

J0170550
民国影坛纪实 朱剑，汪朝光著
南京 江苏古籍出版社 1991年 538页 有照片
19cm（32开）ISBN：7-80519-212-X
定价：CNY8.30
本书以充分的资料，流畅的文笔，展示民国电影发展的概貌。

J0170551
日美欧比较电影史 （外国电影对日本电影的影响）（日）山本喜久男著；郭二民等译
北京 中国电影出版社 1991年 708页 有剧照
20cm（32开）ISBN：7-106-00460-X
定价：CNY11.70
本书是用历史比较方法进行电影研究的成功尝试。主要论述从电影开创之初到1940年，日本电影在欧美电影的影响下发展、独立的过程。作者山本喜久男（1931— ），日本早稻田大学文学系教授。

J0170552
上海电影四十年 上海电影家协会编
上海 学林出版社 1991年 313页 20cm（32开）
ISBN：7-80510-558-8 定价：CNY6.40

J0170553
浙江省电影志参考资料汇编 （一）费静波主编；浙江省电影志编辑办公室，中国电影发行放映学会浙江分会编
1991年 154页 19cm（小32开）

J0170554
浙江省电影志参考资料汇编 （二）费静波主编；浙江省电影志编纂委员会，中国电影发行放映学会浙江分会编
［杭州］［浙江省电影志编纂委员会］1991年
211页 19cm（小32开）

J0170555
浙江省电影志参考资料汇编 （三）费静波主编；浙江省电影志编纂委员会，中国电影发行放映学会浙江分会编
［杭州］［浙江省电影志编纂委员会］1993年
301页 19cm（小32开）

J0170556
指点十年 （79-89大陆电影综评）列孚著
香港 广雅轩出版社 1991年 424页 21cm（32开）
定价：HKD58.00
（神州影谭系列 3）

J0170557
中外电影发展简史 李保康，张爱国［编著］
北京 海潮出版社 1991年 198页 20cm（32开）
ISBN：7-80054-271-8 定价：CNY3.00
本书介绍了电影艺术的诞生、发展，国外电影流派，中国电影发展概况等，特别是我军电影系统创建、发展及现状部分，是我国电影史中首次面世的篇章。作者李保康，北京军区政治部文化工作站任职。作者张爱国，北京军区政治部文化工作站任职。

J0170558
阿拉伯电影史 张文建著
北京 中国电影出版社 1992年 265页
20cm（32开）ISBN：7-106-00650-5
定价：CNY4.90
本书介绍了阿拉伯各国电影发展的情况，评介了这些国家的电影流派、重要导演、影星及其影片。

J0170559
当代美国电影 （美）夸特（Quart, Leonard），（美）奥斯特（Auster, Albert）著；杜淑英，温飚译
北京 中国广播电视出版社 1992年 181页
19cm（小32开）ISBN：7-5043-1947-3
定价：CNY3.50
本书通过几十部具有代表性电影的评析，概述了40年代至80年代美国电影的发展及美国社会的动荡如何制约看电影的内容与风格。外文书名：American Film and Society Since 1945.

J0170560
电影理论史 （意）阿里斯泰戈（Aristarco, Guido）著；李正伦译
北京 中国电影出版社 1992年 388页
20cm（32开）ISBN：7-106-00592-4
定价：CNY6.30
（外国电影理论名著丛书）
本书对电影诞生以后至20世纪五十年代

的传统电影理论的发展做了全面的论述。外文书名：Storia Delle Teoriche del Film. 据日译本1977年6月10日第5次印刷本转译。作者基多·阿里斯泰戈（Guido Aristarco，1918— ），意大利《电影》《电影手册》杂志总编辑。

J0170561
福建电影发行放映改革开放十四年（1979—1992）萨本敦主编
福建省电影发行放映公司 1992年 119页
有照片 29cm（16开）

J0170562
临沧地区电影志 （一九二七年至一九九〇年）云南省电影公司临沧分公司编印
［临沧］［云南省电影公司临沧分公司］［1992年］
141页 有照片 26cm（16开）定价：CNY80.00

本志上限自1927年阿瓦山区第一次放映活动开始，下限至1990年底。内容包括：概述、大事记、放映队伍和管理机构、放映活动、放映网管理、影片发行、财务计划、统计管理、设备器材供销与维修、宣传工作、民族语影片译制、多种经营等。记述了临沧地区电影工作的基本情况。

J0170563
擎起影星的人 （好莱坞电影大王梅耶）陈汉平等编译
太原 山西经济出版社 1992年 233页
19cm（小32开）ISBN：7-80577-464-1
定价：CNY4.30
（穷光蛋丛书 世界著名企业家发迹史）

J0170564
世界纪录电影史 （美）巴尔诺著；张德魁，冷铁铮译
北京 中国电影出版社 1992年 282页 有照片
20cm（32开）ISBN：7-106-00597-5
定价：CNY5.00

本书从电影的诞生论述到今天的电视时代，对世界纪录电影的发展，主要风格流派，著名人物，主要影片及其历史价值做了阐述。外文书名：History of the World Documentary.

J0170565
西安电影志 黄同进主编；西安市电影发行放映公司编
［西安］［西安市电影发行放映公司］1992年
423页 有地图照片 26cm（16开）精装

本志记述了西安电影事业从1910年至1989年近80年的历史及现状，重点介绍了中华人民共和国成立以来西安电影发行放映、电影公司及电影发行站、影剧院、电影工作等情况。

J0170566
益阳地区电影发行放映志 胡进田，文玉梅主编；湖南省益阳地区电影公司编
［益阳］［益阳地区电影公司］1992年 187页
有地图照片 26cm（16开）
（湖南省益阳地区地方志丛书 30）

J0170567
银幕内外 中华全国集邮联合会青少年集邮工作委员会主编；王辰编著
北京 人民邮电出版社 1992年 214页
19cm（小32开）ISBN：7-115-04714-6
定价：CNY4.60
（邮票上的百科知识丛书）

本书作者用100多枚电影专题邮票，向读者讲述有关电影发明的经过，电影发展的成就，电影文化交流活动的历史沿革，以及电影艺术和技术的成就等方面的基本知识。

J0170568
中国电影艺术史纲 （1896—1986）封敏等编著
天津 南开大学出版社 1992年 544页 有剧照
20cm（32开）ISBN：7-310-00407-8
定价：CNY5.30

本书在论述中国电影发展历史概貌，对各个时期的主要编导与故事片作了介绍。作者封敏（1931—2017），女，教授、电影史论家。河北正定人，历任北京电影学院文学系副教授、硕士生导师、电影史论教研组组长，中国电影家协会会员。出版《中国电影艺术史纲（1896 — 1986）》《爱国主义影片赏析与史话》《电影艺术ABC》《孔雀为什么这样美丽？》等。

J0170569
中外电影节电影奖博览 （'92中国长春电影

节）孙毅等编
长春 时代文艺出版社 1992年 266页
19cm（小32开）ISBN：7-5387-0485-X
定价：CNY4.50

本书介绍了世界和中国电影节及电影评奖概况、中国电影事业在国际影坛中的地位及中国电影城——长春。

J0170570
中外电影史话 连文光编著
广州 暨南大学出版社 1992年 316页
19cm（32开）ISBN：7-81029-114-9
定价：CNY6.20

本书介绍了电影发展的简史，及几代影人的艰辛，展示了世界影坛的名片等。作者连文光（1937— ），教授。广东龙川县人，毕业于暨南大学中文系。历任暨南大学中国语言文化教学中心（系）主任，广东喜剧美学研究会理事，广东作家协会、广东电影家协会、广东电视艺术家协会会员，并兼任华南文艺成人学院影视戏剧系教授。出版有《中外电影史话》《电影名版论析》等。

J0170571
中外电影史话 连文光编著
广州 暨南大学出版社 1993年 316页
19cm（32开）ISBN：7-91029-114-9
定价：CNY6.20

J0170572
电影世界探秘 孙宝林著
厦门 厦门大学出版社 1993年 203页
19cm（小32开）ISBN：7-5615-0628-7
定价：CNY3.50
（校园文化丛书）

本书对电影艺术的历史、特性、表现手法、生产过程等知识进行了介绍。

J0170573
电影纵横 上海电影艺术研究所编
上海 三联书店上海分店 1993年 250页
20cm（32开）ISBN：7-5426-0726-X
定价：CNY12.00

本书内容涉及电影的历史、电影的理论、电影的新学科以及对某些电影现象的研讨等。

J0170574
改变历史的五年 焦雄屏著
台北 万象图书公司 1993年 327页 有照片
21cm（32开）ISBN：957-669-466-3
定价：TWD300.00
（台湾电影史丛书 2）

作者焦雄屏（1953— ），女，台湾省电影学者、影评家、剧作家、制片人、监制。毕业于美国德州奥斯汀分校影视专业硕士学位。策划出版了《电影馆》丛书等，监制作品有《香港情怀》《望乡》《洞》《十七岁的单车》《半镜》等。

J0170575
回首忆当年 吴茵著
北京 中国电影出版社 1993年 180页 有照片
19cm（小32开）ISBN：7-106-00846-X
定价：CNY4.10

本书是我国著名的表演艺术家吴茵同志的文章集。作者以自己的亲身经历和感受回忆了其从影以来的往事，以及一起工作的战友。作者吴茵（1909—1991），女，电影表演艺术家。原名杨瑛，出生于天津，祖籍江苏吴县。代表作品《一江春水向东流》《万家灯火》《苏州夜话》等。

J0170576
机械复制时代的艺术作品 （德）本雅明（Benjamin，Walter）著；王才勇译
杭州 浙江摄影出版社 1993年 95页 有肖像
20cm（32开）ISBN：7-80536-174-6
定价：CNY11.00

本书对现代工业社会中艺术的命运进行了考察，分析了新崛起的电影艺术和现代工业社会中所发生的一系列替变。作者本雅明（Walter Bendix Schoenflies Benjamin，1892—1940），德国法兰克福学派新马克思主义文艺理论家。出版《发达资本主义时代的抒情诗人》《单向街》等作品。

J0170577
临安县电影志 （1933—1991）临安县电影发行放映公司编
［临安］临安县电影发行放映公司 1993年
306页 有地图及照片 20cm（32开）
定价：CNY38.00

J0170578
路边拾零　（汤晓丹回忆录）汤晓丹著
太原 山西教育出版社 1993 年 808 页 有照片
20cm（32 开）ISBN：7-80578-945-2
定价：CNY16.70
（文化名人生涯丛书）
本书描绘了汤晓丹从一个农家苦孩子成长为文化名人的历程。收有汤晓丹文选和论汤晓丹及其作品，附录汤晓丹执导的电影主要作品。作者汤晓丹（1910—2012），导演。福建漳州人，毕业于厦门集美农林专科学校。历任上海电影制片厂导演、上海影协名誉副主席。代表作品《南征北战》《红日》《渡江侦察记》等。

J0170579
三十年代中国电影评论文选　（纪念左翼电影运动 60 周年）陈播主编；广播电影电视部电影局党史资料征集工作领导小组，中国电影艺术研究中心编
北京 中国电影出版社 1993 年 868 页
20cm（32 开）ISBN：7-106-00980-6
定价：CNY25.00
本书收入中国 30 年代主要影片的评论及电影理论文章 179 篇。

J0170580
世界战争电影奇观　左孝本著
北京 海潮出版社 1993 年 415 页 有照片
20cm（32 开）ISBN：7-80054-495-8
定价：CNY7.80
本书评介了美、苏、日、法、英、意 6 国以战争为题材的电影发展史。作者左孝本（1947— ），四川安岳人，中共宜宾地委宣传部任职，四川省电影家协会会员，宜宾地区报纸副刊研究会副会长。

J0170581
台湾 1992 年电影年鉴　台湾电影年鉴编辑委员会［编］；罗树南主编
台北 1993 年 309 页 有剧照 25cm（小 16 开）
定价：TWD300.00

J0170582
台湾电影精选　区桂芝编辑
台北 万象图书公司 1993 年 有照片
26cm（16 开）精装 ISBN：957-669-446-9
定价：TWD1200.00

J0170583
台湾新电影的历史文化经验　（台湾新电影研究）陈儒修著；罗颇诚译
台北 万象图书公司 1993 年 194 页 有照片
21cm（32 开）ISBN：957-669-449-3
定价：TWD200.00
（台湾电影史丛书 1）

J0170584
浙江电影纪事　（1908—1990）费静波主编
杭州 浙江古籍出版社 1993 年 674 页 有照片
20cm（32 开）精装 ISBN：7-80518-216-7
定价：CNY25.00
本书记录了 1908 年至 1990 年浙江电影事业发展大事记。

J0170585
中国左翼电影运动　广播电影电视部电影局党史资料征集工作领导小组，中国电影艺术研究中心编
北京 中国电影出版社 1993 年 1124 页 有照片
26cm（16 开）ISBN：7-106-00832-X
定价：CNY68.00
本书收录了左翼电影运动的重要文献和史料，左翼电影运动中产生的 70 余部影片的本事、创作者自述和影评，对左翼电影运动的回忆文章和对左翼电影先驱者的追思与悼念文章。

J0170586
走过的路　（辽宁省电影发行放映四十五年资料汇集 1949.3-1994.3）辽宁省电影公司编
［沈阳］［辽宁省电影公司］1993 年 498 页
26cm（16 开）

J0170587
宝岛大梦　（台湾电影的奇幻边境）黄明川编
台北 前卫出版社 1994 年 226 页 有照片
21cm（32 开）ISBN：957-8994-60-5
定价：TWD200.00
（台湾电影 1）

J0170588
电影理论史评 （美）布朗著；徐建生译
北京 中国电影出版社 1994年 183页
20cm（32开）ISBN：7-106-00867-2
定价：CNY4.90
（影视教程系列）
作者概述和评析西方各种电影理论流派，针对“电影与现实的关系是什么？”这一争论不休的问题提出自己的理论见解。

J0170589
［台湾1991年］电影年鉴 台湾电影年鉴编辑委员会［编］；罗树南主编
台北［台湾］电影资料馆 1994年 301页
25cm（小16开）定价：TWD300.00

J0170590
台湾电视发展史 陈飞宝，张敦财著
福州 海风出版社 1994年 318页 19cm（小32开）
ISBN：7-80597-057-2 定价：CNY9.50

J0170591
北京市电影发行放映单位史 白安丹主编；北京市文化局，北京市电影公司［编］
1995年 2册（281；231页）有照片 20cm（32开）

J0170592
电影100年 （1895—1995）周廷诚主编
北京 中国三峡出版社 1995年 15+311页
19cm（小32开）ISBN：7-80099-112-1
定价：CNY11.80
外文书名：Film 100 Years.

J0170593
广西电影发行放映史 （1903—1986）广西壮族自治区电影发行放映公司编著
1995年 467页 有照片 20cm（32开）

J0170594
好莱坞的诱惑 龚湘海，周实编著
北京 国际文化出版公司 1995年 316页 有照片
20cm（32开）ISBN：7-80105-329-X
定价：CNY18.80
本书据好莱坞电影史料编译而成，收有西方部分导演、演员和电影事业家的成就。外文书名：Appeal of Hollywood.

J0170595
美国电影大观 ［美］George Clack主编；秦小玮，徐建生译
北京 中国电影出版社 1995年 93页
27cm（大16开）ISBN：7-106-01021-9
定价：CNY25.00
外文书名：American Film.

J0170596
民国影坛风云录 周观武著
开封 河南大学出版社 1995年 351页 有照片
20cm（32开）ISBN：7-81041-199-3
定价：CNY12.00
中国民国时代电影史，献给中国电影诞生100周年。作者周观武（1941— ），编审。别署翟夏、白凝、梁任、周楠等。河南济源人，毕业于河南大学中文系。河南省社会科学院文学研究所副编审。代表作品有《民国影坛风云录》《中国近现代文学艺术辞典》等。

J0170597
宁夏电影史话 李庆跃［著］
银川 宁夏人民出版社 1995年 205页 有照片
20cm（32开）ISBN：7-227-01513-0
定价：CNY8.00
作者李庆跃（1933— ），一级摄影师。河北安平人。历任宁夏人民电影院副院长，电影公司副经理。

J0170598
外国电影史 郑亚玲，胡滨著
北京 中国广播电视出版社 1995年 215页
20cm（32开）ISBN：7-5043-2727-1
定价：CNY8.00
外文书名：World Film History.

J0170599
西方电影史话 王新民著
上海 上海文艺出版社 1995年 160页
19cm（小32开）ISBN：7-5321-1268-3
定价：CNY3.00
（希望美育文库）

J0170600
影视后幕揭秘 郭向星著
北京 海潮出版社 1995年 404页 有剧照
20cm(32开) ISBN: 7-80054-598-9
定价: CNY15.00

本书共分7篇：特性演员、影坛纵横、幕后英雄、导演成就、巨片成功、星路探踪、繁花似锦。

J0170601
中国电影大辞典 张骏祥，程季华主编
上海 上海辞书出版社 1995年 14+1509页
有照片 26cm(16开) 精装
ISBN: 7-5326-0326-1 定价: CNY198.00

外文书名：China Cinema Encyclopaedia.

J0170602
中国电影史 胡星亮，张瑞麟主编
北京 中央广播电视大学出版社 1995年 544页
20cm(32开) ISBN: 7-304-01182-3
定价: CNY19.00
(南京大学戏剧影视学丛书)

作者胡星亮(1957—)，教授。浙江淳安人，毕业于南京大学。历任南京大学中文系教授、戏剧戏曲学专业博士生导师，并任中国话剧研究会常务理事、秘书长。著有《二十世纪中国戏剧思潮》《中国现代比较戏剧史》《中国现代喜剧论》等。

J0170603
中国电影史 钟大丰，舒晓鸣著
北京 中国广播电视出版社 1995年 226页
21cm(32开) 定价: CNY10.00

本书共有6章，包括："'影戏'——中国电影的奠基"、"30年代电影"、"战时与战后"、"'十七年'中国电影"、"'文革'时期的中国电影"、"'新时期'的中国电影"。作者舒晓鸣(1939—)，女，教授。生于四川重庆，江苏南京人。北京电影学院文学系教授，中国电影家协会会员，中国高等院校电影学会会员，中国新文学学会会员，中国毛泽东思想研究会会员。开设课程有《艺术概论》《中国电影史》《中国电影作品研究》等。编著有《成荫与电影》《论成荫》《石挥的艺术世界》。

J0170604
中国电影史话 朱瑛著
上海 上海文艺出版社 1995年 162页
19cm(32开) ISBN: 7-5321-1313-2
定价: CNY3.00
(希望美育文库)

J0170605
中国电影图志 (珍藏本) 中国电影艺术研究中心，中国电影资料馆编
珠海 珠海出版社 1995年 541页 29cm(16开)
精装 ISBN: 7-80607-098-2
定价: CNY628.00，HKD880.00

外文书名：Illustrated Annals of Chinese Film.

J0170606
电光幻影一百年 (法)[蒂里埃·若斯] ThierryJousse等著；蔡秀女，王玲琇译
台北 远流出版事业公司 1996年 334页 有照片
21cm(32开) ISBN: 957-32-3051-8
定价: TWD300.00
(电影馆 64)

外文书名：100 Journees Qui Ont Fait Le Cinema.

J0170607
吉林省志 (卷三十九 文化艺术志·电影) 王季平总纂；胡昶主编；吉林省地方志编纂委员会编纂
长春 吉林人民出版社 1996年 357页 有照片
26cm(16开) 精装 ISBN: 7-206-02406-8
定价: CNY120.00

本书包括机构、影片、设备技术、电影发行放映、对外交流、电影教育与电影刊物、党和国家领导人视察、影坛人物等八个章节。时间跨度原则上以1953为上限，以1985年为下限。作者胡昶(1933—2016)，电影史学家。吉林梨树人，毕业于东北师范大学。历任中国电影家协会会员，长春电影史志办公室主任、副编审。著有《新中国电影的摇篮》《满映——国策电影面面观》。

J0170608
历史的脚踪 (台影五十年)
台北 电影资料馆 1996年 219页 24cm(26开)
ISBN: 957-99874-8-3 定价: TWD350.00
(台湾电影史料丛书 4)

J0170609
梦幻的乐园 （世界电影史话）易水著
北京 时事出版社 1996年 207页 19cm（小32开）
ISBN：7-80009-327-1 定价：CNY9.80
（金钥匙丛书）

J0170610
绍兴电影纪事 陈华忠主编
杭州 浙江古籍出版社 1996年 345页 有照片
20cm（32开）ISBN：7-80518-347-3
定价：CNY38.60

J0170611
世界电影艺术史纲 邓烛非著
北京 中国广播电视出版社 1996年 215页
20cm（32开）ISBN：7-5043-2887-1
定价：CNY9.50

J0170612
外国电影艺术百年 （1895—1995）中国电影艺术研究中心，中国电影资料馆编
杭州 浙江摄影出版社 1996年 359页
29cm（16开）精装 ISBN：7-80536-394-3
定价：CNY385.00

外文书名：A Hundred Years of Foreign Film Art.

J0170613
西方电影史话 王新民著
北京 中国少年儿童出版社 1996年 160页
有插图 19cm（小32开）ISBN：7-5007-3010-1
定价：非卖品
（希望书库 6-57（总426））

本书由中国少年儿童出版社和中国青年出版社联合出版。

J0170614
现代电影史 胡濒译
［北京］［北京电影学院］1996年 237页
26cm（16开）

J0170615
香港电影回顾 （一九九四）舒琪主编；张伟雄，登徒编辑
香港 香港电影评论学会 1996年 292页 有剧照
21cm（32开）定价：HKD80.00
（香港电影评论学会丛书 1）

J0170616
香港电影回顾 （一九九五）舒琪主编
香港 香港电影评论学会 1997年 354页 有剧照
21cm（32开）ISBN：962-8271-02-4
定价：HKD80.00
（香港电影评论学会丛书 2）

J0170617
香港电影回顾 （一九九六）登徒主编
香港 香港电影评论学会 1997年 347页 有剧照
21cm（32开）ISBN：962-8271-03-2
定价：HKD80.00
（香港电影评论学会丛书 3）

J0170618
香港电影回顾 （1997）蒲锋主编；香港电影评论学会会员撰文
香港 香港电影评论学会 1999年 278页 有照片
21cm（32开）ISBN：962-8271-04-0
定价：HKD90.00
（香港电影评论学会丛书 6）

J0170619
香港电影史话 （卷一 默片时代）余慕云著
香港 次文化公司 1996年 174页 有剧照
21cm（32开）ISBN：962-7420-05-6
定价：HKD50.00
（次文化电影学丛书 影像文化系列 9）

J0170620
香港电影史话 （卷二 三十年代）余慕云著
香港 次文化公司 1997年 214页 有剧照
21cm（32开）定价：HKD50.00
（次文化电影学丛书 影像文化系列 10）

J0170621
香港电影史话 （卷三 四十年代）余慕云著
香港 次文化公司 1998年 217页 有剧照
21cm（32开）定价：HKD50.00
（次文化电影学丛书 影像文化系列 11）

J0170622
新竹市电影史 （1900—1995）叶龙彦著
新竹县[台湾][新竹市立文化中心] 1996年
330页 有照片 21cm(32开)
ISBN: 957-00-7054-4
(竹堑文化资产丛书 81)

J0170623
意大利电影 袁华清，尹平编著
北京 中国电影出版社 1996年 148页
20cm(32开) ISBN: 7-106-01094-4
定价: CNY6.20

J0170624
影人圈 蓝为洁著
上海 上海文艺出版社 1996年 397页 有照片
20cm(32开) ISBN: 7-5321-1387-6
定价: CNY20.40
作者蓝为洁(1926—2017)，剪辑师。出生于重庆。晚年致力于整理影史。代表作品《巴山夜雨》《城南旧事》。

J0170625
躁动的一代 六十年代粤片新星 （第二十届香港国际电影节）[香港市政局编]
[香港][香港市政局] 1996年 180页 有剧照
29cm(16开) ISBN: 962-7040-50-9
外文书名: The Restless Breed, Cantonese Stars of the Sixties.

J0170626
浙江省电影志 费静波主编；浙江省电影志编纂委员会编
北京 中国书籍出版社 1996年 630页
有照片及肖像 26cm(16开) 精装
ISBN: 7-5068-0574-X 定价: CNY120.00
(浙江省志丛书)

J0170627
中国电影史话 朱瑛著
北京 中国少年儿童出版社 1996年 162页
有照片 19cm(32开) ISBN: 7-5007-3009-8
定价: 非卖品
(希望书库 5-44 (总348))
本书由中国少年儿童出版社和中国青年出版社联合出版。

J0170628
中国电影艺术史教程 舒晓鸣著
北京 中国电影出版社 1996年 263页 有照片
20cm(32开) ISBN: 7-106-01120-7
定价: CNY17.00
作者舒晓鸣(1939—)，女，教授。生于四川重庆，江苏南京人。北京电影学院文学系教授、中国电影家协会会员、中国高等院校电影学会会员、中国新文学学会会员、中国毛泽东思想研究会会员。开设课程有《艺术概论》《中国电影史》《中国电影作品研究》等。编著有《成荫与电影》《论成荫》《石挥的艺术世界》。

J0170629
17年电影集萃 （1949—1966）李德戈，赵爱明主编
沈阳 辽宁美术出版社 1997年 361页 有照片
20cm(32开) ISBN: 7-5314-1613-1
定价: CNY26.00

J0170630
电影史 （理论与实践）(美)罗伯特.C.艾伦(RobertC.Allen)，(美)道格拉斯·戈梅里(DouglasComery)著；李迅译
北京 中国电影出版社 1997年 357页
20cm(32开) ISBN: 7-106-01233-5
定价: CNY19.00
(外国电影理论名著)

J0170631
杭州市电影志 杭州市电影发行放映公司，杭州市电影志编纂委员会编
杭州 杭州出版社 1997年 365页 有地图及照片
20cm(32开) 精装 ISBN: 7-80633-044-5
定价: CNY38.00

J0170632
好莱坞影人影片影事 贯中[著]
上海 上海教育出版社 1997年 331页
19cm(小32开) ISBN: 7-5320-3846-7
定价: CNY8.95
(花季丛书)

J0170633
湖州市电影志 《湖州市电影志》编纂委员会[编]
合肥 黄山书社 1997年 554页 有彩照
20cm(32开)精装 ISBN:7-80630-215-8
定价:CNY96.00

J0170634
民国影坛 朱剑,汪朝光编著
南京 江苏古籍出版社 1997年 439页 有照片
19cm(32开)ISBN:7-80519-853-5
定价:CNY15.00
(民国春秋丛书)

J0170635
图说香港电影史 (1920—1970)(美)方保罗编著;张美芳译
香港 三联书店(香港)公司 1997年 216页
28cm(大16开)精装 ISBN:962-04-1392-X

J0170636
香港电影八十年 余慕云著
香港 香港区域市政局 1997年 修订本 143页
有照片剧照 34cm(10开)定价:HKD95.00

J0170637
银海千秋 李翰祥著
香港 天地图书公司 1997年 260页 有照片
21cm(32开)ISBN:962-257-915-9
定价:HKD65.00
(天上人间 1)

J0170638
银河上下 李翰祥著
香港 天地图书公司 1997年 226页 有照片
21cm(32开)ISBN:962-257-916-7
定价:HKD65.00
(天上人间 2)

J0170639
银坛往事 李翰祥著
香港 天地图书公司 1997年 258页 有照片
21cm(32开)ISBN:962-257-918-3
定价:HKD65.00
(天上人间 4)

J0170640
影城内外 李翰祥著
香港 天地图书公司 1997年 214页 有照片
21cm(32开)ISBN:962-257-917-5
定价:HKD65.00
(天上人间 3)

J0170641
有趣的电影 吴晴编著
广州 广州出版社 1997年 118页 19cm(小32开)
ISBN:7-80592-707-3 定价:CNY92.00(全辑)
(百科世界丛书 第三辑 57)

J0170642
战火中成长的华北电影队 汪洋,马玉印主编
[北京] 1997年 250页 有照片 20cm(32开)
定价:CNY25.00(工本费)

J0170643
中国电视剧发展史纲 吴素玲著
北京 北京广播学院出版社 1997年 492页
20cm(32开)ISBN:7-81004-729-9
定价:CNY20.00
(电视剧艺术丛书)

J0170644
中国电视史 郭镇之著
北京 文化艺术出版社 1997年 167页 有照片
20cm(32开)ISBN:7-5039-1616-8
定价:CNY11.80
(中国艺术简史丛书)

J0170645
中外电影史初论 勇赴著
哈尔滨 北方文艺出版社 1997年 194页
20cm(32开)ISBN:7-5317-0980-5
定价:CNY11.80

J0170646
电影百年发展史 (前半世纪 上)(美)莉丝汀·汤普森(KristinThompson),(美)大卫·鲍威尔(DavidBordwell)著;廖金凤译
台北 麦格罗·希尔国际公司(台湾) 1998年
523页 有照片 25cm(小16开)
ISBN:957-493-073-4 定价:TWD650.00

外文书名：Film History：An Introduction. 作者莉丝汀·汤普森（Kristin Thompson，1950— ），美国电影理论家。麦迪逊电影研究博士，在威斯康星大学、爱荷华大学、阿姆斯特丹大学等大学任客座教授。主要学术方向为电影形式分析、电影风格史。作品有《世界电影史》《电影百年发展史》等。

J0170647
电影百年发展史 （后半世纪 下）（美）莉丝汀·汤普森（KristinThompson），（美）大卫·鲍威尔（DavidBordwell）著；廖金凤译
台北 美商麦格罗·希尔国际（台湾）公司 1999年
527 ~ 1197页 有照片 25cm（小16开）
ISBN：957-493-130-7 定价：TWD760.00
外文书名：Film History：An Introduction.

J0170648
好莱坞大师谈艺录 郝一匡等译
北京 中国电影出版社 1998年 638页
20cm（32开）ISBN：7-106-01269-6
定价：CNY33.00
本书收集了美国电影开创之初至九十年代好莱坞大师级导演格里菲斯、卓别林、希区柯克、斯皮尔伯格等自述性谈论电影艺术的文章或访谈录，共90余篇。

J0170649
幻影与真实 （史家眼中的好莱坞历史片 上）（美）马克·卡尔尼斯（MarkC.Carnes）编；王凌霄译
台北 麦田出版公司 1998年 447页 有照片
21cm（32开）ISBN：957-708-561-X
定价：TWD380.00
（历史选书 19）
外文书名：Past Imperfect：History According to the Movies.

J0170650
幻影与真实 （史家眼中的好莱坞历史片 下）（美）马克·卡尔尼斯（MarkC.Carnes）编；王凌霄译
台北 麦田出版公司 1998年 450-859页 有照片
21cm（32开）ISBN：957-708-562-8
定价：TWD380.00
（历史选书 19）
外文书名：Past Imperfect：History According to the Movies.

J0170651
老影星·老影片 郭华编著
北京 中国电影出版社 1998年 2册（306；306页）
有照片 20cm（32开）ISBN：7-106-01351-X
定价：CNY42.00

J0170652
葡萄牙电影史 （葡）若昂·贝纳尔·达·科斯塔著；陈用仪译
北京 中国文联出版社 1998年 262页
20cm（32开）ISBN：7-5059-3003-6
定价：CNY13.80
（葡萄牙文化丛书）
本书介绍了葡萄牙的电影史，包括："从地狱之门到贝纳文特地震"、"初步走向工业生产：幕后交易与不正当利润"、"葡萄牙电影的露面与匿迹"等。

J0170653
日治时期台湾电影史 叶龙彦著
台北 玉山社出版事业公司 1998年 365页
有照片 21cm（32开）ISBN：957-9361-90-8
定价：TWD380.00
（本土新书 37）
外文书名：The History of Taiwanese Movies During the Japanese Colonization.

J0170654
世界电影艺术发展史教程 王宜文著
北京 北京师范大学出版社 1998年 367页
有剧照 20cm（32开）ISBN：7-303-04812-X
定价：CNY17.00
（北京师范大学影视艺术学科基础教程系列）

J0170655
香港电影图志 （1913—1997）中国电影资料馆编
杭州 浙江摄影出版社 1998年 12+487页
29cm（16开）精装 ISBN：7-80536-305-6
定价：CNY540.00

J0170656
银色的梦 （电影美学百年回眸）孟涛著

上海 复旦大学出版社 1998年 384页 有剧照及照片 20cm(32开) ISBN: 7-309-02079-0 定价: CNY19.00
(缪斯书系)

J0170657
影坛钩沉 赵士荟著
郑州 大象出版社 1998年 446页 有照片 20cm(32开) ISBN: 7-5347-2160-1
定价: CNY18.00

J0170658
影像中国 (中国电影艺术: 1945—1949) 丁亚平著
北京 文化艺术出版社 1998年 10+484页 有照片 20cm(32开) ISBN: 7-5039-1742-3
定价: CNY22.00

J0170659
中国电影史 陆弘石, 舒晓鸣著
北京 文化艺术出版社 1998年 199页 有照片 20cm(32开) ISBN: 7-5039-1620-6
定价: CNY11.80
(中国艺术简史丛书)

作者舒晓鸣(1939—), 女, 教授。生于四川重庆, 江苏南京人。北京电影学院文学系教授, 中国电影家协会会员, 中国高等院校电影学会会员, 中国新文学学会会员, 中国毛泽东思想研究会会员。开设课程有《艺术概论》《中国电影史》《中国电影作品研究》等。编著有《成荫与电影》《论成荫》《石挥的艺术世界》。

J0170660
重庆与中国抗战电影学术论文集 第七届中国金鸡百花电影节执委会学术研讨部编
重庆 重庆出版社 1998年 329页 20cm(32开)
ISBN: 7-5366-4105-2 定价: CNY15.00

J0170661
安徽省电影志 刘孝龄主编; 安徽省文化厅电影志办公室编纂
[合肥][安徽省文化厅电影志办公室] 1999年 491页 有照片 26cm(16开) 定价: CNY276.00

本书内容包括: 电影放映、电影发行、电影宣传、电影(电视)幻灯制片、电影机械与器材供应、电影教育与队伍建设等。

J0170662
安徽省电影志 (评审稿) 安徽省文化厅电影志编写办公室[编]
[合肥][安徽省文化厅电影志编写办公室] 1999年 1264页 有照片 26cm(16开)

J0170663
北京电影录 北京电影录编纂委员会[编]
北京 北京出版社 1999年 507页 有照片 26cm(16开) 精装 ISBN: 7-200-03796-6
定价: CNY95.00

J0170664
北京电影业史迹 (1949—1990) 田静清著
北京 中国电影出版社 1999年 296页 + 照片[32页] 有照片 21cm(32开)
ISBN: 7-106-01531-8 定价: CNY22.00

本书是一部记述北京地区电影事业发展历史的地方专业史著作, 对中华人民共和国成立后各时期历史的变迁和电影业的决策情况做了记载, 同时, 在叙述北京地区的电影事业发展时, 兼顾阐述其他方面的有关情况, 使读者通过"管中窥豹"看到整个新中国电影事业发展过程中的历史轨迹。

J0170665
春花梦露 (正宗台语电影兴衰录) 叶龙彦著
台北县 博扬文化事业有限公司 1999年 320页 有图照片 21cm(32开) ISBN: 957-97710-0-6
定价: TWD350.00

J0170666
电影的历史 [法]雅克·贝索尔著; 孟筱敏译
杭州 浙江教育出版社 1999年 96页 有彩照及图 20cm(32开) ISBN: 7-5338-3260-4
定价: CNY10.00
(知道得更多些)

J0170667
二十世纪中国电影艺术流变 刘新生著
北京 新华出版社 1999年 363页 有照片 20cm(32开) ISBN: 7-5011-4528-8
定价: CNY22.00

J0170668
好莱坞类型电影 （公式、电影制作与片场制度）（美）汤玛斯·雪兹（Thomas Schatz）著；李亚梅译
台北 远流出版事业公司 1999年 434页 有剧照 21cm（32开）ISBN：957-32-3870-5
定价：TWD350.00
（电影馆 86）
本书通过对好莱坞"古典时期"类型电影的深入剖析，清晰地呈现出"拳头+枕头"的类型电影的演变脉络。外文书名：Hollywood Genres：Formulas，Filmmaking and The Studio System.

J0170669
好莱坞秘闻 关蠡著
北京 中国电影出版社 1999年 152页 有照片 20cm（32开）ISBN：7-106-01449-4
定价：CNY12.50
（好莱坞书系）

J0170670
红楼寻星梦 （西门町的故事）叶龙彦著
台北 博扬文化事业公司 1999年 201页 有照片 21cm（32开）ISBN：957-97710-2-2
定价：TWD300.00
（台湾阅览室 5）

J0170671
美国电视剧 苗棣著
北京 北京广播学院出版社 1999年 176页 有照片 18cm（小32开）ISBN：7-81004-808-2
定价：CNY12.50
（电视新视角丛书）
本书从20年代第一部美国电视剧开始，向读者介绍了美国电视剧的发展历程，以及肥皂剧、情境喜剧、系列剧、连续剧等的兴衰。作者苗棣（1951— ），教授。毕业于中国人民大学。历任中国传媒大学文学院院长、中国传媒大学艺术研究院电影所所长、北京广播学院教授。著有《论通俗文化——美国电视剧类型分析》《电视文化学》《电视艺术哲学》等。

J0170672
陕西电影志 王小康，蒋惠莉主编；陕西省文化厅编
［西安］［陕西省文化厅］1999年 10+502页 有照片 26cm（16开）精装 定价：CNY105.00
本书记述了山西电影事业80多年来的发展历程，共分14篇61章，内容包括：中国民国时期的陕西电影、电影行政管理与电影发行放映管理机构、电影制片等。

J0170673
上海电影志 吴贻弓主编；《上海电影志》编纂委员会编
上海 上海社会科学院出版社 1999年 15+1118页 有照片 26cm（16开）精装
ISBN：7-80618-636-0 定价：CNY218.00
（上海市专志系列丛刊）
本志上下年限为1896至1995年，采用述、志、记、传、表、图、录等形式记述涉及上海电影领域的机构、影片、管理等的历史与现状。作者吴贻弓（1938—2019），电影导演。出生于重庆，毕业于北京电影学院导演系。历任上海市电影局局长、中国电影家协会主席等职。执导电影有《城南旧事》《阙里人家》《流亡大学》等。

J0170674
世纪电影 （20世纪全球电影图片档案）（德）彼特·恩格尔梅尔（PeterW.Engelmeier）著；王微译
北京 蓝天出版社 1999年 2册（681页）
20cm（32开）ISBN：7-80081-867-5
定价：CNY45.00

J0170675
苏州影剧史话
南京《江苏文史资料》编辑部 1999年 273页 有照片 21cm（32开）定价：CNY20.00
（江苏文史资料 119）
本书介绍了苏州的昆剧以及京剧、苏剧、话剧、沪剧、越剧、木偶戏等剧种在吴地的发展和变迁，还有电影艺术在苏州的兴盛以及姑苏剧场的变迁，为全面了解苏州戏曲和电影文化的发展历史，进而对历史文化名城苏州的了解提供了较为翔实的史料。

J0170676
西方电影艺术史略 张专著
北京 中国广播电视出版社 1999年 304页 20cm（32开）ISBN：7-5043-3172-4

定价: CNY16.00
(广播电视文艺系列丛书)

J0170677
扬州电影志 扬州电影志编写组编
[扬州][扬州电影志编写组] 1999年 420页
有照片 20cm(32开)

J0170678
中国电影·电视 章柏青著
北京 文化艺术出版社 1999年 177页 有照片
21cm(32开) ISBN: 7-5039-1832-2
定价: CNY28.00
(中国文化艺术丛书)

J0170679
中国岭南影视艺术史 柯可著
北京 中国电影出版社 1999年 14+488页
20cm(32开) ISBN: 7-106-01551-2
定价: CNY35.00
本书的"岭南"指粤、港、澳、桂、琼五省。本书上编,叙述1896—1997百余年岭南地区影视从无到有及其发展历程,侧重阐述改革开放以来,一域两制下岭南影视方方面面。下编,分门别类备述岭南影视片巨大成就,并从各种角度论述其思想艺术特色。本书系中华人民共和国成立以来第一部地方影视专著。 作者柯可(1952—),文化学者。生于广西桂林,原籍安徽。历任广东省社会科学院文研所副所长、哲学所副所长,广东华文国学院执行院长,中华老子研究会副会长,广东省文化传播学会副会长,广东省传记文学学会会长。著有《新珠江文化论》《周易大典》《中国岭南影视艺术史》等。

J0170680
中外电影史话 肖章,戴中孚编著
重庆 重庆出版社 1999年 283页 20cm(32开)
ISBN: 7-5366-4182-6 定价: CNY12.50
(新世纪百科知识金典)

J0170681
作为文化的影像 (中国当代电影文化阐释)
陈晓云,陈育新著
北京 中国广播电视出版社 1999年 331页
20cm(32开) ISBN: 7-5043-3264-X
定价: CNY15.00
(大型电影学文库 中国电影学)

电影、电视艺术与技术

J0170682
有声电影论 吴蒲石著
上海 商务印书馆 1938年 49页 有图
19cm(32开) 定价: 国币二角五分
(电影丛书)
本书共7章,内容有:有声电影的发展史、制作论、录音装置、热放电管等。

J0170683
电影轨范 陈鲤庭著
重庆 中国电影制片厂 1941年 186页
19cm(32开)
(中国电影文化丛刊 艺术之部 1)
本书据英国Raymond Spottiswoode著"A Grammar of the film"编译,内容包括:研究对象与用语、镜头表现技巧、声音与镜头表现、康替尼迭连续的构成技巧、蒙太奇对列的构成技巧等。

J0170684
摄影场观光记 唐煌著
上海 名山书局 1946年 沪1版 26页
17cm(32开) 定价: 国币七角
(名山少年文库 第4辑)
本书为电影知识。包括:耳闻不如目见、摄影场的构造和设备、拍一部影片的程序等10节。

J0170685
苏联电影制作中的组织与职权问题 (苏)米耶洛夫斯基著;赵超群,杜审初合译
[1950—1959年] 77页 18cm(32开)

J0170686
怎样拍电影? 严次平著;沈凤绘图
上海 上海青青电影出版社 1951年 47页
19cm(32开)
本书为电影摄影基本知识图册。

J0170687
苏联电影教育 （苏）亚力山大洛夫(Г.Александров)等撰；沈凤威等译；中央人民政府文化部电影局艺术委员会编辑
北京 中央人民政府文化部电影局 1953年 246页 20cm(32开) 定价：旧币12,000元
(电影艺术丛书)

J0170688
电影的秘密 邵鸿达编写
上海 春秋书社 1954年 41页 有图 19cm(32开) 定价：旧币2,200元

J0170689
电影技术导论 （苏）戈尔陀夫斯基(Е.М.Голдовский)著；沈凤威译
北京 中央人民政府文化部电影局技术委员会 1954年 282页 有图表 20cm(32开)
(电影技术丛书)

本书共14章，包括：基本电影技术过程的图示、电影现象的原理、电影技术发展史、影片画幅的形式、影片的速度、电影胶片及其特性曲线、电影摄影过程的原理、光学录音过程的原理、印制正片拷贝过程的原理、有声电影放映过程的原理、电影影片的制作、有声影片的放映、彩色电影术、立体电影术。

J0170690
电影技术导论 （苏）戈尔陀夫斯基，Е.М.著；马萨译
北京 中国电影出版社 1959年 270页 有图表 21cm(32开) 统一书号：15061.71 定价：CNY1.30

外文书名：Введение в кинотехнику

J0170691
电影是怎样拍成的 杨思平编著
上海 文化出版社 1955年 95页 20cm(32开) 定价：CNY0.31

本书以通俗活泼的笔调，叙述电影制片厂的组织，摄影场的生产，编剧、导演、演员在影片摄制过程中的任务；说明布景、化妆、服装、道具、特技在一部影片中的作用；影片的摄影、录音、剪接和洗印的艺术；动画片、木偶片、翻译片、科学教育片、新闻纪录片和艺术纪录片的制作过程等。

J0170692
苏联电影艺术的技巧问题 （苏）格拉西莫夫等著；史敏徒译；电影艺术编译社编辑
北京 艺术出版社 1955年 352页 20cm(32开) 定价：CNY1.17
(电影艺术丛书)

J0170693
科学普及电影的技巧问题 （苏）日丹(В.Ждан)著；李纬武译；电影艺术编译社编辑
北京 艺术出版社 1956年 217页 20cm(32开) 统一书号：8022.45 定价：CNY0.76
(电影艺术丛书)

J0170694
电影编导演随谈 冯雪峰等著
北京 中国电影出版社 1957年 96页 20cm(32开) 统一书号：8061.42 定价：CNY0.36

J0170695
论电影的编剧、导演和演员 （苏）普多夫金著；何力译
北京 中国电影出版社 1957年 253页 20cm(32开) 统一书号：8061.69 定价：CNY0.85

本书收辑苏联电影大师普多夫金30年代前后所写的两部著作，即《电影编导论》和《电影演员论》，是作者依据创作实践经验、阐述电影艺术基本原理，探讨电影特性的经典性著作。作者普多夫金(1893—1953)，前苏联电影导演，电影理论家。导演影片有《米宁和波札尔斯基》《逃兵》《苏沃洛夫大元帅》《海军上将纳希莫夫》《俄罗斯航空之父茹阔斯基》。

J0170696
论电影的编剧、导演和演员 （苏）普多夫金著；何力译
北京 中国电影出版社 1980年 2版 247页 20cm(32开) 统一书号：8061.1391 定价：CNY0.93

J0170697
怎样拍电影 庄锡昌等合编
北京 中国电影出版社 1958年 80页

19cm(32开)统一书号: 8061.555
定价: CNY0.26

J0170698
胶片上的画面是怎样出现的 [苏]C. 安东诺夫,[苏]K. 马尔西列维奇著; 魏韵森译
北京 中国电影出版社 1959年 定价: CNY0.22
本书以理论为主,实践为辅,叙述影片的洗印加工原理和工艺。书中着重介绍影片的构造及其变黑特性,印片和显影过程,药液配方,以及洗印时所使用的机器与仪器。最后特别详尽地介绍影片的颗粒性问题。

J0170699
苏联电影技术近况汇编 中国电影科学技术研究所编辑
北京 中国电影科学技术研究所 1964年 255页
19cm(32开)定价: CNY1.30
本书内容有: 郁有铭的《新形式电影》、刘翔霄的《电影摄影技术》、子石的《电影录音技术》、魏韵森的《电影胶片及加工技术》等文章。

J0170700
国外电影技术 (1974.7)中国科学技术情报研究所编辑
北京 科学技术文献出版社 1974年 55页
26cm(16开)统一书号: 15176.35
定价: CNY0.30

J0170701
国外电影技术 (依斯曼Ⅱ型彩色底片5247和彩色正片5383的性能及其加工方法)
北京 中国科学技术情报研究所 1974年 19页
26cm(16开)

J0170702
国外电影技术 (电影技术发展概况)
北京 科学技术文献出版社 1977年 86页
26cm(16开)定价: CNY0.50

J0170703
电影的秘密 叶永烈编著
上海 少年儿童出版社 1978年 228页
19cm(32开)统一书号: R13024.32
定价: CNY0.43
(少年自然科学丛书)
本书系统地介绍电影的诞生,电影的摄制,电影的录音、配音、译制、特技、剪接、洗印、放映,以及电影新技术的发展、宽银幕电影、环境电影、立体电影等方面的知识。作者叶永烈(1940—2020),作家、教授。浙江温州人。毕业于北京大学化学系。曾任中国科学协会委员、中国科普创作协会常务理事、世界科幻小说协会理事。代表作品有《小灵通漫游未来》《"四人帮"兴亡》《邓小平改变中国》《历史选择了毛泽东》等。

J0170704
电影是怎样拍成的 杨华著
成都 四川人民出版社 1979年 120页
19cm(32开)统一书号: 15118.24 定价: CNY0.36
本书叙述电影制片厂的组织,摄影场的生产,编剧、导演、演员在影片摄制过程中的任务;说明布景、化妆、服装、道具、特技在一部影片中的作用;影片的摄影、录音、剪接和洗印的艺术;动画片、木偶片、翻译片、科学教育片、新闻纪录片和艺术纪录片的制作过程等。作者杨华,女,江西南昌人,祖籍高安。海南师范学院讲师,中国版画家协会会员,海南美术家协会会员。主要作品有版画《争》,水彩画《不速之客》等。

J0170705
美国电影电视工程师学会简介 (国外电影参考资料单行本第16号)北京电影学院编
1979年 25页 20cm(32开)定价: CNY0.20

J0170706
电影技术基础 (英)哈佩(Happe, L.B.)著; 夏剑秋,谢荷蓉,林作坚译
北京 中国电影出版社 1980年 426页
19cm(32开)统一书号: 15061.145
定价: CNY2.10
外文书名: Basic Motion Picture Technology.

J0170707
幻灯录音知识 孟福印著
武汉 湖北人民出版社 1981年 97页
19cm(小32开)定价: CNY0.36

J0170708
戈尔陀夫斯基论文集　叶·米·戈尔陀夫斯基著；杜审初，魏韵森译；肖立书校
北京 中国电影出版社 1983 年 288 页
21cm（32 开）统一书号：15061.192
定价：CNY1.50
本书概括了戈尔陀夫斯基教授从三十年代到七十年代的有关电影技术方面的各种论述。

J0170709
电影轨范　（电影艺术表现技巧概释）陈鲤庭编著
北京 中国电影出版社 1984 年 160 页
20cm（32 开）统一书号：8061.1031
定价：CNY1.50
本全书分"绪论篇"、"分析篇"、"综合篇"，分别阐释镜头技巧、声音技巧和构成技巧。

J0170710
影坛风云录　袁文殊著
北京 中国电影出版社 1984 年 221 页 有照片
20cm（32 开）统一书号：8061.2342
定价：CNY1.05
本书内容包括：对电影创作和理论问题的论述，会议讲话，影片评论，书籍序言和纪念文章等。

J0170711
电影创作与评论　中国电影出版社本国电影编辑室，中国电影家协会上海分会编译室编
北京 中国电影出版社 1986 年 270 页
20cm（32 开）统一书号：8061.2757
定价：CNY1.70
（电影基础知识丛书）

J0170712
电视报道的艺术　王纪言著
北京 北京广播学院出版社 1990 年 360 页
19cm（小 32 开）定价：CNY3.90
（电视节目制作丛书）

J0170713
电视节目制作　沈建平，张盛明编
南京 东南大学出版社 1990 年 200 页
19cm（小 32 开）定价：CNY2.60
（视听设备技术丛书）

J0170714
时代的明星　（漫谈电视节目主持人）徐德仁，施天权著
上海 复旦大学出版社 1990 年 135 页
21cm（32 开）定价：CNY2.50
（电视业务系列丛书）

J0170715
电视图像艺术　吴天著
成都 成都出版社 1991 年 295 页 19cm（小 32 开）
精装 ISBN：7-80575-236-2 定价：CNY9.80

J0170716
影视制作者指南　（美）平卡斯（Pincus，E.），（美）阿谢尔（Ascher，S.）著；李念芦等译
北京 中国电影出版社 1991 年 512 页
20cm（32 开）ISBN：7-106-00468-5
定价：CNY8.50
本书阐述了电影制作过程所用的方法和设备，以及这些技术因素与艺术创作之间的有机联系和因果关系。外文书名：The Filmmaker's Handbook.

J0170717
《周恩来》拍摄内幕　姜友石著
北京 中国工人出版社 1992 年 91 页 有插图
26cm（16 开）ISBN：7-5008-1015-6
定价：CNY3.20
本书围绕《周恩来》的摄制过程，记述了周恩来总理的大事小事，国事家事，辑录了摄制中的许多趣闻轶事。作者姜友石，影片《周恩来》的制片主任。

J0170718
电影制作手册　Pincus，E.，Ascher，S. 著；王玮，黄克义译
台北 远流出版事业公司 1992 年 339 页
21cm（32 开）ISBN：957-32-1544-6
定价：TWD300.00
（电影馆 23）
外文书名：The Filmmaker's Handbook.

J0170719
推手　（一部电影的诞生）冯光远编
台北 远流出版事业公司 1992 年 重印本 221 页

有照片 21cm(32开) ISBN: 957-32-1474-1
定价: TWD180.00
(电影馆 22)

J0170720
我暗恋的桃花源　鸿鸿,月惠编著
台北 远流出版公司 1992年 216页 有照片
21cm(32开) ISBN: 957-32-1631-0
定价: TWD180.00
(电影馆 27)

本书讲述的内容是一部完全以剧场为题材拍成的台湾电影。内容包括"走向电影之路"、"《暗恋》的情人们"、"《桃花源》里捉迷藏"、"影像与空间"等专题。作者鸿鸿(1964—),编剧、作家。本名阎鸿亚,生于台湾台南,毕业于台湾地区艺术学院戏剧系。著有诗集《与我无关的东西》《在旅行中回忆上一次旅行》《黑暗中的音乐》等。作者月惠本名:林月惠。

J0170721
电视制作大全　(美)沃策尔(Wurtzel, Alan)著;林作坚等译
北京 中国电影出版社 1993年 529页 有彩照
26cm(16开) ISBN: 7-106-00679-3
定价: CNY16.00

本书论述了电视制作所涉及的技术问题和艺术问题,书中介绍了制片人、编剧、导演、演员、编辑等创作人员的工作,指导他们在现有的技术装备条件下如何充分施展自己的艺术才能等。外文书名: Television Production.

J0170722
电视制作论集　林景云主编
北京 人民出版社 1993年 336页 20cm(32开)
ISBN: 7-01-001652-6 定价: CNY7.50
(电视丛书)

本书从不同角度,探讨了电视制作中灯光、音乐音响、服装、化妆等专业中的理论与实践的若干问题。

J0170723
电视制作论集　林景云主编
北京 人民出版社 1993年 13+336页
21cm(32开) 精装 ISBN: 7-01-001651-8
定价: CNY16.10
(电视丛书)

本书中选编的各篇文章,均出自电视美术、灯光、音乐音响、服装、化妆等专业设计人员的手笔,从不同角度探讨了上述专业中,源于实践的若干理论问题。

J0170724
拟声幻象　(电影世界导游)易水著
北京 北京燕山出版社 1993年 154页
19cm(小32开) ISBN: 7-5402-0739-6
定价: CNY3.20
(跨世纪中学生文库)

本书主要向中学生介绍电影的制作过程,电影的艺术手法等。

J0170725
电视节目制作基础　陈思善编著
上海 复旦大学出版社 1994年 245页
20cm(32开) ISBN: 7-309-01268-2
定价: CNY6.50
(电视系列丛书)

本书分:绪论、电视镜头的摄制、蒙太奇及其分类、镜头的组接、声音和配音、稿本的编写、电视照明7章。

J0170726
电视节目制作基础　陈思善编著
上海 复旦大学出版社 1999年 2版 281页
有图 20cm(32开) ISBN: 7-309-02310-2
定价: CNY14.00
(电视系列丛书)

J0170727
电影创作津梁　(苏)米哈伊尔·罗姆(МихаилРомм)著;张正芸等译
北京 中国电影出版社 1994年 420页
20cm(32开) ISBN: 7-106-00862-1
定价: CNY13.50

本书深入浅出、理论联系实际地对电影的编剧、导演、表演、摄影、剪辑等创作过程作了精辟透彻的论述。

J0170728
多彩的银屏　彭加瑾著
北京 学苑出版社 1994年 502页 19cm(小32开)

ISBN: 7-5077-0650-8 定价: CNY8.30

本书包括电影创作理论及电影、电视评论文章。

J0170729

生活·真实·记录 （谈电视的制作与技巧）赵勤著

长春 时代文艺出版社 1994年 172页

19cm(小32开) ISBN: 7-5387-0586-4

定价: CNY5.40

J0170730

饮食男女 （电影剧本与拍摄过程）王慧玲编剧

台北 远流出版事业公司 1994年 206页

21cm(32开) ISBN: 957-32-2271-X

定价: TWD160.00

（电影馆 47）

J0170731

再塑群雄 （《三国演义》从原著到屏幕）王健主编

北京 国际文化出版公司 1994年 344页 有照片

20cm(32开) ISBN: 7-80105-196-3

定价: CNY9.80

本书记述了《三国演义》从原著到拍成电视剧所走过的5年艰苦历程。

J0170732

电影技术百年 （1895—1995 纪念世界电影诞生一百周年中国电影九十周年技术文选）[马守清等著]

北京 中国电影出版社 1995年 492页

20cm(32开) 精装 ISBN: 7-106-01105-3

定价: CNY32.00

外文书名: A Hundred Years of Motion-Picture Technology.

J0170733

影视艺术与技术 曹祖亢，周伯华主编

北京 电子工业出版社 1997年 270页

26cm(16开) ISBN: 7-5053-4131-6

定价: CNY22.00

（电化教育丛书）

J0170734

电视现场制作 刘日宇，杨士颖编著

上海 复旦大学出版社 1998年 199页

26cm(16开) ISBN: 7-309-02101-0

定价: CNY28.00

（影视艺术技术丛书）

本书为纪念中国电视诞生40周年，上海电视台建台40周年。

J0170735

现代影视技术辞典 马守清主编

北京 中国电影出版社 1998年 41+662页

26cm(16开) 精装 ISBN: 7-106-01101-0

定价: CNY130.00

J0170736

影视技艺 （美）琳恩·格劳丝(LynneGross)，（美）拉雷·沃德(LarryWard)著；庄菊池译

上海 复旦大学出版社 1998年 337页

26cm(16开) ISBN: 7-309-02104-5

定价: CNY31.00

（影视艺术技术丛书）

J0170737

电影技术基础 吕新亚编著

兰州 甘肃民族出版社 1999年 441页

20cm(32开) ISBN: 7-5421-0650-3

定价: CNY25.00

J0170738

法国影视教材 （系列套书）

北京 中国电影出版社 1999年 7册

20cm(32开)

J0170739

影视技术概论 李念芦编著

北京 中国电影出版社 1999年 425页 有彩图

20cm(32开) ISBN: 7-106-01402-8

定价: CNY28.80

J0170740

影视艺术基础 宋曦业，申载春编著

太原 山西人民出版社 1999年 345页

20cm(32开) ISBN: 7-203-03827-0

定价: CNY18.00

电影、电视艺术——导演

J0170741
电影导演论、电影脚本论 （附《狂流》剧本）
（苏）普特符金著；黄子布，席耐芳编译
上海 晨报社 1933年［199］页 18cm（15开）
定价：大洋六角
（晨报文艺丛书）
本书分上下两编。上编内容为电影导演论，包括电影材料的特性、导演与剧本、导演与演员、画面上的演员、导演与摄影技师等5章；下编内容为电影脚本论，包括电影脚本、造型的材料、最简单的摄影方法、材料的形成等4章。书末附《狂流》剧本，丁一之编。著者通称：普多夫金。

J0170742
电影导演论 乌衣，向培良编
长沙 商务印书馆 1938年 70页 19cm（32开）
定价：国币三角五分
（电影小丛书）
本书共分8章，主要论述电影导演的职责及其准备、剧本的选择与分析、电影心理及其应用等。

J0170743
电影编导简论 阮潜编撰
沈阳 东北书店 1949年 255页 18cm（32开）

J0170744
电影编导简论 阮潜编著
长春 东北书店 1949年 255页 19cm（32开）
本书内容包括概论、镜头的表现与构成、声音与画面、文学剧本与导演剧本等。书末附《生路》（苏，耶奴叶克等著，李芒译）电影剧本。

J0170745
寻找一张地图 （影剧导演经验谈）袁俊等著译
上海 中国影剧丛刊社 1949年 65页
［19cm］（32开）
（影剧文丛 4）

J0170746
舞台导演初程 许幸之撰
上海 商务印书馆 1950年 91页 有图
15cm（40开）定价：CNY2.50
（人民百科小册）

J0170747
电影编导简论 阮潜编撰
北京 1951年 184页 有图 20cm（32开）
定价：CNY9.20

J0170748
电影编导简论 阮潜编撰
上海 1951年 184页 有图 20cm（32开）
定价：旧币9,200元

J0170749
苏联电影导演及其作品 伯奋编撰
上海 潮锋出版社 1953年 155页 有照片
18cm（32开）定价：旧币5,400元

J0170750
场面调度设计 （苏）罗姆著；梅文译
北京 中国电影出版社 1958年 56页 19cm（32开）
统一书号：8061.438 定价：CNY0.18

J0170751
论电影导演 （苏）尤特凯维奇等著；史敏徒译
北京 中国电影出版社 1958年 161页
19cm（32开）统一书号：8061.612
定价：CNY0.48
本书是论电影导演业务的论文集。书中收集了苏联著名电影导演尤特凯维奇、格拉西莫夫、齐阿乌列里、罗沙里等的论文5篇，有的文章是对初学者讲课的笔记，有的文章是作者对自己的导演创作经验和苏联电影导演工作的理论总结，其中涉及导演与剧作的关系，导演对演员的处理、影片的造型和蒙太奇处理、导演剧本的编写以及其他有关导演业务的许多重要问题。

J0170752
电影导演阐述集 佐临著
北京 中国电影出版社 1959年 233页
20cm（32开）统一书号：8061.634 定价：CNY0.80

J0170753
电影导演基础 (苏)库里肖夫, Л.В.著; 冯志刚译
北京 中国电影出版社 1961年 517页 有图表
26cm(16开)精装 统一书号: 8061.798
定价: CNY3.80

本书对电影导演业务的基础知识, 以及苏联电影艺术家实践验证的一些基本原则作了系统的阐述; 并将电影艺术创作与电影的技术方面和工艺过程方面结合起来进行论述。全书通过苏联历史上一些经典影片, 介绍了导演对电影剧本的改编、研究与处理, 以及物色和使用演员的工作和表演, 阐述了影像与蒙太奇的关系及运用, 分析了美工、摄影、作曲、录音、配音和剪辑工作。

J0170754
电影中的排演 (苏)日嘉尔科等著; 戴光晰等译
北京 中国电影出版社 1961年 133页
21cm(32开)统一书号: 8061.944 定价: CNY0.50
(电影艺术理论文辑 3)

J0170755
论导演剧本 (苏)吉甘, Е.Л.著; 李溪桥译
北京 中国电影出版社 1963年 148页
21cm(32开)统一书号: 8061.1122
定价: CNY0.75

作者是苏联著名电影导演, 其代表作《我们来自喀琅施塔得》被公认为苏联电影经典之作。本书主要以这部影片为例详细论述导演剧本的创作过程, 尤其着重介绍了导演与编剧的密切合作。

J0170756
论导演剧本 (苏)吉甘(Е.Л.Дзиган)著; 李溪桥译
北京 中国电影出版社 1979年 2版 128页
有剧照 19cm(32开)统一书号: 8061.1122
定价: CNY0.63

J0170757
电影导演与电视导播 唐绍华著
台北 黎明文化事业公司 1977年 再版 278页
21cm(32开)
(大学丛书)

J0170758
电影导演的任务 (国外电影参考资料单行本第33号)北京电影学院编
1979年 15页 20cm(32开)定价: CNY0.20

J0170759
电影导演工作 (英)雷纳逊著; 周传基, 梅文译
北京 北京电影学院 1979年 304页 19cm(32开)
(电影参考丛书 1)

J0170760
画外音 郑君里著
北京 中国电影出版社 1979年 226页 有照片
20cm(32开)统一书号: 8061.1298
定价: CNY1.00, CNY1.60(精装)

本书收入文章7篇。前6篇分别介绍作者所导演或与他人合作导演的影片的创作时代背景和导演处理的意图, 总结了创作中的成败得失, 还对人物塑造、情节安排、表演处理、分镜头、场面调度、歌曲等问题提到理论层次上进行了探讨。最后一篇专谈电影导演在组织摄制组工作方面的经验。作者郑君里(1911—1969), 电影演员、导演、艺术理论家。广东香山(今中山)人, 生于上海。原名蔚章、郑重, 笔名前烈, 别名郑千里。就读于南国艺术学院戏剧科。曾任左翼戏剧家联盟执行委员, 中国电影制片厂编导, 中国戏剧家协会和中国电影工作者协会理事等。导演《一江春水向东流》《乌鸦与麻雀》《林则徐》《聂耳》等影片。

J0170761
电影导演的探索 (第一集)文化部电影局《电影通讯》编辑室, 中国电影出版社本国电影编辑室编
北京 中国电影出版社 1981年 290页
20cm(32开)统一书号: 8061.1589
定价: CNY1.10

J0170762
电影导演的探索 (第二集)文化部电影局《电影通讯》编辑室, 中国电影出版社本国电影编辑室合编
北京 中国电影出版社 1983年 439页
21cm(32开)统一书号: 8061.1949
定价: CNY1.60

本书所收的文章，是 1980、1981 这两年间部分国产故事影片的导演艺术经验。

J0170763
电影导演的探索 （第三集）文化部电影局《电影通讯》编辑室，中国电影出版社本国电影编辑室编
北京 中国电影出版社 1985 年 387 页
20cm（32 开）统一书号：8061.2232
定价：CNY1.95
本书收入 1982 年故事片导演艺术经验 31 篇。

J0170764
电影导演的探索 （第四集）文化部电影局《电影通讯》编辑室，中国电影出版社本国电影编辑室编
北京 中国电影出版社 1986 年 355 页
20cm（32 开）统一书号：8061.2712
定价：CNY1.90，CNY1.50（平装）

J0170765
电影导演的探索 （第一集）中国电影出版社编
北京 中国电影出版社 1986 年 290 页
20cm（32 开）软精装 统一书号：8061.1589
定价：CNY2.00

J0170766
电影导演的探索 （第五集）电影局《电影通讯》编辑室，中国电影出版社中国电影艺术编辑室编
北京 中国电影出版社 1987 年 449 页
20cm（32 开）统一书号：8061.3024
定价：CNY2.40，CNY2.95（精装）
本书收入 1984 年度故事影片的导演艺术总结 37 篇。并有附许南明撰写的序言。

J0170767
电影导演的探索 （第六集）电影局《电影通讯》编辑室，中国电影出版社中国电影艺术编辑室编
北京 中国电影出版社 1990 年 208 页 有肖像
20cm（32 开）ISBN：7-106-00195-3
定价：CNY2.40

J0170768
超级"巨星" （十六位现代导演访问记）景翔译
台北 尔雅出版社 1982 年 3 版 433 页 有照片
19cm（32 开）定价：TWD150.00
（尔雅丛书 7）
本书是现代电影导演访问记，外文书名：The Film Director as Superstar.

J0170769
崔嵬的艺术世界 中国电影出版社编
北京 中国电影出版社 1982 年 462 页 有剧照
20cm（32 开）统一书号：8061.1738
定价：CNY2.00，CNY2.65（精装）
本书收入崔嵬的表演艺术、导演艺术，以及有关戏曲片剧本整理、修改的经验体会文章，共 24 篇。

J0170770
电影和导演 （美）利文斯顿（D.Livingston）著；陈梅，陈守枚译
北京 中国电影出版社 1983 年 179 页
20cm（32 开）统一书号：8061.1905
定价：CNY0.74
本书详尽地介绍了电影的基本原理、摄制组织、拍摄过程和技术知识，分析了电影艺术的各个环节，着重对影片摄制过程中导演与摄制组各类专业技术人员的职责以及相互关系，作了深入研究。外文书名：Film and the Director.

J0170771
黑泽明的世界 （日）佐藤忠男著；李克世，荣莲译
北京 中国电影出版社 1983 年 223 页 有剧照
20cm（32 开）统一书号：8061.1816
定价：CNY1.30

J0170772
论电影导演 唐金海等编
南昌 江西人民出版社 1984 年 487 页
19cm（32 开）统一书号：10110.330
定价：CNY2.15
本书收集了一些中外著名导演有关电影理论方面的文章共 27 篇。作者唐金海（1941— ），教授。生于上海。毕业于复旦大学。历任复旦大学教授、博士生导师，中国新文学学会副会

长，茅盾研究会常务理事，巴金研究所顾问。著有《石鼓文书法之春》《新文学里程碑》《作家学论纲》等。

J0170773

成荫与电影 成荫著

北京 中国电影出版社 1985年 384页 有照片

20cm（32开）统一书号：8061.2754

定价：CNY2.80，CNY3.45（精装）

作者成荫（1917—1984），编剧、导演。原名成蕴保，生于山东曹县，原籍江苏松江（今属上海）。毕业于鲁迅艺术学院戏剧系。曾任中央电影局秘书长，北京电影学院院长。创作独幕剧《晋察冀的乡村》《虎列拉》《求雨》，导演话剧《雷雨》《悭吝人》，执导电影《南征北战》《万水千山》《上海姑娘》等。

J0170774

奥逊·威尔斯论评 （法）巴赞（Bazin，A.）著；陈梅译

北京 中国电影出版社 1986年 110页

21cm（32开）定价：CNY1.15

奥逊·威尔斯（Orson Welles，1915—1985），美国电影导演。

J0170775

港台六大导演 （电影文选 1）李幼新编

台北 自立晚报社 1986年 229页 有照片

21cm（32开）定价：TWD180.00

（自立丛书 26）

J0170776

我的探索和追求 吴永刚著

北京 中国电影出版社 1986年 250页 有照片

20cm（32开）统一书号：8061.2711

定价：CNY2.10，CNY2.75（精装）

电影文学剧本及作者生活和艺术道路的回忆和评论。

J0170777

电影导演的培养 （苏）格拉西莫夫（Герасимов，С.）著；富澜译

北京 中国电影出版社 1987年 431页

20cm（32开）统一书号：8061.3165

定价：CNY3.80

本书作者根据他所领导的表演导演联合工作室的授课记录写成，首先全面阐述了电影导演所应具备的思想、艺术修养，然后通过大量创作实例，尤其是他本人的创作经验，以及对学生习作的讲评，深入细致地论述了从艺术构思、对文学剧本的处理到如何指导演员表演、体现导演构思等电影导演艺术的基本问题。

J0170778

我是怎样拍电影的 （日）山田洋次著；张海明，蒋晓松译

北京 中国电影出版社 1987年 142页 有剧照

19cm（32开）统一书号：8061.3361

定价：CNY1.25

J0170779

影视导演基础知识 王心语主编

北京 中国电影出版社 1987年 224页

20cm（32开）统一书号：8061.3037

定价：CNY1.80

（电影基础知识丛书）

本书分13章，着重论述电影导演的任务与素养、导演与剧作、导演与演员、导演构思、蒙太奇、电影场面调度、电影语言、电影声音、电影剪辑、电影节奏、电影比喻、导演处理细节和电影风格等，较全面系统地介绍了影视导演专业的基础知识。作者王心语（1930— ），教授。江苏徐州人，毕业于北京电影学院导演系。历任北京电影学院导演系副教授、中国电影家协会会员、中国世界电影学会会员。著作有《电影、电视导演艺术概论》《电影、电视导演基础知识》。

J0170780

影视导演基础知识 王心语主编

北京 中国电影出版社 1993年 重印本 224页

20cm（32开）ISBN：7-106-00261-5

定价：CNY4.00

（电影基础知识丛书）

本书分13章，着重论述电影导演的任务与素养、导演与剧作、导演与演员、导演构思、蒙太奇、电影场面调度、电影语言、电影声音、电影剪辑、电影节奏、电影比喻、导演处理细节和电影风格等，较全面系统地介绍了影视导演专业的基础知识。

J0170781
影视戏剧导演技术基础 陈文泉著
台北 合记图书出版社 1987年 718页
21cm(32开) 定价: TWD460.00

J0170782
操纵银幕的女性 (中国女导演)鲁勒等主编
长春 北方妇女儿童出版社 1989年 361页
19cm(32开) ISBN: 7-5385-0475-3
定价: CNY4.10

J0170783
黄建新作品集 黄建新著; 张子良, 竹子编
西安 华岳文艺出版社 1989年 234页 有彩照
20cm(32开) ISBN: 7-80549-231-X
定价: CNY4.80
(西影丛书)

J0170784
论成荫 北京电影学院成荫作品研究小组, 中国电影出版社中国电影艺术编辑室编
北京 中国电影出版社 1989年 323页 有照片
20cm(32开) ISBN: 7-106-00038-8
定价: CNY4.20
(中国电影艺术家研究丛书)

本书收辑"成荫研讨会"的研究文章36篇, 分上下两部分。第一部分是对成荫早期的戏剧创作活动的回顾; 第二部分是成荫的战友、合作者及家人对其人品、作品的回忆。成荫(1917—1984), 编剧、导演。原名成蕴保, 生于山东曹县, 原籍江苏松江(今属上海)。毕业于鲁迅艺术学院戏剧系。曾任中央电影局秘书长, 北京电影学院院长。创作独幕剧《晋察冀的乡村》《虎列拉》《求雨》, 导演话剧《雷雨》《悭吝人》, 执导电影《南征北战》《万水千山》《上海姑娘》等。

J0170785
我和我的创作 (苏)培利耶夫著; 丁昕译
北京 中国电影出版社 1989年 208页
20cm(32开) ISBN: 7-106-00178-3
定价: CNY2.60

J0170786
小津安二郎的艺术 (日)佐藤忠男著; 仰文渊等译
北京 中国电影出版社 1989年 398页 有照片
20cm(32开) ISBN: 7-106-00095-7
定价: CNY4.40

小津安二郎是国际电影界公认的最有特色的日本导演之一。他一生拍摄了53部影片。其中许多部影片在世界范围获得赞许。特别是《东京物语》更成为日本影片中的经典之作。他拍摄影片的特点是: 摄影机固定; 低角度拍摄; 人物面对摄影机道白; 人物排坐成相似形等。他的影片题材多为小市民生活中极普通的场景。本书作者通过追述小津安二郎的个人经历并结合他的作品, 剖析了其特点形成的社会、心理原因。

J0170787
影视导演艺术 (美)巴尔(Bare, R.L.)著; 王守成等译
上海 上海文艺出版社 1989年 236页
19cm(32开) ISBN: 7-5321-0187-8
定价: CNY2.65

外文书名: The Film Director.

J0170788
导演与电影 刘森尧编著
台北 志文出版社 1990年 再版 314页 有照片
19cm(32开) 定价: TWD150.00
(新潮文库 162)

J0170789
科教电影编导简论 韩韦著
北京 中国电影出版社 1990年 216页 有照片
20cm(32开) ISBN: 7-106-00109-0
定价: CNY4.30

本书系统论述科学教育电影创作的专著。分3部分: 一、概论, 论述科教影片的分类和特点, 并着重分析科教影片与纪录影片、故事影片的区别; 二、科教影片的剧本创作, 强调科教影片剧本必须做到主题鲜明, 形象具体, 说理清楚; 三、科教影片的导演技巧, 论述科教影片的分镜头方法, 蒙太奇结构, 时间与空间处理, 镜头长度与节奏, 镜头组接, 声音构成等。

J0170790
我对导演艺术的追求 谢晋著
北京 中国电影出版社 1990年 341页 有照片
20cm(32开) ISBN: 7-106-00275-5

定价：CNY3.90

本书选辑文章26篇。内容包括：在执导每部影片时的艺术构想、导演阐述；如何塑造银幕形象；如何选用演员、培养演员的基本功；对当前电影创作中一些重大问题的论述；观赏外国优秀影片及其他姊妹艺术时的心得体会等。

J0170791
我对导演艺术的追求　谢晋著
北京 中国电影出版社 1998年 2版 432页
有照片 20cm（32开）ISBN：7-106-01379-X
定价：CNY27.00

J0170792
电影导演　（英）马纳尔（Marner，T.St.J.）编；一匡译
北京 中国电影出版社 1991年 179页 有照片
20cm（32开）ISBN：7-106-00482-0
定价：CNY3.40

本书主要论述了电影导演掌握电影剧本总体构思能力，艺术想象能力，洞察角色行为特点的能力等理论和实际问题。外文书名：Directing Motion Pictures.

J0170793
叛逆天才　（大陆影坛的六匹黑马）江浩著
香港 广雅轩出版社 1991年 2册 21cm（32开）
定价：HKD96.00
（神州影谭系列 2）

J0170794
一个导演的故事　（意）安东尼奥尼（Arrowsmith，W.）著；林淑琴译
台北 远流出版事业公司 1991年 176页
21cm（32开）ISBN：957-32-1200-5
定价：TWD120.00
（电影馆 13）

J0170795
导演功课　马密（Mamer，D.）著；曾伟祯编译
台北 远流出版事业公司 1992年 147页 有照片
21cm（32开）ISBN：957-32-1581-0
定价：TWD130.00
（导演馆 25）

J0170796
电视剧导演创作与理论　高洋，汤恒著
北京 解放军文艺出版社 1992年 332页
19cm（小32开）ISBN：7-5033-0562-2
定价：CNY5.20

本书探讨和介绍了电视理论和创作方面的问题，剖析了我国目前电视剧发展状况和问题等。外文书名：The Directing of Films for TV and Theories. 作者高洋（1958—　），曾在北京广播学院任教。作者汤恒（1962—　），江西九江人，历任中共中央宣传部文艺局干事、北京电视艺术中心副主任、中央宣传部文艺局副局长。合作著有《电视剧导演创作与理论》《电影电视写作——艺术、技巧和商业》《〈渴望〉的世界》《悲剧的魅力》《新闻界人物》等。

J0170797
浪子黎明
北京 中国电影出版社［1992年］36页
26cm（16开）ISBN：7-106-00705-6
定价：CNY4.10

J0170798
论水华　北京电影制片厂艺术研究室，中国电影出版社中国电影艺术编辑室编
北京 中国电影出版社 1992年 212页
20cm（32开）ISBN：7-106-00543-6
定价：CNY3.80
（中国电影艺术家研究丛书）

本书辑录了“水华电影创作学术研讨会”上，国内电影研究界等对水华其人其作的研究及回顾文章多篇。

J0170799
悬念大师　（希区柯克的电影）（英）汉弗莱斯（Hamphries，Patrick）著；谢电波译
广州 花城出版社 1992年 289页 19cm（小32开）
ISBN：7-5360-0846-5 定价：CNY3.80
（外国文论小库）

希区柯克是世界影坛上至今最多产和最知名的导演，他擅长拍惊险片，被冠以“悬念大师”的称号，并获得美国电影艺术科学院授予的“终身成就奖”。本书以翔实的材料历叙了希区柯克的生平与创作。外文书名：The Films of Alfred Hitchcock. 作者帕特里克·汉弗莱斯，英国记者兼

作家，专门从事电影评论工作。

J0170800
电影导演的艺术世界 郑洞天著
北京 中国电影出版社 1993年 230页
19cm(小32开) ISBN: 7-106-00829-X
定价: CNY3.80
(电影爱好者丛书 2)
本书介绍了创造银幕世界的人、导演向编剧要什么、画面与声音的构思、导演和他的演员、电影导演成材之路等。

J0170801
电影电视导演艺术概论 王心语著
北京 科学技术文献出版社 1993年 245页
20cm(32开) ISBN: 7-5023-1951-4
定价: CNY7.60
本书介绍了有关电影、电视学科的基本概念和原理及有关影视制作的技巧、方法、手段等。作者王心语(1930—)，教授。江苏徐州人，毕业于北京电影学院导演系。历任北京电影学院导演系副教授、中国电影家协会会员、中国世界电影学会会员。著作有《电影、电视导演艺术概论》《电影、电视导演基础知识》。

J0170802
魔灯 (伯格曼自传)(瑞典)伯格曼(Bergman, Lngmar)著; 张红军译
北京 中国电影出版社 1993年 282页 有照片
19cm(小32开) ISBN: 7-106-00835-4
定价: CNY5.10
(电影大师创作系列)
外文书名: The Magic Lantern.

J0170803
魔法师的宝典 (导演理念的厘清与透析)(波)华依达(Andrzej.Wajda)著; 刘絮恺译
台北 远流出版事业公司 1993年 189页
21cm(32开) ISBN: 957-32-1941-7
定价: TWD160.00
(电影馆 37)

J0170804
张艺谋巩俐大胆地往前走 蒲莉编著
北京 人民法院出版社 1993年 130页 有照片
18×15cm ISBN: 7-80056-180-1 定价: CNY7.80

J0170805
导演创作论 (论北影五大导演)马德波, 戴光晰著
北京 中国电影出版社 1994年 284页 有彩照
20cm(32开) ISBN: 7-106-01004-9
定价: CNY9.00
本书论述了北影五位著名的老一辈电影艺术家水华、成荫、凌子风、谢铁骊的导演艺术。

J0170806
论张艺谋 中国电影出版社中国电影艺术编辑室
北京 中国电影出版社 1994年 311页
20cm(32开) ISBN: 7-106-00985-7
定价: CNY9.50
(中国电影艺术家研究丛书)

J0170807
一个女导演的电影生涯 (董克娜评传)靳凤兰著
北京 学苑出版社 1994年 253页 有照片
20cm(32开) ISBN: 7-5077-0925-6
定价: CNY7.50
作者靳凤兰，女，北京人，中国电影资料馆副研究员。

J0170808
导演的梦幻世界 王心语著
北京 中国广播电视出版社 1995年 460页
20cm(32开) ISBN: 7-5043-2815-4
定价: CNY19.50
本书系中国现代电影导演的影片赏析与评论教材。作者王心语(1930—)，教授。江苏徐州人，毕业于北京电影学院导演系。历任北京电影学院导演系副教授、中国电影家协会会员、中国世界电影学会会员。著作有《电影、电视导演艺术概论》《电影、电视导演基础知识》。

J0170809
胡连翠导演艺术 毛小雨编
北京 中国戏剧出版社 1995年 278页 有彩照
20cm(32开) ISBN: 7-104-00700-8
定价: CNY15.80

J0170810
缪斯的女儿邓在军 江舟主编
北京 国防大学出版社 1995 年 499 页 有照片及肖像 20cm（32 开）ISBN：7-5626-0652-8
定价：CNY18.80，CNY21.80（精装）

J0170811
欧美电影名导演集 黄仁编著
台北 联经出版事业公司 1995 年 2 册
21cm（32 开）ISBN：957-08-1418-7
定价：TWD900.00

J0170812
永远漂亮的女导演 （郭信玲的艺术世界）郭信玲等著
上海 上海文艺出版社 1995 年 204 页 有照片
20cm（32 开）ISBN：7-5321-1319-1
定价：CNY15.00

作者郭信玲（1936—2012），女，导演。湖北沔阳人。上海电视台导演。代表作品《玫瑰香奇案》《大家族》等。

J0170813
电视文艺编导艺术 朱宝贺著
北京 中国广播电视出版社 1996 年 283 页
20cm（32 开）ISBN：7-5043-2913-4
定价：CNY10.00

J0170814
缪斯的眼睛 （凌子风和他的电影）余之，飞生主编
珠海 珠海出版社 1996 年 424 页 有剧照
20cm（32 开）ISBN：7-80607-139-3
定价：CNY28.00

J0170815
年轻的眼睛 （黄建新）柴效锋等编著
长沙 湖南文艺出版社 1996 年 438 页 有彩照
20cm（32 开）ISBN：7-5404-1648-3
定价：CNY16.90
（第五代导演丛书）

J0170816
上海人在东京 （导演手记·剧本集锦）张弘，富敏编著
上海 上海远东出版社 1996 年 414 页 有彩照
20cm（32 开）ISBN：7-80613-256-2
定价：CNY15.80

作者张弘（1959— ），湖南宁乡人，生于武汉，毕业于广州美术学院中国画系。历任广州美院美术教育系系主任、教授、硕士研究生导师，中国美术家协会会员，广东美术家协会理事。作品有《新港》《日月盈昃》《不灭的火焰》《十月秋染山》《日落而息》。

J0170817
她们的声音 （中国女电影导演自述）杨远婴主编
北京 中国社会出版社 1996 年 44+299 页
有照片 19cm（小 32 开）ISBN：7-80088-843-6
定价：CNY15.00

J0170818
王扶林电视剧导演艺术论 吴素玲主编
北京 北京广播学院出版社 1996 年 10+221 页
有照片 20cm（32 开）ISBN：7-81004-634-9
定价：CNY12.80
（中国电视剧导演艺术研究丛书 王扶林卷）

J0170819
为艺谋不为稻粱谋 （张艺谋）韩秀凤，晓海编选
长沙 湖南文艺出版社 1996 年 428 页 有彩照
20cm（32 开）ISBN：7-5404-1645-9
定价：CNY16.60
（第五代导演丛书）

本书内容包括：“蓦然回首”，收录《为艺谋，不为稻粱谋》（李尔葳）；“藏经阁”，收录《红高粱》（莫言）、《伏羲伏羲》（刘恒）、《妻妾成群》（苏童）、《活着》（余华）；“谈艺录”，收录《为中国电影走向世界铺路》（张艺谋，李尔葳）；“激扬文字”，《令世界惊奇的张艺谋》（纪琨）。书后附“张艺谋创作年表”。

J0170820
我们都经历过的日子 （陈凯歌）张振华编选
长沙 湖南文艺出版社 1996 年 420 页 有彩照
20cm（32 开）ISBN：7-5404-1646-7
定价：CNY16.40
（第五代导演丛书）

J0170821
晓文也疯狂　（周晓文）柴效锋编著
长沙 湖南文艺出版社 1996 年 364 页 有彩照
20cm（32 开）ISBN：7-5404-1649-1
定价：CNY14.50
（第五代导演丛书）

J0170822
电影电视导演术　刘书亮著
北京 北京广播学院出版社 1997 年 231 页
有插图 20cm（32 开）ISBN：7-81004-742-6
定价：CNY45.00

J0170823
水华集　于蓝等编选；北京电影制片厂，中国儿童电影制片厂编
北京 中国电影出版社 1997 年 506 页 有照片及表格 20cm（32 开）ISBN：7-106-01223-8
定价：CNY26.00
（中国电影导演的艺术世界丛书）

J0170824
陈凯歌电影论　陈墨著
北京 文化艺术出版社 1998 年 575 页
20cm（32 开）ISBN：7-5039-1802-0
定价：CNY26.80
（20 世纪艺术文库 研究编）

作者陈墨（1960—　），研究员。安徽望江县人，毕业于中国社会科学院研究生院文学系。在中国电影艺术研究中心任职。《张艺谋电影论》《刀光侠影蒙太奇——中国武侠电影论》《中国武侠电影史》等。

J0170825
论谢晋电影　中国电影家协会编
北京 中国电影出版社 1998 年 608 页
20cm（32 开）ISBN：7-106-01384-6
定价：CNY33.00

J0170826
诗人导演——费穆　黄爱玲编
香港 香港电影评论学会 1998 年 456 页 有照片
20cm（32 开）ISBN：962-8271-52-0
定价：HKD98.00
（香港电影评论学会丛书 5）

J0170827
世界著名电影导演研究　乌兰主编
北京 中国电影出版社 1998 年 376 页 有照片
20cm（32 开）ISBN：7-106-01279-3
定价：CNY26.00

J0170828
谢飞集　谢飞著
北京 中国电影出版社 1998 年 311 页 有照片
20cm（32 开）ISBN：7-106-01276-9
定价：CNY18.00
（中国电影导演的艺术世界丛书）

本书为我们提供了多侧面、多角度研究谢飞这位当代国际知名大导演的较为丰富、全面的第一手材料。全书收入谢飞电影创作理论文章 7 篇，《我们的田野》《本命年》《香魂女》《黑骏马》重要影片的工作台本、导演阐述及访问谈话的记录，书后附《谢飞作品及获奖年表》，并有谢飞工作照、获奖照多幅。它们既是谢飞创作过程的实录，又是他对自己多年来创作实践经验的总结及艺术见解的阐释。

J0170829
影视导演　（美）阿伦·A. 阿莫尔（AlanA.Armer）著；石川，李涛译
上海 复旦大学出版社 1998 年 295 页 有插图
26cm（16 开）ISBN：7-309-02103-7
定价：CNY28.00
（影视艺术技术丛书）

J0170830
张艺谋神话的终结　（审美与文化视野中的张艺谋电影）王一川著
郑州 河南人民出版社 1998 年 355 页
20cm（32 开）ISBN：7-215-04204-9
定价：CNY16.00
（娱乐文化研究丛书）

J0170831
张艺谋说　李尔葳著
沈阳 春风文艺出版社 1998 年 236 页 有照片
20cm（32 开）ISBN：7-5313-1934-9
定价：CNY16.00
（布老虎丛书）

J0170832
戈达尔 (影像、声音与政治)(英)戈林·麦凯波(Colin MacCabe)[著];林宝元编译
长沙 湖南美术出版社 1999年 219页
19cm(小32开) ISBN: 7-5356-1229-6
定价: CNY12.00
(实验艺术丛书 15)
本书主要内容包括: 戈达尔: 68年以来, 金钱与蒙太奇, 政治; 女人的影像和"性"的影像, 科技; 电视等。

J0170833
胡玫与《雍正王朝》 景戎华编
成都 四川人民出版社 1999年 318页 有照片
20cm(32开) ISBN: 7-220-04507-7
定价: CNY22.80

J0170834
希区柯克与悬念 王心语著
北京 中国广播电视出版社 1999年 196页
有照片 20cm(32开) ISBN: 7-5043-3245-3
定价: CNY11.00
作者王心语(1930—), 教授。江苏徐州人, 毕业于北京电影学院导演系。历任北京电影学院导演系副教授、中国电影家协会会员、中国世界电影学会会员。著作有《电影、电视导演艺术概论》《电影、电视导演基础知识》。

电影、电视艺术——表演、演员

J0170835
电影表演基础 丁万籁天, 章泯编译
南京 正中书局 1935年 106页 19cm(32开)
定价: 大洋三角
(青年生活丛书)
本书内文共24节, 讲述电影表演与舞台表演、演员、导演、服装、化装等。

J0170836
电影戏剧表演术 洪深著
上海 生活书店 1935年 298页 有图
19cm(32开) 精装 定价: 一元二角
本书内容包含戏剧与演员、动作、动作的表情、声音、声音的表情、怎样创作人物等6章。书末附: 表演图解、动作与表情一览及参考书目。作者洪深(1894—1955), 电影戏剧编导、文艺理论家。江苏武进(今常州)人。名达, 字伯骏, 号浅哉(一作字), 又号潜斋, 笔名庄正平、乐水、萧振声。曾赴美进修文学戏剧等。历任复旦大学、山东大学、中山大学、北京师范大学、暨南大学、厦门大学教授, 中国文联委员、中国剧协副主席、中国作协理事、对外文化联络局局长、对外文协副会长。译有《恋爱的权利》《人的一生》等, 著有《洪深文集》等。

J0170837
电影戏剧表演术 洪深著
上海 生活书店 1935年 298页 有图
19cm(32开) 精装
本书内容包括戏剧与演员、动作、动作的表情、声音、声音的表情、怎样创作人物等6章。书末附: 表演图解、动作与表情一览及参考书目。

J0170838
电影戏剧表演术 洪深著
重庆 生活书店 1940年 3版 298页 有图
18cm(15开) 定价: 一元一角

J0170839
电影演技论 徐公美编著
长沙 商务印书馆 1938年 68页 20cm(32开)
(电影小丛书)
本书内容分7节, 论述演员的演技及其出发点、稍复杂的演技、复杂的演技、特殊研究、习惯上的必要的演技、恋爱剧的研究等。

J0170840
电影演员论 (俄)普陀符金(В.Пудовкин)撰; 陈鲤庭译
上海 时代出版社 1950年 169页 18cm(15开)
定价: CNY10.00

J0170841
电影演员论 (苏)普陀符金(В.Пудовкин)著; 陈鲤庭译
上海 时代出版社 1951年 2版 169页
19cm(32开) 定价: CNY0.40

J0170842
演员的艺术 (苏)契尔卡索夫(Н.Черкасов)撰;陆仁,志刚译;中央人民政府文化部电影事业管理局艺术委员会编辑
北京 中央人民政府文化部电影事业管理局
1952年 142页 有图 20cm(32开)
(电影艺术丛书)
本书内容包括:戏剧与电影、再体现的方法、在走向形象的道路上、演员与形象、略谈历史人物形象的创造、演员与编剧、演员与导演、略谈戏剧中演员的技术、演员和美术化妆师、演员和电影摄影师、略谈电影摄影与电影中的演员技术、演员与银幕、创造的真实、演员与观众。

J0170843
鲍果留波夫 (苏)伊林娜(Л.Ильина),(苏)雅柯甫列娃(В.Яковлева)著;俞灏东,杨秀琴译;中央人民政府文化部电影局艺术委员会编辑
北京 艺术出版社 1954年 54页 有剧照
18cm(15开) 定价:旧币3,800元
(演员小丛书)

J0170844
契尔柯夫 (苏)奥利多尔(О.Олидор)著;俞虹,慧生译;中央人民政府文化局电影局艺术委员会编辑
北京 北京艺术出版社 1954年 79页 18cm(15开)
定价:旧币4,800元
(演员小丛书)
本书为苏联人民艺术家、斯大林奖金获得者、苏联最高苏维埃代表、杰出的电影演员的评论。

J0170845
塔拉索娃 (苏)卡里金(Н.Калитин)著;允南译;中央人民政府文化部电影局艺术委员会编辑
北京 艺术出版社 1954年 53页 有照片
18cm(32开) 定价:旧币4,100元
(演员小丛书)

J0170846
格里包夫 (苏)库里格涅克(Э.Кульганек)著;沙溧译;电影艺术编译社编辑
北京 艺术出版社 1955年 61页 有照片
18cm(15开) 定价:CNY0.30
(演员小丛书)
格里包夫是苏联杰出的戏剧演员和电影演员,他在电影中扮演的角色不多,但他所创造的《无辜的罪人》中的演员施马格和《勇敢的人》中的养马场老教练的形象,却给观众以十分深刻的印象。本书着重对他所创造的这两个角色作了细致的分析。格里包夫是苏联人民演员,曾三次荣获斯大林奖金,并曾两次荣获劳动红旗勋章。

J0170847
库兹明娜 (苏)柯洛斯尼科娃(Н.Колосникова),(苏)普列因(Т.Плеин)著;杨秀琴译;电影艺术编译社编辑
北京 艺术出版社 1956年 42页 18cm(15开)
定价:CNY0.22
(演员小丛书)

J0170848
留别兹诺夫 (苏)乌里诺夫(Я.Уринов)著;于振中译;电影艺术编译社编辑
北京 艺术出版社 1956年 53页 18cm(15开)
定价:CNY0.25
(演员小丛书)

J0170849
日阿阔夫 (苏)扎克(М.Зак),(苏)索斯诺夫斯基(И.Сосновский)著;陈寿朋译;电影艺术编译社编辑
北京 艺术出版社 1956年 50页 有剧照
18cm(32开) 定价:CNY0.27
(演员小丛书)

J0170850
银幕上的人 (苏)尤特凯维奇(С.Юткевич)著;史敏徙译;电影艺术编译出版社编辑
北京 艺术出版社 1956年 164页 有冠像
20cm(32开) 定价:CNY0.61
(电影艺术丛书)
本书是作者1938年在苏联电影大学导演艺术研究院讲课时的演讲稿,经整理补充分为论电影演员、论电影导演、论电影蒙太奇和论电影中的美工师等4讲。作者结合多年的创作实践经验,论述电影导演艺术创作上的一些重要问题,阐明导演处理演员的工作和演员在电影中的创作原则,分析演员创造形象的过程,以及美工师在电

影中的作用和任务等。书中后部分以“导演日记”为总称，收入作者另外4篇文章，比较系统地论述了电影艺术的表现技巧。

J0170851
鲍里索夫　(苏)克拉西娜(Т.Красина),(苏)索斯诺夫斯基(И.Сосновский)著；李邦媛译
北京　中国电影出版社　1957年　58页　有剧照
19cm(32开)统一书号：8061.185
定价：CNY0.20
(演员小丛书)

J0170852
创造鲜明的典型性格　(苏)契尔卡索夫等著；江韵辉等译
北京　中国电影出版社　1957年　234页
20cm(32开)统一书号：8061.47　定价：CNY0.80

J0170853
论青年电影演员的创作　(苏)莱兹曼等著；凌集译
北京　中国电影出版社　1957年　120页
20cm(32开)统一书号：8061.53　定价：CNY0.44

J0170854
尼古拉·阿法纳西耶维奇·克留其科夫　(苏)巴尔费诺夫(Л.Парфенов),(苏)雅库波维奇-雅斯内(О.Якубович-ясный)著；刘连增译
北京　中国电影出版社　1957年　54页　18cm(15开)
统一书号：8061.86　定价：CNY0.19
(演员小丛书)

J0170855
萨莫依洛夫　(苏)巴尔斯卡娅(Н.Барская)著；沈桂高译
北京　中国电影出版社　1957年　38页　18cm(32开)
统一书号：8061.50　定价：CNY0.18
(演员小丛书)

J0170856
斯科洛波加托夫　(苏)克雷莫夫(А.Крымов)著；马生民译
北京　中国电影出版社　1957年　46页　18cm(32开)
统一书号：8061.49　定价：CNY0.24
(演员小丛书)

J0170857
别尔涅斯　(苏)汉特洛斯(Е.Хандрос)著；翰波译
北京　中国电影出版社　1958年　65页　有照片
19cm(32开)统一书号：8061.307
定价：CNY0.22
(演员小丛书)

别尔涅斯是最受欢迎的苏联优秀电影演员之一。他的创作富于抒情感和幽默感，善于扮演配角。他扮演的角色在影片中往往出现不多，但都非常动人，给人留下深刻印象。他在《带枪的人》《两个战士》《第三次打击》《伟大的转折》等影片中，成功地创造的苏维埃战士和工人形象。由于创造了出色的普通人形象，别尔涅斯获得了荣誉勋章。本书着重分析别尔涅斯最成功的几个配角，系统介绍他20年来创造配角的经验，并具体说明了配角在苏联电影中占居重要地位，好的配角能起巨大的教育作用。

J0170858
电影演员散论　桑夫著
北京　中国电影出版社　1958年　58页　19cm(32开)
统一书号：8061.180　定价：CNY0.20

J0170859
符拉基米尔·罗斯齐斯拉伏维奇·加尔金　(苏)日丹(В.Ждан)著；孟荦等译
北京　中国电影出版社　1958年　50页
19cm(32开)统一书号：8061.292
定价：CNY0.18
(演员小丛书)

加尔金是苏联电影与戏剧的演员，也是导演，从他参加电影工作以来，拍摄过60余部影片，扮演过50多个角色。这本书细腻而深刻地分析了他在影片中扮演的完全不同类型的形象和他的创作特色。由于加尔金善于把角色的外部刻划同心理描写和谐地融汇在一起，因而使得他的形象非常真实、生动而完美。由于他在电影中的成就，曾荣获苏联人民艺术家的称号，并多次获得勋章和奖章。

J0170860
尼·康·契尔卡索夫　(苏联人民艺术家)(苏)A.别林著；张广，李溪桥译
北京　中国电影出版社　1958年　99页　有照片

19cm(小32开) 定价: CNY0.34

J0170861
苏联人民艺术家尼古拉·康士坦丁诺维奇·契尔卡索夫 (苏)别林(А.Бейлин)著; 张广译
北京 中国电影出版社 1958年 99页 有照片
19cm(32开) 统一书号: 8061.427
定价: CNY0.34
(演员小丛书)

J0170862
演员创作中的语言 (苏)克涅别尔(М.Кнебель)著; 芮鹤九译
北京 中国电影出版社 1958年 110页
19cm(32开) 统一书号: 8061.288 定价: CNY0.39

J0170863
一个角色的诞生 (苏)契尔卡索夫(Н.Черкасов)著; 姚格之译
北京 中国电影出版社 1958年 63页
19cm(32开) 统一书号: 8061.341
定价: CNY0.30

契尔卡索夫是苏联现代著名演员。他在舞台上和银幕上创造过许多形象。本书是契尔卡索夫的一部完整的创作手记。叙述了作者本人如何再现世界文学名著"唐·吉诃德"中主人公的形象。细致的记述了自己从1918年起在舞台上直到在宽银幕影片中创造"唐·吉诃德"这一人物形象时的全部过程和深刻体会。书中对宽银幕影片的这次创造记叙得尤为详尽, 不仅向我们介绍了契尔卡索夫本人对角色的探索, 同时对导演柯静采夫的导演处理以及整个摄制组的工作情况都进行了说明和介绍。

J0170864
演员与电影剧作家 (苏)马契列特, A.著; 龚逸霄译
北京 中国电影出版社 1961年 194页
21cm(32开) 统一书号: 8061.887 定价: CNY0.70

J0170865
电影表演技艺漫笔 白杨著
上海 上海文艺出版社 1962年 42页
19cm(32开) 统一书号: 10078.1927
定价: CNY0.22

本书作者以漫谈方式总结了她的表演经验和亲身体会。认为演好角色要注意"三忌八诀", 三忌即一忌简单化, 二忌老套化, 三忌吃力化; 八诀为"品、熟、脉、稳、神、趣、明、化"。作者白杨(1920—1996), 女, 电影表演艺术家。原名杨成芳, 又名杨君莉。生于北平, 原籍湖南汨罗。参与过多部话剧和电影的表演。代表作品《梅萝香》《茶花女》《祝福》等。

J0170866
银幕上的人 (苏)尤特凯维奇著; 史敏徒, 李邦媛译
北京 中国电影出版社 1963年 294页
21cm(32开) 统一书号: 8061.1103
定价: CNY1.90

本书是作者1938年在苏联电影大学导演艺术研究院讲课时的演讲稿, 经整理补充分为论电影演员、论电影导演、论电影蒙太奇和论电影中的美工师等4讲。作者结合多年的创作实践经验, 论述电影导演艺术创作上的一些重要问题, 阐明导演处理演员的工作和演员在电影中的创作原则, 分析演员创造形象的过程, 以及美工师在电影中的作用和任务等。书中后部分以"导演日记"为总称, 收入作者另外4篇文章, 比较系统地论了述电影艺术的表现技巧。

J0170867
电影表演探索 白杨著
北京 中国电影出版社 1979年 83页 有照片
19cm(32开) 统一书号: 8061.1348
定价: CNY0.50

本书收集了作者于1961年出版的《电影表演技艺漫笔》和《我怎样演祥林嫂》两篇文章。

J0170868
两个时代 (关于银幕上列宁形象的创造) 北京电影学院编
1979年 76页 20cm(32开) 定价: CNY0.40
(国外电影参考资料单行本 第23号)

J0170869
主要的角色 (扮演列宁的创作回忆录) (苏)施特拉乌赫(М.Штраух)著; 李邦媛等译
北京 中国电影出版社 1979年 257页 有照片

20cm(32开)统一书号: 8061.1366
定价: CNY1.05

J0170870
地狱之门　赵丹著
上海 上海文艺出版社 1980年 104页
19cm(32开)统一书号: 8078.3231
定价: CNY0.34
本书包括: 早年的广阔天地、我的良师益友、两个女性、从浪漫走向现实、进新疆, 入地狱、表演艺术的辨证关系等12部分, 回顾了赵丹的演艺生涯, 记述了他的生平。

J0170871
银幕形象创造　赵丹著
北京 中国电影出版社 1980年
205页+[31]叶图版 有图肖像 20cm(32开)
统一书号: 8061.1394 定价: CNY1.13, CNY1.75 (精装)
本书收录文章9篇, 是作者从事表演艺术的经验总结。

J0170872
银幕形象创作　赵丹著
北京 中国电影出版社 1980年 205页
20cm(32开)统一书号: 8061.1394
定价: CNY1.13, CNY1.75 (精装)

J0170873
谈镜头前的表演
北京 中国电影出版社 1982年 215页
20cm(32开)统一书号: 8061.1681
定价: CNY0.85
本书辑录有关电影表演的文章24篇, 分为三类: 演员创造银幕形象的经验、体会; 评论演员的表演艺术特色; 探讨表演艺术诸问题。

J0170874
电影表演艺术探索
北京 中国电影出版社 1984年 182页
20cm(32开)统一书号: 8061.2026
定价: CNY0.75
本书辑录的文章是根据电影表演艺术讨论会上的发言加工整理的。作者大部分是专业领导、著名学者、演员、导演、编剧、教育家。

J0170875
明星　(中外影视丛刊 1985年第2期 总第2期)
《明星》编辑部编
北京 中国展望出版社 1985年 48页 26cm(16开)
定价: CNY0.70
(中外影视丛刊)

J0170876
明星　(中外影视丛刊 1985年第3期 总第3期)
《明星》编辑部编
北京 中国展望出版社 1985年 48页 26cm(16开)
定价: CNY0.70
(中外影视丛刊)

J0170877
外国影星　上海画报出版社编辑
上海 上海画报出版社 [1985年] 15张
19cm(32开)定价: CNY0.80

J0170878
中外影视新星　(一)田兆宏主编
延吉 延边教育出版社 1985年 19页 20cm(32开)
定价: CNY0.75
本书主要介绍了曾获得过电影、电视奖及饰演过主角戏的93名青年电影、电视演员的表演艺术及影坛、屏幕生涯的趣闻。

J0170879
石挥、蓝马、上官云珠和他们的表演艺术
电影艺术编辑部编
北京 中国电影出版社 1986年 177页
20cm(32开)统一书号: 8061.2858
定价: CNY1.20
本书分3部分, 以座谈会的形式回顾石挥、蓝马、上官云珠3位艺术家的艺术道路和创作生涯, 并总结他们的宝贵经验。

J0170880
影后生涯　(胡蝶回忆录)刘慧琴整理
杭州 浙江人民出版社 1986年 295页
20cm(32开)定价: CNY1.40

J0170881
影坛荟萃　林琳, 陆克勤编
郑州 海燕出版社 1986年 99页 19cm(小32开)

定价：CNY0.69

J0170882
影星是怎样发现的 上海文艺出版社编
上海 上海文艺出版社 1986年 123页
20cm（32开）
（五角丛书 艺术类）

J0170883
现代电影表演艺术论 齐士龙著
北京 中国电影出版社 1987年 158页
19cm（32开）统一书号：8061.3364
定价：CNY1.35
（电影学新论丛书）

本书分两大部分：第一部分是有关性格创造的理论；第二部分是关于电影表演的特点。作者齐士龙（1941— ），教授。出生于北京，毕业于北京艺术学院表演系。曾任北京电影学院教师、北京城市学院表演学部主任、北京科技职业学院（北科院）金马电影学院名誉院长。出版有《电影表演心理研究》《好玩的游戏与好看的艺术》《现代电影表演艺术论》等。

J0170884
现代电影表演艺术论 （电影学新论）齐士龙著
北京 中国电影出版社 1998年 重印本 158页
19cm（32开）ISBN：7-106-00852-4
定价：CNY7.80

J0170885
演员的形体动作和形象创造 侯寄南著
北京 中国电影出版社 1988年 129页
19cm（32开）ISBN：7-106-00105-8
定价：CNY1.20

本书从电影表演对演员形体动作的要求，到演员如何运用形体动作对角色从准备到体现，直至创造出一个活生生的感人的艺术形象，都作了清晰、具体的分析。

J0170886
演员谈电影表演 电影局《电影通讯》编辑室，中国电影表演艺术学会编
北京 中国电影出版社 1988年 415页 有照片
20cm（32开）ISBN：7-106-00001-9
定价：CNY3.00

J0170887
电影电视表演基础 王承廉编
北京 文化艺术出版社 1989年 323页
19cm（32开）ISBN：7-5039-0276-0
定价：CNY3.50

本书收有《电影表演的特性》《演员形象及表演诸元素》《论演员及其基础训练》《电影演员的对白技巧》《形体动作与人物创造》等10余篇文章。

J0170888
世界影星 《国际银幕》编辑部编
上海 百家出版社 1989年 2版 80页
26cm（16开）定价：CNY12.00

J0170889
沃土硝烟育我她 （电影表演创作回顾）田华著
北京 中国电影出版社 1989年 201页 有照片
20cm（32开）ISBN：7-106-00075-2
定价：CNY2.10

本书系著名电影表演艺术家田华同志对多年从影生活的回顾。她结合每部影片的拍摄，谈了自己的创作体会。其中，既有表演艺术的经验总结，又有从影经历的叙述。

J0170890
影坛趣闻录 李允辉编
北京 新华出版社 1989年 356页 19cm（小32开）
定价：CNY3.35

J0170891
甘国亮眼中的巩俐 （借一借导演法眼）甘国亮著
香港 香港录像出版社 1990年 有照片
19cm（32开）定价：HKD35.00

J0170892
电视表演 （美）辛德曼等著；纪令仪译
济南 山东文艺出版社 1991年 231页
20cm（32开）ISBN：7-5329-0551-9
定价：CNY4.50
（电视文化丛书）

J0170893
好莱坞群星谱 朱晓燕等编著

北京 世界知识出版社 1991年 425页
19cm(小32开) ISBN: 7-5012-0310-5
定价: CNY4.80

J0170894
大陆港台红影星
北京 中国电影出版社 1992年 36页 26cm(16开)
ISBN: 7-106-00703-X 定价: CNY4.00
本书介绍了张馨予、林妙可、胡静、殷桃、徐帆、林青霞、林志玲、刘嘉玲等影星。

J0170895
电影表演心理研究 齐士龙著
北京 中国电影出版社 1992年 231页
20cm(32开) ISBN: 7-106-00670-X
定价: CNY4.20
(电影学新论丛书)
作者以亲身的表演实践为依据，从心理学的角度，在电影表演的情感知觉变形、表演的主题游戏心理、魅力蒙太奇等方面进行了理论开拓，提出许多全新的电影表演理论问题。

J0170896
好莱坞艳星 炜炜编
成都 四川美术出版社 1992年 80页 有彩照
26cm(16开) ISBN: 7-5410-0789-7
定价: CNY3.80

J0170897
美国电影表演艺术 (斯坦尼斯拉夫斯基遗产的继承)(美)布卢姆著; 王浩译
太原 北岳文艺出版社 1992年 147页
19cm(小32开) ISBN: 7-5378-0943-7
定价: CNY4.50
本书回顾和评述了斯坦尼斯拉夫斯基体系对美国电影表演的深刻影响。作者理查德·A·布卢姆(Richard A.Blum)，美国新闻媒介咨询公司总裁，哈佛大学电影剧本写作客座教授。

J0170898
电影表演 (为摄影机进行表演的技巧与历史)(美)奥勃莱恩(O' brien, MaryAllen)著; 纪令仪译
北京 中国电影出版社 1993年 214页 有照片
20cm(32开) ISBN: 7-106-00702-1
定价: CNY3.90
全书除叙述电影表演的发展历史外，还根据当代西方各国尤其是美国电影演员的创作经验，就电影表演的美学特性、电影表演的机制、演员与导演的创作联系等问题进行了论述。

J0170899
电影表演艺术 林洪桐著
北京 科学技术文献出版社 1993年 276页
20cm(32开) ISBN: 7-5023-1965-4
定价: CNY8.10
作者林洪桐(1938—)，电影编剧、导演、教师。生于福建福州，毕业于北京电影学院表演系，留校任教。历任电影学院院务委员会委员、学术委员会委员、中国电影表演艺术学会副会长，青年电影制片厂导演及艺术顾问等职。著有《电影演员的魅力》《银幕技巧与手段》《电影表演艺术》等。

J0170900
电影演员的魅力 林洪桐著
北京 中国电影出版社 1993年 270页 有照片
19cm(小32开) ISBN: 7-106-00815-X
定价: CNY5.30
(电影爱好者丛书 3)

J0170901
沟口健二的世界 (日)佐藤忠男著; 陈笃忱，陈梅译
北京 中国电影出版社 1993年 260页 有照片
20cm(32开) ISBN: 7-106-00795-1
定价: CNY4.30
(电影大师创作系列)
沟口健二，日本早期著名导演之一。本书介绍了他的艺术生涯，并对其作品进行了研究。

J0170902
通向明星之路 (影·视·剧表演入门)赵美成，李齐著
北京 国际文化出版公司 1993年 152页 有照片
19cm(32开) ISBN: 7-80049-529-9
定价: CNY3.95
作者赵美成，浙江省艺术研究所副研究员。作者李齐，女，杭州话剧团文艺创作人员。

J0170903
影视表演导论 李志舆著
北京 中国美术学院出版社 1993年 172页
20cm(32开) ISBN: 7-81019-345-7
定价: CNY12.80

作者李志舆(1936—), 教授、电影表演艺术家。生于河北石家庄, 祖籍江苏常州, 毕业于上海戏剧学院表演系研究生。上海戏剧学院教授, 影视、话剧演员。著作有《影视表演与戏剧表演的渊源及其变异》《表演教学研究》《影视表演导论》《电影表演观念初探》。

J0170904
电视幽默论 杨斌著
天津 百花文艺出版社 1994年 444页
20cm(32开) ISBN: 7-5306-1685-4
定价: CNY9.20

本书阐明了电视幽默的生成, 并深入分析了330余种构建电视幽默的手段和10余种电视幽默体裁。

J0170905
好玩的游戏与好看的艺术 (开拓青少年影视表演艺术才能) 齐士龙著
北京 中国电影出版社 1994年 167页
20cm(32开) ISBN: 7-106-00928-8
定价: CNY8.00

本书以实例揭示了儿童心理特征和激发儿童潜能的途径, 对如何开拓儿童的想象力和表演创造才能发表了独到的见解。作者齐士龙(1941—), 教授。出生于北京, 毕业于北京艺术学院表演系。曾任北京电影学院教师、北京城市学院表演学部主任、北京科技职业学院(北科院)金马电影学院名誉院长。出版有《电影表演心理研究》《好玩的游戏与好看的艺术》《现代电影表演艺术论》等。

J0170906
明星之门 (电影表演艺术论集) 钱学格著
北京 学苑出版社 1994年 252页 19cm(小32开)
ISBN: 7-5077-0935-3 定价: CNY5.80

本书论述了电影表演艺术的基础理论, 并对部分影片的导、演进行了评论。

J0170907
你想当个小荧星吗 (儿童影视表演入门) 张成明等主编
上海 华东师范大学出版社 1994年 134页
17×18cm ISBN: 7-5617-1245-6 定价: CNY3.90
(当代少儿课外活动丛书)

J0170908
银幕帅男人 梁良著
台北 号角出版社 1994年 233页 有照片
21cm(32开) ISBN: 957-620-127-6
定价: TWD200.00
(时代语言 73)

J0170909
影片读解 周欢, 周传基著
北京 中国工人出版社 1994年 188页
20cm(32开) ISBN: 7-5008-1698-7
定价: CNY6.80

J0170910
郑少秋和他的搭档们 (《戏说乾隆》幕前幕后) 翟星红, 奕文编著
北京 中国华侨出版社 1994年 84页 26cm(16开)
ISBN: 7-80074-852-9 定价: CNY3.80

J0170911
白杨演艺谈 白杨著
上海 上海文艺出版社 1995年 224页 有照片
20cm(32开) ISBN: 7-5321-1418-X
定价: CNY18.60
(表演艺术丛书)

本书系中国现代著名电影表演艺术家白杨的演艺总结。作者白杨(1920—1996), 女, 电影表演艺术家。原名杨成芳, 又名杨君莉。生于北平, 原籍湖南汨罗。参与过多部话剧和电影的表演。代表作品《梅萝香》《茶花女》《祝福》等。

J0170912
电影表演艺术概论 李冉苒等著
北京 中国电影出版社 1995年 361页
20cm(32开) ISBN: 7-106-01019-7
定价: CNY15.30
(电影艺术基础理论系列)

作者李冉苒, 北京电影学院任教。

J0170913
电影表演艺术概论　李冉苒等著
北京 中国电影出版社 1998年 2版 361页
20cm(32开) ISBN: 7-106-01019-7
定价: CNY18.80
(电影艺术基础理论系列)

J0170914
我的影剧生涯　白杨著
北京 中国电影出版社 1996年 275页 有照片
20cm(32开) ISBN: 7-106-01112-6
定价: CNY29.80
(中国文联晚霞文库)

J0170915
我的影剧生涯　白杨著
北京 中国电影出版社 1996年 275页 有照片
20cm(32开) 精装 ISBN: 7-106-01111-8
定价: CNY32.00
(中国文联晚霞文库)

J0170916
寻找《太平·天国》(吴念真的电影生活札记)
吴念真著
台北 麦田出版公司 1996年 335页 有照片
21cm(32开) ISBN: 957-708-426-5
定价: TWD250.00
(麦田文学 73)

J0170917
电视表演学　梁伯龙著
北京 北京广播学院出版社 1997年 432页
有照片 20cm(32开) ISBN: 7-81004-629-2
定价: CNY32.00
(电视艺术丛书)

J0170918
影视微相艺术论　欧泽纯著
北京 中国广播电视出版社 1997年 186页
20cm(32开) ISBN: 7-5043-3061-2
定价: CNY13.00

J0170919
电视教材声音艺术　张从明著
北京 海潮出版社 1998年 454页 20cm(32开)
ISBN: 7-80054-969-0 定价: CNY19.80

J0170920
影视演员表演技巧入门　王淑琰, 林通著
北京 中国广播电视出版社 1998年 280页
20cm(32开) ISBN: 7-5043-3160-0
定价: CNY15.00

J0170921
电影表演控制论方法　刘汁子著
北京 中国电影出版社 1999年 274页
20cm(32开) ISBN: 7-106-01474-5
定价: CNY14.00
(电影学新论丛书)

J0170922
电影戏剧中的表演艺术　齐士龙著
北京 中国电影出版社 1999年 284页
20cm(32开) ISBN: 7-106-01497-4
定价: CNY16.00

J0170923
进入影视圈的锦囊妙计(演员试演手册)
(美)埃德·胡克斯著; 秦小玮, 祁艺译
北京 中国电影出版社 1999年 145页
20cm(32开) ISBN: 7-106-01415-X
定价: CNY8.00
(影视教程系列)

J0170924
银幕·荧屏·舞台(影视戏剧表演技巧与训练)
胡敏, 林素韵编著
长沙 湖南师范大学出版社 1999年 495页
有剧照及照片 20cm(32开)
ISBN: 7-81031-862-4 定价: CNY16.00

J0170925
影视语言教程　李稚田著
北京 北京师范大学出版社 1999年 387页
20cm(32开) ISBN: 7-303-04839-1
定价: CNY17.00
(北京师范大学影视艺术学科基础教程系列)

电影、电视艺术——美工、照明(灯光、自然光)、拟音(音响、效果)

J0170926
电影照明工作手册 (苏)彼利(В.Г.Пелль)著;萧立书译
北京 中央人民政府文化部电影局 [1950—1959年] 162页 有图表 21cm(32开)
(电影技术丛书)

J0170927
电影布景设计 爱德华,卡利克著;王慧敏译
北京 中华人民共和国文化部电影事业管理局 1955年 88页 有照片 20cm(32开)
(电影技术丛书)

J0170928
电影布景设计 (英)凯利克(E.Carrick),(英)E.麦德华著;王慧敏译
北京 中国电影出版社 1959年 114页 有图表 19cm(32开)统一书号:15061.65
定价:CNY0.55
本书据1946年英文版译出。外文书名:Designing for Films.

J0170929
电影照明工作手册 (苏)彼利,В.Г.著;马萨译
北京 中国电影出版社 1959年 184页 有图表 20cm(32开)统一书号:15061.64
定价:CNY0.95

J0170930
论电影与戏剧的美术设计 韩尚义著
北京 中国电影出版社 1962年 165页 21cm(32开)统一书号:8061.885
定价:CNY1.00,CNY1.50(精装)
本书分上下编。上编收文18篇,谈电影的美术设计;下编收文8篇,谈戏剧的美术设计。

J0170931
论电影与戏剧的美术设计 韩尚义著
北京 中国电影出版社 1981年 2版 139页 有剧照 20cm(32开)统一书号:8061.885
定价:CNY0.79

J0170932
论电影与戏剧的美术设计 韩尚义著
北京 中国电影出版社 1981年 2版 139页 20cm(32开)精装 定价:CNY1.40

J0170933
电影布景的设计和搭建 (苏)托尔马乔夫,В.,(苏)波良斯基,К.著;李甸秀译
北京 中国电影出版社 1963年 278页 有图表 21cm(32开)统一书号:15061.115
定价:CNY1.60
外文书名:Проектирование и постройка кинодекораций

J0170934
出国参观考察报告 (74004 英国、荷兰电影光源技术)中国科学技术情报研究所编辑
北京 科学技术文献出版社 1974年 125页 26cm(16开)统一书号:15176.40
定价:CNY0.65

J0170935
电视和电影照明技术 (英)吉拉德·米勒森著;凌畹君,何振淦译
1974年 436页 有彩照 20cm(32开)
外文书名:The Technipue of Lighting for Television and Motion Pictures.译者何振淦(1929—2003),戏剧理论家、翻译家、影评家。生于江苏无锡,毕业于北京中央电影学校编剧班。曾先后在电影局电影艺术研究室,中国电影家协会,中国电影出版社外编室,中国电影艺术研究中心编目部工作,中国电影资料馆研究员。著有《意大利电影概述》《闪光的棕榈叶——嘎纳电影节》等。

J0170936
电影美术漫笔 韩尚义著
上海 上海文艺出版社 1979年 175页 有照片 20cm(32开)统一书号:8078.3131
定价:CNY0.75
本书分上下编两个部分。上编为影片美术

设计的创作经验和体会；下编为艺术漫笔。其作品有《〈枯木逢春〉美术设计的一些体会》《〈聂耳〉美术设计一得》《〈白求恩大夫〉美术设计点滴谈》《艺术的联想》《节奏——艺术的感情》《漫谈风格》等。

J0170937
浅谈电影照明技术 晏仲方著
北京 中国电影出版社 1982年 187页
20cm(32开)统一书号：15061.179
定价：CNY1.00

本书介绍了各种电影新光源的光电技术参数、电影灯具的光学系统与光的输出功能。

J0170938
电影美术散论 韩尚义著
北京 中国电影出版社 1983年 191页 有剧照
20cm(32开)统一书号：8061.1801
定价：CNY1.00，CNY1.60（精装）

本书分上下编：上编“电影美术丛谈”是有关电影美术的理论论述与经验介绍，共18篇；下编“艺苑寸草”，涉及面较广，是对舞台美术、国画、动画、漫画等作品的鉴赏与分析，共29篇。

J0170939
电影实景照明 （美）里茨柯（A.J.Ritsro）著；林作坚译
北京 中国电影出版社 1983年 369页 有照片
20cm(32开)统一书号：15061.194
定价：CNY1.50

本书较全面地阐述了实景照明的基本原理，并对在远景、中景、特写和夜景中如何应用这些原理作了详细说明。外文书名：Lighting for Location Motion Picture.

J0170940
论电影美术 周承人编
南昌 江西人民出版社 1983年 309页
20cm(32开)统一书号：8110.730 定价：CNY0.98
（电影艺术论丛）

本书收入有关电影美术基本理论探讨、电影美术创作经验，及世界著名电影导演谈电影美术的文章，共25篇。

J0170941
电视照明方法 （英）古拉德·米勒森著；吕忠甫，赵铭译
武汉 华中工学院出版社 1984年 140页
21cm(32开)定价：CNY1.45

本书分专题论述了电视照明的有关原理，介绍了各种不同电视节目照明的处理方法及各种光源，灯具结构。书后附专用名词术语汇编。

J0170942
电影美术设计 （英）特伦斯著；黄天民，刘明明译
北京 中国电影出版社 1986年 190页
20cm(32开)定价：CNY1.50

本书通过辑录当代电影美术大师们创作实践经验，系统地阐述了有关电影美术设计的理论、布景制作技术和方法以及应用材料。

J0170943
电影美术创作研究集 广播电影电视部电影局《电影通讯》编辑室，中国电影出版社中国电影艺术编辑室编
北京 中国电影出版社 1987年 272页
20cm(32开)ISBN：7-106-00107-4
定价：CNY3.00

J0170944
银幕与舞台画面构思 姜今著
北京 中国电影出版社 1987年 317页 有剧照
20cm(32开)统一书号：8061.2918
定价：CNY2.50

作者姜今，广州美术学院教授。

J0170945
电影电视布光艺术 周化忠，赵志久著
北京 中国电影出版社 1989年 197页 有剧照
19cm(32开)ISBN：7-106-00129-5
定价：CNY2.10
（影视实用理论与技巧丛书）

J0170946
电视照明 陈振良著
上海 复旦大学出版社 1991年 364页
20cm(32开)ISBN：7-309-00727-1
定价：CNY6.00

(电视业务系列丛书)

本书从照明技术与照明艺术角度介绍了电视照明的基本知识、概念及其常用的一些基本原理。

J0170947

电视照明 陈振良著

上海 复旦大学出版社 1993年 重印本 364页

20cm(32开) ISBN: 7-309-01228-3

定价: CNY9.00

(电视业务系列丛书)

本书从照明技术与照明艺术角度介绍了电视照明的基本知识、概念及其常用的一些基本原理。

J0170948

电视和电影照明技术 (英)米勒森(Millerson Gerald)著;包尔东等译

北京 中国电影出版社 1992年 456页 有图版

20cm(32开) ISBN: 7-106-00508-8

定价: CNY7.90

本书介绍了光的性质、人眼与视觉世界、照明工具等基础理论,论述在人像、静物、布景、表演动作的拍摄过程中,如何运用光与影达到艺术效果。据英国焦点出版社1982年第2版译出,外文书名: The Technique of Lighting for Television and Motion Pictures.

J0170949

电视照明艺术 李兴国著

北京 北京广播学院出版社 1993年 236页

19cm(小32开) ISBN: 7-81004-523-7

定价: CNY4.00

本书探讨了电视照明的艺术特征、基本规律、照明技巧及电视节目的分类照明等。作者李兴国(1954—),满族,教授。生于河北丰宁县,毕业北京广播学院。中国传媒大学影视艺术学院院长,中国电视艺术协会第六届顾问。著有《摄影构图基础》等。

J0170950

电影美术师的天地 东进生著

北京 中国电影出版社 1993年 194页

19cm(小32开) ISBN: 7-106-00719-6

定价: CNY3.30

(电影爱好者丛书 5)

J0170951

电影美术造型 宋洪荣著

北京 科学技术文献出版社 1993年 164页

有图版 20cm(32开) ISBN: 7-5023-1959-X

定价: CNY5.60

作者宋洪荣(1938—),教授。河北丰润人,毕业于北京电影学院。曾任北京电影学院副院长、副教授,中国电影家协会理事。代表作品有《李四光》《马可·波罗》(中意合拍)《火烧圆明园》。

J0170952

影视艺术中的光与色 郜庆生著

郑州 河南美术出版社 1994年 153页 有插图

19cm(小32开) ISBN: 7-5401-0341-8

定价: CNY3.80

J0170953

影视音响学 刘万年主编

南京 南京大学出版社 1994年 385页

20cm(32开) ISBN: 7-305-02110-5

定价: CNY9.80

J0170954

电视照明ABC 王林著

北京 中国广播电视出版社 1996年 194页

19cm(小32开) ISBN: 7-5043-2978-9

定价: CNY10.00

J0170955

电影美术概论 周登富著

北京 中国电影出版社 1996年 474页 有彩图

20cm(32开) ISBN: 7-106-01053-7

定价: CNY27.30

(电影艺术基础理论系列)

作者周登富(1942—),教授。毕业于北京电影学院电影美术系电影美术设计专业。北京电影学院电影美术系主任、副教授。出版有《电影美术概论》《银幕世界的空间造型》等。

J0170956

电视照明 李兴国,田敬改著

北京 中国广播电视出版社 1997年 235页

20cm(32开) ISBN: 7-5043-3097-3
定价: CNY15.00

作者李兴国(1954—)，满族，教授。生于河北丰宁县，毕业北京广播学院。中国传媒大学影视艺术学院院长，中国电视艺术协会第六届顾问。著有《摄影构图基础》等。

J0170957
电影美术导论　周承人著
北京 中国电影出版社 1997年 410页 有照片
20cm(32开) ISBN: 7-106-01144-4
定价: CNY19.70
(电影艺术基础理论系列)

J0170958
影视色彩学　刘恩御著
北京 北京广播学院出版社 1997年 349页
有彩图 20cm(32开) ISBN: 7-81004-730-2
定价: CNY25.00

J0170959
电视声音构成　高廷智著
北京 北京师范大学出版社 1998年 418页
有插图 20cm(32开) ISBN: 7-303-04499-X
定价: CNY26.00, CNY40.00(精装)

J0170960
影视照明　(美)戴维·维拉(DaveViera)著; 方捻, 方针译
上海 复旦大学出版社 1998年 327页 有照片
26cm(16开) ISBN: 7-309-02102-9
定价: CNY32.00
(影视艺术技术丛书)

J0170961
张冬彧电视美术设计作品　张冬彧设计
北京 中国摄影出版社 1998年 56页 25×26cm
ISBN: 7-80007-241-X 定价: CNY60.00

外文书名: Zhang Dongyu Tv Visual Art Design.

J0170962
中国电视美术　刘宜勤主编
北京 北京出版社 1998年 150页 29cm(16开)
精装 ISBN: 7-200-03492-4 定价: CNY260.00
(跨世纪电视丛书 10)

J0170963
电视照明理论与创作　李兴国主编
北京 中国国际广播出版社 1999年 378页
21cm(32开) ISBN: 7-5078-1688-5
定价: CNY26.00

本书收入"论彩色电视对照明的要求"、"电视演播室调光设备的选择"、"灯光在电视节目创作中的作用和地位"、"浅谈光影在电视中的运用"、"电视灯光设备在中央电视台的演进"等文章。作者李兴国(1954—)，满族，教授。生于河北丰宁县，毕业北京广播学院。中国传媒大学影视艺术学院院长，中国电视艺术协会第六届顾问。著有《摄影构图基础》等。

电影、电视艺术——特技、化妆

J0170964
电影化装法　金光洲编
长沙 商务印书馆 1938年 66页 19cm(32开)
定价: 国币三角
(电影小丛书)

本书内容包括电影化装的史的考察、电影化装的目的论、电影化装的特性论等9章。

J0170965
电影中烟火技术　(苏)B.A. 李哈切夫(B.A.Лихачев)著; 刘友鹏译
北京 中央人民政府文化部电影局技术研究室
[1950—1959年] 47页 有图表 21cm(32开)
(电影技术丛书)

J0170966
电影化妆　(苏)安德让(А.Анджан), (苏)沃尔恰涅茨基(Ю.Волчанецкий)著; 罗晓风译
北京 中国电影出版社 1957年 130页
22cm(32开) 统一书号: 8061.179 定价: CNY0.60

J0170967
电影化妆　孙鸿魁等著
北京 中国电影出版社 1958年 88页
19cm(32开) 统一书号: 15061.47

定价：CNY0.34

J0170968
电影中的特技和特技摄影 ［苏］A.普图师柯，［苏］H.连柯夫著；李甸秀等译
北京 中国电影出版社 1959年 定价：CNY1.50

J0170969
电影化装浅谈 达旭著
北京 中国电影出版社 1963年 166页
21cm（32开）统一书号：15061.112
定价：CNY1.35

J0170970
彩色和黑白电影电视的化装技艺 （美）文森柯霍（S.M.A.VincentJ-RKehoe）著；于飞，中叙皇译；徐自强编辑
上海 上海电影制片厂 1979年 270页
19cm（32开）精装 定价：CNY4.21

J0170971
电影特技的秘密 朱玛编著
［成都］毛边书局 1979年 128页 19cm（32开）

J0170972
电影特技的秘密 朱玛编著
昆明 云南人民出版社 1980年 142页
19cm（32开）统一书号：15116.121
定价：CNY0.58

J0170973
电影与电视特技效果的制作 （英）威尔基（Wilkie，B.）著；张中平译
北京 中国电影出版社 1981年 200页
20cm（32开）统一书号：15061.166
定价：CNY1.10

J0170974
特技资料译文集 谷守利编译
北京 中国电影出版社 1981年 252页
19cm（32开）统一书号：15061.144
定价：CNY1.30

J0170975
电影特技摄影技术 （英）菲尔定（Fielding，R.）著；史久铭，陈继章译
北京 中国电影出版社 1982年 393页
19cm（32开）统一书号：15061.174
定价：CNY2.00
本书系统介绍了各种特技手法，从玻璃、镜子、机内遮板接景，到光学印片、活动遮片、空间成像印片、背景放映、模型等各种常用的方法。 著者通译：菲尔丁

J0170976
塑型化装艺术 孙鸿魁著
北京 中国电影出版社 1984年 93页 20cm（32开）
统一书号：8061.2275 定价：CNY0.74
本书详细地介绍了塑型油泥、棉纤维素和胶乳化合剂的制作工艺，操作技法及其应用。

J0170977
电影特技的秘密 戈永良，陈继章编著
上海 知识出版社 1987年 243页 有照片
19cm（32开）ISBN：7-5015-5189-8
定价：CNY1.50

J0170978
电视特技技术 （英）威尔基（Wilkie，B.）著；史久铭等译
北京 中国电影出版社 1989年 368页
20cm（32开）ISBN：7-106-00017-5
定价：CNY4.00
本书是根据英国各电视公司和电影制片人提供的材料编写的特技专业读物，共20章。介绍了可以反复使用的特技效果道具，技术机械的制作材料和方法，以及如何利用它们在电视屏幕和电影银幕上创造出各种有趣的视觉效果。外文书名：The Technique of Special Effects in Television.

J0170979
影视化妆艺术 郭书义编著
北京 地质出版社 1999年 118页 有图及照片
26cm（16开）ISBN：7-116-02737-8
定价：CNY38.00

电影、电视分镜头脚本

中国电影、电视分镜头脚本

J0170980
冷暖人间 香港新联影业公司出品
香港 中央印务馆［1940—1949 年］48 页 18cm(15 开)

本书是中国故事片电影完成台本。

J0170981
鸡鸣 (电影分场剧本)洪深编剧
上海 启明影业公司 1947 年 62 页 26cm(16 开)

作者洪深(1894—1955),电影戏剧编导、文艺理论家。江苏武进(今常州)人。名达,字伯骏,号浅哉(一作字),又号潜斋,笔名庄正平、乐水、萧振声。曾赴美进修文学戏剧等。历任复旦大学、山东大学、中山大学、北京师范大学、暨南大学、厦门大学教授,中国文联委员、中国剧协副主席、中国作协理事、对外文化联络局局长、对外文协副会长。译有《恋爱的权利》《人的一生》等,著有《洪深文集》等。

J0170982
歧路 (对白本)
香港 凤凰影业公司出品［1949—1959 年］27 页 19cm(32 开)

J0170983
"中医" 陈健,章卓英编导
［1950—1959 年］油印本 16 页 26cm(16 开)

本书是中国电影完成台本。

J0170984
20 天革个命 李洪辛编剧;葛鑫导演
上海 天马电影制片厂［1950—1959 年］油印本 25 页 26cm(16 开)

本书是上海天马电影制片厂《20 天革个命》电影完成台本。

J0170985
爱厂如家 赵明编;赵明导演
上海 江南电影制片厂［1950—1959 年］油印本 43 页 26cm(16 开)

本书系中国电影《爱厂如家》的电影完成台本。作者赵明(1915—1999),教授、导演。原名赵炳章,生于江苏扬州,原籍江苏镇江。肄业于上海美术专科学校西画系。历任上海电影制片厂导演,上海电影专科学校副校长兼导演系主任,北京电影学院副院长、教授。执导的影片有《三毛流浪记》《铁道游击队》《凤凰之歌》等,导演的话剧有《胜利进行曲》《愁城记》《水乡吟》等。

J0170986
八字宪法保丰收 张清编导
北京 八一电影制片厂［1950—1959 年］油印本 34 页 26cm(16 开)

本书为中国电影《八字宪法保丰收》的电影完成台本。

J0170987
霸王别姬 (初稿)北京电影制片厂梅兰芳摄制组编
北京 北京电影制片厂梅兰芳摄制组［1950 年］油印本 19 页 26cm(16 开)

J0170988
百花争艳
北京 中央新闻纪录电影制片厂［1950—1959年］油印本 18 页 26cm(16 开)

J0170989
不老松 张明,方徨编剧;方徨导演
上海 江南电影制片厂［1950—1959 年］油印本 42 页 26cm(16 开)

本书是中国电影完成台本。

J0170990
草原钢城 阮章竞编剧;张庆鸿导演
北京 中央新闻纪录电影制片厂［1950—1959年］油印本 17 页 26cm(16 开)

本书是新闻纪录影片分镜头剧本。

J0170991
陈三五娘 （舞台彩色记录本）蔡尤本，许志仁口授；福建省闽南实验剧团编剧组整理
上海 天马电影制片厂［1950—1959年］油印本 46页 26cm（16开）
本书是中国戏曲片电影分镜头剧本。

J0170992
乘风破浪 孙瑜编剧；孙瑜，蒋君超导演
上海 江南电影制片厂［1950—1959年］油印本 58页 26cm（16开）

J0170993
春风吹到诺敏河 安波等改编；凌子风导演
长春 中央电影局东北电影制片厂［1950—1959年］油印本 124页 19cm（32开）
作者安波（1915—1965），中国现代著名作曲家、民族音乐学家。生于山东牟平县宁海镇。曾任鲁迅艺术学院院长、东北人民中国音乐学院首任院长。作歌曲300余首及秧歌剧、歌剧等多部。代表作：《八路军开荒歌》《七月里在边区》《因为有了共产党》。

J0170994
翠谷钟声 高型编剧；刘琼导演
上海 海燕电影制片厂［1950—1959年］油印本 44页 26cm（16开）

J0170995
地下尖兵 刘致祥编剧；武兆堤导演
长春 长春电影制片厂［1950—1959年］油印本 57页 26cm（16开）

J0170996
第一列快车 徐苏灵编剧；徐苏灵导演
上海 上海电影制片公司［1950—1959年］油印本 30页 26cm（16开）
本书是中国电影《第一列快车》的电影完成台本。

J0170997
渡江侦察记 沈默君编剧；汤晓丹导演
上海 上海电影制片厂［1950—1959年］油印本 127页 26cm（16开）
作者汤晓丹（1910—2012），导演。福建漳州人，毕业于厦门集美农林专科学校。历任上海电影制片厂导演，上海影协名誉副主席。代表作品《南征北战》《红日》《渡江侦察记》等。

J0170998
丰收曲 中央新闻纪录电影制片厂编
北京 中央新闻纪录电影制片厂［1950—1959年］油印本 18页 26cm（16开）

J0170999
丰收之歌 （记录分镜头剧本）高福田编辑
江西 江西电影制片厂［1950—1959年］油印本 12页 26cm（16开）

J0171000
盖叫天的舞台艺术 黄裳编剧；白沉导演
上海 中央电影局上海电影制片厂［1950—1959年］油印本 45页 26cm（16开）
盖叫天（1888—1971），京剧演员。原名张英杰，号燕南，河北高阳县人。代表剧目有《武松》《十字坡》《三岔口》《一箭仇》等。著作有《粉末春秋》《盖叫天表演艺术》《燕南寄庐杂谈》等。作者黄裳（1919—2012），散文家、戏剧评论家。原名容鼎，生于河北井陉，祖籍山东益都。毕业于上海交通大学电机系。著有《锦帆集》《过去的足迹》《珠还记》等。

J0171001
钢花遍地开 张鸿编剧；张天赐导演
上海 天马电影制片厂［1950—1959年］油印本 44页 26cm（16开）

J0171002
钢人铁马 费礼文编剧；鲁韧导演
上海 海燕电影制片厂［1950—1959年］油印本 42页 26cm（16开）
本书是中国电影镜头纪录本。

J0171003
海上红旗 陆俊超编剧；陈岗导演
上海 天马电影制片厂［1950—1959年］油印本 33页 26cm（16开）
本书是中国电影完成台本。

J0171004
海上家园　八一电影制片厂编
北京 八一电影制片厂［1950—1959年］油印本
6页 26cm（16开）
本书是中国电影完成台本。

J0171005
海鹰　陈柱国等编剧；严寄洲导演
北京 八一电影制片厂［1950—1959年］油印本
48页 26cm（16开）
本书是中国电影完成台本。

J0171006
黑山阻击战　毛烽，陆柱国编；刘沛然，郝光导演
北京 北京电影制片厂［1950—1959年］油印本
58页 26cm（16开）
本书是中国电影完成台本。

J0171007
红领巾的故事　（镜头剧本）长春电影制片厂编
长春 长春电影制片厂［1950—1959年］油印本
59页 26cm（16开）
本书是中国现代电影完成台本。

J0171008
红旗歌　吴祖光编导
沈阳 东北电影制片厂 1950年 92页 16cm（25开）
本书是中国现代电影完成台本。

J0171009
红色的种子　夏阳编剧；林扬导演
上海 海燕电影制片厂 1950—1959年 油印本
56页 26cm（16开）
本书是中国电影完成台本。

J0171010
护士日记　艾明之编剧
上海 江南电影制片厂［1950—1959年］油印本
59页 26cm（16开）
本书是中国电影完成台本。

J0171011
回民支队　李俊编剧
北京 八一电影制片厂［1950—1959年］油印本
55页 26cm（16开）
本书是中国电影完成台本。

J0171012
结婚　马烽，陈戈改编；严恭导演
长春 中央电影局东北电影制片厂
［1950—1959年］油印本 102页 26cm（16开）
本书是中国电影完成台本。

J0171013
巨浪　艾明之编剧
上海 天马电影制片厂［1950—1959年］油印本
60页 26cm（16开）
本书是中国电影完成台本。

J0171014
抗金兵　（分镜头剧本初稿）北京电影制片厂梅兰芳摄制组编
北京 北京电影制片厂梅兰芳摄制组
［1950—1959年］油印本 14页 26cm（16开）
本书是中国电影完成台本。

J0171015
考验　中央人民政府文化部电影局东北电影制片厂编辑
长春 东北电影制片厂 1950年 48页 有表格
19cm（32开）
本书是中国电影完成台本。

J0171016
两个巡逻兵　季康，公浦编剧；方徨导演
上海 江南电影制片厂［1950—1959年］油印本
47页 26cm（16开）
本书是中国电影完成台本。

J0171017
辽远的乡村　（分镜头剧本）舒非编剧
长春 中央人民政府文化部电影局东北电影制片厂
1950年 140页 19cm（32开）
本书是中国电影完成台本。

J0171018
林冲　黄裳编剧；舒适，吴永刚导演
上海 江南电影制片厂［1950—1959年］油印本
44页 26cm（16开）
本书是中国电影完成台本。作者黄裳

(1919—2012),散文家、戏剧评论家。原名容鼎,生于河北井陉,祖籍山东益都。毕业于上海交通大学电机系。著有《锦帆集》《过去的足迹》《珠还记》等。

J0171019
林家铺子 夏衍改编;水华导演
北京 北京电影制片厂 [1950—1959年] 油印本 58页 26cm(16开)
本书是中国电影完成台本。

J0171020
林则徐 叶元编剧
上海 海燕电影制片厂 [1950—1959年] 油印本 59页 26cm(16开)
本书是中国电影完成台本。

J0171021
刘介梅 丁邑,崔马编;俞仲英导演
上海 天马电影制片厂 [1950—1959年] 52页 26cm(16开)

J0171022
龙须沟 冼群编导
北京 北京电影制片厂 [1950—1959年] 油印本 [146]页 26cm(16开)
本书是中国电影完成台本。

J0171023
芦笙恋歌 彭荆风,陈希平编剧;于彦夫导演
长春 长春电影制片厂 [1950—1959年] 油印本 48页 26cm(16开)
中国电影分镜头剧本

J0171024
梅兰芳的生活和生平 (分镜头剧本初稿)北京电影制片厂梅兰芳摄制组编
北京 北京电影制片厂梅兰芳摄制组 [1950—1959年] 油印本 10页 26cm(16开)
本书是中国电影完成台本。

J0171025
苗家儿女 (完成本)周民震编剧;陶金导演
上海 江南电影制片厂 [1950—1959年] 油印本 32页 26cm(16开)
本书是中国电影完成台本。

J0171026
闽南傀儡戏
北京 中央电影局北京电影制片厂 [1950—1959年] 油印本 29页 18×26cm

J0171027
牧童投军 吴强编剧;游龙导演
[1950—1959年] 油印本 47页 26cm(16开)
本书是中国电影镜头纪录本。

J0171028
穆桂英挂帅 (豫剧)崔嵬改编
上海 上海江南电影制片厂 [1950—1959年] 油印本 27页 26cm(16开)

J0171029
孽海花 (对白本)长城电影制片公司编
长城电影制片公司 [1950—1959年] 油印本 40页 26cm(16开)

J0171030
农村“大跃进” (第二辑)中央新闻纪录电影制片厂编
北京 中央新闻纪录电影制片厂 [1950—1959年] 油印本 6页 26cm(16开)
本书是中国电影镜头纪录本。

J0171031
乔迁之喜 (对白本)香港龙马影业公司编
香港 香港龙马影业公司 1950—1959年 油印本 54页 26cm(16开)
本书是中国电影完成台本。

J0171032
情探 田汉,安娥著
上海 上海电影制片公司江南电影制片厂 [1950—1959年] 油印本 28页 26cm(16开)
本书是中国戏曲片电影完成台本。作者田汉(1898—1968),剧作家、戏曲作家、电影编剧、小说家、词作家。本名田寿昌,笔名:田汉、陈瑜、伯鸿等。湖南长沙人。创作歌词的歌曲《万里长城》的第一段,成为中华人民共和国国歌《义勇军进行曲》的歌词。代表作《义勇军进行

曲》《名优之死》《关汉卿》等。作者安娥(1905—1976),中国近代著名剧作家、作词家、诗人、记者、翻译家,中共地下情报人员。出生在河北省获鹿县。致力于歌词写作,成绩斐然,歌曲词作品有《卖报歌》《打回老家去》;报告文学有《五月榴花照眼明》;诗集有《燕赵儿女》;戏曲剧本有《山河恋》《追鱼》《情探》。

J0171033
球场风波　唐振常编剧;毛羽导演
上海 海燕电影制片厂[1950—1959年]油印本 50页 26cm(16开)
本书是中国电影完成台本。

J0171034
全军二届体育运动会　黄宝善编辑;谷芬导演
北京 八一电影制片厂[1950—1959年]油印本 26页 26cm(16开)

J0171035
群英会　岑范导演
北京 北京电影制片厂[1950—1959年]油印本 36页 26cm(16开)
本书是中国戏曲片电影完成台本。

J0171036
让大地园林化　张启恩编剧;石梅音导演
北京 八一电影制片厂[1950—1959年]油印本 10页 26cm(16开)
本书是电影镜头记录本。

J0171037
热浪奔腾　吴强,陶金编;陶金导演
上海 江南电影制片厂[1950—1959年]油印本 42页 26cm(16开)
本书是电影镜头记录本。

J0171038
人定胜天　徐肖冰导演
北京 中央新闻纪录电影制片厂[1950—1959年]油印本 31页 26cm(16开)
本书由中央新闻纪录电影制片厂和珠江电影制片厂联合出版。

J0171039
如此多情　罗泰编剧
长春 长春电影制片厂[1950—1959年]油印本 52页 26cm(16开)

J0171040
三毛学生意　(电影镜头记录本)范哈哈著;大众滑稽剧团集体整理
上海 天马电影制片厂[1950—1959年]油印本 64页 26cm(16开)

J0171041
三门峡　(彩色短纪录片)陈健编导
北京 中央新闻纪录电影制片厂[1950—1959年]油印本 10页 26cm(16开)

J0171042
三年早知道　王炎编剧;王炎导演
长春 长春电影制片厂[1950—1959年]油印本 54页 26cm(16开)

J0171043
沙家店粮站　武兆堤改编
长春 东北电影制片厂[1950—1959年]油印本 94页 26cm(16开)
本书是中国电影完成台本。

J0171044
山里的人　梁秀琛编剧;陈怀皑导演
北京 北京电影制片厂[1950—1959年]油印本 36页 26cm(16开)

J0171045
山上开运河　雷震霖导演
北京 中央新闻纪录电影制片厂[1950—1959年]油印本 10页 26cm(16开)

J0171046
深山里的菊花　海默编剧;凌子风导演
上海 海燕电影制片厂[1950—1959年]油印本 45页 26cm(16开)
本书是电影镜头记录本。

J0171047
生活的凯歌　高维进,王永容编导

北京 中央新闻纪录电影制片厂［1950—1959 年］油印本 27 页 26cm（16 开）

J0171048
水 陈宗风编剧；华纯，史文帜导演
北京 八一电影制片厂［1950—1959 年］油印本 28 页 26cm（16 开）

J0171049
宋景诗 陈白尘，贾霁编；郑君里导演
上海 上海电影制片厂［1950—1959 年］油印本 100 页 26cm（16 开）

本书是中国电影完成台本。郑君里（1911—1969），电影演员、导演、艺术理论家。广东香山（今中山）人，生于上海。原名蔚章、郑重，笔名前烈，别名郑千里。就读于南国艺术学院戏剧科。曾任左翼戏剧家联盟执行委员，中国电影制片厂编导，中国戏剧家协会和中国电影工作者协会理事等。导演《一江春水向东流》《乌鸦与麻雀》《林则徐》《聂耳》等影片。

J0171050
她爱上了故乡 （电影镜头记录本）谢力鸣编剧；黄粲，张其导演
长春 长春电影制片厂［1950—1959 年］53 页 26cm（16 开）

J0171051
探亲记 （电影镜头记录本）
北京 北京电影制片厂 油印本 44 页 26cm（16 开）

J0171052
体育简报 （第二号）中央新闻纪录电影制片厂编
北京 中央新闻纪录电影制片厂［1950—1959 年］油印本 5 页 26cm（16 开）

J0171053
体育简报 （第四号）中央新闻纪录电影制片厂编
北京 中央新闻纪录电影制片厂［1950—1959 年］油印本 7 页 26cm（16 开）

J0171054
铁窗烈火 （电影镜头记录本）柯蓝编剧；王为一导演
上海 天马电影制片厂［1950—1959 年］油印本 41 页 26cm（16 开）

J0171055
铁道游击队 （电影镜头记录本）刘知侠编；赵明导演
上海 上海电影制片厂［1950—1959 年］油印本 42 页 26cm（16 开）

作者刘知侠（1918—1991），作家。河南省卫辉人，代表作品《铁道游击队》《芳林嫂》《沂蒙飞虎》《战地日记》。作者赵明（1915—1999），教授、导演。原名赵炳章，生于江苏扬州，原籍江苏镇江。肄业于上海美术专科学校西画系。历任上海电影制片厂导演，上海电影专科学校副校长兼导演系主任，北京电影学院副院长、教授。执导的影片有《三毛流浪记》《铁道游击队》《凤凰之歌》等，导演的话剧有《胜利进行曲》《愁城记》《水乡吟》等。

J0171056
铁水奔流 （短纪录片分镜头剧本）商福田编
南昌 江西电影制片厂［1950—1959 年］油印本 5 页 26cm（16 开）

J0171057
望江亭 关汉卿原著
上海 海燕电影制片厂［1950—1959 年］油印本 29 页 26cm（16 开）

本书由海燕电影制片厂和上海电影制片公司联合出版。

J0171058
伟大的起点 （镜头记录本）艾明之编剧
上海 中央电影局上海电影制片厂［1950—1959 年］油印本 110 页 19cm（32 开）

J0171059
伟大的战斗 （电影分镜头剧本）东北电影制片厂辑
沈阳 东北电影制片厂 1950 年 66 页 19cm（32 开）

本书是电影完成台本。

J0171060
卧龙湖 陈登科，鲁彦周编剧；汤晓丹导演
上海 江南电影制片厂［1950—1959 年］油印本

50页 26cm(16开)

本书由江南电影制片厂和安徽电影制片厂联合出版。作者汤晓丹(1910—2012),导演。福建漳州人,毕业于厦门集美农林专科学校。历任上海电影制片厂导演、上海影协名誉副主席。代表作品《南征北战》《红日》《渡江侦察记》等。

J0171061
乌兰巴托——北京 (暂名)刘德源,藏得拉编导
[1950—1959年]油印本 41页 26cm(16开)

本书是中国电影完成台本。

J0171062
无名鸟 (电影镜头记录本)赵忠等编辑;谢铁骊导演
北京 北京电影制片厂[1950—1959年]油印本 47页 26cm(16开)

J0171063
无名英雄 (电影镜头记录本长虹号起义)杜宣编;高衡导演
上海 江南电影制片厂[1950—1959年]油印本 56页 26cm(16开)

J0171064
西南高原的春天 (电影镜头记录本)赵阵容编剧;唱鹤翎导演
北京 中央新闻纪录电影制片厂[1950—1959年]油印本 28页 26cm(16开)

J0171065
下乡与赶脚 (电影镜头记录本)徐韬导演
上海 海燕电影制片厂[1950—1959年]油印本 25页 26cm(16开)

J0171066
消防之歌 李纬编剧
上海 江南电影制片厂[1950—1959年]油印本 31页 26cm(16开)

本书是中国电影完成台本。

J0171067
小康人家 李准编剧
上海 海燕电影制片厂[1950—1959年]油印本 53页 26cm(16开)

本书是中国电影完成台本。作者李准(1928—2000),蒙古族,编剧、作家。出生于河南孟津县。历任河南省文联副主席、河南省作协分会主席、电影家协会河南省分会主席、中国现代文学馆馆长、中国作家协会副主席等。代表作品有《李双双》《大河奔流》《高山下的花环》《黄河东流去》等。

J0171068
小梅的梦 (镜头记录本)靳夕编剧;靳夕导演
上海 中央电影局上海电影制片厂
[1950—1959年]油印本 47页 26cm(16开)

J0171069
新安江上 张骏祥编剧
上海 天马电影制片厂[1950—1959年]油印本 65页 26cm(16开)

本书是中国电影完成台本。作者张骏祥(1910—1996),导演、编剧、作家。笔名袁俊,生于江苏镇江市,毕业于清华大学外国文学系和美国耶鲁大学戏剧研究院。创作话剧剧本《小城故事》,执导电影《翠岗红旗》《白求恩大夫》。出版有论文集《关于电影的特殊表现手段》《张骏祥文集》。

J0171070
星火燎原 (镜头记录本)八一电影制片厂编
北京 八一电影制片厂[1950—1959年]油印本 32页 26cm(16开)

J0171071
幸福 (电影镜头记录本)艾明之编剧;天然,傅起武导演
上海 上海天马电影制片厂[1950—1959年]油印本 57页 26cm(16开)

J0171072
徐秋影案件 丛琛,李赤编
长春 长春电影制片厂[1950—1959年]油印本 75页 26cm(16开)

J0171073
一天一夜 (电影镜头记录本)孙谦编剧;欧凡导演

北京 北京电影制片厂［1950—1959年］油印本 50页 26cm（16开）

J0171074
英雄司机 岳野编剧；吕班导演
长春 中央电影局东北电影制片厂［1950—1959年］油印本 136页 26cm（16开）
本书是中国电影镜头记录本。

J0171075
英雄赞 中央新闻纪录电影制片厂编；徐肖水，王永宏导演
北京 中央新闻纪录电影制片厂［1950—1959年］油印本 31页 26cm（16开）
本书是中国电影镜头记录本。

J0171076
英雄战胜北大荒 谷芬编导
北京 八一电影制片厂［1950—1959年］油印本 21页 26cm（16开）
本书是中国电影镜头记录本。

J0171077
宇宙锋 北京电影制片厂梅兰芳摄制组编
北京 北京电影制片厂梅兰芳摄制组［1950—1959年］油印本 28页 26cm（16开）
本书是中国戏曲电影完成台本。

J0171078
在保卫祖国的岗位上（完成镜头记录本）八一电影制片厂编
北京 八一电影制片厂［1950—1959年］油印本 42页 26cm（16开）

J0171079
在前进的道路上（电影镜头记录本）岳野编剧；成荫导演
长春 东北电影制片厂［1950—1959年］油印本 125页 26cm（16开）
成荫（1917—1984），编剧、导演。原名成蕴保，生于山东曹县，原籍江苏松江（今属上海）。毕业于鲁迅艺术学院戏剧系。曾任中央电影局秘书长，北京电影学院院长。创作独幕剧《晋察冀的乡村》《虎列拉》《求雨》，导演话剧《雷雨》《悭吝人》，执导电影《南征北战》《万水千山》《上海姑娘》等。

J0171080
战斗的山村 王云，所云平编剧；舒适导演
上海 海燕电影制片厂［1950—1999年］油印本 53页 26cm（16开）
本书是中国电影完成台本。

J0171081
珍珠记 凌鹤改编；张天赐导演
上海 天马电影制片厂［1950—1959年］油印本 33页 26cm（16开）
本书是中国电影完成台本。

J0171082
中苏友好月 石梅，王永宏编导
北京 中央新闻纪录电影制片厂［1950—1959年］油印本 27页 26cm（16开）
本书是中国纪录片电影镜头记录本。

J0171083
翠岗红旗 杜谈编剧；张骏祥导演
上海［上海电影制片厂］1951年 65页 18cm（15开）
（中央电影局上海电影制片厂完成剧本（3））

J0171084
大地重光 袁云范编剧
北京 中央电影局 1951年 76页 18cm（15开）
（中央电影局上海电影制片厂完成剧本（6））
本书由中央电影局和上海电影制片厂联合出版。

J0171085
八一运动大会（中国人民解放军“八一”建军节二十五周年纪念体育运动大会文艺纪录影片）北京电影制片厂，解放军电影制片厂联合摄制
北京 北京电影制片厂［1952年］油印本 54页 18×26cm
本书由北京电影制片厂和解放军电影制片厂联合出版。

J0171086
川剧集锦（镜头记录本）王逸导演；陈民魂摄影
北京 中央新闻纪录电影制片厂［1952—1955年］

68页 18×25cm

作者王逸(1914—1986),电影导演。江苏南京人,1932年参加南国剧社、大众剧社等。1945年任建国剧社理事长兼导演。1949年任东影导演。导演代表作品有故事片《暴风中的雄鹰》《太阳刚刚出山》等。

J0171087

苏军红旗歌舞团在中国台本 王永宏编辑;苏河清总摄影

北京 中央新闻纪录电影制片厂 1952年 油印本 46页 19×26cm

本书是中国新闻片电视完成台本。

J0171088

一九五二年国庆节 高维进编导;葛雷总摄影;瞿维作曲

北京 中央电影局北京电影制片厂 1952年 油印本 47页 19×26cm(16开)

作者瞿维(1917—2002),中国现代作曲家。生于江苏常州,毕业于上海新华艺专师范系。曾任中国音乐家协会常务理事、副主席,音协上海分会副主席,上海交通大学音乐研究室主任,中国高等学校音乐教育学学会会长等职。代表作钢琴曲《花鼓》《蒙古夜曲》,歌剧《白女》等。

J0171089

在荒地上 (短纪录片 电影镜头记录本)高仲明编辑;张庆鸿,李则翔摄影

北京 中央新闻纪录电影制片厂[1952—1955年] 8页 18×25cm

J0171090

根治稻螟虫 王光彦,王轼铭编

北京 中央电影局科学教育电影制片厂 1953年 油印本 12页 26cm(16开)

本书是科学普及电影完成台本。

J0171091

李锡奎调车法 (分镜头剧本)汪岁寒编剧;张其导演

[上海]中央电影局科学教育电影制片厂 [1953年]油印本 14页 18×23cm 环筒页装

J0171092

蒙古人民共和国艺术团在北京

北京 中央新闻纪录电影制片厂 1953年 油印本 4页 19×26cm

本书是中国新闻片电影完成台本。

J0171093

民间歌舞 蔡明导演;阎德魁等摄影

北京 中央新闻纪录电影制片厂 1953年 油印本 26页 18×26cm

本书是中国现代歌舞片电视完成台本。

J0171094

全国田径赛、体操、自行车运动会 沙丹,拾立廷编辑;牟森等摄影

北京 中央新闻纪录电影制片厂 1953年 油印本 27页 17×25cm

本书是中国专题影片完成台本。

J0171095

人民心一条 中国人民解放军电影制片厂,北京电影制片厂,捷克斯洛伐克陆军电影制品厂联合摄制

[1953年]油印本 79页 18×26cm

本书是纪录片《人民心一条》的电影脚本。该电影记录的是捷克斯洛维特·聂耶德利军队文艺工作团来中国各地参观和演出的实况。该片由中国人民解放军电影制片厂、北京电影制片厂、捷克斯洛伐克陆军电影制品厂联合摄制

J0171096

斯大林永远活在我们的心里 晨烽编辑

北京 中央新闻纪录电影制片厂 1953年 油印本 36页 26cm(16开)

本书是中国新闻电影完成台本。

J0171097

文献纪录片抗美援朝第二部 (完成分镜头台本)中央新闻纪录电影制片厂[编]

北京 中央新闻纪录电影制片厂 1953年 油印本 88页 18×26cm(16开)

J0171098

小姑贤 东北戏曲研究院改编;林农导演

长春 中央电影局东北电影制片厂 1953年

油印本 36页 26cm(16开)

本书是中国电影戏曲片分镜头剧本。

J0171099
一九五三年五一节 (新闻特报)高仲明编辑;刘德源摄影
北京 中央电影局北京电影制片厂[1953年]8页 18×25cm(16开)

J0171100
中国工会第七次全国代表大会 (纪录短片分镜头台本)陈纯烈编辑;张永,张庆华,郝玉生摄影
北京 中央新闻纪录电影制片厂 1953年 油印本 18页 19×26cm

J0171101
中国长春铁路 王永,雷震霖编辑
北京 中央新闻纪录电影制片厂 1953年 油印本 41页 26cm(16开)

本书是中国电影镜头记录本。

J0171102
鞍钢几项技术革新 (鞍钢技术革新展品之一部 分镜头剧本)周彦编导;费俊庠摄影
[上海]科学教育电影制片厂 1954年 油印本 11页 17×25cm

J0171103
白衣天使 (分镜头剧本)郑文光编剧;周彦导演
[北京][中央新闻纪录电影制片厂][1954年]油印本 12页 18×25cm

J0171104
保护眼睛 (镜头记录本)郭秉宽,史伊凡编剧;张波导演
[上海]科学教育电影制片厂 1954年 油印本 12页 17×25cm

J0171105
防治血吸虫病 (镜头记录本)刘仕涛,杉川编剧;郑小秋导演
上海 科学教育电影制片厂 1954年 油印本 16页 17×25cm

J0171106
风波 羽山编;林农,谢晋导演
上海 中央电影局上海电影制片厂 1954年 70页 26cm(16开)

本书是中国现代电影完成台本。

J0171107
钢铁运输线 冯毅夫等编导
北京 北京解放军电影制片厂[1954年]油印本 74页 26cm(16开)

J0171108
故乡 (镜头记录本)中央新闻纪录电影制片厂[编辑]
北京 中央新闻纪录电影制片厂 1954年 30页 18×25cm

J0171109
淮上人家 袁静编剧;张骏祥导演
上海 上海电影制片厂[1954年]油印本 66页 26cm(16开)

张骏祥(1910—1996),导演、编剧、作家。笔名袁俊,生于江苏镇江市,毕业于清华大学外国文学系和美国耶鲁大学戏剧研究院。创作话剧剧本《小城故事》,执导电影《翠岗红旗》《白求恩大夫》。出版有论文集《关于电影的特殊表现手段》《张骏祥文集》。

J0171110
蓝桥会 (江淮剧)谢晋导演
上海 上海电影制片厂 1954年 油印本 14页 26cm(16开)

J0171111
粮食与营养 (镜头记录本)周启源,刘思平编剧;羽奇导演
[上海]中央电影局科学教育电影制片厂 1954年 油印本 19页 17×25cm

J0171112
六亿人民的意志 (文献纪录片)沈容,王水编辑;张沼滨总摄影师
北京 中央新闻纪录电影制片厂 1954年 40页 17×25cm

J0171113
棉花红铃虫 （镜头记录本）傅胜癸，王中成编剧；张波导演
［上海］科学教育电影制片厂 1954年 油印本 22页 17×25cm

J0171114
民间体育表演 （电影分镜头台本）谢丹编导；田力等摄影
北京 中央新闻纪录电影制片厂 1954年 油印本 36页 18×25cm

J0171115
前进中的内蒙古 （电影镜头记录本）秋浦编剧；张建珍导演
北京 中央新闻纪录电影制片厂［1954年］油印本 30页 17×25cm

J0171116
青藏公路全线通车 傅亚编辑；张云青，陈志强摄影
［北京］中国人民解放军总政治部解放军电影制片厂［1954年］油印本 13页 17×25cm

J0171117
青岛水族馆 （镜头记录本 完成剧本）刘思平编剧；周伟导演
上海 科学教育电影制片厂 1954年 油印本 10页 17×25cm

J0171118
人往高处走 （电影镜头记录剧本）旅大市金县十区兴台邨业余剧团集体创作；栾凤桐，李心斌，李永之编剧；徐苏灵导演
［长春］东北电影制片厂 1954年 油印本 95页 17×25cm

J0171119
山间铃响马帮来 白桦编剧；王为一导演
上海 上海电影制片厂 1954年 油印本 64页 25cm（16开）

J0171120
探矿——勘探尖林山之谜 （完成剧本）刘咏编剧；方徨导演
［北京］科学教育电影制片厂 1954年 油印本 20页 17×25cm

J0171121
无穷的潜力 于敏编剧；许珂导演
长春 东北电影制片厂 1954年 油印本 108页 26cm（16开）
本书是中国纪录片电影完成台本。

J0171122
橡胶的制作 （完成剧本 镜头记录本）叶华编剧；张其导演
上海 科学教育电影制片厂 1954年 油印本 8页 17×25cm（16开）

J0171123
小麦密植 （镜头记录本）程保民编剧；王光彦导演
上海 科学教育电影制片厂 1954年 油印本 10页 17×25cm（16开）

J0171124
小晚会 （镜头记录本）王冰编导；蒋仕，杨喜云摄影
北京 中国人民解放军总政治部解放军电影制片厂［1954年］油印本 5页 17×25cm（22开）

J0171125
新中国第一座露天煤矿 （镜头记录本）张常海编辑；郑光泽摄影
北京 中央新闻纪录电影制片厂［1954年］油印本 15页 17×25cm（16开）

J0171126
一场风波 （镜头记录本）羽山改编；林农，谢晋导演
上海 上海电影制片厂［1954年］油印本 94页 18×25cm（16开）

J0171127
雨 （分镜头完成本）段绍伯编剧；周彦导演
［上海］科学教育电影制片厂 1954年 油印本 11页 18×25cm

J0171128
战斗的友谊 王水等编辑；王水导演
北京 中央新闻纪录电影制片厂 1954年 油印本
28页 26cm（16开）
本书是中国电影完成台本。

J0171129
战胜厂房高温 （镜头记录本）晋陀编剧；杜生华导演
上海 科学教育电影制片厂 1954年 油印本
11页 17×25cm

J0171130
铸件的凝固 （完成剧本）上海科学教育电影制片厂译
上海 上海科学教育电影制片厂［1954—1956年］
油印本 12页 17×25cm

J0171131
走上幸福大道 刘文渺编导；王壮义，韩德福摄影
北京 中央新闻纪录电影制片厂 1954年 油印本
62页 17×24cm
本书是中国专题片电影完成台本。

J0171132
祖国的明天 林蓝编剧
长春 中央电影局东北电影制片厂 1954年
油印本 148页 26cm（16开）
本书是中国电影完成台本。

J0171133
《印中友好协会代表团在中国》台本 张扑导演；高振宗摄影
北京 中央新闻纪录电影制片厂 1955年 油印本
8页 17×25cm
本剧本由中央新闻纪录电影制片厂制作的英语版纪录片电影完成台本（分镜头剧本）。

J0171134
春节在南汪村 张孟起编剧；李堃导演
北京 中央新闻纪录电影制片厂 1955年 油印本
7页 17×25cm
本书是中国专题片电影完成台本（分镜头剧本）。

J0171135
改造黄河的第一步 （电影镜头记录本）雷震霖，李堃编辑；王永振（等）摄影
北京 中央新闻纪录电影制片厂 1955年 油印本
8页 17×25cm

J0171136
光辉的五周年 苏军编辑；郝玉生，王少朋总摄影
北京 中央新闻纪录电影制片厂 1955年 油印本
8页 17×25cm
本书是中国专题片电影完成台本。

J0171137
华而不实 （电影镜头记录本）何钟辛编剧；陈光忠导演；郑光泽摄影
北京 中央新闻纪录电影制片厂 1955年 油印本
4页 17×25cm

J0171138
黄山 （科学普及片分镜头剧本）蒋伟导演
上海 上海科学教育电影制片厂 1955年 油印本
重修本 12页 17×25cm

J0171139
科学与技术 （第三号 电影镜头记录本）
上海 科学教育电影制片厂 1955年 油印本 6页
17×25cm
本书内容包括："氯化纸浆"、"漏模造型"、"切削钢铁的瓷刀"。

J0171140
洛神 吴祖光导演
北京 北京电影制片厂 1955年 油印本 17页
26cm（16开）
本书是中国电影完成台本。

J0171141
绿肥植物紫穗槐 （科学普及片剧本）刘思平编剧
［上海］科学教育电影制片厂 1955年 油印本
14页 25cm（小16开）
本书是中国科学纪录片电影完成台本。附：叶华编辑的"紫穗槐的意见书"；农业部陈方济、张心一的"对《绿肥植物紫穗槐 》剧本的一些

意见”。

J0171142
麻疹的护理 （分镜头剧本）郑小秋导演
上海 上海科学教育电影制片厂 1955年 油印本
8页 17×25cm

J0171143
农业生产合作社的包工制 叶华编剧
上海 科学教育电影制片厂 1955年 油印本
38页 26cm（16开）
本书是中国科学教育片电影完成台本。

J0171144
培育壮秧 （电影分镜头剧本）李君凯编剧；王光彦导演
上海 上海科学教育电影制片厂 1955年 油印本
20页 17×25cm

J0171145
铁证 （电影镜头记录本）杜国炯编剧
［1955年］油印本 10页 26cm（16开）

J0171146
慰问驻旅大苏军 （电影镜头记录本）唱鹤龄，徐彬，高振宗摄影；王伟编辑
北京 中央新闻纪录电影制片厂 1955年 油印本
5页 17×25cm（16开）

J0171147
新的航标 （电影镜头记录本）章卓英导演
北京 中央新闻纪录电影制片厂 1955年 油印本
6页 17×25cm（16开）

J0171148
一定要解放 （电影镜头记录本）王少岩编辑
北京 中国人民解放军总政治部解放军电影制片厂
1955年 油印本 27页 17×25cm（16开）

J0171149
玉米人工辅助授粉 （科学普及片 定稿）王中成编剧
1955年 8页 25cm（小16开）

J0171150
杂记艺术表演 （电影分镜头记录本）何迟导演
北京 中央新闻电影制片厂 1955年 油印本
13页 17×25cm

J0171151
纸伞生产的革新 （镜头记录本）宋永源编剧；拾立廷导演；周凯摄影
北京 中央新闻纪录电影制片厂 1955年 油印本
6页 17×25cm

J0171152
准备劳动与卫国 （分镜头剧本）毕恒三导演
［上海］中央电影局科学教育电影制片厂
1955年 油印本 17页 17×25cm

J0171153
祖国的花朵 林蓝编剧
长春 长春电影制片厂 1955年 油印本 80页
26cm（16开）

J0171154
荒山泪
北京 北京电影制片厂［1956年］油印本 32页
26cm（16开）

J0171155
荒山泪 北京电影制片厂荒山泪摄制组编
北京 北京电影制片厂 1956年 油印本 50页
26cm（16开）
本书是中国电影完成台本。

J0171156
刘巧儿 何孝充改编；伊林导演
长春 长春电影制片厂 1956年 油印本 56页
18×25cm
本书是中国电影镜头记录本。

J0171157
聪明的人 徐韬改编；徐韬，潘文展导演
上海 海燕电影制片厂［1957—1966年］油印本
43页 26cm（16开）
本书是中国电影分镜头记录本。

J0171158
杜十娘 （川剧）徐文耀改编；许珂导演
北京 北京电影制片厂 1957 年 油印本 21 页 26cm（16 开）
本书是中国戏曲片电影完成台本。

J0171159
复试 林杉等编剧；茌荪导演
长春 长春电影制片厂 1957 年 油印本 31 页 26cm（16 开）
本书是根据何为《第二次考试》改编的中国现代电影镜头记录本。

J0171160
借东风 岑范导演
北京 北京电影制片厂［1957 年］油印本 33 页 26cm（16 开）
本书是中国电影完成台本。

J0171161
母女教师 纪叶编剧；冯白鲁导演
长春 长春电影制片厂 1957 年 油印本 50 页 26cm（16 开）
本书是中国电影完成台本。

J0171162
牧人之子 （镜头剧本）广布道尔基，达木林编剧；朱文顺，广布道尔基导演
长春 长春电影制片厂 1957 年 油印本 65 页 26cm（16 开）

J0171163
男子竞技体操 宋子玉编剧；江浩导演
上海 科学教育电影制片厂 1957 年 油印本 11 页 26cm（16 开）
本书是中国科学教育电影完成镜头记录本。

J0171164
消灭地下害虫 周明祥等编剧；陈默导演
上海 上海科学教育电影制片厂 1957 年 油印本 7 页 26cm（16 开）
本书是中国科学教育电影完成镜头记录本。

J0171165
早春 伊文思编导
［1957 年］油印本 22 页 26cm（16 开）
本书是中国纪录片，由“冬”、“早春”、“春节”3 部分构成。

J0171166
白手起家 王逸编导
长春 长春电影制片厂 1958 年 油印本 52 页 26cm（16 开）
本书是中国电影完成台本。作者王逸（1914—1986），电影导演。江苏南京人，1932 年参加南国剧社、大众剧社等。1945 年任建国剧社理事长兼导演。1949 年任东影导演。导演代表作品有故事片《暴风中的雄鹰》《太阳刚刚出山》等。

J0171167
并蒂莲 许秉铎导演
上海 上海美术电影制片厂 1958 年 18 页 26cm（16 开）
本书是中国电影完成台本。

J0171168
并肩前进 武兆堤等编剧
长春 长春电影制片厂 1958 年 油印本 61 页 26cm（16 开）
本书是中国电影完成台本。

J0171169
船厂追踪 费礼文编剧；林农导演
长春 长春电影制片厂 1958 年 油印本 44 页 26cm（16 开）
本书是中国电影完成台本。

J0171170
春雷 李弘奎等编剧；黄野导演
长春 长春电影制片厂 1958 年 油印本 42 页 26cm（16 开）
本书是中国电影完成台本。

J0171171
春水长流 （完成镜头剧本）许家观编剧；陈戈导演
长春 长春电影制片厂 1958 年 油印本 39 页 26cm（16 开）

J0171172
打麻雀　韦超群编剧
上海 上海美术电影制片厂 1958年 油印本 8页 26cm(16开)
本书是中国电影完成台本。

J0171173
"大跃进"中的小主人　庆贻编剧；谢晋导演
上海 天马电影制片厂 [1958年] 油印本 30页 26cm(16开)

J0171174
典型报告　李德复编剧
上海 海燕电影制片厂 [1958年] 油印本 34页 26cm(16开)
本书是中国电影完成台本。

J0171175
东风　孙穆执笔；广布道尔基导演
长春 长春电影制片厂 1958年 油印本 59页 26cm(16开)
本书是中国电影镜头记录本。

J0171176
渡江探险　马吉星，史大千编剧；史文帜导演
北京 八一电影制片厂 1958年 油印本 53页 26cm(16开)
本书是中国电影镜头记录本。

J0171177
飞腾的广西　姜云川导演
1958年 油印本 25页 26cm(16开)
本书是中国电影镜头记录本。

J0171178
服务员　郎长青编剧；雷铿导演
长春 长春电影制片厂 1958年 油印本 46页 26cm(16开)
本书是中国电影完成镜头剧本。

J0171179
钢城虎将　卢芒编剧；赵明导演
上海 江南电影制片厂 [1958年] 油印本 29页 26cm(16开)
赵明(1915—1999)，教授、导演。原名赵炳章，生于江苏扬州，原籍江苏镇江。肄业于上海美术专科学校西画系。历任上海电影制片厂导演，上海电影专科学校副校长兼导演系主任，北京电影学院副院长、教授。执导的影片有《三毛流浪记》《铁道游击队》《凤凰之歌》等，导演的话剧有《胜利进行曲》《愁城记》《水乡吟》等。

J0171180
钢珠飞车　王根柱编剧；曾未之导演
长春 长春电影制片厂 1958年 油印本 49页 26cm(16开)
本书是中国电影镜头记录本。

J0171181
工地青年　于敏编剧
长春 长春电影制片厂 1958年 油印本 54页 26cm(16开)
本书是中国电影完成台本。

J0171182
古刹钟声　刘宝德编剧
长春 长春电影制片厂 1958年 油印本 55页 17×25cm
本书是中国电影镜头记录本。

J0171183
海阔天空　林荫梧，单文编剧
北京 八一电影制片厂 1958年 油印本 38页 26cm(16开)
本书是中国电影完成台本。

J0171184
红霞　(彩色歌剧片)石汉编剧；冯一夫等导演
北京 八一电影制片厂 1958年 油印本 36页 26cm(16开)
本书是中国电影镜头记录本。

J0171185
湖北万斤田　杜生华，丛硕文编导
上海 科学教育电影制片厂 1958年 油印本 11页 26cm(16开)
本书是中国科学教育电影镜头记录本。

J0171186
画中人　梁刿，伊粟编剧；王滨导演

长春 长春电影制片厂 1958 年 油印本 58 页 26cm（16 开）

本书是中国电影镜头记录本。

J0171187
患难之交 （艺术片）王逸编导
长春 长春电影制片厂 1958 年 油印本 66 页 26cm（16 开）

本书是中国艺术电影镜头记录本。作者王逸（1914—1986），电影导演。江苏南京人，1932 年参加南国剧社、大众剧社等。1945 年任建国剧社理事长兼导演。1949 年任东影导演。导演代表作品有故事片《暴风中的雄鹰》《太阳刚刚出山》等。

J0171188
快马加鞭 陈工一编剧；朱文顺导演
兰州 兰州电影厂 1958 年 油印本 63 页 26cm（16 开）

本书是中国电影镜头记录本。由兰州电影厂和长春电影制片厂联合出版。

J0171189
狼牙山五壮士 邢野等编剧；史文帜导演
北京 八一电影制片厂 1958 年 油印本 40 页 26cm（16 开）

中国电影镜头记录本。

J0171190
列兵邓志高 （完成镜头剧本）马云鹏编剧；雷铿导演
长春 长春电影制片厂 1958 年 油印本 53 页 26cm（16 开）

J0171191
柳湖新颂 陈登科编剧；左平导演
合肥 安徽电影制片厂 1958 年 油印本 37 页 26cm（16 开）

本书是中国电影镜头记录本。由安徽电影制片厂和北京电影制片厂联合出版。

J0171192
女社长 胡苏，方荧编剧；方荧导演
长春 长春电影制片厂 1958 年 油印本 50 页 26cm（16 开）

本书是中国电影完成台本。

J0171193
破除迷信 （完成台本）黎阳编剧；王冰导演
北京 八一电影制片厂 1958 年 油印本 31 页 26cm（16 开）

J0171194
破旧立新 羽奇编导
上海 科学教育电影制片厂 1958 年 油印本 18 页 26cm（16 开）

本书是中国科学教育电影镜头记录本。

J0171195
前方来信 傅超武编导
上海 天马电影制片厂 1958 年 油印本 34 页 26cm（16 开）

本书是根据李准原著改编的中国电影镜头记录本。

J0171196
生命的凯歌 杜生华，羽奇导演
上海 科学教育电影制片厂 1958 年 油印本 34 页 26cm（16 开）

本书是中国科学教育片镜头记录本。

J0171197
十三陵水库畅想曲 北京电影制片厂，中国青年艺术剧院编
北京 北京电影制片厂 1958 年 油印本 47 页 26cm（16 开）

本书是中国电影完成台本。由北京电影制片厂和中国青年艺术剧院联合出版。

J0171198
世界见闻 （第 12 号）杜国炯编辑
北京 中央新闻纪录电影制片厂 1958 年 油印本 6 页 26cm（16 开）

本书是中国电影镜头记录本。

J0171199
帅旗飘飘 贾克编剧；严恭导演
长春 长春电影制片厂［1958—1959 年］油印本 51 页 26cm（16 开）

J0171200
天下无难事　韶华，詹永春执笔；冯白鲁导演
长春 长春电影制片厂 1958 年 油印本 38 页 26cm（16 开）
本书是中国电影镜头记录本。

J0171201
县委书记　史超等编剧；郝光导演
北京 八一电影制片厂 1958 年 油印本 44 页 26cm（16 开）
本书是中国电影镜头记录本。

J0171202
新的一课　长春电影制片厂第六创作组编剧；可人执笔；王逸导演
长春 长春电影制片厂 1958 年 油印本 76 页 26cm（16 开）

J0171203
驯服海河　天津电影制片厂编
天津 天津电影制片厂 1958 年 油印本 17 页 26cm（16 开）
本书是中国电影镜头记录本。

J0171204
阳关大道（舞台纪录短片完成台本）傅铎编剧；谷芬导演
北京 八一电影制片厂 1958 年 油印本 17 页 26cm（16 开）

J0171205
夜走骆驼岭　李准编剧；徐韬，张铮导演
上海 海燕电影制片厂 1958 年 油印本 9 页 26cm（16 开）
本书是中国电影镜头记录本。作者李准（1928—2000），蒙古族，编剧、作家。出生于河南孟津县。历任河南省文联副主席、河南省作协分会主席、电影家协会河南省分会主席、中国现代文学馆馆长、中国作家协会副主席等。代表作品有《李双双》《大河奔流》《高山下的花环》《黄河东流去》等。

J0171206
一日千里　严寄洲导演
北京 八一电影制片厂 1958 年 油印本 30 页 26cm（16 开）
本书是中国电影镜头记录本。

J0171207
永不消逝的电波　林金编剧
北京 八一电影制片厂 1958 年 油印本 50 页 26cm（16 开）
本书是中国电影镜头记录本。

J0171208
永远忠于党　刘渝生编剧；王少岩导演
北京 八一电影制片厂 1958 年 油印本 31 页 26cm（16 开）
本书是中国电影镜头记录本。

J0171209
油船火焰　毛羽编剧；毛羽导演
上海 海燕电影制片厂 1958 年 油印本 46 页 26cm（16 开）
本书是中国电影镜头记录本。

J0171210
重要的一课　杨梦昶，吴向之编剧；吴向之导演
上海 天马电影制片厂 1958 年 油印本 19 页 26cm（16 开）
本书是中国电影镜头记录本。

J0171211
珠穆朗玛之歌（彩色纪录片）肖向阳，赵化编剧；刘德源导演
北京 中央新闻纪录电影制片厂 1958 年 油印本 31 页 26cm（16 开）
本书是中国彩色纪录片分镜头剧本。

J0171212
把心交给党　沙丹编辑
北京 中央新闻纪录电影制片厂［1959 年］油印本 5 页 26cm（16 开）

J0171213
宝莲灯　李仲林，黄伯寿编剧
上海 天马电影制片厂 1959 年 32 页 26cm（16 开）
本书是中国现代戏曲电影完成台本。

J0171214
当代英雄　（台本）周适怀等导演
北京　中央新闻纪录电影制片厂　1959 年　油印本　22 页　26cm（16 开）
本书是中国现代电影完成台本。

J0171215
动力的青春　孙无忌［著］
作者自刊　1959 年　油印本　11 叶　28cm（16 开）
本书是中国纪录片电影完成台本。

J0171216
夺取世界冠军　中央新闻纪录电影制片厂编
北京　中央新闻纪录电影制片厂　1959 年　油印本　6 页　26cm（16 开）
本书是中国现代新闻电影完成台本。

J0171217
防火保安全　杜生华编剧
上海　上海科学教育电影制片厂　1959 年　油印本　19 页　26cm（16 开）
本书是中国现代科学教育电影完成台本。

J0171218
飞越天险　（后期台本）陈戈编剧；李恩杰导演
［1959 年］油印本　41 页　26cm（16 开）

J0171219
分开怎能活下去　韩尚云编剧
长春　长春电影制片厂　1959 年　油印本　20 页　26cm（16 开）
本书是中国现代电影完成台本。

J0171220
风暴　金山编剧
北京　电影制片厂　1959 年　油印本　41 页　26cm（16 开）
本书是中国现代电影完成台本。

J0171221
好孩子　（儿童故事片完成剧本）王苏江编剧
上海　海燕电影制片厂　1959 年　油印本　67 页　26cm（16 开）

J0171222
欢庆十年　吴本立等编辑
北京　中央新闻纪录电影制片厂［1959 年］油印本　58 页　26cm（16 开）

J0171223
江山多娇　王云，黄宗江编剧；王萍导演
北京　八一电影制片厂［1959 年］油印本　53 页　26cm（16 开）
本书是中国电影镜头记录本。

J0171224
借亲配　杨明改编
长春　长春电影制片厂第四创作组　1959 年　油印本　52 页　26cm（16 开）
本书是根据滇剧同名剧目改编的中国现代戏曲电影完成台本。

J0171225
矿灯　林艺等编剧；李恩杰导演
北京　北京电影制片厂　1959 年　油印本　55 页　26cm（16 开）
本书是中国现代电影完成台本。

J0171226
矿工　（纪录短片）李坤钱导演
北京　中央新闻纪录电影制片厂　1959 年　13 页　26cm（16 开）
本书是中国现代电影完成台本。

J0171227
邻里之间　张孟起导演
北京　中央新闻纪录电影制片厂　1959 年　油印本　9 页　26cm（16 开）
本书是中国现代电影完成台本。

J0171228
绿色的原野　张加毅，王杰编剧；张加毅，王杰导演
北京　八一电影制片厂［1959 年］油印本　33 页　26cm（16 开）
本书是中国电影完成台本。作者王杰（1933—　），河北省群艺馆研究馆员、中国音乐家协会会员、河北音协常务理事、中国社会音乐研究会理事。

J0171229
能工巧匠　胡增文编辑；羽奇，郑小秋导演
上海 上海科学教育电影制片厂 1959年 油印本 12页 26cm(16开)
本书是中国现代科学教育电影完成台本。

J0171230
女驸马　安徽省第二届戏曲会演安庆地区代表团，安徽省黄梅戏剧团改编
上海 海燕电影制片厂 1959年 油印本 70页 26cm(16开)
本书是中国现代戏曲电影完成台本。由海燕电影制片厂和安徽电影制片厂联合出版。

J0171231
千女闹海　黄穗，江深编剧；天然导演
1959年 油印本 52页 有乐谱 26cm(16开)
本书是中国现代电影完成台本。

J0171232
前线春节　八一电影制片厂编
北京 八一电影制片厂［1959年］油印本 9页 26cm(16开)
本书是中国电影完成台本。

J0171233
青春万岁　徐肖冰，雷震霖导演
北京 中央新闻纪录电影制片厂 1959年 油印本 56页 26cm(16开)
本书是中国现代电影完成台本。

J0171234
全民办铀矿　（土法炼铀中的一面红旗）八一电影制片厂编
北京 八一电影制片厂 1959年 油印本 15页 26cm(16开)
本书是中国现代电影完成台本。

J0171235
人小志大　黄解寄，钟甫平编
杭州 浙江电影制片厂 1959年 油印本 49页 26cm(16开)
本书是中国现代电影完成台本。

J0171236
三个母亲　（完成本）伍赛文著
上海 海燕电影制片厂 1959年 油印本 79页 26cm(16开)
本书是中国现代电影完成台本。

J0171237
双高潮　张耀明编辑
上海 科学教育电影制片厂 1959年 油印本 11页 26cm(16开)
本书是中国现代科学教育电影完成台本。

J0171238
水中取火　戈辛锷编剧
上海 上海科学教育电影制片厂 1959年 油印本 7页 26cm(16开)
本书是中国现代科学教育电影完成台本。

J0171239
锁住黄龙　陈健编导
北京 中央新闻纪录电影制片厂 1959年 油印本 18页 26cm(16开)
本书是中国现代电影完成台本。

J0171240
天山歌声　洪流编剧
西安 西安电影制片厂 1959年 油印本 59页 26cm(16开)
本书是中国现代电影完成台本。

J0171241
无梭织布　丛硕文导演
上海 上海科学教育电影制片厂 1959年 油印本 21页 26cm(16开)
本书是中国现代科学教育电影完成台本。

J0171242
星星之火　宗华，刘宗诒编剧
上海 上海天马电影制片厂 1959年 油印本 70页 26cm(16开)
本书是中国现代电影完成台本。

J0171243
兴旺图　刘德源导演
北京 北京中央新闻纪录电影制片厂 1959年

油印本 8页 26cm(16开)
本书是中国现代电影完成台本。

J0171244
雪海银山 钟纪明编剧
西安 西安电影制片厂 1959年 油印本 39页 26cm(16开)
本书是中国现代电影完成台本。

J0171245
旱稻 (科教片)上海科学教育电影制片厂编
上海 上海科学教育电影制片厂 1959年 油印本 10页 26cm(16开)
本书是中国科学教育电影镜头记录本。

J0171246
开门红 刘才瑶导演
北京 中央新闻纪录电影制片厂 1960年 油印本 18页 26cm(16开)
本书是中国现代电影完成台本。

J0171247
红旗谱 (电影分镜头剧本与完成台本)凌子风编
北京 北京出版社 1962年 204页 有图 21cm(32开)统一书号:10071.618
定价:CNY0.79

J0171248
两家人 长春电影制片厂编
北京 文化部电影局 1963年 80页 19cm(32开)
本书是中国现代电影完成台本。

J0171249
早春二月 (完成台本)北京电影制片厂[编]
北京[北京电影制片厂]1963年 90页 19cm(32开)
本书是中国故事片电影完成台本。

J0171250
阿诗玛 上海海燕电影制片厂出品
北京 文化部电影局 1964年 69页 19cm(32开)
本书是中国现代电影完成台本。

J0171251
逆风千里 珠江电影制片厂编
北京 文化部电影局 1964年 67页 19cm(32开)
本书是中国现代故事片电影完成台本。

J0171252
桃花扇 (电影完成台本)西安电影制片厂编
西安 西安电影制片厂 1964年 112页 18cm(32开)

J0171253
两家人 (电影剧本 长春电影制片厂本)
北京[北京师范大学]1966年 61页 19cm(32开)

J0171254
舞台姐妹 上海天马电影制片厂编
北京 文化部电影局 1966年 53页 19cm(32开)
本书是中国现代电影完成台本。

J0171255
舞台姐妹 (电影剧本 上海天马电影制片厂本)
北京[北京师范大学]1966年 58页 19cm(32开)

J0171256
尖峰岭热带林自然保护区昆虫考查 (彩色录像片 分镜头剧本)中山大学电教中心,昆虫研究所合制
[广州]中山大学电教中心 1981年 11页 26cm(16开)
本书是中国科学教育片电影完成台本。

J0171257
骆驼祥子电影的设计、施工和完成图谱 凌子风著
上海 上海文艺出版社 1984年 369页 有剧照 20cm(32开)统一书号:8078.3488
定价:CNY1.40
本书包括《骆驼祥子》的电影文学剧本、分镜头剧本、拍摄完成台本3部分。

J0171258
全国电视科普节目稿选 王录等主编
北京 海洋出版社 1985年 200页 20cm(32开)
定价:CNY1.00
本书收有32篇从全国二十几家电视台的科

普节目中选出的，电视科普节目脚本，另有两篇关于论述和探讨电视科普节目创作经验和写作要求。

J0171259
牧马人 （从小说到电影）张贤亮等著
北京 中国电影出版社 1987年 504页 有照片
20cm（32开）定价：CNY3.25
（中国影片研究丛书）
本书包括小说、电影文学剧本，完成台本；主要创作人员的创作体会以及讨论文章。

J0171260
隽永的电影对白 朱畴沧辑译
台北 联经出版公司 1989年 153页 21cm（32开）
定价：TWD120.00
（智慧休闲 3）

J0171261
五十天的回顾和反思 北京市委高等学校工作委员会编
成都 四川人民出版社 1989年 150页
19cm（32开）ISBN：7-220-00840-6
定价：CNY1.95

J0171262
开天辟地 （电影文学剧本及导演完成台本）黄亚洲等著
上海 上海文化出版社 1993年 386页 有剧照
19cm（32开）ISBN：7-5321-1017-6
定价：CNY6.00

J0171263
望长城 杨伟光主编；周经，苏英编
北京 中国广播电视出版社 1993年 685页
有彩照 20cm（32开）ISBN：7-5043-2461-2
定价：CNY15.00

J0171264
戏梦人生 （侯孝贤电影分镜剧本）侯孝贤，吴念真，朱天文等著
台北 麦田出版公司 1993年 186页 有剧照
21cm（32开）ISBN：957-708-094-4
定价：TWD150.00
（麦田文学 22）

J0171265
爱国主义教育电影精彩台词 （小学部分）王纯山等主编
沈阳 辽宁人民出版社 1994年 332页
19cm（小32开）ISBN：7-205-02847-7
定价：CNY6.50
本书收有《林则徐》《甲午风云》《闪闪的红星》等35部电影的部分台词。

J0171266
爱国主义教育电影精彩台词 （中学部分）王纯山等主编
沈阳 辽宁人民出版社 1994年 299页
19cm（小32开）ISBN：7-205-02846-9
定价：CNY6.50
本书收有《海囚》《血战台儿庄》《党的女儿》等38部电影片子的部分台词。

J0171267
影视精彩台词选 徐学萍，陈丽珍编选
武汉 湖北教育出版社 1995年 241页 有剧照
19cm（小32开）ISBN：7-5351-1654-X
定价：CNY7.50
（爱国主义影视教育丛书）

J0171268
还珠妙语录 秦罗敷编著
长春 吉林人民出版社 1999年 207页 有照片
20cm（32开）ISBN：7-206-03303-2
定价：CNY15.00

各国电影、电视分镜头脚本

J0171269
黎明前的战斗 （镜头剧本）孙道临译
上海 中央电影局上海电影制片厂 1949年 90页
26cm（16开）

J0171270
一个女人的新生活 （匈）И. 鲍卡编剧；中央电影局上海电影制片厂译
上海 中央电影局上海电影制片厂 1949年
油印本 76页 26cm（16开）

J0171271
1918 年 （苏）B.契尔斯科夫编剧;（苏）Г.罗沙里导演
［1950—1959 年］油印本 50 页 26cm（16 开）

J0171272
306 号案件 （苏）M.莱伊支曼编剧;（苏）A.雷巴阔夫导演; 胡伯胤译
长春 长春电影制片厂［1950—1955 年］油印本 46 页 26cm（16 开）

J0171273
45 号地区 （苏）E.勃拉根斯基编剧; 陈涓译
上海 上海电影制片厂［1950—1959 年］油印本 37 页 26cm（16 开）

J0171274
爱国者 （朝）宋影,（朝）朱东仁编剧;（朝）金乐民导演
上海 上海电影翻译片厂［1950—1959 年］油印本 43 页 26cm（16 开）

J0171275
百货商店的秘密 （苏）A.卡普列尔编剧; 肖章译
［1950—1959 年］油印本 65 页 26cm（16 开）

J0171276
绑架 （捷）克洛斯等编剧; 肖章译
上海 上海电影制片厂［1950—1959 年］油印本 108 页 26cm（16 开）

J0171277
暴行的答复 （波）J.S.斯塔温斯基编剧; 黎歌译
长春 长春电影制片厂［1950—1959 年］油印本 36 页 26cm（16 开）

J0171278
脖子上的安娜 （苏）И.安涅恩斯基编剧;（苏）M.菲多洛瓦导演; 尹广文译
长春 东北电影制片厂［1950—1959 年］油印本 62 页 26cm（16 开）

J0171279
不可分离的朋友 （苏）A.巴特洛夫,（苏）A.斯别施聂夫编剧
上海 中央电影局上海电影制片厂［1950—1959 年］油印本 96 页 26cm（16 开）

J0171280
不可战胜的人们 （德意志民主共和国影片）肖章,朱微明译
上海 上海电影制片厂［1950—1959 年］油印本 61 页 26cm（16 开）

J0171281
忏悔 （匈牙利故事片）（匈）G.哈模司等编; 朱人俊译
上海 中央电影局上海电影制片厂［1950—1959 年］油印本 35 页 26cm（16 开）

J0171282
传奇英雄 （法）O.菲利浦,（法）J.伊文思导演; 张果译
长春 长春电影制片厂［1950—1959 年］油印本 43 页 26cm（16 开）

J0171283
大搜捕 （捷）宾奇克编剧;（捷）纳达西导演; 刘迟译
长春 长春电影制片厂［1950—1959 年］油印本 25 页 26cm（16 开）

J0171284
第十二夜 （苏）Я.弗里德编导; 陈涓译
［1950—1959 年］油印本 54 页 26cm（16 开）

J0171285
风筝 何振淦译
［1950—1959 年］油印本 24 页 26cm（16 开）

本书是中法合拍的奇幻儿童片的电影完成台本。译者何振淦（1929—2003），戏剧理论家、翻译家、影评家。生于江苏无锡，毕业于北京中央电影学校编剧班。曾先后在电影局电影艺术研究室、中国电影家协会、中国电影出版社外编室、中国电影艺术研究中心编目部工作，中国电影资料馆研究员。著有《意大利电影概述》《闪光的棕榈叶——嘎纳电影节》等。

J0171286
浮草日记 （日）八住利雄编剧;（日）山本萨夫,

王恩春译
长春 长春电影制片厂［1950—1959年］油印本
70页 26cm（16开）

J0171287
革命将领波尔霍明克传 （苏）X.伊瓦诺夫编剧；（苏）Л.鲁柯夫导演；胡伯胤译
长春 中央电影局东北电影制片厂
［1950—1959年］油印本 49页 26cm（16开）

J0171288
攻克伯林 （上下集）（苏）П.巴甫连科，（苏）M.齐阿乌列里编剧；（苏）M.齐阿乌列里导演；孟广钧译
北京 中央电影局艺术处 1950年 125页
19cm（32开）

J0171289
寡妇 （苏）A.别里阿什维里编剧；付佩珩译
长春 长春电影制片厂［1950—1959年］油印本
41页 26cm（16开）

J0171290
光荣之途 （苏）K.维诺葛拉德斯果依著；（苏）B.布聂也夫等导演；王澍译
长春 中央电影局东北电影制片厂
［1950—1959年］油印本 40页 26cm（16开）

J0171291
广场奇遇 （波兰影片）
上海 上海电影制片厂［1950—1959年］油印本
41页 26cm（16开）

J0171292
海底擒谍 （苏）B.阿列克谢夫，（苏）H.洛什柯夫编剧；（苏）K.皮皮纳什维里导演；张果译
长春 长春电影制片厂［1950—1959年］油印本
63页 26cm（16开）

J0171293
海之歌 （苏）A.杜甫仁科编剧；上海电影译制片厂译
上海 上海电影译制片厂［1950—1959年］
油印本 60页 26cm（16开）

J0171294
罗马——不设防的城市 （意）阿米戴·舍其奥编剧
上海 中央电影局上海电影制片厂
［1950—1959年］油印本 60页 26cm（16开）

J0171295
美丽的一天 （苏）M.比林斯基等编剧；（苏）M.斯卢茨基导演；张杲译
长春 长春电影制片厂［1950—1959年］油印本
57页 26cm（16开）

J0171296
墨西哥人 （苏）Э.勃拉根斯基编剧；叶琼译
［1950—1959年］油印本 49页 26cm（16开）

J0171297
难忘的年代 （苏联故事影片）
［1950—1959年］油印本 16页 26cm（16开）

J0171298
难忘的一九一九年 （电影分镜头剧本）（苏）B.维什涅夫斯基等编；孟广钧译
长春 中央电影局东北电影制片厂
［1950—1959年］89页 19cm（32开）

J0171299
女人的一生 （日）水木洋子编剧；王恩春译
长春 长春电影制片厂［1950—1959年］油印本
51页 26cm（16开）

J0171300
切尔卡什 （苏）A.西姆柯夫编剧；李玉华译
长春 长春电影制片厂［1950—1959年］油印本
18页 26cm（16开）

J0171301
丘克和盖克 （镜头记录本）（苏）B.舒可洛夫斯基编剧；（苏）П.费陀洛娃等导演
上海 中央电影局上海电影制片厂
［1950—1959年］油印本 49页 26cm（16开）

J0171302
人和土地 （苏）T.特罗耶波利斯基编；（苏）T.利奥兹诺娃导演；朱微明译

上海 上海电影制片厂［1950—1959年］油印本 69页 26cm（16开）

J0171303
人间地狱 （英）J.载通编剧;（英）卡瓦尔坎提导演;黎歌译
长春 长春电影制片厂［1950—1959年］油印本 48页 26cm（16开）

J0171304
人生 黎歌译
长春 长春电影制片厂［1950—1959年］油印本 58页 26cm（16开）

J0171305
茹阔夫斯基 （苏）格朗别尔格编
长春 中央电影局东北电影制片厂［1950—1959年］70页 18cm（32开）

J0171306
三百年前 （苏）A.柯尔涅楚克编剧;胡伯胤译
长春 长春电影译制片厂［1950—1959年］油印本 42页 26cm（16开）

J0171307
三合一 （澳）A.W.考查兰特编辑
［1950—1959年］油印本 49页 26cm（16开）

J0171308
上尉的女儿 （苏）H.科瓦尔斯基编剧;（苏）卡普鲁诺夫斯基导演;尹广文译
长春 长春电影制片厂［1950—1959年］油印本 46页 26cm（16开）

J0171309
深海友情 （波）J.迈斯纳尔等编剧;刘迟译
长春 长春电影制片厂［1950—1959年］油印本 37页 26cm（16开）

J0171310
生与死 （阿联）楚尔卡尼,（阿联）塞克编剧;傅佩珩译
长春 长春电影制片厂［1950—1959年］油印本 12页 26cm（16开）

J0171311
失踪的人 （苏）B.札克鲁德尼克编剧;胡伯胤译
长春 长春电影制片厂［1950—1959年］油印本 32页 26cm（16开）

J0171312
拾叁勇士 （苏）普鲁特（И.П р у т）,（苏）M.罗姆编剧;王澎译
沈阳 中央电影局东北电影制片厂［1950—1959年］油印本［33］页 26cm（16开）

J0171313
收获 （苏）Г.尼古拉耶娃,（苏）E.葛勃里洛维奇编剧
上海 中央电影局上海电影制片厂［1950—1959年］油印本 108页 26cm（16开）

J0171314
她的道路 （朝）韩相云编剧;金君紫译
长春 长春电影制片厂［1950—1959年］油印本 30页 26cm（16开）

J0171315
桃李满天下 （苏）M.斯米尔诺伏伊编剧;（苏）M.董斯柯伊导演;陈涓译
北京 中央电影局艺术处 1950年 68页 19cm（32开）

J0171316
体育之光 （电影镜头记录本）（苏）M.沃尔屏,（苏）H.艾尔德曼编剧;（苏）H.道司达里导演
长春 中央电影局东北电影制片厂［1950—1959年］油印本 114页 26cm（16开）

J0171317
天空的召唤 （电影镜头记录本）（苏）A.萨佐诺夫编剧;（苏）B.梅突斯导演;尹广文译
长春 长春电影制片厂［1950—1999年］油印本 39页 26cm（16开）

J0171318
天空在召唤 （电影镜头记录本）（苏）A.萨佐诺夫编剧;（苏）B.梅突斯导演;尹广文译
长春 长春电影制片厂［1950—1959年］油印本 39页 26cm（16开）

J0171319
天堂里的笑声　(英)M. 帕尔特维,(英)J. 达维斯编著; 黎歌译
长春 长春电影制片厂 [1950—1959 年] 油印本 41 页 26cm(16 开)

J0171320
田野上的雷雨　(电影镜头记录本)(苏)A. 史杨编剧; 尹广文译
长春 长春电影制片厂 [1950—1959 年] 油印本 35 页 26cm(16 开)

J0171321
同志的荣誉　(镜头记录本)(苏)Б. 伊鸠姆斯基,(苏)Л. 银日连科编剧;(苏)A. 库德良夫柴娃导演; 李玉华, 孔晓光译
长春 中央电影局东北电影制片厂 [1950—1959 年] 油印本 76 页 26cm(16 开)

J0171322
土地的主人　(朝)申永淳,(朝)金河渊编剧; 赵明译
长春 长春中央电影局东北电影制片厂 [1950—1959 年] 油印本 47 页 26cm(16 开)

J0171323
伟大的战士　(电影镜头记录本)(苏)M. 巴巴瓦编剧; 刘迟译
长春 东北电影制片厂 [1950—1959 年] 油印本 87 页 26cm(16 开)

J0171324
伪金币　(电影镜头记录本)(希)G. 沙维拉斯编剧;(希)G. 沙维拉斯导演; 黎歌译
长春 长春电影制片厂 [1950—1999 年] 油印本 67 页 26cm(16 开)

J0171325
我的大学　(苏)M. 顿斯柯伊编剧
长春 中央电影局东北电影制片厂 [1950—1959 年] 油印本 45 页 26cm(16 开)

J0171326
无形的波浪　(科学教育电影翻译片分镜头剧本)(苏)M. 阿尔拉卓罗夫等编剧; 徐明星, 陈兆龙译
北京 中央电影局科学教育电影制片厂 [1950—1959 年] 油印本 61 页 26cm(16 开)

J0171327
小皮鞋匠　(电影镜头记录本)(苏)Л. 索洛维耶夫编剧; 胡伯胤译
长春 长春电影译制片厂 [1950—1959 年] 油印本 42 页 26cm(16 开)

J0171328
蟹工船　(电影镜头记录本)(日)山村聪改编; 白帆译
长春 长春电影制片厂 [1950—1959 年] 油印本 44 页 26cm(16 开)

J0171329
雪地激战　(电影镜头记录本)(苏)A. 毕尔文采夫编剧; 刘迟译
长春 长春电影制片厂 [1950—1959 年] 油印本 76 页 26cm(16 开)

J0171330
雪地追踪　(电影镜头记录本)(苏)Г. 布良采夫,(苏)A. 别尔昆凯尔导演; 李玉华译
长春 长春电影制片厂 [1950—1959 年] 油印本 29 页 26cm(16 开)

J0171331
雪山血泪　(电影镜头记录本)(匈)J. 皮莱编剧;(匈)I. 舍奇导演; 李玉华译
长春 东北电影制片厂 [1950—1959 年] 油印本 19 页 26cm(16 开)

J0171332
血的秘密　(电影镜头记录本)(捷)B. 涅夫编剧; M. 弗里奇导演; 尹广文译
长春 长春电影制片厂 [1950—1959 年] 45 页 26cm(16 开)

J0171333
演员的艺术　(电影镜头记录本)(苏)C. 弗拉基米尔斯基,(苏)B. 余列涅夫编剧; 杨范, 史洁译
上海 中央电影局上海电影制片厂 [1950—1959 年] 油印本 55 页 26cm(16 开)

J0171334
一个妇女 (电影镜头记录本)(德)E.艾别尔麦尔,(德)H.琴涅尔编剧;张呆,尹广文译
长春 长春电影制片厂[1950—1959年]油印本 52页 26cm(16开)

J0171335
英雄城 (保)Б.衍契夫编剧;(保)H.科拉保夫导演;叶琼译
[1950—1999年]油印本 62页 26cm(16开)

J0171336
游击队员之子 (电影镜头记录本)(苏)Г.卡尔窦诺夫编剧;(苏)Л.果鲁布,(苏)H.费古洛夫斯基导演;李玉华,孔晓光译
长春 东北电影制片厂[1950—1959年]油印本 72页 26cm(16开)

J0171337
渔朗川 (朝)韩成编剧;金水河译
长春 长春电影制片厂[1950—1959年]油印本 24页 26cm(16开)

J0171338
再也不能那样活下去 (朝)李仲顺编剧;李根金译
长春 长春电影制片厂[1950—1959年]油印本 55页 26cm(16开)

J0171339
政府委员 (苏)维诺革拉德斯卡牙(К.Виноградская)编剧;刘迟译
沈阳 中央电影局东北电影制片厂
[1950—1959年][60]页 26cm(16开)

J0171340
忠诚 (电影镜头记录本)(埃)约斯里,(埃)埃尔卓堪尼编剧;巴拉卡特导演;黎歌译
长春 长春电影制片厂[1950—1959年]油印本 56页 26cm(16开)

J0171341
最后的决定 (匈)彼得,(匈)佐尔顿编剧;佐尔顿导演
上海 上海电影译制片厂[1950—1959年]油印本 25页 26cm(16开)

J0171342
大音乐会 (苏)Я.马柯昔明柯编剧;(苏)X.菲利保夫导演;孟广钧译
沈阳 中央电影局东北电影制片厂[1951年] 47页 19cm(32开)

J0171343
带枪的人 (苏)包郭金(Н.Погодин)编剧;刘迟,胡伯胤译
沈阳 中央电影局东北电影制片厂[1951年]油印本 54页 26cm(16开)

J0171344
树和风的故事 (镜头记录本)(捷)O·西古拉编剧;章杰译
[北京][1951—1953年]10页 17×25cm

J0171345
中央电影局艺术处资料 (镜头剧本 7 阴谋)(苏)维尔塔(Н.Вирта)编剧;孟广钧译
北京 中央电影局艺术处 1951年 88页 19cm(32开)

J0171346
不,我们要活下去 (镜头记录本)(日)岩左氏寿,(日)平田兼三,(日)今井正编剧;(日)今井正导演;白帆,吴代尧译
长春 中央电影局东北电影制片厂[1952年]油印本 94页 18×26cm

J0171347
黑孩子(马克西姆卡) (电影镜头剧本)(苏)Г.科尔杜诺夫编剧;(苏)B.布拉乌总导演;(苏)E.布留楚金导演;刘迟,王澍译
[长春]中央电影局东北电影制片厂 1952年油印本 70页 18×26cm

J0171348
气象侦查员 (苏)И.Э.奥西波夫编辑;(苏)H.П.乌格留莫夫导演;胡伯胤译
长春 中央电影局东北电影制片厂[1952—1956年]油印本 6页 26cm(16开)

J0171349
宇宙 （苏）A.H.沙庄诺夫，（苏）П.В.柯鲁尚采夫编剧；（苏）П.В.柯鲁尚采夫，（苏）Н.М.列森柯导演；中央电影局东北电影制片厂译制
长春 中央电影局东北电影制片厂
［1952—1955年］油印本 38页 17×25cm

J0171350
在压迫下 （电影分镜头剧本）（保）П.斯巴索夫，（保）Г.克林佐夫编剧
长春 东北电影制片厂 1952年 油印本 91页
26cm（16开）

J0171351
阿辽沙锻炼性格 （镜头记录本）（苏）A.巴尔托编剧；（苏）A.格兰尼克导演；上海电影制片厂配音复制
上海 上海电影制片厂 1953年 油印本 71页
25cm（12开）

J0171352
河上灯火 （苏）Г.格列布涅尔编剧；（苏）Ф.爱依晒门塔导演；孔晓光，李玉华译
长春 长春电影制片厂 1953年 油印本 41页
26cm（16开）

J0171353
科学宫 （关于莫斯科国立大学的影片）（苏）卡西利原著；（苏）格利戈罗也夫编导
苏联中央文献电影制片厂［出品］1953年
油印本 14页 24cm（26开）

J0171354
玛莉娜的命运 （苏）Л.柯玛巴妮茨编剧；陈涓译
［1953年］油印本 74页 26cm（16开）

J0171355
伟大的曙光 （完成剧本）（苏）葛·察迦烈里，（苏）姆·齐阿乌烈里编剧；（苏）姆·齐阿乌烈里导演；杨范，史洁译
上海 中央电影局上海电影制片厂 1953年 74页
19cm（32开）

J0171356
一对青年夫妇 （德）B.乌兹，（德）K.梅德契克编剧；（德）K.梅德契克导演；胡伯胤译
长春 中央电影局东北电影制片厂 1953年
油印本 100页 26cm（16开）

J0171357
一个女矿王 （电影镜头记录本）（日）新籐兼人，（日）千明茂熊编剧；（日）龟井文夫导演；刘国权译
长春 中央电影局东北电影制片厂
［1953—1954年］油印本 80页 18×26cm（16开）

J0171358
争取和平与友谊 （在布加勒斯特举行的第四届世界青年与学生联欢节的艺术纪录片）安东诺夫，萨哈尔钦科，科巴林编剧；科巴林总导演
［1953年］油印本 18页 25cm（小16开）

J0171359
最初的日子 （电影分镜头剧本）（波）B.赫马拉编剧；（波）J.里布高斯基导演；黎歌译
长春 中央电影局东北电影制片厂 1953年
油印本 101页 19×26cm

J0171360
最高的奖赏 （电影分镜头剧本）（苏）И.沙甫钦告编剧；（苏）E.什涅依捷尔导演；刘迟译
长春 中央电影局东北电影制片厂［1953年］
油印本 76页 19×26cm

J0171361
别林斯基 （苏）Ю.盖尔曼等编剧；傅佩珩译
长春 东北电影制片厂 1954年 油印本 98页
26cm（16开）

J0171362
不能忘记这件事 （苏）Л.卢柯夫，（苏）B.斯莫良克编剧；刘迟译
长春 长春电影制片厂 1954年 油印本 95页
26cm（16开）

J0171363
磁铁的故事 （科学教育电影翻译片分镜头剧本）（苏）B·A·灭先切夫编剧；赖祖武译

上海 中央电影局科学教育电影制片厂 1954 年
油印本 13 页 17×25cm

J0171364
第一个春天 （纪录片）陈涓译；上海电影制片厂配音复制
上海 上海电影制片厂［1954 年］油印本 37 页
25cm（15 开）

J0171365
工厂卫生 （完成剧本）章杰译；上海科学电影制片厂译制
上海 上海科学教育电影制片厂 1954 年 油印本
9 页 17×25cm

J0171366
花 （科学教育电影翻译片剧本）（苏）耶·耶·雅估施金编剧；（苏）葛·阿·波鲁谢，（苏）尤·伏·洛托次基导演；杨范译；科学教育电影制片厂译制
北京 科学教育电影制片厂 1954 年 油印本
14 页 17×25cm

J0171367
激流之歌 （完成剧本）（荷）约里斯·伊文思导演；上海电影制片厂译制
上海 上海电影制片厂［1954 年］油印本 14 页
25cm（小 16 开）

本纪录片由 30 位摄影师在世界 30 个国家所拍，反映了世界劳动人民为争取面包，保卫和平而进行的斗争，以及他们的现实生活。

J0171368
江山如画齐歌舞 （字幕台本）（捷）伊凡·布柯夫羌，（捷）约瑟夫·马赫编剧；（捷）约瑟夫·马赫导演
［1954 年］油印本 10 页 25cm（小 16 开）

J0171369
骄傲的公主 （镜头记录本）（捷）B. 哲曼，（捷）H. 布洛赫，（捷）O. 卡乌茨基编剧；（捷）B. 哲曼导演；胡伯胤译
长春 中央电影局东北电影制片厂［1954 年］
油印本 82 页 17×25cm

J0171370
教师 （苏）C. 格拉希莫夫编导；刘迟，尹广文译
［长春］东北电影制片厂［1954 年］油印本
92 页 17×25cm

J0171371
结核病是可以治好的 （科学教育电影翻译片分镜头剧本 草稿）（苏）B.Φ. 格里尼娃编剧；（苏）A.П. 列昂尼多夫导演；邓宗禹译
上海 中央电影局科学教育电影制片厂［1954 年］
油印本 13 页 17×25cm

J0171372
没落之家 （苏）M. 高尔基编剧；（苏）П. 卢柯夫总导演；尹广文译
长春 中央电影局东北电影制片厂 1954 年
油印本 97 页 26cm（16 开）

J0171373
棉桃 （中央电影局上海电影制片厂完成剧本 科学教育电影翻译片分镜头剧本）（苏）B. 维特柯维恰编导；（苏）M. 卡留柯夫，（苏）K. 雅尔马托夫导演；杨范译
［上海］中央电影局科学教育电影制片厂
1954 年 16 页 20cm（32 开）

J0171374
民族英雄尤拉也夫 （电影镜头剧本）司·兹洛宝，格·斯别瓦克编剧；牙·普洛达赞诺夫导演；刘迟，尹广文译
［长春］中央电影局东北电影制片厂 1954 年
油印本 92 页 18×25cm

J0171375
男女并肩前进 （镜头记录本）（德）J. 考普洛维特茨编剧；（德）E. 库巴特导演；胡伯胤译
长春 中央电影局东北电影制片厂 1954 年
油印本 89 页 18×26cm

J0171376
培养勇敢精神 （苏）C. 罗金，（苏）K. 谢妙诺夫编剧；傅佩珩译
长春 长春电影制片厂 1954 年 油印本
78 页 26cm（16 开）

J0171377
人之歌　（保）X.卡涅夫编剧；（保）B.萨拉里也夫导演；刘迟译
长春　长春电影制片厂　1954年　油印本　114页　26cm（16开）

J0171378
曙光照耀着我们　（挪）J.马烈克，（挪）J.克烈依企克编剧；肖章译
1954年　油印本　104页　26cm（16开）

J0171379
四季的变化　（科学教育电影翻译片分镜头剧本）（苏）B.A.华西里柯夫编剧；（苏）M.B.柯鲁尚采夫导演；郑文光译
上海　中央电影局科学教育电影制片厂　1954年　油印本　12页　17×25cm

J0171380
苏联的体育冠军　（苏）叶诺夫等编剧；（苏）党思科依总导演；（苏）舍尔克总摄影；苏联基辅艺术电影制片厂摄制
上海［上海电影制片厂］［1954年］油印本　20页　25cm（16开）

J0171381
苏联展览会在北京　（电影镜头记录本）（苏）谢特金娜，丁峤导演；（苏）卡斯比等摄影
北京　中央新闻纪录电影制片厂　1954年　油印本　19页　25cm（16开）
本书由中央新闻纪录电影制片厂和莫斯科中央纪录电影制片厂联合编印。

J0171382
偷自行车的人　（意）扎瓦提尼（C.Zavattini）编剧；陈叙一译
上海　中央电影局上海电影制片厂　1954年　油印本　56页　26cm（16开）

J0171383
土工机械　（上部　科学教育电影翻译片剧本）（苏）斯·弗·伊昂诺夫编剧；（苏）阿·契拉柯夫导演；中央电影局科学教育电影制片厂译制
上海　中央电影局科学教育电影制片厂　1954年　油印本　39页　17×25cm（16开）

J0171384
维生素在畜牧业中　（苏）M.采特林编剧；（苏）B.扎尔卡罗夫导演
北京　中央电影局科学教育电影制片厂　1954年　油印本　46页　26cm（16开）

J0171385
箱根风云录　（日）楠田清等编剧；徐汲平译
长春　中央电影局东北电影制片厂　1954年　油印本　114页　26cm（16开）

J0171386
猩红热　（完成剧本　科学教育电影翻译片分镜头剧本）（苏）恩·依·任金编剧；（苏）巴·伊·施列巴尔导演；邓宗禹译；中央电影局科学教育电影制片厂译制
上海　中央电影局科学教育电影制片厂　1954年　油印本　14页　17×25cm（16开）

J0171387
养畜场的机械化与电气化　（完成剧本　草稿）（苏）H.Φ.科拉莫夫，（苏）K.A.米尔库李耶夫编剧；（苏）C.И.雅库雪夫导演；赵国英译；中央电影局科学教育电影制片厂译制
上海　中央电影局科学教育电影制片厂［1954年］油印本　32页　17×25cm（16开）

J0171388
易北河两岸　（电影镜头剧本）（苏）徒尔兄弟，（苏）Л.赛宁编剧；（苏）Г.阿列克山德洛夫导演；李景文，刘迟译
长春　中央电影局东北电影制片厂［1954年］油印本　78页　18×25cm（16开）

J0171389
银灰色的粉末　（镜头记录本）（苏）A·亚阔布逊，（苏）A·菲里莫夫编剧；（苏）A·罗奥姆总导演；傅佩珩，胡伯胤译
［长春］东北电影制片厂　1954年　油印本　104页　17×25cm（16开）

J0171390
友谊花朵处处开　（镜头记录本）亚·拉茨克，翟超导演；约·伊利克，杨来摄影
北京　中国人民解放军电影制片厂［1954年］

油印本 26 页 18×25cm

J0171391
陨石 （完成剧本 科学教育电影翻译片分镜头剧本）（苏）M.B.科鲁尚才夫编导；（苏）M.B.科鲁尚才夫，（苏）A.B.拉夫连捷夫摄影；杨范译
［上海］中央电影局科学教育电影制片厂
1954 年 油印本 15 页 17×25cm

J0171392
运动场上的新手 （匈）I.白克费，（匈）K.诺蒂编剧；（匈）M.凯勒蒂导演；黎歌译
长春 中央电影局东北电影制片厂 1954 年
油印本 48 页 26cm（16 开）

J0171393
怎样积肥 （完成剧本 科学教育电影翻译片分镜头剧本）（苏）E.格里尼瓦编剧；（苏）И.莎洛赫金导演；朱鉴译；中央电影局科学教育电影制片厂译制
上海 中央电影局科学教育电影制片厂 1954 年
油印本 33 页 17×25cm

J0171394
长夜的秘密 （电影镜头记录本）（苏）И.卢柯夫斯基等编剧；张果译
长春 长春电影制片厂 1954 年 油印本 37 页
26cm（16 开）

J0171395
侦察兵 （朝）韩相运编剧；赵明译
长春 长春中央电影局东北电影制片厂配音复制
1954 年 油印本 56 页 26cm（16 开）

J0171396
植物根的营养 （科学教育电影翻译片剧本）（苏）耶·耶·雅估施金编剧；（苏）柯·阿·布鲁谢总导演；（苏）马·阿·聂斯皆罗夫导演；赵国英译；上海科学教育电影制片厂译制
上海 上海科学教育电影制片厂 1954 年 15 页
17×25cm

J0171397
植物和阳光 （电影镜头记录本）（苏）捷·卡拉维克编剧并导演；刘祖洞译
上海 上海科学教育电影制片厂 1954 年 油印本
8 页 17×25cm

J0171398
忠实的朋友 （电影镜头记录本）（苏）A·格阿里奇，（苏）K.伊萨耶夫编剧；（苏）M.卡拉托卓夫导演；胡伯胤译
长春 东北电影制片厂［1954 年］油印本 86 页
19×26cm

J0171399
保姆 （苏）B.勃拉翁编剧；陈涓译
上海 上海电影制片厂 1955 年 油印本 44 页
26cm（16 开）

J0171400
对空射击组 （镜头记录本）（朝）韩相运编剧；（朝）姜弘植导演；赵明译
长春 中央电影局东北电影制片厂 1955 年
油印本 52 页 18×25cm

J0171401
流浪艺人 （字幕台本）（捷）符·符尔契克编导
捷克斯洛伐克国家电影制片厂出品 1955 年
油印本 11 页 25cm（小 16 开）

J0171402
怒火 （苏）Л.德米切尔柯编剧；（苏）T.列夫秋克导演；胡伯胤译
长春 长春电影制片厂 1955 年 油印本 50 页
26cm（16 开）

J0171403
他们又看见了 （科学教育电影翻译片剧本 完成剧本）恩·佛·格拉契夫编剧并导演；杨范译
上海 中央电影局科学教育电影制片厂 1955 年
油印本 18 页 17×25cm

J0171404
波罗底海代表 （电影镜头剧本）（苏）Д.代拉等编剧；孟广钧译
长春 中央电影局东北电影制片厂［1956 年］
油印本 37 页 26cm（16 开）

J0171405
茅舍的火光　(苏)Ж.维琴卓恩编剧;(苏)О.哈达塔耶娃导演;李玉华译
长春 长春电影制片厂 1956年 油印本 10页 26cm(16开)

J0171406
他的真名实姓　(德)K.伏尔夫导演;朱微明译
1956年 油印本 56页 26cm(16开)

J0171407
为祖国而战　(朝)尹斗宪编剧;维明译
长春 长春电影制片厂 1956年 油印本 43页 26cm(16开)

J0171408
走向新岸　(苏)В.阿列克谢夫,(苏)Л.卢柯夫改编;刘迟译
长春 长春电影制片厂 1956年 油印本 87页 26cm(16开)

J0171409
初欢　(苏)A.卡普列尔编剧;A.高洛互诺夫导演;朱微明译
上海 上海电影制片厂 1957年 59页 26cm(16开)

J0171410
和平的土地　(埃及)K.埃尔柴克导演;黎歌译
长春 长春电影制片厂 1957年 油印本 30页 26cm(16开)

J0171411
家庭争执　(捷克故事片)(捷)J.摩洽等编剧;(捷)Z.勃雷内赫导演;陈涓译
上海 上海电影制片厂 1957年 油印本 59页 26cm(16开)

J0171412
坚守要塞　(苏联故事片)(苏)К.西蒙诺夫编剧;В.维克多洛夫,(苏)А.高雷歇夫导演
上海 上海电影制片厂 1957年 油印本 52页 26cm(16开)

J0171413
劳动与爱情　(苏)M.巴巴瓦编剧;胡伯胤译
长春 长春电影制片厂 1957年 油印本 46页 26cm(16开)

J0171414
历史的教训　(苏)Л.阿仑什达姆编剧;刘迟译
长春 长春电影制片厂 1957年 油印本 54页 26cm(16开)

J0171415
青春时代的开始　(苏)Г.凯姆林改编;(苏)A.雷巴阔娃导演
苏联中央纪录电影制片厂 1957年 油印本 17页 26cm(16开)

J0171416
撒谎的鼻子　(校正本)高波编剧;高波导演
上海 上海电影制片厂译制厂[1957年]油印本 15页 26cm(16开)

J0171417
四海之内皆兄弟　(电影镜头记录本)(法)H.G.克劳佐,(法)O.贾克编剧;黎歌译
长春 长春电影制片厂 1957年 油印本 34页 26cm(16开)

J0171418
乌里扬诺夫的一家　(苏)И.巴巴瓦编剧;胡伯胤译
长春 长春电影制片厂 1957年 油印本 39页 26cm(16开)

J0171419
新世界的节日　(苏)И.阔钱柯,(苏)Ю.卡拉甫肯编剧;(苏)О.波德高列茨卡亚,(苏)И.谢特基娜导演
1957年 油印本 12页 26cm(16开)

J0171420
"阿拉木图——兰州"　(苏)什涅得洛夫编剧;亓珍导演;郁有铭,赵琪译
上海 中国上海科学教育电影制片厂 1958年 油印本 35页 26cm(16开)

J0171421
2×2　(匈)丹尼司·柯伐克司,(匈)阿尔勃脱·凡

桂编；乔奇·雷维兹导演
上海 上海电影制片厂译制片厂 1958年 油印本 32页 26cm（16开）

J0171422
百万英镑 （英）J.克累奇编剧；（英）R.尼姆导演；兰复心译
长春 长春电影制片厂 1958年 油印本 63页 26cm（16开）

J0171423
暴风雨所诞生的 （苏）Ю.克洛特柯夫编剧；（苏）Я.巴节良导演；张杲翻译
长春 长春电影制片厂 1958年 油印本 32页 26cm（16开）

J0171424
被侮辱与被迫害的人 上海电影制片厂译制厂译
上海 上海电影制片厂译制厂 1958年 30页 26cm（16开）

J0171425
崩溃的城堡 （罗马尼亚故事片）上海电影译制片厂译制
上海 上海电影译制片厂 1958年 油印本 77页 26cm（16开）

J0171426
不平凡的夏天 （苏）A.卡普列尔编剧；朱微明译
上海 上海电影制片厂 1958年 油印本 64页 26cm（16开）

J0171427
道路只有一条 （朝）吴炳楚编剧；金君紫译
长春 长春电影制片厂 1958年 油印本 36页 26cm（16开）

J0171428
根据法律 （芬兰影片）慕容婉儿译
上海 上海电影译制厂 1958年 油印本 33页 26cm（16开）

J0171429
海鹰号遇难记 （苏）Г.Э.格列布聂尔编剧；（苏）В.朱拉夫列夫导演；尹广文译
中央电影局东北电影制片厂 1958年 油印本 [35]页 26cm（16开）

J0171430
静静的顿河 （第一部 电影分镜头脚本）（苏）M.肖洛霍夫著；（苏）O.格拉西莫夫改编；刘迟译
长春 长春电影制片厂 1958年 油印本 55页 25cm（小16开）

J0171431
静静的顿河 （第二部 电影镜头记录本）（苏）M.肖洛霍夫著；（苏）O.格拉西莫夫改编；刘迟译
长春 长春电影制片厂 1958年 52页 26cm（16开）

J0171432
静静的世界 （法）J.Y.古士托等编剧；刘宗锟译
北京 中国电影发行放映公司字幕工场 1958年 油印本 10页 26cm（16开）

J0171433
倔强的瓦罗尼娜 （苏）A.雷巴科夫编剧；刘迟译
长春 长春电影制片厂 1958年 油印本 51页 26cm（16开）

J0171434
列宁格勒交响曲 （苏）З.阿格拉宁科导演；朱微明译
上海 上海电影译片厂 1958年 油印本 58页 26cm（16开）

J0171435
马尔华 （苏）H.科瓦尔斯基编剧；（苏）B.勃劳温导演；肖章译
上海 上海电影译制厂 1958年 油印本 41页 26cm（16开）

J0171436
米兰奇迹 （意）札万悌尼·希塞编剧；（意）得西卡·维多斯导演；姚念贻译
上海 中央电影局上海电影制片厂 1958年 油印本 116页 26cm（16开）

J0171437
魔鬼的深渊 （罗马尼亚故事片）（罗）Д.维科尔编剧；（罗）O.刘苏，（罗）K.尼亚古导演；叶琼译
上海 上海电影制片厂 1958年 油印本 38页 26cm（16开）

J0171438
牧女的心愿 （苏）P.布丹采娃编剧；（苏）Л.勃夫斯基，（苏）M.雷斯库洛夫导演；朱微明译
上海 上海电影制片厂 1958年 油印本 74页 26cm（16开）

J0171439
如何是好 （捷）O.高茨基，（捷）O.沙弗拉涅克编剧；（捷）V.保尔斯基导演；尹广文译
长春 长春电影制片厂 1958年 油印本 55页 26cm（16开）

J0171440
三海旅行记 （印度）阿巴斯，（印度）M.斯米尔诺娃编剧；张杲，李玉华译
长春 长春电影制片厂 1958年 油印本 56页 26cm（16开）

J0171441
三剑客
上海 上海电影译制片厂 1958年 油印本 52页 26cm（16开）

J0171442
山谷中的战斗 （阿拉伯）查亨尼·约瑟夫导演；黎歌译
长春 长春电影制片厂［1958年］油印本 48页 26cm（16开）

J0171443
诗人 （苏联故事片）（苏）B.卡达耶夫编；（苏）Л.勃罗淑夫斯基导演；肖章译
上海 上海电影制片厂 1958年 油印本 56页 26cm（16开）

J0171444
唐·吉诃德 （苏）E.什瓦编剧；（苏）B.契保塔列夫导演；萧章译
上海 上海电影译制片厂 1958年 油印本 56页 26cm（16开）

J0171445
小故事 （科学普及片）（苏）Л.格罗斯曼编剧；（苏）Б.埃普什秦导演；张继武译
上海 科学教育电影制片厂 1958年 油印本 9页 26cm（16开）

J0171446
血的圣诞节 （希腊进步影片）慕容婉儿译
上海 上海电影译制片厂 1958年 油印本 36页 26cm（16开）

J0171447
亚历山大·保保夫 （镜头脚本）（苏）拉竹莫夫斯基编；胡伯胤译
长春 中央电影局东北电影制片厂［1958年］74页 19cm（32开）

J0171448
战火中的少先队 （苏）B.奥谢耶娃，（苏）И.弗雷兹编剧；（苏）З.达尼洛娃导演；叶琼译
上海 上海译制片厂 1958年 油印本 64页 26cm（16开）

J0171449
中学毕业证书 （苏）Л.格拉斯基娜雅编剧；（苏）T.鲁卡舍维奇导演；孔晓光译
长春 长春电影制片厂 1958年 油印本 56页 26cm（16开）

J0171450
安得列依卡 （苏）Я.波波夫编剧；（苏）H.列别节夫导演；傅佩珩译
长春 长春电影制片厂［1959年］油印本 47页 26cm（16开）

J0171451
波罗尼亚快车 （德意志民主共和国影片）李玉华译
长春 长春电影制片厂 1959年 油印本 28页 26cm（16开）

J0171452
不眠的年代 （匈）马利阿什·尤吉特编剧；（匈）马利阿什·菲里克斯导演；刘迟译
长春 长春电影译制片厂 1959年 油印本 29页 26cm（16开）

J0171453
不要忘记十一月 （德）F.格布哈特编剧；张德魁译
北京 中央新闻纪录电影制片厂 1959年 油印本 14页 26cm（16开）

J0171454
草原烈火 （苏）A.菲里勃夫编剧，（苏）E.阿仑导演；刘迟译
长春 长春电影制片厂 1959年 油印本 53页 26cm（16开）

J0171455
崇高的职责 （苏联故事片）（苏）Л.迦丽姆日阿诺娃，（苏）C.乌兰诺夫斯基编剧；（苏）Б.基米亚加罗夫导演；肖章译
上海 上海电影译制片厂 1959年 油印本 43页 26cm（16开）

J0171456
蒂萨河上 （苏）A.阿富捷因柯编剧；朱微明译
上海 上海译制片厂 1959年 油印本 42页 26cm（16开）

J0171457
风从东方来 （苏）B.柯热夫尼阔夫等编剧；（苏）E.吉尔贝尔斯坦，石联星导演
长春 长春电影制片厂 1959年 油印本 77页 26cm（16开）

作者石联星（1914—1984），女，戏剧与电影艺术家。生于湖北黄梅县。曾任广西省立艺术馆教员、新中国剧社担任演员。主演话剧《武装起来》《海上十月》《沈阳号炮》等。导演了《渔人之家》《红岩》《年轻的一代》《生活的彩练》等多幕剧。

J0171458
海杜特的哲言 （苏）O.瓦西列夫编剧；（苏）П.瓦西列夫导演
长春 长春电影制片厂 1959年 油印本 39页 26cm（16开）

J0171459
黑熊与公主 （德国童话故事片）（德）戈里哈尔编剧；（德）斯杰潘尼导演；傅佩珩译
1959年 油印本 26页 26cm（16开）

J0171460
红叶 （苏联彩色故事片）（苏）A.库列肖夫编；叶琼译
上海 上海电影译制片厂 1959年 油印本 44页 26cm（16开）

J0171461
火星游击队 （苏联宽银幕彩色影片）（苏）A.冈察尔编剧；（苏）A.玛斯刘阔夫，（苏）M.玛耶夫斯卡亚导演
北京 中国电影发行公司字幕工场 1959年 油印本 36页 26cm（16开）

J0171462
基辅姑娘 （苏）И.鲁科夫斯基编剧；（苏）H.科那尔斯基导演；朱微明译
上海 上海电影译制片厂 1959年 油印本 2册 26cm（16开）

J0171463
蓝箭 （苏）B.切尔诺斯维托夫，（苏）B.阿列克谢耶夫编剧；（苏）И.魏特洛夫导演；尹广文译
长春 长春电影译制片厂 1959年 油印本 44页 26cm（16开）

J0171464
狼窟 （校正本）（捷）J.惠兹编剧
上海 上海译制片厂 1959年 油印本 37页 26cm（16开）

J0171465
青年时代 （电影镜头记录本）（苏）A.赛凯维奇编剧；刘迟译
长春 长春电影制片厂 1959年 油印本 36页 26cm（16开）

J0171466
如此一个夜晚 （挪）C.H.S. 马特曼—牟编剧；黎歌译
长春 长春电影制片厂［1959年］油印本 27页 26cm（16开）

J0171467
上任前夕 （保）伊林切夫编剧；朱人骏译
上海 上海电影制片厂 1959年 油印本 40页 26cm（16开）

J0171468
苏联科学与技术 （第四辑）上海科学教育电影制片厂译
上海 上海科学教育电影制片厂 1959年 油印本 9页 26cm（16开）

J0171469
苏联科学与技术 （第六辑）上海科学教育电影制片厂译
上海 上海科学教育电影制片厂 1959年 油印本 6页 26cm（16开）

J0171470
苏联科学与技术 （第七辑）上海科学教育电影制片厂译
上海 上海科学教育电影制片厂 1959年 油印本 10页 26cm（16开）

J0171471
他们叫他“阿米哥” （民主德国儿童故事片）（德）W. 寇欣梅斯特，（德）C. 寇欣梅斯特编；肖章译
上海 上海译制片厂 1959年 油印本 22页 26cm（16开）

J0171472
塔娜 （阿尔巴尼亚）加塔·法特来尔等编剧；叶琼译
上海 上海电影译制片厂 1959年 42页 26cm（16开）

J0171473
逃兵 （虎口余生）（波）J.S. 司文斯基编剧；上海电影制片厂译
上海 上海译制片厂 1959年 油印本 31页 26cm（16开）

J0171474
特别任务 （电影镜头记录本）（德）奥里瓦编剧；（奥）吉里导演；刘迟译
长春 长春电影制片厂［1959年］油印本 48页 26cm（16开）

J0171475
我了解他 （苏联艺术片）（苏）M. 马克西莫夫编剧；（苏）C. 凯伏尔科夫，（苏）Э. 卡拉缅导演；肖章译
上海 上海电影译制片厂 1959年 油印本 53页 26cm（16开）

J0171476
友谊舞台 （苏）K. 库拉金娜编辑；尹承玺译
北京 中央新闻纪录电影制片厂 1959年 油印本 10页 26cm（16开）

J0171477
在松林的后面 （罗）德累冈，（罗）雅谷勃编剧；朱微明译
上海 上海电影译制片厂 1959年 油印本 21页 26cm（16开）

J0171478
战友 （朝）李地用编剧；金君紫译
上海 上海电影译制片厂 1959年 油印本 38页 26cm（16开）

J0171479
自由城 （波）密司邦司基编剧
上海 上海电影译制片厂 1959年 油印本 44页 26cm（16开）

J0171480
跟随太阳走的人 （专集）中国电影工作者协会编著
北京 中国电影工作者协会 1963年 122页 20cm（32开）

J0171481
未寄出的信 中国电影工作者协会编著

北京 中国电影工作者协会 1963年 284页
20cm(32开)

J0171482
伊万的童年 中国电影工作者协会编著
北京 中国电影工作者协会 1963年 271页
20cm(32开)

J0171483
新浪潮 (高达的电影剧本)(法)高达(Godard, J.L.)著;蔡秀女译
台北 远流出版事业公司 1993年 194页
有照片 21cm(32开) ISBN: 957-32-1806-2
定价: TWD160.00
(电影馆 26)

J0171484
乱世佳人 布里吉(Bridges, H.), 布得门(Boodman, T.C.)编;张馨译
台北 众文图书公司 1994年 250页 有照片
29cm(16开) 精装 ISBN: 957-532-181-2
定价: TWD400.00
外文书名: Gone With the Wind.

电影、电视拍摄艺术与技术

J0171485
电影摄影法 徐卓呆著
长沙 商务印书馆 1938年 90页 有图
19cm(32开) 定价: 国币四角
(电影小丛书)
本书内容包括: 摄影机、摄影条件、片子、片子的处理4章。

J0171486
电影摄影构图 刘世一著
[1940—1949年] 油印本 72页 24cm(26开)

J0171487
电影是怎样拍的 姜薏编写
上海 劳动出版社 1952年 112页 有图
18cm(15开) 定价: 旧币4,700元

J0171488
电影制片厂的技术检查组织 (苏)Д.С.别尔达金著;梅文译
北京 中央人民政府文化部电影局 1954年
157页 有表 21cm(32开)
(电影技术丛书)

J0171489
影片上的声音 (苏)巴尔芬切夫(А.И.Парфентьев),(苏)波波夫(В.И.Попов)著;叶宏材,林永为译
北京 中华人民共和国文化部电影事业管理局
1955年 55页 有图 20cm(32开)
(电影技术丛书)

J0171490
苏联电影中的摄影艺术 (苏)A.格洛夫尼亚等著;凌集译;电影艺术编译社编辑
北京 艺术出版社 1956年 135页 21cm(32开)
统一书号: 8022.47 定价: CNY0.49
(电影艺术丛书)

J0171491
彩色影片洗印工艺 (苏)约菲斯著;关胜多,万国强译
[北京] 中国电影出版社 1957年 定价: CNY1.20

J0171492
电影胶片洗印加工理论 (苏)布留姆别尔格著;魏韵森等译
[北京] 中国电影出版社 1957年 定价: CNY0.55

J0171493
电影摄影技术 (第二分册)(苏)戈尔陀夫斯基著;萧立书,孙明经译
[北京] 中国电影出版社 1957年 26cm(16开)
定价: CNY1.00

J0171494
论电影的镜头组接 史东山著
北京 中国电影出版社 1957年 39页 19cm(32开)
统一书号: 8061.106 定价: CNY0.14

J0171495
影片录音工艺学 (苏)维索斯基(М.Э.Высоц-

кий)著；崔永泉等译
北京 中国电影出版社 1957年 181页 有图表
21cm(32开) 统一书号：15061.11
定价：CNY1.30

J0171496
电影检查片 (苏)卡里皮基(С.Д.Карипиди)著；郁有铭译
北京 中国电影出版社 1958年 71页 19cm(32开)
统一书号：15061.40 定价：CNY0.34

J0171497
电影录音 吕锡春等著
北京 中国电影出版社 1958年 127页
19cm(32开) 定价：CNY0.44
(电影技术选集)

J0171498
影片缺点五十种 庄锡昌等著
北京 中国电影出版社 1958年 102页
16cm(25开) 精装 统一书号：15061.32
定价：CNY0.44

J0171499
影片上的声音 (苏)巴尔芬切夫(А.И.Парфентьев),(苏)波波夫(В.И.Попов)著；叶宏材等译
中国电影出版社 1958年 56页 有图
19cm(32开) 统一书号：15061.54
定价：CNY0.28

J0171500
彩色摄影与洗印 [苏]Н.И.基里洛夫,[苏]С.М.安东诺夫合著；李忠品,会广昌合译
北京 中国电影出版社 1959年 定价：CNY0.55

J0171501
电影的特技摄影 [苏]贝·加尔巴巧夫,[苏]依·魏里会著
北京 中国电影出版社 1959年 定价：CNY0.22

J0171502
电影胶片加工过程的控制 [苏]Д.М.卓洛特尼茨基著；牟固译
北京 中国电影出版社 1959年 定价：CNY1.00

J0171503
电影摄影技术 (第三分册)[苏]E.M.戈尔陀夫斯基著；叶宏材,肖立书译
北京 中国电影出版社 1959年 26cm(16开)
定价：CNY1.00

J0171504
电影摄影技术 (黑白与彩色感光材料)北京电影学院摄影技术教研组编
北京 中国电影出版社 1963年 269页 有图表
21cm(32开) 统一书号：15061.108
定价：CNY2.10

J0171505
电影摄影技术 (曝光控制和电影摄影机的使用)北京电影学院摄影技术教研组编
北京 中国电影出版社 1963年 387页 有图表
21cm(32开) 统一书号：15061.110
定价：CNY2.50

J0171506
故事片的摄影创作 吴蔚云等著
北京 中国电影出版社 1959年 71页 有照片
21cm(32开) 统一书号：8061.635
定价：CNY0.40

J0171507
科学教育影片中的动画的摄制工作 上海科学教育电影制片厂动画工作间集体编写
北京 中国电影出版社 1959年 定价：CNY0.34

J0171508
电影画面透视学 李居山编著
北京 中国电影出版社 1961年 141页
26cm(16开) 精装 统一书号：15061.100
定价：CNY1.90

本书根据透视学的基本原理和电影艺术的特性，介绍电影布景图样的平行透视、成角透视、仰视和俯视的透视画法和步骤；阐述电影画面透视的分析方法和步骤，电影布景衬景的透视画法，以及反影、阴影的透视画法。

J0171509
电影录音工艺 孙良录编
北京 中国电影出版社 1961年 140页 有图表

20cm(32开)统一书号:15061.89
定价:CNY0.72

J0171510
摄影艺术表现方法 (上册)吴印咸著
北京 中国电影出版社 1961年 167页
21cm(32开)精装 统一书号:15061.99
定价:CNY2.60

本书为北京电影学院摄影系教材。分上下两册共12讲,上册分为两大部分;第一部分阐明摄影艺术创作的基本理论,概述中国摄影艺术的发展、特征和创作原则。第二部分论述摄影艺术创作实践中的画图构图、造型处理、光线处理等问题。作者吴印咸(1900—1994),摄影艺术家、导演。原名吴荫诚,祖籍安徽歙县,生于江苏沭阳。曾在上海美术专科学校学习。历任东北电影制片厂厂长、北京电影学院副院长兼摄影系主任、文化部电影局顾问、中国摄影家协会副主席、中国电影摄影师学会副理事长、全国文学艺术联合会委员等。代表作品《生死同心》《风云儿女》《坚苦的奋斗》。

J0171511
摄影艺术表现方法 (下册)吴印咸著
北京 中国电影出版社 1964年 171-305页
有图 21cm(32开)统一书号:15061.121
定价:CNY3.90

北京电影学院摄影系教材。下册主要论述人像摄影、静物摄影、生活摄影、新闻摄影、彩色摄影、画面的影调处理以及有关摄影作品的生命力和表现力等问题。书中选用320余幅中国优秀摄影作品为例,并附有助于读者理解问题的图示。

J0171512
磁性录音标准化问题论文译编
[北京]中国电影出版社 1962年 21cm(32开)
定价:CNY1.05
(电影技术论丛)

J0171513
电影录音技术标准 全国电影录音技术座谈会制定
北京 中国电影出版社 1962年 41页 有图表
15cm(40开)统一书号:15061.105
定价:CNY0.18

本书系中国电影录音标准,是1961年9月全国电影录音技术座谈会制定,1961年12月中华人民共和国文化部批准试行。并附有《磁性录工艺程序关于录音技术标准的推行和管理(草案)》。

J0171514
电影录音设备 晓丁等编著
[北京]中国电影出版社 1962年 21cm(32开)
定价:CNY1.30

作者晓丁,擅长摄影。主要作品有连环画《封神榜》《阿Q正传》《少帅张学良》。

J0171515
蒙太奇技巧浅探 冀志枫著
北京 中国电影出版社 1962年 96页 20cm(32开)
统一书号:8061.1007 定价:CNY0.50

本书着重介绍镜头组接的一般技巧以及声音构成的基本常识。

J0171516
蒙太奇技巧浅探 冀志枫著
北京 中国电影出版社 1997年 3版 96页
20cm(32开)ISBN:7-106-00560-6
定价:CNY4.70

J0171517
电影剪辑工作探讨 陈怀皑等著
北京 中国电影出版社 1963年 67页 有表图
19cm(32开)统一书号:15061.120
定价:CNY0.18
(电影技术论丛)

J0171518
电影摄影师的创作 朱静著
北京 中国电影出版社 1963年[182]页 有图
21cm(32开)统一书号:8061.1068
定价:CNY0.95

J0171519
滤色镜的应用 吴印咸等著
[北京]中国电影出版社 1964年 21cm(32开)
定价:CNY0.48
(电影技术论丛)

作者吴印咸(1900—1994),摄影艺术家、导演。原名吴荫诚,祖籍安徽歙县,生于江苏沭阳。曾在上海美术专科学校学习。历任东北电影制片厂厂长、北京电影学院副院长兼摄影系主任、文化部电影局顾问、中国摄影家协会副主席、中国电影摄影师学会副理事长、全国文学艺术联合会委员等。代表作品《生死同心》《风云儿女》《坚苦的奋斗》。

J0171520
彩色多层影片洗印技术 万国强编著
北京 中国电影出版社 1965年 21cm(32开)
精装 定价:CNY4.50

J0171521
漫谈《红旗谱》的摄影创作 吴印咸著
北京 中国电影出版社 1965年[134]页 有图表
21cm(32开) 统一书号:15061.125
定价:CNY1.50

J0171522
革命样板戏影片摄制总结汇编 辽宁省文化局创作评论室
[辽宁][辽宁省文化局创作评论室] 1973年
70页 19cm(32开)

J0171523
国外电影技术 (冷光镜专辑)
北京 中国科学技术情报研究所 1974年 47页
26cm(16开)

J0171524
各国电影摄影棚的调查分析评论 (国外电影参考资料单行本第14号) 北京电影学院编
1979年 7页 20cm(32开) 定价:CNY0.10

J0171525
各种特技摄影方法简述 (国外电影参考资料单行本第19号) 北京电影学院编
1979年 13页 20cm(32开) 定价:CNY0.20

J0171526
论现代电影录音技术 (国外电影参考资料单行本第32号 技术部分) 北京电影学院编
1979年 35页 20cm(32开) 定价:CNY0.30
(电影技术论述 第5号)

J0171527
用调制高频录音法作为测定最佳加工条件的方法 (国外电影参考资料单行本第50号)
北京电影学院编
1979年 14页 20cm(32开) 定价:CNY0.20

J0171528
电影剪辑的奥秒 (导演分镜剪辑方法论)(英)莱兹(Reisz, K.)著;许祥熙译
台北 志文出版社 1981年 406页 19cm(32开)
定价:TWD150.00
(新潮文库 259)
外文书名:The Technique of Film Editing.

J0171529
光学录音与放音 (英)惠勒(L.J.Wheeler)著;林作坚译
北京 中国电影出版社 1981年 114页
19cm(32开) 统一书号:15061.176
定价:CNY0.75

J0171530
16毫米影片剪接技术 (美)丘吉尔(H.B. Churchill)著;夏剑秋,谢永一译
北京 中国电影出版社 1982年 173页
19cm(32开) 统一书号:15061.187
定价:CNY0.94
本书逐项阐述了画面和声音剪接的各个机械程序,还选集了一些特殊的剪接程序。

J0171531
电影剪辑技巧 (英)卡雷尔·赖兹(Reisz, K.),(英)盖文·米勒(Miller, Gavin)编著;方国伟等译
北京 中国电影出版社 1982年 495页 有照片
20cm(32开) 统一书号:8061.1538
定价:CNY2.50
本书是一部系统地论述电影剪辑技巧的专业著作。外文书名:The Technigue of Film Editing.

J0171532
电影摄影工作 (英)杨(Young, F.),(英)裴佐德(Petzold, P.)著;吕锦瑗等译

北京 中国电影出版社 1982年 228页 有剧照 20cm(32开) 统一书号：15061.188 定价：CNY1.45

本书概括了电影摄影工作所涉及的各项主辅设备、技术技巧、实际操作、艺术处理和人员关系，对布光方法和照明效果有详细阐述。外文书名：The Work of the Motion Picture Cameraman.

J0171533
电影摄影技术 (英)大卫·乌·萨缪尔森著；马丰田，李铭译
上海 上海人民美术出版社 1982年 [1张] 54cm(4开) 定价：CNY1.00

J0171534
故事片摄影师的素质和技能 韦林玉著
北京 中国电影出版社 1982年 86页 有剧照 20cm(32开) 统一书号：8061.1721 定价：CNY0.48

本书为摄影专业理论著作。作者从艺术和技术两方面论述了作为故事片摄影师所应具备的艺术素质，以及应掌握的科学知识和技术范围，并介绍了拍摄故事片的工作进程与内容。

J0171535
录音 (美)约翰·厄格尔(Eargle, J.)著；罗德寿译
北京 中国电影出版社 1982年 349页 20cm(32开) 统一书号：15061.178 定价：CNY1.80

这是一本专业性较强的技术书籍，偏重于录音理论的阐述与录音设备的性能分析，并辅以相当多的图表。外文书名：Sound Recording.

J0171536
蒙太奇技巧浅谈 冀志枫著
北京 中国电影出版社 1982年 96页 20cm(32开) 统一书号：8061.1007 定价：CNY0.44

本书着重介绍镜头组接的一般技巧以及声音构成的基本知识。

J0171537
剪辑台上的艺术 蓝为洁著
北京 中国电影出版社 1984年 85页 19cm(32开) 统一书号：8061.2287 定价：CNY0.40
(电影基础知识丛书)

本书剪辑师蓝为洁同志从剪辑艺术角度，围绕《苦恼人的笑》《巴山夜雨》《南昌起义》《城南旧事》四部影片，总结了自己的经验和体会。

J0171538
电视摄制的艺术 吉岩著
呼和浩特 内蒙古人民出版社 1985年 368页 有照片 19cm(32开) 统一书号：8089.205 定价：CNY2.25

本书内容总结了电视摄制的工作经验。

J0171539
电影摄影技巧与理论 葛德，沈嵩生著
北京 中国电影出版社 1988年 238页 有照片 18cm(15开) 统一书号：8061.3450 ISBN：7-106-00056-6 定价：CNY2.50
(影视实用理论与技巧丛书)

J0171540
蒙太奇原理 邓烛非著
北京 北京广播学院出版社 1988年 154页 19cm(32开) ISBN：7-81004-099-5 定价：CNY1.50
(文化与管理教学丛书)

J0171541
电视摄影造型 任金州著
北京 北京广播学院出版社 1989年 269页 19cm(32开) ISBN：7-81004-152-5 定价：CNY3.40
(电视节目制作丛书)

作者任金州，教师。北京广播学院电视系电视新闻教研室副主任、讲师。代表作品《电视摄像》《电视新闻摄影(电视学系列教程)》《体育赛事电视公用信号制作英汉/汉英词汇手册》等。

J0171542
电视摄制学 李子先编著
广州 广东高等教育出版社 1989年 400页 20cm(32开) ISBN：7-5361-0378-6 定价：CNY5.45

作者李子先(1928—)，暨南大学新闻系副教授。

J0171543
电影录音剪辑论文选 （1987）中央人民广播电台等编辑
北京 北京广播学院出版社 1989年 170页
19cm(32开) ISBN: 7-81004-136-3
定价: CNY2.30

J0171544
你怎样制作电视节目 （电视编导、摄影、解说技巧）乔实主编
北京 电子工业出版社 [1989年] 251页
19cm(小32开) 定价: CNY3.20
本书是一部电视节目制作技巧的论著。在新闻纪录片的编导、摄影、解说这三大组成部分的运用上，提出了切实可行的方法。

J0171545
我是一个幽灵 （100部中国电影拍摄中的奇闻趣事）童恒禄，晴安编
杭州 浙江人民出版社 1989年 310页 有照片
19cm(32开) ISBN: 7-213-00316-X
定价: CNY4.20

J0171546
映像艺术 （美）翟德尔(Zettl, H.)著；廖祥雄译
台北 志文出版社 1989年 524页 有照片
22cm(30开) 精装 定价: TWD350.00
(新潮大学丛书 6)

J0171547
映像艺术 （美）翟德尔(Herbert Zettl)著；廖祥雄译
台北 志文出版社 1994年 新版 524页 有照片
22cm(30开) 精装 ISBN: 957-545-505-3
定价: TWD380.00
(新潮大学丛书 6)

J0171548
电视摄像 迟进军著
上海 复旦大学出版社 1990年 188页
20cm(32开) ISBN: 7-309-00573-2
定价: CNY3.50
(电视业务系列丛书)
作者迟进军(1947—)，记者。山东招远人。历任江苏电视台主任记者、国际部副主任，中国电视艺术家协会江苏分会理事。

J0171549
电视摄像 迟进军著
上海 复旦大学出版社 1993年 188页
20cm(32开) ISBN: 7-309-01084-1
定价: CNY5.00
(电视业务系列丛书)

J0171550
电视摄像 迟进军著
上海 复旦大学出版社 1995年 重印本 188页
有插图 20cm(32开) ISBN: 7-309-01084-1
定价: CNY6.00
(电视业务系列丛书)

J0171551
电视新闻摄制 巨浪编
兰州 兰州大学出版社 1990年 229页
21cm(32开) 定价: CNY1.86

J0171552
摄像造型表现方法 涂家宽著
北京 北京大学出版社 1990年 282页
20cm(32开) 定价: CNY4.15
本书讲述了电视剧摄像应如何运用光学、光线、色彩、运动等造型表现手段，和与拍摄实践有直接关系的摄像机调节、操作和曝光控制，及画面景别、轴线、角度、构图等内容。作者涂家宽(1940—)，摄影师、导演。湖北武汉人。毕业于北京电影学院摄影系。北京电影制片厂高级摄影师、中国电影家协会会员、电影摄影师学会理事。拍摄影片有《女飞行员》《三朵小红花》《水兵之歌》《南征北战》《侦察兵》等。

J0171553
摄像造型表现方法 涂家宽著
北京 北京大学出版社 1992年 重印本 296页
20cm(32开) 定价: CNY4.75

J0171554
摄影师手记 阿曼卓斯(Almendros, N.)著；谭智华译
台北 远流出版事业公司 1990年 253页 有照片
21cm(32开) ISBN: 957-32-0911-X

定价：TWD170.00
（电影馆 12）

J0171555
摄影师手记 阿曼卓斯（NestorAlmendros）著；谭智华译
台北 远流出版公司 1991年 重印本 253页 有照片 21cm（32开）ISBN：957-32-0911-X
定价：TWD170.00
（电影馆 12）
外文书名：A Man With a Camera.

J0171556
电影·电视·广播中的声音 周传基著
北京 中国电影出版社 1991年 313页 20cm（32开）ISBN：7-106-00408-1
定价：CNY5.40
（电影艺术基础理论系列）
本书系统论述了电影声音（及理论）发展史以及如何在电影、电视、广播中应用声音，使其发挥视听综合优势。

J0171557
电影摄影艺术中的拍摄技巧 （苏）科尔季丘克（Гордийчук, И.Б.），（苏）斯尼亚季诺夫斯卡娅（Снятиновская, Л.Ф.）著；张汉玺译
北京 中国电影出版社 1991年 324页 20cm（32开）ISBN：7-106-00425-1
定价：CNY5.60
本书叙述了电影摄影艺术的各种拍摄技巧、造型处理和一些提高技术质量的办法。

J0171558
电视摄像技巧 徐立群著
沈阳 辽宁科学技术出版社 1992年 483页 有插图 19cm（32开）精装 ISBN：7-5381-1428-9
定价：CNY15.00
本书介绍了摄像基础知识和专题摄像技巧。

J0171559
电影摄影造型基础 郑国恩著
北京 中国电影出版社 1992年 276页 有彩照 20cm（32开）ISBN：7-106-00657-2
定价：CNY5.60
（电影艺术基础理论系列）
本书论述了电影摄影的光线、色彩、运动等基本造型手段，以及电影摄影艺术各种不同风格流派造型上的技术技巧特点，并结合中外有代表性的影视作品进行剖析。

J0171560
家庭摄像与编辑 （日）青木寿一郎著；戴璨之，郭来舜译
北京 中国电影出版社 1992年 187页 有插图 18cm（小32开）ISBN：7-106-00558-4
定价：CNY3.50
（家用摄录像·音响小丛书 1）
本书据日本实业出版社1987年2月初版译出。作者青目寿一郎（1932— ），日本摄像家、评论家，索尼摄像讲座讲师。

J0171561
影片剪辑基础知识 （日）佐佐木彻雄著；隋锡忠译
北京 中国电影出版社 1992年 235页 有照片 20cm（32开）ISBN：7-106-00549-5
定价：CNY4.30
本书介绍了剪辑所需设备、器材和使用方法，并论述了影片剪接的基本操作技能。

J0171562
电视摄像技术 李思维，咸彦平［编著］
北京 电子工业出版社 1993年 351页 20cm（32开）ISBN：7-5053-2137-4
定价：CNY11.50
本书从技术操作和艺术制作两个方面，阐述了电视摄像技术，其中有电视基础知识、电视照明、电视画面构图方法等。

J0171563
电视声画论集 洪民生主编
北京 人民出版社 1993年 403页 20cm（32开）ISBN：7-01-001557-0 定价：CNY8.85
（电视丛书）
本书汇集了80年代至今的有关声与画研究的部分文章，剖析了电视艺术的诸元素—画面、音乐、音响、同期声、解说词的内涵、功能及它们相互的关系等。作者洪民生（1932— ），书法家、电视艺术家、编辑。浙江宁波人，历任中央电视台副台长兼总编辑，联合国教科文组织中国

委员，中国书法家协会会员。代表作品有《全国电视书法大赛》。

J0171564
电视声画论集　洪民生主编
北京 人民出版社 1993年 13+403页
21cm(32开) 精装 ISBN: 7-01-001556-2
定价: CNY17.45
(电视丛书)
本书汇集了80年代至今在我国电视理论杂志上发表的有关声与画研究的若干文章，亦编入了我国电视界的一些著名编导和学术界的一些专家为此书撰写的论文。文章剖析了构成电视艺术的诸元素——画面、音乐、音响、同期声、解说词的内涵与功能以及它们相互间的关系，涉及摄影、美术、音乐、文学、美学、心理学等诸多科学领域。

J0171565
电影摄影ABC　杨光远著
北京 中国电影出版社 1993年 228页
19cm(小32开) ISBN: 7-106-00697-1
定价: CNY3.70
(电影爱好者丛书 4)
本书介绍了摄影的光学、色彩、构图等诸多造型手段，并阐述摄影师是怎样在取景框中体现导演的总体构思，再现美工的巧妙布景和演员的精湛表现的。

J0171566
家庭摄像与节目制作　国胜连编著
大连 大连出版社 1993年 238页 有彩照
20cm(32开) ISBN: 7-80555-859-0
定价: CNY5.95
本书阐述了家庭摄像的构思、摄录、编辑、制作的整个过程，介绍了家用摄录像机的性能指标、转换功能、操作方法等。作者国胜连(1963—)，影视编辑。山东掖县人。

J0171567
影视录音　梁洪才等著
北京 科学技术文献出版社 1993年 442页
20cm(32开) ISBN: 7-5023-1974-3
定价: CNY17.00

J0171568
影视摄影技巧与构图　郑国恩，王伟国著
北京 科学技术文献出版社 1993年 453页
20cm(32开) ISBN: 7-5023-1985-9
定价: CNY15.50

J0171569
摄像自学教程　徐立群著
沈阳 辽宁美术出版社 1994年 354页
19cm(小32开) ISBN: 7-5314-1012-5
定价: CNY19.80
本书包括：摄像机的原理、操作和摄像构图、用光、编辑及人物、景物、静物等的拍摄方法。

J0171570
实用影视剪辑技巧　傅正义著
北京 中央编译出版社 1994年 332页 有肖像
20cm(32开) ISBN: 7-80109-029-2
定价: CNY12.00

J0171571
学摄像　张宇等编著
福州 福建科学技术出版社 1994年 167页
有彩照 20cm(32开) ISBN: 7-5335-0782-7
定价: CNY6.00

J0171572
影视摄影艺术赏析　郑国恩著
北京 中国电影出版社 1994年 223页
20cm(32开) ISBN: 7-106-01005-7
定价: CNY8.00
外文书名: Appreciation of Film and Television Photographic Works.

J0171573
电视画面造型　抗文生，任志明编著
兰州 甘肃人民美术出版社 1995年 258页
19cm(小32开) ISBN: 7-80588-087-5
定价: CNY6.80

J0171574
电视专题拍摄百法　刘醒民绘
沈阳 辽宁大学出版社 1995年 210页 有插图
19cm(小32开) ISBN: 7-5610-2937-3

定价：CNY6.00

作者刘醒民（1951— ），辽宁沈阳人，沈阳电视台专题部副主任。

J0171575

电影剪接概论 ［霍利］NormanHollyn著；井迎兆译

台北 远流出版事业公司 1995年 394页

21cm（32开）ISBN：957-32-2546-8

定价：TWD350.00

（电影馆 56）

外文书名：The Film Editing Room Handbook：How to Manage the Near Chaos of the Cutting Room.

J0171576

电影摄影创作问题 罗晓风选编

北京 中国电影出版社 1995年 405页

20cm（32开）ISBN：7-106-00269-0

定价：CNY15.60

（外国电影研究资料丛书）

本书收入外国著名电影摄影师所写文章30多篇，按内容分摄影理论、摄影经验和电影摄影师介绍部分。

J0171577

电影摄影艺术概论 葛德著

北京 中国电影出版社 1995年 491页 有剧照

20cm（32开）ISBN：7-106-01039-1

定价：CNY23.00

（电影艺术基础理论系列）

J0171578

摄影摄像手册 朱光明等著

上海 上海科学技术出版社 1995年 59+383页

有照片 19cm（小32开）精装

ISBN：7-5323-3796-0 定价：CNY21.50

（休闲丛书）

J0171579

光影大师 （与当代杰出摄影师对话）［谢弗］DennisSchaefer，［萨尔瓦托］LarrySalvato著；郭珍弟等译

台北 远流出版事业公司 1996年 397页

21cm（32开）ISBN：957-32-2796-7

定价：TWD350.00

（电影馆 62）

本书访谈了15位当代摄影界最具影响力的摄影师，全书以对话的方式，记录了这些摄影大师的生活经历、艺术理念、独到的技巧等方面的内容。外文书名：Masters of Light：Conversations with Contemporary Cinematographers.

J0171580

光之速记 （杜可风中国电影映像）杜可风著

台北 时报文化出版企业公司 1996年 143页

有照片 20×21cm ISBN：957-13-2050-1

定价：TWD350.00

（人间丛书 235）

J0171581

美好瞬间 （影像摄录入门）李军等主编

北京 昆仑出版社 1996年 11+303页

19cm（小32开）ISBN：7-80040-266-5

定价：CNY10.00

（《为您服务》丛书）

J0171582

摄像技巧与节目制作 胡友琛编著

上海 同济大学出版社 1996年 228页

20cm（32开）ISBN：7-5608-1627-4

定价：CNY12.00

J0171583

电视摄像 任金州，高波著

北京 中国广播电视出版社 1997年 387页

20cm（32开）ISBN：7-5043-3096-5

定价：CNY24.00

作者任金州，教师。北京广播学院电视系电视新闻教研室副主任、讲师。代表作品《电视摄像》《电视新闻摄影（电视学系列教程）》《体育赛事电视公用信号制作英汉／汉英词汇手册》等。

J0171584

电视摄像艺术 朱羽君编导主讲

沈阳 辽宁美术出版社 1997年 226页

20cm（32开）ISBN：7-5314-1618-2

定价：CNY20.00

J0171585
电视声画艺术 张凤铸著
北京 北京广播学院出版社 1997年 11+766页
有肖像 20cm(32开) ISBN: 7-81004-714-0
定价: CNY56.00
(电视艺术丛书)
作者张凤铸(1936—),教授。出生广东五华县,毕业于中山大学。历任北京广播学院文艺编辑系主任、中华全国美学学会会员。著有《文艺广播初探》《影视基础理论和技巧》《音响美学》等。

J0171586
电影电视剪辑学 傅正义著
北京 北京广播学院出版社 1997年 645页
有照片及插图 20cm(32开)
ISBN: 7-81004-696-9 定价: CNY48.00
(电视艺术丛书)

J0171587
电影中的现代魔术 纪伟国编著
上海 少年儿童出版社 1997年 131页
19cm(小32开) ISBN: 7-5324-3345-5
定价: CNY5.20
(少年现代科学技术丛书 第三辑)

J0171588
影视摄影 刘永泗著
沈阳 辽宁美术出版社 1997年 338页 有彩照
20cm(32开) ISBN: 7-5314-1674-3
定价: CNY28.80
本书分为8章,前6章主要讲述影视摄像艺术技巧,如镜头构成、光学手段、光线处理、色彩表现、动向手段和运动摄影等。后两章探讨了镜头风格中的几种样式,即当时创作中关注的几个问题。

J0171589
电视摄影与编辑 任金州,高晓虹著
北京 北京广播学院出版社 1998年 重印本
320页 有插图 20cm(32开)
ISBN: 7-81004-716-7 定价: CNY28.00

J0171590
电影剪辑师 Adlbe Premiere 《软件村》编写组编
北京 化学工业出版社 1998年 29页
19cm(小32开) ISBN: 7-5025-2195-X
定价: CNY3.00
(软件村 多媒体开发和工具)

J0171591
电影蒙太奇概论 邓烛非著
北京 中国广播电视出版社 1998年 277页
20cm(32开) ISBN: 7-5043-3177-5
定价: CNY13.00

J0171592
电影摄影画面创作 张会军著
北京 中国电影出版社 1998年 315页 有剧照
20cm(32开) ISBN: 7-106-01314-5
定价: CNY23.00

J0171593
环境宣传教育影视技术入门 焦志延主编
北京 中国标准出版社 1998年 185页
20cm(32开) ISBN: 7-5066-1748-X
定价: CNY28.00

J0171594
摄录步步高 (学摄影三步曲)吴国庆著
广州 广州出版社 1998年 319页 19cm(小32开)
ISBN: 7-80592-787-1 定价: CNY16.00
(摄录系列)

J0171595
实用摄像艺术 杨波著
大连 大连出版社 1998年 重印本 217页
有图照片 21cm(32开) ISBN: 7-80612-250-8
定价: CNY12.00
本书内容包括:家庭摄像的乐趣、“跑”一点黑、怎样开场、片名与格式、字幕的制作、家庭摄像的特性、“现场编辑”的意识、拍摄前的检查和准备、端稳你的摄像机等。

J0171596
影视摄影构图学 郑国恩著
北京 北京广播学院出版社 1998年 440页
有照片及图 20cm(32开) ISBN: 7-81004-747-7
定价: CNY34.00

（电视艺术丛书）

J0171597
电视专题片声画语言结构 李佐丰著
北京 北京广播学院出版社 1999 年 359 页
20cm（32 开）ISBN：7-81004-779-5
定价：CNY21.00
（语言学与应用语言学书系）

本书把电视专题片中声画语言的结构规律归结为四类：同步、隶属、空位和对列。书中以这四种基本结构关系为基础，研究了句子、句组的声画结构的构成情况及它们在表述内容时所起的不同作用。并进一步研究了段落、篇章的声画构成规律。也谈到了字幕语言和采访语言的不同特点和作用。作者李佐丰（1941— ），北京广播学院广播电视文学系教授、中国语言学会理事。著有《广播电视语言》《文言实词》《古文精选》等。

J0171598
放色海外 （杜可风非中国电影笔记）（澳）杜可风（ChristopherDoyle）著
台北 时报文化出版企业公司 1999 年 200 页
有剧照 20×21cm ISBN：957-13-2953-3
定价：TWD350.00
（新人间特区 010）

J0171599
蒙太奇论 （俄）С.М. 爱森斯坦（С.М.Эйзенштейн）著；富澜译
北京 中国电影出版社 1999 年 467 页 有照片及折图 20cm（32 开）ISBN：7-106-01346-3
定价：CNY27.00
（外国电影理论名著）

纪念爱森斯坦诞生一百周年，逝世五十周年出版的电影理论名著，据《爱森斯坦文集》六卷集第 2 卷，艺术出版社，莫斯科，1964 年版译出。作者谢尔盖·爱森斯坦（Сернгей Михфйлович Зйзенштейн，1898—1948），苏联电影导演，电影理论家和教育家。艺术学博士、教授。出生于里加。毕业于圣彼得堡土木工程学院建筑系。作品有：执导传记电影《伊凡雷帝》《伊凡雷帝》，纪录片《墨西哥万岁》。

J0171600
拍出更好的录像带 （展现专业风格 图集）［R. 希克斯］RogerHicks 编著；庄胜雄译
长沙 湖南科学技术出版社 1999 年 92 页
26cm（16 开）ISBN：7-5357-2571-6
定价：CNY29.80
（现代摄影百科 4）

译者庄胜雄，著有《人像摄影：如何拍出神韵与个性》《现代摄影百科（11）：特殊摄影效果》《现代摄影百科 7 静物与近摄 探索微细世界》；译有《摄影室与灯光》等。

J0171601
摄录真美妙 （实用摄录技艺图解精粹）吴国庆著
广州 广州出版社 1999 年 227 页 19cm（小 32 开）
ISBN：7-80592-930-0 定价：CNY12.00

J0171602
影视同期录音 孙欣著
北京 中国电影出版社 1999 年 253 页
20cm（32 开）ISBN：7-106-01433-8
定价：CNY18.00

本书作者根据自己多年从事教学及创作的实践，对同期录音工作中所涉及的各个环节的问题，从基础理论到实际操作都给予了全面的论述和系统的分析。作者孙欣，女，北京电影学院录音系副教授。

电影、电视企业组织与管理

J0171603
沪光大戏院开幕特刊 沪光大戏院编
上海 沪光大戏院［民国］18 页 有照片
26cm（16 开）

本书为影院宣传品。介绍影片《木兰从军》本事，有演员剧照，以及电影《凤侣鸾俦》《飘飘欲仙》等电影广告。

J0171604
电影场 徐公美编著
上海 商务印书馆 1937 年 69 页 有图

19cm（32开）定价：国币三角五分
（社会教育小丛书）
本书内容包括电影与教育，电影场的构造、设备、管理、施教方法，影片来源，推广事业，影片检查等8节。附：电影片检查暂行标准、参考书目。

J0171605
电影放映法　徐傅霖著
长沙　商务印书馆　1938年　62页　19cm（32开）
定价：国币三角
（电影小丛书）
本书内容包括电影的原理、放映的实际、色与声等3章。

J0171606
电影院经营法　杨敏时著
长沙　商务印书馆　1938年　68页　19cm（32开）
定价：国币三角五分
（电影小丛书）
本书内容包括：电影院的组织、电影院的建筑、电影院的声光等8章。附上海对公共娱乐场所的管理规则及参考书目。

J0171607
华北电影股份有限公司定款
［北京］华北电影股份有限公司［1939年］
手写本　18×26cm

J0171608
电影放映技术　（发动发电机部分草稿）中国人民解放军总政文化部编
北京　中国人民解放军总政文化部
［1950—1955年］177页　有图　26cm（16开）

J0171609
形象教学资料　中央电影局放映训练班形象教室全体教员编
北京　中央电影局放映训练班形象教室　1950年
120页　有图　19cm（32开）
（中央电影局放映训练班参考资料　5）

J0171610
一九五三年电影制片技术会议各项规定　中央文化部电影局编
北京　中央文化部电影局［1950—1959年］
修订本　8页　21cm（32开）

J0171611
怎样保护影片　（苏）加罗夫金著；刘友鹏译
北京　中央人民政府文化部电影局技术委员会
1950年　83页　有图　20cm（32开）
（电影技术丛书）

J0171612
北京电影制片厂一九五零年工作总结及一九五一年工作方针与任务　北京电影制片厂行政处编
北京　电影制片厂行政处　1951年　66页
19cm（32开）

J0171613
电影宣传资料　（合订本　1953年）中国电影发行公司编
北京　中国电影发行公司［1953年］19cm（32开）

J0171614
电影宣传资料　（1954年　合订本）中国电影发行公司总公司宣传处编
北京　中国电影发行公司总公司宣传处　1954年
18cm（15开）

J0171615
关于电影企业、财务管理的指示与规定　中央文化部电影局编
北京　中央文化部电影局　1953年　29页
19cm（32开）

J0171616
苏联故事片摄制组规程及其分工　刘友鹏译
［北京］中央人民政府文化部电影局技术研究室
1953年　49页　21cm（32开）
定价：旧币2,000元

J0171617
电影放映光学四讲　（苏）戈尔陀夫斯基，E.M.著；肖立书译
北京　中央文化部电影局　1954年　71页
21cm（32开）
（电影技术丛书）

J0171618
电影放映技术讲话 (苏)格涅维舍夫著；王澍译
北京 中央人民政府文化部电影局 1954 年 66 页
有图 20cm(32 开)

J0171619
电影放映装置的安装、设备和检查 (苏)安德烈格，Г.Ф.,(苏)巴巴涅里，С.Р.著；梅文等译
[北京]文化部电影事业管理局 [1954—1999 年]
303 页 21cm(32 开)
(电影技术丛书)

J0171620
电影放映装置的安装、设备和检查 (苏)安德烈格，Г.Ф.,(苏)巴巴涅里，С.Р.著；梅文等译
[北京]文化部电影事业管理局 1955 年 303 页
21cm(32 开)
(电影技术丛书)

J0171621
电影摄制组的工作 (苏)普列奥布拉仁斯基(С.Н.Преображенский),(苏)什涅代洛夫合著；白雁如译
北京 中华人民共和国文化部电影事业管理局
1954 年 150 页 有图表 21cm(32 开)

J0171622
电影制片中的绘画与涂刷工作 (苏)B.巴尔留节克著；刘友鹏译；中央人民政府文化部电影局编辑
北京 中央人民政府文化部电影局 1954 年 81 页
有图 21cm(32 开)
(电影技术丛书)

J0171623
农村流动放映队的工作组织 (苏)纳舍尔斯基著；赵超群译
北京 中央人民政府文化部电影局 1954 年 72 页
18cm(15 开)

J0171624
电影放映技术 (苏)柯罗列娃(М.А.Королева)著；牟固译
北京 中华人民共和国文化部电影事业管理局
1955 年 422 页 有图 18cm(15 开)
(电影技术丛书)

J0171625
电影放映技术 (苏)M.A.柯罗列娃著；牟固译
北京 中国电影出版社 1965 年 503 页
20cm(32 开) 统一书号：15081.140
定价：CNY2.00

J0171626
俱乐部中的电影 (苏)巴拉诺夫斯基(Д.Барановский)著；钟鸿译
北京 工人出版社 1955 年 54 页 18cm(15 开)
定价：CNY0.17

J0171627
一九五五年苏联电影制片资料汇编 文化部电影事业管理局编
[北京]文化部电影事业管理局 1955 年 160 页
18cm(32 开)

J0171628
怎样放映电影 (苏)保罗霍夫斯基著；田俊人，包学诚译
北京 中华人民共和国文化部电影事业管理局
1955 年 56 页 有图 20cm(32 开)
(电影技术丛书)

J0171629
怎样放映电影 (苏)保罗霍夫斯基(А.М.Болоховский)著；田俊人等译
北京 中国电影出版社 1958 年 61 页 19cm(32 开)
统一书号：15061.50 定价：CNY0.28

J0171630
电影放映机应用知识 胡祝海编
上海 上海科学技术出版社 1956 年
定价：CNY0.38

J0171631
电影制片工艺学 (苏)阔诺普略夫(Б.Н.Коноплев)著；马萨译
北京 中国电影出版社 1956 年 325 页
19cm(32 开) 统一书号：15061.1 定价：CNY1.40

本书是一部介绍整个影片生产过程(从电影文学剧本到完成影片)的著作。书中对于各种类型的电影制片厂的一般情况及其建筑设计，作了概括性的叙述；同时详细叙述了电影制片厂的组织机构、影片的基本生产工艺阶段、影片的生产工艺过程、制片厂各工作间和各科的组织机构及其在工作上的联系等等。关于电影的布景、摄影、录音、照明、特技摄影、动画摄影、影片加工、剪辑、演员化妆、烟火技术以及模型道具等工作的程序，也做了详细的说明。此外还叙述了翻译片的译制过程。

J0171632
电影制片工艺学　(苏)阔诺普略夫(Б.Н.Коноплев)著；马萨译
北京 中国电影出版社 1957年 2版 增订本
339页 有插图表 21cm(32开)
统一书号：15061.1 定价：CNY2.30

J0171633
放映电工基础　(适用本)北京电影学院编
北京 中国电影出版社 1956年 151页 有插图
22cm(32开) 统一书号：15061.7 定价：CNY0.85

J0171634
放映电工基础　中国人民解放军总政治部文化部编
北京 中国电影出版社 1980年 181页
19cm(32开) 统一书号：15061.159
定价：CNY0.58
(35毫米电影放映技术丛书)

J0171635
幻灯和电影　(文化补充读物)石永森著
[南京]江苏人民出版社 1956年 定价：CNY0.04

J0171636
流动电影放映单位技术操作暂行规程　中华人民共和国文化部电影事业管理局制订
北京 中国电影出版社 1956年 39页 16cm(25开)
定价：CNY0.10

J0171637
影片拷贝的检查与修理　(苏)科罗夫金(В.Д.Коровкин)著；赵超群译
北京 中国电影出版社 1956年 87页 有插图
18cm(15开) 统一书号：15061.2 定价：CNY0.44

J0171638
彩色电影放映　(苏)戈尔陀夫斯基(Е.М.Голдовсий)著；孟浪，立书译
北京 中国电影出版社 1957年 123页
18cm(15开) 统一书号：15061.29
定价：CNY0.55

本书根据苏联国家电影出版局1949年版译出。作者试图从研究彩色影片放映中的某些专门问题初次提出探讨，从电影放映基本知识谈起，对彩色电影放映理论作系统全面的阐释。全书分4章："颜色的概念"、"彩色影片正片的特性"、"彩色画面的放映"、"彩色声带还音"。

J0171639
电影发行放映工作经验汇编　中华人民共和国文化部电影事业管理局辑
北京 中国电影出版社 1957年 146页
18cm(15开) 统一书号：7061.7 定价：CNY0.42

J0171640
电影发行放映工作经验汇编　电影局放映管理处编
[北京]中国电影出版社 1957年 定价：CNY0.42

J0171641
农村放映单位的组织与经营　(苏)那舍尔斯基(А.Ю.Нашельский)著；赵朝群译
北京 中国电影出版社 1957年 143页
18cm(15开) 统一书号：15061.16
定价：CNY0.70

J0171642
电影放映　卢野等著
北京 中国电影出版社 1958年 117页
18cm(15开) 统一书号：15061.48
定价：CNY0.46

J0171643
电影放映单位的安全技术　(苏)包里先柯(И.В.Борисенко)著；谭兆祥译
北京 中国电影出版社 1958年 116页
有插图及表 18cm(15开) 统一书号：15061.31

定价：CNY0.55

J0171644
电影放映技术经验汇编　中国电影发行放映公司编
北京　中国电影出版社　1958年　115页
19cm（32开）统一书号：15061.61
定价：CNY0.40
（电影放映工作丛书）

J0171645
电影放映业务经验汇编　中国电影发行放映公司编
北京　中国电影出版社　1958年　200页
19cm（32开）统一书号：7061.2　定价：CNY0.60
（电影放映工作丛书）

J0171646
电影放映光学　（苏）拉帕乌里，A.A.著；杜审初译
北京　中国电影出版社　1959年　185页　有图表
19cm（32开）统一书号：15061.79
定价：CNY0.65
外文书名：Кинопроекционная оптика

J0171647
电影放映光学　（苏）拉帕乌里（A.A.Лапаури）著；杜审初译
北京　中国电影出版社　1965年　2版 203页
19cm（32开）统一书号：15061.79
定价：CNY0.70

J0171648
电影放映与还音　陈汀声编著
北京　中国电影出版社　1959年　106页
19cm（32开）统一书号：15061.76
定价：CNY0.50

J0171649
电影摄制计划与组织工作概述　敬然，郝伟光著
北京　中国电影出版社　1959年　66页
19cm（32开）统一书号：7061.3　定价：CNY0.22

J0171650
影片和电影放映机　［苏］В.И.什梅略夫著；萧立书译
北京　中国电影出版社　1959年　定价：CNY1.65

J0171651
“大跃进”中的长春电影制片厂　长春电影制片厂电影理论教研室编
长春　吉林人民出版社　1960年　54页　19cm（32开）
统一书号：10091.406　定价：CNY0.22

J0171652
电影放映机、影片、银幕和放映场所　（上册）王式孟编著
北京　中国电影出版社　1961年　256页　有图表
21cm（32开）统一书号：15061.91
定价：CNY1.30
（电影放映技术丛书）

J0171653
电影放映技术规程汇编　文化部批准
北京　中国电影出版社　1961年　196页　有图表
15cm（40开）统一书号：15061.98
定价：CNY0.45
本书系我国1961年由文化部批准试行的电影放映技术规程。

J0171654
上海科学教育电影制片厂1960年产品目录　上海科学教育电影制片厂编
上海　上海科学教育电影制片厂　1961年　160页
13×19cm

J0171655
安全电影胶片　（苏）波德郭劳捷茨基，E.K.著；陈兆初，张东生译
北京　中国电影出版社　1962年　136页　有图表
19cm（32开）统一书号：15061.102
定价：CNY0.60

J0171656
影片的使用和维修　王进，高金平编著
北京　中国电影出版社　1962年　60页　19cm（32开）
统一书号：15061.104　定价：CNY0.30
（电影放映设备维修小丛书）

J0171657
16 毫米电影放映机 中国电影发行放映公司电影放映技术教材编写组编；文化部电影事业管理局审定
［北京］中国电影出版社 1964 年 21cm（32 开）
定价：CNY0.85

J0171658
16 毫米电影放映机实习教材 中国电影发行放映公司电影放映技术教材编写组编；文化部电影事业管理局审定
［北京］中国电影出版社 1964 年 21cm（32 开）
定价：CNY0.44

J0171659
电影放映机的电源设备 徐键编著
［北京］中国电影出版社 1964 年 2 版
21cm（32 开）定价：CNY0.85
（电影放映技术丛书）

J0171660
电影放映机修理 （苏）C.P. 巴尔巴涅尔著；康明彬译
［北京］中国电影出版社 1964 年 2 版
21cm（32 开）定价：CNY1.35

J0171661
电影放映扩音机 中国电影发行放映公司电影放映技术教材编写组编；文化部电影事业管理局审定
［北京］中国电影出版社 1964 年 21cm（32 开）
定价：CNY0.90

J0171662
电影放映扩音机实习教材 中国电影发行放映公司电影放映技术教材编写组编；文化部电影事业管理局审定
［北京］中国电影出版社 1964 年 21cm（32 开）
定价：CNY0.80

J0171663
放映电工学 中国电影发行放映公司电影放映技术教材编写组编
北京 中国电影出版社 1964 年 237 页 有图表
21cm（32 开）统一书号：15061.129
定价：CNY1.00

J0171664
放映电工学 徐键编著
北京 中国电影出版社 1984 年 452 页
20cm（32 开）统一书号：15061.201
定价：CNY2.30
（中级电影放映技术丛书）

J0171665
放映电工学实习教材 中国电影发行放映公司电影放映技术教材编写组编
北京 中国电影出版社 1964 年 36 页 有图表
21cm（32 开）统一书号：15061.134
定价：CNY0.20

J0171666
移动式发动发电机 中国电影发行放映公司电影放映技术教材编写组编；文化部电影事业管理局审定
［北京］中国电影出版社 1964 年 21cm（32 开）
定价：CNY1.00

J0171667
移动式发动发电机实习教材 中国电影发行放映公司电影放映技术教材编写组编；文化部电影事业管理局审定
［北京］中国电影出版社 1964 年 21cm（32 开）
定价：CNY0.40

J0171668
35 毫米电影放映机 中国电影发行放映公司电影放映技术教材编写组编；文化部电影事业管理局审定
北京 中国电影出版社 1965 年 21cm（32 开）
定价：CNY1.30

J0171669
35 毫米电影放映机实习教材 中国电影发行放映公司电影放映技术教材编写组编；文化部电影事业管理局审定
北京 中国电影出版社 1965 年 21cm（32 开）
定价：CNY0.55

J0171670
农业战线上的文化尖兵 中国电影出版社编辑
北京 中国电影出版社 1965年 67页
19cm(32开) 统一书号: 8061.1201
定价: CNY0.19

J0171671
我们是这样做农村电影宣传工作的 河北省昌黎县电影管理站编; 张子诚执笔
北京 中国电影出版社 1965年 67页
19cm(32开) 统一书号: 8061.1202
定价: CNY0.18

J0171672
16毫米电影放映设备 (电影放映技术 上册) 中国电影公司编
北京 科学出版社 1978年 361页 19cm(32开)
统一书号: 15031.177 定价: CNY0.90

J0171673
16毫米电影放映设备 (电影放映技术 下册) 中国电影公司编
北京 科学出版社 1978年 288页 26cm(16开)
统一书号: 15031.184 定价: CNY0.80

J0171674
8.75毫米电影放映设备 (电影放映技术 第一分册) 中国电影公司编
北京 科学出版社 1978年 145页 19cm(32开)
统一书号: 15031.186 定价: CNY0.40

J0171675
8.75毫米电影放映设备 (电影放映技术 第二分册) 中国电影公司编
北京 科学出版社 1978年 224页 19cm(32开)
统一书号: 15031.187 定价: CNY0.60

J0171676
8.75毫米电影放映设备 (电影放映技术 第三分册) 中国电影公司编
北京 科学出版社 1978年 187页 19cm(32开)
统一书号: 15031.188 定价: CNY0.55

J0171677
8.75毫米电影放映设备 (电影放映技术 第四分册) 中国电影公司编
北京 科学出版社 1978年 192页 19cm(32开)
统一书号: 15031.189 定价: CNY0.52

J0171678
保存彩色电影的全息方法 (国外电影参考资料单行本11号) 北京电影学院编
1979年 8页 20cm(32开) 定价: CNY0.10

J0171679
电影放映的光技术 (苏)伊尔斯基(Г.Л.Ирский)著; 郁有铭译
北京 中国电影出版社 1979年 284页
20cm(32开) 统一书号: 15061.147
定价: CNY1.45

J0171680
银幕 缪克瀛编著
北京 中国电影出版社 1979年 104页
19cm(32开) 统一书号: 15061.146
定价: CNY0.46

J0171681
电影发行放映企业会计分录实例 张润编写
贵阳 贵州人民出版社 1981年 161页
19cm(32开) 统一书号: 4115.136 定价: CNY0.50

J0171682
浙江省电影发行放映工作文件汇编 (1977.1-1981.6) 浙江省电影发行放映公司编
杭州 浙江省电影发行放映公司 1981年 417页
13cm(60开) 定价: CNY12.50

J0171683
电影放映技术讲座 吕新亚编著
兰州 甘肃人民出版社 1982年 246页
19cm(32开) 统一书号: 15096.51 定价: CNY0.71

本书通过讲座的形式, 对国产《甘光》FL-35Ⅱ型和《解放103型等移动式35毫米电影放映机》各主要部分的结构、原理、特性和调整方法等方面, 作了比较详细的阐述。

J0171684
电影放映与影院经营管理 (美)唐·弗·克洛普弗(kloppfel, D.V.)主编; 林作坚, 夏剑秋译

北京 中国电影出版社 1982年 304页
20cm(32开) 统一书号: 15061.177
定价: CNY1.55

本书阐述放映中各重要环节注意事项，诸如对放映设备、还音系统、放映机房、测试仪表、影院设计及内部布置，直到座坐、银幕等各个细节的叙述。

J0171685
电影发行知识　吴守谦著
北京 中国电影出版社 1983年 181页
20cm(32开) 统一书号: 15061.199
定价: CNY0.98

J0171686
电影制片管理与故事片摄制过程　敬然著
北京 中国电影出版社 1983年 139页
19cm(32开) 统一书号: 8061.1978
定价: CNY0.60

本书作者在长期实践的基础上，结合影片制作的各个环节，较为详细地谈了电影生产管理的任务和工作方法。

J0171687
延安电影团成立四十五周年　中央新闻纪录电影制作厂建厂三十周年
1983年 1册 有图照片 26cm(16开)

J0171688
电影发行放映技术管理制度汇编　中国电影发行放影公司编
北京 中国电影出版社 1984年 214页
13cm(60开) 精装 统一书号: 4061.0002
定价: CNY1.10

J0171689
电影放映新光源技术　周晓斌编
长沙 湖南科学技术出版社 1984年 366页
19cm(32开) 统一书号: 15204.121
定价: CNY1.45

J0171690
电影工作资料　(总第19期　增刊 全国电影发行放映技术会议文件汇编) 总政治部文化部[编]
[总政治部文化部] 1984年 100页 26cm(16开)

J0171691
电影放映发行小手册　牛均富等著
武汉 湖北教育出版社 1985年 116页
19cm(32开) 统一书号: 8306.8 定价: CNY0.74

J0171692
电影发行放映文件选编　(续一) 河南省电影公司编
[河南省电影公司] 1986年 236页 18cm(15开)

J0171693
电影放映标准和质量　(苏)卡里皮吉,(苏)达理著; 魏韵森译
北京 中国电影出版社 1986年 227页
20cm(32开) 统一书号: 15061.209
定价: CNY1.60

J0171694
电影放映技术手册　苏桂亮, 刘富库主编
北京 解放军出版社 1986年 1057页
26cm(16开) 统一书号: 15185.103
定价: CNY13.00

本书讲解电影放映机、发动发电机、电影扩音机、放映电工等方面的名词、术语，电子元器件的作用及参数，机器零部件的结构及性能，主要材料的规格等。收集国内各电影机械制造厂生产的主要机型的立体分解图、装备图、原理图等技术资料。

J0171695
新中国电影的摇篮　(1949—1985) 胡昶著
长春 吉林文史出版社 1986年 467页 有照片
20cm(32开) 统一书号: 7437.21 定价: CNY5.10

长春电影制片厂四十年来的发展历程。作者胡昶(1933—2016)，电影史学家。吉林梨树人，毕业于东北师范大学。历任中国电影家协会会员，长春电影史志办公室主任、副编审。著有《新中国电影的摇篮》《满映——国策电影面面观》。

J0171696
银幕与放映场地　宋腾甲, 林铭祥著
北京 中国电影出版社 1986年 169页
19cm(32开) 统一书号: 15061.214
定价: CNY1.20
(初级电影放映技术丛书)

J0171697
影片使用与维护　阿都沁夫著
北京　中国电影出版社 1986 年 208 页
19cm（32 开）统一书号：15061.222
定价：CNY1.50
（初级电影放映技术丛书）

J0171698
影片使用与维护　阿都沁夫著
北京　中国电影出版社 1991 年　重印本　208 页
19cm（32 开）ISBN：7-106-00569-X
定价：CNY3.20
（初级电影放映技术丛书）

本书主要讲述影片的性能、使用、运输、贮存和维护的方法，分析了影片损伤的原因及预防办法，提出了技术鉴定和对影片损伤之后的赔偿计算等问题。

J0171699
电影放映技术辞典　员有名，刘宗达编著
武汉　湖北辞书出版社 1987 年 207 页
19cm（32 开）ISBN：7-5403-0000-0
定价：CNY1.60

J0171700
电影放映与管理　吴智杰编著
北京　科学出版社 1988 年　242 页　19cm（32 开）
ISBN：7-03-000989-4　定价：CNY2.60

J0171701
社会　电影　观众　高兰祥主编
北京　华艺出版社 1988 年　353 页　20cm（32 开）
定价：CNY3.90
（电影与观众丛书）

J0171702
西片宣传百科　李默著
香港　友禾制作事务所 1988 年　2 版 207 页
17cm（32 开）定价：HKD22.00
（友禾电影人丛书 2）

J0171703
西影 30 年　西安电影制片厂编
［《西影三十年》编写组］1988 年　412 页　有照片
20cm（32 开）

J0171704
电影制片手册　（美）亚当斯（Adams，W.B.）著；赵超群译
北京　中国电影出版社 1989 年 586 页
20cm（32 开）ISBN：7-106-00073-6
定价：CNY8.50

本书介绍从剧本写作到剪辑合成的全过程，以及各类电影各制作阶段的划分、范围、技术过程与特点、生产管理、设备与设备选用、人员配备及其职责、常见错误与问题。配有近 200 幅插图。外文书名：Handbook of Motion Picture Production.

J0171705
峨影三十年　（图集）峨影三十年编辑委员会主编
［1989 年］126 页　29cm（16 开）

外文书名：Emei Film Studio 1958—1988.

J0171706
北京电影洗印录像技术厂四十周年　莽珉主编
［北京］人民画报社 1990 年　95 页　28cm（16 开）

外文书名：The 40th Anniversary of Beijing Film & Video Laboratory.

J0171707
电影发行放映技术资格考试题解　（上册）
赵桂祥等编
长沙　湖南科学技术出版社 1990 年　678 页
21cm（32 开）ISBN：7-5357-0721-1
定价：CNY10.20

J0171708
电影发行放映技术资格考试题解　（下册）
赵桂祥等编
长沙　湖南科学技术出版社 1990 年　473 页
21cm（32 开）定价：CNY7.30

J0171709
电影发行放映技术资格考试题解　（上册）
赵桂祥等编
长沙　湖南科学技术出版社 1990 年　672 页
21cm（32 开）精装　ISBN：7-5357-0721
定价：CNY9.00

J0171710
电影发行放映技术资格考试题解 （下册）
赵桂祥等编
长沙 湖南科学技术出版社 1990年 473页
21cm（32开）精装 定价：CNY9.00

J0171711
电影放映网管理基础 鲁善源著
北京 中国广播电视出版社 1990年 331页
19cm（32开）ISBN：7-5043-0675-4
定价：CNY4.20

J0171712
独立制片在台湾 （西部来的人）黄明川著
台北 前卫出版社 1990年 200页 有照片
21cm（32开）定价：TWD120.00
（新台湾人丛书 22）

J0171713
峨影厂志 （1958—1988）峨眉电影制片厂厂史办公室编
［成都］［峨眉电影制片厂厂史办公室］1990年 339页 有照片 20cm（32开）定价：CNY43.00

J0171714
天山电影制片厂志 （1959—1989）唐光涛主编；天山电影制片厂志编纂领导小组编
［乌鲁木齐］［天山电影制片厂志编纂领导小组］1990年 424页 有照片 20cm（32开）精装
定价：CNY50.00

J0171715
银幕面对的世界 （电影观众学研究）王世声等著
北京 中国电影出版社 1990年 282页
20cm（32开）ISBN：7-106-00488-X
定价：CNY4.50
（电影学新论丛书）

本书是我国第一部电影观众学研究专著。作者广泛吸收国内外研究成果，既横向分析了中国电影观众的群体构成、观赏动机、观赏效应，又纵论了新中国40年来电影观众的流变和心态演变。

J0171716
本子、班子和票子 （电视剧制片人谈制片）戴临风，徐宏主编
北京 中国广播电视出版社 1991年 240页
19cm（小32开）ISBN：7-5043-1447-1
定价：CNY4.10

本书是电视制片管理经验和理论研究的论文集。

J0171717
电影、对外传播电影 湖北省对外文化交流协会编；王志章等执笔
武汉 湖北人民出版社 1991年 173页
20cm（32开）ISBN：7-216-00680-1
定价：CNY4.50

J0171718
电影电视制作预算 （美）韦斯（Wiese, M.）著；单玎译
北京 中国财政经济出版社 1991年 336页
19cm（小32开）定价：CNY4.80

本书介绍拍电影和电视片时如何筹集资金和制订预算。介绍了编制电影电视预算的方法及应注意的问题，还介绍了预算示例，以及对各预算项目的分析。

J0171719
电影发行放映企业财务管理 吕洪波编著
南京 江苏教育出版社 1991年 318页
20cm（32开）ISBN：7-5343-1448-8
定价：CNY3.60

本书以电影发行放映企业资金运作为主线，穿插电影发行放映企业特点的其他内容，进行了全面论述。

J0171720
电影院经营管理 徐雷，梅长庚编著
北京 中国电影出版社 1991年 177页
19cm（小32开）ISBN：7-106-00550-9
定价：CNY3.00

本书系统论述了我国城乡电影院的性质、任务、特点、分类和专业经营管理以及提高效益、自我发展的途径，同时还就目前电影院改革、发展的趋势进行了探讨。

J0171721
电影制作经验谈 (日)新藤兼人著; 张加贝译
北京 中国电影出版社 1991年 139页 有照片
20cm(32开) ISBN: 7-106-00455-3
定价: CNY2.60
本书内容包括: 电影的实际制作、高中生制作的影片、剧本范本。

J0171722
银幕下的奉献者 中国电影发行放映公司编
北京 科学普及出版社 1991年 260页 有照片
19cm(小32开) ISBN: 7-110-01971-3
定价: CNY3.30
本书编选了全国电影发行放映工作先进集体先进工作者经验交流会上的领导讲话和先进事迹报道, 共40余篇。

J0171723
电影发行放映论文集 刘南主编; 中国电影发行放映学会乌鲁木齐市支会, 乌鲁木齐市电影发行放映公司编
乌鲁木齐 新疆人民出版社 1992年 209页
19cm(小32开) ISBN: 7-228-02360-9
定价: CNY3.20
本书收论企业管理、电影市场、电影艺术三方面论文19篇。

J0171724
电影宣传学导论 王文宾著
杭州 杭州大学出版社 1992年 284页
20cm(32开) ISBN: 7-81035-182-6
定价: CNY4.50
本书从电影宣传和电影评论的角度, 探讨电影艺术的一般规律, 研究电影的观众和市场, 以及电影宣传的基本内涵和电影评论的写作规范等。外文书名: An Introduction to Film Propaganda.

J0171725
实践与思考 (辽宁省电影发行放映论文集) 吕冲主编
沈阳 辽宁大学出版社 1992年 349页
20cm(32开) ISBN: 7-5610-1915-7
定价: CNY6.00
这是一部有关电影发行放映理论的论文集, 着重于城市影院改造及服务、农村电影市场开发、影片发行宣传、企业经营管理4个方面。收入文章60余篇。

J0171726
影视制片进度计划 (美)辛格莱顿(Singleton, RalphS.)著; 徐建生译
北京 中国电影出版社 1992年 170页 有折图
20cm(32开) ISBN: 7-106-00548-7
定价: CNY3.10
本书叙述了如何从剧本着手来制定一个切实可行的制片计划, 以期达到节省经费、缩短制作周期的目的。论述了计划工作的基本规则、需要考虑的因素、所遵循的步骤及方法。外文书名: Film Scheduling. 作者拉尔夫·S·辛格莱顿, 美国活动画片制片厂制片部主任, 副导演。

J0171727
中外电影院经营大全 王宏昭主编
成都 成都科技大学出版社 1992年 652页
20cm(32开) ISBN: 7-5616-1523-X
定价: CNY11.80
本书介绍了中外电影院经营管理所涉及的诸多问题, 包括: 电影院建筑和设备、影片的分类技巧、艺术电影院和艺术片的经营、国外电影院的经营宣传招式等。

J0171728
电影放映技术 山东省科学技术协会主编; 宋腾甲等编著
北京 中国青年出版社 1993年 350页
19cm(小32开) ISBN: 7-5006-1352-0
定价: CNY7.10
(青年学艺指南丛书)
本书介绍电影放映的基本知识和技术, 内容包括: 电影放映的基本原理和影片, 银幕基本知识, 电影放映机的种类、结构、使用和维修等。

J0171729
独立制片 (从构思到发行内容全面的入门手册)(美)古德尔(Goodell, Gregory)著; 西冰等译
北京 中国电影出版社 1993年 360页
20cm(32开) ISBN: 7-106-00838-9
定价: CNY5.80
(影视技术教程系列)

本书探讨了独立故事影片从构思到发行所面临的各种问题，包括法律结构与资金筹措、摄制前的准备工作、发行与销售等5部分。

J0171730
探索与决策　（辽宁省电影发行放映论文集）吕冲主编
沈阳 辽宁大学出版社 1993年 311页
20cm（32开）ISBN：7-5610-2247-6
定价：CNY5.50

本书收入论文47篇，涉猎了电影体制改革、电影经营机制转换、电影发行放映宣传、开拓农村电影市场等方方面面。

J0171731
电影放映应用技术手册　徐雷等编
北京 中国电影出版社 1994年 672页
26cm（16开）ISBN：7-106-00479-0
定价：CNY82.00

本书分3编：电影放映基础、电影放映专业、电影放映技术标准及检测技术。

J0171732
电影观众学　章柏青，张卫著
北京 中国电影出版社 1994年 348页
20cm（32开）ISBN：7-106-00949-0
定价：CNY9.40
（电影学新论丛书）

本书分：电影观众学导论、华夏文化观影心理描述、观众学批评等15章。

J0171733
电影发行放映技术考工题解　雷元亮主编；赵桂祥等编著
长沙 湖南科学技术出版社 1995年 3册
20cm（32开）ISBN：7-5357-1613-X
定价：CNY37.00

J0171734
电影与观众论稿　章柏青著
北京 华夏出版社 1995年 463页 20cm（32开）
ISBN：7-5080-0703-4 定价：CNY18.00

本书收《接受美学与电影观众学研究》《〈人生〉漫笔》《〈香魂女〉的启示》等70多篇文章。

J0171735
世界影视市场　叶萝兰编著
北京 中国大百科全书出版社 1995年 146页
19cm（小32开）ISBN：7-5000-5483-1
定价：CNY98.80（合计）
（世界市场全书 世界文化市场全书 48）

J0171736
外来文化与卫星外片频道的经营策略及产品特性研究　谷玲玲研究主持
台北 中华文化复兴运动总会 1996年 132页
29cm（16开）精装 定价：TWD3000.00

本书由中华文化复兴运动总会和电视文化研究委员会联合出版。

J0171737
北影四十年　（1949—1989）周啸邦主编
北京 文化艺术出版社 1997年 575页 有照片
20cm（32开）ISBN：7-5039-1404-1
定价：CNY29.80

J0171738
彝山银帆船　李玥著
昆明 云南民族出版社 1997年 203页
20cm（32开）ISBN：7-5367-1506-4
定价：CNY14.00
（中国彝族当代文学丛书）

J0171739
数字化电影制片　（变化中的电影制片艺术和技巧）（美）托马斯·A.奥汉年（ThomasA. Ohanian），（美）迈克尔·E.菲利浦斯（MichaelE. Phillips）著；施正宁译
北京 中国电影出版社 1998年 16+319页
有图照片 26cm（16开）ISBN：7-106-01374-9
定价：CNY68.00

本书对数字化电影制片环境中前期制作、制作、后期制作的步骤，以及创作和技术等方面作了详细的阐述。

J0171740
台北电影院　（城市电影空间深度导游）李清志主编
台北 元尊文化企业公司 1998年 138页 有照片
21cm（32开）ISBN：957-8286-44-9

定价：TWD250.00
（风行馆 异空间 S1178）
外文书名：Movie Theaters in Taipei.

J0171741
中国电影物资产业系统历史编年纪 （1928—1994）杨海洲主编；中国电影器材公司等编纂
北京 中国电影出版社 1998年 888页 有照片
20cm（32开）ISBN：7-106-01350-1
定价：CNY56.00
（中国电影事业物质技术基础史料丛书）

J0171742
北影五十年 （1949—1999）周啸邦主编
［北影五十年画册编委会］1999年 171页
有照片 29cm（16开）
外文书名：Beijing Film Studio in the Last 50 Years.

J0171743
电视制片人的现状与发展前景 王甫主编
北京 中国广播电视出版社 1999年 300页
20cm（32开）ISBN：7-5043-3221-6
定价：CNY18.00

J0171744
电影市场营销 于丽编著
北京 中国广播电视出版社 1999年 191页
20cm（32开）ISBN：7-5043-3314-X
定价：CNY12.00

J0171745
电影营销 （破译中国电影市场营销的密码）贾虹琳编著
北京 中国广播电视出版社 1999年 14+598页
有彩照及图 24cm（15开）ISBN：7-5043-3397-2
定价：CNY66.00，CNY88.00（精装）
（三木文化市场文库）

J0171746
电影制片学浅谈 季伟编著
北京 中国国际广播出版社 1999年 183页
20cm（32开）ISBN：7-5078-1770-9
定价：CNY15.00

J0171747
季洪电影经济文选 季洪著
北京 中国文联出版社 1999年 569页 有照片
20cm（32开）ISBN：7-5059-3290-X
定价：CNY28.00
作者季洪，女，艺术家。曾在电影局任职。

J0171748
实用影视制片 伍振国编著
北京 中国广播电视出版社 1999年 226页
20cm（32开）ISBN：7-5043-3207-0
定价：CNY15.00

J0171749
统计学原理在电影发行中的应用 于丽编著
北京 中国广播电视出版社 1999年 116页
20cm（32开）ISBN：7-5043-3309-3
定价：CNY10.00

J0171750
我与昆仑 （一个中国早期电影制片人的自述）宋江洪主编；任宗德著
成都 四川人民出版社 1999年 254页 有照片
20cm（32开）ISBN：7-220-04614-6
定价：CNY25.00

J0171751
影视文化市场管理论 （一）于丽主编
北京 中国广播电视出版社 1999年 375页
有彩照 20cm（32开）ISBN：7-5043-3317-4
定价：CNY20.00

J0171752
这叫娱乐 （影剧公关秘笈大公开）王凯民，张孝勍著
台北 红色文化事业公司 1999年 239页
21cm（32开）ISBN：957-708-852-X
定价：TWD199.00
（PLAYING 8）

J0171753
制片指南 （法）马克·格多斯多（MarcGoldstaub）著；阎东译
北京 中国电影出版社 1999年 123页
20cm（32开）ISBN：7-106-01344-7

定价：CNY6.60

制片人是一部影片的发起者，本书为有志从事制片人职业的人士提供了入门知识。内容包括：职责的确定、制片计划、筹备阶段、保险、制片、影片的最后完成等。

J0171754

中国电影市场营销策划百例　翁立主编；中国电影市场杂志社编

北京 中国电影出版社 1999 年 320 页

20cm（32 开）ISBN：7-106-01438-9

定价：CNY18.80

（中国电影市场营销系列丛书）

J0171755

珠影人与珠影的路　于得水编写

广州 广东旅游出版社 1999 年 613 页

20cm（32 开）ISBN：7-80653-061-4

定价：CNY38.00

各种电影、电视（按内容与样式分）

J0171756

红楼梦人物素描　中华电影联合股份有限公司编

上海 中华电影联合股份有限公司［民国］16 页 有肖像 20cm（32 开）

本书内容为介绍影片《红楼梦》的本事、演员，并有部分歌词。

J0171757

马路英雄　益华影业公司宣传科编

上海 影艺出版公司［民国］8 页 有图 25cm（小 16 开）

本书内容为介绍影片《马路英雄》剧情、主要演员、导演。

J0171758

三女性　大中华电影企业股份有限公司宣传部编

上海 大中华电影企业股份有限公司宣传部 民国 8 页 有图及乐谱 26cm（16 开）

定价：旧币 3,000 元

本书内容为介绍《三女性》开拍前后的情况及明星李丽华的活动。内收《谁是李丽华的崇拜者》《我的兴趣》《本事》《李丽华会谈记》《灯下花絮》《丽池看拳击、包围李丽华》等 7 篇。有剧照及电影插曲。

J0171759

食盐　教育部社会教育司编

［民国］4 页 18cm（32 开）

（教育部教育影片说明书 第十三号）

J0171760

淞沪前线　教育部社会教育司编

重庆 教育部社会教育司［民国］12 页 18cm（32 开）

本书为 1937 年上海抵抗日军战役的电影解说词。

J0171761

胭脂泪画刊

上海［民国］［40］页 有图 19cm（32 开）

定价：一角

本书包括电影《胭脂泪》故事梗概，胡蝶写的《演胭脂泪之后》《我的自由》两篇文章。并有剧照。

J0171762

雁门关　新华画报社编

上海 新华画报社［民国］16 页 26cm（16 开）

本书内有影片《雁门关》的本事：剧本对白、剧照等。

J0171763

夜店

上海 文华影片公司［民国］［12］页 有图 27cm（16 开）

本书介绍了影片《夜店》的故事，导演、演员和摄制公司的情况，附有插图。

J0171764

一代红伶　中联中华影片公司联合宣传处编

上海 中联、中华联合宣传处［民国］［16］页 有肖像［19cm］（32 开）

本书介绍了影片《一代红伶》的剧情，其中有剧照和全部对白。

J0171765
战功特刊 大中华影片公司编辑部编
上海 霞记公司［民国］30页 有肖像
［19cm］(32开)
本书为影片《战功》专题介绍。有演员照片。

J0171766
侠盗罗宾汉 潘毅华，顾肯夫编
上海 卡尔登影戏院 1924年 再版 43页 有图
19cm(32开)
本书介绍美国电影《侠盗罗宾汉》的故事情节，并有摄制花絮等。

J0171767
钟楼怪人 潘毅华，周瘦鹃编辑
上海 环球影片公司 1924年 44页 有图
19cm(32开)
本书介绍美国电影《钟楼怪人》的故事情节及拍制经过等。

J0171768
风雨之夜 大中华百合影片公司编辑部编
上海 大中华百合影片公司 1925年 76页
19cm(32开)
本书包括电影《风雨之夜》本事、字幕、脚本、剧照等。

J0171769
花好月圆特刊 神州影片公司编辑
上海 神州影片公司 1925年 79页 有像
20×28cm
本书为影片《花好月圆》的专题介绍。附影片《不堪回首》本事、字幕及该公司职员、演员的传略等。

J0171770
我王万岁 潘毅华，顾肯夫编辑
上海 卡尔登影戏院 1925年 42页 有图
19cm(32开)
本书介绍美国电影《我王万岁》的故事情节及拍制经过等。

J0171771
小厂主特刊 大中华百合影片公司编辑部编
上海 大中华百合影片公司 1925年［62］页
有像 19cm(32开)
本书为《小厂主》影片专题介绍，该片由黎明晖主演。收照片多幅及周瘦鹃的小说原作《小厂主》。

J0171772
呆中福特刊 大中华百合影片公司编辑部编
上海 大中华百合影片公司编辑部 1926年
［50］页 有像 19cm(32开)
本书收电影《呆中福》剧情介绍、职员表、演员表、剧照，并有朱瘦菊的《对于摄制呆中福之意见》《呆中福本事》，周瘦鹃的《呆中福琐说》，张秋虫的《滑稽影片之价值》，沈吉诚的《呆中福的谈片》等文章。

J0171773
孔雀东南飞 (专号)甘亚子编
上海 孔雀电影公司发行部 1926年［56］页
20cm(32开)
本书为影片《孔雀东南飞》专题介绍。

J0171774
连环债特刊 大中华百合影片公司编辑部编
上海 大中华百合影片公司 1926年［60］页
有像 12×20cm
本书为影片《连环债》专题介绍。有剧照。

J0171775
凌波仙子号 朱双云编辑
上海 新舞台发行部 1926年 48页 有像
19cm(32开)
(新舞台特刊 第1期)
本书介绍影片《凌波仙子》的本事、摄制琐闻等，并收有新舞台成立缘起及经过、新舞台创办人夏月珊传等。

J0171776
马介甫 大中华百合影片公司编辑部编
上海 大中华百合影片公司 1926年 50页
20cm(32开)
本书为电影《马介甫》专题介绍。收《马介甫本事》(朱瘦菊)、《马介甫之今昔观》(张秋虫)、《马介甫琐话》(周瘦鹃)等。附演职员小影。

J0171777
孟姜女号　天一影片公司编辑部编辑
上海 天一影片公司发行部 1926年 66页
20cm(32开)
(天一特刊 第9期)
本书为影片《孟姜女》专题介绍。

J0171778
探亲家特刊　大中华百合影片公司编辑部编
上海 大中华百合影片公司 1926年 64页
方20cm(方32开)
本书收《探亲家》本事、剧照，以及电影艺术短评等。附演员照片多幅。

J0171779
透明的上海特刊　大中华百合影片公司编辑部编
上海 大中华百合影片公司 1926年[70]页
有像 19cm(32开)
本书内容有影片《透明的上海》摄制经过记事、本事介绍、对该片的评论、电影艺术短论等。

J0171780
西游记盘丝洞特刊　上海影片公司编
上海 [上海影片公司][1926年][74]页
有照片剧照 26cm(16开)
本书介绍影片《西游记盘丝洞》的拍摄经过。有盘丝洞本事、剧照及评论文章。

J0171781
玉洁冰清号　民新影片公司编辑部编辑
上海 民新影片公司 1926年 再版 50页 有像
27cm(16开)
(民新特刊 第1期)
本书介绍影片《玉洁冰清》的剧情、字幕，并有评论、剧照。

J0171782
殖边外史　大中华百合影片公司编辑部编
上海 大中华百合影片公司[1926年]有照片
21cm(32开)
本书为影片《殖边外史》专题介绍，收夏赤凤、周瘦鹃等人的文章12篇。另有《马介甫》《透明的上海》两部电影的评介文章。

J0171783
红楼梦　(专号)甘亚子编
上海 孔雀电影公司 1927年[70]页 有像
27cm(16开)
本书为影片《红楼梦》专题介绍，收剧照及陈定秀等4人合作删订的《红楼梦本事》。

J0171784
红楼梦再生缘合刊　复旦影片公司编辑
上海 复旦影片公司 1927年 66页 有图
22cm(30开)
(复旦特刊第1期)
本书收《红楼梦》《再生缘》两部电影的介绍、剧照、评论文章等。书前有开幕词、演员表等。

J0171785
湖边春梦卫女士的职业合刊　周剑云，宋痴萍编辑
上海 明星影片公司 1927年[70]页 有像
19cm(32开)
(明星特刊 第26期)
本书收影片《湖边春梦》《卫女士的职业》的剧情介绍、职员表、演员剧照等。

J0171786
哪吒闹海杨戬梅山收七怪合刊　(中英文对照)大中国影片公司编辑部编
上海 大中国影片公司 1927年 64页
有像及照片[19×26cm]
本书收《哪吒闹海》《杨戬梅山收七怪》两剧的演员剧照、剧情剧照、本事、职演员表等。

J0171787
孽海惊涛　刘豁公编
上海 大亚影片公司 1927年[100]页
有像 19cm(32开)
(大亚特刊 第2号)

J0171788
山东响马特刊　徐碧波编
上海 友联影片公司 1927年 38页 有图
19cm(32开)

（友联特刊 第5号）

本书为武侠片《山东响马》专题介绍。有顾道明、周瘦鹃等人的推荐文章。

J0171789

孙悟空大闹天宫　大中国影片公司编辑部编

上海 大中国影片公司 1927年 48页 27cm（16开）

（西游记 之一）

本书有影片《孙悟空大闹天宫》的本事、字幕等。附《韩湘子》本事。另有马来文、英文《孙悟空大闹天宫》本事。

J0171790

西游记三笑合刊　天一影片公司编辑部编

上海 天一影片公司发行部 1927年［100］页 有像 20cm（32开）

（天一特刊 第10、11期）

本书介绍电影《西游记（孙行者大战金钱豹）》、《唐伯虎（点秋香）》（又名：三笑姻缘）。有剧照及英文说明。

J0171791

侠风奇缘号　周剑云，宋痴萍编

上海 明星影片公司 1927年［46］页 有像 20cm（32开）

（明星特刊 第27期）

本书收影片《侠风奇缘》全部字幕和宣传文字，并有电影研究方面的文章。

J0171792

血泪碑　真假千金合刊　周剑云，宋痴萍编辑

上海 明星影片公司 1927年［25］页 有像 23cm（10开）

（明星特刊 第二十五期）

本书介绍影片《血泪碑》《真假千金》的演员、剧旨本事，并有字幕等。

J0171793

猪八戒招亲　（西游记之一）大中国影片公司编辑部编

上海 大中国影片公司发行部 1927年 48页 27cm（16开）

本书为电影专题介绍。收有《猪八戒招亲本事》（李元龙）、《中国电影观》（连友三）等文。

J0171794

黑奴魂　潘毅华编辑

上海 毅华广告社 1928年 62页 有图 18cm（15开）定价：大洋三角

本书又名《黑奴吁天录》《汤姆叔叔的小屋》，内有电影剧情介绍、演员小传、剧照、剧本本事，以及有关评论文章。

J0171795

红蝴蝶特刊　徐碧波编

上海 友联影片公司 1928年 42页 有像 20cm（32开）

J0171796

歌女红牡丹特刊　周剑云编辑

上海 华威贸易公司 1931年 86页 有图像 27cm（16开）

《歌女红牡丹》为中国第一部对白歌唱有声电影。本书介绍该片的本事、对白、摄制经过等，有剧照。

J0171797

电影故事　谢恩祈编辑

上海 良友图书印刷公司 1934年［395］页 19cm（32开）

本书主要介绍了我国1923—1924年间放映的外国影片400余部，此书述其本事，分类编排。附英文目次索引。

J0171798

红羊豪侠传电影特刊　汪仲贤，郑逸梅编

上海 新华影业公司 1935年 15页 有像 27cm（16开）

本书为影片《红羊豪侠传》专题介绍，收有太平天国资料30余则及剧照多幅。作者郑逸梅（1895—1992），作家、文史学家。出生于江苏苏州，祖籍安徽歙县。曾任中孚书局编辑、上海国华中学副校长、上海晋元中学副校长等。代表作品有《艺林散叶》《文苑花絮》《书报话旧》等。

J0171799

教育电影　谷剑尘著

上海 中华书局 民国二十六年［1937］204页 22cm（30开）定价：国币六元

本书分12章，论述教育电影的意义、分类、

目标，介绍各国教育电影运动概况、中国教育电影的方针和问题等。

J0171800
云裳仙子特刊　新华画报社编
上海 新华画报社 1939年［50］页 有像
［19×26cm］
本书为中国故事影片简介，内有影片《云裳仙子》的剧本、剧照及插曲等。

J0171801
海上争雄记　大上海大戏院编
上海 大上海大戏院［1940—1949年］［8］页
20cm（32开）

J0171802
华纳再生缘特刊　华纳影片公司，捷发印务有限公司编
上海 华纳影片公司 1940年［110］页 有图
26cm（16开）
本书内有影片《再生缘》（美国华纳影片公司出品）的英文与汉译剧本、电影本事等。

J0171803
博爱　中联中华联合宣传处编
上海 中联中华联合宣传处［1942年］16页
有图 25cm（15开）定价：一元
本书介绍影片《博爱》剧情、演员及其轶事，有剧照多幅。

J0171804
芳华虚度
［1942年］14页 有图 19cm（32开）定价：七角
本书内容为介绍影片《芳华虚度》的剧情及主要演员陈燕燕、高占非等人的情况。

J0171805
大独裁者　黄志民编著
桂林 金马出版社 1943年 81页 20cm（32开）
本书介绍剧本《大独裁者》及主要演员卓别林等，内容有：推荐文章、演员表、本事、演说词、全部对白、摄制前后、卓别林和宝莲歌达、杰奥凯与其他重要演员、人物名词索引。

J0171806
大地春回
上海 实验电影工场［1947年］10页
有像及照片 25cm（15开）
本书内容为介绍影片《大地春回》的剧情及主要演员的活动。附《锦绣江山》《马路英雄》两部影片简介。有剧照多幅。本书与益华影片公司合作出版。

J0171807
无面人　图书世界出版社编
上海 图书世界出版社 1947年［40］页 有图
［19×26cm］（16开）

J0171808
元旦中西电影故事特刊
［1948年］14页 27cm（16开）
本书介绍《清宫秘史》《群魔》以及好莱坞影片《火树银花》《乱世孤雏》《落花流水》9个电影故事。

J0171809
中央电影企业股份有限公司出品目录　（2）
［1948年］16页［19cm］（32开）
本书收中央电影制片厂出品的新闻纪录片、故事片的编目及故事片内容介绍等。

J0171810
安徽戏曲集锦　安徽电影制片厂编制
合肥 安徽电影制片厂［1950—1959年］油印本
37页 26cm（16开）

J0171811
苏联电影故事　石子著
［济南］山东新华书店 1950年［86］页
15cm（25开）定价：CNY1.90

J0171812
苏联故事影片生产手册　中央文化部电影局编
［北京］中央文化部电影局［1953年］144页
21cm（32开）

J0171813
新闻电影工作总结会会刊　北京电影制片厂新闻处编

北京 北京电影制片厂新闻处 1950年 194页
有表格照片 19cm(32开)

J0171814
科学教育电影 (苏)普列奥布拉仁斯基(С.Н.Преображенский)著;萧立书译
北京 中央人民政府文化部电影局技术委员会 1953年 80页 有图 20cm(32开)
(电影丛书)

J0171815
科学教育电影参考资料 中央电影局科学教育电影制片厂总编辑室编
北京 中央电影局科学教育电影制片厂总编辑室 1953年 84页 18cm(15开)

J0171816
科学教育电影参考资料之一 中央电影局科学教育电影制片厂总编辑室编
北京 中央电影局科学教育电影制片厂 1953年 油印本 85页

J0171817
论新闻纪录电影 中央人民政府文化部电影局艺术委员会辑
北京 艺术出版社 1954年 204页 20cm(32开)
定价:旧币7,600元
(电影艺术丛书)

J0171818
动画电影 (苏)瓦诺(И.Вано)著;杨秀实译;电影艺术编译社编辑
北京 艺术出版社 1956年 73页 有图
20cm(32开)定价:CNY0.78
(电影艺术丛书)

本书是我国出版的第一本比较通俗而有系统地讲述动画电影的书。包括动画电影全部复杂的制作过程,如精密的组织工作、分镜头剧本的编写、各工作间的工作情况,以及布景、着色、拍摄等问题。此外,还讲述了动画电影中许多有趣的东西,如动画艺术是怎样产生的,图画为什么能够动,我们在银幕上看到的一个动作究竟要花费动画家多少劳动等。

J0171819
动画片的秘密 万初人著
上海 上海文化出版社 1956年 55页
18cm(15开)统一书号:T7077.77
定价:CNY0.14

本书简明地介绍了动画片的摄制过程,从剧本开始,说到怎样分镜头,连环故事板画,确定人物的形象,怎样使画笔下的人物动起来,怎样配上背景、对白和音乐。使动画片的爱好者,可以获得有关动画片的基本知识,从而提高欣赏的能力。书后配插图17幅。

J0171820
1952年—1957年度农业科学教育电影目录 农业部农业宣传局[编]
北京 农业部农业宣传局 1958年 油印本[5页]
27cm(16开)

本书是《1952年-1957年度农业科学教育电影目录》和《农业部农业宣传局向下放干部介绍几本农业生产知识的书籍》的合订。

J0171821
科学普及电影论文集 (苏)兹古里吉等著;马生民等译
北京 中国电影出版社 1958年 98页 19cm(32开)
统一书号:8061.623 定价:CNY0.30

J0171822
论纪录电影创作中的几个问题 (苏)格黎郭里耶夫等著;群力译
北京 中国电影出版社 1958年 129页
19cm(32开)统一书号:8061.613 定价:CNY0.38

J0171823
新闻纪录电影创作问题 中央新闻纪录电影制片厂编
北京 中国电影出版社 1958年 119页
20cm(32开)统一书号:8061.491 定价:CNY0.44

J0171824
一个导演的经历 (美)H.J.毕波尔曼;黄鸣野,李庄藩译
北京 中国电影出版社 1958年 220页
19cm(32开)统一书号:8061.218 定价:CNY0.75

本书叙述了影片《社会中坚》无限艰辛的拍

摄经过。外文书名：Director's Notes.

J0171825
科学教育电影创作问题 洪林等著
北京 中国电影出版社 1959年 111页 有照片
21cm(32开) 统一书号：8061.631
定价：CNY0.42

J0171826
科学教育影片中的动画 上海科学教育电影制片厂动画工作间集体编写
北京 中国电影出版社 1959年 85页 有图表
19cm(32开) 统一书号：15061.78
定价：CNY0.34

J0171827
论纪录性艺术片 陈荒煤等著
北京 中国电影出版社 1959年 106页
19cm(32开) 统一书号：8061.653 定价：CNY0.32

本书两部分。第1部分是就纪录性艺术片这种样式发表一些意见。包括：《"大跃进"中的新典型》(钱俊瑞)、《向革命的现实主义和革命的浪漫主义前进的开始》(陈荒煤)、《纪录性艺术片创作中的几个问题》(瞿白音)等；第2部分是具体分析某一部纪录性艺术片，其中包括编剧、导演、演员或报刊记者介绍影片创作过程的文章。包括：《评影片"黄宝妹"的独特风格》(李洪辛)、《电影创作跃进中的报春花》(艺军)等。

J0171828
上海科学教育电影制片厂1959年出品目录 上海科学教育电影制片厂编
上海 上海科学教育电影制片厂 1959年 215页
13×18cm

J0171829
上海科学教育电影制片厂1961年出品目录 上海科学教育电影制片厂编
上海 上海科学教育电影制片厂 1961年 123页
13×19cm

J0171830
伊文思等谈新闻纪录电影 中央新闻纪录电影制片厂编
北京 中国电影出版社 1959年 75页 19cm(32开)
统一书号：8061.611 定价：CNY0.24

J0171831
为了新闻纪录片的更大跃进 夏衍等著
北京 中国电影出版社 1961年 102页
21cm(32开) 统一书号：8061.950 定价：CNY0.40

J0171832
影片说明书汇编 (国产片 第三册 上集) 四川省电影公司编
成都 四川省电影公司 1962年 388页
19cm(32开) 定价：CNY0.40

J0171833
我们的足迹 (1938—1963) 中央新闻纪录电影制片厂编
北京 中央新闻纪录电影制片厂 1963年 228页
22cm(16开)

J0171834
雁南飞 (专集之一) 中国电影工作者协会编著
北京 中国电影工作者协会 1963年 203页
20cm(32开)

J0171835
雁南飞 (专集之二) 中国电影工作者协会编著
北京 中国电影工作者协会 1963年 190页
20cm(32开)

J0171836
一年中的九天 (专集之一) 中国电影工作者协会编著
北京 中国电影工作者协会 1963年 223页
20cm(32开)

J0171837
影片目录 (1963年) 中华人民共和国文化部电影事业管理局编
北京 中华人民共和国文化部电影事业管理局
1964年 93页 19×26cm

J0171838
积极发展科学教育电影 中国电影出版社编辑
北京 中国电影出版社 1965年 91页 19cm(32开)
统一书号：8061.1217 定价：CNY0.30

J0171839
全国人民的心愿　中国电影出版社编辑
北京 中国电影出版社 1965年 60页 19cm(32开)
统一书号:8061.1208 定价:CNY0.22
本书记录了第三届全国人民代表大会第一次会议的实况。

J0171840
红花朵朵向太阳　(彩色宽银幕大型歌舞艺术纪录片)华南电影工作者联合会[编]
香港 华南电影工作者联合会 1966年 20×28cm

J0171841
外国科学普及电影论文选译　中国电影出版社编辑
北京 中国电影出版社 1966年 372页
19cm(32开)统一书号:8061.1219
定价:CNY1.40

J0171842
鹿城歌声　包头市文学艺术工作联合会编辑
包头 包头市文学艺术工作联合会
[1970—1979年]106页 19cm(32开)
定价:CNY0.15

J0171843
军事教育影片说明卡片　(1972年-1976年)
中国人民解放军总参谋部军训部编
北京 中国人民解放军总参谋部军训部 1976年
49页 19cm(32开)

J0171844
影片说明书　武汉军区政治部文化工作站编
武汉 武汉军区政治部文化工作站 1976年
126页 19cm(小32开)

J0171845
影片说明书　武汉军区政治部文化工作站编
武汉 武汉军区政治部文化工作站 1976年
271页 19cm(小32开)

J0171846
影片说明书　武汉军区政治部文化工作站编
武汉 武汉军区政治部文化工作站 1978年
401页 19cm(小32开)

J0171847
60年代美国中学的科学教学影片　北京电影学院编
1979年 8页 20cm(32开)定价:CNY0.10
(国外电影参考资料单行本 第28号)

J0171848
白玫瑰　(墨西哥故事影片)冯锋,李成葆选编
上海 上海人民美术出版社 1979年 142页
13cm(60开)统一书号:8081.11439
定价:CNY0.25

J0171849
《大闹天宫》动画片造型设计　张光宇,张正宇绘
上海 上海人民美术出版社 1980年 34幅
22cm(32开)套装 统一书号:8081.11723
定价:CNY2.75
作者张光宇(1900—1965),画家、教授。江苏无锡人。现代中国装饰艺术的奠基者之一,执教于中央美术学院、中央工艺美术学院,中国美术家协会理事。著有《张光宇插图集》,创作设计动画影片《大闹天宫》。作者张正宇(1904—1976),江苏无锡人。历任《申报》画刊主编,中国青年艺术剧院舞台美术设计总顾问,兼任《人民画报》《美术》《戏剧报》编委等。合作创作大型动画片《大闹天宫》,代表作品《舞台美术小语》等。

J0171850
科教电影动画　沙子风主编
北京 中国电影出版社 1980年 302页
20cm(32开)统一书号:15061.149
定价:CNY1.50
全书分10章,从动画的基本原理讲起,结合实际,由浅入深地阐述了科教电影动画的作用、设计、创作、具体绘制方法和拍摄技术以及特殊技巧效果。对动画与实景等的合成,也作了专题说明。其他如绘制动画所用的材料、工具、颜色及其调制方法等等,都作了比较详细、系统的介绍。

J0171851
动画摄影台　(英)帕里希克(Perisic, Z.)著;肖立书译

北京 中国电影出版社 1981 年 196 页
20cm（32 开）统一书号：15061.163
定价：CNY1.00
外文书名：The Animation Stand.

J0171852
科学教育电影创作谈 文化部电影局《电影通讯》编辑室等编；中国电影出版社本国电影编辑室编
北京 中国电影出版社 1982 年 141 页
20cm（32 开）统一书号：8061.1821
定价：CNY0.59
本书作者们就科教电影的真实性与科学性的关系，内容与形式，以及如何构思，发挥电影综合表现力等问题，谈了自己的经验和体会。

J0171853
科学教育电影创作谈 （2）广播电影电视部电影局《电影通讯》编辑室等编
北京 中国电影出版社 1989 年 178 页
20cm（32 开）ISBN：7-106-00401-4
定价：CNY2.10

J0171854
新闻纪录电影创作谈 文化部电影局《电影通讯》编辑室，中国电影出版社本国电影编辑室编
北京 中国电影出版社 1982 年 137 页
20cm（32 开）定价：CNY0.57

J0171855
中国艺术影片编目 （1949—1979）中国电影资料馆，中国艺术研究院电影研究所编
北京 文化艺术出版社 1982 年 2 册（1364 页）
20cm（32 开）统一书号：8228.17
定价：CNY5.00，CNY7.50（精装）
本书对每部影片提供了如下资料：片名、摄制年代、色别、本数、制片厂、编剧、导演、摄影、美工、作曲、录音等，以及剧中人的扮演者。

J0171856
从三句话到一部动画片——三个和尚 包蕾编剧
北京 中国电影出版社 1983 年 224 页 有剧照
20cm（32 开）统一书号：8061.2032
定价：CNY1.05，CNY1.65（精装）
（中国影片研究丛书）
本书收集了《三个和尚》的文学剧本、分镜头剧本、编剧、导演、造型设计、动画设计、摄影、作曲等主要创作人员的经验体会文章。

J0171857
银幕外的镜头 （一部故事影片的随片采访）孙雄飞，瞿家振编文；岗岗，安松摄影
广州 科学普及出版社广州分社 1983 年 126 页
13cm（60 开）定价：CNY0.24

J0171858
被爱情遗忘的角落 （从小说到电影）张弦等编
北京 中国电影出版社 1984 年 367 页 有剧照
20cm（32 开）精装 统一书号：8061.2209
定价：CNY2.45
本书分小说、电影文学剧本、分镜头剧本；影片创作人员的心得体会；影片评论三部分。书后附影片图片资料。

J0171859
美术电影创作研究 文化部电影局《电影通讯》编辑室，中国电影出版社本国电影编辑室合编
北京 中国电影出版社 1984 年 196 页 +［4］页图版 有图 21cm（32 开）统一书号：8061.2212
定价：CNY0.82，CNY1.65（精装）
本书共收 25 篇文章，内容分理论研究和艺术总结两部分。

J0171860
三个和尚 包蕾等著
上海 少年儿童出版社 1984 年 66 页 20cm（32 开）
统一书号：R10024.4185 定价：CNY0.19
本书对动画美术片《三个和尚》的得奖情况、画面分镜头与台本等作了介绍，并收有《三个和尚》动画片文学剧本。

J0171861
话说《黄土地》 中国电影出版社编
北京 中国电影出版社 1986 年 315 页
20cm（32 开）统一书号：8061.3064
定价：CNY1.95
（新片探索与争鸣丛书）

J0171862
科教电影简论 北京科学教育电影制片厂著
北京 科学普及出版社 1986年 307页
19cm(32开)统一书号: 7051.1049
定价: CNY2.30

J0171863
科教电影简论 北京科学教育电影制片厂著
北京 科学普及出版社 1986年 307页
19cm(32开)统一书号: 7051.1004
定价: CNY1.80

本书内容分8章: 一、科教电影的社会作用; 二、科教电影的特性; 三、编剧; 四、导演; 五、摄影实践; 六、特技与特殊摄影; 七、科教电影动画; 八、科学杂志片。

J0171864
我与孙悟空 万籁鸣口述; 万国魂执笔
太原 北岳文艺出版社 1986年 178页
20cm(32开)定价: CNY1.35

J0171865
优秀农业科教电影创作经验谈 文化部电影局编
北京 文化艺术出版社 1986年 183页
19cm(32开)统一书号: 10228.195
定价: CNY1.05

J0171866
科教电影佳作选 中国科普创作研究所主选; 孔祥瑾主编
北京 海洋出版社 1987年 355页 20cm(32开)
统一书号: 10193.0633 定价: CNY2.00
(科普佳作选丛书)

J0171867
国产艺术影片资料汇编 (1949—1986) 中国电影发行放映公司, 河北省电影公司编
石家庄 河北人民出版社 1988年 1023页
19cm(32开) ISBN: 7-202-00261-2
定价: CNY8.60

J0171868
河殇 (电视片集解说词) 苏晓康, 王鲁湘总撰稿
香港 三联书店(香港)分店 1988年 118页
18cm(15开) ISBN: 962-04-0694-X
定价: HKD18.00

J0171869
警醒后的奋起 (上海影视公司九集电视系列片解说词) 李延国撰写
北京 人民出版社 1988年 76页 19cm(32开)
ISBN: 7-01-000485-4 定价: CNY1.00

J0171870
科教影视动画创作 王中枢著
北京 中国农业科技出版社 1988年 103页
18cm(15开) ISBN: 7-80026-051-8
定价: CNY1.20

J0171871
共和国之恋 (电视系列片) 中央电视台社教部编
北京 国际文化出版公司 1989年 123页
19cm(小32开) ISBN: 7-80049-445-4
定价: CNY1.70

J0171872
世界名片荟萃 (80年代部分 1) 李湄, 钟静文编著
北京 中国电影出版社 1989年 507页 有剧照
19cm(32开) ISBN: 7-106-00188-0
定价: CNY6.30

本书介绍了世界二十多个有影响的电影生产国1981年至1984年所生产的, 在世界上有相当影响的181部电影片。同时, 还介绍了影片的导演、演员, 以及舆论界对影片的评价。

J0171873
新闻杂志电影艺术创作 顾泉雄著
上海 复旦大学出版社 1989年 175页
20cm(32开) ISBN: 7-309-00376-4
定价: CNY3.70

J0171874
黑白魂 北京电视台等编
北京 北京出版社 1990年 336页 19cm(32开)
ISBN: 7-200-01228-9 定价: CNY3.95

本书内容包括电视系列片《黑白魂》解说词、电视系列片《黑白魂》编导散记、围棋文化琐

谈等。

J0171875
暖冬——九〇《渴望》热 潮汐，一夫编
北京 中国国际广播出版社 1991年 186页
有剧照 19cm（小32开）ISBN：7-80035-966-2
定价：CNY3.80
本书内容包括电视连续剧《渴望》50集故事的梗概和各界知名人士、广大观众讨论该剧的文章。

J0171876
世纪行 （电视连环画）春峰等选编
合肥 安徽美术出版社 1991年 188页
20cm（32开）ISBN：7-5398-0174-3
定价：CNY4.60

J0171877
世纪行：四项基本原则纵横谈 （解说词）《世纪行》摄制组编
北京 中国青年出版社 1991年 171页
19cm（小32开）精装 ISBN：7-5006-0845-4
定价：CNY8.20

J0171878
戏曲艺术片的理论与实践 王永宏著
北京 中国电影出版社 1991年 122页 有剧照
19cm（小32开）ISBN：7-106-00505-3
定价：CNY2.30
本书对戏曲艺术片的编剧、导演、演员表演等进行了分析和论述，并通过对几部具体影片的剖析，总结出戏曲从舞台到电影的成功经验。

J0171879
中国神火 （画册 史诗体大型连续电视剧）浙江省电视剧制作中心，中央电视台摄制
杭州 浙江文艺出版社 1991年 23页 26cm（16开）
ISBN：7-5339-0450-8 定价：CNY25.00
外文书名：Magic Fire of China.

J0171880
文化人物：大型电视系列片解说词及拍摄散记 北京电视台等编
合肥 黄山书社 1992年 206页 20cm（32开）
ISBN：7-80535-312-3 定价：CNY3.85

J0171881
100部优秀爱国主义影视片故事荟萃 张之路等编写
北京 中国少年儿童出版社 1993年 185页
19cm（小32开）ISBN：7-5007-2058-0
定价：CNY4.00

J0171882
皇城根拍摄秘闻 （女副导演手记）叶梅著
北京 中国电影出版社 1993年 92页 有照片
26cm（16开）ISBN：7-106-00780-3
定价：CNY2.98

J0171883
农业影视佳作选 吴以铮等主编
北京 农业出版社 1993年 452页 20cm（32开）
ISBN：7-109-02959-X 定价：CNY8.00
本书收入影视作品30篇，包括农业科学普及片、农业技术推广篇、农业专题篇、农业科学教学片。

J0171884
84集电视剧三国演义诞生记 潘泰泉著
南京 江苏古籍出版社 1994年 226页 有彩照
19cm（小32开）ISBN：7-80519-598-6
定价：CNY9.00

J0171885
纪录电影摄影艺术的绘画性 马驷骥著
北京 中国电影出版社 1994年 195页 有照片
20cm（32开）ISBN：7-106-01007-3
定价：CNY8.80
本书阐述了纪录电影摄影艺术的绘画性理论，并对有关人物、纪录电影及自己拍摄的部分《中国美术》系列片进行了评论和介绍。作者马驷骥（1938— ），一级美术师。笔名三马，堂号天趣堂。辽宁盖县人，毕业于中央美术学院附中。中国电影家协会会员、中国美术家协会会员。作品有中国画《连年如意》，根雕《雄鹰》，出版有《中国根艺》《中国根艺美术家辞典》《中国根艺美术》《马驷骥根艺美术画册》等。

J0171886
金鹰展翅唱黄梅 （获奖黄梅戏电视剧导演阐述及其他）吴钟谟主编

合肥 安徽人民出版社 1995年 97页 有剧照
20cm(32开) ISBN: 7-212-01206-8
定价: CNY6.20

J0171887
电视纪录片及其审美选择 高峰著
北京 中国广播电视出版社 1996年 120页
20cm(32开) ISBN: 7-5043-2923-1
定价: CNY8.50
(中央电视台职工岗位培训丛书)

J0171888
电视纪实片审美特质论 丁海宴著
北京 中国青年出版社 1996年 220页
18cm(小32开) ISBN: 7-5006-2164-7
定价: CNY8.60

J0171889
诞生 姜文等著
北京 华艺出版社 1997年 520页 有图
20cm(32开) ISBN: 7-80039-815-3
定价: CNY25.50
本书又名《一部电影的诞生》,记录了姜文的第一部电影《阳光灿烂的日子》整个摄制组对影片筹拍和拍摄经过的回忆,有完整的与电影有关的图文资料以及每位影片参与者的所感所想。内容包括:“阳光中的记忆——一部电影的诞生”、“导演手迹、分镜头草图(部分)”、“阳光外的话题——摄制组人员的话”等。

J0171890
纪录片创作论纲 钟大年著
北京 北京广播学院出版社 1997年 376页
20cm(32开) ISBN: 7-81004-724-8
定价: CNY21.50

J0171891
香港百年 (中央电视台大型系列专题《香港百年》解说词)阿忆总撰
广州 广东人民出版社 1997年 297页
20cm(32开) ISBN: 7-218-01801-7
定价: CNY18.00

J0171892
玻璃之城 (剧本·图集)罗启锐著
香港 文林出版公司 1998年 106页 有彩照
21×22cm ISBN: 962-979-061-0
定价: HKD60.00
(电影系列 2)
外文书名: City of Glass.

J0171893
电视纪实艺术论 朱景和著
北京 华文出版社 1998年 287页 20cm(32开)
ISBN: 7-5075-0772-6 定价: CNY19.00

J0171894
画梦的巨人 史帝凡·坎佛(Stefan Kanfer)著; 张美惠译
台北 时报文化出版企业公司 1998年 244页
21cm(32开) ISBN: 957-13-2530-9
定价: TWD250.00
(BIG丛书 58)
外文书名: Serious Business.

J0171895
极上之梦 (《海上花》电影全记录)侯孝贤,朱天文著
台北 远流出版事业公司 1998年 157页 附光盘
21cm(32开) ISBN: 957-32-3593-5
定价: TWD250.00
(电影馆 80)

J0171896
泰坦尼克号 (完全电影手册)影人编
广州 岭南美术出版社 1998年 96页 29cm(16开)
ISBN: 7-5362-1764-1 定价: CNY30.00

J0171897
我们的足迹 (中央新闻纪录电影制片厂1953—1998 续集)郝玉生主编
[中央新闻纪录电影制片厂] 1998年 870页
有照片 20cm(32开)

J0171898
[**大荒涅槃**] 黑龙江农垦电视艺术中心编著
哈尔滨 黑龙江美术出版社 1999年 273页
20cm(32开) ISBN: 7-5318-0693-2
定价: CNY18.00

J0171899
大三峡 中央电视台研究室编
北京 中国国际广播出版社 1999年 265页
有彩照 20cm(32开) ISBN: 7-5078-1727-X
定价: CNY24.00

J0171900
电视纪录片论语 高峰,肖平著
北京 中国国际广播出版社 1999年 380页
20cm(32开) ISBN: 7-5078-1728-8
定价: CNY24.00

J0171901
电视纪录片制作 吴保和著
北京 文化艺术出版社 1999年 333页
21cm(32开) ISBN: 7-5039-1886-1
定价: CNY17.80
本书通过对纪录片的选题、拍摄、采访、声音、解说、叙事与结构、后期制作等的论述,阐述了电视纪录片制作的指导思想、构思及拍摄过程。

J0171902
开麦拉美味幻想曲 彭怡平著
台北 时报文化出版企业公司 1999年 189页
有彩照 20×21cm ISBN: 957-13-2954-1
定价: TWD350.00
(新人间特区 009)
本书是一部融合"第七艺术"电影及"第八艺术"美食的超级感官之书,将揭晓一切有关世界"美味电影"里隐藏的美食秘密。

J0171903
世界纪录片史略 任远,彭国利编著
北京 中国广播电视出版社 1999年 278页
有照片 20cm(32开) ISBN: 7-5043-3045-0
定价: CNY18.00
(电视制作节目丛书)

J0171904
戏曲电视剧艺术论 孟繁树著
北京 北京广播学院出版社 1999年 346页
有彩照 20cm(32开) ISBN: 7-81004-784-1
定价: CNY25.00
(电视艺术丛书)
本书包括戏曲电视剧出现的必然性、双重文化背景、戏曲电视剧的美学特征、创作论、表演论、戏曲电视剧的未来走向等内容。作者孟繁树(1946—),辽宁沈阳人。中国艺术研究院话剧研究所研究员。毕业于中国社科研究院。任中国文联副主席、中国传媒大学影视艺术学院院长、中国艺术研究院研究生院博士研究生导师。著有《中国戏曲的困惑》《戏曲电视剧艺术论》等。

J0171905
中国电视纪录片论纲 熊术新编著
昆明 云南大学出版社 1999年 253页
20cm(32开) ISBN: 7-81068-075-7
定价: CNY18.00

J0171906
中外纪录片比较 张雅欣著
北京 北京师范大学出版社 1999年 428页
20cm(32开) ISBN: 7-303-05151-1
定价: CNY26.00

各种电影、电视
(按表现形式、技术、题材分)

J0174867
地狱天堂 大中国影片公司编辑部编
上海 大中国影片公司 [民国] 32页 有肖像
19×15cm
本书是图画特刊,介绍该公司出品的伦理电影《地狱天堂》,有影评。本片是根据当年苏联入侵阿富汗时一件真实事件拍成的影片。

J0171907
有声电影 蔡任尹撰
民国二十五年[1936]稿本 钢笔 有像及图 线装
分二册。

J0171908
苏联影片展览纪念手册 川西成都中苏友好协会等主办

成都 川西成都中苏友好协会［1951年］52页
有照片 15cm（40开）

J0171909
宽银幕电影和全景电影 （苏）巴尔芬切夫（А.И.Парфентьев）著；维翰，凤威译
北京 科学普及出版社 1957年 33页 有插图
19cm（32开）统一书号：15051.44
定价：CNY0.15

J0171910
宽银幕立体声电影译文选集 罗静予编
北京 中国电影出版社 1957年 257页 有插图
21cm（32开）统一书号：15061.17
定价：CNY1.70

J0171911
论电影喜剧 （苏）亚力山大洛夫等著；李溪桥译
北京 中国电影出版社 1957年 112页
21cm（15开）统一书号：8061.59 定价：CNY0.40

本书收集了苏联《电影艺术》杂志上发表的有关电影喜剧的重要论文。包括：《论电影喜剧》（Г.亚力山大洛夫）、《古典作家的传统与喜剧片》（Г.亚力山大洛夫）、《论喜剧的表现手段和喜剧的夸张》（Э.波得斯卡尔斯基）、《再来谈谈电影喜剧》（И.伊林斯基）、《艰难的道路——论近年来的电影喜剧》（Р.尤列涅夫）。

J0171912
漫谈儿童电影戏剧与教育 陈伯吹著
上海 少年儿童出版社 1957年 77页 18cm（15开）
统一书号：7024.8 定价：CNY0.24

J0171913
献给儿童的伟大艺术 （儿童艺术片的道路）（苏）别加克（Б.Бегак），（苏）格罗莫夫（Ю.Громов）著；周传基译
北京 中国电影出版社 1957年 189页
20cm（32开）统一书号：8061.46 定价：CNY0.65

J0171914
新电影 科学画报编辑部编著
上海 上海科学普及出版社 1957年 41页
19cm（32开）统一书号：T150128.4
定价：CNY0.16
（科学画报丛书）

J0171915
新电影 科学画报编辑部著
上海 上海科学技术出版社 1958年 新1版
41页 有图 19cm（32开）统一书号：15119.681
定价：CNY0.16
（科学画报丛书）

J0171916
白画电影 （苏）巴索夫（М.М.Басов）等著；马萨译
北京 中国电影出版社 1958年 111页
19cm（32开）统一书号：15061.63
定价：CNY0.46

J0171917
白日露天放映电影 “电影放映”编辑部编
北京 中国电影出版社 1958年 14页
19cm（32开）统一书号：15061.58
定价：CNY0.08

J0171918
宽银幕电影与全景电影 E.吉甘等著
北京 中国电影出版社 1958年 57页 19cm（32开）
统一书号：8061.463 定价：CNY0.20

J0171919
宽银幕电影原理 （苏）高尔多夫斯基（Е.М.Головский）著；王兆麟译
北京 中国电影出版社 1958年 112页
20cm（32开）统一书号：15061.51 定价：CNY0.60

J0171920
宽银幕立体声电影 惠俊南编著
上海 科学技术出版社 1958年 35页
19cm（32开）统一书号：15119.710
定价：CNY0.14

J0171921
白昼电影 ［苏］M.M.巴索夫等著；马萨译
北京 中国电影出版社 1959年 定价：CNY0.46

J0171922
全影电影技术研究 （全苏电影照像科学研究

所科学报告）中国电影科学技术研究所编译
北京 中国电影科学技术研究所 1959年 250页
有图 19cm（32开）定价：CNY0.40

J0171923
关于法国影片广岛之恋 中国电影艺术研究所编著
北京 中国电影艺术研究所 1960年 50页
20cm（32开）
（电影艺术资料专集 之三）

J0171924
宽银幕立体声电影 （苏）维索茨基，M.3.著；王平译
北京 中国电影出版社 1961年 166页 有图表
21cm（32开）统一书号：15061.83
定价：CNY0.85

J0171925
彩色电影 （苏）戈尔陀夫斯基编；崔永泉译
北京 中国电影出版社 1962年 383页
21cm（32开）统一书号：15061.93
定价：CNY1.95

本书是一部阐述有关彩色电影各方面问题的著作。书中从彩色电影技术理论到实际操作工艺都有详细叙述。举凡彩色电影的物理与化学原理、多层彩色电影胶片的制作、照相性能、传色性能以及感光测定均详加阐述。此外，关于彩色电影的外景摄影、内景摄影、特技摄影、灯光照明、洗印加工工艺以及彩色影片的声带等等，也分章作了详细的介绍。最后，书中还论述了多层彩色影片的保存与损伤修复的问题。供电影技术工作者阅读和参考。

J0171926
给初生者以和平 （专集）中国电影工作者协会编著
北京 中国电影工作者协会 1963年 153页
20cm（32开）

J0171927
晴朗的天空 中国电影工作者协会编著
北京 中国电影工作者协会 1963年 228页
20cm（32开）

《晴朗的天空》是莫斯科电影制片厂出品的电影，由格里高利·丘赫莱依执导。讲述了一名飞行员在战争中被俘，后被放出，受到了来自身边人和国家的质疑，直至斯大林去世，才被恢复名声的故事，1961年7月在苏联上映。

J0171928
宽胶片电影技术译文选集 中国电影科学技术研究所编译
北京 中国电影出版社 1964年 142页
19cm（32开）统一书号：15061.137
定价：CNY0.90
（电影技术译文集）

J0171929
彩色电影发展简史 （国外电影参考资料单行本第47号）北京电影学院编
1979年 19页 20cm（32开）定价：CNY0.20

J0171930
惊险电影初探 羽山著
北京 群众出版社 1981年 107页 19cm（32开）
统一书号：10067.221 定价：CNY0.27

J0171931
功夫片 （丛书第一册）中国视听研究中心《功夫片》丛书编委会编辑
北京 中国展望出版社 1983年 32页 有照片
26cm（16开）统一书号：17271.012
定价：CNY0.40

本书系中国视听研究中心《功夫片》丛书编委会编辑的功夫片丛书。

J0171932
中国武功 （1985.1）吴江平主编；中国视听研究中心编辑
北京 中国旅游出版社 1985年 45页 有照片
26cm（16开）统一书号：7179.754
定价：CNY0.50
（功夫片丛刊 2）

本丛书试图告诉读者功夫片的民族性与国际性，同时又试图引起人们对这一来自中华民族的片种的重视和研究。

J0171933
外国儿童电影画册

北京 中国电影出版社 1987年 35页 26cm(16开)
统一书号:8061.3397 ISBN:7-106-00023-X
定价:CNY1.50

J0171934
喜剧电影理论在当代世界 陈孝英等编
乌鲁木齐 新疆人民出版社 1987年 250页
20cm(32开) ISBN:7-228-00327-6
定价:CNY2.60
(喜剧美学丛书)

本书按内容分为4辑。第一辑着重于喜剧电影一般理论的探讨;第二辑结合一些国家喜剧片的情况,提出了喜剧电影发展中的一些理论问题;第三辑涉及到喜剧电影的具体手段和技巧;第四辑是中国人谈中国喜剧电影。作者陈孝英(1942—),教师。出生于上海。历任西安外语学院教师,陕西省艺术研究所所长、研究员,《喜剧世界》主编等。著有《幽默的奥秘》,译著《托翁轶影》《幽默理论在当代世界》等。

J0171935
儿童电影理论研究资料 (第二集)解婷执编
北京 中国和平出版社 1988年 216页
18cm(15开) ISBN:7-80037-146-8
定价:CNY1.75

J0171936
让孩子们更喜欢 秦裕权著
北京 中国电影出版社 1990年 207页
20cm(32开) ISBN:7-106-00404-9
定价:CNY2.40

本书选收了作者专门研究儿童电影问题的理论、评论文章31篇。论述了儿童电影的基本概念、使命、艺术特征、儿童心理的把握、人物塑造、情节、悬念、儿童情趣等有关儿童电影创作实践和理论研究中的问题。

J0171937
独立时代 (杨德昌的活力喜剧电影)杨德昌著
台北 万象图书公司 1994年 151页 有照片
21cm(32开) ISBN:957-669-601-1
定价:TWD150.00
(艺书房 3)

J0171938
刀光侠影蒙太奇 (中国武侠电影论)陈墨著
北京 中国电影出版社 1996年 516页
20cm(32开) ISBN:7-106-01168-1
定价:CNY22.60

在评析武侠文化基础上,史论结合,阐述1921—1994年包括港台在内的中国武侠电影发展概貌后,分别从侠、武、传模式(叙事结构),以及武侠电影构成诸元素角度,剖析了武侠片创作与审美规律;继以专章,论析了诸多有国际影响的著名武侠片电影艺术家及其作品。作者陈墨(1960—),研究员。安徽望江县人,毕业于中国社会科学院研究生院文学系。在中国电影艺术研究中心任职。《张艺谋电影论》《刀光侠影蒙太奇——中国武侠电影论》《中国武侠电影史》等。

J0171939
中国无声电影 中国电影资料馆编
北京 中国电影出版社 1996年 18+1624页
有照片 26cm(16开) 精装
ISBN:7-106-01186-X 定价:CNY248.00
(中国电影文献资料丛书)

J0171940
中国无声电影史 郦苏元,胡菊彬著
北京 中国电影出版社 1996年 386页 有照片
20cm(32开) ISBN:7-106-01166-5
定价:CNY39.80

J0171941
世界科幻电影经典 张东林编著
北京 中国电影出版社 1998年 325页 有剧照
20cm(32开) ISBN:7-106-01383-8
定价:CNY22.80

J0171942
武之舞 (中国武侠电影的形态与神魂)贾磊磊著
郑州 河南人民出版社 1998年 265页 有照片
20cm(32开) ISBN:7-215-04243-X
定价:CNY15.00
(娱乐文化研究丛书)

J0171943
银幕战争风云 (当代中国军事电影概述)张

东著
北京 海潮出版社 1998 年 159 页 20cm（32 开）
ISBN：7-80151-079-8 定价：CNY12.00

J0171944
凝视女像 （56 种阅读女性影展的方法）陈儒修，黄慧敏，郑玉菁编
台北 远流出版事业股份有限公司 1999 年
314 页 有剧照 21cm（32 开）
ISBN：957-32-3883-7 定价：TWD300.00
（电影馆 87）

幻灯

J0171945
幻灯 河北省人民政府文教厅文化处编
保定 河北人民出版社 1951 年 50 页
18cm（15 开）定价：旧币 2,000 元

J0171946
幻灯手册 中央人民政府文化部科学普及局编
上海 商务印书馆 1951 年 67 页 有图
18cm（15 开）定价：旧币 4,000 元

J0171947
幻灯工作手册 吴定洪编著
北京 北京文化学社 1953 年 211 页 有图表
19cm（32 开）定价：旧币 12,000 元

J0171948
搞好幻灯工作 拔舟编写
广州 广东人民出版社 1956 年 23 页 18cm（15 开）
统一书号：T7111.14 定价：CNY0.10
（农村俱乐部小丛书）

J0171949
幻灯资料汇编 中华人民共和国文化部电影事业管理局编辑
北京 中华人民共和国文化部电影事业管理局
1956 年 24 页 18cm（15 开）

J0171950
幻灯资料汇编 （2）中华人民共和国文化部电影事业管理局编辑
北京 中华人民共和国文化部电影事业管理局
［发行］1956 年 61 页 18cm（15 开）

J0171951
幻灯资料汇编 （3）中华人民共和国文化部电影事业管理局编
北京 文化部电影事业管理局 1957 年 61 页
18cm（15 开）

J0171952
透明印象纸幻灯片制造法 吴仲肯著
上海 上海文化出版社 1956 年 33 页
18cm（32 开）统一书号：T15077.12
定价：CNY0.13

J0171953
苏联的幻灯 吴定洪编译
北京 中国电影出版社 1957 年 114 页 有插图
18cm（32 开）统一书号：15061.14
定价：CNY0.55

J0171954
幻灯片制作法 苗善政编著
西安 长安美术出版社 1959 年 34 页
18cm（15 开）统一书号：8146.453
定价：CNY0.13

J0171955
幻灯常识 吴定洪编著
太原 山西人民出版社 1964 年 68 页 有图表
19cm（32 开）统一书号：15088.68
定价：CNY0.22

J0171956
多镜头幻灯机的制作与使用 河北省电影发行放映公司保定专区公司编写
北京 中国电影出版社 1965 年 21cm（32 开）
定价：CNY0.60

J0171957
幻灯情况介绍 （1965 年 第 1 号 总 6 号）文化部电影事业管理局编

北京 文化部电影事业管理局 1965 年 18 页 26cm(16 开)

J0171958
怎样画幻灯片 吴光编
北京 人民美术出版社 1965 年 91 页 19cm(32 开)统一书号: T8027.4701 定价: CNY0.36

J0171959
怎样画幻灯片 吴光编
北京 人民美术出版社 1974 年 修订本 66 页 有图 19cm(32 开)统一书号: 8027.4701 定价: CNY0.17

J0171960
怎样绘制幻灯片 南京部队政治部文化部编
上海 上海人民美术出版社 1966 年 27 页 19cm(32 开)统一书号: T8081.5621 定价: CNY0.40
(工农兵业余美术自学丛书)

J0171961
怎样绘制幻灯片 中国人民解放军南京部队政治部电影工作站编
上海 上海人民出版社 1974 年 修订本 25 页 有图版 19cm(32 开)统一书号: 8171.634 定价: CNY0.16
(工农兵美术技法丛书)

J0171962
怎样绘制幻灯片 中国人民解放军南京部队政治部电影工作站编
上海 上海人民美术出版社 1978 年 重印本 25 页 有图 19cm(32 开)统一书号: 8081.5621 定价: CNY0.16
(工农兵美术技法丛书)

J0171963
舞台幻灯和特技 刘铭秀编写
武汉 湖北人民出版社 1980 年 114 页 19cm(32 开)统一书号: 17106.38 定价: CNY0.34

J0171964
电教幻灯与制片 张述峰等编
长沙 湖南美术出版社 1981 年 276 页 19cm(小 32 开)统一书号: 7233.001 定价: CNY0.70

J0171965
彩色幻灯片摄影基础 陈铭著
香港 万里书店 1982 年 150 页 19cm(32 开) 定价: HKD22.00
外文书名: How to Make Good Colour Slides.

J0171966
幻灯的编绘与放映 沈阳军区政治部幻灯教材编写组著; 戚亭湘执笔
北京 中国电影出版社 1982 年 384 页 18cm(15 开)统一书号: 15061.175 定价: CNY3.45
本书着重从文艺宣传的角度, 讲述幻灯文字脚本的创作和幻灯设计、绘制等方面的基础知识和实际作法。

J0171967
拍摄幻灯片的200种技巧 Voogel, E., Keyzey, P. 著; 宋佩译
台北 众文图书公司 1984 年 199 页 有图 21cm(32 开)定价: TWD120.00
(众文摄影家丛书 23)
外文书名: 200 Slide Tips.

J0171968
摄影与幻灯教材制作 李培森, 李继祯编
武汉 华中师范大学出版社 1990 年 368 页 21cm(32 开)定价: CNY3.00

电影、电视事业

J0171969
中华影业年鉴 (第一集 民国十六年) 甘亚子, 陈定秀编; 程树仁主编
上海 中华影业年鉴社 1927 年 有图像 19cm(32 开)精装 定价: 大洋三元
本书包括创刊辞、中华影业史、制片总监及

其作品、编剧家及其作品、分幕家及其作品、剧务干事、导演家及其作品、名胜背景表、化装主任、女主角及其作品、演员总表、影戏院总表等四十七部分。

J0171970
电影世界　（创刊）华北电影研究会发刊
天津 华北电影公司 1931 年 28 页 有照片
26cm（16 开）定价：大洋一角

J0171971
意大利国立教育电影馆概况　（意）萨尔地（Sardi）著；彭百川，张培滦译
中国教育电影协会 1933 年 16 页 19cm（32 开）

J0171972
日本之电影教育　赵鸿谦著
[1934 年] 12 页 26cm（16 开）
本书分六部分，包括日本的电影国策与学校教育、政府对电影教育的推进、电影教育片统计等。

J0171973
中国电影年鉴　中国教育电影协会年鉴编纂委员会编
南京 中国教育电影协会 1934 年 [800] 页
有肖像图 27cm（16 开）精装 定价：大洋五元
本书包括通论、专论、史实、各国电影检查、中国电影行政、电影商业、电影从业员等部分。介绍中国电影事业的概况，电影常识、技巧，以及英、美、苏、法、德、意、日等国电影事业概况。书前有电影演员、编导等人的照片，陈立夫的序及其照片等。

J0171974
日本电影教育考察记　徐公美著
上海 商务印书馆 1936 年 256 页 有图
19cm（32 开）定价：国币九角
本书分电影行政、立法、检查、事业、教育、文献 6 节。附《日本电影杂志一览》。

J0171975
影戏年鉴　上海电声周刊社编
上海 上海电声周刊社 1936 年 26+458 页 有图
26cm（16 开）精、平装 定价：二元五角
本书包括：特载三种（电影界元老郑正秋逝世、胡蝶女士光耀国际衣锦荣归、阮玲玉一代艺人滥情自杀），一年来中国电影界之动态，一年来外国电影界之动态，一年来中外新片概述及批判，好莱坞珍讯，电影奇文共赏录，电影界珍贵短讯等内容。

J0171976
电影检查论　戴蒙著
长沙 商务印书馆 1938 年 81 页 19cm（32 开）
定价：国币三角五分
（电影小丛书）
本书内容包括：绪言、电影检查的重要、各国的电影检查、我国的电影检查、国际检查问题等 5 章。

J0171977
各国电影检阅制度　（伪）华北政务委员会总务厅情报局编
（伪）华北政务委员会总务厅情报局 1945 年
73 页 25cm（15 开）
（时局丛书 72）
本书包括：绪论、本论、中国电影事业回顾及检查过程等 3 章，收日、德、英、美、法、苏等 11 个国家有关电影检阅制度的条款，并作了介绍。

J0171978
苏联的电影　曹雪松撰
上海 商务印书馆 1950 年 84 页 15cm（40 开）
定价：CNY2.40
（人民百科小册）
本书系苏联电影事业的讲解，书内包含电影剧照。

J0171979
苏联的电影　曹雪松著
[上海] 商务印书馆 1951 年 定价：CNY0.24
（人民百科小册）

J0171980
苏联的电影　新华书店东北总分店编审部编
长春 新华书店 1950 年 450 页 有剧照
22cm（32 开）

J0171981
苏联的电影　新华书店东北总分店编审部编
沈阳 新华书店东北总分店 1950年 450页 有剧照 21cm(32开) 定价：旧币1,750元

J0171982
苏联演剧电影　(苏)罗斯托茨基著；苏凡译
北京 天下图书公司 1950年 106页 19cm(32开)
定价：CNY5.40
(苏联大百科全书)

J0171983
苏联艺术电影发展的道路　(苏)普陀符金(В.Пудовкин)等撰；磊然译
上海 时代出版社 1950年 71页 有图
20cm(32开)

J0171984
党论电影　(苏)列别杰夫(Н.А.Лебедев)辑；徐谷明等译；中央电影局艺术委员会编辑
北京 时代出版社 1951年 197页 20cm(32开)
定价：旧币8,700元
(电影艺术丛书)

J0171985
电影工程研究资料汇编　中央电影局技术委员会[编]
中央电影局技术委员会 1951年 135页 有图表
26cm(16开)

J0171986
关于第六届国际电影节的报告　中国电影代表团撰；新电影杂志社编辑部编辑
北京 新电影杂志社 1951年 64页 有图
18cm(15开) 定价：旧币4,000元
(新电影小丛书 6)

J0171987
好莱坞——《电影帝国》　伯奋撰
上海 上海潮锋出版社 1951年 159 18cm(15开)
定价：旧币8,000元

J0171988
好莱坞的侵略　十月出版社辑
北京 十月出版社 1951年 115页 18cm(15开)
定价：旧币4,500元

J0171989
好莱坞的真面目　(苏)卡拉托佐夫(М.Калатозов)撰；陈鄂译；中央人民政府文化部电影事业管理局艺术委员会编辑
北京 时代出版社 1951年 161页 22cm(32开)
定价：旧币7,400元
(电影艺术丛书)

J0171990
好莱坞魔窟　李卉编撰
上海 潮锋出版社 1951年 72页 有图
15cm(40开)
(美国内幕小丛书 第一辑 5)

J0171991
美国电影——帝国主义的侵略工具　黄宗江等撰；南京文联电影部辑
南京 江南出版社 1951年 47页 18cm(15开)
定价：旧币2,500元

J0171992
苏联的电影　徐立行编撰；群众书店编辑部编辑
上海 群众书店 1951年 52页 有图 18cm(32开)
定价：旧币2,600元
(苏联知识通俗丛书)

J0171993
一九五〇年度制作工作总结会议总结报告汇编　中央电影局技术委员会编
北京 中央电影局技术委员会 1951年 101页
有表 19cm(32开)

J0171994
德国进步电影在新道路上　(德)许伐布(S.Schwab)等撰；纪年等译；中央电影局艺术委员会编辑
北京 中央电影局 1952年 150页 有图
20cm(32开) 定价：旧币12,000元
(电影艺术丛书)

J0171995
捷克斯洛伐克电影的道路　(捷克斯洛伐克电

影国有化五周年纪念年鉴）捷克斯洛伐克国家电影局编；邵牧君译
北京 中央电影局出版社 1952年 93页
20cm（32开）定价：旧币9,800元
（电影艺术丛书）

J0171996
捷克斯洛伐克电影的道路（捷克斯洛伐克电影国有化五周年纪念年鉴）捷克斯洛伐克国家电影局编；邵牧君译；中央人民政府文化部电影事业管理局艺术委员会编辑
北京 中央人民政府文化部电影事业管理局艺术委员会 1952年 93页 有图 20cm（32开）
定价：旧币9,800元
（电影艺术丛书）

J0171997
捷克斯洛伐克电影的道路（捷）柯别茨斯等著；邵牧君译
北京 中央电影局 1953年 93页［20cm］
（电影艺术丛书）

J0171998
苏联电影500个问答 伯奋编
上海 潮锋出版社 1952年 194页 18cm（32开）
定价：旧币7,800元

J0171999
向苏联电影学习 中国影片经理公司中南区公司辑
汉口 中南人民文学艺术出版社 1952年 72页
有图 18cm（32开）定价：旧币2,500元

J0172000
好莱坞电影中的黑人（美）季洛姆（V.J.Jerome）撰；黄鸣野，卓文心译；中央人民政府文化部电影局艺术委员会编辑
北京 中央人民政府文化部电影局 1953年 83页
18cm（15开）定价：旧币4,800元
（电影艺术丛书）

J0172001
战后时期的苏联电影（苏）波尔沙科夫（И.Г.Большаков）撰；娄穆译
上海 上杂出版社 1953年 64页 有图
18cm（15开）定价：旧币3,000元

J0172002
战后苏联电影的五年计划（苏）波尔沙科夫（И.Б.Большаков）撰；史敏徒译；中央人民政府文化部电影局艺术委员会编辑
北京 中央人民政府文化部电影局 1953年 72页
有图 22cm（30开）定价：旧币3,000元
（电影艺术丛书）

J0172003
苏联电影的道路与莫斯科艺术剧院（苏）阿列依尼柯夫（М.Н.Алейников）著；立凡等译；中央人民政府文化部电影局艺术委员会编辑
北京 艺术出版社 1954年 136页 20cm（32开）
定价：旧币5,700元
（电影艺术丛书）

J0172004
苏联故事片生产的计划与组织（苏）库兹涅佐夫（С.Кузнецов）著；魏韵森，程振钧译
北京 中央人民政府文化部电影局 1954年 32页
21cm（32开）

J0172005
中央人民政府政务院关于加强电影工作的决定 中央文化部电影局编辑
北京 中央文化部电影局 1954年 35页
19cm（32开）

J0172006
法国电影（法）萨杜尔（GeorgesSadoul）著；黄鸣野译
北京 中国电影出版社 1956年 144页
18cm（15开）统一书号：8061.33 定价：CNY0.85
本书内容包括：第1章“拓荒者：卢米埃尔、梅里爱和齐卡（1890—1908）”；第2章“艺术片、喜剧片和成套的侦探片（1908—1914）”；第3章“第一次世界大战期间的法国电影（1914—1919）”；第4章“印象派（1920—1927）”；第5章“先锋运动（1923—1933）”；第6章“费德尔、克莱尔、由默片到声片的转变（1923—1931）”；第7章“经济萧条中的法国电影”；第8章“法国电影的复兴——费德尔、雷诺阿、杜维威尔和加尔内（1934—1940）”；第9章“沦陷时期的

法国电影”；第 10 章“战后的法国电影(1945—1950)”。

J0172007
法国电影 (1890—1962)(法)萨杜尔(Sadoul, G.)著；徐昭译
北京 中国电影出版社 1987 年 396 页 有剧照
20cm(32 开) 统一书号：8061.2815
定价：CNY2.90
外文书名：Le Cinema Francais.

J0172008
进一步发展苏联电影事业 (苏)苏林等著；志刚等译
北京 中国电影出版社 1956 年 149 页
20cm(32 开) 统一书号：8061.30 定价：CNY0.50

J0172009
思想战线上的电影 (1895)(美)劳逊(J.H.Lawson)著；魏文珠译
北京 艺术出版社 1956 年 157 页 20cm(32 开)
统一书号：8022.49 定价：CNY0.57
(电影艺术丛书)

J0172010
印度电影 (印度)加迦(B.D.Garga),(印度)加吉(B.Gargi)著；黄鸣野，李庄藩译
北京 中国电影出版社 1956 年 92 页 有插图
20cm(32 开) 统一书号：8061.17 定价：0.50

J0172011
电影垄断组织 (从经济上对美国电影的研究)(法)梅尔西戎(Henri Mercillon)著；徐昭译
北京 中国电影出版社 1957 年 181 页
20cm(32 开) 统一书号：8061.170 定价：CNY0.70

J0172012
电影与垄断组织 (从经济上对美国电影的研究)(法国)亨利·梅尔西戎著；徐昭译
北京 中国电影出版社 1957 年 181 页 + [3] 页图版 有图 20cm(32 开) 统一书号：8061.170
定价：CNY0.70

J0172013
意大利电影 (意)利萨尼(CarloLizzani)著；杨昌裕，何振淦译
北京 中国电影出版社 1957 年 137 页
22cm(20 开) 统一书号：8061.173
定价：CNY0.90
外文书名：Cinema Italiano.

J0172014
捍卫党对电影事业的领导 中国电影出版社辑
北京 中国电影出版社 1958 年 300 页
20cm(32 开) 统一书号：8061.219 定价：CNY1.00

J0172015
捍卫党对电影事业的领导 (续编) 中国电影出版社选编
北京 中国电影出版社 1958 年 229 页
20cm(32 开) 统一书号：8061.440 定价：CNY0.80

J0172016
七个资本主义国家电影动向 中国电影艺术研究所编著
北京 中国电影艺术研究所 1960 年 115 页
20cm(32 开)
(电影艺术资料专集 之二)

J0172017
世界各国电影事业概况 中国电影艺术研究所编著
北京 中国电影艺术研究所 1960 年 242 页
20cm(32 开)

J0172018
在发展中的我国社会主义电影 中国电影出版社编辑
北京 中国电影出版社 1961 年 282 页
21cm(32 开) 统一书号：8061.946 定价：CNY1.00

J0172019
带着摄影机上火线 中国电影出版社编辑
北京 中国电影出版社 1965 年 51 页
19cm(32 开) 统一书号：8061.1045
定价：CNY0.24
本书记述的是越南电影工作者在抗美救国战争中的英雄事迹，从书中我们可以看到越南电影工作者是怎样运用新闻电影这一武器，深入前线直接参加战斗的。

J0172020
为了制定党对电影的政策和方针 （日）山形雄策，（日）山田和夫著
北京 中国电影出版社 1965 年 140 页
21cm（32 开）统一书号：8061.1189
定价：CNY0.55

本书收集了日本电影评论家山形雄策和山田和夫在日本共产党机关报刊《赤旗报》和《文化评论》上发表的若干有关电影的文章。包括：山形雄策的《为了制定党对电影的政策和方针》《为了发展进步的电影创作》《现实与电影现实间的鸿沟》等；山田和夫的《从一九六四年的斗争中吸取教益》《"艺术巨片"的危险倾向》等。

J0172021
各国科学电影概况 中国电影出版社编辑部编译
北京 中国电影出版社 1966 年 302 页
19cm（32 开）统一书号：8061.1218
定价：CNY1.20

J0172022
国外电影工业资料索引 上海市电影工业公司，上海图书馆编
上海 上海市电影工业公司 1974 年 油印本 3 册
26cm（16 开）

本书由上海市电影工业公司和上海图书馆联合出版。

J0172023
台湾电影戏剧 吕诉上著
台北 东方文化书局 1974 年 影印本
2 册（576 页）有照片 20cm（32 开）精装

外文书名：Historical Documents on Drama &Film in Taiwan.

J0172024
"四人帮"是电影事业的死敌 （文化部电影系统揭批"四人帮"罪行大会发言汇编）中国电影出版社编辑
中国电影出版社 1978 年 207 页 19cm（小 32 开）
定价：CNY0.50

J0172025
苏联电影报刊关于现代电影倾向及当代主人公形象创造的谈论 （国外电影参考资料单行本第 24 号）北京电影学院编
1979 年 34 页 20cm（32 开）定价：CNY0.40

J0172026
外国电影丛刊 （1）中国电影家协会上海分会编译室编
北京 中国电影出版社 1980 年 220 页
19cm（32 开）统一书号：8061.1554
定价：CNY0.84

J0172027
外国电影丛刊 （2）中国电影家协会上海分会编译室编
北京 中国电影出版社 1981 年 246 页
19cm（小 32 开）定价：CNY0.60

J0172028
外国电影丛刊 （3）中国电影家协会上海分会编译室编
北京 中国电影出版社 1982 年 314 页 有剧照
19cm（32 开）统一书号：8061.1820
定价：CNY0.77

本书收入美国电影剧本《最好的人》《公寓》，还以传记评论相间的文章介绍了苏联电影导演米·罗姆。

J0172029
外国电影丛刊 （4）中国电影家协会上海分会编译室编
北京 中国电影出版社 1982 年 304 页 有剧照
19cm（32 开）统一书号：8061.1823
定价：CNY0.72

本辑收入美国电影剧本《三伙伴》《不夜城》，还刊登了情节曲折的电影小说《诺贝尔奖奇案》，以及有关电影理论、电影人物介绍的文章。

J0172030
外国电影丛刊 （5）中国电影家协会上海分会编译室编
北京 中国电影出版社 1982 年 279 页
19cm（32 开）统一书号：8061.1838
定价：CNY0.66

J0172031
外国电影丛刊 （6）中国电影家协会上海分会编译室编
北京 中国电影出版社［1983年］238页 有剧照 19cm（32开）统一书号：8061.1866
定价：CNY0.58
本辑收入美国电影剧本《红衣主教》及日本电影剧本《寅次郎的故事·望乡篇》，还收入美国著名演员大卫·尼文回忆三十年代好莱坞巨星克拉克·盖博的文章，以及一些介绍世界著名导演、演员、摄影师的短文。

J0172032
外国电影丛刊 （7）中国电影家协会上海分会编译室编
北京 中国电影出版社［1983年］283页 有剧照 19cm（32开）统一书号：8061.1946
定价：CNY0.67
本期收入《狂怒》《汤姆·琼斯》两个电影剧本以及介绍法国新浪潮的几个代表人物和代表作品的文章《新浪潮二十年》。

J0172033
外国电影丛刊 （9）中国电影家协会上海分会编译室编
北京 中国电影出版社 1984年 279页 有照片 19cm（32开）统一书号：8061.2205
定价：CNY0.66

J0172034
外国电影丛刊 （11）中国电影家协会上海分会编译室编
北京 中国电影出版社［1984年］1册 有剧照 19cm（32开）

J0172035
外国电影丛刊 （12）中国电影家协会上海分会编译室编辑
北京 中国电影出版社［1984年］320页 有剧照 19cm（32开）统一书号：8061.2544
定价：CNY1.70

J0172036
外国电影丛刊 （8）中国电影家协会上海分会编译室编辑
北京 中国电影出版社 1985年 232页 有剧照 19cm（32开）统一书号：8061.2204
定价：CNY0.67

J0172037
外国电影丛刊 （10）中国电影家协会上海分会编译室编辑
北京 中国电影出版社 1985年 272页 有剧照 19cm（32开）统一书号：8061.2274
定价：CNY1.10

J0172038
外国电影丛刊 （13）中国电影家协会上海分会编译室编
北京 中国电影出版社 1985年 304页 有照片 19cm（32开）统一书号：8061.2730
定价：CNY1.60

J0172039
中国电影年鉴 （1981）中国电影协会编纂
北京 中国电影出版社 1982年
792页＋［22］页图版 有图 27cm（16开）
精装 统一书号：8061.1720 定价：CNY9.00
本书内容包括：特载、回顾与展望、战斗的历程、追思录、电影评奖、电影文学、台湾电影、香港电影、电影科技、电影争鸣动态、电影机构介绍等20个栏目。较全面地介绍了30年来我国电影事业的概貌。

J0172040
中国电影年鉴 （1982）中国电影家协会编纂
北京 中国电影出版社 1983年 823页＋［23］页图版 有彩图 27cm（16开）精装
统一书号：8061.1981 定价：CNY9.30
本年鉴内容包括：特载、电影为八亿农民服务、纪念鲁迅、学习外还收进、茅盾与电影、怀念与回忆、追思录等。

J0172041
中国电影年鉴 （1983）中国电影家协会编纂
北京 中国电影出版社 1984年 900页＋［5］页图版 有图肖像 26cm（16开）精装
统一书号：8061.2131 定价：CNY12.00

J0172042
中国电影年鉴 （1984）中国电影家协会编纂
北京 中国电影出版社 1985年 826页+［31］页图版 有图 27cm（16开）精装
统一书号：8061.2733 定价：CNY20.00

J0172043
中国电影年鉴 （1985）中国电影家协会编著
北京 中国电影出版社 1987年 899+80页 有图表 26cm（16开）精装 统一书号：8061.3104
定价：CNY35.00

J0172044
中国电影年鉴 （1986）中国电影家协会编纂
北京 中国电影出版社 1988年 有彩图
26cm（16开）精装 ISBN：7-106-00033-7
定价：CNY35.00
有故事片、纪录片、科教片、美术片、电影故事、影片目录、理论研究、评论、发行放映、科技、教育、对外交流、纪事和台湾电影、香港电影、外国电影资料等23个栏目。

J0172045
中国电影年鉴 （1987）中国电影家协会编纂
北京 中国电影出版社 1990年 有照片
26cm（16开）精装 ISBN：7-106-00192-9
定价：CNY40.00

J0172046
中国电影年鉴 （1988）中国电影家协会，广播电影电视部电影事业管理局编纂
北京 中国电影出版社 1991年 有彩照
26cm（16开）精装 ISBN：7-106-00396-4
定价：CNY38.00

J0172047
中国电影年鉴 （1989）中国电影家协会，广播电影电视部电影事业管理局编纂
北京 中国电影出版社 1991年 535页 有剧照
26cm（16开）精装 ISBN：7-106-00461-8
定价：CNY35.00
本年鉴汇集了我国电影的重要文献资料和信息。包括电影故事和目录、科教片、纪录片、美术片、译制片等栏目，附图片二百多幅。外文书名：China Film Yearbook.

J0172048
中国电影年鉴 （1990）中国电影家协会，广播电影电视部电影事业管理局编纂
北京 中国电影出版社 1992年 520页 有彩照
26cm（16开）精装 ISBN：7-106-00582-7
定价：CNY60.00
本卷设全国电影创作会议、首届中国电影节、文件选编、影片总目、电影史等20多个栏目。外文书名：China Film Yearbook.

J0172049
中国电影年鉴 （1991）张兆龙主编；中国电影年鉴编辑委员会编纂
北京 中国电影出版社 1993年 11+471页
有照片 26cm（16开）精装 定价：CNY82.00
本年鉴共有21个栏目，包括：专文、电影发行放映、电影理论·电影评论、电影科学技术、电影机构等。

J0172050
中国电影年鉴 （1992）中国电影年鉴编辑委员会编纂
北京 中国电影出版社［1993年］438页 有照片
26cm（16开）

J0172051
中国电影年鉴 （1993）中国电影年鉴编辑委员会编纂
北京 中国电影出版社［1994年］10+476页
有照片 26cm（16开）

J0172052
中国电影年鉴 （1994）中国电影年鉴编辑委员会编纂
北京 中国电影出版社［1995年］11+471页
有照片 26cm（16开）

J0172053
中国电影年鉴 （1995）中国电影年鉴编辑委员会编纂
北京 中国电影出版社［1996年］10+419页
有照片 26cm（16开）

J0172054
中国电影年鉴 （1996）中国电影年鉴社编纂

北京 中国电影出版社［1997年］10+500页 有照片 26cm（16开）

J0172055
中国电影年鉴 （1997）中国电影年鉴社编纂
北京 中国电影出版社［1998年］10+448页 有照片 26cm（16开）

J0172056
中国电影年鉴 （1998—1999）中国电影年鉴社编纂
北京 中国电影出版社［1998年］618页 有照片 剧照 26cm（16开）

本书设有电影文件选编、电影发行放映、电影理论 电影评论、电影文化交流、电影机构、电影纪事等21个类目。

J0172057
第七届香港国际电影节
香港 香港市政局 1983年 219页 有照片有剧照 28cm（16开）ISBN：962-7040-08-8
定价：HKD18.00

本书系1983年第七届香港国际电影节的概况。外文书名：The Seventh Hong Kong International Film Festival.

J0172058
第七届香港国际电影节 （战后国粤语片比较研究）
香港 香港市政局 1983年 2册 有照片 28cm（16开）ISBN：962-7040-10-X
定价：HKD18.00

本书系第七届香港国际电影节上发表的《战后国粤语片比较研究》，以及有关香港电影的评论。

J0172059
第八届香港国际电影节
香港 香港市政局 1984年 115页 有图 29cm（15开）ISBN：962-7040-12-6
定价：HKD18.00

外文书名：The 8th Hong Kong International Film Festival.

J0172060
第九届香港国际电影节 （香港喜剧电影的传统）
香港 香港市政局 1985年 115页 有图 29cm（15开）ISBN：962-7040-16-9
定价：HKD28.00

本书系第九届香港国际电影节中的喜剧片电影评论。外文书名：The Ninth Hong Kong International Film Festival.

J0172061
第十届香港国际电影节
香港香港市政局 1986年 115页 有剧照 29cm（15开）ISBN：962-7040-18-5
定价：HKD20.00

外文书名：The Tenth Hong Kong International Film Festival.

J0172062
第十一届香港国际电影节
香港 香港市政局 1987年 115页 有图 29cm（15开）ISBN：962-7040-21-5
定价：HKD25.00

外文书名：The 11th Hong Kong International Film Festival.

J0172063
第十一届香港国际电影节 （粤语戏曲片回顾）
香港 香港市政局 1987年 191页 有图 29cm（15开）ISBN：962-7040-22-3
定价：HKD30.00

J0172064
第十二届香港国际电影节
香港 香港市政局 1988年 119页 有图 29cm（15开）定价：HKD25.00

外文书名：The 12th Hong Kong International Film Festival.

J0172065
第十三届香港国际电影节
香港 香港市政局 1989年 107页 有图 29cm（15开）ISBN：962-7040-27-4
定价：HKD25.00

外文书名：The 13th Hong Kong International Film Festival.

J0172066
第十三届香港国际电影节（戏园志异 香港灵幻电影回顾）
香港 香港市政局 1989年 100页 有图
29cm（15开）ISBN：962-7040-28-2
定价：HKD30.00

J0172067
第十四届香港国际电影节
香港 香港市政局 1990年 123页 有图
29cm（15开）ISBN：962-7040-29-0
定价：HKD30.00
外文书名：The 14th Hong Kong International Film Festival.

J0172068
第十五届香港国际电影节（八十年代香港电影与西方电影比较研究 1991）
香港 香港市政局 1991年 2册 有照片
29cm（15开）ISBN：962-7040-32-0
定价：HKD35.00

J0172069
第十七届香港国际电影节（国语片与时代曲 四十至六十年代 8.4.1993 - 23.4.1993）[香港市政局]编
香港 [香港市政局][1993年] 152页 有剧照
28cm（大16开）ISBN：962-7040-39-8

J0172070
第十九届香港国际电影节（7-22.4.1995）
[香港国际电影节协会]编
[香港][香港国际电影节协会][1995年]
165页 有剧照 29cm（16开）
外文书名：The 19th Hong Kong International Film Festival.

J0172071
第二十届香港国际电影节（25.3-9.4.1996）
[香港市政局]编
香港 [香港市政局][1996年] 170页 有剧照
29cm（16开）ISBN：962-7040-49-5
外文书名：The 20th Hong Kong International Film Festival.

J0172072
第廿一届香港国际电影节（25.3-9.4.1997）
[香港市政局]编
香港 [香港市政局][1997年] 180页 有剧照
29cm（12开）ISBN：962-7040-57-6

J0172073
第廿二届香港国际电影节（3-18.4.1998）
[香港临时市政局]编
[香港][香港临时市政局][1998年] 220页
有剧照 28cm（16开）ISBN：962-7040-62-2
外文书名：The 22th Hong Kong International Film Festival.

J0172074
中国电影金鸡奖文集（第1届.1981年）中国电影家协会编
北京 中国电影出版社 1983年
197页+[23]叶图版 有图肖像 21cm（32开）
统一书号：8061.1884 定价：CNY1.15

J0172075
中国电影金鸡奖文集（第2届.1982年）中国电影家协会编
北京 中国电影出版社 1983年 324页
20cm（32开）统一书号：8061.2119
定价：CNY1.70；CNY2.70（精装）
本文集是中国电影金鸡奖第2届获奖项目的评论集。

J0172076
中国电影金鸡奖文集（第3届.1983年）中国电影家协会编
北京 中国电影出版社 1984年 372页 有照片
20cm（32开）精装 统一书号：8061.2487
定价：CNY3.60

J0172077
中国电影金鸡奖文集（第4届.1984年）中国电影家协会编
北京 中国电影出版社 1986年 291页 有照片
20cm（32开）统一书号：8061.2935
定价：CNY2.10

J0172078
中国电影金鸡奖文集 （第6届.1986年）中国电影家协会编
北京 中国电影出版社 1988年 254页 有剧照
20cm（32开）ISBN：7-106-00132-5
定价：CNY2.20

J0172079
中国电影金鸡奖文集 （第7届.1987年）中国电影家协会编
北京 中国电影出版社 1990年 193页 有照片
20cm（32开）ISBN：7-106-00289-5
定价：CNY2.30

J0172080
中外影坛轶事 刘为珉编
南宁 广西人民出版社 1983年 262页
19cm（32开）统一书号：10113.248
定价：CNY0.68
本书通过88篇生动有趣的文章，介绍了电影艺术的产生及发展过程，和电影编剧、导演、表演等方面的知识，使读者了解中外影坛那些著名编剧、导演、演员是如何生活、创作的。

J0172081
国际电影节概况 陈振兴编
北京 中国电影出版社 1984年 479页
20cm（32开）统一书号：8061.2231
定价：CNY2.90
本书介绍了1932至1982年世界各国举行的269个国际电影节。

J0172082
[台湾]电影影片上映总目 （一1949至1982年）梁良编
台北 [台湾]电影图书馆出版部 1984年
2册（690页）21cm（32开）

J0172083
第四届电视剧飞天奖集刊 （1983年度）第四届飞天奖评委会编
北京 中国广播电视出版社 1985年 184页
20cm（32开）统一书号：8236.156
定价：CNY1.60
本书为中国现代电视文学剧选集。

J0172084
日本电影的巨匠们 （日）佐藤忠男著；廖祥雄译
台北 志文出版社 1985年 256页 有图
19cm（小32开）定价：TWD120.00
（新潮文库 306）

J0172085
美国奥斯卡金像奖大全 严敏编
长沙 湖南文艺出版社 1986年 619页 有照片
19cm（32开）统一书号：8456.10 定价：CNY3.45

J0172086
攀登集 陈荒煤著
北京 中国电影出版社 1986年 732页 有彩照
20cm（32开）统一书号：8061.2932
定价：CNY4.10，CNY5.20（精装）
本书收入作者自1978年至1985年间有关电影工作的讲话和文章85篇。内容包括作者对党的文艺方针的理解阐述，对电影界老前辈的追思与怀念，对新时期一些影片创作的评论等。

J0172087
苏联影视 赵泓等编写
上海 学林出版社 1986年 111页 有剧照
19cm（32开）统一书号：8279.018
定价：CNY1.00
（今日苏联小丛书）

J0172088
外国电影近况 陈荒煤主编；王白石，沈豪编
太原 北岳文艺出版社 1986年 226页
20cm（32开）统一书号：10397.53 定价：CNY1.60
（电影艺术丛书）
本书介绍苏联、美国、法国、意大利、英国、德国、日本、印度等国的电影状况或概貌。

J0172089
奥斯卡的内幕 （美）怀利，（美）博纳著；罗奎元编译
上海 文汇出版社 1987年 249页 有图
19cm（32开）ISBN：7-80531-029-7
定价：CNY1.70
（开开眼界丛书）

J0172090
奥斯卡金像奖 天云，李逊编著
武汉 长江文艺出版社 1988年 347页 有照片
20cm（32开）ISBN：7-5354-0149-X
定价：CNY3.20

J0172091
当代中国电影 （上）陈荒煤主编
北京 中国社会科学出版社 1989年 482页
有照片 20cm（32开）精装 ISBN：7-5004-0373-9
定价：CNY9.30，CNY7.50（平装）
（当代中国丛书）

作者陈荒煤（1913—1996），原名陈光美，笔名沪生，湖北襄阳人。历任中国作家协会副主席，文化部电影局局长、文化部副部长，中国社会科学院文学研究所副所长。作品有短篇小说《忧郁的歌》《长江上》《在教学里唱歌》，报告文学集《刘伯承将军印象记》《陈赓将军印象记》，散文集《荒野中的地火》《梦之歌》等。

J0172092
当代中国电影 （下）陈荒煤主编
北京 中国社会科学出版社 1989年 552页
有照片 20cm（32开）精装 ISBN：7-5004-0376-3
定价：CNY9.50，CNY7.50（平装）
（当代中国丛书）

J0172093
电影电视世纪 陈庄，游光中编著
成都 四川少年儿童出版社 1989年 188页
19cm（32开）ISBN：7-5365-0295-8
定价：CNY2.05
（大世界小窗口丛书）

J0172094
电影电视世纪 陈庄，游光中编著
成都 四川少年儿童出版社 1997年 188页
有插图 19cm（32开）ISBN：7-5365-1742-4
定价：CNY5.50
（大世界小窗口）

J0172095
世界电影博览 斯群编
重庆 重庆出版社 1989年 2册（1975页）
有照片 20cm（32开）ISBN：7-5366-0576-5
定价：CNY21.35

J0172096
世界影坛佳话 司徒兆敦等编著
北京 人民邮电出版社 1989年 163页
19cm（32开）ISBN：7-115-03875-9
定价：CNY1.65
（青年人看世界丛书 11）

J0172097
台湾的电影与明星 古继堂编著
成都 四川文艺出版社 1989年 268页
19cm（32开）ISBN：7-5411-0333-0
定价：CNY2.68

J0172098
浙江省电影事业概况 费静波主编
［浙江省文化厅电影处］1989年 514页 有照片
26cm（16开）精装

J0172099
奥斯卡大观 （1927—1989 62届）姜东，李超编
长春 吉林文史出版社 1990年 659页
27cm（大16开）精装 ISBN：7-80528-266-Z
定价：CNY30.00

J0172100
辉煌的日出 （一九八八年中国电影交响曲）
陈昊苏著
北京 华夏出版社 1990年 302页 19cm（32开）
ISBN：7-80053-797-8 定价：CNY4.20

本书是作者的第二本电影工作论文集，书中记录了中国电影在1989这一年所走过的艰难历程。作者陈昊苏（1942— ），中国作家协会会员。出生于四川内江，毕业于中国科技大学电子学系。历任共青团中央书记处书记、北京市人民政府副市长、广播电影电视部副部长，中国人民对外友好协会会长等职。著有诗集《红军之歌》《继志集》《时空的跨越》，文集《我心中的太阳》《辉煌的日出》《青春之旅》《我们世纪的英雄》等。

J0172101
荧屏后面的思考 （陕西电视台三十周年论文选编）骞国政主编
西安 西北大学出版社 1990年 347页

21cm(32开)定价:CNY4.20

J0172102
"飞天"与"金鸡"的魅力 仲呈祥著
北京 中国戏剧出版社 1992年 738页
20cm(32开)ISBN:7-104-00421-1
定价:CNY12.00

本书选收了作者近年来撰写的电视剧评论和电影评论共计70余篇,主要通过对获得"飞天奖"、"金鸡奖"的电视剧和故事影片的艺术分析,提出了许多自己独到的见解。

J0172103
当代外国影视艺术 (1992.1.总第1期)中国艺术研究院电影电视艺术研究所《当代外国影视艺术》编辑部编辑
北京 文化艺术出版社 1992年 144页
26cm(16开)ISBN:7-5039-1080-1
定价:CNY3.90

本期包括:《当代世界电影的若干问题及美国电影》《论电影学的理论层次与经验层次》《符号学问题和当代电影制作趋向》等十余篇论(译)文。

J0172104
当代外国影视艺术 (1992.2.总第2期)中国艺术研究院电影电视艺术研究所《当代外国影视艺术》编辑部编辑
北京 文化艺术出版社 1992年 144页
26cm(16开)定价:CNY3.90

J0172105
当代外国影视艺术 (1992.3.总第3期)中国艺术研究院电影电视艺术研究所《当代外国影视艺术》编辑部编辑
北京 文化艺术出版社 1992年 144页
26cm(16开)定价:CNY3.90

J0172106
当代外国影视艺术 (1992.4.总第4期)中国艺术研究院电影电视艺术研究所《当代外国影视艺术》编辑部编辑
北京 文化艺术出版社 1992年 144页
26cm(16开)ISBN:7-5039-1184-0
定价:CNY3.90

J0172107
当代外国影视艺术 (1993.1.总第5期)中国艺术研究院电影电视艺术研究所《当代外国影视艺术》编辑部编辑
北京 文化艺术出版社 1993年 144页
26cm(16开)ISBN:7-5039-1203-X
定价:CNY3.90

J0172108
当代外国影视艺术 (1993.2.总第6期)中国艺术研究院电影电视艺术研究所《当代外国影视艺术》编辑部编辑
北京 文化艺术出版社 1993年 144页
26cm(16开)ISBN:7-5039-1234-0
定价:CNY3.90

J0172109
当代外国影视艺术 (1993.3.总第7期)中国艺术研究院电影电视艺术研究所《当代外国影视艺术》编辑部编辑
北京 文化艺术出版社 1993年 144页
26cm(16开)定价:CNY3.90

J0172110
当代外国影视艺术 (1994.1.总第8期)中国艺术研究院电影电视艺术研究所《当代外国影视艺术》编辑部编
北京 文化艺术出版社 1994年 144页
26cm(16开)ISBN:7-5039-1203-0
定价:CNY4.80

本期收《苏联电影的道路——〈苏联电影史〉序论》《闹剧与现代电影》《谈美国电视剧》等文章。

J0172111
当代外国影视艺术 (1994.2.总第9期)中国艺术研究院电影电视艺术研究所《当代外国影视艺术》编辑部编
北京 文化艺术出版社 1994年 144页
26cm(16开)ISBN:7-5039-1323-1
定价:CNY4.80

本期收《苏联电影的道路——〈苏联电影史〉序论》《闹剧与现代电影》《谈美国电视剧》等文章。

J0172112
当代外国影视艺术（1994.3.总第10期）中国艺术研究院电影电视艺术研究所《当代外国影视艺术》编辑部编
北京 文化艺术出版社 1994年 144页 有照片
26cm（16开）ISBN：7-5039-1345-2
定价：CNY4.80

J0172113
当代外国影视艺术（1994.4.总第11期）中国艺术研究院电影电视艺术研究所《当代外国影视艺术》编辑部编
北京 文化艺术出版社 1994年 144页 有照片
26cm（16开）ISBN：7-5039-1345-8
定价：CNY4.80

J0172114
闪光的金棕榈（戛纳电影节的幕前幕后）何振淦编译
上海 上海译文出版社 1992年 313页 有照片
20cm（32开）ISBN：7-5327-1308-3
定价：CNY7.35

本书介绍了戛纳电影节1946年至1991年的发展过程。内容涉及电影节的组织影展、评选、授奖、纪念活动等。外文书名：Les vingt marches aux etoiles，据法国阿仑·勒弗孚尔公司，1982年版及其他电影资料编译。

J0172115
中国电影金鸡奖（1981—1992）中国电影家协会编
北京 中国电影出版社［1992年］133页
28cm（大16开）ISBN：7-106-00755-2
定价：CNY50.00

外文书名：Chinese Golden Rooster Film Award.

J0172116
中外影视界 李亚威主编
长春 吉林人民出版社 1992年 401页 有剧照
20cm（32开）ISBN：7-206-01602-3
定价：CNY8.80

本书介绍了中外影视的发展趋势，以及趣闻、轶事、影视知识等。作者李亚威（1956— ），女，导演。深圳市文联文艺创作室主任，深圳市电影电视家协会常务副主席、秘书长，国家一级编导，纪录片导演。编导作品有《火之舞》《眼睛》《升》《妈妈飘着长头发》等。

J0172117
电视专题论集 朱景和主编
北京 人民出版社 1993年 452页 20cm（32开）
ISBN：7-01-001559-7 定价：CNY9.80
（电视丛书）

J0172118
电视专题论集 朱景和主编
北京 人民出版社 1993年 13+452页
21cm（32开）精装 ISBN：7-01-001558-9
定价：CNY18.40
（电视丛书）

J0172119
旧好莱坞/新好莱坞（仪式、艺术与工业）（美）沙兹著；周传基等译
北京 中国广播电视出版社 1993年 301页
20cm（32开）ISBN：7-5043-1993-7
定价：CNY6.50
（大型电影学文库 西方电影学）

本书分析了好莱坞类型电影的起源、商业文化产品现象及成为美国艺术形式的过程与实质，并分析了各种类型特征和文化意义。著者原名：托马斯·沙兹，美国当代电影理论家。

J0172120
通向电影圣殿（北京电影学院影片分析课教材）王迪主编；马军骧等撰写
北京 中国电影出版社 1993年 414页 有剧照
20cm（32开）ISBN：7-106-00721-8
定价：CNY7.30

本书论述了20世纪20-90年代众多世界电影大师及著名编导的代表作品。

J0172121
荧屏金杯录（历届电视节目获奖目录）中央电视台研究室编
北京 人民出版社 1993年 581页 20cm（32开）
ISBN：7-01-001625-9 定价：CNY12.30
（电视丛书）

本书介绍了自1981年组织电视节目评奖以

来，我国电视界涌现出来的6000余部优秀获奖节目。

J0172122
荧屏金杯录 （历届电视节目获奖目录）中央电视台研究室编
北京 人民出版社 1993年 13+581页
21cm(32开) 精装 ISBN: 7-01-001624-0
定价: CNY20.90
(电视丛书)
本书比较全面、系统地向读者介绍了自1981年组织电视节目评奖以来我国电视界涌现出来的6000余部优秀获奖节目。

J0172123
改革与中国电影 倪震等著
北京 中国电影出版社 1994年 303页
20cm(32开) ISBN: 7-106-01018-9
定价: CNY9.50
本书以新时期电影的发展为线索，分析和论证了中国电影业体系和文化精神的演变过程，回顾了80年代以来电影为适应社会主义市场经济体制而进行的历史改革。

J0172124
南粤银海潮 季洪，陈烁主编
北京 中国电影出版社 1994年 447页
20cm(32开) ISBN: 7-106-01022-7
定价: CNY16.00
(电影经济丛书)
本书介绍十一届三中全会以来广东电影界改革开放、繁荣发展的成功经验。作者季洪，女，艺术家。曾在电影局任职。作者陈烁，广东省电影公司经理、省电影发行放映学会会长。

J0172125
台湾1993年电影年鉴 台湾电影年鉴编辑委员会[编]；钟乔主编
台北 1994年 428页 有剧照 25cm(小16开)
ISBN: 957-99874-3-2 定价: TWD350.00

J0172126
台湾1994年电影年鉴 台湾电影年鉴编辑委员会[编]；钟乔主编
台北 1995年 346页 有剧照 25cm(小16开)
ISBN: 957-99874-5-9 定价: TWD350.00

J0172127
台湾1995年电影年鉴 台湾电影年鉴编辑委员会[编]；钟乔主编
台北 1995年 319页 有剧照 25cm(小16开)
ISBN: 957-99874-7-5 定价: TWD350.00

J0172128
台湾1996年电影年鉴 台湾电影年鉴编辑委员会[编]；罗树南主编
台北 1996年 286页 有剧照 25cm(小16开)
ISBN: 957-99048-2-0 定价: TWD350.00

J0172129
台湾1997年电影年鉴 台湾电影年鉴编辑委员会[编]；罗树南，朱苓尹主编
台北 1997年 269页 有剧照 25cm(小16开)
ISBN: 957-99048-4-7 定价: TWD350.00

J0172130
[台湾1998年]电影年鉴 黄建业总编辑
台北 1998年 418页 有剧照 25cm(小16开)
ISBN: 957-99048-5-5 定价: TWD350.00

J0172131
好莱坞·好莱坞 （华纳兄弟的故事）(美)凯丝·华纳·史培林(Cass Warer Sperling)，(美)寇克·谬纳(Cork Millner)著；林宪正译
台北 智库公司 1995年 525页 有照片
21cm(32开) ISBN: 957-8829-75-2
定价: TWD350.00
(企管 21)

J0172132
历史与现状 （第三届中国金鸡百花电影节学术研讨会文集）中国电影家协会电影史研究部编
北京 中国电影出版社 1995年 327页
20cm(32开) ISBN: 7-106-01088-X
定价: CNY13.50

J0172133
日本电影风貌 舒明著
台北 联合文学出版社 1995年 333页 有照片
21cm(32开) ISBN: 957-522-108-7

定价：TWD300.00
（联合文丛 86）

J0172134
新中国电影事业建设四十年 （1949—1989）
季洪著
北京［1995年］239页 有肖像及照片
20cm（32开）精装

J0172135
奥斯卡回忆录 （美）古诺著；哥利编
成都 四川人民出版社 1996年 17+756页
有照片 20cm（32开）ISBN：7-220-03477-6
定价：CNY29.80

J0172136
电影创作与社会主义市场经济 （第四届中国金鸡百花电影节学术研讨会文集）中国电影家协会电影史研究部编
北京 中国电影出版社 1996年 135页
19cm（小32开）ISBN：7-106-01137-1
定价：CNY6.20

J0172137
好莱坞 （法）达尼埃尔·鲁瓦约（Daniel Royot）著；冯韵文译
北京 商务印书馆 1996年 155页 18cm（小32开）
ISBN：7-100-02150-2 定价：CNY7.50
（我知道什么？ 百科知识丛书 第二批 19）

J0172138
十评飞天奖 仲呈祥著
天津 百花文艺出版社 1996年 587页 有彩照
20cm（32开）ISBN：7-5306-2321-4
定价：CNY32.00

J0172139
世纪之交的电影嬗变 夏林著
北京 国际文化出版公司 1996年 178页 有照片
26cm（16开）ISBN：7-80105-492-X
定价：CNY68.00
作者夏林，新华社记者，英语与国际新闻双学士。

J0172140
中国少数民族电影 第五届中国金鸡百花电影节组委会［编］
昆明 云南人民出版社 1996年 159页
29cm（16开）ISBN：7-222-02033-0
定价：CNY180.00
中国现代少数民族电影艺术评论，中英文本。

J0172141
’95世界电影指南 中国电影资料馆编
北京 中国国际广播出版社 1997年 480页
20cm（32开）ISBN：7-5078-1496-3
定价：CNY24.00

J0172142
奥斯卡评奖内幕 里尔著
北京 光明日报出版社 1997年 635页
20cm（32开）ISBN：7-80091-921-8
定价：CNY28.80
作者里尔，电影报刊栏目撰稿人，主要作品有《奥斯卡内幕》和《奥斯卡最佳影片故事》等。

J0172143
奥斯卡全景图 （画册）冯凯，国胜连编著
大连 大连出版社 1997年 25×26cm
ISBN：7-80612-457-8 定价：CNY36.00
作者国胜连（1963— ），影视编辑。山东掖县人。

J0172144
电影电视走向21世纪 黄式宪主编
北京 中国电影出版社 1997年 447页
20cm（32开）ISBN：7-106-01205-X
定价：CNY26.00

J0172145
电影政策法规重要文件汇编 童刚主编；中国电影公司编
北京 地质出版社 1997年 243页 20cm（32开）
ISBN：7-116-02305-4 定价：CNY18.00

J0172146
金鸡百花在春城 （第五届中国金鸡百花电影节 1996年10月9日—10月13日）电影节画

册编委会[编]
昆明 云南美术出版社 1997年 176页
29cm(16开) ISBN: 7-80586-331-8
定价: CNY180.00

J0172147
台湾电影 刘现成著
台北 扬智文化事业股份有限公司 1997年
194页 21cm(32开) ISBN: 957-98561-0-9
定价: TWD300.00
(台湾电影研究丛书 1)

J0172148
台湾电影 李天铎著
台北 亚太图书出版社 1997年 269页
21cm(32开) ISBN: 957-98561-1-7
定价: TWD400.00
(台湾电影研究丛书 2)

J0172149
改革与发展 (浙江电影二十年) 连晓鸣主编
杭州 杭州大学出版社 1998年 177页 有彩照
20cm(32开) ISBN: 7-81035-567-8
定价: CNY18.00

J0172150
好莱坞探秘 王童, 大光编著
北京 大众文艺出版社 1998年 119页
19cm(小32开) ISBN: 7-80094-473-5
定价: CNY5.00
(五元丛书 第一辑)

J0172151
话说好莱坞 (刘慧心北美影视圈见闻录) 刘慧心著
北京 中央民族大学出版社 1998年 283页
有照片 20cm(32开) ISBN: 7-81056-181-2
定价: CNY22.00

J0172152
蓝色航程 (海军政治部电视艺术中心成立10周年: 1988—1998) 周振天, 张勇主编; 海军政治部电视艺术中心汇编
1998年 570页 有照片 28cm(大16开)

J0172153
世界电影名片手册 郝一匡编著
北京 中国电影出版社 1998年 2册 20cm(32开)
ISBN: 7-106-01251-3 定价: CNY80.00

J0172154
销售欢乐 (迪斯尼公司) 李世丁, 周运锦编著
广州 广东旅游出版社 1998年 11+334页
有图 20cm(32开) ISBN: 7-80521-953-2
定价: CNY18.50
(世纪超级公司丛书)

J0172155
荧屏金杯录 (二) 王录主编
北京 北京出版社 1998年 26+595页
20cm(32开) ISBN: 7-200-03496-7
定价: CNY29.00
(跨世纪电视丛书)

J0172156
荧屏金杯录 (二) 王录主编
北京 北京出版社 1998年 26+595页
21cm(32开) 精装 ISBN: 7-200-03524-6
定价: CNY37.00
(跨世纪电视丛书 40 (1958—1998))
本书是一本获奖节目名录, 它反映了我国电视界在30余项国内、国际评奖活动中所取得的光辉业绩。

J0172157
奥斯卡奖70年 晨曦编著
北京 世界图书出版公司北京分公司 1999年
631页 20cm(32开) ISBN: 7-5062-3686-9
定价: CNY32.00

J0172158
崇尚冒险 刘禾著
西宁 青海人民出版社 1999年 重印本 182页
21cm(32开) ISBN: 7-225-01595-8
定价: CNY10.00
(《评说主导美国私有经济的20家领袖企业》丛书)
本书内容包括: 家世与童年、漂泊的少年、初出茅庐、走向新天地、米老鼠"出洞"、走向成熟、更上一层楼、风云突变、重整山河等。

J0172159
迪斯尼乐园制造欢乐的七大秘诀 （英）托马斯·K.康奈兰（ThomasK.Connellan）著；黄碧惠译
北京 法律出版社 1999年 170页 20cm（32开）
ISBN：7-5036-2680-1 定价：CNY10.00
（法律企管）

J0172160
改革开放二十年的中国电影 （第七届中国金鸡百花电影节学术研讨会论文集）中国电影家协会编
北京 中国电影出版社 1999年 496页
20cm（32开）ISBN：7-106-01511-3
定价：CNY28.00

本书收集了多位电影界学者、艺术家从多角度、多侧面书写的关于改革开放二十年在创作实践、评论争鸣、理论建设方面所走过的风雨历程的文章，并对诸多电影历史问题进行了深入探讨。

J0172161
好莱坞·柏林·坎城·威尼斯 （电影之旅）杨一峰著
台北 新新闻文化事业公司 1999年 137页
有照片 19cm（小32开）ISBN：957-8306-35-0
定价：TWD250.00
（城市漫游文库 004）

J0172162
回归后之媒介艺术 （香港艺术评论联盟97至98论坛文集）史文鸿，陈柏生编辑
香港 香港艺术评论联盟 1999年 143页
有照片 21cm（32开）ISBN：962-8114-53-0
定价：HKD50.00

J0172163
五彩缤纷的影视窗口 鲍学谦编著
南宁 接力出版社 1999年 165页 18cm（32开）
ISBN：7-80631-512-8 定价：CNY9.80
（中小学艺术教育丛书）

J0172164
中国电影家协会编年记事 （1949.7—1998.10征求意见稿）中国电影家协会编
1999年 295页 26cm（16开）

J0172165
中国电影家协会五十年 （1949—1999）张思涛主编
［中国电影家协会］1999年 110页 29cm（16开）

外文书名：The Fifty Years of the China Film Association.